भारतीय इतिहास

Class 6-12 (Old+New)

लेखक
राजन शर्मा
प्रवीण कुमार तिवारी

सम्पादक
डॉ. राजेश राजन

अरिहन्त पब्लिकेशन्स (इण्डिया) लिमिटेड

卐 रजि. कार्यालय

'रामछाया' 4577/15, अग्रवाल रोड, दरिया गंज, नई दिल्ली- 110002
फोन: 011-47630600, 43518550

卐 मुख्य कार्यालय

कालिन्दी, टी०पी० नगर, मेरठ (यूपी)— 250002
फोन: 0121-7156203, 7156204

卐 शाखा कार्यालय

आगरा, अहमदाबाद, बरेली, बंगलुरु, चेन्नई, दिल्ली, गुवाहाटी, हैदराबाद, जयपुर, झाँसी, कोलकाता, लखनऊ, नागपुर तथा पुणे

卐 मूल्य ₹ 295.00

PO No. : TXT-59-T069113-1-26

PUBLISHED BY ARIHANT PUBLICATIONS (INDIA) LTD.

'अरिहन्त' की पुस्तकों के बारे में अधिक जानकारी के लिए हमारी वेबसाइट **www.arihantbooks.com** पर लॉग इन करें या **info@arihantbooks.com** पर सम्पर्क करें।

Follow us on...

दो शब्द

पूरा करना है अगर IAS का सपना
तो जरूरी है NCERTs को समझना...

सिविल सेवा परीक्षा भारत की सर्वाधिक प्रतिष्ठित, कठिन एवं चुनौतीपूर्ण परीक्षा है।

भारत में सिविल सेवा की परीक्षा इसलिए भी कठिन और चुनौतीपूर्ण हो जाती है कि इसमें "कितना पढ़ना है" से ज्यादा महत्त्वपूर्ण होता है "क्या पढ़ना है"

सफल अभ्यर्थियों के अनुभवों तथा विगत् वर्षों के प्रश्न-पत्रों के विश्लेषण से यह सिद्ध हुआ है कि इस परीक्षा में **NCERT की पुस्तकों** का विशेष महत्त्व है, क्योंकि इन्हीं पुस्तकों को आधार बनाकर सामान्य अध्ययन के प्रश्नों को परीक्षा में पूछा जाता है। **NCERT के तथ्यों** से प्रत्येक वर्ष सीधे प्रश्न पूछे जा रहे हैं।

NCERT पुस्तकों के अध्ययन को आसान तथा उद्देश्यपूर्ण बनाने हेतु 'अरिहन्त पब्लिकेशन्स' द्वारा **'NCERT MCQs'** सीरीज तैयार की गई है। इस सीरीज में कक्षा 6 से 12 तक की पुरानी व नई **NCERT का कवरेज वस्तुनिष्ठ प्रश्नों** के रूप में किया गया है।

2nd संस्करण की प्रमुख विशेषताएँ

- प्रश्नों का स्तर सिविल सेवा एवं विभिन्न लोक सेवा आयोगों की प्रारम्भिक परीक्षाओं के अनुरूप
- पुस्तक में **प्रश्नों को अध्यायवार रूप** में रखा गया है, जिससे अभ्यर्थी को NCERT पुस्तक से सम्बन्धित विषय के सम्पूर्ण अध्ययन का ज्ञान प्राप्त हो
- 100% त्रुटि रहित एवं विस्तृत व्याख्या
- तमिलनाडु बोर्ड एवं NIOS की पुस्तकों से अतिरिक्त प्रश्नों का संकलन
- विषय से संबंधित सम्पूर्ण अभ्यास के लिए तीन प्रैक्टिस सेट्स

इस सीरीज को पूरा करने में विशेषज्ञों की एक टीम ने उत्साह के साथ कार्य किया है। इस पुस्तक के संकलन में विशेषज्ञों के साथ-साथ प्रोजेक्ट मैनेजमेण्ट टीम का भी विशेष योगदान रहा, जिसमें मोना यादव (प्रोजेक्ट मैनेजर), दिव्या गुसाईं (प्रोजेक्ट कॉर्डिनेटर), प्रीति रंधावा, मीनाक्षी, सुशील (प्रूफ रीडर्स), विनय शर्मा, कमल किशोर (डीटीपी ऑपरेटर) और शानू एवं मजहर (कवर एवं इनर डिजाइनर) प्रमुख हैं।

आशा है कि सिविल सेवा तथा अन्य प्रतियोगी परीक्षाओं के अभ्यर्थी इस पुस्तक का अध्ययन कर अपने लक्ष्य को निश्चित ही प्राप्त करेंगे। आपके उपयोगी सुझाव सदैव हमें बेहतर संस्करण बनाने में सहायक सिद्ध हुए हैं। इसलिए आप हमें अपने सुझाव अवश्य भेजें, जिनके आधार पर हम पुस्तक के आगामी संस्करण को और भी बेहतर बना सकें।

लेखक

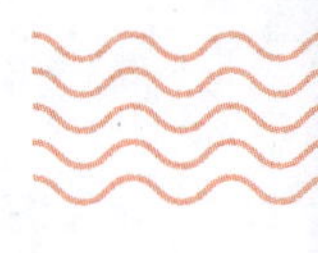

विषय-सूची

आधुनिक भारत का इतिहास एवं भारतीय राष्ट्रीय आंदोलन

कला एवं संस्कृति

ऐतिहासिक स्रोत

ऐतिहासिक स्रोत

पुरातात्विक स्रोत

सिक्के
- **अध्ययन** मुद्राशास्त्र
- **सर्वाधिक प्राचीन सिक्के** आहत सिक्के/पंच मार्क्ड सिक्के, अधिकांश चाँदी तथा ताँबे से निर्मित
- प्रथम शताब्दी ई. पू. में पंजाब, हरियाणा, कबीलाई गणराज्यों द्वारा जारी
- **सोने के सिक्के** भारत में पहली बार हिंद-यवन/(इंडो-ग्रीक) शासकों द्वारा जारी, सर्वाधिक गुप्त शासकों द्वारा जारी
- **सर्वाधिक सिक्के** मौर्योत्तर काल के सीसे पोटिन, ताँबे, काँसे, चाँदी व सोने के
- **सीसे के सिक्के** सर्वप्रथम सातवाहनों द्वारा जारी
- **प्रतीक** राजवंशों, देवताओं, धार्मिक प्रतीक, लेख, अंकित

अभिलेख
- **अध्ययन पुरालेखशास्त्र** (Epigraphy)
- मुहरों, प्रस्तर स्तंभों, स्तूपों, चट्टानों, ताम्रपत्रों, मंदिरों, ईंटों व मूर्तियों पर
- वर्तमान में सर्वाधिक अभिलेख मैसूर में मुख्य पुरालेखशास्त्री के कार्यालय में संगृहीत
- मौर्य, मौर्योत्तर और गुप्तकाल के अधिकांश अभिलेख 'कार्पस इंसक्रिप्शनम इंडिकेरम' नामक ग्रंथमाला में संकलित
- **अशोक के शिलालेख** ब्राह्मी लिपि (बाएँ से दाएँ), कुछ खरोष्ठी लिपि (दाएँ से बाएँ), सर्वप्रथम 1837 ई. में जेम्स प्रिंसेप ने पढ़ा

साहित्यिक स्रोत

पांडुलिपि
- हाथ से लिखी हुई संरक्षित पुस्तकें, भोजपत्रों और ताम्रपत्रों पर लिखित

वैदिक साहित्य
- **वेद ऋग्वेद** (रचना 1500-1000 ई.पू.)
- सामवेद, यजुर्वेद, अथर्ववेद, ब्राह्मण ग्रंथ, आरण्यक व उपनिषद् (रचना 1000-500 ई.पू.)
- **वेदांग** शिक्षा, कल्प, ज्योतिष, व्याकरण, निरुक्त तथा छंद

धार्मिक ग्रंथ
- **रामायण** (रचना - महर्षि वाल्मीकि)
  महाभारत दूसरा नाम जयसंहिता, विश्व का सबसे बड़ा महाकाव्य, रचना-वेदव्यास द्वारा
- **पुराण** रचयिता-लोमहर्ष तथा अग्रश्रवा सर्वाधिक प्राचीन व प्रामाणिक मत्स्य पुराण
- **बौद्ध ग्रंथ** पालि भाषा में लिखे गए (ई. पू. दूसरी सदी में) बुद्ध के पूर्व जन्मों की जातक कथाएँ
- **जैन ग्रंथ** प्राकृत भाषा में रचना (ईसा की छठी सदी में)
- **धर्मशास्त्र** धर्मसूत्र, स्तुतियाँ तथा टीकाएँ शामिल हैं

धर्मेत्तर साहित्य

रचनाएँ	रचनाकार
अष्टाध्यायी (व्याकरण) सूत्रलेखन का प्रसिद्ध उदाहरण	पाणिनी
अर्थशास्त्र (महत्त्वपूर्ण विधि ग्रंथ) (15 अधिकरणों में विभक्त)	कौटिल्य
महाभाष्य (अष्टाध्यायी की टीका)	पतंजलि
हर्षचरित	बाणभट्ट
अभिज्ञानशाकुंतलम, रघुवंशम, मालविकाग्निमित्रम, कुमारसंभव	कालिदास

संगम साहित्य के पद्य 30,000 पंक्तियों में मिलते हैं, जो आठ संकलनों में विभक्त

विदेशी यात्रियों के विवरण

यूनानी लेखक
- यूनानी लेखकों द्वारा सिकंदर के समकालीन सैंड्रोकेटस (चंद्रगुप्त मौर्य) के नाम उल्लेख
- **मेगास्थनीज** चंद्रगुप्त मौर्य के दरबार में दूत, 'इंडिका' की रचना, शासन व्यवस्था, सामाजिक-आर्थिक स्थिति का उल्लेख,
- **अज्ञात** पेरिपल्स ऑफ द एरिथ्रियन सी, रोमन व्यापार की जानकारी
- **टॉलमी** ज ोग्राफी, ा ीन भूगोल व वाणिज ा जानकारी के स्रोत
- **प्लिनी** नेचुरल हिस्टोरिका लैटिन भाषा में, भारत व रोम के मध्य व्यापार

चीनी लेखक
- फाह्यान पहला चीनी यात्री, चंद्रगुप्त द्वितीय के शासनकाल में 'फू-को की' पुस्तक की रचना, भारतीय समाज, धर्म, वित्त का उल्लेख
- ह्वेनसांग हर्षवर्द्धन के शासनकाल में यात्रियों का राजकुमार 'सी-यू-की' पुस्तक ग्रंथ की रचना, भारत को यिंदू (Yindu) (चंद्रमा का देश) कहा
- **इत्सिंग** सामाजिक तथा धार्मिक विवरण अधिक प्रभावशाली

अरबी यात्री एवं लेखक
- पूर्व मध्यकाल के भारतीय समाज तथा संस्कृति के विषय एवं उनकी जानकारी के स्रोत,
- **अलबरूनी** तथा इब्नबतूता ने विशिष्ट विवरणों को रचना के रूप में स्थान दिया
- **अलबरूनी** ने किताब-उल-हिंद की रचना, भारत के समाज-संस्कृति तथा रहन-सहन का विशुद्ध विवरण दिया।

SOURCE New NCERT Class VI क्या, कब, कहाँ और कैसे, खुशहाल गाँव और समृद्ध शहर, Old NCERT Class XI प्राचीन भारतीय इतिहास का महत्त्व, प्राचीन भारतीय इतिहास के आधुनिक लेखक, New NCERT Class XII स्रोतों के प्रकार और इतिहास का निर्माण, भौगोलिक ढाँचा, राजा, किसान और नगर, NIOS Module-1 Chap 1 भारत के इतिहास को समझाना

पुरातात्विक स्रोत

1 प्राचीनकालीन स्थलों के उत्खनन के संबंध में निम्नलिखित कथनों में कौन-सा असत्य है? *(Chap 3, Class-XI, Old NCERT)*

(a) पश्चिमोत्तर भारत में नगरों की स्थापना 2500 ई.पू. में हुई थी।
(b) केवल उत्तर भारत में शव के साथ औजार भी मिले हैं।
(c) उत्खनन से किसी संस्कृति की भौतिक अवस्था उद्घाटित होती है।
(d) उपर्युक्त में से कोई नहीं

उत्तर (b)

व्याख्या प्राचीनकालीन स्थलों के उत्खनन के संबंध में कथन (b) असत्य है, क्योंकि न केवल उत्तर भारत में, बल्कि दक्षिण भारत में भी शवों के साथ औजार, हथियार, मिट्टी के बर्तन आदि को दफनाने का प्रचलन था। इन कब्रों के ऊपर एक घेरे में बड़े-बड़े पत्थर खड़े कर दिए जाते थे, जिसे महापाषाण कहा जाता था।

2 प्राचीन सिक्कों के संबंध में निम्नलिखित कथनों पर विचार कीजिए *(Chap 3, Class-XI, Old NCERT)*

1. आरंभिक सिक्कों पर प्रतीक चिह्न मिलते हैं।
2. बाद के सिक्कों पर राजाओं और देवताओं के नाम मिलते हैं।
3. सिक्कों के आधार पर राजवंशों के इतिहास का पुनर्निर्माण किया जाता है।

उपर्युक्त में से कौन-से कथन सत्य हैं?

(a) 1 और 2
(b) 1 और 3
(c) 1, 2 और 3
(d) 2 और 3

उत्तर (c)

व्याख्या प्राचीन सिक्कों के संबंध में दिए गए सभी कथन सत्य हैं।
प्राचीन सिक्कों के अध्ययन को मुद्राशास्त्र (न्यूमिस्मेटिक्स) कहा जाता है। प्राचीन काल में धातु मुद्रा या सिक्का ही प्रचलन में था, जिसे आहत मुद्रा कहते थे। इन मुद्राओं पर वृक्ष, देवी-देवताओं और जंगली जानवरों आदि के प्रतीक चिह्न और संकेतकों के भी चिह्न मिले हैं।

प्राचीन काल में कुछ सिक्के ऐसे भी प्राप्त हुए हैं, जिन पर राजाओं और देवताओं के नाम तथा तिथियाँ उल्लिखित हैं। ऐसे सिक्कों में गुप्त शासक समुद्रगुप्त के अश्वमेध तथा वीणावादन प्रकार के सिक्के एवं कनिष्क के सिक्कों पर शिव की आकृति आदि मिली हैं। इन सिक्कों की सहायता से राजवंशों के इतिहास का पुनर्निर्माण, मुद्राशास्त्रियों द्वारा किया जाता है।

3 अभिलेखों के संबंध में निम्नलिखित कथनों पर विचार कीजिए *(Chap 3, Class-XI, Old NCERT)*

1. अभिलेखों के अध्ययन को एपिग्राफी कहा जाता है।
2. कार्पस इन्सक्रिप्शनम इण्डिकेरम् में केवल मौर्यकाल के अभिलेखों को प्रकाशित किया गया है।
3. अशोक के अभिलेख ब्राह्मी, खरोष्ठी एवं अरमाइक लिपि में मिलते हैं।

उपर्युक्त में से कौन-सा/से कथन सत्य नहीं है/हैं?

(a) 1 और 3
(b) 1 और 2
(c) 2 और 3
(d) केवल 2

उत्तर (d)

व्याख्या अभिलेखों के संबंध में कथन (2) असत्य है, क्योंकि कार्पस इन्सक्रिप्शनम इण्डिकेरम् नामक ग्रंथमाला में केवल मौर्यों के ही नहीं, बल्कि मौर्योत्तर तथा गुप्तकाल के अधिकांश अभिलेखों को भी संकलित कर प्रकाशित किया गया है।

4 पुरातात्विक स्रोतों के रूप में अभिलेखों की भूमिका पर विचार कीजिए *(Chap 1, Class-VI, New NCERT)*

1. अभिलेख केवल पत्थर पर उत्कीर्ण किए गए मिलते हैं।
2. कुछ अभिलेखों में राजाओं और रानियों सहित अन्य व्यक्तियों के विवरण मिलते हैं।
3. अभिलेखों के माध्यम से शासक अपनी विजयों का लेखा-जोखा रखते थे।

उपर्युक्त में से कौन-से कथन सही हैं?

(a) 1 और 2 (b) 2 और 3 (c) 1 और 3 (d) 1, 2 और 3

उत्तर (b)

व्याख्या दिए गए कथनों में से कथन (2) और (3) सही हैं।
कुछ अभिलेख ऐसे मिलते हैं, जिनमें राजाओं तथा रानियों सहित अन्य स्त्री-पुरुषों ने भी अपने कार्यों के विवरण उत्कीर्ण करवाए। शासक अभिलेखों के माध्यम से लड़ाइयों में अर्जित विजयों का लेखा-जोखा रखा करते थे।

कथन (1) सही नहीं है, क्योंकि अतीत को जानने के लिए अभिलेखों का अध्ययन किया जाता है। ऐसे अभिलेख पत्थर अथवा धातु जैसी अपेक्षाकृत कठोर सतहों पर उत्कीर्ण किए गए मिलते हैं।

5 पुरातत्त्वविद् के संबंध में निम्नलिखित कथनों पर विचार कीजिए *(Chap 1, Class-VI, New NCERT)*

1. वर्तमान में बनी वस्तुओं का अध्ययन करने वाला व्यक्ति पुरातत्त्वविद् कहलाता है।
2. पुरातत्त्वविद् जानवरों, चिड़ियों आदि की हड्डियों की सहायता से यह जान पाते हैं, कि लोग अतीत में क्या खाते थे।

उपर्युक्त में से कौन-सा/से कथन सही नहीं है/हैं?

(a) केवल 1 (b) केवल 2
(c) 1 और 2 दोनों (d) न तो 1 और न ही 2

उत्तर (a)

व्याख्या दिए गए कथनों में से कथन (1) सही नहीं है, क्योंकि अतीत में बनाई गई और प्रयोग में लाई गई वस्तुओं का अध्ययन करने वाला व्यक्ति पुरातत्त्वविद् कहलाता है। वे पत्थर और ईंट से बनी इमारतों के अवशेषों, चित्रों तथा मूर्तियों का अध्ययन करते हैं।

साहित्यिक स्रोत

6 निम्नलिखित में से कौन-सा एक लकुलीश पाशुपत सम्प्रदाय पर प्रकाश डालता है? *(Chap 3, Class-XI, Old NCERT) (HPSC Pre 2023)*

1. हुविष्क की मुद्रा
2. चंद्रगुप्त द्वितीय का मथुरा अभिलेख
3. भवभूति का मालतीमाधव
4. पाणिनी की अष्टाध्यायी
5. बाणभट्ट की कादंबरी

नीचे दिए गए विकल्पों में से सही उत्तर का चयन कीजिए

(a) 1, 3 और 4 (b) 2, 3 और 4
(c) 1, 2 और 5 (d) 1, 2, 4 और 5

उत्तर (d)

व्याख्या कुषाण शासक हुविष्क की मुद्रा, गुप्त शासक चंद्रगुप्त द्वितीय के मथुरा अभिलेख, पाणिनी की व्याकरणीय रचना अष्टाध्यायी एवं बाणभट्ट ने अपनी रचना 'कादंबरी' के माध्यम से लकुलीश पाशुपत संप्रदाय पर प्रकाश डाला है।
लकुलीश पाशुपत संप्रदाय शैव संप्रदाय की एक प्रमुख शाखा है। इसका प्रवर्तक लकुलीश को माना जाता है। इसका उदय गुजरात में हुआ था। छठी से नौवीं सदी के मध्य तक इसका विस्तार मैसूर एवं राजस्थान तक हो गया था। वायु पुराण, लिंगपुराण एवं कूर्मपुराण में भी इस सम्प्रदाय का उल्लेख मिलता है। गुजरात के कायावरोहण नामक स्थान पर लकुलीश की मूर्ति का उल्लेख मिलता है।

7 **साहित्यिक स्रोत के रूप में वेदों के संबंध में निम्नलिखित कथनों पर विचार कीजिए** *(Chap 3, Class-XI, Old NCERT)*

1. सभी वैदिक ग्रंथों में बाद में जोड़े गए तथ्य मिलते हैं।
2. ऋग्वेद में मुख्यत: देवताओं की स्तुतियाँ हैं।
3. वैदिक साहित्यों में कर्मकांड और पौराणिक आख्यान का वर्णन नहीं है।

उपर्युक्त में से कितने कथन सही नहीं हैं?

(a) केवल एक (b) केवल दो
(c) केवल तीन (d) इनमें से कोई नहीं

उत्तर *(a)*

व्याख्या साहित्यिक स्रोत के रूप में वेदों के संबंध में केवल एक कथन (कथन 3) सही नहीं है, क्योंकि ऋग्वेद के अतिरिक्त सभी वैदिक साहित्यों में स्तुतियों के साथ-साथ कर्मकांड, जादू-टोना और आख्यानों का विवरण मिलता है।

8 **निम्नलिखित युग्मों पर विचार कीजिए** *(Chap 1, Class-XI, Old NCERT)*

रचनाकार		रचनाएँ
1. मेरुतुंग	—	प्रबंध चिंतामणि
2. सोमेश्वर	—	कीर्ति कौमुदी
3. कालिदास	—	ऋतुसंहारम्
4. नागसेन	—	उत्तर रामचरित

उपर्युक्त युग्मों में से कितने युग्म सही हैं?

(a) केवल एक (b) केवल दो
(c) केवल तीन (d) ये सभी

उत्तर *(c)*

व्याख्या दिए गए युग्मों में से केवल तीन युग्म (1, 2 और 3) सुमेलित हैं। प्रबंध चिंतामणि की रचना मेरुतुंग ने की थी। पाँच खंडों में विभाजित इस जैन ग्रंथ की रचना 1304 ई. में हुई थी।

कीर्ति कौमुदी की रचना सोमेश्वर ने संस्कृत में की थी। इस काव्य से चालुक्यवंशीय इतिहास के विषय में जानकारी प्राप्त होती है।

ऋतुसंहारम् की रचना महाकवि कालिदास ने की थी। इसमें छह ऋतुओं का सुंदर वर्णन किया गया है।

युग्म (4) सुमेलित नहीं है, क्योंकि उत्तर रामचरित की रचना नागसेन ने नहीं, बल्कि भवभूति ने की थी। नागसेन ने मिलिंदपंहो की रचना की थी।

9 **निम्नलिखित कथनों पर विचार कीजिए** *(Chap 2, Class-XII, New NCERT) (CGPSC Pre 2017)*

1. हरिषेण समुद्रगुप्त के दरबार का प्रसिद्ध कवि था।
2. उसने 'देवीचंद्रगुप्तम्' काव्य की रचना की थी।
3. यह 'प्रयाग प्रशस्ति' का भी रचयिता था।

उपर्युक्त में से कौन-से कथन सही हैं?

(a) 1, 2 और 3 (b) 1 और 2
(c) 2 और 3 (d) 1 और 3

उत्तर *(d)*

व्याख्या दिए गए कथनों में से कथन (1) और (3) सही हैं।

हरिषेण गुप्तवंशीय शासक समुद्रगुप्त के दरबार में रहने वाला राजकवि था, जो संस्कृत में रचनाएँ करता था। वह प्रयागराज (उत्तर प्रदेश) में स्थित 'प्रयाग प्रशस्ति' का रचनाकार था। इसने काव्यात्मक विशिष्टता के साथ इसकी रचना की थी, जिसमें समुद्रगुप्त के व्यक्तित्व तथा विजयों का विवरण किया गया था।

कथन (2) सही नहीं है, क्योंकि 'देवीचंद्रगुप्तम्' हरिषेण की नहीं, बल्कि विशाखदत्त की प्रसिद्ध रचना है।

10 **राजतरंगिणी से संबंधित निम्नलिखित कथनों पर विचार कीजिए** *(Chap 3, Class-XI, Old NCERT)*

1. कल्हण कृत राजतरंगिणी कश्मीर से संबंधित ऐतिहासिक ग्रंथ माना जाता है।
2. इसकी रचना संस्कृत में महाभारत की शैली के आधार पर की गई है।
3. यह पहली कृति है, जिसमें आधुनिक काल के इतिहास लेखन के लक्षण मौजूद हैं।
4. कल्हण किसी के दरबार में नहीं रहा तथा चाटुकारितापूर्ण विवरण न देकर तटस्थ विवरण देता है।

उपर्युक्त में से कितने कथन सही हैं?

(a) केवल एक (b) केवल दो (c) केवल तीन (d) ये सभी

उत्तर *(d)*

व्याख्या राजतरंगिणी से संबंधित सभी कथन सही हैं।

कल्हण कृत राजतरंगिणी कश्मीर से संबंधित ऐतिहासिक ग्रंथ माना जाता है, यह संस्कृत भाषा में लिखित है। इसकी रचना महाभारत की शैली के आधार पर की गई है। राजतरंगिणी की विश्वसनीयता इस बात से और अधिक पुष्ट होती है कि कल्हण किसी के दरबार में नहीं रहा तथा चाटुकारितापूर्ण विवरण न देकर तटस्थ विवरण देता है। इस ग्रंथ के लेखन में यथा संभव सावधानी बरती गई है। उसने कश्मीर के शासकों के लिखित आदेशों तथा प्राचीन शासकों के जीवन चरित्रों का अध्ययन करके संभवत: सभी चित्र प्रस्तुत करने का प्रयत्न किया है। कल्हण ने अपने विवरण में सभी शासकों के गुण-दोषों का निष्पक्ष विवेचन किया है।

11 **भारतीय इतिहास के संदर्भ में अलेक्जेंडर री, ए. एच. लॉन्गहर्स्ट, रॉबर्ट स्वेल, जेम्स बर्गेस और वाल्टर इलियट किस गतिविधि से जुड़े थे?** *(Chap 3, Class-XI, Old NCERT) (IAS Pre 2023)*

(a) पुरातात्विक उत्खनन
(b) औपनिवेशिक भारत में अंग्रेजी प्रेस की स्थापना
(c) देशी रजवाड़ों में गिरजाघरों की स्थापना
(d) औपनिवेशिक भारत में रेल का निर्माण

उत्तर *(a)*

व्याख्या भारतीय इतिहास के संदर्भ में अलेक्जेंडर री, ए. एच. लॉन्गहर्स्ट, रॉबर्ट स्वेल, जेम्स बर्गेस और वाल्टर इलियट पुरातात्विक उत्खनन से जुड़े थे।

इन सभी ने दक्षिण भारत में विशेष रूप में कार्य किए, जहाँ इन्होंने पुरातात्विक अवशेषों की खोज की। अलेक्जेंडर री ने महाबलीपुरम स्मारकों के संदर्भ में जानकारी प्रदान की। ए. एच. लॉन्गहर्स्ट का अधिकांश पुरातात्विक कार्य श्रीलंका (पोलन्नरूवा तथा अनुराधापुर) से जुड़ा है। रॉबर्ट स्वेल ने अमरावती स्तूप के अवशेषों का निरीक्षण किया। जेम्स बर्गेस का संबंध पश्चिमी भारत के ऐतिहासिक स्थलों से था।

वाल्टर इलियट ने दक्षिण भारत के सिक्कों पर महत्त्वपूर्ण कार्य किया था। इनके अवशेषों, मूल्यवान वस्तुओं आदि ने भारतीय विद्वानों में जिज्ञासा उत्पन्न की तथा उनमें खोज को बढ़ावा मिलने के साथ ही भारत की प्राचीन सांस्कृतिक विरासतों को खोजने, जानने व समझने की जिज्ञासा बढ़ी।

12 **अष्टाध्यायी के संबंध में निम्नलिखित में से कौन-सा कथन सही नहीं है?** *(Chap 3, Class-XI, Old NCERT)*

(a) पाणिनि द्वारा रचित अष्टाध्यायी एक प्रामाणिक ग्रंथ है
(b) इसकी रचना छठी शताब्दी ई.पू. में की गई थी जो मूलत: एक योग ग्रंथ है
(c) अष्टाध्यायी में अध्यायों की संख्या आठ है
(d) अष्टाध्यायी के सूत्र पद्धति में लिखे जाने के कारण महर्षि पाणिनि को सूत्रकार भी कहा जाता है

उत्तर *(c)*

व्याख्या अष्टाध्यायी के संबंध में कथन (b) सही नहीं है, क्योंकि अष्टाध्यायी की रचना छठी नहीं, बल्कि चौथी शताब्दी ई.पू. में की गई थी जो मूलत: एक व्याकरण ग्रंथ है। इस पुस्तक में व्याकरण के नियमों का उदाहरण देने हेतु पाणिनि ने तत्कालीन समाज, अर्थव्यवस्था और संस्कृति के व्यापक पक्षों को उजागर किया है। इनके द्वारा लिखे गए सूत्र इतने सुगठित हैं कि इनमें एक अक्षर का भी परिवर्तन नहीं किया जा सकता है।

13 महाभारत के संबंध में निम्नलिखित कथनों पर विचार कीजिए
(Chap 3, Class-XI, Old NCERT)

1. यह दसवीं सदी ई.पू. से चौथी सदी ई.पू. तक की स्थिति का आभास देता है।
2. पहले इसमें 1000 श्लोक थे, इसे जय कहा जाता था।
3. बाद में 24000 श्लोक हो जाने से 'भारत' कहा गया।
4. एक लाख श्लोक होने पर इसका नाम महाभारत पड़ा।

उपर्युक्त में से कौन-से कथन सही हैं?

(a) 1, 2 और 4
(b) 1, 2 और 3
(c) 1, 3 और 4
(d) 3 और 4

उत्तर (c)

व्याख्या महाभारत के संबंध में कथन (1), (3) और (4) सही हैं।
महाभारत धार्मिक साहित्य का एक प्रमुख स्रोत है, जिसे वेदव्यास द्वारा लिखा गया था। इस महाकाव्य में दसवीं सदी ई.पू. से चौथी शताब्दी ई.पू. तक की स्थिति का वर्णन किया गया है।
इस महाकाव्य में श्लोकों की संख्या 24,000 हो जाने की स्थिति में इसे 'भारत' नाम दिया गया, क्योंकि इसमें प्राचीनतम वैदिक जन भरत के वंशजों की कथा का वर्णन किया गया है।
इस महाकाव्य में अंतत: श्लोकों की संख्या एक लाख होने के पश्चात् इसे मूल रूप से महाभारत या शतसहस्री संहिता के नाम से जाना जाने लगा।
कथन (2) सही नहीं है, क्योंकि महाभारत में पहले 1000 नहीं, बल्कि 8800 श्लोक थे और इसे 'जय' कहा जाता था, जिसका शाब्दिक अर्थ था-विजय संबंधी संग्रह ग्रंथ।

14 बौद्ध ग्रंथों के संबंध में निम्नलिखित कथनों पर विचार कीजिए
(Chap 3, Class-XI, Old NCERT)

1. प्राचीनतम बौद्ध ग्रंथ पालि भाषा में लिखे गए थे।
2. पालि भाषा कन्नौज या उत्तरी बिहार में बोली जाती थी।
3. महात्मा बुद्ध के पूर्व जन्मों की कथाएँ जातक कहलाती हैं।

उपर्युक्त में से कौन-सा/से कथन सही है/हैं?

(a) केवल 1 (b) 1 और 3
(c) 1 और 3 (d) 1 और 2

उत्तर (c)

व्याख्या बौद्ध ग्रंथों के संबंध में कथन (1) और (3) सही हैं।
प्राचीनतम बौद्ध ग्रंथों को ईसा-पूर्व दूसरी सदी में अंतिम रूप से श्रीलंका में संकलित किया गया था। बौद्ध ग्रंथों के धार्मिक शिक्षा से संबंधित अंश बुद्ध के समय की स्थिति का बोध कराते हैं। ये बौद्ध ग्रंथ पालि भाषा में लिखे गए थे।
बौद्धों के धार्मिक साहित्य में सबसे महत्त्वपूर्ण और रोचक तथ्य महात्मा बुद्ध के पूर्व जन्मों की कथाएँ हैं। ये कथाएँ जातक कहलाती हैं।
ये जातक कथाएँ एक प्रकार की लोक कथाएँ हैं, जो ईसा पूर्व पाँचवीं सदी से दूसरी सदी तक की सामाजिक और आर्थिक स्थिति पर प्रकाश डालती हैं।
कथन (2) सही नहीं है, क्योंकि पालि भाषा कन्नौज या उत्तरी बिहार में नहीं, बल्कि मगध अर्थात् दक्षिणी बिहार में बोली जाती थी।

15 जैन साहित्यिक स्रोतों के संबंध में निम्नलिखित कथनों पर विचार कीजिए
(Chap 3, Class-XI, Old NCERT)

1. जैन ग्रंथों की रचना प्राकृत भाषा में हुई थी।
2. ईसा की आठवीं सदी में वल्लभी में उन्हें संकलित किया गया।
3. जैन ग्रंथों में व्यापार और व्यापारियों के उल्लेख बार-बार मिलते हैं।

उपर्युक्त में से कौन-सा/से कथन सही है/हैं?

(a) केवल 1 (b) 1 और 3 (c) 1, 2 और 3 (d) 1 और 2

उत्तर (b)

व्याख्या जैन साहित्यिक स्रोतों के संबंध में कथन (1) और (3) सही हैं।
बौद्ध ग्रंथ के साथ-साथ जैन ग्रंथ भी एक महत्त्वपूर्ण साहित्यिक स्रोत रहे हैं, जिनकी रचना प्राकृत भाषा में की गई है।
जैन ग्रंथों के अनेक ऐसे अंश हैं, जिनके आधार पर हमें महावीर कालीन बिहार और पूर्वी उत्तर प्रदेश के राजनीतिक, इतिहास के पुनर्निर्माण में सहायता प्राप्त होती है। इस ग्रंथ में व्यापार और व्यापारियों से संबंधित उल्लेख बार-बार मिलते हैं।
कथन (2) सही नहीं है, क्योंकि ईसा की आठवीं सदी में नहीं, बल्कि छठी सदी में गुजरात के वल्लभी नगर में जैन ग्रंथों को अंतिम रूप से संकलित किया गया।

16 कौटिल्य के अर्थशास्त्र के अनुसार, निम्नलिखित में कौन-से कथन सही हैं?
(Chap 1, Module-1, NIOS) (IAS Pre 2022)

1. न्यायिक दंड के परिणामस्वरूप कोई व्यक्ति दास हो सकता था।
2. स्त्री दास अपने मालिक के संसर्ग से पुत्र जनन पर कानूनी रूप से मुक्त हो जाती थी।
3. यदि स्त्री दास का मालिक उस स्त्री से पैदा हुए पुत्र का पिता हो, तो उस पुत्र को मालिक का पुत्र होने का कानूनी हक मिलता था।

उपर्युक्त कथनों में से कौन-से कथन सही हैं?

(a) 1 और 2 (b) 2 और 3 (c) 1 और 3 (d) 1, 2 और 3

उत्तर (d)

व्याख्या कौटिल्य के अर्थशास्त्र के संबंध में दिए गए सभी कथन सही हैं।
कौटिल्य के अर्थशास्त्र के अनुसार, एक व्यक्ति जन्म से गुलाम हो सकता है, स्वेच्छा से स्वयं को बेचकर, युद्ध में कैद होकर या न्यायिक दंड के आधार पर। इसके अतिरिक्त यदि दासी ने अपने स्वामी के बच्चे को (पुत्र को) जन्म दिया, तो वह बंधन से मुक्ति की हकदार थी तथा उसे और उसके बच्चे दोनों को अब दास नहीं माना जाएगा।

17 संगम साहित्य के संबंध में निम्नलिखित कथनों पर विचार कीजिए

1. ये प्राचीनतम तमिल ग्रंथ हैं। *(Chap 3, Class-XI, Old NCERT)*
2. इनका संकलन ईसा की आरंभिक चार सदियों में हुआ।
3. संगम साहित्य के पद्य 30,000 पंक्तियों में मिलते हैं।

उपर्युक्त में से कौन-सा/से कथन सही है/हैं?

(a) 1 और 2 (b) 1 और 3 (c) 1, 2 और 3 (d) केवल 3

उत्तर (c)

व्याख्या संगम साहित्य के संबंध में दिए गए सभी कथन सही हैं।
प्राचीनतम तमिल ग्रंथों को संगम साहित्य के नाम से जाना जाता है।
इन साहित्यों का सृजन तत्कालीन राजाओं द्वारा संरक्षित विद्या केंद्रों में एकत्र कवियों या भाटों (राजाओं का यशगान करने वाली एक जाति) द्वारा ईसा की आरंभिक चार सदियों में किया गया था, जबकि इसका अंतिम संकलन संभवत: छठी सदी में हुआ मालूम पड़ता है।
संगम साहित्य के पद्य 30,000 पंक्तियों में लिखे गए हैं, जो आठ एतुत्तौके (संकलनों) में विभक्त हैं। ये पद्य सौ-सौ के समूहों में संगृहीत हैं।

18 साहित्यिक स्रोत के रूप में विभिन्न भाषाओं पर विचार कीजिए

(Chap 4, Class-VI, New NCERT)

1. संस्कृत भाषा भारोपीय भाषा परिवार से संबंधित नहीं है।
2. अंग्रेजी, फ्रांसीसी, यूनानी और इतावली का संबंध भरोपीय परिवार से है।
3. भारत के पूर्वोत्तर प्रवेशों में तिब्बत-बर्मा परिवार की भाषाएँ बोली जाती हैं।

उपर्युक्त कथनों में से कौन-सा/से कथन सही है/हैं?

(a) केवल 1 (b) केवल 2 (c) 2 और 3 (d) 1, 2 और 3

उत्तर *(c)*

व्याख्या दिए गए कथनों में से कथन (2) और (3) सही हैं।

भारत की भाषाएँ; जैसे-असमिया, गुजराती, हिंदी, कश्मीरी और सिंधी, फारसी तथा यूरोप की भाषाएँ; जैसे-अंग्रेजी, फ्रांसीसी, जर्मन, संबद्ध हैं। इन्हें एक भाषा-परिवार इसलिए कहा जाता है, क्योंकि आरंभ में उनमें कई शब्द एक जैसे थे।

भारतीय उपमहाद्वीप में दूसरे भाषा-परिवारों की भी भाषाएँ बोली जाती हैं। यूनानी, इतावली, स्पैनिश आदि भाषाएँ यूरोपीय परिवार से उदाहरण के लिए पूर्वोत्तर प्रदेशों में तिब्बत-बर्मा परिवार की भाषाएँ बोली जाती हैं।

कथन (1) सही नहीं है, क्योंकि संस्कृत भाषा भी भारोपीय (भारत-यूरोपीय) भाषा-परिवार का हिस्सा है।

19 निम्नलिखित में से कौन-सा युग्म सुमेलित नहीं है?

(Chap 3, Class-XI, Old NCERT)

पुस्तक		लेखक
(a) ज्योग्राफी	—	टॉलमी
(b) नेचुरल हिस्टोरिका	—	हेरोडोट्स
(c) सीयूकी	—	ह्वेनसांग
(d) इंडिका	—	मेगस्थनीज

उत्तर *(b)*

व्याख्या दिए गए युग्मों में से युग्म (b) सही सुमेलित नहीं है, क्योंकि नेचुरल हिस्टोरिका पुस्तक की रचना हेरोडोट्स ने नहीं, बल्कि प्लिनी ने ईसा की पहली सदी में की थी। यह पुस्तक लैटिन भाषा में लिखी गई है, जिसमें भारत और इटली के बीच होने वाले व्यापार का वर्णन किया गया है।

20 पुराणों के संदर्भ में निम्नलिखित कथनों में से कौन-सा सही है?

(Chap 3, Class-XI Old NCERT) (UPPSC Pre 2023)

1. विष्णु पुराण में मौर्य वंश की जानकारी मिलती है।
2. वायु पुराण गुप्त वंश की शासन व्यवस्था पर प्रकाश डालता है।

कूट

(a) केवल 1 (b) केवल 2
(c) 1 और 2 दोनों (d) न तो 1 और न ही 2

उत्तर *(c)*

व्याख्या पुराणों के संदर्भ में दोनों कथन सही हैं।

विष्णु पुराण का संबंध मौर्य वंश से है, जबकि वायु पुराण का संबंध गुप्त वंश से है, जिसमें गुप्त वंश की शासन व्यवस्था का उल्लेख मिलता है।

21 सूची I को सूची II से सुमेलित कीजिए

(Chap 3, Class-XI, Old NCERT)

	सूची I (लेखक)		सूची II (रचनाएँ)
A.	बाणभट्ट	1.	रामचरित
B.	विल्हण	2.	मूषिक वंश
C.	अतुल	3.	हर्षचरित
D.	संध्याकर नंदी	4.	विक्रमांकदेवचरित

कूट

	A	B	C	D
(a)	1	2	3	4
(b)	2	3	1	4
(c)	3	4	2	1
(d)	1	4	3	2

उत्तर *(c)*

व्याख्या सही सुमेलन A-3, B-4, C-2, D-1 है।

बाणभट्ट ने 'हर्षचरित' की रचना ईसा की सातवीं सदी में की थी। यह एक गद्य काव्य है, जिसमें हर्षवर्द्धन के आरंभिक जीवन वृत्तांत के विषय में वर्णन किया गया है।

विल्हण के द्वारा लिखी गई 'विक्रमांकदेवचरित' में कल्याणी के चालुक्य राजा विक्रमादित्य पंचम के पराक्रमों के संबंध में विस्तृत विवरण दिया गया है।

अतुल द्वारा ग्यारहवीं सदी में लिखित मूषिक वंश एकमात्र महत्त्वपूर्ण ग्रंथ है। इस ग्रंथ में मूषिक वंश का वृत्तांत है, जिसका शासन क्षेत्र उत्तरी केरल था।

संध्याकर नंदी द्वारा रामचरित ग्रंथ बारहवीं सदी में लिखा गया, जिसमें कैवर्त्त जाति के किसानों और पाल वंश के राजा रामपाल के बीच हुई लड़ाई तथा रामपाल के विजयी होने का पूरा वृत्तांत लिखा गया है।

इतिहास लेखन

22 भारतीय इतिहास को 'प्राचीन', 'मध्य' और 'आधुनिक' कालों में विभाजित करने में समस्याएँ भी हैं। निम्नलिखित में से वह समस्या कौन-सी है?

(Chap 1, Class-VII, New NCERT)

(a) त्रिविभाजन भारतीय राज्यों की क्रमिक प्रगति को दर्शाता है
(b) तीन काल भारतीय इतिहास को वर्णित करने के लिए अपर्याप्त हैं
(c) यह संकल्पना पश्चिम से ली गई है जहाँ आधुनिक काल विज्ञान, तर्कणा, लोकतंत्र, स्वतंत्रता और समानता से संबंधित हैं
(d) भारतीय इतिहास में 'प्राचीन काल', 'मध्य काल' और 'आधुनिक काल' में अंतर की स्पष्ट रेखाएँ प्रतीत होती हैं।

उत्तर *(c)*

व्याख्या अंग्रेज़ों द्वारा सुझाए गए वर्गीकरण से अलग हटकर इतिहासकार भारतीय इतिहास को आमतौर पर 'प्राचीन', 'मध्य', तथा 'आधुनिक' काल में बाँटकर देखते हैं। इस विभाजन की भी अपनी समस्याएँ हैं।

इतिहास को इन खंडों में बाँटने की यह समझ भी पश्चिम से आई है। पश्चिम में आधुनिक काल विज्ञान, तर्क, लोकतंत्र, मुक्ति और समानता जैसी आधुनिकता की ताकतों के विकास का युग माना जाता है। उनके लिए मध्यकालीन समाज वे समाज थे, जहाँ आधुनिक समाज की ये विशेषताएँ नहीं थीं। अंग्रेजों के शासन में लोगों के पास समानता, स्वतंत्रता या मुक्ति नहीं थी। न ही यह आर्थिक विकास और प्रगति का दौर था। बहुत सारे इतिहासकार इस युग को 'औपनिवेशिक' युग कहते हैं।

23 19वीं शताब्दी के मध्य में ब्रिटिश इतिहासकारों ने भारत के इतिहास को तीन कालों में विभाजित किया। हिंदू भारत, मुस्लिम भारत और ब्रिटिश भारत। इस विभाजन का क्या आधार है?

(Chap 1, Class-VII, New NCERT)

(a) यह इस विचार पर आधारित है कि शासकों का धर्म एक महत्त्वपूर्ण ऐतिहासिक परिवर्तन था।
(b) इंग्लैंड का इतिहास भी इसी रूप में लिखा गया है।
(c) ब्रिटिश लोग समझते थे कि वे इतिहास के उस बिंदु पर सर्वाधिक ज्ञानवान थे और इसलिए उन्होंने इस विभाजन का प्रयोग किया।
(d) यह याद करने में सुविधाजनक और सरल है।

उत्तर *(a)*

व्याख्या 1817 ई. में स्कॉटलैंड के अर्थशास्त्री और राजनीतिक दार्शनिक जेम्स मिल ने तीन विशाल खंडों में ए हिस्ट्री ऑफ़ ब्रिटिश इंडिया (ब्रिटिश भारत का इतिहास) नामक एक पुस्तक लिखी। इस पुस्तक में उन्होंने भारत के इतिहास को हिन्दू, मुस्लिम और ब्रिटिश, इन तीन काल खंडों में बाँटा था। यह इस विचार पर आधारित है कि शासकों का धर्म एक महत्त्वपूर्ण ऐतिहासिक परिवर्तन था।

काल खंडों के इस निर्धारण को अधिकांश लोगों ने मान भी लिया। इतिहास को अलग-अलग काल खंडों में बाँटने का एक कारण यह है कि हम एक दौर की विशेषताओं, उसके केंद्रीय तत्त्वों को पकड़ने की कोशिश करते हैं इसलिए ऐसे शब्द महत्त्वपूर्ण हो जाते हैं, जिनके सहारे हम समय को बाँटते हैं। ये शब्द अतीत के बारे में हमारे विचारों को दर्शाते हैं। वे हमें बताते हैं कि एक अवधि से दूसरी अवधि के बीच आए परिवर्तनों का क्या महत्त्व होता है।

24 प्राचीन दक्षिण भारत में संगम साहित्य के बारे में, निम्नलिखित कथनों में कौन-सा एक सही है?

(Chap 3, Class-XI, Old NCERT) (IAS Pre 2022)

(a) संगम कविताओं में भौतिक संस्कृति का कोई संदर्भ नहीं है
(b) वर्ण का सामाजिक वर्गीकरण संगम कवियों को ज्ञात था
(c) संगम कविताओं में समर शौर्य का कोई संदर्भ नहीं है
(d) संगम साहित्य में जादुई ताकतों को असंगत बताया गया है

उत्तर *(b)*

व्याख्या प्राचीन दक्षिण भारत में संगम साहित्य के बारे में कथन (b) सही है। संगम साहित्य से ज्ञात होता है कि वर्ण का सामाजिक वर्गीकरण संगम कवियों को ज्ञात था। संगम साहित्य में प्रेम और राजाओं की प्रशंसा पर अधिक बल दिया गया। संगम साहित्य को तीन भागों क्रमशः पत्थुप्पातु, इत्युथोकै तथा पदिनेनकीलकंकु में बाँटा गया है। यह साहित्य संगम युग का विवरण देता है।

25 निम्नलिखित में से कौन-सा युग्म सुमेलित नहीं है?

(Chap 2, Class-XI, Old NCERT)

पुस्तक		लेखक
(a) इंडो एरियन्स	—	राजेंद्र लाल मित्र
(b) हिस्ट्री ऑफ धर्मशास्त्र	—	पांडुरंग वामन काणे
(c) ए हिस्ट्री ऑफ एंशिएंट इंडिया	—	आर. सी. मजूमदार
(d) ए हिस्ट्री ऑफ साउथ इंडिया	—	नीलकंठ शास्त्री

उत्तर *(c)*

व्याख्या दिए गए युग्मों में से युग्म (c) सही सुमेलित नहीं है, क्योंकि 'ए हिस्ट्री ऑफ एंशिएंट इंडिया' पुस्तक के लेखक आर. सी. मजूमदार नहीं, बल्कि के. ए. नीलकंठ शास्त्री थे। आर. सी. मजूमदार की रचना 'हिस्ट्री एंड कल्चर ऑफ इंडियन पीपुल' है।

प्राचीन भारतीय इतिहास के अधिकांश लेखकों ने दक्षिण भारत के इतिहास पर विशेष ध्यान नहीं दिया। हालाँकि दक्षिण भारतीय इतिहासविद् के. ए. नीलकंठ शास्त्री ने भी अपनी पुस्तक 'ए हिस्ट्री ऑफ एंशिएंट इंडिया' में इसी मार्ग का अनुसरण किया, लेकिन उन्होंने 'ए हिस्ट्री ऑफ साउथ इंडिया' नामक पुस्तक में अपनी इस गलती को सुधारते हुए दक्षिण भारतीय इतिहास पर समुचित ध्यान दिया था।

26 अराजनैतिक इतिहास लेखन के संबंध में निम्नलिखित कथनों पर विचार कीजिए

(Chap 2, Class-XI, Old NCERT)

1. ए. एल. बॉशम ने 'वंडर दैट वाज इंडिया' नामक पुस्तक लिखी।
2. बॉशम के अनुसार अतीत का अध्ययन जिज्ञासा और आनंद के लिए होना चाहिए।
3. यह पुस्तक वर्ष 1941 में प्रकाशित हुई थी।

उपर्युक्त में से कौन-से कथन सही हैं?

(a) 1 और 2 (b) 1 और 3 (c) 1, 2 और 3 (d) 2 और 3

उत्तर *(a)*

व्याख्या अराजनैतिक इतिहास लेखन के संबंध में कथन (1) और (2) सही हैं। ब्रिटिश इतिहासकार एवं संस्कृतविद् ए. एल. बॉशम ने अपनी पुस्तक 'वंडर दैट वाज इंडिया' में प्राचीन भारतीय संस्कृति और सभ्यता के विभिन्न पक्षों को सुव्यवस्थित ढंग से प्रस्तुत किया है और उन दोषों को नहीं दोहराया है, जिससे पूर्व लेखक वी. ए. स्मिथ ग्रसित थे।

ए. एल. बॉशम के कुछ लेखों से यह पता चलता है कि वे नास्तिक संप्रदायों के भौतिकवादी दर्शन में रुचि रखते थे। हालाँकि उन्होंने अपने बाद के कुछ लेखों के माध्यम से यह विचार रखा कि अतीत का अध्ययन जिज्ञासा और आनंद के लिए होना चाहिए।

कथन (3) सही नहीं है, क्योंकि ए. एल. बॉशम की पुस्तक 'वंडर दैट वाज इंडिया' वर्ष 1941 में नहीं बल्कि, वर्ष 1951 में प्रकाशित की गई थी।

27 निम्नलिखित कथनों पर विचार कीजिए

कथन I महाकाव्य महाभारत को भारत नाम से भी जाना जाता है।

कथन II इसमें प्राचीनतम वैदिक जन भरत के वंशजों की कथा है।

(Chap 3, Class-XI, Old NCERT)

उपर्युक्त कथनों के बारे में, निम्नलिखित में से कौन-सा एक कथन सही है?

(a) कथन I और कथन II दोनों सही हैं तथा कथन II, कथन I की सही व्याख्या है
(b) कथन I और कथन II दोनों सही हैं, परन्तु कथन II, कथन I की सही व्याख्या नहीं है
(c) कथन I सही है, किंतु कथन II गलत है
(d) कथन I गलत है, किंतु कथन II सही है

उत्तर *(a)*

व्याख्या कथन I और कथन II दोनों सही हैं तथा कथन II, कथन I की सही व्याख्या है।

महाकाव्य महाभारत को भारत के नाम से भी जाना जाता है। महाभारत का संकलन महर्षि वेदव्यास ने किया, जो 400 ई. के आसपास पूर्ण हुआ। प्रारंभ मे इसमें केवल 8800 श्लोक थे, तब इसे जयसंहिता कहा गया, जिसका अर्थ है 'विजय संबंधी ग्रंथ'। बाद में श्लोकों की संख्या बढ़कर 24000 हो गई, तब इसे भारत कहा गया, क्योंकि इसमें प्राचीनतम वैदिक जन भरत के वंशजों की कथा है। अंततः इसमें एक लाख श्लोक हो गए और तद्नुसार यह शतसाहस्री संहिता या महाभारत कहलाने लगा। यह विश्व का सबसे बड़ा महाकाव्य है।

28 निम्नलिखित कथनों पर विचार कीजिए

(Chap 2, Class-XI, Old NCERT)

1. पश्चिमी इतिहासकारों ने धार्मिक कर्मकांड, जाति, बंधुत्व और रूढ़ि को भारतीय इतिहास की मूल शक्तियाँ माना।
2. पश्चिमी इतिहासकारों का मानना है कि भारतीय समाज न बदला है और न बदला जा सकता है।

उपर्युक्त कथनों में से कौन-सा/से कथन सही है/हैं?

(a) केवल 1 (b) केवल 2
(c) 1 और 2 दोनों (d) न तो 1 और न ही 2

उत्तर *(c)*

व्याख्या दिए गए दोनों कथन सही हैं।

पश्चिमी लेखकों ने भारत के संबंध में सामाजिक, आर्थिक और सांस्कृतिक प्रक्रिया के स्थान पर राजनीतिक गतिविधियों को व्यापक महत्त्व देना प्रारंभ किया है। उन्होंने इस बात पर भी बल दिया है कि सभी महत्त्वपूर्ण वस्तुएँ भारत मे आयातित नहीं हैं। कालांतर में उन्होंने धार्मिक धारणाएँ, कर्मकांड, जाति (वर्ण) बंधुत्व और रूढ़ि को ही भारतीय इतिहास के मुख्य तत्त्वों में शामिल किया है।

पश्चिमी इतिहासकार भारत के पिछड़ेपन का कारण बदलाव के प्रति उनकी नकारात्मक चेतना को उद्धृत करते हैं।

विविध

29 प्राचीन भारतीय इतिहास के संबंध में कौन-सा कथन सही नहीं है?
(Chap 1, Class-XI, Old NCERT)

(a) प्राक् आर्य, हिंद आर्य, यूनानी ने भारत को अपना घर बनाया
(b) आर्य सांस्कृतिक उपादान हड़प्पा सभ्यता के अंग हैं
(c) प्राक् आर्य जातीय उपादान दक्षिण की द्रविड़ संस्कृति से आए हैं
(d) उपर्युक्त में से कोई नहीं

उत्तर (b)

व्याख्या प्राचीन भारतीय इतिहास के संबंध में कथन (b) सही नहीं है, क्योंकि प्राचीन भारतीय इतिहास के संबंध में आर्य सांस्कृतिक उपादान हड़प्पा संस्कृति के अंग नहीं, बल्कि ये उत्तर के वैदिक और संस्कृतमूलक संस्कृति के अंग हैं। प्राचीन भारतीय संस्कृति की विलक्षणता यह रही है कि इसमें उत्तर और दक्षिण के तथा पूर्व और पश्चिम के सांस्कृतिक उपादान समेकित हो गए हैं।

30 प्राचीन भारतीय इतिहास की विशेषताओं पर विचार कीजिए
(Chap 1, Class-XI Old NCERT)

1. उत्तर भारत में वर्ण-व्यवस्था का जन्म हुआ।
2. वर्ण व्यवस्था ने ईसाइयों को प्रभावित नहीं किया।
3. मुसलमान भारतीय व्यवस्था से प्रभावित हुए।

उपर्युक्त कथनों में से कौन-से कथन सही हैं?

(a) 1 और 3 (b) 2 और 3
(c) 1 और 2 (d) 1, 2 और 3

उत्तर (a)

व्याख्या प्राचीन भारतीय इतिहास की विशेषताओं के संदर्भ में कथन (1) और (3) सही हैं। भारतीय इतिहास की यह विशेषता है, कि यहाँ एक विचित्र प्रकार की सामाजिक व्यवस्था उदित हुई है। उत्तर भारत में वर्ण-व्यवस्था या जाति प्रथा का जन्म हुआ, जो सारे देश में व्याप्त हो गई। प्राचीन काल में जो लोग बाहर से आए वे भी किसी-न-किसी वर्ण/जाति में मिल गए। वर्ण-व्यवस्था ने मुसलमानों को तथा इस्लाम को गहरे स्तर तक प्रभावित किया।

कथन (2) सही नही है, क्योंकि वर्ण-व्यवस्था से ईसाई धर्म भी नहीं बच पाया। वर्ण-व्यवस्था ने ईसाई धर्म को भी प्रभावित किया

31 भारतीय उपमहाद्वीप के संबंध में निम्नलिखित कथनों पर विचार कीजिए *(Chap 4, Class-XI, Old NCERT)*

1. भारतीय उपमहाद्वीप उतना बड़ा है जितना रूस को छोड़कर पूरा यूरोप है।
2. भारतीय उपमहाद्वीप के अंतर्गत भारत, बांग्लादेश, नेपाल, भूटान और पाकिस्तान शामिल हैं।
3. भारतीय उपमहाद्वीप के अधिकांश भाग शीत कटिबंध में स्थित हैं।

उपर्युक्त में से कौन-से कथन सही हैं?

(a) 1 और 2 (b) 1 और 3
(c) 2 और 3 (d) 1, 2 और 3

उत्तर (a)

व्याख्या भारतीय उपमहाद्वीप के संबंध में कथन (1) और (2) सही हैं।
भारत के इतिहास को उसके भौगोलिक अध्ययन के बिना नहीं समझा जा सकता है। भारतीय उपमहाद्वीप का कुल क्षेत्रफल 4,202,500 वर्ग किमी है, जो संपूर्ण यूरोपीय महादेश के बराबर है (रूस को छोड़कर)।

भारतीय उपमहाद्वीप में भारत सहित बांग्लादेश, नेपाल, भूटान और पाकिस्तान मालदीव और श्रीलंका आदि शामिल हैं।

कथन (3) सही नहीं है, क्योंकि भारतीय उपमहाद्वीप का अधिकांश भाग उष्णकटिबंधीय क्षेत्र में स्थित है न कि शीत कटिबंधीय क्षेत्र में।

32 प्राचीन भारत में पश्चिमोत्तर सीमा के संबंध में कौन-सा कथन सत्य नहीं है?
(Chap 4, Class-XI, Old NCERT)

(a) सुलेमान पर्वत हिमालय के पश्चिम में स्थित है
(b) सुलेमान पर्वत श्रृंखला बलूचिस्तान में किरथार से जुड़ी है
(c) बोलन दर्रे से प्रागैतिहासिक काल से ही आवागमन होता था
(d) ईरानी आक्रमण बोलन दर्रे से हुआ था

उत्तर (a)

व्याख्या प्राचीन भारत में पश्चिमोत्तर सीमा के संबंध में कथन (a) सत्य नहीं है, क्योंकि सुलेमान पर्वत हिमालय के पश्चिम में नहीं, बल्कि दक्षिण में स्थित है। यह पर्वत श्रृंखला दक्षिणी-पूर्वी अफगानिस्तान और पश्चिमी पाकिस्तान के बलूचिस्तान प्रांत के उत्तर में स्थित एक प्रमुख पर्वत श्रृंखला है।

33 निम्नलिखित विकल्पों पर विचार कीजिए
(Chap 3, Class-XI, Old NCERT)

1. धर्मसूत्र 2. स्मृतियाँ
3. टिकाएँ 4. उपनिषद्

उपर्युक्त में से कौन धर्मशास्त्र के अंतर्गत आते हैं?

(a) केवल एक (b) केवल दो
(c) केवल तीन (d) ये सभी

उत्तर (c)

व्याख्या दिए गए विकल्पों में से धर्मसूत्र, स्मृतियाँ और टीकाएँ धर्मशास्त्र के अंतर्गत आते हैं।

लौकिक साहित्य प्रचुर मात्रा में उपलब्ध हैं। विधि ग्रंथों को उसी कोटि में रखा जा सकता है। उन ग्रंथों में धर्मसूत्र, स्मृतियाँ और टीकाएँ भी शामिल हैं, जिन्हें धर्मशास्त्र कहा जाता है। धर्मसूत्रों का संकलन 500-200 ई.पू. में हुआ था। मुख्य स्मृतियाँ ईसा की आरंभिक छह सदियों में संहिताबद्ध की गई थीं। इनमें विभिन्न वर्णों, राजाओं और पदाधिकारियों के कर्त्तव्यों का विधान किया गया है। इनमें संपत्ति के अर्जन, विक्रय और उत्तराधिकार के नियम सहित विवाह के विधान भी दिए गए हैं तथा चोरी, हमला, हत्या, व्यभिचार आदि के लिए दंड विधान किया गया है।

34 विदेशी विवरण से निम्नलिखित कथनों पर विचार कीजिए
(Chap 3, Class-XI, Old NCERT)

1. यवन लोग पोतों पर आते, सोना देकर सूखा अंजीर खरीदते थे और स्थानीय लोगों को सुरा और दासियाँ पहुँचाते थे।
2. यवन लोग स्थानीय लोगों को सुरा और दासियाँ पहुँचाते थे।
3. कावेरीपट्टनम् का बंदरगाह के रूप में समृद्धिपूर्ण विवरण मिलता है

उपर्युक्त में से कितने कथन सही हैं?

(a) केवल एक (b) केवल दो
(c) सभी तीनों (d) इनमें से कोई नहीं

उत्तर (b)

व्याख्या विदेशी विवरण से संबंधित केवल दो कथन (2 और 3) सही हैं।
विदेशी विवरण में बहुत-से नगरों का उल्लेख मिलता है। इनमें उल्लिखित कावेरीपट्टनम् का समृद्धिपूर्ण अस्तित्व पुरातात्विक साक्ष्य से समर्थित हुआ है। यह एक महत्त्वपूर्ण बंदरगाह था।

विवरणों से यह जानकारी मिलती है, कि यवन लोग स्थानीय लोगों को सुरा और दासियाँ पहुँचाते थे। यह व्यापार हम केवल लैटिन और ग्रीक लेखों से ही नहीं, बल्कि पुरातात्विक साक्ष्यों से भी जानते हैं।

व्यापार और वाणिज्य के बारे में विदेशी विवरणों से जो जानकारी मिलती है उसकी पुरातात्विक प्रमाणों से भी पुष्टि होती है।

कथन (1) सही नहीं है, क्योंकि यवन लोग अपने-अपने पोतों पर आते ओर सोना देकर सूखा अंजीर नहीं, बल्कि गोल मिर्च खरीदते थे।

35 प्राचीन भारत में धातुओं की प्राप्ति के संबंध में निम्नलिखित कथनों पर विचार कीजिए *(Chap 4, Class-XI, Old NCERT)*

1. सोने का सबसे पुराना अवशेष 1800 ई. पू. में कर्नाटक से प्राप्त हुआ।
2. प्राचीन काल में आंध्र प्रदेश सीसे के उत्पादन के लिए प्रसिद्ध था।
3. मेसोपोटामिया से टिन का आयात होता था।

उपर्युक्त में से कौन-सा/से कथन सही है/हैं?

(a) 1 और 3 (b) 2 और 3 (c) 1 और 2 (d) केवल 3

उत्तर *(c)*

व्याख्या प्राचीन भारत में धातुओं की प्राप्ति के संबंध में कथन (1) और (2) सही हैं। प्राचीन भारत में सोना कोलार (कर्नाटक) की खानों से प्राप्त किया जाता था। सोने का सबसे प्राचीन अवशेष 1800 ई. पू. के आस-पास कर्नाटक में एक नवपाषाण युगीन स्थल से मिला है। सोने का नियमित प्रचलन ईसा की पाँचवीं सदी में हुआ था। कोलार कर्नाटक के गंगवंशियों की प्राचीनतम राजधानी थी।

प्राचीन काल में आंध्र प्रदेश सीसा के उत्पादन हेतु प्रसिद्ध था, इसी कारण आंध्र प्रदेश पर शासन करने वाले सातवाहन वंश के राजाओं ने बड़ी संख्या में सीसे के सिक्के जारी किए थे।

कथन (3) सही नहीं है, क्योंकि टिन का आयात मेसोपोटामिया से नहीं, बल्कि अफगानिस्तान से किया जाता था।

36 वैदिकोत्तर संस्कृति, जो मुख्यत: लोहे के प्रयोग पर आश्रित थी, का विकास मुख्यत: किस क्षेत्र में हुआ? *(Chap 4, Class-XI, Old NCERT)*

(a) गंगा-यमुना दोआब में (b) नेपाल घाटी में
(c) मध्य गंगा घाटी में (d) पश्चिमोत्तर सीमा प्रांत में

उत्तर *(c)*

व्याख्या वैदिकोत्तर संस्कृति, जो मुख्यत: लोहे के प्रयोग पर आश्रित थी, का विकास मुख्यत: मध्य गंगा की घाटी में हुआ था। वैदिक संस्कृति का उद्‌भव पश्चिमोत्तर प्रदेश और पंजाब में हुआ। मगध राजवंश के उदय का प्रमुख कारण लोहे का नियमित प्रयोग था। बड़े पैमाने पर अवंति (उज्जैन की राजधानी) राज्य ने लोहे का प्रयोग कर स्वयं को स्थापित किया।

37 भारत के भौगोलिक ढाँचे के संबंध में निम्नलिखित कथनों पर विचार कीजिए *(Chap 4, Class-XI, Old NCERT)*

1. उत्तर में ताप्ती (दमन गंगा) और दक्षिण में भीमा के बीच का प्रदेश महाराष्ट्र के रूप में पहचाना जा सकता है।
2. उत्तर में भीमा और ऊपरी कृष्णा तथा दक्षिण में तुंगभद्रा के बीच का प्रदेश कर्नाटक के रूप में पहचाना जा सकता है।

उपर्युक्त कथनों में से कौन-सा/से कथन सही है/हैं?

(a) केवल 1 (b) केवल 2
(c) 1 और 2 दोनों (d) न तो 1 और न ही 2

उत्तर *(c)*

व्याख्या भारत के भौगोलिक ढाँचे के संबंध में दोनों कथन सही हैं।

उत्तर में ताप्ती (दमन गंगा) और दक्षिण में भीमा के बीच का प्रदेश महाराष्ट्र के रूप में पहचाना जा सकता है। उत्तर में भीमा और ऊपरी कृष्णा तथा दक्षिण में तुंगभद्रा के बीच का प्रदेश कर्नाटक के रूप में पहचाना जा सकता है।

तुंगभद्रा के उत्तर और दक्षिण में स्थित युद्धरत व्यक्तियों के बीच इस नदी ने लंबे समय तक प्राकृतिक सीमा का काम किया। एक ओर बादामी के चालुक्यों और राष्ट्रकूटों को तुंगभद्रा नदी के दक्षिण में अपनी सत्ता फैलाने में कठिनाई हुई, तो दूसरी ओर पल्लवों और चोलों को इस नदी के उत्तर में राज्य-विस्तार करने में कठिनाई हुई।

प्रायद्वीप के सुदूर दक्षिण-पश्चिम के तटीय प्रदेश में आजकल का केरल राज्य है। प्रायद्वीप का समुद्र तटवर्ती पश्चिमी भाग मालाबार तट कहलाता है।

38 प्राचीन कालीन कलिंग देश के संबंध में निम्नलिखित में से कौन-सा कथन सहीं नहीं है? *(Chap 4, Class-XI, Old NCERT)*

(a) यह वर्तमान के ओडिशा का समुद्रवर्ती प्रदेश था
(b) उसकी उत्तरी सीमा महानदी थी
(c) उसकी दक्षिणी सीमा नर्मदा नदी थी
(d) उपर्युक्त में से कोई नहीं

उत्तर *(c)*

व्याख्या प्राचीन कालीन कलिंग देश के संबंध में कथन (c) सही नहीं है, क्योंकि प्राचीन कालीन कलिंग देश की दक्षिणी सीमा गोदावरी नदी तक थी न कि नर्मदा नदी तक। भारतीय प्रायद्वीपीय क्षेत्र के पूर्वी भाग में आधुनिक ओडिशा का समुद्र तटवर्ती क्षेत्र कलिंग देश कहलाता था, जिसकी उत्तरी सीमा महानदी तक थी।

39 ऐतिहासिक स्रोत के रूप में उपलब्ध विश्व प्रसिद्ध कंधार के अभिलेख की लिपि क्या है? *(Chap 1, Class-VI, Old NCERT)*

(a) आरमेइक और ब्राह्मी
(b) यूनानी और ब्राह्मी
(c) देवनागरी और तमिल
(d) यूनानी और आरमेइक

उत्तर *(d)*

व्याख्या ऐतिहासिक स्रोतों के रूप में उपलब्ध विश्व प्रसिद्ध कंधार के अभिलेख की लिपि यूनानी और आरमेइक हैं। लगभग 2,250 वर्ष पुराना यह स्रोत (अभिलेख) वर्तमान अफगानिस्तान से प्राप्त हुआ है। यह अभिलेख मौर्य शासक अशोक के आदेश पर उत्कीर्ण करवाया गया था।

40 प्राचीन पांडुलिपियों के संबंध में निम्नलिखित में से कौन-सा कथन सही है? *(Chap 1, Class-VI, New NCERT)*

(a) प्राचीनकाल में पांडुलिपियों के लिए भूर्ज की छाल का प्रयोग होता था
(b) ताड़ के पत्तों को काटकर लेखन कार्य किया जाता था
(c) हाथ से लिखी गई पुस्तकें पांडुलिपि की श्रेणी में आती थीं
(d) उपर्युक्त सभी

उत्तर *(d)*

व्याख्या प्राचीन पांडुलिपियों के संबंध में दिए गए सभी कथन सही हैं। प्राचीन पांडुलिपि के अध्ययन को निम्न प्रकार समझा जा सकता है

जिन पुस्तकों को हाथ से लिखा गया है, वो पांडुलिपि कही जाती हैं। पांडुलिपि के लिए अंग्रेजी में प्रयुक्त होने वाला शब्द 'मैन्यूस्क्रिप्ट' है। यह लैटिन शब्द 'मेनू' जिसका अर्थ 'हाथ' होता है, से निकला है।

पांडुलिपियाँ प्राय: ताड़पत्रों अथवा हिमालय क्षेत्र में उगने वाले भूर्ज नामक पेड़ की छाल से विशेष प्रकार से तैयार भोजपत्र पर लिखी जाती थीं। प्राय: ये पांडुलिपियाँ मंदिरों और विहारों में प्राप्त होती हैं।

इन पांडुलिपियों में आर्थिक मान्यताओं व व्यवहारों, राजाओं के जीवन औषधियों तथा विज्ञान आदि सभी प्रकार के विषयों की चर्चा मिलती हैं।

अध्याय 02

प्रागैतिहासिक संस्कृतियाँ

प्रागैतिहासिक संस्कृतियाँ

प्रागैतिहासिक काल

परिचय
- कोई लिखित साक्ष्य उपलब्ध नहीं
- पुरातात्विक साक्ष्यों के आधार पर अध्ययन संभव

पुरापाषाण काल
- आखेटक और संग्राहक युग, प्लाइस्टोसीन युग में विकसित, समयावधि 20 लाख वर्ष पूर्व से 12 हजार वर्ष पूर्व तक
- शिकार करना और एकत्र करना, पत्थर के अनगढ़ और अपरिष्कृत औजारों का प्रयोग
- इस काल को तीन भागों में विभाजित किया गया
- **निम्न पुरापाषाण काल** (5,00,000 ई.पू. से 50,000 ई.पू.)
  - **प्रमुख औजार** कुल्हाड़ी, विदारणी (Cleavers) और खंडक (Choppers),
  - **प्रमुख स्थल** सोहन नदी घाटी, भीमबेटका, बेलन नदी, डीडवाना इत्यादि
  - **मध्य पुरापाषाण** (50,000 ई.पू. से 40,000 ई.पू.)
  - **प्रमुख औजार** फ्लेक्स तकनीक पर आधारित फलक, बेधनी, छेदनी, खुरचनी

  प्रमुख स्थल सोहन तथा नर्मदा घाटी
- **उच्च पुरापाषाण** (40,000 ई.पू. से 10,000 ई.पू.)
  - **होमोसेपियंस** (Homosapiens) की उपस्थिति
  - **प्रमुख औजार** शल्कों (Flakes) फलक (Blades), तक्षणियाँ (Burins), खुरचनी (Scrapers)
  - **प्रमुख स्थल** भीमबेटका और गुजरात के टिब्बे (Dunes)

मध्यपाषाण एवं नवपाषाण काल

मध्यपाषाण काल (8000 ई. पू. से 4000 ई. पू.)
- **मुख्य विशेषताएँ** पुरापाषाण काल और नवपाषाण काल के मध्य का संक्रमण काल
- **प्रमुख औजार** पत्थर के बहुत छोटे औजारों (माइक्रोलिथ) का प्रयोग
- निर्वाह पद्धति शिकार करना, मछली पकड़ना और खाद्य सामग्री एकत्रित करना, भोजन की आपूर्ति
- **प्रमुख स्थल** आजमगढ़, बागौर, छोटानागपुर पठार और मध्य भारत इत्यादि

नवपाषाण काल (7000 ई.पू. से)
- **मुख्य विशेषताएँ** प्रारंभिक कृषक समुदाय, जानवरों को पालतू बनाना, स्थायी आवास में रहना प्रारंभ, पॉलिस किए गए पत्थरों के प्रयुक्त उपकरणों एवं औजारों का प्रयोग,
- **प्रमुख फसलें** चावल, गेहूँ, जौ, रागी और रूई, पहिए से बने मिट्टी के बर्तनों का उपयोग आदि।
- **समाज** पुरुषों एवं महिलाओं के बीच श्रम का विभाजन, प्रारंभिक राजनीतिक संगठन
- **धर्म** आकाश एवं पृथ्वी देवताओं की पूजा
- **प्रमुख स्थल**
  - उत्तर में मेहरगढ़, बुर्जहोम, गुफकराल, चिरांद
  - दक्षिण में मास्की, हल्लूर, ब्रह्मगिरि, पोचमपल्ली
  - पूर्व में गारो की पहाड़ियाँ, दाओजली हेडिंग
- **आर्थिक एवं सामाजिक स्थिति**
- नवपाषाण युग के निवासी सबसे पुराने कृषक समुदाय थे। ये पत्थर की कुदालों (हो) और लकड़ी की छड़ों से भूमि खोदते थे; मेहरगढ़ में रहने वाले नवपाषाण युग के लोग अधिक उन्नत थे,
- प्रस्तर युग के लोग पूर्णतः पत्थर के ही औजारों और हथियारों पर आश्रित थे, इसलिए ये पहाड़ी क्षेत्रों से दूर जाकर बस्तियाँ नहीं बना सकते थे।
- ये पहाड़ियों की ढलानों पर गुफाओं में और पहाड़ियों से युक्त बड़ी घाटियों में ही निवास करते थे।

ताम्रपाषाण काल एवं अन्य सभ्यता

- **ताम्रपाषाण काल**
- प्रमुख विशेषताएँ प्रथम धातु ताँबे का प्रयोग, जस्ते और सीसे के साथ मिश्रित कांस्य युग, विभिन्न प्रकार के मिट्टी के बर्तनों का विकास, पालतू पशु, गाय, भेड़, बकरी,
- **कृषि** गेहूँ , ज्वार, दालें (पश्चिमी भारत) और चावल (दक्षिणी तथा पूर्वी क्षेत्र)
- **प्रमुख स्थल**
  - **अहार संस्कृति** (राजस्थान) काले तथा लाल रंग के बर्तनों का उपयोग
  - **कायथा संस्कृति** (मध्य प्रदेश) लाल चिकने बर्तनों का उपयोग
  - **मालवा संस्कृति** (गुजरात) लाल तथा काले बर्तनों का उपयोग
  - **सवालदा संस्कृति** (महाराष्ट्र) गैर-हड़प्पा संस्कृति

कांस्य युग
- **अवधि** 2500 से 800 ई. पू.
- ताँबे तथा टिन के मिश्रण से कांस्य बनाया
- सर्वप्रथम कांस्य के औजार व हथियार का निर्माण

लौह युग
- 800 ई. पू. के पश्चात् लौह धातु से बने औजार एवं बर्तन के अवशेष प्राप्त हुए
- ऋग्वैदिक काल के पश्चात् उत्तर भारत में दृष्टिगत
- **उदाहरण** महापाषाणिक संस्कृति

SOURCE New NCERT Class VI आखेट-खाद्य संग्रह से भोजन उत्पादन तक, Old NCERT Class VI आदि मानव, Old NCERT Class IX प्रागैतिहासिक काल में जीवन, Old NCERT Class XI प्रस्तर युग : आदि मानव, ताम्र पाषाण कृषक संस्कृति, आर्यों का आगमन और ऋग्वैदिक युग, Tamil Nadu Board, Class-IX Unit 1, NIOS Module-1 भारत का भौगोलिक परिवेश एवं प्रागैतिहासिक सभ्यताएँ

पाषाणकालीन संस्कृतियाँ

1 आदिमानव के द्वारा प्रयोग किए जाने वाले पशुओं की हड्डियों से बने औजारों का प्रमाण कहाँ से मिलता है?

(Chap 1, Class-VI, Old NCERT)

(a) कश्मीर घाटी (b) बेलन घाटी
(c) नेपाल की तराई (d) ऊपरी गंगा के मैदान

उत्तर *(a)*

व्याख्या कश्मीर की घाटी से आदिमानव के द्वारा प्रयोग किए जाने वाले जानवरों (पशुओं) की हड्डियों से बने औजार और हथियार के प्रमाण मिले हैं। इस काल में आदिमानव चकमक पत्थरों से बने औजारों का प्रयोग बहुतायत मात्रा में करते थे। पत्थर के बड़े टुकड़ों से हथौड़े, कुल्हाड़ियाँ और बसूले बनाए जाते थे। आदिमानव इन औजारों का प्रयोग पेड़ों की टहनियाँ काटने, जानवरों को मारने, जमीन खोदने आदि में करता था। चकमक पत्थर के आविष्कार ने आग उत्पन्न करने के अतिरिक्त अन्य कार्यों में आदिमानव को सुविधाएँ दीं।

2 आरंभिक पुरापाषाण काल के संबंध में कौन-सा कथन सही नहीं है?

(Chap 5, Class-XI, Old NCERT)

(a) इस काल में मानव खाद्य संग्राहक बना रहा
(b) इस काल में विदारणी एक प्रमुख औजार था
(c) इस काल के निवास स्थल सोहन घाटी से मिले हैं
(d) इस काल में खंडक का प्रयोग शिकार के लिए किया जाता था

उत्तर *(a)*

व्याख्या आरंभिक पुरापाषाण काल के संबंध में कथन (a) सही नहीं है, क्योंकि आरंभिक पुरापाषाण काल के मानव खाद्य संग्राहक नहीं थे, बल्कि इस काल का मानव अपना भोजन कठिनाई से प्राप्त करता था और अधिकांशत: शिकार पर ही निर्भर था।

3 पुरापाषाण युग के संबंध में निम्नलिखित कथनों पर विचार कीजिए

(Chap 5, Class-XI, Old NCERT)

1. अतिनूतन (प्लाइस्टोसीन) चातुर्थिकी अवस्था का एक भाग है।
2. होलोसीन नवपाषाण युग के अंतर्गत आता है।
3. मानव धरती पर प्लाइस्टोसीन के आरंभ में पैदा हुआ।

उपर्युक्त कथनों में से कौन-सा/से कथन सही है/हैं?

(a) केवल 1 (b) 1 और 2 (c) 1 और 3 (d) 1, 2 और 3

उत्तर *(c)*

व्याख्या पुरापाषाण युग के संबंध में कथन (1) और 3 सही हैं।

पृथ्वी 400 करोड़ वर्षों से अधिक पुरानी है। इसकी परत के विकास की चार अवस्थाएँ प्रकट होती हैं। चौथी अवस्था चातुर्थिकी (क्वाटर्नरी) कहलाती है। अतिनूतन (प्लाइस्टोसीन) इसी चौथी अवस्था का एक भाग है। कहा जाता है कि मानव धरती पर प्लाइस्टोसीन के आरंभ में पैदा हुआ। इसी समय गाय, हाथी और घोड़ा भी उत्पन्न हुआ।

कथन (2) सही नहीं है, क्योंकि होलोसीन (अद्यतन) नवपाषाण युग के अंतर्गत नहीं, बल्कि चातुर्थिकी अवस्था के अंतर्गत आता है। अतिनूतन और होलोसीन चातुर्थिकी के दो महत्त्वपूर्ण भाग हैं।

4 पुरापाषाण युग के संबंध में कौन-सा कथन सही नहीं है?

(Chap 5, Class-XI, Old NCERT)

(a) अधिकांश आरंभिक पुरापाषाण युग हिम-युग से गुजरा है
(b) आरंभिक पुरापाषाण के स्थल पाकिस्तान में पाए जाते हैं
(c) आरंभिक पुरापाषाण के औजार बिहार के चिरांद में पाए गए हैं
(d) हस्त-कुठार द्वितीय हिमालयीय अंतर्हिमावर्तन के समय के जमाव में मिले हैं

उत्तर *(c)*

व्याख्या पुरापाषाण युग के संबंध में कथन (c) सही नहीं है, क्योंकि आरंभिक पुरापाषाण युग के औजार बिहार के चिरांद से नहीं, बल्कि उत्तर प्रदेश की बेलन घाटी (मिर्जापुर) से प्राप्त हुए हैं। चिरांद (बिहार) से नवपाषाण काल के पत्थर के औजार प्राप्त हुए हैं।

5 मध्यपुरापाषाण युग के संबंध में निम्नलिखित कथनों पर विचार कीजिए

(Chap 5, Class-XI, Old NCERT)

1. इस युग में उद्योग मुख्यत: पत्थर की पपड़ी से बनी वस्तुओं का था।
2. फलक, बेधनी, छेदनी तथा खुरचनी पपड़ी से बने औजार हैं।
3. इस युग में सूक्ष्म पाषाण (माइक्रोलिथ्स) औजारों का प्रयोग होता था।

उपर्युक्त में से कौन-सा/से कथन सही है/हैं?

(a) केवल 1 (b) 1 और 2
(c) 1, 2 और 3 (d) 2 और 3

उत्तर *(c)*

व्याख्या मध्यपुरापाषाण युग के संबंध में तीनों कथन सही हैं।

मध्य पुरापाषाण युग में उद्योग मुख्यत: पत्थर की पपड़ी से बनी वस्तुओं का था। ये पपड़ियाँ संपूर्ण भारत में पाई गई हैं और इनमें क्षेत्रीय अंतर भी पाया गया। इस युग के मुख्य औजारों में पपड़ियों से बने विविध प्रकार के फलक, बेधनी, छेदनी और खुरचनी आदि शामिल हैं।

कुछ औजार जैसे-कुदाल, छिद्रक, नुकीलें पत्थर, गंडासा आदि पत्थर के टुकड़ों (माइक्रोलिथ्स) से बनाए गए थे।

6 मध्यपुरापाषाण काल में उस उद्योग को क्या कहते थे, जिसमें पत्थर के गोलों से वस्तुओं का निर्माण किया जाता था?

(Chap 5, Class-XI, Old NCERT)

(a) मिसोलिथिक उद्योग (b) बटिकाश्म उद्योग
(c) शैलाश्रय उद्योग (d) मेगालिथ उद्योग

उत्तर *(b)*

व्याख्या मध्यपुरापाषाण काल में पत्थर के गोलों से वस्तुओं के निर्माण की कला विकसित थी, जिसे सरल बटिकाश्म उद्योग के रूप में जाना जाता है। इस काल के स्थल उसी स्थान पर मिले हैं, जहाँ आरंभिक पुरापाषाण स्थल पाए गए हैं। इस युग की शिल्प सामग्री नर्मदा नदी के किनारे स्थित कई स्थानों पर तथा तुंगभद्रा नदी के दक्षिणावर्ती अनेक स्थानों पर पाई गई है।

7 आधुनिक मानव (होमोसेपिएंस) के संबंध में निम्नलिखित कथनों पर विचार कीजिए

(Chap 1, Class-XI, New NCERT)

1. अफ्रीका में होमोसेपिएंस का उद्‌भव वर्तमान से 5 लाख से 1.5 लाख वर्ष पूर्व हुआ था।
2. एशिया में होमोसेपिएंस का उद्‌भव वर्तमान से 1.5 लाख से 50 हजार वर्ष पूर्व हुआ था।
3. भारतीय उपमहाद्वीप में होमोसेपिएंस का संबंध नवपाषाण काल से है।

उपर्युक्त कथनों में से कौन-सा/से कथन सही है/हैं?

(a) केवल 1 (b) 1 और 3 (c) 1 और 2 (d) 1, 2 और 3

उत्तर *(c)*

व्याख्या आधुनिक मानव (होमोसेपिएंस) के संबंध में कथन (1) और (2) सही हैं। अफ्रीका में होमोसेपिएंस का उद्‌भव वर्तमान से 5 लाख से 1.5 लाख वर्ष पूर्व हुआ था। इसके जीवाश्म वर्तमान से 1,95,000 वर्ष पूर्व में प्राप्त हुए हैं।

एशिया में होमोसेपिएंस का उद्‌भव वर्तमान से 1.5 लाख से 50 हजार वर्ष पूर्व में हुआ था। इसके जीवाश्म यहाँ 1 लाख वर्ष पूर्व में प्राप्त हुए हैं।

कथन (3) सही नहीं है, क्योंकि भारतीय उपमहाद्वीप में होमोसेपिएंस का संबंध नवपाषाण काल से नहीं, बल्कि उत्तर पुरापाषाण काल से है। होमोसेपिएंस को आधुनिक मानव के रूप में जाना जाता है। इस युग में मानव के उपयोग हेतु गुफाओं का साक्ष्य भीमबेटका से प्राप्त होता है।

8 **मध्यपाषाण युग के संबंध में निम्नलिखित कथनों पर विचार कीजिए** *(Chap 5, Class-XI, Old NCERT)*

1. यह पुरापाषाण और नवपाषाण के बीच का संक्रमण काल है।
2. इस युग में लोग शिकार करके, मछली पकड़कर और खाद्य वस्तुएँ एकत्रित कर पेट भरते थे।
3. इस युग में लोग पशुपालक बन गए।

उपर्युक्त में से कौन-सा/से कथन सही है/हैं?

(a) 1 और 2 (b) 1, 2 और 3
(c) 2 और 3 (d) केवल 2

उत्तर (a)

व्याख्या मध्यपाषाण युग के संबंध में कथन (1) और (2) सही हैं। प्रस्तर युगीन (9000 ई. पू.) संस्कृति में एक मध्यवर्ती अवस्था का प्रादुर्भाव हुआ, जो मध्यपाषाण युग के रूप में जाना जाता है। यह पुरापाषाण युग और नवपाषाण युग के बीच का संक्रमण काल था। इस युग के लोग शिकार करके, मछली पकड़कर और खाद्य वस्तुओं का संग्रह कर अपना भोजन तैयार करते थे। कथन (3) सही नहीं है, क्योंकि मध्य पाषाण युग के लोग पशुपालक नहीं थे, बल्कि पशुपालन नवपाषाण युग से प्रारंभ हुआ था।

9 **मध्यपाषाण संस्कृति की तिथि के संबंध में निम्नलिखित कथनों पर विचार कीजिए** *(Class-XI, Old NCERT)*

1. लेवंत (पूर्वी भूमध्यसागरीय क्षेत्र) में यह तिथि 20,000 से 9,500 ई. पू. के बीच है।
2. भारत में यह संस्कृति लगभग 10,000 ई. पू. में दिखाई दी।

उपर्युक्त कथनों में से कौन-सा/से कथन सही है/हैं?

(a) केवल 1 (b) केवल 2
(c) 1 और 2 दोनों (d) न तो 1 और न ही 2

उत्तर (c)

व्याख्या मध्यपाषाण संस्कृति की तिथि के संबंध में दिए गए दोनों कथन सही हैं। मध्यपाषाण संस्कृति की तिथि विश्व के विभिन्न भागों में भिन्न है। यह संस्कृति कुछ क्षेत्रों में कृषि-पूर्वकाल की है।

लेवंत पूर्वी भूमध्यसागरीय क्षेत्र में यह तिथि 20,000 से 9,500 ई पू. के बीच निर्धारित की गई है, जबकि भारत में यह संस्कृति लगभग 10,000 ई. पू. में दिखाई पड़ती है। केरल तथा तमिलनाडु सहित भारत के कुछ हिस्सों में यह लौह युग्म की शुरुआत तक (लगभग 1000 ई. पू.) जारी रही।

10 **भारतीय मध्य पुरापाषाण कालीन मुख्य विशेषताओं में निम्नलिखित में से कौन शामिल है?**

((Unit 1, Class-XI, Tamil Nadu Board) (Chap 2, Module-1, NIOS)

1. औजार सूक्ष्म हो गए
2. अन्य उपकरणों की तुलना में हस्तकुठारों के उपयोग में कमी
3. पत्थर के उपकरणों को बनाने में तकनीक का प्रयोग
4. कच्चे माल के रूप में चर्ट, जैस्पर और क्वाट्र्ज का उपयोग

कूट

(a) 1, 2 और 3 (b) 1 और 2
(c) 1, 3 और 4 (d) 1, 2, 3 और 4

उत्तर (d)

व्याख्या भारतीय मध्यकालीन पुरापाषाण की मुख्य विशेषताओं में दिए गए सभी कथन शामिल हैं।

मध्य पुरापाषाण की अवस्था 50,000 ई. पू. से 40,000 ई. पू. के बीच मानी जाती है। इस काल की मुख्य विशेषताएँ निम्नलिखित हैं

- बड़े पैमाने पर पत्थर के बने छोटे हथियारों का प्रयोग (माइक्रोलिथ)
- औजार सूक्ष्म हो गए थे।
- अन्य उपकरणों की तुलना में हस्तकुठारों के उपयोग में कमी आई।
- पत्थर के उपकरणों को बनाने में तकनीक का उपयोग किया जाने लगा।
- कच्चे माल के रूप में चर्ट, जैस्पर और क्वाट्र्ज का उपयोग होने लगा।
- फलक, बेधनी, छेदनी और खुरचनी इनके प्रमुख औजार हो गए।

11 **निम्नलिखित मध्यपाषाणिक स्थलों को भौगोलिक दृष्टि से पश्चिम से पूर्व की ओर क्रम में व्यवस्थित करें**

(Chap 5, Class-XI, Old NCERT)
(UPPSC RO/ARO Mains 2022)

1. पैसरा 2. लेखहिया
3. बीरभानपुर 4. महदहा

नीचे दिए गए कूट से सही उत्तर का चयन कीजिए

(a) 4, 2, 3, 1 (b) 1, 4, 3, 2
(c) 4, 2, 1, 3 (d) 2, 4, 1, 2

उत्तर (c)

व्याख्या मध्यपाषाणिक स्थलों का भौगोलिक दृष्टि से पश्चिम से पूर्व की ओर क्रम–महदहा (प्रतापगढ़, उत्तर प्रदेश), लेखहिया (मिर्जापुर, उत्तर प्रदेश), पैसरा (मुंगेर, बिहार) एवं बीरभानपुर (पश्चिम बंगाल) है।

12 **निम्नलिखित युग्मों पर विचार कीजिए** *(Chap 5, Class-XI, Old NCERT)*

पुरास्थल		राज्य
1. बागौर	—	पशुपालन का प्राचीनतम साक्ष्य
2. बोरी	—	मानव की उपस्थिति का साक्ष्य
3. छोटानागपुर	—	पुरापाषाण काल के औजार
4. मिर्जापुर	—	चावल के अवशेष

उपर्युक्त युग्मों में कितने युग्म सुमेलित हैं?

(a) केवल एक (b) केवल दो
(c) केवल तीन (d) ये सभी

उत्तर (c)

व्याख्या दिए गए युग्मों में से केवल तीन युग्म (1, 2 और 3) सुमेलित हैं। राजस्थान स्थित बागौर से पशुपालन के प्राचीनतम साक्ष्य प्राप्त हुए हैं। बागोर मध्यपाषाण काल का एक प्रमुख स्थल है। महाराष्ट्र के बोरी नामक स्थान से मानव की उपस्थिति के साक्ष्य मिले। पुरापाषाण काल के औजार छोटानागपुर के पठार में मिले हैं।

युग्म (4) सुमेलित नहीं है, क्योंकि मिर्जापुर से चावल के साक्ष्य प्राप्त नहीं हुए, बल्कि मिर्जापुर जिले की बेलन घाटी से पशुओं के अवशेष मिले हैं। यहाँ बकरी-भेड़, गाय-भैंस आदि मवेशी पाले जाते थे।

13 **नवपाषाण काल के संबंध में कौन-सा कथन सही नहीं है?** *(Chap 5, Class-XI, Old NCERT)*

(a) इस युग के लोग पॉलिशदार पत्थर का प्रयोग करते थे
(b) लोग काँस्य की कुल्हाड़ी का प्रयोग करते थे
(c) इस काल में सर्वप्रथम कृषि उत्पादन शुरू हुआ
(d) इस काल में ही मिट्टी के बर्तन बनाने के लिए चाक का उपयोग शुरू हुआ

उत्तर (b)

व्याख्या नवपाषाण काल के संबंध में कथन (b) सही नहीं है, क्योंकि नवपाषाण काल में काँसे की कुल्हाड़ी का नहीं, बल्कि पॉलिशदार पत्थर के औजारों और हथियारों का प्रयोग होता था। नवपाषाण काल कई महत्त्वपूर्ण कारणों से केंद्र में रहा, जिसमें कृषि उत्पादन, मिट्टी के बर्तन बनाने हेतु चाक का उपयोग, पशुपालन का प्रारंभ तथा आग का प्रारंभ आदि प्रमुख थे।

14 बुर्जहोम (वर्तमान कश्मीर में) के संबंध में निम्नलिखित कथनों पर विचार कीजिए *(Chap 2, Class-VI, New NCERT)*

1. बुर्जहोम में लोग गड्ढे के नीचे घर बनाते थे।
2. पुरातत्त्वविदों को झोपड़ियों के अंदर और बाहर आग जलाने की जगह मिली हैं।
3. यहाँ की एक कब्र में मृतक के साथ बकरी को दफनाए जाने का साक्ष्य मिला है।

उपर्युक्त कथनों में से कौन-सा/से कथन सही है/हैं?

(a) 1 और 2 (b) 2 और 3 (c) 1 और 3 (d) 1, 2 और 3

उत्तर *(a)*

व्याख्या बुर्जहोम के संबंध में कथन (1) और (2) सही हैं।

पुरातत्त्वविदों को कुछ पुरास्थलों पर झोपड़ियों और घरों के निशान मिले हैं। जैसा कि बुर्जहोम (वर्तमान कश्मीर) के लोग गड्ढे के नीचे घर बनाते थे, जिन्हें गर्तवास कहा जाता है। इनमें उतरने के लिए सीढ़ियाँ होती थीं। पुरातत्त्वविदों को झोपड़ियों के अंदर और बाहर दोनों ही स्थानों पर आग जलाने की जगह मिली हैं। ऐसा ज्ञात होता है कि लोग मौसम के अनुसार घर के अंदर या बाहर भोजन पकाते रहे होंगे।

कथन (3) सही नहीं है, क्योंकि कब्र में मृतक के साथ बकरी को दफनाए जाने का साक्ष्य बुर्जहोम से नहीं, बल्कि मेहरगढ़ से प्राप्त हुआ है, जबकि बुर्जहोम में मृतक के साथ कुत्ते को दफनाए जाने का साक्ष्य मिला है।

15 सूची I को सूची II से सुमेलित कीजिए *(Chap 5, Class-XI, Old NCERT)*

सूची I (पुरास्थल)	सूची II (अवस्थिति)
A. मेहरगढ़	1. बलूचिस्तान
B. चेचर	2. बिहार
C. गारो पहाड़ियाँ	3. कर्नाटक
D. हल्लूर	4. मेघालय

कूट

	A	B	C	D		A	B	C	D
(a)	1	2	3	4	(b)	1	2	4	3
(c)	4	3	2	1	(d)	4	3	1	2

उत्तर *(b)*

व्याख्या सही सुमेलन A-1, B-2, C-4, D-3 है।

मेहरगढ़, एक नवपाषाणकालीन स्थल है, जहाँ से कृषि के प्राचीनतम साक्ष्य प्राप्त हुए हैं। यह पाकिस्तान के बलूचिस्तान प्रांत में स्थित है।

चेचर, बिहार के वैशाली जिले में अवस्थित एक नवपाषाणिक पुरास्थल है।

गारो पहाड़ियाँ, पूर्वोत्तर राज्य मेघालय में स्थित हैं। यह मेघालय में गारो-खासी शृंखला का भाग है।

हल्लूर एक नवपाषाणकालीन स्थल है, जिसकी अवस्थिति कर्नाटक में है। दक्षिण भारत में नवपाषाण अवस्था 2000 ई. पू. से 1000 ई. पू. तक जारी रही।

16 नवपाषाणकालीन संस्कृति के संबंध में निम्नलिखित कथनों पर विचार कीजिए *(Class-XI, Old NCERT)*

1. नवपाषाण संस्कृति के प्रारंभिक साक्ष्य मिस्र और मेसोपोटामिया में मिलते हैं।
2. यह संस्कृति सिंधु क्षेत्र और चीन में भी पाई गई।
3. इस संस्कृति में बड़े-बड़े शहर अस्तित्व में आए।

उपर्युक्त कथनों में से कौन-सा/से कथन सही है/हैं?

(a) केवल 1 (b) 1 और 2 (c) 2 और 3 (d) 1, 2 और 3

उत्तर *(b)*

व्याख्या नवपाषाणकालीन संस्कृति के संबंध में कथन (1) और (2) सही हैं। नवपाषाणकालीन संस्कृति में कृषि और पशुपालन की शुरुआत हुई। यह भारतीय इतिहास का एक महत्त्वपूर्ण चरण है। नवपाषाण संस्कृति के प्रारंभिक साक्ष्य मिस्र और मेसोपोटामिया के उपजाऊ क्षेत्रों में मिलते हैं। यह संस्कृति सिंधु क्षेत्र, गंगाघाटी क्षेत्र और चीन में भी पाई गई है।

कथन (3) सही नहीं है, क्योंकि नवपाषाण संस्कृति में बड़े-बड़े शहरों का नहीं, बल्कि बड़े-बड़े गाँवों का विकास हुआ था। इस काल में मिट्टी के बर्तन बनाए जाने लगे तथा लोग स्थायी निवास करने लगे।

17 नववाषाण युग के संबंध में कौन-सा कथन सही नहीं है? *(Chap 5, Class-XI, Old NCERT)*

(a) नवपाषण युग में कई प्रकार के मिट्टी के बर्तन मिले हैं
(b) नवपाषण युग के बर्तनों पर अलंकरण नहीं है
(c) नवपाषण युग की शुरुआत वर्तमान से 10 हजार वर्ष पहले हुई थी
(d) नवपाषण युग में पहिए का आविष्कार हुआ था

उत्तर *(b)*

व्याख्या नवपाषाण युग के संबंध में कथन (b) सही नहीं है, क्योंकि नवपाषाण युग के बर्तनों पर अलंकरण मिले हैं।

नवपाषण युग के पुरास्थलों से कई प्रकार के मिट्टी के बर्तन मिले हैं। कभी-कभी इन पर अलंकरण भी किया जाता था। बर्तनों का उपयोग चीजों को रखने के लिए किया जाता था। धीरे-धीरे लोग बर्तनों का उपयोग खाना बनाने के लिए करने लगे। चावल, गेहूँ तथा दलहन जैसे अनाज अब आहार का महत्त्वपूर्ण हिस्सा बन गए थे।

18 उत्तर प्रदेश की सांस्कृतिक विरासत के संदर्भ में, निम्नलिखित कथनों में से कौन-सा/से कथन सही है/हैं? *(Chap 5, Class-XI, Old NCERT) (UP RO/ARO Pre 2021)*

1. इस प्रदेश के अनेक उत्खनित पुरास्थलों से वैश्विक संदर्भ में कृषि के प्राचीनतम प्रमाण प्राप्त हुए हैं।
2. प्राचीनतम प्राप्त कृषि अन्न जौ और धान हैं।

कूट

(a) केवल 1 (b) केवल 2
(c) 1 और 2 दोनों (d) न तो 1 और न ही 2

उत्तर *(c)*

व्याख्या उत्तर प्रदेश की सांस्कृतिक विरासत के संदर्भ में दोनों कथन सही हैं। उत्तर प्रदेश प्रागैतिहासिक काल से समृद्ध सांस्कृतिक विरासत का धनी रहा है। ध्यातव्य है कि प्रदेश की बेलन नदी घाटी क्षेत्र में स्थित कोल्डिहवा को लम्बे समय तक विश्व में धान की खेती का प्राचीनतम प्रमाण माना जाता रहा है। इस प्रकार वर्तमान में धान की खेती का प्राचीनतम प्रमाण प्रस्तुत करने वाला लहुरादेव भी उत्तर प्रदेश के सन्त कबीर नगर जिले का ही भाग है।

उत्तर प्रदेश के अनेक उत्खनित स्थलों से प्राप्त प्राचीनतम कृषि अन्न जौ के साक्ष्य महदहा तथा धान के साक्ष्य कोल्डिहवा से प्राप्त हुए हैं।

19 दाओजली हेडिंग के संबंध में निम्नलिखित कथनों पर विचार कीजिए *(Chap 2, Class-VI, New NCERT)*

1. यह ब्रह्मपुत्र की घाटी में स्थित था।
2. यहाँ से 'काष्टाश्म' के औजार और बर्तन मिले हैं।
3. यहाँ से मूसल और खरल जैसे उपकरण प्राप्त हुए हैं।

उपर्युक्त में से कौन-सा/से कथन सही है/हैं?

(a) 1 और 2 (b) 2 और 3
(c) 1, 2 और 3 (d) केवल 2

उत्तर *(c)*

व्याख्या दाओजली हेडिंग के संबंध में दिए गए सभी कथन सही हैं। दाओजली हेडिंग असम के कछार पर्वत के ऊपरी भाग में ब्रह्मपुत्र नदी घाटी में स्थित एक नवप्रस्तरकालीन स्थल है।

नवप्रस्तरकालीन मानव ने यहाँ उपलब्ध बलुआ पत्थर व शैल का उपयोग उपकरणों को बनाने में किया था। यहाँ से प्राप्त उपकरण अधिकांशत: इन्हीं से बनाए गए इस स्थल से प्राप्त मुख्य अवशेष पाषाण उपकरण हैं, जो क्वार्ट्जाइट, बलुआ पत्थर, शैल व प्रस्तरीकृत लकड़ी से निर्मित हैं। इनमें मूसल और खरल तथा काष्ठाश्म के औजार व बर्तन शामिल हैं।

20 निम्नलिखित कथनों पर विचार कीजिए
(Chap 2, Class-VI, New NCERT)

1. नवपाषाण काल में कुत्ते को सबसे पहले पालतू बनाया गया था।
2. महगढ़ा और पैयमपल्ली से कृषि कार्य के साक्ष्य मिले हैं।
3. नवपाषाण काल के लोग कपड़े बुनने लगे थे।

उपर्युक्त में से कौन-सा/से कथन सही है/हैं?

(a) 1 और 2 (b) 2 और 3 (c) 1, 2 और 3 (d) केवल 2

उत्तर *(c)*

व्याख्या दिए गए सभी कथन सही हैं।

पाषाणकालीन लोगों ने संभवत: अपने घरों के आस-पास चारा रखकर जन्तुओं को पालतू बनाया। सबसे पहले इनके द्वारा कुत्ते को पालतू बनाने के साक्ष्य प्राप्त हुए हैं। तत्पश्चात् भेड़ और बकरी को पालतू बनाए जाने की चर्चा सामने आती है। नवपाषाणकालीन स्थल से कृषक और पशुपालकों के बारे में भी जानकारी प्राप्त होती है।

भारत के पश्चिमोत्तर क्षेत्र, आधुनिक कश्मीर, पूर्वी तथा दक्षिण भारत ऐसे महत्त्वपूर्ण क्षेत्र हैं, जहाँ से कृषकों और पशुपालकों के साक्ष्य मिले हैं। महगढ़ा (उत्तर प्रदेश) और पैयमपल्ली (तमिलनाडु) ऐसे नवपाषाणकालीन स्थल थे, जहाँ से कृषकों के साक्ष्य प्राप्त हुए हैं।

21 नवपाषाणिक मिश्रित कृषि के संबंध में निम्नलिखित कथनों पर विचार कीजिए
(Chap 1, Class-IX, Old NCERT)

1. खेती वाले मनुष्य अनिवार्य रूप से पशुपालन करते थे।
2. कृषि के साथ पशुपालन को मिश्रित कृषि की संज्ञा दी गई।
3. फसल काटने के पश्चात् तुरंत सारा अनाज खत्म कर दिया जाता था।

उपर्युक्त में से कौन-सा/से कथन सही है/हैं?

(a) 1 और 2 (b) 1 और 3 (c) 1, 2 और 3 (d) इनमें से कोई नहीं

उत्तर *(a)*

व्याख्या नवपाषाणिक मिश्रित कृषि के संबंध में कथन (1) और (2) सही हैं। नवपाषाण काल में पशुपालन और कृषि दोनों कार्य साथ-साथ किए जाने लगे थे, तत्पश्चात् मिश्रित कृषि की शुरुआत हुई। संभवत: इस काल में पानी की निकटता वाले क्षेत्रों का पशु के बाहुल्य के कारण मनुष्य ने उनका अध्ययन किया और कृषि कार्य के पश्चात् फसलों की भूसी को उनके आहार के रूप में उपयोग करने लगे, जिससे दोनों कार्य साथ-साथ किए जाने लगे।

कथन (3) सही नहीं है, क्योंकि नवपाषाण काल में फसल काटने के तुरंत बाद सारा अनाज समाप्त नहीं किया जाता था, बल्कि उसे अगली उपज तक चलाया जाता था और उसमें से कुछ बोने के लिए बीज के रूप में भी आवश्यकतानुसार अनाज को बचाकर रखा जाता था।

22 नवपाषाणकालीन लोगों के धार्मिक विश्वास के संबंध में निम्नलिखित कथनों पर विचार कीजिए
(Chap 1, Class-IX, Old NCERT)

1. मृत व्यक्तियों को हथियार, बर्तन तथा खाने-पीने की चीजों के साथ दफनाया जाता था।
2. मृत पूर्वजों के शव जमीन में दफना देने से उनकी आत्माएँ फसलों के बढ़ने में मदद देती हैं।
3. नवपाषाण काल के लोगों का कुल-चिह्नों में विश्वास था।

उपर्युक्त में से कौन-सा/से कथन सही है/हैं?

(a) केवल 3 (b) 1 और 2
(c) 1, 2 और 3 (d) 1 और 3

उत्तर *(c)*

व्याख्या नवपाषाणकालीन लोगों के धार्मिक विश्वास के संबंध में सभी कथन सही हैं।

मृत व्यक्तियों को दफनाने के तरीकों से नवपाषाणकालीन लोगों के धार्मिक विश्वासों के विषय में जानकारी मिलती है। मृत व्यक्तियों को हथियार, मिट्टी के बर्तन तथा खाने-पीने की वस्तुओं के साथ कब्रों में दफनाया जाता था। ऐसा विश्वास था कि मरने के बाद भी व्यक्तियों को इन वस्तुओं की जरूरत पड़ेगी।

नवपाषाण काल में कब्रों का महत्त्व पहले की अपेक्षा अधिक हो गया था, क्योंकि इस समय कृषि का प्रचलन शुरू हो गया था और लोग आखेटक से खाद्य संग्राहक की ओर प्रेरित होने लगे। संभवत: इन्हीं कारणों से उस काल के लोगों की यह धारणा बन गई थी कि जिन मृत पूर्वजों के शव जमीन के नीचे गढ़े हुए हैं, उनकी आत्माएँ फसलों के बढ़ने में सहायता देती हैं।

नवपाषाण काल में इस बात के भी प्रमाण मिले हैं कि इन लोगों का कुल-चिह्नों में विश्वास था। यदि कोई जाति या साथ-साथ रहने वाले परिवारों का कोई समूह किसी पशु या पौधे की आकृति को अपनी जाति या समूह का चिह्न मान लेता था, तो उसे जाति या समूह का कुल-चिह्न कहा जाता था।

23 कर्नाटक के पिक्कलीहल के नवपाषाण युगीन निवासियों के संबंध में कौन-सा कथन सही नहीं है? *(Chap 5, Class-XI, Old NCERT)*

(a) वे गाय, बैल और भेड़ पालते थे
(b) पिक्कलीहल में राख के ढेर मिले हैं
(c) वे खंभे और खूँटे गाड़कर बाड़े बनाते थे
(d) पिक्कलीहल से निवास स्थान के साक्ष्य नहीं मिले हैं

उत्तर *(d)*

व्याख्या पिक्कलीहल के नवपाषाण युगीन निवासियों के संबंध में कथन (d) सही नहीं है, क्योंकि पिक्कलीहल में निवास स्थान के साक्ष्य मिले हैं।

कर्नाटक के पिक्कलीहल के नवपाषाणयुगीन निवासी पशुपालक थे। वे गाय, बैल, बकरी, भेड़ आदि पालते थे। वे खंभे और खूँटे गाड़कर मवेशी के लिए बाड़े बनाते थे और उनके बीच मौसमी शिविरों में रहते थे।

ताम्रपाषाण कृषक संस्कृतियाँ

24 ताम्रपाषाण युग के संबंध में कौन-सा कथन सही नहीं है?
(Chap 6, Class-XI, Old NCERT)

(a) इसे चाल्कोलिथिक कहा जाता है
(b) यह पत्थर और ताँबे के उपयोग की अवस्था है
(c) तकनीकी दृष्टि से ताम्रपाषाण अवस्था हड़प्पा की काँस्ययुगीन संस्कृति के बाद की है
(d) यहाँ के लोग ग्रामीण समुदाय बनाकर रहते थे

उत्तर *(c)*

व्याख्या ताम्रपाषाण युग के संबंध में कथन (c) सही नहीं है, क्योंकि तकनीकी दृष्टि से ताम्रपाषाण अवस्था हड़प्पा की काँस्ययुगीन संस्कृति से पहले की है न कि बाद की। नवपाषाण युग के अंत होने के साथ ही धातुओं का प्रयोग प्रारंभ हो गया। इन धातुओं को बनाने में सबसे पहले ताँबा का प्रयोग प्रारंभ हुआ।

25 निम्नलिखित कथनों पर विचार कीजिए
(Chap 6, Class-XI, Old NCERT)

1. अहार और गिलुंद ताम्रपाषाणिक स्थल हैं।
2. मालवा मृद्भांड ताम्रपाषाणिक मृद्भांडों में उत्कृष्टतम माना जाता है।
3. पश्चिमी महाराष्ट्र में इनामगाँव एक वृहत्तर ताम्रपाषाणिक स्थल है।

उपर्युक्त में से कौन-सा/से कथन सही है/हैं?

(a) 1 और 2
(b) 2 और 3
(c) 1, 2 और 3
(d) केवल 3

उत्तर *(c)*

व्याख्या दिए गए सभी कथन सही हैं।

अहार और गिलुंद ताम्रपाषाणिक स्थल हैं, यहाँ से ताँबे की वस्तुएँ बहुतायत में मिली हैं, ये स्थल राजस्थान में स्थित हैं। अहार का प्राचीन नाम तांबवती अर्थात् तांबेवाली जगह है। अहार संस्कृति का काल संभवत: 2100 और 1500 ई. पू. के बीच का है और गिलुंद इसी संस्कृति का स्थानीय केंद्र था, गिलुंद से ताँबे के टुकड़े प्राप्त हुए हैं।

पश्चिमी मध्य प्रदेश में स्थित मालवा मृद्भांड ताम्रपाषाणिक मृद्भांडों में उत्कृष्टतम माना जाता है, जो उसकी विलक्षणता को दर्शाता है।

इनामगाँव पश्चिमी महाराष्ट्र में आरंभिक ताम्रपाषाणिक स्थल है, यह ताम्रपाषाण युग की सबसे बड़ी बस्ती है।

26 भारत में ताम्रपाषाण अवस्था की बस्तियाँ निम्नलिखित में से कहाँ नहीं मिलती हैं? *(Chap 6, Class-XI, Old NCERT)*

(a) दक्षिण-पूर्वी राजस्थान
(b) मध्य प्रदेश के पश्चिमी भाग
(c) पश्चिमी महाराष्ट्र
(d) ऊपरी गंगा यमुना दोआब

उत्तर *(d)*

व्याख्या भारत में ताम्रपाषाण अवस्था की बस्तियाँ ऊपरी गंगा यमुना दोआब क्षेत्र में नहीं, बल्कि दक्षिण-पूर्वी राजस्थान, मध्य प्रदेश के पश्चिमी भाग तथा दक्षिण-पूर्वी भारत और पश्चिमी महाराष्ट्र में पाई गई हैं। अहार, गिलुंद, मालवा, कायथा, एरण आदि इस प्रकार के उदाहरण हैं।

27 निम्नलिखित में से कौन-सा युग्म सुमेलित नहीं है? *(Chap 6, Class-XI, Old NCERT)*

ताम्रपाषाणिक स्थल		अवस्थिति
(a) इनामगाँव	—	महाराष्ट्र
(b) पांडुराजारढिबि	—	ओडिशा
(c) सेनुवार	—	बिहार
(d) नरहन	—	उत्तर प्रदेश

उत्तर *(b)*

व्याख्या दिए गए युग्मों में से युग्म (b) सही सुमेलित नहीं है, क्योंकि ताम्रपाषाणकालीन स्थल पांडुराजारढिबि ओडिशा में नहीं, बल्कि पश्चिम बंगाल के बर्दवान जिले में स्थित है। इसके अतिरिक्त पश्चिम बंगाल से प्राप्त अन्य ताम्रपाषाणिक स्थलों में बीरभूम जिले में स्थित महिषादल उल्लेखनीय है।

28 जोरवे संस्कृति के संबंध में निम्नलिखित कथनों पर विचार कीजिए *(Chap 6, Class-XI, Old NCERT)*

1. जोरवे एक नगरीय संस्कृति का प्रतिनिधित्व करता है।
2. यह कोंकण के तट प्रदेश में फैली थी।
3. इनामगाँव में नगरीकरण के प्रमाण मिलते हैं।

उपर्युक्त में से कौन-सा/से कथन सही है/हैं?

(a) केवल 3
(b) केवल 2
(c) 1 और 3
(d) 2 और 3

उत्तर *(a)*

व्याख्या जोरवे संस्कृति के संबंध में कथन (3) सही है।

जोरवे संस्कृति की कई बस्तियों में से प्रमुख दैमाबाद और इनामगाँव नगरीकरण के स्तर तक पहुँच चुकी थीं, जिसके प्रमाण इन ताम्रपाषाणकालीन स्थलों से प्राप्त होते हैं।

कथन (1) और (2) सही नहीं हैं, क्योंकि जोरवे संस्कृति मुख्यत: एक ग्रामीण संस्कृति थी, जिसका प्रादुर्भाव 1400-700 ई. पू. के आस-पास विदर्भ के कुछ भाग तथा कोंकण तट प्रदेशों के समूचे महाराष्ट्र में हुआ था।

29 निम्नलिखित पर विचार कीजिए तथा नीचे दिए गए कूट की सहायता से सही उत्तर चुनिए *(Chap 5, Class-XI, Old NCERT)*

कथन (A) मछली और भात पूर्वांचल के लोगों का आहार था।

कारण (R) पूर्वी भारत में, बिहार और पश्चिम बंगाल में बंसी और चावल के प्रमाण मिले हैं।

कूट

(a) A और R दोनों सही हैं तथा R, A की सही व्याख्या करता है
(b) A और R दोनों सही हैं, लेकिन R, A की सही व्याख्या नहीं है
(c) A सही है, परंतु R गलत है
(d) A गलत है, परंतु R सही है

उत्तर *(a)*

व्याख्या A और R दोनों सही हैं तथा R, A की सही व्याख्या करता है।

पूर्वी भारत में, बिहार और पश्चिम बंगाल में मछली पकड़ने के काँटे (बंसी) के प्रमाण मिले हैं, साथ ही यहाँ से चावल के साक्ष्य भी प्राप्त हुए हैं। इससे ज्ञात होता है कि मछली और भात पूर्वांचल के लोगों का आहार था, जो देश के उस भाग में आज भी प्रचलित है।

30 सूची I को सूची II से सही मिलान करें *(Chap 6, Class-XI, Old NCERT) (CGPSC Pre 2023)*

	सूची I		सूची II
A.	पुरापाषाण काल	1.	भीमबेटका गुफा
B.	मध्यपाषाण काल	2.	बुर्जहोम
C.	नवपाषाण काल	3.	बनास घाटी
D.	ताम्रपाषाण काल	4.	सोहन/सोन नदी घाटी

कूट

	A	B	C	D
(a)	1	2	4	3
(b)	4	1	2	3
(c)	4	2	1	3
(d)	1	4	3	2

उत्तर *(b)*

व्याख्या सही सुमेलन A-4, B-1, C-2, D-3 है।

पुरापाषाण काल का संबंध सोहन/सोन नदी घाटी से है, इसे चॉपर-चॉपिंग संस्कृति भी कहते हैं।

मध्यपाषाण काल का संबंध भीमबेटका की गुफा से है। यह मध्य प्रदेश के रायसेन जिले में स्थित एक मध्य पाषाणीय स्थल है।

नवपाषाण कालीन स्थल बुर्जहोम जम्मू-कश्मीर में स्थित है। ताम्रपाषाण काल का संबंध बनास घाटी से है। इस काल में ताँबे एवं पत्थर के औजारों का उपयोग होता था।

31 ताम्रपाषाण संस्कृति के संबंध में कौन-सा कथन सही नहीं है? *(Chap 6, Class-XI, Old NCERT)*

(a) ताम्रपाषाण काल में कपास की खेती की जाती थी
(b) इस काल के लोग काले व लाल मृद्भांड का प्रयोग नहीं करते थे
(c) इस काल के लोग पक्की ईंटों से परिचित नहीं थे
(d) महाराष्ट्र में सेमल की रूई के धागे प्राप्त हुए हैं

उत्तर *(b)*

व्याख्या ताम्रपाषाण संस्कृति के संबंध में कथन (b) सही नहीं है, क्योंकि ताम्रपाषाणकालीन संस्कृति के लोग काले व लाल मृद्भांड का प्रयोग करते थे। इनका प्रयोग दूसरी शताब्दी ई.पू. में बड़े पैमाने पर होता था। महाराष्ट्र, मध्य प्रदेश और राजस्थान के कई स्थलों से चित्रित मृद्भांडों के साक्ष्य प्राप्त हुए हैं।

32 निम्नलिखित युग्मों पर विचार कीजिए *(Chap 5, Class-XI, Old NCERT)*

ताम्रपाषाणकालीन स्थल		अवस्थिति
1. बनास घाटी	—	राजस्थान
2. जोरवे संस्कृति	—	महाराष्ट्र
3. नवदाटोली	—	महाराष्ट्र
4. इनामगाँव	—	मध्य प्रदेश

उपर्युक्त युग्मों में से कितने युग्म सही सुमेलित हैं?

(a) केवल एक (b) केवल दो
(c) केवल तीन (d) सभी चार

उत्तर *(c)*

व्याख्या दिए गए युग्मों में से केवल तीन युग्म (1, 2 और 3) सही सुमेलित हैं।

बनास घाटी राजस्थान में स्थित है। इसकी अधिकांश बस्तियाँ छोटी होती थीं।

जोरवे संस्कृति महाराष्ट से संबंधित है। जोरवे संस्कृति से लाल और काले रंग से चित्रित मिट्टी के बर्तन प्राप्त हुए हैं।

नवदाटोली महाराष्ट्र में नर्मदा नदी के तट पर स्थित है। यहाँ के लोग बेर और अलसी उगाते थे।

युग्म (4) सही सुमेलित नहीं है, क्योंकि इनामगाँव मध्य प्रदेश में नहीं बल्कि महाराष्ट्र में स्थित है। जहाँ से सौ से भी अधिक घर और कई कब्रें पाई गई हैं।

33 ताम्रपाषाण युग की कब्रों के संबंध में निम्नलिखित कथनों पर विचार कीजिए *(Chap 6, Class-XI, Old NCERT)*

1. महाराष्ट्र के लोग मृतक को कलश में रखकर कब्रिस्तान में दफनाते थे।
2. मृतकों के साथ ताँबे की वस्तुओं को भी दफनाया जाता था।

उपर्युक्त कथनों में कौन-सा/से कथन सही है/हैं?

(a) केवल 1
(b) केवल 2
(c) 1 और 2 दोनों
(d) न तो 1 और न ही 2

उत्तर *(b)*

व्याख्या ताम्रपाषाण युग की कब्रों के संबंध में कथन (2) सही है।

ताम्रपाषाण संस्कृति की कई बस्तियों से शव-संस्कारों तथा पूजा पद्धति के संबंध में जानकारी प्राप्त होती है। इस काल में हड़प्पा संस्कृति की तरह अलग-अलग कब्रिस्तान नहीं होते थे। महाराष्ट्र के लोग कब्र में मृतकों के साथ ताँबे की कुछ वस्तुओं को रखते थे, जिसका प्रचलन इस काल में देखा जाता है।

कथन (1) सही नहीं है, क्योंकि महाराष्ट्र के लोग मृतक को कलश में रखकर कब्रिस्तान में नहीं, बल्कि अपने घर के फर्श के अंदर उत्तर-दक्षिण दिशा में दफनाते थे।

34 ताम्रपाषाणकालीन धार्मिक जीवन के संबंध में कौन-सा कथन सही नहीं है? *(Chap 6, Class-XI, Old NCERT)*

(a) वे मातृ देवी की पूजा करते थे
(b) यहाँ से कच्ची मिट्टी की नग्न मूर्तियों की पूजा के प्रमाण मिलते हैं
(c) शेर धार्मिक पंथ का प्रतीक था
(d) मालवा में वृषभ मूर्तिकाएँ प्राप्त हुई हैं

उत्तर *(c)*

व्याख्या ताम्रपाषाणकालीन धार्मिक जीवन के संबंध में कथन (c) सही नहीं है, क्योंकि ताम्रपाषाणकालीन संस्कृति की मालवा और राजस्थान में मिली रूढ़ शैली में बनी मिट्टी की वृषभ-मूर्तिकाएँ यह संकेत करती हैं कि वृषभ (साँड) धार्मिक पंथ का प्रतीक था, न कि शेर।

35 ताम्रपाषाण काल के संबंध में निम्नलिखित कथनों में कौन सही नहीं है? *(Chap 6, Class-XI, Old NCERT)*

(a) ताम्रपाषाण अवस्था में अनाज भवन, मृद्भांड में क्षेत्रीय समानता थी।
(b) पूर्वी भारत चावल उत्पादन के लिए प्रसिद्ध था।
(c) नवदाटोली में सबसे अधिक अनाज के भंडार पाए गए हैं।
(d) उपर्युक्त में से कोई नहीं

उत्तर *(a)*

व्याख्या ताम्रपाषाण काल के संबंध में कथन (a) सही नहीं है, क्योंकि ताम्रपाषाण अवस्था में अनाज, भवन, मृद्भांड आदि में क्षेत्रीय समानता के स्थान पर क्षेत्रीय अंतर पाया जाता है।

36 दिए गए युग्मों में से कितने युग्म सही सुमेलित हैं? *(Chap 6, Class-XI, Old NCERT)*

ताम्रपाषाणिक स्थल		अवस्थिति
1. गणेश्वर	—	बिहार
2. चंदोली	—	महाराष्ट्र
3. ताराडीह	—	राजस्थान
4. मालवा	—	मध्य प्रदेश

कूट

(a) केवल एक (b) केवल दो
(c) केवल तीन (d) सभी चार

उत्तर *(b)*

व्याख्या दिए गए युग्मों में से केवल दो युग्म (2 और 4) सही सुमेलित हैं।

चंदोली, पश्चिमी महाराष्ट्र में स्थित है। यहाँ मिले अवशेषों से पता चलता है कि यहाँ पर बच्चों के गले में ताँबे के मनकों का हार पहनाकर उन्हें दफनाया जाता था।

मालवा, मध्य प्रदेश में स्थित है, जहाँ से ताम्रपाषाणिक मृद्भांड मिले हैं।

युग्म (1) और (3) सही सुमेलित नहीं हैं, क्योंकि गणेश्वर, राजस्थान में खेतड़ी ताम्रपट्टी (ताँबे की खान) के सीकर-झुँझुनू क्षेत्र के ताँबे की समृद्ध खानों के निकट स्थित है। इस क्षेत्र से खुदाई में तीर की नोंक, बरछे के फल, बंसियाँ, सेल्ट, कंगन, छेनी आदि मिले हैं।

ताराडीह, बिहार में स्थित एक ताम्रपाषाणिक स्थल है।

37 किस ताम्रपाषाणिक स्थल से एक ऐसी पिंडिका मिली है, जो सिंधु-टाइप से मिलती-जुलती है? *(Chap 6, Class-XI, Old NCERT)*

(a) अलवर (b) मेहरगढ़ (c) गणेश्वर (d) नवदाटोली

उत्तर *(c)*

व्याख्या राजस्थान में स्थित गणेश्वर ताम्रपाषाणकालीन स्थल से ऐसी पिंडिका मिली है, जो सिंधु-टाइप से मिलती-जुलती है। अनेक प्रकार की प्राक्-हड़प्पाई ताम्रपाषाण संस्कृतियाँ सिंध, बलूचिस्तान, राजस्थान आदि प्रदेशों में कृषक समुदायों के प्रसार में प्रेरणा स्रोत बनीं और उनसे हड़प्पा की नगर सभ्यता के उदय हेतु अनुकूल अवसर बना। इसी दृष्टि से राजस्थान का कालीबंगा और गणेश्वर स्थल प्रमुख रूप से सिंधु-टाइप दिखाई पड़ते हैं।

38 ताम्रपाषाण तथा हड़प्पा सभ्यता की तुलना के संबंध में निम्नलिखित कथनों पर विचार कीजिए *(Chap 6, Class-XI, Old NCERT)*

1. राजस्थान का कालीबंगा प्राक्-हड़प्पाई स्थल के साथ-साथ ताम्रपाषाणिक स्थल भी है।
2. हरियाणा का बनावली एक ताम्रपाषाणिक स्थल है।
3. कोटदीजी विशुद्ध रूप से हड़प्पाई स्थल है।

उपर्युक्त में से कौन-सा/से कथन सही है/हैं?

(a) 1 और 2 (b) 1 और 3 (c) 1, 2 और 3 (d) केवल 2

उत्तर *(a)*

व्याख्या ताम्रपाषाण तथा हड़प्पा सभ्यता की तुलना के संबंध में कथन (1) और (2) सही हैं। कालक्रम के अनुसार भारत में ताम्रपाषाण बस्तियों की कई श्रृंखलाएँ प्रतीत होती हैं, जिनमें से कुछ प्राक् तथा हड़प्पाई हैं। कुछ हड़प्पा संस्कृति के समकालीन हैं तथा कुछ हड़प्पोत्तर हैं।

हड़प्पाई क्षेत्रों के कुछ स्थलों के प्राक्-हड़प्पाई स्तरों को आरंभिक हड़प्पा संस्कृति भी कहते हैं, ताकि इसे परिपक्व नगरीय सिंधु सभ्यता से पृथक् किया जा सके। इस प्रकार की विशेषता राजस्थान के कालीबंगा और हरियाणा के बनावली स्थल के बारे में पाई जाती है, जो एक ताम्रपाषाणकालीन स्थल भी हैं।

कथन (3) सही नहीं है, क्योंकि कोटदीजी विशुद्ध रूप से हड़प्पाई स्थल नहीं है, बल्कि यह पाकिस्तान के सिंध प्रांत में स्थित एक प्राक्-हड़प्पाई स्थल है अर्थात् यह एक ताम्रपाषाणिक स्थल है।

39 कायथा संस्कृति के संबंध में निम्नलिखित में कौन-सा कथन सही नहीं है? *(Chap 6, Class-XI, Old NCERT)*

(a) यह लगभग 2000-1800 ई. पू. तक विकसित रही
(b) यह हड़प्पा संस्कृति की कनिष्ठ समकालीन है
(c) इसके मृद्भांडों में प्राक्-हड़प्पाई लक्षण नहीं दिखते हैं
(d) इस पर हड़प्पाई प्रभाव दिखाई देते हैं

उत्तर (c)

व्याख्या कायथा संस्कृति के संबंध में कथन (c) सही नहीं है, क्योंकि कायथा संस्कृति, प्राक्-हड़प्पाई और हड़प्पोत्तर ताम्रपाषाण संस्कृति तथा हड़प्पा संस्कृति की समकालीन ताम्रपाषाण संस्कृति है, जो उत्तरी, पश्चिमी और मध्य भारत में पाई जाती है। इस संस्कृति के मृद्भांडों में कुछ प्राक्-हड़प्पाई लक्षण दिखाई देते हैं।

40 निम्नलिखित में से कौन-सी संस्कृति हड़प्पा संस्कृति से पृथक् मानी जाती है? *(Chap 6, Class-XI, Old NCERT)*

(a) मालवा संस्कृति (b) जोरवे संस्कृति
(c) गैरिक मृद्भांड संस्कृति (d) ताम्रपाषाणिक संस्कृति

उत्तर (a)

व्याख्या मालवा संस्कृति हड़प्पा संस्कृति से पृथक् मानी जाती है।

यह एक ताम्रपाषाणिक बस्ती है। यहाँ से उत्कृष्ट ताम्रपाषाण के मृद्भांड मिलते हैं। मालवा संस्कृति का काल 1700-1200 ई.पू. माना जाता है, यह पश्चिमी मध्य प्रदेश में स्थित है।

41 ताम्रपाषाण के संबंध में निम्नलिखित कथनों पर विचार कीजिए *(Chap 6, Class-XI, Old NCERT)*

1. जलोढ़ मिट्टी वाले मैदानों में ताम्रपाषाणिक अवशेष मिले हैं।
2. ताम्रपाषाणिक लोगों ने अधिकतर नदी-तटों पर पहाड़ियों से कम दूरी पर गाँव बसाए।

उपर्युक्त में से कौन-सा/से कथन सही है/हैं?

(a) केवल 1 (b) केवल 2
(c) 1 और 2 (d) न तो 1 और न ही 2

उत्तर (b)

व्याख्या ताम्रपाषाण के संबंध में कथन (2) सही है। सामान्यत: ताम्रपाषाणिक लोगों ने अधिकतर नदी-तटों पर पहाड़ियों से कम दूरी वाले स्थानों में गाँव बसाए थे। ये लोग सूक्ष्म पाषाणों और पत्थर के औजारों का प्रयोग करते थे। इनमें से अधिकतर लोग ताँबे को पिघलाने की कला से परिचित थे।

कथन (1) सही नहीं है, क्योंकि जलोढ़ मिट्टी वाले मैदानों और घने जंगल वाले क्षेत्रों को छोड़कर प्राय: समूचे देश में ताम्रपाषाण संस्कृति के अवशेष प्राप्त हुए हैं। हालाँकि जलोढ़ मिट्टी वाले मैदानों में भी जलाशय के किनारे कई ताम्रपाषाणिक बस्तियाँ मिली हैं।

42 ताम्रपाषाण युग के लोगों के संबंध में कौन-सा कथन सही नहीं है? *(Chap 6, Class-XI, Old NCERT)*

(a) ताम्रपाषण के लोग लिखना जानते थे
(b) ताम्रपाषण के लोग गाँवों में रहते थे
(c) वे काँसा बनाना नहीं जानते थे
(d) उपर्युक्त में से कोई नहीं

उत्तर (a)

व्याख्या ताम्रपाषाण युग के लोगों के संबंध में कथन (a) सही नहीं है, क्योंकि ताम्रपाषाण युग के लोग लिखने की कला नहीं जानते थे। ये लोग गाँव में रहते थे, क्योंकि तब नगरों का विकास नहीं हुआ था और ये ताँबे में टिन को मिश्रित करके काँसा बनाना नहीं जानते थे, जो ताँबे से अधिक मजबूत और उपयोगी होता है।

43 ताम्रपाषाण काल के संबंध में निम्नलिखित में कौन-सा कथन सही नहीं है? *(Chap 6, Class-XI, Old NCERT)*

(a) ताम्रपाषाण स्थलों से न हल और न फावड़ा पाया गया है
(b) इस काल के लोग झूम खेती करते थे
(c) ताम्रपाषाण के लोग लोहे के प्रयोग से व्यापक खेती करते थे
(d) उपर्युक्त में से कोई नहीं

उत्तर (c)

व्याख्या ताम्रपाषाण काल के संबंध में कथन (c) सही नहीं है, क्योंकि ताम्रपाषाण काल के लोग मुख्यत: ग्रामीण समाज के थे तथा वे खेती के लिए पत्थर एवं लकड़ी के औजारों का प्रयोग करते थे न कि लौहे के औजारों का।

44 निम्नलिखित कथनों पर विचार कीजिए *(Chap 6, Class-XI, Old NCERT)*

1. पश्चिमी महाराष्ट्र में बड़ी संख्या में बच्चों के शवाधानों से ताम्रपाषाण संस्कृति की आम दुर्बलता प्रकट होती है।
2. खाद्य उत्पादक अर्थव्यवस्था के होते हुए भी बच्चों के मरने की दर बहुत ऊँची थी।

उपर्युक्त में से कौन-सा/से कथन सही है/हैं?

(a) केवल 1 (b) केवल 2 (c) 1 और 2 (d) न तो 1 और न ही 2

उत्तर (c)

व्याख्या दिए गए दोनों कथन सही हैं। पश्चिमी महाराष्ट्र में पोषाहार में कमी, चिकित्सा के ज्ञान का अभाव या महामारी के प्रकोप को बड़ी संख्या में बच्चों के शवाधानों का जिम्मेदार माना जा सकता है। खाद्य उत्पादक अर्थव्यवस्था के बावजूद पश्चिमी महाराष्ट्र में बच्चों की मृत्यु की उच्च दर ने ताम्रपाषाणिक संस्कृति के आर्थिक और सामाजिक ढाँचे को आयुवर्धक नहीं बताया है।

45 ताम्रपाषाणकालीन संस्कृतियों के संदर्भ में निम्नलिखित कथनों पर विचार कीजिए *(Chap 6, Class-XI, Old NCERT)*

1. चालीस से अधिक ताम्र निधियाँ भारत के विभिन्न हिस्सों से प्राप्त हुई हैं।
2. ताम्र निधियों में से अधिकांश गंगा-यमुना दोआब में केंद्रित हैं।

उपर्युक्त में से कौन-सा/से कथन सही है/हैं?

(a) केवल 1 (b) केवल 2
(c) 1 और 2 दोनों (d) न तो 1 और न ही 2

उत्तर (c)

व्याख्या ताम्रपाषाणकालीन संस्कृतियों के संदर्भ में दोनों कथन सही हैं।

भारत के विभिन्न हिस्सों से चालीस से अधिक ताम्र निधियाँ (ताम्र उपकरणों के जखीरे) प्राप्त हुई हैं। ताम्र निधियों में से अधिकांश गंगा-यमुना दोआग में केंद्रित हैं। ये पूर्व में बंगाल से गुजरात तथा हरियाणा तक फैली हुई हैं। दक्षिण भारत में आंध्र प्रदेश के नागार्जुनकोण्डा से ताम्र निधियाँ प्राप्त हुई हैं।

अध्याय 03

सिंधु घाटी सभ्यता

सिंधु घाटी सभ्यता

उद्भव एवं विस्तार

अन्य प्रमुख नाम
- काँस्य युगीन सभ्यता
- आद्य-ऐतिहासिक सभ्यता
- प्रथम नगरीय सभ्यता

खोज 1875 ई. अलेक्जेंडर कनिंघम द्वारा
- वर्ष 1921 में दयाराम साहनी द्वारा
- वर्ष 1922 में राखलदास बनर्जी द्वारा
- **क्षेत्रीय विस्तार** त्रिभुजाकार (12,99,600 वर्ग किमी)

उत्तर-मांडा जम्मू और कश्मीर
- **पश्चिम** सुत्कागेंडोर (बलूचिस्तान)
- **पूर्व** आलमगीरपुर (उत्तर प्रदेश)
- **दक्षिण** दैमाबाद (महाराष्ट्र)

समकालीन सभ्यताएँ
- मिस्र (नील नदी के तट पर), मेसोपोटामिया (दजला तथा फरात नदी के तट पर), ह्वांगहो (ह्वांगहो नदी के तट पर)

हड़प्पाई लिपि
- लिपि चित्रलेखात्मक
- लिपि को सर्वप्रथम अलेक्जेंडर कनिंघम ने प्रकाशित किया
- वर्ष 1923 तक पूरी लिपि प्रकाश में आ गई, किंतु वह अभी तक पढ़ी नहीं जा सकी है

प्रमुख नगर

स्थल	भौगोलिक अवस्थिति
हड़प्पा	रावी नदी (मोंटगोमरी, पाकिस्तान)
मोहनजोदड़ो	सिंधु नदी (लरकाना व पाकिस्तान)
सुत्कागेंडोर	दाश्क नदी (बलूचिस्तान व पाकिस्तान)
आमरी	सिंधु नदी (सिंध व पाकिस्तान)
चन्हूदड़ो	सिंधु नदी (सिंध व पाकिस्तान)
कालीबंगा	घग्गर नदी (राजस्थान)
कोटदीजी	सिंधु नदी (सिंध व पाकिस्तान)
देसलपुर	धुरद नदी (कच्छ, गुजरात)
रोपड़	सतलुज नदी (पंजाब)
रंगपुर	मादर नदी (गुजरात)
सुरकोटडा	कच्छ (गुजरात)
लोथल	भोगवा नदी (अहमदाबाद, गुजरात)
आलमगीरपुर	हिंडन नदी (उत्तर प्रदेश)
धौलावीरा	कच्छ (गुजरात)
राखीगढ़ी	घग्गर नदी (हरियाणा)
मीताथल	हरियाणा
बनावली	सरस्वती नदी (हिसार, हरियाणा)
बालाकोट	अरब सागर (बलूचिस्तान, पाकिस्तान)
भगवानपुरा	सरस्वती नदी (कुरुक्षेत्र, हरियाणा)
अल्लाहदीनो	सिंधु नदी (पश्चिमी पंजाब, पाकिस्तान)
कुणाल	सरस्वती नदी (हिसार, हरियाणा)

प्रमुख विशेषताएँ

शहरी नियोजन
- जल निकासी व्यवस्था, पकी हुई ईंट का उपयोग, पक्की नालियाँ, सार्वजनिक इमारतें

सामाजिक जीवन
- प्रकृति से मातृसत्तात्मक, संभवतः व्यापारियों के वर्ग द्वारा शासित, सामाजिक स्तरीकरण, पुरुषों और महिलाओं दोनों द्वारा बाल सज्जा

आर्थिक स्थिति
- लोगों द्वारा विभिन्न पेशों को अपनाया जाना, जैसे; पुजारी, योद्धा वर्ग, किसान, व्यापारी, कारीगर; यूनानी कपास को सिंडन कहते थे; कृषि की प्रमुखता

धार्मिक जीवन
- धार्मिक स्थल और मंदिर का कोई साक्ष्य नहीं, अग्नि-पूजा का प्रमाण, मातृ देवी और पशुपति महादेव की पूजा

कला और संस्कृति
- काँसे और ताँबे की मुहरें,
- कार्यशालाओं में मनके बनाना
- शंख की कटाई, धातुकर्म; मुहर निर्माण

लिपि
- चित्रात्मक लिपि, लेखन की दिशा एक पंक्ति पर एक तरफ से होती है, किंतु अगली पंक्ति में दूसरी दिशा में होती है

SOURCE New NCERT Class VI नगर जीवन का प्रारंभ, आरंभिक नगर, New NCERT Class IX कांस्य युग की सभ्यताएँ, Old NCERT Class XI हड़प्पा संस्कृति : कांस्य युग सभ्यता, New NCERT Class XII ईंट, मनके तथा अस्थियाँ, Tamil Nadu Board Class XI Unit-1, NIOS Module-1 हड़प्पा सभ्यता

उद्भव एवं विस्तार

1 सिंधु घाटी सभ्यता के संबंध में निम्नलिखित कथनों पर विचार कीजिए *(Class-XII, Old NCERT)*

1. इस सभ्यता का विकास भारत तथा पाकिस्तान में सामूहिक रूप से हुआ।
2. इस क्षेत्र में नवपाषाणकालीन गाँवों की शुरुआत मेहरगढ़ के नवपाषाण स्थल पर लगभग 7000 ईसा पूर्व से होती है।
3. हड़प्पा संस्कृति को दो चरणों में विभाजित किया जाता है।

उपर्युक्त कथनों में से कौन-सा/से सही है/हैं?

(a) केवल 1 (b) 1 और 2 (c) 2 और 3 (d) 1, 2 और 3

उत्तर *(b)*

व्याख्या सिंधु घाटी सभ्यता के संबंध में कथन (1) और (2) सही हैं।

तीसरी सहस्राब्दी ईसा पूर्व में भारत और पाकिस्तान के उत्तर-पश्चिमी भाग में जो सभ्यता प्रकट हुई, उसे सामूहिक रूप से सिंधु सभ्यता कहा जाता है। इस क्षेत्र में यह सभ्यता अचानक प्रकट नहीं हुई, बल्कि इसका विकास धीरे-धीरे हुआ था। पूर्व में इस क्षेत्र में नवपाषाणकालीन गाँवों की शुरुआत मेहरगढ़ के नवपाषाण स्थल पर लगभग 7000 ईसा पूर्व में हो गई थी।

कथन (3) सही नहीं है, क्योंकि हड़प्पा संस्कृति का विभाजन दो नहीं, बल्कि तीन चरणों-प्रारंभिक हड़प्पा (3000-2600 ईसा पूर्व), परिपक्व हड़प्पा (2600-1900 ईसा पूर्व), उत्तर हड़प्पा (1900-1700 ईसा पूर्व) में विभाजित किया गया है।

2 दयाराम साहनी द्वारा वर्ष 1921 में खोजी गई सिंधु घाटी सभ्यता का नाम हड़प्पा सभ्यता पड़ा, क्योंकि *(Chap 7, Class-XI, Old NCERT)*

(a) सर्वप्रथम इसकी खोज पाकिस्तान स्थित हड़प्पा नामक स्थल पर हुई थी।
(b) सर्वप्रथम इसकी खोज पंजाब प्रांत में स्थित सिंधु नदी के तट पर हुई थी।
(c) इसका संबंध प्राक्-हड़प्पीय संस्कृति से था।
(d) इसका संबंध झूकर संस्कृति से था।

उत्तर *(a)*

व्याख्या दयाराम साहनी द्वारा वर्ष 1921 में खोजी गई सिंधु घाटी सभ्यता का नाम हड़प्पा सभ्यता पड़ा, क्योंकि सर्वप्रथम इसकी खोज पाकिस्तान स्थित हड़प्पा नामक स्थल पर हुई थी। इस प्राचीन सभ्यता का विस्तार सिंधु घाटी से अलग क्षेत्रों में होने के कारण एक विशिष्ट पहचान के लिए इस सभ्यता का नामकरण हड़प्पा सभ्यता किया गया।

3 सिंधु घाटी सभ्यता के विस्तार से संबंधित निम्नलिखित कथनों पर विचार कीजिए *(Chap 7, Class-XI, Old NCERT)*

1. उत्तर में इसका विस्तार जम्मू-कश्मीर के मांडा तक था।
2. दक्षिण में इसका विस्तार नर्मदा के मुहाने तक था।
3. पश्चिम में इसका विस्तार बलूचिस्तान के मकरान तक था।
4. पूर्व में इसका विस्तार गंगा-घाटी तक था।

उपर्युक्त में से कौन-सा/से कथन सही है/हैं?

(a) 1, 2 और 4 (b) 1, 2 और 3 (c) 2, 3 और 4 (d) केवल 4

उत्तर *(b)*

व्याख्या सिंधु घाटी सभ्यता के विस्तार के संबंध में कथन (1), (2) और (3) सही हैं। सिंधु घाटी सभ्यता का विस्तार उत्तर में मांडा (जम्मू एवं कश्मीर) से लेकर दक्षिण में नर्मदा के मुहाने तक और पश्चिम में बलूचिस्तान के मकरान समुद्र तट से लेकर उत्तर-पूर्व में मेरठ तक था। यह संपूर्ण क्षेत्र त्रिभुज के आकार का है तथा इसका पूरा क्षेत्रफल लगभग 1299600 वर्ग किमी है।

कथन (4) सही नहीं है, क्योंकि सिंधु घाटी सभ्यता का पूर्व में विस्तार पश्चिमी उत्तर प्रदेश के आलमगीरपुर (मेरठ) तक था।

4 सिंधु घाटी सभ्यता के संबंध में निम्नलिखित कथनों पर विचार कीजिए *(Unit 1, Class XI, Tamil Nadu Board)*

1. चार्ल्स मेसन ने सर्वप्रथम 1826 ई. में हड़प्पा का दौरा किया था।
2. अलेक्जेंडर बर्न्स द्वारा 1831 ई. में मोहनजोदड़ो का दौरा किया गया था।
3. लाहौर से मुल्तान तक रेल लाइन बिछाने के लिए हड़प्पा स्थल को नष्ट कर दिया गया था।

उपर्युक्त कथनों में से कौन-सा/से सही है/हैं?

(a) केवल 1 (b) 1 और 3
(c) 2 और 3 (d) 1, 2 और 3

उत्तर *(b)*

व्याख्या सिंधु घाटी सभ्यता के संबंध में कथन (1) और (3) सही हैं।

हड़प्पा का सिंधु घाटी सभ्यता का एक प्रमुख स्थल था। चार्ल्स मेसन ने सर्वप्रथम 1826 ई. में यहाँ का दौरा किया था। लाहौर से मुल्तान तक रेलवे लाइन बिछाने के लिए हड़प्पा स्थल को नष्ट कर दिया गया था। इस स्थल की मुहर भारतीय पुरातत्व सर्वेक्षण (एएसआई) के पहले सर्वेक्षणकर्ता अलेक्जेंडर कनिंघम तक पहुँची।

अलेक्जेंडर कनिंघम ने 1853, 1856 और 1875 ई. में इस स्थल का दौरा किया था, लेकिन इस स्थल और संबंधित सभ्यता के महत्त्व को तब तक महसूस नहीं किया गया, जब तक कि सर जॉन मार्शल ने एएसआई के महानिदेशक के रूप में पदभार नहीं सँभाला और इस स्थल पर अनुसंधान शुरू नहीं किया।

कथन (2) सही नहीं है, क्योंकि अलेक्जेंडर बर्न्स द्वारा 1831 ई. मोहनजोदड़ो का नहीं, बल्कि आमरी का दौरा किया गया था।

5 हड़प्पा सभ्यता की खुदाई में मिले अवशेषों के आधार पर कौन-से कथन सही नहीं हैं? *(Chap 1, Class-XII, New NCERT)* *(CGPSC Pre 2016)*

1. सभी तरह के निर्माण कार्यों के लिए एक आकार की ईंट का उपयोग किया जाता था।
2. मुख्यत: सभी घर एक मंजिला ही बनाए जाते थे।
3. मुख्य सड़कें औसतन दस मी चौड़ी होती थीं।

कूट

(a) 1 और 2 (b) 2 और 3
(c) 1 और 3 (d) 1, 2 और 3

उत्तर *(a)*

व्याख्या हड़प्पा सभ्यता की खुदाई में मिले अवशेषों के आधार पर कथन (1) और (2) सही नहीं हैं, क्योंकि हड़प्पा सभ्यता के निर्माण के लिए अनके आकार की कच्ची एवं पक्की ईंटों का उपयोग किया जाता था एवं यहाँ पर मकान मुख्यत: एक से अधिक मंजिले वाले होते थे।

नगर योजना

6 हड़प्पा सभ्यता में ऊँचे चबूतरे पर बसे हुए ऊपरी भाग को 'गढ़' कहा जाता था। इस भाग में क्या शामिल नहीं था? *(Chap 2, Class-VI, Old NCERT)*

1. सार्वजनिक भवन 2. धान्य-कोठार
3. गोदीवाड़ा 4. कार्यशालाएँ
5. श्रमिक आवास

कूट

(a) 1, 2, 3 और 4 (b) 3 और 5
(c) 3 और 4 (d) केवल 3

उत्तर *(b)*

व्याख्या हड़प्पा सभ्यता के 'गढ़' के अंतर्गत सार्वजनिक भवन, धान्य-कोठार तथा कार्यशालाएँ शामिल थीं। गोदीवाड़ा तथा श्रमिक आवास इसमें शामिल नहीं थे। गोदीवाड़ा की अवस्थिति लोथल (गुजरात) तथा श्रमिक आवास की उपस्थिति हड़प्पा (पाकिस्तान) में थी। हड़प्पा में धान्य कोठारों की इमारतें बड़ी सावधानी से आयताकार रूप में बनाई गई थीं और ये नदियों के नजदीक थीं, इनमें अनाजों को एकत्रित किया जाता था।

7 हड़प्पाई नगरों की विशेषताओं में निम्नलिखित में से कौन-सा कथन एक शामिल नहीं था? *(Chap 3, Class-VI, Old NCERT)*

(a) नगरों के घर सामान्यत: दो या तीन मंजिल के होते थे
(b) घर के आँगन के चारों ओर कमरे बनाए जाते थे
(c) घरों में एक अलग स्नानघर होता था
(d) कुछ घरों में कुएँ होते थे

उत्तर (a)

व्याख्या हड़प्पाई नगरों की विशेषताओं के संबंध में कथन (a) शामिल नहीं था, क्योंकि हड़प्पाई नगरों में घर सामान्यत: दो या तीन मंजिला नहीं, बल्कि एक या दो मंजिला होते थे। घर के आँगन के चारों ओर कमरे बनाए जाते थे। अधिकांश घरों में एक अलग स्नानघर होता था और कुछ घरों में कुएँ भी होते थे। कई नगरों में मकानों के बाहर नाले ढके हुए होते थे। इन्हें सावधानी से सीधी लाइन में बनाया जाता था। हर नाली में हल्की ढलान होती थी ताकि पानी आसानी से बह सके।

8 हड़प्पा सभ्यता स्थलों में निर्मित सड़कों के संबंध में निम्नलिखित कथनों पर विचार कीजिए *(Chap 2, Class-VI, Old NCERT)*

1. मुख्य सड़क करीब दस मीटर चौड़ी होती थी।
2. सड़कों के दोनों ओर मकान बनाए जाते थे।
3. मकानों की नालियाँ सड़कों की नाली से मिली होती थीं।
4. मुख्य सड़क को जनपथ कहा जाता था।

उपर्युक्त कथनों में से कौन-सा/से कथन सही है/हैं?

(a) 1 और 2 (b) 1, 2 और 3 (c) 2, 3 और 4 (d) 1, 2, 3 और 4

उत्तर (b)

व्याख्या हड़प्पा सभ्यता स्थलों में निर्मित सड़कों के संबंध में कथन (1), (2) और (3) सही हैं। हड़प्पा सभ्यता में सड़कें चौड़ी होती थीं। मुख्य सड़क लगभग दस मीटर चौड़ी थी, जो आधुनिक नगरों की बड़ी-बड़ी सड़कों के बराबर है। सड़क के दोनों ओर मकान बनाए जाते थे। मकान ईंटों के बने होते थे और उनकी दीवारें मोटी तथा मजबूत होती थीं। दीवारों पर पलस्तर और रंग किया जाता था। मकानों की नालियाँ, सड़कों की नालियों से मिली होती थीं।

कथन (4) सही नहीं है, क्योंकि मुख्य सड़क को जनपथ नहीं, बल्कि राजपथ कहा जाता था।

9 हड़प्पाई नगरीय योजना का सबसे महत्त्वपूर्ण स्थल विशाल स्नानागार था। इसके संबंध में कौन-सा कथन सही नहीं है? *(Chap 7, Class-XI, Old NCERT)*

(a) यह मोहनजोदड़ो तथा धौलावीरा में स्थित है।
(b) यह ईंटों के स्थापत्य का सुंदर उदाहरण है।
(c) स्नानागार में जल की आपूर्ति कुएँ से होती थी।
(d) विशाल स्नानागार धर्मानुष्ठान संबंधी स्नान के लिए बना था।

उत्तर (a)

व्याख्या दिए गए कथनों में से कथन (a) सही नहीं है, क्योंकि मोहनजोदड़ो एक मात्र हड़प्पाई स्थल है, जहाँ विशाल स्नानागार के प्रमाण मिले हैं।

विशाल स्नानागार ईंटों के स्थापत्य का सुंदर उदाहरण है। यह 11.88 मी लंबा, 7.01 मी चौड़ा और 2.43 मी गहरा है। दोनों सिरों पर तल तक सीढ़ियाँ बनी हुई थीं। बगल में कपड़े बदलने के लिए कमरे थे। स्नानागार का फर्श पक्की ईंटों का बना है।

10 निम्नलिखित में से कौन-सा प्राचीन नगर अपने उन्नत जल संचयन और प्रबंधन प्रणाली के लिए सुप्रसिद्ध है, जहाँ बाँधों की श्रृंखला का निर्माण किया गया था और संबद्ध जलाशयों में नहर के माध्यम से जल को प्रवाहित किया जाता था? *(Chap 1, Class-XII, New NCERT) (IAS Pre 2021)*

(a) धौलावीरा (b) कालीबंगा
(c) राखीगढ़ी (d) रोपड़

उत्तर (a)

व्याख्या गुजरात के कच्छ जिले के भचाऊ में स्थित धौलावीरा एक ऐसा स्थल है, जो अपने उन्नत जल संचयन और प्रबंधन प्रणाली के लिए प्रसिद्ध था। धौलावीरा में जलाशयों का प्रयोग कृषि के लिए जल संचय हेतु किया गया था। बाँधों की श्रृंखला का निर्माण कर संबद्ध जलाशयों में नहर के माध्यम से जल प्रवाहित किया जाता था। इसकी खोज वर्ष 1990-91 में आर. एस. बिष्ट ने की थी। यह हड़प्पा सभ्यता का चौथा विशालतम नगर है।

11 मोहनजोदड़ो की सबसे बड़ी इमारत अन्नागार, अनाज रखने का कोठार था, इसके संबंध में निम्नलिखित कथनों पर विचार कीजिए *(Chap 7, Class-XI, Old NCERT)*

1. यह 45.71 मी लंबा तथा 15.23 मी चौड़ा था।
2. इसका तलक्षेत्र लगभग 838.1025 वर्ग मीटर था।
3. मोहनजोदड़ो के अतिरिक्त हड़प्पा से भी कोठार के साक्ष्य मिले हैं।

उपर्युक्त में से कौन-सा/से कथन सही है/हैं?

(a) 1 और 2 (b) 2 और 3 (c) 1, 2 और 3 (d) केवल 3

उत्तर (c)

व्याख्या मोहनजोदड़ो की सबसे बड़ी इमारत अन्नागार, अनाज रखने का कोठार था, इसके संबंध में सभी कथन सही हैं।

मोहनजोदड़ो की सबसे बड़ी इमारत कोठार की लंबाई 45.71 मी तथा चौड़ाई 15.23 मी है। इसका तलक्षेत्र लगभग 838.1025 वर्ग मीटर है। हड़प्पा के कोठारों के दक्षिण में खुला फर्श है और उस पर दो कतारों में ईंट के वृत्ताकार चबूतरे बने हुए हैं।

इनका उपयोग फसल की निराई के कार्य के लिए होता था, क्योंकि फर्श की दरारों में गेहूँ और जौ के दाने मिले हैं।

12 मोहनजोदड़ो में नगर नियोजन के संबंध में निम्नलिखित कथनों पर विचार कीजिए *(Unit 1, Class XI, Tamil Nadu Board)* *(Chap 3, Module-1, NIOS)*

1. मोहनजोदड़ो एक अनियोजित शहर था, जिसका विभाजित स्वरूप एकल था।
2. मोहनजोदड़ो के मकान बहुमंज़िला नहीं होते थे।
3. ईंटों को जिप्सम मोर्टार से सुरक्षित रखा गया था।

उपर्युक्त कथनों में से कौन-सा/से सही नहीं है/हैं?

(a) केवल 3 (b) 1 और 2 (c) 2 और 3 (d) 1, 2 और 3

उत्तर (b)

व्याख्या मोहनजोदड़ो में नगर नियोजन के संबंध में कथन (1) और (2) सही नहीं हैं, क्योंकि मोहनजोदड़ो एक अनियोजित शहर नहीं, बल्कि नियोजित शहर था, जो एक चबूतरे पर बनाया गया था। इसके दो अलग-अलग क्षेत्र थे। एक की पहचान गढ़ के रूप में और दूसरे की निचले शहर के रूप में की जाती है। मोहनजोदड़ो के मकान बहुमंजिला होते थे।

इसका प्रमाण भवनों में मिलने वाली सीढ़ियों से प्राप्त होता है। मकान पक्की ईंटों के बने होते थे। घरों में पक्की ईंटों से बने स्नानघर और उचित नालियाँ थीं। कई घरों में एक केंद्रीय आँगन होता था, जिसके चारों ओर कमरे होते थे। गढ़ क्षेत्र में महत्त्वपूर्ण आवासीय संरचनाएँ थीं, जिनका उपयोग या तो आम जनता या चुनिंदा निवासियों द्वारा किया जाता था।

प्रमुख स्थल

13 निम्नलिखित कथनों पर विचार कीजिए

(Chap 1, Class-XII, New NCERT) (MPPSC Pre 2008)

1. मोहनजोदड़ो, हड़प्पा, रोपड़ तथा कालीबंगा सिंधु घाटी सभ्यता के प्रमुख स्थल हैं।
2. हड़प्पा के लोगों ने सड़कों तथा नालियों के जाल के साथ नियोजित शहरों का विकास किया।
3. हड़प्पा के लोगों को धातुओं के उपयोग का सही पता नहीं था।

उपर्युक्त में से कौन-से/सा कथन सही नहीं हैं/है?

(a) 1 और 2 (b) 1 और 3
(c) केवल 3 (d) 1, 2 और 3

उत्तर *(c)*

व्याख्या दिए गए कथनों में से कथन (3) सही नहीं है, क्योकि हड़प्पा के लोगों को विभिन्न धातुओं, धातुकर्म तथा धातुओं के उपयोग का पूरा ज्ञान था। वह सोने, चाँदी, ताँबा इत्यादि से परिचित थे। ताँबे के साथ टिन के मिश्रण से कांस्य निर्माण की भी उन्हें जानकारी थी।

14 हड़प्पा सभ्यता के निम्नलिखित में से कौन-सा/से स्थल सिंध क्षेत्र में अवस्थित हैं?

(Chap 7, Class-XI, Old NCERT)

1. हड़प्पा 2. मोहनजोदड़ो
3. चन्हूदड़ो 4. सुरकोटडा

कूट

(a) 1 और 2 (b) 2 और 3
(c) 1 और 4 (d) 1, 2 और 3

उत्तर *(b)*

व्याख्या हड़प्पा सभ्यता के सिंधु क्षेत्र में अवस्थित स्थल मोहनजोदड़ो तथा चन्हूदड़ो हैं।

हड़प्पा सभ्यता पाकिस्तान के पंजाब प्रांत में रावी नदी के तट पर स्थित है। यह चन्हूदड़ो व मोहनजोदड़ो से 140 किमी दक्षिण में सिंधु नदी के तट पर पाकिस्तान के सिंधु प्रांत में स्थित है।

सुरकोटडा गुजरात में स्थित हड़प्पाई स्थल, जो हड़प्पा सभ्यता का समुद्रतटीय नगर था।

15 मोहनजोदड़ो के संबंध में निम्नलिखित कथनों पर विचार कीजिए

(Chap 7, Class-XI, Old NCERT)

1. इसका अर्थ मृतकों का टीला होता है।
2. यह पाकिस्तान के सिंध प्रांत में स्थित है।
3. गोदीवाड़ा, मोहनजोदड़ो की सबसे बड़ी विशेषता है।
4. मोहनजोदड़ो के निचले नगर में आवासीय भवनों के साक्ष्य मिलते हैं।

उपर्युक्त में से कौन-सा/से कथन सही है/हैं?

(a) 1, 2 और 3 (b) 1, 2, 3 और 4
(c) 1, 2 और 4 (d) केवल 4

उत्तर *(c)*

व्याख्या मोहनजोदड़ो के संबंध में कथन (1), (2) और (4) सही हैं।

सिंधी भाषा में मोहनजोदड़ो शब्द का अर्थ- मृतकों का टीला होता है। मोहनजोदड़ो पाकिस्तान के सिंध प्रांत में सिंधु नदी के दाएँ तट पर अवस्थित है। इस विशाल नगरीय संरचना के निम्न नगरों में आवासीय भवनों के अवशेष प्राप्त हुए हैं।

कथन (3) सही नहीं है, क्योंकि गोदीवाड़ा (आधुनिक बंदरगाह) मोहनजोदड़ो में नहीं बल्कि, लोथल में स्थित था।

16 सूची I को सूची II से सुमेलित कीजिए तथा सूचियों के नीचे दिए गए कूट से सही उत्तर चुनिए

(Chap 1, Class-XII, New NCERT)
(UPPSC Pre 2023)

सूची I (पुरातात्विक स्थल)	सूची II (वर्तमान स्थान)
A. नेवासा	1. राजस्थान
B. ईसमपुर	2. तमिलनाडु
C. डीडवाना	3. महाराष्ट्र
D. गुड़ियाम गुफा	4. कर्नाटक

कूट

	A	B	C	D		A	B	C	D
(a)	4	3	1	2	(b)	3	2	4	1
(c)	3	4	1	2	(d)	3	4	2	1

उत्तर *(c)*

व्याख्या सही सुमेलन A-3, B-4, C-1, D-2 है।

नेवासा पुरास्थल महाराष्ट्र के अहमदनगर जिले में प्रवरा नदी के तट पर स्थित है। इस पुरास्थल को खोजने का श्रेय एम एन देशपाण्डे को दिया जाता है ईसमपुर पुरातात्विक स्थल कर्नाटक में स्थित है। डीडवाना पुरातात्विक स्थल राजस्थान में स्थित है तथा गुड़ियाम गुफा तमिलनाडु में अवस्थित है।

17 निम्नलिखित में से कौन-सा साक्ष्य मोहनजोदड़ो नामक स्थल से प्राप्त हुआ है?

(Chap 1, Class-XII, New NCERT)

1. वृहत आवासीय परिसर 2. 700 कुओं का साक्ष्य
3. कांस्य की नर्तकी की मूर्ति 4. जैस्पर (एक प्रकार का उपरत्न)

कूट

(a) 1, 3 और 4 (b) 2, 3 और 4
(c) 1, 2 और 3 (d) 2 और 4

उत्तर *(c)*

व्याख्या मोहनजोदड़ो नामक स्थल से वृहत् आवासीय परिसर, 700 कुओं के साक्ष्य तथा कांस्य की नर्तकी की मूर्ति की प्राप्ति हुई है।

इसके अतिरिक्त जैस्पर (एक प्रकार का उपरत्न) की प्राप्ति मोहनजोदड़ो से नहीं, अपितु हड़प्पा से हुई है। 1980 के दशक के मध्य में हड़प्पा के कब्रिस्तान में हुए उत्खनन में एक पुरुष की खोपड़ी के समीप शंख के तीन छल्लों, जैस्पर के मनके तथा सैकड़ों की संख्या में सूक्ष्म मनकों से बना एक आभूषण मिला है।

18 प्रत्येक घर में ईंटों से बना अपना एक स्नानघर होता था, जिसकी नालियाँ दीवार के माध्यम से सड़क की नालियों से जुड़ी थीं। कुछ घरों में दूसरे तल या छत पर जाने हेतु बनाई गई सीढ़ियों के अवशेष मिले हैं। कई आवासों में कुएँ थे, जो अधिकांशतः एक ऐसे कक्ष में बनाए गए थे जिसमें बाहर से आया जा सकता था और जिनका प्रयोग संभवतः राहगीरों द्वारा किया जाता था। यह किस नगर की संरचना का विशिष्ट विवरण प्रस्तुत करता है?

(Chap 1, Class-XII, New NCERT)

(a) मोहनजोदड़ो (b) लोथल
(c) रोपड़ (d) कोटदीजी

उत्तर *(a)*

व्याख्या दिए गए प्रश्न में वर्णित विवरण का संबंध मोहनजोदड़ो से है मोहनजोदड़ो का आवासीय विस्तार अन्य हड़प्पा स्थलों से विशिष्ट है। यहाँ आवासों का निर्माण एक विशिष्ट संरचना के अंतर्गत किया गया था, जिसमें घरों में स्नानघर तथा कुओं का निर्माण, इसकी विशिष्टता है।

19 धौलावीरा की वह अद्वितीय विशेषता कौन-सी है, जो अन्य किसी भी हड़प्पाई स्थल से नहीं मिलती? *(Chap 7, Class-XI, Old NCERT)*

(a) नगर का त्रिस्तरीय विभाजन (b) नगर का एकल स्वरूप
(c) नगर का द्विस्तरीय विभाजन (d) उन्नत जल-निकासी प्रणाली

उत्तर *(a)*

व्याख्या धौलावीरा का त्रिस्तरीय विभाजन इसकी अद्वितीय विशेषता है। त्रिस्तरीय विभाजन अन्य किसी भी हड़प्पा स्थल से नहीं मिलता। अन्य हड़प्पाकालीन नगर दो भागों (1) किला या नगर दुर्ग और (2) निचले नगर में विभाजित थे। किंतु इनसे भिन्न धौलावीरा तीन प्रमुख भागों में विभाजित था, जिनमें से दो भाग आयताकार किलेबंदी से पूरी तरह सुरक्षित थे, जबकि तीसरा भाग खुला हुआ था।

20 हड़प्पाई स्थल कालीबंगा के संबंध में निम्नलिखित कथनों पर विचार कीजिए *(Chap 1, Class-XII, New NCERT)*

1. कालीबंगा (राजस्थान) नामक स्थान पर जुते हुए खेत का साक्ष्य मिला है, जो आरंभिक हड़प्पा स्तरों से संबद्ध है।
2. बनावली के अतिरिक्त कालीबंगा वह दूसरा स्थल है, जहाँ से दो सांस्कृतिक अवस्थाओं के साक्ष्य मिले हैं।

उपर्युक्त कथनों में से कौन-सा/से सही नहीं है/हैं?

(a) केवल 1 (b) केवल 2
(c) 1 और 2 (d) न तो 1 और न ही 2

उत्तर *(d)*

व्याख्या हड़प्पाई स्थल कालीबंगा के संबंध में दोनों कथन सही हैं।

बनावली (हरियाणा) से मिट्टी से बने हल के प्रतिरूप मिले हैं। इसके अतिरिक्त पुरातत्वविदों को कालीबंगन (राजस्थान) नामक स्थान पर जुते हुए खेत का साक्ष्य मिला है, जो आरंभिक हड़प्पा स्तरों से संबद्ध है। इस खेत में हल रेखाओं के दो समूह एक-दूसरे को समकोण पर काटते हुए विद्यमान थे, जो दर्शाते हैं कि एक साथ दो अलग-अलग फसलें उगाई जाती थीं।

बनावली के अतिरिक्त कालीबंगा वह दूसरा स्थल है, जहाँ से दो सांस्कृतिक अवस्थाओं के साक्ष्य मिले हैं। पहली संस्कृति प्राक् हड़प्पा (हड़प्पा-पूर्व) तथा दूसरी संस्कृति हड़प्पाकालीन है।

21 परिपक्व अवस्था वाले हड़प्पाई स्थलों की पहचान कीजिए *(Chap 7, Class-XI, Old NCERT)*

1. हड़प्पा, मोहनजोदड़ो, चन्हूदड़ो
2. बनावली, कालीबंगा, मोहनजोदड़ो
3. लोथल, हड़प्पा, चन्हूदड़ो
4. लोथल, कालीबंगा, बनावली

कूट

(a) केवल 1 (b) केवल 2 (c) 1, 2 और 4 (d) 1 ,2, 3 और 4

उत्तर *(d)*

व्याख्या हड़प्पा, मोहनजोदड़ो, चन्हूदड़ो, बनावली, कालीबंगा, लोथल सभी परिपक्व अवस्था वाले हड़प्पाई स्थल हैं। हड़प्पा सभ्यता में परिपक्व अवस्था वाले स्थलों की सूची में उन स्थलों को शामिल किया जाता है, जहाँ से हड़प्पा सभ्यता की विशेषताएँ परिपक्व अवस्था में मिलती हैं। इन सभी स्थलों में नगर नियोजन की समरूपता देखने को मिलती है।

22 निम्नलिखित में से कौन-सा युग्म सुमेलित नहीं है? *(Chap 7, Class-XI, Old NCERT)*

	स्थल		अवस्थिति
(a)	सुरकोटडा	—	गुजरात
(b)	चन्हूदड़ो	—	सिंध
(c)	सुत्तकांगेडोर	—	बलूचिस्तान
(d)	धौलावीरा	—	राजस्थान

उत्तर *(d)*

व्याख्या दिए गए युग्मों में से युग्म (d) सुमेलित नहीं है, क्योंकि धौलावीरा राजस्थान में नहीं, अपितु गुजरात के कच्छ जिले की भचाऊ तालुका में स्थित है। धौलावीरा की खोज रवींद्र सिंह बिष्ट ने वर्ष 1990-91 में की थी, जो सुरकोटडा, गुजरात में अवस्थित हड़प्पा स्थल है। चन्हूदड़ो सिंध तथा सुत्तकांगेडोर बलूचिस्तान में अवस्थित हड़प्पा स्थल है।

23 दिए गए युग्मों में से कूट आधारित गलत युग्म/युग्मों का चयन कीजिए *(Chap 2, Class-VI, Old NCERT)*

हड़प्पाई स्थल		स्थिति
1. राखीगढ़ी	—	सिंध
2. मेहरगढ़	—	राजस्थान
3. कालीबंगा	—	बलूचिस्तान
4. चन्हूदड़ो	—	हरियाणा

कूट

(a) केवल एक (b) केवल दो (c) केवल तीन (d) सभी चार

उत्तर *(d)*

व्याख्या दिए गए सभी युग्म गलत हैं।

राखीगढ़ी, हरियाणा के हिसार जिले में स्थित है। इसे पूर्व हड़प्पा सभ्यता बस्ती स्थल के रूप में जाना जाता है। इसकी खोज वर्ष 1969 में सूरजभान ने की थी।

मेहरगढ़, पाकिस्तान के बलूचिस्तान प्रांत में स्थित है। यहाँ से कृषि तथा पशुपालन के प्राचीनतम साक्ष्य मिलते हैं।

कालीबंगा, राजस्थान के गंगानगर जिले में स्थित है। इस प्राक् हड़प्पा पुरास्थल की खोज सर्वप्रथम ए. घोष ने वर्ष 1953 में की थी।

चन्हूदड़ो, पाकिस्तान के सिंध प्रांत में स्थित है। इसका उत्खनन वर्ष 1935 में मैके महोदय ने करवाया था। यहाँ से झूकर संस्कृति के अवशेष मिले हैं।

24 दक्षिण भारत के विभिन्न स्थलों के संबंध में निम्नलिखित कथनों पर विचार कीजिए *(Class-XII, Old NCERT)*

1. प्राचीन तमिझागम के कस्बे; जैसे-अरिकामेडु की झाड़ी और उरैयूर भारतीय उपमहाद्वीप में प्रथम शहरीकरण का हिस्सा है।
2. सिंधु क्षेत्र से किसी भी समूह के दक्षिण प्रवास की जानकारी नहीं मिलती है।
3. सिंधु सभ्यता और तमिल सभ्यता के बीच कोई संबंध नहीं था।

उपर्युक्त कथनों में से कौन-सा/से सही नहीं है/हैं?

(a) केवल 3 (b) 1 और 2
(c) 2 और 3 (d) 1, 2 और 3

उत्तर *(d)*

व्याख्या दक्षिण भारत के विभिन्न स्थलों के संबंध में सभी कथन सही नहीं हैं।

प्राचीन तमिझागम के कस्बे; जैसे-अरिकामेडु की झाड़ी और उरैयूर भारतीय उपमहाद्वीप में प्रथम नहीं, बल्कि द्वितीय शहरीकरण का हिस्सा है। सिंधु सभ्यता भारतीय इतिहास के पहले शहरीकरण का प्रतिनिधित्व करती है।

दक्षिण भारत के महापाषाणकालीन बर्तनों पर पाए गए भित्ति चित्र और प्रस्तुत स्थान के नाम सिंधु और तमिल संस्कृतियों के बीच संबंध स्थापित करने के लिए उद्धृत किए गए हैं।

पुरातात्विक साक्ष्य मध्यपाषाण काल से लगातार तमिलनाडु और दक्षिण भारत में रहने वाले लोगों के कई समूहों की ओर इशारा करते हैं। सिंधु क्षेत्र से कुछ समूहों के प्रवास से इंकार नहीं किया जा सकता है।

इस प्रकार कहा जा सकता है कि सिंधु सभ्यता और तमिल सभ्यता के बीच संबंध था, परंतु किसी भी निश्चित निष्कर्ष पर पहुँचने से पहले अधिक शोध आवश्यक हैं।

25 **हड़प्पाई स्थलों के संबंध में निम्नलिखित कथनों पर विचार कीजिए** *(Chap 1, Class-XII, New NCERT)*

1. शोर्तुघई सुदूर अफगानिस्तान में स्थित था।
2. शोर्तुघई लाल रंग के लाजवर्द पत्थरों के लिए प्रसिद्ध था।
3. लोथल कार्नीलियन के लिए प्रसिद्ध था।
4. खेतड़ी अंचल राजस्थान में स्थित था।

उपर्युक्त में से कौन-सा/से कथन सही नहीं है/हैं?

(a) केवल 1 (b) केवल 2
(c) केवल 3 (d) 3 और 4

उत्तर *(b)*

व्याख्या हड़प्पाई स्थलों के संबंध में कथन (2) सही नहीं है, क्योंकि शोर्तुघई लाल रंग के लाजवर्द पत्थरों के लिए नहीं वरन् नीले रंग के लाजवर्द (लाजवर्दमणि) के लिए प्रसिद्ध था। इसका आयात हड़प्पावासी सुदूर अफगानिस्तान में स्थित शोर्तुघई से करते थे। यह हड़प्पा सभ्यता का एक व्यापारिक केंद्र था। यहाँ स्थित 'सर-ए-संग' की खानों से लाजवर्दमणि प्राप्त की जाती थी। इसके अतिरिक्त यहाँ से टिन तथा सोना भी प्राप्त किया जाता था।

26 **नीचे दिए गए युग्मों में से सही युग्म/युग्मों का चयन कीजिए** *(Chap 1, Class-XII, New NCERT)*

	तथ्य	वर्ष
1.	ह्वीलर द्वारा हड़प्पा का उत्खनन	– 1955
2.	एस. आर. राव द्वारा लोथल का उत्खनन	– 1946
3.	आर. एस. बिष्ट द्वारा धौलावीरा का उत्खनन	– 1990
4.	एम. आर. मुगल द्वारा बहावलपुर में अन्वेषणों का आरंभ	– 1974

कूट

(a) केवल एक (b) केवल दो
(c) केवल तीन (d) सभी चार

उत्तर *(b)*

व्याख्या दिए गए युग्मों में से केवल दो युग्म (3 और 4) सही हैं।

आर. एस. बिष्ट ने वर्ष 1990 में धौलावीरा में उत्खनन प्रारंभ करवाया था। धौलावीरा गुजरात के कच्छ क्षेत्र में स्थित एक हड़प्पा सभ्यता स्थल है।

एम. आर. मुगल, पाकिस्तान के पुरातत्वविद् तथा इतिहासकार हैं, जिन्होंने वर्ष 1974 में बहावलपुर में अन्वेषणों को प्रारंभ करवाया था।

युग्म (1) और (2) सही नहीं हैं, क्योंकि मार्टिमर ह्वीलर ने वर्ष 1946 को हड़प्पा में उत्खनन करवाया था। वे भारतीय पुरातात्विक सर्वेक्षण के डायरेक्टर जनरल थे। 'सिविलाइजेशन ऑफ द इंडस वैली एंड बियॉण्ड' मार्टिमर ह्वीलर की रचना है, जो वर्ष 1961 में प्रकाशित हुई।

एस.आर. राव के द्वारा वर्ष 1955 में लोथल में खुदाई प्रारंभ करवाई गई थी। एस.आर.राव ने विलुप्त शहर द्वारका के संदर्भ में 'द लास्ट सिटी द्वारका' नामक पुस्तक की रचना की।

आर्थिक, सामाजिक तथा धार्मिक जीवन

27 **हड़प्पा सभ्यता के संदर्भ में निम्नलिखित में कौन-सा कथन सही नहीं है?** *(Chap 1, Class-XII, New NCERT)*

(a) यहाँ के लोगों ने सर्वप्रथम कपास का उत्पादन किया था।
(b) हड़प्पाई लोगों को लोहे का ज्ञान था।
(c) इस सभ्यता के लोग तिल और सरसों का उत्पादन करते थे।
(d) हड़प्पा सभ्यता को कांस्ययुगीन सभ्यता भी कहा जाता है।

उत्तर *(b)*

व्याख्या हड़प्पा सभ्यता के संदर्भ में कथन (b) सही नहीं है, क्योंकि हड़प्पा सभ्यता के लोगों को लोहे का ज्ञान नहीं था, बल्कि ताँबा, टिन, कांस्य, सोना आदि का ज्ञान था।

भारत में लोहे का ज्ञान उत्तर वैदिक काल (1000 ई. पू.-800 ई.पू.) के लोगों को था। हड़प्पा सभ्यता के लोग टिन तथा ताँबे को मिलाकर कांस्य का निर्माण करते थे।

28 **हड़प्पा सभ्यता की कृषि प्रौद्योगिकी के संदर्भ में निम्नलिखित कथनों पर विचार कीजिए** *(Chap 1, Class-XII, New NCERT)*

1. खेत जोतने के लिए लोहे के हल का प्रयोग होता था।
2. हल को बैलों के द्वारा चलाया जाता था।
3. कालीबंगा में जुते हुए खेत का साक्ष्य प्राप्त हुआ है।

उपर्युक्त में से कौन-सा/से कथन सही नहीं है/हैं?

(a) केवल 1 (b) 1 और 2
(c) केवल 3 (d) 1, 2 और 3

उत्तर *(a)*

व्याख्या हड़प्पा सभ्यता की कृषि प्रौद्योगिकी के संदर्भ में कथन (1) सही नहीं है, क्योंकि खेत जोतने के लिए लोहे के हल का नहीं, बल्कि मिट्टी के हल का प्रयोग होता था। मिट्टी से बने हल के प्रतिरूपों की प्राप्ति बनावली से हुई है।

29 **मेसोपोटामिया से प्राप्त लेखों के संदर्भ में निम्नलिखित कथनों पर विचार कीजिए** *(Chap 1, Class-XII, New NCERT)*

1. यहाँ के लेखों से दिलमुन, मगन तथा मेलुहा के आपसी संपर्कों की जानकारी मिलती है।
2. मेलुहा की पहचान हड़प्पा क्षेत्र से की गई है।

उपर्युक्त में से कौन-सा/से कथन सही है/हैं?

(a) केवल 1
(b) 1 और 2
(c) 2 और 3
(d) केवल 2

उत्तर *(b)*

व्याख्या मेसोपोटामिया से प्राप्त लेखों के संदर्भ में दोनों कथन सही हैं।

मेसोपोटामिया की सभ्यता सिंधु घाटी सभ्यता के समकालीन थी। यहाँ से प्राप्त तीसरी सहस्राब्दि ई.पू. के लेखों में दिलमुन, मगान तथा मेलुहा (संभवतः हड़प्पाई क्षेत्र) के आपसी संपर्कों का विवरण मिलता है। मेलुहा की पहचान हड़प्पा सभ्यता के क्षेत्र से की गई है। इस स्थल से बाह्य व्यापार फारस की खाड़ी, मेसोपोटामिया, अफगानिस्तान एवं तुर्कमेनिस्तान से होता था।

30 **हड़प्पावासियों के आर्थिक परिदृश्य के संबंध में निम्नलिखित में से कौन-सा कथन सही नहीं है?** *(Chap 1, Class-XII, New NCERT)*

(a) उन्होंने नागेश्वर और बालाकोट में जहाँ शंख आसानी से उपलब्ध था, बस्तियाँ स्थापित कीं
(b) शोर्तुघई नीले रंग के पत्थर लाजवर्द मणि के सबसे अच्छे स्रोत के निकट स्थित था
(c) खेतड़ी क्षेत्र में मिले साक्ष्यों को पुरातत्त्वविदों ने गणेश्वर-जोधपुरा संस्कृति का नाम दिया है
(d) लोथल (गुजरात में भड़ौच) हीरे के व्यापार के लिए प्रसिद्ध था

उत्तर *(d)*

व्याख्या हड़प्पावासियों के आर्थिक परिदृश्य के संबंध में कथन (d) सही नहीं है, क्योंकि लोथल (गुजरात में भड़ौच) हीरे के व्यापार के लिए नहीं, बल्कि कार्नीलियन के लिए प्रसिद्ध था। इसके अतिरिक्त लोथल कई खंडहरों के लिए भी प्रसिद्ध था। यह साबरमती नदी और सौराष्ट्र में इसकी सहायक नदी भोगावा के बीच स्थित है।

31 हड़प्पाई बाँटों के संबंध में निम्नलिखित में से कौन-सा कथन सही नहीं है? *(Chap 1, Class-XII, New NCERT)*

(a) बाँट का निर्माण सामान्यत: चर्ट नामक पत्थर से होता था
(b) बाँट निशानरहित तथा घनाकार होते थे
(c) इन बाँट का निचला मानदंड दशमलव प्रणाली पर आधारित था
(d) उपर्युक्त में से कोई नहीं

उत्तर (c)

व्याख्या हड़प्पाई बाँटों के संबंध में कथन (c) सही नहीं है, क्योंकि हड़प्पाई बाँटों का ऊपरी मानदंड दशमलव प्रणाली पर आधारित था।

हड़प्पा काल में विनिमय बाँटों की एक सूक्ष्म या परिशुद्ध प्रणाली द्वारा नियंत्रित था। ये बाँट सामान्यत: चर्ट पत्थर के बने होते थे तथा सामान्यत: ये किसी भी तरह के निशान रहित घनाकार होते थे। इन बाँटों के निचले मानदंड द्विआधारी (1, 2, 4, 8, 16, 32 इत्यादि गुणज में) थे, जबकि ऊपरी मानदंड दशमलव प्रणाली का अनुसरण करते थे।

32 हड़प्पा सभ्यता के अंतर्गत होने वाले व्यापार के संदर्भ में निम्नलिखित कथनों पर विचार कीजिए *(Chap 7, Class-XI, Old NCERT)*

1. यहाँ विदेशी तथा आंतरिक दोनों व्यापार होते थे।
2. व्यापार के लिए धातु की मुहरों का प्रयोग होता था।
3. यहाँ का व्यापार वस्तु-विनिमय प्रणाली पर आधारित था।

उपर्युक्त में से कितने कथन सही हैं?

(a) केवल एक
(b) केवल दो
(c) सभी तीन
(d) इनमें से कोई नहीं

उत्तर (b)

व्याख्या हड़प्पा सभ्यता के अंतर्गत होने वाले व्यापार के संदर्भ में केवल दो कथन अर्थात् (1 और 3) सही हैं। वस्तुओं के आदान-प्रदान को वस्तु-विनिमय प्रणाली कहा जाता है। यह हड़प्पा सभ्यता के व्यापार का मुख्य आधार था। हड़प्पा सभ्यता में होने वाले आंतरिक तथा बाह्य व्यापार दोनों में वस्तु-विनिमय प्रणाली का उपयोग होता था।

कथन (2) सही नहीं है, क्योंकि हड़प्पा सभ्यता में व्यापार के लिए धातु का नहीं, बल्कि वस्तुओं के आदान-प्रदान का प्रयोग होता था।

33 सिंधु सभ्यता के नगरों में भोजन के रूप में प्रयोग की जाने वाली खाद्य सामग्रियों की सूची में शामिल थी *(Chap 2, Class-VI, Old NCERT)*

1. जौ और गेहूँ
2. मांस और मछली
3. अमरूद और केला
4. अनार और केला

कूट

(a) केवल 1
(b) 1 और 3
(c) 1, 2 और 3
(d) 1, 3 और 4

उत्तर (c)

व्याख्या सिंधु सभ्यता के नगरों में भोजन के रूप में जौ, गेहूँ, मांस, मछली, अमरूद और केला आदि का प्रयोग होता था।

यहाँ से जौ और गेहूँ के प्राचीनतम साक्ष्य मेहरगढ़ नामक स्थल से प्राप्त हुए हैं। इसके अतिरिक्त यहाँ पर मटर, तिल, सरसों, खरबूजा, तरबूज आदि का भी प्रयोग होता था।

34 हड़प्पाई संस्कृति में पशुपालन के संबंध में कौन-सा कथन सही है? *(Chap 7, Class-XI, Old NCERT)*

(a) हड़प्पाई लोग बैल, भैंस, बकरी और भेड़ पालते थे
(b) घोड़े के अस्तित्व का संकेत धौलावीरा से मिला है
(c) कालीबंगा से घोड़े की अस्थि का अवशेष मिला है
(d) हड़प्पाई लोग कूबड वाले साँड को अप्रिय मानते थे

उत्तर (a)

व्याख्या हड़प्पाई संस्कृति में पशुपालन के संबंध में कथन (a) सही है। हड़प्पाई लोग बैल, भैंस, बकरी, भेड़ आदि पालते थे। गाय और घोड़े को पालतू बनाए जाने का साक्ष्य हड़प्पा सभ्यता में नहीं मिलता है।

कथन (b), (c) और (d) सही नहीं हैं, क्योंकि घोड़े के अस्तित्व का संकेत धौलावीरा से नहीं, बल्कि मोहनजोदड़ो तथा लोथल से मिला है, लेकिन इसे बाह्य आक्रमण का प्रतीक माना गया है। यहाँ ऐसी कोई मूर्ति नहीं मिली है जिस पर गाय की आकृति खुदी हो, कूबड़ वाला साँड इस संस्कृति में विशेष महत्त्व रखता था।

35 सूची I को सूची II से सुमेलित कीजिए *(Chap 1, Class-XII, New NCERT)*

सूची I (आयातित वस्तु)	**सूची II** (प्राप्ति स्थान)
A. ताँबा	1. गुजरात
B. सोना	2. अफगानिस्तान
C. टिन	3. राजस्थान
D. बहुमूल्य पत्थर	4. कर्नाटक

कूट

	A	B	C	D		A	B	C	D
(a)	3	4	1	2	(b)	4	3	2	1
(c)	1	2	3	4	(d)	2	3	1	4

उत्तर (a)

व्याख्या सही सुमेलन A-3, B-4, C-1, D-2 है।

हड़प्पावासी, ताँबा राजस्थान के खेतड़ी से आयात करते थे। खेतड़ी वर्तमान में राजस्थान के सीकर जिले में अवस्थित है।

हड़प्पावासी, सोना फारस तथा कर्नाटक (दक्षिणी भारत) से आयात करते थे। स्वर्ण आभूषणों के अवशेष हड़प्पा सभ्यता स्थल 'मोहनजोदड़ो' से प्राप्त हुए हैं।

हड़प्पावासी, टिन गुजरात, ईरान (मध्य एशिया) से आयात करते थे। ताँबे के साथ टिन को मिलाकर कांस्य बनाने की प्रविधि हड़प्पावासियों को ज्ञात थी।

हड़प्पावासी, लाजवर्दमणि नामक बहुमूल्य पत्थर अफगानिस्तान के शोर्तुघई से आयात करते थे। शोतुघई, वस्तुत: हड़प्पा का एक औपनिवेशिक केंद्र था।

36 निम्नलिखित में से कौन-से क्षेत्र शंख निर्मित वस्तुओं के निर्माण के प्रमुख केंद्र के रूप में प्रचलित थे? *(Chap 1, Class-XII, New NCERT)*

(a) मुंडिगाक तथा मालवाड
(b) रंगपुर तथा बनावली
(c) नागेश्वर तथा बालाकोट
(d) राखीगढ़ी तथा कालीबंगन

उत्तर (c)

व्याख्या नागेश्वर (गुजरात) तथा बालाकोट (पाकिस्तान) दो ऐसे स्थल थे, जो शंख से निर्मित होने वाली वस्तुओं के लिए प्रसिद्ध थे।

ये दोनों समुद्र (नदी) के किनारे स्थित थे। ये शंख से बनी वस्तुओं, जिनमें चूड़ियाँ, करछियाँ तथा पच्चीकारी की वस्तुएँ सम्मिलित हैं, के निर्माण के विशिष्ट केंद्र थे। यहाँ से बनी वस्तुओं को दूसरी बस्तियों तक ले जाया जाता था।

37 निम्नलिखित में से कौन-सा तथ्य सिंधु घाटी के निवासियों के सामुद्रिक व्यापार से संबंधित नहीं है *(Chap 3, Class-VI, New NCERT)*

(a) लोथल से एक गोदी या डॉकयार्ड की खोज
(b) एक मुहर पर जलयान का चित्र
(c) आयातित वस्तुओं की बहुतायत में उपस्थिति
(d) पश्चिमी एशियाई देशों के साथ हड़प्पाकालीन लोगों के वाणिज्यिक संबंध

उत्तर (b)

व्याख्या सिंधु घाटी के निवासियों के सामुद्रिक व्यापार से संबंधित कथन (b) नहीं है, क्योंकि सिंधु घाटी सभ्यता में एक मुहर पर जलयान का चित्र मिलना सामुद्रिक व्यापार से संबंधित गतिविधियों का द्योतक नहीं है, बल्कि यह दर्शाता है कि सिंधु घाटी सभ्यता के लोग आंतरिक आवागमन के लिए जलयान (नाव) का प्रयोग करते थे।

38 हड़प्पा सभ्यता में कृषि से संबंधित निम्नलिखित कथनों पर विचार कीजिए *(Chap 7, Class XI, Old NCERT)*

1. सिंधु नदी नील नदी की अपेक्षा कहीं अधिक काली मिट्टी बहाकर लाती थी।
2. हड़प्पा सभ्यता में 5 वर्ष में एक बार बाढ़ आती थी।
3. बाढ़ से गाँव की रक्षा के लिए पकी ईंट की दीवारें बनाई जाती थीं।
4. हड़प्पावासी अप्रैल महीने में गेहूँ और जौ की अपनी फसल काट लेते थे।

उपर्युक्त कथनों में से कितने कथन सही नहीं हैं?

(a) केवल एक (b) केवल दो
(c) केवल तीन (d) सभी चार

उत्तर *(d)*

व्याख्या हड़प्पा सभ्यता में कृषि से संबंधित केवल दो कथन अर्थात् (1 और 2) सही नहीं हैं, क्योंकि सिंधु नदी मिस्र की नील नदी की अपेक्षा कहीं अधिक काली मिट्टी नहीं, बल्कि जलोढ़ मिट्टी बहाकर लाती थी और इसे बाढ़ वाले मैदानों में छोड़ जाती थी। जैसे नील ने मिस्र का निर्माण और वहाँ के लोगों का भरण-पोषण किया, वैसे ही सिंधु नदी ने सिंध क्षेत्र का निर्माण और वहाँ के लोगों का भरण-पोषण किया।

हड़प्पा सभ्यता में 5 वर्ष में एक बार नहीं, बल्कि प्रत्येक वर्ष बाढ़ आती थी।

39 हड़प्पा सभ्यता में शवाधान से संबंधित निम्नलिखित कथनों पर विचार कीजिए *(Chap 1, Class-XII, New NCERT)*

1. यहाँ शवाधान के अंतर्गत मृतकों को गर्तों में दफनाया जाता था।
2. 1980 के दशक में बनावली से मिले एक शवाधान में सूक्ष्म मनकों से बना एक आभूषण प्राप्त हुआ था।

उपर्युक्त में से कौन-सा/से कथन सही है/हैं?

(a) केवल 1 (b) केवल 2
(c) 1 और 2 (d) न तो 1 और न ही 2

उत्तर *(a)*

व्याख्या हड़प्पा सभ्यता में शवाधान के संबंध में कथन (1) सही है।

हड़प्पा सभ्यता में शवाधान के अंतर्गत मृतकों को गर्तों (गड्ढों) में दफनाए जाने का साक्ष्य मिला है। यह आंशिक समाधिकरण के अंतर्गत आता था। इस प्रक्रिया में शव को पशु-पक्षियों को खाने के लिए खुले में छोड़ दिया जाता था। उनके खाने के बाद बचे शेष भाग को गर्तों में दफना दिया जाता था।

कथन (2) सही नहीं है, क्योंकि 1980 के दशक के मध्य में बनावली से नहीं, बल्कि हड़प्पा से मिले एक शवाधान में सूक्ष्म मनकों से बना एक आभूषण मिला है।

40 फेयॉन्स के संबंध में निम्नलिखित कथनों पर विचार कीजिए *(Chap 1, Class-XII, New NCERT)*

1. फेयॉन्स के छोटे पात्र कीमती माने जाते थे।
2. फेयॉन्स के पात्र सुगंधित द्रव्यों के पात्रों के रूप में प्रयोग होते थे।
3. फेयॉन्स के पात्र सभी स्थलों से प्राप्त हुए हैं।

उपर्युक्त में से कौन-सा/से कथन सही है/हैं?

(a) 1 और 2 (b) 2 और 3
(c) केवल 1 (d) केवल 3

उत्तर *(a)*

व्याख्या फेयॉन्स के संबंध में कथन (1) और (2) सही हैं।

फेयॉन्स के छोटे पात्र संभवत: कीमती माने जाते थे, क्योंकि इन्हें बनाना कठिन था। विलासिता संबंधी वस्तु में फेयॉन्स के पात्र का प्रयोग सुगंधित द्रव्यों के पात्र के रूप में किया जाता था।

कथन (3) सही नहीं है, क्योंकि फेयॉन्स के पात्र सभी स्थलों से प्राप्त न होकर अधिकांशत: मोहनजोदड़ो और हड़प्पा से मिले हैं।

41 हड़प्पा संस्कृति के संदर्भ में निम्नलिखित में से कौन-सा कथन सही नहीं है? *(Chap 7, Class-XI, Old NCERT)*

(a) यहाँ का समाज मातृसत्तात्मक था।
(b) यूनीकॉर्न सबसे महत्त्वपूर्ण पशु था।
(c) राखीगढ़ी में मंदिर का साक्ष्य प्राप्त हुआ है।
(d) मोहनजोदड़ो से पुजारी की मूर्ति मिली है।

उत्तर *(c)*

व्याख्या हड़प्पा संस्कृति के संदर्भ में कथन (c) सही नहीं है, क्योंकि किसी भी हड़प्पाई स्थल से मंदिर का साक्ष्य प्राप्त नहीं हुआ। भारतीय संस्कृति में मंदिर बनाने का प्रथम प्रमाण गुप्त काल से मिलता है। पुरास्थलों से प्राप्त मिट्टी की मूर्तियों, पत्थर की छोटी मूर्तियों, मुहरों आदि पर चित्रित चिह्नों से यह परिलक्षित होता है कि हड़प्पा में धार्मिक विचारधारा मातृदेवी, पशुपतिनाथ, योनि, लिंग वृक्ष आदि की पूजा की जाती थी। धार्मिक दृष्टिकोण का आधार इहलौकिक तथा व्यावहारिक अधिक था।

42 हड़प्पा सभ्यता में प्रचलित परिधानों के संबंध में निम्नलिखित कथनों पर विचार कीजिए *(Chap 2, Class-VI, Old NCERT)*

1. स्त्रियाँ छोटा घाघरा पहनती थीं, जो कमरबंद से कसा रहता था।
2. वस्त्र सूती एवं ऊनी दोनों तरह के पहने जाते थे।
3. आभूषणों का प्रयोग केवल महिलाएँ करती थीं।

उपर्युक्त में से कौन-सा/से कथन सही है/हैं?

(a) 1 और 3 (b) 1 और 2 (c) केवल 3 (d) 1, 2 और 3

उत्तर *(b)*

व्याख्या हड़प्पा सभ्यता में प्रचलित परिधानों के संबंध में कथन (1) और (2) सही हैं। हड़प्पा सभ्यता के लोग सूत कातकर वस्त्रों का निर्माण करते थे। ये वस्त्र ऊनी तथा सूती दोनों प्रकार के होते थे। महिलाएँ छोटा घाघरा पहनती थीं, जो कमरबंद से कसा रहता था। वे अपने बालों को भाँति-भाँति से गूँथती और कँघों से सजाती थीं।

कथन (3) सही नहीं है, क्योंकि हड़प्पा सभ्यता में आभूषणों का प्रयोग पुरुष एवं महिलाएँ दोनों करते थे। आभूषण क्वाट्‌र्ज और सीप के बने होते थे। अमीर वर्ग के लोग सोने और चाँदी के बने आभूषण पहनते थे।

43 सिंधु घाटी के पुरुष देवता के संबंध में निम्नलिखित कथनों पर विचार कीजिए *(Chap 7, Class-XI, Old NCERT)*

1. उसके सिर पर तीन सींग हैं।
2. वह पद्मासन की मुद्रा में बैठा है।
3. मुहर पर चित्रित देवता को पशुपति महादेव बताया गया है।

उपर्युक्त में से कौन-सा/से कथन सही है/हैं?

(a) केवल 1 (b) 1 और 2 (c) 2 और 3 (d) 1, 2 और 3

उत्तर *(d)*

व्याख्या सिंधु घाटी के पुरुष देवता के संबंध में दिए गए सभी कथन सही हैं। हड़प्पा सभ्यता में एक पुरुष देवता का साक्ष्य मिला है। उसके सिर पर तीन सींग हैं। वह एक योगी की ध्यान मुद्रा में एक टाँग पर दूसरी टाँग डाले बैठा (पद्मासन लगाए) दिखाया गया है। उसके चारों ओर एक हाथी, एक बाघ और एक गैंडा है। आसन के नीचे एक भैंसा है और पाँवों के समीप दो हिरण हैं। मुहरों पर चित्रित देवता की आकृति को पशुपति महादेव बताया गया है।

44 कथन (A) सिंधु क्षेत्र के लोग वृक्ष पूजा करते थे।
कारण (R) एक मुहर (सील) पर पीपल की डालों के बीच विराजमान देवता चित्रित हैं। *(Chap 7, Class-XI, Old NCERT)*

कूट

(a) A और R दोनों सही हैं तथा R, A की सही व्याख्या है
(b) A और R दोनों सही हैं, परंतु R, A की सही व्याख्या नहीं है
(c) A सही है, किंतु R गलत है
(d) A गलत है, किंतु R सही है

उत्तर (a)

व्याख्या A और R दोनों सही हैं तथा R, A की सही व्याख्या है।
सिंधु क्षेत्र के लोग वृक्ष पूजा करते थे। वृक्ष को प्रतीक मानकर बहुतायत में पूजा किए जाने के साक्ष्य अनेक स्थलों से प्राप्त हुए हैं। इसमें मोहनजोदड़ो से प्राप्त हुई मुहर पर पशुपति शिव की मूर्ति उत्कीर्ण है, जिससे यह ज्ञात होता है कि यहाँ लिंग पूजा भी प्रचलित थी।
एक मुहर (सील) पर पीपल की डालों के बीच विराजमान देवता चित्रित हैं। सिंधु निवासी वृक्ष पूजा के साथ-साथ पशु की पूजा करते थे। एक सींग वाले जानवर का धार्मिक महत्त्व था।

कला एवं शिल्प

45 हड़प्पा सभ्यता में शिल्प तथा तकनीकी ज्ञान के संबंध में निम्नलिखित कथनों पर विचार कीजिए *(Chap 7, Class-XI, Old NCERT)*

1. हड़प्पावासी ताँबा का आयात बलूचिस्तान से किया करते थे।
2. हज़ारीबाग और बस्तर में ताँबे की कुछ पुरानी खदानें मौजूद थीं।
3. हड़प्पा समाज के शिल्पियों में कसेरों (कांस्य-शिल्पियों) के समुदाय का महत्त्वपूर्ण स्थान था।

उपर्युक्त कथनों में से कौन-सा/से सही नहीं है/हैं?

(a) केवल 2 (b) 1 और 2
(c) 1 और 3 (d) 1, 2 और 3

उत्तर (a)

व्याख्या हड़प्पा सभ्यता में शिल्प तथा तकनीकी ज्ञान के संबंध में कथन (2) सही नहीं है, क्योंकि हज़ारीबाग और बस्तर में ताँबे की नहीं, बल्कि टिन की कुछ पुरानी खदानें मौजूद थीं। टिन शायद अफगानिस्तान से कठिनाई के साथ मंगाया जाता था। हड़प्पाई स्थलों में जो काँसे के औज़ार और हथियार मिले हैं, उनमें टिन की मात्रा कम है। फिर भी ये जो काँसे की वस्तुएँ छोड़ गए हैं, वे नगण्य नहीं हैं।

46 शिल्प कार्यों से संबंधित कौन-सा कथन सही नहीं है? *(Chap 7, Class-XI, Old NCERT)*

1. सुरकोटडा पूरी तरह से शिल्प कार्यों में संलग्न था।
2. शिल्प कार्यों में मनके बनाना, धातुकर्म शामिल था।
3. सेलखड़ी का प्रयोग मनके बनाने में होता था।

कूट

(a) केवल 2 (b) 1 और 3
(c) 1, 2 और 3 (d) इनमें से कोई नहीं

उत्तर (d)

व्याख्या शिल्प कार्यों के संदर्भ में दिए गए सभी कथन सही हैं।
सुरकोटडा, गुजरात के कच्छ जिले में स्थित एक ऐसा स्थल था, जो पूरी तरह से शिल्प कार्यों में संलग्न था।
इसकी खोज जगपति जोशी ने वर्ष 1964 में की थी। इस स्थल की एक अन्य महत्त्वपूर्ण विशेषता यह है कि इस स्थल के अंतिम स्तर पर घोड़े की अस्थियाँ मिली हैं, जो किसी भी अन्य हड़प्पाकालीन स्थल से प्राप्त नहीं हुई हैं। मनका बनाना (सेलखड़ी के प्रयोग से) तथा धातुकर्म शिल्प विद्या के अंतर्गत आते थे।

47 हड़प्पा सभ्यता की लिपि के संबंध में निम्नलिखित कथनों पर विचार कीजिए *(Chap 7, Class-XI, Old NCERT)*

1. हड़प्पाई लिपि का सबसे पुराना नमूना 1853 ई. में मिला था।
2. संपूर्ण हड़प्पाई लिपि वर्ष 1923 में प्रकाश में आ गई थी।
3. हड़प्पाई लिपि पूरी तरह से सुमेरी भाषा से प्रेरित है।
4. यह एक भावचित्रात्मक लिपि है।

उपर्युक्त में से कौन-सा/से कथन सही है/हैं?

(a) 1, 2 और 4 (b) 2, 3 और 4
(c) 2 और 4 (d) 1 और 4

उत्तर (a)

व्याख्या हड़प्पा सभ्यता की लिपि के संबंध में कथन (1), (2) और (4) सही हैं। हड़प्पाई सभ्यता के निवासियों ने लेखन-कला का आविष्कार किया था। यद्यपि हड़प्पाई लिपि का सबसे पुराना नमूना 1853 ई. में मिला था और वर्ष 1923 तक पूरी लिपि प्रकाश में आ गई थी, किंतु वह अभी तक पढ़ी नहीं जा सकी है।
यह एक भावचित्रात्मक लिपि है। इस लिपि में कुल मिलाकर 250 से 400 तक चित्राक्षर (पिक्टोग्राफ) हैं और चित्र के रूप में लिखा हर अक्षर किसी ध्वनि, भाव या वस्तु का सूचक है।
कथन (3) सही नहीं है, क्योंकि हड़प्पाई लिपि पूरी तरह से सुमेरी भाषा से प्रेरित नहीं है। कुछ लोग सुमेरियाई भाषा से संबंध जोड़ते हैं, परंतु इसका संतोषप्रद परिणाम नहीं निकला।

48 हड़प्पा संस्कृति के संदर्भ में निम्नलिखित में से कौन-सा कथन सही नहीं है? *(Chap 7, Class-XI, Old NCERT)*

(a) काँसे की नर्तकी हड़प्पा मूर्तिकला का सर्वश्रेष्ठ नमूना है
(b) काँसे की नर्तकी की वस्त्र सज्जा उत्कृष्ट है
(c) कुछ प्रतिमाएँ प्रस्तर की बनी होती थीं
(d) सेलखड़ी की एक मूर्ति के बाएँ कंधे तथा दाएँ हाथ के नीचे अलंकृत वस्त्र है

उत्तर (b)

व्याख्या हड़प्पा संस्कृति के संबंध में कथन (b) सही नहीं है, क्योंकि हड़प्पा सभ्यता में मोहनजोदड़ो से, जो काँसे की मूर्ति मिली है उस पर वस्त्र सज्जा नहीं है, बल्कि पूरी मूर्ति गले में पड़े हार के अतिरिक्त नग्न अवस्था में है। काँसे की यह मूर्ति मूर्तिकला का सर्वश्रेष्ठ उदाहरण है। इसे नृत्य की अवस्था में बनाया गया है।

49 हड़प्पाई मृद्भांड के संबंध में निम्नलिखित कथनों पर विचार कीजिए *(Chap 7, Class-XI, Old NCERT)*

1. हड़प्पाई लोग कुम्हार के चाक का उपयोग कर मृद्भांड बनाते थे।
2. हड़प्पाई मृद्भांडों पर वृत्त या वृक्ष की आकृतियाँ मिलती हैं।
3. किसी भी हड़प्पाई मृद्भांड पर मनुष्य की आकृति का साक्ष्य नहीं मिला है।

उपर्युक्त में से कौन-सा/से कथन सही है/हैं?

(a) 1 और 3 (b) 1 और 2 (c) केवल 2 (d) 1, 2 और 3

उत्तर (b)

व्याख्या हड़प्पाई मृद्भांड के संबंध में कथन (1) और (2) सही हैं।
हड़प्पाई लोग कुम्हार के चाक का उपयोग करके मृद्भांड निर्मित करते थे तथा इन लोगों के अनेक बर्तनों पर विभिन्न रंगों की चित्रकारी देखने को मिलती है।
हड़प्पाई मृद्भांडों पर सामान्यत: वृत्त या वृक्ष की आकृतियाँ देखने को मिलती हैं।
कथन (3) सही नहीं है, क्योंकि कुछ हड़प्पाई मृद्भांडों पर मनुष्य की आकृति भी दिखाई देती है। इसका साक्ष्य मोहनजोदड़ो से प्राप्त मृद्भांड पर देखने को मिलता है।

सभ्यता का पतन

50 हड़प्पा सभ्यता के पतन के संबंध में निम्नलिखित कथनों पर विचार कीजिए *(Chap 2, Class-VI, Old NCERT)*

1. हड़प्पा सभ्यता लगभग 2000 वर्षों तक जीवित रही।
2. 1500 ई. के आस-पास हड़प्पा सभ्यता का पतन हो गया।
3. पारिस्थितिकी परिवर्तन इस सभ्यता के पतन का मुख्य कारण था।

उपर्युक्त में से कौन-सा/से कथन सही है/हैं?

(a) केवल 1
(b) केवल 2
(c) 2 और 3
(d) 1, 2 और 3

उत्तर *(c)*

व्याख्या हड़प्पा सभ्यता के पतन के संबंध में कथन (2) और (3) सही हैं। कार्बन डेटिंग पद्धति के अनुसार इसका काल 2350 ई. पू. से 1750 ई. पू. तक निर्धारित किया गया है। हड़प्पा सभ्यता बाद में उत्तर हड़प्पा संस्कृति में बदल गई। पुरातत्त्वविद् आरेल स्टाइन तथा ए.एन. घोष ने पर्यावरणीय परिस्थितियों तथा पारिस्थितिकी में बदलाव को हड़प्पा सभ्यता के पतन का सबसे बड़ा कारण माना।

कथन (1) सही नहीं है, क्योंकि हड़प्पा सभ्यता 2000 वर्ष तक नहीं, अपितु 1000 वर्ष तक जीवित रही थी।

51 हड़प्पा सभ्यता के पतन के संबंध में विभिन्न विद्वानों द्वारा प्रकट किए गए विचारों में कौन-सा सही नहीं है? *(Class-XII, Old NCERT)*

(a) बाह्य व आर्यों के आक्रमण के कारण इसका पतन हुआ
(b) रोम के साथ व्यापार में गिरावट के कारण इसका पतन हुआ
(c) जलवायु में परिवर्तन के कारण इसका पतन हुआ
(d) बाढ़ और नदी के मार्ग में परिवर्तन के कारण इसका पतन हुआ

उत्तर *(b)*

व्याख्या हड़प्पा सभ्यता के पतन के संबंध में विभिन्न विद्वानों द्वारा प्रकट किए गए विचारों में कथन (b) सही नहीं है, क्योंकि एक विचार के अनुसार रोम के साथ नहीं, बल्कि मेसोपोटामिया के साथ व्यापार में गिरावट के कारण हड़प्पा सभ्यता का पतन हुआ था।

52 कथन (A) मोहनजोदड़ो तथा हड़प्पा नगर अब विलुप्त हो गए हैं।
कारण (R) वे खुदाई के दौरान प्रकट हुए थे।
(Chap 1, Class-XII, New NCERT), (UPPSC Pre 2009)

कूट

(a) A और R दोनों सही हैं तथा R, A की सही व्याख्या है
(b) A और R दोनों सही हैं, परंतु R, A की सही व्याख्या नहीं है
(c) A सही है, किंतु R गलत है
(d) A गलत है, किंतु R सही है

उत्तर *(b)*

व्याख्या A और R दोनों सही हैं, परंतु R, A की सही व्याख्या नहीं है मोहनजोदड़ो और हड़प्पा नगर वर्तमान में विलुप्त हो गए हैं। इन स्थलों की जानकारी वृहद् खुदाई के दौरान प्रकाश में आई।

इन दोनों स्थलों की खुदाई बीसवीं सदी के दूसरे दशक में हुई। हड़प्पा स्थल की खुदाई वर्ष 1921 में दयाराम साहनी ने की थी और वर्ष 1922-23 ई. में राखालदास बनर्जी ने मोहनजोदड़ो स्थल की खुदाई की। ये दोनों स्थल हड़प्पा सभ्यता के सबसे बड़े स्थल हैं।

53 उत्तर हड़प्पा संस्कृति के संबंध में निम्नलिखित कथनों पर विचार कीजिए *(Chap 2, Class-XI, Old NCERT)*

1. इसमें शैलीगत एकरूपता समाप्त हो गई।
2. हड़प्पाई शैली में भारी विविधता आ गई।
3. इस संस्कृति में पत्थर और ताँबे के औजारों का उपयोग होता था।

उपर्युक्त में कौन-सा/से कथन सही है/हैं?

(a) 1 और 2
(b) केवल 3
(c) 1, 2 और 3
(d) 2 और 3

उत्तर *(c)*

व्याख्या उत्तर हड़प्पा संस्कृति के संबंध में सभी कथन सही हैं। उत्तर हड़प्पा संस्कृति का चरण लगभग 2000 से 1200 ई. पू. के बीच माना जाता है। इस चरण के आने से हड़प्पा कालीन सभ्यता का स्वतंत्र अस्तित्व धीरे-धीरे विलुप्त हो गया।

इस चरण की प्रमुख विशेषता थी कि शैलीगत एकरूपता समाप्त हो गई साथ ही हड़प्पाई शैली में भारी विविधता आ गई। इस संस्कृति में पत्थर और ताँबे के औजारों का उपयोग बढ़ा तथा कांस्य का उपयोग कम हो गया।

अध्याय 04

वैदिक संस्कृति

वैदिक संस्कृति

वैदिक साहित्य

वेद

- **ऋग्वेद** सबसे प्राचीन वेद, 1028 ऋचाएँ शामिल, 10 मंडलों में विभाजित, पुरुष सूक्त (10वें मंडल में), वर्ण विभाजन की चर्चा
- **सामवेद** मंत्रों का वेद भारतीय संगीतशास्त्र पर प्राचीनतम पुस्तक
- **यजुर्वेद** यज्ञ करने की प्रक्रियाओं से संबंधित, शुक्ल यजुर्वेद तथा कृष्ण यजुर्वेद में विभाजित
- **अथर्ववेद** तत्कालीन भारतीय औषधि एवं विज्ञान संबंधी जानकारी प्राप्त
- **ब्राह्मण ग्रंथ** वेदों की ऋचाओं की व्याख्या करने वाले गद्य ग्रंथ, प्रत्येक वेद के अपने एक या अधिक ब्राह्मण ग्रंथ
- **ऋग्वेद के ब्राह्मण** ऐतरेय या कौशितकी
- **आरण्यक** मुख्यतः वनवासी संन्यासियों के लिए लिखे गए दर्शन, ब्राह्मण ग्रंथों के परिशिष्ट
- **उपनिषद्** त्याग, शरीर और ब्रह्मांड के बारे में दार्शनिक विचार शामिल, कुल 108 उपनिषद्, आत्मा और ब्रह्म की अवधारणाओं की व्याख्या
- **वेदांग** वेदों के अंग, वेदों का उचित उच्चारण कैसे किया जाए, इसके लिए लिखे गए, कुल 6 वेदांग
- शिक्षा, कल्प, व्याकरण, ज्योतिष, छंद, निरुक्त
- **उपवेद** (4) आयुर्वेद (जीवन), गंधर्ववेद (संगीत), शिल्पवेद (वास्तुकला) और धनुर्वेद (तीरंदाजी और युद्धकला)

ऋग्वैदिक काल (1500-1000 ई.पू.)

भौगोलिक विस्तार

- पूर्वी अफगानिस्तान, उत्तर-पश्चिमी सीमा, पंजाब और पश्चिमी उत्तर प्रदेश के कुछ भाग

वैदिक राजव्यवस्था

- कबीले का प्रमुख (राजन) प्रशासन तंत्र का प्रधान; वशिष्ठ और विश्वामित्र दो महान पुरोहित
- राजा का पद आनुवंशिक चरागाह का प्रधान व्राजपति
- जनजाति या कबीला आधारित सभाओं; जैसे- सभा, समिति, विदथ और गण में उपस्थिति, परिवारों का मुखिया कुलप

वैदिक समाज

- कुल या गौत्र आधारित समाज
- कबीलों को विष या जन कहा गया
- रंग के लिए वर्ण शब्द का प्रयोग; महिलाओं को आध्यात्मिक और बौद्धिक विकास के अवसर दिए गए
- विधवा पुनर्विवाह एवं बाल विवाह का कोई उदाहरण नहीं

वैदिक अर्थव्यवस्था

- पशुचारक अर्थव्यवस्था
- सबसे महत्त्वपूर्ण पशु गाय
- बढ़ई, रथ निर्माता, बुनकर
- जैसे शिल्पियों का उल्लेख ताँबे या काँसे धातुकर्म का ज्ञान

वैदिक धर्म

- प्राकृतिक शक्तियों का मानवीकरण, प्रार्थनाओं के पाठ और बलिदानों की पेशकश के माध्यम से पूजा करना, भौतिक लाभों के लिए देवताओं की पूजा करना

वैदिकालीन प्रमुख देवता

- **इंद्र** आर्यों के युद्ध नेता के रूप में चित्रित
- **अग्नि** देवता का स्थान द्वितीय
- **वरुण** जल या समुद्र का देवता
- **सोम** को वनस्पतियों का अधिपति माना गया
- देवताओं में कुछ देवियाँ भी हैं; जैसे- अदिति और ऊषा

उत्तर वैदिक काल (1000-600 ई.पू.)

भौगोलिक विस्तार

- वैदिक विस्तार का द्वितीय चरण, गंगा-यमुना दोआब में

उत्तर वैदिक राजव्यवस्था

- ऋग्वैदिक में लोकप्रिय सभाओं का महत्त्व कम हो गया और राजकीय शक्ति में वृद्धि, बड़े राज्यों के गठन ने राजाओं को और शक्तिशाली बना दिया, राष्ट्र की अवधारणा का उदय, राजाओं द्वारा राजसूय, अश्वमेघ तथा वाजपेय जैसे यज्ञों का आयोजन

उत्तर वैदिक समाज

- चार वर्णों में विभाजित, ब्राह्मण (पुजारी), क्षत्रिय (योद्धा), वैश्य (कृषक और व्यापारी) उपनयन के हकदार थे, शूद्रों के साथ भेदभाव शुरू, महिलाओं को निम्न स्थान दिया गया।

उत्तर वैदिक अर्थव्यवस्था

- **मुख्य व्यवसाय** कृषि
- **मुख्य फसलें** जौ, गेहूँ और चावल
- चार प्रकार के मिट्टी के मृद्भांड से परिचित काला-लाल मृद्भांड, काला पॉलिशदार मृद्भांड, चित्रित धूसर मृद्भांड एवं लाल मृद्भांड

उत्तर वैदिक धर्म

- ब्रह्मणवादी प्रभाव में वृद्धि, ऋग्वैदिक कालीन देवताओं - इंद्र और अग्नि ने अपना महत्त्व खो दिया
- प्रजापति, रुद्र और विष्णु जैसे देवता प्रमुख हो गए, मूर्तिपूजा के लक्षणों में वृद्धि (उभार)

SOURCE

New NCERT Class VI क्या बताती है, हमें किताबें और कब्रें, Old NCERT Class VI वैदिक युग का जीवन, Old NCERT Class IX प्राचीन लौहयुगीन सभ्यताएँ (लगभग 1200 ई.पू. से 600 ई.पू.), Old NCERT Class XI आर्यों का आगमन और ऋग्वैदिक युग, उत्तर वैदिक अवस्था : राज्य और वर्ण व्यवस्था की ओर, Tamil Nadu Board Class XI Unit-2, NIOS Module-1 Chap 4

आर्यों का मूल स्थान एवं प्रसार

1 भारतीय उपमहाद्वीप में आर्यों के आगमन के संबंध में कौन-सा कथन सही है? *(Chap 8, Class-XI, Old NCERT)*

(a) आर्यों के सभी कबीलों का आगमन एक साथ हुआ
(b) आर्यों का संघर्ष दास तथा दस्यु नामक स्थानीय जनों से हुआ
(c) दास जनों का उल्लेख प्राचीन सीरियाई साहित्य में मिलता है
(d) दस्यु मध्य एशिया के मूल निवासी थे

उत्तर *(b)*

व्याख्या भारतीय उपमहाद्वीप में आर्यों के आगमन के संबंध में कथन (b) सही है। 1500 ई. पू. के आस-पास आर्यों का आगमन भारतीय उपमहाद्वीप में हुआ। इस दौरान आर्यों को स्थानीय जनों से संघर्ष करना पड़ा था। इन स्थानीय जनों में दास तथा दस्यु प्रमुख रूप से शामिल थे। इस संघर्ष में आर्यों की जीत हुई थी।

कथन (a), (c) और (d) सही नहीं हैं, क्योंकि आर्यों के कबीले भारत में एक साथ नहीं, बल्कि अलग-अलग आए थे। दास जनों का उल्लेख सीरियाई साहित्य से नहीं, बल्कि ईरानी साहित्य में मिलता है। दस्यु मध्य एशिया के नहीं, बल्कि भारत के मूल निवासी थे।

2 आर्य सिद्धांत के संबंध में निम्नलिखित कथनों पर विचार कीजिए *(Class-XI, Old NCERT)*

1. आर्य सिद्धांत का प्रयोग औपनिवेशिक संदर्भ में किया गया था।
2. इसका प्रयोग तब किया गया, जब एशिया और अफ्रीका के कई हिस्से यूरोपीय शक्तियों के प्रभाव में थे।
3. आर्य सिद्धांत भूरी आँखों वाली श्वेत नस्ल से जुड़ा हुआ था।

उपर्युक्त में से कितने कथन सही हैं?

(a) केवल एक
(b) केवल दो
(c) सभी तीनों
(d) उपर्युक्त में से कोई नहीं

उत्तर *(b)*

व्याख्या आर्य सिद्धांत के संबंध में केवल दो कथन (1 और 2) सही हैं। भारत का इतिहास लिखने का प्रयास तब शुरू हुआ, जब यूरोपीय लोगों ने भारत पर कब्ज़ा कर लिया। उन्होंने पुरातात्विक और साहित्यिक स्रोतों के साथ-साथ मौखिक परंपराओं का भी संकलन किया। कुछ धारणाएँ; जैसे आर्य सिद्धांत, औपनिवेशिक संदर्भ को प्रयोग में लाया गया था। इसका प्रयोग तब किया गया जब एशिया और अफ्रीका के कई हिस्से यूरोपीय शक्तियों के प्रभाव में थे। उस समय लोगों को वर्गीकृत और श्रेणीबद्ध करने के लिए नस्ल की अवधारणा व्यापक रूप से प्रचलित थी।

कथन (3) सही नहीं है, क्योंकि आर्य सिद्धांत भूरी नहीं, बल्कि नीली आँखों वाली श्वेत नस्ल और उसके यूरोपीय लोगो के साथ संबंध से जुड़ा था। नाज़ियों ने अपने राजनीतिक एजेंडे के लिए आर्य अवधारणा का उपयोग किया, जो अंतत: नरसंहार की ओर ले गया। नवीनतम अध्ययनों से यह स्थापित हो गया है कि आर्यन शब्द नस्ल को नहीं दर्शाता है, बल्कि केवल इंडो-आर्यन भाषाओं के मूल वक्ताओं को संदर्भित करता है।

वैदिक काल

3 वैदिक संस्कृति के संदर्भ में निम्नलिखित कथनों पर विचार कीजिए *(Chap 8, Class-XI, Old NCERT)*

1. सरस्वती आर्यों की पवित्र नदी थी।
2. सरस्वती को ऋग्वेद में 'नदीतमा' कहा गया है।
3. आर्यों का भारत में आरंभिक निवास स्थान 'सप्त सैंधव प्रदेश' कहलाता था।

उपर्युक्त में से कौन-सा/से कथन सही है/हैं?

(a) 1 और 2
(b) केवल 3
(c) 1, 2 और 3
(d) 1 और 3

उत्तर *(c)*

व्याख्या वैदिक संस्कृति के संदर्भ में दिए गए सभी कथन सही हैं।

ऋग्वेद के नदी सूक्त में 25 नदियों का वर्णन है। इसमें सरस्वती को आर्यों की सर्वाधिक पवित्र नदी माना गया है, साथ ही ऋग्वेद में सरस्वती नदी को नदीतमा (नदियों में प्रमुख) कहा गया है।

ऋग्वेद में आर्यों का भारत में आरंभिक निवास स्थान 'सप्त सैंधव प्रदेश' था। सात प्रमुख नदियों की उपस्थिति के कारण ही इस क्षेत्र का नाम 'सप्त सैंधव' पड़ा।

4 आर्यों के द्वारा अपने प्रसार के क्रम में निम्नलिखित में से किन हथियारों का प्रयोग किया गया था? *(Chap 8, Class-XI, Old NCERT)*

1. छेद वाली कुल्हाड़ी
2. काँसे की कटार
3. खड़ग
4. पत्थर की दरांती

कूट

(a) 1, 3 और 4
(b) 2 और 3
(c) 1, 2 और 3
(d) 2 और 3

उत्तर *(c)*

व्याख्या भारत में प्रसार के क्रम में आर्यों को अनेक युद्धों का सहारा लेना पड़ा। इन युद्धों में उन्होंने छेद वाली कुल्हाड़ी, काँसे की कटार, खड़ग, भाला, कुठार तथा तलवार आदि हथियारों का प्रयोग किया था।

ऋग्वेद काल में लोहे के प्रमाण मिलने प्रारंभ हो गए था। आर्यों ने लोहे के प्रयोग से अनेक हथियारों का निर्माण किया था।

पत्थर की दरांती का प्रयोग आर्यों द्वारा नहीं किया गया है। इसका प्रयोग उच्च पुरा-पाषाण काल में शिकार करने के लिए किया जाता था।

5 आर्यों के संबंध में निम्नलिखित में से कौन-सा कथन सही नहीं है? *(Class-XI, Old NCERT)*

(a) ऋग्वेद में मुंडा और द्रविड़ भाषाओं के लगभग 500 शब्दों की पहचान की गई है।
(b) आर्य धनुष और बाणों का प्रयोग करते थे।
(c) आर्य मध्य एशिया से प्रवासी के रूप में भारत आए थे।
(d) इंडो-आर्यन प्रवास की कई लहरें घटित हुई थीं।

उत्तर *(a)*

व्याख्या आर्यों के संबंध में कथन (a) सही नहीं है, क्योंकि ऋग्वेद भले ही संस्कृत में है, लेकिन इसमें मुंडा और द्रविड़ भाषाओं के 500 नहीं, बल्कि लगभग 300 शब्दों की पहचान की गई है, जो पहले के निवासियों के साथ सांस्कृतिक मिश्रण का संकेत देते हैं।

6 आर्यों की जानकारी के स्रोतों के संबंध में निम्नलिखित में से कौन-सा कथन सही नहीं है? *(Chap 8, Class-XI, Old NCERT)*

(a) ऋग्वेद में 'आर्य' शब्द का उल्लेख 36 बार हुआ है।
(b) कस्साइट अभिलेख (इराक) से आर्य नाम का उल्लेख मिलता है।
(c) मितन्नी अभिलेख (सीरिया) से आर्यों की जानकारी मिलती है।
(d) भारतीय अभिलेख 'हाथीगुम्फा' से आर्यों की जानकारी मिलती है।

उत्तर *(d)*

व्याख्या आर्यों की जानकारी के स्रोतों के संबंध में कथन (d) सही नहीं है क्योंकि हाथीगुम्फा अभिलेख का संबंध आर्यों से नहीं, बल्कि कलिंग नरेश खारवेल से है। यह अभिलेख ओडिशा के भुवनेश्वर में उदयगिरि की पहाड़ी में स्थित है। यह अभिलेख प्राकृत भाषा में लिखित है। ऋग्वेद इण्डो-यूरोपियन भाषाओं का सबसे पुराना ग्रंथ है।

7 'पंच जन' के संबंध में निम्नलिखित कथनों पर विचार कीजिए
(Chap 8, Class-XI, Old NCERT)

1. यह आर्यों के पाँच कबीलों का समूह था।
2. पाँचों कबीलों की आपस में शत्रुता थी।
3. तुर्वस एक अनार्य कबीला था।

उपर्युक्त में से कौन-सा/से कथन सही है/हैं?

(a) 1 और 2 (b) 1, 2 और 3 (c) 2 और 3 (d) केवल 3

उत्तर *(a)*

व्याख्या 'पंच जन' के संबंध में कथन (1) और (2) सही हैं।

परंपरानुसार, आर्यों के पाँच कबीले थे, जिन्हें 'पंच जन' कहा जाता था। इनमें अनु, द्रुह्यु, पुरु, तुर्वस तथा यदु शामिल थे।

वैदिक आर्यों को दो तरह के संबंधों का सामना करना पड़ा, एक ओर उनकी आर्य-पूर्व जनों से लड़ाई हुई, तो दूसरी ओर अपने ही लोगों के बीच आंतरिक जनजातीय संघर्षों से दीर्घ काल तक आर्य समुदाय जर्जर रहा।

कथन (3) सही नहीं है, क्योंकि तुर्वस एक अनार्य कबीला नहीं, बल्कि पंच जन में शामिल आर्य कबीला था।

8 दसराज्ञ युद्ध के संबंध में निम्नलिखित कथनों पर विचार कीजिए
(Class-XI, Old NCERT)

1. यह युद्ध विपाशा नदी के तट पर हुआ, जिसकी पहचान पुरुष्णी नदी से की जाती है।
2. कुरु और भरत ने इस युद्ध में एक गठबंधन बनाया था।
3. भरत और त्रित्सु आर्य कुल थे, जिन्हें विश्वामित्र का समर्थन प्राप्त था।

उपर्युक्त में से कितने कथन सही हैं?

(a) केवल एक (b) केवल दो
(c) सभी तीन (d) इनमें से कोई नहीं

उत्तर *(a)*

व्याख्या दसराज्ञ युद्ध के संबंध में केवल एक कथन अर्थात् (2) सही है।

कुरु और भरत ने दसराज्ञ युद्ध में एक गठबंधन बनाया था और बाद में उन्होंने कुरु वंश का गठन किया।

भरतों के कबीले के नाम पर भारत का नाम भारतवर्ष रखा गया। भरत कबीले का दस कबीलों ने विरोध किया था, जिनमें से पाँच आर्य थे। इस युद्ध को दस राजाओं के युद्ध या दसराज्ञ युद्ध के नाम से जाना जाता था।

कथन (1) और (3) सही नहीं हैं, क्योंकि दसराज्ञ युद्ध विपाशा नहीं, बल्कि पुरुष्णी नदी के तट पर हुआ था, जिसकी पहचान रावी नदी से की जाती है। इस युद्ध में सुदास की जीत हुई और वह महत्त्वपूर्ण बन गया, जिससे भरत वंश का प्रभुत्व कायम हो गया। कुरु पराजित कुलों में से एक थे। बाद में कौरवों ने पंचालों के साथ गठबंधन किया और ऊपरी गंगा घाटी पर अपना नियंत्रण स्थापित किया।

भरत और त्रित्सु आर्य कुल थे, जिन्हें विश्वामित्र का नहीं, बल्कि वशिष्ठ का समर्थन प्राप्त था।

9 भारतीय आर्य भाषा के संबंध में निम्नलिखित कथनों पर विचार कीजिए
(Chap 8, Class-VI, Old NCERT)

1. आर्य भाषा वैदिक संस्कृति का आधार थी।
2. आर्य भाषा-भाषियों का आगमन 1000 ई.पू. में हुआ था।
3. आर्य हिंद यूरोपीय परिवार की भाषा बोलते थे।

उपर्युक्त में से कौन-सा/से कथन सही नहीं है/हैं?

(a) 1 और 3 (b) केवल 2
(c) केवल 1 (d) 1, 2 और 3

उत्तर *(b)*

व्याख्या भारतीय आर्य भाषा के संबंध में कथन (2) सही नहीं है, क्योंकि भारत में आर्य भाषा-भाषियों का आगमन 1000 ई. पू. में नहीं, बल्कि 1500 ई. पू. से कुछ पहले हुआ था। उनके आगमन का कोई ठोस पुरातात्विक प्रमाण नहीं मिलता है। आर्यों के द्वारा प्रयोग में लाए गए हथियारों को आधार बनाकर ऐसा माना जाता है कि भारतीय उपमहाद्वीप में हड़प्पा सभ्यता के पतन के पश्चात् 1500 ई. पू. में आर्यों का आगमन हुआ तथा ऋग्वैदिक काल की शुरुआत हुई।

10 जिन क्षेत्रों में आर्य भाषियों की संस्कृति का विकास हुआ, वहाँ एक विशेष प्रकार की मिट्टी के बर्तनों का निर्माण होता था, इसे क्या कहा जाता था?
(Chap 8, Class-VI, Old NCERT)

(a) चित्रित धूसर मृद्भांड (b) गैरिक मृद्भांड
(c) जोरवे मृद्भांड (d) झूकर मृद्भांड

उत्तर *(a)*

व्याख्या आर्य भाषी क्षेत्रों में विकसित मिट्टी के बर्तनों को चित्रित धूसर मृद्भांड कहा जाता है तथा इस संस्कृति को चित्रित धूसर मृद्भांड संस्कृति (Painted Greyware Culture) कहते हैं। यह मिट्टी के बर्तनों की एक परंपरा है, जिसमें स्लेटी रंग के बर्तनों पर काले रंग से डिजाइन बनाया जाता था। गंगा, सतलुज तथा घग्घर-हकरा नदियों के मैदान इस संस्कृति के केंद्रीय स्थल हैं।

11 आर्यों के प्रसार के संबंध में निम्नलिखित कथनों पर विचार कीजिए
(Chap 8, Class-XI, Old NCERT)

1. आर्य सबसे पहले पंजाब में आकर बसे।
2. कालांतर में कुरुक्षेत्र तक आर्यों का प्रसार हुआ।
3. नर्मदा के मुहाने तक आर्यों का वास था।

उपर्युक्त में से कौन-सा/से कथन सही है/हैं?

(a) 1 और 3 (b) 1, 2 और 3
(c) 1 और 2 (d) केवल 1

उत्तर *(c)*

व्याख्या आर्यों के प्रसार के संबंध में कथन (1) और (2) सही हैं।

आर्य सबसे पहले भारतीय उपमहाद्वीप के पश्चिमोत्तर भाग में स्थित पंजाब में आकर बसे थे। यहाँ सिंधु, झेलम, चिनाब, रावी तथा सतलुज नदियाँ बहती थीं। इसी भूमि को आर्यों ने अपने आवास के लिए निर्धारित किया था। धीरे-धीरे आर्यों का प्रसार दिल्ली तथा कुरुक्षेत्र (हरियाणा) तक हो गया।

कथन (3) सही नहीं है, क्योंकि नर्मदा नदी के मुहाने तक आर्यों का विस्तार नहीं हुआ था। नर्मदा नदी के दक्षिण में (दक्षिण भारत में) आर्यों के प्रसार तथा आर्यीकरण का श्रेय ऋषि अगस्त्स्य को जाता है, जो कालांतर में हुआ था।

ऋग्वैदिक काल

12 ऋग्वैदिक आर्यों के जीवन के संदर्भ में निम्न कथनों पर विचार कीजिए
(Chap 8, Class-XI, Old NCERT)

1. ऋग्वैदिक आर्यों का जीवन पशुचारण पर आधारित था।
2. ऋग्वेद में 'गविष्टि' युद्ध का पर्याय है।
3. ऋग्वैदिक लोगों का भूमि पर निजी स्वामित्व नहीं था।

उपर्युक्त में से कौन-सा/से कथन सही है/हैं?

(a) 1 और 2 (b) केवल 2 (c) 1,2 और 3 (d) 1 और 3

उत्तर *(c)*

व्याख्या ऋग्वैदिक आर्यों के जीवन के संदर्भ में दिए गए सभी कथन सही हैं। ऋग्वैदिक आर्य पशुचारक थे। गाय चराने तथा खेती करने का पेशा उनकी आजीविका का आधार था। ऋग्वेद में युद्ध के लिए 'गविष्टि' शब्द प्रयुक्त हुआ है, जिसका अर्थ 'गायों का अन्वेषण' होता है। कृषि की ओर बढ़ते ऋग्वैदिक लोगों के पास निजी स्वामित्व वाली भूमि नहीं थी।

13 ऋग्वैदिक जीवन के संबंध में निम्नलिखित कथनों पर विचार कीजिए *(Chap 4, Class-VI, New NCERT)*

1. इस काल में युद्ध मवेशियों एवं भूमि दोनों के लिए होते थे।
2. युद्ध में जीते गए धन का बँटवारा नहीं होता था।

उपर्युक्त में से कौन-सा/से कथन सही नहीं है/हैं?

(a) 1 और 2
(b) केवल 2
(c) केवल 1
(d) न तो 1 और न ही 2

उत्तर *(b)*

व्याख्या ऋग्वैदिक जीवन के संबंध में कथन (2) सही नहीं है, क्योंकि युद्ध में लूटे गए धन का बँटवारा होता था। धन का कुछ भाग सरदार रख लेते थे तथा कुछ हिस्सा पुरोहितों को दिया जाता था। शेष धन आम लोगों में बाँटा जाता था। कुछ धन यज्ञ के लिए भी प्रयुक्त होता था।

14 आर्यों के प्रशासनिक तंत्र के संबंध में निम्नलिखित में से कौन-सा कथन सही नहीं है? *(Class-XI, Old NCERT)*

(a) राजन वह नेता था, जिसने युद्ध में सेना का नेतृत्व किया था।
(b) राजन सामाजिक व्यवस्था का संचालक बन गया था।
(c) वाजपेय और राजसूय यज्ञ के प्रदर्शन से राजसत्ता का वैधीकरण होता था।
(d) शतपथ ब्राह्मण के अनुसार राजा को अपना अभिषेक करने वाले ब्राह्मण को 1000 सोने के मुहरें देनी होती थीं।

उत्तर *(d)*

व्याख्या आर्यों के प्रशासनिक तंत्र के संबंध में कथन (d) सही नहीं है, क्योंकि शतपथ ब्राह्मण नहीं, बल्कि ऐतरेय ब्राह्मण के अनुसार राजा को अपना अभिषेक करने वाले ब्राह्मण को 1000 सोने की मुहरें और पशु प्रदान करने होते थे।

15 ऋग्वैदिक काल में राज्य व्यवस्था के संबंध में निम्नलिखित कथनों पर विचार कीजिए *(Chap 8, Class-XI, Old NCERT)*

1. राजा का पद आनुवंशिक हो गया था।
2. सभा और समिति राजनीतिक संस्थाएँ थीं।
3. महिलाओं को सभा एवं समिति में भाग लेने का अधिकार था।

उपर्युक्त में से कौन-सा/से कथन सही नहीं है/हैं?

(a) केवल 1 (b) 1 और 3
(c) केवल 3 (d) 2 और 3

उत्तर *(c)*

व्याख्या ऋग्वैदिक काल में राज्य व्यवस्था के संबंध में कथन (3) सही नहीं है, क्योंकि महिलाओं को सभा एवं विदथ में भाग लेने का अधिकार प्राप्त था न कि सभा एवं समिति में। विदथ आर्यों की सर्वाधिक प्राचीन संस्था थी, जिसे जनसभा भी कहा जाता था।

सभा समृद्ध एवं अभिजात लोगों की संस्था थी, वहीं समिति राजा की नियुक्ति, पदच्युत करने व उस पर नियंत्रण रखने का कार्य करती थी।

16 निम्नलिखित में से कौन-सा युग्म सुमेलित नहीं है? *(Chap 8, Class-XI, Old NCERT)*

पद		कार्य
(a) व्रजपति	—	चरागाह का प्रधान
(b) कुलप	—	परिवार का प्रधान
(c) ग्रामणी	—	गाँव का प्रधान
(d) विशपति	—	जनपद का प्रधान

उत्तर *(d)*

व्याख्या दिए गए युग्मों में से युग्म (d) सही सुमेलित नहीं है, क्योंकि विशपति जनपद का प्रधान नहीं, बल्कि 'विश' का प्रधान होता था। 'विश' कई गाँवों का समूह होता था। अनेक विशों को मिलाकर 'जन' का निर्माण होता था।

ऋग्वेद में चरागाह के प्रधान को व्रजपति, परिवार के प्रधान को कुलप तथा गाँव के प्रधान को ग्रामणी कहा गया है। आरंभ में ग्रामणी छोटी-सी कबायली लड़ाकू टोली का मुखिया होता था, परंतु बाद में यह पूरे गाँव का मुखिया बन गया।

17 निम्नलिखित कथनों पर विचार कीजिए *(Chap 8, Class-XI, Old NCERT)*

1. ऋग्वेद काल में वशिष्ठ और विश्वामित्र महान पुरोहित थे।
2. वशिष्ठ उदार तथा विश्वामित्र रूढ़िवादी थे।
3. विश्वामित्र ने गायत्री मंत्र की रचना की थी।

उपर्युक्त में से कौन-सा/से कथन सही है/हैं?

(a) 1 और 3 (b) 1 और 2
(c) 2 और 3 (d) केवल 1

उत्तर *(a)*

व्याख्या दिए गए कथनों में से कथन (1) और (3) सही हैं।

ऋग्वैदिक दैनिक प्रशासन में कुछ अधिकारी राजा की सहायता करते थे। इनमें सबसे महत्त्वपूर्ण अधिकारी पुरोहित होता था। इसके अतिरिक्त वशिष्ठ तथा विश्वामित्र दो महान पुरोहित थे।

विश्वामित्र ने लोगों को आर्य बनाने के लिए गायत्री मंत्र की रचना की। गायत्री मंत्र ऋग्वेद के तीसरे मंडल में है।

कथन (2) सही नहीं है, क्योंकि ऋषि वशिष्ठ रूढ़िवादी तथा विश्वामित्र उदार प्रवृत्ति के पुरोहित थे।

18 ऋग्वैदिक काल में 'बलि' को निम्नलिखित में से किस रूप में परिभाषित किया गया है? *(Chap 8, Class-XI, Old NCERT)*

(a) एक स्वैच्छिक कर के रूप में
(b) पशुओं की बलि के रूप में
(c) राजा के राजत्व अधिकार के रूप में
(d) स्थानीय जन कबीले के रूप में

उत्तर *(a)*

व्याख्या ऋग्वैदिक काल में 'बलि' एक स्वैच्छिक कर था। ऋग्वेद में किसी ऐसे कर्मचारी का विवरण ज्ञात नहीं होता, जो कर संग्रह का कार्य करता हो। संभवत: प्रजा राजा को उसका अंश स्वेच्छा से देती थी, जिसका नाम बलि अर्थात् चढ़ावा था। यह वस्तु या मुद्रा के रूप में होता था। विनिमय के माध्यम के रूप में 'निष्क' का उल्लेख मिलता है।

19 राजा की सैन्य शक्ति के संबंध में निम्नलिखित कथनों पर विचार कीजिए *(Chap 8, Class-XI, Old NCERT)*

1. राजा के साथ स्थायी सेना थी।
2. व्रात, गण और सर्घ लड़ाकू कबीला था।
3. 'ग्राम' स्थायी सेना का हिस्सा था।
4. सैनिक तत्त्व प्रबल था।

उपर्युक्त में से कौन-सा/से कथन सही नहीं है/हैं?

(a) 1, 2 और 3 (b) 2 और 3
(c) 1 और 3 (d) केवल 1

उत्तर *(c)*

व्याख्या राजा की सैन्य शक्ति के संबंध में कथन (1) और (3) सही नहीं हैं, क्योंकि ऋग्वैदिक काल में राजा के पास स्थायी सेना नहीं थी, बल्कि युद्ध के समय सेना का गठन किया जाता था। ग्राम स्थायी सेना का हिस्सा नहीं था, बल्कि जब युद्ध का समय आता था, तो ये राजा की सहायता करता था। ग्रामणी ग्राम का प्रधान होता था, वह लड़ाकू दलों का प्रधान था।

20 कथन (A) ऋग्वैदिक काल में महिलाओं को परिवार में प्रतिष्ठित स्थान प्राप्त था।
कारण (R) ऋग्वैदिक काल में सामान्यत महिलाओं को वेदों के अध्ययन का अधिकार प्राप्त था। *(Chap 8, Class-XI, Old NCERT)*
कूट
(a) A और R दोनों सही हैं तथा R, A की सही व्याख्या करता है।
(b) A और R दोनों सही हैं, परंतु R, A की सही व्याख्या नहीं करता है।
(c) A सही है, किंतु R गलत है।
(d) A गलत है, किंतु R सही है।

उत्तर (b)

व्याख्या A और R दोनों सही हैं, परंतु R, A की सही व्याख्या नहीं करता है। ऋग्वैदिक काल में महिलाओं की स्थिति अधिक बेहतर नहीं थी, किंतु उन्हें परिवार में प्रतिष्ठित स्थान दिया जाता था। उन्हें सभा तथा विदथ में भाग लेने का अधिकार था।

ऋग्वैदिक काल में सामान्यत: महिलाओं को वेदों के अध्ययन का अधिकार प्राप्त था। वे उच्च शिक्षा प्राप्त कर सकती थीं। कई महिलाओं ने उच्च शिक्षा प्राप्त कर वैदिक ऋचाओं की रचना की।

21 ऋग्वैदिक कालीन सामाजिक संगठन 'जन' के संबंध में निम्नलिखित कथनों पर विचार कीजिए *(Chap 8, Class-XI, Old NCERT)*
1. जन में सदस्यों की कुल संख्या 100 से अधिक होती थी।
2. ऋग्वेद में जन शब्द का प्रयोग 275 बार हुआ है।
3. ऋचाओं में दो जनों की संयुक्त युद्ध क्षमता इक्कीस बताई गई है।

उपर्युक्त में से कौन-सा/से कथन सही है/हैं?
(a) 1 और 2 (b) 2 और 3 (c) केवल 3 (d) केवल 2

उत्तर (b)

व्याख्या ऋग्वैदिक कालीन सामाजिक संगठन 'जन' के संबंध में कथन (2) और (3) सही हैं। विश के समूह को जन कहा जाता था। ऋग्वेद में 'जन' शब्द का उल्लेख 275 बार हुआ है, जबकि जनपद शब्द का उल्लेख एक बार भी नहीं मिलता। इस समय लोग कबीले के अंग थे, क्योंकि तत्कालीन समय में राज्यक्षेत्र या राज्य स्थापित नहीं हो पाया था। ऋग्वेद की एक पुरानी ऋचा में दो जनों की संयुक्त युद्ध क्षमता इक्कीस बताई गई है।

कारण (1) सही नहीं है, क्योंकि ऋग्वेद में यह वर्णित है कि किसी भी जन में सदस्यों की संख्या कुल मिलाकर 100 से अधिक नहीं होती थी।

22 व्यवसाय के आधार पर समाज में विभेदीकरण आरंभ हुआ था, किंतु उन दिनों यह विभेदीकरण अधिक जटिल नहीं था। किसी परिवार का एक सदस्य कहता है- मैं कवि हूँ, मेरे पिता वैद्य हैं और मेरी माता चक्की चलाने वाली हैं, भिन्न-भिन्न व्यवसायों से जीविकोपार्जन करते हुए हम एक साथ रहते हैं। यह विवरण किस काल की सामाजिक व्यवस्था का अधिक स्पष्ट विवरण प्रस्तुत करता है? *(Chap 8, Class-XI, Old NCERT)*
(a) ऋग्वैदिक काल (b) उत्तर वैदिक काल
(c) पौराणिक काल (d) मौर्योत्तर काल

उत्तर (a)

व्याख्या ऋग्वैदिक काल प्रश्न में वर्णित सामाजिक व्यवस्था का स्पष्ट विवरण प्रस्तुत करता है।

ऋग्वैदिक काल में व्यवसाय के आधार पर समाज में विभेदीकरण आरंभ हो चुका था, किंतु यह अधिक स्पष्ट नहीं था। ऋग्वेद में एक विशिष्ट विवरण प्रस्तुत किया गया है, जिसमें एक युवा अपने माता-पिता के पृथक् व्यवसाय के बावजूद साथ रहने के विषय में बात करता है। इससे यह तथ्य स्पष्ट होता है कि ऋग्वैदिक कालीन वर्ण व्यवस्था जन्म आधारित नहीं, बल्कि कर्म पर आधारित थी।

23 ऋग्वैदिक पारिवारिक संरचना के संबंध में निम्नलिखित कथनों पर विचार कीजिए *(Chap 8, Class-XI, Old NCERT)*
1. परिवार पितृतंत्रात्मक प्रकृति का था।
2. परिवार में वीर पुत्रों के लिए देवता से प्रार्थना की जाती थी।
3. पुत्री की कामना का उल्लेख ऋग्वेद में नहीं मिलता है।
4. प्रजा और पशु की कामना को हतोत्साहित किया गया है।

उपर्युक्त में से कौन-सा/से कथन सही है/हैं?
(a) 1, 3 और 4 (b) 2, 3 और 4
(c) 1, 2 और 3 (d) 1 और 2

उत्तर (c)

व्याख्या ऋग्वैदिक पारिवारिक संरचना के संबंध में कथन (1), (2) और (3) सही हैं। ऋग्वैदिक समाज पितृतंत्रात्मक प्रकृति का था, जिसमें पिता परिवार का मुखिया होता था। परिवार की अनेक पीढ़ियाँ एक घर में साथ-साथ रहती थीं। निरंतर युद्ध में लगे पितृतंत्रात्मक समाज में लोग हमेशा वीर पुत्रों की प्राप्ति के लिए देवता से प्रार्थना करते थे। ऋग्वेद में पुत्री के लिए कामना कहीं भी व्यक्त नहीं की गई है।

कथन (4) सही नहीं है, क्योंकि ऋग्वेद में प्रजा (संतान) और पशु की कामना सूक्तों में बार-बार की गई है।

24 सूची I को सूची II से सुमेलित कीजिए *(Chap 8, Class-XI, Old NCERT)*

सूची I (शब्द)	सूची II (अर्थ)
A. गोत्र	1. राज्य क्षेत्र
B. जनपद	2. जन्ममूलक संबंध
C. कुल	3. कबीला
D. विश	4. परिवार

कूट

	A	B	C	D		A	B	C	D
(a)	1	2	3	4	(b)	2	1	4	3
(c)	4	3	2	1	(d)	3	4	2	1

उत्तर (b)

व्याख्या सही सुमेलन A-2, B-1, C-4, D-3 है।
ऋग्वैदिक काल में सामाजिक संगठन का आधार गोत्र या जन्ममूलक संबंध था। इस काल में व्यक्ति की पहचान गोत्र से होती थी।
राज्य क्षेत्र को जनपद कहा जाता था। इसका विकास उत्तर वैदिक काल में कई जनों को मिलाकर हुआ था।
ऋग्वेद में परिवार वाचक 'कुल' शब्द का प्रयोग मिला है। इसमें केवल माता, पिता, पुत्र, दास आदि ही नहीं, बल्कि अन्य लोग भी आते थे।
विश एक कबायली जनसमूह का प्रतिनिधित्व करता था, जो अनेक ग्रामों का समूह था।

25 ऋग्वैदिक कालीन महिलाओं की स्थिति के संबंध में निम्नलिखित कथनों पर विचार कीजिए *(Chap 8, Class-XI, Old NCERT)*
1. वे पतियों के साथ यज्ञ में आहुति नहीं दे सकती थीं।
2. उन्हें सूक्तों की रचना का अधिकार प्राप्त था।
3. बहुपति प्रथा का प्रचलन था।
4. बाल विवाह का प्रचलन था।

उपर्युक्त में से कौन-सा/से कथन सही है/हैं?
(a) 2 और 3 (b) 1, 2 और 3
(c) 1, 3 और 4 (d) 1, 2, 3 और 4

उत्तर (a)

व्याख्या ऋग्वैदिक कालीन महिलाओं की स्थिति के संबंध में कथन (2) और (3) सही हैं। ऋग्वेद में महिलाओं की स्थिति सम्मानजनक थी। उन्हें उच्च शिक्षा प्राप्त करने का अधिकार था। उच्च शिक्षा प्राप्त कई महिलाओं ने अनेक सूक्तों एवं ऋचाओं की रचना की थी। इसमें लोपामुद्रा, घोषा आदि का नाम शामिल था। इस काल में बहुपति प्रथा का प्रचलन था। ऋग्वेद में नियोग प्रथा और विधवा-विवाह के प्रचलन का भी उल्लेख मिलता है।

कथन (1) और (4) सही नहीं हैं, क्योंकि ऋग्वेद में महिलाओं को पतियों के साथ यज्ञ में आहुति देने का अधिकार प्राप्त था। इस काल में बाल विवाह का कोई उदाहरण नहीं मिलता है।

26 निम्नलिखित विकल्पों पर विचार कीजिए *(Chap 4, Class-XII, New NCERT)*

1. काम
2. भाषा
3. परिवार
4. निवास स्थान

ऋग्वैदिक काल में लोगों के वर्गीकरण के आधार बिंदु में, उपर्युक्त में से कितने शामिल थे?

(a) केवल एक (b) केवल दो
(c) केवल तीन (d) सभी चार

उत्तर *(d)*

व्याख्या ऋग्वैदिक काल में लोगों के वर्गीकरण के आधार बिंदु में दिए गए सभी चारों विकल्प शामिल थे।

लोगों का वर्गीकरण काम, भाषा, परिवार या समुदाय, निवास स्थान या सांस्कृतिक परंपरा के आधार पर किया जाता रहा है। ऋग्वेद में लोगों की विशेषता बताने वाले कुछ शब्दों का प्रयोग किया जाता था। ऐसे दो समूह हैं, जिनका वर्गीकरण काम के आधार पर किया गया है।

पुरोहित जिन्हें कभी-कभी ब्राह्मण कहा जाता था, तरह-तरह के यज्ञ और अनुष्ठान करते थे। दूसरे लोग राजा थे। ये राजा वैसे नहीं थे जैसा बाद के कालों में हुए। ये न तो बड़ी राजधानियों और महलों में रहते थे, न इनके पास सेना थी और न ही ये कर वसूलते थे। प्राय: राजा की मृत्यु के बाद उसका बेटा अपने आप ही शासक नहीं बन जाता था। जनता या पूरे समुदाय के लिए दो शब्दों का उपयोग किया जाता था, जिनमें पहला शब्द जन था, जिसका प्रयोग हिंदी व अन्य भाषाओं में आज भी होता है और दूसरा शब्द विश् था, जिससे वैश्य शब्द की उत्पत्ति हुई।

27 वैदिक काल में लोहे के उपयोग के संदर्भ में निम्नलिखित कथनों पर विचार कीजिए *(Chap 3, Class-VI, Old NCERT)*

1. भारत में लोहे का उपयोग 1000 ई.पू. से कुछ पहले प्रारंभ हुआ।
2. लोहे से बने औजारों से गंगा की घाटी के घने जंगलों को साफ किया गया।
3. लोहे के प्रयोग ने भारतीय उपमहाद्वीप में प्रथम नगरीकरण को जन्म दिया।

उपर्युक्त में से कौन-सा/से कथन सही है/हैं?

(a) 1, 2 और 3 (b) 1 और 2
(c) 2 और 3 (d) केवल 3

उत्तर *(b)*

व्याख्या वैदिक काल में लोहे के उपयोग के संदर्भ में कथन (1) और (2) सही हैं। उत्तर प्रदेश के अतरंजीखेड़ा में लोहे का प्रथम साक्ष्य 1000 ई.पू. के आस-पास का था। लोहे की प्राप्ति के पश्चात् ऋग्वैदिक लोगों के जीवन में आमूलचूल परिवर्तन आया। लोहे से बने औजारों का प्रयोग कर आर्यों ने जंगलों को साफ कर अपना विस्तार गंगा घाटी तक कर लिया।

कथन (3) सही नहीं है, क्योंकि लोहे के प्रयोग ने भारतीय उपमहाद्वीप में द्वितीय नगरीकरण को जन्म दिया था। प्रथम नगरीकरण हड़प्पा सभ्यता को कहा जाता है।

28 निम्नलिखित कथनों पर विचार कीजिए *(Class-XI, Old NCERT)*

कथन I हालाँकि प्रारंभिक वैदिक काल में व्यापारी मौजूद थे, फिर भी व्यापारिक गतिविधियाँ सीमित थीं।

कथन II पणियों को व्यापारी कहा जाता है और वे शायद कारवा व्यापारी थे।

उपर्युक्त कथनों के बारे में, निम्नलिखित में से कौन-सा एक सही है?

(a) कथन I और कथन II दोनों सही हैं तथा कथन II, कथन I की सही व्याख्या है
(b) कथन I और कथन II दोनों सही हैं तथा कथन II, कथन I की सही व्याख्या नहीं है
(c) कथन I सही है, किन्तु कथन II गलत है
(d) कथन I गलत है, किन्तु कथन II सही है

उत्तर *(b)*

व्याख्या कथन I और कथन II दोनों सही हैं तथा कथन II, कथन I की सही व्याख्या नहीं है।

प्रारंभिक वैदिक काल में व्यापारी मौजूद थे, फिर भी व्यापारिक गतिविधियाँ सीमित थीं। ऋग्वैदिक काल में ग्रामीण संस्कृति थी। व्यापारी तो थे, लेकिन व्यापार उन्नत अवस्था में नहीं था। व्यापार वस्तु विनिमय पर आधारित था। पण शब्द का अर्थ वस्तु विनिमय था, जो विनिमय का एक तरीका था। निष्क वस्तु विनिमय में उपयोग किया जाने वाला सोने या चाँदी का आभूषण था। एक पुजारी को बलि के शुल्क के रूप में 100 घोड़े और 100 निष्क प्राप्त होते थे।

29 ऋग्वैदिक कालीन व्यापार एवं वाणिज्य के संबंध में निम्नलिखित कथनों पर विचार कीजिए *(Chap 8, Class-XI, Old NCERT)*

1. ऋग्वेद में बढ़ई, रथकार, बुनकर आदि शिल्पियों के उल्लेख मिलते हैं।
2. व्यापार नियमित प्रकृति का था।
3. वैदिक जन का अधिक संबंध स्थल मार्ग से था।

उपर्युक्त में से कौन-सा/से कथन सही है/हैं?

(a) 1 और 3 (b) केवल 2 (c) 1, 2 और 3 (d) केवल 3

उत्तर *(a)*

व्याख्या ऋग्वैदिक कालीन व्यापार एवं वाणिज्य के संबंध में कथन (1) और (3) सही हैं। ऋग्वेद में विभिन्न शिल्पियों का उल्लेख मिलता है। इनमें बढ़ई, रथकार, बुनकर, चर्मकार, कुम्हार आदि प्रमुख रूप से शामिल थे। इससे ज्ञात होता है कि आर्य लोगों में इन सभी शिल्पों का प्रचलन था।
आर्य जन या वैदिक जन का अधिकांश व्यापार स्थल मार्ग से होता था, क्योंकि ऋग्वेद में उल्लिखित 'समुद्र' शब्द मुख्यत: जलराशि का वाचक है।
कथन (2) सही नहीं है, क्योंकि ऋग्वैदिक काल में नियमित व्यापार के होने का कोई प्रमाण नहीं मिलता है।

30 सूची I को सूची II से सुमेलित कीजिए *(Chap 3, Class-IX, Old NCERT)*

सूची I (देवाम)	**सूची II** (देवता)
A. द्यौ	1. आकाश का देवता
B. अग्नि	2. प्रात: काल की देवी
C. सवित्	3. आग का देवता
D. उषा	4. सूर्य की प्रेरक शक्ति का देवता

कूट

	A	B	C	D		A	B	C	D
(a)	1	3	4	2	(b)	4	3	2	1
(c)	1	2	3	4	(d)	3	2	1	4

उत्तर *(a)*

व्याख्या सही सुमेलन A-1, B-3, C-4, D-2 है।

द्यौ, आकाश के देवता थे। उत्तरवैदिक काल में इनका महत्त्व कम हो गया था।

अग्नि, आग के देवता थे। ऋग्वेद में इनका उल्लेख 200 बार हुआ है।

सवित्, सूर्य की प्रेरक शक्ति के देवता थे। इनका उल्लेख ऋग्वेद में नहीं मिलता है।

उषा, प्रातःकाल की देवी थी। ये पृथ्वी की देवी थी। इनका उल्लेख ऋग्वेद में नहीं मिलता।

31 वैदिक समाज में धर्म और अनुष्ठानों की महत्त्वपूर्ण भूमिका थी। इस संबंध में निम्नलिखित में से कौन-सा कथन गलत है?

(Class-XI, Old NCERT)

(a) ऋग्वेद में प्राकृतिक शक्तियों; जैसे-सूर्य, चंद्रमा, नदियों, पहाड़ों और बारिश को देवताओं के रूप में परिभाषित किया गया था। यह धर्म प्रकृतिवादी और बहुदेववादी था।
(b) अग्नि को भगवान और लोगों के बीच मध्यस्थ के रूप में देखा जाता था। सूर्य अंधकार को दूर करने वाले देवता थे। उषा भोर की देवी थीं। अदिति, पृथ्वी और सिनिवाली अन्य देवियाँ थीं।
(c) अनुष्ठानों को कई मुद्दों और दैनिक जीवन की समस्याओं के समाधान के रूप में अपनाया गया था और इस प्रकार पुजारियों की समाज में महत्त्वपूर्ण भूमिका थी।
(d) उपर्युक्त में से कोई नहीं

उत्तर (d)

व्याख्या वैदिक समाज में धर्म और अनुष्ठानों के संबंध में कोई भी कथन गलत नहीं हैं।

ऋग्वेद में प्राकृतिक शक्तियों; जैसे-सूर्य, चंद्रमा, नदियों, पहाड़ों और बारिश को देवताओं के रूप में परिभाषित किया गया था। यह धर्म प्रकृतिवादी और बहुदेववादी था।

इंद्र सबसे महत्त्वपूर्ण देवता थे, जिन्हें पुरंदर कहा जाता था। अग्नि को भगवान और लोगों के बीच मध्यस्थ के रूप में देखा जाता था। सूर्य अंधकार को दूर करने वाले देवता थे। उषा भोर की देवी थीं। अदिति, पृथ्वी और सिनिवाली अन्य देवियाँ थीं। जल के देवता वरुण का अत्यधिक महत्त्व था, जो वे प्राकृतिक व्यवस्था का धारक थे।

सबसे महत्त्वपूर्ण बात यह है, कि रुद्र या शिव का उल्लेख बहुत कम है। अनुष्ठानों को कई मुद्दों और दैनिक जीवन की समस्याओं के समाधान के रूप में अपनाया गया था इसलिए पुजारियों की समाज में महत्त्वपूर्ण भूमिका थी।

32 वैदिक धर्म के संबंध में निम्नलिखित कथनों पर विचार कीजिए

(Chap 8, Class-XI, Old NCERT)

1. वैदिक धर्म इहलौकिक था।
2. धर्म में यज्ञों की प्रधानता नहीं थी।
3. उपासना की विधि स्तुति पाठ पर आधारित थी।

उपर्युक्त में से कौन-सा/से कथन सही है/हैं?

(a) 1 और 2
(b) 2 और 3
(c) 1, 2 और 3
(d) 1 और 3

उत्तर (d)

व्याख्या वैदिक धर्म के संबंध में कथन (1) और (3) सही हैं।

वैदिक धर्म पारलौकिकता में विश्वास नहीं करता था। यह इहलौकिक धर्म था। देवताओं की उपासना की मुख्य विधि स्तुति-पाठ करना और यज्ञ बलि (चढ़ावा) अर्पित करना थी। ऋग्वैदिक काल में स्तुति पाठ पर अधिक बल दिया गया था। स्तुति पाठ सामूहिक भी होता था और अलग-अलग भी। सामान्यतः प्रत्येक कबीले या गोत्र का अपना अलग देवता होता था।

कथन (2) सही नहीं है, क्योंकि वैदिक धर्म में यज्ञों की मूल प्रधानता थी।

33 निम्नलिखित में से कौन-सा युग्म सुमेलित नहीं है?

(Chap 8, Class-XI, Old NCERT)

देवता		शक्तियाँ
(a) वरुण	—	जल का देवता
(b) मारुत	—	आँधी का देवता
(c) सोम	—	अंतरिक्ष का देवता
(d) इंद्र	—	वर्षा का देवता

उत्तर (c)

व्याख्या दिए गए युग्मों में से युग्म (c) सुमेलित नहीं है, क्योंकि सोम अंतरिक्ष के नहीं, बल्कि पृथ्वी के देवता थे। ऋग्वेद में सोम देवता का उल्लेख 144 बार हुआ है। सोम को 'वनस्पतियों का अधिपति' माना गया है।

वेद

34 ऋग्वेद में इंद्र को 'पुरंदर' कहा गया है। पुरंदर का शाब्दिक अर्थ क्या है?

(Chap 8, Class-XI, Old NCERT)

(a) शत्रुओं को पराजित करने वाला
(b) दुर्गों को तोड़ने वाला
(c) वर्षा करने वाला
(d) दुर्ग की रक्षा करने वाला

उत्तर (b)

व्याख्या ऋग्वेद में इंद्र को 'पुरंदर' कहा गया है।

पुरंदर का शाब्दिक अर्थ है-'दुर्गों को तोड़ने वाला'। ऋग्वेद में सबसे अधिक प्रतापी देवता इंद्र थे। इंद्र को युद्धों में आर्यों का नेतृत्वकर्ता माना गया, जो अनार्यों के साथ युद्ध में आर्यों के सहयोगी हैं।

35 निम्नलिखित कथनों पर विचार कीजिए

(Chap 4, Class-XII, New NCERT)

1. वैदिक प्रार्थनाओं की रचना ऋषियों ने की थी।
2. अधिकांश सूक्तों के रचयिता, सीखने और सिखाने वाले पुरुष थे।
3. किसी भी ऋचाओं की रचना महिलाओं नहीं की थी।

उपर्युक्त में से कितने कथन सही हैं?

(a) केवल एक
(b) केवल दो
(c) सभी तीन
(d) इनमें से कोई नहीं

उत्तर (b)

व्याख्या दिए गए कथनों में से केवल दो कथन अर्थात् (1 और 2) सही हैं।

वैदिक प्रार्थनाओं की रचना ऋषियों ने की थी। आचार्य, विद्यार्थियों को इन्हें अक्षरों, शब्दों और वाक्यों में बाँटकर, सस्वर पाठ द्वारा कंठस्थ करवाते थे। अधिकांश सूक्तों के रचयिता, सीखने और सिखाने वाले पुरुष थे।

ऋग्वेद की भाषा प्राक् संस्कृत या वैदिक संस्कृत कहलाती है। ऋग्वेद का उच्चारण और श्रवण किया जाता था न कि पढ़ा जाता था। रचना के कई सदियों बाद इसे पहली बार लिखा गया और इसे छापने का कार्य दो सौ वर्ष पूर्व हुआ था।

कथन (3) सही नहीं है, क्योंकि कुछ ऋचाओं की रचना महिलाओं ने भी की थी।

36 वैदिक देवता इंद्र के विषय में निम्नलिखित कथनों पर विचार कीजिए तथा नीचे दिए गए कूट से सही उत्तर दीजिए

(Chap 8, Class-XI, Old NCERT) (UPSC Mains 2017)

1. झंझावात के देवता थे।
2. पापियों को दंड देते थे।
3. नैतिक व्यवस्था के संरक्षक थे।
4. वर्षा के देवता थे।

कूट

(a) 1 और 2
(b) 1 और 3
(c) 2 और 4
(d) 1 और 4

उत्तर (d)

व्याख्या वैदिक देवता इंद्र के विषय में कथन (1) और (4) सही हैं। ऋग्वेद में इंद्र की सर्वाधिक चर्चा की गई है। इंद्र पर ऋग्वेद में 250 सूक्त लिखे गए हैं। इन्हें झंझावात तथा बादल का देवता माना गया है।

वरुण को नैतिक व्यवस्था बनाए रखने वाला देवता माना गया है। इन्हें ऋत् अर्थात् प्राकृतिक संतुलन बनाए रखने वाला देवता माना जाता है। यह पापियों को दंड देने का कार्य भी करता था। वरुण को जिंद अवेस्ता में अहुरमज्दा कहा गया है।

37 सूची I को सूची II से सुमेलित कीजिए

(Chap 9, Class-XI, Old NCERT) (UPPSC Pre 2003)

सूची I (वेद)		**सूची II** (संबंधित विषय)	
A.	ऋग्वेद	1.	संगीतमय स्रोत
B.	यजुर्वेद	2.	तंत्रमंत्र एवं वशीकरण
C.	सामवेद	3.	स्रोत एवं कर्मकांड
D.	अथर्ववेद	4.	स्रोत एवं प्रार्थनाएँ

कूट

	A	B	C	D		A	B	C	D
(a)	4	3	1	2	(b)	3	2	4	1
(c)	4	1	2	3	(d)	2	3	1	4

उत्तर (a)

व्याख्या सही सुमेलन A-4, B-3, C-1, D-2 है।

ऋग्वेद सबसे प्राचीन वेद है। यह देवताओं के स्रोत तथा प्रार्थनाओं में लिखा गया है।

यजुर्वेद में यजु का अर्थ 'यज्ञ' होता है। इसमें यज्ञ संबंधी नियमों एवं विधियों का संकलन मिलता है। शुक्ल और कृष्ण यजुर्वेद इसके भाग हैं।

सामवेद में 'साम' का शाब्दिक अर्थ है 'गान'। इसमें मुख्यत: यज्ञों के अवसर पर गाए जाने वाले मंत्रों का संग्रह है।

अथर्ववेद में ब्रह्म ज्ञान, कर्म, मंत्र, जादू-टोना, औषधि प्रयोग आदि विषयों का वर्णन किया गया है।

38 वैदिक ग्रंथों के संबंध में निम्नलिखित कथनों पर विचार कीजिए

(Chap 9, Class-XI, Old NCERT)

1. ऐतरेय ब्राह्मण ग्रंथ में ब्राह्मण की जीविका का वर्णन किया गया है।
2. मंत्रों के संग्रह को संहिता कहा जाता है।
3. वैदिक संहिताओं के बाद 'ब्राह्मण' ग्रंथ की रचना हुई।

उपर्युक्त में से कौन-सा/से कथन सही है/हैं?

(a) केवल 1 (b) 1 और 2 (c) 1 और 3 (d) 1, 2 और 3

उत्तर (d)

व्याख्या वैदिक ग्रंथों के संबंध में सभी कथन सही हैं।

ऐतरेय ऋग्वेद का ब्राह्मण ग्रंथ है। इसमें मुख्य रूप से ब्राह्मण की जीविका का वर्णन मिलता है। चारों वेदों को सम्मिलित रूप से संहिता कहा जाता है। ये मुख्यत: मंत्रों का संग्रह हैं। ब्राह्मण ग्रंथ की रचना संहिताओं की व्याख्या हेतु सरल गद्य में संहिताओं के बाद में की गई है। प्रत्येक वेद के लिए अलग-अलग ब्राह्मण ग्रंथ की रचना की गई है।

उत्तरवैदिक काल

39 उत्तरवैदिक काल में बस्तियों और क्षेत्र के संबंध में निम्नलिखित कथनों पर विचार कीजिए

(Class-XI, Old NCERT)

1. क्षेत्र को संदर्भित करने वाला जनपद शब्द ब्राह्मण ग्रंथों में मिलता है।
2. इस क्षेत्र में चित्रित धूसर मृद्भांड संस्कृति के 1000 से अधिक स्थल मिले हैं।
3. हस्तिनापुर और कौशांबी के स्थलों को प्रोटो अर्बन (शहरी जैसी) बस्तियाँ माना जाता है।

उपर्युक्त में से कितने कथन सही हैं?

(a) केवल एक (b) केवल दो
(c) सभी तीनों (d) इनमें से कोई नहीं

उत्तर (c)

व्याख्या उत्तर वैदिक काल में बस्तियों और क्षेत्र के संबंध में सभी कथन सही हैं।

कृषि के गहन होने के साथ, उत्तर वैदिक लोगों ने एक व्यवस्थित जीवन व्यतीत किया, जिससे क्षेत्रीय इकाइयों का निर्माण हुआ। क्षेत्र को संदर्भित करने वाला जनपद शब्द ब्राह्मण ग्रंथों में मिलता है। इस क्षेत्र में चित्रित धूसर मृद्भांड संस्कृति के 1000 से अधिक स्थल हैं, जिससे पता चलता है कि नई बस्तियाँ बसी और ऊपरी गंगा घाटी घनी आबादी वाली थी।

नगरों की नींव उत्तर वैदिक काल के दौरान उभरी होगी। हालाँकि, बड़े शहर वैदिक काल के अंत में ही प्रकट हुए। हस्तिनापुर और कौशांबी के स्थलों को प्रोटो अर्बन (शहरी जैसी) बस्तियाँ माना जाता है। इस काल की भौतिक संस्कृति में अधिक विविधता दिखाई देती है, जो प्रारंभिक वैदिक काल की तुलना में एक सुधार है।

40 उत्तरवैदिक काल में आर्यों के प्रसार के संबंध में कौन-सा कथन सही नहीं है?

(Chap 9, Class-XI, Old NCERT)

(a) इस काल में राज्य का विस्तार पंजाब से बढ़कर कुरुक्षेत्र तक हो गया।
(b) गंगा-यमुना दोआब तक आर्य संस्कृति का विकास हुआ।
(c) पश्चिमोत्तर सीमा प्रांत में वैदिक ग्रंथों की रचना हुई।
(d) इस संस्कृति का मुख्य केंद्र मध्य प्रदेश था।

उत्तर (c)

व्याख्या उत्तरवैदिक काल में आर्यों के प्रसार के संबंध में कथन (c) सही नहीं है, क्योंकि उत्तरवैदिक कालीन वैदिक ग्रंथों की रचना पश्चिमोत्तर प्रांत में नहीं, बल्कि उत्तरी गंगा के मैदान में हुई थी।

इस युग में राज्य का विस्तार पंजाब से बढ़कर कुरुक्षेत्र (दिल्ली और गंगा यमुना दोआब का उत्तरी भाग) में आ गया था। इस संस्कृति का मुख्य केंद्र मध्य भारत बन गया। इसके अंतर्गत दिल्ली, पंजाब, पश्चिमोत्तर सीमा प्रांत के भाग आदि शामिल थे।

41 उत्तरवैदिक काल में राजनीतिक संगठन के संबंध में निम्नलिखित कथनों पर विचार कीजिए

(Chap 9, Class-XI, Old NCERT)

1. राजा की शक्ति में वृद्धि हुई, वह स्थायी सेना रखने लगा।
2. सभा तथा समिति की स्थिति में गिरावट दर्ज की गई।
3. इस काल में क्षेत्र के लिए राष्ट्र शब्द का प्रयोग नहीं होता था।

उपर्युक्त में से कौन-सा/से कथन सही है/हैं?

(a) 1 और 2 (b) 2 और 3
(c) केवल 3 (d) 1, 2 और 3

उत्तर (a)

व्याख्या उत्तरवैदिक काल में राजनीतिक संगठन के संबंध में कथन (1) और (2) सही हैं।

उत्तरवैदिक काल में राज्यों की आकार वृद्धि से राजा की शक्ति में वृद्धि हुई, उसके पास स्थायी सेना हो गई।

इस समय में ऋग्वैदिक जनता वाली सभा-समितियों की स्थिति में गिरावट दर्ज की गई और सभा और समिति का राजा पर नियंत्रण समाप्त हो गया।

कथन (3) सही नहीं है, क्योंकि उत्तरवैदिक काल में ही सर्वप्रथम राज्य के लिए राष्ट्र शब्द का प्रयोग मिलता है।

42 **उत्तरवैदिक काल की राजनीतिक संस्थाओं को आकार के आधार पर घटते हुए क्रम में व्यवस्थित कीजिए**

(Chap 9, Class-XI, Old NCERT)

1. राष्ट्र 2. विश 3. ग्राम
4. जन 5. कुल

कूट

(a) 1, 4, 2, 3, 5 (b) 5, 4, 3, 2 ,1
(c) 2, 4, 3, 1, 5 (d) 1, 2, 3, 4, 5

उत्तर (a)

व्याख्या उत्तरवैदिक काल की राजनीतिक संस्थाओं का आकार के आधार पर घटता हुआ क्रम 1, 4, 2, 3, 5 है।

उत्तरवैदिक काल में ग्राम सबसे छोटी राजनीतिक इकाई थी। यह कई कुलों को मिलाकर बनती थी। कई ग्रामों को मिलाकर विश का निर्माण होता है। विशों का समूह जन होता था। जन के मिलने से राष्ट्र का निर्माण होता था।

43 **उत्तरवैदिक काल की सामाजिक स्थिति के संबंध में निम्नलिखित कथनों पर विचार कीजिए** *(Chap 9, Class-XI, Old NCERT)*

1. इस काल में महिलाओं को पुरुषों के समान अधिकार प्राप्त थे।
2. इस काल में महिलाओं को संपत्ति के अधिकार से वंचित कर दिया गया।
3. इस काल में महिलाएँ सभा, समिति तथा विदथ में भाग लेती थीं।

उपर्युक्त में से कौन-सा/से कथन सही नहीं है/हैं?

(a) 1 और 3 (b) 1, 2 और 3
(c) केवल 1 (d) 1 और 2

उत्तर (a)

व्याख्या उत्तरवैदिक काल की सामाजिक स्थिति के संबंध में कथन (1) और (3) सही नहीं हैं, क्योंकि उत्तरवैदिक काल में समाज में स्त्रियों की स्थिति में गिरावट दर्ज की गई। महिलाएँ अब अधिक स्वतंत्र नहीं थीं। उत्तर वैदिक ग्रंथों में पुत्री जन्म को अच्छा नहीं माना जाता था। इस काल में सभा, समिति तथा विदथ में स्त्रियों के प्रवेश पर रोक लगा दी गई थी।

44 **उत्तरवैदिक समाज के संबंध में कौन-सा कथन सही नहीं है?**

(Chap 9, Class-XI, Old NCERT)

(a) आश्रम व्यवस्था स्थापित हो गई थी
(b) वर्ण व्यवस्था जटिल हो गई थी
(c) गोत्र व्यवस्था स्थापित हो गई थी
(d) क्षत्रिय वर्ण-व्यवस्था में उच्च हो गए

उत्तर (d)

व्याख्या उत्तरवैदिक समाज के संबंध में कथन (d) सही नहीं है, क्योंकि उत्तरवैदिक काल में क्षत्रिय वर्ण-व्यवस्था में दूसरे स्थान पर पहुँच गए। उत्तरवैदिक समाज चार वर्णों में विभक्त था-ब्राह्मण, राजन्य या क्षत्रिय, वैश्य और शूद्र। यज्ञ का अनुष्ठान अत्यधिक बढ़ गया था, जिससे ब्राह्मणों की शक्ति में अपार वृद्धि हुई और वे वर्ण व्यवस्था में उच्च स्थान पर पहुँच गए।

45 **उत्तरवैदिक कालीन देवताओं के संबंध में निम्नलिखित कथनों पर विचार कीजिए** *(Chap 9, Class-XI, Old NCERT)*

1. प्रजापति सर्वोच्च देवता बन गए थे।
2. प्रजापति सृजन के देवता थे।
3. शूद्रों के देवता के रूप में 'पूषन' स्थापित हो गए।

उपर्युक्त में से कौन-सा/से कथन सही है/हैं?

(a) केवल 1 (b) केवल 2
(c) 1 और 2 (d) 1, 2 और 3

उत्तर (d)

व्याख्या उत्तरवैदिक कालीन देवताओं के संबंध में सभी कथन सही हैं। उत्तरवैदिक काल में ऋग्वैदिक काल के प्रमुख देवता द्यौ और अग्नि की लोकप्रियता में गिरावट आई तथा उनका स्थान प्रजापति ने ले लिया। उत्तरवैदिक काल में प्रजापति को सर्वोच्च देवता माना गया। प्रजापति सृजन के देवता थे। पशुओं के देवता रुद्र ने इस काल में प्रसिद्धि प्राप्त की थी। विष्णु को वे लोग अपना पालक और रक्षक मानने लगे। ऋग्वैदिक काल में लोग अपने अर्द्ध-खानाबदोशी जीवन को छोड़कर स्थायी रूप से बस गए थे। इस काल में 'पूषन' शूद्रों के देवता के रूप में स्थापित हुए।

46 **उत्तरवैदिक काल की अर्थव्यवस्था के संबंध में निम्नलिखित कथनों पर विचार कीजिए** *(Chap 9, Class-XI, Old NCERT)*

1. इस काल में जीविका का मुख्य साधन व्यापार था।
2. इस काल में जौ के साथ चावल और गेहूँ मुख्य फसल हो गई।
3. इस काल में गैरिक मृद्भांड संस्कृति का विकास हुआ।

उपर्युक्त कथनों में से कौन-सा/से सही नहीं है/हैं?

(a) केवल 3 (b) 1 और 3 (c) 1 और 2 (d) 1, 2 और 3

उत्तर (b)

व्याख्या उत्तरवैदिक काल की अर्थव्यवस्था के संबंध में कथन (1) और (3) सही नहीं हैं, क्योंकि उत्तरवैदिक काल में जीविका का मुख्य साधन व्यापार नहीं, बल्कि कृषि एवं पशुपालन था। इस काल में गैरिक मृद्भांड संस्कृति का नहीं, बल्कि चित्रित धूसर मृद्भांड संस्कृति का विकास हुआ था।

कथन (2) सही है, उत्तरवैदिक काल में जौ के साथ चावल और गेहूँ मुख्य फसल के रूप में स्थापित हुए।

47 **उत्तरवैदिक काल में कृषि से संबंधित कथनों में कौन-सा सही नहीं है?** *(Chap 9, Class-XI, Old NCERT)*

(a) श्याम अयस से बने हल का प्रचलन प्रारंभ हुआ।
(b) 'शतपथ' ब्राह्मण में हल के संबंध में वर्णन मिलता है।
(c) श्याम अयस का संबंध ताँबे से था।
(d) इस काल में संगृहीत का कार्य कृषि कर एकत्रित करना था।

उत्तर (c)

व्याख्या उत्तरवैदिक काल में कृषि से संबंधित कथनों में कथन (c) सही नहीं है, क्योंकि श्याम अयस का संबंध ताँबे से नहीं, बल्कि लोहे से था। वैदिक काल के अंतिम दौर में लोहे का ज्ञान पूर्वी उत्तर प्रदेश और विदेह में फैल गया था। इन प्रदेशों में जो ईसा पूर्व सातवीं शताब्दी के प्राचीन लौह अस्त्र पाए गए हैं। उत्तरवैदिक ग्रंथों में इस धातु को श्याम या कृष्ण अयस कहा गया है।

48 **उत्तरवैदिक काल की धार्मिक स्थिति के संबंध में निम्नलिखित कथनों पर विचार कीजिए** *(Chap 9, Class-XI, Old NCERT)*

1. राजसूय यज्ञ पुत्र प्राप्ति के लिए किया जाता था।
2. अश्वमेध यज्ञ राज्य विस्तार के लिए किया जाता था।
3. वाजपेय यज्ञ दिव्य शक्ति के लिए किया जाता था।

उपर्युक्त कथनों में से कौन-सा/से कथन सही है/हैं?

(a) केवल 3 (b) केवल 2 (c) 1 और 2 (d) 1, 2 और 3

उत्तर (b)

व्याख्या उत्तरवैदिक काल की धार्मिक स्थिति के संबंध में कथन (2) सही है। अश्वमेध यज्ञ का आयोजन राज्य विस्तार के लिए किया जाता था। इस यज्ञ में राजा का घोड़ा छोड़ा जाता था। घोड़ा जिन-जिन क्षेत्रों से गुजरता था उन सभी क्षेत्रों पर राजा का एकछत्र राज्य माना जाता था।

कथन (1) और (3) सहीं नहीं हैं, क्योंकि राजा राजसूय यज्ञ करता था, जिससे यह समझा जाता था कि उसे दिव्य शक्ति प्राप्त हो चुकी है। वह वाजपेय यज्ञ (रथदौड़) का आयोजन भी करता था, जो शौर्य प्रदर्शन एवं प्रजा के मनोरंजन हेतु किया जाता था

अध्याय 05

धार्मिक आंदोलन

धार्मिक आंदोलन

जैन धर्म

उत्पत्ति
- ऋषभनाथ (अयोध्या में जन्म)
- पार्श्वनाथ (वाराणसी में जन्म)
- वर्धमान महावीर (कुंडग्राम, वैशाली में जन्म) क्रमश: पहले, 23वें तथा 24वें तीर्थंकर

सिद्धांत (5)
- हिंसा मत करो
- झूठ मत बोलो
- चोरी मत करो
- कोई संपत्ति मत रखो
- ब्रह्मचर्य का पालन करो

दर्शन
- स्याद्वाद (ज्ञान की सापेक्षता) में विश्वास
- सजीवों की 2 श्रेणियाँ

संप्रदाय
- 2 मुख्य संप्रदाय
- दिगंबर; कट्टर अनुयायी,
- श्वेतांबर : मगध में अकाल से सामना करने के लिए विभिन्न परिवर्तन अपनाए

साहित्य
- 2 वर्गों में विभाजित
- आगम : पवित्र साहित्य
- गैर आगम : विद्वानों द्वारा आगम साहित्य पर टिप्पणी तथा व्याख्याएँ

जैन संगीतियाँ

सम्मेलन	वर्ष	स्थान
प्रथम	322-298 ई.पू.	पाटलिपुत्र
द्वितीय	512 ई.	वल्लभी

बौद्ध धर्म

उत्पत्ति
- गौतम बुद्ध द्वारा ज्ञान प्राप्ति के बाद छठी शताब्दी में शुरू
- गौतम बुद्ध का 563 ई.पू. में लुंबिनी में जन्म
- बोधगया में ज्ञान प्राप्त किया और सारनाथ में प्रथम उपदेश दिया,
- कुशीनगर में महापरिनिर्वाण प्राप्त किया

सिद्धांत
- **चार आर्य सत्य**
  - संसार दु:खमय है
  - इच्छाएँ दु:ख का मूल कारण हैं
  - इच्छाओं पर विजय प्राप्त करके निर्वाण प्राप्त किया जा सकता है
  - दु:खों को समाप्त किया जा सकता है।

दर्शन
- बुद्ध, संघ और धम्म तीन रत्न हैं
- निर्वाण की प्राप्ति के लिए मध्यम मार्ग का उपदेश दिया
- अनुनायियों को अष्टांगिक मार्ग का पालन करने के लिए कहा

संप्रदाय
- (1) थेरवाद (2) सर्वास्तिवादिन (3) महासंघिक (4) हीनयान (5) महायान (6) वज्रयान

महत्त्व
- समानता को बढ़ावा दिया
- जीवन जीने का सरल तरीका

अन्य धार्मिक संप्रदाय

आजीवक
- मक्खलि गोसाल द्वारा स्थापित,
- भाग्य और नियति में विश्वास

यदृच्छावाद
- अजित केसकंबली द्वारा स्थापित
  - भौतिकतावाद को बढ़ावा दिया
  - स्वीकार किया कि मृत्यु पश्चात् जीवन नहीं

भागवतवाद
- मौर्योत्तर काल में उद्भव, विष्णु के अवतार की पूजा, मोक्ष प्राप्ति के लिए भक्ति, कर्म और ज्ञान मार्ग पर बल, मूर्ति पूजा में विश्वास

भागवतवाद के संप्रदाय
- विशिष्टाद्वैत - रामानुज
- द्वैताद्वैत - माधवाचार्य
- शुद्धाद्वैत - वल्लभाचार्य
- अचिंत्य भेद अभेद - चैतन्य महाप्रभु

इस्लाम
- 7वीं शताब्दी ईस्वी में अरब में उभरा
- पैगंबर: मुहम्मद साहब
- अरबों की सिंध पर विजय के पश्चात्, इस्लाम ने भारत में अपने अनुनायियों को प्राप्त किया।

SOURCE New NCERT Class VI नए प्रश्न नए विचार, व्यापारी, राजा, तीर्थयात्री, Old NCERT Class XI जैन और बौद्ध धर्म, बुद्ध काल में राज्य और वर्ण समाज, New NCERT Class XII विचारक, विश्वास और इमारतें, Tamil Nadu Board, Class-XI Unit 3, NIOS Module-1 जनपद से साम्राज्य की ओर

जैन धर्म

1 जैन धर्म के संबंध में निम्नलिखित कथनों पर विचार कीजिए
(Chap 10, Class-XI, Old NCERT)

1. जैन धर्म के सिद्धांतों का उपदेश देने वाले दिगंबर कहलाते थे।
2. पार्श्वनाथ जैन धर्म के 23वें तीर्थंकर थे।

उपर्युक्त में से कौन-सा/से कथन सही है/हैं?

(a) केवल 1 (b) केवल 2 (c) 1 और 2 (d) न तो 1 और न ही 2

उत्तर *(b)*

व्याख्या जैन धर्म के संबंध में कथन (2) सही है। पार्श्वनाथ जैन धर्म के 23वें तीर्थंकर थे, जो वाराणसी के निवासी थे। इनके पिता अश्वसेन काशी के राजा थे। इनकी माता का नाम वामा देवी था। पार्श्वनाथ को जैन ग्रंथों में पुरुषादनीयम् कहा गया है। इनके अनुयायियों को निर्ग्रंथ कहा जाता था। महावीर स्वामी अंतिम तीर्थंकर (24वें) थे। महावीर स्वामी को जैन धर्म का वास्तविक संस्थापक माना जाता है।

कथन (1) सही नहीं है, क्योंकि जैन धर्म के सिद्धांतों का उपदेश देने वाले 'तीर्थंकर' कहलाते थे, न कि दिगंबर। दिगंबर जैन धर्म का एक संप्रदाय था।

2 निम्नलिखित कथनों में से कौन-सा कथन सही नहीं है?
(Chap 10, Class-XI, Old NCERT)

(a) महावीर को 'जिन' तथा उनके अनुयायियों को जैन कहा जाता है
(b) महावीर ने जैन व्रतों में ब्रह्मचर्य को जोड़ा था
(c) जैन धर्म में पूर्व जन्म की अवधारणा नहीं है
(d) जैन संघों में स्त्री और पुरुष दोनों भाग ले सकते थे

उत्तर *(c)*

व्याख्या दिए गए कथनों में से कथन (c) सही नहीं है, क्योंकि जैन धर्म में पूर्व जन्म की अवधारणा है। जैन धर्म के अनुसार, पूर्व जन्म में अर्जित पुण्य या पाप के अनुसार ही किसी का जन्म उच्च या निम्न कुल में होता है और वे उसके अनुसार कर्मफल भोगते हैं। इसके अतिरिक्त कर्म फल ही जन्म तथा मृत्यु का कारण है।

3 जैन धर्म से संबंधित निम्नलिखित विकल्पों पर विचार कीजिए
(Class-XI, Old NCERT)

1. सम्यक् ज्ञान 2. सम्यक् ध्यान
3. सम्यक् आचरण 4. सम्यक् कर्मांत

जैन धर्म से संबंधित त्रिरत्न में, उपर्युक्त में से कौन-कौन शामिल थे?

(a) 1, 2 और 3 (b) 1, 2 और 4
(c) 2, 3 और 4 (d) 1, 3 और 4

उत्तर *(a)*

व्याख्या जैन धर्म से संबंधित त्रिरत्न में सम्यक् ज्ञान, सम्यक् ध्यान और सम्यक् आचरण शामिल थे।

जैन धर्म में अनुशासन के लिए कुछ कठोर नियमों का पालन करना आवश्यक था। जैनियों को तीन सिद्धांतों का पालन करना आवश्यक है, जिन्हें त्रिरत्न या तीन रत्न कहा जाता है।

इन त्रिरत्नों में जैन धर्म ने मुख्यत: सांसारिक बंधनों से छुटकारा पाने के उपाय बताए हैं। ऐसा छुटकारा या मोक्ष पाने के लिए कर्मकांडीय अनुष्ठान की आवश्यकता नहीं, बल्कि यह त्रिरत्न सिद्धांत से प्राप्त किया जा सकता है।

4 जैन धर्म के संबंध में निम्नलिखित कथनों पर विचार कीजिए
(Chap 10, Class-XI, Old NCERT)

1. जैन धर्म के उपदेशों का संकलन पाटलिपुत्र में किया गया था।
2. इसमें उपदेश के लिए प्राकृत भाषा तथा ग्रंथ रचना के लिए अर्द्ध-मागधी भाषा का प्रयोग किया गया।
3. जैन धर्म ने मूर्ति-पूजा का विरोध किया।

उपर्युक्त में से कौन-सा/से कथन सही है/हैं?

(a) 1 और 2 (b) केवल 2
(c) 1 और 3 (d) 1, 2 और 3

उत्तर *(a)*

व्याख्या जैन धर्म के संबंध में कथन (1) और (2) सही हैं।

जैन धर्म के उपदेशों का संकलन पाटलिपुत्र में किया गया था। जैन धर्म के मुख्य उपदेशों को संकलित करने के लिए पाटलिपुत्र में एक परिषद् का भी आयोजन किया गया था, लेकिन दक्षिणी जैनों ने इस परिषद् का बहिष्कार किया और इसके निर्णयों को मानने से इनकार कर दिया था। जैन संप्रदायों में धर्मोपदेश के लिए सामान्य जन की बोलचाल की प्राकृत भाषा को अपनाया गया। जैन धार्मिक ग्रंथों की रचना अर्द्ध-मागधी भाषा में की गई थी।

कथन (3) सही नहीं है, क्योंकि जैन धर्म ने मूर्ति-पूजा का विरोध नहीं किया था। जैन धर्म कालांतर में महावीर और तीर्थंकरों की भी पूजा करने लगे, इसके लिए सुंदर और विशाल प्रतिमाएँ विशेषकर कर्नाटक, गुजरात, राजस्थान और मध्य प्रदेश में निर्मित हुईं।

5 "आ[illegible] केवल जंतु और पादप जीवन की संपदा नहीं, बल्कि शिलाओं, प्रवाहित जलधाराओं और अन्य अनेक प्राकृतिक वस्तुओं की भी है, जिन्हें अन्य धार्मिक संप्रदाय जीवित नहीं मानते।"
उपर्युक्त कथन प्राचीन भारत के निम्नलिखित में से किस एक धार्मिक संप्रदाय के एक मूलभूत विकास को प्रतिबिम्बित करता है?
(Chap 10 , Class XI, Old NCERT) (IAS Pre 2023)

(a) बौद्ध परम्परा (b) जैन परम्परा
(c) शैव परम्परा (d) वैष्णव परम्परा

उत्तर *(b)*

व्याख्या दिया गया कथन प्राचीन भारत के जैन परम्परा के एक धार्मिक संप्रदाय के एक मूलभूत विकास को प्रतिबिम्बित करता है। जैन धर्म एक परम अहिंसावादी धर्म है, जो कण-कण में जीवन की सत्ता को मानता है। जैन धर्म में अहिंसा की अवधारणा न केवल मनुष्यों तक, बल्कि सभी जानवरों, पौधों, सूक्ष्म-जीवों और सभी प्राणियों, जिनमें जीवन की सम्भावना हो, में रहती है।

6 निम्नलिखित कथनों पर विचार कीजिए *(Class-XI, Old NCERT)*
कथन I जैन धर्म लगभग तीसरी शताब्दी ई.पू. से तमिलनाडु में फैल गया।
कथन II पुराननूरू नामक तमिल ग्रंथ में उपवास से कोप्पेरुंचोलन की मृत्यु के उल्लेख को कुछ लोग सल्लेखना की जैन प्रथा के समान मानते हैं।
उपर्युक्त कथनों के बारे में, निम्नलिखित में से कौन-सा एक सही है?

(a) कथन I और कथन II दोनों सही हैं तथा कथन II, कथन I की सही व्याख्या है
(b) कथन I और कथन II दोनों सही हैं तथा कथन II, कथन I की सही व्याख्या नहीं है
(c) कथन I सही है, किंतु कथन II गलत है
(d) कथन I गलत है, किंतु कथन II सही है

उत्तर *(a)*

व्याख्या कथन I और कथन II दोनों सही हैं तथा कथन II, कथन I की सही व्याख्या है।

जैन धर्म लगभग तीसरी शताब्दी ई.पू. से तमिलनाडु में फैल गया। जैन शैलाश्रय मदुरै और अन्य स्थानों के आस-पास बड़ी संख्या में पाए जाते हैं। पुरुनानुरू में उपवास से कोप्पेरुंचोलन की मृत्यु के उल्लेख को कुछ लोग सल्लेखना की जैन प्रथा के समान मानते हैं। प्रारंभिक तमिल साहित्य में जैन धर्म का प्रबल प्रभाव परिलक्षित होता है। नलदियार, पालामोली, जीवका चिंतामणि, यप्पेरुंकलम कारिकाई, नीलाकेसी तमिल में कुछ प्रमुख जैन रचनाएँ हैं।

470 ई. में गुननंदी के शिष्य वज्रनंदी द्वारा मदुरै में एक जैन द्रविड़ संघ की स्थापना की गई थी।

7 **जैन धर्म के संबंध में कौन-सा कथन सही नहीं है?**
(Chap 10, Class-XI, Old NCERT) (Chap 4, Class-XII, New NCERT)

(a) पाँचवीं सदी में कर्नाटक में स्थापित जैन मठों को 'बसदि' कहा जाता था।
(b) जैन मान्यता के अनुसार जन्म और पुनर्जन्म का चक्र धर्म द्वारा निर्धारित होता है।
(c) जैन धर्म में युद्ध और कृषि दोनों वर्जित हैं।
(d) मौर्य सम्राट चंद्रगुप्त ने कर्नाटक में जैन धर्म का प्रचार-प्रसार किया था।

उत्तर *(b)*

व्याख्या जैन धर्म के संबंध में कथन (b) सही नहीं है, क्योंकि जैन मान्यता के अनुसार जन्म और पुनर्जन्म का चक्र धर्म के द्वारा नहीं, बल्कि कर्म के द्वारा निर्धारित होता है। कर्म के चक्र से मुक्ति के लिए त्याग और तपस्या की आवश्यकता होती है। यह संसार के त्याग से ही संभव हो पाता है।

8 **निम्नलिखित में से कौन-सा युग्म सुमेलित नहीं है?**
(Chap 6, Class-VI, New NCERT)

	संस्था/शब्द		विवरण
(a)	संघ	—	गृह त्याग करने वालों का संगठन
(b)	विहार	—	भिक्षुओं का निवास गृह
(c)	अस्तेय	—	अहिंसा का पालन
(d)	वानप्रस्थ	—	वनगमन

उत्तर *(c)*

व्याख्या दिए गए युग्मों में से युग्म (c) सुमेलित नहीं है, क्योंकि अस्तेय का तात्पर्य बिना अनुमति के किसी की वस्तु न तो ग्रहण करना अपेक्षित है और न उसकी इच्छा ही करनी है। अस्तेय जैन धर्म में पाँच महाव्रतों में से एक है। जैन धर्म के अन्य महाव्रत अहिंसा, सही वचन, ब्रह्मचर्य तथा अपरिग्रह हैं। यहाँ अहिंसा का अर्थ किसी भी जीव को हानि न पहुँचाने, सहीवचन का अर्थ सदैव सही बोलना, ब्रह्मचर्य का अर्थ किसी भी प्रकार से स्त्री से संपर्क की बात न सोचना तथा अपरिग्रह का अर्थ किसी प्रकार की संपत्ति न रखना है।

9 **जैन धर्म के सिद्धांतों के संबंध में निम्नलिखित कथनों पर विचार कीजिए**
(Chap 6, Class-VI, New NCERT)

1. अहिंसा का पालन करना चाहिए।
2. सभी को वस्त्रों का त्याग करना चाहिए।
3. सभी को ब्रह्मचर्य का पालन करना चाहिए।

उपर्युक्त में से कौन-सा/से कथन सही है/हैं?

(a) 1 और 2
(b) 1 और 3
(c) 1, 2 और 3
(d) केवल 1

उत्तर *(b)*

व्याख्या जैन धर्म के सिद्धांतों के संबंध में कथन (1) और (3) सही हैं। जैन धर्म के सिद्धांतों के अनुसार, सभी को अहिंसा के नियमों का कठोरता से पालन करना चाहिए अर्थात् किसी भी जीव को न तो कष्ट देना चाहिए और न ही उसकी हत्या करनी चाहिए।

जैन धर्म के सिद्धांतों में ब्रह्मचर्य के पालन पर भी पूर्ण बल दिया है। इसके अनुसार, भिक्षुओं को किसी नारी से वार्तालाप, उसे देखना, उससे संसर्ग का ध्यान करने की भी मनाही है।

कथन (2) सही नहीं है, क्योंकि जैन सिद्धांतों के अनुसार केवल पुरुषों को ही वस्त्रों सहित सब कुछ त्याग देना पड़ता है।

10 **कथन** (A) महावीर तथा उनके अनुयायियों की शिक्षाओं को साधारण जन आसानी से समझ लेते थे।
कारण (R) महावीर तथा उनके अनुयायियों ने अपनी शिक्षा प्राकृत भाषा में दी थी। ***(Chap 6, Class-VI, New NCERT)***

कूट

(a) A और R दोनों सही हैं तथा R, A की सही व्याख्या है
(b) A और R दोनों सही हैं, परंतु R, A की सही व्याख्या नहीं है
(c) A सही है, किंतु R गलत है
(d) R सही है, किंतु A गलत है

उत्तर *(a)*

व्याख्या A और R दोनों सही हैं तथा R, A की सही व्याख्या है। महावीर तथा उनके अनुयायियों की शिक्षाओं को साधारण जन आसानी से समझ लेते थे, क्योंकि महावीर तथा उनके अनुयायियों ने अपनी शिक्षा प्राकृत भाषा में दी थी। प्राकृत भाषा लोगों की साधारण भाषा थी। देश के अलग-अलग हिस्सों में यह भाषा अलग-अलग रूपों से प्रचलित थी। प्रचलन क्षेत्र के आधार पर ही उनके अलग-अलग नाम थे; जैसे मगध में बोली जाने वाली प्राकृत 'मागधी' भाषा कहलाती थी।

11 **जैन धर्म के संबंध में निम्नलिखित में से कौन-सा कथन सही नहीं है?** ***(Chap 6, Class-VI, New NCERT)***

(a) जैन धर्म का समर्थन मुख्यत: व्यापारियों ने किया था
(b) किसानों के लिए अहिंसा का पालन करना मुश्किल था
(c) गुजरात, तमिलनाडु तथा कर्नाटक में जैन धर्म का प्रसार हुआ
(d) जैन धर्म की शिक्षाएँ कुशीनगर में लिखी गई थीं

उत्तर *(d)*

व्याख्या जैन धर्म के संबंध में कथन (d) सही नहीं है, क्योंकि जैन धर्म की शिक्षाएँ कुशीनगर में नहीं, बल्कि गुजरात में लिखी गई थीं।

हालाँकि प्रारंभ में महावीर तथा उनके अनुयायियों की शिक्षाएँ कई शताब्दियों तक मौखिक रूप में प्रयोग हो रही थीं। जैन धर्म का महत्त्वपूर्ण ग्रंथ कल्पसूत्र संस्कृत में लिखा गया है। महावीर के दिए गए मौलिक सिद्धांत चौदह प्राचीन ग्रंथों में संकलित हैं। इन ग्रंथों को 'पूर्व' कहते हैं।

बौद्ध धर्म

12 **बुद्ध के विषय में निम्नलिखित कथनों पर विचार कीजिए**
(Chap 6 , Class-VI, New NCERT)

1. बुद्ध ने अपना सर्वप्रथम उपदेश सारनाथ में दिया था।
2. बुद्ध ने अपना उपदेश संस्कृत भाषा में दिया।
3. बुद्ध ने लोगों को दयालु होने तथा मनुष्यों के साथ जानवरों के जीवन का भी आदर करने की शिक्षा दी।
4. बुद्ध मानते थे कि हमारे कर्मों के परिणाम, चाहे वे अच्छे हों या बुरे, हमारे वर्तमान जीवन के साथ-साथ बाद के जीवन को भी प्रभावित करते हैं।

उपर्युक्त में से कितने कथन सही हैं?

(a) केवल एक (b) केवल दो (c) केवल तीन (d) ये सभी

उत्तर *(c)*

व्याख्या बुद्ध के विषय में केवल तीन कथन (1, 3 और 4) सही हैं।

ज्ञान प्राप्ति के लिए महात्मा बुद्ध ने बोधगया (बिहार) में एक पीपल के नीचे कई दिनों तक तपस्या की। अंतत: उन्हें ज्ञान प्राप्त हुआ। इसके बाद वे बुद्ध के रूप में जाने गए। यहाँ से वे वाराणसी के निकट स्थित सारनाथ गए, जहाँ उन्होंने पहली बार उपदेश दिया।

बुद्ध ने शिक्षा दी कि यह जीवन कष्टों और दु:खों से भरा हुआ है और ऐसा हमारी इच्छा और लालसाओं (जो हमेशा पूरी नहीं हो सकतीं) के कारण होता है। कभी-कभी हम जो चाहते हैं, वह प्राप्त कर लेते हैं, परंतु फिर भी संतुष्ट नहीं होते और अधिक (अथवा अन्य) वस्तुओं को पाने की इच्छा करने लगते हैं। बुद्ध ने इस लिप्सा को तन्हा (तृष्णा) कहा है।

बुद्ध ने शिक्षा दी कि आत्मसंयम अपनाकर हम ऐसी लालसा से मुक्ति पा सकते हैं। उन्होंने लोगों को दयालु होने तथा मनुष्यों के साथ-साथ जानवरों के जीवन का भी आदर करने की शिक्षा दी। वे मानते थे कि हमारे कर्मों के परिणाम, चाहे अच्छे हों या बुरे, हमारे वर्तमान जीवन के साथ-साथ बाद के जीवन को भी प्रभावित करते हैं।

कथन (2) सही नहीं है, क्योंकि बुद्ध ने अपनी शिक्षा संस्कृत में नहीं, बल्कि सामान्य लोगों की प्राकृत भाषा में दी। इससे सामान्य लोग भी उनके संदेश को समझ सके।

13 महात्मा बुद्ध के संबंध में निम्नलिखित में से कौन-सा कथन सही नहीं है? *(Chap 10, Class-XI, Old NCERT)*

(a) उन्होंने 29 वर्ष की आयु में गृह त्याग दिया था
(b) ज्ञान प्राप्ति के पश्चात् वे प्रज्ञावान कहलाए
(c) उन्होंने समतावादी भावना का समर्थन नहीं किया
(d) उन्हें 35 वर्ष की आयु में ज्ञान प्राप्त हुआ था

उत्तर *(c)*

व्याख्या महात्मा बुद्ध के संबंध में कथन (c) सही नहीं है, क्योंकि गणराज्य में उत्पन्न होने के कारण महात्मा बुद्ध में कुछ समतावादी भावना आई थी। इस कारण बौद्ध धर्म ने वर्ण व्यवस्था एवं जाति प्रथा का विरोध किया तथा बौद्ध संघ का द्वार सभी जातियों के लिए खोल दिया गया। बौद्ध संघ में स्त्रियों को भी आने की अनुमति प्राप्त थी।

14 महात्मा बुद्ध के सिद्धांतों के संबंध में निम्नलिखित कथनों पर विचार कीजिए *(Chap 10, Class-XI, Old NCERT)*

1. उन्होंने दु:ख की निवृत्ति के लिए अष्टांगिक मार्ग को आवश्यक बताया।
2. उन्होंने ईश्वर की अवधारणा को अस्वीकार कर दिया।

उपर्युक्त में से कौन-सा/से कथन सही है/हैं?

(a) 1 और 2 (b) केवल 2
(c) केवल 1 (d) न तो 1 और न ही 2

उत्तर *(a)*

व्याख्या महात्मा बुद्ध के सिद्धांतों के संबंध में दोनों कथन सही हैं।

गौतम बुद्ध ने दु:ख की निवृत्ति के लिए अष्टांगिक मार्ग (अष्टविध साधन) बताया। ये आठ साधन हैं—सम्यक् दृष्टि, सम्यक् संकल्प, सम्यक् वाक्, सम्यक् कर्मान्त, सम्यक् आजीव, सम्यक् व्यायाम, सम्यक् स्मृति और सम्यक् समाधि।

गौतम बुद्ध ईश्वर की अवधारणा को अस्वीकार करते थे। बुद्ध ने ईश्वर के स्थान पर मानव प्रतिष्ठा पर बल दिया था। इस बात को हम भारत के धर्मों के इतिहास में क्रांति कह सकते हैं।

15 बौद्ध धर्म के संदर्भ में निम्नलिखित कथनों पर विचार कीजिए *(Chap 10, Class-XI, Old NCERT)*

1. सुत्तनिपात (प्राचीनतम बौद्ध ग्रंथ) में गाय को अन्नदा, वन्नदा और सुखदा कहा गया है।
2. आम लोगों की भाषा प्राकृत में बौद्ध साहित्य की रचना हुई थी।
3. बौद्ध धर्म के कारण 'बुद्धिवाद' का महत्त्व बढ़ गया।

उपर्युक्त में से कौन-से कथन सही हैं?

(a) 2 और 3 (b) 1 और 2
(c) 1 और 3 (d) 1, 2 और 3

उत्तर *(c)*

व्याख्या बौद्ध धर्म के संदर्भ में कथन (1) और (3) सही हैं।

सुत्तनिपात (प्राचीनतम बौद्ध ग्रंथ) में गाय को अन्नदा, वन्नदा, सुखदा कहा गया है। बौद्ध धर्म ने अहिंसा अर्थात् जीवमात्र के प्रति दया की भावना जगाकर देश में पशुधन की वृद्धि की।

बौद्ध धर्म के कारण 'बुद्धिवाद' का महत्त्व बढ़ गया, क्योंकि बौद्ध धर्म ने बौद्धिक और साहित्यिक जगत में चेतना जगाई। इसमें लोगों को यह समझाया गया कि किसी वस्तु को यूँ ही नहीं, बल्कि भली-भाँति गुण-दोष का विवेचन कर उसे आत्मसात करें।

कथन (2) सही नहीं है, क्योंकि बौद्ध साहित्य की रचना प्राकृत में नहीं, बल्कि पालि भाषा में की गई थी। आरंभिक बौद्ध पालि साहित्य को तीन कोटियों में बाँटा जा सकता है। प्रथम कोटि में बुद्ध के वचन और उपदेश हैं, दूसरी में संघ के सदस्यों द्वारा पालनीय नियम आते हैं और तीसरी में धम्म का दार्शनिक विवेचन है।

16 महायान शाखा बौद्ध धर्म की आरंभिक मान्यताओं से निम्नलिखित में से किन कारणों से भिन्न थी? *(Chap 6 , Class-VI, New NCERT)*

1. इसमें बुद्ध की उपस्थिति संकेतों द्वारा दर्शाई गई।
2. इसमें बोधिसत्व एकांतवास में रहते थे।
3. इसमें बुद्ध की प्रतिमाएँ बनाई गईं थीं।
4. बोधिसत्व अन्य लोगों को शिक्षा देने के लिए सांसारिक परिवेश में रम गए।

उपर्युक्त में से कौन-से कथन सही हैं?

(a) 1 और 3 (b) 1 और 2 (c) 2 और 3 (d) 1 और 4

उत्तर *(c)*

व्याख्या महायान शाखा बौद्ध धर्म की आरंभिक मान्यताओं से निम्नलिखित दो कारणों से भिन्न थी

1. इसमें बोधिसत्व एकांतवास में रहते थे।
2. इसमें बुद्ध की प्रतिमाएँ बनाई गई थीं।

बौद्ध धर्म की एक नई धारा महायान का विकास हुआ। इसकी दो मुख्य विशेषताएँ थीं। पहले, मूर्तियों में बुद्ध की उपस्थिति केवल कुछ संकेतों के माध्यम से दर्शाई जाती थी। मिसाल के तौर पर उनकी निर्वाण प्राप्ति को पीपल के पेड़ की मूर्ति के द्वारा दर्शाया जाता था पर अब बुद्ध की प्रतिमाएँ बनाई जाने लगी हैं। इनमें से अधिकांश मथुरा में, तो कुछ तक्षशिला में बनाई जाने लगीं हैं।

दूसरा परिवर्तन बोधिसत्व में आस्था को लेकर आया। बोधिसत्व उन्हें कहते हैं, जो ज्ञान प्राप्ति के बाद एकांतवास करते हुए ध्यान साधना कर सकते थे, लेकिन ऐसा करने के बजाए, वे लोगों को शिक्षा देने और मदद करने के लिए सांसारिक परिवेश में ही रहना ठीक समझने लगे। धीरे-धीरे बोधिसत्व की पूजा काफी लोकप्रिय हो गई और पूरे मध्य एशिया, चीन और बाद में कोरिया तथा जापान तक भी फैल गई।

17 निम्नलिखित में से कौन-सा एक बौद्ध मत में निर्वाण की अवधारणा की सर्वश्रेष्ठ व्याख्या करता है? *(Chap 10, Class-XI, Old NCERT) (IAS Pre 2013)*

(a) तृष्णा रूपी अग्नि का शमन (b) स्वयं की पूर्णत: अस्तित्वहीनता
(c) परमानंद एवं विश्राम की स्थिति (d) धारणातीत मानसिक अवस्था

उत्तर *(a)*

व्याख्या तृष्णा रूपी अग्नि का शमन बौद्ध मत में निर्वाण की अवधारणा की सर्वश्रेष्ठ व्याख्या करता है। बौद्ध धर्म में संसार को समस्याओं से घिरा बताया गया है। महात्मा बुद्ध ने कहा था कि संसार दु:खमय है और दु:ख का कारण अपनी इच्छाओं, लालसाओं पर नियंत्रण न करना है। लालसा पर विजय प्राप्त करने से ही निर्वाण की प्राप्ति होगी, जिसका अर्थ है कि जन्म और मृत्यु के चक्र से मुक्ति मिल जाएगी।

18 प्राचीन भारत के संदर्भ में निम्नलिखित कथनों पर विचार कीजिए *(Chap 10, Class-XI, Old NCERT) (IAS Pre 2023)*

1. स्तूप की संकल्पना मूलत: बौद्ध संकल्पना है।
2. स्तूप सामान्यत: अवशेषों का निक्षेपागार होता था।
3. बौद्ध परम्परा में स्तूप एक संकल्प-अर्पित या स्मारक संरचना होती थी।

उपर्युक्त में से कितने कथन सही हैं?

(a) केवल एक (b) केवल दो
(c) सभी तीन (d) इनमें से कोई भी नहीं

उत्तर *(b)*

व्याख्या प्राचीन भारत के सन्दर्भ में केवल दो कथन (2 और 3) सही हैं। स्तूप सामान्यत: पर अवशेषों का निक्षेपागार होता था। बौद्ध परम्परा में स्तूप एक संकल्प-अर्पित या स्मारक संरचना होती थी। बौद्ध धर्म में मोक्ष प्राप्ति के उद्देश्य से भगवान की पूजा करने की सामान्य जन की गहरी आस्था के परिणामस्वरूप ये एक संकल्प अर्पित स्थल के रूप में चर्चित हो गए। इनका उल्लेख अवदान शतक, महावदान एवं स्तूपवदान जैसे बौद्ध ग्रन्थों में है।

कथन (1) सही नहीं है, क्योंकि स्तूप वैदिक काल से भारत में प्रचलित शवाधान टीले थे। स्तूप शब्द का उल्लेख ऋग्वेद, अथर्ववेद, वाजसनेयी संहिता, तैत्तिरीय संहिता और पंचविश ब्राह्मण में हुआ है।

19 धान्यकटक, जो महासांघिकों के अधीन एक प्रमुख बौद्ध केंद्र के रूप में समृद्ध हुआ, निम्नलिखित में से किस एक क्षेत्र में अवस्थित था? *(Chap 2, Class-XII, New NCERT) (IAS Pre 2023)*

(a) आंध्र (b) गांधार (c) कलिंग (d) मगध

उत्तर *(a)*

व्याख्या धान्यकटक, जो महासांघिकों के अधीन एक प्रमुख बौद्ध केंद्र के रूप में प्रसिद्ध हुआ, आंध्र क्षेत्र में अवस्थित था।

आंध्र प्रदेश के गुंटूर जिले में स्थित धरणीकोट नामक स्थान प्राचीन काल में धान्यकटक के नाम से विख्यात था, यह अमरावती के सन्निकट था। यह कुछ काल तक सातवाहनों की राजधानी रहा था। कृष्णा नदी के तट पर स्थित होने के कारण इस स्थल का व्यापारिक महत्त्व अधिक था।

20 निम्नलिखित पर विचार कीजिए *(Chap 4, Class-XII, New NCERT) (IAS Pre 2019)*

1. बुद्ध में देवत्वारोपण
2. बोधिसत्व के पथ पर चलना
3. मूर्ति उपासना तथा अनुष्ठान

उपर्युक्त में कौन-सी विशेषता/विशेषताएँ महायान बौद्ध मत की है/हैं?

(a) केवल 1 (b) 1 और 2
(c) 2 और 3 (d) 1, 2 और 3

उत्तर *(d)*

व्याख्या उपर्युक्त सभी विशेषताएँ महायान बौद्ध मत में समाहित हैं।

ईसा की प्रथम शताब्दी में बौद्ध अवधारणाओं और व्यवहार में परिवर्तन आया। प्रारंभिक बौद्ध मत में जहाँ 'निर्वाण' के लिए व्यक्तिगत प्रयास को महत्त्व दिया जाता था, वहाँ अब बुद्ध को मुक्तिदाता के रूप में मानकर उनमें देवत्वारोपण को महत्त्व दिया गया। साथ-साथ इस समय बोधिसत्व की अवधारणा विकसित हुई। बुद्ध और बोधिसत्व की मूर्तियों की पूजा तथा अनुष्ठान परंपरा का महत्त्वपूर्ण अंग बन गया।

21 भारत के धार्मिक इतिहास के संदर्भ में निम्नलिखित कथनों पर विचार कीजिए *(Chap 4, Class-XII, New NCERT) (IAS Pre 2016)*

1. बोधिसत्व, बौद्धमत के हीनयान संप्रदाय की केंद्रीय संकल्पना है।
2. बोधिसत्व अपने प्रबोध के मार्ग पर बढ़ता हुआ करुणामय है।
3. बोधिसत्व समस्त सचेतन प्राणियों को उनके प्रबोध के मार्ग पर चलने में सहायता करने के लिए स्वयं की निर्वाण प्राप्ति को विलंबित करता है।

उपर्युक्त कथनों में से कौन-सा/से सही है/हैं?

(a) केवल 1 (b) 2 और 3
(c) केवल 2 (d) 1, 2 और 3

उत्तर *(b)*

व्याख्या भारत के धार्मिक इतिहास के संदर्भ में कथन (2) और (3) सही हैं। बोधिसत्व की अवधारणा के अनुसार, बोधिसत्वों को परम करुणामय जीव माना गया है, जो अपने सत्कर्मों से पुण्य कमाते थे, किंतु वह इस पुण्य का प्रयोग दुनिया को दु:खों में छोड़कर स्वयं की निर्वाण प्राप्ति के लिए नहीं करते, बल्कि वे अपने निर्वाण को विलंबित कर दूसरों के निर्वाण मार्ग में सहायता प्रदान करते हैं।

कथन (1) सही नहीं है, क्योंकि बोधिसत्व की अवधारणा का संबंध महायान चिंतन से सृजित है न कि हीनयान चिंतन प्रणाली से।

22 बुद्धकालीन समाज के संबंध में निम्नलिखित कथनों पर विचार कीजिए *(Chap 13, Class-XI, Old NCERT)*

1. यह उत्तरी काले पॉलिशदार मृद्भांड का आरंभ था।
2. यह भारत में द्वितीय नगरीकरण की शुरुआत का काल था।
3. इस काल में चतुर्वर्ण व्यवस्था ध्वस्त हो चुकी थी।

उपर्युक्त में से कौन-सा/से कथन सही है/हैं?

(a) 1 और 3 (b) 1 और 2
(c) 2 और 3 (d) 1, 2 और 3

उत्तर *(b)*

व्याख्या बुद्धकालीन समाज के संबंध में कथन (1) और (2) सही हैं।

बुद्धकालीन समाज के पुरातत्व के अनुसार, इस काल में उत्तरी काले पॉलिशदार मृद्भांड का विकास आरंभ हुआ। इस मृद्भांड को अंग्रेजी संक्षेपाक्षर एन. बी.पी. डब्ल्यू अर्थात् नार्दर्न ब्लैक पॉलिश्ड वेयर कहते हैं। यह मृद्भांड बहुत ही चिकने और चमकीले होते थे, जो संभवत: धनवान लोगों के द्वारा प्रयोग किए जाते थे।

यह भारत के द्वितीय नगरीकरण की शुरुआत का काल था। ईसा पूर्व लगभग पाँचवीं सदी में मध्य गंगा के मैदान में नगरों के प्रकट होने के साथ ही भारत में द्वितीय नगरीकरण की शुरुआत हुई। पालि तथा संस्कृत ग्रंथों के अनुसार यहाँ अनेक नगरों के साक्ष्य मिले हैं; जैसे-कौशांबी, श्रावस्ती, अयोध्या, कपिलवस्तु, वाराणसी, वैशाली, राजगीर, पाटलिपुत्र और चंपा।

कथन (3) सही नहीं है, क्योंकि इस काल में चतुर्वर्ण व्यवस्था ध्वस्त नहीं हो सकी। इसका उदाहरण हमें कबायली समुदाय में देखने को मिलता था, जिनका समाज स्पष्ट चार वर्णों (ब्राह्मण, क्षत्रिय, वैश्य और शूद्र) में बँटा हुआ था।

23 बौद्ध धर्म के प्रचार-प्रसार के संबंध में निम्नलिखित कथनों पर विचार कीजिए *(Chap 9, Class-VI, New NCERT)*

1. भारत से बाहर श्रीलंका, म्यांमार, थाइलैंड तथा इंडोनेशिया में बौद्ध धर्म का प्रसार हुआ।
2. इन क्षेत्रों में 'थेरवाद' नामक बौद्ध धर्म का आरंभिक रूप कहीं अधिक प्रचलित था।

उपर्युक्त में से कौन-सा/से कथन सही है/हैं?

(a) केवल 1 (b) केवल 2
(c) 1 और 2 (d) न तो 1 और न ही 2

उत्तर *(c)*

व्याख्या बौद्ध धर्म के प्रचार-प्रसार के संबंध में दोनों कथन सही हैं।

भारत से बाहर बौद्ध धर्म का दक्षिण-पूर्व एशिया की ओर श्रीलंका, म्यांमार, थाइलैंड तथा इंडोनेशिया सहित अन्य भागों में भी प्रसार हुआ। इन क्षेत्रों में 'थेरवाद' नामक बौद्ध धर्म का आरंभिक रूप भी अधिक प्रचलित था।

बौद्ध धर्म का भारत के पश्चिमी तथा दक्षिणी भाग में भी प्रसार हुआ, जहाँ बौद्ध भिक्षुओं के रहने के लिए पहाड़ों में दर्जनों गुफाएँ खोदी गईं।

24 **सूची I का सूची II से निम्न का सही मिलान करें**

(Chap 4, Class-XII, New NCERT) (CGPSC (Pre) 2023)

सूची I (बौद्ध परिषद्)	**सूची II** (अध्यक्ष)
A. प्रथम बौद्ध परिषद्	1. वसुमित्र
B. द्वितीय बौद्ध परिषद्	2. महाकस्सप
C. तृतीय बौद्ध परिषद्	3. सबकामी
D. चतुर्थ बौद्ध परिषद्	4. मोग्गलिपुत्त तिस्स

कूट

	A	B	C	D		A	B	C	D
(a)	1	2	3	4	(b)	2	4	3	1
(c)	2	3	1	4	(d)	2	3	4	1

उत्तर *(d)*

व्याख्या सही सुमेलन A-2, B-3, C-4, D-1 है।

प्रथम बौद्ध परिषद् (संगीति) राजगृह (सप्तकर्णी गुफा) में महाकस्सप की अध्यक्षता में 483 ई.पू. में हुई थी। द्वितीय बौद्ध परिषद् वैशाली में सबकामी की अध्यक्षता में 383 ई.पू. में, तृतीय बौद्ध परिषद् पाटलिपुत्र में मोग्गलिपुत्त तिस्स की अध्यक्षता में 251 ई.पू. में हुई थी तथा चतुर्थ बौद्ध परिषद् कश्मीर के कुण्डलवन में पहली शताब्दी ई. में वसुमित्र की अध्यक्षता में हुई थी।

25 **बौद्ध साहित्य के संबंध में निम्नलिखित कथनों पर विचार कीजिए**

(Chap 4, Class-XII, New NCERT)

1. बुद्ध के किसी भी संभाषण को उनके जीवनकाल में नहीं लिखा गया।
2. दीपवंश तथा महावंश की रचना श्रीलंका में हुई।
3. दीघनिकाय एक बौद्ध ग्रंथ है।

उपर्युक्त में से कौन-सा/से कथन सही है/हैं?

(a) 1 और 3 (b) 1, 2 और 3 (c) 2 और 3 (d) केवल 3

उत्तर *(b)*

व्याख्या बौद्ध साहित्य के संबंध में सभी कथन सही हैं। बुद्ध के किसी भी संभाषण को उनके जीवनकाल में नहीं लिखा गया था। उनकी मृत्यु के पश्चात् उनके शिष्यों ने ज्येष्ठों की एक सभा वैशाली में बुलाई। वहाँ पर ही उनकी शिक्षाओं का संकलन किया गया। इन संग्रहों को त्रिपिटक कहा जाता है।

जब बौद्ध धर्म श्रीलंका जैसे क्षेत्रों में फैला, तो दीपवंश (द्वीप का इतिहास) और महावंश (महान इतिहास) जैसे बौद्ध इतिहास को लिखा गया। इनमें से कई रचनाओं में बुद्ध की जीवनी लिखी गई है।

दीघनिकाय एक बौद्ध ग्रंथ है, जिसकी चर्चा सुत्तपिटक में की गई है। यह गद्य और पद्य दोनों में लिखा गया है।

26 **निम्नलिखित में से कौन-सा युग्म सही सुमेलित है?**

(Chap 4, Class-XII, New NCERT)

त्रिपिटक		**विषय**
1. विनयपिटक	—	बौद्ध दर्शन
2. सुत्तपिटक	—	बुद्ध की शिक्षाएँ
3. अभिधम्मपिटक	—	नियमों का संग्रह

कूट

(a) 1 और 2 (b) केवल 1 (c) केवल 2 (d) 1, 2 और 3

उत्तर *(c)*

व्याख्या दिए गए युग्मों में से युग्म (2) सही सुमेलित है। सुत्तपिटक में बुद्ध की शिक्षाओं के बारे में लिखा गया है।

युग्म (1) ओर (3) सही सुमेलित नहीं है, क्योंकि विनयपिटक में संघ या बौद्ध मठों में रहने वाले लोगों के लिए नियमों का संग्रह था। अभिधम्मपिटक में बौद्ध दर्शन की चर्चा की गई थी।

27 **जातक कथाओं के विषय में निम्नलिखित में से कौन-सा कथन सही है?**

(Chap 6 , Class-VI, New NCERT)

(a) इनकी रचना जैन साधुओं द्वारा की गई थी, जिन्हें सामान्य लोगों द्वारा लिखा गया और उनका संकलन किया गया

(b) इनकी रचना सामान्य लोगों द्वारा की गई थी, जिन्हें बौद्ध भिक्षुओं द्वारा लिखा गया और उनका संकलन किया गया

(c) इनकी रचना सामान्य लोगों द्वारा की गई थी, जिन्हें जैन साधुओं द्वारा लिखा गया और उनका संकलन किया गया

(d) इनकी रचना बौद्ध भिक्षुओं द्वारा की गई थी, जिन्हें सामान्य लोगों द्वारा लिखा गया और उनका संकलन किया गया

उत्तर *(b)*

व्याख्या जातक कथाओं के विषय में कथन (b) सही है।

जातक कथाओं की रचना सामान्य लोगों द्वारा की गई थी, जिन्हें बौद्ध भिक्षुओं द्वारा लिखा गया और उनका संकलन किया गया।

जातक कथाएँ गौतम बुद्ध के पूर्व जन्मों की बेहद लोकप्रिय कहानियाँ हैं। इन कथाओं को बौद्ध धर्म के सभी मतों में संरक्षित किया गया है। इन कथाओं को सर्वप्रथम पालि भाषा में लिखा गया था। ये कथाएँ बौद्ध ग्रंथ त्रिपिटक का सुत्तपिटक के अंतर्गत खुद्दकनिकाय का दसवाँ भाग हैं। साँची के स्तूपों में, जिनका निर्माण तीसरी शताब्दी ई. पू. में हुआ था, जातक कथाएँ अंकित हैं।

ऐसी मान्यता है कि जातक कथाएँ गौतम बुद्ध ने ही अपने मुख से सुनाई थीं। बाद में इन कथाओं का संकलन तीसरी शताब्दी ई. पू. में किया गया था। बुद्ध घोष ने कोई दो हज़ार वर्ष पहले ये कथाएँ लिखी थीं।

28 **बौद्ध दर्शन के संदर्भ में निम्नलिखित कथनों पर विचार कीजिए**

(Chap 4, Class-XII, New NCERT)

1. इसके अनुसार संसार नित्य व स्थायी है।
2. संसार अनात्म है।
3. मध्यम मार्ग का अनुसरण कर मनुष्य दु:खों से मुक्ति पा सकता है।

उपर्युक्त में से कौन-सा/से कथन सही है/हैं?

(a) केवल 1 (b) केवल 2
(c) 2 और 3 (d) 1, 2 और 3

उत्तर *(c)*

व्याख्या बौद्ध दर्शन के संदर्भ में कथन (2) और (3) सही हैं। बौद्ध दर्शन के अनुसार संसार अनात्म है, क्योंकि यहाँ कुछ भी शाश्वत नहीं है। इस क्षण भंगुर दुनिया में दु:ख मनुष्य के जीवन का अंतर्निहित तत्त्व है। बौद्ध दर्शन के अनुसार, घोर तपस्या और विषयासक्ति के बीच मध्यम मार्ग अपनाकर मनुष्य दुनिया के दु:खों से मुक्ति पा सकता है।

कथन (1) सही नहीं है, क्योंकि बौद्ध दर्शन के अनुसार, विश्व अनित्य है। संसार की प्रत्येक वस्तु विशिष्ट परिस्थितियों तथा कारण से उत्पन्न होती है, इसलिए संसार की सभी वस्तुएँ सापेक्ष और परिस्थितियों तथा कारण विशेष पर निर्भर होती हैं। इसी कारण वे क्षणिक हैं।

29 **'संघ' के संदर्भ में निम्नलिखित में से कौन-सा कथन सही है?**

(Chap 6 , Class-VI, New NCERT)

(a) संघ में प्रवेश लेने वाले स्त्री-पुरुष अपने घरों में रह सकते थे

(b) उन्हें एक निश्चित समय में शहरों तथा गाँवों में जाकर भिक्षा माँगनी होती थी

(c) संघ में प्रवेश के लिए दासों को अपने स्वामियों की अनुमति नहीं लेनी होती थी

(d) संघ में प्रवेश के लिए एक महिला को अपने पति से अनुमति नहीं लेनी होती थी

उत्तर *(b)*

व्याख्या 'संघ' के संदर्भ में कथन (b) सही है। संघ में प्रवेश लेने वाले स्त्री-पुरुष बहुत सादा जीवन जीते थे। वे अपना अधिकांश समय ध्यान करने में बिताते थे और दिन के एक निश्चित समय में वे शहरों तथा गाँवों में जाकर भिक्षा माँगते थे। यही कारण है कि उन्हें भिक्षु तथा भिक्षुणी (साधु के लिए प्राकृत शब्द) कहा गया।

कथन (a), (c) और (d) सही नहीं हैं, क्योंकि महावीर तथा बुद्ध दोनों का ही मानना था कि घर का त्याग करने पर ही सच्चे ज्ञान की प्राप्ति हो सकती है। ऐसे लोगों के लिए उन्होंने संघ नामक संगठन बनाया, जहाँ घर का त्याग करने वाले लोग एक साथ रह सकें।

विनयपिटक से हमें पता चलता है कि संघ में पुरुषों और स्त्रियों के रहने की अलग-अलग व्यवस्था होती थी। सभी व्यक्ति संघ में प्रवेश ले सकते थे। हालाँकि संघ में प्रवेश के लिए बच्चों को अपने माता-पिता से, दासों को अपने स्वामी से, राजा के यहाँ काम करने वाले लोगों को राजा से तथा कर्ज़दारों को अपने देनदारों से अनुमति लेनी होती थी। एक स्त्री को इसके लिए अपने पति से अनुमति लेनी होती थी। संघ में प्रवेश लेने वालों में ब्राह्मण, क्षत्रिय, व्यापारी, मज़दूर, नाई, गणिकाएँ तथा दास शामिल होते थे।

30 बुद्ध के जीवन से संबंधित घटनाओं में कौन सही सुमेलित नहीं है? *(Chap 4, Class-XII, New NCERT)*

तथ्य		स्थान
(a) जन्म	—	लुंबिनी
(b) निर्वाण	—	कुशीनगर
(c) ज्ञान	—	बोधगया
(d) प्रथम उपदेश	—	श्रवणबेलगोला

उत्तर *(d)*

व्याख्या बुद्ध के जीवन से संबंधित घटनाओं में युग्म (d) सही सुमेलित नहीं है, क्योंकि महात्मा बुद्ध ने अपना प्रथम उपदेश सारनाथ में दिया था।

महात्मा बुद्ध का जन्म लुंबिनी में हुआ था। बोधगया में उन्होंने ज्ञान प्राप्त किया तथा उन्हें निर्वाण की प्राप्ति कुशीनगर में हुई। श्रवणबेलगोला का संबंध जैन धर्म से है। यहाँ पर मौर्य वंश के संस्थापक चंद्रगुप्त मौर्य ने संलेखना विधि से अपने प्राण त्याग दिए थे।

31 बुद्धकालीन अर्थव्यवस्था के संबंध में निम्नलिखित कथनों पर विचार कीजिए *(Chap 13, Class-XI, Old NCERT)*

1. इस काल में धातु के सिक्कों का प्रचलन बढ़ गया।
2. इस काल में 'श्रेणी' का निर्माण हुआ।
3. इस काल में वाराणसी व्यापार का मुख्य केंद्र था।

उपर्युक्त में से कितने कथन सही है/हैं?

(a) केवल एक
(b) केवल दो
(c) सभी तीन
(d) उपर्युक्त में से कोई नहीं

उत्तर *(c)*

व्याख्या बुद्धकालीन अर्थव्यवस्था के संबंध में सभी कथन सही हैं।

बुद्धकालीन अर्थव्यवस्था में धातु के सिक्कों का प्रचलन बढ़ गया। ये सिक्के आहत (पंचमार्क) कहलाते थे, क्योंकि ये धातु पर पेड़, मछली, साँड, हाथी, अर्द्धचंद्र आदि किसी वस्तु की आकृति का ठप्पा मारकर बनाए जाते थे।

बुद्धकालीन अर्थव्यवस्था के अंतर्गत शिल्पी और वणिक दोनों अपने-अपने प्रमुखों के नेतृत्व में श्रेणियों में संगठित थे। हमें शिल्पियों की 18 श्रेणियों का उल्लेख मिलता है।

बुद्ध काल में वाराणसी व्यापार का मुख्य केंद्र था। इस काल में व्यापार मार्ग श्रावस्ती से पूर्व और दक्षिण की ओर निकलकर और कुशीनगर होते हुए वाराणसी तक गया था।

32 बुद्धकाल के संबंध में निम्नलिखित में से कौन-सा कथन सही नहीं है? *(Chap 3, Class-XI, Old NCERT)*

(a) उपज का 1/6 कर के रूप में चुकाना पड़ता था
(b) गाँव के मुखिया को भोजक कहा जाता था
(c) 'शतमान' इस काल का प्रमुख ग्रंथ था
(d) महामात्र इस काल का कर संग्रहकर्ता था

उत्तर *(d)*

व्याख्या बुद्धकाल के संबंध में कथन (d) सही नहीं है, क्योंकि बुद्धकाल में उच्चकोटि के अधिकारी महामात्र कहलाते थे। वे अनेक प्रकार के कार्य करते थे; जैसे—मंत्री, सेनानायक, न्यायाधिकारी, महालेखाकार और अंत:पुर प्रधान के कार्य। आयुक्त नाम से विदित अधिकारियों का वर्ग भी कुछ राज्यों में इसी प्रकार का कार्य करता था।

33 बुद्धकालीन विधि व्यवस्था के संबंध में निम्नलिखित कथनों पर विचार कीजिए *(Chap 13, Class-XI, Old NCERT)*

1. न्याय व्यवस्था की विधिवत् शुरुआत इसी काल में हुई।
2. वर्ण भेद के आधार पर ही व्यवहार-विधि और दंड-विधि निर्धारित होती थी।

उपर्युक्त में से कौन-सा/से कथन सही है/हैं?

(a) केवल 1
(b) केवल 2
(c) 1 और 2
(d) न तो 1 और न ही 2

उत्तर *(c)*

व्याख्या बुद्धकालीन विधि व्यवस्था के संबंध में दोनों कथन सही हैं। बुद्धकाल में ही भारतीय विधि और न्याय व्यवस्था का उद्भव हुआ था। इससे पहले कबायली कानून चलते थे, जिसमें वर्गभेद का कोई स्थान नहीं था।

बुद्धकाल में वर्ण भेद के आधार पर ही व्यवहार-विधि और दंड-विधि निर्धारित होती थी, जो वर्ण जितना ऊँचा होता था, वह उतना ही पवित्र माना गया और व्यवहार एवं दंड-विधि में उससे उतनी ही उच्चकोटि के नैतिक आचरण की अपेक्षा की जाती थी।

34 बुद्धकालीन गणतंत्रीय एवं राजतंत्रीय प्रणाली के संबंध में निम्नलिखित कथनों पर विचार कीजिए *(Chap 13, Class-XI, Old NCERT)*

1. गणतंत्र में राजस्व का अधिकार गण को तथा राजतंत्र में राजा को प्राप्त था।
2. धर्मशास्त्रों में गणराज्यों को मान्यता प्रदान नहीं की गई।
3. गणतंत्रों के विपरीत राजतंत्रों का संचालन अल्पतांत्रिक सभाएँ करती थीं।

उपर्युक्त में से कितने कथन गलत है/हैं?

(a) केवल एक
(b) केवल दो
(c) सभी तीन
(d) इनमें से कोई नहीं

उत्तर *(a)*

व्याख्या बुद्धकालीन गणतंत्रीय एवं राजतंत्रीय प्रणाली के संबंध में केवल एक कथन अर्थात (3) गलत है, क्योंकि गणतंत्र का संचालन अल्पतांत्रिक सभाएँ करती थीं न कि कोई एक व्यक्ति, लेकिन राजतंत्र में यह कार्य एक व्यक्ति करता था।

35 बौद्ध धर्म के संबंध में निम्नलिखित कथनों पर विचार कीजिए *(Chap 10, Class-XI, Old NCERT)*

1. भारत में पूजित प्रथम मानव मूर्ति महात्मा बुद्ध की है।
2. महात्मा बुद्ध की प्रतिमाओं का निर्माण 'गंधार शैली' में किया गया है।
3. बराबर की पहाड़ियों (गया, बिहार) को तराशकर बौद्ध स्तूपों का निर्माण किया गया है।

उपर्युक्त में से कितने कथन सही है/हैं?

(a) केवल एक (b) केवल दो
(c) सभी तीन (d) इनमें से कोई नहीं

उत्तर *(b)*

व्याख्या बौद्ध धर्म के संबंध में केवल दो कथन अर्थात् (1 और 2) सही हैं। भारत में पूजित प्रथम मानव मूर्ति महात्मा बुद्ध की है। श्रद्धालु उपासकों ने बुद्ध के जीवन की अनेक घटनाओं को पत्थरों में उकेरा है। वर्तमान समय में बिहार के गया में और मध्य प्रदेश के साँची और भरहुत में जो चित्र मिले हैं, वे बौद्ध कला के उत्कृष्ट नमूने हैं। महात्मा बुद्ध की प्रतिमाओं का निर्माण गंधार शैली में किया गया था। गंधार शैली को पश्चिमोत्तर सीमांत में यूनान और भारत के मूर्तिकारों ने विकसित किया था।

कथन (3) सही नहीं है, क्योंकि बराबर की पहाड़ियों तथा नासिक के आस-पास की पहाड़ियों को तराशकर गुहा वास्तुशिल्प का निर्माण किया गया, जिसे 'विहार' कहा जाता था। यहाँ बौद्ध भिक्षु वर्षाकाल में ठहरते थे।

विविध

36 **सूची I को सूची II से सुमेलित कीजिए तथा सूचियों के नीचे दिए गए कूट से सही उत्तर चुनिए।**

(Chap 10, Class-XI, Old NCERT) (UPPSC Pre 2022)

सूची I (देवता)		सूची II (पहचान)	
A.	शिव	1.	चक्र
B.	विष्णु	2.	त्रिशूल
C.	गणेश	3.	वीणा
D.	सरस्वती	4.	रस्सी या फंदा

कूट

	A	B	C	D
(a)	4	3	1	2
(b)	2	1	4	3
(c)	1	2	3	4
(d)	3	2	1	4

उत्तर *(b)*

व्याख्या सही सुमेलन A-2, B-1, C-4, D-3 है।

भगवान शिव का अस्त्र त्रिशूल है, भगवान विष्णु चक्र धारण करते हैं, गणेश जी का सम्बन्ध रस्सी या फंदा से है तथा माता सरस्वती अपने हाथों में वीणा धारण करती हैं।

37 **जैन तथा बौद्ध धर्म के संबंध में निम्नलिखित कथनों पर विचार कीजिए** *(Chap 10, Class-XI, Old NCERT)*

1. दोनों धर्म अष्टांगिक मार्ग का समर्थन करते थे।
2. दोनों धर्मों में मध्यम प्रतिपदा को समान माना गया है।
3. दोनों धर्मों के प्रवर्तक क्षत्रिय कुल के थे।

उपर्युक्त में से कौन-सा/से कथन सही नहीं है/हैं?

(a) 1 और 2 (b) 2 और 3
(c) 1, 2 और 3 (d) केवल 1

उत्तर *(a)*

व्याख्या जैन तथा बौद्ध धर्म के संबंध में कथन (1) और (2) सही नहीं हैं, क्योंकि 'अष्टांगिक मार्ग' तथा 'मध्यम प्रतिपदा' का सिद्धांत केवल बौद्ध धर्म से संबंधित है।

गौतम बुद्ध ने दु:ख की निवृत्ति के लिए अष्टांगिक मार्ग का साधन बताया था। गौतम बुद्ध मध्यम प्रतिपदा अर्थात् मध्यम मार्ग के समर्थक थे। उनके अनुसार न अत्यधिक विलास करना चाहिए और न अत्यधिक संयम करना चाहिए।

38 **भारतीय इतिहास के सन्दर्भ में निम्नलिखित युग्मों पर विचार कीजिए** *(Chap 10 , Class-XI, Old NCERT) (IAS Pre 2022)*

ऐतिहासिक व्यक्ति		किस रूप में जाने गए
1. आर्यदेव	—	जैन विद्वान
2. दिग्नागा	—	बौद्ध विद्वान
3. नाथमुनि	—	वैष्णव विद्वान

उपर्युक्त युग्मों में से कितने युग्म सही सुमेलित हैं?

(a) केवल दो (b) केवल एक (c) सभी तीन (d) इनमें से कोई भी नहीं

उत्तर *(a)*

व्याख्या भारतीय इतिहास के सन्दर्भ में केवल दो युग्म अर्थात (2 और 3) सही सुमेलित हैं। दिग्नागा एक भारतीय बौद्ध विद्वान और भारतीय तर्कशास्त्र के बौद्ध संस्थापकों में से एक थे।

नाथमुनि एक वैष्णव संत थे। इन्होंने 'नलायिरा दिव्य प्रबंधम्' का संकलन किया था तथा 'योग रहस्य' एवं 'न्याय तत्त्व' की रचना की।

युग्म (1) सही सुमेलित नहीं है, क्योंकि आर्यदेव एक महान बौद्ध भिक्षु, नागार्जुन के शिष्य तथा एक दार्शनिक थे। आर्यदेव श्रीलंका के निवासी थे।

39 **निम्नलिखित कथनों पर विचार कीजिए** *(Chap 4, Class-XII, New NCERT)*

1. बुद्ध काल में सर्वप्रथम स्तूप बनाने की शुरुआत हुई।
2. स्तूप में हर्मिका से निकले मस्तूल को यष्टि कहते थे।
3. स्तूप बुद्ध के प्रतीक अवशेषों पर बनाए जाते थे।

उपर्युक्त में कौन-सा/से कथन सही है/हैं?

(a) 2 और 3 (b) 1 और 3 (c) 1, 2 और 3 (d) केवल 3

उत्तर *(a)*

व्याख्या दिए गए कथनों में से कथन (2) और (3) सही हैं।

स्तूप की अंडाकार संरचना के ऊपर एक हर्मिका होती थी। हर्मिका में एक मस्तूल निकलता था, जिसे यष्टि कहते थे। जिस पर अकसर एक छत्री लगी होती थी। टीले के चारों ओर एक वेदिका होती थी, जो पवित्र स्थल को सामान्य दुनिया से अलग करती थी।

स्तूप, बुद्ध के प्रतीक अवशेषों पर बनाए जाते थे, जिसमें बुद्ध की अस्थियाँ तथा उनके द्वारा प्रयुक्त सामान होता था।

कथन (1) सही नहीं है, क्योंकि स्तूप बनाने की परंपरा बुद्ध से पहले भी रही, परंतु वह बौद्ध धर्म से जुड़ गई, चूँकि उनमें ऐसे अवशेष रहते थे, जिन्हें पवित्र समझा जाता था।

40 **भारतीय इतिहास के संदर्भ में निम्नलिखित मूल ग्रंथों पर विचार कीजिए** *(Chap 4 , Class-XII, New NCERT) (IAS Pre 2022)*

1. नैत्तिपकरण 2. परिशिष्टपर्वन
3. अवदानशतक 4. त्रिशष्टिलक्षण महापुराण

उपर्युक्त में से कौन-से जैन ग्रंथ हैं?

(a) 1, 2 और 3 (b) 2 और 4 (c) 1, 3 और 4 (d) 2, 3 और 4

उत्तर *(b)*

व्याख्या भारतीय इतिहास के संदर्भ में परिशिष्टपर्वन एवं त्रिशष्टि लक्षण महापुराण जैन ग्रंथ हैं।

परिशिष्टपर्वन हेमचंद्र के द्वारा रचित एक संस्कृत महाकाव्य है, जो प्रारंभिक जैन शिक्षकों के इतिहास का विवरण प्रस्तुत करता है। इसकी रचना 12वीं शताब्दी में की गई थी। 'त्रिशष्टिलक्षण महापुराण' एक प्रमुख जैन ग्रंथ है, जिसकी रचना मुख्य रूप से राष्ट्रकूट के शासनकाल के समय आचार्य जिनसेना के द्वारा की गई थी। इसके अतिरिक्त 'नेत्तिपकरण' एक पौराणिक बौद्ध ग्रंथ है। यह थेरवाद बौद्ध धर्म के पाली कैनन के खुद्दकानिकाय में शामिल है। अवदानशतक एक बौद्ध ग्रंथ है, जो मुख्य रूप से सौ बौद्ध किंवदंतियों का संस्कृत में एक संकलन है। यह एक ही समय की रचना मानी जाती है।

अध्याय 6

महाजनपद काल

महाजनपद काल

महाजनपदों का विवरण एवं विदेशी आक्रमण

सौलह महाजनपद

- बौद्ध ग्रंथ अंगुत्तर निकाय एवं जैन-ग्रंथ भगवती सूत्र में 16 महाजनपदों का उल्लेख
- **अंग** अंग की राजधानी चंपा थी, यहाँ पाँचवीं सदी ईसा पूर्व के लगभग का मिट्टी का किला मिला है।
- **मगध** गंगा के दक्षिण में स्थित, राजधानी-गिरिव्रज, जिसे राजगृत (वर्तमान राजगीर) भी कहा जाता है।
- **वज्जि** राजधानी वैशाली; पुराण के अनुसार वैशाली अधिक प्राचीन नगरी है।
- **काशी** राजधानी वाराणसी; सबसे पुराना शहरी निवास स्थल काशी में लगभग 500 ई. पू. का था।
- **कोसल** राजधानी श्रावस्ती; यह उत्तर प्रदेश के गोंडा और बहराइच जिलों की सीमा पर सहेत-महेत नामक स्थान पर स्थित है। कोसल में महत्त्वपूर्ण नगरी अयोध्या भी थी,
- **मल्ल** मल्लों की राजधानी कुशीनारा में थी, यहाँ बुद्ध का परिनिर्वाण हुआ। इसकी पहचान देवरिया जिले के कसिया नामक स्थान से की गई है।
- **वत्स** की राजधानी इलाहाबाद (वर्तमान प्रयागराज) के पास कौशांबी में थी। वत्स लोग वही कुरुजन थे, जो हस्तिनापुर छोड़कर कौशांबी में आकर बस गए थे।
- **अवंति** यह राज्य मध्य मालवा और मध्य प्रदेश के सीमावर्ती नगरों में विस्तृत था। इस राज्य के दो भाग थे—उत्तर भाग की राजधानी उज्जैन थी और दक्षिण भाग की माहिष्मती।
- **कुरु** मेरठ, दिल्ली तथा थानेश्वर के भू-भाग में कुरु महाजनपद अवस्थित था। इसकी राजधानी इंद्रप्रस्थ में थी,
- **पांचाल** यह उत्तर प्रदेश के बरेली, बदायूँ तथा फर्रूखाबाद में स्थित था। यह महाजनपद दो भागों में विभाजित था- उत्तरी पांचाल तथा दक्षिणी पांचाल।
- **शूरसेन** यह उत्तर प्रदेश के ब्रजमंडल क्षेत्र में स्थित था। शूरसेन महाजनपद की राजधानी मथुरा थी।
- **चेदि** आधुनिक बुंदेलखंड में चेदी महाजनपद का क्षेत्र विस्तृत था। इसकी राजधानी सोत्थिवती थी।
- **मत्स्य** यह आधुनिक जयपुर के आस-पास का क्षेत्र था। इसकी राजधानी विराटपुर थी।
- **गांधार** यह पाकिस्तान के उत्तर-पश्चिमी क्षेत्र में स्थित था। इसकी राजधानी तक्षशिला थी।
- **अश्मक** यह महाजनपद दक्षिण भारत में गोदावरी नदी के तटीय क्षेत्र में अवस्थित था। इसकी राजधानी पोतन या पोटली थी।
- **कम्बोज** यह उत्तरपथ में स्थित महाजनपद था।
- इसकी राजधानी हाटक या राजपुर थी।

मगध साम्राज्य : स्थापना एवं विस्तार

हर्यंक वंश

- **बिंबिसार** (544-492 ई.पू.) ने हर्यंक वंश की स्थापना की; यह बुद्ध का समकालीन; बिंबिसार ने अंग महाजनपद पर अधिकार किया

अजातशत्रु

- अजातशत्रु (492-460 ई.पू.) ने अपने पिता की हत्या करके सिंहासन प्राप्त किया
- अजातशत्रु की माता लिच्छवि कुल की राजकुमारी उसने वैशाली पर आक्रमण किया, अजातशत्रु ने रथमूसल तथा महाशिलाकंटक नामक हथियारों का प्रयोग कर वैशाली को जीता
- अजातशत्रु के प्रतिद्वंद्वियों में अवंति का शासक अधिक शक्तिशाली; अजातशत्रु ने अपने कूटनीतिज्ञ मंत्री वस्सकार की सहायता से लिच्छवियों के संघ को भंग किया

उदायिन

- उदायिन (460-444 ई.पू.) अजातशत्रु के बाद मगध के सिंहासन पर बैठा
- उदायिन ने पटना में गंगा और सोन नदी के संगम पर एक किला बनवाया
- उदायिन के काल में मगध का साम्राज्य उत्तर में हिमालय से लेकर दक्षिण में छोटानागपुर की पहाड़ियों तक विस्तृत

शिशुनाग वंश

- **शिशुनाग** (412-394 ई.पू.) इसने उदायिन की मृत्यु के पश्चात् शिशुनाग वंश की स्थापना की
- अवंति (जिसकी राजधानी उज्जैन थी) की शक्ति को समाप्त करना शिशुनाग वंश की सबसे बड़ी उपलब्धि
- **कालाशोक** (394-366 ई. पू.) यह शिशुनाग का उत्तराधिकारी
- कालाशोक ने वैशाली से अपनी राजधानी का स्थानांतरण पाटलिपुत्र में किया

नंद वंश

- **महापदमनंद** (344-334 ई.पू.) इसने शिशुनाग वंश के अंतिम शासक की हत्या करके नंद वंश की स्थापना की; इसने स्वयं को एकराट कहा; नंद शासकों के पास एक वृहद् सेना थी
- **घनानंद** (334-323 ई.पू.) यह नंद वंश का अंतिम शासक; इसके समय में ही सिकंदर ने भारत पर आक्रमण (326 ई.पू.) किया
- इसके शासक जैन मत के पोषक थे

SOURCE New NCERT Class VI राज्य, राजा और एक प्राचीन गणराज्य, Old NCERT Class VI भारत 600 ई. पू. से 400 ई. पू., Old NCERT Class XI जनपद-राज्य और प्रथम मगध साम्राज्य, ईरानी और मकदूनियाई आक्रमण, New NCERT Class XII राजा, किसान और नगर, Tamil Nadu Board, Class XI Unit 3, NIOS Module-1 जनपद से साम्राज्य की ओर

महाजनपदों का विकास

1 महाजनपद काल की आरंभिक मान्यताओं से संबंधित निम्नलिखित कथनों पर विचार कीजिए *(Chap 5, Module-1, NIOS)*

1. लगभग 500 ई.पू. तक कुछ जनपद अत्यधिक शक्तिशाली हो गए।
2. शक्तिशाली जनपद महाजनपद कहलाने लगे थे।
3. बौद्ध और जैन ग्रंथों में 16 महाजनपदों की सूची मिलती है।
4. चार जनपद कोसल, अवंति, वज्जि और मगध विशेष रूप से महत्त्वपूर्ण थे।

उपर्युक्त में से कौन-सा/से कथन सही है/हैं?

(a) केवल 1 (b) केवल 2
(c) केवल 3 (d) ये सभी

उत्तर (d)

व्याख्या महाजनपद काल की आरंभिक मान्यताओं से संबंधित दिए गए सभी कथन सही हैं। लगभग 500 ई.पू. तक कुछ जनपद अन्य जनपदों की तुलना में अत्यधिक शक्तिशाली बन गए थे और अब वे महाजनपद कहलाते थे। हमें बौद्ध और जैन ग्रंथों में 16 महाजनपदों की सूची मिलती है। इनमें से सभी की राजधानियाँ थीं। चार जनपद (कोसल, अवंति, वज्जि, मगध) विशेष रूप से महत्त्वपूर्ण थे। इनमें से अंतत: मगध सबसे शक्तिशाली जनपद बन गया। उपमहाद्वीप के इतिहास में पहला ज्ञात साम्राज्य मौर्य साम्राज्य था, जिसका केंद्र मगध में था। महाजनपद जनपदों से कई प्रकार से भिन्न थे।

2 महाजनपद के संबंध में निम्नलिखित कथनों में से कौन-सा सही नहीं है? *(Chap 5, Class-VI, New NCERT)*

(a) महाजनपदों की कई राजधानियों में किलेबंदी की गई थी
(b) अधिकतर महाजनपदों की एक राजधानी होती थी
(c) राजधानियों की किलेबंदी केवल पत्थर से की जाती थी
(d) अन्य राजाओं के आक्रमण से बचने के लिए किलेबंदी की जाती थी

उत्तर (c)

व्याख्या महाजनपद के संबंध में कथन (c) सही नहीं है, क्योंकि महाजनपदकालीन राजधानियों की किलेबंदी लकड़ी, ईंट तथा पत्थर तीनों से की जाती थी। किलेबंदी के लिए लकड़ी, ईंट या पत्थर की ऊँची दीवारें बनाई जाती थीं। ज्ञातव्य है कि धार्मिक साहित्यिक स्रोतों में महाजनपदों की संख्या 16 बताई गई है। अन्य राजाओं के आक्रमण से बचने के लिए इनकी राजधानियों की किलेबंदी की जाती थी। अधिकतर महाजनपदों की राजधानी एक होती थी, लेकिन इसका अपवाद भी था। इसमें अवंति की दो राजधानियाँ थीं।

3 निम्नलिखित में से कौन-सा युग्म सुमेलित नहीं है? *(Chap 5, Class-VI, New NCERT)*

महाजनपद		राजधानी
(a) अंग	–	चंपा
(b) कोसल	–	अहिच्छत्र
(c) वत्स	–	कौशाम्बी
(d) मत्स्य	–	विराट नगर

उत्तर (b)

व्याख्या दिए गए युग्मों में से युग्म (b) सही सुमेलित नहीं है, क्योंकि कोसल महाजनपद की राजधानी अहिच्छत्र नहीं, बल्कि श्रावस्ती थी।

4 महाजनपद कालीन राजा के संबंध में निम्नलिखित कथनों पर विचार कीजिए *(Chap 5, Class-VI, New NCERT)*

1. राजा के पास स्थायी सेना थी।
2. सेना को भुगतान आहत सिक्कों में होता था।
3. सेना को केवल युद्ध के समय बहाल किया जाता था।

उपर्युक्त में से कौन-सा/से कथन सही है/हैं?

(a) 1 और 3
(b) 1 और 2
(c) 1, 2 और 3
(d) केवल 3

उत्तर (b)

व्याख्या महाजनपद कालीन राजा के संबंध में कथन (1) और (2) सही हैं। महाजनपद काल में राजा की शक्ति में बढ़ोतरी हुई थी। अब राजा स्थायी सेना रखने लगा था। सिपाहियों को नियमित वेतन देकर पूरे वर्ष रखा जाता था। कुछ भुगतान संभवत: आहत सिक्कों के रूप में होता था। आहत सिक्के धातु की चादर को काटकर बनाए जाते थे। इन पर कुछ लिखा हुआ नहीं होता था, बल्कि ठप्पे द्वारा कुछ चिह्न बनाए जाते थे।

कथन (3) सही नहीं है, क्योंकि सेना की बहाली महाजनपद काल में केवल युद्ध के समय नहीं, बल्कि नियमित रूप से होने लगी थी।

5 कर से संबंधित निम्नलिखित विकल्पों पर विचार कीजिए *(Chap 5, Class-VI, New NCERT)*

1. फसलों पर लगाए गए कर
2. कारीगरों के ऊपर लगाए गए कर
3. पशुपालकों को जानवरों या उनके उत्पाद के रूप में
4. व्यापारियों को सामान पर कर देना पड़ता था

महाजनपद काल में लगने वाले कर में, उपर्युक्त में से कौन-कौन शामिल थे?

(a) 1, 2 और 3
(b) 1, 2 और 4
(c) 2, 3 और 4
(d) 1, 2, 3 और 4

उत्तर (d)

व्याख्या महाजनपद काल में लगने वाले कर के संबंध में सभी कथन सही हैं। महाजनपदों के राजा विशाल किले बनवाते थे और बड़ी सेना रखते थे, इसलिए उन्हें प्रचुर संसाधनों की आवश्यकता होती थी। इसके लिए उन्हें कर्मचारियों की भी आवश्यकता होती थी। अत: महाजनपदों के राजा लोगों द्वारा समय-समय पर लाए गए उपहारों पर निर्भर न रहकर अब नियमित रूप से कर वसूलने लगे। ये कर निम्नलिखित प्रकार से थे

- फसलों पर लगाए गए कर
- कारीगरों के ऊपर लगाए गए कर
- पशुपालकों को जानवरों या उनके उत्पाद के रूप में
- व्यापारियों को सामान पर कर देना पड़ता था।

6 महाजनपद कालीन आर्थिक व्यवस्था के संबंध में निम्नलिखित कथनों पर विचार कीजिए *(Chap 5, Class-VI, New NCERT)*

1. व्यापारियों को सामान खरीदने-बेचने पर कर नहीं देना पड़ता था।
2. आखेटकों तथा संग्राहकों को जंगल से प्राप्त वस्तुएँ कर के रूप में देनी होती थीं।

उपर्युक्त में से कौन-सा/से कथन सही नहीं है/हैं?

(a) केवल 1 (b) केवल 2
(c) 1 और 2 (d) न तो 1 और न ही 2

उत्तर (a)

व्याख्या महाजनपद कालीन आर्थिक व्यवस्था के संबंध में कथन (1) सही नहीं है, क्योंकि व्यापारियों को सामान खरीदने-बेचने पर भी कर देना पड़ता था। यह कर सिक्कों अथवा वस्तु के रूप में लिया जाता था।

7 **बिहार में स्थित अंग महाजनपद में निम्नलिखित में से कौन-से जिले शामिल थे?** *(Chap 5, Class-VI, New NCERT)*

(a) पटना और वैशाली
(b) मुंगेर और भागलपुर
(c) दरभंगा और सीतामढ़ी
(d) सारण और वैशाली

उत्तर (b)

व्याख्या बिहार में स्थित अंग में आधुनिक मुंगेर और भागलपुर जिले शामिल थे। महाजनपदों की क्षेत्रीय अवस्थिति के अनुसार पूरब से शुरू करने पर पहले स्थान पर अंग महाजनपद था। यह बिहार में स्थित था। अंग की राजधानी चंपा थी। यहाँ से ईसा-पूर्व छठी सदी से आबादी होने के प्रमाण मिलते हैं। यहाँ पाँचवीं सदी ई. पू. के लगभग का मिट्टी का किला मिला है। अंततोगत्वा अंग जनपद को पड़ोस के शक्तिशाली मगध राज्य ने अपने राज्य में मिला लिया।

8 **महाजनपद काल में कृषि से संबंधित निम्नलिखित कथनों में से कौन-सा सही नहीं है?** *(Chap 5, Class-VI, New NCERT)*

(a) लकड़ी की जगह लोहे के फाल का प्रयोग होने लगा
(b) धान को छिड़ककर उपजाने के बजाय पौधों के रोपण की विधि अपनाई गई
(c) खेती का कार्य केवल भूमिहीन खेतिहर मजदूरों से कराया जाने लगा
(d) खाद्यान्न फसलों के उत्पादन में वृद्धि हुई

उत्तर (c)

व्याख्या महाजनपद काल में कृषि से संबंधित कथन (c) सही नहीं है, क्योंकि महाजनपद काल में कृषि कार्य में अधिकतर दास, दासी तथा भूमिहीन खेतिहर मजदूरों को लगाया जाता था। भूमिहीन खेतिहर मजदूर को कम्माकार कहा जाता था। इस काल में धान की खेती के अतिरिक्त जौ, दलहन, ज्वार, कपास तथा ईंख की भी खेती होती थी।

9 **महाजनपदों के संबंध में निम्नलिखित कथनों पर विचार कीजिए** *(Chap 2, Class-XII, New NCERT)*

1. बौद्ध तथा जैन ग्रंथों में महाजनपदों की संख्या सोलह बताई गई है।
2. इन ग्रंथों में महाजनपदों के नाम की सूची एक समान है।
3. अस्मक दक्षिण भारत में स्थित एकमात्र महाजनपद था।

उपर्युक्त में से कौन-सा/से कथन सही है/हैं?

(a) 1 और 2 (b) केवल 3 (c) 1 और 3 (d) 1, 2 और 3

उत्तर (c)

व्याख्या महाजनपदों के संबंध में कथन (1) और (3) सही हैं।

बौद्ध ग्रंथ 'अंगुत्तर निकाय' तथा जैन ग्रंथ 'भगवती सूत्र' में महाजनपदों की संख्या सोलह बताई गई है। इसमें अस्मक एकमात्र महाजनपद है, जो दक्षिण भारत में गोदावरी नदी के किनारे स्थित था।

कथन (2) सही नहीं है, क्योंकि बौद्ध तथा जैन ग्रंथों में महाजनपदों के नाम की सूची भिन्न-भिन्न मिलती है, लेकिन वज्जि, मगध, कोसल, कुरु, पांचाल, गांधार और अवंति का नाम समान मिलता है।

10 **छठी शताब्दी ईसा पूर्व में गणराज्य के संबंध में निम्नलिखित कथनों पर विचार कीजिए** *(Chap 4, Class-VI, Old NCERT)*

1. गणराज्य में शक्ति परिवारों और कुलों के प्रमुखों के हाथों में रहती थी।
2. गणराज्य में वंशानुगत राजा का प्रचलन था।
3. शाक्य और लिच्छवि वंशों के अपने प्रसिद्ध गणराज्य थे।

उपर्युक्त में से कौन-सा/से कथन सही है/हैं?

(a) 1 और 3 (b) 2 और 3
(c) 1, 2 और 3 (d) केवल 3

उत्तर (a)

व्याख्या छठी शताब्दी ईसा पूर्व में गणराज्य के संबंध में कथन (1) और (3) सही हैं। महाजनपद काल में गणराज्य ऐसा शासन होता था, जिसमें शक्ति परिवारों और कुलों के प्रमुखों या कुछ चुने हुए व्यक्तियों के या किसी चुने हुए मुखिया के हाथ में रहती थी। शाक्य और लिच्छवि वंशों के अपने प्रसिद्ध गणराज्य थे। इनका क्षेत्र वर्तमान के उत्तरी बिहार में स्थित था।

कथन (2) सही नहीं है, क्योंकि गणराज्य में वंशानुगत राजा का नहीं, बल्कि चुने हुए राजा का प्रचलन था। ये जनता द्वारा चुने जाते थे, इसलिए इनका नाम 'गणराज्य' था।

11 **ईसा पूर्व छठी शताब्दी में राजा के संबंध में कौन-सा कथन सही नहीं है?** *(Chap 4, Class-VI, Old NCERT)*

(a) राजा, समाज और धर्म का रक्षक था
(b) राजा की स्थिति शक्तिशाली हो गई थी
(c) आमात्य राजा को दैवी शक्ति तथा गुणों से संपन्न बनाते थे
(d) पुरोहित राजा का मुख्य सलाहकार होता था

उत्तर (c)

व्याख्या ईसा पूर्व छठी शताब्दी में राजा के संबंध में कथन (c) सही नहीं है, क्योंकि इस शताब्दी में आमात्य नहीं, बल्कि पुरोहित राजा को दैवी शक्ति तथा गुणों से संपन्न बनाता था। पुरोहित ब्राह्मण होता था। राजतंत्र के मामले में ब्राह्मणों का कहना था कि राजा कोई सामान्य मनुष्य न होकर देवता के समान है और ब्राह्मण ही कुछ अनुष्ठान करके राजा को दैवी शक्ति तथा गुणों से संपन्न बना देता था। राजा इस काल में शक्तिशाली बन गया था, वह समाज और धर्म का रक्षक था। पुरोहित, राजा का मुख्य सलाहकार होता था।

12 **सूची I को सूची II से सुमेलित कीजिए** *(Chap 4, Class-VI, Old NCERT)*

	सूची I (नगर)		सूची II (अवस्थिति)
A.	प्रतिष्ठान	1.	गुजरात में भड़ौच
B.	भृगुकच्छ	2.	उत्तरी दक्कन
C.	चंपा	3.	गंगा के मुहाने की भूमि में
D.	ताम्रलिप्ति	4.	बिहार

कूट

	A	B	C	D		A	B	C	D
(a)	1	2	3	4	(b)	2	1	4	3
(c)	4	3	2	1	(d)	3	4	1	2

उत्तर (b)

व्याख्या सही सुमेलन A-2, B-1, C-4, D-3 है।

प्रतिष्ठान, महाजनपद कालीन महत्त्वपूर्ण नगर उत्तरी दक्कन में महाराष्ट्र के औरंगाबाद के पास स्थित था। इसका अन्य नाम पैठन था।

भृगुकच्छ, गुजरात के भड़ौच में स्थित प्रमुख बंदरगाह था। भृगुकच्छ का अर्थ होता है- ऊँचा तट प्रदेश।

चंपा, बिहार में स्थित अंग महाजनपद की राजधानी तथा महत्त्वपूर्ण नगर था। यह रेशम उत्पादन के लिए जाना जाता था।

ताम्रलिप्ति, गंगा के मुहाने की भूमि में पश्चिम बंगाल के मिदनापुर में स्थित था। प्राचीनकाल में यह एक महत्त्वपूर्ण बंदरगाह था।

13 **ईसा पूर्व छठी सदी में महाजनपदों के निर्माण में सहायक कारकों के संबंध में निम्नलिखित कथनों पर विचार कीजिए** *(Chap 4, Class-VI, Old NCERT)*

1. लोहे का व्यापक प्रयोग होने से महाजनपदों का निर्माण प्रारंभ हुआ।
2. नए कृषि उपकरणों की सहायता से अधिक अनाज उत्पन्न होने लगा था।

उपर्युक्त में से कौन-सा/से कथन सही है/हैं?

(a) केवल 1 (b) केवल 2
(c) 1 और 2 (d) न तो 1 और न ही 2

उत्तर *(c)*

व्याख्या महाजनपदों के निर्माण में सहायक कारकों के संबंध में दोनों कथन सही हैं। छठी सदी ईसा पूर्व में लोहे के व्यापक प्रयोग ने जनपदों को महाजनपदों में बदल दिया। लोहे का व्यापक प्रयोग इस काल की एक युगांतकारी घटना थी।

इसने कालांतर में भारतीय उपमहाद्वीप में द्वितीय नगरीकरण को जन्म दिया। प्रथम नगरीय सभ्यता हड़प्पा सभ्यता थी। इस काल में लोहे से बने हथियारों से जंगलों की सफाई हुई। उन्हें खेती योग्य भूमि में बदल दिया गया। इसका परिणाम यह हुआ कि कृषि में अधिशेष उत्पादन होने लगा।

14 निम्नलिखित कथनों पर विचार कीजिए
(Unit 3, Class XI, Tamil Nadu Board)

कथन I महाजनपदों के शासक केवल किसानों से नियमित रूप से कर वसूलते थे।

कथन II औजार बनाने और कृषि में उन्नति ने अनाज की अधिक पैदावार को बढ़ाया।

उपर्युक्त कथनों के बारे में निम्नलिखित में से कौन-सा एक सही है?

(a) कथन I और कथन II दोनों सही हैं तथा कथन II, कथन I की सही व्याख्या है
(b) कथन I और कथन II दोनों सही हैं, परंतु कथन II, कथन I की सही व्याख्या नहीं है
(c) कथन I सही है, किंतु कथन II गलत है
(d) कथन I गलत हैं, किंतु कथन II सही है

उत्तर *(d)*

व्याख्या कथन I गलत है, किंतु कथन II सही है।

महाजनपदों के शासक केवल किसानों से नियमित रूप से कर नहीं वसूलते थे। किसानों के साथ-साथ कारीगर, शिकारी और संग्रहकर्ता भी कर देते थे।

औजार बनाने और कृषि में उन्नति ने अनाज की अधिक पैदावार को बढ़ाया।

लगभग 2500 वर्ष पहले कुछ जनपद बड़े हो गए थे। बड़े और अधिक महत्त्वपूर्ण जनपदों को महाजनपद कहा जाता था। महाजनपद के कुछ उदाहरण मगध, कोशल, अंग, पांचाल आदि हैं।

इस काल में किसान करों का मुख्य स्रोत थे। कृषि उपज का छठा भाग कर के रूप में वसूल किया जाता था, लेकिन किसानों के साथ-साथ कारीगर, शिकारी और संग्रहकर्ता भी कर देते थे।

लोहे के औजारों के उपयोग ने कृषि के क्षेत्र को बढ़ाने में सहायता की। इससे फसल की उपज में सुधार करने में सहायता मिली। औजार बनाने की प्रगति ने कृषि में फसल की उपज में वृद्धि की।

15 ईसा पूर्व छठी सदी के निम्नलिखित महाजनपदों को पश्चिम से पूर्व की ओर क्रम में व्यवस्थित कीजिए *(Chap 4, Class-VI, Old NCERT)*

(a) मत्स्य → कोसल → काशी → मगध → अंग
(b) अंग → मगध → कोसल → मत्स्य → मल्ल
(c) मत्स्य → अंग → काशी → कोसल → लिच्छवि
(d) मगध → काशी → अंग → मत्स्य → कोसल

उत्तर *(a)*

व्याख्या ईसा पूर्व छठी सदी में पश्चिम से पूर्व की ओर महाजनपदों का सही क्रम मत्स्य → कोसल → काशी → मगध → अंग है।

मत्स्य, वर्तमान के राजस्थान में स्थित था। इसकी राजधानी विराटनगर थी। इसके अंतर्गत जयपुर, अलवर, भरतपुर के क्षेत्र शामिल थे।

कोसल, वर्तमान के उत्तर प्रदेश में स्थित था। इसकी राजधानी श्रावस्ती थी। इसके अंतर्गत फैजाबाद, गोंडा, बहराइच क्षेत्र शामिल थे।

काशी, वर्तमान के उत्तर प्रदेश में स्थित था। इसकी राजधानी वाराणसी थी। इसके अंतर्गत वाराणसी के आस-पास के क्षेत्र भी शामिल थे।

मगध, वर्तमान के बिहार में स्थित था। इसकी राजधानी गिरिव्रज/राजगृह थी।

अंग वर्तमान के बिहार में स्थित था। इसकी राजधानी चंपा थी।

मगध

16 मगध के शासक बिंबिसार के संबंध में कौन-सा कथन सही नहीं है?
(Chap 11, Class-XI, Old NCERT)

(a) वह हर्यंक कुल का तथा महावीर स्वामी का समकालीन था
(b) उसने अंग देश पर अधिकार कर लिया था
(c) उसकी पहली पत्नी कोशलराज की पुत्री थी
(d) काशी का राज्य उसे दहेज में मिला था

उत्तर *(a)*

व्याख्या मगध के शासक बिंबिसार के संबंध में कथन (a) सही नहीं है, क्योंकि बिंबिसार महावीर स्वामी का नहीं, बल्कि महात्मा बुद्ध का समकालीन था। वह हर्यंक वंश तथा मगध साम्राज्य का वास्तविक संस्थापक था।

उसने अंग राज्य को जीतकर मगध साम्राज्य में मिलाया तथा अपने पुत्र अजातशत्रु को वहाँ का शासक नियुक्त किया। उसकी प्रथम पत्नी कोशलदेवी कोशलराज प्रसेनजीत की बहन थी तथा दूसरी पत्नी लिच्छवि राजकुमारी चेल्लना थी। उसे काशी का क्षेत्र दहेज के रूप में दिया गया था।

17 अवंति के संदर्भ में निम्नलिखित कथनों पर विचार कीजिए
(Chap 12, Class-XI, Old NCERT)

1. मगध की असली शत्रुता अवंति से थी, जिसकी राजधानी उज्जैन में थी।
2. इसके राजा चंडप्रद्योत महासेन की बिंबिसार से लड़ाई हुई थी।
3. बिंबिसार ने अपने राजवैद्य जीवक को अवंति के राजा चंडप्रद्योत महासेन के उपचार के लिए भेजा था।

उपर्युक्त कथनों में से कितने सही हैं?

(a) केवल एक (b) केवल दो
(c) सभी तीनों (d) इनमें से कोई नहीं

उत्तर *(c)*

व्याख्या अवंति के संदर्भ में दिए गए सभी कथन सही हैं।

मगध की शत्रुता अवंति से थी, जिसकी राजधानी उज्जैन में थी। इसके राजा चंडप्रद्योत महासेन की बिंबिसार से लड़ाई हुई थी, किंतु दोनों ने अंत में दोस्त बन जाना ही उपयुक्त समझा। बाद में जब प्रद्योत को पीलिया रोग हो गया, तो बिंबिसार ने अवंति राज के अनुरोध पर अपने राजवैद्य जीवक को उज्जैन भेजा था, क्योंकि जीवक ने उन्हें रोगमुक्त कर दिया था। इसका परिणाम यह हुआ कि मगध तथा अवंति में मित्रता हो गई। कालांतर में अवंति मगध साम्राज्य के अंतर्गत समाहित हो गई तथा मगध सबसे अधिक शक्तिशाली राज्य बन गया।

18 मगध के शासक अजातशत्रु के संबंध में निम्न कथनों पर विचार कीजिए
(Chap 11, Class-XI, Old NCERT)

1. उसने अपने पिता की हत्या कर सिंहासन पर कब्जा किया था।
2. उसने वैशाली को मगध साम्राज्य में मिला लिया।
3. उसने पाटलिपुत्र की किलेबंदी करवाई।

उपर्युक्त में से कौन-सा/से कथन सही है/हैं?

(a) 1 और 3
(b) 1 और 2
(c) 1, 2 और 3
(d) केवल 3

उत्तर *(b)*

व्याख्या मगध के शासक अजातशत्रु के संबंध में कथन (1) और (2) सही हैं।

बिंबिसार के बाद उसका पुत्र अजातशत्रु (492-460 ई. पू.) सिंहासन पर बैठा। अजातशत्रु को 'पितृहंता' भी कहा जाता है, क्योंकि उसने अपने पिता की हत्या कर राजगद्दी प्राप्त की थी। उसने अपने शासनकाल में वैशाली को मगध साम्राज्य में मिला लिया था। यह कार्य उसके पिता बिंबिसार भी नहीं कर पाए थे।

कथन (3) सही नहीं है, क्योंकि पाटलिपुत्र की किलेबंदी अजातशत्रु ने नहीं, बल्कि उसके पुत्र उदायिन ने की थी।

19 मगध के संबंध में निम्नलिखित कथनों पर विचार कीजिए

(Chap 11, Class-XI, Old NCERT)

1. उदायिन ने पटना में गंगा और पुनपुन के संगम पर एक किला बनवाया था।
2. महापद्मनंद ने 'एकरात' की उपाधि धारण की थी।
3. शिशुनाग ने अवंति राज्य को मगध में मिलाया था।

उपर्युक्त में से कौन-सा/से कथन सही है/हैं?

(a) 1 और 2 (b) 2 और 3
(c) केवल 3 (d) 1, 2 और 3

उत्तर (b)

व्याख्या मगध के संबंध में कथन (2) और (3) सही हैं।

पुराणों के अनुसार नंदवंश की स्थापना महापद्मनंद ने की थी। उसने 'एकरात' और 'एकछत्र' की उपाधि धारण की थी। पुराणों में उसे सर्वक्षत्रांतक (क्षत्रियों का नाश करने वाला) तथा भार्गव (दूसरे परशुराम का अवतार) कहा गया है।

शिशुनाग ने 'अवंति' तथा 'वत्स' महाजनपद पर अधिकार कर उसे मगध साम्राज्य में मिला लिया था। उसका शासन बंगाल से लेकर मालवा तक विस्तृत था।

कथन (1) सही नहीं है, क्योंकि उदायिन ने पटना में गंगा और सोन नदी के संगम पर एक किला बनवाया था।

20 मगध साम्राज्य पर शासन करने वाले राजवंशों को सही क्रम में व्यवस्थित कीजिए *(Chap 11, Class-XI, Old NCERT)*

(a) नंद वंश → शिशुनाग वंश → हर्यंक वंश → मौर्य वंश
(b) हर्यंक वंश → शिशुनाग वंश → नंद वंश → मौर्य वंश
(c) नंद वंश →हर्यंक वंश → मौर्य वंश →शिशुनाग वंश
(d) मौर्य वंश → नंद वंश → शिशुनाग वंश →हर्यंक वंश

उत्तर (b)

व्याख्या मगध साम्राज्य पर शासन करने वाले राजवंशों का सही क्रम-हर्यंक वंश → शिशुनाग वंश → नंद वंश → मौर्य वंश है।

हर्यंक वंश की स्थापना बिंबिसार ने 544 ई. पू. में की थी। यह वंश 412 ई. तक शासन करता रहा।

शिशुनाग वंश की स्थापना शिशुनाग ने 412 ई. पू. में की थी। यह वंश 344 ई. पू. तक शासन में रहा।

नंद वंश की स्थापना महापद्मनंद ने 344 ई. पू. में की थी। यह वंश 323 ई. पू. तक शासन करता रहा।

मौर्य वंश की स्थापना 323 ई. पू. में चंद्रगुप्त मौर्य ने की थी। यह वंश 232 ई. पू. तक शासन करता रहा।

21 निम्नलिखित में से कौन-से युग्म सही सुमेलित हैं?

(Chap 11, Class-XI, Old NCERT)

राज्य		राजधानी
1. मल्ल	—	कुशीनारा
2. अवंति	—	वैशाली
3. वत्स	—	कौशांबी
4. कोलिय	—	श्रावस्ती

कूट

(a) 1 और 2 (b) 2 और 3
(c) 1 और 3 (d) 1, 2 और 3

उत्तर (c)

व्याख्या दिए गए युग्मों में से युग्म (1) और (3) सही सुमेलित हैं।

मल्ल महाजनपद की राजधानी कुशीनारा या कुशावती (अब कुशीनगर) थी। यह वर्तमान के उत्तर प्रदेश में स्थित था। इसके अंतर्गत देवरिया, बस्ती, गोरखपुर के क्षेत्र शामिल थे।

वत्स महाजनपद की राजधानी कौशांबी, जो वर्तमान के उत्तर प्रदेश में स्थित थी। इसके अंतर्गत इलाहाबाद के आस-पास का क्षेत्र शामिल था।

युग्म (2) और (4) सही सुमेलित नहीं हैं, क्योंकि वैशाली अवंति की नहीं, बल्कि वज्जि महाजनपद की राजधानी थी। इसके अंतर्गत वैशाली, मुजफ्फरपुर तथा दरभंगा के आस-पास के क्षेत्र शामिल थे।

कोलिय गणराज्य की राजधानी रामग्राम थी, न कि श्रावस्ती। श्रावस्ती कोसल महाजनपद की राजधानी थी।

22 मगध की सफलता के कारणों के संदर्भ में निम्नलिखित कथनों पर विचार कीजिए *(Chap 11, Class-XI, Old NCERT)*

1. उसके पास समृद्ध लौह खनिज के भंडार थे।
2. यह गंगा की उपजाऊ भूमि के मध्य में था।
3. इसकी राजधानियाँ सामरिक दृष्टि से महत्त्वपूर्ण स्थानों पर थीं।

उपर्युक्त में से कौन-सा/से कथन सही है/हैं?

(a) 1 और 2 (b) 1 और 3
(c) 1, 2 और 3 (d) केवल 2

उत्तर (c)

व्याख्या मगध की सफलता के कारणों के संदर्भ में दिए गए सभी कथन सही हैं।

मगध साम्राज्य की सफलता का सबसे बड़ा कारण लौह खनिज का भंडार था। इसका प्रयोग कर बड़े पैमाने पर जंगलों की सफाई की गई, इससे कृषि योग्य भूमि का विस्तार हुआ तथा अधिशेष उत्पादन होने लगा। दूसरा सबसे महत्त्वपूर्ण कारण इसका गंगा की उपजाऊ भूमि में स्थित होना था।

इसकी दोनों राजधानियाँ गिरिव्रज तथा पाटलिपुत्र दोनों की सामरिक स्थिति ने मगध साम्राज्य की सफलता में महत्त्वपूर्ण योगदान दिया।

23 शिशुनाग वंश के संबंध में निम्नलिखित कथनों पर विचार कीजिए

(Chap 12 , Class-XI, Old NCERT)

1. शिशुनागों ने राजधानी को कुछ समय के लिए वैशाली में स्थानांतरित किया था।
2. अवंति की शक्ति को तोड़ना शिशुनागों की सबसे बड़ी उपलब्धि थी।

उपर्युक्त में से कौन-सा/से कथन सही है/हैं?

(a) केवल 1
(b) केवल 2
(c) 1 और 2 दोनों
(d) न तो 1 और न ही 2

उत्तर (c)

व्याख्या शिशुनाग वंश के संबंध में दिए गए दोनों कथन सही हैं।

उदायिन के बाद शिशुनागों के वंश का शासन शुरू हुआ। उन्होंने राजधानी को कुछ समय के लिए वैशाली में स्थानांतरित किया था।

अवंति (जिसकी राजधानी उज्जैन थी) की शक्ति को तोड़ देना उनकी सबसे बड़ी उपलब्धि थी। इसके साथ ही अवंति और मगध के बीच की सौ साल पुरानी शत्रुता का अंत हो गया। इसके बाद अवंति राज्य मगध साम्राज्य का हिस्सा बन गया और मौर्य साम्राज्य के अंत समय तक बना रहा।

24 **वज्जि संघ पर अजातशत्रु आक्रमण करना चाहता था। उसने उस विषय पर सलाह के लिए अपने एक मंत्री को बुद्ध के पास भेजा था, अजातशत्रु के उस मंत्री का क्या नाम था?**

(Chap 5, Class-VI, New NCERT)

(a) चेटक (b) सुनीध (c) वस्सकार (d) जीवक

उत्तर *(c)*

व्याख्या अजातशत्रु ने अपने मंत्री वस्सकार को वज्जि संघ पर आक्रमण के संदर्भ में सलाह लेने हेतु बुद्ध के पास भेजा था। अजातशत्रु का मंत्री वज्जि की राजधानी वैशाली में षड्यंत्र के माध्यम से फूट डालने में सफल रहा और अंत में वैशाली को जीतकर अजातशत्रु ने मगध साम्राज्य में मिला लिया।

25 **वज्जि संघ के संबंध में निम्नलिखित कथनों पर विचार कीजिए**

(Chap 5, Class-VI, New NCERT)

1. वज्जि संघ की राजधानी वैशाली थी।
2. वज्जि में 'गण' प्रकार की शासन व्यवस्था थी।
3. 'गण' शब्द का प्रयोग कई सदस्यों वाले समूह के लिए किया जाता था।

उपर्युक्त में से कौन-सा/से कथन सही है/हैं?

(a) 1 और 2 (b) केवल 1
(c) 1, 2 और 3 (d) केवल 2

उत्तर *(c)*

व्याख्या वज्जि संघ के संबंध में सभी कथन सही हैं।
मगध महाजनपद के पूर्व में स्थित वज्जि संघ एक मजबूत महाजनपद था। इसकी राजधानी वैशाली थी। यह बिहार में स्थित था। यहाँ एक अलग किस्म की शासन व्यवस्था थी, जिसे गण या संघ कहा जाता था। गण शब्द का प्रयोग कई सदस्यों वाले समूह के लिए किया जाता था। संघ एक प्रकार का संगठन या सभा थी। वैशाली को जीतकर अजातशत्रु ने मगध साम्राज्य में मिला लिया था।

26 **मगध महाजनपद के संबंध में कौन-सा कथन सही है?**

(Chap 12, Class-XI, Old NCERT)

(a) मगध का समाज रूढ़ि विरोधी था
(b) किरात और मगध लोगों को निम्न कोटि का समझा जाता था
(c) वैदिक लोगों के आगमन से यहाँ जातियों का सुखद मिश्रण हुआ
(d) उपर्युक्त सभी

उत्तर *(d)*

व्याख्या मगध महाजनपद के संबंध में दिए गए सभी कथन सही हैं।
मगध का समाज रूढ़ि विरोधी था। कट्टर ब्राह्मण यहाँ बसे हुए किरात और मगध लोगों को निम्न कोटि का समझते थे, परंतु वैदिक लोगों के आगमन से यहाँ जातियों का सुखद मिश्रण हुआ। चूँकि इस प्रदेश का वैदिकीकरण हाल ही में हुआ था, इसलिए पूर्व काल से ही वैदिक प्रभाव में आए हुए राज्यों की अपेक्षा मगध में विस्तार के लिए उत्साह अधिक था। इन्हीं सब कारणों से मगध दूसरे राज्यों को हराने में और भारत में प्रथम साम्राज्य स्थापित करने में सफल हुआ।

27 **महाजनपद काल में अनाज रखने के लिए किस पात्र का उपयोग किया जाता था?**

(Chap 5, Class-VI, New NCERT)

(a) गैरिक-मृद्भांड (b) चित्रित-धूसर मृद्भांड
(c) कांस्य का मृद्भांड (d) लौहे से बना मृद्भांड

उत्तर *(b)*

व्याख्या महाजनपद काल में अनाज रखने के लिए चित्रित-धूसर मृद्भांड का उपयोग किया जाता था। इस प्रकार के पात्रों में अधिकतर थालियाँ और कटोरियाँ ही मिली हैं। ये पात्र बहुत ही पतली सतह के सुंदर और चिकने होते थे। संभवत: इनका प्रयोग विशेष अवसरों पर महत्त्वपूर्ण लोगों को भोजन परोसने के लिए भी किया जाता था। ये पात्र मिट्टी से बनाए जाते थे।

विदेशी आक्रमण

28 **भारत पर ईरानी आक्रमण के विषय में निम्नलिखित में से कौन-सा कथन सही नहीं है?**

(Chap 12, Class-XI, Old NCERT)

(a) पश्चिमोत्तर भारत में ईसा-पूर्व छठी सदी में मगध जैसा एक शक्तिशाली साम्राज्य मौजूद था
(b) पश्चिमोत्तर भारत में कंबोज, गांधार और मद्र आदि के राजा आपस में ही लड़ते रहते थे
(c) हिंदुकुश के दर्रों से पश्चिमोत्तर भारत के क्षेत्र में बाहर से आसानी से घुसा जा सकता था
(d) ईरानी शासक डेरियस प्रथम या दारा प्रथम 516 ई.पू. में पश्चिमोत्तर भारत में घुस गया

उत्तर *(a)*

व्याख्या भारत पर ईरानी आक्रमण के विषय में कथन (a) सही नहीं है, क्योंकि पश्चिमोत्तर भारत में ईसा-पूर्व छठी सदी में मगध जैसा कोई शक्तिशाली साम्राज्य मौजूद नहीं था।

29 **फारस (ईरान) साम्राज्य के भारतीय क्षत्रपी में निम्नलिखित में से कौन-सा भाग शामिल नहीं था?** *(Chap 12, Class-XI, Old NCERT)*

(a) सिंधु नदी का पश्चिमी क्षेत्र (b) पंजाब
(c) सिंध (d) कुरुक्षेत्र

उत्तर *(d)*

व्याख्या फारस (ईरान) साम्राज्य के भारतीय क्षत्रप में कुरुक्षेत्र (हरियाणा) शामिल नहीं था। यहाँ तक ईरानी आक्रमणकारी नहीं पहुँच पाए थे। भारतीय क्षत्रपी में सिंध, पश्चिमोत्तर सीमा प्रांत तथा पंजाब का सिंधु नदी के पश्चिम वाला भाग था। यह साम्राज्य का सबसे अधिक आबाद और उपजाऊ भाग था। डेरियस प्रथम के तीन अभिलेखों बेहिस्तून, पर्सिपोलिस एवं नक्शेरुस्तम से यह सिद्ध होता है कि उसी ने सर्वप्रथम सिंधु नदी के तटवर्ती भारतीय भू-भागों को अधिकृत किया।

30 **ईरानी शासक क्षयार्ष के संबंध में निम्नलिखित कथनों पर विचार कीजिए**

(Chap 12, Class-XI, Old NCERT)

1. वह जरसिस का उत्तराधिकारी था।
2. उसने भारतीयों को अपनी फौज में शामिल किया था।
3. उसने यूनानियों के विरुद्ध युद्ध में भाग लिया था।

उपर्युक्त में से कौन-सा/से कथन सही नहीं है/हैं?

(a) केवल 1 (b) 1 और 2
(c) केवल 3 (d) 1, 2 और 3

उत्तर *(a)*

व्याख्या ईरानी शासक क्षयार्ष के संबंध कथन (1) सही नहीं है, क्योंकि क्षयार्ष डेरियस प्रथम का उत्तराधिकारी था। जरक्सीज उसी का अन्य एक नाम था। क्षयार्ष के बाद भारत में ईरानी साम्राज्य का अंत हो गया था।

31 **छठी सदी ईसा पूर्व में प्रचलित 'टैलेंट' क्या था?**

(Chap 12, Class-XI, Old NCERT)

(a) सेना में भर्ती की प्रक्रिया (b) मुद्रा तथा भार की प्राचीन माप
(c) व्यापारिक श्रेणी का समूह (d) समुद्री व्यापार का मार्ग

उत्तर *(b)*

व्याख्या छठी सदी ईसा पूर्व में प्रचलित 'टैलेंट' मुद्रा तथा भार की प्राचीन माप थी। राजस्व के रूप में इसकी अदायगी होती थी। ईरानी साम्राज्य के बीसवें प्रांत (पंजाब तथा सिंध) से 360 टैलेंट सोना राजस्व के रूप में आता था, जो फारस के सभी एशियाई प्रांतों से मिलने वाले कुल राजस्व का एक-तिहाई था।

32 **भारत और ईरान के बीच संपर्क के विषय में निम्नलिखित कथनों पर विचार कीजिए** *(Chap 12 , Class-XI, Old NCERT)*

1. भारत और ईरान का संपर्क लगभग दो सौ सालों तक बना रहा।
2. इस संपर्क से भारत और ईरान के बीच व्यापार को बढ़ावा मिला।
3. ईरानी लिपिकार (कातिब) भारत में लेखन का एक खास रूप ले आए जो आगे चलकर आरमेइक नाम से मशहूर हुआ।

उपर्युक्त में से कितने कथन सही हैं?

(a) केवल एक (b) केवल दो
(c) केवल तीन (d) इनमें से कोई नहीं

उत्तर *(b)*

व्याख्या भारत और ईरान के बीच संपर्क के विषय में केवल दो कथन अर्थात् (1 और 2) सही हैं। भारत और ईरान का यह संपर्क लगभग दो सौ सालों तक बना रहा। इससे भारत और ईरान के बीच व्यापार को बढ़ावा मिला। इस संपर्क के सांस्कृतिक परिणाम और भी महत्त्वपूर्ण हुए।

कथन (3) सही नहीं है, क्योंकि ईरानी लिपिकार (कातिब) भारत में लेखन का एक खास रूप ले आए, जो आगे चलकर आरमेइक नहीं, बल्कि खरोष्ठी नाम से मशहूर हुआ। यह लिपि अरबी की तरह दाईं से बाईं ओर लिखी जाती थी।

ईसा पूर्व तीसरी सदी में पश्चिमोत्तर भारत में अशोक के कुछ अभिलेख, इसी लिपि में लिखे गए। यह लिपि ईसा की तीसरी सदी तक इस देश में चलती रही।

33 **भारत पर ईरानी आक्रमण के प्रभाव के संबंध में निम्नलिखित कथनों पर विचार कीजिए** *(Chap 12 , Class-XI, Old NCERT)*

1. अशोककालीन स्मारक, विशेषकर घंटों के आकार के गुंबज, कुछ हद तक ईरानी प्रतिरूपों पर आधारित थे।
2. अशोक के राज्यादेशों की प्रस्तावना और उनमें प्रयुक्त शब्दों में भी ईरानी प्रभाव देखा जा सकता है।

उपर्युक्त कथनों में से कौन-सा/से सही है/हैं?

(a) केवल 1 (b) केवल 2
(c) 1 और 2 दोनों (d) न तो 1 और न ही 2

उत्तर *(c)*

व्याख्या भारत पर ईरानी आक्रमण के प्रभाव के संबंध में दिए गए दोनों कथन सही हैं। मौर्य वास्तुकला पर ईरानी प्रभाव स्पष्ट रूप से दिखाई पड़ता है। अशोककालीन स्मारक, विशेषकर घंटों के आकार के गुंबज, कुछ हद तक ईरानी प्रतिरूपों पर आधारित थे।

अशोक के राज्यादेशों की प्रस्तावना और उनमें प्रयुक्त शब्दों में भी ईरानी प्रभाव देखा जा सकता है। उदाहरणार्थ, ईरानी शब्द दिपी के लिए अशोककालीन लेखकों ने लिपि शब्द का प्रयोग किया है। इसके अतिरिक्त, यूनानियों को भारत की अपार संपत्ति की जो जानकारी मिली वह इन ईरानियों के द्वारा ही मिली थी। इस जानकारी से भारत की संपत्ति के लिए उनका लालच बढ़ गया और अंततोगत्वा भारत पर सिकन्दर ने आक्रमण कर दिया।

34 **भारत पर सिकंदर के आक्रमण के संदर्भ में निम्नलिखित कथनों पर विचार कीजिए** *(Chap 12, Class-XI, Old NCERT) (IAS (Pre) 2000)*

1. हेरोडोट्स ने भारत का वर्णन अपार संपत्ति वाले देश के रूप में किया था।
2. इस वर्णन को पढ़कर सिकंदर भारत पर आक्रमण करने के लिए प्रेरित हुआ।
3. सुकरात ने सिकंदर को भारत पर आक्रमण के लिए प्रोत्साहित किया था।

उपर्युक्त में से कौन-सा/से कथन सही है/हैं?

(a) 1 और 2 (b) 2 और 3
(c) केवल 3 (d) केवल 1

उत्तर *(a)*

व्याख्या भारत पर सिकंदर के आक्रमण के संदर्भ में कथन (1) और (2) सही हैं। इतिहास के पिता कहे जाने वाले हेरोडोट्स तथा अन्य यूनानी लेखकों ने भारत का वर्णन अपार संपत्ति वाले देश के रूप में किया था। इस वर्णन को पढ़कर ही सिकंदर भारत पर आक्रमण करने के लिए प्रेरित हुआ। सिकंदर में भौगोलिक अन्वेषण और प्राकृतिक इतिहास के प्रति तीव्र इच्छा थी, जिसके कारण वह भारत आना चाहता था।

कथन (3) सही नहीं है, क्योंकि सुकरात ने नहीं, बल्कि अरस्तू ने सिकंदर को भारत पर आक्रमण करने के लिए प्रोत्साहित किया था।

35 **सिकंदर के आक्रमण के समय उत्तर भारत पर निम्नलिखित राजवंशों में से किस एक का शासन था?** *(Chap 12, Class-XI, Old NCERT) (IAS Pre 2000)*

(a) नंद (b) मौर्य (c) कण्व (d) शुंग

उत्तर *(a)*

व्याख्या सिकंदर के आक्रमण के समय उत्तर भारत पर नंद वंश का शासन था। घनानंद मगध साम्राज्य का शासक था। उसकी विशाल सेना का विवरण सुनकर सिकंदर के सैनिक हतोत्साहित हुए और सिकंदर को अपना अभियान समाप्त करना पड़ा।

36 **सिकंदर के समकालीन राजा पोरस का राज्य किनके बीच में अवस्थित था?** *(Chap 12, Class-XI, Old NCERT)*

(a) सिंधु तथा झेलम नदी (b) रावी तथा व्यास नदी
(c) झेलम तथा चिनाब नदी (d) चिनाब तथा सतलुज नदी

उत्तर *(c)*

व्याख्या सिकंदर के समकालीन राजा पोरस का राज्य झेलम तथा चिनाब के बीच स्थित था। सिकंदर ने भारत पर आक्रमण कर पोरस को पराजित किया, परंतु वह उसकी बहादुरी और साहस से बड़ा प्रभावित हुआ। इसलिए उसने उसका राज्य वापस कर दिया तथा पोरस को अपना सहयोगी बना लिया। इसके पश्चात् ही वह व्यास नदी तक पहुँच पाया, परन्तु उसकी सेना ने व्यास नदी को पार करने से मना कर दिया।

37 **भारत तथा यूनानी संपर्क के निम्नलिखित में से क्या परिणाम हुए?** *(Chap 12, Class-XI, Old NCERT)*

1. बढ़ईगिरि भारत की सबसे उन्नत दस्तकारी बन गई।
2. सिकंदर ने सिकंदरिया शहर की स्थापना की।
3. व्यास नदी के तट पर सिकंदर ने बुकेफाल नगर की स्थापना की।

उपर्युक्त में से कौन-सा/से कथन सही है/हैं?

(a) 1 और 2 (b) 2 और 3 (c) केवल 2 (d) 1 और 3

उत्तर *(a)*

व्याख्या दिए गए कथनों में से कथन (1) और (2) सही हैं।

सिकंदर के आक्रमण के पश्चात् भारत में बढ़ईगिरि उन्नत दस्तकारी बन कर उभरी थी। बढ़ई रथ, नाव और जहाज बनाते थे। तत्कालीन समय में इन सभी का अत्यंत महत्त्व था। सिकंदर ने सिकंदरिया नामक नगर की स्थापना की।

कथन (3) सही नहीं है, क्योंकि बुकेफाल नगर की स्थापना झेलम नदी के तट पर हुई थी। बुकेफाल सिकंदर के घोड़े का नाम था।

अध्याय 07

मौर्यकाल

मौर्यकाल

मौर्य साम्राज्य

मौर्य वंश के स्रोत

- कौटिल्य के अर्थशास्त्र से मौर्य साम्राज्य को आर्थिक, सामाजिक तथा राजनीतिक स्थिति की जानकारी मिलती है।
- विशाखदत्त की 'मुद्राराक्षस', कल्हण की 'राजतरंगिणी', सोमदेव की 'कथासरित्सागर' तथा मेगस्थनीज की 'इंडिका' से मौर्य साम्राज्य के बारे में पता चलता है

महत्त्वपूर्ण शासक

चंद्रगुप्त मौर्य

- इसने नंद वंश के शासक घनानंद को हराया था और यूनानी शासक सेल्यूकस निकेटर को हराया था।
- सेल्यूकस निकेटर ने मेगस्थनीज को चंद्रगुप्त मौर्य के दरबार में भेजा था

बिंदुसार

- सीरिया के शासक एंटियोकस प्रथम ने डिमाकस को बिंदुसार के दरबार में भेजा था।
- ग्रीक साहित्य में बिंदुसार को अमित्रो चेट्स (अमित्रघात) के रूप में जाना जाता था।

अशोक

- ये प्रथम भारतीय राजा थे, जिन्होंने अपनी राजाज्ञाओं द्वारा शाही सार्वजनिक आदेश दिए।
- ये अपनी प्रजा को पुत्र कहकर संबोधित करते थे।
- राजा अशोक स्वयं को देवानामप्रिय 'प्रियदर्शी' कहते थे।
- इनकी घरेलू एवं विदेशी नीतियाँ बौद्ध विचारधारा से प्रभावित थी।
- इन्होंने 261 ई.पू. में कलिंग पर विजय प्राप्त की तथा 'भेरी घोष' की जगह 'धम्म घोष' को अपनाया

उत्तराधिकारी शासक

- अशोक के बाद अगले 50 वर्षों तक इसके कमजोर उत्तराधिकारियों का शासन
- कुणाल प्रारंभिक उत्तराधिकारी थे, जबकि (वृहद्रथ) अंतिम मौर्य शासक

कला और वास्तुकला

- इस काल में पत्थर और लकड़ी की वास्तुकला बड़े पैमाने पर आरंभ।
- पाटलिपुत्र में 80 स्तंभों वाला भव्य महल, जो बौद्ध भिक्षुओं के लिए निर्मित
- इस समय चट्टानों को काटकर बौद्ध भिक्षुओं के लिए गुफा बनाई जाती थी।
- उत्तर-पश्चिम भारत में पक्की ईंटों का प्रयोग आरंभ।

साम्राज्य का पतन

- नए राजवंश का उदय
- विदेशी आक्रमण
- कमजोर तथा असमर्थ शासक और शाही खजाने का पतन
- ब्राह्मणवादी प्रतिक्रिया आदि साम्राज्य के पतन में जिम्मेदार कारक

समाज एवं प्रशासनिक स्थिति

धम्म नीति

- अशोक के अनुयायी, बौद्ध विचारधारा से प्रेरित होकर धम्म प्रचार के लिए धम्म महामतों को नियुक्त।
- विदेशों में बौद्ध धर्म के प्रचार के लिए मिशनरियों को भेजकर प्रांतीय प्रशासन ने सहिष्णुता और अहिंसा को बढ़ावा
- साम्राज्य कई प्रांतों में विभाजित, जो आगे कई छोटी-छोटी इकाइयों में उत्तरापथ, अवंतिका, दक्षिणापथ, मगध एवं कलिंग में विभाजित

नगर प्रशासन

- पाटलिपुत्र का प्रशासन 30 सदस्यों के समूह द्वारा किया जाता था, जिसमें छः समितियाँ शासन करती थीं

सैन्य प्रशासन

- इसमें छः उपसमिति सेना शामिल होती थी, जो इस प्रकार थी
  1. पैदल सेन 2. घुड़सवार सेना 3. हाथी सेना 4. नौसैनिक 5. रथ सेना 6. परिवहन और प्रावधान

आर्थिक व्यवस्था

- आर्थिक कार्यों को विनयमित करने के लिए 27 अध्यक्ष नियुक्त
- सिंचाई की सुविधा उपलब्ध; खदानों की बिक्री, शराब और हथियारों के निर्माण पर राज्य का एकाधिकार होता था।
- समाहर्ता कर निर्धारण का सर्वोच्च अधिकारी था।; इस समय पंचमार्क सिक्के, जो विशुद्ध चाँदी के थे, का प्रचलन था

सामाजिक व्यवस्था

- मेगस्थनीज ने समाज को सात श्रेणियों में विभाजित किया
- संयुक्त परिवार का प्रचलन; समाज पितृसत्तात्मक था तथा स्त्रियों को स्त्रीधन संचय करने की अनुमति

धार्मिक स्थिति

- मौर्य साम्राज्य बौद्ध धर्म और जैन धर्म के उत्थान और विकास का गवाह बना।
- चंद्रगुप्त मौर्य जैन मतावलंबी थे।
- अशोक बौद्ध धर्म के महान संरक्षक थे तथा इसने तीसरी बौद्ध परिषद् बुलाई

SOURCE New NCERT Class VI अशोकः एक अनोखा सम्राट जिसने युद्ध का त्याग किया, खुशहाल गाँव और समृद्ध नगर, इमारतें, चित्र तथा किताबें, Old NCERT Class VI मौर्य साम्राज्य, Old NCERT Class XI मौर्य युग, मौर्य शासन का महत्त्व, New NCERT Class XII राजा, किसान और नगर, NIOS Module-1 Chap 5 जनपद से साम्राज्य की ओर, राज्य तथा साम्राज्य का उद्‌भव, Unit 4 Tamil nadu Board

मौर्य शासकों का विवरण

1 निम्नलिखित में से मौर्य साम्राज्य में उत्तराधिकार का कौन-सा क्रम सही है? *(Chap 7, Class-VI, New NCERT)*

(a) चंद्रगुप्त मौर्य, अशोक, बिंदुसार, दशरथ मौर्य
(b) चंद्रगुप्त मौर्य, दशरथ मौर्य, बिंदुसार, अशोक
(c) चंद्रगुप्त मौर्य, बिंदुसार, दशरथ मौर्य, अशोक
(d) चंद्रगुप्त मौर्य, बिंदुसार, अशोक, दशरथ मौर्य

उत्तर (d)

व्याख्या मौर्य वंश के दिए गए शासकों के उत्तराधिकार का क्रम चंद्रगुप्त मौर्य (322-297 ईसा पूर्व), बिंदुसार (297-272/268 ईसा पूर्व), अशोक (272/268-232 ईसा पूर्व), दशरथ मौर्य (232-224 ईसा पूर्व) है।

मौर्य वंश का संस्थापक चन्द्रगुप्त मौर्य था, जिसने मगध में मौर्य वंश की स्थापना की, जिसकी राजधानी पाटलिपुत्र थी। मौर्य वंश के शासकों के वर्ण के विषय में इतिहासकारों में मतभेद है, लेकिन बौद्ध व जैन ग्रंथों में चंद्रगुप्त मौर्य को 'मोर्य क्षत्रिय' कहा गया है।

2 सूची I को सूची II से सुमेलित कीजिए *(Class-XI, Old NCERT)*

सूची I	सूची II
A. चंद्रगुप्त	1. पियदस्सि
B. बिंदुसार	2. सेंड्रोकोट्स
C. अशोक	3. अमित्रघात
D. चाणक्य	4. विष्णुगुप्त

कूट

	A	B	C	D		A	B	C	D
(a)	2	3	4	1	(b)	1	3	2	4
(c)	2	3	1	4	(d)	3	4	2	1

उत्तर (c)

व्याख्या सही सुमेलन A-2, B-3, C-1, D-4 है।

ग्रीक एवं लैटिन लेखों में चंद्रगुप्त मौर्य को क्रमश: सेंड्रोकोट्स और एंड्रोकोटस के नाम से जाना जाता है।

चंद्रगुप्त मौर्य के पुत्र बिंदुसार को यूनानी लेखों में अमित्रोचेटस (जिसका संस्कृत रूपान्तरण अमित्रघात है) कहा गया है। अमित्रघात का अर्थ है-शत्रुओं का नाश करने वाला।

अशोक को उसके अभिलेखों में सामान्यत: देवानाम प्रिय (पियदस्सि) कहकर सम्बोधित किया गया है।

चाणक्य के बचपन का नाम विष्णुगुप्त (कौटिल्य) था। इन्होंने राजनीतिशास्त्र पर अर्थशास्त्र नामक प्रसिद्ध ग्रंथ की रचना की है।

3 चंद्रगुप्त मौर्य के संबंध में निम्नलिखित में से कौन-सा कथन सही नहीं है? *(Chap 14, Class-XI, Old NCERT)*

(a) ब्राह्मण परंपरा के अनुसार वह शूद्र था
(b) बौद्ध परंपरा के अनुसार वह क्षत्रिय था
(c) प्लूटार्क के अनुसार उसने साठ हजार की सेना लेकर पूरे भारत को रौंद दिया
(d) उसकी माता का नाम मुरा था, जो नंदों के रनवास में रहती थी

उत्तर (c)

व्याख्या चंद्रगुप्त मौर्य के संबंध में कथन (c) सही नहीं है, क्योंकि जस्टिन नामक यूनानी लेखक के अनुसार चंद्रगुप्त मौर्य ने अपनी 600000 सैनिकों की फौज लेकर सारे भारत को रौंद दिया था। चंद्रगुप्त मौर्य का साम्राज्य उत्तर-पश्चिम में ईरान (फारस) से लेकर पूर्व में बंगाल तक, उत्तर में कश्मीर से लेकर दक्षिण में उत्तरी कर्नाटक (मैसूर) तक फैला हुआ था।

4 निम्नलिखित वक्तव्य पर विचार कीजिए *(Chap 7, Class-VI, New NCERT)*

"सम्राट का, जनता के सामने आने के अवसरों पर शोभायात्रा के रूप में जश्न मनाया जाता है। उन्हें एक सोने की पालकी में ले जाया जाता है। उनके अंगरक्षक सोने और चाँदी से अलंकृत हाथियों पर सवार रहते हैं। कुछ अंगरक्षक पेड़ों को लेकर चलते हैं।"

उपर्युक्त वक्तव्य किसने, किसके बारे में दिया है?

(a) मेगस्थनीज़ ने चंद्रगुप्त के बारे में
(b) स्ट्रेबो ने बिंदुसार के बारे में
(c) चाणक्य ने अशोक के बारे में
(d) एरियन ने दशरथ के बारे में

उत्तर (a)

व्याख्या उपुर्यक्त वक्तव्य मेगस्थनीज़ ने चंद्रगुप्त मौर्य के बारे में दिया है। मेगस्थनीज़, चंद्रगुप्त मौर्य के दरबार में पश्चिम-एशिया के यूनानी राजा सेल्यूकस निकेटर का राजदूत था। मेगस्थनीज ने जो कुछ देखा उसका विवरण निम्न प्रकार दिया

"सम्राट का, जनता के सामने आने के अवसरों पर शोभायात्रा के रूप में जश्न मनाया जाता है। उन्हें एक सोने की पालकी में ले जाया जाता है। उनके अंगरक्षक सोने और चाँदी से अलंकृत हाथियों पर सवार रहते हैं। कुछ अंगरक्षक पेड़ों को लेकर चलते हैं। इन पेड़ों पर प्रशिक्षित तोतों का एक झुंड रहता है, जो सम्राट के सिर के चारों तरफ चक्कर लगाता रहता है। राजा सामान्यत: हथियारबंद महिलाओं से घिरे होते हैं। वे हमेशा इस बात से डरे रहते हैं कि कहीं कोई उनकी हत्या करने की कोशिश न करे। उनके खाना खाने के पहले खास नौकर उस खाने को चखते हैं। वे लगातार दो रात एक ही कमरे में नहीं सोते थे।"

5 चंद्रगुप्त मौर्य द्वारा स्थापित मौर्य साम्राज्य में भारत का कौन-सा क्षेत्र शामिल नहीं था? *(Chap 14, Class-XI, Old NCERT)*

1. बिहार
2. उड़ीसा (ओडिशा)
3. तमिलनाडु
4. पूर्वोत्तर भारत
5. बंगाल

कूट

(a) 2, 3 और 5 (b) 3 और 4 (c) 3, 4 और 5 (d) 1, 2 और 4

उत्तर (b)

व्याख्या चंद्रगुप्त मौर्य द्वारा स्थापित मौर्य साम्राज्य में भारत का तमिलनाडु तथा पूर्वोत्तर भारत का क्षेत्र शामिल नहीं था। चंद्रगुप्त द्वारा स्थापित साम्राज्य में पूरे बिहार तथा उड़ीसा (ओडिशा) और बंगाल के बड़े भागों के अतिरिक्त पश्चिमी और उत्तर-पश्चिम भारत और दक्कन के क्षेत्र शामिल थे। उत्तर-पश्चिम में तो मौर्यों का आधिपत्य कई ऐसे क्षेत्रों पर भी था, जो ब्रिटिश साम्राज्य में शामिल नहीं थे।

6 मौर्य साम्राज्य के संबंध में निम्नलिखित कथनों पर विचार कीजिए *(Chap 14, Class-XI, Old NCERT)*

1. मौर्य साम्राज्य के विस्तार की जानकारी 'इंडिका' तथा 'अर्थशास्त्र' से मिलती है।
2. मेगस्थनीज ने पाटलिपुत्र के शासन का वर्णन किया है।

उपर्युक्त में से कौन-सा/से कथन सही है/हैं?

(a) केवल 1
(b) 1 और 2
(c) केवल 2
(d) न तो 1 और न ही 2

उत्तर (b)

व्याख्या मौर्य साम्राज्य के संबंध में दोनों कथन सही हैं। मौर्य साम्राज्य के विस्तार की जानकारी हमें मेगास्थनीज की पुस्तक 'इंडिका' और कौटिल्य के 'अर्थशास्त्र' से मिलती है। मेगास्थनीज ने पाटलिपुत्र के साथ-साथ मौर्य साम्राज्य के शासन का वर्णन किया है। मेगास्थनीज यूनान का राजदूत था, उसे सेल्यूकस ने चंद्रगुप्त मौर्य के दरबार में भेजा था।

7 मौर्य साम्राज्य की स्थापना के संदर्भ में निम्नलिखित कथनों में से कौन-सा सही नहीं है? *(Chap 5, Class-VI, Old NCERT)*

(a) मौर्यों से पूर्व मगध पर नंद वंश का शासन था
(b) उत्तर भारत में मगध सबसे शक्तिशाली राज्य था
(c) चंद्रगुप्त ने घनानंद को पराजित किया था
(d) घनानंद नंद वंश का लोकप्रिय राजा था

उत्तर *(d)*

व्याख्या मौर्य साम्राज्य की स्थापना के संदर्भ में कथन (d) सही नहीं है, क्योंकि घनानंद नंद वंश का लोकप्रिय नहीं, बल्कि अलोकप्रिय राजा था।

चंद्रगुप्त ने अपनी सेना का संगठन किया और नंद राजा घनानंद को सिंहासन से उतार दिया, जिसका लोगों ने स्वागत किया। ईसा पूर्व चौथी सदी में मगध पर नंद राजाओं का शासन था। वह उत्तर भारत का सबसे शक्तिशाली राज्य था।

नंद राजाओं ने करों की वसूली से अपार संपत्ति एकत्र कर ली थी और उनके पास एक विशाल सेना भी थी, परंतु वे कुशल शासक नहीं थे।

8 चंद्रगुप्त मौर्य से संबंधित निम्नलिखित कथनों पर विचार कीजिए *(Unit 4, Class-XI, Tamil Nadu Board)*

1. चंद्रगुप्त मौर्य को शासन में सलाह तथा सहायता राजनीतिक चातुर्यशील व्यक्ति चाणक्य द्वारा दी गई।
2. समकालीन जैन और बौद्ध ग्रंथों में चाणक्य का स्पष्ट उल्लेख मिलता है।
3. लोकप्रिय मौखिक परंपरा चंद्रगुप्त मौर्य और उसके शासनकाल की महानता का श्रेय चाणक्य की बुद्धि और प्रतिभा को देती है।
4. चाणक्य, जिन्हें कौटिल्य और विष्णुगुप्त के नाम से भी जाना जाता है, नंदों के कट्टर विरोधी थे।

उपर्युक्त में से कितने कथन सही है/हैं?

(a) केवल एक (b) केवल दो (c) केवल तीन (d) सभी चारो

उत्तर *(c)*

व्याख्या चंद्रगुप्त मौर्य से संबंधित दिए गए कथनों में केवल तीन कथन (1, 3 और 4) सही हैं।

चंद्रगुप्त मौर्य स्पष्ट रूप से एक महान शासक थे, जिन्होंने अपने व्यापक साम्राज्य पर शासन करने के लिए एक मजबूत प्रशासनिक तंत्र का विकास किया था। चाणक्य राजनीतिक प्रशासन में अत्यन्त विवेकशील तथा चतुर व्यक्ति थे, जिन्होंने चन्द्रगुप्त मौर्य को शासन संचालन की सलाह तथा सहायता दी।

लोकप्रिय मौखिक परंपरा चंद्रगुप्त और उसके शासनकाल की महानता का श्रेय चाणक्य की बुद्धि और प्रतिभा को देती है। चाणक्य, जिन्हें कौटिल्य और विष्णुगुप्त के नाम से भी जाना जाता है, एक ब्राह्मण थे और नंदों के कट्टर विरोधी थे। उन्हें नंदों को उखाड़ फेंकने और चंद्रगुप्त मौर्य को मगध का सम्राट बनाने में सहायता करने की रणनीति तैयार करने का श्रेय दिया जाता है।

कथन (2) सही नहीं है, क्योंकि समकालीन जैन और बौद्ध ग्रंथों में चाणक्य का शायद ही कोई उल्लेख मिलता है।

9 बिंदुसार के संबंध में निम्नलिखित में से कौन-सा कथन सही नहीं है? *(Class-XI, Old NCERT)*

(a) बिंदुसार ने 25 वर्षों तक शासन किया और उनकी मृत्यु 272 ईसा पूर्व में हुई थी
(b) अशोक बिंदुसार द्वारा चुना हुआ उत्तराधिकारी था
(c) बिंदुसार ने पश्चिम एशिया के यूनानी राज्यों के साथ अपने पिता की घनिष्ठ बातचीत की परंपरा को जारी रखा
(d) उसने अपने पुत्रों को साम्राज्य के विभिन्न प्रांतों के वायसराय के रूप में नियुक्त किया था

उत्तर *(b)*

व्याख्या बिंदुसार के संबंध में कथन (b) सही नहीं है, क्योंकि अशोक उनका चुना हुआ उत्तराधिकारी नहीं था। बिंदुसार की मृत्यु के दौरान अशोक तक्षशिला और उज्जैन का राज्यपाल था।

सत्ता के हुए संघर्ष में अशोक ने अपने भाईयों को हराकर लगभग 268 ई. पू. में सत्ता हासिल की। यह तथ्य इस बात का द्योतक है कि अशोक अपने पिता द्वारा चुना हुआ उत्तराधिकारी नहीं था।

10 बिंदुसार के संबंध में निम्नलिखित कथनों पर विचार कीजिए *(Chap 5, Class-VI, Old NCERT)*

1. बिंदुसार के शासनकाल में साम्राज्य दक्षिण में मैसूर तक फैल गया था।
2. बिंदुसार की दक्षिण के राज्यों के साथ मैत्री थी।
3. केवल कलिंग प्रदेश (ओडिशा) और सुदूर दक्षिण के राज्य उसके साम्राज्य में नहीं थे।

उपर्युक्त में से कौन-सा/से कथन सही है/हैं?

(a) केवल 1
(b) 1, 2 और 3
(c) 2 और 3
(d) केवल 2

उत्तर *(b)*

व्याख्या बिंदुसार के संबंध में सभी कथन सही हैं।

बिंदुसार के शासनकाल में मौर्य साम्राज्य दक्षिण में मैसूर तक फैल गया था, इस प्रकार उसके साम्राज्य में लगभग पूरा देश शामिल था। बिंदुसार की दक्षिण के राज्यों के साथ मैत्री थी, इसलिए उसने उन राज्यों पर कभी आक्रमण नहीं किया था।

बिंदुसार के काल में केवल कलिंग प्रदेश (ओडिशा) और सुदूर दक्षिण के राज्य ही उसके साम्राज्य में नहीं थे। कलिंग के लोग मौर्य के अधीन नहीं रहना चाहते थे, इसलिए अशोक को उन पर आक्रमण करना पड़ा।

11 राजा अशोक पर दिए गए कथनों पर विचार कीजिए तथा नीचे कूट की सहायता से सही उत्तर का चयन कीजिए *(Chap 7, Class-VI , New NCERT)*

1. अशोक मगध महाजनपद के एक प्रसिद्ध शासक थे।
2. अशोक के अभिलेख पालि भाषा और ब्राह्मी लिपि में थे।
3. अशोक अकेले एक ऐसे राजा थे, जिन्होंने युद्ध जीतने के बाद विजित प्रदेश का त्याग कर दिया था।

कूट

(a) केवल 1
(b) 1, 2 और 3
(c) केवल 3
(d) 2 और 3

उत्तर *(c)*

व्याख्या राजा अशोक के संदर्भ में कथन (3) सही है। कलिंग तटवर्ती उड़ीसा का प्राचीन नाम है। अशोक ने कलिंग को जीतने के लिए एक युद्ध लड़ा, लेकिन युद्धजनित हिंसा और खून-खराबा देखकर उन्हें युद्ध से वितृष्णा हो गई। उन्होंने निर्णय लिया कि वे भविष्य में कभी युद्ध नहीं करेंगे। इस प्रकार अशोक अकेले एक ऐसे राजा थे, जिन्होंने युद्ध जीतने के बाद विजित प्रदेश का त्याग कर दिया था।

कथन (1) और (2) सही नहीं है, क्योंकि अशोक मगध महाजनपद के नहीं, बल्कि मौर्य वंश के सबसे प्रसिद्ध शासक थे। वे ऐसे पहले शासक थे, जिन्होंने अभिलेखों द्वारा जनता तक अपने संदेश पहुँचाने की कोशिश की। अशोक के ज्यादातर अभिलेख प्राकृत भाषा और ब्राह्मी लिपि में हैं न कि पालि भाषा में।

12 **निम्नलिखित कथनों पर विचार कीजिए**

(Chap 2, Class-XII, New NCERT) (HPSC Pre 2023)

कथन I 'धम्म' संस्कृत शब्द 'धर्म' का प्राकृत रूप है, जिसके संदर्भ में अर्थ बताते हुए, सार्वजनिक नियम या धर्म परायणता या सामाजिक विस्तार एवं धार्मिक क्रम हिंदू समाज में पाया जाता है।

कथन II अशोक द्वारा बौद्ध धर्म के लिए 'धम्म' शब्द का प्रचार किया गया था, जब उसने उसे लागू किया और इसका प्रचार करना प्रारंभ किया।

उपर्युक्त कथनों के प्रकाश में नीचे दिए गए विकल्पों में से सही उत्तर का चयन कीजिए

(a) कथन I और II दोनों सही हैं
(b) कथन I और II दोनों गलत हैं
(c) कथन I सही है, किन्तु कथन II गलत है
(d) कथन I गलत है, किन्तु कथन II सही है
(e) अनुत्तरित प्रश्न

उत्तर *(c)*

व्याख्या कथन I सही है, किन्तु कथन II गलत है।

'धम्म' संस्कृत शब्द 'धर्म' का प्राकृत रूप है, जिसके संदर्भ में अर्थ बताते हुए, सार्वजनिक नियम या धर्म परायणता या सामाजिक विस्तार एवं धार्मिक क्रम हिंदू समाज में पाया जाता है।

अशोक ने धम्म नीति का अनुप्रयोग अपने जीवनकाल में कलिंग युद्ध के पश्चात् किया। उसने हिंसात्मक मार्ग का परित्याग कर दिया। अशोक ने बौद्ध धर्म के प्रचार-प्रसार के लिए नहीं, बल्कि वैश्विक शांति के लिए अहिंसा का मार्ग प्रशस्त करने हेतु 'धम्म' का प्रचार-प्रसार किया।

13 **सम्राट अशोक के संबंध में निम्नलिखित कथनों पर विचार कीजिए**

(Chap 14, Class-XI, Old NCERT)

1. बौद्ध परंपरा के अनुसार उसने 99 भाइयों की हत्या की थी।
2. अभिलेखों में उसका नाम 'देवानांप्रिय प्रियदस्सि' मिलता है।
3. अशोक के अभिलेख केवल शिलाओं पर उत्कीर्ण मिलते हैं।

उपर्युक्त में से कौन-सा/से कथन सही है/हैं?

(a) केवल 1 (b) केवल 2
(c) 1 और 2 (d) 1, 2 और 3

उत्तर *(c)*

व्याख्या सम्राट अशोक के संबंध में कथन (1) और (2) सही हैं।

बौद्ध परंपरा के अनुसार अशोक अपने आरंभिक जीवन में अति क्रूर था। अपने 99 भाइयों की हत्या करके वह राजगद्दी पर बैठा था।

प्रथम लघु अभिलेख को छोड़कर अन्य सभी अभिलेखों में अशोक को 'देवानांप्रिय प्रियदस्सि' (देवों का प्यारा) नाम से संबोधित किया गया है।

कथन (3) सही नहीं है, क्योंकि अशोक के अभिलेख केवल शिलाओं पर उत्कीर्ण नहीं हैं, बल्कि ये गुहालेख के रूप में भी पाए गए हैं, जैसे बराबर पहाड़ियों पर बनी गुफाओं पर उत्कीर्ण अभिलेख। अशोक के अभिलेखों को पाँच श्रेणियों में बाँटा गया है—दीर्घ शिलालेख, लघु शिलालेख, पृथक् शिलालेख, दीर्घ स्तंभलेख और लघु स्तंभलेख।

14 **निम्नलिखित में से कौन-सा युग्म सही सुमेलित नहीं है?**

(Chap 14, Class-XI, Old NCERT)

अशोक के अभिलेख		विवरण
(a) प्रथम शिलालेख	—	पशुबलि की निंदा
(b) चौथा शिलालेख	—	भेरी घोष की जगह धम्मघोष की घोषणा
(c) छठा शिलालेख	—	तीर्थ यात्राओं का उल्लेख
(d) नौवाँ शिलालेख	—	शिष्टाचार का उल्लेख

उत्तर *(c)*

व्याख्या दिए गए युग्मों में से युग्म (c) सही सुमेलित नहीं है, क्योंकि अशोक के छठे शिलालेख में आत्म-नियंत्रण की शिक्षा दी गई है, बल्कि इसके के सातवें और आठवें शिलालेख में अशोक की तीर्थ यात्राओं का उल्लेख किया गया है।

15 **अशोक के अभिलेखों के संदर्भ में निम्नलिखित कथनों पर विचार कीजिए**

(Chap 14, Class-XI, Old NCERT)

1. उसने प्रजा को संबोधित करने के लिए अभिलेखों का सहारा लिया।
2. अशोक के अभिलेख केवल ब्राह्मी लिपि में लिखित हैं।
3. अशोक के अभिलेख अभी तक 45 स्थानों में कुल 182 पाठांतरों से पाए गए हैं।

उपर्युक्त में से कौन-सा/से कथन सही है/हैं?

(a) 1 और 2 (b) 1, 2 और 3
(c) 1 और 3 (d) केवल 2

उत्तर *(c)*

व्याख्या अशोक के अभिलेखों के संदर्भ में कथन (1) और (3) सही हैं।

अशोक ने प्रजा को संबोधित करने के लिए अभिलेखों का सहारा लिया था। अशोक के अभिलेख शिलाओं पर, पत्थर के पॉलिशदार शीर्षयुक्त स्तंभों पर, गुफाओं में और एक स्थान से प्राप्त मिट्टी के कटोरे पर भी उत्कीर्ण हैं।

अशोक के अभिलेख अभी तक 45 स्थानों में कुल 182 पाठांतरों से पाए गए हैं। ये न केवल भारतीय उपमहाद्वीप में हैं, अपितु अफगानिस्तान में भी पाए गए हैं।

कथन (2) सही नहीं है, क्योंकि अशोक के अभिलेख ब्राह्मी, खरोष्ठी, अरमाइक और ग्रीक लिपि में लिखित हैं। अशोक के प्राकृत भाषा में रचे अभिलेख साम्राज्य के अधिकांश भागों में ब्राह्मी लिपि में लिखित हैं, किंतु पश्चिमोत्तर भाग में वे खरोष्ठी और अरमाइक लिपियों में लिखित हैं और अफगानिस्तान में इनकी भाषा और लिपि अरमाइक और यूनानी दोनों हैं।

16 **सम्राट अशोक के कलिंग युद्ध के संदर्भ में निम्नलिखित में से कौन-सा कथन सही नहीं है?**

(Chap 14, Class-XI, Old NCERT)

(a) अशोक ने अपने जीवन में केवल कलिंग युद्ध में भाग लिया था
(b) कलिंग युद्ध के संबंध में अशोक के अभिलेख में शतसहस्र शब्द का प्रयोग किया गया है
(c) कलिंग युद्ध अशोक के राज्याभिषेक के आठ वर्ष बाद हुआ था
(d) इस युद्ध का वर्णन ग्यारहवें शिलालेख में मिलता है

उत्तर *(d)*

व्याख्या सम्राट अशोक के कलिंग युद्ध के संदर्भ में कथन (d) सही नहीं है, क्योंकि सम्राट अशोक के कलिंग युद्ध का वर्णन 13वें शिलालेख में मिलता है। इस युद्ध में 1,00,000 लोग मारे गए, कई लाख लोग घायल हुए और 1,59,000 बंदी बनाए गए। इस युद्ध में हुए भारी नरसंहार से अशोक का हृदय दु:खी हुआ। इस युद्ध के कारण ब्राह्मण, पुरोहितों और बौद्ध भिक्षुओं को भी बहुत कष्ट झेलने पड़े, जिससे अशोक को गहरी व्यथा और पश्चाताप हुआ। इसलिए उसने दूसरे राज्यों पर भौतिक विजय पाने की नीति छोड़कर सांस्कृतिक विजय पाने की नीति अपनाई।

17 **निम्नलिखित में से किन स्थानों पर अशोक के शिलालेख प्राप्त नहीं हुए हैं?**

(Chap 8, Class-VI, New NCERT)

1. कंधार 2. दरभंगा 3. ब्रह्मगिरि
4. सारनाथ 5. वाराणसी

कूट

(a) 1, 2, 3 और 4 (b) 2 और 3
(c) 2 और 5 (d) 1 और 5

उत्तर *(c)*

व्याख्या दरभंगा और वाराणसी में अशोक के शिलालेख प्राप्त नहीं हुए हैं। अशोक के शिलालेख कंधार, ब्रह्मगिरि, सारनाथ, टोपरा, कलसी, लुंबिनी, रामपुरवा, प्रयागराज, साँची, पनगुरिया, मस्की, धौली, जौगड़ आदि क्षेत्र से प्राप्त हुए हैं।

18 सूची I को सूची II से सुमेलित कीजिए

(Chap 8, Class-XI, New NCERT)

सूची I (अभिलेख प्राप्ति स्थान)	सूची II (अवस्थिति)
A. बहापुर	1. ओडिशा
B. जौगड़	2. दिल्ली
C. रामपुरवा	3. महाराष्ट्र
D. सोपारा	4. बिहार

कूट

	A	B	C	D		A	B	C	D
(a)	1	2	3	4	(b)	2	1	4	3
(c)	4	3	2	1	(d)	3	4	1	2

उत्तर *(b)*

व्याख्या सही सुमेलन A-2, B-1, C-4, D-3 है।

बहापुर अभिलेख दिल्ली में, जौगड़ अभिलेख ओडिशा में, रामपुरवा अभिलेख बिहार में तथा सोपारा अभिलेख महाराष्ट्र में अवस्थित है। ये सभी अभिलेख अशोक द्वारा स्थापित हैं। अशोक के अभिलेख प्राय: ब्राह्मी लिपि तथा प्राकृत भाषा में उत्कीर्ण हैं।

बहापुर अभिलेख में अशोक ने लोगों को बौद्ध जीवन अपनाने का व्यक्तिगत संदेश दिया है।

जौगड़ अभिलेख में कलिंग युद्ध के बाद की स्थिति पर अशोक ने पश्चाताप व्यक्त किया था।

सोपारा अभिलेख से यह प्रमाणित हुआ है कि अशोक के साम्राज्य की सीमा पश्चिमी समुद्र तट तक थी।

रामपुरवा अभिलेख में अशोक की धार्मिक घोषणाएँ तथा धार्मिक कार्यों का विवरण है।

19 निम्नलिखित युग्मों पर विचार कीजिए

(Chap 2, Class-XII, New NCERT) (IAS Pre 2022)

अशोक के प्रमुख शिलालेखों के स्थान		वह स्थान जिस राज्य में हैं
1. धौली	—	ओडिशा
2. एर्रगुडी	—	आंध्र प्रदेश
3. जौगड़	—	मध्य प्रदेश
4. कालसी	—	कर्नाटक

उपर्युक्त युग्मों में से कौन-सा/से युग्म सही सुमेलित है/हैं?

(a) केवल 1 (b) 1 और 2
(c) 1, 2 और 3 (d) ये सभी

उत्तर *(b)*

व्याख्या दिए गए युग्मों में से युग्म (1) और (2) सही सुमेलित हैं।

धौली शिलालेख ओडिशा के भुवनेश्वर में अवस्थित है। यह ब्राह्मी लिपि (धम्मलिपि) में लिखा गया है। इसकी खोज 1837 ई. में की गई थी।

एर्रगुडी शिलालेख आंध्र प्रदेश के कुर्नूल जिले में स्थित है। यह ब्राह्मी (धम्मलिपि) लिपि में लिखा गया है। इसकी खोज वर्ष 1916 में की गई थी।

युग्म (3) और (4) सही सुमेलित नहीं हैं, क्योंकि जौगड़ शिलालेख ओडिशा के गंजाम जिले में स्थित है। यह भी ब्राह्मी लिपि में लिखा गया है। इसकी खोज 1850 ई. में हुई थी।

कालसी शिलालेख कर्नाटक में नहीं, बल्कि उत्तराखण्ड के देहरादून जिले में स्थित है। इसे भी ब्राह्मी लिपि में लिखा गया है। इसकी खोज 1837 ई. में हुई थी।

20 अशोक के शिलालेख देश के आंतरिक क्षेत्रों के साथ-साथ साम्राज्य के बाह्य क्षेत्रों में पाए गए हैं। निम्न में से कौन-सा विकल्प सही है, जहाँ ये शिलालेख पाए गए हैं?

(Chap 7, Class-VI , New NCERT)

(a) कालीबंगा, चन्हूदड़ो, धौलावीरा, मोहनजोदड़ो
(b) जौगढ़, मस्की, टोपरा, लम्पक
(c) गंवेरीवाला, इनामगाँव, दाओजली हेडिंग
(d) हुँस्गी, भीमबेटका, कुर्नूल, पोचमपल्ली

उत्तर *(b)*

व्याख्या दिए गए विकल्पों में से अशोक के शिलालेख जौगढ़, मस्की, टोपरा, लम्पक आदि स्थानों से प्राप्त हुए हैं।

जौगढ़ शिलालेख गंजाम (ओडिशा) में, मस्की रायचूर (कर्नाटक) में, टोपरा हरियाणा में तथा लम्पक शिलालेख अफगानिस्तान में स्थित है।

जौगढ़ एक वृहद् शिलालेख है, जबकि मस्की लघु शिलालेख तथा टोपरा एक स्तम्भ लेख है। टोपरा स्तम्भ लेख प्रारंभ में हरियाणा के अंबाला जिले में टोपरा नामक गाँव में स्थित था, जिसे फिरोज तुगलक द्वारा दिल्ली लाया गया। यह एकमात्र ऐसा स्तंभ लेख है, जिस पर अशोक के सातों स्तम्भ लेख उत्कीर्ण हैं।

21 कलिंग युद्ध के पश्चात् अशोक द्वारा अपनाए गए 'धम्म' के संबंध में निम्नलिखित कथनों पर विचार कीजिए

(Chap 8, Class-VI, New NCERT)

1. उसका मानना था कि 'धम्म' के माध्यम से लोगों का दिल जीता जा सकता है।
2. वह चाहता था कि उसके बाद उसके उत्तराधिकारी भी युद्ध के स्थान पर धम्म का पालन करें।

उपर्युक्त में से कौन-सा/से कथन सही है/हैं?

(a) केवल 1 (b) केवल 2
(c) 1 और 2 दोनों (d) न तो 1 और न ही 2

उत्तर *(c)*

व्याख्या कलिंग युद्ध के पश्चात् अशोक द्वारा अपनाए गए 'धम्म' के संबंध में दोनों कथन सही हैं।

कलिंग युद्ध के पश्चात् अशोक ने माना कि धम्म के माध्यम से लोगों का दिल जीतना बलपूर्वक विजय पाने से अधिक अच्छा है।

कलिंग युद्ध के पश्चात् अशोक चाहता था कि उसके बाद उसके उत्तराधिकारी भी युद्ध के स्थान पर धम्म नीति का पालन करें। इसके लिए उसने भविष्य के लिए अभिलेखों में धम्म नीति की चर्चा की।

22 निम्नलिखित कथनों पर विचार कीजिए

(Chap 8, Class-VI, New NCERT)

1. अशोक ने अपने संदेश कई स्थानो पर शिलाओं और स्तंभों पर उत्कीर्ण करवाए।
2. अशोक ने अधिकारियों को निर्देशित किया कि वे राजा के संदेशों को उन लोगों को पढ़कर सुनाएँ, जो स्वयं पढ़ नहीं सकते।
3. अशोक ने सीरिया, मिस्र, ग्रीस तथा श्रीलंका में भी दूत भेजे।

उपर्युक्त में से कौन-सा/से कथन सही है/हैं?

(a) 1 और 2 (b) 1, 2 और 3
(c) केवल 3 (d) केवल 2

उत्तर *(b)*

व्याख्या दिए गए सभी कथन सही हैं।

अशोक ने अपने धम्म के प्रचार-प्रसार के लिए अपने संदेश कई स्थानों पर शिलाओं और स्तंभों पर उत्कीर्ण करवाए।

अशोक ने अपने अधिकारियों को यह निर्देश दिया कि वे राजा के संदेश को उन लोगों को पढ़कर सुनाए, जो स्वयं पढ़ नहीं सकते हैं, इसके लिए धम्म महामात्र नामक नए अधिकारी की नियुक्ति की गई।

अशोक ने धम्म के विचारों को प्रसारित करने के लिए सीरिया, मिस्र, ग्रीस तथा श्रीलंका में भी दूत भेजे।

23 अशोक द्वारा प्रयोग की गई कौन-सी लिपि से भारत में अनेक लिपियों का विकास हुआ था? *(Chap 8, Class-VI, New NCERT)*

(a) खरोष्ठी (b) अरमाइक (c) ब्राह्मी (d) रोमन

उत्तर (c)

व्याख्या अशोक द्वारा प्रयोग की गई ब्राह्मी लिपि से देवनागरी, बांग्ला, मलयालम तथा तमिल लिपियों का विकास हुआ था। अशोक की अधिकांश राजाज्ञाएँ ब्राह्मी लिपि में हैं। उस समय भारत के अनेक प्रदेशों में ब्राह्मी लिपि का प्रचलन था। अशोक के अभिलेखों की भाषा सामान्यत: प्राकृत है। यह आम जनता की भाषा थी, जबकि संस्कृत भाषा ऊँची जातियों के शिक्षित लोगों द्वारा बोली जाती थी।

24 अशोक से संबंधित निम्नलिखित कथनों में से कौन-सा कथन सही नहीं है? *(Chap 5, Class-VI, Old NCERT)*

(a) वह मनुष्यों और पशुओं की हत्या पर रोक लगाने के विरुद्ध था
(b) वह धार्मिक सौहार्द का पक्षधर था
(c) उसने युद्ध न करने का वचन दिया था
(d) उसने धार्मिक अनुष्ठानों में पशुओं की बलि पर प्रतिबंध लगाया

उत्तर (a)

व्याख्या अशोक के संदर्भ में कथन (a) सही नहीं है, क्योंकि अशोक मनुष्यों और पशुओं की हत्या पर रोक लगाना चाहता था, इसलिए उसने युद्ध न करने का वचन दिया था। उसने धार्मिक अनुष्ठानों में पशुओं की बलि देने पर प्रतिबंध लगाया, क्योंकि वह इसे क्रूर कार्य समझता था। वह यह भी चाहता था कि लोग मांस न खाएँ। उस समय उसके अपने रसोईघर में प्रतिदिन दो मोर और एक हिरन राजा के लिए पकाए जाते थे, इस पर भी उसने रोक लगा दी थी।

25 निम्नलिखित कथनों पर विचार कीजिए *(Chap 5, Class-VI, Old NCERT)*

1. अशोक के उत्तराधिकारी दुर्बल थे, जिसके कारण साम्राज्य का पतन प्रारंभ हो गया।
2. अति केंद्रीयकृत प्रशासन के कारण मौर्य साम्राज्य का पतन हो गया।

उपर्युक्त में से कौन-सा/से कथन सही है/हैं?

(a) केवल 1 (b) केवल 2
(c) 1 और 2 (d) न तो 1 और न ही 2

उत्तर (c)

व्याख्या दिए गए दोनों कथन सही हैं।

अशोक के शासनकाल के पश्चात् मौर्य साम्राज्य का विघटन आरंभ हो गया, क्योंकि अशोक के उत्तराधिकारी दुर्बल थे और वे साम्राज्य का शासन अच्छी तरह संभाल न सके। अति केंद्रीयकृत प्रशासन के कारण मौर्य साम्राज्य के विभिन्न प्रांत अलग होने लगे और अंत में स्वतंत्र बन गए।

26 नीचे दो कथन दिए गए हैं; एक को कथन (A) **और दूसरे को कारण** (R) **के रूप में चिह्नित किया गया है।** *(Chap 8, Class-VI, New NCERT) (HPSC Pre 2023)*

कथन (A) **मौर्य साम्राज्य का पतन अशोक के बाद प्रारम्भ हो गया।**

कारण (R) **अशोक ने धम्मविजय की नीति का अनुसरण किया और अपनी सेना विघटित कर दी।**

उपर्युक्त कथनों के आलोक में नीचे दिए गए विकल्पों में सबसे उपयुक्त उत्तर का चयन कीजिए

(a) A और R दोनों सही हैं तथा R, A की सही व्याख्या है
(b) A और R दोनों सही हैं, परंतु R, A की सही व्याख्या नहीं है
(c) A सही है, किंतु R गलत है
(d) A गलत है, किंतु R सही है
(e) अनुत्तरित प्रश्न

उत्तर (c)

व्याख्या A सही है, किंतु R गलत है।

मौर्य समाज के पतन के लिए उसके कमजोर उत्तराधिकारियों को मुख्य रूप से जिम्मेदार माना जाता था। अशोक की मृत्यु के पश्चात् मौर्य शासक उतने अधिक सक्षम सिद्ध नहीं हुए, जो विशाल मौर्य साम्राज्य को संभाल सकें। इस कारण मौर्य साम्राज्य का शीघ्र विघटन प्रारम्भ हो गया। उत्तराधिकारियों के आपसी संघर्ष के कारण इनकी दुर्बलता सार्वजनिक होने लगी थी। अशोक ने धम्मविजय की नीति का अनुसरण कलिंग युद्ध के पश्चात् ही प्रारंभ कर दिया था। उसने भविष्य में कभी भी युद्ध न करने का निर्णय लिया, परंतु मौर्य साम्राज्य की सुरक्षा के उद्देश्य से अशोक ने अपनी सेना विघटित नहीं की थी।

27 हजारों वर्ष पूर्व पहले लोगों ने रेशम मार्ग (सिल्क रूट) की यात्रा किस माध्यम से की? *(Chap 7, Class-VI, New NCERT)*

1. पैदल 2. घोड़े की सवारी
3. ऊँट की सवारी 4. बैलगाड़ी

कूट

(a) 1, 2 और 3 (b) 1, 2 और 4
(c) 1, 3 और 4 (d) 2, 3 और 4

उत्तर (a)

व्याख्या हजारों वर्ष पूर्व लोगों ने रेशम मार्ग (सिल्क रूट) की यात्रा पैदल घोड़े की सवारी और ऊँट की सवारी से की थी।

चीन ने सर्वप्रथम रेशम बनाने की तकनीक का आविष्कार किया। चीन द्वारा उपयोग की जाने वाली विधि को हजारों वर्षों तक गुप्त रखा गया था। चीन के जो लोग पैदल, घोड़े की सवारी व ऊँटों की सवारी करते हुए दूरस्थ देशों में गए थे वे अपने साथ रेशम लेकर गए थे। उन्होंने जिन रास्तों का अनुसरण किया, उन्हें सिल्क रूट के नाम से जाना जाने लगा। कालांतर में रेशम मार्ग को कुषाणों द्वारा नियंत्रित किया जाता था, जिन्होंने लगभग 2000 वर्ष पहले मध्य एशिया एवं उत्तर-पश्चिम भारत पर शासन किया था।

प्रशासन/अर्थव्यवस्था/समाज/कला

28 मौर्यकालीन अधिकारियों के संबंध में निम्नलिखित कथनों पर विचार कीजिए *(Chap 14, Class-XI, Old NCERT)*

1. 'धम्ममहामात्र' को पुरस्कार तथा दंड देने का अधिकार था।
2. समाज में धर्म का प्रचार करने के लिए 'राजूक' नामक अधिकारी की नियुक्ति की गई थी।
3. शीर्षस्थ अधिकारी को 'तीर्थ' कहा जाता था।

उपर्युक्त में से कौन-सा/से कथन सही है/हैं?

(a) केवल 3 (b) 1 और 2
(c) 1, 2 और 3 (d) केवल 2

उत्तर (a)

व्याख्या मौर्यकालीन अधिकारियों के संबंध में कथन (3) सही है।

मौर्यकालीन अधिकारियों में शीर्षस्थ अधिकारियों को 'तीर्थ' कहा जाता है इनकी संख्या 18 थी। अधिकतर स्थानों पर इन्हें 'महामात्य' भी कहा जाता था सबसे महत्त्वपूर्ण तीर्थ या महामात्य 'मंत्री' और 'पुरोहित' थे। इनका साम्राज्य के अन्य अधिकारियों पर प्रत्यक्ष नियंत्रण होता था।

कथन (1) और (2) सही नहीं हैं, क्योंकि अशोक ने नारी सहित समाज के विभिन्न वर्गों के बीच धर्म का प्रचार करने के लिए राजूक को नहीं, बल्कि धम्म महामात्र नियुक्त किए। धम्म महामात्र को दंड देने का अधिकार नहीं था।

मौर्यकालीन समाज में न्याय कार्य करने के लिए राजूकों की भी नियुक्ति की गई। इन्हें कर संग्रह के अधिकार भी प्राप्त थे। इनके द्वारा शतसहस्र प्राणियों पर भी शासन करने का उल्लेख मिलता है।

29 मौर्यकालीन प्रशासनिक व्यवस्था के संबंध में निम्नलिखित में से कौन-सा कथन सही नहीं है? *(Chap 15, Class-XI, Old NCERT)*

(a) समाहर्ता राजकीय कोषागार का संरक्षक होता था
(b) सन्निघात भंडारागार का संरक्षक होता था
(c) प्रशासन के शीर्ष पर सम्राट होता था
(d) केंद्रीय प्रशासन प्रांतों में विभाजित था

उत्तर (a)

व्याख्या मौर्यकालीन प्रशासनिक व्यवस्था के संबंध में कथन (a) सही नहीं है, क्योंकि मौर्यकालीन प्रशासनिक व्यवस्था में समाहर्ता कर निर्धारण का सर्वोच्च अधिकारी होता था, जिसे वित्तमंत्री भी कहते थे।

राज्य को समाहर्ता के चलते जो नुकसान होता था, उसे अधिक महत्त्व दिया जाता था। कर निर्धारण का ऐसा विशद संगठन पहली बार मौर्यकाल में ही देखा जाता है।

30 निम्नलिखित कथनों पर विचार कीजिए *(Chap 7, Class-VI, New NCERT)*

कथन I सम्राटों को अधिक संसाधनों की जरूरत थी, क्योंकि उनका साम्राज्य बड़ा था और उसकी सुरक्षा के लिए एक बड़ी सेना चाहिए थी।

कथन II करों एवं शुल्कों को एकत्र करने के लिए अधिक संख्या में अधिकारी नियुक्त किए गए।

उपर्युक्त कथनों के विषय में, निम्नलिखित में से कौन-सा एक सही है?

(a) कथन I और कथन II दोनों सही हैं तथा कथन II, कथन I की सही व्याख्या है
(b) कथन I और कथन II दोनों सही हैं, परन्तु कथन II, कथन I की सही व्याख्या नहीं है
(c) कथन I सही है, किंतु कथन II गलत है
(d) कथन I गलत है, किंतु कथन II सही है

उत्तर (a)

व्याख्या कथन I और कथन II दोनों सही हैं तथा कथन II, कथन I की सही व्याख्या है।

सम्राटों को अधिक संसाधनों की जरूरत थी, क्योंकि उनका साम्राज्य बड़ा था और उसकी सुरक्षा के लिए एक बड़ी सेना चाहिए थी। साम्राज्य का विस्तार वृहद् क्षेत्र पर था, जहाँ राजस्व को इकट्ठा करने तथा संसाधनों की उपलब्धता सुनिश्चित करने के लिए शासक द्वारा अधिक संख्या में अधिकारियों की नियुक्ति की जाती थी। चूँकि मौर्य साम्राज्य बहुत बड़ा था, इसलिए अलग-अलग हिस्सों पर अलग-अलग ढंग से शासन किया जाता था।

पाटलिपुत्र और उसके आस-पास के क्षेत्रों पर सम्राट का सीधा नियंत्रण था। इस क्षेत्र के गाँवों और शहरों के किसानों, पशुपालकों, शिल्पकारों और व्यापारियों से कर इकट्ठा करने के लिए राजा अधिकारियों की नियुक्ति करता था, जो राजा के आदेशों का पालन करते थे।

31 मौर्यकालीन अर्थव्यवस्था के संबंध में निम्नलिखित कथनों पर विचार कीजिए *(Chap 15, Class-XI, Old NCERT)*

1. किसान अपनी उपज का दसवाँ हिस्सा कर के रूप में देते थे।
2. मौर्यकाल में किसानों से सिंचाई कर लिया जाता था।
3. पण $\frac{3}{4}$ तोले का सोने का सिक्का होता था।

उपर्युक्त में से कौन-सा/से कथन सही नहीं है/हैं?

(a) 1 और 3 (b) केवल 2
(c) केवल 1 (d) 1, 2 और 3

उत्तर (a)

व्याख्या मौर्यकालीन अर्थव्यवस्था के संबंध में कथन (1) और (3) सही नहीं हैं, क्योंकि मौर्यकालीन अर्थव्यवस्था में भूमिकर एवं सिंचाई कर को मिलाकर किसान को उपज का लगभग $\frac{1}{2}$ भाग देना पड़ता था। कृषि कर की मात्रा भूमि की उर्वरा शक्ति पर निर्भर होती थी।

पण $\frac{3}{4}$ तोले के बराबर चाँदी का सिक्का था। मौर्यकाल में अधिकारियों को वेतन पण के रूप में दिया जाता था। आहत रजत मुद्राएँ मौर्यकाल की वैध मुद्राएँ थीं।

32 मौर्यकाल में कृषकों के संबंध में निम्नलिखित कथनों पर विचार कीजिए *(Chap 15, Class-XI, Old NCERT)*

1. कृषि योग्य जमीन का मापन राज्य द्वारा किया जाता था।
2. दासों को कृषि कार्य में नहीं लगाया जाता था।
3. इस समय पहली बार सुसंगठित कर प्रणाली का विकास हुआ था।

उपर्युक्त में से कौन-सा/से कथन सही है/हैं?

(a) 1 और 2 (b) 2 और 3 (c) 1 और 3 (d) केवल 1

उत्तर (c)

व्याख्या मौर्यकाल में कृषकों के संबंध में कथन (1) और (3) सही हैं।

मौर्यकाल में अधिकारी जमीन को मापता और उन नहरों का निरीक्षण करता था, जिसमें होकर पानी छोटी नहरों में पहुँचता था। इस काल में राज्य कृषकों की भलाई के लिए सिंचाई और जल-वितरण की व्यवस्था करता था।

मौर्यकाल में पहली बार सुसंगठित कर प्रणाली का विकास हुआ था। कौटिल्य ने कृषकों, शिल्पियों और व्यापारियों से उगाहे जाने वाले करों का नामोल्लेख किया है। मौर्यों ने वसूली करने और ठीक से जमा रखने से अधिक महत्त्व कर निर्धारण को दिया था।

कथन (2) सही नहीं है, क्योंकि मौर्यकाल में ही दासों को कृषि कार्यों में बड़े पैमाने पर लगाया गया। राज्य के पास बड़े-बड़े कृषि क्षेत्र थे, जिनमें अनगिनत दास और मजदूर कृषि हेतु लगाए जाते थे।

33 मेगस्थनीज ने मौर्यकालीन समाज के संबंध में क्या नहीं कहा है? *(Chap 7, Class-VI, New NCERT)*

(a) महिलाएँ अंगरक्षक का कार्य भी करती थीं
(b) समाज चार भागों में विभक्त था
(c) समाज में दास व्यवस्था का अस्तित्व नहीं था
(d) समाज में सती प्रथा का अस्तित्व नहीं था

उत्तर (b)

व्याख्या मेगस्थनीज ने भारतीय समाज का वर्गीकरण चार भागों में नहीं, बल्कि सात जातियों (दार्शनिक, किसान, चरवाहा, कारीगर व शिल्पी, सैनिक, निरीक्षक, सभासद) में विभक्त किया है। मेगस्थनीज चंद्रगुप्त के दरबार में पश्चिम-एशिया के यूनानी राजा सेल्यूकस निकेटर का राजदूत था।

34 मौर्यकालीन कला के संबंध में निम्नलिखित कथनों पर विचार कीजिए *(Chap 7, Class-VI, New NCERT)*

1. अशोक की राजाज्ञाएँ चट्टानों और बलुआ पत्थर के ऊँचे स्तंभों पर उत्कीर्ण की गई थीं।
2. प्रत्येक स्तंभ के सिर पर हाथी, सांड या सिंह की प्रतिमा बनाई गई थी।
3. अशोक के अभिलेखों की भाषा प्राकृत थी।

उपर्युक्त में से कौन-सा/से कथन सही है/हैं?

(a) केवल 1 (b) केवल 2 (c) 1, 2 और 3 (d) 2 और 3

उत्तर (c)

व्याख्या मौर्यकालीन कला के संबंध में सभी कथन सही हैं।

अशोक की राजाज्ञाएँ चट्टानों और बलुआ पत्थर के ऊँचे स्तंभों पर उत्कीर्ण की गई थीं, जिन्हें अभिलेख कहा जाता था। अशोक के अभिलेखों को तीन भागों (शिलालेख, स्तंभलेख तथा गुहालेख) में बाँटा गया है।

अशोक के प्रत्येक स्तंभ के सिर पर हाथी, सिंह या सांड की प्रतिमा बनाई गई है।

अशोक के अधिकांश अभिलेख प्राकृत भाषा में हैं, जबकि पश्चिमोत्तर से मिले अभिलेख अरमाइक और यूनानी भाषा में हैं। प्राकृत के अधिकांश अभिलेख ब्राह्मी लिपि में लिखे गए थे, जबकि पश्चिमोत्तर में कुछ अभिलेख खरोष्ठी लिपि में लिखे गए थे।

35 अर्थशास्त्र में सैनिक और प्रशासनिक संगठन के बारे में विस्तृत विवरण मिलते हैं। मिसाल के तौर पर हाथी को पकड़ने के उपाय के बारे में उसमें लिखा है। निम्नलिखित में से कौन उनमें शामिल था/थे? *(Chap 3, Class-XII , New NCERT)*

1. हाथी वनों के संरक्षक हाथियों को पालने वाले लोग
2. हाथी के पैरों में जंजीर बाँधने वाले लोग
3. सीमा रक्षक
4. महावत

कूट

(a) केवल 1 (b) केवल 2
(c) केवल 3 (d) ये सभी

उत्तर *(d)*

व्याख्या दिए गए सभी विकल्प सही हैं।

अर्थशास्त्र में सैनिक और प्रशासनिक संगठन के बारे में विस्तृत विवरण मिलते हैं। मिसाल के तौर पर हाथी को पकड़ने के उपाय के बारे में उसमें यह लिखा है

हाथी वनों के संरक्षक हाथियों को पालने वाले लोगों, हाथी के पैरों में जंजीर बाँधने वाले लोगों, सीमा रक्षकों, वनवासियों और महावतों के साथ मिलकर पाँच से सात हथिनियों की सहायता से, जंगली हाथियों द्वारा गिराए गए मलमूत्र को पहचानते हुए उन्हें पकड़ने का काम करते थे।

यूनानी स्रोतों के अनुसार, मौर्य सम्राट के पास छ: लाख पैदल सैनिक, तीस हजार घुड़सवार तथा नौ हजार हाथी थे। कुछ इतिहासकार इस विवरण को अतिश्योक्तिपूर्ण मानते हैं।

36 खरोष्ठी लिपि के संबंध में निम्नलिखित कथनों पर विचार कीजिए *(Chap 2, Class-XII, New NCERT)*

1. अशोक ने खरोष्ठी लिपि में अभिलेख लिखवाए थे।
2. भारत में खरोष्ठी का प्रचलन यूनानी संपर्क का परिणाम था।
3. भारत में इसका पहला प्रयोग द्वितीय-प्रथम शताब्दी ई.पू. में हुआ था।

उपर्युक्त में से कौन-सा/से कथन सही है/हैं?

(a) केवल 1 (b) केवल 2
(c) 1 और 2 (d) 1, 2 और 3

उत्तर *(d)*

व्याख्या दिए गए सभी कथन सही हैं। अशोक ने साम्राज्य के पश्चिमोत्तर क्षेत्र में खरोष्ठी लिपि में अभिलेख लिखवाए थे। जेम्स प्रिंसेप ने खरोष्ठी में लिखे अभिलेखों की भाषा की पहचान प्राकृत के रूप में की थी, इसलिए लंबे अभिलेखों को पढ़ना सरल हो गया।

भारत में खरोष्ठी का प्रचलन यूनानी संपर्क का परिणाम था। सर्वप्रथम यूनानी राजाओं ने इस लिपि का उपयोग सिक्कों पर राजाओं के नाम लिखने के लिए किया था।

भारत में खरोष्ठी लिपि का प्रयोग द्वितीय प्रथम ई. पू. में हुआ था। इसका पता हमें पुरातात्विक साक्ष्यों से चलता है।

37 मौर्यकालीन समाज के संबंध में कौन-सा कथन सही नहीं है? *(Chap 15, Class-XI, Old NCERT)*

(a) चारों वर्णों के लोग सेना में भर्ती होते थे
(b) अपराध करने वाले ब्राह्मणों को यातना नहीं दी जाती थी
(c) महिलाओं को नियोग की अनुमति नहीं थी
(d) मोक्ष की अवधारणा विकसित हो चुकी थी

उत्तर *(c)*

व्याख्या मौर्यकालीन समाज के संबंध में कथन (c) सही नहीं है, क्योंकि मौर्यकालीन समाज में महिलाओं को पुनर्विवाह व नियोग की अनुमति थी। इस काल में स्त्रियों की स्थिति स्मृति काल की अपेक्षा अधिक सुरक्षित थी। कौटिल्य ने स्त्रियों को विवाह विच्छेद (तलाक) की अनुमति दी थी। इसके लिए उसने मोक्ष शब्द का प्रयोग किया था।

38 मौर्यकालीन प्रशासन के संबंध में निम्नलिखित कथनों पर विचार कीजिए *(Chap 5, Module-1, NIOS)*

1. नौकरशाही की आवश्यकता जीते हुए क्षेत्रों का समान रूप से पुनर्गठन करने के लिए नहीं, अपितु राजस्व का प्रवाह सुनिश्चित करने के लिए पड़ती थी।
2. प्रांतीय प्रशासन का प्रधान कुमार (शाही राजकुमार) होता था, जो राजा के प्रतिनिधि के रूप में इन प्रांतों पर शासन करता था। कुमार को सम्राट द्वारा सहायता प्रदान की जाती थी।

उपर्युक्त कथनों में से कौन-सा/से सही है/हैं?

(a) केवल 1 (b) केवल 2
(c) 1 और 2 दोनों (d) न तो 1 और न ही 2

उत्तर *(a)*

व्याख्या मौर्य कालीन प्रशासन के संबंध में में कथन (1) सही है।

नौकरशाही की आवश्यकता जीते हुए क्षेत्रों का समान रूप से पुनर्गठन करने के लिए नहीं, अपितु राजस्व का प्रवाह सुनिश्चित करने के लिए पड़ती थी।

कथन (2) सही नहीं है, क्योंकि मौर्य प्रशासन में प्रांतीय प्रशासन का प्रधान कुमार (शाही राजकुमार) होता था, जो राजा के प्रतिनिधि के रूप में प्रांतों पर शासन करता था। कुमार को सम्राट के द्वारा नहीं, बल्कि महामात्य और मंत्रिपरिषद् द्वारा सहायता प्रदान की जाती थी। इस संगठनात्मक ढाँचे में शाही स्तर पर सम्राट और उसकी मंत्रिपरिषद् होती थी। साम्राज्य के उत्कर्ष काल में मुख्यतया राजस्व-प्रशासन से संबंधित अधिकारियों के समूह का उल्लेख किया गया है।

39 निम्नलिखित कथनों पर विचार कीजिए *(Chap 15, Class-XI, Old NCERT)*

1. स्ट्रेबो के अनुसार भारत में दास प्रथा नहीं थी।
2. दासों को कृषि कार्यों में नहीं लगाया जाता था।
3. दासों को संपत्ति रखने का अधिकार था।

उपर्युक्त में से कौन-सा/से कथन सही है/हैं?

(a) 1 और 2 (b) 1, 2 और 3
(c) 1 और 3 (d) केवल 1

उत्तर *(c)*

व्याख्या दिए गए कथनों में से कथन (1) और (3) सही हैं। स्ट्रेबो एवं मेगस्थनीज के अनुसार भारत में दास प्रथा नहीं थी, परंतु इस बात में कोई संदेह नहीं है कि भारत में गृहदास वैदिक काल से पाए जाते थे।

मौर्यकाल में दासों की स्थिति संतोषजनक थी, उन्हें संपत्ति रखने व बेचने का अधिकार प्राप्त था।

कथन (2) सही नहीं है, क्योंकि मौर्य काल में दासों को कृषि कार्यों में बड़े पैमाने पर लगाया गया। राज्य के पास बड़े-बड़े कृषि क्षेत्र थे, जिसमें अनगिनत दास लगाए जाते थे।

अध्याय 08

मौर्योत्तर काल

मौर्योत्तर काल

मौर्योत्तर काल के प्रमुख राजवंश

शुंग राजवंश (185-75 ई.पू.)
- इस वंश की स्थापना पुष्यमित्र शुंग ने अंतिम मौर्य शासक वृहद्रथ की हत्या कर की थी
- इन्होंने विदिशा को अपनी राजधानी बनाया था
- ये ब्राह्मण धर्म का पालन करते थे
- इन्होंने अश्वमेघ, राजसूय तथा वाजपेय यज्ञ किए
- ये अग्निमित्र, वज्रमित्र तथा वसुमित्र द्वारा सफल हुए

कण्व वंश (75-30 ई.पू.)
- इस वंश के संस्थापक वासुदेव थे
- इन्होंने विदिशा को अपनी राजधानी बनाया
- वैष्णव धर्म का पालन किया था
- अंतिम कण्व शासक सुशर्मन

सातवाहन राजवंश (230 ई.पू. से 220 ई.पू.)
- पुराणों में इस वंश का उल्लेख आंध्रों के रूप में हुआ है
- गौतमीपुत्र शातकर्णी इस वंश के सबसे महान शासक
- शक, पल्लव और यवनों को पराजित किया
- इसका उल्लेख नासिक शिलालेख से प्राप्त

भौतिक संस्कृति
- सातवाहनों के समय दक्कन के समृद्ध खनिजों; जैसे- करीमनगर और वारंगल से लौह-अयस्क तथा कोलार क्षेत्र से सोना का उत्पादन

सामाजिक स्थिति
- सामाजिक पदानुक्रम को पुनः स्थापित कर इस समय 'माँ' को उच्च दर्जा प्राप्त हुआ
- शासक परिवार इस समय भी पितृसत्तात्मक था

धार्मिक जीवन
- इस समय ब्राह्मणवाद को बढ़ावा दिया गया तथा बोधिसत्वों का पंथ लोकप्रिय हुआ
- इस समय बौद्ध धर्म में वृद्धि हुई, इस समय के महत्त्वपूर्ण तीर्थस्थल नागारर्जुनकोडा तथा अमरावती हैं।

प्रशासन
- अशोक की प्रशासनिक व्यवस्था कायम
- प्रत्येक राज्य एक - एक क्षपत्र के अधीन
- ब्राह्मणों को कर मुक्त गाँव दिए गए

मौर्योत्तर काल के विदेशी राजवंश

इंडो-ग्रीक
- 180 ईसा पूर्व में यह साम्राज्य डेमेट्रियस द्वारा आरम्भ
- इसने अफगानिस्तान तथा पंजाब के कुछ हिस्सों पर विजय प्राप्त
- इंडो-ग्रीक के सबसे प्रसिद्ध राजा मिनांकर प्रथम
- इन्होंने संबंधित राज्य को समझने में मदद करने वाले सिक्के ढलवाए।

इंडो-सीथियन
- मध्य एशियाई खानाबदोश जनजाति से संबंधित सर्वप्रथम सिंध और सौराष्ट्र पर कब्जा
- ये दक्षिण में सातवाहन और उत्तर में कुषाणों से लगातार संघर्षरत् रहे।
- इंडो-सीथियन के सबसे शक्तिशाली शासक रुद्रदामन प्रथम था, जिसने जूनागढ़ शिलालेख जारी किया।

पार्थियन
- उत्तर-पश्चिमी भारत में शक शासन सफल होने के बाद पार्थियन ईरान से भारत आ गए
- सबसे प्रसिद्ध पार्थियन राजा गोंडोफर्नैस

कुषाण
- मूल रूप से चीनी-तुर्किस्तानी।
- ये (युएझी) जनजातियों की पाँच शाखाओं में से एक।
- इसके काल में बड़ी संख्या में सिक्के ढाले गए।
- इस काल के सबसे प्रसिद्ध शासक कनिष्क
- जिसने 78 ई. में कश्मीर के कुंडलवन में चतुर्थ बौद्ध संगीति रखी

मौर्योत्तर कालीन प्रशासन

सामाजिक स्थिति
- मौर्योत्तर प्रशासन में सामाजिक स्थिति को विदेशी मामले की संरचना में शामिल किया गया था।
- इस समय व्यापार, कला और शिल्प के विकास ने वैश्यों और शूद्रों की सामाजिक स्थिति को बदल दिया

धार्मिक स्थिति
- इस समय वैदिक कर्मकांड, भागवतवाद,
- बौद्ध तथा जैन धर्म का विकास हुआ।
- बौद्ध धर्म के हीनयान एवं महायान शाखा का विकास इसी काल में हुआ।

व्यापार
- इस समय भारत और रोम के बीच व्यापार में काफी वृद्धि हुई।
- मलमल, मसाले, मोती, आभूषण और कीमती पत्थरों का निर्यात इस समय किया जाता था।
- इस समय भारत में बड़ी संख्या में सोने के सिक्के निर्यात किए गए।

टंकन
- इंडो-ग्रीक शासकों ने सबसे पहले सोने के सिक्के चलाए थे।
- सबसे बड़ा सोने का सिक्का कुषाण काल का है।
- दीनार कुषाणों द्वारा चलाया गया स्वर्ण सिक्का था।

कला और वास्तुकला
- गांधार, मथुरा और अमरावती कला विद्यालय का विकास
- मिलिंदपन्हो, बुद्धचरित, महाविभाष और सुश्रुत संहिता, जैसे महत्त्वपूर्ण ग्रंथों का संकलन किया गया।
- चिकित्सा के क्षेत्र में, चरक संहिता तथा सुश्रुत संहिता इसी समय संकलित

SOURCE Old NCERT Class VI भारत 200 ई पू. से 300 ई पू., Old NCERT Class XI मध्य-एशिया से संपर्क और उनके परिणाम, सातवाहन युग, मौर्योत्तर युग में शिल्प, व्यापार और नगर, NIOS Module-1 मौर्योत्तर काल, Tamil Nadu Board Class XI मौयोत्तर काल में समाज तथा राजनीति

देशी राजवंश

1 निम्नलिखित में से मौर्योत्तर काल के संबंध में सही नहीं है

(Chap 17, Class-XI, Old NCERT)

(a) उत्तर भारत में मौर्यों के सबसे महत्त्वपूर्ण देशी उत्तराधिकारी शुंग हुए
(b) शुंग वंश की स्थापना 185 ई. पू. में पुष्यमित्र शुंग ने की थी
(c) शुंग उज्जैन प्रदेश से संबद्ध थे
(d) शुंग वंश की उत्पत्ति के बारे में इंडिका नामक पुस्तक में जानकारी मिलती है

उत्तर (d)

व्याख्या मौर्योत्तर काल के संबंध में कथन (d) सही नहीं है, क्योंकि शुंग वंश की उत्पत्ति के बारे में कोई निश्चित जानकारी उपलब्ध नहीं है। जबकि इंडिका नामक पुस्तक में मौर्य साम्राज्य के बारे में जानकारी मिलती है। शेष कथन सही हैं।

2 मौर्योत्तर काल के संबंध में कौन-सा कथन सही नहीं है?

(Chap 17, Class-XI, Old NCERT)

(a) कण्व वंश, सातवाहन वंश के बाद सत्ता में आया
(b) सातवाहन मौर्यकालीन वंश नहीं था
(c) सातवाहन दक्कन का प्रतिनिधित्व करते थे
(d) उपर्युक्त में से कोई नहीं

उत्तर (a)

व्याख्या मौर्योत्तर काल के संबंध में कथन (a) सही नहीं है, क्योंकि मौर्योत्तर काल में कण्व वंश तथा सातवाहन वंश समकालीन थे। उत्तर भारत में 73 ई. पू. में वासुदेव ने कण्व वंश की स्थापना की थी।

दक्कन और मध्य भारत में मौर्यों के उत्तराधिकारी सातवाहन रहे। हालाँकि मध्य में लगभग सौ वर्षों का व्यवधान हुआ। सिमुक ने 60 ईसा पूर्व में सुशर्मा की हत्या कर सातवाहन वंश की स्थापना की।

3 मौर्योत्तर काल के राजनीतिक इतिहास से संबंधित निम्नलिखित कथनों पर विचार कीजिए *(Chap 17, Class-XI, Old NCERT)*

1. शुंग वंश ने 73 ई. पू. तक शासन किया था।
2. कण्व वंश ने 30 ई. पू. तक शासन किया था।
3. सातवाहन वंश ने 350 ई. तक शासन किया था।

उपर्युक्त में से कितने कथन सही हैं?

(a) केवल एक
(b) केवल दो
(c) केवल तीन
(d) उपर्युक्त में से कोई नहीं

उत्तर (b)

व्याख्या मौर्योत्तर काल के राजनीतिक इतिहास से संबंधित केवल दो कथन अर्थात् (1 और 2) सही हैं।

शुंग वंश की स्थापना 185 ई. पू. में मौर्य सेनापति पुष्यमित्र शुंग ने अंतिम मौर्य शासक वृहद्रथ की हत्या करके की थी। शुंग वंश का 75 ई.पू. तक शासन रहा। 75 ई. पू. में शुंग वंश के अंतिम शासक देवभूति की हत्या करके उसके सचिव वासुदेव ने कण्व वंश की नींव रखी। कण्व वंश ने 30 ई. पू. तक शासन किया।

कथन (3) सही नहीं है, क्योंकि सातवाहन वंश ने 350 ई. नहीं, बल्कि 240 ई. तक शासन किया था। इसका शासन 60 ई. पू. में प्रारंभ हुआ था। इस काल में मगध सहित भारत के विभिन्न भागों में क्षेत्रीय साम्राज्य का उदय हुआ। इन साम्राज्यों ने इतिहास के छोटे कालखंडों में राज किया था, जिनमें शुंग, कण्व, सातवाहन, वाकाटक आदि प्रमुख थे।

4 सातवाहन राज्य के संबंध में निम्नलिखित कथनों पर विचार कीजिए

(Chap 17, Class-XI, Old NCERT)

1. सातवाहन राज्य उत्तरी महाराष्ट्र और ऊपरी गोदावरी घाटी में स्थापित था।
2. दक्कन और मध्य भारत में मौर्यों के उत्तराधिकारी सातवाहन हुए।

उपर्युक्त में से कौन-सा/से कथन सही है/हैं?

(a) केवल 1 (b) 1 और 3 (c) 1 और 2 (d) केवल 2

उत्तर (c)

व्याख्या सातवाहन राज्य के संबंध में दोनों कथन सही हैं।

आरंभिक सातवाहन राजा उत्तरी महाराष्ट्र में थे। जहाँ उनके प्राचीनतम सिक्के और अधिकांश आरंभिक अभिलेख मिले हैं। उन्होंने अपनी सत्ता ऊपरी गोदावरी घाटी में स्थापित की थी। दक्कन और मध्य भारत में मौर्यों के उत्तराधिकारी सातवाहन हुए। दक्षिण में सातवाहन शक्तियों का तीन सदियों तक निरंतर उत्कर्ष होता रहा। इतने अधिक समय तक भारतीय इतिहास के किसी भी अन्य राजवंश ने अबाध रूप से शासन नहीं किया।

5 निम्नलिखित में से कौन-सा कथन सही नहीं है?

(Chap 17, Class-XI, Old NCERT)

(a) पुराणों में सातवाहन शासन का उल्लेख है
(b) सातवाहन शासकों ने 300 वर्ष तक शासन किया
(c) सातवाहनों का सबसे पुराना अभिलेख ईसा पूर्व पहली सदी का था
(d) सातवाहनों ने कण्वों को पराजित किया था

उत्तर (a)

व्याख्या दिए गए कथनों में से कथन (a) सही नहीं है, क्योंकि पुराणों में सातवाहन शासन का नहीं, बल्कि आंध्र शासन का उल्लेख है। यद्यपि सातवाहन अभिलेखों में आंध्र नाम नहीं मिलता है, किन्तु सातवाहन और पुराणों में उल्लिखित 'आंध्र' एक ही माने जाते हैं।

सातवाहन वंश के इतिहास जानने का प्रमुख स्रोत मत्स्य तथा वायुपुराण विशेष रूप से उपयोगी हैं। सातवाहन वंश के शासकों को दक्षिणाधिपति तथा इनके द्वारा शासित प्रदेश दक्षिणापथ कहा जाता है। सातवाहन साम्राज्य का विस्तार कृष्णा नदी के मुहाने से लेकर पूरे दक्कन पठार तक था।

6 सातवाहन पूर्व बस्तियों का अस्तित्व दक्कन के अनेक स्थलों पर पाए जाने वाले निम्नलिखित में से किस प्रकार के मृद्भांड से प्रमाणित होता है? *(Chap 17, Class-XI, Old NCERT)*

(a) लाल मृद्भांड (b) काले व लाल मृद्भांड
(c) गेरुआ लेपित चित्रित मृद्भांड (d) ये सभी

उत्तर (d)

व्याख्या सातवाहन पूर्व बस्तियों का अस्तित्व दक्कन के अनेक स्थलों पर पाए जाने वाले लाल मृद्भांड, काले व लाल मृद्भांड और गेरुआ लेपित चित्रित मृद्भांड से प्रमाणित होता है। इन बस्तियों में से अधिक बस्तियाँ, लोहे का उपयोग करने वाले उन महापाषाण निर्माताओं से संबद्ध हैं, जो उत्तर से आने वाली भौतिक संस्कृतियों के साथ संपर्क के फलस्वरूप नए-नए कार्यकलापों की ओर प्रेरित हुए होंगे।

7 सातवाहन राज्य के उदय में सहायक परिस्थितियों के संबंध में निम्नलिखित पर विचार कीजिए *(Chap 17, Class-XI, Old NCERT)*

1. लोहे के फाल का प्रयोग
2. धान-रोपण विधि
3. लेखन-कला
4. नगरीकरण

कूट

(a) 1 और 2 (b) 2 और 3 (c) 1, 2 और 4 (d) 1, 2, 3 और 4

उत्तर (d)

व्याख्या सातवाहन राज्य के उदय में लोहे के फाल का प्रयोग, धान की रोपण विधि, लेखन कला, नगरीकरण आदि सहायक तत्त्व थे। इन परिस्थितियों ने सामूहिक रूप से दक्षिण भारत में सातवाहन राज्य को लगभग 300 वर्ष तक पोषित किया था। लोहे के फाल के प्रयोग से कृषि क्षेत्र में विस्तार हुआ, जिससे कृषि गतिविधियाँ तथा अर्थव्यवस्थसा में सुधार सम्भव हुआ। अर्थव्यवस्था साम्राज्य के सुदृढ़ आधार के लिए आवश्यक कारक होता है। इसी प्रकार धान की रोपण पद्धति ने भी उत्पादन में सुधार किया, जिससे अंततः अर्थव्यवस्था को ही लाभ पहुँचा। सुदृढ़ आर्थिक आधार ने नगरीकरण को भी प्रोत्साहन दिया। इन सभी कारकों ने संयुक्त रूप से सातवाहन वंश के उदय तथा विस्तार में सहायक भूमिका का निर्वाह किया।

8 गौतमीपुत्र शातकर्णी के संबंध में दिए गए कथनों पर विचार कीजिए *(Chap 17, Class-XI, Old NCERT)*

1. उसने सातवाहन वंश को स्थापित करने तथा ऐश्वर्य लौटाने में महत्त्वपूर्ण भूमिका निभाई थी।
2. गौतमीपुत्र शातकर्णी का शासनकाल 106 ई. से 130 ई. तक का था।
3. यह सातवाहन वंश का 23वाँ तथा सबसे महान शासक था।

उपर्युक्त में से कितने कथन सही हैं?

(a) केवल एक (b) केवल दो
(c) सभी तीनों (d) इनमें से कोई नहीं

उत्तर (c)

व्याख्या गौतमीपुत्र शातकर्णी के संबंध में सभी कथन सही हैं।

सातवाहन वंश के शासक गौतमीपुत्र शातकर्णी ने सातवाहन वंश को स्थापित करने तथा ऐश्वर्य लौटाने में महत्त्वपूर्ण भूमिका निभाई थी। गौतमीपुत्र शातकर्णी का शासनकाल 106 ई. से 130 ई. तक का था। यह इस वंश का 23वाँ तथा सबसे महान शासक था। गौतमीपुत्र शातकर्णी की सैनिक विजयों की जानकारी इनकी माता बलश्री की नासिक प्रशस्ति से मिलती है।

9 निम्नलिखित कथनों पर विचार कीजिए *(Chap 7, Class-VI, New NCERT)*

कथन I सातवाहन राजाओं की आकृतियाँ बहुधा उन गुफाओं की भित्तियों पर उत्कीर्ण की जाती थीं, जिन्हें बौद्ध भिक्षुओं को दान में दिया जाता था।

कथन II सातवाहनों के कई अभिलेख प्राप्त हुए हैं, जिनके आधार पर इतिहासकारों ने पारिवारिक और वैवाहिक रिश्तों का खाका तैयार किया है।

उपर्युक्त कथनों के बारे में निम्नलिखित में से कौन-सा एक सही है?

(a) कथन I और कथन II दोनों सही हैं, परंतु कथन II, कथन I की सही व्याख्या है
(b) कथन I और कथन II दोनों सही हैं तथा कथन II, कथन I की सही व्याख्या नहीं है
(c) कथन I सही है, किंतु कथन II गलत है
(d) कथन I गलत है, किंतु कथन II सही है

उत्तर (b)

व्याख्या कथन I और कथन II दोनों सही हैं, परंतु कथन II, कथन I की सही व्याख्या नहीं है। सातवाहन राजाओं की आकृतियाँ बहुधा उन गुफाओं की भित्तियों पर उत्कीर्ण की जाती थीं, जिन्हें बौद्ध भिक्षुओं को दान में दिया जाता था। इन मूर्तियों का काल लगभग दूसरी शताब्दी ईसा पूर्व माना जाता है।

सातवाहन राजाओं का पश्चिमी भारत और दक्कन के कुछ भागों पर शासन (लगभग दूसरी शताब्दी ई. पू. से दूसरी शताब्दी ईसवी तक) था। सातवाहनों के कई अभिलेख प्राप्त हुए हैं, जिनके आधार पर इतिहासकारों ने पारिवारिक और वैवाहिक रिश्तों का खाका तैयार किया है। कुछ सातवाहन राजा बहुपत्नी प्रथा (अर्थात् एक से अधिक पत्नी) को मानने वाले थे। सातवाहन राजाओं से विवाह करने वाली रानियों के नामो का विश्लेषण इस तथ्य की ओर इंगित करता है कि उनके नाम गौतम तथा वशिष्ठ गोत्रों से उद्भूत थे, जो उनके पिता के गोत्र थे।

10 सौराष्ट्र (काठियावाड़) के किस शासक ने सातवाहनों को दो बार पराजित किया, किंतु वैवाहिक संबंध के कारण उनका नाश नहीं किया? *(Chap 17, Class-XI, Old NCERT)*

(a) शक शासक रुद्रदामन
(b) शक शासक रुद्रसिंह तृतीय
(c) कुषाण शासक कुजुल कडफिसस प्रथम
(d) कुषाण शासक हुविष्क

उत्तर (a)

व्याख्या सौराष्ट्र (काठियावाड़) के शक शासक रुद्रदामन प्रथम (130-150 ई.) ने सातवाहन शासक वशिष्ठपुत्र शातकर्णी को दो बार पराजित किया, किन्तु वैवाहिक संबंध के कारण उनका नाश नहीं किया। रुद्रदामन प्रथम के राज्याधिकार में सिंध, कोंकण, नर्मदा घाटी, मालवा, काठियावाड़ और गुजरात का एक बड़ा भाग था।

11 निम्नलिखित कथनों पर विचार कीजिए *(Chap 6, Class-VI, Old NCERT)*

1. शातकर्णी प्रथम का कलिंग नरेश से युद्ध हुआ था, इसे पश्चिम का स्वामी कहा जाता था।
2. वशिष्ठिपुत्र पुलुमावी ने शक शासक की पुत्री से विवाह किया था।
3. सातवाहन शासकों का प्रशासन केंद्रीकृत नहीं था।

उपर्युक्त में से कौन-सा/से कथन सही नहीं है/हैं?

(a) केवल 1 (b) केवल 2 (c) केवल 3 (d) 1, 2 और 3

उत्तर (c)

व्याख्या दिए गए कथनों में से कथन (3) सही नहीं है, क्योंकि सातवाहनों का प्रशासन केंद्रीकृत था। राज्य प्रांतों में बँटा हुआ था, जिन पर सैनिक तथा असैनिक राज्यपाल शासन करते थे। प्रत्येक गाँव का प्रधान राजस्व या कर वसूल करता था। इस काल में 'ग्रामीण' क्षेत्रों में प्रशासक गौल्मिक कहलाता था।

12 सातवाहन शासक यज्ञश्री शातकर्णी के संबंध में निम्नलिखित कथनों पर विचार कीजिए *(Chap 17, Class-XI, Old NCERT)*

1. यज्ञश्री शातकर्णी का शासनकाल 165-194 ई. था।
2. इसके सिक्कों पर जहाज का चित्र अंकित मिलता है।
3. इसके सिक्के केवल आंध्र प्रदेश में मिलते हैं।

उपर्युक्त में से कितने कथन सही नहीं हैं?

(a) केवल एक (b) केवल दो
(c) सभी तीनों (d) इनमें से कोई नहीं

उत्तर (a)

व्याख्या सातवाहन शासक यज्ञश्री शातकर्णी के संबंध में केवल एक कथन अर्थात् (3) सही नहीं है, क्योंकि इसके सिक्के न केवल आंध्र प्रदेश, बल्कि महाराष्ट्र, मध्य प्रदेश और गुजरात में भी पाए जाते हैं। यज्ञश्री शातकर्णी इस वंश का अंतिम महत्त्वपूर्ण राजा था। इसने शकों द्वारा जीते गए अपने भू-भागों को पुनः प्राप्त कर लिया था।

13 निम्नलिखित कथनों पर विचार कीजिए *(Chap 17, Class-XI, Old NCERT)*

1. सातवाहनों ने करीमनगर और वारंगल के लौह अयस्कों का उपयोग किया था।
2. सातवाहनों ने स्वर्ण का प्रयोग बहुमूल्य धातु के रूप में किया था।
3. उनके अधिकांश सिक्के सीसे (लेड) के थे, जो उत्तर भारत में पाए गए थे।

उपर्युक्त में से कौन-सा/से कथन सही है/हैं?

(a) 1 और 2 (b) 1 और 3 (c) 1, 2 और 3 (d) केवल 2

उत्तर (a)

व्याख्या दिए गए कथनों में से कथन (1) और (2) सही हैं। सातवाहनों ने करीमनगर और वारंगल के लौह अयस्कों का उपयोग किया था, क्योंकि इन दोनों जिलों में महापाषाण काल में लोहे की खदानें थीं। ईसा पूर्व की सदी में कोलार क्षेत्र में प्राचीन स्वर्ण खदानों के साक्ष्य मिले हैं।

सातवाहनों ने स्वर्ण का प्रयोग बहुमूल्य धातु के रूप में किया, क्योंकि उन्होंने कुषाणों की भाँति सोने के सिक्के नहीं चलाए।

कथन (3) सही नहीं है, क्योंकि सातवाहनों के अधिकांश सिक्के सीसे के थे। उन्होंने पोटीन, ताँबे एवं काँसे की मुद्राएँ चलाईं। उनके ये सिक्के दक्कन में मिलते हैं। दक्कन क्षेत्र में भारी संख्या में मिले रोमन तथा सातवाहन सिक्के बढ़ते हुए व्यापार का संकेत थे।

14 निम्नलिखित में से कौन-सा युग्म सही सुमेलित नहीं है? *(Chap 17, Class-XI, Old NCERT)*

सामग्री		स्थान
(a) चिपटे छेद वाले खपड़े (ईंट)	—	पेड्डबंकुर
(b) धान की रोपनी	—	दक्कन
(c) दीवार से घिरे 30 नगर	—	आंध्र प्रदेश
(d) सातवाहन सिक्के	—	गंगा-यमुना दोआब

उत्तर *(d)*

व्याख्या दिए गए युग्मों में से युग्म (d) सही सुमेलित नहीं है, क्योंकि सातवाहन सिक्के गंगा-यमुना दोआब से नहीं, बल्कि पूर्वी दक्कन में गोदावरी-कृष्णा क्षेत्र से प्राप्त हुए। इसी क्षेत्र से अत्यधिक संख्या में रोमन सिक्के भी प्राप्त हुए थे। जबकि शेष युग्म सही सुमेलित हैं।

15 ब्राह्मणों को भूमि अनुदान या जागीर देने की प्रथा का आरंभ किन शासकों ने किया था? *(Chap 17, Class-XI, Old NCERT)*

(a) शक शासकों ने (b) इक्ष्वाकु शासकों ने
(c) सातवाहन शासकों ने (d) शुंग शासकों ने

उत्तर *(c)*

व्याख्या ब्राह्मणों को भूमि अनुदान या जागीर देने की प्रथा का आरंभ सातवाहन शासकों ने किया था। उन्होंने अधिकतर भूमिदान बौद्ध भिक्षुओं को ही दिए। बौद्ध भिक्षुओं को भूमिदान देने का कारण जनजातीय लोगों का बौद्धीकरण करना था।

16 कथन (A) **सातवाहन काल में संस्कृत के साथ प्राकृत तथा अन्य लोकभाषाओं का विकास हुआ।**

कारण (R) **सातवाहन राजाओं ने साहित्य-रचना के लिए संस्कृत तथा अन्य लोकभाषाओं को अपनाया।** *(Chap 17, Class-XI, Old NCERT)*

कूट

(a) A और R दोनों सही हैं तथा R, A की सही व्याख्या है
(b) A और R दोनों सही हैं, परंतु R, A की सही व्याख्या नहीं है
(c) A सही है, किंतु R गलत है
(d) A गलत है, किंतु R सही है

उत्तर *(a)*

व्याख्या A और R दोनों सही हैं तथा R, A की सही व्याख्या है।

सातवाहन काल साहित्य की दृष्टि से संस्कृत तथा स्थानीय भाषा (विशेषतया प्राकृत भाषा) के विकास का काल था। सातवाहन शासकों ने अपने शिलालेख मुख्यत: प्राकृत भाषा में उत्कृष्ट करवाए। साहित्यिक रचनाओं, शिलालेखों, राजाज्ञाओं में संस्कृत तथा स्थानीय प्राकृत भाषाओं दोनों का प्रयोग किया गया, जिसने इनके विकास को आधार दिया।

उनकी राजकीय भाषा प्राकृत थी। सातवाहन शासक हाल ने प्राकृत में 'गाथा सप्तशती' की रचना की, जो इस भाषा का गौरव बढ़ाती है। सातवाहन युग में संस्कृत के साथ ही लोक व्यवहार की भाषा प्राकृत का प्रयोग बड़े पैमाने पर शासकीय व्यवहारों में किया गया।

17 सातवाहन कालीन प्रशासनिक व्यवस्था के संबंध में निम्नलिखित कथनों पर विचार कीजिए *(Chap 17, Class-XI, Old NCERT)*

1. सातवाहन राजाओं की तुलना देवताओं से की गई।
2. सातवाहनों ने कई प्रशासनिक इकाइयाँ वही रखीं, जो अशोक के काल में पाई गई थीं।
3. द्वितीय श्रेणी का राजा महाभोज कहलाता था।

उपर्युक्त में से कौन-सा/से कथन सही है/हैं?

(a) 1 और 3 (b) 1, 2 और 3
(c) केवल 3 (d) केवल 2

उत्तर *(b)*

व्याख्या सातवाहन कालीन प्रशासनिक व्यवस्था के संबंध में सभी कथन सही हैं। सातवाहन राजाओं की तुलना देवताओं से की गई। सातवाहन राजा का वर्णन राम, भीम, केशव, अर्जुन आदि पौराणिक महापुरुषों के गुणों से विभूषित रूप से किया गया है। बल और पराक्रम के संदर्भ में राजा की तुलना उक्त पौराणिक पुरुषों और दिव्य विभूतियों से की गई है।

सातवाहनों ने कई प्रशासनिक इकाइयाँ वही रखीं, जो अशोक के काल में पाई गई थीं। उनके समय में जिले को अशोक की भाँति ही आहार कहते थे।

सातवाहन राज्यों में पहली श्रेणी का सामंत राजा कहलाता था, उसे सिक्का ढालने का अधिकार रहता था। द्वितीय श्रेणी का राजा महाभोज कहलाता था। इन सामंतों को अपने-अपने क्षेत्रों में कुछ सत्ता प्राप्त थी।

18 सूची I को सूची II से सुमेलित कीजिए तथा नीचे दिए सकूट की सहायता से सही उत्तर चुनिए *(Chap 17, Class-XI, Old NCERT)*

सूची I (प्रशासन)	सूची II (शब्दावली)
A. जिला	1. अमात्य
B. अधिकारी	2. आहार
C. सैनिक शिविर	3. सेनापति
D. तृतीय श्रेणी का सामंत	4. स्कंधावार

कूट

	A	B	C	D		A	B	C	D
(a)	1	2	3	4	(b)	2	1	4	3
(c)	4	3	2	1	(d)	3	4	1	2

उत्तर *(b)*

व्याख्या सही सुमेलन A-2, B-1, C-4, D-3 है।

सातवाहन काल में जिले को आहार कहा जाता था।

सातवाहन काल के अधिकारी मौर्य काल की भाँति ही अमात्य और महामात्य कहलाते थे।

सातवाहन काल में सैनिक शिविर तथा उपनिवेश होते थे, जिन्हें कटक और स्कंधावार कहा जाता था। ये प्रशासनिक केंद्र के रूप में कार्य करते थे।

सातवाहन राज्य में सामंतों की तीन श्रेणियाँ थीं, जिसमें तृतीय श्रेणी के सामंत को सेनापति कहा जाता था।

19 निम्नलिखित कथनों पर विचार कीजिए *(Chap 17, Class-XI, Old NCERT)*

1. सातवाहन शासक वैष्णव देवताओं के उपासक थे।
2. सातवाहन शासकों ने भिक्षुओं को ग्रामदान देकर बौद्ध धर्म को बढ़ाया।
3. उनके राज्य में बौद्ध धर्म के हीनयान संप्रदाय का प्रचलन था।

उपर्युक्त में से कौन-सा/से कथन सही है/हैं?

(a) 1 और 3 (b) 1 और 2 (c) 1, 2 और 3 (d) केवल 3

उत्तर *(b)*

व्याख्या दिए गए कथनों में से कथन (1) और (2) सही हैं। स्मृति काल में राजा स्वयं को देवता का प्रतिनिधि मानते थे। सातवाहन काल आते-आते वे स्वयं के साथ देवताओं का तादात्म्य स्थापित करने लगे। सातवाहन राजा कृष्ण, वासुदेव जैसे बहुत से वैष्णव देवताओं के भी उपासक थे।

सातवाहन शासकों ने भिक्षुओं को ग्रामदान देकर बौद्ध धर्म को बढ़ाया, जिसके कारण आंध्र प्रदेश में नागार्जुन कोंडा और अमरावती नगर सातवाहनों के शासन में और विशेषकर उनके उत्तराधिकारी इक्ष्वाकुओं के शासन में बौद्ध संस्कृति के महत्त्वपूर्ण केंद्र बन गए।

कथन (3) सही नहीं है, क्योंकि राज्य में बौद्ध धर्म के हीनयान का नहीं, बल्कि महायान संप्रदाय का प्रचलन था।

20 निम्नलिखित कथनों में से कौन-सा सातवाहन के लिए सही है?

(Chap 7, Class-VI, New NCERT)

(a) सातवाहन दक्षिण भारत में सबसे शक्तिशाली नहीं थे।
(b) शिवस्कंद शातकर्णी सातवाहन के एक अति महत्त्वपूर्ण शासक थे।
(c) सातवाहन शासकों ने अपनी सेना उत्तरी समुद्र तटों पर भेजी।
(d) सातवाहन शासक दक्षिणापथ के अधिपति के रूप में जाने जाते थे।

उत्तर (d)

व्याख्या सातवाहन के संबंध में कथन (d) सही है। सातवाहन शासकों को दक्षिणापथ का अधिपति (स्वामी) या दक्षिणाधिपति कहा जाता था। दक्षिणापथ दक्षिण की ओर जाने वाला मार्ग था, जिसका उपयोग पूरे दक्षिणी क्षेत्र के लिए एक नाम के रूप में भी किया जाता था। इस दक्षिणापथ के तटों पर नियंत्रण करने के लिए सातवाहनों ने अपनी सेना को पूर्वी, पश्चिमी और दक्षिणी तटों पर भेजा।

कथन (a), (b) और (c) सही नहीं है, क्योंकि सातवाहन साम्राज्य दक्षिण भारत में सबसे शक्तिशाली राजवंश था। पुराणों के अनुसार, आंध्रों (सातवाहनों) ने 300 वर्षों तक दक्षिण में शासन किया। इनकी राजनधानी प्रतिष्ठान (आधुनिक पैठन) थी।

शातकर्णी शासकों में शातकर्णी प्रथम, गौमतीपुत्र,महेन्द्र, कुंतल आदि प्रमुख सातवाहन शासक थे। सातवाहन शासकों ने उत्तर दिशा में सैन्य अभियान नहीं, बल्कि पूर्वी-पश्चिम तथा दक्षिण में सेना भेजी थी।

21 सातवाहन कालीन वास्तुकला के संबंध में निम्नलिखित कथनों पर विचार कीजिए *(Chap 17, Class-XI, Old NCERT)*

1. नागार्जुन कोंडा के स्तूप भित्ति-प्रतिमाओं से सुसज्जित हैं।
2. अमरावती में स्तूपों के साथ-साथ हिंदू मंदिर भी बने हैं।
3. अमरावती में बुद्ध को उपदेश देते हुए दर्शाया गया है।

उपर्युक्त में से कौन-सा/से कथन सही नहीं है/हैं?

(a) केवल 1
(b) केवल 2
(c) 1 और 3
(d) उपर्युक्त सभी

उत्तर (d)

व्याख्या सातवाहन कालीन वास्तुकला के संदर्भ में सभी कथन सही हैं।

नागार्जुनकोंडा (गुंटुर जिला, आंध्र प्रदेश) के स्तूप भित्ति-प्रतिमाओं से सुसज्जित हैं। ये बौद्ध धर्म के महायान शाखा के आचार्य नागार्जुन के नाम से प्रसिद्ध हैं। नागार्जुनकोंडा में स्तूपों के साथ-साथ हिंदू मंदिरों के भी साक्ष्य मिले हैं। यहाँ पर ही शंकराचार्य ने 'पुष्पगिरि शंकर मठ' बनाया था, जो हिंदू धर्म प्रचार का केंद्र था।

नागार्जुनकोंडा की वास्तु शैली निकटवर्ती अमरावती शैली से मिलती है, अमरावती स्तूप में बुद्ध को उपदेश देते हुए दर्शाया गया है, जिसमें गोलाकार वेदी पर बुद्ध मानव रूप में हाथी के ऊपर बैठे हुए हैं।

22 निम्नलिखित कथनों पर विचार कीजिए

(Chap 17, Class-XI, Old NCERT)

1. इक्ष्वाकु शासकों ने दक्कन खनिज स्रोतों का उपयोग किया।
2. इक्ष्वाकुओं के शासनकाल में अमरावती प्रमुख बौद्ध केंद्र बन गया था।
3. नागार्जुनकोंडा इक्ष्वाकुओं के काल में बौद्ध केंद्र बना था।

उपर्युक्त में से कौन-सा/से कथन सही है/हैं?

(a) 1 और 3 (b) 1 और 2 (c) 1, 2 और 3 (d) केवल 3

उत्तर (c)

व्याख्या दिए गए सभी कथन सही हैं।

इक्ष्वाकु और सातवाहन दोनों ने दक्कन के खनिज स्रोतों का उपयोग किया। इसका उपयोग इनके द्वारा कृषि यंत्रों के निर्माण तथा युद्ध सामग्री के निर्माण में किया गया था।

आंध्र प्रदेश में नागार्जुनकोंडा और अमरावती नगर सातवाहनों के शासन में और विशेषकर उनके उत्तराधिकारी इक्ष्वाकुओं के शासन में बौद्ध संस्कृति के महत्त्वपूर्ण केंद्र बन गए।

नागार्जुनकोंडा इक्ष्वाकुओं के काल में अपने उत्कर्ष पर था। इक्ष्वाकुओं के शासनकाल में यह बौद्ध धर्म का प्रमुख केंद्र भी बन गया था।

विदेशी राजवंश

23 हिंद-यूनानी शासकों के संबंध में कौन-सा कथन सही नहीं है?

(Chap 16, Class-XI, Old NCERT)

(a) वे बैक्ट्रिया में राज करते थे।
(b) पार्थिया ने सेल्यूकस साम्राज्य स्थापित किया था।
(c) बैक्ट्रिया वर्तमान के ईरान में स्थित है।
(d) यूनान आक्रमण का प्रमुख कारण सेल्यूकस द्वारा स्थापित साम्राज्य की कमजोरी था।

उत्तर (c)

व्याख्या हिंद-यूनानी शासकों के संबंध में कथन (c) सही नहीं है, क्योंकि बैक्ट्रिया वर्तमान में अफगानिस्तान, तजाकिस्तान और पाकिस्तान में बँटा हुआ है। बैक्ट्रिया एशिया के उस ऐतिहासिक क्षेत्र का प्राचीन नाम है, जो हिंदूकुश पर्वत शृंखला और आमू दरिया के बीच स्थित है।

24 हिंद-यूनानी शासन के प्रभावों पर विचार कीजिए

(Chap 16, Class-XI, Old NCERT)

1. सबसे पहले हिंद-यूनानियों ने ही भारत में सोने के सिक्के जारी किए।
2. उन्होंने हेलोनिस्टिक कला का विकास किया।
3. यह कला विशुद्ध रूप से यूनानी थी।

उपर्युक्त में से कौन-सा/से कथन सही है/हैं?

(a) केवल 1 (b) केवल 2
(c) 1 और 2 (d) 1, 2 और 3

उत्तर (c)

व्याख्या दिए गए कथनों में से कथन (1) और (2) सही हैं। सबसे पहले हिंद-यूनानियों ने ही भारत में सोने के सिक्के जारी किए, परन्तु इनकी मात्रा कुषाणों के शासन में अत्यधिक बढ़ी। इन सिक्कों पर पूर्व में जारी किए गए सिक्कों के विपरीत राजाओं के नाम व तिथियाँ उत्कीर्ण की जाने लगी थीं।

हिंद-यूनानी शासकों ने भारत के पश्चिमोत्तर सीमा प्रांत में यूनान की कला चलाई, जिसे 'हेलोनिस्टिक आर्ट' कहते हैं। भारत में गांधार कला इसका उत्तम उदाहरण है।

कथन (3) सही नहीं है, क्योंकि हेलोनिस्टिक कला विशुद्ध रूप से यूनानी नहीं थी। सिकंदर की मृत्यु के बाद विजित गैर-यूनानियों के साथ यूनानियों के संपर्क से इसका उदय हुआ था।

25 भारत में शक आधिपत्य के संबंध में निम्नलिखित कथनों पर विचार कीजिए *(Chap 16, Class-XI, Old NCERT)*

1. शकों ने कुल पाँच शाखाएँ स्थापित की थीं।
2. शकों की दूसरी शाखा की राजधानी तक्षशिला थी।
3. शकों की पाँचवीं शाखा ने पश्चिमोत्तर भारत पर अपना प्रभुत्व स्थापित किया था।

उपर्युक्त में से कौन-सा/से कथन सही है/हैं?

(a) 1 और 3 (b) 1 और 2 (c) केवल 1 (d) केवल 2

उत्तर *(b)*

व्याख्या भारत में शक आधिपत्य के संबंध में कथन (1) और (2) सही हैं। शकों की पाँच शाखाएँ थीं और प्रत्येक शाखा की राजधानी भारत और अफगानिस्तान में अलग-अलग भाग में थी।

शकों की प्रथम शाखा अफगानिस्तान में तथा दूसरी शाखा पंजाब में स्थित थी, जिसकी राजधानी तक्षशिला बनी। तीसरी शाखा मथुरा में स्थित हुई, जहाँ शकों लगभग दो सदियों तक शासन किया। चौथी शाखा ने अपनी सत्ता पश्चिम भारत में स्थापित की, जहाँ शकों ने ईसा की चौथी सदी के आरंभ तक शासन किया।

कथन (3) सही नहीं है, क्योंकि शकों की पाँचवीं शाखा ने ऊपरी दक्कन पर अपना प्रभुत्व स्थापित किया।

26 शक शासक रुद्रदामन के संबंध में निम्नलिखित कथनों पर विचार कीजिए *(Chap 16, Class-XI, Old NCERT)*

1. उसका शासनकाल 130-150 ई. तक था।
2. भारत में संस्कृत भाषा में पहला अभिलेख रुद्रदामन ने जारी किया था।
3. उसने सुदर्शन झील का पुनरुद्धार करवाया था।

उपर्युक्त में से कौन-सा/से कथन सही है/हैं?

(a) केवल 3 (b) 1 और 2 (c) 1, 2 और 3 (d) केवल 2

उत्तर *(c)*

व्याख्या शक शासक रुद्रदामन के संबंध में सभी कथन सही हैं।

शक शासक रुद्रदामन प्रथम का शासनकाल 130-150 ई. तक था। उसका शासन न केवल सिंध में, बल्कि कोंकण, नर्मदा घाटी, मालवा, काठियावाड़ और गुजरात के बड़े भाग में भी था।

रुद्रदामन ने विदेशी होते हुए भी सबसे पहले विशुद्ध संस्कृत भाषा में लंबा अभिलेख, जिसे जूनागढ़ अभिलेख कहते हैं, जारी किया।

रुद्रदामन ने गिरनार पर्वत पर स्थित काठियावाड़ के अर्द्धशुष्क क्षेत्र की प्रसिद्ध सुदर्शन झील का पुनरुद्धार करवाया था। रुद्रदामन ने इस कार्य के लिए सौराष्ट्र के राज्यपाल सुविशाख को आदेश दिया था। इस झील का निर्माण मौर्य काल में हुआ था।

27 विक्रम संवत् के संबंध में निम्नलिखित कथनों पर विचार कीजिए *(Chap 16, Class-XI, Old NCERT)* *(UPPSC Pre 2005)*

1. विक्रम और शक संवत् के बीच 135 वर्षों का अंतर है।
2. विक्रम संवत् की शुरुआत 57 ई. पू. में विक्रमादित्य की शकों पर विजय के पश्चात् हुई।

उपर्युक्त कथनों में से कौन-सा/से सही है/हैं?

(a) केवल 1 (b) केवल 2
(c) 1 और 2 दोनों (d) न तो 1 और न ही 2

उत्तर *(c)*

व्याख्या विक्रम संवत् के संबंध में दिए गए दोनों कथन सही हैं।

विक्रम और शक संवत् के बीच 315 वर्षों का अंतर है। विक्रम संवत् की शुरुआत 57 ई. पू. में हुई थी, जो अंग्रेजी कैलेंडर से 57 वर्ष पहले है। जबकि शक संवत् की शुरुआत 78 ई. मे मानी जाती है, जो अंग्रेजी कैलेंडर से 78 वर्ष पश्चात् शुरू होता है।

अंग्रेजी कैलेंडर के 57 वर्ष पूर्व तथा 78 वर्ष पश्चात् का योग 135 वर्ष होगा। इस प्रकार विक्रम संवत् से शक संवत् के मध्य अंतर 135 वर्ष होगा। विक्रमादित्य की शकों पर विजय के पश्चात् विक्रम संवत की शुरुआत की गई, जो शक विजय का प्रतीक था। इसके पश्चात् विक्रमादित्य को स्पृहणीय की उपाधि दी गई तथा वे ऊँची प्रतिष्ठा और सत्ता के प्रतीक बन गए।

28 पह्लव शासकों के संबंध में कौन-सा कथन सही नहीं है? *(Chap 16, Class-XI, Old NCERT)*

(a) उन्होंने दक्षिण भारत में अपना आधिपत्य स्थापित किया था।
(b) सर्वाधिक प्रसिद्ध शासक गोंदोफर्निस था।
(c) इनका मूल निवास स्थान ईरान था।
(d) इनके काल में सेंट टॉमस भारत आया था।

उत्तर *(a)*

व्याख्या पह्लव शासकों के संबंध में कथन (a) सही नहीं है, क्योंकि पह्लव शासकों ने पश्चिमोत्तर भारत में आधिपत्य स्थापित किया न कि दक्षिण भारत में। पश्चिमोत्तर भारत में शकों के आधिपत्य के बाद पार्थियाई लोगों का आधिपत्य हुआ। यूनानियों और शकों के विपरीत वे ईसा की पहली सदी में पश्चिमोत्तर भारत के एक छोटे से भाग पर ही सत्ता स्थापित कर सके। इनके आने से पहले शकों की तरह पार्थियाई लोग भी भारतीय राजतंत्र और समाज के अभिन्न अंग बन गए।

29 निम्नलिखित कथनों पर विचार कीजिए *(Chap 16, Class-XI, Old NCERT)*

1. कुषाण शासकों का संबंध यूची कबीले से था।
2. कडफिसेस प्रथम ने अपने शासन में स्वर्ण मुद्राएँ जारी की थीं।
3. कुषाणों की राजधानी पुरुषपुर/पेशावर थी।

उपर्युक्त में से कौन-सा/से कथन सही नहीं है/हैं?

(a) 1 और 2 (b) केवल 2
(c) 1 और 3 (d) 1, 2 और 3

उत्तर *(b)*

व्याख्या दिए गए कथनों में से कथन (2) सही नहीं है, क्योंकि कडफिसेस प्रथम ने रोमन सिक्कों की नकल करके ताँबे के सिक्के ढलवाएँ तथा महाराजाधिराज की उपाधि धारण की। उसने ये सिक्के हिंदूकुश के दक्षिण में चलवाए थे।

30 नीचे दो कथन दिए गए हैं *(Chap 4, Class-XI, New NCERT)* *(HPSC Pre 2023)*

कथन I कनिष्क ने पेशावर में एक स्तूप और विहार बनवाया।

कथन II पेशावर के स्तूप और विहार की खुदाई में बुद्ध और कनिष्क की मूर्तियाँ मिली हैं न कि इन्द्र और ब्रह्मा की।

उपर्युक्त कथनों के आलोक में नीचे दिए गए विकल्पों में से सही उत्तर का चयन कीजिए

(a) कथन I और II दोनों सही हैं।
(b) कथन I और II दोनों गलत हैं।
(c) कथन I सही है, लेकिन कथन II गलत है।
(d) कथन I गलत है, लेकिन कथन II सही है।

उत्तर *(a)*

व्याख्या कथन I और II दोनों सही हैं।

कनिष्क कुषाण वंश का महान शासक था। इसने अपने जीवन में बौद्ध धर्म को अपनाया और इसका अधिक प्रचार-प्रसार किया। इसने पेशावर के समीप एक स्तूप एवं विहार का निर्माण करवाया। इस स्तूप की खुदाई के दौरान यहाँ बुद्ध एवं कनिष्क की मूर्तियाँ मिली हैं।

कनिष्क ने कुषाण साम्राज्य की स्थापना पेशावर के समीप ही की थी। इस साम्राज्य के वास्तविक संस्थापक कुजूल कडफिसेस था। कनिष्क के शासनकाल के समय कुषाण साम्राज्य का अधिक विकास हुआ। इन्होंने अपने साम्राज्य का विस्तार अफगानिस्तान तक कर लिया था। अशोक के बाद कनिष्क के शासनकाल के दौरान बौद्ध संप्रदाय का सर्वाधिक प्रचार-प्रसार हुआ था।

31 निम्नलिखित में से कौन-सा युग्म सही सुमेलित नहीं है?

(Chap 16, Class-XI, Old NCERT)

स्थान		अवस्थित
(a) काबुल	—	अफगानिस्तान
(b) ख्वारिज्म	—	बोखारा
(c) समरकंद	—	कपिशा
(d) टोपरक-कला	—	अमुदरिया

उत्तर (c)

व्याख्या दिए गए युग्मों में से युग्म (c) सही सुमेलित नहीं है, क्योंकि समरकंद कपिशा में नहीं, बल्कि उज्बेकिस्तान में अवस्थित है। कुषाणों का अधिकार काबुल घाटी कपिशा, बैक्ट्रिया, ख्वारिज्म और सोग्डियाना (अर्थात् मध्य एशिया में स्थित बोखारा और समरकंद) में ईसा की तीसरी-चौथी सदी में भी स्थापित रहा। इस क्षेत्र में अनेक कुषाण मुद्राएँ, अभिलेख और मृण्मूर्तिकाएँ पाई गई हैं।

32 मौर्योत्तर कालीन व्यापार के संबंध में कौन-सा कथन सही नहीं है?

(Chap 19, Class-XI, Old NCERT)

(a) मथुरा वस्त्र निर्माण का केंद्र बन गया था।
(b) भारतीय दंतशिल्प की वस्तुएँ अफगानिस्तान और रोम से मिली हैं।
(c) रोम की काँच की वस्तुएँ तक्षशिला से मिली हैं।
(d) उत्तर भारत में रंगरेजी एक उन्नत शिल्प था।

उत्तर (d)

व्याख्या मौर्योत्तर कालीन व्यापार के संबंध में कथन (d) सही नहीं है, क्योंकि मौर्योत्तर काल में रंगरेजी उत्तर भारत में नहीं, बल्कि दक्षिण भारत के कई नगरों में उन्नत शिल्प थी। तमिलनाडु में तिरुचिरापल्ली नगर के उपांतवर्ती उरैयूर में ईंटों का बना रंगाई का हौज मिला है।

अरिकमेडु में भी इस प्रकार के हौज मिले हैं। ये हौज ईसा की पहली-तीसरी सदी के हैं। इन क्षेत्रों में करघे पर कपड़ा बुनने का व्यवसाय भी बहुत प्रचलित था।

33 निम्नलिखित कथनों पर विचार कीजिए

(Chap 19, Class-XI, Old NCERT)

1. दीघनिकाय नामक पुस्तक में 24 प्रकार के व्यवसायों का उल्लेख है।
2. महावस्तु में 36 प्रकार के व्यवसायियों का उल्लेख है।
3. मिलिंदपंहो में 100 व्यवसाय का उल्लेख है।

उपर्युक्त में से कौन-सा/से कथन सही है/हैं?

(a) 1 और 3 (b) 1 और 2
(c) केवल 3 (d) केवल 4

उत्तर (b)

व्याख्या दिए गए कथनों में से कथन (1) और (2) सही हैं। मौर्यपूर्व काल के दीघनिकाय में लगभग 24 प्रकार के व्यवसायों का उल्लेख है। इसी काल में महावस्तु में राजगीर में रहने वाले 36 प्रकार के व्यवसायियों का उल्लेख है।

कथन (3) सही नहीं है, क्योंकि मिलिंदपंहो में 100 नहीं, बल्कि 75 व्यवसायों का उल्लेख है, जिनमें 60 विविध प्रकार के शिल्पों से संबद्ध हैं।

34 निम्नलिखित में से कौन-सा युग्म सही सुमेलित नहीं है?

(Chap 19, Class-XI, Old NCERT)

व्यापारिक केंद्र		अवस्थित
(a) करीमनगर	—	तमिलनाडु
(b) नालगोंडा	—	तेलंगाना
(c) काठियावाड़	—	गुजरात
(d) उरैयूर	—	तमिलनाडु

उत्तर (a)

व्याख्या दिए गए युग्मों में से युग्म (a) सही सुमेलित नहीं है, क्योंकि मौर्योत्तर काल में करीमनगर, तमिलनाडु में नहीं, बल्कि तेलंगाना क्षेत्र में अवस्थित था। यह शिल्पियों का एक गाँव था। इस गाँव में बढ़ई, लोहार, सुनार, कुम्हार आदि अलग-अलग टोलों में रहते थे तथा कृषि, मजदूर तथा अन्य मजदूर एक-दूसरे छोर पर बसते थे।

35 मौर्योत्तर काल में व्यापार के संबंध में निम्नलिखित कथनों में से कौन-सा कथन सही नहीं है? *(Chap 19, Class-XI, Old NCERT)*

(a) भारत और पूर्वी रोमन साम्राज्य के बीच का व्यापार आरंभ से ही समुद्री मार्ग द्वारा होता था।
(b) भारत और रोम के बीच व्यापार में विलास की वस्तुओं का महत्त्व अधिक होता था।
(c) भड़ौच और सोपारा बंदरगाह पश्चिमी समुद्र तथा अरिकामेडु और ताम्रलिप्ति पूर्वी तट पर स्थित थे।
(d) भड़ौच एक महत्त्वपूर्ण बंदरगाह था।

उत्तर (a)

व्याख्या मौर्योत्तर काल में व्यापार के संबंध में कथन (a) सही नहीं है, क्योंकि मौर्योत्तर काल में भारत और पूर्वी रोमन साम्राज्य के बीच अधिकतर व्यापार स्थल मार्ग से होता था। ईसा पूर्व पहली सदी में शकों, पार्थियनों और कुषाणों की गतिविधियों के कारण स्थल मार्ग से व्यापार करना संकटापन्न हो गया। इसी कारण पहली सदी से व्यापार मुख्यत: समुद्री मार्ग से होने लगा था।

36 निम्नलिखित कथनों पर विचार कीजिए

(Chap 19, Class-XI, Old NCERT)

1. कुषाण और शक लोग व्यापार के लिए पश्चिमोत्तर सीमा प्रांत से पश्चिमी समुद्रतट तक दो मार्गों से जाते थे और ये दोनों मार्ग तक्षशिला में मिलते थे।
2. पहला मार्ग उत्तर से दक्षिण की ओर जाता हुआ तक्षशिला को निचली सिंधु घाटी से जोड़ता था और वहाँ से भड़ौच चला जाता था।

उपर्युक्त में से कौन-सा/से कथन सही है/हैं?

(a) केवल 1 (b) केवल 2
(c) 1 और 2 दोनों (d) न तो 1 और न ही 2

उत्तर (c)

व्याख्या दिए गए दोनों कथन सही हैं।

शक और कुषाण लोग भी पश्चिमोत्तर सीमा प्रांत से पश्चिम समुद्रतट तक दो मार्गों से जाते थे। ये दोनों मार्ग तक्षशिला में मिलते थे और मध्य एशिया से गुजरने वाले रेशम मार्ग से भी जुड़े थे।

इसका पहला मार्ग उत्तर से सीधे दक्षिण की ओर जाता था। यह मार्ग तक्षशिला को निचली सिंधु घाटी से जोड़ता था और वहाँ से भड़ौच चला जाता था। दूसरा मार्ग, उत्तरापथ नाम से प्रसिद्ध था। यह तक्षशिला से चलकर आधुनिक पंजाब से होते हुए यमुना के पश्चिम तट पहुँचता और यमुना का अनुसरण करते हुए दक्षिण की ओर मथुरा पहुँचता था।

37 निम्नलिखित में से कौन-सा कथन सही नहीं है?

(Chap 17, Class-XI, Old NCERT)

(a) यवन शासक भारतीय मसालों को पसंद करते थे।
(b) दालचीनी को यवनप्रिय कहा जाता था।
(c) यवन शासक भारतीय गोल मिर्च का व्यापार करते थे।
(d) उपर्युक्त में से कोई नहीं

उत्तर *(b)*

व्याख्या दिए गए कथनों में से कथन (b) सही नहीं है, क्योंकि 'यवनप्रिय' शब्द का प्रयोग काली मिर्च के लिए प्रयुक्त हुआ है, न कि दाल चीनी के लिए। पश्चिम के लोगों को भारतीय गोल मिर्च (काली मिर्च) इतनी प्रिय थी कि संस्कृत में गोल मिर्च का नाम ही यवन प्रिय रख गया।

38 निम्नलिखित कथनों पर विचार कीजिए

(Chap 19, Class-XI, Old NCERT)

1. मौर्योत्तर काल सोना, चाँदी, ताँबा, काँसा, सीसा और पोटीन के सिक्के बनाने के लिए प्रसिद्ध है।
2. रोमन सम्राट ट्रॉजन ने फारस की खाड़ी का पता लगाया था।
3. भारत में पाए गए रोमन सोने-चाँदी के सिक्कों की संख्या 6000 से अधिक है।

उपर्युक्त में से कौन-सा/से कथन सही है/हैं?

(a) 1 और 2
(b) 2 और 3
(c) 1, 2 और 3
(d) केवल 3

उत्तर *(a)*

व्याख्या दिए गए कथनों में से कथन (1) और (2) सही हैं। मौर्योत्तर काल सोना, चाँदी, ताँबा, काँसा, सीसा और पोटीन के सिक्के बनाने के लिए प्रसिद्ध है। इस काल के सिक्का ढालने के कई प्रकार के साँचे उत्तर भारत और दक्कन में पाए गए हैं।

रोमन सम्राट ट्रॉजन ने व्यापारिक मार्गों के लिए फारस की खाड़ी का पता लगाया। इसके कारण रोमन वस्तुएँ अफगानिस्तान और पश्चिमोत्तर भारत में पहुँचती थीं।

कथन (3) सही नहीं है, क्योंकि भारत में पाए गए रोमन सोने-चाँदी के सिक्कों की संख्या 6000 से अधिक नहीं है, परंतु यह भी कहना कठिन है कि केवल इतने ही सिक्के रोम से आए। रोमन लेखक प्लिनी ने 'नेचुरल हिस्ट्री' नामक अपने विवरण में अफसोस (खेद) प्रकट किया है कि भारत के साथ व्यापार करके रोम अपना स्वर्णभंडार लुटाता जा रहा है।

39 निम्नलिखित कथनों पर विचार कीजिए

(Chap 19, Class-XI, Old NCERT)

1. सातवाहन और कुषाण साम्राज्यों में नगरों की उन्नति का एक कारण रोमन साम्राज्य के साथ व्यापार था।
2. कुषाण साम्राज्य के कारण पंजाब और पश्चिमी उत्तर प्रदेश के नगर समृद्ध हुए थे।
3. कुषाण राजाओं ने मार्गों की सुरक्षा का प्रबंधन किया था।

उपर्युक्त में से कौन-सा/से कथन सही है/हैं?

(a) 1 और 2
(b) केवल 3
(c) 2 और 3
(d) 1, 2 और 3

उत्तर *(d)*

व्याख्या दिए गए सभी कथन सही हैं।

कुषाण और सातवाहन साम्राज्यों में नगरों की उन्नति का मुख्य कारण रोमन साम्राज्य के साथ व्यापारिक संबंध अच्छे होना था। भारत, रोमन साम्राज्य के पूर्वी भाग और मध्य भाग के साथ ही व्यापार करता था।

कुषाण साम्राज्य के कारण पंजाब और पश्चिमी उत्तर प्रदेश के स्थान समृद्ध हुए थे, क्योंकि कुषाण शक्ति का केंद्र पश्चिमोत्तर भारत था। कुषाण साम्राज्य में मार्गों पर सुरक्षा का प्रबंध था, जिसके कारण इस काल में व्यापारिक गतिविधियों में वृद्धि हुई।

40 शक-कुषाण काल में भवन-निर्माण के संबंध में निम्नलिखित कथनों पर विचार कीजिए *(Chap 16, Class-XI, Old NCERT)*

1. पक्की ईंटो का प्रयोग फर्श बनाने में किया जाता था।
2. खपरों (टाइलों) का प्रयोग फर्श और छत दोनों में किया जाता था।
3. सुर्खी और खपरा बाहर से अपनाई गई वस्तु थी।

उपर्युक्त में से कौन-सा/से कथन सही है/हैं?

(a) केवल 1
(b) केवल 2
(c) 1 और 2
(d) 1, 2 और 3

उत्तर *(c)*

व्याख्या शक-कुषाण काल में भवन-निर्माण के संबंध में कथन (1) और (2) सही हैं। शक-कुषाण काल में भवन निर्माण के कार्यों में उल्लेखनीय प्रगति हुई। इनमें पक्की ईंटों का प्रयोग फर्श बनाने में किया गया तथा खपरों (टाइलों) का प्रयोग फर्श और छत दोनों में किया जाता था।

कथन (3) सही नहीं है, क्योंकि शक तथा कुषाण काल में भवनों के निर्माण में प्रयुक्त सुर्खी और खपरा बाहर से अपनाई गई वस्तु नहीं थी।

41 अश्वघोष के संबंध में निम्नलिखित कथनों पर विचार कीजिए

(Chap 16, Class-XI, Old NCERT)

1. अश्वघोष कनिष्क का समकालीन था।
2. अश्वघोष ने बुद्धचरित की रचना की थी।

उपर्युक्त कथनों में से कौन-सा/से सही है/हैं?

(a) केवल 1
(b) केवल 2
(c) 1 और 2 दोनों
(d) न तो 1 और न ही 2

उत्तर *(c)*

व्याख्या अश्वघोष के संबंध में दोनों कथन सही हैं।

महान रचनाकार अश्वघोष कनिष्क का समकालीन था, जिसने बुद्धचरित नामक ग्रंथ की रचना की थी। वह कनिष्क का दरबारी था। अश्वघोष की अन्य रचनाओं में सौंदरानंद, शरिपुत्र प्रकरण, गंडीस्त्रोतगाथा आदि प्रमुख हैं।

42 प्राचीन काल के भारत पर आक्रमणों के संबंध में निम्नलिखित में से कौन-सा एक सही अनुक्रम है? *(Chap 16, Class-XI, Old NCERT), (IAS Pre 2006) (UPPSC Pre 2023)*

(a) यूनानी-शक-कुषाण
(b) यूनानी-कुषाण-शक
(c) शक-यूनानी-कुषाण
(d) शक-कुषाण-यूनानी

उत्तर *(a)*

व्याख्या प्राचीन काल के भारत पर आक्रमणों के संबंध में सही क्रम यूनानी-शक-कुषाण है।

भारत पर आक्रमण सबसे पहले हिंद-यूनानियों ने किया। ईसा पूर्व दूसरी सदी के आरंभ में हिंद-यूनानियों ने पश्चिमोत्तर भारत के विशाल क्षेत्र पर कब्जा किया। यूनानियों के बाद शक आए। यूनानियों ने भारत के जितने भाग पर कब्जा किया था, उससे अधिक भाग पर शकों ने किया।

पश्चिमोत्तर भारत में शकों के आधिपत्यों के बाद पार्थियाई अथवा पह्लव लोगों का आधिपत्य हुआ। पह्लव के बाद कुषाण आए, जो यूची और तोखारी भी कहलाते थे। कुषाणों ने बैक्ट्रिया तथा उत्तरी अफगानिस्तान पर आधिपत्य करते हुए शकों को अपदस्थ किया।

अध्याय 09

गुप्त काल

गुप्त काल

स्रोत एवं गुप्त वंश के प्रमुख शासक

स्रोत

- **साहित्यिक स्रोत** पुराण, देवीचंद्रगुप्तम, मुद्राराक्षस (विशाखदत्त) और फाह्यान के वृत्तांत।
- **प्रमुख शिलालेख** समुद्रगुप्त का इलाहाबाद स्तंभलेख और स्कंदगुप्त का जूनागढ़ शिलालेख।

महत्त्वपूर्ण शासक

- **चंद्रगुप्त प्रथम** (319-335 ई.) पहला सबसे महत्त्वपूर्ण शासक, जिसने महाराजाधिराज की उपाधि धारण की और साकेत, प्रयाग और मगध पर शासन किया।
- **समुद्रगुप्त** (335-380 ई.) सैन्य विजय के कारण भारत के नेपोलियन की संज्ञा, दरबारी कवि हरिषेण, श्रीलंका के शासक मेघवर्मन द्वारा बोधगया में एक बौद्ध मंदिर के निर्माण की अनुमति माँगी गई।
- **चंद्रगुप्त-II** (380-412 ई.) वैवाहिक गठबंधनों एवं विजय के द्वारा साम्राज्य की सीमाओं का विस्तार किया, शकों से पश्चिमी मालवा एवं गुजरात को जीता, विक्रमादित्य की उपाधि धारण की,
- इसके दरबार में चीनी यात्री फाह्यान का आगमन, नवरत्नों की नियुक्ति की
- **कुमारगुप्त** (415-455 ई.) अश्वमेघ यज्ञ कराया; नालंदा विश्वविद्यालय की नींव रखी, शासनकाल में दो आक्रमण हुए
- **स्कंदगुप्त** (455-467 ई.) हूणों को पराजित किया; (भितरी स्तंभ लेख), सुदर्शन झील की मरम्मत करवायी, साम्राज्य का अंतिम महान शासक

समाज और प्रशासन

प्रांतीय और स्थानीय प्रशासन

- साम्राज्यों को डिविजनों (भुक्ति) में विभाजित किया गया और उपरिक के अधीन रखा गया।
- प्रतिनिधि प्रशासन और प्रशासनिक शक्तियों वाले संघों को बढ़ावा दिया गया
- धार्मिक पदाधिकारियों को करमुक्त भूमि प्रदान की गई।

अर्थव्यवस्था

- कराधान उपज का 1/4 से 1/6 भाग किसानों को शाही सेनाओं के रखरखाव की व्यवस्था करने की आवश्यकता।
- मध्य और पश्चिमी भारत में विष्टि या वेगार का प्रचलन।

न्याय व्यवस्था

- सिविल और आपराधिक कानून स्पष्ट रूप से परिभाषित और सीमांकित।
- कारीगरों, व्यापारियों और अन्य लोगों के संघ स्वयं अपने कानूनों द्वारा शासित

नौकरशाही

- नौकरशाही का सबसे पहला प्रमाण, (कुमारामाला)
- सबसे महत्त्वपूर्ण (अधिकारी) कई कार्यालय एक ही व्यक्ति के हाथ में
- पद वंशानुगत हो गए

सामाजिक जीवन

- जातियों का उपजातियों में विभाजन, शुद्रों एवं स्त्रियों की स्थिति में अपेक्षाकृत सुधार,
- अछूतों की संख्या में वृद्धि, ब्राह्मणवादी वर्चस्व नई ऊँचाइयों पर पहुँच गया।

अन्य व्यवस्था

धार्मिक व्यवस्था

- प्रमुख धर्म हिंदू धर्म था, यद्यपि बौद्ध धर्म का भी प्रचार हुआ
- गुप्त शासकों ने धार्मिक यज्ञ किए,
- मूर्तिपूजा प्रमुख विशेषता बन गई।

कला और संस्कृति

- समुद्रगुप्त और चंद्रगुप्त-II द्वारा संरक्षण प्राप्त
- भारत में प्राचीनतम हिंदू मंदिरों का विकास
- कानपुर के भीतरगाँव और गाजीपुर के भितरी में ईंटों से बने मंदिर
- सुल्तानगंज में बुद्ध की 2 मी से अधिक ऊँची कांस्य प्रतिमा

साहित्य

- भास द्वारा लिखित 13 नाटक, जिसमें सबसे प्रसिद्ध उरुभंग
- कालिदास ने अभिज्ञानशाकुंतलम, मेघदूतम और रघुवंश की रचना की
- अमरसिंह द्वारा अमरकोश की विभिन्न स्मृतियों का संकल

विज्ञान

- दशमलव प्रणाली का विकास, खगोल विज्ञान के क्षेत्र में आर्यभट्ट द्वारा आर्यभट्टीय की रचना,
- गणित के क्षेत्र में वराहमिहिर ने वृहतसंहिता एवं पंच सिद्धांतिका की रचना की।
- गणितज्ञ ब्रह्मगुप्त द्वारा सूर्यसिद्धांकम् नामक ग्रंथ की रचना की गई।

गुप्त साम्राज्य का पतन

- विदेशी आक्रमण, सामंतों द्वारा स्वतंत्रता की घोषणा
- भूमि अनुदान से शाही खजानों की समाप्ति आदि।

SOURCE Old NCERT Class VI गुप्त काल, Old NCERT Class XI गुप्त साम्राज्य का उद्भव और विकास, गुप्तकाल का जीवन, NIOS Module-1 गुप्त वंश तथा उनके उत्तराधिकारी

गुप्त वंश का उद्भव एवं विकास

1 निम्नलिखित में से कौन-सा कथन सही नहीं है?

(Chap 20, Class-XI, Old NCERT)

(a) गुप्त मूलत: वैश्य थे।
(b) गुप्त साम्राज्य मौर्य साम्राज्य जितना विस्तृत था।
(c) ईसा की तीसरी सदी के अंत में इनका आरंभिक राज्य उत्तर प्रदेश और बिहार था।
(d) गुप्तों ने 120 वर्ष तक भारत को राजनीतिक एकता के सूत्र में बाँधे रखा।

उत्तर *(b)*

व्याख्या दिए गए कथनों में से कथन (b) सही नहीं है, क्योंकि गुप्त साम्राज्य मौर्य साम्राज्य जितना विस्तृत नहीं था। यद्यपि गुप्तों ने संपूर्ण उत्तर भारत को 335 ई. से 445 ई. तक लगभग एक सदी से ज्यादा राजनीतिक एकता के सूत्र में बाँधे रखा।

2 निम्नलिखित कथनों पर विचार कीजिए

(Chap 20, Class-XI, Old NCERT)

1. गुप्त काल में उत्तर प्रदेश अधिक महत्त्व वाला क्षेत्र था।
2. गुप्त वंश के शासक सातवाहनों के सामंत थे।
3. बिहार और उत्तर प्रदेश में अनेक स्थानों से कुषाण पुरावशेषों के ठीक बाद गुप्त पुरावशेष मिले हैं।

उपर्युक्त में से कौन-सा/से कथन सही है/हैं?

(a) 1 और 2 (b) 1 और 3
(c) 1, 2 और 3 (d) केवल 2

उत्तर *(b)*

व्याख्या दिए गए कथनों में से कथन (1) और (3) सही हैं। संभवत: यह प्रतीत होता है कि गुप्त शासक बिहार की अपेक्षा उत्तर प्रदेश को अधिक महत्त्व देते थे, क्योंकि आरंभिक गुप्त मुद्राएँ और अभिलेख मुख्यत: उत्तर प्रदेश में ही पाए गए हैं।

गुप्त शासकों की सत्ता का केंद्र प्रयाग था, जहाँ से इन्होंने अपने साम्राज्य का निरंतर विस्तार किया। अतएव उत्तर प्रदेश ही वह स्थान प्रतीत होता है, जहाँ से गुप्त शासकों ने अपने शासन को सुचारू रूप से संचालित किया।

बिहार और उत्तर प्रदेश के अनेक स्थानों से मिले गुप्तकालीन पुरावशेषों के साक्ष्य जिसमें जीन, लगाम, बटन वाले कोट, पतलून और जूते आदि सम्मिलित थे, जिनका पूर्व में कुषाणों द्वारा प्रयोग किया गया था, के आधार पर यह कहा जा सकता है कि कुषाण पुरावशेषों के ठीक बाद गुप्तकालीन पुरावशेषों का मिलना एक संयोग मात्र नहीं था, बल्कि कुषाणों से गुप्तों ने बहुत सारी गतिविधियाँ सीखी थीं।

कथन (2) सही नहीं है, क्योंकि गुप्त वंश के शासक सातवाहनों के नहीं, बल्कि कुषाणों के सामंत थे।

3 निम्नलिखित विकल्पों पर विचार कीजिए *(Class-XI, Old NCERT)*

1. नारद, विष्णु, बृहस्पति और कात्यायन स्मृतियाँ
2. कामंदक की नीतिसार
3. विशाखदत्त की देवीचंद्रगुप्तम
4. कालिदास की रचनाएँ

उपर्युक्त में से कितने गुप्त काल के संबंध में जानकारी के साहित्यिक स्रोत हैं?

(a) केवल 1
(b) केवल 2
(c) केवल 3
(d) उपर्युक्त सभी

उत्तर *(d)*

व्याख्या गुप्त काल के संबंध में जानकारी के साहित्यिक स्रोत के अंतर्गत दिए गए सभी विकल्प शामिल हैं।

गुप्त काल की जानकारी के लिए तीन स्रोतों साहित्यिक, पुरालेखीय और मुद्राशास्त्रीय पर निर्भर रहना पड़ता है। इनमें साहित्यिक स्रोतों के अंतर्गत नारद, विष्णु, बृहस्पति और कात्यायन स्मृतियाँ, कामंदक की नीतिसार, विशाखादत्त की देवीचंद्रगुप्तम और मुद्राराक्षसम, कालिदास की रचनाएँ आदि शामिल हैं।

4 गुप्त वंश के उद्भव और विकास के संबंध में निम्नलिखित कथनों पर विचार कीजिए *(Chap 20, Class-XI, Old NCERT)*

1. इनके राज्य में मध्य भारत की उर्वर भूमि के कारण उपज अच्छी होती थी।
2. दक्षिणी-बिहार से प्राप्त लोहे के उपयोग से उन्नत तकनीक के औजार और हथियारों के निर्माण को बल मिला।
3. रोमन साम्राज्य से व्यापार में वृद्धि हुई थी।

उपर्युक्त में से कौन-सा/से कथन सही है/हैं?

(a) केवल 1 (b) 1 और 2 (c) 1, 2 और 3 (d) केवल 3

उत्तर *(b)*

व्याख्या गुप्त वंश के उद्भव और विकास के संबंध में कथन (1) और (2) सही हैं। गुप्त काल में मध्य भारत की उर्वर भूमि के कारण उपज अच्छी होती थी, जिसमें बिहार और उत्तर प्रदेश आते हैं। इस काल में कृषि लोगों का मुख्य व्यवसाय था और इस काल में कृषि अधिकांशत: वर्षा पर निर्भर थी।

गुप्त काल में दक्षिणी बिहार से प्राप्त लोहे के उपयोग से उन्नत तकनीक के औजार और हथियारों के निर्माण को बल मिला। इसके कारण ये इस क्षेत्र में लगभग एक सदी तक शासन करते रहे।

कथन (3) सही नहीं है, क्योंकि इस काल में भारत तथा पाश्चात्य विश्व (रोमन साम्राज्य) के बीच व्यापारिक संबंधों में गिरावट देखी गई, जिसके प्रमाण हमें कुमारगुप्त प्रथम कालीन मंदसौर अभिलेख में मिलते हैं।

5 निम्नलिखित में से कौन-सा युग्म सुमेलित नहीं है?

(Chap 20, Class-XI, Old NCERT)

गुप्त राज्य क्षेत्र		अवस्थिति
(a) अनुगंग	—	मध्य गंगा का मैदान
(b) प्रयाग	—	आधुनिक इलाहाबाद
(c) साकेत	—	आधुनिक दिल्ली
(d) मगध	—	आधुनिक पटना

उत्तर *(c)*

व्याख्या दिए गए युग्मों में से युग्म (c) सही सुमेलित नहीं है, क्योंकि गुप्त साम्राज्य का क्षेत्र 'साकेत' आधुनिक दिल्ली में नहीं, बल्कि अयोध्या में अवस्थित था। गुप्त काल में अनुगंग, प्रयाग, साकेत तथा मगध राज्य भारतव्यापी साम्राज्य बन गए, जिस पर 335 ई. से 455 ई. तक गुप्तों ने शासन किया था।

प्रमुख शासक

6 श्रीगुप्त के संबंध में निम्नलिखित में से कौन-सा कथन सही नहीं है?

(Unit 7, Class-XI, Tamil Nadu Board)
(Chap 7, Module-1, NIOS)

(a) गुप्त साम्राज्य का पहला शासक श्रीगुप्त को माना जाता है।
(b) शिलालेखों में श्रीगुप्त को महाराजाधिराज के रूप में उल्लेखित किया गया है।
(c) इसका शासनकाल 240 से 280 ई. तक था
(d) उपर्युक्त में से कोई नहीं

उत्तर *(b)*

व्याख्या श्रीगुप्त के संबंध में दिए गए कथनों में कथन (b) सही नहीं है, क्योंकि शिलालेखों में श्रीगुप्त को महाराजाधिराज नहीं, बल्कि महाराजा के रूप में उल्लेखित किया गया है। इसने गुप्त साम्राज्य की स्थापना की थी।

श्रीगुप्त का उत्तराधिकारी इसका पुत्र घटोत्कच (280-319 ई.) था। शिलालेखों में श्रीगुप्त और घटोत्कच दोनों को महाराजा के रूप में उल्लेखित किया गया हैं। घटोत्कच के पुत्र चंद्रगुप्त प्रथम ने 319-335 ई. तक शासन किया और उसे गुप्त साम्राज्य का पहला महान राजा माना जाता है। चंद्रगुप्त ने महाराजाधिराज (अन्य राजाओं से महान राजा) की उपाधि धारण की।

7 गुप्त वंश के पहले प्रसिद्ध शासक चंद्रगुप्त प्रथम के संबंध में निम्नलिखित कथनों पर विचार कीजिए

(Chap 20, Class-XI, Old NCERT)

1. इसने लिच्छवि राजकुमारी से विवाह किया था, जो संभवत: नेपाल की थी।
2. इसने क्षत्रिय कुल में विवाह कर अपनी प्रतिष्ठा बढ़ाई।
3. चंद्रगुप्त ने महाबलशाली की उपाधि धारण की थी।

उपर्युक्त में से कौन-सा/से कथन सही है/हैं?

(a) केवल 1 (b) 1 और 2
(c) 1 और 3 (d) 1, 2 और 3

उत्तर *(b)*

व्याख्या चंद्रगुप्त प्रथम के संबंध में कथन (1) और (2) सही हैं। प्रथम गुप्त शासक चंद्रगुप्त प्रथम ने लिच्छवि राजकुमारी कुमारदेवी से विवाह किया था, जो संभवत: नेपाल की थीं। इससे इसकी सत्ता को बल मिला था। गुप्त लोग संभवत: वैश्य थे, इसलिए क्षत्रिय कुल में विवाह करने से इसकी प्रतिष्ठा बढ़ी थी।

कथन (3) सही नहीं है, क्योंकि चंद्रगुप्त प्रथम ने 'महाराजाधिराज' की उपाधि ग्रहण की थी। इसके राज्यरोहण की तिथि (319 ई.) से गुप्त संवत् का आरम्भ माना जाता है।

8 गुप्त शासक चंद्रगुप्त प्रथम के संबंध में दिए गए कथनों पर विचार कीजिए

(Unit 7, Class-XI, Tamil Nadu Board)

1. चंद्रगुप्त प्रथम गुप्त वंश का तीसरा शासक था।
2. इसने प्रयाग से लेकर मथुरा तक के पश्चिम के उपजाऊ मैदानों पर विजय प्राप्त की थी।
3. पुराणों में मगध, इलाहाबाद और अवध को गुप्त साम्राज्य के रूप में उल्लेख किया गया है।

उपर्युक्त में से कितने कथन सही हैं?

(a) केवल एक (b) केवल दो
(c) सभी तीनों (d) इनमें से कोई नहीं

उत्तर *(c)*

व्याख्या गुप्त शासक चंद्रगुप्त प्रथम के संबंध में दिए गए कथनों में केवल दो कथन (1 और 3) सही हैं।

चंद्रगुप्त प्रथम गुप्त वंश का तीसरा शासक था। इससे पूर्व श्रीगुप्त तथा घटोत्कच गुप्त वंश के प्रमुख शासक थे। चन्द्रगुप्त प्रथम ने लिच्छवी राजकुमारी कुमारदेवी से विवाह किया। इस विवाह का उल्लेख इसके उत्तराधिकारियों के अभिलेखों में गर्व के साथ किया गया है, जिससे यह संकेत मिलता है कि इस शाही संबंध ने गुप्तों के उत्थान में योगदान दिया होगा। लिच्छवि एक प्राचीन गणसंघ था और इसका क्षेत्र गंगा और नेपाल तराई के बीच स्थित था। पुराणों में मगध, इलाहाबाद और अवध को गुप्त साम्राज्य के रूप में उल्लेख किया गया है।

कथन (2) सही नहीं है, क्योंकि इलाहाबाद स्तंभ शिलालेख के अनुसार, चंद्रगुप्त प्रथम के यशस्वी पुत्र समुद्रगुप्त ने प्रयाग से लेकर मथुरा तक के पश्चिम के पूरे उपजाऊ मैदानों पर विजय प्राप्त की थी और कलिंग से होते हुए दक्षिण में कांचीपुरम तक आक्रमण किया था।

9 समुद्रगुप्त के संबंध में निम्नलिखित कथनों पर विचार कीजिए

(Chap 20, Class-XI, Old NCERT)

1. इसका शासनकाल 335-380 ई. के बीच था।
2. यह अशोक के समान शांति और अनाक्रमण का पालन करता था।
3. हरिषेण इसका दरबारी कवि था।

उपर्युक्त में से कौन-सा/से कथन सही है/हैं?

(a) केवल 1 (b) केवल 2
(c) 1 और 3 (d) 1 और 2

उत्तर *(c)*

व्याख्या समुद्रगुप्त के संबंध में कथन (1) और (3) सही हैं।

समुद्रगुप्त का शासनकाल 335-380 ई. के बीच था। इसने उत्तर भारत के नौ शासकों तथा दक्षिणापथ के बारह शासकों को पराजित कर अपना साम्राज्य स्थापित किया था।

हरिषेण समुद्रगुप्त का दरबारी कवि था। उसने समुद्रगुप्त के पराक्रम का उदात्त वर्णन किया है। एक लंबे अभिलेख में कवि ने बताया है कि समुद्रगुप्त ने किन-किन लोगों और किन देशों पर विजय प्राप्त की है।

कथन (2) सही नहीं है, क्योंकि समुद्रगुप्त अशोक के विपरीत था। अशोक शांति और अनाक्रमण की नीति में विश्वास करता था, तो समुद्रगुप्त हिंसा और विजय में आनंद प्राप्त करता था।

10 समुद्रगुप्त द्वारा विजित स्थान और क्षेत्रों को पाँच समूहों में बाँटा जाता है। पाँचवें समूह में कौन-कौन राज्य शामिल थे?

(Chap 20, Class-XI, Old NCERT)

(a) चेर और चोल
(b) शक और कुषाण
(c) पह्लव और सीथियन
(d) नेपाल और पंजाब

उत्तर *(b)*

व्याख्या समुद्रगुप्त द्वारा विजित पाँचवें समूह में शक और कुषाण राज्य शामिल थे। समुद्रगुप्त द्वारा विजित प्रथम समूह में गंगा-यमुना दोआब क्षेत्र के शासक सम्मिलित थे। द्वितीय समूह में नेपाल, असम, बंगाल आदि क्षेत्रों के राजा सम्मिलित थे, जो पूर्वी हिमालय के राज्यों तथा सीमावर्ती राज्यों में शासन करते थे। तृतीय समूह में आटविक राज्य, जो विंध्य क्षेत्र में पड़ते थे, शामिल थे। चतुर्थ समूह में पूर्वी दक्कन और दक्षिण भारत के 12 शासक सम्मिलित थे।

11 निम्नलिखित कथनों पर विचार कीजिए

(Chap 20, Class-XI, Old NCERT)

1. श्रीलंका के राजा मेघवर्मन ने समुद्रगुप्त के पास दूत भेजा था।
2. समुद्रगुप्त को कभी पराजय का सामना नहीं करना पड़ा।
3. समुद्रगुप्त का अभिलेख अयोध्या से प्राप्त हुआ है।

उपर्युक्त में से कौन-सा/से कथन सही है/हैं?

(a) 1 और 2 (b) 1 और 3 (c) 2 और 3 (d) केवल 2

उत्तर *(a)*

व्याख्या दिए गए कथनों में से कथन (1) और (2) सही हैं।

एक चीनी स्रोत के अनुसार, श्रीलंका के राजा मेघवर्मन ने गया में बुद्ध का मंदिर बनवाने की अनुमति प्राप्त करने के लिए समुद्रगुप्त के पास दूत भेजा था। अनुमति प्राप्त होने पर यह मंदिर विशाल बौद्ध विहार के रूप में विकसित हो गया। इलाहाबाद की प्रशस्ति के अनुसार समुद्रगुप्त को कभी भी पराजय का सामना नहीं करना पड़ा।

कथन (3) सही नहीं है, क्योंकि समुद्रगुप्त का अभिलेख अयोध्या से नहीं, बल्कि इलाहाबाद के उसी स्तंभ पर उत्कीर्ण है, जिस पर अशोक का अभिलेख उत्कीर्ण है।

12 **निम्नलिखित कथन पर विचार कीजिए**

(Chap 9, Class-VI, New NCERT)

"जिनका शरीर युद्ध मैदान में कुठारों, कुल्हाड़ियों, तीरों, भालों, बर्छों, तलवारों, लोहे की गदाओं, नुकीले तीरों तथा अन्य सैकड़ों हथियारों से लगे घावों के दाग से भरे होने के कारण अत्यंत सुंदर दिखता है।"

उपर्युक्त कथन किसके द्वारा और किसके लिए कहा गया है?

(a) हरिसेन द्वारा श्रीगुप्त के बारे में
(b) हरिसेन द्वारा समुद्रगुप्त के बारे में
(c) कालिदास द्वारा चंद्रगुप्त द्वितीय के बारे में
(d) कामंदक द्वारा घटोत्कच के बारे में

उत्तर (b)

व्याख्या "जिनका शरीर युद्ध मैदान में कुठारों, कुल्हाड़ियों, तीरों, भालों, बर्छों, तलवारों, लोहे की गदाओं, नुकीले तीरों तथा अन्य सैकड़ों हथियारों से लगे घावों के दाग से भरे होने के कारण अत्यंत सुदंर दिखता है।" यह कथन हरिसेन द्वारा समुद्रगुप्त के बारे में कहा गया है। समुद्रगुप्त की प्रशस्ति में कवि हरिसेन ने राजा की एक योद्धा, युद्धों को जीतने वाले राजा, विद्वान तथा एक उत्कृष्ट कवि के रूप में अत्यधिक प्रशंसा की है। यहाँ तक कि इसे ईश्वर के बराबर बताया गया है। इस प्रशस्ति में अनेक लंबे-लंबे वाक्य दिए गए हैं।

13 **चंद्रगुप्त द्वितीय के संबंध में निम्नलिखित कथनों पर विचार कीजिए**

(Chap 20, Class-XI, Old NCERT)

1. इसने पश्चिमी समुद्रतट (प्रमुख व्यापारिक केंद्र) पर कब्जा कर लिया।
2. इसने उज्जैन को द्वितीय राजधानी बनाया था।
3. इसने विक्रमादित्य की उपाधि धारण की थी।

उपर्युक्त में से कौन-सा/से कथन सही है/हैं?

(a) 1 और 2 (b) 1 और 3 (c) 1, 2 और 3 (d) केवल 3

उत्तर (c)

व्याख्या चंद्रगुप्त द्वितीय के संबंध में सभी कथन सही हैं। चंद्रगुप्त द्वितीय ने पश्चिमी मालवा और गुजरात पर प्रभुत्व स्थापित कर शक क्षत्रपों के शासन को समाप्त कर दिया। इस विजय के पश्चात् व्यापार-वाणिज्य हेतु प्रसिद्ध पश्चिमी समुद्रतट चंद्रगुप्त द्वितीय को प्राप्त हुआ।

चंद्रगुप्त द्वितीय की विजयों के फलस्वरूप मालवा व उज्जैन व्यापारिक नगरों के रूप में प्रसिद्ध हुए और उज्जैन को द्वितीय राजधानी का दर्जा दिया गया।

चंद्रगुप्त द्वितीय ने 'विक्रमादित्य' की उपाधि धारण की थी। इसके अतिरिक्त साँची अभिलेख में इसे 'देवराज' और 'प्रवरसेन' भी कहा गया है।

14 **चन्द्रगुप्त द्वितीय के संदर्भ में निम्नलिखित में से कौन-सा/से कथन सही है/हैं?** *(Chap 20, Class-XI, Old NCERT) (UPPSC Pre 2022)*

1. शक विजय के संदर्भ में सबसे सबल प्रमाण इस नरेश की रजत मुद्राएँ हैं।
2. इन मुद्राओं की तौल लगभग 33 ग्रेन हुआ करती थी।

कूट

(a) केवल 1 (b) 1 और 2 दोनों
(c) केवल 2 (d) न तो 1 और न ही 2

उत्तर (b)

व्याख्या चंद्रगुप्त द्वितीय के संबंध में दोनों कथन सही हैं।

चंद्रगुप्त द्वितीय रजत सिक्के चलाने वाला प्रथम गुप्त शासक था। इसके द्वारा चलाई गई रजत मुद्राओं से शक विजय के संदर्भ में सबसे सबल प्रमाण मिलते हैं। ये रजत मुद्राएँ, मुद्राओं की तर्ज पर ही प्रारम्भ की गई थीं, जो 26.3 ग्रेन से 32 ग्रेन अर्थात् लगभग 33 ग्रेन के सदृश थीं।

15 **निम्नलिखित कथनों पर विचार कीजिए**

(Chap 20, Class-XI, Old NCERT) (BPSC Pre 2023)

1. फाह्यान एक चीनी तीर्थयात्री था, जो हर्ष के शासनकाल के दौरान भारत आया था।
2. ह्वेनसांग एक चीनी बौद्ध भिक्षु था, जिसने चंद्रगुप्त द्वितीय के शासनकाल के दौरान भारत का दौरा किया था।

उपर्युक्त में से कौन-सा/से कथन सही है/हैं?

(a) केवल 1 (b) केवल 2
(c) 1 और 2 दोनों (d) न तो 1 और न ही 2

उत्तर (d)

व्याख्या दिए गए दोनों कथन सही नहीं हैं। चीनी यात्री फाह्यान, चंद्रगुप्त द्वितीय के शासनकाल में भारत आया था। इसने बौद्ध धर्म की प्रतियों की खोज में भारत की यात्रा की। ह्वेनसांग भी चीनी बौद्ध यात्री था, जिसने 630 ई. में हर्षवर्द्धन के काल में भारत की यात्रा की थी।

16 **निम्नलिखित कथनों पर विचार कीजिए**

(Chap 20, Class-XI, Old NCERT)

कथन I युद्ध में घोड़ों का प्रयोग करना गुप्त शासकों ने कुषाणों से सीखा था।

कथन II गुप्त काल के सिक्कों पर मुख्यतः घुड़सवार अंकित हैं।

उपर्युक्त कथनों के बारे में, निम्नलिखित में से कौन-सा एक सही है?

(a) कथन I और कथन II दोनों सही हैं तथा कथन II, कथन I की सही व्याख्या है
(b) कथन I और कथन II दोनों सही हैं परंतु कथन II, कथन I की सही व्याख्या नहीं है
(c) कथन I सही है, किंतु कथन II गलत है
(d) कथन I गलत है, किंतु कथन II सही है

उत्तर (d)

व्याख्या कथन I गलत है, किन्तु कथन II सही है।

गुप्त शासकों ने कुषाणों से युद्ध में घोड़ों का प्रयोग करना नहीं, बल्कि जीन लगाम और जूतों का प्रयोग करना सीखा था। इसका प्रमाण गुप्त काल के सिक्कों पर मिलता है।

गुप्त काल के सिक्कों पर मुख्यत: घुड़सवार अंकित हैं। कुछ गुप्त राजाओं को उत्तम और अद्वितीय महारथी (रथ पर लड़ने वाले) कहा गया है, लेकिन इनकी मूल शक्ति का आधार घोड़ों का प्रयोग था।

गुप्तकालीन प्रशासन

17 **समुद्रगुप्त की निम्नलिखित में से कौन-सी ऐसी नीति थी, जो विशिष्ट रूप से दक्षिणापथ शासकों के लिए थी?**

(Chap 9, Class-VI, New NCERT)

(a) इन्होंने पराजय स्वीकार की और इन्हें पुनः शासन करने के लिए अनुमति दी गई।
(b) इनके साम्राज्यों को उखाड़ फेंका गया और उन्हें समुद्रगुप्त के साम्राज्य का अंग बनाया गया।
(c) इन्होंने समुद्रगुप्त की अधीनता स्वीकार की और अपनी पुत्रियों का विवाह इससे किया।
(d) वे उपहार लाते थे, राजा के आदेशों का पालन करते थे और उसके दरबार में उपस्थित होते थे।

उत्तर (a)

व्याख्या समुद्रगुप्त की दक्षिणापथ शासकों के लिए अपनाई गई नीति के संबंध में कथन (a) सही है।

दक्षिणापथ के शासकों के प्रति समुद्रगुप्त ने निम्नलिखित नीतियाँ अपनाई थीं
- इन्होंने पराजय स्वीकार की और इन्हें पुन: शासन करने के लिए अनुमति दी गई। उनके प्रति विनम्र व्यवहार बनाए रखा।
- दक्षिणापथ में ऐसे 12 शासक थे, जिन्होंने पराजित होने के बाद समुद्रगुप्त के सामने आत्मसमर्पण कर दिया था।
- समुद्रगुप्त की अधीनता स्वीकार करने पर, सभी दक्षिण भारतीय राजाओं को मुक्त कर दिया गया और उन्होंने अपनी बेटियों की शादी भी की।
- वे श्रद्धांजलि लेकर आए, उसके आदेशों का पालन किया और उसके दरबार में उपस्थित हुए।

18 गुप्तकालीन प्रशासन के संबंध में निम्नलिखित कथनों पर विचार कीजिए *(Chap 21, Class-XI, Old NCERT)*

1. राजा का पद वंशागत था।
2. राजसत्ता ज्येष्ठाधिकार की अटल प्रथा के अभाव में सीमित थी।
3. राजगद्दी हमेशा ज्येष्ठ पुत्र को मिलती थी।

उपर्युक्त में से कौन-सा/से कथन सही है/हैं?

(a) केवल 1 (b) केवल 2
(c) 1 और 2 (d) 1, 2 और 3

उत्तर (c)

व्याख्या गुप्तकालीन प्रशासन के संबंध में कथन (1) और (2) सही हैं। गुप्त काल में राजपद वंशागत था अर्थात् राजा का पद पुत्र को ही मिलता था, परंतु यह आवश्यक नहीं था कि वह पद ज्येष्ठ पुत्र को ही दिया जाएगा अर्थात् राजसत्ता ज्येष्ठाधिकार की अटल प्रथा के अभाव में सीमित थी।

कथन (3) सही नहीं है, क्योंकि गुप्त काल में राजगद्दी हमेशा ज्येष्ठ पुत्र को ही नहीं मिलती थी। इससे अनिश्चितता की स्थिति उत्पन्न हो जाती थी, जिसका लाभ सामंत और उच्चाधिकारी उठा सकते थे।

19 गुप्त प्रशासन के संबंध में कौन-सा कथन सही नहीं है? *(Chap 21, Class-XI, Old NCERT)*

(a) गुप्तों की सेना में 3 लाख पैदल सैनिक थे।
(b) राजा स्थायी सेना रखता था।
(c) अश्वचालित रथ अप्रासंगिक हो चुके थे।
(d) घुड़सवारों की महत्ता सैन्य प्रशासन में बढ़ गई थी।

उत्तर (a)

व्याख्या गुप्त प्रशासन के संबंध में कथन (a) सही नहीं है, क्योंकि गुप्त सेना की संख्या ज्ञात नहीं है, परंतु सेना के चार प्रमुख अंग थे- पदाति, रथारोही, अश्वारोही तथा गजसेना। पदाति सेना की छोटी टुकड़ी को 'चथूय', गज सेना के नायक को 'कटुक' तथा अश्वारोही सेना के प्रमुख को 'भटाश्वपति' कहा जाता था, साधारण सैनिक को 'चाट' कहा जाता था।

20 गुप्तकालीन राजस्व प्रशासन के संबंध में निम्नलिखित कथनों पर विचार कीजिए *(Chap 21, Class-XI, Old NCERT)*

1. राज्य द्वारा उपज के चौथे भाग से लेकर छठे भाग तक कर के रूप में लिया जाता था।
2. राजकीय सेना के अभियान का खर्च राजकीय कोष से होता था।

उपर्युक्त में से कौन-सा/से कथन सही है/हैं?

(a) केवल 1 (b) केवल 2
(c) 1 और 2 (d) न तो 1 और न ही 2

उत्तर (a)

व्याख्या गुप्तकालीन राजस्व प्रशासन के संबंध में कथन (1) सही है। गुप्तकाल में राज्य द्वारा उपज के चौथे भाग से लेकर छठे भाग तक कर के रूप में लिया जाता था। इन करों में भाग, भोग, उद्रंग, उपरिकर आदि को शामिल किया जाता था। करों की अदायगी हिरण्य (नकद) तथा मेय (अन्न) के रूप में की जाती थी।

कथन (2) सही नहीं है, क्योंकि गुप्त काल में जब भी राजकीय सेना गाँवों से गुजरती थी, तो उसके समस्त खर्च स्थानीय प्रजा द्वारा वहन किए जाते थे। ग्रामीण क्षेत्रों में कार्य करने वाले राजकीय अधिकारी अपने निर्वाह के लिए किसानों से पशु, अन्न, खाट आदि वस्तुएँ लेते थे।

21 गुप्त काल में मध्य और पश्चिम भारत में ग्रामवासियों से सरकारी सेना और अधिकारियों की सेवा के लिए बेगार (विष्टि) कराया जाता था। यह क्या था? *(Chap 21, Class-XI, Old NCERT)*

(a) एक प्रकार का नि:शुल्क श्रम
(b) एक प्रकार का कर
(c) एक प्रकार की सैनिक सेवा
(d) एक प्रकार का राजकीय सम्मान

उत्तर (a)

व्याख्या गुप्त काल में मध्य और पश्चिम भारत में ग्रामवासियों से सरकारी सेना और अधिकारियों की सेवा के लिए बेगार कराया जाता था, बेगार का अर्थ 'नि:शुल्क श्रम' था। तत्कालीन समाज में यह विष्टि के रूप में जाना जाता था।

22 गुप्त काल में राज्य के वर्गीकरण के संदर्भ में निम्नलिखित में कौन-सा बढ़ते हुए अनुक्रम में है? *(Chap 21, Class-XI, Old NCERT)*

(a) ग्राम < वीथि < विषय < भुक्ति < राज्य
(b) ग्राम < वीथि < भुक्ति < विषय < राज्य
(c) वीथि < ग्राम < विषय < भुक्ति < राज्य
(d) विषय < ग्राम < वीथि < राज्य < भुक्ति

उत्तर (a)

व्याख्या गुप्त काल में राज्य के वर्गीकरण के संदर्भ में बढ़ता हुआ अनुक्रम ग्राम < वीथि < विषय < भुक्ति < राज्य है।

गुप्त काल में राज्य कई भुक्तियों अर्थात् प्रांतों में विभाजित था। भुक्तियाँ कई विषयों अर्थात् जिले में विभाजित थीं। पूर्वी भारत में प्रत्येक विषय को वीथियों में बाँटा गया था और वीथियों ग्रामों में विभाजित थीं।

23 गुप्तकालीन किस स्रोत से यह जानकारी प्राप्त होती है कि शिल्पी, वणिक और लिपिक एक ही संस्था में कार्य करते थे? *(Chap 21, Class-XI, Old NCERT)*

(a) प्रयाग प्रशस्ति से (b) वैशाली से प्राप्त सीलों से
(c) महरौली लौह स्तंभ से (d) मेघदूतम् कृति से

उत्तर (b)

व्याख्या गुप्तकालीन स्रोत में वैशाली से प्राप्त सीलों से ज्ञात होता है कि शिल्पी, वणिक और लिपिक एक ही संस्था में कार्य करते थे और इस प्रकार वे स्पष्टत: नगर के कार्यों का संचालन करते थे। उत्तरी बंगाल (बांग्लादेश) के कोटिवर्ष विषय की प्रशासनिक परिषद् में मुख्य वणिक, मुख्य व्यापारिक और मुख्य शिल्पी शामिल थे। भूमि के अनुदान या खरीद-बिक्री में उनकी सम्मति आवश्यक समझी जाती थी।

24 निम्नलिखित कथनों पर विचार कीजिए *(Chap 21, Class-XI, Old NCERT) (CGPSC Pre 2008)*

1. गुप्त सम्राट स्वयं के लिए दैवीय अधिकारों का दावा करते थे।
2. उनका प्रशासन नितांत केंद्रीयकृत था।
3. इन्होंने भूमिदान की परंपरा को विस्तारित किया।

उपर्युक्त में से कौन-सा/से कथन सही है/हैं?

(a) 1, 2 और 3 (b) 1 और 2 (c) 1 और 3 (d) 2 और 3

उत्तर (c)

व्याख्या दिए गए कथनों में से कथन (1) और (3) सही हैं।

गुप्त शासकों ने स्वयं के दैवीय अधिकारों की पुष्टि के लिए 'परमभागवत', 'परमभट्टारक' इत्यादि उपाधियाँ ग्रहण कीं। गुप्त शासकों ने भूमिदान की परंपरा का विस्तार किया और पुरोहितों तथा प्रशासकों को भूमिदान दिया जाने लगा।

कथन (2) सही नहीं है, क्योंकि गुप्त काल में राज्य कई भुक्तियों अर्थात् प्रांतों में विभाजित था और प्रत्येक भुक्ति एक-एक उपरिक के प्रभार में रहती थी। भुक्तियाँ कई विषयों अर्थात् जिलों में विभाजित थीं। प्रत्येक विषय का प्रभारी 'विषयपति' होता था।

गुप्तकालीन अर्थव्यवस्था

25 गुप्तकालीन आर्थिक जीवन के संबंध में निम्नलिखित कथनों पर विचार कीजिए *(Chap 21, Class-XI, Old NCERT)*

1. आर्थिक जीवन की जानकारी फाह्यान के यात्रा वृत्तांत से मिलती है।
2. जैन-धर्म को धनी वर्ग का समर्थन प्राप्त था।
3. मगध नगरों और धनवानों से भरा हुआ क्षेत्र था।

उपर्युक्त में से कौन-सा/से कथन सही है/हैं?

(a) 1 और 3 (b) 1 और 2
(c) केवल 1 (d) केवल 2

उत्तर *(a)*

व्याख्या गुप्तकालीन आर्थिक जीवन के संबंध में कथन (1) और (3) सही हैं।

गुप्तकाल के आर्थिक जीवन के संबंध में फाह्यान ने अपने यात्रा वृत्तांत में उल्लेख किया है। फाह्यान के अनुसार, साधारण जनता प्रतिदिन के विनिमय में वस्तुओं की अदला-बदली अथवा कौड़ियों से काम चलाती थी। तत्कालीन समय में मगध नगरों और धनवानों से भरा हुआ था।

कथन (2) सही नहीं है, क्योंकि बौद्ध यात्री फाह्यान के अनुसार, धनी लोग बौद्ध धर्म का संपोषण करते थे और उसके लिए दान देते थे।

26 गुप्त काल में जारी की गई स्वर्ण मुद्राओं के संबंध में निम्नलिखित कथनों में से कौन सही है? *(Chap 21, Class-XI, Old NCERT)*

(a) गुप्त काल में जारी की गई स्वर्ण मुद्राओं को दीनार कहा जाता था
(b) गुप्त काल में जारी की गई स्वर्ण मुद्राओं का प्रयोग वेतन के लिए किया जाता था।
(c) गुप्त काल में जारी की गई स्वर्ण मुद्राओं का प्रयोग भूमि खरीद में किया जाता था।
(d) उपर्युक्त सभी

उत्तर *(d)*

व्याख्या गुप्त काल में जारी की गई स्वर्ण मुद्राओं के संबंध में दिए गए सभी कथन सही हैं। गुप्त काल में जारी की गई स्वर्ण मुद्राओं को दीनार के नाम से जाना जाता था। नियंत्रित आकार और धार वाली ये स्वर्ण-मुद्राएँ अनेक प्रकारों और उप-प्रकारों में पाई जाती थीं। गुप्त काल में स्वर्ण मुद्राओं का उपयोग सेना और प्रशासनिक अधिकारी को वेतन चुकाने तथा भूमि की खरीद बिक्री में भी किया जाता था।

27 गुप्तकालीन सिक्कों के संबंध में निम्नलिखित कथनों पर विचार कीजिए *(Chap 21, Class-XI, Old NCERT)*

1. सिक्कों पर युद्धप्रियता और कलाप्रियता का संकेत मिलता है।
2. गुप्त शासकों के सिक्के कुषाण सिक्कों की तरह ही शुद्ध थे।
3. इस काल में चाँदी के सिक्के भी जारी किए गए।

उपर्युक्त में से कौन-सा/से कथन सही है/हैं?

(a) 1 और 2 (b) केवल 2
(c) 1 और 3 (d) 1, 2 और 3

उत्तर *(c)*

व्याख्या गुप्तकालीन सिक्कों के संबंध में कथन (1) और (3) सही हैं।

गुप्तकालीन सिक्कों पर गुप्त राजाओं के स्पष्ट चित्र हैं और इनसे उनकी युद्धप्रियता और कलाप्रियता का संकेत मिलता है।

गुजरात विजय के पश्चात् गुप्त राजाओं ने बड़ी संख्या में चाँदी के सिक्के भी जारी किए, जो केवल स्थानीय लेन-देन में चलते थे, क्योंकि पश्चिमी क्षत्रपों के यहाँ चाँदी के सिक्कों का महत्त्वपूर्ण स्थान था।

कथन (2) सही नहीं है, क्योंकि गुप्तकालीन स्वर्ण मुद्राएँ उतनी शुद्ध नहीं थीं, जितनी कुषाण मुद्राएँ, तथापि इनका उपयोग वेतन आदि के भुगतान में किया जाता था।

28 गुप्तकालीन व्यापार के संबंध में निम्नलिखित कथनों पर विचार कीजिए *(Chap 21, Class-XI, Old NCERT)*

1. इस काल में सुदूर व्यापार (रोमन व्यापार) में ह्रास हो गया था।
2. रोमन लोगों ने चीनियों से रेशम उत्पन्न करने की कला सीखी थी।
3. बुनकरों ने मूल व्यवसाय छोड़कर अन्य व्यवसाय अपना लिया।

उपर्युक्त में से कौन-सा/से कथन सही है/हैं?

(a) केवल 1 (b) केवल 2 (c) 1, 2 और 3 (d) 1 और 3

उत्तर *(c)*

व्याख्या गुप्तकालीन व्यापार के संबंध में सभी कथन सही हैं।

गुप्त काल में पूर्व काल की तुलना में सुदूर व्यापार (रोमन व्यापार) में ह्रास हो गया था। 550 ई. तक भारत पूर्वी रोमन साम्राज्य के साथ कुछ व्यापार करता रहा, जहाँ वह रेशम भेजता था।

550 ई. के आस-पास पूर्वी रोमन साम्राज्य के लोगों ने चीनियों से रेशम उत्पन्न करने की कला सीखी थी, इससे भारत के निर्यात व्यापार पर बुरा प्रभाव पड़ा छठी सदी के मध्य तक आते-आते भारतीय रेशम की माँग विदेशों में कमजोर पड़ गई थी।

गुप्त काल में रेशम बुनकरों की एक श्रेणी (पश्चिम भारत) अपने मूल स्थान को छोड़कर मंदसौर में बस गई। वहाँ उन बुनकरों ने अपना मूल व्यवसाय छोड़कर अन्य व्यवसायों को अपनाया।

29 गुप्तकालीन व्यापार केंद्रों या बंदरगाहों में संदर्भ में निम्न कथनों पर विचार कीजिए *(Chap 21, Class-XI, Old NCERT)*

1. ताम्रलिप्ति बंदरगाह से दक्षिण-पूर्व एशिया के देशों के साथ सर्वाधिक व्यापार होता था।
2. मालाबार तट पर स्थित अनेक बंदरगाहों से भारतीय वस्तुएँ अफ्रीका अरब, ईरान तथा भूमध्यसागरीय देशों में ले जाई जाती थीं।

उपर्युक्त कथन में से कौन-सा/से कथन सही है/हैं?

(a) केवल 1
(b) केवल 2
(c) 1 और 2 दोनों
(d) न तो 1 और न ही 2

उत्तर *(c)*

व्याख्या गुप्तकालीन व्यापार केंद्रों या बंदरगाहों में संदर्भ में दोनों कथन सही हैं।

गंगा नदी के मुहाने पर स्थित ताम्रलिप्ति बंदरगाह से दक्षिण-पूर्व एशिया के विभिन्न देशों; जैसे-सुवर्णभूमि (बर्मा), कंबोज (कंबोडिया) तथा यवन द्वीप (जावा) आदि देशों के साथ सर्वाधिक व्यापार होता था। व्यापार के साथ-साथ भारतीय धर्म और संस्कृति (हिंदू धर्म), बौद्ध धर्म, संस्कृत भाषा, कला तथा भारतीय संस्कृति के साथ अन्य रूप दक्षिण-पूर्व एशिया पहुँचे।

गुप्तकाल में मालाबार तट पर स्थित अनेक बदरगाहों से भारतीय वस्तु अफ्रीका, अरब, ईरान तथा भूमध्यसागरीय देशों को ले जाई जाती थीं।

गुप्तकालीन समाज

30 गुप्तकालीन समाज के संबंध में निम्नलिखित कथनों पर विचार कीजिए *(Chap 21, Class-XI, Old NCERT)*

1. ब्राह्मणों ने गुप्त शासकों को वैश्य घोषित किया।
2. ब्राह्मणों ने गुप्त राजाओं को देवताओं के गुणों से अलंकृत रूप में चित्रित किया।
3. गुप्त राजा ब्राह्मण-प्रधान वर्ण व्यवस्था में परम प्रतिपालक हो गए।

उपर्युक्त में से कौन-सा/से कथन सही है/हैं?

(a) 1 और 2
(b) केवल 1
(c) 2 और 3
(d) 1, 2 और 3

उत्तर *(c)*

व्याख्या गुप्तकालीन समाज के संबंध में कथन (2) और (3) सही हैं। ब्राह्मणों ने गुप्त राजाओं को देवताओं के गुणों से अलंकृत रूप में चित्रित किया। इससे गुप्त राजाओं की प्रतिष्ठा धर्मशास्त्र सम्मत हो गई और वे ब्राह्मण-प्रधान वर्ण व्यवस्था के परम प्रतिपालक हो गए।

कथन (1) सही नहीं है, क्योंकि गुप्त काल में ब्राह्मणों को बड़े पैमाने पर भूमि अनुदान में दी गई, जिसके कारण पूर्व काल के समान ब्राह्मणों की स्थिति श्रेष्ठ बनी रही, जिसके फलस्वरूप ब्राह्मण गुप्तवंशियों को क्षत्रिय मानने लगे, जबकि वे मूलत: वैश्य थे।

31 गुप्त काल में शूद्रों की स्थिति के संबंध में निम्नलिखित कथनों पर विचार कीजिए *(Chap 21, Class-XI, Old NCERT)*

1. इस काल में शूद्रों की स्थिति में सुधार हुआ।
2. उन्हें रामायण, महाभारत और पुराण सुनने का अधिकार था।
3. वे कृष्ण नामक नए देवता की पूजा कर सकते थे।

उपर्युक्त में से कौन-सा/से कथन सही है/हैं?

(a) 1 और 2 (b) 1 और 3
(c) 1, 2 और 3 (d) केवल 2

उत्तर *(c)*

व्याख्या गुप्त काल में शूद्रों की स्थिति के संबंध में सभी कथन सही हैं। गुप्त काल में शूद्रों की स्थिति में सुधार हुआ। उन्हें अब रामायण, महाभारत और पुराण सुनने का अधिकार मिल गया। वे अब कृष्ण नामक नए देवता की पूजा भी कर सकते थे। उन्हें कुछ गृहस्थ संस्कारों या घरेलू अनुष्ठानों का भी अधिकार मिला। इन कार्यों में अवश्य ही पुरोहितों को दक्षिणा प्राप्त होती थी। इससे समझा जा सकता है कि ये सभी शूद्रों की आर्थिक स्थिति में हुए सुधार के परिणाम थे।

32 गुप्त काल में सती प्रथा के संबंध में कौन-सा कथन सही नहीं है? *(Chap 21, Class-XI, Old NCERT)*

(a) सती प्रथा का पहला अभिलेखीय साक्ष्य भानुगुप्त के ऐरण अभिलेख से मिला है।
(b) भानुगुप्त की पत्नी ने 510 ई. पू. में पति की चिता पर आत्मदाह कर लिया था।
(c) गुप्त काल में स्त्री पुनर्विवाह कर सकती थी।
(d) उपर्युक्त में से कोई नहीं

उत्तर *(b)*

व्याख्या गुप्त काल में सती प्रथा के संबंध में दिए गए कथनों में से कथन (b) सही नहीं है, क्योंकि भानुगुप्त की पत्नी ने 510 ई. पू. में नहीं, बल्कि 510 ई. में पति की चिता पर आत्मदाह कर लिया था।

33 गुप्तकालीन स्त्रियों की सामाजिक स्थिति के संबंध में निम्नलिखित कथनों पर विचार कीजिए *(Chap 21, Class-XI, Old NCERT)*

1. विवाह के समय वधू को भेंट में दिया जाने वाला धन स्त्रीधन कहलाता था।
2. कात्यायन के अनुसार, स्त्री अपना स्त्रीधन बेच सकती थी।
3. जमीन में स्त्रियों को हिस्सा मिलता था।

उपर्युक्त में से कौन-सा/से कथन सही है/हैं?

(a) 1 और 2 (b) 1 और 3
(c) 1, 2 और 3 (d) केवल 3

उत्तर *(c)*

व्याख्या गुप्तकालीन स्त्रियों की सामाजिक स्थिति के संबंध में सभी कथन सही हैं। गुप्त काल में विवाह के समय वधू के माता-पिता से तथा सास-ससुर से वधू को जो कुछ उपहारस्वरूप मिलता था, वह स्त्रीधन कहलाता था।

छठी सदी के स्मृतिकार कात्यायन के अनुसार, स्त्री अपने स्त्रीधन के साथ अपनी अचल संपत्ति को भी बेच सकती थी। कात्यायन के अनुसार, भूमि में स्त्रियों को हिस्सा मिलता था, परंतु भारत के पितृतंत्रात्मक समाज में धर्मशास्त्र के अनुसार सामान्यत: बेटी को अचल संपत्ति का उत्तराधिकार नहीं मिलता था।

गुप्तकालीन धार्मिक व्यवस्था

34 गुप्तकालीन धार्मिक व्यवस्था के संबंध में निम्नलिखित कथनों पर विचार कीजिए *(Chap 21, Class-XI, Old NCERT)*

1. गुप्त काल में बौद्ध धर्म को राजाश्रय मिलना प्रारंभ हुआ।
2. नालंदा बौद्ध शिक्षा का केंद्र बन गया।
3. भागवत देवता जनजातीय सरदार का दिव्य प्रतिरूप समझे जाते थे।

उपर्युक्त में से कौन-सा/से कथन सही है/हैं?

(a) केवल 1 (b) 2 और 3
(c) 1, 2 और 3 (d) केवल 3

उत्तर *(b)*

व्याख्या गुप्तकालीन धार्मिक व्यवस्था के संबंध में कथन (2) और (3) सही हैं। गुप्तकाल में नालंदा बौद्ध शिक्षा का केंद्र बन गया था। ह्वेनसांग के अनुसार, 100 ग्राम तथा इत्सिंग के अनुसार 200 ग्रामों का राजस्व इसे प्राप्त होता था।

भागवत देवता जनजातीय सरदार का दिव्य प्रतिरूप समझे जाते थे। जिस प्रकार जनजातीय सरदार स्वजनों से भेंट पाता था और उसे हिस्सा मानकर उन्हीं स्वजनों के बीच बाँट देता था, उसी प्रकार माना जाता था कि नारायण भगवान अर्थात् हिस्सा या भाग्य अपने भक्तों के बीच उनकी भक्ति के अनुसार बाँटते हैं।

कथन (1) सही नहीं है, क्योंकि गुप्त काल में बौद्ध धर्म को राजाश्रय मिलना समाप्त हो गया। फाह्यान के अनुसार बौद्ध धर्म बहुत समुन्नत स्थिति में था, लेकिन यथार्थ में इस धर्म का जो उत्कर्ष अशोक और कनिष्क के शासनकाल में था, वह गुप्त काल में नहीं रहा।

35 गुप्त काल में कृष्ण की विष्णु से अभिन्नता दिखाने के उद्देश्य से किस गाथाकाव्य को नया रूप दिया गया? *(Chap 21, Class-XI, Old NCERT)*

(a) महाभारत (b) कृष्णलीला (c) कुरुक्षेत्र (d) रामायण

उत्तर *(a)*

व्याख्या गुप्त काल में कृष्ण की विष्णु से अभिन्नता दिखाने के उद्देश्य से महान् गाथाकाव्य 'महाभारत' को नया रूप दिया गया। गुप्त काल में विष्णु पश्चिम भारत के निवासी कुल के एक पौराणिक महापुरुष से एक साधारण पुरुष हो गया, जो कृष्ण वासुदेव कहलाता था।

36 भागवत संप्रदाय के संबंध में कौन-सा कथन सही नहीं है?
(Chap 21, Class-XI, Old NCERT)

(a) भागवत संप्रदाय के मुख्य तत्त्व भक्ति एवं अहिंसा हैं।
(b) भक्ति का अर्थ प्रेममय निष्ठा निवेदन है।
(c) छठी सदी में आकर विष्णु की गणना शिव और ब्रह्मा के साथ होने लगी।
(d) भागवत पुराण ब्रह्मा को समर्पित पुस्तक है।

उत्तर *(d)*

व्याख्या भागवत संप्रदाय के संबंध में कथन (d) सही नहीं है, क्योंकि भागवत संप्रदाय में भागवत पुराण विष्णु को समर्पित पुस्तक है। इस पुराण की कथा का प्रवचन पुरोहित लोग कई दिनों में संपन्न करते थे। मध्यकाल में पूर्वी भारत में जहाँ-जहाँ भागवत धर्म स्थापित हुआ, वहाँ विष्णु की पूजा और उनकी लीलाओं का कीर्तन होता था।

गुप्तकालीन कला/साहित्य/विज्ञान

37 गुप्त काल को प्राचीन भारत का स्वर्णयुग कहा जाता है, क्योंकि इस काल में
(Chap 21, Class-XI, Old NCERT)

(a) आर्थिक क्षेत्र में प्रगति हुई।
(b) कला के क्षेत्र में प्रगति हुई।
(c) अखिल भारतीय साम्राज्य की स्थापना हुई।
(d) शूद्रों की स्थिति में सुधार हुआ।

उत्तर *(b)*

व्याख्या गुप्त काल को प्राचीन भारत का स्वर्णयुग कहा जाता है, क्योंकि इस काल में कला के क्षेत्र में प्रगति हुई। इस काल में समुद्रगुप्त और चंद्रगुप्त द्वितीय कला और साहित्य दोनों के संपोषक थे। स्थापत्य एवं चित्रकला के क्षेत्र में विकास की चरम सीमा गुप्तकाल में ही हुई थी।

38 गुप्तकालीन कला के संबंध में निम्नलिखित कथनों पर विचार कीजिए
(Chap 21, Class-XI, Old NCERT)

1. समुद्रगुप्त को सिक्के पर वीणा बजाते हुए दिखाया गया है।
2. चंद्रगुप्त प्रथम का दरबार नवरत्नों से सुसज्जित था।
3. अजंता की चित्रावली गुप्तकालीन बौद्ध कला का श्रेष्ठ उदाहरण है।

उपर्युक्त में से कौन-सा/से कथन सही है/हैं?

(a) 1 और 2 (b) केवल 2 (c) 1 और 3 (d) 1, 2 और 3

उत्तर *(c)*

व्याख्या गुप्तकालीन कला के संबंध में कथन (1) और (3) सही हैं।
समुद्रगुप्त को सिक्के पर वीणा बजाते हुए दिखाया गया है, वह कवि, संगीतज्ञ और विद्या का संरक्षक था। समुद्रगुप्त को कविराज की उपाधि प्रदान की गई है।
अजंता की चित्रावली गुप्तकालीन बौद्ध कला का सर्वश्रेष्ठ नमूना है। यद्यपि इस चित्रकला में ईसा की पहली सदी से लेकर सातवीं सदी तक के चित्र शामिल हैं, फिर भी अधिकतर गुप्तकालीन चित्र ही हैं। इन चित्रों में गौतम बुद्ध और उनके पिछले जन्मों की विभिन्न घटनाएँ चित्रित हैं।
कथन (2) सही नहीं है, क्योंकि चंद्रगुप्त द्वितीय का दरबार नवरत्न अर्थात् नौ बड़े-बड़े विद्वानों से अलंकृत था।

39 निम्नलिखित में से कौन-सा युग्म सुमेलित नहीं है?
(Chap 21, Class-XI, Old NCERT)

पुस्तक		रचनाकार
(a) मृच्छकटिकम	—	शूद्रक
(b) अभिज्ञानशाकुंतलम	—	कालिदास
(c) अष्टाध्यायी	—	पतंजलि
(d) अमरकोष	—	अमर सिंह

उत्तर *(c)*

व्याख्या दिए गए युग्मों में से युग्म (c) सही सुमेलित नहीं है, क्योंकि अष्टाध्यायी की रचना पाणिनी द्वारा की गई थी। अष्टाध्यायी एक व्याकरण ग्रंथ है। पतंजलि ने शुंग शासन के दौरान अष्टाध्यायी की टीका महाभाष्य लिखी। गुप्तकाल में पाणिनी और पतंजलि के ग्रंथों के आधार पर संस्कृत व्याकरण का भी विकास हुआ था।

40 निम्नलिखित कथनों पर विचार कीजिए
(Chap 21, Class-XI, Old NCERT)

1. आर्यभट्ट कृत आर्यभट्टीय गणित की पुस्तक है।
2. 'रोमक सिद्धांत' नामक रचना का संबंध खगोलशास्त्र से है।
3. ईसा की पाँचवीं सदी के प्रारंभ में भारत में दाशमिक पद्धति ज्ञात थी।

उपर्युक्त में से कौन-सा/से कथन सही है/हैं?

(a) 1 और 2 (b) 1, 2 और 3
(c) केवल 1 (d) 2 और 3

उत्तर *(b)*

व्याख्या दिए गए सभी कथन सही हैं।
गुप्त काल में आर्यभट्ट कृत 'आर्यभट्टीय' गणित की पुस्तक है। गुप्त काल मे खगोलशास्त्र में 'रोमक सिद्धांत' नामक पुस्तक की रचना की गई। इसके नाम से ही अनुमान लगाया जा सकता है कि इस पर यूनानी चिंतकों का प्रभाव था। इलाहाबाद (प्रयागराज) में मिले 448 ई. (पाँचवीं सदी) के एक गुप्त अभिलेख से ज्ञात होता है कि ईसा की पाँचवीं सदी के आरंभ में भारत में दाशमिक पद्धति ज्ञात थी। दाशमिक पद्धति भारतीय संख्या पद्धति है, जिसमें गणना के लिए दस अंकों (0 से 9) का सहारा लिया जाता है।

41 निम्नलिखित कथनों पर विचार कीजिए
(Chap 7, Class-XI, Old NCERT)

1. गुप्त काल में धातुओं को मिलाने का प्रयोग हुआ।
2. मेहरौली लौह स्तंभ में उत्तम किस्म के लोहे का उपयोग हुआ है।

उपर्युक्त में से कौन-सा/से कथन सही है/हैं?

(a) केवल 1 (b) केवल 2
(c) 1 और 2 दोनों (d) न तो 1 और न ही 2

उत्तर *(c)*

व्याख्या दिए गए दोनों कथन सही हैं।
गुप्त काल में धातुओं को मिलाने के प्रयोग किए जा रहे थे। गुप्तकालीन शिल्पकारों ने अपना चमत्कार अपनी लौह और कांस्य कृतियों में दिखाया था। गुप्त काल में महरौली लौह स्तंभ में उत्तम किस्म के लोहे का उपयोग हुआ है यह स्तंभ शिल्पकार के महान तकनीकी कौशल का प्रमाण है। शुष्क क्षेत्र में रहने के कारण भी इसका जीवन लंबा हुआ है अर्थात् इसमें जंग नहीं लगा।

42 सूची I और सूची II को सुमेलित कीजिए और सूचियों के नीचे दिए कूट से सही उत्तर का चयन कीजिए
(Chap 2, Class-XI, Old NCERT) (IAS Pre 1995) (BPSC Pre 2023)

	सूची I		सूची II
A.	विशाखदत्त	1.	चिकित्सा
B.	वाराहमिहिर	2.	नाटक
C.	चरक	3.	खगोल विज्ञान
D.	ब्रह्मगुप्त	4.	गणित

कूट

	A	B	C	D
(a)	1	3	4	2
(b)	2	1	3	4
(c)	2	3	1	4
(d)	3	4	1	2

उत्तर *(c)*

व्याख्या सही सुमेलन A-2, B-3, C-1, D-4 है।

विशाखदत्त संस्कृत भाषा के सुप्रसिद्ध नाटककार थे। इनके दो प्रसिद्ध नाटक मुद्राराक्षस तथा देवीचंद्रगुप्तम् हैं। इनके नाटकों में वीर रस की प्रधानता है।

वाराहमिहिर ईसा की पाँचवीं-छठीं शताब्दी के प्रसिद्ध भारतीय गणितज्ञ तथा खगोल वैज्ञानिक थे। वाराहमिहिर ने ही अपने पंचसिद्धातिंका में सबसे पहले बताया कि अयनांश का मान 50.32 सेमी के बराबर है।

चरक एक महर्षि तथा आयुर्वेद विशारद (चिकित्सक) के रूप में प्रसिद्ध थे। ये कुषाण राज्य के प्रमुख राजवैद्य थे। इनके द्वारा रचित चरक संहिता एक प्रसिद्ध आयुर्वेद ग्रंथ है।

ब्रह्मगुप्त प्रसिद्ध भारतीय गणितज्ञ थे। इनके दो विशेष ग्रंथ ब्रह्म स्फुटसिद्धांत तथा खण्डखाद्यक या खण्डखाद्य प्रसिद्ध हैं।

तन

43 इलाहाबाद स्तंभ शिलालेख के संबंध में निम्नलिखित कथनों पर विचार कीजिए *(Class-XI, Old NCERT)*

1. इलाहाबाद स्तंभ शिलालेख संस्कृत भाषा और नागरी लिपि में लिखा गया है।
2. इसमें उत्कीर्ण 33 पंक्तियों में समुद्रगुप्त के व्यक्तित्व और उपलब्धियों का वर्णन किया गया है।

उपर्युक्त कथनों में से कौन-सा/से सही है/हैं?

(a) केवल 1 (b) केवल 2
(c) 1 और 2 दोनों (d) न तो 1 और न ही 2

उत्तर *(c)*

व्याख्या इलाहाबाद स्तंभ शिलालेख के संबंध में दिए गए दोनों कथन सही हैं। इलाहाबाद स्तंभ शिलालेख की रचना संस्कृत भाषा और नागरी लिपि में हरिसेन नामक विद्वान द्वारा की गई है। इलाहाबाद स्तंभ शिलालेख में उत्कीर्ण 33 पंक्तियों में समुद्रगुप्त के व्यक्तित्व और उपलब्धियों का वर्णन किया गया है। हरिसेन समुद्रगुप्त का दरबारी कवि था। समुद्रगुप्त को उसके साहसिक अभियानों के लिए 'भारत का नेपोलियन' कहा जाता है। इसने गुप्त साम्राज्य का अभूतपूर्व विस्तार किया। इलाहाबाद स्तंभ शिलालेख में यह बताया गया है कि समुद्रगुप्त ने कभी भी पराजय का सामना नहीं किया।

44 हूणों द्वारा गुप्त शासकों को पराजित करने में मुख्य रूप से क्या सहायक रहा? *(Chap 20, Class-XI, Old NCERT)*

(a) उत्तम घुड़सवार
(b) रकाबों का प्रयोग
(c) घोड़े पर बैठा हुआ धनुर्धर
(d) उपर्युक्त सभी

उत्तर *(d)*

व्याख्या उपर्युक्त सभी विधाएँ हूणों द्वारा गुप्त शासकों को पराजित करने में मुख्य रूप से सहायक रहीं। हूण घुड़सवारी में बेजोड़ (उत्तम) थे और वे धातु के बने रकाबों का उपयोग करते थे। वे तेजी से आक्रमण कर सकते थे। वे उत्तम धनुर्धर होने के कारण न केवल ईरान में, बल्कि भारत में भी बहुत सफल हुए।

45 निम्नलिखित कथनों पर विचार कीजिए *(Chap 20, Class-XI, Old NCERT)*

1. मालवा नरेश यशोवर्मन ने हूणों को पराजित किया।
2. यशोवर्मन ने 532 ई. में विजय स्तंभ का निर्माण किया।
3. करद (कर देने वाले) सामंत राजाओं ने गुप्त साम्राज्य को दुर्बल बनाया।

उपर्युक्त में से कौन-सा/से कथन सही है/हैं?

(a) केवल 1
(b) केवल 2
(c) 1, 2 और 3
(d) 1 और 3

उत्तर *(c)*

व्याख्या दिए गए सभी कथन सही हैं।

मालवा के औलिकर सामंत वंश के यशोवर्मन ने जल्द ही हूणों की सत्ता को उखाड़ फेंका। इसके कुछ समय पश्चात् मालवा नरेश ने गुप्त शासकों की सत्ता को भी चुनौती दे दी और संपूर्ण उत्तर भारत में अपना प्रभुत्व स्थापित करने के उपलक्ष्य में 532 ई. में विजय स्तंभ स्थापित किए।

करद सामंत राजाओं ने सिर उठाकर गुप्त साम्राज्य को और दुर्बल बना दिया था।

अध्याय 10

गुप्तोत्तर काल

गुप्तोत्तर काल

हर्षवर्द्धन

हर्षवर्द्धन (606-640 ई.)
- पुष्यभूति वंश का सबसे महान शासक
- राजधानी थानेश्वर से कन्नौज स्थानांतरित
- पंजाब, पूर्वी राजस्थान और गंगा घाटी के अनेक हिस्से पर विजय प्राप्त

प्रशासन
- अधिक सामंती एवं विकेंद्रीकृत, गुप्त प्रशासन पद्धति पर आधारित था।

राजस्व व्यवस्था
- चार भागों में विभाजित
  - राजाओं के व्यय हेतु समर्पित
  - विद्वानों
  - अधिकारियों की बंदोबस्ती
  - धार्मिक -प्रयोजनों

कानून एवं व्यवस्था

ह्वेनसांग के अनुसार सख्त/कठोर दंड की पद्धति नहीं

धार्मिक नीति
- हर्ष द्वारा सहिष्णु धार्मिक नीति का पालन, प्रत्येक 5 वर्षों में प्रयोग (वर्तमान प्रयागराज), सभा का आयोजन, नालंदा में एक विशाल मठ की स्थापना

सामाजिक व्यवस्था
- ब्राह्मणों को भूमि अनुदान के लिए अग्रहारा/ब्रह्मदेय कहा जाना, शहरों में कारीगरों, व्यापारियों की उपस्थिति, शूद्र सबसे गरीब, कृषि कार्य में संलग्न

शिक्षा एवं साहित्य
- ब्राह्मणों को शिक्षा का उत्तरदायित्व सौंपा
- शिक्षा का माध्यम संस्कृत भाषा;
- बाणभट्ट द्वारा हर्षचरित, कादंबरी
- हर्ष द्वारा रयित पुस्तके नागानंद, रत्नावली और प्रियदर्शिका

अर्थिक व्यवस्था
- राजस्व अनुदान द्वारा वेतन भुगतान व्यवस्था में वृद्धि हुई; सामंती अधिकारियों द्वारा एकत्र राजस्व का विभाजन

गुप्तोत्तर युग में जीवन

भाषा और साहित्य
- हिंदी, गुजराती भाषा की अग्रदूत अपभ्रंश इसी काल में उभरी
- **राजशेखर** द्वारा कविता काव्यमीमांसा, धनंजय द्वारा दशरूप, हेमचंद्र द्वारा काव्यानुशासन पर लिखित ग्रंथ

समाज
- इस काल में कायस्थ जैसी विशिष्ट जातियों का उभरना
- संपत्ति में महिलाओं के उत्तराधिकार के अधिकार को स्वीकार किया जाना
- विधवाओं को अपने निःसंतान मृत पति की संपूर्ण संपत्ति पर उत्तराधिकार पाने का अधिकार

अर्थशास्त्र
- साहित्य और शिलालेखीय साक्ष्य के आधार पर कृषि, व्यापार और अर्थव्यवस्था की उन्नत स्थिति दर्शाना;
- विभिन्न प्रकार के अनाजों की खेती करना; अरहाता (फारसी पहिया) तथा चमड़े की बाल्टियों से सिंचाई करना
- व्यवसाय में बुनकर, रंगरेज और दर्जी जैसे आदि फले फूले थे, विदेशी व्यापार पूर्व और पश्चिम में किया जाना

धर्म और दर्शन
- बौद्ध धर्म और जैन धर्म का आस्तिक प्रवृत्ति विकसित करना
- जैन धर्म का व्यापारिक वर्गों के बीच अधिक लोकप्रियता प्राप्त करना; तांत्रिक विधा का पूर्वोत्तर भारत में लोकप्रिय होना

शिक्षा
- मंदिरों और मठों के माध्यम से प्रतिष्ठित; इस काल में विक्रमशिला, ओदंतपुरी, वल्लभी और नालंदा का उच्चशिक्षा के केंद्र के रूप में उभरना

कला और वास्तुकला
- दक्कन में वातापी और पट्टदकल के मंदिरों का विकास
- मध्य में खुजुराहों मंदिर तथा पूर्वोत्तर में ओडिशा के मंदिरों का विकास

अन्य साम्राज्य

पाल राजवंश
- बंगाल और बिहार के कुछ हिस्सों पर शासन; स्थापना 750 ई. में गोपाल ने की; ओदंतपुरी में मठ का निर्माण;
- उत्तराधिकारी धर्मपाल (770-810 ई.) का कन्नौज पर वर्चस्व के लिए त्रिपक्षीय संघर्ष
- विक्रमशिला विश्वविद्यालय की स्थापना

गुर्जर-प्रतिहार राजवंश
- इनका छठी से 11वीं शताब्दी तक उत्तर और उत्तर पश्चिमी भारत के कुछ हिस्सों पर शासन करना
- 11वीं शताब्दी तक अरब आक्रमणों से रक्षा करना
- नागभट्ट प्रथम पहला महत्त्वपूर्ण शासक; राजस्थान के युद्ध में अरबों को खदेड़ना
- राजा वत्सराज द्वारा धर्मपाल को हराना;
- राजानागभट्ट/द्वितीय ने 815 ईस्वी में सोमनाथ मंदिर का पुर्ननिर्माण करवाया
- वंश में सबसे महत्त्वपूर्ण शासक मिहिर भोज द्वारा आदिराह की उपाधि धारण
- आधुनिक राजस्थान, गुजरात और मध्य प्रदेश के क्षेत्रों पर विजय प्राप्त करना; ग्वालियर में तेली मंदिर का भी निर्माण।

राष्ट्रकूट राजवंश
- लगभग 753 ई. से 982 ई. तक शासन
- दंतिदुर्ग द्वारा प्रतिहार और चालुक्य राजाओं को हराकर राज्य की स्थापना
- सबसे महान शासक कृष्ण प्रथम ने गंगा और वेंगी के पूर्वी चालुक्यों को हराया
- एलोरा में चट्टानों को काटकर अखंड कैलाश मंदिर बनवाया।
- राजा अमोघवर्ष प्रथम का 64 वर्षों तक शासन
- संस्कृति और साहित्य के संरक्षण केंद्र के लिए प्रसिद्ध
- राजाकृष्ण तृतीय का तंजौर सहित दक्षिणी क्षेत्रों पर अधिकार
- रामेश्वरम् में कृष्णेश्वर मंदिर भी बनवाया

SOURCE Old NCERT Class VI छोटे-छोटे राज्यों का युग, Old NCERT Class XI उत्तर भारत तीन साम्राज्यों का काल, आर्थिक तथा सामाजिक जीवन, शिक्षा और धार्मिक विश्वास (800 ई.-1200 ई.), पूर्वी भारत में सभ्यता का प्रसार, हर्ष और उसका काल, NIOS, Module-1, गुप्त वंश एवं उनके उत्तराधिकारी

गुप्तोत्तर कालीन राजवंश

1 प्रभाकर वर्द्धन के संबंध में निम्नलिखित कथनों पर विचार कीजिए *(Class-XI, Old NCERT)*

1. प्रभाकर वर्द्धन ने गुर्जरों और हूणों के विरुद्ध लड़ाई लड़ी।
2. प्रभाकर वर्द्धन ने मालवा तथा गुजरात तक अपना अधिकार स्थापित किया।
3. प्रभाकर वर्द्धन की मृत्यु के पश्चात् उसका भाई राजवर्द्धन गद्दी पर बैठा था।

उपर्युक्त में से कितने कथन सही हैं?

(a) केवल एक (b) केवल दो
(c) सभी तीनों (d) इनमें से कोई नहीं

उत्तर *(b)*

व्याख्या प्रभाकर वर्द्धन के संबंध में केवल दो कथन (1 और 2) सही हैं। प्रभाकर वर्द्धन (580-605 ई. पू.) के राज्यारोहण के साथ पुष्यभूति वंश मज़बूत और शक्तिशाली हो गया। प्रभाकर वर्द्धन ने गुर्जरों एवं हूणों के विरुद्ध लड़ाई लड़ी और मालवा तथा गुजरात तक अपना अधिकार स्थापित किया। उन्होंने अपनी बेटी राज्यश्री का विवाह कन्नौज (आधुनिक कानपुर के निकट) के मौखरि राजा गृहवर्मन से किया था। इस प्रकार उसने कन्नौज को अपना सहयोगी बना लिया। प्रभाकर वर्द्धन का साम्राज्य बनाने का सपना अंततः उनके छोटे बेटे हर्षवर्द्धन द्वारा साकार किया गया।

कथन (3) सही नहीं है, क्योंकि प्रभाकर वर्द्धन के बाद उसका बड़ा पुत्र राजवर्द्धन (605-606 ई.) गद्दी पर बैठा। कुछ समय पश्चात् बंगाल के गौड़ शासक शशांक ने राजवर्द्धन की धोखे से हत्या कर दी थी।

2 गुप्तवंश के पतन से लेकर आरंभिक सातवीं शताब्दी में हर्ष के उत्थान तक उत्तर भारत में निम्नलिखित में से किन राज्यों का शासन था? *(Chap 23, Class-XI, Old NCERT) (IAS Pre 2021)*

1. मगध के गुप्त
2. मालवा के परमार
3. थानेश्वर के पुष्यभूति
4. कन्नौज के मौखरि
5. देवगिरि के यादव
6. वल्लभी के मैत्रक

कूट

(a) 1, 2 और 5 (b) 1, 3, 4 और 6
(c) 2, 3 और 4 (d) 5 और 6

उत्तर *(b)*

व्याख्या गुप्तवंश के पतन से लेकर आरंभिक सातवीं शताब्दी में हर्षवर्द्धन के उत्थान तक उत्तर भारत में मगध के गुप्त, थानेश्वर के पुष्यभूमि, कन्नौज के मौखरि और वल्लभी के मैत्रक इत्यादि विभिन्न राजवंशों का उदय हुआ। मगध के गुप्त तथा थानेश्वर के पुष्यभूति शासकों ने अपनी शक्ति का विस्तार किया। कन्नौज के मौखरि तथा वल्लभी के मैत्रक इस दौरान स्थानीय स्तर पर शासन करते थे। हर्षवर्द्धन ने थानेश्वर के पुष्यभूति तथा कन्नौज के मौखरि वंश के शासन का विलय कर सशक्त शासन की स्थापना की।

3 हर्षवर्द्धन के संबंध में निम्नलिखित कथनों पर विचार कीजिए *(Chap 23, Class-XI, Old NCERT)*

1. हर्षवर्द्धन का शासनकाल 606 ई. से 647 ई. तक था।
2. हर्षवर्द्धन के शासन का आरंभिक जीवन इतिहास ह्वेनसांग के विवरण से मिलता है।
3. हर्षवर्द्धन को भारत का अंतिम हिंदू सम्राट कहा गया।

उपर्युक्त में से कौन-सा/से कथन सही है/हैं?

(a) 1 और 2 (b) 1 और 3
(c) 1, 2 और 3 (d) केवल 3

उत्तर *(b)*

व्याख्या हर्षवर्द्धन के संबंध में कथन (1) और (3) सही हैं। हर्षवर्द्धन का शासनकाल 606 ई. से 647 ई. तक रहा। हर्षवर्द्धन को भारत का अंतिम हिंदू सम्राट कहा जाता है, लेकिन वह न तो कट्टर हिंदू था और न ही संपूर्ण भारत का शासक।

कथन (2) सही नहीं है, क्योंकि हर्षवर्द्धन के शासन का आरंभिक जीवन इतिहास ह्वेनसांग के विवरण से नहीं मिलता, बल्कि यह जानकारी हमें हर्षवर्द्धन द्वारा आश्रय प्राप्त कवि बाणभट्ट की रचना 'हर्षचरित' से मिलती है।

4 निम्नलिखित कथनों पर विचार कीजिए *(Chap 8, Class-VI, Old NCERT)*

1. हर्षवर्द्धन के पूर्व शासकों की राजधानी थानेश्वर थी।
2. हर्षवर्द्धन ने असम को जीतकर अपने साम्राज्य में मिला लिया।
3. उसने दक्कन के सभी राज्यों को जीत लिया था।

उपर्युक्त में से कौन-सा/से कथन सही है/हैं?

(a) केवल 1 (b) 1 और 3
(c) 1, 2 और 3 (d) 1 और 2

उत्तर *(d)*

व्याख्या दिए गए कथनों में से कथन (1) और (2) सही हैं। पुष्यभूति वंश जिसे वर्द्धन राजवंश के रूप में भी जाना जाता है, की प्रारंभिक राजधानी थानेश्वर (थानेसर) थी। हर्षवर्द्धन ने शासक बनने के पश्चात् कन्नौज को अपनी राजधानी बनाया। हर्षवर्द्धन का साम्राज्य उत्तर-पश्चिम क्षेत्र के अतिरिक्त पूर्व में कामरूप (असम) तक फैला था।

कथन (3) सही नहीं है, क्योंकि हर्षवर्द्धन का दक्कन अभियान सफल नहीं रहा था। हर्ष के दक्कन अभियान के समय वातापी का शासक पुलेकेशिन द्वितीय था। उसके एहोल प्रशस्ति से पता चलता है कि उसने हर्ष को पराजित किया था।

5 हर्ष के साम्राज्य विस्तार के संबंध में निम्नलिखित में से कौन-सा कथन सही नहीं है? *(Unit 8, Class-XI, Tamil Nadu Board) (Chap 7, Module-7, NIOS)*

(a) हर्ष ने अपना अधिकार दक्षिण की ओर दक्कन तक बढ़ाने की कोशिश की
(b) चालुक्य राजा पुलकेशिन द्वितीय का दक्कन क्षेत्र पर नियंत्रण था
(c) चालुक्य राजा पुलकेशिन द्वितीय ने हर्ष को पराजित किया था
(d) हर्ष पर अपनी विजय के उपलक्ष्य में पुलकेशिन ने परम भट्टारक की उपाधि धारण की

उत्तर *(d)*

व्याख्या हर्ष के साम्राज्य विस्तार के संबंध में कथन (d) सही नहीं है, क्योंकि हर्ष पर अपनी विजय के उपलक्ष्य में पुलकेशिन द्वितीय ने 'परम भट्टारक' नहीं बल्कि 'परमेश्वर' की उपाधि धारण की थी।

6 हर्षवर्द्धन के संबंध में निम्नलिखित कथनों पर विचार कीजिए *(Chap 8, Class-VI, Old NCERT)*

1. उसको बौद्ध धर्म से लगाव था, उसने जीवन के अंतिम वर्षों में बौद्ध धर्म अपना लिया था।
2. उसने दूसरे धर्मों को हतोत्साहित करने का प्रयास किया था।

उपर्युक्त में से कौन-सा/से कथन सही है/हैं?

(a) केवल 1 (b) केवल 2
(c) 1 और 2 दोनों (d) न तो 1 और न ही 2

उत्तर *(a)*

व्याख्या हर्षवर्द्धन के संबंध में कथन (1) सही है। हर्षवर्द्धन को बौद्ध धर्म से लगाव था और शायद जीवन के अंतिम वर्षों में वह बौद्ध भी बन गया था। चीनी यात्री ह्वेनसांग ने भी हर्ष के संबंध में लिखा है।

कथन (2) सही नहीं है, क्योंकि हर्षवर्द्धन बौद्ध धर्म से अवश्य जुड़ा था, लेकिन दूसरे धर्मों को भी निरंतर उसका आश्रय मिलता रहा।

7 **हर्षवर्द्धन के काल में भारत आए चीनी यात्री ह्वेनसांग के संबंध में निम्नलिखित कथनों पर विचार कीजिए** *(Class-XI, Old NCERT)*

1. ह्वेनसांग बीस वर्ष की उम्र में बौद्ध भिक्षु बन गया था।
2. अपनी यात्राओं के दौरान उसने उत्तरी और दक्षिणी भारत के विभिन्न पवित्र स्थानों का दौरा किया।
3. ह्वेनसांग अपने साथ बुद्ध के अवशेषों के 150 टुकड़े ले गया था।
4. ह्वेनसांग अपने साथ 657 खंडों में मूल्यवान पांडुलिपियाँ ले गया था।

उपर्युक्त में से कितने कथन सही हैं?

(a) केवल एक (b) केवल दो (c) केवल 3 (d) ये सभी

उत्तर (d)

व्याख्या ह्वेनसांग के संबंध में सभी कथन सही हैं।

ह्वेनसांग ने हर्ष के शासनकाल के दौरान भारत का दौरा किया था। इनका जन्म 612 ई. में चीन में हुआ था। यह बीस वर्ष की उम्र में बौद्ध भिक्षु बन गया था। अपनी यात्राओं के दौरान उसने उत्तरी और दक्षिणी भारत के विभिन्न पवित्र स्थानों का दौरा किया। ह्वेनसांग ने लगभग पाँच वर्षों तक नालंदा विश्वविद्यालय में अध्ययन किया। हर्ष ने बुद्ध के प्रति उसकी गहरी भक्ति और बौद्ध धर्म के गहन ज्ञान के लिए उसकी प्रशंसा की। ह्वेनसांग अपने साथ बुद्ध के अवशेषों के 150 टुकड़े और सोने, चाँदी, चंदन की बड़ी संख्या में बुद्ध की प्रतिमाएँ तथा सबसे बढ़कर 657 खंडों में मूल्यवान पांडुलिपियाँ ले गया था।

8 **हर्ष और चीन के संबंध में दिए गए कथनों पर विचार कीजिए** *(Class-XI, Old NCERT)*

1. हर्ष की मृत्यु के बाद एक अयोग्य राजा ने सिंहासन पर कब्ज़ा कर लिया था।
2. चीनी राजदूत ने हर्ष का राज्य हड़पने वाले राजा को उखाड़ फेंकने के लिए सेना जुटाने हेतु नेपाल और असम पहुँचा।

उपर्युक्त में से कौन-सा/से कथन सही है/हैं?

(a) केवल 1 (b) केवल 2
(c) 1 और 2 दोनों (d) न तो 1 और न ही 2

उत्तर (c)

व्याख्या हर्ष और चीन के संबंध में दोनों कथन सही हैं।

हर्ष के चीन के साथ मधुर संबंध थे। समकालीन तांग सम्राट, ताईत्सुंग ने 643 ईस्वी में और फिर 647 ईस्वी में अपने दरबार से दूत भेजा था। दूसरे अवसर (647 ईस्वी) पर चीनी राजदूत को पता चला कि हर्ष की हाल ही में मृत्यु हुई है।

यह जानने पर कि एक अयोग्य राजा ने हर्ष के राज्य पर कब्ज़ा कर लिया है, तब चीनी राजदूत उस हड़पने वाले राजा को उखाड़ फेंकने के लिए सेना जुटाने हेतु नेपाल और असम पहुँचा। बाद में, जिस राजा ने राजगद्दी पर कब्ज़ा कर लिया था, उसे बंदी बनाकर चीन ले जाया गया।

9 **निम्नलिखित कथनों पर विचार कीजिए** *(Chap 23, Class-XI, Old NCERT) (IAS Pre 2004)*

1. चीनी तीर्थयात्री फाह्यान ने कनिष्क द्वारा आयोजित की गई चतुर्थ बौद्ध परिषद् में हिस्सा लिया।
2. चीनी तीर्थयात्री ह्वेनसांग, हर्ष से मिला और उसे बौद्ध धर्म का प्रतिरोधी पाया।

उपर्युक्त में से कौन-सा/से कथन गलत है/हैं?

(a) केवल 1
(b) केवल 2
(c) 1 और 2
(d) न तो 1 और न ही 2

उत्तर (c)

व्याख्या दिए गए दोनों कथन गलत हैं।

फाह्यान कनिष्क के शासनकाल में नहीं, बल्कि गुप्त शासक चंद्रगुप्त द्वितीय के शासन काल में भारत आया था।

चीनी यात्री ह्वेनसांग, हर्षवर्द्धन के शासनकाल में भारत आया था। ह्वेनसांग ने हर्षवर्द्धन को बौद्ध धर्म का महान समर्थक माना था। इस दौरान बौद्ध धर्म तथा बौद्ध संस्थाओं की विकसित अवस्था की जानकारी ह्वेनसांग ने दी है।

10 **निम्नलिखित कथन पर विचार कीजिए** *(Chap 9, Class-VI, New NCERT)*

"राजा बड़ी मात्रा में साजो-सामान लेकर यात्रा करते थे। इनमें हथियारों के अतिरिक्त, रोजमर्रा के उपयोग में आने वाली चीज़ें; जैसे बर्तन, असबाब (जिसमें सोने के पायदान भी शामिल थे), खाने-पीने का सामान (बकरी, हिरण, खरगोश, सब्जियाँ, मसाले) आदि, विभिन्न प्रकार की चीज़ें शामिल होती थीं।"

उपर्युक्त कथन किसके द्वारा और किसके लिए कहा गया है?

(a) हरिसेन द्वारा गुप्त शासकों के बारे में
(b) बाणभट्ट द्वारा वर्द्धन शासकों के बारे में
(c) रविकीर्ति द्वारा चालुक्य शासकों के बारे में
(d) कामंदक द्वारा पाल शासकों के बारे में

उत्तर (b)

व्याख्या प्रश्न में वर्णित कथन बाणभट्ट द्वारा वर्द्धन शासकों के बारे में कहा गया है। एक जगह बाणभट्ट द्वारा अभियान पर निकली राजा की सेना का बड़ा सजीव चित्रण किया गया है, जो निम्नलिखित है

"राजा बड़ी मात्रा में साजो-सामान लेकर यात्रा करते थे। इनमें हथियारों के अतिरिक्त, रोजमर्रा के उपयोग में आने वाली चीज़ें; जैसे बर्तन, असबाब (जिसमें सोने के पायदान भी शामिल थे), खाने-पीने का सामान (बकरी, हिरण, खरगोश, सब्जियाँ, मसाले) आदि विभिन्न प्रकार की चीज़ें शामिल होती थीं। ये सारी चीज़ें ठेले, गाड़ियों पर या ऊँटों तथा हाथियों; जैसे सामान ढोने वाले जानवरों की पीठ पर लादकर ले जाई जाती थीं। इस विशाल सेना के साथ-साथ संगीतकार, नगाड़े, बिगुल तथा तुरही बजाते हुए चलते रहते थे। रास्ते में पड़ने वाले गाँव वालों को उनका सत्कार करना पड़ता था। वे दही, गुड़ तथा फूलों का उपहार लाते थे तथा जानवरों को चारा भी देते थे।"

11 **ह्वेनसांग के यात्रा वृत्तांत के संदर्भ में भारत की सामाजिक स्थिति के संबंध में निम्नलिखित कथनों पर विचार कीजिए** *(Chap 8, Class-VI, Old NCERT)*

1. भारत में जाति प्रथा की प्रधानता थी।
2. अछूतों के साथ बुरा व्यवहार किया जाता था।
3. भारत के लोगों को जल्दी गुस्सा आता था, परंतु वे ईमानदार होते थे।

उपर्युक्त में से कौन-सा/से कथन सही है/हैं?

(a) 1 और 3 (b) 1 और 2 (c) 1, 2 और 3 (d) केवल 3

उत्तर (c)

व्याख्या ह्वेनसांग के यात्रा वृत्तांत के संदर्भ में सभी कथन सही हैं।

ह्वेनसांग ने अपने यात्रा वृत्तांत में भारतीय सामाजिक दशा का वर्णन किया है, जिसमें निम्नलिखित प्रमुख रूप से शामिल हैं

- भारत में जाति प्रथा विद्यमान थी।
- नगरों के बाहर रहने वाले अछूतों के साथ बुरा व्यवहार किया जाता था।
- सभी लोग शाकाहारी नहीं थे, हालाँकि इस बात पर बल दिया जाता था कि लोग मांस न खाएँ।
- भारत के लोग गर्म मिजाज के थे, उन्हें जल्दी गुस्सा आता था, परंतु वे ईमानदार होते थे।
- आजीवन कारावास ही सबसे कठोर दंड था।

12 **निम्नलिखित में से किस/किन राजा/राजाओं को हर्षवर्द्धन ने आत्मसमर्पण करने का निर्देश दिया था?** *(Class-XI, Old NCERT)*

1. बंगाल का गौड़ शासक शशांक। 2. वल्लभी के मैत्रक शासक।
3. दक्कन में चालुक्य राजा। 4. सिंध और नेपाल के शासक।

कूट

(a) केवल 1 (b) केवल 2 (c) केवल 3 (d) ये सभी

उत्तर *(d)*

व्याख्या बाणभट्ट के अनुसार, हर्ष ने एक साम्राज्य बनाने के प्रयास में, बंगाल के गौड़ शासक शशांक, वल्लभी के मैत्रक और ब्रोच क्षेत्र के गुर्जर, दक्कन में चालुक्य राजा पुलकेशिन द्वितीय एवं सिंध, नेपाल, कश्मीर, मगध, ओड्रा (उत्तरी ओडिशा) और कोंगोडा (प्राचीन ओडिशा में एक और भौगोलिक इकाई) के शासक इत्यादि शासकों या राजाओं को आत्मसमर्पण करने या युद्ध के लिए तैयार रहने का अंतिम प्रस्ताव भेजा था। हर्ष ने 606 से 647 ई. तक गुप्तों के समान बड़े साम्राज्य पर शासन किया।

13 **हर्षवर्द्धन के प्रशासन के संबंध में कौन-सा कथन सही नहीं है?** *(Chap 23, Class-XI, Old NCERT)*

(a) हर्षवर्द्धन की सेना में घोड़े, हाथी तथा पैदल सैनिक मौजूद थे।
(b) युद्ध के समय उसे सभी सामंतों का सहयोग प्राप्त था।
(c) प्रत्येक सामंत निर्धारित संख्या में पैदल सैनिक और घोड़े देता था।
(d) उसकी शाही सेना का आकार विशाल नहीं था।

उत्तर *(d)*

व्याख्या हर्षवर्द्धन के प्रशासन के संबंध में कथन (d) सही नहीं है, क्योंकि हर्षवर्द्धन के पास 1,00,000 घोड़े और 60,000 हाथी थे। माना जाता है कि इतनी विशाल सेना मौर्य शासकों के पास भी नहीं थी। युद्धों में हर्षवर्द्धन को सामंतों का सहयोग प्राप्त था, क्योंकि यह प्रत्येक युद्ध में कुछ सैनिकों को घोड़े देता था।

14 **हर्षवर्द्धन के शासनकाल के संबंध में निम्नलिखित कथनों पर विचार कीजिए** *(Chap 23, Class-XI, Old NCERT)*

1. हर्ष के साम्राज्य में विधि व्यवस्था अच्छी नहीं थी।
2. डाकुओं ने ह्वेनसांग का सामान लूट लिया था।
3. देश के कानून में अपराध के लिए कड़ी सजा का विधान नहीं था।

उपर्युक्त में से कौन-सा/से कथन सही है/हैं?

(a) केवल 3 (b) 1 और 2
(c) 1, 2 और 3 (d) केवल 2

उत्तर *(b)*

व्याख्या हर्षवर्द्धन के शासनकाल के संबंध में कथन (1) और (2) सही हैं। हर्षवर्द्धन के शासनकाल में विधि व्यवस्था अच्छी नहीं थी। जिस कारण चीनी यात्री ह्वेनसांग को कई बार लुटेरों का सामना करना पड़ा, क्योंकि डाकुओं ने ह्वेनसांग का सामान लूट लिया था।

कथन (3) सही नहीं है, क्योंकि ह्वेनसांग के अनुसार, उस समय कानून में अपराध के लिए कठोर दंड का विधान था। डकैती को दूसरा राजद्रोह माना जाता था और उसके लिए डाकू का दायाँ हाथ काट लिया जाता था, परंतु प्रतीत होता है कि बौद्ध धर्म के प्रभाव में आकर दंड की कठोरता को कम कर दिया गया और अपराधियों को आजीवन कारावास दिया जाने लगा।

15 **हर्षकालीन बौद्ध धर्म के संबंध में कौन-सा कथन सही नहीं है?** *(Chap 23, Class-XI, Old NCERT)*

(a) बौद्ध लोग 18 संप्रदायों में बँटे हुए थे।
(b) बौद्धों का सबसे विख्यात केंद्र नालंदा था।
(c) नालंदा में हीनयान संप्रदाय का दर्शन पढ़ाया जाता था।
(d) नालंदा में 10,000 छात्र पढ़ते थे।

उत्तर *(c)*

व्याख्या हर्षकालीन बौद्ध धर्म के संबंध में दिए गए कथनों में से कथन (c) सही नहीं है, क्योंकि नालंदा विश्वविद्यालय में ह्वीनयान संप्रदाय को नहीं पढ़ाया जाता था, बल्कि महायान संप्रदाय को पढ़ाया जाता था। महायान बौद्ध धर्म के अतिरिक्त गतिण, ज्योतिष, दर्शन आदि की भी शिक्षा दी जाती थी। नालंदा विश्वविद्यालय में चिकित्साशास्त्र की शिक्षा अनिवार्य थी।

16 **नालंदा विश्वविद्यालय के संबंध में निम्नलिखित कथनों पर विचार कीजिए** *(Chap 23, Class-XI, Old NCERT)*

1. इत्सिंग 670 ई. में नालंदा आया था।
2. ह्वेनसांग के अनुसार नालंदा विश्वविद्यालय का भरण-पोषण 100 गाँवों के राजस्व से होता था।
3. इत्सिंग ने इस संख्या को बढ़ाकर 300 कर दिया।

उपर्युक्त में से कौन-सा/से कथन सही है/हैं?

(a) केवल 1 (b) केवल 2 (c) 1 और 2 (d) 1 और 3

उत्तर *(c)*

व्याख्या नालंदा विश्वविद्यालय के संबंध में कथन (1) और (2) सही हैं। चीनी यात्री इत्सिंग 670 ई. में नालंदा आया था। ह्वेनसांग के अनुसार, नालंदा विश्वविद्यालय का भरण-पोषण 100 गाँवों के राजस्व से होता था,

कथन (3) सही नहीं है, क्योंकि इत्सिंग ने इस संख्या को बढ़ाकर 200 कर दिया था।

17 **सम्राट हर्षवर्द्धन ने बौद्ध धार्मिक सम्मेलनों का आयोजन किस स्थान पर करवाया?** *(Chap 23, Class-XI, Old NCERT)*

(a) प्रयाग और वातापी (b) थानेसर और प्रयाग
(c) कन्नौज और प्रयाग (d) प्रयाग और वाराणसी

उत्तर *(c)*

व्याख्या सम्राट हर्षवर्द्धन ने क्रमशः कन्नौज और प्रयाग में बौद्ध धार्मिक सम्मेलनों का आयोजन करवाया था। हर्ष की धार्मिक नीति सहनशीलता थी। वह आरंभिक जीवन में शैव था, परंतु धीरे-धीरे बौद्ध धर्म का महान संपोषक हो गया।

18 **गुप्तोत्तर काल के शासन के संबंध में निम्नलिखित कथनों पर विचार कीजिए** *(Class-XI, Old NCERT)*

1. इस काल में शासन-प्रणाली वंशानुगत पद के राजा के व्यक्तित्व पर केंद्रित थी।
2. जागीरदारी प्रणाली अत्यधिक प्रचलित थी।
3. गुप्तोत्तर कालीन राज्यों में राजाओं द्वारा प्रत्यक्ष प्रशासन वाले क्षेत्र और जागीर-मुखियाओं के शासन वाले क्षेत्र सम्मिलित थे।

उपर्युक्त में से कितने कथन सही हैं?

(a) केवल एक (b) केवल दो (c) सभी तीनों (d) इनमें से कोई नहीं

उत्तर *(c)*

व्याख्या गुप्तोत्तर काल के शासन के संबंध में सभी कथन सही हैं। गुप्तकाल के बाद भारतीय राजनीति में हर्षवर्द्धन, पाल, प्रतिहार, राष्ट्रकूट और चालुक्य वंशों के उत्तराधिकारियों की शासन-प्रणाली वंशानुगत पद के राजा के व्यक्तित्व पर केंद्रित थी। इस काल में जागीरदारी प्रणाली अत्यधिक प्रचलित थी तथा राजाओं और जागीरदारों के बीच बार-बार होने वाले युद्धों ने राजनीतिक स्थिति को अस्थिर बना दिया था।

इन राज्यों में राजाओं द्वारा प्रत्यक्ष प्रशासन वाले क्षेत्र और जागीर-मुखियाओं के शासन वाले क्षेत्र सम्मिलित थे। इन्हें अपने आंतरिक कार्यों में स्वयं निर्णय लेने की स्वायत्तता थी। अपने अधिपति के प्रति निष्ठा रखना, उसे निर्धारित कर चुकाना और सेनाओं के कोटे की आपूर्ति करना जागीरदारों का सामान्य दायित्व था। इसमें सरकार 'सामंतवादी' होने लगी थी।

19 कलिंग राज्य के संबंध में निम्नलिखित कथनों पर विचार कीजिए

(Chap 22, Class-XI, Old NCERT)

1. प्रसिद्ध राजा खारवेल कभी यहाँ का शासक था।
2. कलिंग महानदी के दक्षिण में उड़ीसा के समुद्र तट पर स्थित था।
3. कलिंग का रोम के साथ व्यापारिक संबंध था।

उपर्युक्त में से कौन-सा/से कथन सही है/हैं?

(a) केवल 3 (b) 1 और 2
(c) 1, 2 और 3 (d) केवल 2

उत्तर *(c)*

व्याख्या कलिंग राज्य के संबंध में सभी कथन सही हैं।

खारवेल कलिंग राज्य का प्रसिद्ध शासक था, जिसने अपने साम्राज्य को मगध की सीमा तक विस्तारित करने का प्रयास किया।

महानदी के दक्षिण में उड़ीसा का समुद्रतटवर्ती प्रदेश जिसे कलिंग के नाम से जाना जाता है, यह अशोक के काल में अपने उत्कर्ष तक पहुँचा, लेकिन यहाँ इसे एक सुदृढ़ राज्य के रूप में जाना जाता है। इसकी स्थापना ईसा-पूर्व पहली सदी में हुई थी।

ईसा की पहली और दूसरी सदी में उड़ीसा के बंदरगाहों पर मोती, हाथी दाँत और मलमल का व्यापार होता था। खारवेल की राजधानी कलिंग नगरी के स्थल पर शिशुपालगढ़ में जो खुदाई हुई है, उसमें रोम की कुछ वस्तुएँ मिली हैं। उनसे पता चलता है कि कलिंग राज्य का रोम के साथ व्यापारिक संबंध था।

20 चौथी से छठी सदी तक उड़ीसा में स्थापित हुए राज्यों के संबंध में निम्नलिखित कथनों में कौन-सा कथन सही नहीं है?

(Chap 22, Class-XI, Old NCERT)

(a) माठर सबसे महत्त्वपूर्ण राज्य था।
(b) माठर को मातृसत्तात्मक वंश भी कहा जाता है।
(c) इसका राज्य महानदी और कृष्णा के बीच फैला हुआ था।
(d) उपर्युक्त में से कोई नहीं

उत्तर *(b)*

व्याख्या चौथी से छठी सदी तक उड़ीसा में स्थापित हुए राज्यों के संबंध में कथन (b) सही नहीं है, क्योंकि माठर को मातृसत्तात्मक वंश नहीं, बल्कि पितृसत्तात्मक वंश भी कहा जाता है। ज्ञातव्य है कि चौथी सदी के मध्य से छठी सदी तक उड़ीसा में अनेक राज्य स्थापित हुए, जिनमें पाँच की पहचान स्पष्ट रूप से की जा सकती है।

21 उड़ीसा में स्थापित महत्त्वपूर्ण राजवंशों में निम्नलिखित में से कौन शामिल नहीं था? *(Chap 22, Class-XI, Old NCERT)*

(a) वशिष्ठ वंश (b) नल वंश
(c) मान वंश (d) पाल वंश

उत्तर *(d)*

व्याख्या उड़ीसा में स्थापित महत्त्वपूर्ण राजवंशों में पाल वंश शामिल नहीं था। पाल वंश की स्थापना बंगाल में एक स्वतंत्र राज्य के रूप में गोपाल द्वारा की गई थी। इसके अतिरिक्त वशिष्ठ वंश का शासन दक्षिण कलिंग में आंध्र प्रदेश की सीमाओं पर था। नल वंश का राज्य महाकांतार के वन्य प्रदेशों में था और मान वंश का राज्य महानदी के पार उत्तर के समुद्रतटवर्ती क्षेत्र में था।

22 किस स्थान से प्राप्त अभिलेख से ज्ञात होता है कि बंगाल के लोग ईसा-पूर्व दूसरी सदी में प्राकृत और ब्राह्मी लिपि जानते थे?

(Chap 22, Class-XI, Old NCERT)

(a) वर्द्धमान (b) नोआखाली
(c) सिलहट (d) चिटगाँव

उत्तर *(b)*

व्याख्या दक्षिण-पूर्व बंगाल के समुद्रतटवर्ती नोआखाली जिले से प्राप्त एक अभिलेख से ज्ञात होता है कि उस क्षेत्र के लोग ईसा-पूर्व दूसरी सदी में प्राकृत और ब्राह्मी लिपि जानते थे। इसके अतिरिक्त दक्षिण-पूर्व बंगाल में खरोष्ठी लिपि भी प्रचलित थी। एक अन्य अभिलेख से ज्ञात होता है कि कई बौद्ध भिक्षुओं के भरण-पोषण के लिए अनाज और सिक्कों से भरे भंडार-गृह थे।

23 पुंड्रवर्द्धन राज्य के संबंध में निम्नलिखित कथनों पर विचार कीजिए

(Chap 22, Class-XI, Old NCERT)

1. इस राज्य की स्वर्ण मुद्राएँ दीनार कहलाती थीं।
2. इसका क्षेत्र उत्तरी बंगाल में पड़ता था।
3. यहाँ धार्मिक प्रयोजनार्थ कर मुक्त भूमि दान में दी गई थी।

उपर्युक्त में से कौन-सा/से कथन सही है/हैं?

(a) 1 और 2 (b) 1, 2 और 3
(c) 1 और 3 (d) केवल 1

उत्तर *(b)*

व्याख्या पुंड्रवर्द्धन राज्य के संबंध में सभी कथन सही हैं।

पुंड्रवर्द्धन राज्य की स्वर्ण मुद्राएँ दीनार कहलाती थीं। इस राज्य का क्षेत्र उत्तरी बंगाल में पड़ता था। यहाँ धार्मिक प्रयोजनार्थ कर मुक्त भूमि दान में दी गई थी।

24 पाँचवीं सदी में बंगाल में स्थापित राज्य के संबंध में कौन-सा कथन सही नहीं है?

(Chap 22, Class-XI, Old NCERT)

(a) बंगाल का ब्रह्मपुत्र द्वारा गठित त्रिभुजाकार भाग समतट कहलाता था।
(b) इसे चौथी सदी में चंद्रगुप्त विक्रमादित्य द्वारा जीता गया था।
(c) यहाँ पर ब्राह्मण धर्म का प्रभाव नहीं था।
(d) यहाँ से संस्कृत भाषा के प्रयोग का प्रमाण नहीं मिलता।

उत्तर *(b)*

व्याख्या पाँचवीं सदी में बंगाल में स्थापित राज्य के संबंध में कथन (b) सही नहीं है, क्योंकि इसे चौथी सदी में चंद्रगुप्त विक्रमादित्य द्वारा नहीं, बल्कि समुद्रगुप्त द्वारा जीता गया था।

25 सातवीं सदी के खड्ग वंश के संबंध में निम्नलिखित कथनों पर विचार कीजिए *(Chap 22, Class-XI, Old NCERT)*

1. इस वंश का राज्य ढाका क्षेत्र में स्थापित था।
2. राट वंश इसका समकालीन वंश था।
3. लोकनाथ नामक ब्राह्मण सामंत का राज, इसके समकालीन था।

उपर्युक्त में से कौन-सा/से कथन सही है/हैं?

(a) केवल 1 (b) केवल 2
(c) 1, 2 और 3 (d) 1 और 3

उत्तर *(c)*

व्याख्या सातवीं सदी के खड्ग वंश के संबंध में सभी कथन सही हैं।

सातवीं सदी में बंगाल के अंतर्गत ढाका क्षेत्र में खड्ग वंश का राज्य था। इसके अतिरिक्त अन्य दो राज्य भी स्थापित थे, जो खड्ग वंश के समकालीन थे, जिसमें लोकनाथ नामक ब्राह्मण सामंत का राज्य और राट वंश का राज्य था। ये दोनों राज्य कुमिल्ला क्षेत्र में पड़ते थे। दक्षिण-पूर्व और मध्य बंगाल के इन सभी राजाओं ने छठी और सातवीं सदियों में भूमि के अनुदान पत्र जारी किए थे। इन अनुदान पत्रों से यह ज्ञात होता है कि उन क्षेत्रों में सातवीं सदी के उत्तरार्द्ध में संस्कृत की शिक्षा प्रचलित थी।

26 कामरूप के शासक भास्करवर्मन के संबंध में निम्न कथनों पर विचार कीजिए *(Chap 22, Class-XI, Old NCERT)*

1. उसका नियंत्रण ब्रह्मपुत्र मैदान के आगे तक पहुँच गया था।
2. चीनी यात्री ह्वेनसांग उसके राज्य में घूमने आया था।
3. वहाँ ब्राह्मण धर्म का बोलबाला था।

उपर्युक्त में से कौन-सा/से कथन सही है/हैं?

(a) केवल 1 (b) केवल 2
(c) 1 और 2 (d) 1, 2 और 3

उत्तर (c)

व्याख्या भास्करवर्मन के संबंध में कथन (1) और (2) सही हैं। सातवीं सदी में भास्करवर्मन कामरूप का शासक बना, जिसका नियंत्रण ब्रह्मपुत्र मैदान के बड़े भाग पर और उसके आगे के कुछ क्षेत्रों पर भी था। कामरूप में बौद्ध धर्म सुदृढ़ स्थिति में था। चीनी यात्री ह्वेनसांग अपने भारत भ्रमण के दौरान कामरूप राज्य में भी भ्रमण हेतु आया था।

कथन (3) सही नहीं है, क्योंकि कामरूप में ब्राह्मण धर्म का बोलबाला नहीं था। कामरूप के राजाओं ने ब्राह्मणों को भूमिदान देकर अपनी स्थिति को सुदृढ़ किया था।

उत्तर भारत के राजवंश (हर्ष के बाद)

27 निम्नलिखित में से कौन-सा कथन सही नहीं है? *(Chap 2, Class-XI, Old NCERT)*

(a) पाल साम्राज्य की स्थापना 750 ई. में गोपाल ने की थी।
(b) गोपाल का चुनाव जनता द्वारा किया गया था।
(c) गोपाल को राष्ट्रकूट राजा ध्रुव ने पराजित किया था।
(d) उपर्युक्त में से कोई नहीं

उत्तर (c)

व्याख्या दिए गए कथनों में से कथन (c) सही नहीं है, क्योंकि राष्ट्रकूट राजा ध्रुव ने गोपाल को नहीं, बल्कि धर्मपाल को पराजित किया था। माना जाता है कि क्षेत्रीय अराजकता को देखते हुए लोगों ने गोपाल को राजा चुना। पालवंशी शासक गोपाल ने ओदंतपुरी विश्वविद्यालय की स्थापना की।

28 पाल शासक धर्मपाल के संबंध में निम्नलिखित कथनों पर विचार कीजिए *(Chap 2, Class-XI, Old NCERT)*

1. धर्मपाल ने 770 ई. से 810 ई. तक शासन किया।
2. उसने कन्नौज पर अधिकार कर लिया था।
3. राष्ट्रकूट शासक नागभट्ट प्रथम ने धर्मपाल से कन्नौज छीन लिया।

उपर्युक्त में से कौन-सा/से कथन सही है/हैं?

(a) 1 और 3 (b) 1 और 2
(c) केवल 3 (d) 1, 2 और 3

उत्तर (b)

व्याख्या धर्मपाल के संबंध में कथन (1) और (2) सही हैं। पाल वंश के संस्थापक गोपाल की मृत्यु के पश्चात् उसका पुत्र धर्मपाल शासक बना। धर्मपाल का शासनकाल 770 ई. से 810 ई. तक था।

राष्ट्रकूट राजा ध्रुव के दक्कन लौटने के पश्चात् अवसर का लाभ उठाकर धर्मपाल ने कन्नौज पर अधिकार कर लिया और वहाँ एक भव्य दरबार का आयोजन किया, जिसमें पंजाब, राजस्थान आदि के अधीन शासकों ने भाग लिया था।

कथन (3) सही नहीं है, क्योंकि राष्ट्रकूट शासक नागभट्ट द्वितीय ने धर्मपाल से कन्नौज को छीन लिया था।

29 पाल वंश के संबंध में निम्नलिखित कथनों पर विचार कीजिए *(Class-XI, Old NCERT)*

1. पालों ने नौवीं और बारहवीं शताब्दी के बीच पाटलिपुत्र से पूर्वी भारत पर शासन किया।
2. पालों के राज्य में संस्कृत, प्राकृत और पाली प्रचलित भाषाएँ थीं।
3. पालों ने महायान, बौद्ध धर्म का पालन किया।
4. पालों का मूल साम्राज्य बंग अथवा पूर्वी बंगाल में था।

उपर्युक्त में से कितने कथन सही हैं?

(a) केवल एक (b) केवल दो (c) केवल तीन (d) सभी चारों

उत्तर (d)

व्याख्या पाल वंश के संबंध में सभी कथन सही हैं।

पालों ने नौवीं और बारहवीं शताब्दी के बीच पाटलिपुत्र से पूर्वी भारत पर शासन किया। उनके राज्य में संस्कृत, प्राकृत और पाली प्रचलित भाषाएँ थीं। पालों ने महायान और बौद्ध धर्म का पालन किया।

माना जाता है कि गौड़ शासक शशांक ने 590 और 625 ई. के बीच शासन किया था, जिसे प्राचीन बंगाल का पहला प्रमुख राजा माना जाता है। एक मान्यता के अनुसार, गोपाल को एक 'राक्षस' को मारने की क्षमता के कारण राजा चुना गया था, जिसने उन लोगों को मार डाला था, जो पहले राजा चुने गए थे। हालाँकि गोपाल के पास शाही वंशावली नहीं थी, फिर भी वह एक राज्य प्राप्त करने में सफल रहे।

गोपाल के राजनीतिक अधिकार को जल्द ही कई स्वतंत्र प्रमुखों ने मान्यता प्रदान की थी। उनका मूल साम्राज्य बंगा अथवा पूर्वी बंगाल में था।

30 निम्नलिखित कथनों पर विचार कीजिए *(Chap 2, Class-XI, Old NCERT)*

1. पाल शासक बौद्ध ज्ञान-विज्ञान तथा धर्म के संरक्षक थे।
2. धर्मपाल ने नालंदा विश्वविद्यालय को 100 गाँवों का दान दिया था।
3. विक्रमशिला विश्वविद्यालय की स्थापना धर्मपाल ने की थी।

उपर्युक्त में से कौन-सा/से कथन सही है/हैं?

(a) 1 और 2 (b) 1, 2 और 3 (c) 1 और 3 (d) केवल 2

उत्तर (c)

व्याख्या दिए गए कथनों में से कथन (1) और (3) सही हैं।

पूरे विश्व में अध्ययन केंद्र के रूप में प्रसिद्ध नालंदा विश्वविद्यालय का पुनरुद्धार पाल शासक धर्मपाल ने कराया था, जिससे यह पता चलता है कि पाल शासक बौद्ध ज्ञान-विज्ञान तथा धर्म के संरक्षक थे, जिसके संबंध में 17वीं शताब्दी में लिखे गए तिब्बती ऐतिहासिक ग्रंथों से हमें जानकारी प्राप्त होती है।

8वीं शताब्दी में विक्रमशिला विश्वविद्यालय की स्थापना धर्मपाल ने कराई थी। यह आधुनिक बिहार के भागलपुर में स्थित है। इसे नालंदा विश्वविद्यालय के समकक्ष माना जाता है। मध्यकालीन भारतीय इतिहास में महत्त्वपूर्ण स्थान रखने वाले इस विश्वविद्यालय में बौद्ध धर्म एवं दर्शन के अतिरिक्त न्याय, तत्त्व ज्ञान एवं व्याकरण का भी अध्ययन कराया जाता था।

कथन (2) सही नहीं है, क्योंकि धर्मपाल ने नालंदा विश्वविद्यालय के लिए 100 गाँवों का नहीं, बल्कि 200 गाँवों की आमदनी का दान दिया था, जिससे विश्वविद्यालय का राजकोष स्थिर रहे और उनके खर्च सुचारू रूप से चलते रहें।

31 प्रतिहार वंश के संबंध में कौन-सा कथन सही नहीं है? *(Chap 2, Class-XI, Old NCERT)*

(a) इन्हें गुर्जर प्रतिहार भी कहा जाता है।
(b) उनका उद्भव गुर्जराष्ट्र या राजस्थान में हुआ था।
(c) वे आरंभ में स्थानीय ओहदेदार थे।
(d) उन्होंने आरंभ में ही कन्नौज को जीत लिया था।

उत्तर (d)

व्याख्या प्रतिहार वंश के संबंध में कथन (d) सही नहीं है, क्योंकि प्रतिहार वंश के आरंभिक शासकों ने कन्नौज (ऊपरी गंगा घाटी) और मालवा पर अधिकार करने का प्रयत्न किया, लेकिन उनके इन प्रयत्नों को राष्ट्रकूट राजा ध्रुव ने 790 ई. में तथा उसके पश्चात् गोविंद तृतीय ने 806-07 ई. में विफल कर दिया।

32 **प्रतिहार राजवंश का वास्तविक संस्थापक किसे माना जाता है?**
(Chap 2, Class-XI, Old NCERT)

(a) भोज परमार
(b) महेंद्रपाल
(c) ध्रुव
(d) मिहिरभोज (भोज)

उत्तर (d)

व्याख्या प्रतिहार वंश का वास्तविक संस्थापक इस वंश के महानतम् शासक राजा भोज को माना जाता है, जिसे मिहिरभोज के रूप में भी संबोधित किया जाता है। उसने प्रतिहार साम्राज्य का पुनर्निर्माण करते हुए 836 ई. में कन्नौज पर पुन: अधिकार कर अपने साम्राज्य में शामिल कर लिया था। अरब यात्री सुलेमान ने मिहिर भोज के समय भारत की यात्रा की और उसे भारत का सबसे शक्तिशाली शासक बताया।

33 **निम्नलिखित कथनों पर विचार कीजिए**
(Chap 2, Class-XI, Old NCERT)

1. भोज का राज्य सतलुज नदी के पूर्वी किनारे तक फैला था।
2. प्रतिहारों के पास भारत में सबसे अच्छी अश्वारोही सेना थी।

उपर्युक्त में से कौन-सा/से कथन सही है/हैं?

(a) 1 और 2
(b) 1 और 3
(c) 1, 2 और 3
(d) 2 और 3

उत्तर (a)

व्याख्या दिए गए दोनों कथन सही हैं।

प्रतिहार शासक राजा भोज द्वारा उत्तर दिशा की ओर अपने अभियान के संबंध में एक अभिलेख यह उल्लेखित करता है कि ''उसके राज्य-प्रदेश सतलुज नदी के पूर्वी किनारे तक फैले थे।''

अरब यात्रियों के वृत्तांतों से यह ज्ञात होता है कि प्रतिहारों के पास भारत में सबसे अच्छी अश्वारोही सेना थी, क्योंकि उस काल में मध्य एशिया और अरब देश से घोड़ों का आयात भारतीय व्यापार का एक महत्त्वपूर्ण अंग था।

34 **निम्नलिखित में से कौन-सा कथन सही नहीं है?**
(Chap 3, Class-VI, Old NCERT)

(a) राजा भोज वैष्णव धर्म का संरक्षक था।
(b) राजा भोज के सिक्कों पर वराह के चित्र मिलते थे
(c) राजा भोज ने परम वराह की उपाधि धारण की थी।
(d) उपर्युक्त में से कोई नहीं

उत्तर (c)

व्याख्या दिए गए कथनों में से कथन (c) सही नहीं है, क्योंकि राजा भोज ने परम वराह की नहीं, बल्कि 'आदिवराह' की उपाधि धारण की थी। राजा भोज विष्णु के भक्त थे और उसके कुछ सिक्कों पर 'आदिवराह' शब्द का अंकन मिलता है।

35 **प्रतिहार राजा महेंद्रपाल के संबंध में निम्नलिखित कथनों पर विचार कीजिए**
(Chap 2, Class-XI, Old NCERT)

1. उसने अपनी सीमाएँ मगध और उत्तर बंगाल तक कर लीं।
2. उसके अभिलेख काठियावाड़, पूर्वी पंजाब और अवध से मिले हैं।
3. उसने दक्कन के एक राजा से युद्ध लड़ा था।

उपर्युक्त में से कौन-सा/से कथन सही है/हैं?

(a) केवल 1
(b) केवल 2
(c) 1 और 2
(d) 1, 2 और 3

उत्तर (c)

व्याख्या प्रतिहार राजा महेंद्रपाल के संबंध में कथन (1) और (2) सही हैं।

प्रतिहार शासक महेंद्रपाल अपने पूर्ववर्ती शासक राजा भोज का पुत्र था, जिसने अपने पिता की मृत्यु के पश्चात् (885 ई.) प्रतिहार शासन की बागडोर सँभाली। उसने अपने शासनकाल के दौरान (महेंद्रपाल ने) राजा भोज के साम्राज्य को, तो पूर्ववत् रखा तथा साथ ही अपने साम्राज्य का विस्तार मगध और उत्तरी बंगाल तक कर लिया था। राजा महेंद्रपाल के अभिलेख काठियावाड़, पूर्वी पंजाब और अवध में भी मिले हैं।

कथन (3) सही नहीं है, क्योंकि राजा महेंद्रपाल ने दक्कन के राजा के विरुद्ध नहीं, बल्कि कश्मीर के राजा के विरुद्ध युद्ध लड़ा था। जिसके परिणामस्वरूप उसे भोज द्वारा विजित पंजाब के कुछ भाग कश्मीर के राजा को सौंपने पड़े थे।

36 **निम्नलिखित में से कौन-सा युग्म सुमेलित नहीं है?**
(Chap 2, Class-XI, Old NCERT)

यात्री		देश
(a) अलमसूदी	—	बगदाद
(b) सुलेमान	—	अरब
(c) संतरक्षित	—	श्रीलंका
(d) दीपांकर	—	भारत

उत्तर (c)

व्याख्या दिए गए युग्मों में से युग्म (c) सही सुमेलित नहीं है, क्योंकि संतरक्षित एक भारतीय बौद्ध विद्वान थे, जिन्हें पाल शासकों के द्वारा तिब्बत में बौद्ध धर्म के प्रचार हेतु व्याख्यान देने के लिए आमंत्रित किया गया था, इनके पश्चात् बहुत से तिब्बती बौद्ध विद्योपार्जन के लिए नालंदा और विक्रमशिला विश्वविद्यालय आए। शेष युग्म सही सुमेलित हैं।

राष्ट्रकूट

37 **राष्ट्रकूट वंश के संबंध में कौन-सा कथन सही नहीं है?**
(Chap 2, Class-XI, Old NCERT)

(a) इसकी स्थापना दंतिदुर्ग ने की थी।
(b) मान्यखेत राष्ट्रकूट की राजधानी थी।
(c) मान्यखेत मध्य प्रदेश में अवस्थित था।
(d) राष्ट्रकूट शासकों ने वेंगी के चालुक्यों से युद्ध किया था।

उत्तर (c)

व्याख्या राष्ट्रकूट वंश के संबंध में कथन (c) सही नहीं है, क्योंकि राष्ट्रकूट राजाओं की राजधानी मान्यखेत या मालखेड़ मध्य प्रदेश में नहीं वरन् महाराष्ट्र के आधुनिक शोलापुर के निकट स्थित थी। राष्ट्रकूट राजाओं ने मान्यखेत में अपनी राजधानी स्थापित कर उत्तर महाराष्ट्र के संपूर्ण प्रदेश पर अपना आधिपत्य स्थापित कर लिया था।

38 **राष्ट्रकूट वंश के संबंध में निम्नलिखित कथनों पर विचार कीजिए**
(Class-XI, Old NCERT)

1. राष्ट्रकूट मूल रूप से गौण शासकों के सामंत माने जाते थे।
2. दंतिदुर्ग ने बरार के एक छोटे से हिस्से से शासन प्रारंभ किया था।
3. दंतिदुर्ग ने नंदीपुरी, मालवा और पूर्वी मध्य प्रदेश के गुर्जर साम्राज्य और पूरे बरार पर कब्ज़ा कर लिया था।

उपर्युक्त में से कितने कथन सही हैं?

(a) केवल एक
(b) केवल दो
(c) सभी तीनों
(d) इनमें से कोई नहीं

उत्तर (b)

व्याख्या राष्ट्रकूट वंश के संबंध में केवल दो कथन (2 और 3) सही हैं।

दंतिदुर्ग राष्ट्रकूट वंश का सबसे महान शासक था। इसने बरार के एक छोटे से हिस्से से शासन प्रारंभ किया था।

इसने चालुक्य शासक विक्रमादित्य द्वितीय (733-746 ई.पू.) की मृत्यु के बाद क्षेत्रीय विजय का अभियान प्रारंभ किया तथा नंदीपुरी, मालवा और पूर्वी मध्य प्रदेश के गुर्जर साम्राज्य एवं पूरे बरार पर कब्ज़ा कर लिया। 750 ई. तक वह मध्य और दक्षिणी गुजरात तथा पूरे मध्य प्रदेश के साथ बरार का स्वामी बन गया था।

कथन (1) सही नहीं है, क्योंकि राष्ट्रकूट मूल रूप से गौण शासकों के सामंत नहीं, बल्कि वातापी के पश्चिमी चालुक्यों के सामंत माने जाते थे।

39 **निम्नलिखित कथनों पर विचार कीजिए**

(Chap 2, Class-XI, Old NCERT)

1. गोविंद तृतीय ने केरल, पांड्य और चोल राजाओं को भयभीत किया था।
2. गोविंद तृतीय ने मान्यखेत में विजय स्तंभों की स्थापना की।
3. अमोघवर्ष ने 68 वर्षों तक शासन किया था।

उपर्युक्त में से कौन-सा/से कथन सही है/हैं?

(a) केवल 1 (b) केवल 2 (c) 1 और 2 (d) 1, 2 और 3

उत्तर (c)

व्याख्या दिए गए कथनों में से कथन (1) और (2) सही हैं।

गोविंद तृतीय राष्ट्रकूट वंश के महान शासकों में से एक था। एक अभिलेख से यह ज्ञात होता है कि गोविंद तृतीय ने अपने दक्षिण अभियान के दौरान केरल, पांड्य और चोल राजाओं को अपनी शक्ति से भयभीत कर दिया था। गोविंद तृतीय ने श्रीलंका विजय के उपरांत मान्यखेत में विजय स्तंभों की स्थापना की।

कथन (3) सही नहीं हैं, क्योंकि अमोघवर्ष ने 64 वर्ष (814-878 ई.) तक तक शासन किया था। वह अपने पूर्व के शासक, गोविंद तृतीय की भाँति महान था। वह धर्म व साहित्य में अधिक अभिरुचि रखता था। अमोघवर्ष स्वयं एक महान कवि था और उसने राजनीति के विषय में कन्नड़ भाषा में कवराजमार्ग की एक रचना की थी।

40 **राष्ट्रकूट वंश के अंतिम प्रतापी राजा कृष्ण तृतीय के संबंध में निम्नलिखित कथनों पर विचार कीजिए**

(Chap 2, Class-XI, Old NCERT)

1. उसका कार्यकाल 934 ई. से 996 ई. तक था।
2. उसने तंजौर के चोल शासक के विरुद्ध सैनिक अभियान किया।
3. उसने रामेश्वरम् में विजय स्तंभ स्थापित किया था।

उपर्युक्त में से कौन-सा/से कथन सही है/हैं?

(a) 1 और 2 (b) 1, 2 और 3 (c) 2 और 3 (d) 1 और 3

उत्तर (b)

व्याख्या राष्ट्रकूट वंश के अंतिम प्रतापी राजा कृष्ण तृतीय के संबंध में सभी कथन सही हैं।

कृष्ण तृतीय का शासनकाल 934-96 ई. तक था। कृष्ण तृतीय ने चोल शासक परांतक को परास्त कर चोल साम्राज्य के उत्तरी भाग पर आधिपत्य स्थापित कर लिया था। चोल शासक तंजौर पर शासन करते थे। इससे पूर्व उसने मालवा के परमारों और वेंगी के पूर्वी चालुक्यों से भी युद्ध किया था।

कृष्ण तृतीय ने चोलों को परास्त कर दक्षिण में रामेश्वरम् की ओर अभियान किया और वहाँ तक के प्रदेशों पर अपना आधिपत्य स्थापित कर अपने स्मृति-चिह्न के रूप में एक विजय स्तंभ स्थापित किया तथा साथ ही एक मंदिर का भी निर्माण करवाया।

41 **राष्ट्रकूट शासक अमोघवर्ष के संबंध में निम्नलिखित में से कौन-सा कथन सही नहीं है?**

(Class-XI, Old NCERT)

(a) अमोघवर्ष गोविंद तृतीय का उत्तराधिकारी था
(b) अमोघवर्ष के शासनकाल के पहले बीस वर्षों में पश्चिमी गंगा के साथ अंतहीन युद्ध हुए
(c) अमोघवर्ष ने अपने पुत्र की शादी एक गंगा राजकुमार से की थी।
(d) अमोघवर्ष स्वयं एक महान कवि थे और उनकी रचना 'कविराजमार्ग' काव्यशास्त्र पर सबसे प्रारंभिक कन्नड़ रचना है

उत्तर (c)

व्याख्या राष्ट्रकूट शासक अमोघवर्ष के संबंध में कथन (c) सही नहीं है, क्योंकि अमोघवर्ष ने अपने पुत्र नहीं, बल्कि अपनी पुत्री चंद्रबलब्बे की शादी पश्चिमी गंगा राजा बुतुग प्रथम से और दूसरी पुत्री रेवकनिम्मादी की शादी राजकुमार एरेगंगा से की। अमोघवर्ष राष्ट्रकूट के महान शासकों में से एक गोविन्द तृतीय का उत्तराधिकारी था। अमोघवर्ष के शासनकाल के पहले बीस वर्षों में पश्चिमी गंगा के साथ अंतहीन युद्ध हुए।

42 **निम्नलिखित कथनों पर विचार कीजिए** *(Class-XI, Old NCERT)*

कथन I राष्ट्रकूट शासनकाल के दौरान शिव और विष्णु की पूजा लोकप्रिय थी।

कथन II एलोरा में चट्टानों को काटकर बनाया गया प्रसिद्ध शिव मंदिर कृष्ण प्रथम द्वारा बनवाया गया था।

उपर्युक्त कथनों के बारे में, निम्नलिखित में से कौन-सा एक सही है?

(a) कथन I और कथन II दोनों सही हैं तथा कथन II, कथन I की सही व्याख्या है।
(b) कथन I और कथन II दोनों सही हैं, परंतु कथन II, कथन I की सही व्याख्या नहीं है।
(c) कथन I सही है, किन्तु कथन II गलत है।
(d) कथन I गलत है किन्तु कथन II सही है।

उत्तर (a)

व्याख्या कथन I और कथन II दोनों सही हैं तथा कथन II, कथन I की सही व्याख्या है।

राष्ट्रकूट शासनकाल के दौरान शिव और विष्णु की पूजा लोकप्रिय थी। इसका प्रमाण एलोरा में चट्टानों को काटकर बनाया गया प्रसिद्ध शिव मंदिर से मिलता है, जिसे कृष्ण प्रथम द्वारा बनवाया गया था।

43 **राष्ट्रकूट शासक कृष्ण तृतीय के संबंध में दिए गए कथनों पर विचार कीजिए** *(Class-XI, Old NCERT)*

1. अपने राज्यारोहण के तुरंत बाद उसने अपने बहनोई बुटुंगा के साथ चोल साम्राज्य पर आक्रमण किया था।
2. 949 ई. में, उसने तक्कोलम की लड़ाई में राजादित्य की चोल सेना को पराजित किया था।

उपर्युक्त में से कौन-सा/से कथन सही है/हैं?

(a) केवल 1 (b) केवल 2
(c) 1 और 2 दोनों (d) न तो 1 और न ही 2

उत्तर (c)

व्याख्या राष्ट्रकूट शासक कृष्ण तृतीय के संबंध में दोनों कथन सही हैं।

कृष्ण तृतीय राष्ट्रकूट वंश का अंतिम महान शासक था। उसने अपने राज्यारोहण के तुरंत बाद उसने अपने बहनोई बुटुगा के साथ चोल साम्राज्य पर आक्रमण किया। तत्पश्चात् 943 ई. में काँची और तंजावुर पर कब्ज़ा कर लिया। उसकी सेना थोंडिमंडलम पर प्रभावी नियंत्रण में रही, जिसमें अर्काट, चेंगलपट्टू और वेल्लोर शामिल थे।

949 ई. में उसने तक्कोलम (वर्तमान वेल्लोर जिले में) की लड़ाई में राजादित्य की चोल सेना को हराया। कृष्ण तृतीय ने रामेश्वरम तक मार्च किया, जहाँ उसने विजय स्तंभ बनवाया। इस प्रकार वह संपूर्ण दक्कन क्षेत्र पर अपना आधिपत्य स्थापित करने में सफल रहा।

44 **800 ई. से 1200 ई. के बीच विभिन्न नगरों के संबंध में निम्नलिखित कथनों पर विचार कीजिए**

(Chap 4, Class XI, Old NCERT)

1. इस दौरान अंहिलवाड़ नगर का विकास व्यापारिक केंद्र के रूप में हुआ था।
2. इस दौरान चांपानेर नगर का विकास बंदरगाह नगर के रूप में किया गया था।
3. मालवा दक्षिण-पूर्व एशिया और चीन के साथ व्यापारिक संबंधों में अग्रणी था।

उपर्युक्त में से कितने कथन सही हैं?

(a) केवल एक (b) केवल दो
(c) सभी तीनों (d) इनमें से कोई नहीं

उत्तर (b)

व्याख्या 800 ई. से 1200 ई. के बीच विभिन्न नगरों के संबंध में कथन दो (1 और 3) सही हैं। 800 ई.-1200 ई. के बीच गुजरात के अंहिलवाड़ नगर का विकास व्यापारिक केंद्र के रूप में हुआ था।

यह काल भारत के लिए व्यापार की दृष्टि से अधिक महत्त्वपूर्ण था, क्योंकि इस काल में भारत के दक्षिण-पूर्व एशिया और चीन के साथ व्यापारिक संबंध स्थापित हुए थे। बंगाल, दक्षिण भारत, मालवा और गुजरात आदि क्षेत्र व्यापारिक संबंधों में अग्रणी थे।

कथन (2) सही नहीं है, क्योंकि चांपानेर नगर का विकास बंदरगाह नगर के रूप में नहीं, बल्कि व्यापारिक केंद्र के रूप में हुआ था।

आर्थिक तथा सामाजिक जीवन, शिक्षा और धार्मिक विश्वास

45 छठी सदी ई. में व्यापार के संबंध में निम्नलिखित कथनों पर विचार कीजिए *(Chap 4, Class-XI, Old NCERT)*

1. विख्यात मणिग्रामम का संबंध व्यापारिक श्रेणी से था।
2. नानदेशी का संबंध वास्तुकला श्रेणी से था।
3. छठी सदी से दक्षिण भारत तथा दक्षिण-पूर्व एशिया के देशों के बीच व्यापार में अभूतपूर्व बढ़ोतरी होने लगी।

उपर्युक्त में से कितने कथन सही हैं?

(a) केवल एक (b) केवल दो (c) सभी तीनों (d) इनमें से कोई नहीं

उत्तर (b)

व्याख्या छठी सदी ई. में व्यापार के संबंध में केवल दो कथन (1 और 3) सही हैं।

मणिग्रामम भारतीय व्यापारियों की श्रेणी (गिल्ड) थी, जो प्रारंभिक काल से ही सक्रिय थी। समुद्री यात्रा पर लगे निषेध के फलस्वरूप छठी सदी से दक्षिण भारत तथा दक्षिण-पूर्व एशिया के देशों के बीच व्यापार में अभूतपूर्व बढ़ोतरी होने लगी। इस काल में बहुत से व्यापारी समूह दक्षिण-पूर्व एशियाई देशों में ही बस गए। व्यापारियों की भाँति पुरोहितों ने भी दक्षिण-पूर्व एशियाई देशों की ओर रुख किया, जिसके फलस्वरूप हिंदू और बौद्ध धार्मिक विचारों का समावेश संभव हुआ।

कथन (2) सही नहीं है, क्योंकि नानदेशी का संबंध वास्तुकला श्रेणी से नहीं, बल्कि व्यापारिक श्रेणी से था।

46 पूर्व मध्यकाल में प्रचलित 'कैंटन' शब्द के संबंध में निम्नलिखित में से कौन-सा गलत है? *(Chap 4, Class-XI, Old NCERT)*

(a) यह चीनी व्यापारियों का एक संघ था
(b) 'कैंटन' शब्द का संबंध चीनी समुद्री बंदरगाह से था
(c) वर्तमान में यह ग्वांग्झो के नाम से प्रचलित चीन का एक शहर है
(d) अरब यात्रियों ने कैंटन के लिए 'कानफू' शब्द का प्रयोग किया है

उत्तर (a)

व्याख्या पूर्व मध्यकाल में प्रचलित 'कैंटन' शब्द के संबंध में कथन (a) गलत है, क्योंकि यह चीनी व्यापारियों का एक संघ नहीं, बल्कि बंदरगाह था। बौद्ध विद्वान भारत से चीन समुद्री मार्गो से जाते थे और उनका अंतिम स्थल कैंटन ही था। चीन इस काल के दौरान हिंद महासागर के मार्ग द्वारा होने वाले व्यापार का एक प्रमुख आकर्षण स्थल था।

47 निम्नलिखित कथनों पर विचार कीजिए *(Chap 4, Class-XI, Old NCERT)*

1. सामंत तथा राणक राउत को राजस्वदायी गाँव दान में दिया जाता था।
2. राजा द्वारा अपने अधिकारियों और समर्थकों को दिए गए राजस्व दान स्थायी थे।
3. राजस्व दान को 'भोग' कहा जाता था।

उपर्युक्त में से कौन-सा/से कथन सही है/हैं?

(a) 1 और 3 (b) 1 और 2 (c) 2 और 3 (d) 1, 2 और 3

उत्तर (a)

व्याख्या दिए गए कथनों में से कथन (1) और (3) सही हैं। पूर्व मध्यकाल सामाजिक परिवर्तनों की दृष्टि से महत्त्वपूर्ण था। इस काल में सामंत तथा राणक राउत (जिन्हें राजपूत के रूप में जाना जाता है) आदि की शक्तियों में वृद्धि हुई और उन्हें सरकारी कार्यों के बदले नकद न देकर अधिक राजस्व प्राप्ति वाले गाँव दान में दिए जाते थे। राजा द्वारा अपने अधिकारियों और समर्थकों को दिए जाने वाले राजस्व दान को 'भोग' कहा जाता था।

कथन (2) सही नहीं है, क्योंकि राजा द्वारा अपने अधिकारियों और समर्थकों को दिया जाने वाला राजस्व दान अस्थायी होता था न कि स्थायी, जिसे राजा अपनी इच्छानुसार वापस ले सकता था, परन्तु यह स्थिति तब उत्पन्न होती थी, जब जागीरदार विद्रोह कर दे या राजा के विरुद्ध षड्यंत्र करने लगे।

48 फ्यूडल समाज के संबंध में निम्नलिखित कथनों पर विचार कीजिए *(Chap 4, Class-XI, Old NCERT)*

1. इसने राजा की स्थिति कमजोर कर दी।
2. फ्यूडल सरदारों के प्रभुत्व से ग्रामीण स्वशासन कमजोर पड़ा।
3. फ्यूडल लोगों के पास अपना सैन्य बल नहीं था।

उपर्युक्त में से कौन-सा/से कथन सही नहीं है/हैं?

(a) 1 और 2 (b) 2 और 3 (c) केवल 2 (d) केवल 3

उत्तर (d)

व्याख्या फ्यूडल समाज के संबंध में कथन (3) सही नहीं है, क्योंकि फ्यूडल समाज के सरदारों के पास सेनाएँ होती थीं, जिनका प्रयोग वह असामान्य स्थिति में राजा के विरुद्ध भी कर सकते थे।

फ्यूडल समाज पूर्व मध्यकाल में राजाओं के राजस्व दान (भोग) की प्रक्रिया के परिणामस्वरूप उत्पन्न एक व्यवस्था थी। इस व्यवस्था के द्वारा जागीरदार अपने अधीन एक उपजागीरदार नियुक्त कर जमीन पर कोई कार्य किए बिना ही जीविका प्राप्त करते थे।

49 पूर्व मध्यकाल के दौरान व्यापारियों के संबंध में निम्नलिखित कथनों पर विचार कीजिए *(Chap 4, Class-XI, Old NCERT)*

1. चालुक्य साम्राज्य के एक करोड़पति (कोटीश्वर) के बारे में ज्ञात होता है कि उसके घर पर झंकार करते घुँघरूओं से युक्त बड़े-बड़े ध्वज लहराते थे।
2. पूर्व मध्यकाल के दौरान बड़े व्यापारी भी राजा के तौर-तरीकों की नकल करते थे और कभी-कभी उनका रहन-सहन शाही किस्म का होता था।

उपर्युक्त में से कौन-सा/से कथन सही है/हैं?

(a) केवल 1 (b) केवल 2
(c) 1 और 2 दोनों (d) न तो 1 और न ही 2

उत्तर (a)

व्याख्या पूर्व मध्यकाल के दौरान व्यापारियों के संबंध में दोनों कथन सही हैं। चालुक्य साम्राज्य के एक करोड़पति (कोटिश्वर) के बारे में यह ज्ञात होता है कि उसके घर पर झंकार करते हुए घुँघरूओं से युक्त बड़े-बड़े ध्वज लहराते थे। पूर्व मध्यकाल के दौरान बड़े व्यापारी भी राजा के तौर-तरीकों की नकल करते थे और कभी-कभी उनका रहन-सहन शाही किस्म का होता था।

कोटीश्वर के पास बड़ी संख्या में हाथी-घोड़े होते थे, जो उन्हें राजा के समतुल्य दिखाते थे। उनके घरों में मुख्य इमारत तक जाने के लिए स्फटिक से निर्मित सीढ़ियाँ होती थीं, जहाँ एक मंदिर भी निर्मित होता था। गुजरात में मंत्री के पदों पर नियुक्त कस्तुपाल और तेजपाल तत्कालीन समय के सबसे समृद्ध व्यापारी थे।

50 निम्नलिखित कथनों पर विचार कीजिए

(Chap 4, Class-XI, Old NCERT)

1. अनेक राजपूत कुल अपने मूल को महाभारत में उल्लेखित सूर्यवंशी और चंद्रवंशी क्षत्रियों से जोड़ते हैं।
2. राजपूतों का उद्भव मुनि वशिष्ठ द्वारा माउंटआबू पर प्रज्वलित यज्ञाग्नि से हुआ।
3. राजपूत कुल प्रतिहार, परमार, चौहान और सोलंकी यज्ञाग्नि से पैदा हुए हैं।

उपर्युक्त में से कौन-सा/से कथन सही है/हैं?

(a) 1 और 2 (b) 1, 2 और 3 (c) 1 और 3 (d) 2 और 3

उत्तर (b)

व्याख्या दिए गए सभी कथन सही हैं।

पूर्व मध्यकाल में राजपूत जाति के उद्भव के संबंध में विद्वानों के बीच निम्न विवाद रहे हैं। अनेक राजपूत कुल (कलान) स्वयं को महाभारत में उल्लेखित सूर्यवंशी तथा चंद्रवंशी क्षत्रियों से जोड़ते हैं।

कुछ अन्य कुल का दावा है कि उनकी उत्पत्ति मुनि वशिष्ठ द्वारा माउंटआबू पर्वत पर प्रज्वलित यज्ञानिग्न कुंड से हुई है। प्रतिहार, परमार, चौहान और सोलंकी के बारे में विद्वानों का मत है कि उनकी उत्पत्ति अग्निकुंड से हुई है।

51 पूर्व मध्यकाल में स्त्रियों की दशा के संबंध में निम्नलिखित कथनों पर विचार कीजिए

(Chap 4, Class-XI, Old NCERT)

1. स्त्रियों को मानसिक दृष्टि से हीन माना जाता था।
2. स्त्रियों को वेद पढ़ने की मनाही थी।
3. मत्स्यपुराण पति को गलती करने वाली पत्नी को कोड़े व खपच्ची से पीटने का अधिकार देता है।

उपर्युक्त में से कौन-सा/से कथन सही है/हैं?

(a) 1 और 2 (b) 2 और 3 (c) 1 और 3 (d) 1, 2 और 3

उत्तर (d)

व्याख्या पूर्व मध्यकाल में स्त्रियों की दशा के संबंध में सभी कथन सही हैं। पूर्व मध्यकाल में स्त्रियों की दशा अपने पूर्व के कालों की भाँति ही दयनीय थी। इस काल में स्त्रियों को मानसिक दृष्टि से कमजोर माना जाता था और पति की सेवा एकमात्र कर्त्तव्य था। इसके अतिरिक्त उन्हें वेद पढ़ने की मनाही थी और साथ ही विवाह की आयु भी और कम निर्धारित कर दी गई थी, जिससे उनका उच्च शिक्षा का अधिकार भी समाप्त हो गया।

मत्स्यपुराण में पति को यह अधिकार प्राप्त था कि गलती करने वाली पत्नी को कोड़े या खपच्ची से पीट सकता है।

52 पूर्व मध्यकाल में धार्मिक आंदोलन और विश्वास के संबंध में निम्नलिखित कथनों पर विचार कीजिए

(Chap 4, Class-XI, Old NCERT)

1. चतुर्दान का संबंध बौद्ध सिद्धांत से है।
2. बासव और चन्नबासव का संबंध लिंगायत से है।
3. शंकराचार्य ने मोक्ष का मार्ग ईश्वर की भक्ति बताया।

उपर्युक्त में से कौन-सा/से कथन सही है/हैं?

(a) 2 और 3 (b) 1 और 3
(c) 1, 2 और 3 (d) केवल 3

उत्तर (a)

व्याख्या धार्मिक आंदोलन और विश्वास के संबंध में कथन (2) और (3) सही हैं। बारहवीं सदी में दक्षिण भारत में लिंगायत धार्मिक आंदोलन का जन्म हुआ, जिसके प्रमुख बासव और उसका भतीजा चन्नबासव थे। ये कर्नाटक कल्चूरि राजा के दरबार से संबंधित थे। ये लिंगायत शिव के उपासक थे। उन्होंने जाति प्रथा का प्रबल विरोध किया।

शंकराचार्य के अनुसार, ईश्वर की भक्ति ही, मोक्ष का मार्ग है, जिसका आधार इस ज्ञान पर आधारित है कि ईश्वर और उसकी सृष्टि एक ही है। इस दर्शन को 'वेदांत दर्शन' कहते हैं।

कथन (1) सही नहीं है, क्योंकि चतुर्दान (विद्या, आहार, औषधि और आश्रय के दान) का संबंध बौद्ध सिद्धांत से नहीं, बल्कि जैन सिद्धांत से है, जिसने जैन धर्म को लोकप्रिय बनाने में महत्त्वपूर्ण भूमिका निभाई।

53 मध्यकाल (800 ई. से 1200 ई.) में धार्मिक स्थिति से संबंधित कथनों पर विचार कीजिए

(Chap 2, Class-VII, Old NCERT)
(Chap 4, Class-XI, New NCERT)

1. इस समय बौद्ध धर्म का कुछ सीमा तक पतन हुआ।
2. उत्तर भारत में वैष्णव और शैव संप्रदाओं को मानने वाला लोगों की संख्या में वृद्धि हुई।

उपर्युक्त में से कौन-सा/से कथन सही है/हैं?

(a) केवल 1 (b) केवल 2
(c) 1 और 2 (d) न ही 1 और न ही 2

उत्तर (c)

व्याख्या मध्यकाल (800-1200 ई.) में धार्मिक स्थिति के सन्दर्भ में दोनों कथन सही हैं।

मध्यकाल (800 ई. से 1200 ई.) में भक्ति संप्रदाय की बढ़ती हुई लोकप्रियता के कारण बौद्ध धर्म का कुछ सीमा तक पतन हुआ। मध्यकाल में केवल पूर्वी क्षेत्र में बौद्ध धर्म लोकप्रिय रहा। वहाँ उसको पाल राजाओं और धनी व्यापारियों से प्रोत्साहन मिला। इस काल में उत्तर भारत में वैष्णव एवं शैव संप्रदायाओं को मानने वाले लोगों की संख्या में वृद्धि हुई। इस समय विष्णु की पूजा का सर्वश्रेष्ठ रूप कृष्ण का अवतार था।

54 निम्नलिखित मध्यकालीन संतों को कालानुसार व्यवस्थित कीजिए

(Chap 4, Class-XI, Old NCERT)

(a) रामानुज-शंकराचार्य-वल्लभाचार्य-माध्वाचार्य
(b) रामानुज-माध्वाचार्य-शंकराचार्य-वल्लभाचार्य
(c) शंकराचार्य-रामानुज-माध्वाचार्य-वल्लभाचार्य
(d) वल्लभाचार्य-माध्वाचार्य-शंकराचार्य-रामानुज

उत्तर (c)

व्याख्या मध्यकालीन संतों का सही कालक्रम- शंकराचार्य-रामानुज-माध्वाचार्य-वल्लभाचार्य है।

शंकराचार्य, आठवीं सदी के एक महान दार्शनिक व विचारक थे। इनके दर्शन को अद्वैत कहा जाता है। इनकी भगवद्गीता, उपनिषदों और वेदांत सूत्रों पर लिखी गई टीकाएँ अत्यंत प्रसिद्ध हुईं।

रामानुज, ग्यारहवीं सदी के एक प्रसिद्ध विद्वान हैं, जिन्होंने वेदों के साथ भक्ति परंपरा को सामंजस्य प्रदान करने की कोशिश की। माध्वाचार्य, तेरहवीं सदी में भारत में भक्ति आंदोलन के महत्त्वपूर्ण दार्शनिकों में से एक थे। वे तत्त्ववाद के प्रवर्तक थे, जिसे द्वैतवाद के नाम से भी जाना जाता है।

वल्लभाचार्य, पंद्रहवीं सदी के भक्तिकालीन सगुण धारा की कृष्णभक्ति शाखा के आधार स्तंभ पुष्टिमार्ग के प्रणेता थे।

दर्शन

55 निम्नलिखित में से कौन-सा कथन सही नहीं है?

(Chap 25, Class-XI, Old NCERT)

(a) भारतीय दर्शन को चार भागों में बाँटा गया है
(b) इसका मुख्य विषय मोक्ष रहा है
(c) मोक्ष का उपदेश सबसे पहले गौतम बुद्ध ने दिया था
(d) उपर्युक्त में से कोई नहीं

उत्तर (a)

व्याख्या दिए गए कथनों में से कथन (a) सही नहीं है, क्योंकि भारतीय दर्शन में चार नहीं, बल्कि छह मतवाद विकसित हो चुके थे, जिनमें सांख्य, योग, न्याय, वैशेषिक, मीमांसा और वेदांत सम्मिलित थे। भारतीय दर्शन का केंद्रीय विषय मोक्ष है।

मोक्ष की संकल्पना बौद्ध धर्म से प्रभावित है, जिसका प्रतिपादन सर्वप्रथम महात्मा बुद्ध ने किया था।

56 सांख्य दर्शन के संबंध में निम्नलिखित कथनों पर विचार कीजिए
(Chap 25, Class-XI, Old NCERT)

1. यह सबसे प्राचीन दर्शन है।
2. इसके अनुसार सृष्टि की उत्पत्ति ईश्वर से नहीं, अपितु प्रकृति से होती है।
3. प्रकृति और पुरुष दोनों के मेल से सृष्टि का निर्माण होता है।

उपर्युक्त में से कौन-सा/से कथन सही है/हैं?

(a) 1 और 2 (b) केवल 3
(c) 1, 2 और 3 (d) 1 और 3

उत्तर *(c)*

व्याख्या सांख्य दर्शन के संबंध में सभी कथन सही हैं। सांख्य की व्युत्पत्ति संख्या शब्द से हुई है। यह सबसे प्राचीन दर्शन माना जाता है।

प्राचीन सांख्य दर्शन के अनुसार, सृष्टि की उत्पत्ति के लिए दैवी शक्ति का अस्तित्व मानना आवश्यक नहीं है। अतएव यह एक तर्कमूलक प्राचीन मत था कि सृष्टि की उत्पत्ति ईश्वर से नहीं, अपितु प्रकृति से होती है।

चौथी सदी के आस-पास सांख्य दर्शन में 'प्रकृति' के अतिरिक्त 'पुरुष' नामक एक और उपादान (उपहार) जुड़ा और दोनों को सृष्टि का कारण माना गया। इस नवीनतम मतानुसार 'प्रकृति' और 'पुरुष' दोनों के मेल से सृष्टि का निर्माण होता है।

57 योग दर्शन के संबंध में निम्नलिखित कथनों पर विचार कीजिए
(Chap 25, Class-XI, Old NCERT)

1. मोक्ष ध्यान और शारीरिक साधना से मिलता है।
2. ज्ञानेंद्रियों और कर्मेंद्रियों का निग्रह योगमार्ग का मूलाधार है।
3. इसमें सांसारिक समस्याओं से भागने की प्रवृत्ति नहीं दिखाई देती है।

उपर्युक्त में से कौन-सा/से कथन सही है/हैं?

(a) 1 और 3
(b) 2 और 3
(c) 1 और 2
(d) केवल 3

उत्तर *(c)*

व्याख्या योग दर्शन के संबंध में कथन (1) और (2) सही हैं। योग दर्शन के अनुसार, मोक्ष ध्यान और शारीरिक साधना से प्राप्त होता है।

मोक्ष की प्राप्ति के लिए अनेक प्रकार के आसन अर्थात् विभिन्न स्थिति में दैहिक व्यायाम तथा प्राणायाम अर्थात् श्वास के व्यायाम बताए गए हैं। अत: ज्ञानेंद्रियों और कर्मेंद्रियों का निग्रह योगमार्ग का मूलाधार है।

कथन (3) सही नहीं है, क्योंकि योगदर्शन में सांसारिक समस्याओं से भागने की प्रवृत्ति दिखाई देती है।

58 न्याय दर्शन के संबंध में निम्नलिखित में से कौन-सा कथन सही नहीं है?
(Chap 25, Class-XI, Old NCERT)

(a) "जहाँ-जहाँ धुआँ रहता है, वहाँ-वहाँ आग रहती है।" जैसी तर्कपूर्ण बातें न्याय दर्शन का हिस्सा हैं
(b) न्याय दर्शन के प्रेणता ऋषि वशिष्ठ को माना जाता है
(c) न्याय या विश्लेषण पद्धति का विकास तर्कशास्त्र के रूप में हुआ है
(d) उपर्युक्त में से कोई नहीं

उत्तर *(b)*

व्याख्या न्याय दर्शन के संबंध में कथन (b) सही नहीं है, क्योंकि न्याय दर्शन के प्रणेता ऋषि वशिष्ठ नहीं, बल्कि गौतम को माना जाता है।

न्याय दर्शन की विशेष बात यह है कि इसमें किसी प्रतिज्ञा या कथन की सहीता की जाँच अनुमान, शब्द और उपमान द्वारा की जाती है। न्याय दर्शन का विकास तर्कशास्त्र के रूप में हुआ है। न्याय का शाब्दिक अर्थ तर्क या निर्णय है।

59 वैशेषिक दर्शन के संबंध में कौन-सा कथन सही नहीं है?
(Chap 25, Class-XI, Old NCERT)

(a) यह सामान्य और विशेष के बीच कोई अंतर नहीं करता।
(b) पृथ्वी, जल, तेज वायु और आकाश के मेल से नई वस्तुएँ बनती हैं।
(c) वैशेषिक दर्शन ने परमाणुवाद की स्थापना की।
(d) वैशेषिक दर्शन ने भारत में भौतिकशास्त्र का आरंभ किया।

उत्तर *(a)*

व्याख्या वैशेषिक दर्शन के संबंध में कथन (a) सही नहीं है, क्योंकि वैशेषिक दर्शन सामान्य और विशेष के बीच अंतर करता है। यह द्रव्य अर्थात् भौतिक तत्त्वों के विवेचन को महत्त्व देता है। वैशेषिक दर्शन के प्रवर्तक कणाद या उलूक थे और यह प्रकृतिवाद में अपनी अंतर्दृष्टि के लिए जाने जाते थे। यह प्राकृतिक दर्शन में परमाणुवाद का एक रूप है। यह जैन दर्शन से साम्यता रखता है।

60 मीमांसा दर्शन के संबंध में निम्नलिखित कथनों पर विचार कीजिए
(Chap 25, Class-XI, Old NCERT)

1. इसके अनुसार मोक्ष वेद-विहित कर्मों के अनुष्ठान से प्राप्त होता है।
2. वेद में कही गई बातें सदैव सही नहीं होती हैं।
3. मोक्ष पाने के लिए यज्ञ करना चाहिए।

उपर्युक्त में से कौन-सा/से कथन सही नहीं है/हैं?

(a) केवल 1 (b) केवल 2 (c) 1 और 3 (d) 1, 2 और 3

उत्तर *(b)*

व्याख्या मीमांसा दर्शन के संबंध में कथन (2) सही नहीं है, क्योंकि मीमांसा दर्शन के अनुसार वेद में कहीं गई बातें सर्वदा सही होती हैं। मीमांसा का मुख्य उद्देश्य वैदिक कर्मकांडों की उपयोगिता को सिद्ध करना है।

61 वेदांत दर्शन के संबंध में निम्नलिखित में से कौन-सा कथन सही नहीं है?
(Chap 25, Class-XI, Old NCERT)

(a) बादरायण का 'ब्रह्मसूत्र' इस दर्शन का मूल ग्रंथ है।
(b) रामानुज ब्रह्म को निर्गुण बताते हैं।
(c) इस दर्शन के अनुसार ब्रह्म ही सही है।
(d) आत्मा और ब्रह्म अभेद है।

उत्तर *(b)*

व्याख्या वेदांत दर्शन के संबंध में कथन (b) सही नहीं है, क्योंकि वेदांत दर्शन में रामानुज ब्रह्म को सगुण बताते हैं, न कि निर्गुण। इस दर्शन में शंकराचार्य ब्रह्म को निर्गुण बताते हैं। वेदांत का अर्थ है 'वेद का अंत'। ईसा-पूर्व दूसरी शताब्दी में संकलित बादरायण का ब्रह्मसूत्र वेदांत दर्शन का मूल ग्रंथ है। वेदांत दर्शन का मूल आरंभिक उपनिषदों में पाया जाता है। इस दर्शन के अनुसार आत्मा और ब्रह्म में अभेद है। अत: जो भी आत्मा को या स्वयं को पहचान लेता है, उसे ब्रह्म का ज्ञान हो जाता है।

62 निम्नलिखित में से कौन-सा युग्म सुमेलित नहीं है?
(Chap 25, Class-XI, Old NCERT)

शब्द दर्शन		संबंधित व्यक्ति
(a) सांख्य दर्शन	—	कपिल
(b) लोकायत	—	चार्वाक
(c) वेदांत	—	शंकराचार्य
(d) न्याय	—	कणाद

उत्तर *(d)*

व्याख्या दिए गए युग्मों में से युग्म (d) सही सुमेलित नहीं है, क्योंकि न्याय दर्शन के प्रवर्तक अक्षपाद गौतम हैं, जिनका न्यायसूत्र इस दर्शन का सबसे प्राचीन एवं प्रसिद्ध ग्रंथ है, जबकि ऋषि कणाद ने वैशेषिक दर्शन के सिद्धांत का प्रतिपादन किया। वैशेषिक दर्शन ने परमाणुवाद की स्थापना की है।

63 निम्नलिखित युग्मों में से कौन-सा भारतीय षड्दर्शन का हिस्सा नहीं है? *(Chap 25, Class-XI, Old NCERT) (IAS Pre 2014)*

(a) मीमांसा और वेदांत (b) न्याय और वैशेषिक
(c) लोकायत और कापालिक (d) सांख्य और योग

उत्तर (c)

व्याख्या लोकायत और कापालिक भारतीय षड्दर्शन का हिस्सा नहीं है। लोकायत को चार्वाक दर्शन भी कहते हैं, यह एक भौतिकवादी दर्शन है। अजित केशकंबली को इस दर्शन का अग्रदूत माना जाता है।
कापालिक एक संप्रदाय है, जिसके संस्थापक लवकुलीश (लकुलीश) थे, यह शैव धर्म का अंग है।

64 निम्नलिखित में से कौन भारत के एशियाई देशों से सांस्कृतिक संपर्क को दर्शाता है? *(Chap 26, Class-XI, Old NCERT)*

(a) श्रीलंका, बर्मा, चीन में बौद्ध धर्म का प्रचार
(b) ब्राह्मी अभिलेख का श्रीलंका में पाया जाना
(c) बर्मी लोगों द्वारा थेरवाद को विकसित करना
(d) उपर्युक्त सभी

उत्तर (d)

व्याख्या दिए गए सभी कथन भारत के एशियाई देशों के सांस्कृतिक संपर्क को दर्शाते हैं। भारत हड़प्पा युग से ही अपने एशियाई पड़ोसियों के साथ संपर्क में रहा था। भारतीय व्यापारी लोग मेसोपोटामिया के नगरों तक पहुँचे, जहाँ ईसा पूर्व 2400 से ईसा पूर्व 1700 के बीच उन व्यापारियों की मुहरें पाई गई हैं। धीरे-धीरे बौद्ध धर्म के प्रचार से श्रीलंका, बर्मा, चीन और मध्य एशिया के साथ भारत का संपर्क बढ़ा। अशोक के काल में श्रीलंका में धर्म प्रचारक के रूप में महेंद्र गया था।
यहीं से ईसा-पूर्व दूसरी और पहली सदियों के छोटे-छोटे ब्राह्मी अभिलेख श्रीलंका में पाए गए हैं। इसके पश्चात् ईस्वी सन् की आरंभिक सदियों में बौद्ध धर्म का प्रचार भारत से बर्मा अर्थात् आधुनिक म्यांमार की ओर हुआ।
बर्मी लोगों ने बौद्ध धर्म के थेरवाद को विकसित किया और बुद्ध की आराधना में अनेक मंदिर और प्रतिमाएँ बनवाईं।

65 निम्न कथनों पर विचार कीजिए *(Chap 26, Class-XI, Old NCERT)*

1. बर्मा और श्रीलंका के बौद्धों ने प्रचुर बौद्ध साहित्य की रचना की।
2. श्रीलंका में समस्त पालि मूल ग्रंथ संगृहीत किए गए।
3. श्रीलंका से कालांतर में बौद्ध धर्म लुप्त हो गया।

उपर्युक्त में से कौन-सा/से कथन सही है/हैं?

(a) केवल 1 (b) केवल 2 (c) 1 और 2 (d) 1, 2 और 3

उत्तर (c)

व्याख्या दिए गए कथनों में से कथन (1) और (2) सही हैं।
भारत से बाहर धार्मिक प्रसार के क्रम में बर्मा और श्रीलंका के बौद्धों ने प्रचुर बौद्ध साहित्य की रचना की, जो भारत में दुर्लभ था। इस काल के दौरान श्रीलंका में समस्त पालि मूल ग्रंथ संगृहीत किए गए और उन पर टीकाएँ लिखी गईं।
कथन (3) सही नहीं है, क्योंकि कालांतर में बौद्ध धर्म श्रीलंका में नहीं, बल्कि भारत में लुप्त हो गया। वर्तमान में श्रीलंका में बौद्ध धर्म के अनुयायी बहुतायत में विद्यमान हैं।

66 अफगानिस्तान में स्थित बुद्ध की विश्व की सबसे बड़ी मूर्ति के संबंध में निम्नलिखित कथनों पर विचार कीजिए *(Chap 26, Class XI, Old NCERT)*

1. यह मूर्ति अफगानिस्तान के बामियान में स्थित है।
2. इस मूर्ति का निर्माण ईस्वी सन् में किया गया था।
3. यह स्थान अफगानिस्तान के दक्षिणी भाग में स्थित है।
4. अफगानिस्तान के उत्तरी भाग से बहुत-से विहारों के पुरावशेष मिले हैं।

उपर्युक्त से कितने कथन सही हैं?

(a) केवल एक (b) केवल दो
(c) केवल तीन (d) चारों सभी

उत्तर (c)

व्याख्या अफगानिस्तान में स्थित बुद्ध की विश्व की सबसे बड़ी मूर्ति के संबंध में दिए गए कथनों में केवल तीन कथन अर्थात् (1, 2 और 4) सही हैं।
अफगानिस्तान के बामियान नामक स्थान पर विश्व की सबसे बड़ी बुद्ध मूर्ति का निर्माण ईस्वी सन् में चट्टान को काटकर किया गया था। अफगानिस्तान के उत्तरी भाग से बुद्ध की बहुत-सी मूर्तियों और विहारों के पुरावशेष मिले हैं। इसके साथ का दूसरा स्थल बेगराम हाथी दाँत की दस्तकारी के लिए प्रसिद्ध है, जिसमें कुषाण काल की भारतीय कलाकारी की झलक मिलती है।
कथन (3) सही नहीं है, क्योंकि बामियान नामक स्थान अफगानिस्तान के दक्षिणी भाग में नहीं, बल्कि उत्तरी भाग में स्थित है।

67 निम्नलिखित कथनों पर विचार कीजिए *(Chap 26, Class-XI, Old NCERT)*

1. बौद्ध धर्म के माध्यम से ही सभी क्षेत्रों से भारतीय संस्कृति का प्रसार हुआ।
2. बर्मा के पेगू और मोलमेन सुवर्ण भूमि कहलाते थे।
3. पांड्य राजाओं ने सुमात्रा में अपनी बस्तियाँ स्थापित कीं।

उपर्युक्त में से कौन-सा/से कथन सही नहीं है/हैं?

(a) केवल 2
(b) 1 और 2
(c) 1 और 3
(d) 1, 2 और 3

उत्तर (c)

व्याख्या दिए गए कथनों में से कथन (1) और (3) सही नहीं हैं, क्योंकि भारतीय संस्कृति दक्षिण-पूर्व एशिया में बौद्ध धर्म के माध्यम से नहीं पहुँची। बर्मा को छोड़कर अन्य देशों में भारतीय संस्कृति का प्रसार मुख्यतया ब्राह्मणीय धर्म के माध्यम से हुआ। ईस्वी सन् की आरंभिक सदियों में पांड्य राजाओं ने नहीं, बल्कि पल्लव शासकों ने सुमात्रा में अपनी बस्तियाँ स्थापित की थीं।

68 निम्नलिखित कथनों पर विचार कीजिए *(Chap 26, Class-XI, Old NCERT)*

कथन I प्राचीन भारत के लोगों के सुवर्णद्वीप के साथ सांस्कृतिक एवं व्यापारिक संबंध थे।

कथन II सुवर्णद्वीप की पहचान इंडोनेशिया (जावा) से की जाती है।

उपर्युक्त कथनों के बारे में निम्नलिखित में से कौन-सा एक सही है?

(a) कथन I और कथन II दोनों सही हैं तथा कथन II, कथन I की सही व्याख्या है
(b) कथन I और कथन II दोनों सही हैं, परंतु कथन II, कथन I की सही व्याख्या नहीं है
(c) कथन I सही है, किंतु कथन II गलत है
(d) कथन I गलत है, किंतु कथन II सही है

उत्तर (b)

व्याख्या कथन I और कथन II दोनों सही हैं परंतु कथन II, कथन I की सही व्याख्या नहीं है।

प्राचीन भारत के लोगों के सुवर्णद्वीप के साथ सांस्कृतिक एवं व्यापारिक संबंध थे। सुवर्णद्वीप की पहचान इंडोनेशिया (जावा) से की जाती है। भारतीयों के ईसा की पहली सदी से ही इंडोनेशिया (जावा) के साथ, जिसे प्राचीन भारत के लोग सुवर्णद्वीप कहते थे, घनिष्ठ व्यापारिक और सांस्कृतिक संबंध थे। यहाँ पर 56 ई. में सर्वप्रथम स्थापित की गई भारतीय बस्तियाँ इस तथ्य का प्रमाण देती हैं कि ईसा की दूसरी सदी में यहाँ कई छोटे-छोटे भारतीय राज्य भी स्थापित हुए।

69 दक्षिण-पूर्व एशिया में स्थापित मंदिरों के संबंध में निम्नलिखित कथनों पर विचार कीजिए *(Chap 26, Class-XI, Old NCERT)*

1. कंबोडिया में सबसे विशाल बौद्ध मंदिर स्थापित था।
2. बोरोबुदूर मंदिर की दीवारों पर रामायण और महाभारत की कहानियाँ मूर्तियों में अंकित हैं।

उपर्युक्त में से कौन-सा/से कथन सही नहीं है/हैं?

(a) केवल 1 (b) केवल 2
(c) 1 और 2 दोनों (d) न तो 1 और न ही 2

उत्तर *(c)*

व्याख्या दक्षिण-पूर्व एशिया में स्थापित मंदिरों के संबंध में दिए गए दोनों कथन सही नहीं हैं। विश्व का सबसे बड़ा बौद्ध मंदिर कंबोडिया में नहीं, बल्कि इंडोनेशिया के बोरोबुदूर में है। इसका निर्माण आठवीं सदी में हुआ था और इस पर बुद्ध के 436 चित्र उत्कीर्ण हैं। कंबोडिया के अंकोरवाट मंदिर की दीवारों पर रामायण और महाभारत की कहानियाँ मूर्तियों के रूप में अंकित हैं न कि इंडोनेशिया के बोरोबुदूर मंदिर की दीवारों पर।

70 निम्नलिखित में से कौन-सा कथन सही नहीं है? *(Chap 9, Class-VI, Old NCERT)*

(a) सौराष्ट्र से आने वाले व्यापारी प्राय: जैन होते थे।
(b) दक्षिण भारत से आने वाले व्यापारी शैव और वैष्णव होते थे।
(c) बंगाल से आने वाले व्यापारी बौद्ध होते थे।
(d) उपर्युक्त में से कोई नहीं।

उत्तर *(d)*

व्याख्या दिए गए सभी कथन सही हैं।

ईसा की सातवीं शताब्दी तक दक्षिण-पूर्व एशिया के साथ भारत का संबंध काफी बढ़ गया था। धीरे-धीरे दक्षिण-पूर्व एशिया के लोगों ने भारतीय संस्कृति की कुछ बातें स्वीकार कर लीं। भारत के व्यापारी सौराष्ट्र, तमिलनाडु, उड़ीसा और बंगाल आदि से दक्षिण-पूर्व एशिया जाते थे। सौराष्ट्र से आने वाले व्यापारी प्राय: जैन होते थे। दक्षिण भारत से आने वाले शैव और वैष्णव तथा बंगाल से आने वालों में बौद्धों की बहुतायत थी।

कला तथा समाज

71 भारतीय समाज में प्रचलित वर्ण व्यवस्था के संबंध में निम्नलिखित कथनों पर विचार कीजिए *(Chap 29, Class-XI, Old NCERT)*

1. ऐसी मान्यता थी कि वर्ण व्यवस्था दैवी शक्ति द्वारा निश्चित की गई थी।
2. प्रत्येक वर्ण की न केवल सामाजिक पहचान, बल्कि अनुष्ठानिक पहचान भी थी।
3. रामायण में वर्णित है कि दूसरे के धर्म को अपनाने के बदले अपने धर्म की रक्षा के लिए मर जाना अच्छा है।

उपर्युक्त में से कौन-सा/से कथन सही नहीं है/हैं?

(a) 1 और 2 (b) केवल 3
(c) 1, 2 और 3 (d) केवल 2

उत्तर *(b)*

व्याख्या भारतीय समाज में प्रचलित वर्ण व्यवस्था के संबंध में कथन (3) सही नहीं है, क्योंकि रामायण नहीं, बल्कि भगवद्गीता हमें यह सिखाती है कि दूसरे के धर्म को अपनाने के बदले अपने धर्म की रक्षा के लिए मर जाना अच्छा है क्योंकि दूसरे धर्म को अपनाने का परिणाम संकटपूर्ण होता है।

72 प्राचीन भारत में हुए सामाजिक परिवर्तनों के अनुक्रम के संबंध में कौन-सा कथन सही नहीं है? *(Chap 28, Class-VI, Old NCERT)*

(a) गाय की रक्षा के कारण राजा 'गोपति' कहलाता था।
(b) बेटी को दुहित कहा जाता था।
(c) बैल को गोवाल कहा गया।
(d) उपर्युक्त में से कोई नहीं

उत्तर *(c)*

व्याख्या प्राचीन भारत में हुए सामाजिक परिवर्तनों के अनुक्रम के संबंध में कथन (c) सही नहीं है, क्योंकि 'गोवाल' शब्द बैल के लिए नहीं, बल्कि भैंस के लिए प्रयोग किया गया। वैदिक आर्यों को गाय से इतनी घनिष्ठता थी कि जब उन्होंने भारत में भैंस को पहली बार देखा, तो 'गोवाल' अर्थात् गाय जैसे बाल वाली कहने लगे।

73 प्राचीन काल की सामाजिक व्यवस्था के संबंध में निम्नलिखित कथनों पर विचार कीजिए *(Chap 28, Class-XI, Old NCERT)*

1. द्विजों को यज्ञोपवीत का अधिकार प्राप्त नहीं था।
2. शूद्रों को 'अनागरिक' की संज्ञा दी गई थी।
3. ब्राह्मणों को कर्ज पर ब्याज दो प्रतिशत मिलता था।

उपर्युक्त में से कौन-सा/से कथन सही है/हैं?

(a) 1 और 2
(b) 2 और 3
(c) 1 और 3
(d) 1, 2 और 3

उत्तर *(b)*

व्याख्या प्राचीन काल की सामाजिक व्यवस्था के संबंध में कथन (2) और (3) सही हैं। प्राचीन काल की सामाजिक वर्ण संरचना में शूद्रों का स्थान निम्न था। उन्हें अपने से ऊपर के तीनों वर्णों की सेवा करनी होती थी। कुछ स्मृतिकारों ने शूद्रों को दास के रूप में प्रयोग किया है। अत: इन्हें 'अनागरिक' की संज्ञा दी गई थी।

प्राचीन काल की वर्ण व्यवस्था के अंतर्गत प्रत्येक वर्ण के लिए भुगतान की और आर्थिक सुविधा अलग-अलग निश्चित की गई थी। ब्राह्मणों को कर्ज पर ब्याज दो प्रतिशत मिलता था, क्षत्रियों को तीन प्रतिशत, वैश्यों को चार प्रतिशत तथा शूद्रों के लिए पाँच प्रतिशत निर्धारित था।

कथन (1) सही नहीं है, क्योंकि प्राचीन काल में 'द्विज' शब्द का प्रयोग संयुक्त रूप से ब्राह्मण, क्षत्रिय और वैश्य के लिए किया जाता था और उन्हें वेद पढ़ने और यज्ञोपवीत संस्कार पाने का अधिकार था, परंतु शूद्र इस अधिकार से वंचित थे।

74 वर्ण व्यवस्था के संबंध में निम्नलिखित में से कौन-सा कथन सही है? *(Chap 28, Class-XI, Old NCERT)*

(a) कलियुग का लक्षण विभिन्न वर्णों या सामाजिक वर्गों के मिश्रण का होना बताया गया है, जिसे वर्ण संकर कहते हैं
(b) वैश्य किसानों ने कर चुकाना बंद कर दिया और शूद्रों ने मजदूरी करना छोड़ दिया।
(c) किसानों, शिल्पियों और मजदूरों को शुद्रों की श्रेणी में रखा गया।
(d) उपर्युक्त सभी

उत्तर *(d)*

व्याख्या वर्ण व्यवस्था के संबंध में सभी कथन सही हैं।

कलियुग का लक्षण विभिन्न वर्णों या सामाजिक वर्गों के मिश्रण का होना बताया गया है, जिसे वर्ण संकर कहते हैं। इसका यह आशय है कि वैश्यों और शूद्रों (किसानों, शिल्पियों और मजदूरों) ने अपने ऊपर सौंपे गए उत्पादन कार्य करने बंद कर दिए अर्थात् वैश्य किसानों ने कर चुकाना बंद कर दिया और शूद्रों ने मजदूरी करना छोड़ दिया। वे विवाह आदि सामाजिक संबंधों में वर्ण संबंधी प्रतिबंधों की उपेक्षा करने लगे, इन सभी कृत्यों ने एक नई पद्धति का विकास किया।

75 धर्मसूत्रों और धर्मशास्त्रों में वर्णित 'उचित जीविका' के संबंध में निम्नलिखित कथनों पर विचार कीजिए
(Chap 3, Class-XII, New NCERT)

1. ब्राह्मणों का कार्य दान देना और लेना था।
2. क्षत्रियों का कार्य न्याय करना है।
3. गौ-पालन शूद्रों का कार्य था।

उपर्युक्त में से कौन-सा/से कथन सही नहीं है/हैं?

(a) 1 और 3 (b) 1 और 2
(c) 1, 2 और 3 (d) केवल 3

उत्तर *(d)*

व्याख्या धर्मसूत्रों और धर्मशास्त्रों में वर्णित 'उचित जीविका' के संबंध में कथन (3) सही नहीं है, क्योंकि गौ-पालन का कार्य वैश्यों का था न कि शूद्रों का। वैश्यों को तीन कार्य करने होते थे, जिनमें शामिल हैं—कृषि, गौ-पालन तथा व्यापार कार्य, जबकि शूद्रों के लिए एकमात्र जीविका थी—तीनों उच्च वर्णों की सेवा करना।

76 जाति एवं सामाजिक गतिशीलता के संबंध में कौन-सा कथन सही नहीं है?
(Chap 3, Class-XII, New NCERT)

(a) वर्ण की भाँति जाति भी जन्म पर आधारित थी।
(b) वर्ण की भाँति जातियों की संख्या भी निश्चित थी।
(c) जंगल में रहने वालों को निषाद कहा जाता था।
(d) सुवर्णकार जाति समूह का प्रतिनिधित्व करता था।

उत्तर *(b)*

व्याख्या जाति एवं सामाजिक गतिशीलता के संबंध में कथन (b) सही नहीं है, क्योंकि जाति एवं सामाजिक गतिशीलता के परंपरागत सिद्धांत में चार वर्ण बताए गए हैं, जबकि जातियों की कोई निश्चित संख्या नहीं बताई गई है। हालाँकि वर्ण की भाँति जाति भी जन्म पर आधारित थी।

ब्राह्मणीय व्यवस्था में अनेक नए समुदायों का उदय हुआ, जिन्हें वर्ण व्यवस्था में समाहित करना सरल नहीं था। अत: उन्हें जातियों में बाँट दिया गया। वे जातियाँ जो एक ही जीविका अथवा व्यवसाय से जुड़ी थीं, उन्हें कभी-कभी श्रेणियों में भी संगठित किया जाता था।।

77 प्राचीन भारतीय समाज को मध्यकालीन समाज में बदलने के कारणों में कौन शामिल था? *(Chap 27, Class-XI, Old NCERT)*

(a) इसका मूल कारण भूमि अनुदान था।
(b) वर्णमूलक समाज का अत्यधिक कठोर होना।
(c) भूमि अनुदान के कारण भू-स्वामियों का उदित होना।
(d) उपर्युक्त सभी

उत्तर *(d)*

व्याख्या प्राचीन भारतीय समाज को मध्यकालीन समाज में बदलने में उपर्युक्त सभी कारण शामिल थे।

प्राचीन भारतीय समाज, जो धीरे-धीरे मध्यकालीन समाज में परिणत हुआ, उसका मूल कारण भूमि अनुदान की प्रथा थी। भूमि अनुदान की प्रथा के फलस्वरूप एक ऐसे समाज की स्थापना हुई, जिसमें भोग-विलासी जीवन और नियत कर्मों से विमुख होना प्रमुख था। वर्णमूलक समाज, जिसमें वैश्य और शूद्र सम्मिलित थे, इनके उत्पादनात्मक क्रियाकलापों पर संपूर्ण व्यवस्था निर्भर थी, लेकिन कलियुग संकट के फलस्वरूप यह व्यवस्था एक नया रूप लेने लगी। भूमि अनुदान की प्रथा ने भूस्वामियों के उदय में महत्त्वपूर्ण भूमिका निभाई, जिसके परिणामस्वरूप अनेक राजाओं का प्रभुत्व क्षेत्र कम होता गया।

78 छठी-सातवीं सदी में सांस्कृतिक विकास के संबंध में निम्नलिखित कथनों पर विचार कीजिए *(Chap 27, Class-XI, Old NCERT)*

1. सातवीं सदी में संस्कृत के गद्य और पद्य की अलंकृत शैलियों का प्रचलन बढ़ा।
2. गद्य में अलंकरण की पराकाष्ठा 'बाण' की कृतियों में मिलती है।
3. सातवीं सदी में देव प्रतिमाएँ केवल प्रस्तर की बनाई जाती थीं।

उपर्युक्त में से कौन-सा/से कथन सही नहीं है/हैं?

(a) 1 और 2 (b) 2 और 3
(c) 1 और 3 (d) केवल 3

उत्तर *(d)*

व्याख्या छठी-सातवीं सदी में सांस्कृतिक विकास के संबंध में कथन (3) सही नहीं है, क्योंकि सातवीं सदी में देव प्रतिमाएँ केवल प्रस्तर की नहीं, बल्कि प्रस्तर तथा काँसा के मिश्रण से निर्मित की गई थीं।

79 भारत के सांस्कृतिक इतिहास में 'पंचायतन' शब्द किसे निर्दिष्ट करता है? *(Chap 27, Class-XI, Old NCERT), (IAS Pre 2014)*

(a) बुजुर्गों की आम सभा (b) श्रमिकों का संघ
(c) एक मंदिर शैली (d) राजा की परिषद्

उत्तर *(c)*

व्याख्या भारत के सांस्कृति इतिहास में (गुप्तोत्तर काल में) प्रचलित 'पंचायतन' शब्द एक विशेष प्रकार के मंदिर को निर्ष्टि करता है। गुप्तोत्तर काल धार्मिक परिवर्तनों की दृष्टि से महत्त्वपूर्ण रहा है। इस समय पंचदेवता (ब्रह्मा, गणपति, विष्णु, शक्ति और शिव) प्रचलित हुए। मुख्य देवता शिव या किसी अन्य देव या देवी को मुख्य मंदिर में स्थापित किया जाता था और उसके चारों ओर बने चार गौण मंदिरों में चार अन्य देवता स्थापित किए जाते थे। ऐसे ही मंदिरों को 'पंचायतन' का दर्जा प्राप्त था।

80. प्राचीन कालीन कला और साहित्य के संबंध में निम्नलिखित कथनों पर विचार कीजिए *(Chap 29, Class-XI, Old NCERT)*

1. उत्तरी काले पॉलिशदार मृद्भांड उन्नत अवस्था में थे।
2. बुद्ध की पहली मूर्ति गांधार शैली में बनाई गई थी।
3. गुप्तकाल में मंदिरों का निर्माण प्रस्तर खंड में हुआ है।

उपर्युक्त में से कौन-सा/से कथन सही है/हैं?

(a) 1 और 3 (b) 1 और 2
(c) 1, 2 और 3 (d) केवल 3

उत्तर *(b)*

व्याख्या प्राचीन कालीन कला और साहित्य के संबंध में कथन (1) और (2) सही हैं। प्राचीन भारत में शिल्पकार सुंदर कलाकृतियों के निर्माण हेतु प्रसिद्ध थे। अशोक द्वारा बनवाए गए अखंड प्रस्तर के स्तंभ अपनी चमकदार पॉलिश के लिए प्रसिद्ध हैं, किंतु उनकी तुलना उत्तरी काले पॉलिशदार मृद्भांड से की जाती है। अत: यह अवस्था दर्शाती है कि ये मृद्भांड अपनी उन्नत अवस्था में थे।

भारतीय कला और यूनानी कला के मिश्रण से जिस कला-शैली का जन्म हुआ, वह गांधार शैली कहलाती है। बुद्ध की पहली प्रतिमा गांधार शैली में ही निर्मित थी।

कथन (3) सही नहीं है, क्योंकि गुप्तकाल में मंदिरों का निर्माण प्रस्तर खण्ड में नहीं, बल्कि ईंटों से किया जाता था और इसका प्रारंभ गुप्तकाल में ही हुआ था।

अर्थव्यवस्था

81 प्राचीन कालीन कृषि के संबंध में निम्नलिखित कथनों पर विचार कीजिए *(Chap 28, Class-XI, Old NCERT)*

1. उत्तर वैदिक काल में किसान शासकों और योद्धाओं को नजराना देते थे।
2. किसान लौहारों, रथकारों और बढ़इयों का पेट भरते थे।
3. उत्तर वैदिक काल में किसान-वर्ग 'बल' कहलाने लगे।

उपर्युक्त में से कौन-सा/से कथन सही है/हैं?

(a) 1 और 2
(b) केवल 2
(c) केवल 1
(d) 1, 2 और 3

उत्तर *(d)*

व्याख्या प्राचीन कालीन कृषि के संबंध में सभी कथन सही हैं।

उत्तर वैदिक काल में किसान और अन्य लोगों के द्वारा राजाओं और योद्धाओं को राजांश (नजराना) दिया जाता था, जिसका उपयोग राजा द्वारा यज्ञ और पुरोहितों के संपोषण हेतु किया जाता था।

किसान मुख्यत: योद्धा वर्ग के रूप में उभर रहे लौहारों, रथकारों और बढ़ई की आवश्यकताओं की पूर्ति करते थे तथा उनका पेट भरते थे।

वैदिक काल में किसानों की सेना ने पशुचारक सेना का स्थान लिया और धीरे-धीरे सशस्त्र सेना के रूप में संगठित हुए। उत्तर वैदिक काल में किसान वर्ग 'बल' अर्थात् सैन्य शक्ति कहलाने लगे।

82 निम्नलिखित में किसके लिए वैदिक साहित्य में किसी भी शब्द का प्रयोग नहीं मिलता है? *(Chap 28, Class-XI, Old NCERT)*

(a) शिल्पियों के लिए
(b) मजदूरों के लिए
(c) गाय के लिए
(d) बढ़ई के लिए

उत्तर *(b)*

व्याख्या दिए गए विकल्पों में से मजदूरों के लिए वैदिक साहित्य में किसी भी शब्द का प्रयोग नहीं मिलता है। धीरे-धीरे परिस्थितियाँ बदलीं और मौर्यकाल तक आते-आते दास और मजदूर बड़े-बड़े राजकीय कृषि क्षेत्रों में कार्य करने लगे, जिसकी जानकारी कौटिल्य की रचना 'अर्थशास्त्र' से मिलती है।

83 निम्नलिखित कथनों में कौन-सा कथन सही नहीं है? *(Chap 28, Class-XI, Old NCERT)*

(a) भूमि अनुदान से कृषि-पंचांग का प्रचार हुआ।
(b) भूमि अनुदान से सुदूर दक्षिण और सुदूर पूर्व में सभ्यता का विस्तार हुआ।
(c) पूर्व मध्यकाल के ग्रंथों में शूद्रों को कृषक कहा जाने लगा।
(d) सामंती ढाँचे में भू-स्वामियों और योद्धाओं के वर्ग की स्त्रियों की दशा में सुधार हुआ।

उत्तर *(d)*

व्याख्या दिए गए कथनों में से कथन (d) सही नहीं है, क्योंकि छठी सदी के आस-पास सामंती ढाँचे में भू-स्वामियों और योद्धाओं के वर्ग की स्त्रियों की दशा सुधरने के बजाय और बिगड़ गई। पूर्व मध्यकाल में राजस्थान में सती प्रथा का प्रचलन बढ़ा, लेकिन निचले वर्ग की स्त्रियों को आर्थिक क्रियाकलाप में भाग लेने और पुनर्विवाह करने में स्वायत्तता दी गई। सामंती ढाँचे का उदय भूमि अनुदान के परिणामस्वरूप उपजी एक व्यवस्था थी।

84 प्राचीन भारत की नई कृषि अर्थव्यवस्था के संबंध में निम्नलिखित कथनों पर विचार कीजिए *(Chap 27, Class-XI, Old NCERT)*

1. ह्वेनसांग ने शूद्रों को कृषक बताया।
2. भू-स्वामी सामान्यत: सभी वर्णों के होते थे।
3. कृषक को गाँव अनुदान के रूप में दिया जाता था।

उपर्युक्त में से कौन-सा/से कथन सही है/हैं?

(a) 1 और 3 (b) 1 और 2 (c) 1, 2 और 3 (d) केवल 1

उत्तर *(a)*

व्याख्या प्राचीन भारत की नई कृषि अर्थव्यवस्था के संबंध में कथन (1) और (3) सही हैं। प्राचीन भारत में नई कृषि अर्थव्यवस्था में महत्त्वपूर्ण परिवर्तन हुए। इसी क्रम में ह्वेनसांग ने शूद्रों को कृषक बताया है। अत: इससे ज्ञात होता है कि शूद्र, कृषि-मजदूरों और दासों के रूप में कृषि कार्य करना छोड़ रहे थे।

पाँचवीं-छठी सदी में जनजातीय क्षेत्रों में सामान्यत: गाँव अनुदान में दिया जाता था। साथ ही उस क्षेत्र के कृषक भी इस व्यक्ति को सौंप दिए जाते थे, जिन्हें अनुदान में संपूर्ण गाँव दिया जाता था।

कथन (2) सही नहीं है, क्योंकि भू-स्वामी सामान्यत: सभी वर्णों के नहीं, बल्कि ब्राह्मण होते थे।

85 गुप्तोत्तर कालीन कृषि अर्थव्यवस्था के संदर्भ में निम्नलिखित कथनों पर विचार कीजिए *(Chap 27, Class-XI, Old NCERT)*

1. इस समय कृषि अर्थव्यवस्था के केंद्र में बँटाईदार या गैर-स्वामित्व प्राप्त किसान आ गए थे।
2. कृष्य भूमि अनुदान की पद्धति को समर्थन प्राप्त हुआ था।

उपर्युक्त में से कौन-सा/से कथन सही है/हैं?

(a) केवल 1 (b) केवल 2
(c) 1 और 2 (d) न तो 1 और न ही 2

उत्तर *(c)*

व्याख्या गुप्तोत्तर कालीन कृषि अर्थव्यवस्था के संदर्भ में दोनों कथन सही हैं।
गुप्तोत्तर काल में भारतीय कृषि अर्थव्यवस्था में महत्त्वपूर्ण परिवर्तन आया। अब भू-स्वामी न तो स्वयं भूमि पर कृषि करते थे और न ही प्रत्यक्ष रूप से कर वसूलते थे। अब भूमि आबाद करने और कर वसूली का अधिकार बँटाइदारों अथवा गैर-स्वामित्व प्राप्त किसानों को दिया गया था। कृष्य भूमि अनुदान की प्रथा को नवोदित शासकों का समर्थन था।

विज्ञान एवं प्रौद्योगिकी

86 विश्व में इस्पात के संबंध में निम्नलिखित कथनों पर विचार कीजिए बनाने की कला सबसे पहले किस देश में विकसित हुई थी? *(Chap 29, Class-XI, Old NCERT)*

1. विश्व में सर्वप्रथम इस्पात बनाने की कला भारत में विकसित हुई थी।
2. इस्पात बनाने की कला भारतीयों की भौतिक संस्कृति का द्योतक है।

उपर्युक्त कथनों में से कौन-सा/से कथन सही है/हैं?

(a) केवल 1 (b) केवल 2
(c) 1 और 2 दोनों (d) न तो 1 और न ही 2

उत्तर *(c)*

व्याख्या विश्व में इस्पात के संबंध में दोनों कथन सही हैं।
विश्व में सर्वप्रथम इस्पात बनाने की कला भारत में विकसित हुई। इस्पात बनाने की कला भारतीयों की भौतिक संस्कृति का द्योतक है। इस्पात निर्माण ने भारतीयों को निर्यात हेतु प्रोत्साहित किया, जिससे भारत का व्यापार यूरोपीय देशों तक बढ़ा। प्राचीनकाल में भारत से परिष्कृत लोहे के निर्यात व्यापार को 'उटज' कहा जाता था।

87 **प्राचीनकाल में प्रचलित विज्ञान एवं गणित के संबंध में निम्नलिखित कथनों पर विचार कीजिए** *(Chap 29, Class-XI, Old NCERT)*

1. भारतीयों ने अंकन पद्धति, दाशमिक पद्धति और शून्य का प्रयोग सर्वप्रथम प्रारंभ किया था।
2. अरबों के द्वारा भारतीय अंकन पद्धति को अपनाया गया।
3. ईरानियों ने स्वयं अपनी अंकमाला को हिंदसा कहा।

उपर्युक्त में से कौन-सा/से कथन सही नहीं है/हैं?

(a) 1 और 3 (b) 1 और 2
(c) 1, 2 और 3 (d) केवल 3

उत्तर (d)

व्याख्या प्राचीनकाल में प्रचलित विज्ञान एवं गणित के संबंध में कथन (3) सही नहीं है, क्योंकि ईरानियों ने नहीं, बल्कि अरबों ने स्वयं अपनी अंकमाला को 'हिंदसा' कहा। पश्चिमी देशों में इस अंकमाला का प्रचार होने के सदियों पहले ही भारत में इसका प्रयोग किया जा चुका था।

88 **ईसा-पूर्व दूसरी सदी में राजाओं के लिए उपयुक्त यज्ञवेदी बनाने के लिए किसने व्यावहारिक ज्यामिति की रचना की?** *(Chap 29, Class-XI, Old NCERT)*

(a) ब्रह्मगुप्त (b) आर्यभट्ट
(c) आपस्तंब (d) वाराहमिहिर

उत्तर (c)

व्याख्या ईसा-पूर्व दूसरी सदी में राजाओं के लिए उपयुक्त यज्ञवेदी बनाने के लिए आपस्तंब ने व्यावहारिक ज्यामिति की रचना की। इस ज्यामिति में न्यूनकोण, अधिककोण और समकोण का वर्णन किया गया है।

89 **निम्नलिखित कथनों में कौन-सा सही नहीं है?** *(Chap 29, Class-XI, Old NCERT)*

(a) अथर्ववेद में औषधियों का उल्लेख सबसे पहले मिलता है।
(b) सुश्रुत संहिता में शल्य विधि का वर्णन है।
(c) चरक को शल्य चिकित्सा का जनक माना जाता है।
(d) चरक संहिता में कुष्ठ और मिरगी का वर्णन है।

उत्तर (c)

व्याख्या दिए गए कथनों में से कथन (c) सही नहीं है, क्योंकि प्राचीन भारत में आयुर्विज्ञान (चिकित्सा विज्ञान) में सुश्रुत को शल्य चिकित्सा का जनक माना जाता है, न कि चरक को। प्राचीन भारत में वैद्यों ने शरीर रचना विज्ञान, जिसे एनटॉमी कहते हैं, का अध्ययन किया और इन्होंने रोगों के उपचार हेतु नई विधियों की खोज की तथा औषधि भी बताई।

90 **निम्नलिखित में से कौन-सा युग्म सुमेलित नहीं है?** *(Chap 29, Class-XI, Old NCERT)*

पुस्तक		रचनाकार
(a) वृहत् संहिता	—	वाराहमिहिर
(b) सुश्रुत संहिता	—	गौतम
(c) आर्यभट्टीयम्	—	आर्यभट्ट
(d) अष्टाध्यायी	—	पाणिनि

उत्तर (b)

व्याख्या दिए गए युग्मों में से युग्म (b) सही सुमेलित नहीं है, क्योंकि सुश्रुत संहिता के लेखक सुश्रुत हैं, न कि गौतम। सुश्रुत संहिता पुस्तक में सुश्रुत ने शल्य क्रिया के 121 उपकरणों का उल्लेख किया है। इस पुस्तक में मोतियाबिंद, पथरी तथा अन्य कई रोगों का शल्योपचार बताया गया है। रोगों के उपचार के लिए सुश्रुत ने आहार और सफाई पर विशेष ध्यान देने की बात कही है।

91 **प्राचीन भारतीय इतिहास के संदर्भ में निम्नलिखित पर विचार कीजिए** *(Chap 29, Class-XI, Old NCERT)*

1. देवीचंद्रगुप्त	—	बिल्हण
2. हम्मीर महाकाव्य	—	नयचंद्र सूरि
3. मिलिंदपन्हो	—	नागार्जुन
4. नीतिवाक्यामृत	—	सोमदेव सूरि

उपर्युक्त युग्मों में से कितने सही सुमेलित हैं?

(a) केवल एक
(b) केवल दो
(c) केवल तीन
(d) उपर्युक्त सभी

उत्तर (b)

व्याख्या दिए गए युग्मों में से केवल दो युग्म (2 और 4) सही हैं। 'हम्मीर महाकाव्य' जैन विद्वान नयचंद्र सूरि द्वारा लिखा गया है। यह 15वीं शताब्दी में रचित संस्कृत महाकाव्य है। नीतिवाक्यामृत 10वीं शताब्दी के जैन रचनाकार सोमदेव सूरि की रचना है। इसमें आर्क आंगिरस, नारद, भारद्वाज, व्यास आदि के संबंध में उल्लेख मिलता है।

युग्म (1) और (3) सही नहीं हैं, क्योंकि देवीचंद्रगुप्त संस्कृत भाषा का एक प्रसिद्ध नाटक है, जिसकी रचना विशाखदत्त ने की थी।

'मिलिंदपंहो' (मिलिंदपंह) एक प्रसिद्ध बौद्ध ग्रंथ है, जिसकी रचना बौद्ध भिक्षु नागसेन ने की थी। इसमें नागसेन एवं इंडो-ग्रीक शासन मिनांडर के मध्य संवाद का उल्लेख है।

अध्याय 11

दक्षिण भारत का इतिहास

दक्षिण भारत का इतिहास

संगम काल

परिचय

- सुदूर दक्षिण का क्षेत्र तमिलकम या तमिषकम कहलाता है। ईसा-पूर्व चौथी सदी में उत्तर तथा दक्षिण के बीच सांस्कृतिक और आर्थिक संबंध स्थापित हुए।
- अशोक के अभिलेखों में साम्राज्य की सीमा पर बसने वाले चोलों, पांड्यों, केरलपुत्रों और सतियपुत्रों का उल्लेख है

संगम कालीन आर्थिक स्थिति

- प्राचीन तमिल काव्यों में रेशम के ऊपर तरह-तरह की नक्काशीदार बुनाई का वर्णन किया गया है।
- व्यापार के फलस्वरूप चावल, अदरख, दालचीनी आदि अनेक वस्तुओं के नाम यूनानी भाषा में तमिल भाषा से लिए गए हैं।

संगम कालीन सामाजिक स्थिति

- तमिल भूमि में ब्राह्मण का दर्शन सबसे पहले संगम युग में होता है।
- स्वर्ण के अतिरिक्त कवियों और भाटों को नकद, भूमि, रथ, घोड़े और हाथी भी दिए जाते थे।

संगम साहित्य

- संगम तमिल कवियों का संघ या सम्मेलन था
- संगम की तमिल टीकाओं में कहा गया है कि तीन संगम 9990 वर्ष तक चलते रहे

दक्षिण भारत के मंदिर

- महाबलिपुरम या मामल्लपुरम की स्थापना नरसिंहवर्मन ने की
- पल्लव राजाओं द्वारा राजधानी काँची में कैलाशनाथ मंदिर; पट्टडकल में सातवीं-आठवीं सदी में बने दस मंदिर हैं

दक्षिण के प्रमुख राज्य

पांड्य राज्य

- पांड्य राज्य भारतीय उप-महाद्वीप के सुदूर दक्षिण और दक्षिण-पूर्वी भाग में स्थित था।
- तमिलनाडु के आधुनिक तिन्नवेल्ली, रामनाथपुरम् और मदुरै जिले शामिल हैं। पांड्य राज्य की राजधानी मदुरै थी

चोल राज्य

- मध्य काल के आरंभ में चोलमंडलम् (कोरोमंडल)
- यह पेन्नार और वेलार नदियों के बीच में पांड्य राज्यक्षेत्र के पूर्वोत्तर कोण में था।
- राजनीतिक सत्ता का केंद्र उरैयूर था, जो सूती कपड़े के व्यापार के लिए प्रसिद्ध था।
- **चोल प्रशासन**
  - चोल प्रशासन में राजा (शासक) सबसे महत्त्वपूर्ण व्यक्ति था।
  - राजा को सलाह देने के लिए मंत्रियों की एक परिषद् भी होती थी।
  - चोलों के पास एक विशाल सेना थी।
  - चोल साम्राज्य मंडलों या प्रांतों में विभाजित था और मंडलम वलनाडुओं और नाडुओं में बँटे होते थे।

चेर राज्य

- चेर या केरल देश पांड्य क्षेत्र के पश्चिमोत्तर में था।
- चेरों का रोम के साथ व्यापार अत्यधिक व्यापक था।
- चेरों के क्षेत्र क्रांगनोर में रोमनों ने ऑगस्टस का मंदिर भी बनवाया था।

तीन संगमकालीन साम्राज्य

साम्राज्य	राजधानी	राजकीय चिह्न
पांड्य	मदुरै	मछली
चोल	उरैयूर/पुहार	बाघ
चेर	वंजी	तीर

प्रायद्वीप में नए राज्यों का गठन

वाकाटक

- उत्तरी महाराष्ट्र और विदर्भ (बेरार) में सातवाहनों के स्थान पर एक स्थानीय शक्ति वाकाटकों ने प्रभुत्व जमाया।
- वाकाटक वंश के राजा ब्राह्मण धर्म के महान पक्षधर थे

चालुक्य

- वाकाटकों के बाद चालुक्यों का प्रभाव बढ़ा
- 757 ई. तक (लगभग दो सौ वर्ष) दक्कन में महत्त्वपूर्ण भूमिका
- चालुक्यों को उन्हीं के सामंत राष्ट्रकूटों ने अपदस्थ कर दिया।

इक्ष्वाकु

- प्रायद्वीप के पूर्वी भाग में सातवाहनों के अवशेष पर कृष्णा-गुंटूर क्षेत्र में इक्ष्वाकुओं का उदय
- इक्ष्वाकुओं ने कृष्णा-गुंटूर क्षेत्र में द्वितीय भूमि अनुदान की प्रथा चलाई।

पल्लव

- पल्लवों का अधिकार दक्षिणी आंध्र और उत्तरी तमिलनाडु पर था।
- पल्लवों ने अपनी राजधानी काँची (आधुनिक काँचीपुरम) में बनाई।

कदंब

- राज्य की स्थापना मयूरशर्मन ने की।
- कदंबों ने चौथी शताब्दी ई. में उत्तरी कनटिक तथा कोंकण में अपनी सत्ता स्थापित की।

गंग

- गंगों का राज्य पूरब में पल्लवों के राज्य और पश्चिम में कदंबों के राज्य के मध्य में था।

SOURCE Old NCERT Class XI चोल साम्राज्य, सुदूर दक्षिण में इतिहास का आरंभ, प्रायद्वीपीय नए राज्यों के गठन और ग्राम विस्तार, Tamil Nadu Board Class XI Unit 5 & 18

संगम युग

1 संगम युग के संबंध में निम्नलिखित कथनों पर विचार कीजिए *(Class-XI, Old NCERT)*

1. संगम युग का काल तीसरी सदी ई. पू. से तीसरी सदी ई. तक माना जाता है।
2. पल्लव तमिल देश के संगम युग का एक महत्त्वपूर्ण राजवंश था।
3. सामान्यतः इस युग को तमिलनाडु में ऐतिहासिक युग की शुरुआत माना जा सकता है।

उपर्युक्त में से कितने कथन सही हैं?

(a) केवल एक (b) केवल दो
(c) सभी तीनों (d) इनमें से कोई नहीं

उत्तर (b)

व्याख्या संगम युग के संबंध में केवल दो कथन (1 और 3) सही हैं। सामान्य युग से पहले की अंतिम तीन शताब्दियाँ (तीसरी सदी ई. पू.) और सामान्य युग की पहली तीन शताब्दियों (तीसरी सदी ई.) को संगम काल के रूप में व्यापक रूप से स्वीकार किया जाता है।

इस काल का विवरण मुख्यतः संगम साहित्य से प्राप्त होता है। सामान्यतः इस युग को तमिलनाडु में ऐतिहासिक युग की शुरुआत माना जा सकता है।

कथन (2) सही नहीं है, क्योंकि 'पल्लव' संगम युग का राजवंश नहीं था। संगम साहित्य में चेर, चोल और पांड्य राज्यों का उल्लेख है और संगम युग में इन राज्यों का ही वर्णन मिलता है।

2 संगम युग के संबंध में कौन-सा कथन सही नहीं है? *(Class-XI, Old NCERT)*

(a) तीन तमिल शासक परिवारों को अशोक तीसरी शताब्दी ईसा पूर्व से ही जानते थे।
(b) तमिल परिवार के कुछ व्यक्तिगत नाम पहली शताब्दी और उसके बाद की संगम कविताओं में मिलते हैं।
(c) चेर, चोल और सातवाहन को सम्मिलित रूप से मुवेंदार कहा जाता था।
(d) उपर्युक्त में से कोई नहीं

उत्तर (c)

व्याख्या संगम युग के संबंध में कथन (c) सही नहीं है, क्योंकि चेर, चोल और सातवाहन को नहीं, बल्कि चेर, चोल और पांड्य को सम्मिलित रूप से मुवेंदार कहा जाता था।

3 महापाषाणकालीन कलश-शवाधान (अर्न बेरियल) के संबंध में निम्नलिखित कथनों पर विचार कीजिए *(Chap 18, Class-XI, Old NCERT)*

1. वे मृतकों के अस्थिपंजर को काले कलश में डालकर दफनाते थे।
2. कई मामलों में ये अस्थिपंजर पत्थरों से घिरे होते थे।
3. अर्न बेरियल गर्त शवाधान से भिन्न परिपाटी की थी।

उपर्युक्त में से कौन-सा/से कथन सही नहीं है/हैं?

(a) केवल 3
(b) 1 और 3
(c) 1, 2 और 3
(d) 1 और 2

उत्तर (d)

व्याख्या महापाषाणकालीन कलश-शवाधान (अर्न बेरियल) के संबंध में कथन (1) और (2) सही नहीं हैं, क्योंकि तमिलनाडु के दक्षिणी जिलों में निवास करने वाले महापाषाणिक लोग मृतकों के अस्थिपंजर को लाल कलश में डालकर गड्ढों में दफनाते थे न कि काले कलश में। ये अस्थिपंजर पत्थरों से घिरे नहीं होते थे और इसमें दफन की वस्तुएँ भी अधिक नहीं होती थीं।

4 प्राचीन दक्षिण भारत में संगम साहित्य के बारे में निम्नलिखित कथनों में कौन-सा एक सही है? *(Class-XI, Old NCERT), (IAS Pre 2022)*

(a) संगम कविताओं में भौतिक संस्कृति का कोई संदर्भ नहीं है
(b) वर्ण का सामाजिक वर्गीकरण संगम कवियों को ज्ञात था
(c) संगम कविताओं में समर शौर्य का कोई संदर्भ नहीं है
(d) संगम साहित्य में जादुई ताकतों को असंगत बताया गया है

उत्तर (b)

व्याख्या प्राचीन दक्षिण भारत में संगम साहित्य के बारे में कथन (b) सही है। संगम साहित्य से ज्ञात होता है कि वर्ण का सामाजिक वर्गीकरण संगम कवियों को ज्ञात था। संगम साहित्य में प्रेम और राजाओं की प्रशंसा पर अधिक बल दिया गया। संगम साहित्य को तीन भागों क्रमशः पत्तुप्पातु, एत्तुतौके तथा पदिनेनकीलकंकु में बाँटा गया है। इसमें साहित्य संगम युग का विवरण है। यह साहित्य तमिल भाषा में लिखा गया है। तोलकाप्पियम्, शिलप्पादिकारम्, मणिमेखलै आदि इसके प्रमुख ग्रंथ हैं। संगम तमिल कवियों का संगम या सम्मेलन था। आठवीं सदी में तीन संगमों का विवरण मिलता है। प्रथम संगम मदुरै में, दूसरा कपाटपुरम में तथा तीसरा संगम भी मदुरै में हुआ था। पांड्य राजाओं के द्वारा इन संगमों को शाही संरक्षण प्रदान किया गया था। दक्षिण भारत (कृष्णा एवं तुंगभद्रा नदी के दक्षिण में स्थित) में लगभग 300 ई. पू. से 300 ई. के मध्य की अवधि को संगम काल के नाम से जाना जाता है।

5 संगम युग से संबंधित सतियपुत्र के बारे में निम्नलिखित कथनों पर विचार कीजिए *(Chap 18, Class-XI, Old NCERT)*

1. अशोक के अभिलेखों में दक्षिण भारत के सतियपुत्र का उल्लेख मिलता है।
2. सतियपुत्रों की पहचान अब तक स्पष्ट रूप से नहीं हो पाई है।

उपर्युक्त में से कौन-सा/से कथन सही है/हैं?

(a) केवल 1 (b) केवल 2
(c) 1 और 2 दोनों (d) न तो 1 और न ही 2

उत्तर (c)

व्याख्या संगम युग से संबंधित सतियपुत्र के बारे में दोनों कथन सही हैं। अशोक के अभिलेखों में दक्षिण भारत के सतियपुत्र का उल्लेख मिलता है। इसके अभिलेखों में साम्राज्य की सीमा पर बसने वाले चोल, पांड्य, चेर (केरलपुत्र) तथा सतियपुत्रों का उल्लेख किया गया है, जिसमें केवल सतियपुत्रों की पहचान अब तक स्पष्ट रूप से नहीं हो पाई है। चोल कोरोमंडल पर शासन करते थे, जबकि चेर पांड्य क्षेत्र के उत्तर-पश्चिम क्षेत्र पर शासन करते थे। चेरों के शासकीय क्षेत्र को केरल कहा जाता है।

6 पांड्य राज्य के संबंध में निम्नलिखित कथनों पर विचार कीजिए *(Chap 18, Class-XI, Old NCERT)*

1. यह प्रायद्वीप के सुदूर दक्षिण और दक्षिण-पूर्वी भाग में अवस्थित था।
2. पाटलिपुत्र में रहने वाले मेगस्थनीज को पांड्य देश की जानकारी थी।
3. इसे मोतियों का देश कहा जाता था।

उपर्युक्त में से कौन-सा/से कथन सही है/हैं?

(a) 1 और 2 (b) केवल 2 (c) 1, 2 और 3 (d) 1 और 3

उत्तर (c)

व्याख्या पांड्य राज्य के संबंध में सभी कथन सही हैं। पांड्य राज्य भारतीय प्रायद्वीप के सुदूर दक्षिण और दक्षिण-पूर्वी भाग में स्थित था और उसमें तमिलनाडु के आधुनिक जिले तिरुनेलवेल्लि, रामनद और मदुरै शामिल थे। पांड्य राज्य की उसकी राजधानी मदुरै थी।

मेगस्थनीज ने पाड्य राज्य के संबंध में सर्वप्रथम उल्लेख किया है अर्थात् उसे इस राज्य के बारे में जानकारी थी।

पाटलिपुत्र में निवास करने वाले मेगस्थनीज के अनुसार पांड्य राज्य को 'मोतियों का देश' कहा जाता था, क्योंकि यह मोतियों के लिए प्रसिद्ध था।

7 **निम्नलिखित में से कौन-सा एक संगम कविताओं में यथावर्णित 'बटकिरुतल' की प्रथा को स्पष्ट करता है?** *(Class-XI, Old NCERT)* *(IAS Pre 2023)*

(a) राजाओं द्वारा महिला अंगरक्षिकाओं को नियुक्त करना
(b) राजदरबारों में विद्वानों का धर्म और दर्शन से जुड़े विषयों पर विचार-विमर्श करने हेतु एकत्र होना
(c) किशोरियों द्वारा कृषि-क्षेत्रों की निगरानी करना और चिड़ियों तथा पशुओं को भगाना
(d) युद्ध में पराजित राजा का आमरण अनशन कर आनुष्ठानिक मृत्युवरण करना

उत्तर (d)

व्याख्या युद्ध में पराजित राजा का आमरण अनशन कर आनुष्ठानिक मृत्युवरण करना, संगम कविताओं में वर्णित 'बटकिरुतल' की प्रथा को स्पष्ट करता है। संगम साहित्य मुख्य रूप से तमिल भाषा में लिखा गया है। शिलप्पादिकारम तथा मणिमेखलै इस काल के प्रमुख महाकाव्य हैं। शिलप्पादिकारम की रचना इलांगो आदिगल ने, जबकि मणिमेखलै की रचना सीतलै सतनार ने की थी।

8 **पांड्य राज्य के संबंध में निम्नलिखित कथनों पर विचार कीजिए** *(Chap 18, Class-XI, Old NCERT)*

1. इसके अंतर्गत तमिलनाडु के तिरुनेलवेल्लि, रामनद और मदुरै जिले शामिल थे।
2. उसकी राजधानी तिरुनेलवेल्लि में थी।
3. पांड्य राजाओं ने ऑगस्टस के दरबार में राजदूत भेजे थे।

उपर्युक्त में से कौन-सा/से कथन सही है/हैं?

(a) केवल 1 (b) केवल 2 (c) 1 और 3 (d) 1, 2 और 3

उत्तर (c)

व्याख्या पांड्य राज्य के संबंध में कथन (1) और (3) सही हैं।
भारतीय प्रायद्वीप के दक्षिणी छोर पर तीन आरंभिक राज्यों के उदय में एक महत्त्वपूर्ण राज्य पांड्य था। इस राज्य का उल्लेख सर्वप्रथम मेगस्थनीज ने किया है। इस राज्य में तमिलनाडु के आधुनिक तिरुनेलवेल्लि, रामनद और मदुरै जिले शामिल थे। पांड्य शासकों का रोमन साम्राज्य के साथ व्यापारिक संबंध था, जिसके फलस्वरूप उन्होंने रोमन सम्राट ऑगस्टस के दरबार में अपना राजदूत भेजा था। कथन (2) सही नहीं है, क्योंकि पांड्य राज्य की राजधानी तिरुनेलवेल्लि नहीं, बल्कि मदुरै थी।

9 **चोल राज्य के संबंध में निम्नलिखित कथनों में से कौन-सा सही नहीं है?** *(Chap 18, Class-XI, Old NCERT)*

(a) चोल राज्य मध्य काल के आरंभ में कोरोमंडल कहलाता था।
(b) यह पेन्नार और वेलार नदियों के बीच स्थित था।
(c) उनकी राजनीतिक सत्ता का केंद्र उरैयूर था।
(d) उरैयूर रेशम व्यापार के लिए प्रसिद्ध था।

उत्तर (d)

व्याख्या चोल राज्य के संबंध में कथन (d) सही नहीं है, क्योंकि चोल राज्य की राजनीतिक सत्ता का केंद्र उरैयूर सूती कपड़े के व्यापार हेतु प्रसिद्ध था, न कि रेशम के व्यापार हेतु। चोल राज्य संगमकालीन आरंभिक तीन राज्यों में से एक था, जो चोलमंडलम (कोरोमंडल) कहलाता था। यह पेन्नार तथा वेलार नदियों के बीच स्थित पांड्य राज्यक्षेत्र के पूर्वोत्तर कोण में था।

10 **चोलों के संबंध में दिए गए कथनों पर विचार कीजिए** *(Class-XI, Old NCERT)*

1. चोलों ने तमिलनाडु के मध्य और उत्तरी भागों पर नियंत्रण किया।
2. चोल शासकों के शासन का मुख्य क्षेत्र कावेरी डेल्टा था।
3. कावेरीपट्टनम ने हिंद महासागर के विभिन्न क्षेत्रों के व्यापारियों को आकर्षित किया।

उपर्युक्त में से कितने कथन सही हैं?

(a) केवल एक (b) केवल दो
(c) सभी तीनों (d) इनमें से कोई नहीं

उत्तर (c)

व्याख्या चोलों के संबंध में दिए गए सभी कथन सही हैं।
चोलों ने तमिलनाडु के मध्य और उत्तरी भागों पर नियंत्रण किया। उनके शासन का मुख्य क्षेत्र कावेरी डेल्टा था, जिसे बाद में चोलमंडलम के नाम से जाना गया। उनकी राजधानी उरैयूर (तिरुचिरापल्ली शहर के पास) थी तथा पुहार या कावेरीपट्टनम एक वैकल्पिक शाही निवास और मुख्य बंदरगाह शहर था। बाघ उनका प्रतीक था। कावेरीपट्टनम ने हिंद महासागर के विभिन्न क्षेत्रों के व्यापारियों को आकर्षित किया।

11 **चोल शासक कारैकाल के संबंध में निम्नलिखित कथनों पर विचार कीजिए** *(Chap 18, Class-XI, Old NCERT)*

1. उसने पुहार नामक नगर की स्थापना की थी।
2. उसने कृष्णा नदी के किनारे 160 किमी लंबा बाँध बनाया था।
3. पुहार की पहचान वर्तमान के कावेरीपट्टनम से की गई है।

उपर्युक्त में से कौन-सा/से कथन सही है/हैं?

(a) 1 और 2 (b) 1 और 3
(c) 1, 2 और 3 (d) केवल 3

उत्तर (b)

व्याख्या चोल शासक कारैकाल के संबंध में कथन (1) और (3) सही हैं।
चोलों का सुनिश्चित इतिहास काल उसके प्रसिद्ध शासक कारैकाल (करिकाल) के समय ईसा की दूसरी सदी से प्रारंभ होता है। कारैकाल सात स्वरों (संगीत) का ज्ञाता तथा वैदिक धर्म का अनुयायी था। उसने पुहार नामक नगर की स्थापना की थी। यह एक व्यापारिक केंद्र था।
पुहार को आधुनिक रूप से कावेरीपट्टनम के रूप में जाना जाता है। यह चोल शासकों की राजधानी थी। उत्खनन से यह पता चलता है कि पुहार का डॉक (गोदीबाड़ा) बहुत विशाल था।
कथन (2) सही नहीं है, क्योंकि करिकालन ने कावेरी नदी के किनारे 160 किमी लंबा बाँध बनाया था न कि कृष्णा नदी के किनारे। इस बाँध का निर्माण श्रीलंका से बंदी बनाकर लाए गए 12,000 गुलामों के द्वारा कराया गया था।

12 **चोल शासक करिकालन के संबंध में निम्नलिखित में से कौन-सा कथन गलत है?** *(Class-XI, Old NCERT)*

(a) इलनजेतिचेन्नी के पुत्र करिकालन को संगम युग के महानतम चोल के रूप में चित्रित किया गया है।
(b) करिकालन की सबसे बड़ी सैन्य उपलब्धि चेर और पांड्यों की हार थी, जिसे वेन्नी में ग्यारह वेलिर सरदारों का समर्थन प्राप्त था।
(c) पट्टिनाप्पलाई नामक पुस्तक में करिकालन के शासन के दौरान तमिलकम् में व्यापारिक गतिविधियों का विवरण दिया गया है।
(d) उपर्युक्त में से कोई भी नहीं

उत्तर (d)

व्याख्या चोल शासक करिकालन के संबंध में कोई भी कथन गलत नहीं है।
इलनजेतिचेन्नी के पुत्र करिकालन को संगम युग के महानतम चोल के रूप में चित्रित किया गया है। करिकालन की सबसे बड़ी सैन्य उपलब्धि चेर और पांड्यों की हार थी, जिसे वेन्नी में ग्यारह वेलिर सरदारों का समर्थन प्राप्त था।
करिकालन को जंगल को रहने योग्य क्षेत्रों में परिवर्तित करने और कावेरी के तटबंध के माध्यम से सिंचाई प्रदान करके और जलाशयों का निर्माण करके कृषि विकसित करने का श्रेय दिया जाता है।
पट्टिनाप्पलाई नामक पुस्तक में करिकल के शासन के दौरान तमिलकम् में व्यापारिक गतिविधियों का विवरण दिया गया है।

13 चोल साम्राज्य के पतन के संबंध में निम्नलिखित कथनों पर विचार कीजिए *(Chap 18, Class-XI, Old NCERT)*

1. करिकालन के उत्तराधिकारियों के समय चोल सत्ता का ह्रास हुआ।
2. ईसा की चौथी से नौवीं सदी तक के दक्षिण भारतीय इतिहास में चोलों की भूमिका नगण्य रही।

उपर्युक्त में से कौन-सा/से कथन सही है/हैं?

(a) केवल 1
(b) केवल 2
(c) 1 और 2 दोनों
(d) न तो 1 और न ही 2

उत्तर (c)

व्याख्या चोल साम्राज्य के पतन के संबंध में दोनों कथन सही हैं।

चोल शासक करिकालन की सत्ता समाप्ति के पश्चात् उसके उत्तराधिकारी अत्यंत दुर्बल सिद्ध हुए और वह अपने राज्य के पतन को रोक न सके। उनकी दुर्बलता का लाभ उठाकर चेर, पांड्य और उत्तर के एक अन्य राज्य पल्लव ने उन पर आक्रमण कर वहाँ अपनी सत्ता स्थापित कर ली। करिकालन के पश्चात् दक्षिण भारत में ईसा की चौथी से नौवीं सदी तक भारतीय इतिहास में चोलों की भूमिका प्रभावहीन बनी रही, जिसने चोल सत्ता को पतन की ओर उन्मुख किया।

14 चेर राज्य के संबंध में निम्नलिखित कथनों पर विचार कीजिए *(Chap 18, Class-XI, Old NCERT)*

1. यह राज्य पांड्य क्षेत्र के पश्चिम और उत्तर में था।
2. उसमें आधुनिक केरल राज्य और तमिलनाडु का अंश था।
3. चेरों ने चोल नरेश कारैकाल के पिता का वध किया था।

उपर्युक्त में से कौन-सा/से कथन सही है/हैं?

(a) केवल 1
(b) 1, 2 और 3
(c) 1 और 3
(d) 1 और 2

उत्तर (b)

व्याख्या चेर राज्य के संबंध में सभी कथन सही हैं। पांड्य और चोल शासन की समाप्ति के पश्चात् दक्षिण भारत में एक नया राज्य चेर वंश स्थापित हुआ, जिसे अशोक के अभिलेखों में केरलपुत्र के नाम से भी संबोधित किया गया है। इनका राज्य पांड्य क्षेत्र के पश्चिम और उत्तर में विस्तृत था।

चेर राज्य समुद्र और पहाड़ों के बीच एक सँकरी-सी पट्टी में दृष्टिगोचर होता है, जिसमें आधुनिक केरल राज्य और तमिलनाडु का अंश विद्यमान था।

चेरों का इतिहास चोल और पांड्य शासकों के साथ युद्धरत् की स्थिति का बोध कराता है। इसी क्रम में चेर शासकों ने एक युद्ध में चोल राजा कारैकाल के पिता की हत्या कर दी थी। परिणामस्वरूप चेर शासकों को भी अपनी जान गँवानी पड़ी, जो इन राज्यों के मध्य युद्ध की भीषण अवस्था को चित्रित करता है।

15 चेरों के संबंध में निम्नलिखित कथनों पर विचार कीजिए *(Class-XI, Old NCERT)*

1. चेरों ने केरल के मध्य और उत्तरी हिस्सों तथा तमिलनाडु के कोंगु क्षेत्र को नियंत्रित किया।
2. वंजी (Vanji) उनकी राजधानी थी और पश्चिमी तट के बंदरगाह, मुसिरी और टोंडी, उनके नियंत्रण में थे।
3. करूर के निकट पुगलूर के शिलालेखों में तीन पीढ़ियों के चेर राजाओं का उल्लेख है।

उपर्युक्त में से कितने कथन सही हैं?

(a) केवल एक
(b) केवल दो
(c) सभी तीनों
(d) इनमें से कोई नहीं

उत्तर (c)

व्याख्या चेरों के संबंध में दिए गए सभी कथन सही हैं।

चेरों ने केरल के मध्य और उत्तरी हिस्सों तथा तमिलनाडु के कोंगु क्षेत्र को नियंत्रित किया। वंजी उनकी राजधानी थी और पश्चिमी तट के बंदरगाह, मुशिरी और टोंडी, उनके नियंत्रण में थे। वंजी की पहचान करूर से की जाती है, जबकि कुछ विद्वान इसकी पहचान केरल के तिरूनेलवेल्लि से करते हैं। अब यह अधिकांश विद्वानों द्वारा स्वीकार किया जाता है कि चेर परिवार की दो मुख्य शाखाएँ थीं और पोरैया शाखा वर्तमान तमिलनाडु के करूर से शासन करती थी। पतित्रुप्पाथु आठ चेरा राजाओं तथा उनके क्षेत्र और प्रसिद्धि की बात करता है। करूर के निकट पुगलूर के शिलालेखों में तीन पीढ़ियों के चेर राजाओं का उल्लेख है।

16 चेर शासक शेनगुट्टवन के संबंध में कौन-सा कथन सही नहीं है? *(Chap 18, Class-XI, Old NCERT)*

(a) उसे लाल चेर के नाम से जाना जाता था।
(b) उसने अपने भाई को राजसिंहासन पर बैठाया था।
(c) उसने यमुना को पार कर उत्तर में चढ़ाई की थी।
(d) ईसा की दूसरी सदी के बाद चेर शक्ति का ह्रास हो गया।

उत्तर (c)

व्याख्या चेर शासक शेनगुट्टवन के संबंध में कथन (c) सही नहीं है, क्योंकि चेर शासक शेनगुट्टवन ने अपने साम्राज्य को आकार देने हेतु उत्तर में गंगा नदी को पार कर चढ़ाई की थी न कि यमुना नदी को।

शेनगुट्टवन चेर शासकों में सबसे महत्त्वपूर्ण शासक था, जिसके संबंध में चेर कवियों ने भी वर्णन किया है। इसे 'लाल चेर' या 'भला चेर' भी कहा जाता है।

17 सुदूर दक्षिण राज्यों के व्यापार के संबंध में निम्नलिखित कथनों पर विचार कीजिए *(Chap 18, Class-XI, Old NCERT)*

1. वे गोल मिर्च उगाते थे, जिनकी पश्चिमी दुनिया में माँग थी।
2. वे हाथी दाँत का व्यापार करते थे।
3. उनका सूती कपड़ा साँप के केंचुल जैसा मोटा होता था।

उपर्युक्त में से कौन-सा/से कथन सही है/हैं?

(a) केवल 1
(b) 1 और 2
(c) 1, 2 और 3
(d) केवल 3

उत्तर (b)

व्याख्या सुदूर दक्षिण राज्यों के व्यापार के संबंध में कथन (1) और (2) सही हैं। सुदूर दक्षिण राज्य (चोल, पांड्य, चेर) परस्पर युद्ध में लगे रहने के कारण भी इनके व्यापार पर अधिक प्रभाव नहीं डाल सके। वे मसाले में विशेषकर गोल मिर्च उगाते थे, जिनकी पश्चिमी देशों में बहुत अधिक माँग थी।

संगमकालीन राज्य व्यापार की दृष्टि से काफी मूल्यवान समझे जाने वाले हाथियों के दाँत का भी व्यापार पश्चिमी देशों में करते थे। साथ ही मोती और रत्न का भी व्यापार पश्चिमी देशों में भारी मात्रा में होता था।

कथन (3) सही नहीं है, क्योंकि संगमकालीन दक्षिण राज्य मलमल और रेशम उत्पन्न करते थे और उससे तैयार सूती कपड़ा साँप के केंचुल की भाँति पतला प्रतीत होता था, न कि मोटा।

18 निम्नलिखित कथनों पर विचार कीजिए *(Class-XI, Old NCERT)* *(HPSC Pre 2023)*

कथन I काँची दक्षिण भारत का प्रसिद्ध नगर, शिक्षा का केंद्र एवं पल्लवों की राजधानी थी।

कथन II काँची के प्रसिद्ध विद्वान- मयूरवर्मा, वात्स्यायन, दिग्नाग एवं ह्वेनसांग थे।

उपर्युक्त कथनों के आलोक में नीचे दिए गए विकल्पों में सही उत्तर का चयन कीजिए

(a) कथन I और II दोनों सही हैं।
(b) कथन I और II दोनों गलत हैं।
(c) कथन I सही है, किंतु कथन II गलत है।
(d) कथन I गलत है, किंतु कथन II सही है।

उत्तर (a)

व्याख्या कथन I और II दोनों सही हैं।

काँची दक्षिण भारत का प्रसिद्ध नगर होने के साथ-साथ शिक्षा का एक महत्त्वपूर्ण केंद्र भी था। पाँचवीं-छठी सदी में काँची पल्लव शासकों की राजधानी भी थी। पल्लव साम्राज्य की स्थापना सिंह विष्णु ने की थी। पल्लव शासनकाल में इस शहर को काँचीपुरम के नाम से जाना जाता था।

शैक्षणिक एवं सांस्कृतिक नगर के रूप में इसकी वैभवता, प्राचीनकाल में अत्यंत विख्यात थी। पल्लव शासकों ने अनेक विद्वानों को संरक्षण प्रदान किए, जिनमें मयूरवर्मा, वात्स्यायन, दिंगनाग एवं ह्वेनसांग प्रमुख थे। ये पल्लव शासनकाल के समय काँचीपुरम में निवास करते थे। काँची को 'हजार मदिरों वाला शहर' के नाम से जाना जाता है।

19 प्राचीन दक्षिण भारत के संदर्भ में कोरकई, पूमपुहार और मुशिरी किस रूप में सुविख्यात थे? *(Unit 5, Class-XI, Tamil Nadu Board) (IAS Pre 2023)*

(a) राजधानी नगर (b) पत्तन
(c) लौह और इस्पात निर्माण के केन्द्र (d) जैन तीर्थंकरों के चैत्य

उत्तर (b)

व्याख्या प्राचीन दक्षिण भारत में कोरकई, पूमपुहार तथा मुशिरी (बन्दरगाह) पत्तन के रूप में सुविख्यात थे।

ये सभी संगम काल के प्रसिद्ध बंदरगाह थे। कोरकई केरल के तिरुनेलवेल्लि जिले में ताम्रपर्णी नदी के तट पर स्थित एक प्रसिद्ध नगर था, जो बाद में एक प्रसिद्ध बंदरगाह बना। इस बंदरगाह द्वारा भारत का रोमन साम्राज्य से भारी व्यापार होता था। यह बंदरगाह मोतियों के व्यापार के लिए प्रसिद्ध था।

पुहार या पूमपुहार भारत के तमिलनाडु राज्य के मलियाडुतुरै जिले में स्थित एक नगर है, प्राचीनकाल में यह एक बंदरगाह था। यह कावेरी नदी के मुहाने पर बंगाल की खाड़ी के तटस्थ था। प्राचीनकाल में पुहार चोलों की आरम्भिक राजधानी थी।

मुशिरी, केरल में स्थित प्राचीनकाल का एक प्रसिद्ध बन्दरगाह था। यह दक्षिण भारत और फारस, मध्य-पूर्व, उत्तरी अफ्रीका और ग्रीक तथा रोमन साम्राज्य के साथ व्यापार का प्रसिद्ध केंद्र था। यहाँ से मसाले, मोती, हीरे, नीलम, हाथीदाँत, चीनी, रेशम आदि का व्यापार होता था।

20 दक्षिण भारत के सामाजिक वर्गों के संबंध में निम्नलिखित कथनों पर विचार कीजिए *(Chap 18, Class-XI, Old NCERT)*

1. तमिल भूमि में ब्राह्मण संस्कृति का प्रभाव संगम काल में सामने आया।
2. चौथी शताब्दी ई. के बाद ब्राह्मणों को भूमि अनुदान का उल्लेख मिलता है।

उपर्युक्त में से कौन-सा/से कथन सही है/हैं?

(a) केवल 1 (b) केवल 2
(c) 1 और 2 दोनों (d) न तो 1 और न ही 2

उत्तर (c)

व्याख्या दक्षिण भारत के सामाजिक वर्गों के संबंध में दोनों कथन सही हैं।

दक्षिण भारत में ब्राह्मण संस्कृति का प्रभाव ईसा की आरंभिक शताब्दियों में 'संगम काल' के दौरान बढ़ा। ब्राह्मणों को भूमि अनुदान देने का साक्ष्य चौथी शताब्दी ई. के पल्लव अभिलेखों से पहली बार मिला है।

21 निम्नलिखित में से कौन-सा युग्म सुमेलित नहीं है? *(Chap 18, Class-XI, Old NCERT)*

	शब्द		अर्थ
(a)	एनाडि	–	एक उपाधि
(b)	वल्लाल	–	सैन्य अधिकारी
(c)	अरसर	–	शासक वर्ग
(d)	कडैसियर	–	निचले वर्ग के लोग

उत्तर (b)

व्याख्या दिए गए युग्मों में से युग्म (b) सही सुमेलित नहीं है, क्योंकि चोल और पांड्य दोनों राज्यों में असैनिक और सैनिक दोनों प्रकार के अधिकारियों के पद पर वल्लाल या धनी किसान रखे जाते थे।

22 संगम साहित्य में 'तोलकाप्पियम' एक ग्रंथ है *(Chap 18, Class-XI, Old NCERT) (UPPSC Mains 2014)*

(a) तमिल कविता का (b) तमिल व्याकरण का
(c) तमिल वास्तुशास्त्र का (d) तमिल राजशास्त्र का

उत्तर (b)

व्याख्या संगम साहित्य में 'तोलकाप्पियम' एक महत्त्वपूर्ण ग्रंथ है। यह व्याकरण तथा अलंकार शास्त्र से संबद्ध रचना है। 'तोलकाप्पियम' की रचना तोलकापियार ने की, तोलकापियार एक तमिल वैयाकरण थे। द्वितीय संगम के दौरान तोलकापियार ने तोलकाप्पियम की रचना की। इस ग्रंथ में 8 प्रकार के विवाहों का उल्लेख मिलता है।

23 संगम राज्यों की धार्मिक संस्कृति के संदर्भ में निम्न कथनों पर विचार कीजिए *(Chap 18, Class-XI, Old NCERT)*

1. इन राज्यों में स्थानीय देवता मुरुगन थे।
2. राजाओं द्वारा वैदिक यज्ञों का आयोजन किया जाता था।
3. शवदाह की प्रथा आरंभ हुई।

उपर्युक्त कथनों में से कौन-सा/से कथन सही है/हैं?

(a) 1 और 2 (b) 2 और 3 (c) 1 और 3 (d) ये सभी

उत्तर (d)

व्याख्या संगम राज्यों की धार्मिक संस्कृति के संदर्भ में सभी कथन सही हैं। संगम राज्यों में स्थानीय देवता को मुरुगन के नाम से जाना जाता था। संगम राजाओं द्वारा वैदिक यज्ञों का आयोजन किया जाता है, क्योंकि तमिल क्षेत्र में ईसा सन् की आरंभिक सदियों में जिन राज्यों की स्थापना हुई थी, उनका विकास ब्राह्मण संस्कृति के प्रभाव से हुआ था। संगम काल में शवदाह की प्रथा का प्रचलन आरंभ हुआ था, तथापि पूर्व से चली आ रही दफनाने की प्रथा भी चलती रही।

24 संगम साहित्य के संबंध में निम्नलिखित कथनों पर विचार कीजिए *(Chap 18, Class-XI, Old NCERT)*

1. संगम, तमिल कवियों का सम्मेलन था।
2. यह राजा के आश्रय में आयोजित होता था।
3. मुजिरिस में संगम राजाश्रय में आयोजित होते थे।

उपर्युक्त में से कौन-सा/से कथन सही है/हैं?

(a) केवल 1 (b) केवल 2 (c) 1, 2 और 3 (d) 1 और 2

उत्तर (d)

व्याख्या संगम साहित्य के संबंध में कथन (1) और (2) सही हैं।

ऐतिहासिक काल के आरंभ में तमिल लोगों से संबंधित जानकारी का स्रोत संगम साहित्य है। संगम तमिल कवियों का संघ या सम्मेलन था। संगम का आयोजन राजा या किसी सामंत के आश्रय में किया जाता था। पाण्ड्य शासकों को इन संघों का संरक्षक माना जाता है।

कथन (3) सही नहीं है, क्योंकि संगम का आयोजन मुजिरिस में न होकर मदुरै में किया जाता था।

25 संगम समूहों के संबंध में निम्नलिखित कथनों पर विचार कीजिए *(Chap 18, Class-XI, Old NCERT)*

1. मेलकणक्कु एक आख्यानात्मक ग्रंथ था।
2. कोलकणक्कु एक उपदेशात्मक ग्रंथ था।

उपर्युक्त में से कौन-सा/से कथन सही है/हैं?

(a) केवल 1 (b) केवल 2 (c) 1 और 2 (d) न तो 1 और न ही 2

उत्तर (c)

व्याख्या संगम समूहों के संबंध में दोनों कथन सही हैं।

संगम समूह को मुख्य रूप से दो समूहों में बाँटा जाता है- पहला आख्यानात्मक और दूसरा उपदेशात्मक।

आख्यानात्मक ग्रंथ मेलकणक्कु अर्थात् अट्ठारह मुख्य ग्रंथों का समूह है, जिसमें आठ पद्य भाषा में हैं और दस ग्राम्य गीत के रूप में संकलित हैं। उपदेशात्मक ग्रंथ कोलकणक्कु अट्ठारह लघु ग्रंथों का समूह है।

26 सूची I को सूची II से सुमेलित कीजिए तथा नीचे दिए गए कूट की सहायता से सही उत्तर चुनिए *(Chap 18, Class-XI, Old NCERT)*

सूची I (ग्रंथ)	सूची II (संबंधित विषय)
A. कुरल	1. दार्शनिक ग्रंथ
B. तिरुकुरल	2. धर्म, अर्थ, काम
C. मणिमेखलै	3. प्रेम कहानी
D. शिलप्पादिकारम	4. महाकाव्य

कूट

	A	B	C	D		A	B	C	D
(a)	1	2	3	4	(b)	2	1	4	3
(c)	4	3	2	1	(d)	3	2	1	4

उत्तर (b)

व्याख्या सही सुमेलन A-2, B-1, C-4, D-3 है।

कुरल ग्रंथ, तिरुवल्लुवर द्वारा रचित धर्मशास्त्र, अर्थशास्त्र एवं कामसूत्र का अद्भुत समन्वय है।

तिरुकुरल ग्रंथ में दार्शनिक विचार और सूक्तियाँ संगृहीत हैं।

मणिमेखलै एक तमिल महाकाव्य है, जिसकी रचना मदुरै के एक अनाज व्यापारी द्वारा की गई थी।

शिलप्पादिकारम, तमिल का एक अन्य महाकाव्य है, जिसमें प्रेम कथा का वर्णन किया गया है।

27 दक्षिण भारत में प्रचलित कीलक (फन्नी), सपाट सेल्ट, शूलाग्र आदि क्या थे? *(Chap 18, Class-XI, Old NCERT)*

(a) लोहे के बने हथियार (b) तमिल भाषा के ग्रंथ
(c) मुख्य व्यापारिक समूह (d) राजा की उपाधि

उत्तर (a)

व्याख्या दक्षिण भारत में प्रचलित कीलक (फन्नी), सपाट सेल्ट, शूलाग्र आदि लोहे से निर्मित हथियार थे, जिनका प्रयोग युद्ध और शिकार हेतु किया जाता था, इनका वर्णन संगम साहित्य में मिलता है।

28 निम्नलिखित कथनों पर विचार कीजिए *(Chap 18, Class-XI, Old NCERT)*

कथन I ब्राह्मण संस्कृति का प्रभाव तमिल भूमि के संपूर्ण भाग पर हुआ था।

कथन II पहाड़ी प्रदेशों के लोगों के मुख्य स्थानीय देवता मुरुगन थे, जो आरंभिक मध्य काल में सुब्रामनियम या सुब्रह्मण्यम कहलाने लगे।

उपर्युक्त कथनों के बारे में निम्नलिखित में से कौन-सा एक सही है?

(a) कथन I और कथन II दोनों सही हैं तथा कथन II, कथन I की सही व्याख्या है।
(b) कथन I और कथन II दोनों सही हैं, परंतु कथन II, कथन I की सही व्याख्या नहीं है।
(c) कथन I सही है, किंतु कथन II गलत है।
(d) कथन I गलत है, किंतु कथन II सही है।

उत्तर (d)

व्याख्या कथन I गलत है, किंतु कथन II सही है।

ब्राह्मण संस्कृति का प्रभाव तमिल भूमि के संपूर्ण भाग पर नहीं हुआ था। तमिल देश में ईसा सन् की आरंभिक सदियों में, जो राज्य और समाज स्थापित हुए, उनका विकास ब्राह्मण संस्कृति के प्रभाव से हुआ, लेकिन ब्राह्मण संस्कृति का यह प्रभाव तमिल भूमि के एक छोटे से भाग और समाज के ऊपरी वर्गों में ही सीमित था। राजा वैदिक यज्ञ करते थे। वेदानुयायी ब्राह्मण लोग शास्त्रार्थ करते थे।

पहाड़ी प्रदेशों के लोगों के मुख्य स्थानीय देवता मुरुगन थे, जो आरंभिक मध्य काल में सुब्रामनियम या सुब्रह्मण्यम कहलाने लगे।

29 सातवीं सदी में उदित हुए दक्षिण भारत के राज्यों के संबंध में निम्नलिखित कथनों पर विचार कीजिए *(Chap 24, Class-XI, Old NCERT)*

1. काँची में पल्लव राजवंश का उदय हुआ।
2. बादामी में पांड्य राजवंश अस्तित्व में आया।
3. मदुरै में चालुक्यों ने सत्ता संभाली।

उपर्युक्त में से कौन-सा/से कथन सही है/हैं?

(a) केवल 1 (b) केवल 2 (c) 1 और 2 (d) 1, 2 और 3

उत्तर (a)

व्याख्या सातवीं सदी में उदित हुए दक्षिण भारत के राज्यों के संबंध में कथन (1) सही है। सातवीं सदी के आरंभ में उदित हुए राज्यों में काँची में पल्लव राज्य का शासन स्थापित हुआ था। इस राज्य के उदय के संबंध में अनुदान पत्रों के द्वारा जानकारी प्राप्त होती है।

कथन (2) और (3) सही नहीं हैं, क्योंकि बादामी में चालुक्य वंश और मदुरै में पांड्य वंश का उदय हुआ था।

30 सातवीं सदी में दक्षिण भारत के राज्यों के संदर्भ में कौन-सा कथन सही नहीं है? *(Chap 24, Class-XI, Old NCERT)*

(a) यहाँ ब्राह्मण धर्म का उत्कर्ष हुआ।
(b) विष्णु तथा शिव के पत्थर निर्मित मंदिरों का निर्माण आरंभ हुआ।
(c) यहाँ 'प्राकृत' राजभाषा थी।
(d) वाकाटकों का राज्य उत्तरी महाराष्ट्र और विदर्भ में था।

उत्तर (c)

व्याख्या सातवीं सदी में दक्षिण भारत के राज्यों के संदर्भ में कथन (c) सही नहीं है, क्योंकि सातवीं सदी में दक्षिण भारतीय राज्यों में संस्कृत राजभाषा थी, न कि प्राकृत। लगभग 400 ई. से ही प्राकृत के स्थान पर संस्कृत इस प्रायद्वीप (दक्षिण भारत) की राजभाषा हो गई थी और उस समय के अधिकांश शासन-पत्र (सनद) संस्कृत भाषा में ही मिलते हैं।

31 चालुक्यों के संबंध में निम्नलिखित कथनों पर विचार कीजिए *(Chap 24, Class-XI, Old NCERT)*

1. चालुक्य स्वयं को ब्रह्मा, मनु या चंद्र के वंशज मानते थे।
2. उनके पूर्वजों ने कन्नौज में राज किया था।
3. वे स्थानीय कन्नड़ जाति के थे।

उपर्युक्त में से कौन-सा/से कथन सही है/हैं?

(a) केवल 1 (b) केवल 2 (c) 1 और 3 (d) 1, 2 और 3

उत्तर (c)

व्याख्या चालुक्यों के संबंध में कथन (1) और (3) सही हैं।

चालुक्य वंश ने 757 ई. तक लगभग 200 वर्ष दक्कन और दक्षिण भारत के इतिहास में महत्त्वपूर्ण भूमिका निभाई। चालुक्य शासक स्वयं को ब्रह्मा, मनु या चंद्र के वंशज मानते थे। चालुक्य वंशीय शासकों के संबंध से यह प्रतीत होता है कि वे मुख्यत: कन्नड़ जाति के थे, किंतु ब्राह्मणों के द्वारा उन्हें क्षत्रियों के सदृश जातिगत विशेषताएँ प्राप्त हुई थीं।

कथन (2) सही नहीं है, क्योंकि चालुक्यों के पूर्वज कन्नौज में नहीं, बल्कि अयोध्या में शासन करते थे।

32 टोंडाईनाडुल के संबंध में कौन-सा कथन सही नहीं है?
(Chap 24, Class-XI, Old NCERT)

(a) इसे 'मोतियों का देश' कहा जाता था।
(b) पल्लव राजवंश ने इस पर सत्ता स्थापित की थी।
(c) इक्ष्वाकु शासकों को अपदस्थ कर पल्लव राजवंश स्वयं सत्ता पर आरूढ़ हुआ।
(d) उपर्युक्त में से कोई नहीं

उत्तर *(a)*

व्याख्या टोंडाईनाडुल के संबंध में कथन (a) सही नहीं है, क्योंकि टोंडाईनाडुल को 'मोतियों का देश' नहीं बल्कि 'लताओं का देश' के रूप में जाना जाता है। पल्लव शब्द का अर्थ-लता होता है, जो टोंडाई का रूपांतर है। पल्लव एक स्थानीय जनजाति थी।

33 निम्नलिखित कथनों पर विचार कीजिए
(Chap 24, Class-XI, Old NCERT)

1. कदंब राज्य की स्थापना मयूरशर्मन ने की थी।
2. इस राज्य का विस्तार कर्नाटक और कोंकण तक था।
3. कदंब राज्य की राजधानी कोलार थी।

उपर्युक्त में से कौन-सा/से कथन सही है/हैं?

(a) केवल 1
(b) 1 और 2
(c) 1, 2 और 3
(d) केवल 3

उत्तर *(b)*

व्याख्या दिए गए कथनों में से कथन (1) और (2) सही हैं।

पल्लवों के पश्चात् कदंब राज्य की स्थापना मयूरशर्मन ने अपने अपमान का बदला लेने हेतु की थी। पल्लवों का आरंभिक संघर्ष कदंबों के साथ ही हुआ था। कदंब वंश के राज्य का विस्तार चौथी सदी में उत्तरी कर्नाटक और कोंकण के क्षेत्र तक था।

कथन (3) सही नहीं है, क्योंकि कदंब राजाओं की राजधानी कोलार नहीं, बल्कि कर्नाटक के उत्तर केनरा जिले में वैजयंती या बनवासी थी।

34 दक्षिण भारतीय राज्यों के संबंध में निम्नलिखित कथनों पर विचार कीजिए
(Chap 24, Class-XI, Old NCERT)

1. पल्लव, कदंब तथा चालुक्यों ने अश्वमेध और वाजपेय यज्ञ किए।
2. कलभ्रों को दुष्ट राजा कहा गया है।
3. कलभ्रों ने चोल, पांड्य और चेर राजाओं को बंदी बनाया था।

उपर्युक्त में से कौन-सा/से कथन सही है/हैं?

(a) केवल 1
(b) 1 और 2
(c) 1, 2 और 3
(d) 1 और 3

उत्तर *(c)*

व्याख्या दक्षिण भारतीय राज्यों के संबंध में सभी कथन सही हैं।

पल्लव, कदंब, बादामी के चालुक्य और उनके अन्य समकक्ष शासक वैदिक यज्ञ के प्रबल समर्थक थे। उन्होंने अश्वमेध और वाजपेय यज्ञ भी किए थे, जिससे न केवल उनके शासन को वैधता और प्रतिष्ठा मिली, बल्कि पुरोहित वर्ग की आय में आशातीत वृद्धि हुई।

चोल, पांड्य और चेर शासन की समाप्ति के पश्चात् प्रायद्वीपीय क्षेत्रों में सबसे महत्त्वपूर्ण घटना थी-छठी सदी में कलभ्रों के नेतृत्व में हुआ विद्रोह। कलभ्रों को दुष्ट राजा कहा गया है। इस विद्रोह को पांड्य, पल्लव और बादामी के चालुक्यों के संयुक्त प्रयास से ही दबाया जा सका।

कलभ्रों का आतंक इतना व्यापक था कि उन्होंने चोल, पांड्य और चेर राजाओं को बंदी बना था और उनकी सत्ता पर अधिकार स्थापित कर लिया था।

35 निम्नलिखित कथनों पर विचार कीजिए
(Chap 24, Class-XI, Old NCERT)

1. राजा वीरता के लिए योद्धाओं को गाँव देते थे।
2. ब्राह्मणों को भी भूमि अनुदान में दी जाती थी।
3. उत्तरी तमिलनाडु में कृषि विस्तार को संभवत: बढ़ावा मिला।
4. दक्षिणी आंध्र प्रदेश में कृषि विस्तार को संभवत: बढ़ावा मिला।

उपर्युक्त कथनों में से कौन-सी जानकारी संगम ग्रंथों से मिलती है?

(a) केवल एक
(b) केवल दो
(c) केवल तीन
(d) सभी चारों

उत्तर *(d)*

व्याख्या दिए गए सभी कथनों की जानकारी संगम ग्रन्थों से मिलती है। संगम ग्रंथों में यह कहा गया है कि राजा वीरता के लिए योद्धाओं को गाँव देते थे। साथ ही इस काल में ब्राह्मणों को भी भूमि अनुदान में दी जाती थी। इन अनुदानों के फलस्वरूप पल्लवों के अधीन तीसरी सदी के अंत से दक्षिणी आंध्र प्रदेश और उत्तरी तमिलनाडु को कृषि विस्तार में संभवत: बढ़ावा मिला।

36 निम्नलिखित कथनों पर विचार कीजिए
(Chap 24, Class-XI, Old NCERT)

1. पुलकेशिन द्वितीय की जानकारी का स्रोत ऐहोल अभिलेख है।
2. रविकीर्ति उसका दरबारी कवि था।
3. उसने कदंबो की राजधानी बनवासी को अपने अधीन कर लिया था।

उपर्युक्त में से कौन-सा/से कथन सही है/हैं?

(a) केवल 1
(b) केवल 2
(c) 1 और 2
(d) 1, 2 और 3

उत्तर *(d)*

व्याख्या दिए गए सभी कथन सही हैं।

पुलकेशिन द्वितीय चालुक्य वंश का प्रतापी शासक था। काँची में पल्लव-चालुक्य संघर्ष मुख्य रूप से प्रभुसत्ता को लेकर प्रारंभ हुआ था, जिसके केंद्र में बादामी का चालुक्य शासक पुलकेशिन द्वितीय था। इसके संबंध में जानकारी का स्रोत ऐहोल अभिलेख है।

रविकीर्ति, पुलकेशिन द्वितीय का दरबारी कवि था, उसने अपने राजा की जीवनी का वर्णन एक प्रशस्ति (गुणवर्णन) के माध्यम से किया है, जो ऐहोल अभिलेख में उत्कीर्ण है।

ऐहोल अभिलेख से यह जानकारी प्राप्त होती है कि पुलकेशिन द्वितीय ने कदंबों की राजधानी बनवासी पर अपना अधिकार स्थापित कर लिया था, साथ ही कर्नाटक के गंग शासकों को अपना प्रभुत्ता स्वीकार करने हेतु विवश किया और नर्मदा के किनारे हर्ष की सेना को पराजित कर उसकी दक्षिण विजय को रोक दिया था।

37 पल्लव राजा नरसिंहवर्मन के संबंध में कौन-सा कथन सही नहीं है?
(Chap 24, Class-XI, Old NCERT)

(a) उसका शासनकाल 630 से 668 ई. तक था।
(b) उसने वातापीकोंड की उपाधि धारण की थी।
(c) वह चालुक्यों से पराजित हो गया था।
(d) उसने चेरों, पांड्यों और कलभ्रों को पराजित किया था।

उत्तर *(c)*

व्याख्या पल्लव राजा नरसिंहवर्मन के संबंध में कथन (c) सही नहीं है, क्योंकि चालुक्य-पल्लव संघर्ष के दूसरे चरण में पल्लव राजा नरसिंहवर्मन ने पुलकेशिन द्वितीय के आक्रमण को विफल करते हुए उसे पराजित किया और चालुक्यों की राजधानी वातापी पर अपना आधिपत्य स्थापित कर लिया था। संभवत: इसी आक्रमण के दौरान पुलकेशिन द्वितीय की मृत्यु भी हो गई थी।

38 छठी से आठवीं सदी के मध्य दक्षिण भारत में धर्म के संबंध में निम्नलिखित कथनों पर विचार कीजिए *(Chap 24, Class-XI, Old NCERT)*

1. शिव और विष्णु लोकप्रिय देवता बन गए।
2. पल्लव राजाओं ने आराध्य देवताओं की प्रतिमाओं की स्थापना के लिए मंदिरों का निर्माण करवाया।
3. पुलकेशिन द्वितीय ने मामल्लपुरम की स्थापना की।

उपर्युक्त में से कितने कथन सही नहीं हैं?

(a) केवल एक (b) केवल दो
(c) सभी तीनों (d) इनमें से कोई नहीं

उत्तर *(a)*

व्याख्या दिए गए कथनों में से केवल एक कथन अर्थात् (3) सही नहीं है, क्योंकि प्रसिद्ध बंदरगाह शहर मामल्लपुरम या महाबलिपुरम की स्थापना सातवीं सदी में पल्लव राजा नरसिंहवर्मन ने करवाई थी, न कि पुलकेशिन द्वितीय ने।

39 नगरम् के संबंध में निम्नलिखित में से कौन-सा कथन गलत है? *(Chap 24, Class-XI, Old NCERT)*

(a) यह दक्षिण भारत में कोटि का एक गाँव कहलाता था।
(b) यहाँ केवल व्यापारियों का वास होता था।
(c) यहाँ व्यापारियों और वणिकों का मिला-जुला वास होता था।
(d) उपर्युक्त में से कोई भी नहीं

उत्तर *(b)*

व्याख्या नगरम् के संबंध में कथन (b) गलत है, क्योंकि यहाँ केवल व्यापारियों का वास नहीं होता था, बल्कि यहाँ वणिक भी रहते थे। दक्षिण भारतीय ग्रामीण विस्तार से संबंधित नगरम् कोटि का वह गाँव होता था, जहाँ व्यापारियों और वणिकों का मिला-जुला वास होता था और इस समस्त क्षेत्र पर इन्हीं का वर्चस्व रहता था। ऐसे गाँव का विकास संभवत: इसलिए हुआ, क्योंकि तत्कालीन समय में व्यापार में गिरावट आई थी और वणिक वर्ग गाँवों की ओर प्रवास कर रहे थे।

40 दक्षिण भारतीय सामाजिक ढाँचे के संबंध में निम्नलिखित कथनों पर विचार कीजिए *(Chap 24, Class-XI, Old NCERT)*

1. राजाओं और पुरोहितों के नीचे किसान आते थे।
2. वाकाटक, पल्लव शासकों ने धर्ममहाराज की उपाधि धारण की थी।
3. सिंहवर्मन ने कलियुग के दुर्गुणों से ग्रस्त धर्म का उद्धार किया।

उपर्युक्त में से कौन-सा/से कथन सही है/हैं?

(a) केवल 1 (b) केवल 2
(c) 1, 2 और 3 (d) 1 और 3

उत्तर *(c)*

व्याख्या दक्षिण भारतीय सामाजिक ढाँचे के संबंध में सभी कथन सही हैं। दक्षिण भारतीय समाज में राजा और पुरोहित सबसे ऊपरी क्रम में आसीन थे। इस काल में राजा ब्राह्मण या क्षत्रिय होने का दावा करते थे। राजाओं और पुरोहितों से नीचे किसानों का स्थान था, जो अनेकानेक कृषक जातियों में बँटे हुए थे।

राजा ने अपने कर्त्तव्यों का निर्वहन करने हेतु व्यवस्था का पालन करना सुनिश्चित किया, ताकि राजा और पुरोहितों का कल्याण संभव हो सके। इसी कारण वाकाटक, पल्लव, कदंब और पश्चिमी गंग राजाओं ने 'धर्ममहाराज' की उपाधि धारण की थी।

पल्लव राज्य के वास्तविक संस्थापक सिंहवर्मन के विषय में यह कहा गया है कि उन्होंने कलियुग के दुर्गुणों से ग्रस्त धर्म का उद्धार किया था। स्पष्टत: इसके द्वारा किए गए कलभ्रों के दमन के संबंध में यह बात कही गई थी।

चोल साम्राज्य (9वीं से 12वीं सदी तक)

41 चोल साम्राज्य के संबंध में कौन-सा कथन सही नहीं है? *(Chap 3, Class-XI, Old NCERT)*

(a) नौवीं सदी में चोल साम्राज्य की स्थापना विजयालय ने की थी।
(b) 850 ई. में विजयालय ने तंजौर पर अधिकार कर लिया था।
(c) विजयालय चालुक्यों का सामंत था।
(d) चोलों ने एक शक्तिशाली नौसेना विकसित की थी।

उत्तर *(c)*

व्याख्या चोल साम्राज्य के संबंध में कथन (c) सही नहीं है, क्योंकि चोल साम्राज्य का संस्थापक विजयालय आरंभ में पल्लवों का सामंत था न कि चालुक्यों का। इसने दक्षिण भारतीय प्रायद्वीप के एक बहुत बड़े भाग पर अपना नियंत्रण स्थापित किया था।

चोल शासकों ने नौसेना के बल पर हिंद महासागर क्षेत्र में भारत के समुद्री व्यापार का मार्ग प्रशस्त किया और श्रीलंका तथा मालदीव को जीत लिया था।

42 कोवलन और माधवी की कन्या के साहसिक जीवन का विवरण मिलता है, किंतु यह महाकाव्य धार्मिक अधिक है, साहित्यिक कम। इस रचना के लेखक संगमकालीन शासक शेंनगुट्टुवन के मित्र तथा समकालीन थे। यहाँ किस महाकाव्य का एक स्पष्ट विवरण प्रस्तुत किया गया है? *(Chap 3, Class-XI, Old NCERT)*

(a) मणिमेखलै
(b) तोलकाप्पियम
(c) शिलप्पादिकारम
(d) कडैसियर

उत्तर *(a)*

व्याख्या प्रश्न में वर्णित विवरण मणिमेखलै के विषय में प्रस्तुत किया गया है। 'मणिमेखलै' संगम साहित्य की श्रेष्ठतम महाकाव्यात्मक रचना है। मणिमेखलै में कोवलन और माधवी की कन्या का साहसिक विवरण है। इस महाकाव्य से छठी शताब्दी ई. के तमिल समाज एवं आर्थिक जीवन का स्पष्ट आभास मिलता है। यह महाकाव्य साहित्यिक कम और धार्मिक अधिक है।

43 चोल राजा राजराज के संबंध में निम्नलिखित कथनों पर विचार कीजिए *(Chap 3, Class-XI, Old NCERT)*

1. उसका शासनकाल 885 ई. से 1014 ई. तक था।
2. उसने त्रिवेंद्रम में चेरों की नौसेना को ध्वस्त कर दिया था।
3. उसने श्रीलंका के उत्तरी भाग को जीत लिया था।

उपर्युक्त में से कौन-सा/से कथन सही है/हैं?

(a) केवल 1 (b) 2 और 3
(c) 1, 2 और 3 (d) 1 और 3

उत्तर *(b)*

व्याख्या चोल राजा राजराज के संबंध में कथन (2) और (3) सही हैं। चोल शासक राजराज सबसे समृद्ध शासक था। उसे अपने पिता के जीवनकाल में ही युवराज नियुक्त कर दिया गया था। सिंहासनारूढ़ होने के पूर्व ही वह प्रशासन और युद्ध का काफी अनुभव प्राप्त कर चुका था। साथ ही उसने त्रिवेंद्रम के चेरों की नौसेना को भी ध्वस्त कर दिया था और कोईलोन पर भी आक्रमण किया था।

राजराज ने दक्षिण-पूर्व एशियाई देशों के साथ होने वाले व्यापार पर नियंत्रण स्थापित करने के उद्देश्य से श्रीलंका पर चढ़ाई कर उसके उत्तरी हिस्से को जीतकर अपने साम्राज्य में मिला लिया था।

कथन (1) सही नहीं है, क्योंकि राजराज का शासनकाल 985 ई. से 1014 ई. तक था।

44 राजेंद्र चोल के संबंध में कौन-सा कथन सही नहीं है?

(Chap 3, Class-XI, Old NCERT)

(a) उसने तंजौर में राजराजेश्वर मंदिर का निर्माण करवाया था।
(b) उसने श्रीलंका को 50 वर्षों तक चोल साम्राज्य में मिला कर रखा।
(c) उसने गंगईकोंड चोलपुरम की स्थापना की थी।
(d) उसने कलिंग के रास्ते बंगाल पर आक्रमण किया था।

उत्तर *(a)*

व्याख्या राजेंद्र चोल के संबंध में कथन (a) सही नहीं है, क्योंकि तंजौर के राजराजेश्वर मंदिर का निर्माण राजेंद्र चोल ने नहीं, बल्कि राजराज प्रथम ने 1010 ई. में कराया था। राजराज का उत्तराधिकारी राजेंद्र चोल प्रथम था, जिसने राजराज की विस्तारवादी नीति को आगे बढ़ाया। राजेंद्र चोल ने समुद्रगुप्त के दक्षिण अभियान मार्ग का अनुसरण करते हुए गंगा पर विजय की नीति अपनाई और कावेरी नदी के मुहाने पर एक नए राजधानी शहर को बसाया, जिसे 'गंगईकोंड चोलपुरम्' का नाम दिया गया। श्रीलंका की विजय को कायम रखते हुए उसने वहाँ के राजा और रानी के मुकुट तथा राज चिह्न पर अधिकार कर लिया तथा अगले 50 वर्षों तक श्रीलंका को चोल साम्राज्य के अधीन रखा।

45 चोल शासकों के संबंध में निम्नलिखित कथनों पर विचार कीजिए

(Chap 3, Class-XI, Old NCERT)

1. उन्होंने पांड्य और चेरों को पराजित किया था।
2. चोलों ने शैलेंद्र शासकों पर सैन्य आक्रमण किया था।
3. शैलेंद्र शासक बौद्ध थे और चोलों के साथ उनके मधुर संबंध थे।

उपर्युक्त में से कौन-सा/से कथन सही है/हैं?

(a) 1, 2 और 3 (b) 1 और 2 (c) केवल 2 (d) 1 और 3

उत्तर *(a)*

व्याख्या चोल शासकों के संबंध में सभी कथन सही हैं।

राजराज की विस्तारवादी नीति का अनुसरण करते हुए राजेंद्र चोल ने पांड्य और चेर देशों को पूर्णत: पराभूत कर अपने साम्राज्य के अधीन कर लिया।

राजेंद्र प्रथम (चोल शासक) ने अपनी नौसेना शक्ति से श्री विजय साम्राज्य पर आक्रमण किया, उस समय वहाँ शैलेंद्र राजवंश का शासन था।

शैलेंद्र शासक बौद्ध थे और उनके संबंध चोलों के साथ मधुर थे, जिसकी जानकारी हमें नागपट्टम में शैलेंद्र शासकों द्वारा बनवाए गए बौद्ध विहार से मिलती है। इस विहार का खर्च चलाने के लिए राजेंद्र चोल ने शैलेंद्र शासकों के अनुरोध पर एक गाँव भी दान में दिया था।

46 संगम युग में चीन के साथ व्यापार के संबंध में निम्नलिखित कथनों पर विचार कीजिए

(Chap 3, Class-XI, Old NCERT)

1. चोल काल में व्यापार के लिए लाई गई सभी वस्तुओं के लिए चीनी लोग 'नज़राना' शब्द का प्रयोग करते थे।
2. चोल शासकों ने अपने शासनकाल के दौरान काँच के बर्तन, कपूर, कमख्वाब, गैंडे के सींग, हाथी के दाँत चीन भेजे थे।

उपर्युक्त में से कौन-सा/से कथन सही है/हैं?

(a) केवल 1 (b) केवल 2
(c) 1 और 2 दोनों (d) न तो 1 और न ही 2

उत्तर *(c)*

व्याख्या संगम युग में चीन के साथ व्यापार के संबंध में दिए गए दोनों कथन सही हैं।

चोल काल में व्यापार के लिए लाई गई सभी वस्तुओं के लिए चीनी लोग 'नजराना' शब्द का प्रयोग करते थे। चोल शासकों ने अपने शासनकाल के दौरान काँच के बर्तन, कपूर, कमख्वाब, गैंडे के सींग, हाथी के दाँत आदि चीन भेजे थे, जिनके बदले में 'ताँबे के सिक्कों की 81,800 मालाएँ' चीन द्वारा नजराने के रूप में दी गई थीं। यह उस समय की एक कूटनीतिक व्यापारिक गतिविधि को दर्शाता है।

47 चोल प्रशासन के संबंध में निम्नलिखित कथनों पर विचार कीजिए

(Chap 3, Class-XI, Old NCERT)

1. चोल प्रशासन मंडलम्, वलनाडु और नाडुओं में विभाजित था।
2. अधिकारियों को सामान्यत: राजस्वदायी भूमिदान द्वारा भुगतान किया जाता था।
3. चोलकाल में उर और महासभा 'ग्राम प्रशासन' की इकाई थी।

उपर्युक्त में से कौन-सा/से कथन सही है/हैं?

(a) 1 और 2 (b) 1, 2 और 3
(c) 2 और 3 (d) केवल 1

उत्तर *(b)*

व्याख्या चोल प्रशासन के संबंध में सभी कथन सही हैं। चोल साम्राज्य मंडलों या प्रांतों में विभाजित था और मंडलम्, वलनाडुओं और नाडुओं में बाँटे गए थे। चोलकालीन प्रशासन में कभी-कभी राजपरिवार के सदस्य प्रांतीय शासक नियुक्त किए जाते थे। अधिकारियों को सामान्यत: राजस्व प्राप्त होने वाली भूमि के रूप में वेतन दिया जाता था।

चोलकालीन अभिलेखों की अधिकता के कारण इस साम्राज्य के ग्राम प्रशासन की अधिक जानकारी प्राप्त होती है। इन अभिलेखों में दो सभाओं का उल्लेख मिलता है-उर और सभा या महासभा। 'उर', गाँवों की आम सभा थी, जबकि 'महासभा' अग्रहार कहे जाने वाले ब्राह्मण गाँवों के वयस्क सदस्यों की सभा थी।

48 सूची I को सूची II से सुमेलित कीजिए तथा नीचे दिए गए कूट की सहायता से उत्तर चुनिए

(Chap 3, Class-XI, Old NCERT)

सूची I		सूची II	
A.	होयसलेश्वर मंदिर	1.	काँचीपुरम
B.	कैलाशनाथ मंदिर	2.	श्रवणबेलगोला
C.	वृहदेश्वर मंदिर	3.	हलेबिड
D.	गोमतेश्वर मूर्ति	4.	तंजौर

कूट

	A	B	C	D
(a)	1	2	3	4
(b)	3	1	4	2
(c)	4	3	2	1
(d)	2	3	1	4

उत्तर *(b)*

व्याख्या सही सुमेलन A-3, B-1, C-4, D-2 है।

चोलों के पतन के बाद कल्याणी के चालुक्यों और होयसलों के अधीन मंदिर निर्माण जारी रहा। इसी क्रम में होयसलों की राजधानी हलेबिड में निर्मित होयसलेश्वर मंदिर प्रमुख है।

काँचीपुरम में निर्मित कैलाशनाथ मंदिर द्रविड़ शैली के मंदिरों का आरंभिक उदाहरण है।

तंजौर का वृहदेश्वर मंदिर द्रविड़ शैली में निर्मित मंदिरों में सर्वोत्कृष्ट उदाहरण है, जिसे राजराज द्वारा बनवाया गया। इसे 'राजराज मंदिर' भी कहा जाता है।

श्रवणबेलगोला में निर्मित गोमतेश्वर की विशालकाय मूर्ति है। यह चोल काल के दौरान मूर्तिकला के विकास एक श्रेष्ठ उदाहरण है।

49 मंदिर निर्माण में मंदिर की चारदीवारियों में जगह-जगह ऊँचे सिंहद्वार बने होते थे, उन्हें क्या कहा जाता था?

(Chap 3, Class-XI, Old NCERT)

(a) पंचायत (b) गोपुरम
(c) क्षत्रप (d) मेहराब

उत्तर *(b)*

व्याख्या चोलकालीन मंदिर निर्माण में मंदिर की चारदीवारियों में जगह-जगह ऊँचे सिंहद्वार बने होते थे, जिन्हें गोपुरम कहा जाता था।
कालांतर में विमानों और आँगनों के साथ-साथ मंदिर निर्माण में गोपुरम को भी अधिकाधिक अलंकृत किया जाने लगा। मंदिर निर्माण से संबंधित महत्त्वपूर्ण शब्दावलियों में विमानशैली, मंडपम्, गोपुरम आदि दक्षिण भारत की महत्त्वपूर्ण विशेषता थी, जो द्रविड़ शैली की परिचायक है।

50 निम्नलिखित में से कौन-सा युग्म सुमेलित नहीं है?
(Chap 3, Class-XI, Old NCERT)

शब्द		विवरण
(a) तिरुमुरई	–	अलवार-नयनार संतों की रचना
(b) कंबन	–	तमिल रामायण
(c) पोन्ना, रन्ना	–	कन्नड़ काव्य
(d) नटराज	–	सोने की प्रतिमा

उत्तर (d)

व्याख्या दिए गए युग्मों में से युग्म (d) सही सुमेलित नहीं है, क्योंकि चोल काल में निर्मित नटराज की प्रतिमा सोने से नहीं, बल्कि काँस्य से निर्मित मानी जाती है।

51 चोलकालीन, धार्मिक परंपराओं के संबंध में कौन-सा कथन सही नहीं है?
(Chap 3, Class-XI, Old NCERT)

(a) अलवार संत विष्णु के भक्त थे।
(b) नयनार संत ब्रह्मा के उपासक थे।
(c) सामान्य लोगों के लिए मंदिर सांस्कृतिक जीवन का केंद्र था।
(d) राजा और रानी की प्रतिमाएँ भी प्रतिष्ठित करने का चलन था।

उत्तर (b)

व्याख्या चोलकालीन, धार्मिक परंपराओं के संबंध में कथन (b) सही नहीं है, क्योंकि नयनार संत शिव के उपासक थे, न कि ब्रह्मा के। अलवार और नयनार संतों ने तमिल तथा संबंधित क्षेत्र की अन्योन्य भाषाओं में गीतों और भजनों की रचना की थी।

52 नीचे दो कथन दिए गए हैं *(Unit 5, Class-XI, Tamil Nadu Board)*
(HPSC Pre 2023)

कथन I काँची दक्षिण भारत का प्रसिद्ध नगर, शिक्षा का केंद्र एवं पल्लवों की राजधानी थी।

कथन II काँची के प्रसिद्ध विद्वान-मयूरवर्मा, वात्स्यायन, दिंगनाग एवं ह्वेनसांग थे।

उपर्युक्त कथनों के आलोक में नीचे दिए गए विकल्पों में सही उत्तर का चयन कीजिए

(a) कथन I और II दोनों सत्य हैं।
(b) कथन I और II दोनों असत्य हैं।
(c) कथन I सत्य है, लेकिन कथन II असत्य है।
(d) कथन I असत्य है, लेकिन कथन II सत्य है।
(e) अनुत्तरित प्रश्न

उत्तर (a)

व्याख्या कथन I और II दोनों सत्य हैं।
काँची दक्षिण भारत का प्रसिद्ध नगर होने के साथ-साथ यह शिक्षा का एक महत्त्वपूर्ण केंद्र भी था। पाँचवीं से छठी सदी में काँची पल्लव शासकों की राजधानी भी थी।
पल्लव साम्राज्य की स्थापना सिंह विष्णु ने की थी। पल्लव शासनकाल में इस शहर को काँचीपुरम के नाम से जाना जाता था। शैक्षणिक एवं सांस्कृतिक नगर के रूप में इसकी वैभवता, प्राचीनकाल में अत्यन्त विख्यात थी।
पल्लव शासकों ने अनेक विद्वानों को संरक्षण प्रदान किए, जिनमें प्रमुख थे-मयूर वर्मा, वात्स्यायन, दिंगनाग एवं ह्वेनसांग। ये पल्लव शासनकाल के समय काँचीपुरम में निवास करते थे। काँची को हजार मन्दिरों वाला शहर के नाम से जाना जाता है।

53 चोलकालीन किस रचना को 'पाँचवें वेद' की संज्ञा दी गई है?
(Chap 3, Class-XI, Old NCERT)

(a) तमिल रामायण
(b) तिरुमुरई
(c) कन्नड़ काव्य
(d) तिक्कन्न

उत्तर (b)

व्याख्या चोलकालीन रचना 'तिरुमुरई' को 'पाँचवें वेद' की संज्ञा दी गई है। तिरुमुरई को बारहवीं सदी के आरंभ में संकलित किया गया था। यह अलवार तथा नयनार संतों द्वारा रचित एक पवित्र ग्रंथ की श्रेणी में सूचीबद्ध किया जाता है।

54 कथन (A) हमें चोलों के विषय में उनके पूर्ववर्ती राजवंशों की अपेक्षा अधिक जानकारी मिलती है।

कथन (R) चोल शासकों ने मंदिरों की दीवारों पर अभिलेख उत्कीर्ण करने का चलन प्रारम्भ किया, जिनमें उनकी विजयों के ऐतिहासिक विवरण दिए जाते थे।
(Unit 8, Class-XI, Tamil Nadu Board)
(UPPSC Pre 2020)

कूट

(a) A और R दोनों सही हैं तथा R, A की सही व्याख्या करता है।
(b) A और R दोनों सही हैं, परंतु R, A की सही व्याख्या नहीं करता है।
(c) A सही है, किंतु R गलत है।
(d) A गलत है, किंतु R सही है।

उत्तर (a)

व्याख्या A और R दोनों सही हैं तथा R, A की सही व्याख्या करता है।
चोल शासकों के विषय में उनके पूर्ववर्ती राजवंशों की अपेक्षा अधिक जानकारी मिलने का कारण चोल शासक राजराज प्रथम तथा उनके पुत्र राजेंद्र प्रथम द्वारा मंदिरों की ऐतिहासिक दीवारों पर शिलालेख स्थापित किया जाना था।
राजराज प्रथम ने अभिलेखों द्वारा चोल पूर्वजों के इतिहास को संकलित करने तथा अपने शासनकाल की विजयों और घटनाओं को समन्वित करने का कार्य प्रारम्भ किया। इस प्रकार चोल शासन में इस कृत्य ने एक प्रथा का रूप ले लिया, जिसका अनुकरण बाद में चोल शासकों ने किया।

भारत पर अरब एवं तुर्क आक्रमण

भारत पर अरब एवं तुर्क आक्रमण

भारत में अरब आक्रमण
- 712 ई. में मुहम्मद-बिन-कासिम के नेतृत्व में अरबों ने सिंध पर कब्जा कर लिया।
- मुहम्मद-बिन-कासिम बसरा के गवर्नर अल-हज्जाज का सेनापति था।
- उन्होंने भारत के पश्चिमी तट पर कई व्यापारिक बस्तियाँ स्थापित की
- एशिया के अन्य प्रदेशों के साथ होने वाले भारतीय व्यापार में भाग लिया।
- भारत में इस्लाम धर्म का प्रादुर्भाव अरबों के आगमन के पश्चात् हुआ।; अरबों के साथ भारत में न केवल इस्लाम का आगमन हुआ, बल्कि नई संस्कृतियों का भी आगमन हुआ।

भारत पर तुर्क आक्रमण
- 1000-1200 ई. तक के काल के दौरान पश्चिम एवं मध्य एशिया तथा उत्तर भारत में तीव्र परिवर्तन हुए।
- इन्हीं परिवर्तनों के परिणामस्वरूप इस काल के अन्तिम चरण में तुर्कों ने अपनी सैनिक शक्ति के बल पर भारत में प्रवेश किया।
- **गजनवी** महमूद गजनवी 998 ई. में गजनी 'अफगानिस्तान' की गद्दी पर बैठा।
- इसने भारत में 17 बार आक्रमण किया।
- पहला आक्रमण पेशावर तथा पंजाब के हिंदूशाही शासक के विरुद्ध किया गया था।

अलबरुनी और किताब-उल-हिंद
- इसका जन्म 973 ई. में ख्वारिज्म में हुआ था। महमूद गजनवी के साथ भारत आया।
- कई भारतीय पुस्तकों का अरबी में अनुवाद किया।
- अरबी में 'किताब-उल हिंद' की रचना की, जिसमें धर्म, दर्शन, त्यौहार, खगोल विज्ञान तथा रसायन आदि विषयों का उल्लेख किया।

मुहम्मद गोरी
- 1173 ई. में गजनी की गद्दी पर बैठा।
- चौहान राजपूत के साथ 1191 ई. के प्रथम तराइन युद्ध में पृथ्वीराज तृतीय से गोरी की सेना पराजित।
- 1192 ई. के दूसरे तराइन के युद्ध में तुर्की सेना द्वारा पृथ्वीराज चौहान तृतीय की सेना पराजित।
- इसने हांसी, सरसुती, समाना तथा अजमेर पर कब्जा कर लिया
- बाद में तोमर शासक को भी दिल्ली की सत्ता से उतार दिया गया।

तराइन का युद्ध
- मुइज्जुद्दीन मुहम्मद (गोरी) और पृथ्वीराज चौहान (तृतीय) के मध्य तबरहिंद (पंजाब) पर अधिकार को लेकर 1191 ई. में तराइन के मैदान में युद्ध हुआ।

अन्य नाम तराइन का प्रथम युद्ध
- इस युद्ध में मुहम्मद गोरी, पृथ्वीराज चौहान से पराजित हुआ।
- तराइन के दूसरे युद्ध के समय पृथ्वीराज चौहान और तराइन के प्रथम युद्ध का अनुभवी सेनापति स्कंद अन्यत्र दूसरे स्थान पर मोर्चा संभाले हुए था।

  तराइन युद्ध 1192 ई. के कुछ समय पश्चात् पृथ्वीराज चौहान को षड्यंत्र करने के आरोप में मुहम्मद गोरी के द्वारा हत्या कर दी गई।
- मुहम्मद गोरी का भारत पर अंतिम बार आक्रमण 1206 ई. में हुआ।

बंगाल और बिहार में तुर्क विजय
- बख्तियार खिलजी द्वारा बंगाल तथा बिहार पर बार-बार आक्रमण किया गया
- बौद्ध शिक्षा केंद्र नालंदा और विक्रमशिला को नष्ट किया।
- बंगाल के सेन शासक लक्ष्मण सेन को पराजित कर उसकी राजधानी लखनौती पर अधिकार किया
- बख्तियार खिलजी को असम के शासक माघ ने पराजित किया

तुर्क सफलता के कारण
- उच्च क्षमता युक्त घुड़सवार सेना, भारत में सामंतवाद की उपस्थिति,
- राजपूत राजाओं में आपसी संघर्ष तथा तुर्क की उन्नत सैन्य क्षमता

तुर्क आक्रमण का प्रभाव
- केंद्रीय निरंकुश वादी व्यवस्था का उदय
- शहरी अर्थव्यवस्था का विकास
- राजस्व प्रणाली में एकरूपता
- इस्लामी कानूनों को अपनाया गया
- आधिकारिक भाषा के रूप में फारसी का विकास

SOURCE Old NCERT Class VI भारत और संसार, Old NCERT Class XI संघर्ष का युग (लगभग 1000 ई. 1200 ई.), New NCERT Class XII यात्रियों के नजरिए, Tamil Nadu Board Class-IX अरबों एवं तुर्कों का आगमन, NIOS-1 Module-2 दिल्ली सल्तनत की स्थापना और विस्तार

भारत पर अरब एवं तुर्क आक्रमण

1 भारत पर अरब आक्रमण के संबंध में कौन-सा कथन सही नहीं है?
(Chap 9, Class-VI, Old NCERT)

(a) अरबों ने सर्वप्रथम सिंध पर आक्रमण किया।
(b) सिंध भारत का पश्चिमोत्तर प्रांत था।
(c) भारत पर पहला अरब आक्रमण 712 ई. में हुआ था।
(d) अरब सिंध को जीतने में सफल नहीं हुए।

उत्तर *(d)*

व्याख्या भारत पर अरब आक्रमण के संबंध में कथन (d) सही नहीं है, क्योंकि मुहम्मद-बिन-कासिम के नेतृत्व में 712 ई. में अरब, सिंध को जीतने में सफल हुए थे।

कासिम ने भारत के पश्चिमोत्तर प्रांत सिंध के शासक दाहिर एवं उसके पुत्र जयसिंह को हराकर सिंध के क्षेत्र मुल्तान पर अधिकार कर उस क्षेत्र का नाम स्वर्ण नगर रख दिया था।

2 अरब आक्रमण के संबंध में निम्नलिखित कथनों पर विचार कीजिए
(Chap 9, Class-VI, Old NCERT)

1. राजस्थान के स्थानीय शासकों ने अरबों को आगे बढ़ने से रोक दिया था।
2. अरब के लोग केवल विजेता बनकर ही भारत में आए थे।
3. अरबों ने पश्चिम भारत में बस्तियाँ स्थापित कीं।

उपर्युक्त में से कौन-सा/से कथन सही है/हैं?

(a) केवल 3
(b) 1 और 2
(c) 1 और 3
(d) 1, 2 और 3

उत्तर *(c)*

व्याख्या अरब आक्रमण के संबंध में कथन (1) और (3) सही हैं। राजस्थान के राजपूत शासकों ने अपने क्षेत्रों में अरबों के आक्रमणों का सामना किया तथा अरबों को आगे बढ़ने से रोका, जिसके कारण अरब निवासी पश्चिम भारत में ही रहने लगे।

कथन (2) सही नहीं है, क्योंकि अरब के लोग केवल विजेता बनकर ही भारत नहीं आए थे, बल्कि भारत के पश्चिमी तट पर अरब व्यापारियों ने अनेक बस्तियाँ भी स्थापित कीं। अरबवासी सिंध क्षेत्र के स्थानीय लोगों के साथ मिल-जुलकर रहते थे, उन्हीं से शादी करते एवं एशिया के अन्य प्रदेशों के साथ होने वाले भारतीय व्यापार में भाग लेते थे।

3 भारत पर अरब आक्रमण के संबंध में विचार कीजिए
(Chap 9, Module-2, NIOS)

1. भारत में हुए अरब आक्रमण का मुख्य उद्देश्य अरब राज्य का विस्तार था।
2. 8वीं शताब्दी तक अरबों ने स्पेन से लेकर भारत तक भूमध्य सागर और हिंद महासागर के व्यापार को संयुक्त रूप प्रदान किया था।

उपर्युक्त कथनों में से कौन-सा/से कथन सही है/हैं?

(a) केवल 1
(b) केवल 2
(c) 1 और 2 दोनों
(d) न तो 1 और न ही 2

उत्तर *(c)*

व्याख्या भारत पर अरब आक्रमण के संबंध में दोनों कथन सही हैं। भारत पर अरब आक्रमण 8वीं शताब्दी के पूर्वार्द्ध में भारत के उत्तर-पश्चिमी क्षेत्र में हुआ था। 712 ई. में भारत पर किए गए आक्रमण का नेतृत्व उमैयद खलीफा के सेनापति मुहम्मद-बिन-कासिम ने किया था। भारत में अरब आक्रमण का मुख्य उद्देश्य अरब राज्य का विस्तार करना तथा साथ में यहाँ के संसाधनों को लूटना था। विस्तार के तहत् अरबों ने 8वीं शताब्दी तक स्पेन से लेकर भारत तक भूमध्य सागर और हिंद महासागर के व्यापार को संयुक्त किया।

4 तुर्क सैनिकों के संबंध में कौन-सा कथन सही नहीं है?
(Chap 5, Class-XI, Old NCERT)

(a) तुर्क लोगों में से अधिकांश प्राकृतिक शक्तियों की पूजा करते थे।
(b) मुसलमानों की दृष्टि में तुर्क विधर्मी थे।
(c) तुर्क कभी इस्लामीकृत नहीं हो पाए।
(d) लूट-खसोट में उनका लगाव बना रहा।

उत्तर *(c)*

व्याख्या तुर्क सैनिकों के संबंध में कथन (c) सही नहीं है, क्योंकि तुर्क सैनिकों ने इस्लाम के अनुरूप अपनी कार्य प्रणालियों को गति दी।

कालांतर में बहुत-से तुर्क मुसलमान बन गए, लेकिन गैर-मुस्लिम तुर्क जनजातियों के आक्रमणों के विरुद्ध संघर्ष चलता रहा। इस्लामीकृत तुर्क बाद में इस्लाम के सबसे बड़े रक्षकों एवं जेहादियों के रूप में उभरने लगे, परंतु इस्लाम की रक्षा एवं लूट-पाट की धारणा बनी रही।

5 सामानियों के संबंध में निम्नलिखित कथनों पर विचार कीजिए

1. ये ट्रांस ऑक्सियाना, खुरासान में अफगानी मूल के शासक थे।
2. ये राज्य की सुरक्षा के साथ-साथ धर्म की रक्षा हेतु भी संघर्षरत थे।

(Chap 5, Class-XI, Old NCERT)
(Class-XI, Old NCERT)

उपर्युक्त कथनों में से कौन-सा/से सही है/हैं?

(a) केवल 1
(b) केवल 2
(c) 1 और 2 दोनों
(d) इनमें से कोई नहीं

उत्तर *(b)*

व्याख्या सामानियों के संबंध में कथन (2) सही है।

सामानी (तुर्की) राज्य की सुरक्षा के साथ-साथ धर्म की रक्षा हेतु भी संघर्षरत थे। तुर्की लोग प्राकृतिक शक्तियों के पूजक थे। वे मुसलमानों की दृष्टि में विधर्मी थे। अत: राज्य की सुरक्षा के साथ ही उन्हें धर्म की रक्षा हेतु संघर्ष करना पड़ा।

कथन (1) सही नहीं है, क्योंकि सामानी अफगानी मूल के नहीं, बल्कि ईरानी मूल के शासक थे। 9वीं सदी के उत्तरार्द्ध में इनका ट्रांस-ऑक्सियाना, खुरासान और ईरान के कुछ भू-भाग पर शासन था। इन्होंने 'गाजी' नामक एक नए सैन्य बल का गठन किया था।

6 कथन (A) भारत पर तुर्की आक्रमण सफल हुए।
कारण (R) उत्तर भारत में राजनीतिक एकता नहीं थी।
(Chap 5, Class-XI, Old NCERT) (UPPSC Pre 2018)

(a) A और R दोनों सही हैं तथा R, A की सही व्याख्या है
(b) A और R दोनों सही हैं, परंतु R, A की सही व्याख्या नहीं है
(c) A सही है, किंतु R गलत है
(d) A गलत है, किंतु R सही है

उत्तर *(a)*

व्याख्या A और R दोनों सही हैं तथा R, A की सही व्याख्या है।

भारत पर सर्वाधिक तुर्की आक्रमण उत्तर-पश्चिम तथा राजपूताना पर हुए। भारत में तुर्की आक्रमण की सफलता का प्रमुख कारण शासक वर्ग की आपसी राजनीतिक एकता का अभाव था। क्षेत्रों में छोटे-छोटे राज्य स्थापित थे तथा किसी केंद्रीकृत सत्ता का अभाव था। तुर्की आक्रमण के समय भी देशी शासकों ने एकताबद्ध न होकर अपनी शक्ति को कमजोर किया।

7 तुर्की आक्रमण के सामने भारतीय राज्यों की हार के क्या कारण थे?
(Chap 5, Class-XI, Old NCERT)

1. तुर्कों के घोड़े भारतीयों द्वारा आयातित घोड़ों से अधिक तेज और मजबूत थे।
2. भारतीय राजाओं में विदेशी आक्रमणकारियों के प्रति आपसी एकता की कमी।
3. भारतीय राजाओं का स्थानीय सरदारों पर निर्भर होना।
4. भारतीय तलवारों का श्रेष्ठ न होना।

कूट

(a) 1, 2 और 4 (b) 1, 2 और 3
(c) 3 और 4 (d) 1, 2, 3 और 4

उत्तर (b)

व्याख्या तुर्की आक्रमण के सामने भारतीय राज्यों के हार के निम्नलिखित कारण थे

- तुर्की आक्रमणकारियों से उत्तर भारतीय राज्यों की पराजय का प्रमुख कारण भारतीय राजाओं में सामाजिक एवं राजनीतिक कमियाँ थीं। तुर्की घोड़े अधिक दक्ष थे, जो आयातित भारतीय घोड़ों की तुलना में कुशलतापूर्वक नियंत्रित किए जा सकते थे।
- भारतीय राजाओं में विदेशी आक्रमणकारियों के प्रति आपसी एकता की भी कमी देखी गई।
- भारतीय राजा एक-दूसरे को श्रेष्ठ सिद्ध करने के लिए तुर्कों का साथ देने लगे अथवा युद्ध में कोई भूमिका नहीं निभाई।
- भारतीय शासकों की सैन्य शक्ति उनके सरदारों पर निर्भर थी, जो युद्धों के दौरान एक बड़ी कमजोरी बन जाती थी।

8 तुर्की के सामने राजपूत राज्यों के संघर्ष के संबंध में निम्नलिखित कथनों पर विचार कीजिए *(Chap 5, Class-XI, Old NCERT)*

1. राजपूतों ने तुर्कों और अरबों के आक्रमण का मुकाबला किया, किंतु सफल नहीं हो पाए।
2. राजपूतों ने भारत के सीमांत क्षेत्रों विशेषकर अफगानिस्तान और पंजाब को शत्रु के हाथों में रहने दिया।

उपर्युक्त में से कौन-सा/से कथन सही है/हैं?

(a) केवल 1 (b) केवल 2
(c) 1 और 2 दोनों (d) न तो 1 और न ही 2

उत्तर (c)

व्याख्या तुर्कों के सामने राजपूत राज्यों के संघर्ष के संबंध में दोनों कथन सही हैं। राजपूत अपनी वीरता के लिए प्रसिद्ध थे, फिर भी उनको तुर्की मुसलमानों के साथ युद्ध में हार झेलनी पड़ी। देश में राजनीतिक एकता का अभाव, राजपूतों का दोषपूर्ण सैनिक संचालन इत्यादि राजपूतों के असफल होने के प्रमुख कारण थे। राजपूतों ने अपने भारतीय सीमा क्षेत्रों को छोड़कर अन्य भारतीय सीमा क्षेत्रों पर तुर्कों के रहने का विरोध नहीं किया, जिसके परिणामस्वरूप तुर्की भारत के सीमांत क्षेत्रों अफगानिस्तान एवं पंजाब में अपनी मजबूती बनाकर भारत के उत्तरी मैदान तथा गंगा-यमुना के दोआब क्षेत्रों में भी अपनी स्थिति सुदृढ़ करने लगे।

महमूद गजनवी

9 महमूद गजनवी के संबंध में निम्नलिखित कथनों पर विचार कीजिए *(Chap 5, Class-XI, Old NCERT)*

1. उसका शासनकाल 998 ई. से 1030 ई. तक था।
2. इसको मध्यकालीन मुसलमान इतिहासकार इस्लाम का नायक मानते थे।

उपर्युक्त में से कौन-सा/से कथन सही है/हैं?

(a) केवल 1 (b) 1 और 2
(c) केवल 2 (d) इनमें से कोई नहीं

उत्तर (b)

व्याख्या महमूद गजनवी के संबंध में दोनों सभी कथन सही हैं।

अलप्तगीन का गुलाम एवं दामाद सुबुक्तगीन का पुत्र महमूद गजनवी सुल्तान की उपाधि धारण कर 998 ई. में गजनी साम्राज्य की गद्दी पर बैठा। इसका शासनकाल 1030 ई. तक था।

सुल्तान की उपाधि धारण करने वाला यह प्रथम मुस्लिम शासक था। इसे कुछ इतिहासकार इस्लाम का नेतृत्वकर्ता या नायक भी कहते हैं।

10 महमूद गजनवी के भारत पर आक्रमण के संबंध में कौन-सा कथन सही नहीं है? *(Chap 5, Class-XI, Old NCERT)*

(a) उसने भारत पर सत्रह आक्रमण किए थे।
(b) भारत में उसे लुटेरे के रूप में जाना गया।
(c) उसने सबसे पहले राजस्थान के हिंदूशाही शासकों पर आक्रमण किया।
(d) वह मुल्तान के मुसलमान राजाओं के विरुद्ध भी था।

उत्तर (c)

व्याख्या महमूद गजनवी के भारत पर आक्रमण के संबंध में कथन (c) सही नहीं है, क्योंकि महमूद गजनवी के भारत पर शुरुआती आक्रमणों/हमलों का लक्ष्य पेशावर एवं पंजाब पर राज करने वाले हिंदूशाही शासक थे।

भारत की धन संपत्ति को अर्जित करने के उद्देश्य से गजनवी ने भारत पर आक्रमण किया था। महमूद गजनवी के आक्रमण के समय दक्षिण में चोल, चालुक्य, काबुल एवं पंजाब में हिंदूशाही, मुल्तान में करमाथी, सिंध में अरब, कश्मीर में लोहार, कन्नौज में प्रतिहार, बंगाल में पाल, दिल्ली में तोमर, मालवा में परमार इत्यादि वंशों का शासन था।

11 निम्नलिखित कथनों पर विचार कीजिए *(Chap 5, Class-XI, Old NCERT)*

1. तुर्क गुलाम अलप्तगीन ने सामाना को राजधानी बनाकर स्वतंत्र राज्य की स्थापना की।
2. महमूद ने मध्य एशियाई तुर्क जनजातियों का राज्य और धर्म की रक्षा हेतु सामना किया।

उपर्युक्त कथनों में कौन-सा/से कथन सही नहीं है/हैं?

(a) केवल 1 (b) केवल 2
(c) 1 और 2 दोनों (d) इनमें से कोई नहीं

उत्तर (a)

व्याख्या उपर्युक्त कथनों में से केवल कथन (1) सही नहीं है, क्योंकि तुर्क गुलाम अलप्तगीन ने सामाना को नहीं, बल्कि गजनी को राजधानी बनाकर स्वतंत्र राज्य की स्थापना की थी।

अलप्तगीन एक तुर्क सरदार था, जिसने 10वीं शताब्दी में गजनी पर अधिकार करके गजनवी वंश की स्थापना की थी। सामाना राज्य के शासन की समाप्ति के बाद गजनवियों की शक्ति में वृद्धि हुई।

12 'वैहिन्द के युद्ध' के संबंध में कौन-सा कथन सही नहीं है? *(Chap 5, Class-XI, Old NCERT)*

(a) यह निर्णायक युद्ध 1008-09 ई. में हुआ था।
(b) यह युद्ध महमूद गजनवी और आनंदपाल के बीच हुआ था।
(c) आनंदपाल ने खोखरों की सहायता से विजय प्राप्त की।
(d) मुल्तान पर गजनवियों का अधिकार हो गया।

उत्तर (c)

व्याख्या 'वैहिन्द के युद्ध' के संबंध में कथन (c) सही नहीं है, क्योंकि आनंदपाल ने खोखरों की सहायता से विजय प्राप्त नहीं की।

1001 ई. में महमूद गजनवी ने हिंदूशाही शासक जयपाल को निर्णायक युद्ध में परास्त कर बंदी बना लिया, परंतु कुछ दिनों के बाद छोड़ दिया। इस अपमान को राजा जयपाल सहन न कर सके तथा जलती चिता में अपने प्राण न्यौछावर कर दिए।

इसके पश्चात् इनका पुत्र आनंदपाल राजा बना तथा इसकी राजधानी वैहिन्द (पेशावर के निकट) थी। यहाँ पर 1008 ई. में महमूद गजनी एवं आनंदपाल का युद्ध हुआ। इस युद्ध में भी महमूद गजनी की विजय हुई और इस युद्ध में राजा आनंदपाल का साथ मुल्तान के मुसलमान शासक तथा पंजाब की युद्ध प्रिय जनजाति खोखर के सैनिकों ने भी दिया, परंतु इस युद्ध में आनंदपाल की हार हुई।

13 निम्नलिखित में से कौन-सा युग्म सुमेलित नहीं है?
(Chap 5, Class-XI, Old NCERT)

गजनवी का आक्रमण वर्ष		राज्य
(a) 1013 ई.	—	हिंदूशाही राजवंश
(b) 1018 ई.	—	कन्नौज
(c) 1025 ई.	—	सोमनाथ
(d) 1018 ई.	—	मथुरा

उत्तर (a)

व्याख्या दिए गए युग्मों में युग्म (a) सही सुमेलित नहीं है, क्योंकि 1001 ई. में महमूद गजनवी ने हिंदूशाही शासक राजा जयपाल के विरुद्ध युद्ध किया, न कि 1013 ई. में। इस युद्ध में महमूद गजनवी ने जयपाल को हराकर बंदी बना लिया।

14 तुर्कों के संबंधों में निम्नलिखित कथनों पर विचार कीजिए
(Chap 5, Class-XI, Old NCERT)

1. तुर्क एक स्थायी और पेशेवर सेना पर निर्भर थे।
2. तुर्क शासक महमूद गजनी का उद्देश्य भारत में स्थायी मुस्लिम शासन स्थापित करना नहीं था, बल्कि संसाधन का लूटपाट करना था।

उपर्युक्त कथनों में से कौन-सा/से कथन है/हैं?

(a) केवल 1 (b) केवल 2
(c) 1 और 2 दोनों (d) न तो 1 ओर न ही 2

उत्तर (c)

व्याख्या तुर्कों के संबंध में दोनों कथन सही हैं।

तुर्क मूल रूप से मध्य एशिया के खानाबदोश थे, जिसने सेल्जुक साम्राज्य और बाद में ओटोमन साम्राज्य की स्थापना की थी। 8वीं और 9वीं शताब्दी में बगदादी के खलीफाओं पर तुर्कों का प्रभाव था, बाद में उन्होंने सिंध और सुल्तान से आगे भारत में अपना प्रभुत्व स्थापित किया। तुर्क एक स्थायी और पेशेवर सेना पर निर्भर थे। 1001 ई. में गजनी के महमूद ने भारत पर आक्रमण किया तथा वह भारत पर आक्रमण करने वाला पहला तुर्क था। इसका उद्देश्य भारत में स्थायी मुस्लिम शासन स्थापित करना नहीं, बल्कि संसाधन का लूटपाट करना था।

15 अलबरूनी के लेखन कौशल के संबंध में निम्नलिखित कथनों पर विचार कीजिए
(Chap 5, Class-XII, Old NCERT)

1. उसने पतंजलि के व्याकरण का अरबी में अनुवाद किया था।
2. उसने ब्राह्मण मित्रों के लिए यूक्लिड के कार्यों का संस्कृत में अनुवाद किया।

उपर्युक्त में से कौन-सा/से कथन सही है/हैं?

(a) केवल 1 (b) केवल 2
(c) 1 और 2 दोनों (d) न तो 1 और न ही 2

उत्तर (c)

व्याख्या अलबरूनी के लेखन कौशल के संबंध में दोनों कथन सही हैं।

गजनी में अलबरूनी की भारत के प्रति रुचि विकसित हुई। वह महमूद गजनवी के साथ भारत आया। इसने ब्राह्मण, पुरोहितों एवं विद्वानों के साथ अनेक वर्ष व्यतीत किए तथा संस्कृत दर्शन एवं धर्म का ज्ञान प्राप्त किया।

अलबरूनी ने अपनी किताब में भगवद्गीता, वेद, पुराण, पतंजलि के महाभाष्य, मनुस्मृति तथा यूक्लिड के कार्यों को उद्धत किया। इसने पतंजलि के व्याकरण को अरबी तथा यूक्लिड के कार्यों का संस्कृत भाषा में अनुवाद किया।

16 कथन (A) **महमूद गजनवी ने भारत पर 17 बार आक्रमण किया।**

कारण (R) **वह भारत में स्थायी मुस्लिम शासन स्थापित करना चाहता था।**
(Chap 5, Class-XI, Old NCERT)

नीचे दिए गए कूट का प्रयोग कर सही उत्तर चुनिए

(a) A और R दोनों सही हैं तथा R, A की सही व्याख्या करता है।
(b) A और R दोनों सही हैं, परंतु R, A की सही व्याख्या नहीं करता है।
(c) A सही है, किंतु R गलत है।
(d) A गलत है, किंतु R सही है।

उत्तर (c)

व्याख्या कथन A सही है, किंतु R गलत है।

महमूद गजनवी ने भारत पर 17 बार आक्रमण किया। यह तुर्क सरदार सुबुक्तगीन का पुत्र था, जो 998 ई. में गजनी साम्राज्य की गद्दी पर बैठा। इसने गजनी पर 1030 ई. तक शासन किया। महमूद का भारत पर शुरुआती आक्रमण उत्तर-पश्चिम भारत पेशावर एवं पंजाब प्रांत में हुआ था। गजनवी भारत में स्थायी मुस्लिम शासन स्थापित करना नहीं चाहता था, बल्कि वह भारत में संसाधनों की लूटपाट करना चाहता था। जिससे वह लूटे हुए धन संसाधनों/धन से वह मध्य एशियाई शत्रुओं के विरुद्ध संघर्ष जारी रख सके।

17 अलबरूनी के संबंध में निम्नलिखित कथनों पर विचार कीजिए
(Chap 5, Class-XII, Old NCERT)

1. अलबरूनी का गणित की ओर झुकाव था।
2. उसका यात्रा वृत्तांत पश्चिम में सहारा रेगिस्तान से लेकर उत्तर में वोल्गा नदी तक फैला हुआ था।
3. भारतीय ग्रंथों के प्रति उसकी दृष्टि आलोचनात्मक थी।

उपर्युक्त में से कितने कथन सही हैं?

(a) केवल एक
(b) केवल दो
(c) सभी तीन
(d) उपर्युक्त में से कोई नहीं

उत्तर (c)

व्याख्या अलबरूनी के संबंध में दिए गए सभी कथन सही हैं।

अलबरूनी ने महमूद गजनवी के साथ भारत आकर यहाँ के प्रमुख क्षेत्रों की यात्रा की तथा अरबी भाषा में अपने ग्रंथ किताब-उल-हिंद की रचना की। उसका गणित के प्रति विशेष लगाव था। उसकी यात्रा में वोल्गा से सहारा तक की भौगोलिक परिस्थितियों का विवरण मिलता है।

इसने अपनी भारत यात्रा के दौरान भारतीय ग्रंथों व विद्वानों की आलोचना की, इसने कहा कि भारतीय विद्वानों का विदेशों से संपर्क नहीं है, वे केवल अपने क्षेत्र अपने धर्म तथा अपनी संस्कृति को श्रेष्ठ मानते हैं।

18 मुइज्जुद्दीन मुहम्मद-बिन-साम के भारत आक्रमण के संदर्भ में निम्नलिखित में से कौन-सा कथन सही नहीं है?
(Chap 5 & 9, Class-XI, Old NCERT)
(Class-XI, Old NCERT)

(a) उसने गोमल दर्रे को पार करके मुल्तान और कच्छ को जीत लिया।
(b) उसे गुजरात में हार का सामना करना पड़ा।
(c) उसने भारत विजय के लिए पंजाब में एक मजबूत आधार कायम करना आवश्यक नहीं समझा।
(d) 1191 ई. में तराइन के युद्ध में गौरी की फौज बुरी तरह पराजित हुई।

उत्तर (c)

व्याख्या मुइज्जुद्दीन मुहम्मद-बिन-साम के भारत आक्रमण के संदर्भ में कथन (c) सही नहीं है, क्योंकि उसने भारत विजय के लिए पंजाब में मजबूत आधार कायम करना आवश्यक समझा। मुइज्जुद्दीन मुहम्मद-बिन-साम, जिसे मुहम्मद गौरी के नाम से जाना जाता है, उसने 1175 ई. में राजपूताना क्षेत्र से होकर गुजरात में प्रवेश करने की कोशिश की, लेकिन माउंट आबू के निकट एक युद्ध में गुजरात के शासक से पराजित हुआ। इस पराजय के बाद उसने महसूस किया कि भारत विजय के लिए पंजाब में एक मजबूत आधार कायम करना आवश्यक है।

मुहम्मद गोरी

19 गोरी साम्राज्य के संबंध में निम्नलिखित कथनों पर विचार कीजिए *(Chap 5, Class-XI, Old NCERT)*

1. यह उत्तर-पश्चिम अफगानिस्तान में स्थित था।
2. गोरियों ने अपने राजनीतिक जीवन का आरंभ अब्बासी खलीफाओं के मातहत शासकों के रूप में किया था।
3. सुल्तान अलाउद्दीन के अधीन गोरियों की शक्ति में वृद्धि हुई।

उपर्युक्त में से कौन-सा/से कथन सही है/हैं?

(a) 1 और 2 (b) 1 और 3 (c) 1, 2 और 3 (d) 2 और 3

उत्तर (b)

व्याख्या गोरी साम्राज्य के संबंध में कथन (1) और (3) सही हैं। उत्तर-पश्चिम अफगानिस्तान में गोर नामक प्रदेश का उदय हुआ, जिसे गौरी साम्राज्य कहा जाने लगा। सुल्तान अलाउद्दीन के अधीन गोरियों की शक्ति में वृद्धि हुई।

कथन (2) सही नहीं है, क्योंकि गोरियों ने अपने राजनीतिक जीवन का आरंभ गजनी के मातहत शासकों के रूप में किया था, परंतु शीघ्र ही वे गजनवियों से पूरी तरह स्वतंत्र हो गए थे।

20 शहाबुद्दीन मुहम्मद के संबंध में कौन-सा कथन सही नहीं है? *(Chap 5, Class-XI, Old NCERT)*

(a) वह 1173 ई. में शासक बना।
(b) वह खुरासान का शासक था।
(c) उसे मुइज्जुद्दीन मुहम्मद-बिन-साम भी कहा जाता है।
(d) उसे इतिहास में मुहम्मद गोरी के नाम से जाना जाता है।

उत्तर (b)

व्याख्या शहाबुद्दीन मुहम्मद के संबंध में कथन (b) सही नहीं है, क्योंकि 1173 ई. में शहाबुद्दीन मुहम्मद, मुइज्जुद्दीन मुहम्मद-बिन-साम के नाम से गजनी के सिंहासन पर बैठा, जिसे इतिहास में मुहम्मद गोरी के नाम से जाना गया। 1163 ई. में गियासुद्दीन मोहम्मद ने गोर की राजगद्दी संभाली तदोपरांत इसने अपने छोटे भाई मुइज्जुद्दीन मुहम्मद-बिन-साम (मुहम्मद गोरी) को 1173 ई. में गजनी की गद्दी सौंप दी। मुहम्मद गोरी शंसबनी वंश का शासक था और इसका प्रथम आक्रमण 1175 ई. में मुल्तान पर हुआ।

21 मुहम्मद गोरी के संबंध में निम्नलिखित कथनों पर विचार कीजिए *(Chap 5, Class-XI, Old NCERT)*

1. उसने गोमल दर्रे से भारत पर आक्रमण किया था।
2. 1178 ई. में राजपूताना रेगिस्तान से होकर वह गुजरात में प्रवेश करने में सफल रहा।
3. उसने पंजाब के गजनवी प्रदेशों को जीतने की मुहिम शुरू की।

उपर्युक्त में से कितने कथन सही हैं?

(a) केवल एक (b) केवल दो
(c) सभी तीन (d) इनमें से कोई नहीं

उत्तर (c)

व्याख्या मुहम्मद गोरी के संबंध में दिए गए सभी कथन सही हैं।

मुहम्मद गोरी ने गोमल दर्रे से भारत पर आक्रमण किया था। 1178 ई. में मुहम्मद गोरी ने राजपूताना रेगिस्तान क्षेत्र से होते हुए गुजरात में प्रवेश किया तथा गुजरात के नेहरवाला पर आक्रमण किया, तो चालुक्य वंशीय शासक मूलराज के भाई भीम द्वितीय ने मुहम्मद गौरी को माउंट आबू पर्वत के निकट पराजित कर दिया था।

इस पराजय के बाद उसने पंजाब में गजनवी प्रदेशों को जीतने की मुहिम आरंभ की तथा 1190 ई. तक पंजाब के बड़े भाग का स्वामी बन गया।

22 मुहम्मद गोरी के समकालीन पृथ्वीराज चौहान के संबंध में कौन-सा कथन सही नहीं है? *(Chap 5, Class-XI, Old NCERT)*

(a) वह 14 वर्ष की आयु में शासक बना।
(b) उसका राज्याभिषेक दिल्ली में हुआ।
(c) उसने चंदेल शासकों को परास्त किया।
(d) उसने 16 वर्ष की आयु में विजय अभियान शुरू कर दिया था।

उत्तर (b)

व्याख्या मुहम्मद गोरी के समकालीन पृथ्वीराज चौहान के संबंध में कथन (b) सही नहीं है, क्योंकि चौहान वंश के सबसे प्रतापी शासक पृथ्वीराज तृतीय या पृथ्वीराज चौहान मात्र 14 वर्ष की अवस्था में अजमेर की राजगद्दी पर बैठे तथा इनका राज्याभिषेक अजमेर में हुआ। इन्होंने 16 वर्ष की अवस्था में अपना विजय अभियान शुरू कर दिया। पृथ्वीराज ने कई पड़ोसी हिंदू राज्यों के विरुद्ध सैन्य सफलता प्राप्त की, जिसमें विशेष रूप से वह चंदेल राजा परमर्दिदेव के विरुद्ध थे।

23 तराइन के युद्ध के संबंध में निम्नलिखित कथनों पर विचार कीजिए *(Chap 5, Class-XI Old NCERT) (Class-XI, Old NCERT)*

1. द्वितीय तराइन युद्ध के बाद तुर्क सेना ने हाँसी, सरस्वती और सामाना के किलों पर कब्जा कर लिया।
2. इस युद्ध के बाद पृथ्वीराज ने कुछ समय तक अजमेर में शासन किया।

उपर्युक्त कथनों में कौन-सा/से सही है/हैं?

(a) केवल 1
(b) केवल 2
(c) 1 और 2 दोनों
(d) न तो 1 और न ही 2

उत्तर (c)

व्याख्या तराइन के युद्ध के संबंध में दोनों कथन सही हैं।

तराइन का युद्ध तुर्क शासक मुहम्मद गोरी और पृथ्वीराज चौहान तृतीय के मध्य हुआ था। द्वितीय तराइन युद्ध के बाद तुर्क सेना ने हाँसी, सरस्वती और सामाना के किलों पर कब्जा कर लिया। तराइन का द्वितीय युद्ध 1192 ई. में हुआ था, जिसमें पृथ्वीराज चौहान तृतीय की मुहम्मद गोरी से हार हुई थी। इस युद्ध के बाद पृथ्वीराज ने कुछ समय तक अजमेर में शासन किया।

24 तराइन की प्रथम लड़ाई के संबंध में निम्नलिखित कथनों पर विचार कीजिए *(Chap 5, Class-XI, Old NCERT)*

1. यह लड़ाई 1191 ई. में हुई थी।
2. इस लड़ाई में गोरी की सेना बुरी तरह पराजित हुई थी।
3. इस युद्ध के बाद पृथ्वीराज ने सरहिंद पर अधिकार कर लिया।

उपर्युक्त में से कौन-सा/से कथन सही है/हैं?

(a) 1 और 2 (b) 2 और 3
(c) 1, 2 और 3 (d) केवल 3

उत्तर (a)

व्याख्या तराइन की प्रथम लड़ाई के संबंध में कथन (1) और (2) सही हैं। थानेश्वर से लगभग 20 किमी की दूरी पर तराइन रण क्षेत्र में 1191 ई. मे मुहम्मद गोरी तथा पृथ्वीराज चौहान के बीच युद्ध हुआ।

इस युद्ध में मुहम्मद गोरी को हार का सामना करना पड़ा। गोरी ने पृथ्वीराज के भाई पर आक्रमण किया, जिसके पश्चात् गोविंद राव ने गोरी की भुजा पर हमला कर दिया, जिसके परिणामस्वरूप गोरी को पीछे हटना पड़ा तथा एक खिलजी सैनिक द्वारा गोरी की रणक्षेत्र से बाहर ले जाकर जान बचाई गई। मुहम्मद गोरी गजनी लौट गया, जिसके उपरांत राजपूतों ने सरहिंद पर घेरा डाला, किंतु वे सुगमता से सरहिंद पर विजय पाने में सफल नहीं हो सके।

25 **तराइन की द्वितीय लड़ाई के संबंध में निम्नलिखित कथनों में कौन-सा कथन सही नहीं है?** *(Chap 5, Class-XI, Old NCERT)*

(a) यह लड़ाई 1192 ई. में हुई थी।
(b) इस युद्ध में जयचंद ने गोरी का साथ दिया।
(c) इस युद्ध में पृथ्वीराज सिरसा में बंदी बना लिया गया।
(d) उपर्युक्त में से कोई नहीं

उत्तर *(b)*

व्याख्या तराइन की द्वितीय लड़ाई के संबंध में कथन (b) सही नहीं है, क्योंकि कन्नौज का शासक जयचंद इस युद्ध से अलग रहा। 1192 ई. के तराइन के द्वितीय युद्ध को भारतीय इतिहास में एक नया मोड़ माना गया। इस युद्ध में मुहम्मद गोरी ने अपनी पूरी तैयारी के साथ पृथ्वीराज पर आक्रमण किया, 12000 सैनिकों के साथ युद्ध किया तथा इस युद्ध में पृथ्वीराज ने उत्तर भारत के सभी राजाओं से सहायता माँगी, जिसके परिणामस्वरूप राजाओं ने अपनी-अपनी सैन्य टुकड़ियाँ भी भेजीं।

26 **जयचंद के संबंध में निम्नलिखित कथनों पर विचार कीजिए** *(Chap 5, Class-XI, Old NCERT)*

1. वह गहड़वाल राज्य का शासक था।
2. यह राज्य कन्नौज में स्थित था।
3. वह बंगाल के सेन राजा को पराजित कर चुका था।

उपर्युक्त में से कौन-सा/से कथन सही है/हैं?

(a) केवल 3 (b) 1 और 2
(c) 2 और 3 (d) 1, 2 और 3

उत्तर *(b)*

व्याख्या जयचंद के संबंध में कथन (1) और (2) सही हैं।

जयचंद गहड़वाल (राठौर) राज्य के शासक थे, जो कन्नौज राज्य में स्थित था। राजा जयचंद ने वीरता, साहस, कुशल नेतृत्व एवं दूरदर्शिता जैसे गुणों के चलते कन्नौज राज्य का अधिक विस्तार किया।

कथन (3) सही नहीं है, क्योंकि बंगाल के सेन शासक लक्ष्मण सेन से जयचंद पराजित हुआ था। इसके अतिरिक्त दिल्ली पर अधिकार करने को लेकर हुए युद्ध में चौहान वंश के शासकों द्वारा जयचंद की भी पराजय हुई।

27 **तुर्कों की भारत विजय से संबंधित कथनों पर विचार कीजिए** *(Chap 3, Class-VII, Old NCERT)*

1. तुर्कों की विजय भारत की राजनैतिक, आर्थिक और सामाजिक परिस्थितियों में परिवर्तन का परिणाम थी।
2. सामंतीकरण अधिक बढ़ जाने से तुर्कों को भारत में किसी केंद्रीकृत सत्ता से संघर्ष नहीं करना पड़ा।
3. तुर्क आक्रमण के समय भारतीय राज्यों को अपनी ही प्रजा का अपेक्षापूर्ण सहयोग नहीं मिला।

उपर्युक्त कथनों में से कितने कथन गलत हैं?

(a) केवल एक (b) केवल दो
(c) सभी तीन (d) इनमें से कोई नहीं

उत्तर *(d)*

व्याख्या तुर्कों की भारत विजय के संदर्भ में दिया गया कोई भी कथन गलत नहीं है।

तुर्कों की विजय तत्कालीन भारत की राजनैतिक, आर्थिक और सामाजिक परिस्थितियों में परिवर्तन का परिणाम थी।

सामंतीकरण अधिक बढ़ जाने से तुर्कों को भारत में किसी केंद्रीय सत्ता से संघर्ष नहीं करना पड़ा। इस समय भारत अनेक छोटे-छोटे राज्यों में विभाजित था। अत: तुर्कों को भारत में किसी बड़ी शक्ति से संघर्ष नहीं करना पड़ा।

तुर्क आक्रमण के समय भारतीय राज्यों को अपनी प्रजा से अपेक्षित सहयोग प्राप्त नहीं हुआ। राजा और सामान्य प्रजा के मध्य एक खाई सी बन गई थी। इसके परिणामस्वरूप परिणामत: युद्ध के समय राजा को इस वर्ग का अपेक्षित सहयोग नहीं मिला।

28 **सूची II को सूची II से सुमेलित कीजिए** *(Chap 5, Class-XI, Old NCERT)*

सूची I (गोरी द्वारा विजित क्षेत्र)	**सूची** II (अवस्थिति)
A. बयाना	1. गुजरात
B. अन्हिलवाड़	2. राजस्थान
C. महोबा	3. मध्य प्रदेश
D. खजुराहो	4. उत्तर प्रदेश

कूट

	A	B	C	D		A	B	C	D
(a)	1	2	3	4	(b)	2	1	4	3
(c)	4	3	2	1	(d)	3	1	2	4

उत्तर *(b)*

व्याख्या सही सुमेलन A-2, B-1, C-4, D-3 है।

गोरी द्वारा जीता गया बयाना क्षेत्र राजस्थान के भरतपुर जिले में स्थित है, जो वाणिज्यिक मार्ग के कारण महत्त्वपूर्ण था।

अन्हिलवाड़ क्षेत्र, गुजरात राज्य में स्थित था। यह स्थान राज्य के पाटन जिले में था। 1304 ई. से 1411 ई. के मध्य यह दिल्ली सल्तनत का एक सूबा था।

महोबा क्षेत्र, उत्तर प्रदेश राज्य में स्थित है। यह परमार शासकों के अधीन था। बुंदेलखंड में स्थित यह स्थल सूर्य मंदिर के लिए प्रसिद्ध है।

खजुराहो क्षेत्र, मध्य प्रदेश राज्य में स्थित है। खजुराहो चंदेल शासकों द्वारा निर्मित मंदिरों के लिए जाना जाता है। यहाँ प्रसिद्ध कंदारिया महादेव का मंदिर स्थित है।

29 **'तहकीक-ए-हिंद' पुस्तक के लेखक कौन हैं?** *(Chap 5, Class-XII, New NCERT)*

(a) जियाउद्दीन बरनी (b) अमीर खुसरो (c) अलबरूनी (d) अब्दुर्रज्जाक

उत्तर *(d)*

व्याख्या 'तहकीक-ए-हिंद' पुस्तक के लेखक अलबरूनी हैं। इसे किताब-उल-हिंद के नाम से भी जाना जाता है। यह एक वैज्ञानिक ग्रंथ है और यह भारतीय इतिहास के साहित्यिक विदेशी स्रोतों में से एक है, जिसे 'एन इंकवायरी इन इण्डिया' नाम से जाना जाता है। तहकीक-ए-हिंद पुस्तक मध्यकालीन भारत की संस्कृति और अर्थव्यवस्था के विषय में जानकारी प्रदान करती है। अलबरूनी 11वीं शताब्दी में महमूद गजनवी के साथ भारत आया था।

30 **बख्तियार खिलजी के संबंध में कौन-सा कथन सही नहीं है?** *(Chap 5, Class-XI, Old NCERT)*

(a) उसने नालंदा और विक्रमशिला को नष्ट कर दिया।
(b) उसने बंगाल पहुँचने का रास्ता खोजा।
(c) उसने बंगाल के सेन राजा लक्ष्मण सेन पर हमला किया था।
(d) उसने लखनौती पर हमला किया पर सफल नहीं हो पाया।

उत्तर *(d)*

व्याख्या बख्तियार खिलजी के संबंध में कथन (d) सही नहीं है, क्योंकि 1204 ई. में बख्तियार खिलजी सेन शासकों की राजधानी लखनौती की ओर बढ़ा एवं बिना किसी विरोध के उस पर अधिकार कर लिया, क्योंकि सेन शासक उस समय दक्षिण बंगाल में सोनार गाँव गया हुआ था। बंगाल में अपनी स्थिति मजबूत करने के बाद बख्तियार खिलजी को मुहम्मद गौरी ने बंगाल का सूबेदार नियुक्त कर दिया।

अध्याय 13

दिल्ली सल्तनत

दिल्ली सल्तनत

मामलूक एवं खिलजी वंश

मामलूक वंश (1206-1290 ई.)

- **कुतुबुद्दीन ऐबक**
  - भारत में तुर्की सत्ता का संस्थापक
  - लाहौर को अपनी राजधानी घोषित;
  - कुतुबमीनार तथा अढ़ाई दिन का झोपड़ा मस्जिद का निर्माण कराया।
- **इल्तुतमिश**
  - लाहौर की जगह दिल्ली को राजधानी बनाया तथा मंगोल आक्रमण से सल्तनत की रक्षा की
  - टंका तथा जीतल नामक सिक्के जारी किए
- **रजिया सुल्तान**
  - दिल्ली सल्तनत की पहली महिला शासिका
  - राजपूतों पर आधिपत्य स्थापित करने के उद्देश्य से रणथंभौर पर आक्रमण
- **बलबन**
  - निरंकुश ढंग से शासन का संचालन करते हुए स्वयं को ईरानी शासक अफरासियाब का वंशज घोषित
  - दीवान-ए-अर्ज नामक सैन्य विभाग का

खिलजी वंश (1290-1320 ई.)

- **जलालुद्दीन खिलजी**
  - जन सामान्य के समर्थन से राज्य संचालन करने के दृष्टिकोण का पहला विचार रखने वाला शासक
- **अलाउद्दीन खिलजी**
  - पहले अवध तथा कड़ा के इक्तेदार के रूप में कार्य किया
  - दक्षिण भारत में पहले तुर्की अभियान का नेतृत्व किया

तुगलक एवं सैयद वंश

तुगलक वंश (1320-1414 ई.)

- **गयासुद्दीन तुगलक**
  - तुगलक वंश की स्थापना से पूर्व अलाउद्दीन खिलजी के प्रशासनिक अधिकारी के रूप में कार्य
- **मुहम्मद-बिन-तुगलक**
  - नौसेना क्षेत्र पर कब्जा कर दिल्ली सल्तनत को मजबूत
  - वारंगल के राय रुद्रदेव तथा जाजनगर के भानुदेव द्वितीय को पराजित।
  - धार्मिक सहिष्णुता को बढ़ावा
  - इब्नबतूता को दिल्ली का काजी नियुक्त किया।
- **फिरोजशाह तुगलक**
  - फिरोजशाह तुगलक अपने महत्त्वपूर्ण सुधारों के लिए जाना जाता है।
  - 24 प्रकार के शुल्कों को समाप्त कर चार महत्त्वपूर्ण करों को जारी रखा
  - उसने **जजिया** कर को ब्राह्मणों पर भी लागू किया।

सैयद वंश (1414-1451 ई.)

- **खिज्र खाँ**
  - 1398 ई. में तैमूर द्वारा दिल्ली पर आक्रमण के पश्चात् वंश की स्थापना
  - दिल्ली के शासक दौलत खाँ लोदी को पराजित कर स्वयं दिल्ली के सिंहासन पर आसीन
- **मुबारक शाह**
  - 1421 ई. से 1434 ई. तक शासन किया तथा मुहम्मद शाह को उत्तराधिकारी बनाया
  - सल्तनत के विस्तार को देखते हुए मेवात, बयाना और ग्वालियर के विरुद्ध सफल अभियान किए

मुहम्मद शाह (1434-1445 ई.)

- एक निर्बल शासक के रूप में दिल्ली सल्तनत की राजगद्दी पर आसीन हुआ। मुहम्मद शाह के बाद आलमशाह (1445-1451 ई.) शासक हुआ।
- इसी के शासनकाल के दौरान बहलोल लोदी ने महमूद खिलजी के आक्रमण से दिल्ली की रक्षा की

लोदी एवं मंगोल वंश

लोदी वंश (1451-1526 ई.)

- **बहलोल लोदी**
  - इस अफगान वंश के शासक ने मेवात व दोआब में विद्रोह को सफलतापूर्वक दबाया; 1476 ई. में जौनपुर के सुल्तान को पराजित किया।
- **सिकंदर लोदी**
  - गैर-मुसलमानों पर जजिया कर पुनः लागू किया। 1506 ई. में आगरा नगर की स्थापना तथा इसे अपनी दूसरी राजधानी बनाया। भूमि नाप के लिए 'गज-ए-सिकंदरी' का प्रचलन किया।
- **इब्राहिम लोदी**
  - सिकंदर लोदी का ज्येष्ठ पुत्र व उत्तराधिकारी था। 1526 ई. में बाबर द्वारा पराजित तथा दिल्ली का पहला सुल्तान, जो युद्ध क्षेत्र में मारा गया।
- राणा सांगा और अफगान सरदारों के विद्रोह का सामना किया।

दिल्ली सल्तनत पर मंगोल आक्रमण

- **इल्तुतमिश के शासन काल के दौरान**
  ख्वारिज्म के राजकुमार के मंगोल आक्रमण के विरुद्ध शरण न देकर मंगोल के प्रकोप से सल्तनत को बचाया।
- भारत में मंगोलों के आक्रमण का खतरा 1221 ई. में आया।
- **बलबन के शासनकाल के दौरान**
  - मंगोल नेता तैर बहादुर के नेतृत्व में लाहौर पर कब्जा। 1245 ई. में मंगोलों का सल्तनत पर हमला, किंतु बलबन द्वारा सल्तनत की रक्षा
- **खिलजी शासन के दौरान**
  1292 ई. में मंगोल नेता अब्दुल्ला द्वारा सल्तनत पर हमला, किंतु जलालुद्दीन द्वारा सुरक्षा

SOURCE New NCERT Class VII दिल्ली के सुल्तान, Old NCERT Class VII दिल्ली के सुल्तान (1206 ई. -1290 ई.), Old NCERT Class XI दिल्ली सल्तनत-I (1200 ई. -1400 ई.), दिल्ली सल्तनत-II(1200 ई. -1400 ई.), दिल्ली सल्तनत के अधीन शासन और आर्थिक तथा सामाजिक जीवन, Tamil Nadu Board, Class XI अरबों एवं दिल्ली सल्तनत की स्थापना और विस्तार तुर्कों का आगमन, NIOS, Module-2

गुलाम वंश

1 गुलाम वंश के संस्थापक तथा भारत में मुहम्मद गौरी के उत्तराधिकारी के संबंध में कौन-सा कथन सही है? *(Chap 6, Class-XI, Old NCERT)*

(a) उसे गुलामों का गुलाम कहा जाता है।
(b) उसका संबंध मामलूक वंश से था।
(c) यलदूज उसका मुख्य प्रतिद्वंद्वी था।
(d) उसने तराइन के युद्ध में भाग लिया था।

उत्तर (c)

व्याख्या गुलाम वंश के संस्थापक कुतुबुद्दीन ऐबक तथा भारत में मुहम्मद गोरी के उत्तराधिकारी के संबंध में कथन (c) सही है।

मुहम्मद गोरी के तुर्क गुलाम कुतुबुद्दीन ऐबक ने भारत में गोरी के युद्ध कार्यों में भाग लिया तथा भारत में गोरी की साम्राज्यवादी नीति के अंतर्गत अनेक क्षेत्रों को जोड़कर गोरी साम्राज्य में मिलाया।

कुतुबुद्दीन ने दिल्ली सिंहासन के पूर्व गोरी के भतीजे व उत्तराधिकारी सुल्तान गयासुद्दीन मुहम्मद से दास मुक्ति-पत्र प्राप्त कर लिया, परंतु भारत में दिल्ली के सिंहासन पर मुहम्मद गोरी के दूसरे गुलाम यलदूज की भी नजर थी, परंतु यलदूज को गोरी की मृत्यु के बाद गजनी का उत्तराधिकार प्राप्त हुआ, जिसके कारण कुतुबुद्दीन ऐबक ने दिल्ली सल्तनत में गुलाम वंश की स्थापना की। गुलाम वंश को ही मामलूक वंश कहा जाता है।

इल्तुतमिश, जोकि कुतुबुद्दीन ऐबक का गुलाम था, उसे 'गुलामों का गुलाम' कहा जाता था। तराइन का प्रथम युद्ध पृथ्वीराज तृतीय तथा मुहम्मद गोरी के मध्य हुआ था, जिसमें पृथ्वीराज तृतीय की विजय हुई।

2 कुतुबुद्दीन ऐबक के संबंध में निम्नलिखित कथनों पर विचार कीजिए *(Chap 4, Class-VII, Old NCERT)*

1. उसके नेतृत्व में इल्बारी वंश का उत्थान हुआ।
2. उसने लाहौर को राजधानी बनाया था।
3. उसने अजमेर में अढ़ाई दिन का झोंपड़ा बनवाया।

उपर्युक्त कथनों में से कौन-सा/से कथन सही है/हैं?

(a) 1 और 2 (b) केवल 3 (c) केवल 2 (d) 1, 2 और 3

उत्तर (d)

व्याख्या कुतुबुद्दीन ऐबक के संबंध में सभी कथन सही हैं।
1206 ई. में मुहम्मद गोरी की मृत्यु के बाद उसके विश्वसनीय दास कुतुबुद्दीन ऐबक ने भारत में गुलाम वंश तथा इल्बारी वंश की स्थापना की। इसने लाहौर को अपनी राजधानी बनाया। इसके अतिरिक्त कुतुबुद्दीन ऐबक ने अजमेर में 'अढ़ाई दिन का झोंपड़ा' नामक मस्जिद का निर्माण करवाया।

3 सुल्तान कुतुबुद्दीन ऐबक की मृत्यु कैसे हुई? *(Chap 3, Class-VII, Old NCERT) (IAS Pre 2003)*

(a) उसके एक महत्त्वाकांक्षी कुलीन व्यक्ति ने कपट से छुरा मारकर हत्या कर दी।
(b) पंजाब पर अधिकार के लिए यलदूज के साथ युद्ध में उसकी मृत्यु हुई।
(c) बुंदेलखंड के किले कालिंजर की घेराबंदी करते समय चोट के कारण उसकी मृत्यु हुई।
(d) चौगान की क्रीड़ा के दौरान घोड़े से गिरने के कारण उसकी मृत्यु हुई।

उत्तर (d)

व्याख्या 1210 ई. में चौगान खेलते समय घोड़े से गिर जाने के कारण सुल्तान कुतुबुद्दीन ऐबक की मृत्यु लाहौर में हुई और उसे वहीं दफना दिया गया। इसकी मृत्यु के उपरांत इल्तुतमिश ने दिल्ली सल्तनत पर अपना नियंत्रण स्थापित किया।

4 इल्तुतमिश के संबंध में निम्नलिखित कथनों पर विचार कीजिए *(Chap 6, Class-XI, Old NCERT)*

1. उसने कुतुबुद्दीन के दामाद आरामशाह को युद्ध में पराजित किया था।
2. भारत में तुर्की शासन का वास्तविक संस्थापक इल्तुतमिश ही था।
3. इल्तुतमिश के समय अली मर्दान खाँ ने स्वयं को बिहार तथा बंगाल का गवर्नर घोषित कर दिया था।

उपर्युक्त कथनों में से कौन-सा/से कथन सही है/हैं?

(a) 2 और 3
(b) 1 और 3
(c) केवल 3
(d) 1, 2 और 3

उत्तर (a)

व्याख्या इल्तुतमिश के संबंध में कथन (2) और (3) सही हैं।
कुतुबुद्दीन ऐबक की मृत्यु के बाद उसका पुत्र आरामशाह दिल्ली सल्तनत की गद्दी पर बैठा, परंतु बदायूँ के इक्तादार एवं कुतुबुद्दीन ऐबक के दामाद इल्तुतमिश ने आरामशाह को युद्ध में हराकर स्वयं को सुल्तान घोषित किया।

इल्तुतमिश दिल्ली सल्तनत तथा भारत में तुर्की शासन का वास्तविक संस्थापक था। उसने अली मर्दान खाँ को बिहार तथा बंगाल का गवर्नर नियुक्त किया था।

5 इल्तुतमिश ने अपने शासनकाल (1210-1238 ई.) में निम्नलिखित में से कौन-सा कार्य नहीं किया था? *(Chap 6, Class-XI, Old NCERT)*

(a) ग्वालियर और बयाना पर अधिकार
(b) अजमेर और नागोर पर सत्ता स्थापना
(c) रणथंभौर और जालोर पर आक्रमण
(d) मारवाड़ की राजधानी नागदा पर आक्रमण

उत्तर (d)

व्याख्या इल्तुतमिश ने अपने शासनकाल (1210-1238 ई.) में मारवाड़ की राजधानी नागदा पर आक्रमण नहीं किया था। इल्तुतमिश ने अपने विरोधियों यलदूज एवं कुबाचा को पराजित किया तथा मंगोल शासक चंगेज के आक्रमण को अपनी सूझ-बूझ से स्थगित कर दिया।
इल्तुतमिश ने बंगाल में हिसामुद्दीन खिलजी के विद्रोह का दमन करने के साथ-साथ राजपूतों का भी दमन करके साम्राज्य को सशक्त बनाया। इसने ग्वालियर, पूर्वी राजस्थान क्षेत्र (अजमेर एवं बयाना) तथा रणथंभौर एवं जालोर जैसे राजपूत साम्राज्य को अपने अधीन किया।

6 निम्नलिखित में से कौन-सा युग्म सुमेलित नहीं है? *(Chap 6, Class-XI, Old NCERT)*

तथ्य		संबंधित व्यक्ति
(a) इल्तुतमिश का प्रतिद्वंद्वी	–	कुबाचा
(b) चालीसा दल	–	इल्तुतमिश
(c) सुल्तान गयासुद्दीन की उपाधि	–	इवाज
(d) गजनी का उत्तराधिकार	–	यलदूज

उत्तर (a)

व्याख्या दिए गए युग्मों में से युग्म (a) सही सुमेलित नहीं है, क्योंकि कुबाचा इल्तुतमिश का प्रतिद्वंद्वी नहीं, बल्कि कुतुबुद्दीन ऐबक का मुख्य प्रतिद्वंद्वी था।
इसके अतिरिक्त इल्तुतमिश ने अपने प्रशासन को संगठित करने के उद्देश्य से चालीस तुर्क सरदारों का एक गुट चालीसा दल या तुर्कान-ए-चहलगानी का गठन किया था।
सुल्तान गयासुद्दीन की उपाधि इवाज नामक व्यक्ति ने धारण की थी, जिसने इल्तुतमिश के शासनकाल में बंगाल एवं बिहार में अपनी आजादी का ऐलान कर दिया था। मुहम्मद गोरी की मृत्यु के पश्चात् उसके गुलाम यलदूज को गजनी का उत्तराधिकारी बनाया था।

7 ख्वारिज्म साम्राज्य के संदर्भ में निम्नलिखित कथनों पर विचाार कीजिए *(Chap 6, Class-XI, Old NCERT)*

1. ख्वारिज्म साम्राज्य मध्य एशिया का सबसे शक्तिशाली राज्य था।
2. 1218 ई. में मंगोलों ने इसे नष्ट कर दिया।

उपर्युक्त कथनों में से कौन-सा/से सही है/हैं?

(a) केवल 1
(b) केवल 2
(c) 1 और 2 दोनों
(d) उपर्युक्त में से कोई नहीं

उत्तर (c)

व्याख्या ख्वारिज्म साम्राज्य के संदर्भ में दोनों कथन सही हैं।

ख्वारिज्म साम्राज्य मध्य एशिया का सबसे शक्तिशाली राज्य था। इस साम्राज्य की सीमा पूरब में सिंधु नदी तक विस्तृत थी, जो उस समय के दिल्ली के शासक इल्तुतमिश की चिंता का एक महत्त्वपूर्ण कारण था। फिर इल्तुतमिश ने इनके विद्रोह का दमन करके दिल्ली सल्तनत का विस्तार किया।

1218 ई. में मंगोलों ने ख्वारिज्म साम्राज्य को नष्ट कर दिया तथा एक नए साम्राज्य की स्थापना की।

8 रजिया सुल्तान के संबंध में निम्नलिखित कथनों पर विचार कीजिए *(Chap 4, Class-VII, Old NCERT)*

1. रजिया ने अपने अभिलेखों और सिक्कों पर अंकित करवाया कि वह सुल्तान इल्तुतमिश की पुत्री है।
2. मिनहाज-उस-सिराज ने रजिया को उसके भाइयों में सबसे अधिक योग्य और सक्षम बताया है।
3. होयसल वंश की रानी रुद्रम्मा देवी के व्यवहार से रजिया का व्यवहार समानता रखता था।

उपर्युक्त में से कौन-सा/से कथन सही है/हैं?

(a) 1 और 2
(b) केवल 1
(c) 2 और 3
(d) 1, 2 और 3

उत्तर (a)

व्याख्या रजिया सुल्तान के संबंध में कथन (1) और (2) सही हैं।

रजिया सुल्तान ने अपने अभिलेखों एवं सिक्कों पर अंकित करवाया कि वह सुल्तान इल्तुतमिश की पुत्री है। रजिया ने पर्दा-प्रथा को त्याग दिया और पुरुषों के समान कुबा (कोट) और कुलाह (टोपी) पहनकर दरबार में बैठने लगी। रजिया पहली मुस्लिम शासिका थी।

मिनहाज-उस-सिराज ने रजिया को उसके भाइयों में सबसे अधिक योग्य और सक्षम बताया है।

कथन (3) सही नहीं है, क्योंकि आधुनिक आंध्र प्रदेश के वारंगल क्षेत्र में किसी समय काकतीय वंश का राज था, उस वंश की रानी रुद्रम्मा देवी के व्यवहार से रजिया सुल्तान के व्यवहार में कोई समानता नहीं थी।

9 कथन (A) रजिया ने राजपूतों पर नियंत्रण के लिए रणथंभौर पर आक्रमण किया तथा सल्तनत में शांति सुव्यवस्था कायम की।

कारण (R) रजिया ने अपने प्रति वफादार अमीरों का एक दल खड़ा किया और एक गैर-तुर्क को ऊँचा पद दिया। *(Chap 6, Class-XI, Old NCERT)*

कूट

(a) A और R दोनों सही हैं तथा R, A की सही व्याख्या करता है।
(b) A और R दोनों सही हैं, परंतु R, A की सही व्याख्या नहीं करता है।
(c) A सही है, किंतु R गलत है।
(d) R सही है, किंतु A गलत है।

उत्तर (b)

व्याख्या A और R दोनों सही हैं, परंतु R, A की सही व्याख्या नहीं करता है।
रजिया सुल्तान ने राजपूतों पर नियंत्रण रखने के लिए रणथंभौर का अभियान किया। इसके सेनापति कुतुबुद्दीन हसन ने रणथंभौर के किले को नष्ट कर दिया तथा अपने पूरे राज्य में रजिया ने शांति व्यवस्था स्थापित की।
रजिया ने अपने प्रति वफादार अमीरों के एक दल का गठन किया तथा एक गैर-तुर्क अबीसीनियाई याकूत खाँ को ऊँचे पद पर नियुक्त किया।

10 सूची I को सूची II से सुमेलित कीजिए *(Chap 6, Class-XI, Old NCERT)*

सूची I (व्यक्ति)	सूची II (पद)
A. याकूत	1. अमीर-ए-आखूर
B. अल्तूनिया	2. भटिंडा का गवर्नर
C. निजाम-उल-मुल्क जुनैदी	3. वजीर
D. बलबन	4. नायब-ए-ममलिकात

कूट

	A	B	C	D
(a)	1	2	3	4
(b)	3	2	1	4
(c)	4	3	2	1
(d)	2	1	3	4

उत्तर (a)

व्याख्या सही सुमेलन A-1, B-2, C-3, D-4 है।

रजिया सुल्तान ने अबीसीनियाई अमीर याकूत खाँ को 'अमीर-ए-आखूर' के पद पर नियुक्त किया।

रजिया सुल्तान के समय भटिंडा के गवर्नर अल्तुनिया ने विद्रोह किया। रजिया इसे दबाने गई, परंतु पराजित हुई और कैद कर ली गई।

निजाम-उल-मुल्क जुनैदी ने वजीर पद को धारण किया था।

नासिरुद्दीन महमूद के शासनकाल में बलबन नायब-ए-ममलिकात पद पर नियुक्त था।

11 निम्नलिखित में किसने किस शासक के बारे में लिखा है कि ''उस दिन से बारान, अमरोहा, संभल और कटेहर (आधुनिक पश्चिमी उत्तर प्रदेश) के इक्ता सुरक्षित हो गए और उन्हें उपद्रवों से हमेशा के लिए मुक्ति मिल गई।'' *(Chap 6, Class-XI, Old NCERT)*

(a) बरनी ने बलबन के बारे में
(b) मिनहाज-उस-सिराज ने तुगरिल खाँ के बारे में
(c) बरनी ने बुगरा खाँ के बारे में
(d) इब्नबतूता ने मुहम्मद-बिन-तुगलक के बारे में

उत्तर (a)

व्याख्या उक्त कथन बलबन के संबंध में इतिहासकार बरनी ने लिखा है। जियाउद्दीन बरनी भारत का इतिहास लिखने वाला पहला इतिहासकार है। बरनी ने बलबन की मेवातियों से निपटने की नीति 'खून और फौलाद' (रक्त और लौह की नीति) की व्याख्या करते हुए कहा है कि ''उस दिन बारान, अमरोहा, संभल एवं कटेहर के इक्ता सुरक्षित हो गए एवं उन्हें उपद्रवों से हमेशा के लिए मुक्ति मिल गई।''

12 निम्नलिखित में से कौन-सा कथन बलबन के संबंध में सही नहीं है? *(Chap 6, Class-XI, Old NCERT) (CGPSC Pre 2008)*

(a) उसने 'नियामत-ए-खुदाई' के सिद्धांत का प्रतिपादन किया।
(b) उसने इक्तादारी व्यवस्था प्रारंभ की।
(c) उसने तुर्कान-ए-चहलगानी का प्रभाव समाप्त किया।
(d) उसने बंगाल के विद्रोह का दमन किया।

उत्त (b)

व्याख्या बलबन के संबंध में कथन (b) सही नहीं है, क्योंकि इक्ता प्रणाली की व्यवस्था बलबन ने नहीं, बल्कि इल्तुतमिश ने प्रारंभ की थी।

बलबन 1265 ई. में दिल्ली सल्तनत की गद्दी पर बैठा तथा उसने नियामत-ए-खुदाई के सिद्धांत का प्रतिपादन किया। तुर्कान ए-चहलगानी अमीरों के दल का हिस्सा था, जिसका बलबन ने दमन कर दिया था।

बलबन ने बंगाल के विद्रोह को दबाने के लिए अभियान भी किया।

13 गयासुद्दीन बलबन के सुल्तान बनने के पश्चात् हुई विभिन्न घटनाओं के संबंध में निम्नलिखित कथनों पर विचार कीजिए

(Chap 6, Class-XI, Old NCERT)

1. बलबन ने दरबार में 'खून और फौलाद' की नीति का पालन करवाया।
2. मंगोल आक्रमणकारी अब्दुल्ला (हलाकू का पौत्र) ने बलबन के काल में दिल्ली पर आक्रमण किया था।
3. बलबन ने बंगाल अभियान के पश्चात् बुगरा खाँ को बंगाल का सूबेदार बनाया था।

उपर्युक्त में से कौन-सा/से कथन सही नहीं है/हैं?

(a) केवल 2 (b) 1 और 3 (c) 1 और 2 (d) 1, 2 और 3

उत्तर *(a)*

व्याख्या गयासुद्दीन बलबन के सुल्तान बनने के पश्चात् हुई, घटनाओं के संबंध में कथन (2) सही नहीं है, क्योंकि बलबन ने अपनी कूटनीति के अंतर्गत ईरान के मंगोल शासक इल-खान हलाकू के पास अपना दूत राजनीतिक संबंध स्थापित करने के लिए भेजा। हलाकू ने भी अपने दूत भेजकर राजनीतिक संबंध स्थापित किए, परंतु बलबन की मृत्यु के पश्चात् 1292 ई. में हलाकू का एक पौत्र अब्दुल्ला 1,50,000 घुड़सवारों के साथ दिल्ली की ओर बढ़ा, लेकिन जलालुद्दीन खिलजी ने बलबन द्वारा स्थापित भटिंडा, सुनाम तथा समाना में स्थापित सीमा सुरक्षा के निकट उसे पराजित कर दिया।

14 बलबन द्वारा किए गए विभिन्न प्रशासनिक सुधारों के अंतर्गत निम्नलिखित में से कौन-सा/से कथन शामिल था/थे?

(Chap 6, Class-XI, Old NCERT)

1. सैन्य सुधार के अंतर्गत दीवान-ए-अर्ज का पुनर्गठन
2. सिजदा और पैबोस प्रथा का प्रचलन
3. प्रशासन में नायब-ए-ममलिकात की स्थापना
4. सुल्तान की निरंकुशता को वैधानिकता प्रदान करना

कूट

(a) 1, 2 और 3 (b) 1, 3 और 4
(c) केवल 4 (d) 1, 2 और 4

उत्तर *(d)*

व्याख्या बलबन द्वारा किए गए विभिन्न प्रशासनिक सुधारों के अंतर्गत कथन (1), (2) और (4) शामिल हैं।

बलबन ने 'दीवान-ए-अर्ज' की स्थापना की, जो एक सैन्य विभाग था। इसने 'सिजदा' एवं 'पैबोस' (दंडवत प्रणाम करने और राजा के पैर चूमने) की प्रणाली आरंभ की। बलबन ने राजत्व के सिद्धांत की स्थापना करते हुए सुल्तान की निरंकुशता को वैधानिकता प्रदान की थी।

कथन (3) सही नहीं है, क्योंकि उसने 'नायाब-ए-ममलिकात' का पद समाप्त कर दिया।

15 बलबन के संदर्भ में निम्नलिखित कथनों पर विचार कीजिए

(Chap 6, Class-XI, Old NCERT)

1. यह अपने आपको ईरानी अफरासियाब का वंशज मानता था।
2. इसने सत्ता को शक्तिशाली बनाकर सारी शक्ति अपने हाथों में केंद्रित की।
3. बलबन ने एक सैन्य विभाग दीवार-ए-अर्ज का पुनर्गठन किया।

उपर्युक्त कथनों में से कौन-सा/से कथन सही है/हैं?

(a) 1 और 2
(b) 2 और 3
(c) 1 और 3
(d) 1, 2 और 3

उत्तर *(d)*

व्याख्या बलबन के संदर्भ सभी कथन सही हैं।

बलबन अपने आपको ईरानी अफरासियाब का वंशज मानता था। यह राजपद की शक्ति और प्रतिष्ठा की वृद्धि हेतु सदैव प्रयत्नशील रहा।

बलबन ने अपनी सत्ता को शक्तिशाली बनाकर सम्पूर्ण शक्ति अपने हाथों में केंद्रित की। वह भारत में एक शक्तिशाली एवं कठोर शासक बनकर उभरा था।

बलबन ने एक सैन्य विभाग दीवान-ए-अर्ज का पुनर्गठन किया। इसने दिल्ली सल्तनत के लिए खतरा बन रहे मंगोलों का सामना करने के लिए इस विभाग की स्थापना की थी।

16 बलबन के समय में हुए मंगोल आक्रमणों के संबंध में निम्नलिखित कथनों पर विचार कीजिए *(Chap 6, Class-XI, Old NCERT)*

1. 1245 ई. में बलबन ने मंगोल सेनापति तैर बहादुर को पराजित किया।
2. बलबन ने मंगोलों से मुल्तान को पुन: छीन लिया तथा दिल्ली सल्तनत में मिला लिया।
3. बलबन ने मंगोलों से लड़ने के लिए तबरहिंद, सुनाम और समाना के किलों की मरम्मत करवाई।

उपर्युक्त में से कौन-सा/से कथन सही है/हैं?

(a) 1 और 2 (b) केवल 3
(c) 1, 2 और 3 (d) 1 और 3

उत्तर *(c)*

व्याख्या बलबन के समय में हुए मंगोल आक्रमणों के संबंध में सभी कथन सही हैं।

लाहौर विजित करने के पश्चात् मंगोल सेना ने सेनापति तैर बहादुर के नेतृत्व में 1245 ई. में मुल्तान पर चढ़ाई की। बलबन ने एक विशाल सेना लेकर मुल्तान की रक्षा की तथा मंगोल सेनापति तैर बहादुर को परास्त किया और मुल्तान को दिल्ली सल्तनत में मिला लिया।

बलबन ने मंगोलों को व्यास नदी पार करने से रोकने के लिए तबरहिंद, सुनाम एवं समाना के किलों की मरम्मत करवाई।

खिलजी वंश

17 खिलजी वंश के किस सुल्तान ने 'शासितों के स्वैच्छिक समर्थन पर आधारित राज्य' के सिद्धांत का पालन किया?

(Chap 7, Class-XI, Old NCERT)

(a) जलालुद्दीन खिलजी
(b) अलाउद्दीन खिलजी
(c) मुबारक खिलजी
(d) नासिरुद्दीन खिलजी

उत्तर *(a)*

व्याख्या जलालुद्दीन खिलजी दिल्ली सल्तनत का वह पहला शासक था, जिसने स्पष्ट शब्दों में यह विचार रखा कि राज्य को 'शासितों के स्वैच्छिक समर्थन पर आधारित' होना चाहिए, क्योंकि भारत में हिंदुओं की संख्या अधिक है, इसलिए यह देश सही अर्थों में इस्लामी राष्ट्र नहीं हो सकता।

जलालुद्दीन खिलजी ने सहिष्णुता का व्यवहार करने एवं राजाओं का सहारा न लेने की नीति अपनाकर अमीरों की सद्भावना को प्राप्त करने की कोशिश की।

18 खिलजी वंश के संस्थापक जलालुद्दीन खिलजी के संबंध में निम्नलिखित कथनों पर विचार कीजिए

(Chap 7, Class-XI, Old NCERT)

1. खिलजी अमीरों ने 1290 ई. में जलालुद्दीन खिलजी को दिल्ली की गद्दी पर बैठाया।
2. जलालुद्दीन खिलजी के सुल्तान बनने से कुछ पदों पर तुर्कों का एकाधिकार समाप्त हो गया।
3. सुल्तान बनने से पूर्व वह उत्तर-पश्चिम सीमा का प्रधान रक्षक था।

उपर्युक्त में से कौन-सा/से कथन सही है/हैं?

(a) 1 और 2 (b) 2 और 3 (c) केवल 3 (d) 1, 2 और 3

उत्तर *(d)*

व्याख्या खिलजी वंश के संस्थापक जलालुद्दीन खिलजी के संबंध में सभी कथन सही हैं।

जलालुद्दीन फिरोज खिलजी ने गुलाम वंश के अंतिम शासक कैकुबाद की हत्या कर 1290 ई. में खिलजी वंश की स्थापना की। खिलजी वंश दिल्ली सल्तनत के अंतर्गत शासन करने वाला दूसरा वंश था, जो मध्य एशिया से आया था।

शासक बनने के बाद भी जलालुद्दीन खिलजी ने सिंहासनारोहण से मना कर दिया तथा दिल्ली में किलोखरी महल को अपनी राजधानी बनाया।

जलालुद्दीन खिलजी, जो मिश्रित रक्त था, ने तुर्कों को ऊँचे पदों से वंचित नहीं किया था, लेकिन उसके उदय के साथ ही उच्च पदों पर तुर्कों का एकाधिकार समाप्त हो गया था।

सुल्तान बनने से पूर्व जलालुद्दीन खिलजी उत्तर-पश्चिम सीमा का प्रधान रक्षक था और उसने अनेक लड़ाइयों में मंगोलों के विरुद्ध अपना युद्ध कौशल दिखाया था।

19 अलाउद्दीन खिलजी (1296-1316 ई.) के संबंध में कौन-सा कथन सही नहीं है? *(Chap 7, Class-XI, Old NCERT)*

(a) अलाउद्दीन ने अपने पिता जलालुद्दीन खिलजी को धोखे से मारकर गद्दी प्राप्त की।
(b) वह सुल्तान बनने से पूर्व अवध का सूबेदार था।
(c) अलाउद्दीन के सेनापति मलिक काफूर ने देवगिरि पर आक्रमण किया था।
(d) अलाउद्दीन ने सरदारों को अपना स्वामीभक्त बनाया।

उत्तर *(a)*

व्याख्या अलाउद्दीन खिलजी (1296-1316 ई.) के संबंध में कथन (a) सही नहीं है, क्योंकि जलालुद्दीन खिलजी का भतीजा एवं दामाद अलाउद्दीन खिलजी ने अपने ससुर जलालुद्दीन की धोखे से हत्या कर सत्ता प्राप्त की। यह बलबन के लाल महल में अलाउद्दीन नियाबुद्दीन मोहम्मद गुरशास्प के नाम की उपाधि के साथ सिंहासनारूढ़ (1296 ई.) हुआ।

अलाउद्दीन ने परोपकारिता एवं मानवतावाद पर आधारित शासन के सिद्धांत को अस्वीकार कर कठोरता एवं आतंक को अपने शासन का आधार बनाया।

20 निम्नलिखित में से कौन-सा कार्य अलाउद्दीन खिलजी ने अपने शासनकाल में करवाया था? *(Chap 7, Class-XI, Old NCERT)*

1. भोजों और उत्सवों के आयोजन पर प्रतिबंध
2. बिना अनुमति के वैवाहिक संबंधों पर रोक
3. शराब और नशीले पदार्थों पर रोक
4. गुप्तचर प्रणाली की स्थापना

कूट

(a) 1, 2 और 4 (b) 2, 3 और 4
(c) 1, 2 और 3 (d) 1, 2, 3 और 4

उत्तर *(d)*

व्याख्या दिए गए सभी कार्य अलाउद्दीन खिलजी ने अपने शासनकाल में कराए थे। अलाउद्दीन खिलजी ने अमीरों को अपने विरुद्ध साजिश करने से रोकने के लिए कई नियम बनाए। उसने अमीर वर्ग के बीच वैवाहिक संबंधों, सामाजिक मेल-जोल एवं अमीरों की दावतों पर प्रतिबंध लगाया तथा साथ ही अलाउद्दीन खिलजी ने वैवाहिक संबंधों पर रोक लगा दी। उसने शराब एवं नशीले पदार्थों पर भी रोक लगा दी।

अलाउद्दीन खिलजी ने एक गुप्तचर प्रणाली की भी स्थापना की, जिसके सदस्य अमीरों की गतिविधियों से सुल्तान को अवगत कराते थे। इन कठोर तरीकों से अलाउद्दीन ने अमीरों को पर्याप्त आतंकित कर दिया, जिसके कारण अमीर पूर्ण रूप से सुल्तान के अधीन हो गए।

21 सूची I को सूची II से सुमेलित कीजिए

(Chap 4, Class-VII, Old NCERT)

सूची I (अलाउद्दीन के विजित क्षेत्र)		सूची II (अवस्थिति)	
A.	मालवा	1.	राजस्थान
B.	रणथंभौर	2.	मध्य प्रदेश
C.	देवगिरि	3.	तेलंगाना
D.	वारंगल	4.	महाराष्ट्र

कूट

	A	B	C	D		A	B	C	D
(a)	1	2	3	4	(b)	2	1	4	3
(c)	3	2	1	4	(d)	4	3	1	2

उत्तर *(b)*

व्याख्या सही सुमेलन A-2, B-1, C-4, D-3 है।

मध्य प्रदेश में स्थित मालवा में अलाउद्दीन की सेना ने विजय प्राप्त की थी।

अलाउद्दीन ने स्वयं रणथंभौर (राजस्थान) के अभियान का नेतृत्व किया था तथा हम्मीर देव के साम्राज्य को जीत लिया।

अलाउद्दीन खिलजी ने मलिक काफूर के नेतृत्व में देवगिरि (महाराष्ट्र) के विरुद्ध एक अभियान भेजा, जिसमें मलिक काफूर ने विजय प्राप्त कर ली।

देवगिरि का अभियान पूरा करने के बाद मलिक काफूर ने 1309 ई. में वारंगल (तेलंगाना) के काकतीय शासक को हराकर विजय प्राप्त की।

22 अलाउद्दीन खिलजी के समय हुए मंगोल आक्रमणों के संबंध में निम्नलिखित कथनों पर विचार कीजिए

(Chap 3, Class-VII, New NCERT)

1. सबसे ज्यादा मंगोल आक्रमण अलाउद्दीन खिलजी के काल में हुए थे।
2. मंगोल आक्रमण का सामना करने के लिए उसने एक विशाल अस्थायी सेना का गठन किया था।
3. उसने अपने सैनिकों के लिए 'सीरी' नामक एक नया गैरिसन शहर नहीं बसाया।

उपर्युक्त में से कितने कथन गलत हैं?

(a) केवल एक (b) केवल दो
(c) सभी तीनों (d) इनमें से कोई नहीं

उत्तर *(b)*

व्याख्या अलाउद्दीन खिलजी के समय हुए मंगोल आक्रमणों के संबंध में केवल दो कथन अर्थात् (2 और 3) गलत हैं, क्योंकि मंगोल आक्रमण का सामना करने के लिए अलाउद्दीन खिलजी ने एक स्थायी सेना को गठित किया था, न कि अस्थायी सेना को। अलाउद्दीन खिलजी के शासनकाल में 1299-1300 ई. तथा 1302-1303 ई. के मध्य मंगोल आक्रमण हुए थे।

अलाउद्दीन खिलजी ने अपने सैनिकों के लिए मंगोल आक्रमण से सुरक्षा हेतु सीरी नामक एक गैरीसन शहर का निर्माण किया था।

23 अलाउद्दीन खिलजी के गुलाम तथा सेनापति मलिक काफूर के दक्षिण अभियान के संबंध में निम्नलिखित कथनों पर विचार कीजिए *(Chap 4, Class-VII, Old NCERT)*

1. उसने मदुरै नगर पर आक्रमण कर उसे लूटा था।
2. उसने द्वारसमुद्र के होयसलों पर आक्रमण किया था।
3. उसने देवगिरि के शासक राय रामचंद्र को आत्मसमर्पण के लिए मजबूर किया।

उपर्युक्त में से कौन-सा/से कथन सही है/हैं?

(a) 1 और 3
(b) 2 और 3
(c) 1, 2 और 3
(d) 1 और 2

उत्तर *(c)*

व्याख्या अलाउद्दीन खिलजी के गुलाम तथा सेनापति मलिक काफूर के दक्षिण अभियान के संबंध में सभी कथन सही हैं।

दिल्ली सल्तनत के शासक अलाउद्दीन खिलजी के दास गुलाम एवं विश्वासपात्र मलिक काफूर ने देवगिरि, वारंगल, द्वारसमुद्र के होयसल, मुदैर तथा माबर जैसे दक्षिण भारतीय राज्यों पर आक्रमण कर तथा उन क्षेत्रों को लूटा एवं विजित कर अपने मालिक अलाउद्दीन खिलजी के साम्राज्य में मिला दिया था। इसने इन अभियानों के दौरान दिल्ली सल्तनत के लिए बड़ी संख्या में खजाना, हाथी एवं घोड़े प्राप्त किए थे।

अलाउद्दीन की दक्कन विजय को मलिक काफूर ने संभव बनाया था और उसने इसी दौरान देवगिरि के शासक राय रामचंद्र को आत्मसमर्पण के लिए भी मजबूर किया। इसके परिणामस्वरूप राय रामचंद्र 1315 ई. तक दिल्ली सल्तनत का वफादार बना रहा।

24 निम्नलिखित कथनों पर विचार करें *(Chap 7, Class-XI, Old NCERT)*

कथन (A) अलाउद्दीन खिलजी की बाजार नियंत्रण की नीति सैन्य हितों से परिचालित थी।

कारण (R) सैनिक अपनी आवश्यकता की वस्तुएँ दिल्ली के व्यापारियों से खरीदते थे और यह आशंका थी कि व्यापारी अपनी चीजों की कीमत बढ़ा देंगे।

कूट

(a) A और R दोनों सही हैं तथा R, A का सही स्पष्टीकरण है।
(b) A और R दोनों सही हैं, परंतु R, A का सही स्पष्टीकरण नहीं है।
(c) A सही है, किंतु R गलत है।
(d) A गलत है, किंतु R सही है।

उत्तर *(a)*

व्याख्या A और R दोनों सही हैं तथा R, A का सही स्पष्टीकरण है।
अलाउद्दीन खिलजी की बाजार नियंत्रण की नीति सैन्य हितों से परिचालित थी। सैनिक अपनी आवश्यकता की वस्तुएँ दिल्ली के व्यापारियों से खरीदते थे और यह आशंका थी कि व्यापारी अपनी चीजों की कीमत बढ़ा देंगे। अलाउद्दीन खिलजी ने दिल्ली में लगने वाले बाजारों पर बाजार नियंत्रण की नीति अपनाई। बाजार नियंत्रण प्रणाली के अंर्तगत व्यापारियों पर नियंत्रण रखने के लिए नए विभाग दीवान-ए-रियासत की स्थापना की गई।

25 कथन (A) अलाउद्दीन खिलजी ने दिल्ली में बाजार नियंत्रण लागू किया था।

कारण (R) वह दिल्ली में अपने राजभवन के निर्माण में लगे हुए कारीगरों को कम वेतन देना चाहता था। *(Chap 3, Class-VII, New NCERT)* *(Chap 7, Class-XI, Old NCERT) (UPPSC Mains 2005)*

कूट

(a) A और R दोनों सही हैं तथा R, A की सही व्याख्या है।
(b) A और R दोनों सहीं है, परंतु R, A की सही व्याख्या नहीं है।
(c) A सही है, किंतु R गलत है।
(d) A गलत है, किंतु R सही है।

उत्तर *(c)*

व्याख्या A सही है, किंतु R गलत है।
दिल्ली सल्तनत के इतिहास में अलाउद्दीन खिलजी पहला ऐसा शासक था, जिसने बाजार नियंत्रण प्रणाली की शुरुआत की थी। बाजार सुधारों के माध्यम से अलाउद्दीन ने वस्तुओं के बाजार मूल्य लंबे समय तक स्थायी रखे, इन सुधारों का मुख्य उद्देश्य सैन्य एवं प्रशासनिक व्यवस्था को सुदृढ़ करना था।

इतिहासकार बरनी के अनुसार, ''अलाउद्दीन की बाजार नियंत्रण प्रणाली का एक बड़ा उद्देश्य हिंदुओं को सजा देना था, क्योंकि ज्यादातर व्यापारी हिंदू थे तथा वे मुनाफाखोरी से अपनी थैलियाँ भरते थे।''

इसका संबंध अलाउद्दीन खिलजी की बाजार नियंत्रण प्रणाली से नहीं था।

26 'बाजार नियंत्रण नीति' के संबंध में निम्नलिखित कथनों पर विचार कीजिए *(Chap 7, Class-XI, Old NCERT)*

1. इसका संबंध दिल्ली में लगने वाले बाजार से है।
2. बाजार नियंत्रण अधिकारी 'शहना-ए-मंडी' कहलाता था।
3. इसमें व्यापारियों का लेखा-जोखा नहीं रहता था।

उपर्युक्त में से कौन-सा/से कथन सही है/हैं?

(a) 1 और 2 (b) 2 और 3 (c) 1 और 3 (d) 1, 2 और 3

उत्तर *(a)*

व्याख्या 'बाजार नियंत्रण नीति' के संबंध में कथन (1) और (2) सही हैं।
अलाउद्दीन खिलजी ने दिल्ली में लगने वाले बाजारों पर नियंत्रण की नीति अपनाई। बाजार नियंत्रण प्रणाली के अंतर्गत व्यापारियों पर नियंत्रण रखने के लिए नए विभाग दीवान-ए-रियासत की स्थापना की गई। बाजारों को नियंत्रित करने के लिए एक नए अधिकारी 'शहना ए-मंडी' को नियुक्त किया। सभी व्यापारी शहना-ए-मंडी के पास पंजीकृत होते थे, ताकि व्यापारी वस्तुओं को उचित मूल्य पर बाजारों में बेच सकें।

27 अलाउद्दीन खिलजी की निम्नलिखित विजयों को कालक्रमानुसार व्यवस्थित कीजिए *(Chap 7 Class XI, Old NCERT) (UPPSC Pre 2022)*

1. रणथंभौर 2. गुजरात 3. वारंगल 4. चित्तौड़

कूट

(a) 4, 2, 3, 1 (b) 3, 4, 1, 2 (c) 2, 1, 4, 3 (d) 1, 3, 2, 4

उत्तर *(c)*

व्याख्या अलाउद्दीन खिलजी की विजयों का सही कालक्रम 2, 1, 4, 3 है। अलाउद्दीन का प्रथम सैन्य अभियान 1298 ई. में गुजरात के विरुद्ध हुआ था। यहाँ का शासक बघेल राजपूत कर्णदेव था। इसी अभियान के समय कैम्बे से मलिक काफूर पकड़ा गया।

अलाउद्दीन ने 1301 ई. में रणथंभौर के राज्य का दिल्ली सल्तनत में विलय कर लिया, परंतु राजपूताना के अन्य प्रदेशों को शाही कानूनों के अंतर्गत लाने का कोई प्रयत्न नहीं किया गया। इस समय रणथंभौर का शासक हम्मीर देव था।

अलाउद्दीन की 1303 ई. में चित्तौड़ विजय एक नवीन विजय थी। इससे पूर्व इसे किसी सुल्तान ने नहीं जीता था। अलाउद्दीन ने चित्तौड़ का नाम बदलकर अपने पुत्र खिज्र खाँ के नाम पर खिज्राबाद रखा। इस अभियान में अमीर खुसरो ने भी भाग लिया। इस समय चित्तौड़ का शासक रतन सिंह था।

अलाउद्दीन खिलजी का वारंगल अभियान 1309 ई. में हुआ था। यहाँ पर काकतीय वंश का शासन था। इस समय यहाँ का शासक प्रताप रुद्रदेव द्वितीय था।

28 **अलाउद्दीन खिलजी के चित्तौड़ आक्रमण के संबंध में किसने कहा है कि 'रानी पद्मिनी सिंहलद्वीप की रानी थी'?** *(Chap 7, Class-XI, Old NCERT)*

(a) अमीर खुसरो
(b) हसन निजामी
(c) मलिक मुहम्मद जायसी
(d) खिज्र खाँ

उत्तर *(c)*

व्याख्या अलाउद्दीन खिलजी के चित्तौड़ आक्रमण के संबंध में मलिक मुहम्मद जायसी ने कहा है कि 'रानी पद्मिनी सिंहलद्वीप की रानी थी।' अलाउद्दीन खिलजी का चित्तौड़ अभियान राजा रतन सिंह के विरुद्ध था। इस अभियान के दो मुख्य कारण थे- पहला राजा रतन सिंह का वृहद् साम्राज्य क्षेत्र तथा दूसरा राजा रतन सिंह की पत्नी रानी पद्मावती को प्राप्त करना।

29 **अलाउद्दीन खिलजी द्वारा उत्तर भारत के जीते गए राज्यों में निम्नलिखित में से कौन शामिल नहीं था?** *(Chap 7, Class-XI, Old NCERT)*

1. गुजरात
2. रणथंभौर
3. जैसलमेर
4. कश्मीर
5. द्वारसमुद्र

कूट

(a) 3 और 5
(b) 3 और 4
(c) 4 और 5
(d) 1 और 5

उत्तर *(c)*

व्याख्या अलाउद्दीन खिलजी द्वारा उत्तर भारत के जीते गए राज्यों में कश्मीर और द्वारसमुद्र शामिल नहीं था। अलाउद्दीन खिलजी द्वारा उत्तर भारत में पहला सैन्य अभियान 1299 ई. में गुजरात में किया गया था। इस अभियान में खिलजी की सेना ने खंभात को लूटा तथा वहाँ से एक किन्नर मलिक काफूर उर्फ हजार दीनारी को दिल्ली लाया गया।

जैसलमेर अभियान 1299 ई. में किया गया, जिसमें अलाउद्दीन ने अपनी सेना के कुछ घोड़े चोरी होने के कारण जैसलमेर के शासक दूदा एवं उसके सहयोगी तिलक सिंह को पराजित किया।

रणथंभौर अभियान 1300-01 ई. में खिलजी द्वारा यहाँ के राजा हम्मीर देव के विरुद्ध किया गया, जिसमें खिलजी को सफलता मिली।

30 **अलाउद्दीन खिलजी के दरबारी कवि अमीर खुसरो के संबंध में निम्नलिखित में कौन-सा कथन सही नहीं है?** *(Chap 7, Class-XI, Old NCERT)*

(a) चित्तौड़ अभियान में वह अलाउद्दीन के साथ था।
(b) उसने रणथंभौर के किले का सजीव वर्णन किया था।
(c) अमीर खुसरो ने दक्षिण अभियान पर पुस्तक की रचना की थी।
(d) अमीर खुसरो ने अलाउद्दीन खिलजी के अतिरिक्त अन्य सुल्तानों का शासन भी देखा था।

उत्तर *(a)*

व्याख्या अलाउद्दीन खिलजी के दरबारी कवि अमीर खुसरो के संबंध में कथन (a) सही नहीं है, क्योंकि अलाउद्दीन खिलजी का दरबारी कवि अमीर खुसरो, इसके चित्तौड़ अभियान में शामिल नहीं था, बल्कि यह रणथंभौर अभियान में शामिल था।

अमीर खुसरो दिल्ली सल्तनत के प्रमुख कवि, शायर, गायक, इतिहासकार एवं संगीतकार थे। इनका परिवार कई पीढ़ियों से राजदरबार से संबंधित था, स्वयं अमीर खुसरो ने 8 सुल्तानों का शासन देखा था। अमीर खुसरो प्रथम मुस्लिम कवि थे, जिन्होंने हिंदी शब्दों का खुलकर प्रयोग किया था।

31 **दिल्ली सल्तनत के किस सुल्तान ने भूमि में फसल की माप का आधा राजस्व के रूप में लेने का दावा प्रस्तुत किया?** *(Chap 7, Class-XI, Old NCERT) (BPSC Pre 2018)*

(a) इल्तुतमिश
(b) बलबन
(c) अलाउद्दीन खिलजी
(d) मुहम्मद-बिन-तुगलक

उत्तर *(c)*

व्याख्या अलाउद्दीन खिलजी ने भू-राजस्व प्रणाली में सुधार किया। उसने भूमि में फसल की माप का आधा हिस्सा राजस्व के रूप में लेने का दावा प्रस्तुत किया। अलाउद्दीन खिलजी ने खुत (भू-राजस्व) और मुकद्दम (मुखिया) जैसे जमींदारों की शक्ति को क्षीण करते हुए सीधे राजस्व भुगतान की प्रक्रिया आरंभ की। इस प्रकार गाँव के शक्तिशाली और धनाढ्य लोगों के भू-राजस्व अधिकारों को समाप्त कर सल्तनत को अधिक लाभ दिया गया।

तुगलक वंश

32 **गयासुद्दीन तुगलक से संबंध में निम्नलिखित कथनों पर विचार कीजिए** *(Chap 7, Class-XI, Old NCERT)*

1. उसने 1420 ई. में तुगलक वंश की स्थापना की थी।
2. गयासुद्दीन के पुत्र फिरोजशाह तुगलक का विस्तार अलाउद्दीन खिलजी के साम्राज्य के बराबर था।

उपर्युक्त में से कौन-सा/से कथन सही है/हैं?

(a) केवल 1
(b) केवल 2
(c) 1 और 2
(d) न तो 1 और न ही 2

उत्तर *(d)*

व्याख्या गयासुद्दीन तुगलक के संबंध में दिए गए कथनों में से कोई भी कथन सही नहीं है।

गयासुद्दीन/ग्यासुद्दीन ने 1320 ई. में तुगलक वंश की स्थापना की थी। गयासुद्दीन का मूल नाम 'गाजी तुगलक' अथवा 'गाजी बेग तुगलक' था। वह एक महत्त्वाकांक्षी शासक था, जिसने सुदूर दक्षिण तक सल्तनत पर प्रत्यक्ष नियंत्रण स्थापित किया। गयासुद्दीन तुगलक के पुत्र जौना खाँ ने दक्षिणी अभियानों का नेतृत्व किया था और राजमुंदरी अभिलेख में उसे दुनिया का खान कहा गया। फिरोजशाह तुगलक का साम्राज्य अलाउद्दीन खिलजी की अपेक्षा छोटा था। उसका नियंत्रण दक्षिण तथा पूर्वी भारत पर कमजोर हुआ था। वस्तुत: उसकी मृत्यु के पश्चात् तुगलक वंश का विघटन हो गया और उत्तर भारत अनेक छोटे-छोटे राज्यों में बँट गया।

33 **मुहम्मद-बिन-तुगलक के संबंध में निम्नलिखित कथनों पर विचार कीजिए** *(Chap 4, Class-VII, Old NCERT)*

1. उसने नया गैरिसन शहर बनाने के स्थान पर दिल्ली के 'देहली-ए-कुहना' को सैनिक छावनी में तब्दील कर दिया।
2. उसने पुराने शहर के निवासियों को दक्षिण में बनी नई राजधानी दौलताबाद भेज दिया।
3. उसके शासनकाल में ईरानी यात्री इब्नबतूता भारत आया था।

उपर्युक्त में से कौन-सा/से कथन सही नहीं है/हैं?

(a) केवल 3
(b) केवल 2
(c) 1, 2 और 3
(d) केवल 4

उत्तर *(a)*

व्याख्या मुहम्मद-बिन-तुगलक के संबंध में कथन (3) सही नहीं है, क्योंकि मुहम्मद-बिन-तुगलक के शासनकाल में ईरानी यात्री नहीं, बल्कि मोरक्को यात्री इब्नबतूता 1333 ई. में भारत आया था। सुल्तान ने इसे दिल्ली का काजी नियुक्त किया था।

दिल्ली सल्तनत के इतिहास में मोहम्मद-बिन-तुगलक सर्वाधिक विलक्षण व्यक्तित्व का स्वामी था। यह दिल्ली सल्तनत का सबसे योग्य एवं शिक्षित शासक था। यह फारसी एवं अरबी का विद्वान् था।

34 **मुहम्मद-बिन-तुगलक के द्वारा लिए गए विभिन्न निर्णयों के संबंध में निम्नलिखित कथनों पर विचार कीजिए**

(Chap 4, Class-VI, Old NCERT) (Chap 17, Class-XI, Old NCERT)

1. वह अपने सैनिकों को नकद वेतन देता था।
2. उसने आज की कागजी मुद्रा की तरह 'टोकन' मुद्रा चलाई थी।
3. यह 'टोकन' मुद्रा सोने और चाँदी के समान महँगी थी।
4. चौदहवीं सदी के लोगों ने टोकन मुद्रा पर भरोसा व्यक्त किया।

उपर्युक्त में से कौन-सा/से कथन गलत हैं?

(a) केवल एक (b) केवल दो
(c) केवल तीन (d) सभी चार

उत्तर *(b)*

व्याख्या मुहम्मद-बिन-तुगलक के द्वारा लिए गए विभिन्न निर्णयों के संबंध में केवल दो कथन (3 और 4) सही नहीं हैं, क्योंकि कांस्य/पीतल की मुद्रा का मूल्य चाँदी की मुद्रा के बराबर रखा गया। सिक्कों पर फारसी तथा अरबी भाषा में लेख लिखे गए थे।

लोगों ने सरलता से अपने घरों में सिक्के बनाने शुरू कर दिए, जो राजकीय सिक्कों जैसे ही थे। राजकोष को भारी नुकसान हुआ, जिसके परिणामस्वरूप इसे सांकेतिक मुद्रा का प्रचलन बंद करना पड़ा।

35 **मुहम्मद-बिन-तुगलक द्वारा किए गए प्रयोगों को क्रम के अनुसार व्यवस्थित करें** *(Chap 7, Class-XI, Old NCERT)*

(a) राजधानी परिवर्तन-कर वृद्धि-सांकेतिक मुद्रा-खुरासान अभियान
(b) सांकेतिक मुद्रा-खुरासान अभियान-कर वृद्धि-राजधानी परिवर्तन
(c) कर वृद्धि-राजधानी परिवर्तन-सांकेतिक मुद्रा-खुरासान अभियान
(d) सांकेतिक मुद्रा-राजधानी परिवर्तन-कर वृद्धि-खुरासान अभियान

उत्तर *(c)*

व्याख्या मुहम्मद-बिन-तुगलक द्वारा किए गए प्रयोगों का सही क्रम कर वृद्धि-राजधानी परिवर्तन- सांकेतिक मुद्रा-खुरासान अभियान है।

मुहम्मद-बिन-तुगलक ने 1325-27 ई. के मध्य इस क्षेत्र में कर वृद्धि 50% तक कर दी थी। जिस समय दोआब में कर वृद्धि की गई, उस समय दोआब में अकाल एवं सूखा पड़ रहा था।

मुहम्मद तुगलक ने 1326-27 ई. में दिल्ली के स्थान पर देवगिरि को राजधानी बनाया तथा इसका नाम दौलताबाद रखा।

मुहम्मद-बिन-तुगलक ने 1329-30 ई. में सांकेतिक मुद्रा का प्रचलन किया, जो असफल रहा।

1333 ई. में तुगलक ने मंगोलों के विरुद्ध खुरासान अभियान शुरू किया था।

36 **मुहम्मद-बिन-तुगलक के संदर्भ में निम्नलिखित कथनों पर विचार कीजिए** *(Chap 7, Class-XI, Old NCERT)*

1. इसके काल में तमीशिरिन के नेतृत्व में मंगोलों ने सिंध पर आक्रमण किया था।
2. उसने सिंध पर विजय प्राप्त की और कलानौर, पेशावर तक अधिकार कायम किया।
3. उसे 'अभागा आदर्शवादी' की संज्ञा दी गई।

उपर्युक्त में से कौन-सा/से कथन सही है/हैं?

(a) 1 और 2 (b) 2 और 3
(c) 1, 2 और 3 (d) केवल 3

उत्तर *(c)*

व्याख्या मुहम्मद-बिन-तुगलक के संदर्भ में सभी कथन सही हैं।

1327 ई. में मंगोल आक्रमणकारी तमीशिरिन ने भारत के सिंध क्षेत्र पर आक्रमण किया था तथा इन आक्रमणकारियों ने लाहौर एवं मुल्तान को रौंद डाला, साथ ही मेरठ व बदायूँ तक लूटपाट की। मुहम्मद तुगलक की सेना ने उसे पराजित किया, परंतु तुगलक ने मंगोलों को रिश्वत देकर वापस भेज दिया। मुहम्मद-बिन-तुगलक ने सिंध को जीतकर कलानौर तथा पेशावर तक अधिकार कर लिया। मुहम्मद-बिन-तुगलक को अभागा आदर्शवादी भी कहा गया।

37 **कथन** (A) **मुहम्मद तुगलक की प्रतीक मुद्रा योजना असफल सिद्ध हुई।**

कारण (R) **मुहम्मद तुगलक का मुद्रा निर्गमन पर उचित नियंत्रण नहीं था।**

(Chap 6, Class-XI, Old NCERT) (UPPSC Pre 2006)

कूट

(a) A और R दोनों सही हैं तथा R, A की सही व्याख्या है।
(b) A और R दोनों सही हैं, परंतु R, A की सही नहीं व्याख्या नहीं है।
(c) A सही है, किंतु R गलत है।
(d) A गलत है, किंतु R सही है।

उत्तर *(a)*

व्याख्या A और R दोनों सही हैं तथा R, A की सही व्याख्या है। मुहम्मद-बिन-तुगलक दिल्ली सल्तनत का पहला शासक था, जिसने सांकेतिक मुद्रा को अपनाया था। मुहम्मद तुगलक द्वारा चलाई गई सांकेतिक मुद्रा सफल नहीं हो सकी। इसका मुख्य कारण मुहम्मद तुगलक का मुद्रा निर्गमन पर उचित नियंत्रण नहीं होना था। इसके अतिरिक्त इतिहासकार जियाउद्दीन बरनी ने सांकेतिक मुद्रा के सफल नहीं होने का प्रमुख कारण नकली मुद्रा को माना है।

38 **मुहम्मद-बिन-तुगलक के काल से संबंधित कौन-सा कथन सही नहीं है?** *(Chap 7, Class-XI, Old NCERT)*

(a) उसने देवगिरि का नाम बदलकर दौलताबाद कर दिया था।
(b) दिल्ली से देवगिरि तक सड़क का निर्माण किया गया था।
(c) तुर्क आक्रमण से बचने के लिए उसने राजधानी परिवर्तन किया था।
(d) मुहम्मद-बिन-तुगलक ने सूफियों को दौलताबाद जाने का आदेश दिया था।

उत्तर *(c)*

व्याख्या मुहम्मद-बिन-तुगलक के काल से संबंधित कथन (c) सही नहीं है, क्योंकि मुहम्मद-बिन-तुगलक ने तुर्क आक्रमण से बचने के लिए राजधानी परिवर्तित नहीं की थी। राजधानी परिवर्तन मुहम्मद-बिन-तुगलक की योजनाओं में सर्वाधिक प्रतिक्रियावादी कार्य माना जाता है। कुतुबुद्दीन ऐबक एवं मुबारक खिलजी ने देवगिरि का नाम कुतुबाबाद रखा था।

39 **निम्नलिखित कथनों पर विचार कीजिए** *(Chap 7, Class-XI, Old NCERT)*

1. देवगिरि दक्षिण भारत में तुर्क शासन के विस्तार का आधार था।
2. मुहम्मद-बिन-तुगलक ने शहजादे के तौर पर देवगिरि में कई वर्ष बिताए थे।
3. मुहम्मद-बिन-तुगलक ने इब्नबतूता को सद्र नियुक्त किया था।

उपर्युक्त में से कौन-सा/से कथन सही है/हैं?

(a) केवल 1
(b) केवल 2
(c) 1 और 3
(d) 1, 2 और 3

उत्तर *(d)*

व्याख्या दिए गए सभी कथन सही हैं।

मुहम्मद-बिन-तुगलक ने राजसत्ता प्राप्त करने के बाद सबसे विवादास्पद कदम राजधानी स्थानांतरण करके उठाया था। इसने दिल्ली के स्थान पर देवगिरि को राजधानी (1326-27 ई.) बनाया तथा इसका नाम दौलताबाद रख दिया, परंतु जनता के विद्रोहों के कारण मुहम्मद तुगलक ने 1335 ई. में दिल्ली को पुनः राजधानी बनाया तथा लोगों को लौटने का आदेश दिया।

मोरक्को का यात्री इब्नबतूता मुहम्मद-बिन-तुगलक के शासनकाल में भारत आया था। इब्नबतूता को दिल्ली का सद्र नियुक्त किया गया था।

40 फिरोजशाह तुगलक के संबंध में निम्नलिखित कथनों पर विचार कीजिए *(Chap 4, Class-VII, Old NCERT)*

1. यह मुहम्मद तुगलक का पुत्र था।
2. इसका शासनकाल 1351 ई. से 1388 ई. तक था।
3. फिरोज ने अमीरों को लगान का अनुदान दिया था।
4. वह सरदारों के साथ व्यवहार करने में उदार था।

उपर्युक्त में से कितने कथन सही हैं?

(a) केवल एक (b) केवल दो
(c) केवल तीन (d) सभी चार

उत्तर (b)

व्याख्या फिरोजशाह तुगलक के संबंध में केवल तीन कथन अर्थात् (2, 3 और 4) सही हैं। मुहम्मद-बिन-तुगलक की मृत्यु के बाद इसका चचेरा भाई फिरोजशाह दिल्ली सल्तनत का सुल्तान बना।

यह गयासुद्दीन तुगलक के भाई मलिक रज्जब का पुत्र था, इसकी माता मैला नाइला अबोहर के भट्टी राजपूत राय रनमल की पुत्री थी। उसने 1351 ई. से 1388 ई. तक शासन किया।

फिरोज अमीर तथा सरदारों के प्रति उदार था, उसने अमीरों को लगान का अनुदान दिया।

41 निम्नलिखित में कौन-सा नगर फिरोजशाह तुगलक के द्वारा बसाया गया था? *(Chap 4, Class-VII, Old NCERT)* *(Chap 7, Class-XI, Old NCERT)*

1. फिरोजपुर 2. फिरोजाबाद
3. फरीदपुर 4. हिसार-फिरोजा
5. फैजाबाद

कूट

(a) 1, 2 और 4 (b) 1, 2, 3 और 4
(c) 2, 3, 4 और 5 (d) 1, 2, 3, 4 और 5

उत्तर (a)

व्याख्या फिरोजशाह तुगलक के द्वारा बसाए गए नगर-फिरोजपुर, फिरोजाबाद एवं हिसार-फिरोजा हैं। नगर एवं सार्वजनिक निर्माण कार्यों के अंतर्गत फिरोजशाह तुगलक ने कई शहरों की स्थापना की थी, जिसमें मुख्य रूप से हरियाणा का हिसार (हिसार-फिरोजा) व फतेहाबाद, उत्तर प्रदेश का फिरोजाबाद और जौनपुर एवं पंजाब का फिरोजपुर शहर थे। इसने दिल्ली में भी फिरोजाबाद नाम से एक नया शहर बसाया था। इतिहासकार इस फिरोजाबाद को दिल्ली का 5वाँ शहर मानते हैं।

42 निम्नलिखित में कौन-सा कथन सही नहीं है? *(Chap 7, Class-XI, Old NCERT)*

(a) फिरोज ने बंगाल पर दो बार आक्रमण किया और सफल रहा।
(b) फिरोज ने जाजनगर के शासक पर चढ़ाई की।
(c) फिरोज ने पंजाब की पहाड़ियों में कांगड़ा पर हमला किया।
(d) फिरोज ने गुजरात और थट्टा के विद्रोहों को दबा दिया।

उत्तर (a)

व्याख्या दिए गए कथनों में से कथन (a) सही नहीं है, क्योंकि फिरोजशाह ने बंगाल पर दो बार आक्रमण किया तथा दोनों अभियान असफल रहे। बंगाल मुहम्मद-बिन-तुगलक के समय स्वतंत्र हो गया था तथा हाजी इलियास, शम्सुद्दीन इलियास शाह नाम से बंगाल का स्वतंत्र शासक बन गया। फिरोजशाह तुगलक ने शम्सुद्दीन से संधि कर उसे बंगाल का शासक स्वीकार कर लिया। फिरोजशाह का प्रथम बंगाल अभियान असफल रहा। इसके बाद पुन: 1359 ई. में बंगाल का अभियान हुआ, फिरोजशाह का यह अभियान असफल रहा।

43 फिरोज तुगलक की धार्मिक नीति के संबंध में निम्नलिखित कथनों पर विचार कीजिए *(Chap 7, Class-XI, Old NCERT)*

1. उसने मुसलमान स्त्रियों के इबादत करने और मन्नतें माँगने के लिए पीरों की मजारों पर जाने के रिवाज पर रोक लगा दी।
2. फिरोज ने जजिया को एक अलग कर बना दिया।
3. उसने ब्राह्मणों को जजिया कर से मुक्त कर दिया।
4. उसने स्त्रियों, बच्चों, अंधों-अपंगों को जजिया कर से मुक्त कर दिया।

उपर्युक्त में से कौन-सा/से कथन सही है/हैं?

(a) 1, 2 और 4
(b) 2, 3 और 4
(c) 3 और 4
(d) 1, 3 और 4

उत्तर (a)

व्याख्या फिरोजशाह तुगलक की धार्मिक नीति के संबंध में कथन (1), (2) और (4) सही हैं। उसने स्त्रियों, बच्चों तथा अपंगों को कर जजिया से मुक्त किया। फिरोज के समय पहली बार जजिया अलग कर बना। फिरोजशाह तुगलक ने पीरों की मजारों पर महिलाओं के जाने पर रोक लगा दी, जो शरियत के तहत प्रतिबंधित था।

कथन (3) सही नहीं है, क्योंकि फिरोजशाह तुगलक पहला शासक था, जिसने ब्राह्मणों पर जजिया कर लगाया था।

44 फिरोजशाह तुगलक के संबंध में निम्नलिखित कथनों पर विचार कीजिए *(Chap 7, Class-XI, Old NCERT)*

1. उसने इक्ता को वंशानुगत बनाया
2. उसने सेना में वंशानुगत सिद्धांत लागू किया।
3. वह सिपाहियों को नगद वेतन देता था।

उपर्युक्त कथनों में से कौन-सा कथन सही नहीं है?

(a) केवल 1 (b) केवल 2
(c) केवल 3 (d) इनमें से कोई नहीं।

उत्तर (c)

व्याख्या फिरोजशाह तुगलक के संबंध में कथन (3) सही नहीं है, क्योंकि वह सिपाहियों को नगद वेतन नहीं देता था, बल्कि वेतन की जगह अलग-अलग गाँवों का भू-राजस्व उनके नाम कर दिया देता था।

कथन (1) और (2) सही है। फिरोजशाह तुगलक ने 'इक्ता' को वंशानुगत बनाया। इनका शासनकाल शांति और मूक विकास का युग था। इसने हुक्म जारी किया कि अमीर की मृत्यु होने पर इक्ता सहित उसका स्थान पुत्र, दामाद या गुलाम को उतराधिकारी मानकर दिया जाए, जो बाद में विनाशक सिद्ध हुआ।

45 फिरोजशाह तुगलक के संदर्भ में निम्नलिखित कथनों पर विचार कीजिए *(Chap 7, Class XI ,Old NCERT)*

1. फिरोजशाह तुगलक ने आर्थिक अवस्था सुधारने हेतु लोकनिर्माण विभाग की स्थापना की।
2. उसने राजनीतिक महत्त्व को देखते हुए कुलीन लड़कों को गुलाम बनाया।
3. उसने तैमूर आक्रमण का डटकर सामना किया।

उपर्युक्त कथनों में से कौन-सा/से कथन सही नहीं है/हैं?

(a) 1 और 2
(b) 2 और 3
(c) केवल 2
(d) केवल 3

उत्तर (d)

व्याख्या फिरोजशाह तुगलक के संदर्भ में कथन (3) सही नहीं है, क्योंकि तुगलक तैमूर आक्रमण का डटकर सामना नहीं कर पाया था। यह आक्रमण 1395 ई. में हुआ, उस समय दिल्ली सल्तनत की स्थिति कमजोर अवस्था में पहुँच चुकी थी और आक्रमण का सामना करने के लिए दिल्ली में कोई सशक्त शासक नहीं था। तैमूर के आक्रमण के समय दिल्ली में कोई सशक्त शासक नहीं था। तैमूर के आक्रमण के समय दिल्ली का शासक फिरोजशाह का पुत्र नासिरुद्दीन मुहम्मद था।

46 नासिरुद्दीन महमूद के संबंध में निम्नलिखित कथनों पर विचार कीजिए *(Chap 7, Class-XI, Old NCERT)*

1. वह फिरोजशाह तुगलक का पुत्र था।
2. वह सुल्तान महमूद का पुत्र था।
3. उसका शासन 1394 से 1412 ई. तक था।

उपर्युक्त में से कौन-सा/से कथन सही है/हैं?

(a) 1 और 2 (b) 2 और 3 (c) 1 और 3 (d) केवल 3

उत्तर (b)

व्याख्या नासिरुद्दीन महमूद के संबंध में कथन (2) और (3) सही हैं।

फिरोजशाह की मृत्यु के बाद उसका पौत्र गयासुद्दीन तुगलक 1388 ई. में सिंहासन पर बैठा। इसके पश्चात् अबुबक्र, अलाउद्दीन सिकंदर शाह शासक बना। अलाउद्दीन सिकंदर शाह की मृत्यु के पश्चात् नासिरुद्दीन महमूद (1394-1412 ई.) दिल्ली सल्तनत का शासक बना। यह तुगलक वंश का अंतिम एवं अयोग्य शासक था। इसके शासनकाल में तैमूर लंग का आक्रमण हुआ, जिसमें महमूद पराजित होकर गुजरात भाग गया।

47 किस वंश के अंतिम शासकों के लिए एक वाक्पटु व्यक्ति ने कहा ''शाहे-जहाँ (दुनिया के बादशाह) की हुकूमत दिल्ली से लेकर पालम तक चलती है।'' *(Chap 7, Class-XI, Old NCERT)*

(a) लोदी वंश के शासकों के लिए (b) तुगलक वंश के शासकों के लिए
(c) खिलजी वंश के शासकों के लिए (d) सैयद वंश के शासकों के लिए

उत्तर (b)

व्याख्या उपर्युक्त वाक्य तुगलक के शासकों के लिए कहा गया है। फिरोजशाह तुगलक के सुधार कार्यक्रम के अंतर्गत अमीर लोग बहुत ही शक्तिशाली हो गए थे तथा कमजोर सेना के प्रांतों के सूबेदार आजाद हो गए तथा दिल्ली के सुल्तान की सत्ता वस्तुत: दिल्ली के आस-पास के कुछ क्षेत्रों तक सिमट कर रह गई जैसा कि एक वाक्पटु व्यक्ति ने कहा ''शाहे जहाँ (दुनिया के बादशाह) की हुकूमत दिल्ली से लेकर पालम तक चलती है।''

48 तैमूर लंग के संबंध में निम्नलिखित कथनों पर विचार कीजिए *(Chap 6, Class-XI, Old NCERT)*

1. वह एक अरबी आक्रमणकारी था।
2. उसने नासिरुद्दीन महमूद के काल में आक्रमण किया था।
3. वह चंगेज खाँ से खून के रिश्ते का दावा करता था।
4. उसने अपनी विजय का दौर 1360 ई. में आरंभ किया था।

उपर्युक्त में से कौन-सा/से कथन सही है/हैं?

(a) 1, 2 और 3 (b) 2, 3 और 4 (c) 3 और 4 (d) 2 और 3

उत्तर (d)

व्याख्या तैमूर लंग के संबंध में कथन (2) और (3) सही हैं।

तुर्की आक्रमणकारी तैमूर लंग ने 1398 ई. में तुगलक शासक नासिरुद्दीन महमूद (1399-1412 ई.) के समय में आक्रमण किया। तैमूर लंग चंगेज खाँ के साथ खून के रिश्ते का दावा करता था।

कथन (1) और (4) सही नहीं है, क्योंकि तैमूर लंग एक तुर्क आक्रमणकारी था। इसने अपनी विजय का दौर 1370 ई. में प्रारंभ किया तथा इसने सीरिया से लेकर सिंधु नदी के प्रदेशों पर अपनी सत्ता स्थापित कर ली थी।

सैयद और लोदी वंश

49 भारतीय इतिहास के संदर्भ में निम्नलिखित कथनों पर विचार कीजिए *(Chap 6, 7 Class-XI, Old NCERT)*

1. भारत पर पहला मंगोल आक्रमण जलालुद्दीन खिलजी के राज्यकाल में हुआ।
2. अलाउद्दीन खिलजी के राज्यकाल में, एक मंगोल आक्रमणकारी दिल्ली तक आ पहुँचा और उस शहर पर घेरा डाल दिया।
3. मुहम्मद-बिन-तुगलक मंगोलों से अपने राज्य के कुछ उत्तरी पश्चिमी भाग अस्थायी रूप से हार गया था।

उपर्युक्त कथनों में से कौन-सा/से कथन सही है/हैं?

(a) 1 और 2
(b) केवल 2
(c) 1 और 3
(d) केवल 3

उत्तर (b)

व्याख्या भारतीय इतिहास के संदर्भ में कथन (2) सही है।

अलाउद्दीन खिलजी के शासनकाल में मंगोलों के कई आक्रमण हुए। 1299 ई. में कुतलुग ख्वाजा तर्गी के नेतृत्व में मंगोलों ने दिल्ली में प्रवेश किया तथा सीरी के किले को घेर लिया था।

कथन (1) और (3) सही नहीं हैं, क्योंकि भारत पर पहला मंगोल आक्रमण इल्तुतमिश के शासनकाल में 1221 ई. में हुआ था। इस आक्रमण का नेतृत्व चंगेज खाँ ने किया था।

अन्तिम मंगोल आक्रमण मुहम्मद-बिन-तुगलक के शासनकाल में हुआ था, जिसे भारत से खदेड़ने में शासक की सेना सफल रही। मध्य एशिया में शक्ति से क्षीण होने के कारण इनकी शक्ति कमजोर हो गई।

50 सैयद वंश के संबंध में निम्नलिखित कथनों पर विचार करें *(Chap 3, Class-VII, New NCERT)*

1. सैयद वंश की स्थापना खिज्र खान ने की थी।
2. सैयद वंश का कुल शासन छ: वर्षों का रहा।
3. सैयद वंश की समाप्ति 1451 ई. में हो गई थी।

उपर्युक्त कथनों में से कौन-सा/से कथन सही है/हैं?

(a) केवल 1
(b) 1 और 3
(c) 2 और 3
(d) 1, 2 और 3

उत्तर (b)

व्याख्या सैयद वंश के संबंध में कथन (1) और (3) सही हैं।

तैमूर लंग ने भारत से जाते समय खिज्र खान की सेवाओं से प्रसन्न होकर मुल्तान एवं दीपालपुर की सूबेदारी उसे सौंप दी, इससे खिज्र खान प्रभावशाली हो गया। कालांतर में उसने दिल्ली पर आक्रमण कर सर्वसम्मति से चुने गए दौलत खाँ को हरा दिया तथा 1414 ई. में स्वयं सुल्तान बन बैठा तथा सैयद वंश की स्थापना की।

कथन (2) सही नहीं है, क्योंकि इस वंश के कुल चार शासकों ने 1414 ई. से 1451 ई. तक कुल 37 वर्षों तक शासन किया।

51 लोदी वंश के संबंध में निम्नलिखित कथनों पर विचार कीजिए *(Chap 3, Class-VII, New NCERT)*

1. लोदी वंश की स्थापना बहलोल लोदी ने की थी।
2. लोदी वंश का शासनकाल 1451 ई. से 1526 ई. तक था।
3. बहलोल लोदी का शासनकाल 1451 ई. से 1498 ई. तक था।

उपर्युक्त कथनों में से कौन-सा/से कथन सही है/हैं?

(a) 1, 2 और 3
(b) केवल 3
(c) 2 और 3
(d) 1 और 2

उत्तर (d)

व्याख्या लोदी वंश के संबंध में कथन (1) और (2) सही हैं।

लोदी वंश की स्थापना बहलोल लोदी ने की थी। यह अफगानिस्तान के गिजलाई कबीले की शाहूरवेल शाखा से संबंधित था। लोदी वंश का शासनकाल 1451 ई. से 1526 ई. तक था।

लोदी वंश दिल्ली सल्तनत के राजवंशों में अंतिम राजवंश था। लोदियों ने दिल्ली सल्तनत की प्रतिष्ठा एवं शक्ति को पुन:स्थापित करने का प्रयास किया।

कथन (3) सही नहीं है, क्योंकि बहलोल लोदी का शासनकाल 1451 ई. से 1489 ई. तक था, न कि 1498 ई. तक।

52 निम्नलिखित कथनों पर विचार कीजिए

(Chap-4 Class-VII, Old NCERT)

1. लोदी वंश के शासक अफगानी थे।
2. लोदी वंश के शासकों ने सल्तनत को संगठित किया।
3. लोदियों का जौनपुर के साथ संघर्ष चलता रहा।
4. लोदी शासकों ने कश्मीर को अपने साम्राज्य में मिला लिया था।

उपर्युक्त कथनों में से कौन-सा/से कथन सही है/हैं?

(a) 1, 2 और 3
(b) 2, 3 और 4
(c) 3 और 4
(d) 1, 2, 3 और 4

उत्तर (a)

व्याख्या दिए गए कथनों में से कथन (1), (2) और (3) सही हैं।

लोदी वंश के शासक अफगान मूल के थे। लोदी वंश के शासकों ने जौनपुर से लेकर पूर्व में पश्चिम बंगाल की गंगा घाटी तक के क्षेत्रों को दिल्ली सल्तनत के साम्राज्य में मिलाया। लोदी शासकों ने दिल्ली सल्तनत को संगठित करने का भी प्रयास किया, जिसमें कुछ सीमा तक सफल भी हुए।

कथन (4) सही नहीं है, क्योंकि लोदी शासकों ने कश्मीर को अपने साम्राज्य में शामिल करने में सफलता प्राप्त नहीं हुई थी।

53 लोदी वंश के महान शासक सिकंदर लोदी (1489-1517 ई.) ने दिल्ली सल्तनत का विस्तार अपने शासनकाल में कहाँ तक किया था? *(Chap 4, Class-VII, Old NCERT)*

(a) उत्तर-पश्चिम सिंध प्रांत तक
(b) पश्चिमी बंगाल की गंगा घाटी तक
(c) कृष्णा नदी के मुहाने तक
(d) पूर्वोत्तर में खासी पहाड़ियों तक

उत्तर (b)

व्याख्या लोदी वंश के महान शासक सिकंदर लोदी (1489-1517 ई.) ने दिल्ली सल्तनत का विस्तार पश्चिमी बंगाल की गंगा घाटी तक किया था। सिकंदर लोदी ने जौनपुर के शासक को हराकर, जौनपुर साम्राज्य को दिल्ली सल्तनत में मिला लिया। बहलोल लोदी ने अपनी मृत्यु से पूर्व अपने तीसरे पुत्र सिकंदर लोदी, जिसका मूल नाम निजाम खाँ था, को अपना उत्तराधिकारी नियुक्त किया। सल्तनत की गद्दी पर आसीन होते हुए, निजाम खाँ को सिकंदर लोदी के नाम से जाना गया। सिकंदर लोदी ने 1494-95 ई. में बंगाल के गंगा घाटी क्षेत्र दक्षिण बिहार पर विजय प्राप्त की तथा बंगाल के शासक अलाउद्दीन हुसैन शाह से मैत्री पूर्ण संबंध स्थापित किए।

54 निम्नलिखित कथनों पर विचार कीजिए

(Chap 4, Class-VII, Old NCERT)

1. लोदी शासक अफगान सरदारों की राजभक्ति पर अधिक निर्भर थे।
2. प्रमुख अफगान सरदारों ने अंतिम लोदी सुल्तान इब्राहिम लोदी का समर्थन किया।
3. 1526 ई. में इब्राहिम लोदी काबुल के शासक बाबर से पराजित हो गया।

उपर्युक्त कथनों में से कितने कथन गलत हैं?

(a) केवल एक
(b) केवल दो
(c) केवल तीन
(d) इनमें से कोई नहीं

उत्तर (a)

व्याख्या दिए गए कथनों में से केवल एक कथन अर्थात् (2) गलत है, क्योंकि प्रमुख अफगान सरदारों ने अंतिम लोदी सुल्तान इब्राहिम लोदी को समर्थन नहीं दिया था।

अध्याय 14

दिल्ली सल्तनत : प्रशासन, अर्थव्यवस्था, समाज एवं कला

दिल्ली सल्तनत : प्रशासन, अर्थव्यवस्था, समाज एवं कला

प्रशासनिक व्यवस्था

प्रमुख विभाग

- दीवान-ए-रिसालत (धार्मिक मामले)
- दीवाने-ए-अर्ज (सैन्य), दीवान-ए-इंशा (पत्राचार), वकील-ए-दर (दास) तथा दीवान-ए-अमीर कोही (कृषि)

केंद्रीय प्रशासन

- सुल्तान द्वारा चुने गए मंत्रिपरिषद् ने सुल्तान को आश्वासन दिया कि सुल्तान के दबाव में कार्यालय का नाम बदल दिया गया।
- नजीर, राजस्व मामलों का मुख्य अधिकारी था।

सैन्य प्रशासन

- अलाउद्दीन ने घोड़ों की दाग प्रणाली शुरू की। इसके पास सबसे बड़ी स्थायी सेना भी थी।
- यह पहला सुल्तान था, जिसने सेना को नकद में भुगतान किया।
- दीवान-ए-अर्ज विभाग का प्रमुख आरिज-ए-मुमालिक होता था।

स्थानीय प्रशासन

- प्रशासन को इक्ता में विभाजित किया गया था,जिन्हें मुक्ति तथा वली के नियंत्रण में रखा गया था। मुक्ति तथा वली कानून व्यवस्था, राजस्व वसूली के लिए जिम्मेदार थे।
- इक्ता बाद में प्रांतों में परिवर्तित हो गए जिन्हें 'सूबा' कहा जाता था।
- सूबा क्रमशः शिक तथा परगना में विभाजित होते थे, जिन्हें क्रमशः शिकदार तथा आमिल के अधीन रखा जाता था। ग्राम प्रशासन खुत (भूस्वामी) तथा मुकद्दम (मुखिया) के अधीन थे।

अर्थव्यवस्था

कराधान

- कुरान के आधार पर चार प्रकार के करों को मंजूरी दी गई थी।
  जकात का भुगतान संपन्न मुसलमानों द्वारा किया जाता था।
- गैर-मुसलमानों द्वारा जजिया कर दिया जाता था।
- खराज भूमि कर था, जो कुल उपज का 1/10 भाग होता था।
- खम्स युद्ध भूमि में लूटी गई संपत्ति का 1/6 होता था।

भूमि के प्रकार

- **खालसा भूमि** केंद्र द्वारा सीधे नियंत्रित।
- वक्फ मुस्लिम संतों तथा विद्वानों को दी गई भूमि।
- **इक्ता** सैनिकों के रख-रखाव के लिए सैन्य प्रमुखों को दी गई भूमि।

व्यापार तथा उद्योग

- **प्रमुख शहरों का विकास** दिल्ली, लाहौर, मुल्तान, कारा, लखनौती, अंहिलवाड़ा तथा कैंबे।
- पश्चिमी देशों तथा चीन में भारतीय वस्त्रों की अधिक माँग थी, जबकि भारत पश्चिम से उच्च कोटि के वस्त्रों, घोड़ों तथा काँच के बर्तनों का आयात करता था।
- शाही कारखानों में रेशम, सोना तथा चाँदी के महँगे बर्तन का निर्माण होता था।
- गुजरात तथा बंगाल महत्त्वपूर्ण कपड़ा व्यापार केंद्र थे।
- अहमदाबाद, दिल्ली तथा बंगाल लौह उद्योगों के लिए, जबकि गुजरात चमड़ा उद्योगों के लिए प्रसिद्ध

सांस्कृतिक योगदान एवं सामाजिक स्थिति

भाषा एवं साहित्य

- फारसी को राजभाषा का दर्जा दिया गया तथा उर्दू को शिविर भाषा के रूप में पहचान मिली
- अमीर खुसरो ने ख्याल गायन शैली, तबला तथा सितार का प्रतिपादन किया तथा वीणा वाद्य को नया रूप दिया।
- मुहम्मद-बिन-तुगलक के साम्राज्य में मोरक्को निवासी इब्नबतूता आया था।
- इसकी रचना 'रिहला' थी।

स्थापत्य एवं वास्तुकला

- इंडो इस्लामिक वास्तुकला का उदय
- मेहराब तथा गुंबद का प्रयोग आरंभ
- बलबन का मकबरा शुद्ध गुंबद परंपरा तथा अलाई दरवाजा शुद्ध मेहराब परंपरा के उदाहरण

सामाजिक जीवन

- सामंतवाद का विकास, सामंतों राणक तथा राजपूतों की शक्ति में वृद्धि।
- सती प्रथा का प्रचलन; गरीबी में वृद्धि।

स्त्रियों की दशा

- सल्तनतकालीन समाज में स्त्रियों की दशा अत्यंत दयनीय थी।
- पुरुषों की भाँति स्त्रियाँ भी गुलाम बनाई जाती थीं।
- हिंदू स्त्रियों की स्थिति अपेक्षाकृत दयनीय हो गई। उनमें पर्दा प्रथा, जौहर प्रथा, बाल विवाह आदि का प्रचलन बढ़ा।
- मुस्लिम स्त्रियों की स्थिति भी अपेक्षाकृत कमजोर थी, क्योंकि मुस्लिम पुरुष अनेक विवाह कर सकते थे और कभी भी तलाक दे सकते थे।

SOURCE New NCERT Class VI क्या, कब, कहाँ और कैसे, खुशहाल गाँव और समृद्ध शहर,
Old NCERT Class XI प्राचीन भारतीय इतिहास का महत्त्व, प्राचीन भारतीय इतिहास के आधुनिक लेखक,
New NCERT Class XII स्रोतों के प्रकार और इतिहास का निर्माण, भौगोलिक ढाँचा, राजा, किसान और नगर,
Tamil Nadu Board Class XI अरबों और तुर्कों का आगमन, NIOS-1 Module-2 प्रशासनिक प्रणाली और संस्थाएँ

दिल्ली सल्तनत की प्रशासनिक व्यवस्था

1 दिल्ली सल्तनत के राजत्व के संबंध में कौन-सा कथन सही नहीं है? *(Chap 8, Class-XI, Old NCERT)*

(a) तुर्क सुल्तानों ने स्वयं को बगदाद के अब्बासी खलीफा का प्रतिनिधि घोषित किया।
(b) खलीफा भारत का कानूनी शासक बन गया।
(c) सुल्तान ने स्वयं को इस्लामी दुनिया का अंग बताया।
(d) उपर्युक्त में से कोई नहीं।

उत्तर *(b)*

व्याख्या दिल्ली सल्तनत के राजत्व के संबंध में कथन (b) सही नहीं है, क्योंकि खलीफा भारत का कानूनी शासक बन गया। सल्तनत काल में सुल्तान तथा खलीफा का संबंध वैधानिक रूप से परिवर्तित होता रहा। यद्यपि सैद्धांतिक रूप से खलीफा राज्य का प्रधान रहा, परंतु व्यावहारिक रूप से सुल्तान की राय प्रधान थी। अनेक सुल्तानों ने खलीफा से अनुमति-पत्र प्राप्त कर अपने शासन को वैध बनाया, परंतु शासन पर सुल्तान की शक्ति सदैव विद्यमान रही।

2 सल्तनतकालीन प्रशासन के संबंध में निम्नलिखित कथनों पर विचार कीजिए *(Chap 8, Class-XI, Old NCERT)*

1. मुसलमान शासकों में उत्तराधिकार का कोई स्पष्ट नियम विकसित नहीं था।
2. गद्दी पर शासक के सभी पुत्रों को बराबरी का दावेदार माना जाता था।
3. गद्दी हासिल करने में लोकमत की उपेक्षा की जाती थी।

उपर्युक्त में से कितने कथन सही हैं?

(a) केवल एक
(b) केवल दो
(c) सभी तीनों
(d) इनमें से कोई नहीं

उत्तर *(b)*

व्याख्या सल्तनतकालीन प्रशासन के संबंध में केवल दो कथन अर्थात् (1) और (2) सही हैं। सल्तनतकालीन मुसलमान शासक मुख्यत: वैध उत्तराधिकार को स्वीकार करते थे, परंतु ऐसी कोई व्यवस्था नहीं थी, जिससे किसी सफल एवं शक्तिशाली सैनिक नेता को गद्दी पर जबरन अधिकार करने से रोका जा सके। सल्तनतकाल में ऐसे कई अवसर आए जब राजगद्दी के लिए अपने शासक की हत्या कर दी गई या सैनिक शक्ति के बल पर गद्दी हड़प ली गई हो।

3 'वजीर' के संदर्भ में निम्नलिखित कथनों पर विचार कीजिए *(Chap 8, Class-XI, Old NCERT)*

1. चौदहवीं सदी में इसे राजस्व विशेषज्ञ माना जाता था।
2. यह आय-व्यय दोनों का प्रबंध करता था।
3. फिरोजशाह तुगलक ने 'ख्वाजा जहाँ' को अपना वजीर बनाया।

उपर्युक्त कथनों में कितने कथन सही नहीं हैं?

(a) केवल एक
(b) केवल दो
(c) सभी तीनों
(d) इनमें से कोई नहीं

उत्तर *(a)*

व्याख्या 'वजीर' के संदर्भ में केवल एक कथन अर्थात् (3) सही नहीं है, क्योंकि फिरोजशाह तुगलक ने 'ख्वाजा जहाँ' को नहीं, बल्कि तैलंग ब्राह्मण खान-ए-जहाँ को अपना वजीर बनाया था। 'ख्वाजा जहाँ' मुहम्मद तुगलक का वजीर था।

4 दिल्ली सल्तनत की प्रचलित प्रशासनिक इकाइयों का सही क्रम निम्नलिखित में से कौन-सा है? *(Chap 8, Class-XI, Old NCERT)*

(a) सूबा-शिक-परगना-गाँव
(b) परगना-गाँव-सूबा-शिक
(c) शिक-गाँव-सूबा-परगना
(d) परगना-सूबा-गाँव-शिक

उत्तर *(a)*

व्याख्या दिल्ली सल्तनत की प्रचलित प्रशासनिक इकाइयों का सही क्रम सूबा-शिक-परगना-गाँव है।

सल्तनतकाल की मुख्य विशेषता इक्ता व्यवस्था थी। इसका मुख्य उद्देश्य भारत में प्रचलित सामंती प्रथा को नष्ट करना एवं साम्राज्य के दूरस्थ प्रदेश को केंद्र से जोड़ना था। इक्ता के प्रधान को मुक्ति या वली कहते थे। बाद में इक्ता ही प्रांत या सूबा बन गए।

स्थानीय प्रशासन की सबसे बड़ी इकाई के रूप में आधुनिक जिले के समान शिक का गठन किया गया तथा इसके प्रधान को शिकदार कहा गया। शिक, सूबा के अंतर्गत आते थे, जो जिले के रूप में होते थे।

स्थानीय प्रशासन को सरल बनाने हेतु शिक का विभाजन परगना में किया गया था, जो कई गाँवों का समूह होता था।

स्थानीय प्रशासन की सबसे छोटी इकाई के रूप में गाँव/ ग्राम का गठन किया गया, जो एक स्वायत्त शासन का रूप था।

5 निम्नलिखित में से कौन-सा युग्म सुमेलित नहीं है? *(Chap 8, Class-XI, Old NCERT)*

पद		कार्य
(a) आरिज-ए-मुमालिक	–	सैन्य प्रधान
(b) दीवान-ए-इंशा	–	पत्राचार विभाग
(c) दीवान-ए-बंदगान	–	विदेश विभाग
(d) अमीर-ए-कोही	–	कृषि विभाग

उत्तर *(c)*

व्याख्या दिए गए युग्मों में से युग्म (c) सही सुमेलित नहीं है, क्योंकि दीवान-ए-बंदगान का संबंध विदेश विभाग से नहीं होकर गुलामों के विभाग से था। फिरोजशाह तुगलक के शासनकाल में दासों की देखभाल के लिए एक विभाग दीवान-ए-बंदगान की स्थापना की गई तथा इस पर एक अलग दीवान की नियुक्ति की जाती थी।

6 सल्तनतकालीन सैन्य व्यवस्था के संबंध में निम्नलिखित कथनों पर विचार कीजिए *(Chap 8, Class-XI, Old NCERT)*

1. अलाउद्दीन के पास 3,00,000 सैनिक थे।
2. अलाउद्दीन ने गाँवों पर सैनिकों के हकों को बनाए रखा।
3. अलाउद्दीन प्रत्येक घुड़सवार को 238 टंका देता था

उपर्युक्त में से कौन-सा/से कथन सही है/हैं?

(a) केवल 1
(b) 1 और 3
(c) 2 और 3
(d) केवल 3

उत्तर *(b)*

व्याख्या सल्तनतकालीन सैन्य व्यवस्था के संबंध में कथन (1) और (3) सही हैं। जियाउद्दीन बरनी के अनुसार, अलाउद्दीन खिलजी के पास सैनिकों की संख्या 3,00,000 थी। यह ऐसा पहला सुल्तान था, जिसने सभी सैनिकों को पूरा वेतन नकद अदा करना शुरू किया।

अलाउद्दीन ने सैनिकों को भूमि/गाँव प्रदान करने के बदले वेतन देने की प्रथा प्रारंभ की। यह प्रत्येक घुड़सवार को सालाना 238 टंका देता था तथा जो दो घोड़े रखता था, उसे 78 टंके और देता था, अर्थात् 316 टंके देता था।

7 सल्तनतकालीन न्याय व्यवस्था के संबंध में कौन-सा कथन सही नहीं है? *(Chap 8, Class-XI, Old NCERT)*

(a) काजी दीवानी का फैसला शरीयत के अनुसार करता था।
(b) हिंदुओं पर उनके अपने वैयक्तिक कानून लागू होते थे।
(c) शहरों में जातियों के मुखिया न्याय करते थे।
(d) फौजदारी कानून गाँव की पंचायतें तय करती थीं।

उत्तर *(d)*

व्याख्या सल्तनतकालीन न्याय व्यवस्था के संबंध में कथन (d) सही नहीं है, क्योंकि सल्तनतकाल में फौजदारी कानून शासकों द्वारा समय-समय पर बनाए गए नियमों पर आधारित होते थे, न कि फौजदारी कानून गाँव की पंचायतें तय नहीं करती थीं।

फौजदारी कानून हिंदुओं एवं मुसलमानों पर समान रूप से लागू होते थे। सुल्तान न्याय का सर्वोच्च अधिकारी था। इसके अतिरिक्त बड़ी मुस्लिम आबादी वाले क्षेत्रों में काजी एवं मुफ्ती होते थे, जो मुसलमानों के फौजदारी तथा दीवानी न्याय एवं हिंदुओं का फौजदारी न्याय करते थे।

8 सल्तनतकालीन प्रशासन में दरबार में शिष्टाचार का निर्वाह किस अधिकारी का दायित्व माना जाता था?

(Chap 8, Class-XI, Old NCERT)

(a) अमीर-ए-बहर (b) वकील-ए-दर
(c) बरीद (d) अमीर-ए-समां

उत्तर (b)

व्याख्या वकील-ए-दर दरबार में मुख्य रूप से शिष्टाचार का निर्वाह करता था, यह सल्तनतकाल में एक जिम्मेदार एवं महत्त्वपूर्ण अधिकारी होता था। यह सल्तनतकाल की सभी गतिविधियों की देखरेख करता था। सल्तनतकाल में वकील-ए-दर ही निर्धारित करता था कि कौन अमीर किस स्थान पर बैठेगा।

9 इक्ता के संबंध में निम्नलिखित कथनों पर विचार कीजिए

(Chap 8, Class-XI, Old NCERT)

1. यह स्थानीय प्रशासन से जुड़ा हुआ था।
2. जिन अमीरों को इक्ता दिया जाता था, उन्हें वली कहा जाता था।
3. वली अपने कर्त्तव्यों में लगभग स्वतंत्र हुआ करते थे।

उपर्युक्त में से कौन-सा/से कथन सही है/हैं?

(a) 1, 2 और 3 (b) 2 और 3
(c) 1 और 2 (d) इनमें से कोई नहीं

उत्तर (a)

व्याख्या इक्ता के संबंध में सभी कथन सही हैं।

मुहम्मद गोरी की विजय के बाद से ही भारत में इक्ता व्यवस्था के प्रमाण मिलते हैं। सल्तनतकाल में इक्ता क्षेत्र आधुनिक समय के प्रांत/सूबा से संबंधित है।

इक्ता के प्रशासक मुक्ति या वली कहलाते थे। यह संबंधित क्षेत्र में भू-राजस्व का संग्रह करते थे तथा उस क्षेत्र का प्रशासन देखते थे।

वली संगृहीत राशि में से प्रशासनिक खर्च एवं वेतन को पूरा करने के पश्चात् जो फवाजिल (शेष रकम) बचती थी, उसे वे केंद्रीय खजाने में भेज देते थे।

10 ग्राम प्रशासन के संबंध में कौन-सा कथन सही नहीं है?

(Chap 8, Class-XI, Old NCERT)

(a) चौरासी गाँवों की इकाई एक पारंपरिक व्यवस्था थी।
(b) भू-स्वामी को चौधरी कहा जाता था।
(c) मुखिया को मुकद्दम कहा जाता था।
(d) पटवारी ग्राम प्रशासन का अधिकारी था।

उत्तर (b)

व्याख्या ग्राम प्रशासन के संबंध में कथन (b) सही नहीं है, क्योंकि भू-स्वामी को चौधरी नहीं कहा जाता था।

सल्तनतकालीन प्रशासनिक व्यवस्था के अंतर्गत स्थानीय प्रशासन की सबसे छोटी इकाई के रूप में गाँव/ग्राम का गठन किया गया, जो एक स्वायत्त शासन का रूप होती थी।

यह गाँव चौरासी (84) गाँवों की एक इकाई की पारंपरिक व्यवस्था में संगठित होते थे। इन गाँवों के प्रधान को मुखिया (मुकद्दम) कहा जाता था तथा गाँव के महत्त्वपूर्ण लोगों में खुत (भू-स्वामी) होते थे। मुखिया तथा पटवारी इसके प्रमुख अधिकारी होते थे। सामान्यत: न्याय प्रशासन का कार्य मुख्य रूप से ग्राम पंचायत करती थी।

सल्तनतकालीन आर्थिक स्थिति

11 किस विदेशी यात्री ने यह विवरण प्रस्तुत किया है कि ''भारत की मिट्टी इतनी उपजाऊ है कि साल में दो-दो फसलें उगाई जाती हैं और चावल की तो तीन-तीन फसलें उत्पन्न की जाती हैं''?

(Chap 8, Class-XI, Old NCERT)

(a) मोरक्को के यात्री इब्नबतूता (b) अरब यात्री सुलेमान
(c) तुर्की यात्री बरनी (d) ब्रिटिश यात्री बर्नियर

उत्तर (a)

व्याख्या दिया गया विवरण मोरक्को के यात्री इब्नबतूता ने प्रस्तुत किया है। अफ्रीकी देश मोरक्को निवासी इब्नबतूता ने 14वीं शताब्दी में भारत की यात्रा की थी। यह मुहम्मद-बिन-तुगलक के राज दरबार में 8 वर्षों तक रहा। इसने पूरे देश की यात्रा की तथा भारतीय उपजों के बारे में महत्त्वपूर्ण विवरण दिया। इसने भारत में अच्छी कृषि व्यवस्था तथा फल-फूल, जड़ी-बूटियों की जानकारी दी है। इब्नबतूता ने भारत की मिट्टी को उपजाऊ बताया है तथा यहाँ के प्रमुख अनाजों की महत्ता को स्पष्ट किया।

12 सल्तनतकालीन आर्थिक स्थिति के संबंध में कौन-सा कथन सही नहीं है?

(Chap-8, Class-XI, Old NCERT)

(a) मुद्रा प्रणाली टंके और दिरहम पर आधारित थी।
(b) दिरहम सोने का सिक्का था।
(c) दिल्ली इस्लामी दुनिया के पूर्वी हिस्से का सबसे बड़ा नगर था।
(d) उपर्युक्त में से कोई नहीं

उत्तर (b)

व्याख्या सल्तनतकालीन आर्थिक स्थिति के संबंध में कथन (b) सही नहीं है, क्योंकि व्यापार एवं वाणिज्य को बढ़ावा देने के लिए सल्तनतकाल में चाँदी के टंके एवं ताँबे के दिरहम पर आधारित एक ठोस मुद्रा प्रणाली स्थापित की गई। सल्तनतकाल में सर्वप्रथम इल्तुतमिश द्वारा पहली बार मानक सिक्के जारी किए गए थे, जिनका नाम टंका एवं जीतल था। बाद में ताँबे के दिरहम नामक सिक्के भी जारी किए गए थे।

13 निम्नलिखित में से कौन-सा युग्म सही सुमेलित नहीं है?

(Chap 8, Class-XI, Old NCERT)

व्यापारिक केंद्र		अवस्थिति
(a) अन्हिलवाड़	–	देवगिरि
(b) कैंबे	–	खबायत
(c) सोनारगाँव	–	बंगाल
(d) कड़ा	–	प्रयाग

उत्तर (a)

व्याख्या दिए गए युग्मों में से युग्म (a) सही सुमेलित नहीं है, क्योंकि व्यापारिक केंद्र अन्हिलवाड़ की अवस्थिति देवगिरि नहीं, बल्कि पश्चिम क्षेत्र था।

सल्तनतकाल में आंतरिक एवं विदेशी व्यापार का भी विकास हुआ। देश के महत्त्वपूर्ण औद्योगिक एवं व्यापारिक नगर जल एवं स्थल मार्ग से एक-दूसरे से जुड़े हुए थे, जिनके द्वारा व्यापारी व्यापार करते थे।

14 सल्तनतकालीन व्यापार के संबंध में निम्नलिखित कथनों पर विचार कीजिए

(Chap 8, Class-XI, Old NCERT)

1. हिंद महासागर के व्यापारिक मार्ग पर अरबों का एकाधिकार था।
2. मुसलमानों का बोहरा समुदाय व्यापार से जुड़ा हुआ था।
3. मुल्तानी व्यापारियों में ज्यादातर मुसलमान शामिल थे।

उपर्युक्त में से कौन-सा/से कथन सही है/हैं?

(a) 1 और 3 (b) 1 और 2 (c) 2 और 3 (d) 1, 2 और 3

उत्तर (b)

व्याख्या सल्तनतकालीन व्यापार के संबंध में कथन (1) और (2) सही हैं। सल्तनतकाल में भारत का व्यापार चीन, अरब, मध्य एशिया, यूरोप एवं अफ्रीका तक था। यद्यपि हिंद महासागर के मार्ग से होने वाले व्यापार पर में अरब व्यापारियों का एकाधिकार था। इस मार्ग से होने वाले व्यापार में मुसलमानों का एक बड़ा वर्ग शामिल था, जिसे बोहरा समुदाय के रूप में जाना जाता था।

कथन (3) सही नहीं है, क्योंकि मुल्तानी व्यापारियों में ज्यादातर हिंदू व्यापारी शामिल थे।

15 मध्यकालीन भारत में शब्द 'फणम' किसे निर्दिष्ट करता था?

(Chap 8, Class-XI, Old NCERT)
(IAS Pre 2022)

(a) पहनावा (b) सिक्के (c) आभूषण (d) हथियार

उत्तर (b)

व्याख्या मध्यकालीन भारत में 'फणम' शब्द सिक्के को निर्दिष्ट करता था। इसका प्रयोग सिक्के के रूप में किया जाता था। मध्यकालीन त्रावनकोर में फैनम (फणम) और चकराम सिक्के मुद्रा की नियमित इकाई प्रचलन में थी। इसका व्यापार में बड़े पैमाने पर उपयोग किया जाता था।

16 नीचे दो कथन दिए गए हैं

(Chap 8, Class-XI, Old NCERT) (HPSC Pre 2023)

कथन 1 उलेमा मुस्लिम व्याख्याकार थे, जिन्होंने कुरान से उद्धरणों की व्याख्या की। सुल्तान इस्लामिक संस्थाओं एवं कम-से-कम उत्कृष्ट उलेमाओं का सम्मान अभिव्यक्त करने को आवश्यक मानते थे। इसमें धार्मिक कारणों एवं उलेमाओं को कार्यालयों, मस्जिद भवन आदि के पृष्ठांकन की मंजूरी भी शामिल थी।

कथन 2 उलेमा केवल धार्मिक पहलू से संबंध रखते थे और राजनीतिक मामलों में दखल नहीं देते थे।

उपर्युक्त कथनों के प्रकाश में नीचे दिए गए विकल्पों में से सही उत्तर का चयन कीजिए

(a) कथन 1 और 2 दोनों सही हैं
(b) कथन 1 और 2 दोनों गलत हैं
(c) कथन 1 सही है, किंतु कथन 2 गलत है
(d) कथन 1 गलत है, किंतु कथन 2 सही है

उत्तर (c)

व्याख्या कथन 1 सही है, किंतु कथन 2 गलत है।

सल्तनतकाल में उलेमा (मुस्लिम धार्मिक विद्वान) मुस्लिम व्याख्याकार थे, इन्होंने कुरान से उद्धरणों की व्याख्या की। सुल्तान इस्लामिक संस्थाओं एवं कम-से-कम उत्कृष्ट उलेमाओं का सम्मान अभिव्यक्त करने को आवश्यक मानते थे। इनमें धार्मिक कारणों एवं उलेमाओं को कार्यालयों, मस्जिद आदि के पृष्ठांकन की मंजूरी भी संमिलित थी। उलेमा न केवल धार्मिक मामलों में, बल्कि राजनीतिक मामलों में भी व्यापक हस्तक्षेप करते थे। गुलाम वंश के समय उलेमाओं का राजनीतिक मामलों में अधिक हस्तक्षेप होता था, परन्तु बलवन ने अपने शासनकाल के दौरान उलेमाओं की गतिविधियों पर रोक लगाने की कोशिश की। बलवन से पूर्व उलेमा राजदरबार में भी हमेशा हस्तक्षेप करने लगे थे। खिलजी शासनकाल के समय उलेमाओं की शक्तियों को पूरी तरह कुचल दिया गया।

सल्तनतकालीन सामाजिक व्यवस्था

17 सल्तनतकालीन सामाजिक जीवन के संबंध में निम्नलिखित कथनों पर विचार कीजिए

(Chap 8, Class-XI, Old NCERT)

1. मुहम्मद तुगलक अपने अमीरों को प्रत्येक साल दो नई पोशाकें देता था।
2. वह प्रत्येक साल 2,00,000 आयातित पोशाकों का वितरण करता था।
3. ये पोशाकें मखमल, दमस्क या ऊन की बनी होती थीं।

उपर्युक्त में से कौन-सा/से कथन सही है/हैं?

(a) 1 और 2 (b) 2 और 3
(c) 1, 2 और 3 (d) केवल 2

उत्तर (c)

व्याख्या सल्तनतकालीन सामाजिक जीवन के संबंध में सभी कथन सही हैं। तुर्कों के आगमन से भारतीय समाज का स्वरूप परिवर्तित हुआ, क्योंकि उसमें नए लोग जुड़े, जो अपने साथ नया धर्म, नई संस्कृति एवं नई परंपराएँ लेकर आए थे। सल्तनतकाल में महत्त्वपूर्ण एवं प्रभावपूर्ण लोगों को अमीर कहा गया। इन अमीरों को मुहम्मद तुगलक साल में दो बार नई पोशाकें देता था।

ये पोशाकें साल में गर्मी एवं जाड़े के महीनों में अमीर वर्गों को दी जाती थीं। मुहम्मद बिन तुगलक एक अनुमान के अनुसार प्रत्येक वर्ष 2,00,000 पोशाकों का वितरण करता था।

ये पोशाकें मुख्यत: आयात किए गए मखमल, दमस्क (रेशम या ऊन) की बनी होती थीं, जिसमें जरी की कीमती कढ़ाई होती थी।

18 सल्तनतकाल में हिंदू समाज के संबंध में निम्नलिखित कथनों पर विचार कीजिए

(Chap 8, Class-XI, Old NCERT)

1. इस काल में हिंदू समाज की संरचना में व्यापक परिवर्तन हुआ।
2. ब्राह्मणों को खेती-बाड़ी करने की अनुमति थी।
3. शूद्रों को मांस और मदिरा के अतिरिक्त अन्य सभी धंधे करने की छूट दी गई।

उपर्युक्त में से कौन-सा/से कथन सही है/हैं?

(a) 1 और 2 (b) 2 और 3
(c) 1 और 3 (d) 1, 2 और 3

उत्तर (b)

व्याख्या सल्तनतकाल में हिंदू समाज के संबंध में कथन (2) और (3) सही हैं। इस काल में भी पहले से चली आ रही परंपराओं के आधार पर ब्राह्मणों को ऊँचा स्थान दिया, परंतु अयोग्य ब्राह्मणों की निंदा भी की गई थी।

ब्राह्मणों को खेती तथा शूद्रों को मांस-मंदिरा के साथ अन्य व्यवसायों को करने की पूरी छूट दी गई थी।

कथन (1) सही नहीं है, क्योंकि सल्तनतकाल में हिंदू समाज की संरचना में कोई परिवर्तन नहीं हुआ था।

19 निम्नलिखित में से कौन-सा युग्म सुमेलित नहीं है?

(Chap 8, Class-XI, Old NCERT)

शब्द		अर्थ
(a) जवाबित	—	विनियम
(b) जिम्मी	—	जजिया देने वाले हिंदू
(c) जहाँदारी	—	इस्लामी राज्य
(d) जकात	—	कर

उत्तर (c)

व्याख्या दिए गए युग्मों में से युग्म (c) सही सुमेलित नहीं है, क्योंकि इतिहासकार जियाउद्दीन बरनी ने दिल्ली सल्तनत को सच्चा इस्लामी राज्य मानने से इनकार कर दिया। इसके स्थान पर उसने जहाँदारी को ध्यान में रखकर चलने वाला राज्य बताया।

20 दिल्ली सल्तनत के किस सुल्तान ने कहा था कि ''हिंदू लोग मूर्तियों का यमुना में विसर्जन करने के लिए नाचते-गाते, ढोल बजाते हुए, जुलूसों में शाही महल की दीवारों के पास से गुजरते हैं और मैं चुपचाप देखता रह जाता हूँ?''

(Chap 8, Class-XI, Old NCERT)

(a) जलालुद्दीन खिलजी (b) अलाउद्दीन खिलजी
(c) मोहम्मद-बिन-तुगलक (d) फिरोजशाह तुगलक

उत्तर (a)

व्याख्या दिए गए कथन को दिल्ली सल्तनत के सुल्तान जलालुद्दीन खिलजी ने कहा था। जलालुद्दीन खिलजी ने बलबन को अपदस्थ कर सत्ता पर अधिकार किया तथा खिलजी वंश की स्थापना की। इसने किलोखरी के महल में अपना राज्याभिषेक कराया था।

इसने हिंदुओं को अपने धर्म एवं रीति-रिवाजों के पालन की पूर्ण स्वतंत्रता दी तथा अपने विरोधियों के प्रति भी उदारता दिखाई थी।

21 निम्न कथनों पर विचार कीजिए *(Chap 8, Class-XI, Old NCERT)* *(IAS Pre 2023)*

1. हिंदू देवी - देवताओं तथा मुस्लिम संतों की प्रशंसा में रचित गीतों का संग्रह किताब-ए-नौरस इब्राहिम आदिलशाह द्वितीय द्वारा लिखा गया था।
2. भारत में कव्वाली से जानी जाने वाली संगीत शैली के प्रारंभिक रूप के आरंभकर्ता अमीर खुसरो थे।

उपर्युक्त कथनों में से कौन-सा/से कथन सही है/हैं?

(a) केवल 1 (b) केवल 2
(c) 1 और 2 दोनों (d) इनमें से कोई भी नहीं

उत्तर (c)

व्याख्या दिए गए दोनों कथन सही हैं।
हिंदू देवी-देवताओं तथा मुस्लिम संतों की प्रशंसा में रचित गीतों का संग्रह किताब-ए-नौरस इब्राहिम आदिलशाह द्वितीय द्वारा लिखा गया था। यह बीजापुर का सुल्तान था। इसने नौरसपुर नामक नगर की स्थापना की तथा उसे अपनी राजधानी बनाया। भारत में कव्वाली के नाम से प्रसिद्ध संगीत शैली के प्रारंभिक रूप के आरंभकर्ता अमीर खुसरो थे। इसका जन्म 1253 ई. में उत्तर प्रदेश के वर्तमान कासगंज जिले में पटियाली नामक स्थान पर हुआ था।

सल्तनतकालीन कला एवं संस्कृति

22 दिल्ली के सुल्तानों ने गैरिसनों के निवास के लिए किलों का निर्माण कराया था। गैरिसन क्या था? *(Chap 3, Class-VII, New NCERT)*

(a) मेहराब के निर्माता (b) रक्षक सैनिकों की टुकड़ियाँ
(c) वास्तुकारों का निवास (d) विदेशी यात्रियों का ठहराव स्थल

उत्तर (b)

व्याख्या सल्तनतकाल की रक्षक सैनिकों की टुकड़ियाँ, जिसे गैरिसन कहा जाता था, के निवास के लिए तेरहवीं सदी के आरंभिक वर्षों में सुल्तानों ने मजबूत किलेबंद के रूप में शहरों का निर्माण कराया। यह अन्य शहरों से संबंधित थे, जो दिल्ली क्षेत्र के आस-पास में अधिक स्थापित किए गए।

23 कुतुबमीनार के संबंध में निम्नलिखित कथनों पर विचार कीजिए *(Chap 3, Class-VII, New NCERT)*

1. यह देहली-ए-कुहना में स्थित है।
2. यह कुतुबुद्दीन ऐबक, इल्तुतमिश तथा मुहम्मद-बिन-तुगलक द्वारा निर्मित है।
3. यह कुतुबुद्दीन बख्तियार काकी की याद में निर्मित है।

उपर्युक्त में से कौन-सा/से कथन सही है/हैं?

(a) 1 और 2 (b) 1 और 3
(c) 1, 2 और 3 (d) केवल 2

उत्तर (b)

व्याख्या कुतुबमीनार के संबंध में कथन (1) और (3) सही हैं।
कुतुबमीनार 'देहली-ए-कुहना' में स्थित है। 'देहली-ए-कुहना' का अर्थ 'पुरानी दिल्ली' है। यह दिल्ली शहर में स्थित ईंट से बनी विश्व की सबसे ऊँची मीनार है। इसके निर्माण की शुरुआत 1199 ई. में हुई, जो 1220 ई. में पूर्ण हुआ। गुलाम वंश के संस्थापक कुतुबुद्दीन ऐबक ने प्रसिद्ध सूफी संत कुतुबुद्दीन बख्तियार काकी की याद में कुतुबमीनार का निर्माण करवाया।

कथन (2) सही नहीं है, क्योंकि इस मीनार का ऐबक ने केवल आधार ही बनवाया था, जिसके बाद इसके उत्तराधिकारी इल्तुतमिश ने इसमें तीन मंजिलों का निर्माण कराया तथा पाँचवीं एवं अंतिम मंजिल का निर्माण फिरोजशाह तुगलक ने करवाया था।

24 सूची I को सूची II से सुमेलित कीजिए *(Chap 3, Class-VII, New NCERT)*

	सूची I (स्थापत्य)		सूची I (निर्माणकर्ता/शासनकाल)
A.	मोठ की मस्जिद	1.	मुहम्मद-बिन-तुगलक
B.	बेगमपुरी मस्जिद	2.	सिकंदर लोदी
C.	अलाई दरवाजा	3.	अलाउद्दीन खिलजी
D.	जमाली कमाली मस्जिद	4.	इब्राहिम लोदी

कूट

	A	B	C	D		A	B	C	D
(a)	1	2	3	4	(b)	2	1	3	4
(c)	4	3	2	1	(d)	3	2	1	4

उत्तर (b)

व्याख्या सही सुमेलन A-2, B-1, C-3, D-4 है।
मोठ की मस्जिद का निर्माण 1505 ई. में वजीर मियाँ भोइया ने करवाया था, जो सिकंदर लोदी के शासनकाल में प्रधानमंत्री था।
बेगमपुरी मस्जिद का निर्माण मुहम्मद-बिन-तुगलक द्वारा 1350 ई. में कराया गया था। इस मस्जिद का निर्माण इसने मंगोलों के आक्रमण से बचने के लिए करवाया था।
अलाई दरवाजा कुव्वत-उल-इस्लाम मस्जिद का दक्षिणी प्रवेश द्वार है। यह कुतुबमीनार के निकट स्थित है। इसका निर्माण अलाउद्दीन खिलजी ने 1311 ई. में करवाया था।
जमाली कमाली मस्जिद का निर्माण इब्राहिम लोदी के शासनकाल में करवाया गया था।

25 'मस्जिद' के संबंध में कौन-सा कथन सही नहीं है? *(Chap 3, Class-VII, New NCERT)*

(a) यह फारसी का शब्द है।
(b) यहाँ मुसलमान अल्लाह की आराधना करते हैं।
(c) मस्जिद में मक्का की ओर मुँह करके खड़े होते हैं।
(d) जामा मस्जिद भारत की सबसे बड़ी मस्जिद है।

उत्तर (a)

व्याख्या 'मस्जिद' के संबंध में कथन (a) सही नहीं है, क्योंकि 'मस्जिद' फारसी भाषा का शब्द नहीं है, बल्कि मस्जिद एक अरबी शब्द है, जिसका शाब्दिक अर्थ है- ऐसा स्थल जहाँ प्रणाम करने की जगह हो अर्थात् प्रार्थना करने का स्थल। यह मुसलमानों की इबादतगाह होती है, जहाँ वे अपने ईश्वर/अल्लाह को याद करते हैं। इस्लामिक वास्तुकला के दौरान सम्पूर्ण विश्व में मस्जिदों का विकास हुआ।

26 सल्तनतकालीन वास्तुकला के संबंध में निम्नलिखित कथनों पर विचार कीजिए *(Chap 4, Class-VII, Old NCERT)*

1. इंडो-इस्लामिक वास्तुकला में मेहराब और गुंबद का प्रयोग होता था।
2. मेहराब के निर्माण में धरन का प्रयोग होता था।
3. भारतीय शिल्पकार नुकीले मेहराबों को बनाना जानते थे।

उपर्युक्त में से कौन-सा/से कथन सही नहीं है/हैं?

(a) केवल 2 (b) 1 और 2
(c) 1, 2 और 3 (d) इनमें से कोई नहीं

उत्तर (a)

व्याख्या सल्तनतकालीन वास्तुकला के संबंध में कथन (2) सही नहीं है, क्योंकि सल्तनतकाल की प्रमुख विशेषता चूना-गारा का सीमेंट के रूप में प्रयोग तथा मेहराबों, गुंबदों, ऊँची मीनारों एवं डॉटदार छतों का व्यापक प्रयोग थी। इस समय तुर्कों से पूर्व प्रचलित शैलियों-स्तंभ और धरनी एवं कदलिकाकृति का स्थान वैज्ञानिक तरीकों से बनी मेहराबी छतों एवं शिखरों का स्थान गुंबदों ने ले लिया।

27 निम्नलिखित में कौन-सा युग्म सुमेलित नहीं है?

(Chap 4, Class-VII, Old NCERT)

स्थापत्य		अवस्थिति
(a) अटाला मस्जिद	–	जौनपुर
(b) गयासुद्दीन का मकबरा	–	दिल्ली
(c) मांडू का किला	–	चित्तौड़
(d) जामा मस्जिद	–	अहमदाबाद

उत्तर *(c)*

व्याख्या दिए गए युग्मों में से युग्म (c) सुमेलित नहीं है, क्योंकि मांडू का किला चित्तौड़ में नहीं, बल्कि मध्य प्रदेश में स्थित है।

मांडू के किले का निर्माण 15वीं शताब्दी में किया गया था। यह किला वर्तमान में मध्य प्रदेश राज्य के धार जिले में स्थित है।

इसके अतिरिक्त अटाला मस्जिद का निर्माण 15वीं शताब्दी में शर्की राजवंश के इब्राहिम शाह द्वारा करवाया गया था। यह मस्जिद जौनपुर (उत्तर प्रदेश) वास्तुकला का उत्तम नमूना है।

गयासुद्दीन का मकबरा दिल्ली में स्थित है, जो गयासुद्दीन तुगलक द्वारा बनवाया गया था।

जामा मस्जिद पीले पत्थर से बनी पूर्वी देशों की सबसे खूबसूरत मस्जिद है तथा यह हिंदू व मुस्लिम संस्कृति के अद्भुत संगम को दर्शाती है। यह मस्जिद गुजरात के अहमदाबाद में स्थित है, जो 15वीं शताब्दी में निर्मित हुई थी।

28 सल्तनतकालीन मकबरे के संबंध में निम्नलिखित कथनों पर विचार कीजिए *(Chap 4, Class-VII, Old NCERT)*

1. फिरोजशाह तुगलक का मकबरा दिल्ली के हौजखास में स्थित है।
2. सिकंदर लोदी का मकबरा दिल्ली में स्थित है।

उपर्युक्त में से कौन-सा/से कथन सही है/हैं?

(a) केवल 1
(b) केवल 2
(c) 1 और 2
(d) न तो 1 और न ही 2

उत्तर *(c)*

व्याख्या सल्तनतकालीन मकबरे के संबंध में दोनों कथन सही हैं।

फिरोजशाह तुगलक का मकबरा दिल्ली के हौजखास क्षेत्र में स्थित है। यह मकबरा तुगलक वंश के अंतिम व तृतीय शासक फिरोजशाह तुगलक का है।

सिकंदर लोदी का मकबरा लोदी गार्डन नई दिल्ली में स्थित है। यह मकबरा एक अष्टकोणीय बनावट है, जो इंडो इस्लामिक स्थापत्य कला शैली पर आधारित है।

29 मनसबदारी व्यवस्था के संदर्भ में कौन-सा/से कथन सही है/हैं?

(Chap 12, Module-2, NIOS) (UPPSC Pre 2019)

1. मनसबदारी व्यवस्था राज्य के कुलीन वर्ग से संबंधित थी, जिसे अकबर ने प्रारंभ किया।
2. मनसबदारी का पद पैतृक था।

कूट

(a) केवल 1
(b) 1 और 2
(c) केवल 2
(d) न तो 1 और न ही 2

उत्तर *(d)*

व्याख्या मनसबदारी व्यवस्था के संदर्भ में दोनों कथन सही नहीं हैं।

मनसबदारी व्यवस्था मुगलकाल में प्रचलित एक प्रशासनिक एवं सैन्य प्रणाली थी, जिसे अकबर ने प्रारंभ किया था। यह व्यवस्था शासकीय अधिकारियों तथा सेनापतियों का पद निर्धारित करती थी। सभी सैन्य तथा असैन्य अधिकारियों की मनसब (वरीयता क्रम) बादशाह द्वारा निश्चित की जाती थी, जो अलग-अलग हुआ करती थी। इसके आधार पर अधिकारियों के वेतन व भत्ते निर्धारित होते थे। मनसबदारी का पद पैत्रक नहीं था, क्योंकि मनसबदार केवल सेवाकाल तक ही अपने पद पर रह सकता था।

अध्याय 15

विजयनगर एवं बहमनी साम्राज्य

विजयनगर एवं बहमनी साम्राज्य

विजयनगर साम्राज्य

संगम राजवंश (1336-1485 ई.)

- विजयनगर साम्राज्य का पहला राजवंश 1336 ई. में हरिहर और बुक्का द्वारा स्थापित
- देवराय प्रथम को बहमनी सुल्तान फिरोजशाह ने हराया; उसने तुंगभद्रा नदी पर एक बाँध बनवाया तथा हजारा राम मंदिर भी बनवाया था।
- देवराय द्वितीय ने सेना को मजबूत करके साम्राज्य का विस्तार किया।
- इसके शासनकाल में फारसी यात्री अब्दुल रज्जाक और पुर्तगाली लेखक नुनिज ने राज्य का दौरा किया था।

सालुव राजवंश (1485-1505 ई.)

- सालुव वंश की स्थापना सलुआ नरसिम्हा द्वारा स्थापित की, जिसने कन्नड़, होन्नावर, बैकानूर और भटकल के पश्चिमी भाग पर विजय प्राप्त की।

तुलुव राजवंश (1505-1570 ई.)

- तुलुव राजवंश को स्थापित करने का श्रेय वीर नरसिंह को दिया जाता है।
- पुर्तगाली गवर्नर अल्मीड़ा से घोड़ों को खरीदने का समझौता किया था। वीर नरसिंह ने विवाह-कर को भी हटा लिया था।

कृष्ण देवराय (1509-1529 ई.)

- वीर नरसिंह के अनुज एवं इस राजवंश के सबसे महान शासक थे।
- कृष्ण देवराय ने उड़ीसा के गजपति शासक को पराजित कर उदयगिरि पर 1513 ई. में अधिकार किया
- कृष्ण देवराय एक महान निर्माता था। उसने विजयनगर के निकट एक नया शहर बसाया तथा एक विशाल तालाब की स्थापना भी की।

विजयनगर साम्राज्य की अन्य विशेषताएँ

केंद्रीय प्रशासन

- मंत्रिपरिषद् द्वारा सहायता प्राप्त राजाओं को कार्यपालिका, न्यायिक और विधायी मामले में पूर्ण अधिकार प्राप्त था।

प्रांतीय/स्थानीय प्रशासन

- विजयनगर साम्राज्य को मंडलम (प्रांत), नाडु (जिला), स्थला (उप-जिला) और ग्राम (गाँव) में विभाजित किया गया था।
- ग्राम का प्रशासन आयशेर प्रणाली के रूप में संगठित किया गया था।

राजस्व प्रशासन

- राजकीय भूमि राजस्व का सबसे बड़ा स्रोत था। सर्वेक्षण के माध्यम से मूल्यांकन के आधार पर निर्धारित करो की वसूली की जाती थी।

समाज

- कस्बों और शहरीकरण का उल्लेखनीय विकास विचारणीय था।
- ब्राह्मणों का स्थान समाज में ऊँचा था तथा स्त्रियों का स्थान भी काफी न्यायपूर्ण व ऊँचा था।

आर्थिक स्थिति

- कृषि संवृद्धि, कपड़ा, खनन और धातुकर्म उद्योगों का विकास हुआ था।
- गिल्डो को बढ़ावा, कपड़ा, चावल, लोहा, शीरा, चीनी और मसालों आदि का निर्यात किया जाता था।

कला और वास्तुकला

- मंदिरों में स्तंभयुक्त हॉल, मंडप, राया, गोपुरम और मूर्तियों का निर्माण किया गया था।; महानवमी डिब्बा एक आयताकार आकार की संरचना कृष्ण देवराय के शासनकाल में बनाई गई थी।

बहमनी साम्राज्य

परिचय

- दक्षिण भारत में पहला स्वतंत्र इस्लामी साम्राज्य 1347 ई. में अलाउद्दीन हसन बहमन शाह द्वारा स्थापित किया गया।
- इसकी राजधानी गुलबर्गा में स्थापित की गई थी। बाद में यह साम्राज्य स्वतंत्र राज्यों में विभाजित
- बीजापुर अहमदनगर, बरार, बीदर और गोलकुंडा।

प्रमुख बहमनी शासक

- **मुहम्मद शाह** (1358-1375 ई.) आठ मंत्रियों की एक परिषद् स्थापित की, जिसे अष्ट प्रधान के नाम से जाना जाता था।
- **अहमद शाह प्रथम** (1422-1435 ई.) सूफी संत गेसू दराज से जुड़े अहमद शाह ने वारंगल पर आक्रमण किया और अपनी राजधानी 1429 ई. में गुलबर्गा से बीदर स्थानांतरित की।

अलाउद्दीन हुमायूँ (1458-1461 ई.)

- महमूद गवाँ को प्रधानमंत्री नियुक्त किया,
  - जिसने भारत में बारुद की शुरुआत की तथा महमूद गवाँ ने बीदर में मदरसा भी बनवाया।
- **मुहम्मद शाह तृतीय** (1463-1482 ई.)
  - बहमनी साम्राज्य का अंतिम शासक।

बहमनी साम्राज्य का पतन

- महमूद गवाँ की मृत्यु के बाद, रईसों को देशी और लंबे समय से स्थापित दक्कनी और नवागंतुक अफाकीज में विभाजित किया; अंततः पाँच राज्यों में विभाजित होकर साम्राज्य का पतन हो गया।

SOURCE Old NCERT Class X उत्तर भारत में साम्राज्य के लिए संघर्ष-1 (लगभग 1400 ई.-1525 ई.), Old NCERT Class XI विजयनगर और बहमनियों का काल तथा पुर्तगालियों का आगमन (लगभग 1350-1565 ई.), उत्तर भारत में साम्राज्य के लिए संघर्ष (लगभग 1400-1525 ई.) New NCERT Class XII एक साम्राज्य की राजधानी : विजयनगर (लगभग 14वीं. 16वीं), Tamil Nadu Board Class XI बहमनी एवं विजयनगर साम्राज्य, NIOS-1 Module-2 भारत में प्रादेशिक राज्यों का उदय

विजयनगर साम्राज्य

1 विजयनगर साम्राज्य के अंतर्गत शासन करने वाले राजवंशों का सही क्रम कौन-सा है? *(Chap 9, Class-XI, Old NCERT)*

(a) संगम-सालुव-तुलुव-अराविडु (b) सालुव-संगम-तुलुव-अराविडु
(c) तुलुव-संगम-अराविडु-सालुव (d) अराविडु-संगम-तुलुव-सालुव

उत्तर (a)

व्याख्या विजयनगर साम्राज्य के अंतर्गत शासन करने वाले राजवंशों का सही क्रम-संगम-सालुव-तुलुव एवं अराविडु है।

दिल्ली सल्तनत में व्याप्त राजनीतिक अस्थिरता का लाभ उठाकर अनेक राज्य स्वतंत्र हुए, दक्षिण भारत में इसका लाभ उठाते हुए विजयनगर साम्राज्य की स्थापना हुई।

विजयनगर पर शासन करने वाला प्रथम वंश संगम वंश था। इस वंश की स्थापना हरिहर एवं बुक्का नाम के दो भाइयों ने की थी। इस वंश ने 1336-1485 ई. तक विजयनगर पर शासन किया। इसके बाद सालुव वंश की स्थापना नरसिंह सालुव ने की। इस वंश का शासनकाल 1485 से 1505 ई. तक था। सुलुव/सालुव वंश के बाद तुलुव वंश की स्थापना 1505 ई. में वीर नरसिंह ने की। इस वंश ने विजयनगर साम्राज्य पर 1505-1570 ई. तक शासन किया। सबसे अंतिम वंश अराविडु था, जिसकी स्थापना तिरुमल ने की थी। इस वंश ने 1570 से 1652 ई. तक शासन किया।

2 विजयनगर साम्राज्य की स्थापना से संबंधित निम्नलिखित में से कौन-सा कथन सही नहीं है? *(Chap 9, Class-XI, Old NCERT)*

(a) इसके संस्थापक काकतीय राजा के सामंत थे
(b) इसकी स्थापना फिरोजशाह तुगलक के काल में हुई थी
(c) यह एक हिंदू राजवंश था
(d) इसकी अवस्थिति दक्षिण भारत में थी

उत्तर (b)

व्याख्या विजयनगर साम्राज्य की स्थापना से संबंधित कथन (b) सही नहीं है, क्योंकि विजयनगर साम्राज्य की स्थापना फिरोजशाह तुगलक के काल में नहीं, बल्कि मुहम्मद-बिन-तुगलक के काल में हुई थी। विजयनगर साम्राज्य की स्थापना 1336 ई. में हरिहर व बुक्का नामक दो भाइयों ने अपने गुरु विद्यारण्य एवं वेदों के भाष्यकार सायण की प्रेरणा से कृष्णा की सहायक नदी तुंगभद्रा के दक्षिणी तट पर अनैगोंडी के समीप की।

3. हरिहर और बुक्का के संबंध में निम्नलिखित कथनों पर विचार कीजिए *(Chap 9, Class-XI, Old NCERT)*

1. मुहम्मद बिन तुगलक ने इन्हें बंदी बना लिया था।
2. गुरु विद्यारण्य के निर्देश पर वे हिंदू धर्म में दीक्षित हुए।
3. उन्होंने दौलताबाद को अपनी राजधानी बनाया।

उपर्युक्त में से कौन-सा/से कथन सही है/हैं?

(a) केवल 1 (b) केवल 2
(c) 1 और 2 (d) 1, 2 और 3

उत्तर (c)

व्याख्या हरिहर एवं बुक्का के संबंध में कथन (1) और (2) सही हैं।

18 अप्रैल, 1336 को भगवान विरुपाक्ष की उपस्थिति में मुहम्मद-बिन-तुगलक के शासनकाल में हरिहर प्रथम एवं बुक्का प्रथम के द्वारा संगम वंश की स्थापना की गई।

मुहम्मद-बिन-तुगलक ने दोनों भाइयों को बंदी बना लिया था तथा उन्हें मुसलमान बना दिया था। कालांतर में अपने गुरु विद्यारण्य के निर्देश पर वे हिंदू धर्म में दीक्षित हुए थे।

कथन (3) सही नहीं है, क्योंकि हरिहर प्रथम ने पहले अनैगोंडी तथा बाद में हंपी (वर्तमान कर्नाटक) को राजधानी बनाया। इसके बाद इसका भाई बुक्का प्रथम 1356 ई. में विजयनगर साम्राज्य की गद्दी पर बैठा तथा मदुरै को अपने साम्राज्य में मिला लिया था।

4 हरिहर प्रथम के संबंध में कौन-सा कथन गलत है? *(Chap 9, Class-XI, Old NCERT)*

(a) वह 1336 ई. में राजा बना
(b) उसने मैसूर और होयसल राज्य से युद्ध लड़ा
(c) आरंभ में विजयनगर की राजव्यवस्था को-ऑपरेटिव कॉमनवेल्थ थी
(d) उपर्युक्त में से कोई नहीं

उत्तर (d)

व्याख्या हरिहर प्रथम के संबंध में कोई भी कथन गलत नहीं हैं।

हरिहर प्रथम संगम वंश का प्रथम शासक था। वह 1336 ई. में राजा बना था। इसने 1336 ई. में मैसूर तथा होससल राज्य से युद्ध किया था। 1346 ई. में होयसल राज्य को पूर्णत: विजयनगर साम्राज्य में मिला लिया गया।

प्रारंभ में विजयनगर राज्य व्यवस्था एक सहकारी राज्य व्यवस्था (को-ऑपरेटिव कॉमनवेल्थ) थी। हरिहर प्रथम ने काकतीय वंश का अनुसरण करते हुए अपने राज्य को स्थलों एवं नाडुओं में संगठित किया तथा ब्राह्मणों की नियुक्ति की।

5 इतिहासकारों के द्वारा प्रयोग 'विजयनगर साम्राज्य' शब्द के लिए समकालीन लोगों ने उसे क्या कहकर संबोधित किया है? *(Chap 7, Class-XII, New NCERT)*

(a) तेलुगू साम्राज्यमु (b) कर्नाटक साम्राज्यमु
(c) तमिल साम्राज्यमु (d) संगम साम्राज्यमु

उत्तर (b)

व्याख्या इतिहासकार 'विजयनगर साम्राज्य' शब्द का प्रयोग करते हैं, तो वहीं समकालीन लोगों ने इस साम्राज्य को 'कर्नाटक साम्राज्यमु' की संज्ञा दी है। इस साम्राज्य की अस्थिर सीमाओं में अलग-अलग भाषाएँ बोलने वाले तथा अलग-अलग धार्मिक परंपराओं को मानने वाले लोग रहते थे।

6 विजयनगर साम्राज्य के आरंभिक शासकों के संबंध में निम्नलिखित कथनों पर विचार करें *(Chap 7, Class-XII, New NCERT)*

1. उड़ीसा के गजपति शासक उनके समकालीन थे।
2. उन्होंने स्वयं को 'राय' की उपाधि प्रदान की।
3. उन्होंने तंजावुर के चन्नकेशव मंदिर को संरक्षण दिया।

उपर्युक्त में से कितने कथन सही हैं?

(a) केवल एक (b) केवल दो
(c) सभी तीनों (d) इनमें से कोई नहीं

उत्तर (b)

व्याख्या विजयनगर साम्राज्य के आरंभिक शासकों के संबंध में केवल दो कथन अर्थात् (1 और 2) सही हैं। विजयनगर साम्राज्य के आरंभिक शासकों के समकालीन दक्कन के सुल्तान एवं उड़ीसा के गजपति शासक थे। विजयनगर के प्रारंभिक शासक अपने समकालीन शासकों के साथ संघर्ष करते रहे तथा साथ ही इन राज्यों के संपर्क से विचारों का आदान-प्रदान कर विशेष रूप से स्थापत्य के क्षेत्र में विकास करने लगे।

विजयनगर के शासकों ने स्वयं को 'राय' की उपाधि प्रदान की तथा अमर नायकों की नियुक्ति की।

कथन (3) सही नहीं है, क्योंकि चन्नकेशव मंदिर तंजावुर में नहीं, बल्कि बेलूर में स्थित है। इस मंदिर को विजयनगर के शासकों ने संरक्षण प्रदान किया था।

7 **संगम वंश के शासकों के संबंध में निम्नलिखित कथनों में कौन-सा सही है?** *(Chap 9, Class-XI, Old NCERT)*

(a) यह विजयनगर का पाँचवाँ राजवंश था
(b) बुक्का प्रथम का संबंध संगम से नहीं था
(c) संगम वंश का कुल शासन 149 वर्षों का था
(d) उपर्युक्त में से कोई नहीं

उत्तर (c)

व्याख्या संगम वंश के शासकों के संबंध में कथन (c) सही है। संगम वंश ने ही विजयनगर साम्राज्य की स्थापना की थी। यह वंश इस साम्राज्य का प्रथम राजवंश था। संगम वंश का प्रथम शासक हरिहर था, जो 1336 ई. को विजयनगर की गद्दी पर आसीन हुआ। इसने 1356 ई. तक शासन किया। इसके बाद इसका भाई बुक्का प्रथम 1356 ई. में शासक बना, जो 1377 ई. तक आसीन रहा। इस वंश के शासकों का शासनकाल 1336 से 1485 ई. तक था अर्थात् इन्होंने 149 वर्षों तक विजयनगर साम्राज्य पर शासन किया।

8 **विजयनगर शासक कृष्णदेव राय के संबंध में निम्न कथनों पर विचार कीजिए** *(Chap 6, Class-VII, Old NCERT)*

1. कृष्णदेव राय ने उड़ीसा राज्य पर विजय प्राप्त की।
2. राज्य में सिंचाई व्यवस्था के लिए बाँधों और नहरों का निर्माण कराया
3. कृष्णदेव राय ने संस्कृत भाषा में 'अमुक्तमाल्यदा' नामक काव्य की रचना की।

उपर्युक्त कथनों में से कौन-सा/से कथन सही है/हैं?

(a) 1 और 2
(b) 2 और 3
(c) 1 और 3
(d) 1, 2, और 3

उत्तर (a)

व्याख्या विजयनगर शासक कृष्देव राय के संबंध में कथन (1) और (2) सही हैं। कृष्णदेव राय ने उड़ीसा राज्य पर विजय प्राप्त की। कृष्णदेव राय ने उड़ीसा के गजपति शासक को पराजित कर उदयगिरि पर 1513 ई. में अधिकार कर लिया तथा बीजापुर के यूसुफ आदिलशाह को पराजित कर रायचूर, दोआब और मुडकल के क्षेत्र पर अधिकार स्थापित किया। इसने राज्य में सिंचाई व्यवस्था के लिए बाँधों और नहरों का निर्माण कराया।

कथन (3) सही नहीं है, क्योंकि कृष्णदेव राय ने संस्कृत भाषा में नहीं, बल्कि तेलुगू भाषा में 'अमुक्तमाल्यद' नामक काव्य की रचना की। कृष्णदेव राय संस्कृत एवं तेलुगू भाषा का अच्छा ज्ञाता था।

9 **विजयनगर साम्राज्य के महान शासक कृष्णदेवराय के संबंध में निम्नलिखित कथनों पर विचार कीजिए** *(Chap 9, Class-XI, Old NCERT)*

1. इनका संबंध तुलुव राजवंश से था।
2. इनका शासककाल 1509 से 1530 ई. तक था।
3. उन्होंने उड़ीसा के राजा को पराजित किया था।

उपर्युक्त में से कौन-सा/से कथन सही है/हैं?

(a) 1 और 2 (b) 1 और 3 (c) 2 और 3 (d) 1, 2 और 3

उत्तर (d)

व्याख्या विजयनगर साम्राज्य के महान शासक कृष्णदेवराय के संबंध में सभी कथन सही हैं।

तुलुव वंश के शासक कृष्णदेवराय अपने भाई तथा तुलुव वंश के संस्थापक वीर नरसिंह की मृत्योपरांत विजयनगर साम्राज्य की गद्दी पर बैठा, इसका राज्याभिषेक श्रीकृष्ण जन्माष्टमी के दिन हुआ। कृष्णदेवराय का शासनकाल 1509 से 1530 ई. तक था। कृष्णदेवराय के राज्यारोहण के समय विजयनगर अत्यंत विषम परिस्थिति में था, उड़ीसा के गजपति विजयनगर साम्राज्य के पत्तन का लाभ उठाने का प्रयास कर रहे थे। तब इसने 1513 ई. में उड़ीसा के शासक गजपति रुद्रदेव को पराजित कर उदयगिरि पर अधिकार कर लिया।

10 **कृष्णदेवराय के संबंध में कौन-सा कथन सही नहीं है?** *(Chap 7, Class-XII, New NCERT)*

(a) उसने रायपुर दोआब पर अधिकार कर लिया था
(b) रायपुर दोआब नर्मदा और ताप्ती के बीच का स्थान था
(c) उसने 1520 ई. में बीजापुर के सुल्तान को पराजित किया था
(d) उपर्युक्त में से कोई नहीं

उत्तर (b)

व्याख्या कृष्णदेवराय के संबंध में कथन (b) सही नहीं है, क्योंकि रायपुर दोआब नर्मदा और ताप्ती नदी पर नहीं, बल्कि तुंगभद्रा और कृष्णा नदी के बीच स्थित था। कृष्णदेवराय ने अपने शासनकाल में रायपुर दोआब पर अधिकार कर लिया था। इन्होंने गजपति से 1513 ई. में उदयगिरि जीता तथा 1520 ई. में बीजापुर के युसूफ आदिलशाह को परास्त कर तुंगभद्रा एवं कृष्णा नदियों के बीच का क्षेत्र रायपुर दोआब को जीता।

11 **भारतीय मंदिरों में भव्य गोपुरमों को जोड़ने का श्रेय निम्नलिखित में से किस शासक को दिया जाता है?** *(Chap 7, Class-XII, New NCERT)*

(a) देवराय द्वितीय
(b) नरसिंह वर्मन
(c) कृष्णदेवराय
(d) हरिहर द्वितीय

उत्तर (c)

व्याख्या कृष्णदेवराय को कुछ श्रेष्ठ मंदिरों के निर्माण एवं महत्त्वपूर्ण दक्षिण भारतीय मंदिरों में प्रभावशाली गोपुरम को जोड़ने का श्रेय दिया जाता है। कृष्णदेवराय विजयनगर का सबसे प्रसिद्ध शासक था, इसके शासनकाल में स्थापत्य कला में भी विस्तार हुआ। इसने विजयनगर के पास एक उपनगरीय बस्ती की भी स्थापना की, जिसे नागालपुरम कहा जाता था।

12 **कृष्णदेवराय की शासन पद्धति के संबंध में निम्नलिखित कथनों पर विचार कीजिए** *(Chap 9, Class-XI, Old NCERT)*

1. उसने नौसेना के विकास की ओर ध्यान नहीं दिया।
2. पेस नामक इतालवी यात्री उसके दरबार में रहता था।
3. उसने विजयनगर साम्राज्य को कृष्णा नदी तक स्थापित कर दिया।

उपर्युक्त में से कौन-सा/से कथन सही है/हैं?

(a) केवल 2
(b) 1 और 2
(c) 1, 2 और 3
(d) 1 और 3

उत्तर (c)

व्याख्या कृष्णदेवराय की शासन पद्धति के संबंध में सभी कथन सही हैं। कृष्णदेवराय ने अपने पूर्ववर्ती शासकों के विपरीत नौसेना के विकास पर अधिक ध्यान नहीं दिया। इतालवी यात्री डोमिंगो पेस कृष्णदेवराय के शासनकाल में विजयनगर आया था।

विजयनगर साम्राज्य के प्रसिद्ध शासक राजा कृष्णदेवराय ने विजयनगर साम्राज्य को भव्यता के शिखर तक पहुँचा दिया। वह उन सभी लड़ाइयों में सफल रहा, जो उसने लड़ीं। उसने ओडिशा, बीजापुर के राजाओं को पराजित किया तथा अपने साम्राज्य का विस्तार कृष्णा नदी तक किया।

13 **पुर्तगाली लेखक नूनिज के अनुसार, विजयनगर साम्राज्य में महिलाएँ निम्नलिखित में से किन क्षेत्रों में निपुण थीं?** *(Chap 9, Class-XI, Old NCERT)*

1. कुश्ती
2. ज्योतिषशास्त्र
3. लेखाकरण
4. भविष्यवाणी

नीचे दिए गए कूट का प्रयोग कर सही उत्तर चुनिए

(a) 1, 2 और 3 (b) 1, 3 और 4
(c) 2 और 4 (d) ये सभी

उत्तर (d)

व्याख्या पुर्तगाली लेखक नूनिज के अनुसार, विजयनगर साम्राज्य में महिलाएँ कुश्ती, ज्योतिषशास्त्र, लेखाकरण, भविष्यवाणी आदि क्षेत्रों में निपुण थीं।

विजयनगर साम्राज्य में महिलाओं की स्थिति प्रायः निम्न थी, लेकिन कुछ महिलाएँ जो राजप्रसाद में रहती थीं, उनकी स्थिति सामान्य महिलाओं से बेहतर थी और वे राजा के साथ विभिन्न कार्यकलापों में भागीदारी करती थीं। वे शिक्षा, नृत्यकला, शास्त्रविद्या आदि में निपुण होती थीं। अंगरक्षक के रूप में भी स्त्रियों की नियुक्ति की जाती थी।

14 रामराजा के संबंध में निम्नलिखित कथनों में से कौन-सा सही नहीं है? *(Chap 9, Class-XI, Old NCERT)*

(a) यह सदाशिव राय का संरक्षक था
(b) उसने बीजापुर के शासक को हाथी की आपूर्ति बंद कर दी
(c) उसने गोलकुंडा और अहमदनगर के शासकों को पराजित किया
(d) उपर्युक्त में से कोई नहीं

उत्तर (b)

व्याख्या रामराजा के संबंध में कथन (2) सही नहीं है, क्योंकि रामराजा ने बीजापुर के शासक को हाथी की नहीं, बल्कि घोड़ों की आपूर्ति को बंद कर दिया था। 1543 ई. में सदाशिव राय वियजनगर साम्राज्य की गद्दी पर बैठा, परंतु इसकी सत्ता के उपयोग की वास्तविक शक्ति रामराजा के हाथों में थी। रामराजा ने विभिन्न मुस्लिम शासकों को एक दूसरे के विरुद्ध उकसाते रहने में कामयाबी प्राप्त की। उसने पुर्तगालियों के साथ एक व्यापारिक संधि की।

15 विजयनगर साम्राज्य के इनमें से किस एक शासक ने तुगंभद्रा नदी पर एक विशाल बाँध निर्मित किया और नदी से राजधानी नगर तक कई किमी लंबी एक नहर और कुल्या का निर्माण किया? *(Chap 9, Class-XI, Old NCERT) (IAS Pre 2023)*

(a) देवराय प्रथम (b) मल्लिकार्जुन
(c) वीर विजय (d) विरुपाक्ष

उत्तर (a)

व्याख्या देवराय प्रथम (1406-1422 ई.) संगम वंश का एक प्रमुख शासक था। इसने जनकल्याण हेतु 1410 ई. में तुंगभद्रा नदी पर एक बड़े बाँध का निर्माण करवाया और नदी से राजधानी शहर तक कई किमी लंबी एक नहर (कुल्या) सह-जलसेतु का निर्माण करवाया था।

इसी के काल में निकोलो कोण्टी नामक इतालवी यात्री ने विजयनगर की यात्रा की थी। इसके दरबार में हरविलासम तथा तेलुगू कवि श्रीनाथ निवास करते थे। फिरोजशाह बहमनी से पराजित होने के कारण देवराज प्रथम ने अपनी पुत्री का विवाह फिरोजशाह के साथ किया।

16 विजयनगर साम्राज्य के अरावीडु वंश के संबंध में निम्नलिखित कथनों पर विचार कीजिए *(Chap 7, Class-XII, New NCERT)*

1. यह विजयनगर साम्राज्य का अंतिम राजवंश था।
2. अरावीडु के शासक 18वीं सदी के अंत तक सत्ता पर आसीन रहे।
3. अरावीडु राजवंश ने पेनुकोंडा और चंद्रगिरि पर शासन किया।

उपर्युक्त में से कौन-सा/से कथन सही है/हैं?

(a) 1 और 2 (b) 1 और 3
(c) 2 और 3 (d) 1, 2 और 3

उत्तर (b)

व्याख्या विजयनगर साम्राज्य के अरावीडु वंश के संबंध में कथन (1) और (3) सही हैं। रामराजा के भाई तिरुमल ने 1570 ई. में सदाशिव को अपदस्थ कर दिया तथा अरावीडु वंश की स्थापना की। इसने पेनुकोंडा को अपनी राजधानी बनाया तथा बाद में इसी वंश के वेंकटद्वितीय ने चंद्रगिरि को अपनी राजधानी बनाया तथा यह राजवंश पेनुकोंडा एवं चंद्रगिरि में शासन करने लगा। यह राजवंश विजयनगर साम्राज्य का अंतिम राजवंश था, इस राजवंश ने 16वीं शताब्दी के अंत से लेकर 17वीं शताब्दी के मध्य तक शासन किया।

कथन (2) सही नहीं है, क्योंकि अराविडु के शासक 18वीं सदी के अंत तक सत्ता पर आसीन रहे। अरावीडु वंश का शासनकाल 1570 से 1652 ई. तक है।

17 विजयनगर के विरुपाक्ष-पंपादेवी के बारे में निम्नलिखित में से कौन-सा/से कथन सही है/हैं? *(Chap 9, Class-XI, Old NCERT) (Chap 7, Class-XI, New NCERT) (HPSC Pre 2023)*

1. मातृदेवी पंपादेवी ने विरुपाक्ष से विवाह के लिए तप किया था।
2. विजयनगर के शासक पंपादेवी की ओर से शासन करने का दावा करते थे।
3. विजयनगर राज्य के संरक्षक देवता विरुपाक्ष थे।
4. सामान्यतया राजकीय आदेशों में कन्नड़ लिपि में श्री विरुपाक्ष के नाम का उल्लेख होता था।
5. विरुपाक्ष विष्णु का एक रूप थे।

नीचे दिए गए विकल्पों में से सही उत्तर का चयन कीजिए

(a) 1, 2 और 3
(b) 2, 3 और 5
(c) 1, 3 और 4
(d) 2, 3 और 4

उत्तर (c)

व्याख्या विजयनगर के विरुपाक्ष-पंपादेवी के बारे में कथन (1), (3) और (4) सही हैं।

मातृदेवी पंपादेवी ने विरुपाक्ष से विवाह के लिए तप किया था। विरुपाक्ष को विजयनगर राज्य का संरक्षक देवता भी कहा जाता है। सामान्यतः राजकीय आदेशों में कन्नड़ लिपि में विरुपाक्ष के नाम का उल्लेख मिलता है।

कथन (2) और (5) सही नहीं हैं, क्योंकि विजयनगर के शासक विरुपाक्ष की ओर से शासन करने का दावा करते थे। विरुपाक्ष को शिव के रूप में देखा जाता है।

विरुपाक्ष मंदिर शिव को समर्पित मंदिर है। इसे लोकेश्वर मंदिर के नाम से भी जाना जाता है। तुंगभद्रा नदी के तट पर स्थित यह भगवान शिव के विपरीत अक्ष वाले प्रतिरूप में दिखाया गया है।

18 निम्नलिखित में से कौन-सा युग्म सही सुमेलित नहीं है? *(Chap 7, Class-XII, New NCERT)*

विजयनगर के क्षेत्र		अवस्थिति
(a) क्विलोन	—	केरल
(b) जिंजी	—	महाराष्ट्र
(c) रामानाथपुरम	—	केरल
(d) चंद्रगिरि	—	आंध्र प्रदेश

उत्तर (b)

व्याख्या दिए गए युग्मों में से युग्म (b) सही सुमेलित नहीं है, क्योंकि जिंजी, महाराष्ट्र में नहीं, बल्कि तमिलनाडु में स्थित है। जिंजी के दुर्ग का छत्रपति शिवाजी ने अधिकृत किया था। अंग्रेजों ने इसे दक्षिण का ट्रॉय कहा था।

19 विजयनगर प्रशासन के संबंध में निम्नलिखित कथनों पर विचार कीजिए *(Chap 9, Class-XI, Old NCERT)*

1. राजा को सलाह देने के लिए मंत्रियों की एक परिषद् होती थी।
2. राज्य में ग्राम स्वशासन की परंपरा मजबूत थी।
3. प्रांतों के शासक राज परिवार के होते थे।

उपर्युक्त में से कौन-सा/से कथन सही है/हैं?

(a) 1 और 2 (b) 2 और 3 (c) 1 और 3 (d) 1, 2 और 3

उत्तर (c)

व्याख्या विजयनगर प्रशासन के संबंध में कथन (1) और (3) सही हैं।

विजयनगर में राजा का पद सर्वोच्च होता था। राजा की सहायता के लिए एक मंत्रिपरिषद् होती थी, जिसमें 20 सदस्य होते थे, जिनकी आयु 50 से 70 वर्ष के बीच होती थी। सामाज का विभाजन प्रांतों में शासन व्यवस्था को सुविधाजनक बनाने हेतु किया गया था।

प्रांतों का प्रमुख राज परिवार से संबंधित राजकुमारों को ही बनाया जाता था।

कथन (2) सही नहीं है, क्योंकि विजयनगर साम्राज्य के शासकों के अधीन ग्राम स्वशासन की परंपरा काफी कमजोर पड़ गई थी। वंशानुगत नायक व सेनापतियों के विकास होने से गाँवों की आजादी एवं पहलकदमी की प्रवृत्ति पर अंकुश लग गया।

20 विजयनगर साम्राज्य के प्रशासनिक विभाजन का सही क्रम निम्नलिखित में से कौन-सा है? *(Chap 9, Class-XI, Old NCERT)*

(a) राज्य > मंडलम् > नाडु > स्थल (b) राज्य > नाडू > मंडलम् > स्थल
(c) राज्य > प्रांत > जिला > ग्राम (d) नाडु > वलनाडु > मंडलम् > स्थल

उत्तर (a)

व्याख्या विजयनगर साम्राज्य के प्रशासनिक विभाजन का सही क्रम-राज्य-मंडलम्-नाडु एवं स्थल है।

इस काल में राज्य को प्रांत कहा जाता था।

मंडलम् एक प्रकार का कमिश्नरी था, जो प्रांतों के अंतर्गत आता था।

नाडु एक प्रकार का परगना या तहसील है, जो कोट्टम (जिले) के अंतर्गत आता था।

स्थल, प्रांतीय प्रशासन की सबसे छोटी इकाई स्थल होती थी, जिसे गाँवों का एक समूह कहते थे।

21 विजयनगर प्रशासन में किसे राजा की सेवा के लिए एक निश्चित संख्या में पैदल सैनिक, घोड़े और हाथी रखने पड़ते थे? *(Chap 9, Class-XI, Old NCERT)*

(a) पलफूगार (b) आमरम् (c) मोरबक्शी (d) रायरायन

उत्तर (a)

व्याख्या विजयनगर साम्राज्य में पलफूगार (पालिगार) या नायक कहे जाने वाले इन सरदारों को राज्य की सेवा के लिए एक निश्चित संख्या में पैदल सैनिक, घोड़े एवं हाथी रखने पड़ते थे। नायकों को केंद्रीय कोष में कुछ धन भी दिया जाता था। इन नायकों का वर्ग बहुत शक्तिशाली था और कभी-कभी सरकार के लिए उन पर नियंत्रण रखना कठिन हो जाता था। इस प्रकार की आंतरिक कमजोरियों के कारण बन्निहट्टी के युद्ध में विजयनगर की पराजय हुई।

22 विजयनगर साम्राज्य में भू-राजस्व प्रशासन के संबंध में कौन-सा कथन सही है? *(Chap 9, Class-XI, Old NCERT)*

(a) सर्दी के मौसम में कुरूवै की उपज का 1/3 भाग कर के रूप में लिया जाता था
(b) तिल, रागी, चने आदि की पैदावार का एक-चौथाई भाग कर के रूप में लिया जाता था
(c) शुष्क भूमि में उत्पन्न किए जाने वाले मोटे अनाजों और दूसरी फसलों का छठा भाग कर के रूप में लिया जाता था
(d) उपर्युक्त सभी

उत्तर (d)

व्याख्या विजयनगर साम्राज्य में भू-राजस्व प्रशासन के संबंध में सभी कथन सही हैं।

विजयनगर के एक अभिलेख से भू-राजस्व की जानकारी प्राप्त होती है। इसके अनुसार कर व्यवस्था इस प्रकार से थी।

कुरूवै (सर्दी में उपजाया जाने वाला चावल) की उपज का 1/3 भाग, तिल, रागी, चने की उपज का 1/4 भाग, मोटे अनाजों एवं अन्य फसलों की उपज का 1/6 भाग, इसके अतिरिक्त पूरे साम्राज्य में भू-राजस्व की दरें समान नहीं थीं; जैसे— ब्राह्मणों के स्वामित्व वाली भूमि, उपज का बीसवाँ भाग और मंदिरों की भूमि से उपज का तीसवाँ भाग लगान के रूप में लिया जाता था।

23 निम्नलिखित में से किस विदेशी यात्री ने विजयनगर साम्राज्य के संबंध में कहा है कि ''जमीन आबादी से भरी हुई है, लेकिन जो लोग गाँवों में रहते हैं, वे बहुत दयनीय अवस्था में हैं'' *(Chap 9, Class-XI, Old NCERT)*

(a) निकोलो-डी-कोंटी (b) बारबोसा
(c) निकितिन (d) नूनिज

उत्तर (c)

व्याख्या ऐथेनसियूस निकितिन (1470-1479 ई.) रूसी घोड़ों का व्यापारी था। इसने विजयनगर साम्राज्य की भू-राजस्व व्यवस्था पर कहा है कि ''जमीन आबादी से भरी हुई है, लेकिन जो लोग गाँवों में रहते हैं, वे बहुत दयनीय अवस्था में हैं, जबकि सरदार लोग खूब समृद्ध तथा विलासिता का जीवन जीते हैं।''

विजयनगर साम्राज्य के अंतर्गत भू-राजस्व में कर व्यवस्था विद्यमान थी, जमीनों के प्रकार के आधार पर उस पर भू-राजस्व कर लगाया जाता था। निकितन ने यह कथन विजयनगर साम्राज्य में पाई जाने वाली कर प्रणाली के आधार पर ग्रामीण व्यवस्था के लोगों के जीवन स्तर को देखते हुए कहा था।

24 निम्नलिखित में से कौन-सा कर विजयनगर साम्राज्य में प्रचलित नहीं था? *(Chap 9, Class-XI, Old NCERT)*

(a) संपत्ति कर (b) पेशागत कर
(c) सैनिक कर (d) चरी कर

उत्तर (d)

व्याख्या चरी कर विजयनगर साम्राज्य में प्रचलित कर नहीं था, यह कर एक प्रकार का चारागाह कर था, जो अलाउद्दीन खिलजी के समय शुरू किया गया था। विजयनगर साम्राज्य के अंतर्गत भू-राजस्व कर के अतिरिक्त अन्य कर भी लिए जाते हैं, जिसमें मुख्य रूप से संपत्ति कर, पैदावार की बिक्री पर लगने वाला कर, पेशागत कर, सैनिक कर तथा विवाह कर आदि शामिल हैं।

25 विजयनगर सैन्य प्रशासन में अमर नायक के संबंध में निम्नलिखित कथनों पर विचार कीजिए। *(Chap 7, Class-XII, New NCERT)*

1. अमर नायक प्रणाली के तत्त्व इक्ता प्रणाली से मेल खाते हैं।
2. अमर नायक सैनिक कमांडर थे, जिन्हें राय द्वारा प्रशासन के लिए राज्य क्षेत्र दिए जाते थे।
3. अमर नायक, राजा को वर्ष में दो बार भेंट भेजा करते थे।

उपर्युक्त में से कौन-सा/से कथन सही है/हैं?

(a) 1 और 2 (b) 2 और 3
(c) 1, 2 और 3 (d) केवल 3

उत्तर (a)

व्याख्या विजयनगर सैन्य प्रशासन में अमर नायक के संबंध में कथन (1) और (2) सही हैं। विजयनगर साम्राज्य में नायक या अमर नायक बड़े भू-सामंत होते थे और इन्हें वेतन के बदले अधीनस्थ सेना के रख-रखाव के लिए विशेष भूखंड अमरम् प्रदान की जाती थी तथा इन अमरम् भूमि का प्रयोग करने के कारण इन्हें अमर नायक भी कहा जाता था, यह इक्ता से मेल खाती है।

ये सैनिक कमांडर होते थे, जिन्हें शासक द्वारा दिए गए भूखंड या क्षेत्र के किसानों, शिल्पकर्मियों एवं व्यापारियों से भू-राजस्व तथा अन्य कर वसूलने होते थे।

कथन (3) सही नहीं है, क्योंकि विजयनगर के अमर नायक, राजा को वर्ष में दो बार नहीं बल्कि एक बार भेंट भेजा करते थे और अपनी स्वामिभक्ति प्रकट करने के लिए राजकीय दरबार में उपहारों के साथ स्वयं उपस्थित हुआ करते थे।

26 विजयनगर की सबसे महत्त्वपूर्ण जल संबंधी संरचनाओं में से एक हिरिया नहर में जल की आपूर्ति किससे होती थी? *(Chap 7, Class-XII, New NCERT)*

1. कृष्णा नदी से
2. तुंगभद्रा नदी से
3. नर्मदा नदी से
4. कावेरी नदी से

कूट

(a) 1 और 2 (b) केवल 2
(c) 3 और 4 (d) 1 और 3

उत्तर *(b)*

व्याख्या विजयनगर में हिरिया नामक नहर में जल की आपूर्ति तुंगभद्रा नदी से होती थी। विजयनगर साम्राज्य के अंतर्गत विशिष्ट जल प्रबंधन व्यवस्था की गई थी, जो तुगभंद्रा नदी द्वारा निर्मित एक प्राकृतिक कुंड है। यह नदी शहर के उत्तर पूर्व में बहती है। पहाड़ियों से अनेक जल धाराएँ आकर नदी में मिलती थीं। लगभग सभी नदी धाराओं के साथ-साथ बाँध बनाकर अलग-अलग आकारों के हौज बनाए गए थे। तुंगभद्रा नदी पर बने इन बाँधों से हिरिया नहर में पानी लाया जाता था तथा नहर के माध्यम से संपूर्ण राज्य में पानी को ले जाया गया था

27 नीचे दो कथन दिए गए हैं *(Chap 9, Class XI, Old NCERT)* *(HPSC Pre 2023)*

कथन 1 विजयनगर जैसे खूबसूरत स्थान को चुनकर विरुपाक्ष एवं पंपादेवी के मंदिर बनाए गए थे।

कथन 2 विजयनगर के शासकों ने पूर्वकालिक परंपराओं को अपनाया, उनमें नवीनता लाई और उन्हें आगे विकसित किया।

उपर्युक्त कथनों के आलोक में नीचे दिए गए विकल्पों में से सही उत्तर का चयन कीजिए

(a) कथन 1 और 2 दोनों सही हैं
(b) कथन 1 और 2 दोनों गलत हैं
(c) कथन 1 सही है, किंतु कथन 2 गलत है
(d) कथन 1 गलत है, किंतु कथन 2 सही है

उत्तर *(a)*

व्याख्या कथन (1) और (2) दोनों सही हैं।

विजयनगर जैसे खूबसूरत स्थान को चुनकर विरुपाक्ष एवं पंपादेवी के मंदिर बनाए गए थे। इसके अतिरिक्त विट्ठल मंदिर, कृष्ण मंदिर, पट्टाभि मंदिर, हजारा रामचंद्र मंदिर, चंद्रशेखर मंदिर भी विजयनगर में बनाए गए थे। कालांतर में विजयनगर शासकों ने पूर्वकालिक परंपराओं को अपनाया, उनमें नवीनता लाई गई और उन्हें अत्याधुनिक स्तर पर विकसित किया गया।

28 विजयनगर स्थापत्य का वर्णन करने वाला यात्री अब्दुर्रज्जाक के बारे में सही कथन है *(Chap 7, Class-XII, New NCERT)*

1. अब्दुर्रज्जाक फारस के शासक मिर्जा शाहरुख का राजदूत था।
2. उसने विजयनगर के शहरी वातावरण का विवरण दिया है।

उपर्युक्त में से कौन-सा/से कथन सही है/हैं?

(a) केवल 1 (b) 1 और 2
(c) केवल 2 (d) न तो 1 और न ही 2

उत्तर *(b)*

व्याख्या विजयनगर स्थापत्य का वर्णन करने वाला यात्री अब्दुर्रज्जाक के बारे में दोनों कथन सही हैं।

अब्दुर्रज्जाक फारस (ईरान) के शासक मिर्जा शाहरूख का राजदूत था। यह देवराय द्वितीय के शासनकाल में आया था। इसने शहरी वातावरण का विस्तृत विवरण प्रस्तुत किया है। इसने विजयनगर को संसार के श्रेष्ठतम नगरों में से एक माना तथा बताया कि इस शहर में एक के भीतर एक सात परकोटे हैं। इसके अनुसार शहर को विशाल किलेबंदी से घेरा गया था। इस किलेबंदी की सबसे महत्त्वपूर्ण विशेषता यह थी कि इसकी पहली, दूसरी व तीसरी दीवारों के बीच जुते हुए खेत तथा बगीचे भी थे।

29 विजयनगर साम्राज्य में राजकीय केंद्रों के संबंध में निम्नलिखित कथनों पर विचार कीजिए *(Chap 7, Class-XII, New NCERT)*

1. राजकीय केंद्र बस्ती के दक्षिण-पश्चिमी भाग में स्थित था।
2. इसमें 100 से अधिक मंदिर सम्मिलित थे।
3. मंदिर पूर्णत: राजगिरि से निर्मित थे

उपर्युक्त में से कितने कथन सही हैं?

(a) केवल एक (b) केवल दो
(c) सभी तीन (d) इनमें से कोई नहीं

उत्तर *(b)*

व्याख्या विजयनगर साम्राज्य में राजकीय केंद्रों के संबंध में केवल दो कथन अर्थात् (1) और (3) सही हैं। विजयनगर साम्राज्य में जिस स्थान पर मंदिरों का समूह होता था, वे राजकीय केंद्र कहलाते थे। ये राजकीय केंद्र राज्य के बस्ती के दक्षिण-पश्चिम भाग में स्थित होते थे, जिसमें 60 से भी अधिक मंदिर थे।

इस केंद्र में लगभग 30 संरचनाओं की भी पहचान महलों के रूप में की गई है, इन संरचनाओं एवं मंदिरों के मध्य मूल अंतर यह था कि मंदिर पूर्णत: राजगिरि से निर्मित होते थे, जबकि इन महलों की अधिरचना विकारी वस्तुओं से बनाई गई थी।

30 'महानवमी डिब्बा' के संबंध में निम्नलिखित में से कौन-सा कथन सही नहीं है? *(Chap 7, Class-XII, New NCERT)*

(a) यह 'राजा के भवन' का एक मंच था
(b) यह शहर का सबसे ऊँचा स्थान था
(c) इस पर लोहे की संरचना बनी थी
(d) इसका आधार उत्कीर्ण था

उत्तर *(c)*

व्याख्या 'महानवमी डिब्बा' के संबंध में कथन (c) सही नहीं है, क्योंकि इस पर लोहे की संरचना नहीं, बल्कि पत्थर की संरचना बनी थी। विजयनगर साम्राज्य में कुछ विशिष्ट भवन भी थे। उनमें से प्रमुख महानवमी डिब्बा था, जो मुख्यत: राजा के भवन का मंच था। इसमें दो प्रमुख मंच थे, जिसमें पहला सभा मंडप तथा दूसरा महानवमी डिब्बा था। इसकी संरचना का पूरा क्षेत्र दोहरी दीवारों से घिरा हुआ था तथा इनके बीच में एक गली होती थी। सभा मंडप एक ऊँचा मंच होता था, जबकि महानवमी डिब्बा एक विशालकाय मंच होता था।

31 निम्नलिखित में से कौन-सा युग्म सही सुमेलित नहीं है? *(Chap 7, Class-XII, New NCERT)*

	मंदिर		अवस्थिति
(a)	सभा मंडप	—	मदुरै
(b)	कमल महल	—	हंपी
(c)	हाथियों का अस्तबल	—	होयसल
(d)	विरुपाक्ष मंदिर	—	कर्नाटक

उत्तर *(c)*

व्याख्या दिए गए युग्मों में से युग्म (c) सही सुमेलित नहीं है, क्योंकि हाथियों का अस्तबल होयसल में नहीं, बल्कि हंपी में स्थित है, जो कमल महल के समीप है।

32 विट्ठल स्वामी मंदिर के संबंध में निम्नलिखित कथनों पर विचार कीजिए *(Chap 7, Class-XII, New NCERT)*

1. यह विष्णु के रूप में पूजे जाने वाले विट्ठल स्वामी का मंदिर है।
2. यह रथ के आकार का मंदिर है।
3. इस मंदिर के अंदर कोई सभागार नहीं है।

उपर्युक्त में से कौन-सा/से कथन सही है/हैं?

(a) केवल 1 (b) 1 और 3 (c) 1 और 2 (d) 1, 2 और 3

उत्तर (c)

व्याख्या विट्ठल स्वामी मंदिर के संबंध में कथन (1) और (2) सही हैं।

विजयनगर साम्राज्य के अंतर्गत विरुपाक्ष मंदिर के अतिरिक्त विट्ठल मंदिर की भी महत्ता अत्यधिक थी। यहाँ के प्रमुख देवता विट्ठल थे, जो सामान्यतः महाराष्ट्र में पूजे जाने वाले विष्णु के रूप हैं।

मंदिर परिसरों की एक चारित्रिक विशेषता रथ गलियाँ हैं, जो मंदिर के गोपुरम से सीधी रेखा में जाती हैं, इन गलियों को फर्श तथा पत्थर के टुकड़ों से बनाया गया था और इनके दोनों ओर स्तंभ वाले मंडप थे, जिनमें व्यापारी अपनी दुकानें लगाया करते थे।

कथन (3) सही नहीं है, क्योंकि दक्षिण भारत के अन्य मंदिरों की भाँति इसमें मंदिर के अंदर सभागार बने हुए हैं।

33 विजयनगर साम्राज्य से संबद्ध हंपी को यूनेस्को द्वारा किस वर्ष राष्ट्रीय महत्त्व का स्थल घोषित किया गया था? *(Chap 7, Class-XII, New NCERT)*

(a) वर्ष 1970 में (b) वर्ष 1972 में
(c) वर्ष 1974 में (d) वर्ष 1986 में

उत्तर (d)

व्याख्या यूनेस्को ने हंपी को वर्ष 1986 में विश्व धरोहर स्थल (राष्ट्रीय महत्त्व स्थल) के रूप में घोषित किया था।

हंपी भारत के कर्नाटक राज्य में स्थित है। हंपी में स्मारकों के समूह में अंतिम महान हिंदू साम्राज्य विजयनगर की राजधानी के अवशेष प्राप्त होते हैं।

34 सूची I को सूची II से सुमेलित कीजिए *(Chap 9, Class-XI, Old NCERT)*

	सूची I (विदेशी यात्री)		सूची II (शासक)
A.	निकोलो-डी-कोंटी	1.	देवराय प्रथम
B.	अब्दुर्रज्जाक	2.	देवराय द्वितीय
C.	दुआर्ते बारबोसा	3.	कृष्णदेवराय
D.	कर्नाडिस नूनिज	4.	अच्युतदेवराय

कूट

	A	B	C	D
(a)	1	2	3	4
(b)	4	3	2	1
(c)	2	1	3	4
(d)	3	2	1	4

उत्तर (a)

व्याख्या सही सुमेलन A-1, B-2, C-3, D-4 है।

निकोलो-डी-कोंटी इटली का यात्री था, जो देवराय प्रथम के शासनकाल में 1420 ई. में विजयनगर की यात्रा पर आया था।

अब्दुर्रज्जाक, ईरान (फारस) के शासक मिर्जा शाहरुख के दूत के रूप में देवराय द्वितीय के शासनकाल में भारत आया था।

दुआर्ते (Duarte) बारबोसा पुर्तगाली था, यह कृष्णदेवराय के शासनकाल में विजयनगर आया था।

कर्नाडिस नूनिज पुर्तगाली यात्री घोड़ों का व्यापारी था, जो अच्युतदेवराय के समय में विजयनगर आया था।

35 विजयनगर राज्य के संदर्भ में निम्नलिखित कथनों पर विचार कीजिए *(Chap 9, Class-XI, Old NCERT)*

1. राज्य की प्रशासनिक इकाई मंडलम, नाडु, स्थल (उपजिला) और ग्राम में विभाजित थी।
2. प्रांतीय शासक पुराने कर माफ करने और नए कर लगाने का अधिकार रखता था।
3. सैनिक सरदारों को 'अमरम' दिया जाता था।
4. पालिगारों को निश्चित संख्या में पैदल सैनिक, घोड़े और हाथी रखने पड़ते थे।

उपर्युक्त कथनों में कितने कथन सही हैं?

(a) केवल एक (b) केवल दो
(c) केवल तीन (d) सभी चार

उत्तर (d)

व्याख्या विजयनगर राज्य के संदर्भ में सभी कथन सही हैं।

विजयनगर राज्य की प्रशासनिक इकाई मंडलम, नाडु, स्थल (उप-जिला) और ग्राम में विभाजित थी। विजयनगर राज्य में राजा को सलाह देने के लिए एक मंत्रिपरिषद् होती थी।

प्रांतीय शासक पुराने कर माफ करने और नए कर लगाने का अधिकार रखता था। प्रांतीय शासकों का नियमित कार्यकाल नहीं होता था। उनका कार्यकाल उनकी योग्यता पर निर्भर होता था। सैनिक सरदारों को 'अमरम' दिया जाता था। अमरम, निश्चित राजस्व वाला क्षेत्र होता था। पालिगारो को निश्चित संख्या में पैदल सैनिक, घोड़े और हाथी रखने पड़ते थे। पालिगार एक सरदार होते थे।

बहमनी साम्राज्य

36 हसन गंगू के संबंध में निम्नलिखित में से कौन-सा कथन सही नहीं है? *(Chap 9, Class-XI, Old NCERT)*

(a) वह गंगू नामक ब्राह्मण की सेवा में रहता था।
(b) उसने बहमनशाह का खिताब धारण कर लिया था।
(c) जियाउद्दीन बरनी उसका विवरण प्रस्तुत करता है।
(d) उपर्युक्त में से कोई नहीं

उत्तर (c)

व्याख्या हसन गंगू के संबंध में कथन (c) सही नहीं है, क्योंकि जियाउद्दीन बरनी ने हसन गंगू का नहीं, बल्कि मुहम्मद बिन तुगलक का विवरण प्रस्तुत किया है।

बहमनी राज्य की स्थापना 1347 ई. में हुई थी, इसका संस्थापक जीवन में कुछ बनने की धुन लेकर साहसिक मार्ग पर निकला एक अफगान था, जिसका नाम अलाउद्दीन हसन था। इसका उत्थान गंगू नामक एक ब्राह्मण की सेवा में रहते हुए हुआ, इसलिए इसे हसन गंगू के नाम से जाना जाता है। राजगद्दी पर आसीन होने के बाद इसने अलाउद्दीन हसन बहमनशाह की उपाधि (खिताब) धारण की।

37 फिरोजशाह बहमन के संबंध में निम्नलिखित कथनों पर विचार कीजिए *(Chap 9, Class-XI, Old NCERT)*

1. इसका शासनकाल 1397 से 1422 ई. के बीच था।
2. उसे कुरान की टीकाओं और इस्लामी कानून का अच्छा ज्ञान था।
3. वह आशु कविता किया करता था।

उपर्युक्त में से कौन-सा/से कथन सही है/हैं?

(a) 1 और 2 (b) 2 और 3
(c) 1, 2 और 3 (d) 1 और 3

उत्तर (c)

व्याख्या फिरोजशाह बहमन के संबंध में दिए गए सभी कथन सही हैं।

फिरोजशाह बहमन ने 1397 से 1422 ई. के बीच शासन किया। वह विद्वान, तर्कशास्त्र, ज्यामिति आदि विषयों का ज्ञाता था और वह श्रेष्ठ खुशनवीस (सुलेखकार) और कवि था तथा आशु कविता लिखा करता था।

ताजुद्दीन फिरोजशाह बहमन, बहमनी वंश का सर्वाधिक विद्वान् सुल्तान् था। इसने पहली बार विद्वान् हिंदुओं अथवा ब्राह्मणों को अपने दरबार में ऊँचे पदों पर नियुक्त किया। इसने खगोलशास्त्र के अध्ययन को बढ़ावा देने के लिए दौलताबाद के निकट जंतर-मंतर की स्थापना की

38 फिरोजशाह बहमन के विषय में किस इतिहासकार ने कहा है कि ''वह एक सच्चा मुसलमान था जिसकी कमजोरी सिर्फ यह थी कि वह शराब पीता था?'' *(Chap 9, Class-XI, Old NCERT)*

(a) फरिश्ता (b) इब्नबतूता
(c) डोमिंगो पायस (d) अब्दुर्रज्जाक

उत्तर *(a)*

व्याख्या प्रसिद्ध इतिहासकार फरिश्ता ने फिरोजशाह बहमन के संदर्भ में कहा कि ''फिरोजशाह एक सच्चा मुसलमान था, जिसकी कमजोरी केवल यह थी कि वह शराब पीता और संगीत सुनता था।'' फिरोजशाह धर्मतत्त्वज्ञों, कवियों, ऐतिहासिक विवरणों के वाचकों एवं वाक्पटु दरबारियों की संगति में रहता था।

39 बहमनी साम्राज्य के अंतर्गत चौल और डाभोल निम्नलिखित में से क्या था? *(Chap 9, Class-XI, Old NCERT)*

(a) स्थापत्य कला (b) बंदरगाह
(c) मंदिर (d) स्थानीय पंचायत

उत्तर *(b)*

व्याख्या बहमनी साम्राज्य के अन्तर्गत चौल और डाभोल बंदरगाह थे। फिरोजशाह बहमन ने अपने राज्य के मुख्य बंदरगाह चौल एवं डामोल की ओर विशेष ध्यान दिया। फारस की खाड़ी एवं लालसागर से व्यापारिक जहाज बहमनी साम्राज्य में आते थे तथा संसार के सभी भागों से विलासिता की वस्तुओं को यहाँ पहुँचाया जाता था।

40 अहमदशाह प्रथम के संबंध में निम्नलिखित कथनों पर विचार कीजिए *(Chap 9, Class-XI, Old NCERT)*

1. वह फिरोजशाह बहमन का पुत्र था।
2. वह सूफी संत गैसूदराज की संगति में रहता था।
3. उसे बली भी कहा जाता था।

उपर्युक्त में से कौन-सा/से कथन सही है/हैं?

(a) 1 और 2 (b) 2 और 3
(c) 1 और 3 (d) 1, 2 और 3

उत्तर *(b)*

व्याख्या अहमदशाह प्रथम के संबंध में कथन (2) और (3) सही हैं। अहमदशाह प्रथम सूफी संत गैसूदराज से प्रभावित था। गैसूदराज के सानिध्य में रहने के कारण अहमदशाह प्रथम को 'बली' भी कहा जाता है। 1422 ई. में अहमदशाह प्रथम बहमनी साम्राज्य की गद्दी पर आसीन हुआ।

कथन (1) सही नहीं है, क्योंकि वह फिरोजशाह बहमन का पुत्र नहीं, बल्कि भाई था।

41 महमूद गवाँ के संबंध में कौन-सा कथन सही नहीं है? *(Chap 9, Class-XI, Old NCERT)*

(a) वह जन्म से अफगानी मूल का था
(b) उसे मलिक-उल-तुज्जार की उपाधि प्राप्त थी
(c) उसने हामोल और गोवा को जीता था
(d) उसने अपने राज्य को आठ भागों में विभाजित किया था

उत्तर *(a)*

व्याख्या महमूद गवाँ के संबंध में कथन (a) सही नहीं है, क्योंकि महमूद गवाँ जन्म से अफगानी मूल का नहीं, बल्कि ईरानी मूल का था।

वारंगल के बहुत से हिस्सों के बहमनी सल्तनत के अधिकार में चले जाने से दक्षिण भारत की शक्ति का संतुलन बिगड़ गया। बहमन राज्य धीरे-धीरे विस्तृत होता गया तथा महमूद गवाँ की पेशवाई (प्रधान मंत्रिमंडल) में वह अपनी शक्ति व प्रादेशिक विस्तार की पराकाष्ठा पर पहुँच गया था। उसे मलिक-उल-तुज्जार की उपाधि प्रदान की गई थी।

महमूद गवाँ का प्रमुख सैनिक अभियान पश्चिमी तट के प्रदेशों पर, जिसमें हामोल और गोवा भी शामिल थे तथा हासिल की गई जीत भी थी। उसने अपने साम्राज्य को आठ भागों में विभाजित किया था।

42 फिरोजशाह बहमनी के संदर्भ में निम्न में से कौन-सा कथन सही नहीं है? *(Chap 9, Class XI, Old NCERT)*

(a) वह अनेक भाषाओं का ज्ञाता और सभी धर्मों के मूल सिद्धांतों का आदर करने वाला सुल्तान था
(b) उसने दौलताबाद के निकट एक वेद्यशाला बनवाई
(c) उसने अपने प्रशासन में हिंदुओं को उच्च पद प्रदान किए
(d) वह भारत में अफगान शासन स्थापित करना चाहता था

उत्तर *(d)*

व्याख्या फिरोजशाह बहमनी के संदर्भ में कथन (d) सही नहीं है, क्योंकि फिरोजशाह बहमनी भारत में अफगान शासन स्थापित नहीं करना चाहता था बल्कि वह दक्कन को भारत का सांस्कृतिक केंद्र बनाना चाहता था।

फिरोजशाह बहमनी, बहमनी वंश का आठवाँ सुल्तान था। इतिहासकार फरिश्ता के अनुसार उसका शासनकाल बहमनी वंश का सबसे अधिक गौरवशाली काल था। वह कई भाषाओं का ज्ञाता और सभी धर्मों के मूल सिद्धांतों का आदर करने वाला सुल्तान था। उसने दौलताबाद के निकट एक वेद्यशाला बनवाई उसने अपने प्रशासन में हिंदुओं को उच्च पद प्रदान किए।

43 महमूद गवाँ के संबंध में निम्नलिखित कथनों पर विचार कीजिए *(Chap 9, Class-XI, Old NCERT)*

1. 1482 ई. में उसे मृत्यु दंड दिया गया।
2. उसने बीदर में एक प्रसिद्ध मदरसा बनवाया था।
3. महमूद गवाँ के साम्राज्य को मुगलों ने हड़प लिया।

उपर्युक्त में से कौन-सा/से कथन सही है/हैं?

(a) 1 और 3 (b) 1 और 2
(c) 2 और 3 (d) 1, 2 और 3

उत्तर *(d)*

व्याख्या महमूद गवाँ के संबंध में सभी कथन सही हैं।

1482 ई. में महमूद गवाँ को मृत्युदंड दिया गया था, उस समय उसकी आयु 7[illegible] वर्ष थी। महमूद गवाँ शिक्षा व कला का महान संरक्षक था, उसने राजधानी बीदर में एक महाविद्यालय (मदरसा) की स्थापना की। उसके आग्रह पर ईरान एवं इराक के उस समय सर्वाधिक विख्यात विद्वान् इस मदरसे में शिक्षण कार्य हेतु आए थे।

महमूद गवाँ की मृत्यु के पश्चात् बहमनी का पतन आरंभ हो गया। 17वीं शताब्दी में मुगलों ने बहमनी राज्य को हड़प लिया।

विजयनगर-बहमनी संघर्ष

44 निम्नलिखित में किस क्षेत्र के लिए विजयनगर-बहमनी में टकराव की स्थिति नहीं थी? *(Chap 9, Class-XI, Old NCERT)*

(a) तुंगभद्रा का दोआब (b) कृष्णा-गोदावरी डेल्टा क्षेत्र
(c) मराठावाड़ा प्रदेश (d) गंगा-यमुना दोआब क्षेत्र

उत्तर *(d)*

व्याख्या गंगा-यमुना दोआब क्षेत्र के लिए विजयनगर बहमनी में टकराव की स्थिति नहीं थी।

14वीं शताब्दी के मध्य से 16वीं शताब्दी के मध्य तक लगभग दो शताब्दियों का काल दक्षिण भारत में विजयनगर एवं बहमनी साम्राज्य के बीच प्रभुत्व के संघर्ष का इतिहास रहा। तुंगभद्रा का दोआब, कृष्णा-गोदावरी डेल्टा क्षेत्र तथा मराठवाड़ा प्रदेशों में इन दोनों के महान संघर्ष होते रहे।

45 विजयनगर-बहमनी संघर्ष के संबंध में निम्नलिखित कथनों पर विचार कीजिए *(Chap 9, Class-XI, Old NCERT)*

1. बुक्का प्रथम ने 1367 ई. में मुड़कल किले पर आक्रमण किया।
2. देवराय द्वितीय के काल में बहमनी सुल्तान ने पहली बार विजयनगर में प्रवेश किया था।
3. विजयनगर-बहमनी संघर्ष में पहली बार तोपों का प्रयोग किया गया था।

उपर्युक्त में से कौन-सा/से कथन सही है/हैं?

(a) 1 और 3 (b) 1 और 2 (c) 2 और 3 (d) केवल 2

उत्तर *(a)*

व्याख्या विजयनगर-बहमनी संघर्ष के संबंध में कथन (1) और (3) सही हैं। बुक्का प्रथम ने वर्ष 1367 ई. में तुंगभ्रदा दोआब में मुड़कल के किले पर आक्रमण किया। इस युद्ध में पहली बार तोपों का प्रयोग किया गया।

कथन (2) सही नहीं है, क्योंकि बहमनी सुल्तान मुहम्मद शाह प्रथम ने पहली बार विजयनगर में प्रवेश देवराय द्वितीय के काल में नहीं, बल्कि बुक्का प्रथम के काल में किया था।

46 वारंगल के राजा ने बहमनी सुल्तान को एक रत्न मंडित सिंहासन भेंट किया। यह सिंहासन दिल्ली के किस सुल्तान के लिए बनाया गया था? *(Chap 9, Class-XI, Old NCERT)*

(a) मुहम्मद-बिन-तुगलक (b) फिरोजशाह तुगलक
(c) मलिक काफूर (d) अलाउद्दीन खिलजी

उत्तर *(a)*

व्याख्या वारंगल के राजा ने बहमनी सुल्तान को एक रत्न मंडित सिंहासन भेंट किया था, जो दिल्ली सल्तनत के तुगलक वंश के शासक मुहम्मद बिन तुगलक के लिए बनवाया गया था। बहमनी सुल्तान द्वारा वारंगल पर आक्रमण करने के कारण यह सिंहासन विवशतापूर्वक देना पड़ा था।

47 विजयनगर-बहमनी संघर्ष के संबंध में निम्नलिखित कथनों पर विचार कीजिए *(Chap 9, Class-XI, Old NCERT)*

1. कृष्णा-गोदावरी घाटी प्रश्न पर विजयनगर-बहमनी और उड़ीसा का संघर्ष आरंभ हुआ।
2. वारंगल, बहमनियों को छोड़कर विजयनगर के साथ हो गया।
3. देवराय प्रथम फिरोजशाह बहमनी से पराजित हो गया।

उपर्युक्त में से कौन-सा/से कथन सही है/हैं?

(a) 1 और 3 (b) 1 और 2
(c) 2 और 3 (d) केवल 3

उत्तर *(d)*

व्याख्या विजयनगर-बहमनी संघर्ष के संबंध में कथन (3) सही है। कृष्णा-गोदावरी डेल्टा क्षेत्र के प्रश्न पर विजयनगर-बहमनी के संघर्ष में तीसरा पक्ष वारंगल था। वारंगल ने बहमनियों के साथ संधि की तथा यह संधि 50 वर्षों तक बनी रही। 1406 ई. में फिरोजशाह बहमनी ने विजयनगर पर आक्रमण किया, जिसमें संगम वंशीय शासक देवराय प्रथम पराजित हुआ तथा संधि के लिए बाध्य हुआ। देवराय ने अपनी एक पुत्री का विवाह फिरोजशाह बहमनी के साथ कर दिया तथा अपने कई किले फिरोजशाह को समर्पित कर दिए।

48 विजयनगर-बहमनी संघर्ष में देवराय द्वितीय की भूमिका के संबंध में कौन-सा कथन सही नहीं है? *(Chap 9, Class-XI, Old NCERT)*

(a) उसकी सेना में 10000 मुसलमान सैनिक थे
(b) उसने 60000 कुशल हिंदू धनुर्धारियों को शामिल किया
(c) उसने 1443 ई. में मुदकल बाँकापुर को जीत लिया
(d) इसके शासनकाल में अब्दुर्रज्जाक भारत आया था

उत्तर *(a)*

व्याख्या विजयनगर-बहमनी संघर्ष में देवराय द्वितीय की भूमिका के संबंध में कथन (1) सही नहीं है, क्योंकि देवराय प्रथम के शासनकाल में 10000 मुसलमान सैनिक थे, जबकि देवराय द्वितीय के शासनकाल में मुसलमान सैनिकों की बात नहीं की गई है। इतिहासकार फरिश्ता के अनुसार, देवराय द्वितीय ने बहमनी सेनाओं से मुकाबला करने के लिए 80000 घुड़सवार तथा 200000 पैदल सैनिकों के अतिरिक्त देवराय द्वितीय ने 60000 कुशल हिंदू धनुर्धारियों को अपनी सेना में शामिल किया था।

देवराय द्वितीय के शासनकाल में अब्दुर्रज्जाक विजयनगर आया था।

अध्याय 16

प्रांतीय राज्यों का उदय

प्रांतीय राज्यों का उदय

पश्चिम भारत

गुजरात
- अहमदशाह प्रथम गुजरात राज्य का पहला वास्तविक संस्थापक
- 1413 ई. में राजधानी को पाटन से नव स्थापित शहर अहमदाबाद में स्थानांतरित करना
- गुजरात का सबसे प्रसिद्ध शासक महमूद बेगड़ा द्वारा 50 वर्षों से अधिक समय तक गुजरात पर शासन
- बेगड़ा का तुर्की और मिस्र के सुल्तानों के साथ नौसैनिक गठबंधन
- चोल की लड़ाई में पुर्तगालियों को
- बहादुर शाह अंतिम सक्षम शासक था
- पुर्तगालियों द्वारा परास्त

मालवा
- प्रारंभिक शासक होशंगशाह द्वारा धार्मिक सहिष्णुता की व्यापक नीति अपनाना
- होशंगशाह के काल में ललितपुर मंदिर का निर्माण

मेवाड़
- प्रारंभिक शासक : मोकल राजधानी जोधपुर
- सिसौदिया राजवंश के राणा कुंभा द्वारा गुजरात और मालवा के विरुद्ध लगातार युद्ध
- चित्तौड़ में कीर्ति स्तंभ का निर्माण कराना
- खानवा के युद्ध (1527 ई.) में राणा सांगा बाबर द्वारा परास्त

पूर्वी भारत

बंगाल
- बख्तियार खिलजी द्वारा बंगाल को 1204 ई. में दिल्ली सल्तनत का हिस्सा बनाना
- 1345 ई. में हाजी इलियास बंगाल का शासक बना।
- चीन में गयासुद्दीन आजम शाह द्वारा एक राजदूत भेजना
- अलाउद्दीन हुसैन शाह द्वारा 1494 ई. में हुसैनशाही राजवंश की स्थापना।
- बंगाली भाषा और बंगाली संस्कृति को बढ़ावा; 'चैतन्य' द्वारा नसीरुद्दीन नुसरत शाह के शासनकाल में वैष्णव धर्म का प्रचार
- महाभारत का बंगाली भाषा में अनुवाद

असम
- पश्चिम में कामरूप (कामतापुर), पूर्व में अहोम का असम पर शासन
- बंगाल के अलाउद्दीन हुसैन शाह के हमले के कारण कामतापुर शहर नष्ट;
- महान शासक अहोम सुहंगमुंग ने मुस्लिम आक्रमण को विफल किया
- शंकरदेव इसी शासनकाल से संबंधित

उड़ीसा
- दिल्ली सल्तनत के समय क्षेत्र गंग राजवंशों द्वारा शासित
- फिरोजशाह तुगलक का 1340 ई. में उड़ीसा पर हमला
- गजपति शासकों की मुख्य रूप से प्रसिद्ध जगन्नाथ मंदिर और सूर्य मंदिर (कोणार्क) के

उत्तर-पश्चिम और उत्तर भारत

जौनपुर
- मलिक सरवर द्वारा स्वतंत्र शर्की वंश की स्थापना
- इब्राहिम शाह शर्की के शासनकाल के दौरान एक विशिष्ट वास्तुकला 'शर्की शैली' का विकास
- जौनपुर भारत का 'शिराज'

कश्मीर
- कश्मीर में स्वतंत्र मुस्लिम साम्राज्य का गठन,
- उदार और परोपकारी नीतियों का पालन शासक शाह मिर्जा सुल्तान जैनुल आबिदीन (1420-70 ई.) द्वारा किया गया;
- आबिदीन द्वारा जजिया, सती प्रथा और गौहत्या पर प्रतिबंध लगाना।
- 1540 ई. में मिर्जा हैदर का कश्मीर पर अधिकार
- अकबर ने 1588 ई. में कश्मीर को मुगल साम्राज्य में मिला लिया।

अन्य क्षेत्रीय साम्राज्य
- **मारवाड़**
  - राव चूडा का 1404-1421 ई. तक मारवाड़ पर सफलतापूर्वक शासन
  - राव जोधा का मारवाड़ पर सबसे लंबे समय तक सफलतापूर्वक शासन
- **आमेर**
  - दुल्हा राव कछवाहा वंश के संस्थापक; आमेर पर शासन; हम्मीर देव सबसे प्रसिद्ध शासक

SOURCE Old NCERT Class XI उत्तर भारत में साम्राज्य के लिए संघर्ष-1 (लगभग 1400 ई.-1525 ई.),
Old NCERT Class XII अठारहवीं सदी का भारत, New NCERT Class VII, अठारहवीं शताब्दी में नए राजनीतिक गठन
Old NCERT Class VIII भारत और आधुनिक दुनिया, ब्रिटिश शासन का उदय और विस्तार,
Tamil Nadu Board Class XI यूरोपियों का आगमन, NIOS 1 Module-2 अठारहवीं शताब्दी में भारत की स्थिति

अन्य प्रांतीय राज्य पूर्वी भारत : बंगाल, असम और उड़ीसा

1 बंगाल के नवाबों का सही कालक्रम निम्नलिखित में से कौन-सा है? *(Chap 1, Class-XII, Old NCERT)*

(a) शुजाउद्दीन → मुर्शिद कुली खाँ → अलीवर्दी खाँ → सिराजउद्दौला
(b) मुर्शिद कुली खाँ → शुजाउद्दीन → अलीवर्दी खाँ → सिराजउद्दौला
(c) मुर्शिद कुली खाँ → अलीवर्दी खाँ → शुजाउद्दीन → सिराजउद्दौला
(d) अलीवर्दी खाँ → मुर्शिद कुली खाँ → सिराजउद्दौला → शुजाउद्दीन

उत्तर (b)

व्याख्या बंगाल के नवाबों का सही कालक्रम मुर्शिद कुली-खाँ-शुजाउद्दीन-अलीवर्दी खाँ और सिराजउद्दौला हैं।

मुर्शिद कुली खाँ को 1717 ई. में बंगाल का सूबेदार बनाया गया, लेकिन वह उसका वास्तविक शासक 1700 ई. से ही था। 1727 ई. में मुर्शिद कुली खाँ की मृत्यु के बाद उसके दामाद शुजाउद्दीन ने बंगाल पर 1739 ई. तक शासन किया। उसकी जगह पर उसका बेटा सरफराज खाँ आया, जिसे उसी वर्ष गद्दी से हटाकर अलीवर्दी खाँ नवाब बन गया। सिराजउद्दौला अलीवर्दी खाँ का उत्तराधिकारी था।

2 शम्सुद्दीन इलियास खाँ के संबंध में निम्नलिखित कथनों पर विचार कीजिए *(Chap 10, Class-XI, Old NCERT)*

1. उसने पश्चिम में बंगाल का विस्तार तिरहुत, चंपारण तथा गोरखपुर तक किया।
2. उसने पंडुआ को अपनी राजधानी बनाया था।
3. दिल्ली से मैत्रीपूर्ण संबंधों का लाभ उठाकर उसने कन्नौज पर भी अधिकार कर लिया।

उपर्युक्त में से कौन-सा/से कथन सही है/हैं?

(a) 1 और 2
(b) 1, 2 और 3
(c) 2 और 3
(d) केवल 3

उत्तर (a)

व्याख्या शम्सुद्दीन इलियास खाँ के संबंध में कथन (1) और (2) सही हैं।

शम्सुद्दीन इलियास खाँ ने 1338 ई. में बंगाल में एक स्वतंत्र शासन की स्थापना की। इसने तिरहुत, चंपारण तथा गोरखपुर पर कब्जा कर पश्चिम की ओर अपने राज्य का विस्तार किया तथा 'पंडुआ' को राजधानी बनाया।

कथन (3) सही नहीं है, क्योंकि दिल्ली के साथ अपने मैत्रीपूर्ण संबंधों का लाभ उठाकर इलियास खाँ ने कामरूप राज्य (आधुनिक असम) पर अधिकार कर लिया था न कि कन्नौज पर।

3 सल्तनत काल में कोसी नदी निम्नलिखित में से किन दो राज्यों के बीच सीमा निर्धारण का कार्य करती थी? *(Chap 10, Class-XI, Old NCERT)*

(a) सल्तनत और बंगाल
(b) बंगाल और असम
(c) सल्तनत और बिहार
(d) बंगाल और बिहार

उत्तर (a)

व्याख्या सल्तनकाल काल में कोसी नदी सल्तनत और बंगाल के मध्य सीमा का निर्धारण करती थी।

इलियास खाँ के चंपारण एवं गोरखपुर के नवविजित क्षेत्रों से होते हुए फिरोजशाह तुगलक ने बंगाल पहुँचकर इनकी राजधानी पंडुआ पर अधिकार कर लिया, जिसके कारण इलियास खाँ को एकदाला के किले में शरण लेनी पड़ी। लगभग दो महीने के बाद फिरोजशाह तुगलक एवं इलियास खाँ के मध्य युद्ध हुआ, जिसमें इलियास खाँ पराजित हुआ। अत: दोनों में मित्रता की एक संधि हुई, जिसके अनुसार, बिहार से होकर बहने वाली कोसी नदी सल्तनत एवं बंगाल शासकों की सीमा का निर्धारण करेगी।

4 सुल्तान गयासुद्दीन आजमशाह के संबंध में कौन-सा कथन सही नहीं है? *(Chap 10, Class-XI, Old NCERT)*

(a) फारसी शायर हाफिज उसका घनिष्ठ मित्र था
(b) उसके चीनियों के साथ कटु संबंध थे
(c) इसके काल में राजा गणेश के अधीन हिंदू शासन स्थापित हुआ था
(d) आजमशाह का शासनकाल 1389-1409 ई. था

उत्तर (b)

व्याख्या सुल्तान गयासुद्दीन आजमशाह के संबंध में कथन (b) सही नहीं है, क्योंकि आजमशाह ने चीनियों के साथ मैत्रीपूर्ण संबंध स्थापित किए थे। इलियास खाँ के राजवंश का सबसे प्रसिद्ध सुल्तान गियासुद्दीन आजमशाह था। वह अपनी न्यायप्रियता एवं विद्वानता के लिए प्रसिद्ध था। चीनी सम्राट ने उसके दूत का स्वागत किया। इसने 1400 ई. में अपने दूत द्वारा चीनी शासक एवं इसकी पत्नी को उपहार भेजे थे तथा बौद्ध भिक्षुओं को आने का अनुरोध किया था।

5 बंगाल पर अंग्रेजों के अधिकार के संदर्भ में निम्न कथनों पर विचार कीजिए *(Chap 3, Class-VIII, Old NCERT)*

1. 1765 ई. में शुजाउद्दौला और शाह आलम ने इलाहाबाद में क्लाइव के साथ समझौता किया, जिसके अनुसार, ईस्ट इंडिया कंपनी को बंगाल, बिहार और उड़ीसा की दीवानी मिल गई।
2. कंपनी ने मुगल बादशाह को प्रत्येक वर्ष ₹ 26 लाख देना मंजूर किया, जिससे वह जल्द ही मुकर गए।
3. प्लासी के युद्ध के बाद बंगाल पर अंग्रेज कंपनी की वास्तविक सत्ता स्थापित हुई और नवाब उसकी कठपुतली बन गया।

उपर्युक्त में से कौन-सा/से कथन सही है/हैं?

(a) 1 और 2 (b) केवल 2 (c) 1 और 3 (d) 1, 2 और 3

उत्तर (d)

व्याख्या बंगाल पर अंग्रेजों के अधिकार के संदर्भ में सभी कथन सही हैं।

बंगाल पर 1765 ई. में शुजाउद्दौला और शाहआलम ने इलाहाबाद में क्लाइव के साथ समझौता किया, जिसके अनुसार, ईस्ट इंडिया कंपनी को बंगाल, बिहार और उड़ीसा की दीवानी मिल गई। कम्पनी ने मुगल बादशाह को प्रत्येक वर्ष ₹ 26 लाख देना मंजूर किया, जिससे वह जल्द ही मुकर गए और भुगतान रोक दिया। प्लासी के युद्ध के बाद अंग्रेजों ने मीर जाफर को नवाब बना दिया, जो उनकी कठपुतली बन गया। इस प्रकार अंग्रेजों की बंगाल पर वास्तविक सत्ता स्थापित की गई।

6 अलाउद्दीन हुसैन के संबंध में निम्नलिखित कथनों पर विचार कीजिए *(Chap 10, Class-XI, Old NCERT)*

1. उसने हिंदुओं को ऊँचे-ऊँचे पद प्रदान किए।
2. धर्मात्मा वैष्णवों के रूप में विख्यात दो भाई रूपा और सनातन ऊँचे पदों पर आसीन थे।
3. वह महान वैष्णव संत चैतन्य का बहुत आदर करता था।

उपर्युक्त में से कौन-सा/से कथन सही है/हैं?

(a) केवल 1 (b) 1 और 2 (c) केवल 3 (d) 1, 2 और 3

उत्तर (d)

व्याख्या अलाउद्दीन हुसैन के संबंध में सभी कथन सही हैं।

हिंदुओं को उसने उच्च पद प्रदान किए थे। अलाउद्दीन हुसैन ने रूपा तथा सनातन नामक भाइयों को उच्च पद प्रदान किया।

वह महान वैष्णव संत चैतन्य का बहुत आदर करता था। अलाउद्दीन हुसैन के प्रबुद्ध शासन के अधीन बंगाल के इतिहास में एक शानदार दौर की शुरुआत हुई। अलाउद्दीन ने बंगाल में कानून व्यवस्था का विशेष ध्यान रखा तथा इसने उदार नीति अपनाते हुए सभी धर्मों को अधिकार दिए।

7 **अहोम के संबंध में कौन-सा कथन सही नहीं है?** *(Chap 10, Class-XI, Old NCERT)*

(a) यह बंगाल के पूरब में स्थित राज्य था
(b) अहोम उत्तर बर्मा के मंगोली मूल के एक कबीले के लोग थे
(c) असम नाम अहोम से व्युत्पन्न हुआ है
(d) उपर्युक्त में से कोई नहीं

उत्तर *(d)*

व्याख्या अहोम के संबंध में सभी कथन सही हैं।
बंगाल के स्वतंत्र सुल्तानों ने अपने पूर्ववर्ती शासकों का अनुसरण करते हुए बंगाल के पूर्व की ओर अहोम (वर्तमान असम) की ओर ध्यान दिया, परंतु असफल रहे।
इसके अतिरिक्त अहोम मूल रूप से उत्तर बर्मा के मंगोली मूल के लोगों का एक कबीला था, जो 13वीं शताब्दी में एक शक्तिशाली राज्य के रूप में स्थापित हुआ तथा कालांतर में हिंदू धर्म, संस्कृति में रच बस गया। असम राज्य का नाम अहोम से व्युत्पन्न हुआ है।

8 **निम्नलिखित में से किस अहोम शासक ने अपना नाम बदलकर 'स्वर्ण नारायण' रखा था?** *(Chap 10, Class-XI, Old NCERT)*

(a) अलाउद्दीन हुसैन (b) नुसरतशाह
(c) सुहुगमुंग (d) गुणराज खाँ

उत्तर *(c)*

व्याख्या सुहुगमुंग ने अपना नाम बदलकर 'स्वर्ण नारायण' रखा, जो हिंदू संस्कृति व धर्म का एक सूचक था। अलाउद्दीन हुसैन के बेटे नुसरतशाह ने अहोम राज्य पर हमला किया, जिसमें उसे असफलता का सामना करना पड़ा तथा भारी क्षति उठानी पड़ी। इस समय पूर्वी ब्रह्मपुत्र घाटी (अहोम) में सुहुगमुंग का शासन था। इसने मुसलमानों का आक्रमण विफल किया तथा अपने राज्य का विस्तार किया।

9 **दक्षिण में कर्नाटक की ओर ओडिशा के शासन का विस्तार करने का श्रेय किसे जाता है?** *(Chap 10, Class-XI, Old NCERT)*

(a) गंग शासकों को
(b) गजपति राजवंश को
(c) रेड्डियो के राज्य को
(d) तुगलक सुल्तानों को

उत्तर *(b)*

व्याख्या दक्षिण में कर्नाटक की ओर ओडिशा के शासन का विस्तार करने का श्रेय गजपति राजवंश को जाता है।
अपने इस दक्षिण विमुख विस्तार के परिणामस्वरूप उनका संघर्ष विजयनगर साम्राज्य, रेड्डियों के राज्य तथा बहमनी सल्तनत से हुआ। गजपति राजवंश के शासनकाल को उड़ीसा के इतिहास का स्वर्णकाल माना जाता है।

10 **प्राचीन उड़ीसा के संबंध में कौन-सा कथन सही नहीं है?** *(Chap 10, Class-XI, Old NCERT)*

(a) बंगाल और उड़ीसा राज्य की सीमा सरस्वती नदी थी
(b) उड़ीसा के शासक अपनी सत्ता को भागीरथी तक स्थापित करने में सफल रहे
(c) अलाउद्दीन हुसैन शाह ने पुरी और कटक पर आक्रमण किया था
(d) उपर्युक्त से कोई नहीं

उत्तर *(b)*

व्याख्या प्राचीन उड़ीसा के संबंध में कथन (b) सही नहीं है, क्योंकि उड़ीसा के शासकों ने अपनी सत्ता भागीरथी तक विस्तारित करने की कोशिश की, लेकिन उन्हें शीघ्र ही पीछे हटना पड़ा। इन क्षेत्रों पर उड़ीसा के शासकों के अधिकार अधिक समय तक नहीं रह सके।

पश्चिमी भारत : गुजरात, मालवा और मेवाड़

11 **मुजफ्फरशाह के संबंध में निम्नलिखित कथनों पर विचार कीजिए** *(Chap 10, Class-XI, Old NCERT)*

1. उसने प्रसिद्ध हिंदू तीर्थस्थल सिंधपुर पर आक्रमण किया था।
2. उसने मालवा के शासक हुशंगशाह को पराजित करके बंदी बना लिया था।

उपर्युक्त में से कौन-सा/से कथन सही है/हैं?

(a) 1 और 2 (b) केवल 1
(c) केवल 2 (d) न तो 1 और न ही 2

उत्तर *(c)*

व्याख्या मुजफ्फरशाह के संबंध में कथन (2) सही है।
मुजफ्फरशाह ने मालवा के शासक हुशंगशाह को पराजित कर उसे बंदी बना लिया था, किंतु कुछ समय बाद उसे मुक्त कर राज्य वापस कर दिया।
कथन (1) सही नहीं है, क्योंकि सिंधपुर पर मुजफ्फरशाह ने नहीं, बल्कि उसके पौत्र अहमदशाह प्रथम ने आक्रमण किया था। यह गुजरात में स्थित है। वहाँ पर अहमदशाह ने अनेक मंदिरों को नष्ट कर दिया तथा हिंदुओं पर जजिया कर लगाया, जो गुजरात में पहली बार हिंदुओं पर लगाया गया था।

12 **महमूद बेगड़ा के संबंध में कौन-सा कथन सही नहीं है?** *(Chap 10, Class-XI, Old NCERT)*

(a) उसने सौराष्ट्र और चांपानेर को जीत लिया था
(b) उसने मुस्तफाबाद नामक शहर बसाया था
(c) उदयराज उसका दरबारी कवि था
(d) वह शाहजहाँ के समकालीन था

उत्तर *(d)*

व्याख्या महमूद बेगड़ा के संबंध में कथन (d) सही नहीं है, क्योंकि महमूद बेगड़ा मुगल शासक शाहजहाँ के नहीं, बल्कि हुमायूँ के समकालीन था।
अहमदशाह के उत्तराधिकारियों ने अपने राज्य का विस्तार करने एवं उसे सुदृढ़ बनाने की उसकी नीति को जारी रखा। अहमदशाह प्रथम के बाद गुजरात का प्रसिद्ध शासक महमूद बेगड़ा हुआ। इसके शासनकाल में गुजरात राज्य अपने चरमोत्कर्ष की स्थिति पर था, यह इतना शक्तिशाली हो गया कि इसके समकालीन मुगल शासक हुमायूँ के लिए एक गंभीर चुनौती के रूप में सिद्ध हुआ।

13 **महमूद बेगड़ा के सम्बन्ध में निम्नलिखित कथनों पर विचार कीजिए** *(Chap 10, Class-XI, Old NCERT)*

1. उसने पुर्तगाली सेना को पराजित किया था।
2. उसने 'बाग-ए-फिरदौस' की स्थापना की थी।
3. 'उदयराज' उसका दरबारी कवि था।

उपर्युक्त कथनों में से कौन-सा/से कथन सही है/हैं?

(a) केवल 1 (b) केवल 2
(c) 1, 2 और 3 (d) 2 और 3

उत्तर *(c)*

व्याख्या महमूद बेगड़ा (1459-1511 ई.) के संबंध में सभी कथन सही हैं।
इसने गुजरात को स्थायित्व प्रदान किया और युद्धों द्वारा अपने राज्य का विस्तार किया। इसने मिस्र और तुर्की के साथ पुर्तगालियों के विरुद्ध संधि की और मिस्र की नौसेना की सहायता से 1509 ई. में चोल के निकट पुर्तगाली नौसेना को पराजित किया और चम्पानेर के निकट ही इसने 'बाग-ए-फिरदौस' की स्थापना की। चम्पानेर और गिरनार जीतने के कारण ही उसे बेगड़ा की उपाधि मिली थी। इसके दरबारी कवि का नाम उदयराज था।

14 गुजरात को उत्तर भारत और उत्तर भारत को दक्षिण भारत से जोड़ने वाला मालवा राज्य किन दो नदियों के बीच स्थित था? *(Chap 10, Class-XI, Old NCERT)*

(a) कृष्णा तथा कावेरी
(b) नर्मदा तथा ताप्ती
(c) तुंगभद्रा तथा नर्मदा
(d) गोदावरी तथा ताप्ती

उत्तर *(b)*

व्याख्या मालवा राज्य, नर्मदा एवं ताप्ती नदियों के बीच ऊँचे पठार पर स्थित था। वह गुजरात को उत्तर भारत एंव उत्तर भारत को दक्षिण भारत से जोड़ने वाले मुख्य मार्गों पर पड़ता था। मालवा राज्य जब तक शक्तिशाली रहा तब तक वह गुजरात, मेवाड़ एवं बहमनी साम्राज्य एवं दिल्ली के लोदी सुल्तान की महत्त्वाकांक्षाओं के लिए एक दीवार बना रहा था।

15 मालवा राज्य के संबंध में निम्नलिखित कथनों पर विचार कीजिए *(Chap 10, Class-XI, Old NCERT)*

1. मालवा की राजधानी मांडू थी।
2. जहाज महल धार में स्थित था।
3. हिंडोला महल मांडू में स्थित था।

उपर्युक्त में से कितने कथन सही नही हैं?

(a) केवल एक (b) केवल दो
(c) सभी तीन (d) इनमें से कोई नहीं

उत्तर *(a)*

व्याख्या मालवा राज्य के संदर्भ में केवल एक कथन (2) सही नहीं है, क्योंकि जहाज महल धार में नहीं, बल्कि माण्डु में स्थित है।

16 मालवा के शासक हुशंगशाह के संबंध में कौन-सा कथन सही नहीं है? *(Chap 10, Class-XI, Old NCERT)*

(a) उसने जैनों को प्रश्रय दिया
(b) वह मेवाड़ के राणा कुंभा का समकालीन था
(c) वह धार्मिक रूप से सहिष्णु शासक था
(d) उसने राजपूतों को मालवा में बसने दिया

उत्तर *(b)*

व्याख्या मालवा के शासक हुशंगशाह के संबंध में कथन (b) सही नहीं है, क्योंकि मालवा का शासक हुशंगशाह, मेवाड़ के शासक राणा कुंभा का समकालीन नहीं, बल्कि राजा मोकल के समकालीन था।

मालवा के आरंभिक शासक हुशंगशाह ने धार्मिक सहिष्णुता की उदार नीति अपनाई। बहुत से राजपूतों को मालवा में बसने को प्रोत्साहित किया, उसने जैनों को प्रश्रय दिया था।

इसके काल में मंदिरों के निर्माण में कोई प्रतिबंध नहीं था, परंतु मालवा के सभी शासक इतने सहिष्णु नहीं थे। महमूद खिलजी ने मेवाड़ के शासक राणा कुंभा एवं पड़ोसी हिंदू राजाओं से अपने संघर्ष के दौरान बहुत से मंदिरों को नष्ट कराया था।

17 मेवाड़ राज्य के संबंध में निम्नलिखित कथनों पर विचार कीजिए *(Chap 10, Class-XI, Old NCERT)*

1. मेवाड़ को प्रबल शक्ति का दर्जा दिलाने का श्रेय राणा सांगा को प्राप्त था।
2. राणा कुंभा ने चित्तौड़ में कीर्तिस्तंभ का निर्माण करवाया था।

उपर्युक्त में से कौन-सा/से कथन सही नहीं है/हैं?

(a) केवल 1 (b) केवल 2
(c) 1 और 2 (d) न तो 1 और न ही 2

उत्तर *(a)*

व्याख्या मेवाड़ राज्य के संबंध में कथन (1) सही नहीं है, क्योंकि मेवाड़ को प्रबल शक्ति का दर्जा दिलाने का श्रेय राणा सांगा को नहीं, बल्कि राणा कुंभा को जाता है। इसने अपने आंतरिक प्रतिद्वंद्वियों को पराजित कर उसने अपनी स्थिति सुदृढ़ की थी।

18 राणा सांगा के संबंध में कौन-सा कथन सही नहीं है? *(Chap 10, Class-XI, Old NCERT)*

(a) वह राणा कुंभा का पुत्र था
(b) 1511 ई. में उसने महमूद द्वितीय को बंदी बनाया था
(c) उसके काल में घटोली का युद्ध हुआ था
(d) उपर्युक्त में से कोई नहीं

उत्तर *(a)*

व्याख्या राणा सांगा के संबंध में कथन (a) सही नहीं है क्योंकि 1508 ई. में राणा कुंभा का पौत्र राणा सांगा मेवाड़ की राजगद्दी पर बैठा। राणा सांगा मेवाड़ राजाओं में सबसे प्रसिद्ध शासक था। यह एक बहादुर योद्धा व शासक था, जिसने दिल्ली, गुजरात व मालवा तथा मुगल बादशाहों के आक्रमणों से अपने राज्य की रक्षा की थी।

उत्तर पश्चिम और उत्तर भारत : शर्की और कश्मीर

19 जौनपुर के शर्की राजवंश के संबंध में निम्नलिखित कथनों पर विचार कीजिए *(Chap 10, Class-XI, Old NCERT)*

1. शर्की सुल्तानों ने दिल्ली की स्थापत्य शैली की अंधाधुंध नकल की।
2. प्रसिद्ध हिंदी महाकाव्य 'पद्मावत' का रचयिता मलिक मुहम्मद जायसी जौनपुर का था।
3. बहलोल लोदी ने 1484 ई. में जौनपुर को दिल्ली सल्तनत में मिला लिया।

उपर्युक्त में से कौन-सा/से कथन सही नहीं है/हैं?

(a) 1 और 2 (b) 1 और 3 (c) केवल 3 (d) 1, 2 और 3

उत्तर *(a)*

व्याख्या जौनपुर के शर्की राजवंश के संबंध में कथन (1) और (2) सही नहीं हैं, क्योंकि शर्की सुल्तानों ने दिल्ली सल्तनत की स्थापत्य शैली की नकल न कर अपनी एक अलग शैली का विकास किया, जिसकी विशेषता ऊँचे-ऊँचे सिंहद्वार एवं विशालकाय मेहराब थे। प्रसिद्ध हिंदी महाकाव्य पद्मावत का रचयिता मलिक मुहम्मद जायसी रायबरेली का निवासी था न कि जौनपुर का।

20 शर्की सुल्तानों ने किस राज्य के शासकों को उत्तर प्रदेश में विस्तार करने से रोक दिया था? *(Chap 10, Class-XI, Old NCERT)*

(a) बंगाल के शासकों को (b) कामरूप के शासकों को
(c) उड़ीसा के शासकों को (d) मेवाड़ के शासकों को

उत्तर *(a)*

व्याख्या शर्की सुल्तानों ने बंगाल के शासकों को पूर्वी उत्तर प्रदेश में अपने राज्य का विस्तार करने से रोक दिया था। दिल्ली सल्तनत के अधीन शर्की साम्राज्य चले जाने के बाद भी शर्की सुल्तानों ने इस विस्तृत क्षेत्र में शांति व्यवस्था बनाए रखी। शर्की सुल्तानों ने जो सांस्कृतिक परंपरा स्थापित की थी वह शर्की साम्राज्य के विघटन के बाद भी लंबे समय तक विद्यमान रही।

21 कश्मीर के संबंध में किस इतिहासकार ने कहा है कि ''कश्मीर में ऐसे हिंदुओं को भी प्रवेश नहीं करने दिया जाता था, जो वहाँ के सरदारों से व्यक्तिगत रूप से परिचित नहीं थे'' *(Chap 10, Class-XI, Old NCERT)*

(a) कल्हण (b) अलबरूनी
(c) जियाउद्दीन बरनी (d) इब्नबतूता

उत्तर *(b)*

व्याख्या कश्मीर के संबंध में इतिहासकार अलबरूनी कहता है कि ''कश्मीर में ऐसे हिंदुओं को भी प्रवेश नहीं दिया जाता था, जो वहाँ के सरदारों से व्यक्तिगत रूप से परिचित नहीं थे।'' उस समय कश्मीर शैव धर्म के केंद्र के रूप में प्रसिद्ध था, परंतु 14वीं सदी के मध्य के आस-पास हिंदू शासन की समाप्ति की स्थिति के साथ बदल गई। 1320 ई. में मंगोल नायक ब्लूचा द्वारा आक्रमण कश्मीर में हिंदू शासन के अंत का प्रारंभिक काल था।

22 जैनुल आबिदीन के संबंध में निम्नलिखित कथनों पर विचार कीजिए *(Chap 10, Class-XI, Old NCERT)*

1. श्रीया भट्ट उसका न्याय मंत्री तथा दरबारी वैद्य था।
2. इसके काल में राजतरंगिणी का अनुवाद फारसी में करवाया।
3. जैना लंका उसकी अभियंतन (इंजीनियरिंग) संबंधी उत्कृष्ट उपलब्धि थी।

उपर्युक्त में से कौन-सा/से कथन सही है/हैं?

(a) 1 और 2
(b) 1 और 3
(c) केवल 3
(d) 1, 2 और 3

उत्तर *(d)*

व्याख्या जैनुल आबिदीन के संबंध में सभी कथन सही हैं। श्रीया भट्ट, जैनुल आबिदीन के शासनकाल में उसके न्याय विभाग का मंत्री तथा दरबारी वैद्य था। इसके शासनकाल में राजतरंगिणी का फारसी में अनुवाद कराया गया। जैना लंका उसकी अभियंत्रण संबंधी उत्कृष्ट उपलब्धि थी। यह वूलर झील में तैयार कृत्रिम द्वीप था, जिस पर उसका राजमहल और मस्जिद बनवाई गई थी। जैन-उल-आबिदीन को कश्मीरी जनता द्वारा बड़शाह (बड़ाशाह) कहकर पुकारा जाता था।

23 जैनुल आबिदीन की उपलब्धियों में कौन-सा सही नहीं है? *(Chap 10, Class-XI, Old NCERT)*

(a) उसे 'बदशाह' कहा जाता है
(b) उसने लद्दाख पर मंगोल हमले को नाकाम किया था
(c) यह 'तिब्बत-ए-खुर्द' को नहीं जीत पाया
(d) उसे कश्मीर का अकबर कहा जाता है

उत्तर *(c)*

व्याख्या जैनुल आबिदीन की उपलब्धियों के संबंध में कथन (c) सही नहीं है, क्योंकि इसने बाल्टिस्तान क्षेत्र जिसे 'तिब्बत-ए-खुर्द' को जीता था। जैनुल आबिदीन को कश्मीरी आज भी बदशाह (बड़ाशाह) कहते हैं। वह कोई महान् योद्धा तो नहीं था, फिर भी इसने लद्दाख पर मंगोल हमले को नाकाम कर दिया। जम्मू और राजौरी पर अपना प्रभुत्व स्थापित कर उसने कश्मीरी राज्य का एकीकरण किया।

सिख एवं राजपूत राज्य

24 महाराजा रणजीत सिंह के संबंध में नीचे दिए गए कथनों पर विचार कीजिए *(Chap 1, Class-VIII & XII, Old NCERT)*

1. इन्होंने सतलुज नदी के पश्चिम के सभी सिख प्रधानों को अपने अधीन कर पंजाब में अपना राज्य स्थापित किया।
2. इन्होंने जीते हुए क्षेत्रों में मुगल भू-राजस्व व्यवस्था के स्थान पर एक नई व्यवस्था आरंभ की।
3. इनकी फौज में केवल सिख लोग ही शामिल थे।

उपर्युक्त में से कितने कथन सही हैं?

(a) केवल एक
(b) केवल दो
(c) सभी तीन
(d) इनमें से कोई नहीं

उत्तर *(a)*

व्याख्या महाराजा रणजीत सिंह के संबंध में केवल एक कथन (1) सही है। महाराजा राणजीत सिंह ने सतलुज नदी के पश्चिम के सभी सिख प्रधानों को अपने अधीन कर पंजाब में अपना राज्य स्थापित किया। 18वीं सदी के अंत में सुकरचकिया मिसल के प्रधान रणजीत सिंह ने प्रमुखता प्राप्त कर ली थी। वे एक ताकतवर, साहसी सैनिक, कुशल प्रशासक तथा चतुर कूटनीतिज्ञ थे। इन्होंने 1799 ई. में लाहौर तथा 1802 ई. में अमृतसर पर कब्जा कर लिया था। इन्होंने सतलुज नदी के पश्चिम के सभी सिख प्रधानों को अपने अधीन कर लिया और पंजाब में अपना राज्य स्थापित किया।

25 सिखों के संदर्भ में निम्नलिखित कथनों पर विचार कीजिए *(Chap 1, Class XII & VIII, Old NCERT)*

1. सिख धर्म की शुरुआत गुरु नानक ने की थी।
2. सिखों को लड़ाकू समुदाय के रूप में बदलने का काम गुरु हरगोविंद ने शुरू किया।
3. अपने आखिरी गुरु गोविंद सिंह के नेतृत्व में सिख एक राजनीतिक और फौजी ताकत बने।

उपर्युक्त कथनों में से कौन-सा/से सही है/हैं?

(a) 1 और 2
(b) केवल 2
(c) 1 और 3
(d) 1, 2 और 3

उत्तर *(d)*

व्याख्या सिखों के संदर्भ में सभी कथन सही हैं। सिख धर्म की शुरुआत गुरु नानक ने की थी। 15वीं शताब्दी में शुरू यह धर्म पंजाब के जाट किसानों तथा अन्य छोटी जातियों में फैल गया। सिखों को लड़ाकू समुदाय के रूप में बदलने का काम गुरु हरगोविंद ने शुरू किया, लेकिन सिख के आखिरी गुरु गोविंद सिंह के नेतृत्व में सिख एक राजनीतिक और फौजी ताकत बने। औरंगजेब की फौजों और पहाड़ी राजाओं के विरुद्ध गुरु गोविंद सिंह ने लगातार लड़ाइयाँ लड़ीं।

26 निम्नलिखित कथनों पर विचार कीजिए *(Chap 1, Class-VIII & XII, Old NCERT)* *(Chap 10, Class-VII, New NCERT)*

1. राजपूत सरदारों ने अकबर के विरुद्ध विद्रोह किया, क्योंकि यह उनके पैतृक भूमि के उत्तराधिकार में हस्तक्षेप करने लगा था।
2. आमेर के सवाई राजा जयसिंह (1681-1743 ई.) ने खूबसूरत जयपुर नगर बनवाया और खगोल विज्ञान के अध्ययन के लिए दिल्ली, जयपुर, वाराणसी, उज्जैन तथा मथुरा में वेधशाला स्थापित की।

उपर्युक्त कथनों में से कौन-सा/से सही नहीं है/हैं?

(a) केवल 1
(b) केवल 2
(c) 1 और 2 दोनों
(d) न तो 1 और न ही 2

उत्तर *(a)*

व्याख्या दिए गए कथनों में से कथन (1) सही नहीं है, क्योंकि राजपूत सरदार अकबर के समय से ही मुगल साम्राज्य को दृढ़ समर्थन देते आ रहे थे। यद्यपि उनमें से कुछ ने औरंगजेब के विरुद्ध विद्रोह किया था, जिसका कारण था कि औरंगजेब उनके पैतृक भूमि के उत्तराधिकार में हस्तक्षेप करने लगा था।

अध्याय 17

भक्ति और सूफी आंदोलन

भक्ति और सूफी आंदोलन

भक्ति आंदोलन

नयनार
- तमिल शैव भक्ति संत, कुल संख्या 63, प्रमुख संत अप्पार, तिरुज्ञानसंबंदर और सुंदरमूर्ति, तिरूमराई में नयनारों के भजन संकलित

अलवार
- पल्लवों के शासनकाल के दौरान तमिल वैष्णव भक्ति संतों का उदय; कुल 12 संत प्रसिद्ध संत - नम्मलवार, थिरूमंगई और अंडाल, संयुक्त संकलन - नालायिर दिव्य प्रबंधम

विशेषताएँ खुली मानसिकता, जातिगत भेदभाव को नकारा, समानता को बढ़ावा दिया, अनुष्ठानों की निंदा; निचली जातियों की मुक्ति एवं स्थानीय भाषाओं का प्रयोग

कर्नाटक में वीरशैव परंपरा
- 12वीं शताब्दी ईस्वी में बसवन्ना द्वारा स्थापित शिव की लिंग के रूप में पूजा; वीरशैव परंपरा का स्रोत वचनों के रूप में संकलित

महाराष्ट्र में भक्ति आंदोलन
- 13वीं से 17वीं शताब्दी तक ज्ञानेश्वर, नामदेव, एकनाथ और तुकाराम जैसे संतों द्वारा भक्ति का संदेश; मराठा भाषा के विकास में मदद

भक्ति विद्यालय
- उत्तर भारत में उभरे, दो स्कूलों में विभाजित

निर्गुण
- अदृश्य निराकार ईश्वर और निर्गुण ईश्वर में विश्वास; प्रमुख संत-दादू दयाल, कबीर, गुरु नानक

सगुण संत
- भगवान के रूप एवं गुण में विश्वास; मुख्य संत रामानंद, तुलसीदास, चैतन्य महाप्रभु

सूफी आंदोलन

उद्भव
- 12वीं शताब्दी ई. में अब्बासिद खलीफा पतन के बाद उभरा, इस्लाम में रूढ़िवादिता का विरोध; प्रेम एवं शांति का संदेश
- ईश्वर के साथ व्यक्तिगत अंतरंग संबंध का समर्थन
- भारतीय प्रथाओं को अपनाया; जैसे - तपस्या, उपवास और सांस रोकना

सूफी सिलसिला
- एक प्रमुख फकीर द्वारा सूफी संप्रदाय का नेतृत्व
- शिष्यों के साथ खान काहें में निवास

चिश्ती सिलसिला
- मुईनुद्दीन चिश्ती का 1192 ई. में अजमेर आगमन तथा खनकाह की स्थापना; अन्य चिश्ती संत- बख्तियार काकी, फरिदुद्दीन-गज-ए-शंकर और निजामुद्दीन औलिया

सुहरावर्दी सिलसिला
- शेख शिहाबुद्दीन उमर सुहरावर्दी द्वारा प्रस्तुत; राज्य सेवाएँ स्वीकार, सरकार में महत्त्वपूर्ण पद संभाला।

कादिरी सिलसिला
- 1166 ई. में अब्दुल- कादिरी गिलानी द्वारा स्थापित; दक्षिण भारत के मुसलमानों के बीच लोकप्रिय; दारा शिकोह कादिरी सिलसिले का अनुयायी

नक्शबंदी सिलसिला
- बहाउद्दीन नक्शबंदी बुखारी द्वारा स्थापित; शेख अहमद सरहिंदी द्वारा अकबर की उदार नीतियों का विरोध

फिरदौसी सिलसिला
- बिहार में शेख शर्फुद्दीन याहया मनेरी द्वारा लोकप्रिय; तपस्वी प्रथाओं का अभ्यास;
- वहदत-उल-वजूद के दर्शन में विश्वास किया।

प्रमुख भक्ति संत

शंकराचार्य (788-920 ई.)
- अद्वैत (एकता का सिद्धांत) की वकालत की द्वारका, पुरी, शृंगेरी और बद्रीनाथ में चार मठों की स्थापना

रामानुजाचार्य (1017-1137 ई.)
- विशिष्टाद्वैत या योग्य एकता की वकालत; मोक्ष प्राप्त करने का सर्वोत्तम साधन विष्णु की गहन भक्ति

निम्बार्काचार्य (1130-1200 ई.)
- तेलुगू वैष्णव संत अधिकांश जीवन मथुरा में; द्वैताद्वैत के मुख्य प्रस्तावक (द्वैतवादी-अद्वैतवादी)

वल्लभाचार्य (1475-1531 ई.)
- वैष्णववाद के कृष्ण-केंद्रित पुष्टि-मार्ग संप्रदाय की स्थापना; शुद्ध अद्वैतवाद के प्रस्तावक

दादू दयाल (1544-1603 ई.)
- गुजरात में ब्रह्म संप्रदाय की स्थापना; शिक्षा 'बानी' में संकलित

कबीर (1398-1518 ई.)
- रामानंद के शिष्य, प्रेम के धर्म का प्रचार; शिक्षाएँ 'बीजक' में संकलित

गुरुनानक (1469-1539 ई.)
- आध्यात्मिक विकास के मार्ग की वकालत; चरित्र एवं आचरण की शुद्धता पर बल

रामानंद (1380-1475 ई.)
- रामानंदी संप्रदाय की स्थापना हिंदी में भक्ति का प्रचार

तुलसीदास (1544-1623 ई.)
- राम भक्ति संप्रदाय के; अकबर के समकालीन; रामचरित मानस की रचना

चैतन्य महाप्रभु (1483-1538 ई.)
- गौड़ीय वैष्णववाद के संस्थापक, बंगाल में प्रचार

मीराबाई (1498-1546 ई.)
- राठौड़ राजकुमारी का जीवन कृष्ण को समर्पित

शंकरदेव (1449-1568 ई.)
- असम में वैष्णववाद के प्रमुख समर्थक

SOURCE New NCERT Class VII नगर व्यापारी और शिल्पीजन, ईश्वर से अनुराग, Old NCERT Class VII वैभव विलास का युग, जनता का जीवन, Old NCERT Class VIII धार्मिक तथा सामाजिक सुधार आंदोलन और सांस्कृतिक जागृति, Old NCERT Class XI भारत में सांस्कृतिक विकास (13वीं-15वीं तक), New NCERT Class XII सूफी परंपराएँ, Tamil Nadu Board Class XI सांस्कृतिक समन्वयवाद: भारत में भक्ति आन्दोलन, NIOS-1 Module-2 मध्यकालीन भारत में सांस्कृतिक विकास

भक्ति आंदोलन

1 भक्ति आंदोलन के संबंध में कौन-सा कथन सही नहीं है? *(Chap 8, Class-VII, Old NCERT)*

(a) शिव, विष्णु तथा दुर्गा को परम देवी-देवताओं के रूप में मान्यता मिली।
(b) स्थानीय मिथक तथा किस्से पौराणिक कथाओं के अंग बन गए।
(c) बौद्ध और जैनों ने भी भक्ति की अवधारणा को अपनाया।
(d) भक्ति आंदोलन पर इस्लाम का गहरा प्रभाव था।

उत्तर *(d)*

व्याख्या भक्ति आंदोलन के संबंध में कथन (d) सही नहीं है, क्योंकि भक्ति आंदोलन पर इस्लाम का गहरा प्रभाव नहीं था। इसके आरंभ होने के बाद पश्चिमोत्तर में इस्लाम का आगमन हुआ था। भारत में 8वीं सदी में भक्ति आंदोलन प्रारंभ हुआ, जिसके प्रभावस्वरूप शिव, विष्णु तथा दुर्गा को परम देवी-देवताओं के रूप में मान्यता मिली। इसके अतिरिक्त ऐसी विचारधारा का प्रसार हुआ कि परमेश्वर मनुष्य को सभी बंधनों से मुक्त कर सकता है।

इस आंदोलन में लोगों ने भजन, कीर्तन, नृत्य-संगीत जैसे कृत्यों के द्वारा ईश्वर के प्रति अपनी भावना प्रकट की। इतना ही नहीं भक्ति आंदोलन के इस माध्यम को बौद्ध तथा जैन मतावलंबियों ने भी अपनाया। भक्ति आंदोलन के दौरान देवी-देवताओं से संबंधित अनेक स्थानीय कथाएँ व कहानियाँ बन गईं।

2 भक्ति आंदोलन के उद्भव के संबंध में निम्नलिखित कथनों पर विचार कीजिए *(Chap 11, Class-XI, Old NCERT)*

1. भक्ति आंदोलन का उद्भव दक्षिण भारत में हुआ।
2. शैव परंपरा को अपनाने वाले नयनार कहलाए।
3. वैष्णव परंपरा को मानने वालों को अलवार कहा गया।

उपर्युक्त कथनों में से कौन-सा/से कथन सही है/हैं?

(a) 1 और 2
(b) 2 और 3
(c) 1, 2 और 3
(d) 1 और 3

उत्तर *(c)*

व्याख्या भक्ति आंदोलन के उद्भव के संबंध में दिए गए सभी कथन सही हैं। भक्ति आंदोलन का विकास सगुण ईश्वर की भक्ति के लिए दक्षिण भारत में 7वीं से 12वीं सदी के मध्य हुआ। दक्षिण भारत में भक्ति आंदोलन का विकास व प्रसार अलवार और नयनार संतों के द्वारा किया गया।

नयनार संत शिव के उपासक थे, उन्होंने शैव परंपरा को अपनाया, जबकि अलवार संत भगवान विष्णु के उपासक थे, उन्होंने वैष्णव परंपरा को अपनाया। दोनों ने ईश्वर के प्रति व्यक्तिगत भक्ति और मोक्ष के मार्ग का उपदेश दिया।

3 भक्ति आंदोलन के विकास के संबंध में कौन-सा कथन सही नहीं है? *(Chap 11, Class-XI, Old NCERT)*

(a) दक्षिण भारत में भक्ति का प्रसार स्थानीय भाषा में प्रचलित हुआ।
(b) उत्तर भारत में भक्ति आंदोलन का प्रसार स्थानीय भाषा में हुआ।
(c) दक्षिण भारत में भक्ति आंदोलन ने जाति व्यवस्था को अस्वीकार कर दिया।
(d) उपर्युक्त में से कोई नहीं

उत्तर *(b)*

व्याख्या भक्ति आंदोलन के विकास के संबंध में कथन (b) सही नहीं है, क्योंकि उत्तर भारत में स्थानीय भाषाओं में भक्ति आंदोलन का व्यापक प्रसार नहीं हुआ, क्योंकि इन क्षेत्रों में संस्कृत भाषा की प्रधानता थी। दक्षिणी भारत के क्षेत्रों में अलवार और नयनार संतों ने भक्ति आंदोलन के संदेश के प्रसार में स्थानीय भाषाओं; जैसे-तेलुगू, तमिल, कन्नड़ आदि का प्रयोग किया, जो अत्यधिक सहायक बनीं।

4 महाराष्ट्र में हुए भक्ति आंदोलन के संबंध में कौन-सा कथन सही नहीं है? *(Chap 6, Class-XII, Old NCERT)*

(a) यह विट्ठल स्वामी के गुणगान पर आधारित था।
(b) विट्ठल शिव के रूप माने जाते हैं।
(c) यहाँ सभी प्रकार के कर्मकांडों का विरोध किया गया।
(d) उपर्युक्त में से कोई नहीं

उत्तर *(b)*

व्याख्या महाराष्ट्र में हुए भक्ति आंदोलन के संबंध में कथन (b) सही नहीं है, क्योंकि महाराष्ट्र के भक्ति संत भगवान विट्ठल के उपासक थे। भगवान विट्ठल, भगवान विष्णु का एक रूप माने जाते हैं। भगवान विट्ठल के अराधकों ने वारकरी संप्रदाय को जन्म दिया। ज्ञानेश्वर, तुकाराम, नामदेव, एकनाथ आदि महाराष्ट्र के महान भक्ति संत हुए। इन सभी संतों ने विद्यमान सभी प्रकार के कर्मकांडों, सामाजिक भेदभाव, ऊँच-नीच का विरोध किया।

5 रामानुज के संबंध में निम्न कथनों पर विचार कीजिए। *(Chap 8, Class-VII, New NCERT)*

1. रामानुज का जन्म 11वीं शताब्दी में तमिलनाडु राज्य में हुआ था।
2. रामानुज नयनार संतों से प्रभावित थे।

उपर्युक्त कथनों में से कौन-सा/से कथन सही नहीं है/हैं?

(a) केवल 1
(b) केवल 2
(c) 1 और 2 दोनों
(d) न तो 1 और न ही 2

उत्तर *(b)*

व्याख्या रामानुज के संबंध में कथन (2) सही नहीं है, क्योंकि रामानुज विष्णुभक्त अलवार संतों से अत्यधिक प्रभावित थे। इनके अनुसार मोक्ष प्राप्त करने का उपाय विष्णु के प्रति अनन्य भक्ति भाव रखना है।

6 महाराष्ट्र के भक्ति आंदोलन के संबंध में निम्नलिखित कथनों पर विचार कीजिए *(Chap 11, Class-XI, Old NCERT)*

1. इन्होंने पवित्रता के आडंबरों का विरोध किया।
2. इन्होंने जन्म आधारित सामाजिक अंतर का समर्थन किया।

उपर्युक्त कथनों में से कौन-सा/से कथन सही है/हैं?

(a) केवल 1
(b) केवल 2
(c) 1 और 2 दोनों
(d) न तो 1 और न ही 2

उत्तर *(a)*

व्याख्या महाराष्ट्र के भक्ति आंदोलन के संबंध में कथन (a) सही है।
महाराष्ट्र के भक्ति आंदोलन के संतों ने सभी प्रकार के कर्मकांडों, पवित्रता के आडंबरों और जन्म पर आधारित सामाजिक अंतरों का विरोध किया। इन संतों ने अपने अनुयायियों को सामान्य व्यक्तियों की भाँति रोजी-रोटी कमाते हुए परिवार के साथ रहने और विनम्रतापूर्वक जरूरतमंद व्यक्तियों की सेवा करने की शिक्षा दी। इन्होंने इस बात पर अत्यधिक बल दिया कि असली भक्ति दूसरों के दु:खो को बाँटने में है।

प्रमुख संत

7 नामदेव के संबंध में निम्नलिखित कथनों पर विचार कीजिए *(Chap 11, Class-XI, Old NCERT)*

1. महाराष्ट्र में भक्ति आंदोलन का श्रेय नामदेव को दिया जाता है।
2. इनका जीवनकाल चौदहवीं शताब्दी के पूर्वार्द्ध में था।

उपर्युक्त में से कौन-सा/से कथन सही है/हैं?

(a) केवल 1
(b) 1 और 2 दोनों
(c) केवल 2
(d) न तो 1 और न ही 2

उत्तर *(b)*

व्याख्या नामदेव के संबंध में दिए गए दोनों कथन सही हैं।
संत नामदेव महाराष्ट्र के एक प्रमुख भक्ति संत थे, इन्होंने ही उत्तर भारत सहित महाराष्ट्र में भक्ति आंदोलन की शुरुआत की और इसके लिए इन्होंने वारकरी संप्रदाय का आरंभ किया, जिस कारण संत नामदेव को महाराष्ट्र में भक्ति आंदोलन का श्रेय दिया गया। संत नामदेव ने भगवान विट्ठल से संबंधित अनेक भक्ति गीतों (अभंग) की रचना मराठी भाषा में की। नामदेव पेशे से दर्जी थे, ये संत बनने से पहले लुटेरे का जीवन व्यतीत कर रहे थे। संत नामदेव का जीवनकाल चौदहवीं शताब्दी के पूर्वार्द्ध में था।

8 रामानंद के संबंध में निम्नलिखित में से कौन-सा कथन सही नहीं है? *(Chap 11, Class-XI, Old NCERT)* *(UPPSC Pre 2022)*

(a) इनका जीवनकाल चौदहवीं सदी के उत्तरार्द्ध में था।
(b) इनका जन्म बनारस में हुआ था।
(c) ये रामानुज के अनुगामी थे।
(d) इन्होंने विष्णु के स्थान पर राम की उपासना की।

उत्तर *(b)*

व्याख्या संत रामानंद के संबंध में कथन (b) सही नहीं है, क्योंकि संत रामानंद उत्तर भारत के एक महान भक्ति संत थे। इनका जन्म प्रयागराज में हुआ था। इन्हें भक्ति आंदोलन के विचारों को दक्षिण भारत से उत्तर भारत में लाने का श्रेय दिया जाता है।

9 सूची I को सूची II से सुमेलित कीजिए तथा सूचियों के नीचे दिए गए कूट से सही व्याख्या चुनिए *(Chap 8, Class-VII, New NCERT)*

सूची I (दार्शनिक)	सूची II (दर्शन)
A. रामानुज	1. शुद्धाद्वैत
B. माध्वाचार्य	2. द्वैताद्वैत
C. निंबार्क	3. द्वैतवाद
D. वल्लभाचार्य	4. विशिष्टाद्वैत

कूट

	A	B	C	D		A	B	C	D
(a)	4	3	2	1	(b)	3	1	4	2
(c)	1	2	3	4	(d)	2	4	1	3

उत्तर *(a)*

व्याख्या सही सुमेलन A-4, B-3, C-2, D-1 है।
रामानुज का दर्शन विशिष्टाद्वैत था। ये श्री संप्रदाय से संबंधित थे। इनका जन्म 1017 ई में पेरुंबर में हुआ था इनके आराध्य देव श्री रामजी थे।
माध्वाचार्य का दर्शन द्वैतवाद था। ये ब्रह्म संप्रदाय से संबंधित थे।
निंबार्क का संबंध द्वैताद्वैत दर्शन से था। ये सनकादिक संप्रदाय से संबंधित थे।
वल्लभाचार्य शुद्धाद्वैत दर्शन से संबंधित थे। इनका संप्रदाय रुद्र संप्रदाय था। इनका जन्म 1479 ई. में चम्पारण (छत्तीसगढ़) में हुआ था।

10 निम्नलिखित को सुमेलित कीजिए *(Chap 11, Class-XI, Old NCERT)* *(IAS Pre 2001)*

सूची I (भक्ति संत)	सूची II (व्यवसाय)
A. नामदेव	1. नाई
B. कबीर	2. जुलाहा
C. रविदास	3. दर्जी
D. सेना	4. मोची

कूट

	A	B	C	D		A	B	C	D
(a)	2	3	1	4	(b)	3	2	4	1
(c)	3	2	1	4	(d)	2	3	4	1

उत्तर *(b)*

व्याख्या सही सुमेलन A-3, B-2, C-4, D-1 है।
नामदेव महाराष्ट्र के भक्ति संत थे, जिनका व्यवसाय दर्जी का था।
कबीर का जन्म 1398 ई. मे हुआ था। ये जुलाहा जाति के भक्ति संत थे। ये सिकंदर लोदी के समकालीन थे। इन्होंने निर्गुण भक्ति का प्रसार किया। इनके अनुयायी कबीरपंथी कहलाए। इनकी वाणी बीजक नामक ग्रंथ में संकलित है।
संत रविदास, रामानंद के शिष्य थे। रविदास (रैदास) मोची का कार्य करते थे। इन्होंने रैदासी संप्रदाय की स्थापना की। मीराबाई ने रैदास को अपना गुरु बनाया था।
सेना, संत रामानंद के शिष्य थे। ये नाई के व्यवसाय से जुड़े हुए थे।

11 निम्नलिखित में से कौन-सी नाथपंथ आंदोलन की विशेषता नहीं थी? *(Chap 11, Class-XI, Old NCERT)*

(a) जाति प्रथा का विरोध
(b) ब्राह्मण श्रेष्ठता को चुनौती
(c) वर्ण व्यवस्था का समर्थन
(d) समानता का भाव

उत्तर *(c)*

व्याख्या वर्ण व्यवस्था का समर्थन नाथपंथ आंदोलन की विशेषता नहीं थी। नाथपंथ आंदोलन उत्तर भारत की नीची कही जाने वाली जातियों में बहुत लोकप्रिय था। इन्होंने सामाजिक वर्ण व्यवस्था की तीव्र आलोचना का विरोध किया और इन्होंने निराकार परम सही का चिंतन-मनन एवं उनके साथ एकाकार हो जाने की अनुभूति को मोक्ष का मार्ग बताया।

12 निम्नलिखित कथनों पर विचार कीजिए *(Chap 11, Class-XI, Old NCERT) (IAS Pre 2014)*

1. 'बीजक' संत दादू के उपदेशों का संकलन है।
2. पुष्टिमार्ग के दर्शन को माध्वाचार्य ने प्रतिपादित किया।

उपर्युक्त कथनों में से कौन-सा/से सही है/हैं?

(a) केवल 1
(b) केवल 2
(c) 1 और 2
(d) न तो 1 और न ही 2

उत्तर *(d)*

व्याख्या दिए गए दोनों कथन सही नहीं हैं।
'बीजक' संत कबीर की रचना है, जिसमें इनकी साखियों का संग्रह मिलता है।
पुष्टिमार्ग, भक्ति की एक धारा है, जिसका प्रवर्तन वल्लभाचार्य ने किया है।

13 संत कबीर के संबंध में निम्नलिखित कथनों पर विचार कीजिए *(Chap 11, Class-XI, Old NCERT)*

1. इन्होंने ईश्वर के एकत्व पर बल दिया।
2. इन्होंने तीर्थ, व्रत, गंगा-स्नान, अजान आदि का विरोध किया।
3. ये संत जीवन जीने के लिए गृहस्थ जीवन के त्याग को आवश्यक मानते थे।

उपर्युक्त में से कौन-सा/से कथन सही है/हैं?

(a) 1 और 3 (b) 1 और 2 (c) 2 और 3 (d) 1, 2 और 3

उत्तर *(b)*

व्याख्या संत कबीर के संबंध में कथन (1) और (2) सही हैं। संत कबीर एक महान भक्ति संत थे। इन्होंने अपने संदेशों के माध्यम से सभी धर्मों के ईश्वर के संबंध में ईश्वर के एकत्व पर बल दिया। इन्होंने ईश्वर को अनेक नामों; जैसे-राम, हरि, गोविंद, अल्ला, साईं, साहिब आदि नामों से संबोधित किया। कबीर ने

जाति प्रथा, अस्पृश्यता, मूर्ति-पूजा, तीर्थ-यात्रा, गंगा-स्नान का विरोध किया। इन्होंने मनुष्य की मूलभूत एकता तथा सभी धर्मों में प्रेम की शिक्षा पर बल दिया। कथन (3) सही नहीं है, क्योंकि संत कबीर जीवन जीने के लिए गृहस्थ जीवन के त्याग को आवश्यक नहीं मानते थे।

14 कबीर से संबंधित निम्न कथनों पर विचार कीजिए

(Chap 8, Class-VII, New NCERT)

1. कबीर, साकार परमेश्वर में विश्वास रखते थे।
2. इन्होंने यह उपदेश दिया कि भक्ति के माध्यम से ही मुक्ति (या मोक्ष) प्राप्त हो सकता है।
3. कबीर के कई पद 'आदि ग्रंथ साहब' में संकलित हैं।

उपर्युक्त में से कितने कथन सही हैं?

(a) केवल एक (b) केवल दो
(c) सभी तीनों (d) इनमें से कोई नहीं

उत्तर (b)

व्याख्या कबीर से संबंधित कथनों में केवल दो कथन (2 और 3) सही हैं। संत कबीर एक महान भक्ति संत थे। इन्होंने सभी धर्मों में ईश्वर के एकत्व पर बल दिया। इन्होंने यह उपदेश दिया कि भक्ति के माध्यम से मोक्ष यानी मुक्ति प्राप्त हो सकती है। कबीर के कई पद या भजन आदि ग्रंथ साहब, पंचवाणी तथा बीजक में संग्रहित तथा सुरक्षित हैं।

कथन (1) सही नहीं है, क्योंकि कबीर निराकार परमेश्वर में विश्वास रखते थे। ये भक्ति की निर्गुण शाखा के संत थे।

15 गुरु नानक के संबंध में कौन-सा कथन सही नहीं है?

(Chap 11, Class-XI, Old NCERT)

(a) इन्होंने फारसी में शिक्षा प्राप्त की थी।
(b) बचपन में ये बढ़ई के कार्य से जुड़े हुए थे।
(c) इनका जन्म खत्री परिवार में हुआ था।
(d) उपर्युक्त में से कोई नहीं

उत्तर (b)

व्याख्या गुरु नानक के संबंध में कथन (b) सही नहीं है, क्योंकि, गुरु नानक के पिता लेखा कार्य से जुड़े हुए थे, जिसके कारण गुरु नानक भी बचपन से इन कार्यों में जुड़ गए, परंतु गुरु नानक की प्रवृत्ति अध्यात्म की ओर थी और इन्हें साधु संतों की संगति अधिक अच्छी लगती थी। कुछ समय पश्चात् जब इन्हें आध्यात्मिक अनुभूति की प्राप्ति हुई, तो इन्होंने संसार का त्याग कर दिया।

16 सिख धर्म के संस्थापक गुरु नानक द्वारा स्थापित 'धर्मसाल' क्या था?

(Chap 8, Class-VII, Old NCERT)

(a) यात्रियों के लिए आराम गृह
(b) धार्मिक भोजनालय
(c) पशु एवं पक्षियों के लिए पानी पीने का स्थान
(d) उपासना एवं धार्मिक कार्यों का स्थान

उत्तर (d)

व्याख्या गुरु नानक द्वारा उपासना और धार्मिक कार्यों के लिए जो स्थान नियुक्त किया गया, उसे 'धर्मसाल' कहा गया। इसी धर्मसाल को गुरुद्वारा कहा जाता है। सिख धर्म का केंद्रीय गुरुद्वारा हरमिंदर साहब है, जिसे स्वर्ण मंदिर के नाम से भी जाना जाता है, जो अमृतसर में स्थित है।

17 सिख धर्म से संबंधित निम्नलिखित कथनों पर विचार कीजिए

(Chap 8, Class-VII, New NCERT)

1. गुरु नानक के उत्तराधिकारी गुरु अंगद थे।
2. गुरु ग्रंथ साहिब की रचना गुरुमुखी लिपि में हुई है।
3. खालसा पंथ की स्थापना गुरु गोविंद सिंह ने की थी।

उपर्युक्त में से कौन-सा/से कथन सही है/हैं?

(a) 1 और 2 (b) 2 और 3 (c) 1 और 3 (d) 1, 2 और 3

उत्तर (d)

व्याख्या सिख धर्म के संबंध में सभी कथन सही हैं।

गुरु नानक सिख धर्म के संस्थापक थे। इन्होंने अपने विचारों को प्रसारित करने व लोगों के मार्गदर्शन के लिए गुरु की आवश्यकता पर बल दिया और गुरु परंपरा की शुरुआत की। गुरु नानक ने अपनी मृत्यु से पूर्व अपने एक अनुयायी लहणा (गुरु अंगद) को अपना उत्तराधिकारी नियुक्त किया।

गुरु अंगद ने गुरु नानक की रचनाओं का संग्रह गुरु ग्रंथ साहिब में किया, इसके लिए इन्होंने गुरुमुखी नामक एक नई लिपि का विकास किया।

मुगलों के शासनकाल में सिख अनुयायियों के प्रति काफी अत्याचार किया गया, जिस कारण सिखों की रक्षार्थ हेतु सिखों के 10वें गुरु गोविंद सिंह ने 1699 ई. में खालसा पंथ की स्थापना की।

18 निम्नलिखित में से वे तीन शब्द कौन-से हैं, जिनका उपयोग गुरु नानक ने अपने उपदेशों के सार को व्यक्त करने के लिए किया था?

(Chap 8, Class-VII, New NCERT)

(a) नाम, दान, ध्यान (b) नाम, दान, काम
(c) नाम, दान, स्नान (d) इनमें से कोई नहीं

उत्तर (c)

व्याख्या गुरु नानक ने अपने उपदेशों का सार व्यक्त करने के लिए तीन शब्दों का प्रयोग किया, जो नाम, दान और स्नान हैं। नाम से इनका तात्पर्य-सही उपासना से था। दान का तात्पर्य दूसरों का हित करना और स्नान से तात्पर्य आचार-विचार की पवित्रता से था।

19 गुरु नानक स्वयं द्वारा रचित भजनों को किस वाद्ययंत्र के साथ बजाते थे?

(Chap 11, Class-XI, Old NCERT)

1. रबाव 2. मृदंग 3. नगाड़ा 4. ताश

कूट

(a) केवल 1 (b) 1 और 3 (c) केवल 2 (d) 2 और 4

उत्तर (a)

व्याख्या गुरु नानक अपने उपदेशों को प्रसारित करने के लिए भजनों की रचना करते थे, जिसे वे रबाव नामक वाद्ययंत्र के साथ गाया करते थे। इनका एक सेवक मर्दाना था, जो रबाव के साथ संगत करता था। नानक इस बात पर बल देते थे कि ईश्वर एक है और उनके नाम का जाप करने तथा उससे लौ लगाने से मनुष्य मोक्ष प्राप्त कर सकता है।

20 नानक तथा कबीर के संबंध में निम्नलिखित कथनों पर विचार कीजिए

(Chap 11, Class-XI, Old NCERT)

1. मुगल सम्राट जहाँगीर ने इन दोनों संतों की शिक्षाओं को आत्मसात किया।
2. कबीर के अनुयायी कबीरपंथी कहलाए तथा नानक के अनुयायी सिख।
3. इनके विरोध में रूढ़िवादी तत्त्व पुराने धर्मों की रक्षा के लिए एकजुट हो गए।

उपर्युक्त में से कौन-सा/से कथन सही है/हैं?

(a) 1 और 3 (b) 2 और 3 (c) 1 और 2 (d) केवल 1

उत्तर (b)

व्याख्या नानक तथा कबीर के संबंध में कथन (2) और (3) सही हैं।

कबीर ने निर्गुण भक्ति का प्रसार किया और ईश्वर के एकत्व पर बल दिया। इनके अनुयायी कबीरपंथी कहलाए। कबीर की वाणी को बीजक नामक ग्रंथ मे संकलित किया गया है। गुरुनानक ने सिख धर्म की स्थापना की और अपने विचारों के प्रसार के लिए गुरु परंपरा की शुरुआत की।

कबीर तथा नानक के द्वारा जब विभिन्न धर्मों में विद्यमान अनावश्यक कर्मकांडों, मूर्तिपूजा, तीर्थयात्रा का विरोध किया गया और उन्हें त्यागने का आग्रह लोगों से किया, तो रूढ़िवादी तत्त्व पुराने धर्मों की रक्षा हेतु एकजुट हो गए।

कथन (1) सही नहीं है, क्योंकि मुगल शासक जहाँगीर ने नानक और कबीर की शिक्षाओं को नहीं अपनाया, बल्कि सम्राट जहाँगीर ने सिख समुदाय को अपने लिए एक संभावित खतरा माना और इन्होंने 1606 ई. में गुरु अर्जुन सिंह को मृत्युदंड दे दिया था।

21 कबीर और नानक के नेतृत्व में चलने वाले असंप्रदायिक आंदोलन के अतिरिक्त उत्तर भारत में कौन-सा आंदोलन प्रारंभ हुआ?

(Chap 11, Class-XI, Old NCERT)

(a) शिव चर्चा
(b) वैष्णव आंदोलन
(c) निरंकारी आंदोलन
(d) वारकरी आंदोलन

उत्तर (b)

व्याख्या कबीर और नानक के नेतृत्व में चलने वाले असंप्रदायिक आंदोलन के अतिरिक्त उत्तर भारत में वैष्णव आंदोलन प्रारंभ हुआ।

उत्तर भारत में वैष्णव आंदोलन के अंतर्गत भगवान विष्णु के दो रूप-राम और कृष्ण की उपासना प्रारंभ हुई। विशेष रूप से कृष्ण की बाल लीला, राधा के साथ प्रेमलीला आदि को केंद्रीय विषय बनाकर 15वीं-16वीं शताब्दी में कवियों ने कई उत्कृष्ट काव्यों की रचना की। प्रेम, भक्ति, नृत्य, संगीत, संकीर्तन को उपासना का माध्यम बनाया गया। वैष्णव आंदोलन के प्रमुख संतों में चैतन्य, सूरदास, मीरा एवं नरसी मेहता महत्त्वपूर्ण थे।

22 चैतन्य महाप्रभु के संबंध में निम्नलिखित कथनों पर विचार कीजिए

(Chap 11, Class-XI, Old NCERT)

1. आरंभिक सूफियों की भाँति चैतन्य ने संगीत गोष्ठी को लोकप्रिय बनाया।
2. चैतन्य के अनुसार उपासना, प्रेम और भक्ति एवं नृत्य और संगीत में निहित थी।

उपर्युक्त में से कौन-सा/से कथन सही है/हैं?

(a) केवल 1 (b) केवल 2 (c) 1 और 2 (d) न तो 1 और न ही 2

उत्तर (c)

व्याख्या चैतन्य महाप्रभु के संबंध में दोनों कथन सही हैं।

चैतन्य महाप्रभु का जन्म 1486 ई. में बंगाल के नदिया जिले में हुआ था। ये वैष्णव आंदोलन के एक महान संत थे। इन्होंने कृष्ण भक्ति पर बल दिया और कृष्ण भक्ति के माध्यम के रूप में ईश्वर के नाम का कीर्तन या संगीत गोष्ठी को लोकप्रिय बनाया। इसके अतिरिक्त इन्होंने गोसाई संघ की स्थापना की।

चैतन्य ने ईश्वर के प्रति प्रेम और भक्ति एवं नृत्य और संगीत में ईश्वर की उपासना को निहित माना है। चैतन्य के अनुसार प्रेम और भक्ति के भाव में डूबा संगीत और नृत्य ईश्वर की उपस्थिति की अनुभूति कराता है।

23 निम्नलिखित में से कौन-सा युग्म सुमेलित नहीं है?

(Chap 11, Class-XI, Old NCERT)

संत		संबंधित क्षेत्र
(a) नरसी मेहता	–	महाराष्ट्र
(b) मीरा	–	राजस्थान
(c) सूरदास	–	पश्चिमी उत्तर प्रदेश
(d) चैतन्य	–	उड़ीसा (ओडिशा)

उत्तर (a)

व्याख्या दिए गए युग्मों में से युग्म (a) सही सुमेलित नहीं है, क्योंकि वैष्णव संत नरसी मेहता का संबंध महाराष्ट्र से नहीं, बल्कि गुजरात राज्य से है। इनका जीवनकाल 15वीं शताब्दी में था। इन्होंने गुजराती भाषा में अनेक भक्ति गीतों की रचना की। इनका भजन ''वैष्णव जन तो तेने कहिए पीर पराई जाने रे'' महात्मा गाँधी को अत्यधिक प्रिय था।

24 संत कवियों के संबंध में कौन-सा कथन सही है?

(Chap 11, Class-XI, Old NCERT)

(a) ये हिंदू-धर्म के वृहत्तर ढाँचे के अंदर रहे।
(b) इनका दार्शनिक विश्वास वेदांती एक्यवाद का रूप था।
(c) उन्होंने ईश्वर और उसकी दृष्टि की मूलभूत एकता पर बल दिया।
(d) उपर्युक्त सभी

उत्तर (d)

व्याख्या संत कवियों के संबंध में सभी कथन सही हैं।

भक्ति आंदोलन के संतों ने ईश्वर की उपासना की शिक्षा दी है, इन्होंने ईश्वर भक्ति को परमानंद व मोक्ष का मार्ग बताया है, जोकि हिंदू धर्म के सिद्धांतों को रेखांकित करते हैं। इन भक्ति संतों ने वेदों की महानता को स्वीकार किया है। इन्होंने वेदों की सर्वश्रेष्ठता को सर्वमान्य माना है, जो उनके वेदांती एक्यवाद का परिचायक है। भक्ति संतों ने ईश्वर की एकता पर बल दिया है। संत कबीर और गुरुनानक ऐक्यवाद तथा ईश्वरीय एकता के प्रखर समर्थक रहे हैं।

25 वीर शैव आंदोलन के संबंध में निम्नलिखित कथनों पर विचार कीजिए

(Chap 8, Class-VII, New NCERT)

1. यह आंदोलन तमिल भक्ति आंदोलन और मंदिर पूजा की प्रतिक्रिया में प्रारंभ हुआ।
2. इस आंदोलन के माध्यम से सभी प्रकार के कर्मकांडों का विरोध किया गया।
3. यह आंदोलन सभी व्यक्तियों की समानता के प्रश्न में ब्राह्मणवादी विचारधारा के विरुद्ध था।

उपर्युक्त में से कौन-सा/से कथन सही है/हैं?

(a) 1 और 2
(b) 1 और 3
(c) 2 और 3
(d) 1, 2 और 3

उत्तर (d)

व्याख्या वीर शैव आंदोलन के संबंध में सभी कथन सही हैं।

वीर शैव आंदोलन बासवन्ना, अल्लामाप्रभु और अक्कमहादेवी के द्वारा दक्षिण भारत के क्षेत्रों में प्रारंभ किया गया। यह आंदोलन तमिल भक्ति आंदोलन और निम्न जातियों के मंदिरों में प्रवेश पर रोक की प्रतिक्रिया स्वरूप प्रारंभ हुआ। इसने सभी प्रकार के कर्मकांडों तथा मूर्तिपूजा का विरोध किया। इन्होंने समाज में जाति तथा लिंगात्मक समानता की वकालत की। यह आंदोलन मुख्यत: कर्नाटक के क्षेत्रों में 12वीं शताब्दी में प्रारंभ हुआ। यह आंदोलन ब्राह्मणवादी विचारधारा का प्रबल विरोधी था।

26 भक्ति आंदोलन में संत कवियों द्वारा स्थापित 'जीवमात्र की एकता' का सिद्धांत अरबी में क्या कहलाया? *(Chap 11, Class-XI, Old NCERT)*

(a) तौहीद-ए-इलाही
(b) तौहीद-ए-वजूदी
(c) तौहीद-ए-नूरी
(d) नियाबत-ए-खुदाई

उत्तर (b)

व्याख्या भक्ति आंदोलन में संत कवियों द्वारा स्थापित 'जीवमात्र की एकता' का सिद्धांत अरबी में तौहीद-ए-वजूदी के नाम से विख्यात है। इस सिद्धांत के अनुसार सभी जीव तत्त्वत: एक हैं और सब कुछ एक ही परमतत्त्व की अभिव्यक्ति है। भक्ति संतों का यह सिद्धांत मुस्लिम सूफी संतों के चिंतन का मुख्य आधार बना।

27 अब्दुल वहीद बेलग्रामी की किस पुस्तक में कृष्ण, मुरली, गोपी, राधा, यमुना आदि शब्दों के अर्थ मिलते हैं?

(Chap 11, Class-XI, Old NCERT)

(a) पद्मावत वसी
(b) तुफैल-ए-हिंदी
(c) हिंदवी-तौहीद
(d) हिकैक-ए-हिंदी

उत्तर (d)

व्याख्या प्रसिद्ध सूफी विचारक अब्दुल वहीद बेलग्रामी ने हिंदी में हिकैक-ए-हिंदी नामक पुस्तक लिखी, जिसमें इन्होंने सूफी रहस्यवादी संदर्भ में कृष्ण, मुरली, गोपी, राधा, यमुना आदि शब्दों के अर्थ स्पष्ट करने की कोशिश की।

28 भक्ति आंदोलन से संबंधित साहित्य के विषय में निम्नलिखित कथनों पर विचार कीजिए *(Chap 11, Class-XI, Old NCERT)*

1. महान शंकर के बाद रामानुज, माध्वाचार्य, वल्लभ ने अद्वैत दर्शन पर अपनी रचनाएँ संस्कृत में लिखीं।
2. कागज के चलन का लाभ उठाकर पुराने पाठों की नकलें तैयार की गईं।

उपर्युक्त में से कौन-सा/से कथन सही है/हैं?

(a) 1 और 2 (b) केवल 1
(c) केवल 2 (d) न तो 1 और न ही 2

उत्तर (a)

व्याख्या भक्ति आंदोलन से संबंधित साहित्य के विषय में दोनों कथन सही हैं। भक्ति आंदोलन का प्रारंभ आठवीं सदी में माना जाता है, हालाँकि भक्ति संतों ने अपने संदेशों व उपदेशों के प्रसार के लिए स्थानीय भाषाओं का प्रयोग किया, परंतु अब भी साहित्य लेखन की भाषा संस्कृत ही थी। अनेक भक्ति संतों व विचारकों; जैसे- शंकर, रामानुज, माध्वाचार्य, वल्लभ आदि ने अद्वैत दर्शन पर अपनी रचनाएँ संस्कृत में लिखीं।

उस समय कागज का अत्यधिक चलन था, जिसका लाभ उठाकर प्रसिद्ध भक्ति ग्रंथों; जैसे-रामायण, महाभारत आदि के पाठों की नकलें तैयार की गईं और इसके माध्यम से भी भक्ति संतों ने भक्ति आंदोलन की विचारधाराओं को प्रसारित किया।

29 भक्ति आंदोलन के संबंध में निम्नलिखित कथनों पर विचार कीजिए *(Chap 5, Class-VII, Old NCERT)*

1. इस आंदोलन के समर्थक अधिकांश संत महात्मा, ब्राह्मण थे।
2. इनके अनुसार मनुष्य और ईश्वर का संबंध प्रेमभाव पर आधारित है।
3. धार्मिक कर्मकांडों के करने की अपेक्षा भक्तिभाव से ईश्वर की उपासना करना अधिक श्रेष्ठ है।

उपर्युक्त में से कौन-सा/से कथन सही है/हैं?

(a) 1 और 2 (b) 1 और 3 (c) 2 और 3 (d) 1, 2 और 3

उत्तर (c)

व्याख्या भक्ति आंदोलन के संबंध में कथन (2) और (3) सही हैं।

भारत में भक्ति आंदोलन की शुरुआत दक्षिण भारत के क्षेत्रों में अलवार और नयनार संतों द्वारा की गई। इन संतों ने भजनों, गीतों के द्वारा भक्ति भावना का प्रसार किया। इन संतों ने यह बताया कि मनुष्य और ईश्वर का संबंध प्रेमभाव पर आधारित है। मनुष्य ईश्वर के प्रति प्रेममयी भाव से भक्ति कर, ईश्वर की अनुभूति व परमानंद को प्राप्त कर सकता है। इन संतों ने सभी प्रकार के धार्मिक कर्मकांडों का विरोध किया, इन्होंने धार्मिक कर्मकांड की अपेक्षा भक्तिभाव को ईश्वर की उपासना के लिए श्रेष्ठ बताया।

कथन (1) सही नहीं है, क्योंकि भक्ति आंदोलन नगरों में व्यापारियों, शिल्पकारों तथा गाँवों में किसानों के बीच अत्यधिक लोकप्रिय था। इस आंदोलन के अधिकांश संत महात्मा ब्राह्मण नहीं थे।

30 निम्नलिखित में से किस संत ने गीता को मराठी भाषा में लिखा, जिससे जो लोग संस्कृत के विद्वान नहीं थे, वे भी उसे समझ सके? *(Chap 5, Class-VII, Old NCERT)*

(a) तुकाराम (b) एकनाथ
(c) ज्ञानेश्वर (d) नरसी मेहता

उत्तर (c)

व्याख्या ज्ञानेश्वर ने मराठी भाषा में गीता पर टीकाएँ लिखीं, जिसे भावार्थ-दीपिका के नाम से जाना जाता है। यह पुस्तक उन लोगों के लिए थी, जो संस्कृत के विद्वान नहीं थे अर्थात् स्थानीय भाषी लोगों के मध्य भक्ति के विचारों को प्रसारित करने के लिए इसकी रचना की गई। ज्ञानेश्वर महाराष्ट्र के एक महान भक्ति संत थे। इन्हें महाराष्ट्र में भक्ति आंदोलन का अग्रदूत माना जाता है।

31 भक्ति आंदोलन से संबंधित संतों एवं उनके जन्म-स्थान के सम्बन्ध में निम्न युग्मों पर विचार कीजिए *(Chap 8, Class-VII, New NCERT)*

सन्त		जन्म-स्थान
1. शंकरदेव	—	असम
2. जयदेव	—	बंगाल
3. चैतन्यदेव	—	असम

उपर्युक्त में से कितने युग्म सही सुमेलित नहीं हैं?

(a) केवल एक (b) केवल दो
(c) सभी तीनों (d) इनमें से कोई भी नहीं

उत्तर (a)

व्याख्या भक्ति आंदोलन से संबधित संतों एवं उनके जन्म-स्थान के संबंध में केवल एक युग्म (3) सही सुमेलित नहीं है, क्योंकि चैतन्यदेव का जन्म-स्थान असम नहीं, बल्कि बंगाल है।

32 भक्ति परंपरा के वर्गों के संबंध में निम्नलिखित कथनों पर विचार कीजिए *(Chap 6, Class-XII, New NCERT)*

1. सगुण भक्ति में शिव, विष्णु तथा उनके अवतारों की आराधना की जाती थी।
2. निर्गुण भक्ति परंपरा में अमूर्त, निराकार ईश्वर की उपासना की जाती थी।

उपर्युक्त में से कौन-सा/से कथन सही है/हैं?

(a) केवल 1 (b) केवल 2
(c) 1 और 2 (d) न तो 1 और न ही 2

उत्तर (c)

व्याख्या भक्ति परंपरा के वर्गों के संबंध में दोनों कथन सही हैं। इतिहासकारों ने भक्ति परंपरा को दो वर्गों में विभाजित किया। एक, सगुण भक्ति और दूसरी, निर्गुण भक्ति।

सगुण भक्ति के अंतर्गत ईश्वर के मूर्त रूप की और शिव, विष्णु तथा उनके अवतारों की आराधना की जाती है। इसके प्रमुख भक्ति संतों में अलवार संत, नयनार संत, चैतन्य, मीरा आदि सम्मिलित हैं। निर्गुण भक्ति के अंतर्गत भगवान के अमूर्त या निराकार रूप की आराधना की जाती है। इसके प्रमुख संतों में कबीर, नानक आदि सम्मिलित हैं।

33 'नलयिरादिव्यप्रबंधम्' नामक तमिल वेद का संबंध निम्नलिखित में से किन संतों से है? *(Chap 6, Class-XII, New NCERT)*

(a) अलवार संत
(b) नयनार संत
(c) वारकरी संत
(d) आदि संत

उत्तर (a)

व्याख्या तमिल वेद 'नलयिरादिव्यप्रबंधम्' का संबंध अलवार संतों से है।

दक्षिण भारत में भक्ति आंदोलन की शुरुआत का श्रेय अलवार (विष्णु भक्त) और नयनार (शिव भक्त) संतों को दिया गया है। अलवार और नयनार संतों की रचना को वेद की भाँति महत्त्वपूर्ण स्थान दिया जाता है, इसलिए अलवार संतों के एक प्रमुख काव्य संकलन नलयिरादिव्यप्रबंधम् को तमिल वेद का दर्जा प्राप्त है।

34 **बासवन्ना (1106-68 ई.) के संबंध में निम्नलिखित कथनों पर विचार कीजिए** *(Chap 8, Class-VII, New NCERT)*

1. इसने महाराष्ट्र में वीर शैव परंपरा की शुरुआत की।
2. इसने पारंपरिक अनुष्ठानों की आलोचना प्रस्तुत की।

उपर्युक्त में से कौन-सा/से कथन सही है/हैं?

(a) केवल 1 (b) केवल 2
(c) 1, 2 और 3 (d) केवल 3

उत्तर *(b)*

व्याख्या बासवन्ना के संबंध में कथन (2) सही है। बासवन्ना, कलचुरि के राजा का मंत्री और एक ब्राह्मण था। इसने ब्राह्मणवादी श्रेष्ठता तथा जातिप्रथा का विरोध करने के लिए इसकी शुरुआत की। इस आंदोलन के अंतर्गत इसने कई सामाजिक उत्थान के कार्य; जैसे-पारंपरिक अनुष्ठानों की आलोचना, बाल विवाह का विरोध, विधवा विवाह को प्रोत्साहित एवं धार्मिक कर्मकांडों का बहिष्कार किया।

कथन (1) सही नहीं है क्योंकि बारहवीं शताब्दी में बासवन्ना (1106-68 ई.) ने कर्नाटक प्रांत में वीर शैव आंदोलन की शुरुआत की।

35 **लिंगायत समुदाय के संबंध में कौन-सा कथन सही नहीं है?** *(Chap 8, Class-VII, New NCERT)*

(a) ये शिव की आराधना लिंग के रूप में करते हैं।
(b) इस समुदाय के पुरुष स्कंध पर सोने के एक पिटारे में एक लघु लिंग को धारण करते हैं।
(c) जंगम अर्थात् यायावर भिक्षु लिंगायत से संबंधित थे।
(d) पुनर्जन्म के सिद्धांत पर इन्होंने प्रश्नवाचक चिह्न लगाया।

उत्तर *(b)*

व्याख्या लिंगायत समुदाय के संबंध में कथन (b) सही नहीं है, क्योंकि ये लिंगायत अर्थात् इस समुदाय के पुरुष वाम स्कंध पर चाँदी के पिटारे में एक लघु लिंग धारण करते थे।

बासवन्ना के द्वारा प्रारंभ किए गए वीर शैव आंदोलन का मुख्य उद्देश्य समाज में विद्यमान ब्राह्मणवादी श्रेष्ठता तथा जाति प्रथा का विरोध करना था, जिससे समाज के वे वर्ग, जिन्हें ब्राह्मणीय सामाजिक व्यवस्था में निम्न स्थान प्राप्त था, वे उसके अनुयायी बन गए। इनके अनुयायी को वीर शैव अर्थात् शिव के वीर कहा जाता था।

36 **निम्नलिखित में से कौन-सा युग्म सही सुमेलित नहीं है?** *(Chap 6, Class-VII, New NCERT)*

ग्रंथ		संबंध
(a) आदि ग्रंथ	—	सिख
(b) उलटबाँसी	—	कबीर पंथ
(c) बीजक	—	नाथ पंथ
(d) रामचरितमानस	—	तुलसीदास

उत्तर *(c)*

व्याख्या दिए गए युग्मों में से युग्म (c) सही सुमेलित नहीं है, क्योंकि बीजक का संबंध नाथ पंथ से नहीं, बल्कि कबीर पंथ से है।

कबीर की वाणी बीजक नामक ग्रंथ में संकलित है। वर्तमान में यह कबीर पंथियों द्वारा वाराणसी और उत्तर प्रदेश के अन्य स्थानों पर संरक्षित रखा गया है।

37 **भक्तिमय राजकुमारी मीराबाई के संबंध में निम्नलिखित कथनों पर विचार कीजिए** *(Chap 6, Class-XII, New NCERT)*

1. इनका विवाह सिसोदिया कुल में हुआ था।
2. इन्होंने कृष्ण को अपना एकमात्र आराध्य स्वीकार किया।
3. इन्होंने सूरदास को अपना गुरु माना था।

उपर्युक्त में से कौन-सा/से कथन सही है/हैं?

(a) 1 और 3 (b) 1 और 2
(c) 2 और 3 (d) इनमें से कोई नहीं

उत्तर *(b)*

व्याख्या भक्तिमय राजकुमारी मीराबाई के संबंध में कथन (1) और (2) सही हैं। मीराबाई भक्ति परंपरा की एक प्रसिद्ध कवयित्री थीं। ये मारवाड़ की एक राजपूत राजकुमारी थीं। इनका विवाह इनकी इच्छा के विरुद्ध सिसोदिया कुल के राजकुमार से कर दिया गया था। इन्होंने विष्णु के अवतार कृष्ण को अपना एकमात्र आराध्य स्वीकार किया। कृष्ण के प्रेम में ये राजभवन से निकलकर एक परिब्राजिका संत बन गईं। कृष्ण के प्रति प्रेम भावना व्यक्त करने के लिए इन्होंने अनेक गीतों की रचना की।

कथन (3) सही नहीं है, क्योंकि इनके गुरु सूरदास नहीं, बल्कि संत रविदास थे।

38 **पंद्रहवीं शताब्दी में भक्ति आंदोलन से जुड़ी हुई रचना 'कीर्तनघोष' के रचयिता कौन हैं?** *(Chap 6, Class-XII, New NCERT)*

(a) राहुल देव (b) शंकर देव (c) विष्णु देव (d) रैदास

उत्तर *(b)*

व्याख्या पंद्रहवीं शताब्दी में भक्ति आंदोलन से जुड़ी हुई रचना 'कीर्तनघोष' काव्य के रचयिता शंकर देव हैं। शंकरदेव असम के एक प्रसिद्ध वैष्णव संत थे। इनका जीवनकाल 15वीं शताब्दी का उत्तरार्द्ध माना जाता है। इनके उपदेशों को 'भगवती धर्म' कहा जाता है, क्योंकि यह भगवद्गीता पर आधारित है। इन्होंने अपने उपदेशों के प्रसार के लिए मठ या सत्र जैसे प्रार्थनागृह की स्थापना की और सत्रिया नामक नृत्य, जो एक शास्त्रीय नृत्य है, विकसित किया।

39 **सूची I को सूची II से सुमेलित कीजिए** *(Chap 8, Class-VII, New NCERT)*

सूची I (धार्मिक शिक्षक)	सूची II (संबंधित क्षेत्र)
A. संबंदर	1. तमिलनाडु
B. दाता गंज बक्श	2. पंजाब
C. लाल देद	3. कश्मीर
D. ज्ञानदेव	4. महाराष्ट्र

कूट

	A	B	C	D		A	B	C	D
(a)	4	3	2	1	(b)	1	2	3	4
(c)	4	3	1	2	(d)	1	2	4	3

उत्तर *(b)*

व्याख्या सही सुमेलन A-1, B-2, C-3, D-4 है।

संबंदर एक तमिल नयनार संत थे। नयनार संतों की कुल संख्या 63 थी। संबंदर के गीतों का संकलन तेवरम् नामक काव्य में है। ये तमिलनाडु से संबंधित थे।

दाता गंज बक्श एक सूफी संत थे। इनकी अवधि 1000-1100 ईसवी मानी जाती है। इन्होंने भारत के पंजाब प्रांत में सूफी मत का प्रचार किया।

लाल देद को लालेश्वरी के नाम से भी जाना जाता है। इनकी अवधि 1300-1400 ई. मानी जाती है। ये कश्मीर की एक शैव संत थीं।

ज्ञानदेव, महाराष्ट्र के एक प्रमुख भक्ति संत थे। इन्होंने मराठी भाषा में गीता पर टीकाएँ भावार्थ-दीपिका के नाम से लिखी हैं।

40 **नयनार एवं अलवार संतों के संबंध में कौन-सा कथन सही नहीं है?** *(Chap 8, Class-VII, New NCERT)*

(a) ये कुछ समृद्ध एवं शिक्षित जाति से संबंधित थे।
(b) इन संतों ने संगम साहित्य का अनुसरण किया।
(c) तेवरम् अलवार संतों से संबंधित नहीं है।
(d) उपर्युक्त में से कोई नहीं

उत्तर *(a)*

व्याख्या अलवार और नयनार संतों के संबंध में कथन (a) सही नहीं है, क्योंकि ये समृद्ध एवं शिक्षित जाति से संबंधित नहीं थे। आठवीं शताब्दी के दक्षिण भारत में अलवार और नयनार संतों द्वारा भक्ति आंदोलन की शुरुआत की गई।

अलवार विष्णु के उपासक तथा नयनार शिव के उपासक थे। अलवार संतों की संख्या 12 और नयनार संतों की संख्या 63 थी। ये संत सभी जातियों से सम्बन्धित थे, जिनमें पुलैया और पनार जैसी अस्पृश्य समझी जाने वाली जातियों के लोग भी शामिल थे।

41 निम्नलिखित दार्शनिक विचारधाराओं के संबंध में दिए गए कथनों पर विचार कीजिए *(Chap 8, Class-VII, New NCERT)*

1. शंकराचार्य ने द्वैतवाद के सिद्धांत का प्रतिपादन किया।
2. रामानुजाचार्य ने अद्वैतवाद के सिद्धांत का प्रतिपादन किया।

उपर्युक्त में से कौन-सा/से कथन सही है/हैं?

(a) केवल 1 (b) केवल 2
(c) 1 और 2 (d) न तो 1 और न ही 2

उत्तर *(d)*

व्याख्या दार्शनिक विचारधाराओं के संबंध में दोनों कथन सही नहीं हैं।
शंकराचार्य ने अद्वैतवाद के सिद्धांत का प्रतिपादन किया था, जिसके अनुसार जीवात्मा तथा परमात्मा, दोनों एक ही हैं। इन्होंने यह शिक्षा दी कि ब्रह्म ही एकमात्र सही है, जो निर्गुण तथा निराकार है।

रामानुजाचार्य ने विशिष्टाद्वैतवाद के सिद्धांत का प्रतिपादन किया, जिसके अनुसार आत्मा, परमात्मा से जुड़ने के बाद भी अपनी अलग सत्ता बनाए रखती है। इन्होंने मोक्ष प्राप्ति का उपाय विष्णु के प्रति अनन्य भक्ति को बताया।

42 भक्ति आंदोलन के संदर्भ में निम्नलिखित कथनों पर विचार कीजिए *(Chap 8, Class-VI, New NCERT)* *(Chap 6, Class-XII, New NCERT)*

1. कबीर और नानक ने ईश्वर भक्ति को मोक्ष का मार्ग माना।
2. महाराष्ट्र में भक्ति आंदोलन को नामदेव ने लोकप्रिय बनाया।
3. अलवार व नयनार संतों ने दक्षिण में भक्ति आंदोलन को लोकप्रिय बनाया।
4. उत्तर भारत में भक्ति आंदोलन के प्रतिपादक रामानुज थे।

उपर्युक्त कथनों में कौन-से कथन सही नहीं हैं?

(a) 1 और 2 (b) 2 और 3
(c) केवल 3 (d) केवल 4

उत्तर *(d)*

व्याख्या भक्ति आंदोलन के संदर्भ में कथन (4) सही नहीं है, क्योंकि उत्तर भारत में भक्ति आंदोलन के प्रतिपादक रामानुज नहीं, बल्कि रामानंद थे। रामानंद रामानुजाचार्य के शिष्य थे।

सूफी आंदोलन

43 10वीं सदी के संबंध में निम्नलिखित कथनों पर विचार कीजिए *(Chap 11, Class-XI, Old NCERT)*

1. इस सदी में सूफीवाद का उदय हुआ।
2. इस सदी में अब्बासी खिलाफत के अवशेषों पर अरबों का उदय हुआ।
3. इस सदी में मुताजिल दर्शन का बोलबाला समाप्त हो गया।

उपर्युक्त में से कौन-सा/से कथन सही है/हैं?

(a) 1 और 2 (b) 1 और 3
(c) 2 और 3 (d) 1, 2 और 3

उत्तर *(b)*

व्याख्या 10वीं सदी के घटनाक्रमों के संबंध में कथन (1) और (3) सही हैं। 10वीं सदी में इस्लाम धर्म में सूफी आंदोलन या सूफीवाद का उदय हुआ। यह एक मुस्लिम रहस्यवादी आंदोलन था। इस आंदोलन ने ईश्वर तथा जीवात्मा को जोड़ने वाले तत्त्व के रूप में प्रेम पर बहुत अधिक बल दिया।

इसी सदी में मुताजिल या बुद्धिवादी दर्शन का बोलबाला समाप्त हो गया और कुरान तथा हदीस पर आधारित रूढ़िवादी विचारधाराओं का उदय हुआ।
कथन (2) सही नहीं है, क्योंकि 10वीं सदी में अब्बासी खिलाफत के विघटन के उपरांत तुर्कों का उदय हुआ।

44 निम्नलिखित में से कौन महिला रहस्यवादिनी का प्रतिनिधित्व 8वीं सदी में करती है? *(Chap 11, Class-XI, Old NCERT)*

(a) मंसूर-बिन-हल्लाज (b) राबिया
(c) दुर्रानी (d) अल-गज्जाली

उत्तर *(b)*

व्याख्या 8वीं सदी में मुस्लिम महिला रहस्यवादिनी का प्रतिनिधित्व राबिया ने किया। इसने मनुष्य तथा ईश्वर के मध्य संबंध स्थापित करने का एक मार्ग प्रेम को बताया। राबिया को अपने सर्वेश्वरवादी दृष्टिकोण के लिए रूढ़िवादियों के विरोध का भी सामना करना पड़ा।

45 सूफी मत के संबंध में निम्नलिखित कथनों पर विचार कीजिए *(Chap 11, Class-XI, Old NCERT)*

1. इन्होंने 'अमृत-कुंड' के फारसी अनुवाद का अध्ययन किया था।
2. बौद्ध तथा वेदांती दर्शन ने सूफीवादियों को प्रभावित किया।
3. आधुनिक विचारक सूफी मत का मूल कुरान में ढूंढ़ते हैं।

उपर्युक्त में से कौन-सा/से कथन सही है/हैं?

(a) 1 और 2 (b) 2 और 3 (c) केवल 1 (d) 1, 2 और 3

उत्तर *(d)*

व्याख्या सूफी मत के संबंध में सभी कथन सही हैं।
इस्लाम के उदय के बाद भी पश्चिम एशिया के देशों में हिंदू योगी यात्रा करते थे, जिससे इन क्षेत्रों में योग-मार्ग से संबंधित पुस्तक 'अमृत कुंड' का अनुवाद फारसी भाषा में हुआ, जिससे ज्ञात होता है कि इस्लाम के उदय के पूर्व में भी इन क्षेत्रों में वेदांती दर्शन और बौद्ध धर्म का व्यापक प्रचार-प्रसार हुआ था और एक संत पुरुष के रूप में बुद्ध की गाथा इस्लामी गाथाओं में शामिल की गई। हालाँकि कुछ इस्लामी विचारकों का विचार है कि सूफी मत का विचार मूल कुरान में निहित है।

46 ''धर्म और अधर्म दोनों उसी (ईश्वर) की ओर भागे जा रहे हैं, और (एकसाथ) घोषणा कर रहे हैं, वह (ईश्वर) एक है और उसके राज्य में कोई हिस्सेदार नहीं है।'' यह कथन किस कवि का है? *(Chap 11, Class-XI, Old NCERT)*

(a) फारसी कवि सनाई (b) फारसी कवि हज्जाल
(c) तुर्की कवि तुर्मान (d) उर्दू कवि राबिया

उत्तर *(a)*

व्याख्या प्रसिद्ध फारसी कवि सनाई ने सूफी मत की मानवीय भावना को अभिव्यक्त करते हुए कहा था कि ''धर्म और अधर्म दोनों उसी ईश्वर की ओर भागे जा रहे हैं और एकसाथ यह घोषणा कर रहे हैं कि ईश्वर एक है और उसके राज्य में कोई हिस्सेदार नहीं है।''

47 सूफी सिलसिलों के संबंध में कौन-सा कथन सही नहीं है? *(Chap 11, Class-XI, Old NCERT)*

(a) जो इस्लामी कानून का पालन करते थे, बा-शरा कहलाए।
(b) जो शरा से बँधे हुए नहीं थे, वे बे-शरा कहलाए।
(c) बे-शरा सिलसिलों का अनुशासन घुमक्कड़ संत करते थे।
(d) बा-शरा भारत में प्रचलित नहीं था।

उत्तर *(d)*

व्याख्या सूफी सिलसिलों के संबंध में कथन (d) सही नहीं है, क्योंकि बा-शरा भारत में प्रचलित था। सूफी सिलसिलों में कुल 12 सिलसिले/पंथ प्रचलित थे। प्रत्येक सिलसिले का नेतृत्व एक प्रसिद्ध पीर के द्वारा किया जाता था। ये सिलसिले मुख्यतः दो प्रकार के बा-शरा (शरिया कानून को पूरी तरह मानने वाला) और बे-शरा (शरिया कानून के मार्ग पर नहीं चलने वाला) थे। भारत में बा-शरा और बे-शरा दोनों ने ही अपना प्रभाव डाला। बा-शरा सिलसिले में चिश्ती, सुहरावर्दी, फिरदौसी आदि महत्त्वपूर्ण थे।

48 सूफीवाद के संबंध में निम्नलिखित कथनों पर विचार कीजिए

(Chap 11, Class-XI, Old NCERT)
(Chap 6, Class-XII, New NCERT)

1. सूफीवाद उन्नीसवीं शताब्दी में मुद्रित एक अंग्रेजी शब्द है।
2. सूफीवाद के लिए इस्लामी ग्रंथों में तसव्वुफ शब्द का प्रयोग किया गया है।
3. 'सूफ' शब्द का अर्थ होता है-सूती वस्त्र।

उपर्युक्त में से कौन-सा/से कथन सही है/हैं?

(a) 1 और 2 (b) 1 और 3 (c) 2 और 3 (d) केवल 3

उत्तर (a)

व्याख्या सूफीवाद के संबंध में कथन (1) और (2) सही हैं।
सूफीवाद को अंग्रेजी में सूफीइज्म कहा जाता है, सूफीवाद उन्नीसवीं शताब्दी में मुद्रित एक अंग्रेजी शब्द है। इस्लामी ग्रंथों में इस शब्द का प्रयोग किया गया है, जिसका अर्थ इस्लाम में ईश्वर का ऐसा भक्त जो सभी सांसारिक बुराइयों से मुक्त हो। सूफीवाद के लिए इस्लामी ग्रंथों में तसव्वुफ शब्द का प्रयोग किया गया है।

कथन (3) सही नहीं है, क्योंकि कुछ विद्वानों के अनुसार सूफीवाद सूफ से निकलता है, जिसका अर्थ ऊन है। यह उस खुरदुरे ऊनी कपड़े की ओर संकेत करता है, जिसे सूफी पहनते हैं।

49 'सिलसिला' के संबंध में कौन-सा कथन सही नहीं है?

(Chap 6, Class-XII, New NCERT)

(a) इसका शाब्दिक अर्थ 'जंजीर' होता है।
(b) मध्यकाल में कुल बारह सिलसिले प्रचलित थे।
(c) सभी सिलसिलों का नाम उनके संस्थापकों के नाम पर रखा गया था।
(d) उपर्युक्त में से कोई नहीं

उत्तर (c)

व्याख्या सिलसिला के संबंध में कथन (c) सही नहीं है, क्योंकि बे-शरा सूफीवाद के उदय के बाद सूफी संतों ने अपने विचारों, अनुयायियों आदि को एक संगठित स्वरूप प्रदान करने के लिए अलग-अलग सिलसिलों का गठन किया। इन सिलसिलों के नामकरण का आधार केवल इनके संस्थापक का नाम नहीं था। हालाँकि कुछ सिलसिलों का नामकरण उनके संस्थापकों के नामों पर भी हुआ; जैसे-कादिरी सिलसिला। इसका नामकरण इसके संस्थापक शेख अब्दुल कादिर जिलानी के नाम पर हुआ। कुछ सिलसिलों का नामकरण संस्थापक के जन्म-स्थान के नाम पर किया गया। जैसे चिश्ती सिलसिला। इसका नामकरण इनके संस्थापक के जन्म-स्थान अफगानिस्तान के चिश्ती शहर के नाम पर किया गया।

50 निम्नलिखित में से कौन-सा युग्म सही सुमेलित नहीं है?

(Chap 6, Class-XII, New NCERT)

शब्द		अर्थ
(a) वली	—	ईश्वर का मित्र
(b) सुन्ना	—	पैगंबर के व्यवहार
(c) खानकाह	—	संगीतमय प्रस्तुति
(d) वारिस	—	खलीफा

उत्तर (c)

व्याख्या दिए गए युग्मों में से युग्म (c) सही सुमेलित नहीं है, क्योंकि सूफी परंपरा में खानकाह वह स्थान होता था, जहाँ सूफी संत (पीर) अपने शिष्यों (मुरीदों) के साथ रहते थे।

51 नीचे दो कथन दिए गए हैं, जिनमें एक को कथन (A) व दूसरे को कारण (R) कहा गया है।

(Chap 11, Class-XI, Old NCERT) (UPPSC Pre 2018)

कथन (A) मध्यकाल में संगीत पर संस्कृत में लिखी गई अनेक पुस्तकों का फारसी में अनुवाद किया गया।

कारण (R) आरंभिक चिश्ती सूफी संत संगीत सभाओं, जिन्हें समा कहा जाता था, के शौकीन थे।

कूट

(a) A और R दोनों सही हैं तथा R, A की सही व्याख्या है
(b) A और R दोनों सही हैं, परंतु R, A की सही व्याख्या नहीं है
(c) A सही है, किंतु R गलत है
(d) A गलत है, किंतु R सही है

उत्तर (b)

व्याख्या A और R दोनों सही हैं, परंतु R, A की सही व्याख्या नहीं है।
मध्यकाल के दौरान संगीत क्षेत्र में काफी प्रगति हुई। इस समय संस्कृत के संगीत ग्रंथों का अनुवाद फारसी में किया गया। फिरोजशाह तुगलक ने रागदर्पण का फारसी में अनुवाद किया, सूफी संतों ने भारतीय संगीत को अपनाया तथा उसे प्रभावित किया।
संतों ने गायन की जिस प्रवृत्ति को अंगीकार किया, उसे 'समा' कहा जाता है। यह गायन के माध्यम से ईश्वर के सान्निध्य की अनुभूति है।

52 ख्वाजा मुईनुद्दीन चिश्ती के संबंध में निम्नलिखित कथनों पर विचार कीजिए *(Chap 11, Class-XI, Old NCERT)*

1. इन्होंने भारत में चिश्ती सिलसिले की शुरुआत की थी।
2. ये 1192 ई. में भारत आए थे।
3. ये लाहौर में बस गए थे और इन्होंने अनेक पुस्तकों की रचना की।

उपर्युक्त में से कौन-सा/से कथन सही है/हैं?

(a) 1 और 2 (b) 1 और 3 (c) 1, 2 और 3 (d) 2 और 3

उत्तर (a)

व्याख्या ख्वाजा मुईनुद्दीन चिश्ती के संबंध में कथन (1) और (2) सही हैं।
सूफी मत के कुल 12 सिलसिले थे। इनमें से सबसे प्रमुख सिलसिला चिश्ती सिलसिला था, जो बा-शेरा परंपरा से संबंधित था। इस सिलसिले की स्थापना ख्वाजा मुईनुद्दीन चिश्ती के द्वारा की गई, जो अफगानिस्तान के चिश्ती शहर से आए थे। ये पृथ्वीराज चौहान की पराजय के बाद 1192 ई. में भारत आए और अजमेर में अपने खानकाह की स्थापना की।

कथन (3) सही नहीं है, क्योंकि ये भारत आने के बाद अजमेर में बस गए और इन्होंने कोई पुस्तक नहीं लिखी।

53 चिश्ती सिलसिले के प्रथम तीन सूफियों का क्रम कौन-सा है?

(Chap 11, Class-XI, Old NCERT)

(a) मुईनुद्दीन चिश्ती > गंज-ए-शकर > बख्तियार काकी
(b) मुईनुद्दीन चिश्ती > बख्तियार काकी > गंज-ए-शकर
(c) मुईनुद्दीन चिश्ती > मंजूर हज्जाल > बख्तियार काकी
(d) उपर्युक्त में से कोई नहीं

उत्तर (b)

व्याख्या चिश्ती सिलसिले के प्रथम तीन सूफियों का सही क्रम मुईनुद्दीन चिश्ती > बख्तियार काकी > गंज-ए-शकर है।
चिश्ती सिलसिले के संस्थापक ख्वाजा मुईनुद्दीन चिश्ती थे।
बख्तियार काकी मुईनुद्दीन चिश्ती के आध्यात्मिक उत्तराधिकारी तथा शिष्य थे।

चिश्ती सिलसिले के संत फरीदुद्दीन गंज-ए-शकर का केंद्र हाँसी और अजोधन था तथा इनके कुछ छंदों को आदि ग्रंथ में शामिल किया गया है। इसके अतिरिक्त निजामुद्दीन औलिया को लोग सिद्ध पुरुष भी कहते थे।

54 निजामुद्दीन औलिया तथा नासिरुद्दीन चिराग-ए-देहली का संबंध किस सूफी सिलसिले से था? *(Chap 11, Class-XI, Old NCERT)* *(Chap 6, Class XII, New NCERT)*

(a) चिश्ती सिलसिला (b) सुहरावर्दी सिलसिला
(c) नक्शबंदी सिलसिला (d) फिरदौसी सिलसिला

उत्तर (a)

व्याख्या निजामुद्दीन औलिया तथा नासिरुद्दीन चिराग ए-देहली का संबंध, चिश्ती सिलसिले से था। निजामुद्दीन औलिया सबसे प्रसिद्ध सूफी संत थे। ये सादगीपूर्ण जीवन व्यतीत करते थे तथा सभी लोगों विशेषकर निम्न वर्गीय लोगों से निसंकोच मिलते थे। ये योग में पारंगत थे, इनकी दरगाह दिल्ली में स्थित है।

नासिरुद्दीन चिराग-ए-देहली 14वीं शताब्दी के चिश्ती सिलसिले के प्रमुख सूफी संत थे। ये सूफी संत निजामुद्दीन औलिया के शिष्य थे। इनकी मृत्यु के पश्चात् 1358 ई. में इनका मकबरा दिल्ली के सुल्तान फिरोजशाह तुगलक द्वारा बनवाया गया था।

55 निजामुद्दीन औलिया के संबंध में निम्नलिखित कथनों पर विचार कीजिए *(Chap 11, Class-XI, Old NCERT)*

1. ये उर्दू में बात करते थे।
2. इन्होंने 'समा' के जरिए लोकप्रियता अर्जित की।
3. योगी लोग इन्हें सिद्ध पुरुष कहा करते थे।

उपर्युक्त में से कौन-सा/से कथन सही है/हैं?

(a) 1 और 2 (b) 2 और 3 (c) 1, 2 और 3 (d) केवल 3

उत्तर (b)

व्याख्या निजामुद्दीन औलिया के संबंध में कथन (2) और (3) सही हैं। निजामुद्दीन औलिया एक प्रसिद्ध चिश्ती सूफी संत थे। इनका सांस्कृतिक केंद्र दिल्ली में था। ये बाबा फरीद के शिष्य थे। इन्होंने अपने सूफी मत के प्रसार के लिए गायन का सहारा लिया, जिसे 'समा' कहा जाता है, जो हिंदी में होता था, जिससे अधिक-से-अधिक लोग आकर्षित होते थे। साथ ही औलिया योग-प्राणायाम में पारंगत थे, इसलिए इन्हें सिद्ध पुरुष भी कहा जाता था।

कथन (1) सही नहीं है, क्योंकि औलिया लोगों से उन्हीं की भाषा हिंदी में बात करते थे।

56 निम्नलिखित को सुमेलित कीजिए *(Chap 11, Class-XI, Old NCERT)* *(Chap 6, Class-XII, New NCERT)*

	संत		मृत्यु वर्ष
A.	ख्वाजा कुतुबुद्दीन बख्तियार काकी	1.	1265 ई.
B.	शेख फरीदुद्दीन गंज-ए-शकर	2.	1235 ई.
C.	शेख निजामुद्दीन औलिया	3.	1356 ई.
D.	शेख नासिरुद्दीन	4.	1325 ई.

कूट

	A	B	C	D		A	B	C	D
(a)	1	2	3	4	(b)	2	1	4	3
(c)	4	3	2	1	(d)	3	2	1	4

उत्तर (b)

व्याख्या सही सुमेलन A-2, B-1, C-4, D-3 है।

ख्वाजा कुतुबुद्दीन बख्तियार काकी (1173-1235 ई.) चिश्ती सिलसिले के संस्थापक मुईनुद्दीन चिश्ती के शिष्य थे। उनका सांस्कृतिक केंद्र दिल्ली था।

शेख फरीदुद्दीन गंज-ए-शकर (1173-1265 ई. पू.) को बाबा फरीद के नाम से भी जाना जाता है। इनका सांस्कृतिक केंद्र अजोधन (पाकिस्तान) में था। इनके कुछ छंदों को सिखों के आदिग्रंथ में भी शामिल किया गया है।

शेख निजामुद्दीन औलिया (1238-1325 ई.) बाबा फरीद के शिष्य थे। इनका सांस्कृतिक केंद्र दिल्ली था। अमीर खुसरो इनके शिष्य थे।

शेख नासिरुद्दीन (1274-1356 ई.) भी बाबा फरीद के शिष्य थे। इनका सांस्कृतिक केंद्र भी दिल्ली था।

57 निम्नलिखित में से चिश्ती संत को 'चिराग-ए-देहली' कहा जाता है? *(Chap 11, Class-XI, Old NCERT)* *(Chap 6, Class-XII, New NCERT) (UPPSC Pre 2017)*

(a) मुईनुद्दीन (b) फरीदुद्दीन
(c) निजामुद्दीन औलिया (d) नासिरुद्दीन

उत्तर (d)

व्याख्या शेख नासिरुद्दीन 'चिराग-ए-देहली' के नाम से प्रसिद्ध हैं। इनका जीवनकाल 14वीं सदी था। ये दिल्ली के एक प्रसिद्ध चिश्ती सूफी संत थे। ये लोग विशेषकर निम्नवर्गीय लोगों से उन्हीं की बोली में बातें करते थे। लोगों से बेहतर ढंग से जुड़ने के लिए हिंदी बोली के गायन (समा) का सहारा लेते थे।

58 सूफी संतों से संबंधित निम्न युग्मों पर विचार कीजिए *(Chap 6, Class-XII, New NCERT)*

सूफी संत		दरगाह का स्थान
1. निजामुद्दीन औलिया	—	अजमेर
2. नासिरुद्दीन चिराग-ए-देहली	—	दिल्ली
3. फरीदुद्दीन गंज ए-शकर	—	अजोधन

उपर्युक्त में से कितने युग्म सही सुमेलित हैं?

(a) केवल एक (b) केवल दो
(c) सभी तीनों (d) इनमें से कोई नहीं

उत्तर (b)

व्याख्या सूफी संत एवं उनकी दरगाह से संबंधित केवल दो युग्म अर्थात् (2 और 3) सही सुमेलित हैं।

नासिरुद्दीन चिराग-ए-देहली की दरगाह दिल्ली में स्थित है। ये चिश्ती सिलसिले के सूफी संत थे। शेख फरीदुद्दीन गंज-ए-शकर की दरगाह अजोधन (पाकिस्तान) में स्थित है। इन्हें बाबा फरीद के नाम से भी जाना जाता है।

युग्म (1) सही सुमेलित नही है, क्योंकि निजामुद्दीन औलिया की दरगाह दिल्ली में स्थित है, न कि अजमेर में। ये बाबा फरीद के शिष्य थे। निजामुद्दीन औलिया के शिष्य अमीर खुसरो थे।

59 निम्नलिखित में किस शब्द का प्रयोग ख्वाजा मुईनुद्दीन चिश्ती के लिए किया जाता है? *(Chap 11, Class-XI, Old NCERT)* *(Chap 6, Class-XII, New NCERT)*

(a) बंदा-नवाज (b) गरीब-नवाज
(c) चिराग-ए-मुफलिस (d) गरीब-पालक

उत्तर (b)

व्याख्या चिश्ती सिलसिले के संस्थापक ख्वाजा मुईनुद्दीन चिश्ती को 'गरीब नवाज' के नाम से भी जाना जाता है।

इनकी दरगाह सबसे अधिक पूजनीय है, जो अजमेर में स्थित है। यह दरगाह शेख की सदाचारिता, धर्मनिष्ठता और विभिन्न शासकों द्वारा किए गए प्रश्रय के कारण लोकप्रिय थी।

अध्याय 18

मुगल साम्राज्य

मुगल साम्राज्य

परिचय
- मंगोल से लिया गया मूल नाम 'मुगल' चंगेज खान और तैमूर के दो महान वंशों के वंशज, बाबर द्वारा स्थापित

बाबर (1526-1530 ई.)
- पानीपत की पहली लड़ाई में इब्राहिम लोदी की हार; भारत में मुगल साम्राज्य की नींव
- अपनी आत्मकथा 'तुजुक-ए-बाबरी' (तुर्की भाषा में) लिखी
- बाबर द्वारा जीता गया प्रमुख युद्ध राणा सांगा के विरुद्ध खानवा का युद्ध
- मेदिनी राय के विरुद्ध चंदेरी का युद्ध; पूर्वी अफगानों के पूर्वी भारतीय संघ के खिलाफ घाघरा की लड़ाई

महत्त्व
- काबुल और कंधार भारत के अभिन्न अंग
- भारत के साथ विदेशी व्यापार को मजबूत किया

हुमायूँ (1530-1540 ई.) और (1555-1556 ई.)
- अपने साम्राज्य को भाइयों-हिंदाल, अस्करी और कामरान के बीच बाँटा
- कालिंजर किले पर कब्जा, दौहरिया के युद्ध में महमूद लोदी को हराया; चौसा और कन्नौज की लड़ाई में शेरशाह द्वारा पराजित
- अंतिम सूर शासक इस्माइल शाह की मृत्यु के बाद अपना राज्य पुनः स्थापित

अकबर (1556-1605 ई.)
- अपने संरक्षक बैरम खान की सहायता से हेमचन्द्र (हेमू) के विरुद्ध पानीपत की दूसरी लड़ाई जीती
- नौ रत्न (नवरत्न) नियुक्त किए - मियाँ तानसेन, राजा बीरबल, फैजी, अब्दुल रहीम खान-ए-खाना, राजा टोडरमल आदि

जहाँगीर (1605-1627 ई.)
- ईरान, उज्बेगस और ऑटोमन तुर्कों के साथ भारत के संबंधों को स्थिर किया
- मेवाड़ के साथ बकाया विवाद सुलझाया
- 5वें सिख गुरु अर्जुन देव को फाँसी का आदेश दिया
- नूरजहाँ से शादी की

शाहजहाँ (1628-1658 ई.)
- मध्यकालीन भारत में कला और वास्तुकला में स्वर्ण युग, दक्कन की विजय, कंधार क्षेत्र के लिए सफवी साम्राज्य के साथ निरंतर संघर्ष, उनकी मृत्यु के बाद उत्तराधिकार के युद्ध लड़े गए; औरंगजेब विजयी हुआ

औरंगजेब (1658-1707 ई.)
- उत्तराधिकार के लगातार तीन युद्धों में पराजित, भाई-शुजा और दारा शिकोह की पराजय
- सामूगढ़ और देवराई का युद्ध
- अपने दरबार में अधिकांश राजपूत अधिकारियों को नियुक्त किया
- राजा छत्रसाल, जाट, सिख, अफगान और सतनामी किसानों के विद्रोह का सामना करना पड़ा

प्रादेशिक एकीकरण
- मालवा, गुजरात, बिहार, खानदेश और अहमदनगर के कुछ हिस्सों पर विजय प्राप्त।

सामाजिक एवं धार्मिक सुधार
- जजिया एवं युद्ध बंदियों को जबरन इस्लाम में परिवर्तित करने की प्रथा को समाप्त कर दिया
- सुलह-ए-कुल की नीति शुरू की, दीन-ए-इलाही नामक नए धर्म की स्थापना की।

धार्मिक नीतियाँ
- अकबर की धार्मिक नीतियों को उलट दिया गया
- जजिया को फिर से शुरू किया गया
- अनेक मंदिरों को नष्ट करने का आदेश दिया
- नौरोज का त्यौहार, झरोखा दर्शन बंद कर दिया

मुगल साम्राज्य का पतन
- अत्यधिक केंद्रीकृत प्रशासन, जागीरदारी संकट, औरंगजेब दक्कन नीति, धार्मिक कट्टरता, मराठों का उदय

शेरशाह या सूर साम्राज्य (1540-1555 ई.)
- मूल रूप से अफगान, स्थापना हुमायूँ को हराने के बाद शेरशाह सूरी ने की

शेरशाह सूरी का योगदान
- **केंद्रीय प्रशासन** केंद्रीय मशीनरी को मजबूती के साथ जारी रखा
- सेना में सैनिकों की सीधी भर्तीः साम्राज्य के विभिन्न भागों में मजबूत छावनी के साथ कई छावनियाँ स्थापित।
- **भूमि राजस्व प्रणाली** फसल दर निश्चित की गई, राज्य का हिस्सा उपज का 1/3 था
- प्रत्येक वर्ष भूमि मूल्यांकन शुरू किया, गज-ए-सिकंदरी को भूमि मापने का पैमाना बनाया।
- **व्यापार और वाणिज्य** ग्रैंड ट्रंक नामक सड़क को बहाल किया
- रुपया (एक चाँदी का सिक्का) और दाम (एक ताँबे का सिक्का) की शुरुआत की
- **कला और वास्तुकला** शेरशाह ने सासाराम में अपना मकबरा बनवाया;
- दिल्ली का पुराना किया बनवाया

SOURCE New NCERT Class VII मुगल साम्राज्य, Old NCERT Class VII मुगलों और यूरोपवासियों का भारत में आगमन, अकबर, Old NCERT Class XI उत्तर भारत में साम्राज्य के लिए संघर्ष-2 मुगल और स्थापना (1524 ई.-1555 ई.), मुगल साम्राज्य का दृढ़ीकरण (अकबर का काल), सत्रहवीं सदी के पूर्वार्द्ध में भारत, मुगल साम्राज्य का चर्मोत्कर्ष और विघटन, मुगलों के अधीन आर्थिक तथा सामाजिक जीवन, सांस्कृतिक और धार्मिक गतिविधियाँ, New NCERT Class XII किसान, जमींदार और राज्य, Tamil Nadu Board Class XI मुगल साम्राज्य, NIOS 1 Module 2 Chap 13 मुगल शासन की स्थापना, अर्थव्यवस्था

बाबर

1 बाबर के संबंध में निम्न कथनों पर विचार कीजिए
(Chap 12, Class-XI, Old NCERT)

1. बाबर इल्बरी तुर्क था।
2. बाबर सर्वप्रथम फरगना का शासक बना।
3. बाबर ने 1504 ई. में काबुल पर अधिकार किया।

उपर्युक्त में से कितने कथन सत्य हैं?

(a) केवल एक (b) केवल दो
(c) सभी तीनों (d) इनमें से कोई नहीं

उत्तर *(b)*

व्याख्या बाबर के संबंध में केवल दो कथन अर्थात् (2 और 3) सत्य हैं। मुगल बादशाह बनने से पूर्व बाबर 14 वर्ष की अल्पायु में 1494 ई. में ट्रांस-ऑक्सियाना के फरगना नामक एक छोटे से राज्य का शासक बना।
मंगोलों की दूसरी शाखा, उज्बेगों के आक्रमण के कारण उसे अपनी पैतृक गद्दी छोड़नी पड़ी।
बाबर ने 1504 ई. में काबुल पर अधिकार कर लिया था। इसने 1507 ई. में बादशाह की उपाधि धारण की तथा पद-पादशाही की स्थापना की।
कथन (1) असत्य है, क्योंकि बाबर चगताई तुर्क वंश का शासक था।

2 बाबर के समकालीन सफावी लोगों के संबंध में निम्नलिखित कथनों पर विचार कीजिए *(Chap 12, Class-XI, Old NCERT)*

1. सफावी राजवंश ने ईरान पर अपना वर्चस्व स्थापित किया था।
2. सफावी लोग हजरत मुहम्मद को अपना पूर्वज मानते थे।
3. सफावी सुन्नी संप्रदाय के पक्षधर थे।

उपर्युक्त में से कौन-सा/से कथन सत्य नहीं है/हैं?

(a) 1 और 2 (b) 1 और 3
(c) 2 और 3 (d) केवल 3

उत्तर *(d)*

व्याख्या बाबर के समकालीन सफावी लोगों के संबंध में कथन (3) असत्य है, क्योंकि सफावी लोग सुन्नी के नहीं, बल्कि शिया संप्रदाय के पक्षधर (हिमायती) थे तथा ये शिया संप्रदाय को न मानने वालों पर अत्याचार करते थे।

3 निम्नलिखित में से किस स्थान पर 1510 ई. में ईरान के शाह इस्माइल ने शैबानी खाँ की हत्या की थी?

(a) पंजाब के निकट *(Chap 12, Class-XI, Old NCERT)*
(b) मेरू के निकट
(c) हेरात के निकट
(d) बोलूगा नदी के निकट

उत्तर *(b)*

व्याख्या 1510 ई. में मेरू के निकट एक युद्ध में ईरान के शासक शाह इस्माइल ने समरकंद के शासक शैबानी खाँ को पराजित कर उसकी हत्या कर दी थी। शैबानी खाँ की हत्या के पश्चात् बाबर ने ईरानी फौजों की सहायता से समरकंद पर अधिकार कर लिया, परंतु शीघ्र ही उजबेकों ने बाबर को समरकंद से बाहर कर दिया। इस प्रकार बाबर को एक बार फिर काबुल लौटना पड़ा।

4 बाबर के भारत पर आक्रमण करने के पीछे क्या कारण था?
(Chap 12, Class-XI, Old NCERT)

(a) वह स्वयं को भारत के क्षेत्रों का वाजिब हकदार समझता था।
(b) उसने सुन रखा था कि भारत सोने-चाँदी का देश है।
(c) वह तैमूर के भारत आक्रमण से प्रभावित था।
(d) उपर्युक्त सभी

उत्तर *(d)*

व्याख्या बाबर द्वारा भारत पर आक्रमण करने के कुछ प्रमुख कारणों में भारत की समृद्धि, स्वयं को भारतीय क्षेत्रों का वाजिब अधिकारी समझना, भारत की सोने-चाँदी के देश के रूप में ख्याति, तैमूर द्वारा भारत आक्रमण में प्राप्त अत्यधिक धन तथा इसके साथ-साथ उत्तर-पश्चिम भारत की राजनीतिक स्थिति आदि शामिल थे।

5 बाबर के संदर्भ में निम्नलिखित में कौन-सा कथन असत्य है?
(Chap 12, Class-XI, Old NCERT)

(a) इसे भारत प्रवेश हेतु राणा सांगा ने आमंत्रित किया था
(b) बाबर ने सिंधु नदी पार कर भारत में प्रवेश किया था
(c) इसने सर्वप्रथम 'भीरा' और 'स्यालकोट' का किला जीता
(d) इस समय पंजाब पर तुर्कों का शासन था

उत्तर *(d)*

व्याख्या बाबर के संदर्भ में कथन (d) असत्य है, क्योंकि जब बाबर ने भारत में प्रवेश किया उस समय पंजाब में अफगान सरदार दौलत खाँ लोदी स्वतंत्र रूप से शासन कर रहा था।

6 बाबर के समकालीन दौलत खाँ लोदी के संबंध में निम्नलिखित कथनों पर विचार कीजिए *(Chap 12, Class-XI, Old NCERT)*

1. वह पंजाब का अफगानी सूबेदार था।
2. उसने बाबर को खुश करने के लिए अपने पुत्र को उसके दरबार में भेजा था।
3. दौलत खाँ ने बाबर के दूत को दिल्ली में रोक लिया था।

उपर्युक्त में से कौन-सा/से कथन सत्य है/हैं?

(a) 1 और 3 (b) 2 और 3
(c) केवल 1 (d) केवल 2

उत्तर *(c)*

व्याख्या बाबर के समकालीन दौलत खाँ लोदी के संबंध में कथन (1) सत्य है। भारत का शासक इब्राहिम लोदी तथा पंजाब का अफगानी सूबेदार दौलत खाँ लोदी था।
कथन (2) और (3) असत्य हैं, क्योंकि दौलत खाँ लोदी ने बाबर को नहीं, बल्कि इब्राहिम लोदी को खुश करने के लिए अपने पुत्र को दिल्ली के दरबार में भेजा था, जिसका लाभ उठाकर उसने अपने क्षेत्रों में वृद्धि की।
1518-19 ई. में जब बाबर ने 'भीरा के दुर्ग' को जीता, तब उसने इब्राहिम लोदी तथा दौलत खाँ लोदी को पत्र भेजकर तुर्कों के क्षेत्रों को वापस करने को कहा, परंतु दौलत खाँ ने बाबर के दूत को लाहौर में ही रोक लिया था।

7 भारत में बाबर की आरंभिक विजयों का सही क्रम निम्नलिखित में से कौन-सा था? *(Chap 12, Class-XI, Old NCERT)*

(a) स्यालकोट-लाहौर-काबुल (b) काबुल-स्यालकोट-लाहौर
(c) लाहौर-स्यालकोट-काबुल (d) इनमें से कोई नहीं

उत्तर *(b)*

व्याख्या भारत में बाबर की आरंभिक विजयों का सही क्रम काबुल, स्यालकोट, लाहौर है।
जब बाबर काबुल लौटा, तो दौलत खाँ ने बाबर के प्रतिनिधियों को भिरा से निकाल दिया, जिससे नाराज होकर बाबर ने 1520-21 ई. में सिंधु नदी पार करके भिरा, स्यालकोट तथा लाहौर को जीत लिया।

8 निम्नलिखित में से किसके नेतृत्व में एक दूतमंडल बाबर को भारत पर आक्रमण करने के लिए निमंत्रण देने गया था?
(Chap 12, Class-XI, Old NCERT)

(a) सिकंदर लोदी (b) दिलावर खाँ लोदी
(c) राणा सांगा (d) इब्राहिम लोदी

उत्तर *(b)*

व्याख्या दौलत खाँ लोदी ने अपने पुत्र दिलावर खाँ लोदी के नेतृत्व में बाबर के पास भारत पर आक्रमण करने के लिए एक दूतमंडल भेजा था, जिसमें उसने भारत के सुल्तान इब्राहिम खाँ लोदी को अपदस्थ करने का सुझाव दिया था।

9 बाबर के संदर्भ में निम्नलिखित कथनों पर विचार कीजिए
(Chap 12, Class-XI, Old NCERT)

1. बाबर ने रूमी युक्ति (रक्षा प्राचीर) उस्मानियों से ग्रहण की थी।
2. पानीपत की लड़ाई में उस्मानियाई तोपची उस्ताद अली और मुस्तफा बाबर के साथ थे।
3. बाबर के अनुसार उसने 'भीरा' का किला जीतने हेतु बारूद का प्रयोग किया था।

उपर्युक्त कथनों में से कौन-से सत्य हैं?

(a) 1 और 2 (b) 1 और 3
(c) 2 और 3 (d) 1, 2 और 3

उत्तर *(d)*

व्याख्या बाबर के संदर्भ में सभी कथन सत्य हैं।
पानीपत की लड़ाई में बाबर ने रक्षा प्राचीर का उपयोग किया था। इस युक्ति को बाबर ने उस्मानिया (रूमी) युक्ति कहा, क्योंकि उस्मानियों ने ईरान के शाह इस्माइल के विरुद्ध इस युक्ति का प्रयोग किया था। पानीपत की लड़ाई में दो उस्मानियाई तोपची उस्ताद अली और मुस्तफा ने बाबर का साथ दिया था।
बाबर के अनुसार उसने सर्वप्रथम बारूद का प्रयोग 'भीरा' का किला जीतने हेतु किया था। चीनियों ने 13वीं शताब्दी में बारूद की खोज की थी। भारत को बारूद की जानकारी पहले से ही थी। 14वीं शताब्दी में भारत में गुजरात, मालवा तथा दक्कन क्षेत्र में बारूद का प्रयोग किया जाने लगा था, लेकिन उत्तर भारत में सामान्यत: इनका प्रयोग बाबर के आगमन से ही शुरू हुआ।

10 निम्नलिखित कथनों पर विचार कीजिए
(Chap 4, Class-VII, New NCERT)

1. युद्ध में प्रयोग होने वाली बारूद की तकनीक भारत में 14वीं शताब्दी में लाई गई।
2. आग्नेयास्त्रों के लिए इसका प्रयोग सबसे पहले गुजरात, मालवा और दक्कन में हुआ।
3. सोलहवीं शताब्दी के युद्धों में तोप और गोलाबारी का पहली बार प्रयोग हुआ।
4. बाबर ने पानीपत की लड़ाई में तोपों का प्रयोग प्रभावी ढंग से किया।

उपर्युक्त में से कौन-सा/से कथन सत्य है/हैं?

(a) 1 और 4 (b) 1, 3 और 4
(c) 1 और 2 (d) 1, 2, 3 और 4

उत्तर *(d)*

व्याख्या दिए गए सभी कथन सत्य हैं।
युद्ध में प्रयोग होने वाली बारूद की तकनीक भारत में 14वीं शताब्दी में लाई गई। बारूद की खोज चीनियों ने 13वीं शताब्दी में की थी।
आग्नेयास्त्रों में बारूद का प्रयोग गुजरात, मालवा तथा दक्कन के क्षेत्र में हुआ। 15वीं शताब्दी में बहमनी शासकों द्वारा भी बारूद के प्रयोग के साक्ष्य मिले हैं। ाबर ने 1519 ई. में भिरा तथा पानीपत के युद्ध में तोपों का प्रयोग प्रभावी ढंग से किया। इस प्रकार 16वीं शताब्दी के युद्धों में बाबर द्वारा भारत में तोप और गोलाबारी का पहली बार प्रयोग किया गया।

11 निम्नलिखित में से किस शासक ने अपने रोजनामचे में दर्ज किया है ''अब हमें काबुल की गरीबी नहीं चाहिए।''
(Chap 12, Class-XI, Old NCERT)

(a) दौलत खाँ लोदी (b) इस्माइल शाह
(c) बाबर (d) इब्राहिम लोदी

उत्तर *(c)*

व्याख्या बाबर ने अपने रोजनामचे में यह लिखा है कि ''अब हमें काबुल की गरीबी नहीं चाहिए'' अर्थात् बाबर भारत जैसे समृद्ध क्षेत्र (देश) को केवल लूटपाट करके छोड़ना नहीं चाहता था, बल्कि वह यहाँ रहकर शासन करना चाहता था।

12 पानीपत के प्रथम युद्ध के संदर्भ में निम्नलिखित कथनों पर विचार कीजिए
(Chap 12, Class-XI, Old NCERT)

1. इस युद्ध के पश्चात् बाबर ने दिल्ली और आगरा पर नियंत्रण कर लिया।
2. बाबर ने भारत के लोगों को 'बला की मुखालफत' दिखाने वाला घोषित किया।

उपर्युक्त में से कौन-सा/से कथन सत्य है/हैं?

(a) केवल 1 (b) केवल 2
(c) 1 और 2 दोनों (d) न तो 1 और न ही 2

उत्तर *(c)*

व्याख्या पानीपत के प्रथम युद्ध के संदर्भ में दिए गए दोनों कथन सत्य हैं।
पानीपत के युद्ध में विजयी होने के पश्चात् बाबर आगे बढ़ा तथा उसने दिल्ली एवं आगरा तक के क्षेत्रों को अपने अधिकार में ले लिया। बाबर ने यह लिखा है कि ''जब उसकी सेना गाँवों में पहुँचती थी, तो भारत के लोगों ने 'बला की मुखालफत' दिखाई अर्थात् उन्हें तैमूर की लूटपाट की घटना याद आ जाती थी और ये गाँव छोड़कर भाग जाते थे।''

13 खानवा के युद्ध के संबंध में निम्नलिखित कथनों पर विचार कीजिए
(Chap 12, Class-XI, Old NCERT)

1. यह युद्ध बाबर और राणा सांगा के बीच हुआ था।
2. राणा सांगा ने मुगल क्षेत्र 'बयाणा' पर अधिकार कर लिया था।

उपर्युक्त में से कौन-सा/से कथन सत्य है/हैं?

(a) केवल 1 (b) केवल 2
(c) 1 और 2 दोनों (d) न तो 1 और न ही 2

उत्तर *(c)*

व्याख्या खानवा के युद्ध के संबंध में दोनों कथन सत्य हैं।
खानवा का युद्ध 1527 ई. में मेवाड़ के राणा सांगा तथा बाबर के बीच हुआ था। मुगलों के भारत में प्रवेश के प्रयत्न को कमजोर करने के लिए राणा सांगा ने 'ख्याति' और 'बयाणा' जैसे सीमावर्ती मुगल क्षेत्रों पर अधिकार कर लिया, ताकि बाबर को रोक सके।

14 राणा सांगा का प्रभाव मालवा से 'पिलिया खार' तक फैला हुआ था। इनमें 'पिलिया खार' क्या था?
(Chap 12, Class-XI, Old NCERT)

(a) सीमावर्ती प्रदेश (b) एक नदी
(c) एक पहाड़ (d) एक मरुस्थलीय क्षेत्र

उत्तर *(b)*

व्याख्या 'पिलिया खार' एक नदी थी। राणा सांगा ने गुजरात तथा मालवा की संयुक्त सेना को 1519 ई. में गागरोन की लड़ाई में पराजित किया। गुजरात तथा मालवा की संयुक्त सेना का नेतृत्व गुजरात के शासक महमूद खिलजी ने किया था। इस युद्ध में जीत के पश्चात् राणा सांगा का प्रभाव मालवा से लेकर आगरा के पास बहने वाली नदी पिलिया खार तक स्थापित हो गया।

15 खानवा के युद्ध के संबंध में कौन-सा कथन असत्य है?
(Chap 12, Class-XI, Old NCERT)

(a) बाबर ने स्वयं को सच्चा मुसलमान घोषित किया।
(b) उसने संपूर्ण राज्य में शराब की खरीद-बिक्री पर रोक लगा दी।
(c) बाबर ने इस युद्ध में राणा सांगा की हत्या कर दी।
(d) उपर्युक्त में से कोई नहीं

उत्तर *(c)*

व्याख्या खानवा के युद्ध के संबंध में कथन (c) असत्य है, क्योंकि खानवा के युद्ध में राणा सांगा और उसकी सेना पराजित हुई, किंतु राणा सांगा बचकर भाग गया था, न कि बाबर ने उसकी हत्या कर दी थी। राणा सांगा बचकर भागने के बाद बाबर से पुन: संघर्ष करना चाहता था, परंतु उसे उसके अपने ही सरदारों ने जहर देकर मार दिया, क्योंकि वे राणा सांगा के मंसूबों को खतरनाक और आत्मघाती मानते थे।

16 खानवा की लड़ाई के संबंध में निम्नलिखित कथनों पर विचार कीजिए *(Chap 12, Class-XI, Old NCERT)*

1. बाबर ने आगरा से पूर्व की ओर ग्वालियर, धौलपुर किले को जीत लिया।
2. उसने अलवर के एक बड़े भाग को इब्राहिम लोदी से छीनकर अपने राज्य में मिला लिया।

उपर्युक्त में से कौन-सा/से कथन सत्य है/हैं?

(a) केवल 1 (b) केवल 2
(c) 1 और 2 (d) न तो 1 और न ही 2

उत्तर (a)

व्याख्या खानवा की लड़ाई के संबंध में कथन (1) सत्य है। खानवा के युद्ध में विजयी होने के बाद दिल्ली-आगरा क्षेत्र में बाबर की स्थिति मजबूत हो गई। उसने ग्वालियर तथा धौलपुर के किलों को भी जीत लिया। खानवा का युद्ध जीतने के बाद बाबर ने 'गाजी' की उपाधि धारण की।

कथन (2) असत्य है, क्योंकि बाबर ने अलवर के एक बड़े भाग को इब्राहिम लोदी से नहीं, बल्कि हसन खाँ मेवाती से छीनकर अपने राज्य में मिला लिया था।

17 निम्नलिखित युग्मों पर विचार कीजिए *(Chap 4, Class-VII, New NCERT)*

युद्ध		वर्ष
1. खानवा का युद्ध	—	1526 ई.
2. चंदेरी का युद्ध	—	1527 ई.
3. घाघरा का युद्ध	—	1528 ई.

उपर्युक्त में से कितने युग्म सही सुमेलित हैं?

(a) केवल एक (b) केवल दो (c) केवल तीन (d) इनमें से कोई नहीं

उत्तर (d)

व्याख्या दिए गए युग्मों में कोई भी युग्म सही सुमेलित नहीं है।

खानवा का युद्ध, 1527 ई. में खानवा गाँव में बाबर तथा मेवाड़ के राजा राणा सांगा के मध्य हुआ था, जिसमें बाबर विजयी हुआ। इस युद्ध के पश्चात् बाबर ने 'गाजी' की उपाधि धारण की थी।

चंदेरी का युद्ध 1528 ई. में मुगलों एवं राजपूतों के मध्य हुआ, जिसमें मुगलों की जीत हुई।

घाघरा का युद्ध 1529 ई. में मुगल शासक बाबर तथा अफगानों के मध्य हुआ था, जिसमें बाबर विजयी हुआ।

हुमायूँ

18 हुमायूँ के संबंध में निम्नलिखित कथनों पर विचार कीजिए *(Chap 12, Class-XI, Old NCERT)*

1. 1530 ई. में वह 30 वर्ष की आयु में शासक बना था।
2. उसे साम्राज्य को सभी भाइयों में बाँट देने की तैमूरी प्रथा का सामना करना पड़ा था।
3. बाबर ने हुमायूँ को अपने भाइयों से सख्ती से पेश आने का परामर्श दिया था।

उपर्युक्त में से कौन-सा/से कथन असत्य है/हैं?

(a) केवल 2 (b) 1 और 3 (c) 2 और 3 (d) 1, 2 और 3

उत्तर (b)

व्याख्या हुमायूँ के संबंध में कथन (1) और (3) असत्य हैं, क्योंकि हुमायूँ, बाबर की मृत्यु के बाद दिसंबर, 1530 में गद्दी पर बैठा, उस समय उसकी आयु 30 वर्ष नहीं, बल्कि 23 वर्ष थी। हुमायूँ का पूरा नाम नासिरुद्दीन मुहम्मद हुमायूँ था। इसका जन्म 1508 ई. में काबुल में हुआ था।

बाबर ने अपने पुत्र हुमायूँ को अपने भाइयों से सख्ती से नहीं, बल्कि प्रेम से पेश आने का परामर्श दिया था।

19 जब हुमायूँ आगरा में गद्दी पर बैठा उस समय कौन-सा क्षेत्र उसके अंतर्गत था? *(Chap 12, Class-XI, Old NCERT)*

(a) काबुल (b) कंधार (c) बदख्शाँ (d) ये सभी

उत्तर (d)

व्याख्या जब हुमायूँ 23 वर्ष की अवस्था में 1530 ई. में आगरा की गद्दी पर बैठा, उस समय इसके अधिकार क्षेत्र में काबुल, कंधार (कंदहार), बदख्शाँ आदि राज्य थे।

20 हुमायूँ के शुरुआती युद्धों के संबंध में निम्नलिखित कथनों पर विचार कीजिए *(Chap 12, Class-XI, Old NCERT)*

1. उसने 1532 ई. में दौराह में अफगान सेना को पराजित किया था।
2. उसने पूर्वी उत्तर प्रदेश के जौनपुर पर अधिकार कर लिया था।
3. गुजरात का शासक बहादुरशाह उसका प्रतिद्वंद्वी था।

उपर्युक्त कथनों में से कौन-सा/से कथन सत्य है/हैं?

(a) 1 और 2 (b) 2 और 3 (c) 1 और 3 (d) 1, 2 और 3

उत्तर (d)

व्याख्या हुमायूँ के शुरुआती युद्धों के संबंध में सभी कथन सत्य हैं।

हुमायूँ जब शासक बना, तब उसके सामने अफगानों की बढ़ती हुई शक्ति तथा गुजरात का शासक बहादुरशाह था। उसने अफगानों को अधिक गंभीर खतरा समझा और 1532 ई. में दौराह नामक स्थान पर अफगान सेना को पराजित किया। इस सफलता के साथ ही हुमायूँ ने पूर्वी उत्तर प्रदेश में जौनपुर तक को अपने अधिकार में ले लिया।

21 हुमायूँ ने 'चुनार के दुर्ग' पर प्रथम बार आक्रमण कब किया था? *(Chap 12, Class-XI, Old NCERT)*

(a) 1532 ई. (b) 1531 ई. (c) 1533 ई. (d) 1536 ई.

उत्तर (a)

व्याख्या हुमायूँ ने 'चुनार के दुर्ग' पर प्रथम बार आक्रमण 1532 ई. में किया था। इसने अफगानों को पराजित कर पूर्वी उत्तर प्रदेश के जौनपुर तक अधिकार करने के बाद चुनार पर घेरा डाला।

चुनार का सशक्त दुर्ग आगरा और पूर्व के बीच थल मार्ग एवं नदी मार्ग को नियंत्रित करता था। इसे पूर्वी भारत के 'प्रवेश द्वार' के रूप में भी जाना जाता था। ध्यातव्य है कि यह क्षेत्र अफगान सरदार शेरशाह के अधिकार क्षेत्र में था। हुमायूँ ने चार महीने की घेराबंदी के बाद शेरशाह से समझौता किया और चुनार के किले पर शेरशाह (शेर खाँ) का अधिकार मान लिया।

22 निम्नलिखित में किस किले को बहादुरशाह से बचाने के लिए राणा सांगा की विधवा रानी ने हुमायूँ को राखी भेजी थी? *(Chap 12, Class-XI, Old NCERT)*

(a) मेवाड़ का किला (b) रणथंभौर का किला
(c) चित्तौड़ का किला (d) मालवा का किला

उत्तर (c)

व्याख्या चित्तौड़ के किले को बहादुरशाह से बचाने के लिए राणा सांगा की विधवा ने हुमायूँ को राखी भेजी थी। इस किले पर बहादुरशाह ने घेरा डाला और उसने राजपूतों की शक्ति को छिन्न-भिन्न कर दिया, जिसे देखकर रानी कर्णावती (राणा सांगा की विधवा) ने हुमायूँ को राखी भेजकर सहायता माँगी थी।

23 हुमायूँ के संदर्भ में निम्नलिखित में कौन-सा कथन असत्य है?

(Chap 12, Class-XII, Old NCERT)

(a) चित्तौड़ की रानी ने राखी भेजकर हुमायूँ से मदद माँगी थी।
(b) दिल्ली में दीनपनाह नगर का निर्माण कराया था।
(c) चांपानेर किले की प्राचीर लांघने वाला यह इक्तालिसवाँ व्यक्ति था।
(d) चौसा के युद्ध के बाद हुमायूँ ने 'हजरत-ए-आला' की उपाधि धारण की थी।

उत्तर *(d)*

व्याख्या हुमायूँ के संदर्भ में कथन (d) असत्य है, क्योंकि शेरशाह ने 'हजरत-ए-आला' की उपाधि 1529 ई. में बंगाल के शासक नुसरतशाह को पराजित करने के पश्चात् धारण की थी। चौसा के युद्ध में हुमायूँ को पराजित करने के पश्चात् शेरशाह सूरी ने 'शेरशाह' की उपाधि धारण की थी।

24 हुमायूँ द्वारा लड़े गए चार प्रमुख युद्धों की तिथि के अनुसार सही क्रम अंकित करें। युद्ध स्थलों के नाम नीचे अंकित हैं

(Unit 14, Class-XI, Tamil Nadu Board) (UP RO/ARO Mains 2017)

(a) चौसा, देवरा, कन्नौज, सरहिंद
(b) देवरा, कन्नौज, चौसा, सरहिंद
(c) सरहिंद, देवरा, चौसा, कन्नौज
(d) देवरा, चौसा, कन्नौज, सरहिंद

उत्तर *(d)*

व्याख्या हुमायूँ द्वारा लड़े गए चार प्रमुख युद्धों की तिथि के अनुसार सही क्रम देवरा, चौसा, कन्नौज तथा सरहिंद है।

देवरा का युद्ध, हुमायूँ एवं अफगानों के मध्य 1532 ई. में दोहरिया/देवरा नामक स्थान पर हुआ। इसमें अफगानों की पराजय हुई। इस युद्ध में अफगानों का नेतृत्व महमूद लोदी ने किया था।

चौसा का युद्ध 1539 ई. में हुमायूँ एवं शेर खाँ के मध्य हुआ था। इस युद्ध में हुमायूँ बुरी तरह पराजित हुआ और इस युद्ध के पश्चात् शेर खाँ ने 'शेरशाह' की उपाधि धारण की।

कन्नौज (बिलग्राम) का युद्ध 1540 ई. में हुमायूँ और शेरशाह के मध्य हुआ। इस युद्ध में हुमायूँ पुन: परास्त हो गया और हिंदुस्तान की सत्ता मुगलों के हाथों से निकलकर अफगानों के हाथों में चली गई। साथ ही हुमायूँ को भारत से निर्वासित होना पड़ा।

सरहिंद का युद्ध 1555 ई. में हुमायूँ (निर्वासित होने के दौरान) की सेना एवं अफगानों के बीच सरहिंद नामक स्थान पर हुआ। इस युद्ध में अफगान नेता सिकंदर सूर पराजित हुआ तथा भारत में पुन: मुगल सत्ता स्थापित हुई।

शेरशाह

25 शेरशाह के संबंध में निम्नलिखित में से कौन-सा कथन सत्य नहीं है?

(Chap 12, Class-XI, Old NCERT)

(a) वह बिहार का निर्विवाद स्वामी था।
(b) वह एक तुर्क सरदार था।
(c) वह मुगलों के प्रति वफादारी का दिखावा करता था।
(d) उसकी सेना में 1200 हाथी शामिल थे।

उत्तर *(b)*

व्याख्या शेरशाह के संबंध में कथन (b) सत्य नहीं है, क्योंकि शेरशाह तुर्क नहीं, बल्कि एक अफगान सरदार था। शेरशाह ने बिहार में अपनी स्थिति सुदृढ़ करते हुए अफगानियों को एकत्र किया। शेरशाह को गुजरात शासक बहादुरशाह से काफी आर्थिक सहायता मिली थी। इन संसाधनों के बल पर इसने एक विशाल सेना का निर्माण किया।

26 शेरशाह की सेना के किस तोपची ने चुनार के घेरे में हुमायूँ को छ: माह तक उलझाए रखा था? *(Chap 12, Class-XI, Old NCERT)*

(a) मुहम्मद खाँ (b) रूमी खाँ (c) तीरगी बेग (d) सफी खाँ

उत्तर *(b)*

व्याख्या शेरशाह की सेना में से 'रूमी खाँ' तोपची ने चुनार के घेरे में हुमायूँ को छ: माह तक उलझाए रखा था। जब शेरशाह को पराजित करने के लिए हुमायूँ ने 1538 ई. में चुनारगढ़ के किले पर आक्रमण किया, तब अफगानों ने वीरतापूर्वक इस किले की रक्षा की।

27 चौसा के युद्ध के संबंध में कौन-सा कथन सत्य नहीं है?

(Chap 12, Class-XI, Old NCERT)

(a) यह हुमायूँ और शेरशाह के मध्य हुआ था।
(b) चौसा बिहार के बक्सर के पास स्थित था।
(c) यह युद्ध सोन नदी के किनारे हुआ था।
(d) इसमें हुमायूँ पराजित हुआ था।

उत्तर *(c)*

व्याख्या चौसा के युद्ध के संबंध में कथन (c) सत्य नहीं हैं, क्योंकि चौसा का युद्ध सोन नदी के किनारे नहीं, बल्कि कर्मनाशा नदी के किनारे हुआ था।

हुमायूँ एवं शेरशाह के बीच कर्मनाशा नदी के किनारे निर्णायक चौसा का युद्ध (29 जून, 1539) बिहार में बक्सर (बक्सर से 10 मील दक्षिण-पश्चिम) के पास लड़ा गया था, जिसमें हुमायूँ की पराजय हुई। इस विजय के फलस्वरूप शेरशाह ने अपना नाम बदलकर 'शेर खाँ' से 'शेरशाह' किया और अपने नाम का खुतबा पढ़वाया।

28 शेरशाह के विरुद्ध हुमायूँ की विफलता का मुख्य कारण क्या था?

(Chap 12, Class-XI, Old NCERT)

(a) वह अफगानों की शक्ति का सही अंदाजा नहीं लगा पाया।
(b) उसके भाइयों ने उसका साथ नहीं दिया।
(c) शेरशाह को ईरान के शाह का समर्थन प्राप्त था।
(d) उपर्युक्त में से कोई नहीं

उत्तर *(a)*

व्याख्या शेरशाह के विरुद्ध हुमायूँ की विफलता का मुख्य कारण यह था कि वह अफगानों की सैन्य शक्ति का अंदाजा सही से नहीं लगा पाया और वह अफगानों को अपनी सैन्य शक्ति के आगे कमजोर समझ रहा था।

हुमायूँ के संबंध में इतिहास में कहा जाता है कि वह बहुत ही विद्वान् तथा सैन्य मामलों एवं सैन्य दृष्टि से काफी कुशल शासक था, परंतु युद्ध का नेतृत्व करना, अपने साम्राज्य को कैसे स्थायी बनाना, इन सब विषयों में हुमायूँ कमजोर था।

29 सूर साम्राज्य के संबंध में निम्नलिखित कथनों पर विचार कीजिए

(Chap 12, Class-XI, Old NCERT)

1. शेरशाह ने 67 वर्ष की आयु में सूर साम्राज्य की स्थापना की।
2. सूर साम्राज्य की स्थापना 1540 ई. में हुई थी।

उपर्युक्त में से कौन-सा/से कथन सत्य है/हैं?

(a) केवल 1 (b) केवल 2
(c) 1 और 2 (d) न तो 1 और न ही 2

उत्तर *(c)*

व्याख्या सूर साम्राज्य के संबंध में दोनों कथन सत्य हैं।

शेरशाह ने 1540 ई. में 67 वर्ष की आयु में सूर साम्राज्य की स्थापना की। इसका जन्म 1486 ई. में 'हिसार फिरोजा' या 'नारनोल' नामक स्थान पर हुआ। शेरशाह के पिता का नाम हसन खाँ एवं दादा का नाम इब्राहिम सूर था। शेरशाह के बचपन का नाम फरीद था।

30 शेरशाह ने किस सुल्तान की मृत्यु के बाद से उत्तर भारत में स्थापित सबसे बड़े साम्राज्य पर शासन किया?

(Chap 12, Class-XI, Old NCERT)

(a) मुहम्मद-बिन-तुगलक (b) फिरोजशाह तुगलक
(c) मुबारक खिलजी (d) नासिरुद्दीन महमूद

उत्तर *(a)*

व्याख्या शेरशाह ने मुहम्मद-बिन-तुगलक की मृत्यु के बाद से उत्तर भारत में स्थापित सबसे बड़े साम्राज्य पर शासन किया। शेरशाह का साम्राज्य बंगाल से लेकर सिंधु नदी तक (कश्मीर को छोड़कर) विस्तृत था तथा पश्चिम में मालवा एवं पूर्ण राजस्थान पर इसका अधिकार था।

31 शेरशाह द्वारा स्थापित साम्राज्य में निम्नलिखित में से कौन-सा क्षेत्र शामिल नहीं था? *(Chap 12, Class-XI, Old NCERT)*

(a) बंगाल (b) सिंध प्रदेश (c) कश्मीर (d) बिहार

उत्तर (c)

व्याख्या शेरशाह द्वारा स्थापित साम्राज्य में कश्मीर का क्षेत्र शामिल नहीं था। 1524 ई. में शेरशाह ने महमूद लोदी की ओर से मुगलों के विरुद्ध घाघरा के युद्ध में भाग लिया तथा नुसरतशाह को पराजित कर 'हजरत-ए-आला' की उपाधि धारण की। इसने अपने विजय अभियान की शुरुआत सर्वप्रथम 1541 ई. में 'गक्खर प्रदेश' को जीतकर की।

इसके पश्चात् 1541 ई. में 'बंगाल विद्रोह' को दबाया तथा 1542 ई. में मालवा व रणथंभौर पर विजय प्राप्त की एवं 1545 ई. में बुंदेलखंड को जीतकर पूरे उत्तर भारत में अपनी प्रभुता स्थापित की।

32 शेरशाह के समकालीन किस राजपूत शासक ने पश्चिमी तथा उत्तरी राजपूताना पर अपना आधिपत्य स्थापित कर लिया था? *(Chap 12, Class-XI, Old NCERT)*

(a) राजा मालदेव (b) राजा विक्रमजीत
(c) राजा मानसिंह (d) राजा जयसिंह

उत्तर (a)

व्याख्या शेरशाह के समकालीन राजा मालदेव ने पश्चिमी तथा उत्तरी राजपूताना पर अपना आधिपत्य स्थापित कर लिया था। यह शेरशाह व हुमायूँ के संघर्ष के दौरान अपने राज्य का विस्तार करने लगा था। 1544 ई. में शेरशाह ने कूटनीति का सहारा लेकर मारवाड़ की राजधानी जोधपुर पर अपना अधिकार कर लिया तथा वहाँ के शासक मालदेव को पराजित किया।

33 निम्नलिखित में कौन-सा युग्म सुमेलित है? *(Chap 12, Class-XI, Old NCERT)*

समकालीन व्यक्ति		राज्य
(a) मालदेव	—	मारवाड़
(b) भीम	—	बीकानेर
(c) बीरमदेव	—	मिती

(d) उपर्युक्त सभी

उत्तर (d)

व्याख्या दिए गए सभी युग्म सही सुमेलित हैं।

मालदेव, मारवाड़ का शासक था, जिसे शेरशाह ने युद्ध में पराजित कर इसके राज्य पर अधिकार स्थापित कर लिया था।

भीम, बीकानेर के शासक का पुत्र था। इसने शेरशाह के दरबार में शरण ली थी। बीरमदेव, मिती का शासक था। इसने भी शेरशाह के दरबार में शरण ली थी, जिसे मालदेव ने जागीर से वंचित कर दिया था।

34 राजपूत और अफगान सेना के मध्य युद्ध अजमेर और जोधपुर के बीच किस स्थान पर हुआ था? *(Chap 12, Class-XI, Old NCERT)*

(a) सामेल (b) सिरोही (c) सिरसा (d) सिकंदरा

उत्तर (a)

व्याख्या राजपूत और अफगान सेना के मध्य 1544 ई. में अजमेर एवं जोधपुर के बीच सामेल नामक स्थान पर युद्ध हुआ था। इस युद्ध में शेरशाह ने जाली पत्रों की कूटनीति के माध्यम से मारवाड़ के शासक मालदेव की सेना में फूट डाल दी, जिसके परिणामस्वरूप राजपूत थोड़े से सैनिकों के साथ लड़े और पराजित हुए।

35 शेरशाह सूरी का आखिरी अभियान कौन-सा था, जिसमें तोप से घायल हो जाने के कारण उसकी मृत्यु हो गई थी? *(Chap 12, Class-XI, Old NCERT)*

(a) सामेल के अभियान में
(b) चुनार के अभियान में
(c) कालिंजर के अभियान में
(d) मेवाड़ के अभियान में

उत्तर (c)

व्याख्या 1545 ई. में शेरशाह सूरी ने कालिंजर पर अपना अंतिम आक्रमण किया, जिसका शासक कीरत सिंह था। इस अभियान के दौरान जब वह 'उक्का' नामक आग्नेयास्त्र (Firearms) चला रहा था, तो उसी दौरान तोप फट गई, जिसमें शेरशाह घायल हो गया। तत्पश्चात् किले पर अधिकार हो जाने की खबर सुनने के बाद 1545 ई. में उसकी मृत्यु हो गई।

36 इस्लाम शाह के संबंध में कौन-सा कथन सत्य नहीं है? *(Chap 12, Class-XI, Old NCERT)*

(a) वह शेरशाह का उत्तराधिकारी था।
(b) उसने 1556 ई. तक शासन किया।
(c) वह योग्य शासक एवं सेनापति था।
(d) वह अफगानों के बीच कबाइली झगड़ों को निपटाने में उलझा रहा।

उत्तर (b)

व्याख्या इस्लाम शाह के संबंध में कथन (b) सत्य नहीं है, क्योंकि इस्लाम शाह ने 1556 ई. तक नहीं, बल्कि 1553 ई. तक शासन किया था। शेरशाह का उत्तराधिकारी उसका दूसरा पुत्र जलाल खाँ था। 1545 ई. में जलाल खाँ, इस्लाम शाह के नाम से सूर साम्राज्य की गद्दी पर बैठा। वह एक योग्य शासक एवं सेनापति था, उसने अपनी राजधानी आगरा से ग्वालियर स्थानांतरित की। 1545 ई. में शासक बनने के बाद उसके भाई आदिल खान ने आगरा पर आक्रमण किया। लड़ाई में इस्लाम शाह विजयी हुआ और आदिल खान भाग गया।

37 शेरशाह द्वारा किए गए सुधारों में निम्नलिखित में से कौन-सा शामिल नहीं था? *(Chap 12, Class-XI, Old NCERT)*

(a) डाकुओं और लुटेरों से वह सख्ती से पेश आया
(b) कर न अदा करने वाले जमींदारों पर कड़ाई की
(c) साम्राज्य में शांति-व्यवस्था की पुनर्स्थापना की
(d) उसने जजिया कर को लागू किया।

उत्तर (d)

व्याख्या शेरशाह द्वारा किए गए सुधारों के सम्बन्ध में कथन (d) सत्य नहीं है, क्योंकि शेरशाह ने अपने शासनकाल में कभी भी जजिया कर नहीं लगाया था। शेरशाह ने अपने साम्राज्य के एक छोर से दूसरे छोर तक शांति व्यवस्था बनाए रखने के लिए कई प्रशासनिक, आर्थिक, सामाजिक व सांस्कृतिक कार्य किए। शेरशाह ने भू-राजस्व अदा न करने अथवा सरदार का आदेश ने मानने वाले जमींदारों के साथ बहुत कड़ाई से कार्य लिया।

38 निम्नलिखित में से कौन शेरशाह सूरी का दरबारी इतिहासकार था? *(Chap 12, Class-XI, Old NCERT)*

(a) खफी खाँ (b) अब्बास खाँ सरबानी
(c) फैजी (d) मुबारक अली

उत्तर (b)

व्याख्या अब्बास खाँ सरबानी/सरवानी सूर वंश के संस्थापक शेरशाह का दरबारी इतिहासकार था। इसने 'तवारिख-ए-शेरशाही' नामक प्रसिद्ध ऐतिहासिक ग्रंथ की रचना की। इस ग्रंथ में शेरशाह के राजस्थान अभियान का वर्णन तथा उसकी साम्राज्यवादी एवं प्रशासनिक नीतियों का उल्लेख किया गया है। इस ग्रंथ में मेवाड़ के शासक उदय सिंह तथा मारवाड़ के शासक मालदेव का शेरशाह से संबंधों का विवरण प्राप्त होता है।

39 शेरशाह ने अपने शासनकाल में 'ग्रांड ट्रंक रोड' को चालू करवाया यह सड़क कहाँ से कहाँ तक जाती थी? *(Chap 12, Class-XI, Old NCERT)*

(a) सिंधु नदी से बंगाल के सोना गाँव तक
(b) काबुल से बंगाल के वर्धमान तक
(c) दिल्ली से बंगाल तक
(d) आगरा से मुर्शीदाबाद तक

उत्तर *(a)*

व्याख्या शेरशाह ने पश्चिम में सिंधु नदी से लेकर बंगाल में सोना गाँव तक पहुँचने वाली पुरानी सड़क जिसे 'ग्रांड ट्रंक रोड' कहा जाता है, का पुन: निर्माण करवाया था। इसने आगरा से जोधपुर एवं चित्तौड़ तक एक सड़क का निर्माण करवाया था, जो गुजरात के बंदरगाह से जुड़ी हुई थी। इस सड़क के अतिरिक्त शेरशाह ने मुल्तान से पश्चिम एवं मध्य एशिया जाने वाले यात्रियों के लिए भी सड़क का निर्माण करवाया था।

40 शेरशाह सूरी द्वारा स्थापित सरायों के संबंध में निम्नलिखित कथनों पर विचार कीजिए *(Chap 12, Class-XI, Old NCERT)*

1. उसने यात्रियों की सुविधा के लिए सड़क पर 8 किमी की दूरी पर सरायों का निर्माण कराया।
2. सरायों में हिंदुओं और मुसलमानों के रहने के लिए अलग-अलग स्थानों की व्यवस्था की गई थी।
3. हिंदू यात्रियों को बिस्तर और भोजन देने तथा उनके घोड़ों को दाना देने के काम की व्यवस्था करने के लिए ब्राह्मणों को नियुक्त किया गया था।

उपर्युक्त में से कितने कथन सत्य है/हैं?

(a) केवल एक (b) केवल दो
(c) केवल तीन (d) इनमें से कोई नहीं

उत्तर *(c)*

व्याख्या शेरशाह सूरी द्वारा स्थापित सरायों के संबंध में सभी कथन सत्य हैं। शेरशाह ने यात्रियों की सुविधा हेतु सड़कों के किनारे छायादार वृक्ष लगवाए तथा प्रति चार मील की दूरी अर्थात् दो-दो कोस (लगभग 8 किमी) की दूरी पर सड़क के किनारे सराय की स्थापना करवाई। सड़कों के किनारे लगभग 1700 सरायों का निर्माण किया गया था।

प्रत्येक सराय में हिंदू एवं मुसलमानों के विश्राम, भोजन एवं सुख-सुविधा के अलग-अलग प्रबंध थे। सरायों का प्रबंध इमाम 'मुअनिज' नामक अधिकारी करते थे।

हिंदू यात्रियों को बिस्तर और भोजन देने तथा उनके घोड़ों को दाना देने के कार्य की व्यवस्था करने के लिए ब्राह्मणों को नियुक्त किया गया था।

41 यह सिद्धांत किसने प्रस्तुत किया था कि ''यदि तुम्हारे क्षेत्र में किसी व्यापारी की मृत्यु हो जाए, तो उसके माल पर हाथ डालना विश्वासघात है।'' *(Chap 12, Class-XI, Old NCERT)*

(a) शेरशाह
(b) शेख निजामी
(c) अब्बास सरबानी
(d) इस्माइल खाँ

उत्तर *(b)*

व्याख्या शेरशाह ने लोगों को शेख निजामी के इस सिद्धांत को ध्यान रखने का निर्देश दिया कि ''यदि तुम्हारे क्षेत्र में किसी व्यापारी की मृत्यु हो जाए, तो उसके माल पर हाथ डालना विश्वासघात है।'' शेरशाह के शासनकाल में किसी व्यापारी की मृत्यु हो जाने पर लोगों को उसके माल को लावारिस मानकर हथिया लेने की सख्त मनाही थी। शेरशाह ने स्पष्ट रूप से यह घोषणा कर दी थी कि यदि किसी व्यापारी की क्षति होगी, तो उसका उत्तरदायित्व स्थानीय मुकद्दमों एवं जमींदारों पर होगा।

42 शेरशाह की प्रशासनिक व्यवस्था के संबंध में निम्नलिखित कथनों पर विचार कीजिए *(Chap 12, Class-XI, Old NCERT)*

1. कई गाँवों को मिलाकर परगना बनता था।
2. परगना शिकदार के जिम्मे होता था।
3. अमिल सैन्य अस्तबल की देख-रेख करता था।

उपर्युक्त में से कौन-सा/से कथन सत्य है/हैं?

(a) 1 और 2 (b) 2 और 3
(c) 1 और 3 (d) केवल 2

उत्तर *(a)*

व्याख्या शेरशाह की प्रशासनिक व्यवस्था के संबंध में कथन (1) और (2) सत्य हैं। शेरशाह ने सल्तनत काल से प्रचलित प्रशासनिक व्यवस्थाओं में कोई बदलाव नहीं किया था तथा इसने सल्तनत काल से चली आ रही परंपराओं को स्थापित रखा। कई गाँवों को मिलाकर एक परगने का निर्माण होता था। परगने की जिम्मेदारी शिकदार नामक अधिकारी के पास होती थी, जो शांति व्यवस्था का ध्यान रखता था।

कथन (3) असत्य है, क्योंकि अमिल नामक अधिकारी का संबंध सैन्य अस्तबल से नहीं, बल्कि भू-राजस्व प्रशासन से था।

43 शेरशाह द्वारा स्थापित 'भू-राजस्व प्रणाली' के संवर्द्धन में निम्नलिखित कथनों पर विचार कीजिए *(Chap 12, Class-XI, Old NCERT)*

1. उसने दरों की सूची 'रय' का प्रचलन करवाया।
2. राज्य का हिस्सा उपज का 1/4 था।
3. जमीन को उत्तम, मध्यम और निम्न में बाँटा गया था।

उपर्युक्त में से कौन-सा/से कथन असत्य है/हैं?

(a) केवल 2 (b) 1 और 3
(c) 2 और 3 (d) 1, 2 और 3

उत्तर *(a)*

व्याख्या शेरशाह द्वारा स्थापित 'भू-राजस्व प्रणाली' के संबंध में कथन (2) असत्य है, क्योंकि शेरशाह की भू-राजस्व प्रणाली के अंतर्गत राज्य का हिस्सा उपज का एक-तिहाई (1/3) होता था। किसानों को यह हिस्सा नकद अदायगी के रूप में राज्य को देने की छूट थी। फिर भी सरकार नकद अदायगी को सर्वाधिक प्राथमिकता देती थी।

44 शेरशाह की 'भू-राजस्व प्रणाली' के संदर्भ में निम्नलिखित कथनों पर विचार कीजिए *(Chap 13, Class-XI, Old NCERT)*

1. दरों की सूची 'रय' का प्रचलन करवाया।
2. भूमि उत्तम, मध्यम और निम्न दर्जे में बँटी थी।
3. भूमि के लेखा-जोखा को 'पट्टा' कहा जाता था।

उपर्युक्त कथनों में से कौन-से कथन सत्य हैं?

(a) 1 और 2 (b) 2 और 3 (c) 1 और 3 (d) 1, 2 और 3

उत्तर *(d)*

व्याख्या शेरशाह की 'भू-राजस्व प्रणाली' के संदर्भ में सभी कथन सत्य हैं। जागीरदार के रूप में शासन करते समय शेरशाह सूरी ने कृषकों की समस्याओं को यर्थाथ रूप देखा था, इसलिए यह भू-राजस्व में सुधार के प्रति सतर्क था। इसने विभिन्न प्रकार की फसलों में राज्य का हिस्सा निर्धारित करने के लिए दरों की सूची निर्धारित करवाई जिसे 'रय' कहा गया।

शेरशाह के काल में भूमि के लेखा-जोखा को 'पट्टा' कहा जाता था। उसके शासनकाल में भूमि को तीन कोटियों-उत्तम, माध्यम तथा निम्न में वर्गीकृत किया गया था।

'पट्टे' में बोई गई जमीन का क्षेत्रफल, बोई गई फसलों की किस्में तथा लगान को दर्ज किया जाता था।

45 शेरशाह की 'प्रशासनिक व्यवस्था' के संदर्भ में निम्नलिखित कथनों पर विचार कीजिए *(Chap 12, Class-XI, Old NCERT)*

1. परगना, शिकदार के अधिकार में था।
2. मुंसिफ, भू-राजस्व की वसूली की देख-रेख करता था।
3. शेरशाह ने सोने, चाँदी और ताँबे के सिक्के चलवाए।

उपर्युक्त कथनों में कौन-सा/से कथन सत्य है/हैं?

(a) केवल 1 (b) केवल 2
(c) 1 और 3 (d) 1, 2 और 3

उत्तर *(d)*

व्याख्या शेरशाह की 'प्रशासनिक व्यवस्था' के संदर्भ में सभी कथन सत्य हैं। शेरशाह ने प्रशासनिक व्यवस्था में अधिक परिवर्तन नहीं किया तथा सल्तनत काल से चली आ रही व्यवस्थाओं को ही लागू रखा। कई गाँवों को मिलाकर परगना बनता था, जिसका मुखिया शिकदार होता था। इसने अपने साम्राज्य को 'सरकार' में विभाजित किया था तथा पुन: ये 'परगना' नामक छोटी इकाइयों में विभाजित थे।

मुंसिफ भू-राजस्व की उगाही की देख-रेख करने वाले अधिकारी होते थे। शेरशाह ने मिश्रित धातु की जगह सोने, चाँदी तथा ताँबे के मानक सिक्के चलवाए।

46 शेरशाह के प्रशासन में बोई गई जमीन के क्षेत्रफल, फसल की किस्में और देय लगान को जिसमें दर्ज किया जाता था, उसे क्या नाम दिया गया? *(Chap 12, Class-XI, Old NCERT)*

(a) पट्टा (b) कबूलियत
(c) मल्फियत (d) लंक बटाई

उत्तर *(a)*

व्याख्या शेरशाह के प्रशासन में बोई गई जमीन के क्षेत्रफल, लगाई गई फसलों की किस्में एवं प्रत्येक किसान द्वारा देय लगान को एक कागज पर दर्ज किया जाता था, जिसे 'पट्टा' कहते थे। प्रत्येक किसान को पट्टा दिया जाता था और उससे कबूलियत लिखवाई जाती थी। पट्टे में जमीन के स्वामी का नाम इत्यादि स्पष्ट किया जाता था। कबूलियत में यह बात स्पष्ट की जाती थी कि संबंधित किसानों को कितना राजस्व प्रदान करना है।

47 शेरशाह के सैन्य प्रशासन के संबंध में निम्नलिखित कथनों पर विचार कीजिए *(Chap 12, Class-XI, Old NCERT)*

1. उसने कबायिली सरदारों के अधीन कबायिलियों की फौज खड़ी करने के चलन का त्याग किया।
2. उसने सिपाहियों की सीधी भर्ती का सिलसिला शुरू किया।
3. प्रत्येक सिपाही का पूरा व्यक्तिगत वर्णन दर्ज रहता था, जिसे 'चेहरा' कहते थे।

उपर्युक्त में से कितने कथन सत्य हैं?

(a) केवल एक
(b) केवल दो
(c) सभी तीन
(d) उपर्युक्त में से कोई नहीं

उत्तर *(c)*

व्याख्या शेरशाह के सैन्य प्रशासन के संबंध में सभी कथन सत्य हैं। शेरशाह ने अपने विस्तृत साम्राज्य को सँभालने के लिए एक शक्तिशाली सेना खड़ी की तथा इसने आवश्यकता होने पर कबायिली सरदारों के अधीन कबायिलियों की फौज खड़ी करने के चलन का त्याग कर दिया। इसके बदले में इसने सिपाहियों को सीधे शामिल करना शुरू कर दिया, जिसके लिए प्रत्येक सैनिक (सिपाही) के चरित्र की जाँच की जाती थी। प्रत्येक सिपाही का पूरा व्यक्तिगत वर्णन दर्ज रहता था, जिसे 'चेहरा' कहते थे।

48 घोड़ों को दागने की 'दाग-प्रणाली' शेरशाह ने किस सुल्तान से उधार ली थी? *(Chap 12, Class-XI, Old NCERT)*

(a) गयासुद्दीन बलबन (b) अलाउद्दीन खिलजी
(c) मोहम्मद बिन तुगलक (d) फिरोजशाह तुगलक

उत्तर *(b)*

व्याख्या घोड़ों को दागने की 'दाग प्रणाली' शेरशाह ने दिल्ली सल्तनत के खिलजी वंश के शासक अलाउद्दीन खिलजी से उधार ली थी।

सर्वप्रथम अलाउद्दीन खिलजी ने इस प्रणाली को अपनाया था। सेना को शक्तिशाली एवं संगठनात्मक रूप से मजबूत बनाने के उद्देश्य से घोड़े पर शाही निशान का चिह्न लगाया जाता था, ताकि कोई उसके बदले घटिया दर्जे के घोड़े का उपयोग न कर सके।

49 शेरशाह की सेना के संबंध में कौन-सा कथन असत्य है? *(Chap 12, Class-XI, Old NCERT)*

(a) उसकी सेना में 1,50,0000 घुड़सवार थे।
(b) उसकी सेना में पैदल सैनिकों की संख्या 25,000 थी।
(c) सैनिक तोड़ेदार बंदूकों या धनुषों से सज्जित होते थे।
(d) उपर्युक्त में से कोई नहीं

उत्तर *(d)*

व्याख्या शेरशाह की सेना के संबंध में सभी कथन सत्य हैं।

शेरशाह की विशेष सेना में 1,50,0000 घुड़सवार और 25,000 पैदल सैनिक बताए जाते हैं। ये लोग तोड़ेदार बंदूक एवं धनुष से सज्जित होते थे। इसके अतिरिक्त उसमें 5000 हाथी और तोपों का एक दस्ता भी था। शेरशाह ने अपने साम्राज्य में सैन्य छावनियाँ भी स्थापित कीं।

50 शेरशाह के 'सैन्य बल' के संदर्भ में निम्नलिखित कथनों पर विचार कीजिए *(Chap 12, Class-XI, Old NCERT)*

1. उसने घोड़ों पर 'शाही निशान' लगवाए।
2. दाग प्रणाली अलाउद्दीन खिलजी से उधार ली।
3. सिपाहियों का व्यक्तिगत परिचय 'चेहरा' नाम के दस्तावेज में वर्णित था।
4. सिपाहियों को वेतन के रूप में जागीरें दी जाती थीं।

उपर्युक्त कथनों में कौन-सा/से कथन सही नहीं है/हैं?

(a) 1 और 2 (b) 2 और 3
(c) केवल 3 (d) केवल 4

उत्तर *(d)*

व्याख्या शेरशाह के 'सैन्य बल' के संदर्भ में कथन (4) सही नहीं है, क्योंकि सैनिकों को वेतन नकद के रूप में दिया जाता था, जबकि जागीरों का आवंटन अधिकारियों को किया जाता था।

अकबर

51 अकबर के समकालीन हेमचंद्र विक्रमादित्य या हेमू के संबंध में निम्नलिखित कथनों पर विचार कीजिए *(Chap 13, Class-XI, Old NCERT)*

1. हेमू ने अपना जीवन इस्लाम शाह के अधीन एक बाजार अधीक्षक के रूप में आरंभ किया था।
2. वह बाईस लड़ाइयाँ लड़ चुका था और उनमें से किसी में भी उसे हार का सामना नहीं करना पड़ा था।
3. इस्लाम शाह ने हेमू को 'विक्रमादित्य' की उपाधि दी थी।

उपर्युक्त में से कौन-सा/से कथन असत्य है/हैं?

(a) 1 और 2 (b) 1 और 3 (c) 2 और 3 (d) केवल 3

उत्तर *(d)*

व्याख्या अकबर के समकालीन हेमू के संबंध में कथन (3) असत्य है, क्योंकि हेमू को 'विक्रमादित्य' की उपाधि इस्लाम शाह ने नहीं, बल्कि आदिलशाह ने दी थी। इसे मध्यकाल में भारत का अंतिम हिंदू शासक माना जाता है। यह शेरशाह सूरी का योग्य दीवान, कोषाध्यक्ष और सेनानायक था।

52 अकबर के संरक्षक तथा हुमायूँ के विश्वस्त अधिकारी बैरम खाँ ने कौन-सी उपाधि धारण की थी? *(Chap 13, Class-XI, Old NCERT)*

(a) सर-ए-जानदार (b) खान-ए-खानन
(c) नियाबत-ए-खुदाई (d) जिल्ले-इलाही

उत्तर *(b)*

व्याख्या अकबर के संरक्षक तथा हुमायूँ के विश्वस्त अधिकारी बैरम खाँ ने 'खान-ए-खानन' की उपाधि धारण की थी। बैरम खाँ के नेतृत्व में मुगल सेना सुसंगठित होने लगी थी। एक संरक्षक एवं कुशल अभिभावक के रूप में बैरम खाँ प्रतिकूल परिस्थितियों में मुगल साम्राज्य को मजबूत बनाने व अफगानी शक्तियों को पराजित करने में सफल रहा।

53 पानीपत के द्वितीय युद्ध के संबंध में निम्नलिखित कथनों पर विचार कीजिए *(Chap 13, Class-XI, Old NCERT)*

1. यह युद्ध अकबर और हेमू के मध्य हुआ था।
2. हेमू राजपूत सेना का नेतृत्व कर रहा था।
3. मुगल सेना का नेतृत्व बैरम खाँ ने किया था।

उपर्युक्त में से कौन-सा/से कथन असत्य है/हैं?

(a) 1 और 2 (b) केवल 2 (c) 2 और 3 (d) 1, 2 और 3

उत्तर *(b)*

व्याख्या केवल कथन (2) असत्य है, क्योंकि हेमू राजपूत सेना का नहीं, बल्कि अफगानी सेना का नेतृत्व कर रहा था।

54 बैरम खाँ के संबंध में कौन-सा कथन सत्य नहीं है? *(Chap 13, Class-XI, Old NCERT)*

(a) अकबर ने उसे 'मक्का' जाने का विकल्प दिया था।
(b) एक अफगान सरदार ने अहमदाबाद में उसकी हत्या कर दी थी।
(c) अकबर ने उसकी पत्नी से विवाह कर लिया था।
(d) वह एक सुन्नी सरदार था।

उत्तर *(d)*

व्याख्या बैरम खाँ के संबंध में कथन (d) सत्य नहीं है, क्योंकि बैरम खाँ एक शिया सरदार था, यहीं कारण था कि अकबर के दरबार में उसकी उपेक्षा की जाने लगी। उस पर आरोप लगा कि वह शिया लोगों पर अधिक मेहरबान रहता था, जिस कारण अकबर ने उसे सत्ता से दूर रहने की अनुमति दी और उसे 'मक्का' जाने का विकल्प दिया था।

55 राजपूतों के प्रसिद्ध योद्धा जयमल और फत्ता का संबंध किस राज्य से था? *(Chap 13, Class-XI, Old NCERT)*

(a) चित्तौड़ (b) मेवाड़ (c) जोधपुर (d) मालवा

उत्तर *(a)*

व्याख्या राजपूतों के प्रसिद्ध योद्धा जयमल और फत्ता का संबंध चित्तौड़ राज्य से था। चित्तौड़ के तत्कालीन शासक राणा उदयसिंह ने चित्तौड़ के किले की सुरक्षा की जिम्मेदारी इन दोनों को ही सौंप रखी थी। इन दोनों योद्धाओं ने किले की रक्षा में सक्रिय योगदान दिया।

56 अकबर द्वारा जीते गए राजपूत राज्यों का सही क्रम कौन-सा है? *(Chap 13, Class-XI, Old NCERT)*

(a) चित्तौड़-रणथंभौर-बीकानेर-जैसलमेर
(b) रणथंभौर-चित्तौड़-बीकानेर-जैसलमेर
(c) बीकानेर-जैसलमेर-चित्तौड़-रणथंभौर
(d) उपर्युक्त में से कोई नहीं

उत्तर *(a)*

व्याख्या अकबर द्वारा जीते गए राजपूत राज्यों का सही क्रम चित्तौड़ (1567 ई.), रणथंभौर (1569 ई.), बीकानेर (1570 ई.), जैसलमेर (1570 ई.) है।

मेवाड़ को छोड़कर अधिकतर राजपूत शासकों ने अकबर की अधीनता स्वीकार कर ली थी। सबसे पहले उसने चित्तौड़ पर विजय प्राप्त की, उस समय चित्तौड़ का किला सबसे शक्तिशाली माना जाता था। चित्तौड़ विजय के बाद रणथंभौर पर विजय प्राप्त की गई। तत्पश्चात् बीकानेर व जैसलमेर के राजपूत शासकों ने भी अकबर की अधीनता स्वीकार कर ली।

57 अकबर की गुजरात विजय के संबंध में निम्नलिखित कथनों में से कौन-सा सत्य नहीं है? *(Chap 13, Class-XI, Old NCERT)*

(a) उसने 1572 ई. में अहमदाबाद पर अधिकार कर लिया।
(b) कांबे नामक स्थान पर उसने पहली बार समुद्र देखा था।
(c) उसके समय में पुर्तगालियों ने समुद्र पर वर्चस्व स्थापित कर लिया था।
(d) गुजरात अभियान में मिर्जाओं ने उसका साथ दिया था।

उत्तर *(d)*

व्याख्या अकबर की गुजरात विजय के संबंध में कथन (d) सत्य नहीं है, क्योंकि गुजरात अभियान में मिर्जाओं ने अकबर का साथ नहीं दिया था, बल्कि अकबर ने इनके विरुद्ध भी सैन्य कार्रवाई करके भरूच, बड़ौदा और सूरत पर अधिकार कर लिया।

कथन (a), (b) और (c) सत्य हैं। अकबर ने अपने गुजरात विजय अभियान के दौरान 1572 ई. में अहमदाबाद पर अधिकार कर लिया। गुजरात के कांबे नामक स्थान पर ही अकबर ने पहली बार समुद्र देखा था। उस समय गुजरात के समुद्री तटों पर पुर्तगालियों का वर्चस्व था और इसी समय पुर्तगालियों की एक व्यापार मंडली ने अकबर से भेंट की थी।

58 बिहार के किस शासक को पराजित कर अकबर ने उत्तर भारत के अंतिम अफगान राज्य को समाप्त कर दिया? *(Chap 13, Class-XI, Old NCERT)*

(a) तुगरिल खान (b) दाऊद खाँ
(c) बुगरा खाँ (d) इस्लाम शाह

उत्तर *(b)*

व्याख्या 1576 ई. में बिहार के शासक दाऊद खाँ को पराजित कर अकबर ने उत्तर भारत के अंतिम अफगान राज्य को समाप्त कर दिया था। इस विजय के बाद ही अकबर के साम्राज्य विस्तार का प्रथम चरण समाप्त हो गया। इससे पूर्व बिहार में मुगलों की स्थिति बेहद कमजोर थी, परंतु इस सैन्य अभियान के बाद बिहार से अफगान शासन का अंत हो गया।

अकबर की राजपूत नीति

59 निम्नलिखित कथनों पर विचार कीजिए *(Chap 4, Class-VII, New NCERT)*

1. जैसलमेर के राजपूत शासक भारमल ने अपनी पुत्री हरखा बाई का विवाह अकबर से किया था।
2. जहाँगीर की माँ कच्छवा की राजकुमारी थी।
3. वह आम्बेर के राजपूत शासक की पुत्री थी।

उपर्युक्त में से कितने कथन असत्य हैं?

(a) केवल एक (b) केवल दो
(c) सभी तीनों (d) इनमें से कोई भी नहीं

उत्तर *(a)*

व्याख्या दिए गए कथनों में से केवल एक कथन अर्थात् (1) असत्य है, क्योंकि आम्बेर के राजपूत शासक भारमल ने अपनी पुत्री हरखा बाई का विवाह अकबर से किया था। हरखा बाई को 'जोधाबाई' या 'जोधा अकबर' के नाम से भी जाना जाता है।

60 **अकबर के संबंध में निम्नलिखित कथनों पर विचार कीजिए**
(Chap 13, Class-XI, Old NCERT)

1. अकबर ने अपनी हिंदू पत्नियों को पूर्ण धार्मिक स्वतंत्रता दी।
2. मानसिंह को 7 हजारी मनसब का दर्जा दिया।

उपर्युक्त में से कौन-सा/से कथन सत्य है/हैं?

(a) केवल 1 (b) केवल 2
(c) 1 और 2 दोनों (d) न तो 1 और न ही 2

उत्तर *(c)*

व्याख्या अकबर के संबंध में कथन (1) और (2) सत्य हैं।

अकबर ने अपनी हिंदू पत्नियों को पूर्ण धार्मिक स्वतंत्रता दी, साथ ही उनके माता-पिताओं और सगे-संबंधियों को सरदारों की जमात में सम्मानजनक स्थान दिया। इसने मानसिंह को 7 हजारी मनसब का दर्जा दिया।

61 **निम्न में कौन-सा युग्म सुमेलित है?** *(Chap 13, Class-XI, Old NCERT)*

	राजपूत कन्या/पुत्री		मुगल शासक/अन्य
(a)	कनका बाई	–	सुल्तान महमूद
(b)	लालबाई	–	इस्लाम शाह
(c)	किशनावती	–	हाजी खान पठान
(d)	उपर्युक्त सभी		

उत्तर *(d)*

व्याख्या दिए गए सभी युग्म सही सुमेलित हैं।

जोधपुर के शक्तिशाली राजा मालदेव ने अपनी बेटी कनका बाई का विवाह गुजरात के सुल्तान महमूद से तथा लालबाई का विवाह सूर बादशाह इस्लाम शाह से करा दिया था। स्वयं भारमल ने अपनी बड़ी पुत्री किशनावती का विवाह हाजी खान पठान से करा दिया था, जो इस्लाम शाह की मृत्यु के बाद अलवर का शासक बन गया था।

62 **1572 ई. में जब अकबर गुजरात अभियान में गया, तो उसने आगरा की जिम्मेदारी किस राजपूत शासक को सौंपी थी?**
(Chap 13, Class-XI, Old NCERT)

(a) भगवान दास (b) भारमल (c) बीरबल (d) मानसिंह

उत्तर *(b)*

व्याख्या 1572 ई. में जब अकबर गुजरात अभियान में गया, तो आगरा की जिम्मेदारी अपने ससुर भारमल को सौंप दी थी। आमेर का शासक भारमल अकबर का सबसे विश्वसनीय सरदार माना जाता था।

63 **निम्नलिखित में किन राजपूत राजाओं के साथ अकबर का कोई वैवाहिक संबंध नहीं था?** *(Chap 13, Class-XI, Old NCERT)*

(a) रणथंभौर के हाड़ाओं के साथ (b) आमेर के राजपूतों के साथ
(c) चित्तौड़ के राजपूतों के साथ (d) जोधपुर के राजपूतों के साथ

उत्तर *(a)*

व्याख्या रणथंभौर के 'हाड़ा राजपूत' राजाओं ने अकबर के साथ किसी भी प्रकार का वैवाहिक संबंध स्थापित नहीं किया था, किंतु फिर भी अकबर उनका बहुत सम्मान करता था। अकबर ने हाड़ा राजा राव सुरजन हाड़ा को 2 हजार का मनसब प्रदान किया था तथा उसे गढ़ कटंगा राज्य की जिम्मेदारी भी दी थी।

64 **अकबर के काल से संबंधित निम्नलिखित कथनों पर विचार कीजिए** *(Class-XI, Old NCERT)*

1. मेवाड़ और मारवाड़ के राजपूत शासकों ने मुगल प्रभुता को चुनौती दी।
2. हल्दीघाटी का युद्ध 1567 ई. में राणा प्रताप और मुगल सेना के बीच हुआ।
3. मारवाड़ शासक चंद्रसेन ने मुगलों को चुनौती दी और उनकी प्रभुता को स्वीकार नहीं किया।

उपर्युक्त में से कौन-सा/से कथन असत्य है/हैं?

(a) 1 और 2 (b) केवल 2 (c) 1, 2 और 3 (d) 1 और 3

उत्तर *(b)*

व्याख्या अकबर के काल के सन्दर्भ में कथन (2) असत्य है, क्योंकि हल्दीघाटी का प्रसिद्ध युद्ध 1576 ई. में लड़ा गया था, न कि वर्ष 1567 ई. में। यह युद्ध राणा प्रताप और अकबर की सेना के बीच हुआ था।

65 **हल्दीघाटी के युद्ध में महाराणा प्रताप की सेना के सेनापति कौन थे?**
(Chap 13, Class-XI, Old NCERT) (BPSC Pre 2015)

(a) अमर सिंह (b) मानसिंह
(c) हकीम खाँ (d) शक्ति सिंह

उत्तर *(c)*

व्याख्या हल्दीघाटी के युद्ध में महाराणा प्रताप की सेना का सेनापति हकीम खाँ था, वह एक अफगान सरदार था। 1576 ई. में राणा प्रताप एवं अकबर की सेना के मध्य हल्दीघाटी का युद्ध लड़ा गया था। इस युद्ध में मुगलों की सेना का नेतृत्व मानसिंह कर रहा था।

अकबर का साम्राज्य विस्तार

66 **अकबर के शासनकाल में सबसे गंभीर विद्रोह निम्नलिखित में से किस स्थान पर हुआ था?** *(Chap 13, Class-XI, Old NCERT)*

(a) बंगाल
(b) बिहार
(c) 'a' और 'b' दोनों
(d) अजमेर

उत्तर *(c)*

व्याख्या अकबर के शासनकाल में सबसे गंभीर विद्रोह बंगाल और बिहार में हुआ था। इस विद्रोह का मुख्य कारण जागीरदारों के घोड़ों को दागने की प्रणाली और उनकी आमदनी का कड़ा लेखा-जोखा था। इस विद्रोह के साथ कुछ उलेमा भी अकबर के उदारवादी विचारों से सहमत नहीं थे। काबुल के शासक और अकबर के एक भाई मिर्जा हकीम ने भी इस विद्रोह को प्रोत्साहित किया।

67 **अकबर के साम्राज्य विस्तार के संबंध में निम्नलिखित कथनों पर विचार कीजिए** *(Chap 13, Class-XI, Old NCERT)*

1. उसने राजा टोडरमल के नेतृत्व में एक सेना बंगाल और बिहार भेजी थी।
2. मिर्जा हकीम के विरुद्ध राजा मानसिंह को भेजा था।
3. अकबर ने 1580 ई. में काबुल पर आक्रमण किया था।

उपर्युक्त में से कौन-सा/से कथन असत्य है/हैं?

(a) 1 और 2 (b) 1 और 3
(c) केवल 3 (d) 1, 2 और 3

उत्तर *(c)*

व्याख्या अकबर के साम्राज्य विस्तार के संबंध में कथन (3) असत्य है, क्योंकि अकबर ने 1580 ई. में नहीं, बल्कि 1581 ई. में काबुल पर आक्रमण किया था, जिसका नेतृत्व अकबर तथा मानसिंह ने किया था।

68 **अकबर के प्रिय मित्र और सेनापति बीरबल की हत्या किस युद्ध में हुई थी?** *(Chap 13, Class-XI, Old NCERT)*

(a) बलूचिस्तान (b) सिंध
(c) कंधार (d) बिहार

उत्तर *(a)*

व्याख्या अकबर के प्रिय मित्र और सेनापति बीरबल की हत्या बलूचिस्तान के युद्ध के दौरान हुई थी। 1586 ई. में बीरबल को बलूचिस्तान में पख्तुन युसुफजाई कबीलों के विद्रोह को दबाने के लिए भेजा गया था। बीरबल के साथ जैन खान कोका भी अकबर की सेना में शामिल था।

69 **सूची I को सूची II से सुमेलित कीजिए**

(Chap 13, Class-XI, Old NCERT)

	सूची I (मुगल सूबेदार)		सूची II (क्षेत्र)
A.	मानसिंह	1.	बिहार
B.	मिर्जा अजीज कोका	2.	काठियावाड़
C.	मुनीम खाँ	3.	दक्कन
D.	कासिम खाँ	4.	कश्मीर

कूट

	A	B	C	D		A	B	C	D
(a)	1	2	3	4	(b)	2	3	1	4
(c)	4	3	2	1	(d)	3	2	1	4

उत्तर *(a)*

व्याख्या सही सुमेलन A-1, B-2, C-3, D-4 है।

मानसिंह को 1594 ई. में बिहार, बंगाल तथा उड़ीसा का सूबेदार नियुक्त किया गया था। इसने बिहार के रोहतास में अपना मुख्यालय बनाया।

मिर्जा अजीज कोका को अकबर ने (काठियावाड़) गुजरात पर विजय (1571 ई.) के बाद नए प्रांत का सूबेदार नियुक्त किया। इसे 1579 ई. में बिहार का गवर्नर नियुक्त किया गया था।

मुनीम खाँ को 1575 ई. में अकबर ने दक्कन की सूबेदारी सौंपी तथा 'खान-ए-खाना' की उपाधि प्रदान की।

कासिम खाँ, अकबर के शासनकाल में कश्मीर का गवर्नर (सूबेदार) था।

अकबर के सुधार

70 **अकबर के सुधारों के संबंध में कौन-सा कथन सत्य नहीं है?**

(Chap 13, Class-XI, Old NCERT)

(a) उसने जजिया कर को समाप्त कर दिया।
(b) उसने तीर्थयात्रा कर को पुनर्जीवित किया।
(c) उसने इबादतखाना की स्थापना की।
(d) उपर्युक्त सभी

उत्तर *(b)*

व्याख्या अकबर के सुधारों के संबंध में कथन (b) सत्य नहीं है, क्योंकि अकबर ने तीर्थयात्रा कर को पुनर्जीवित नहीं, बल्कि इसे 1563 ई. में पूर्ण रूप से समाप्त कर दिया था। अकबर ने 1564 ई. में गैर-मुसलमानों से वसूला जाने वाला धार्मिक कर, जजिया को भी समाप्त कर दिया और इबादतखाना की स्थापना की, जिसमें सभी धर्म के लोगों को विशेष स्थान दिया गया।

71 **अकबर के शासनकाल की निम्नलिखित घटनाओं को कालक्रमानुसार व्यवस्थित कीजिए** *(Chap 13, Class-XI, Old NCERT)* *(CGPSC Pre 2011) (BPSC Pre 2011)*

1. जजिया की समाप्ति
2. इबादतखाना का निर्माण
3. मजहर पर हस्ताक्षर
4. दीन-ए-इलाही की स्थापना

कूट

(a) 1, 2, 3, 4 (b) 2, 3, 4, 1
(c) 1, 3, 2, 4 (d) 3, 4, 1, 2

उत्तर *(a)*

व्याख्या अकबर के शासनकाल की घटनाओं का सही कालक्रम 1, 2, 3, 4 हैं।

अकबर के द्वारा जजिया कर की समाप्ति 1564 ई. में की गई। यह कर गैर-मुस्लिम जनता से वसूल किया जाता था।

इसके द्वारा इबादतखाने की स्थापना 1575 ई. में फतेहपुर सीकरी में की गई, जिसका उद्देश्य धार्मिक तथा दार्शनिक विषयों पर विचार-विमर्श करना था। अकबर ने 1579 ई. में मजहरनामा की घोषणा की। इसके द्वारा इसने समस्त धार्मिक मामलों को अपने हाथों में लिया। इसके अतिरिक्त अकबर ने 1582 ई. में दीन-ए-इलाही की स्थापना की। इसके अंतर्गत इसने सभी धर्मों के मूल सिद्धांतों को एक साथ लाने का प्रयास किया।

72 **अकबर की कल्याणकारी नीतियों को कालक्रमानुसार लगाइए**

(Chap 13, Class-XI, Old NCERT)

1. तीर्थयात्रा कर की समाप्ति
2. जजिया कर की समाप्ति
3. सती प्रथा पर रोक
4. शराब बिक्री पर रोक

कूट

(a) 1, 2, 3, 4 (b) 2, 1, 4, 3
(c) 4, 3, 2, 1 (d) 3, 2, 1, 4

उत्तर *(a)*

व्याख्या अकबर की कल्याणकारी नीतियों का सही कालक्रम 1, 2, 3, 4 है।
अकबर ने तीर्थयात्रा कर को 1563 ई. में समाप्त किया था।

1564 ई. में इसने जजिया कर की समाप्ति की घोषणा की थी। जजिया कर हिंदुओं पर लगाया जाता था।

16वीं शताब्दी के अंतिम दशक में अकबर ने सती प्रथा और शराब की बिक्री पर रोक लगा दी थी।

73 **अबुल फजल ने किसे 'फर्र-ए-ईजादी' कहकर संबोधित किया है?**

(Chap 13, Class-XI, Old NCERT)

(a) सच्चे बादशाह को (b) दैवी ज्ञान को
(c) फारसी साहित्य को (d) तैमूरी राजस्व को

उत्तर *(b)*

व्याख्या अबुल फजल ने दैवी ज्ञान को 'फर्र-ए-ईजादी' कहकर संबोधित किया। इसके अनुसार सच्चे बादशाह का पद बहुत जिम्मेदारी का पद माना जाता है, जो दैवी ज्ञान (फर्र-ए-ईजादी) पर निर्भर करता है। इसलिए अल्लाह और सच्चे बादशाह के मध्य कोई बाधा खड़ी नहीं कर सकता है।

74 **अकबर द्वारा अपनाई गई 'सुलह-ए-कुल' की नीति का शाब्दिक अर्थ क्या होता है?** *(Chap 13, Class-XI, Old NCERT)*

(a) सबका मालिक एक है (b) सबके लिए सलामती की नीति
(c) सबका धर्म एक-सा है (d) सर्व-सम्मान की नीति

उत्तर *(b)*

व्याख्या अकबर द्वारा अपनाई गई 'सुलह-ए-कुल' की नीति का शाब्दिक अर्थ- सबके लिए सलामती की नीति होता है। अकबर की यह नीति उसके उदारवादी विचारों को प्रतिबिंबित करती है। आरंभ में अकबर भले ही एक कट्टर मुसलमान था, परंतु कालांतर में उसके विचार बदल गए थे। वह ईश्वर के चिंतन में लगा रहता था, सभी धर्मों को सम्मान देने लगा था। इसी उद्देश्य से उसने 'सुलह-ए-कुल' की नीति को अपनाया।

75 **अकबर ने अपने दरबार में उदार विचारों वाले मेधावी व्यक्तियों का एक समूह एकत्रित किया था। निम्नलिखित में से कौन इनमें शामिल नहीं था?** *(Chap 13, Class-XI, Old NCERT)*

(a) अबुल फजल (b) फैजी
(c) महेशदास (d) बैरम खान

उत्तर *(d)*

व्याख्या अकबर ने अपने दरबार में उदार विचारों वाले मेधावी व्यक्तियों का एक समूह एकत्रित किया था, जिसमें बैरम खान शामिल नहीं था। मेधावी व्यक्तियों के समूह में अबुल फजल, फैजी, महेशदास (बीरबल), मुल्ला दो प्याजा, मानसिंह, अब्दुल रहीम खानखाना तानसेन रोडरमल, फकीर अजीउद्दीन शामिल थे। जबकि बैरम खान अकबर का संरक्षक था।

76 इबादतखाना के संबंध में निम्नलिखित कथनों पर विचार कीजिए *(Chap 13, Class-XI, Old NCERT)*

1. इसकी स्थापना आगरा में 1575 ई. में हुई थी।
2. यह लाल किले में स्थित था।
3. इसका शाब्दिक अर्थ 'प्रार्थना कक्ष' होता है।

उपर्युक्त में से कौन-सा/से कथन सत्य है/हैं?

(a) 1 और 2 (b) 1 और 3
(c) 2 और 3 (d) 1, 2 और 3

उत्तर *(b)*

व्याख्या इबादतखाना के संबंध में कथन (1) और (3) सत्य हैं। 1575 ई. में अकबर ने अपनी नई राजधानी फतेहपुर सीकरी में एक बड़ा कक्ष बनाया था, जिसे इबादतखाना (प्रार्थना कक्ष) कहा जाता था। इबादतखाना में वह धर्मत्वज्ञों, रहस्यवादियों और अपने दरबार के जाने माने विद्वानों और बौद्धिक जनों की गोष्ठियाँ आयोजित करता था। इबादतखाना में सभी धर्म के लोगों को शामिल किया गया था।
कथन (2) असत्य है, क्योंकि यह फतेहपुर सिकरी में स्थित है।

77 अकबर ने किस अधिकारी को 'मदद-ए-मआश' के वितरण में भ्रष्टाचार का दोषी पाए जाने पर सजा दी थी? *(Chap 13, Class-XI, Old NCERT)*

(a) अब्दुन्नबी खाँ (b) फैजी
(c) अबुल फजल (d) मुल्ला-दो-प्याजा

उत्तर *(a)*

व्याख्या 1575 ई. में अकबर ने अब्दुन्नबी खाँ को 'मदद-ए-मआश' (जमीन के वितरण के मामले में) भ्रष्टाचार और अत्याचार का दोषी पाया गया था, उसने अन्य भ्रष्ट तरीके से काफी संपत्ति जमा कर ली थी, जिसके लिए उसे सजा दी गई थी। वह एक धर्मांध व्यक्ति था। उसने शिक्षाओं तथा मथुरा के ब्राह्मणों को धार्मिक विश्वास के कारण मृत्युदंड दिया था, जिस कारण उसे अधिकारी पद से हटा दिया गया था।

78 अकबर के 'मजहर' के संबंध में निम्नलिखित कथनों पर विचार कीजिए *(Chap 13, Class-XI, Old NCERT)*

1. इसकी घोषणा 1579 ई. में हुई थी।
2. इसे 'समरथ की अमोघत्व का आदेश' कहा गया।
3. यह साम्राज्य की धार्मिक परिस्थितियों को स्थिरता प्रदान करने में सहायक सिद्ध हुआ।

उपर्युक्त में से कौन-सा/से कथन सत्य है/हैं?

(a) 1 और 2 (b) 1 और 3
(c) 2 और 3 (d) 1, 2 और 3

उत्तर *(d)*

व्याख्या अकबर के 'मजहर' के संबंध में सभी कथन सत्य हैं।
अकबर ने मजहर की घोषाणा 1579 ई. में की थी। इसे 'समरथ की अमोघत्व का आदेश' कहा गया। मजहर के माध्यम से साम्राज्य की धार्मिक परिस्थितियों को स्थिरता प्रदान करने में काफी सहायता मिली थी।

79 गोवा चर्च प्राधिकारियों ने 1595 ई. में जिन पादरियों को अकबर के पास ईसाई धर्म से संबंधित उसकी जिज्ञासाओं को पूर्ण करने के लिए भेजा, उनके संबंध में क्या सही है/हैं? *(Chap 13, Class-XI, Old NCERT) (CGPSC Pre 2023)*

1. यह गोवा चर्च प्राधिकारियों द्वारा अकबर के दरबार में भेजा गया तीसरा मिशन था।
2. यह मिशन अकबर से लाहौर में मिला।
3. इस मिशन में एंटोनियो मान्सरेट शामिल थे।

कूट

(a) केवल 1 (b) 1 और 2
(c) 1 और 3 (d) 1, 2 और 3

उत्तर *(d)*

व्याख्या प्रश्नानुसार, गोवा चर्च प्राधिकारियों के संबंध में सभी कथन सही हैं। गोवा चर्च प्राधिकारियों द्वारा 1595 ई. में पादरियों को अकबर के दरबार में भेजा गया यह तीसरा मिशन था। यह मिशन अकबर से लाहौर में मिला था। इस मिशन के सदस्यों में एंटोनियो मान्सरेट भी सम्मिलित थे। पुर्तगाली पादरी अक्वावीवी भी इस मिशन में शामिल थे। 1597 ई. में लाहौर में चर्च बनवाया गया तथा 1601 ई. में अकबर के दरबार द्वारा जारी फरमान से ईसाई धर्म के अनुयायियों को शहर में धार्मिक क्रियाकलापों की छूट प्राप्त हो गई थी।

80 अकबर की भू-राजस्व नीति के संदर्भ में निम्नलिखित कथनों पर विचार कीजिए *(Chap 13 & 16, Class-XI, Old NCERT)*

1. राजस्व निर्धारण की प्रणाली को 'जब्ती' कहा जाता था।
2. 'बटाई' या 'गल्ला-बख्शी' राजस्व निर्धारण की अन्य प्रणाली थी।
3. राजस्व निर्धारण की एक प्रणाली 'नसक' भी थी।
4. करोरी भू-राजस्व की वसूली करने वाले अधिकारी थे।

उपर्युक्त कथनों में से कौन-से कथन सत्य हैं?

(a) 1 और 2 (b) 2 और 3
(c) 1, 2 और 3 (d) 1, 2, 3 और 4

उत्तर *(d)*

व्याख्या अकबर की भू-राजस्व नीति के संदर्भ में सभी कथन सत्य हैं।
अकबर की भू-राजस्व निर्धारण की प्रणाली को जब्ती कहा जाता है। दहसाला प्रणाली जब्ती प्रणाली का ही सुधरा हुआ रूप था।
अकबर के शासनकाल में भू-राजस्व निर्धारण की एक अन्य प्रणाली 'बटाई' या 'गल्ला-बख्शी' प्रचलित थी। इस प्रणाली के अंतर्गत उपज को किसानों तथा राज्य के बीच निर्धारित अनुपात में बाँट दिया जाता था।
अकबर के शासनकाल में 'नसक' नामक भू-राजस्व प्रणाली का भी प्रचलन था। इस प्रणाली के अंतर्गत फसलों के निरीक्षण व पूर्वानुमान के आधार पर पूरे गाँव के लिए कर का निर्धारण कर दिया जाता था।
करोरी भू-राजस्व की वसूली करने वाले अधिकारी थे। इन्हें एक करोड़ 'दाम' वसूल करने की जिम्मेदारी सौंपी गई थी।

81 मुगलकाल में भूमि की स्थिति के आधार पर प्रचलित नाम के संदर्भ में सूची I को सूची II के साथ सुमेलित कीजिए *(Chap 13, Class-XI, Old NCERT) (Chap 8, Class-XII, New NCERT)*

	सूची I		सूची II
A.	नियमित रूप से कृषि की जाने वाली भूमि	1.	परती
B.	एक या दो वर्ष खाली छोड़ने के बाद खेती करना	2.	पोलज
C.	तीन से चार वर्ष परती रहना	3.	बंजर
D.	चार से पाँच वर्ष या इससे अधिक वर्ष वाली परती भूमि	4.	चाचर

कूट

	A	B	C	D
(a)	1	2	3	4
(b)	2	1	4	3
(c)	2	1	3	4
(d)	1	2	4	3

उत्तर *(b)*

व्याख्या सही सुमेलन A-2, B-1, C-4, D-3 है।
बादशाह अकबर ने अपनी गहरी दूरदर्शिता के साथ जमीन का वर्गीकरण किया और प्रत्येक प्रकार की भूमि के लिए भिन्न-भिन्न राजस्व निर्धारित किए। पोलज वह जमीन थी, जिस पर नियमित रूप से कृषि की जाती थी।
परती जमीन वह थी, जिस पर एक या दो वर्ष खाली छोड़कर पुन: खेती की जाती थी। ऐसा भूमि की उर्वरता को वापस लाने के लिए किया जाता था।
चाचर वह भूमि थी, जो तीन या चार वर्षों तक खाली रहती थी।
बंजर वह भूमि थी, जिसे चार से पाँच वर्ष या इससे अधिक परती छोड़ा दिया जाता था।

82 'तौहीद-ए-इलाही' के संबंध में निम्नलिखित कथनों पर विचार कीजिए *(Chap 13, Class-XI, Old NCERT)*

1. यह हिंदू, ईसाई, पारसी धर्म का मिश्रण था।
2. इसका अर्थ एक ईश्वरवाद होता है।
3. इसमें अकबर का प्रिय सिद्धांत 'अल्लाह-हू-अकबर' शामिल था।

उपर्युक्त में से कौन-सा/से कथन सत्य है/हैं?

(a) 1 और 2 (b) 1 और 3 (c) 2 और 3 (d) 1, 2 और 3

उत्तर (d)

व्याख्या 'तौहीद-ए-इलाही' के संबंध में सभी कथन सत्य हैं।
'तौहीद-ए-इलाही' में हिंदू, ईसाई, पारसी आदि सभी धर्म सम्मिलित थे। इसका अर्थ-एक ईश्वरवाद होता है अर्थात् एक ईश्वर के प्रति आस्था से है। इसमें अकबर का प्रिय सिद्धांत 'अल्लाह हू अकबर' शामिल था। यह वास्तव में सूफीमत जैसा पंथ था।

83 अकबर के सामाजिक सुधारों के संबंध में कौन-सा कथन सत्य है?

(a) उसने सती प्रथा समाप्त कर दी। *(Chap 13, Class-XI, Old NCERT)*
(b) विधवा विवाह को कानूनी समर्थन दिया।
(c) विवाह की आयु को बढ़ाकर लड़कियों के मामले में 14 वर्ष तथा लड़कों के लिए 16 वर्ष कर दिया
(d) उपर्युक्त सभी

उत्तर (d)

व्याख्या अकबर के सामाजिक सुधारों के संबंध में सभी कथन सत्य हैं। अकबर ने समाज में प्रचलित सती प्रथा पर रोक लगा दी। उसने विधवा विवाह को भी मान्यता दी, ताकि सती होने की आवश्यकता ही न पड़े। अकबर ने विवाह की आयु को बढ़ाकर लड़कियों के लिए 14 वर्ष तथा लड़कों के लिए 16 वर्ष कर दिया था।

जहाँगीर

84 जहाँगीर के संबंध में कौन-सा कथन सत्य नहीं है?

(a) वह अकबर का ज्येष्ठ पुत्र था। *(Chap 15, Class-XI, Old NCERT)*
(b) उसके बचपन का नाम सलीम था।
(c) उसके भाई खुसरो ने जहाँगीर के विरुद्ध विद्रोह किया था।
(d) उपर्युक्त में से कोई नहीं

उत्तर (c)

व्याख्या जहाँगीर के संबंध में कथन (c) सत्य नहीं है, क्योंकि खुसरो जहाँगीर का भाई नहीं, बल्कि पुत्र था। अकबर का उत्तराधिकारी जहाँगीर 1605 ई. में मुगल शासक बना, उसके सत्ताहीन होने के कुछ ही समय पश्चात् लगभग 1606 ई. में उसके ज्येष्ठ पुत्र खुसरो ने अपने ही पिता जहाँगीर के विरुद्ध सत्ता प्राप्ति के लिए विद्रोह प्रारंभ कर दिया। खुसरो और जहाँगीर की सेना के मध्य जालंधर के भैरवाल मैदान में युद्ध हुआ, जिसमें खुसरो की पराजय के उपरांत उसे पकड़कर जेल में डाल दिया गया।

85 जहाँगीर द्वारा साम्राज्य विस्तार के संबंध में निम्नलिखित कथनों पर विचार कीजिए *(Chap 15, Class-XI, Old NCERT)*

1. जहाँगीर ने मेवाड़ के साथ चार दशकों से चले आ रहे संघर्ष को समाप्त कर दिया।
2. जहाँगीर ने मानसिंह को बंगाल का सूबेदार बनाकर भेजा था।
3. जहाँगीर ने इस्लाम खाँ को 1600 ई. में बंगाल की जिम्मेदारी सौंपी थी।

उपर्युक्त में से कौन-सा/से कथन सत्य है/हैं?

(a) 1 और 2
(b) 2 और 3
(c) 1 और 3
(d) 1, 2 और 3

उत्तर (d)

व्याख्या जहाँगीर द्वारा साम्राज्य विस्तार के संबंध में सभी कथन सत्य हैं। जहाँगीर का शासनकाल 1605 ई. से 1627 ई. तक रहा। इसका काल मुगल साम्राज्य में चित्रकला का 'स्वर्णिम काल' माना जाता है, हालाँकि जहाँगीर ने इस दौरान अपने सैन्य अभियान से मुगल सत्ता का विस्तार भी किया, जिनमें मेवाड़ की विजय महत्त्वपूर्ण थी, क्योंकि यह मुगलों के लिए पिछले चार दशकों से इसकी विजय हेतु प्रयास व संघर्ष किए जा रहे थे।
मेवाड़ विजय, जहाँगीर की एक प्रमुख सैन्य उपलब्धि मानी जाती है। बंगाल के क्षेत्र में कई अफगान सरदार मुगलों के लिए संकट बन गए थे, जिनमें मूसा खाँ, बारह भुइयाँ खाँ आदि महत्त्वपूर्ण थे। इन्होंने बंगाल के विभिन्न क्षेत्रों; जैसे-ढाका, सोनारगाँव पर अधिकार कर लिया था, जिसके कारण जहाँगीर ने मानसिंह को बंगाल का सूबेदार बनाकर भेजा, किंतु स्थिति नियंत्रण में नहीं आई तत्पश्चात् जहाँगीर ने 1600 ई. में इस्लाम खाँ को वहाँ का सूबेदार बनाकर भेजा, जिसने इन सभी क्षेत्रों पर पुन: अधिकार स्थापित किया।

86 नूरजहाँ के संबंध में निम्नलिखित में से कौन-सा कथन सत्य नहीं है? *(Chap 15, Class-XI, Old NCERT)*

(a) जहाँगीर ने 1611 ई. में नूरजहाँ से निकाह किया था।
(b) पूर्व में वह शेर अफगान नामक ईरानी की पत्नी थी।
(c) उसके पिता एत्माद्दुदौला मुगल दीवान थे।
(d) उसके भाई आसफ खाँ को मीर बक्शी बनाया गया था।

उत्तर (d)

व्याख्या नूरजहाँ के संबंध में कथन (d) सत्य नहीं है, क्योंकि आसफ खाँ को 'मीर बक्शी' (सैन्य विभाग) नहीं, बल्कि 'खान-ए-सामा' बनाया गया था। नूरजहाँ का वास्तविक नाम मेहरुन्निसा था तथा इसके पिता एत्माद्दुदौला, मुगलों के दीवान थे। इसके प्रथम पति का नाम शेर अफगान था, जिसकी मृत्यु के बाद नूरजहाँ का विवाह 1611 ई. में जहाँगीर से हुआ।

87 खुर्रम के विद्रोह को समाप्त करने के लिए जहाँगीर ने किसे भेजा था? *(Chap-15, Class-XI, Old NCERT)*

(a) आसफ खाँ को
(b) महावत खाँ को
(c) मलिक अंबर को
(d) एत्माद्दुदौला को

उत्तर (b)

व्याख्या खुर्रम द्वारा अपने ही पिता जहाँगीर के विरुद्ध प्रारंभ किए गए विद्रोह को समाप्त करने के लिए जहाँगीर ने महावत खाँ को भेजा था, जिसने खुर्रम को पराजित किया। अंतत: 1626 ई. में विद्रोह समाप्त हुआ और पिता-पुत्र में समझौता हो गया।

शाहजहाँ

88 शाहजहाँ के संबंध में कौन-सा कथन सत्य नहीं है?

(Chap 15, Class-XI, Old NCERT)

(a) उसने कंधार अभियान किया था।
(b) वह जहाँगीर का ज्येष्ठ पुत्र था।
(c) शाहजहाँ का शासनकाल 1628-58 ई. तक था।
(d) उपर्युक्त में से कोई अभियान नहीं

उत्तर *(b)*

व्याख्या शाहजहाँ के संबंध में कथन (b) सत्य नहीं है, क्योंकि शाहजहाँ, जहाँगीर का पुत्र था, परंतु जहाँगीर का ज्येष्ठ पुत्र शाहजहाँ न होकर खुसरो था। शाहजहाँ का शासनकाल (1628-58 ई.) परिवर्तनों और हलचलों का काल था। शाहजहाँ ने उत्तराधिकार के लिए विद्रोह किया और उसमें सफल रहा तथा मुगल वंश की सत्ता प्राप्त की।

89 शाहजहाँ के शासनकाल की महत्त्वपूर्ण घटनाओं के संबंध में निम्नलिखित कथनों पर विचार कीजिए

(Chap 15, Class-XI, Old NCERT)

1. बुखारा और बल्ख पर नजर मुहम्मद ने अधिकार कर लिया था।
2. अब्दुल अजीज ने जहाँगीर के विरुद्ध विद्रोह कर दिया।

उपर्युक्त में से कौन-सा/से कथन असत्य है/हैं?

(a) केवल 1 (b) केवल 2
(c) 1 और 2 (d) न तो 1 और न ही 2

उत्तर *(b)*

व्याख्या शाहजहाँ के शासनकाल में घटित होने वाली घटनाओं के संबंध में कथन (2) असत्य है, क्योंकि नजर मुहम्मद के पुत्र अब्दुल अजीज ने अपने ही पिता के विरुद्ध विद्रोह कर दिया और इसमें उसने जहाँगीर से सहायता की माँग की थी। जहाँगीर ने उसकी सहायता कर बुखारा और बल्ख के क्षेत्र पर अधिकार स्थापित किया।

90 शाहजहाँ ने मुगलों के 'वतन' को जीतने की इच्छा प्रकट की। यह 'वतन' कौन-सा था?

(Chap 15, Class-XI, Old NCERT)

(a) समरकंद और फरगना
(b) काबुल और बल्ख
(c) कंधार और बलूचिस्तान
(d) खुरासान और कंधार

उत्तर *(a)*

व्याख्या शाहजहाँ द्वारा मुगलों के 'वतन' समरकंद और फरगना को जीतने की इच्छा से प्रेरित था, क्योंकि मुगल दरबार में इसकी चर्चा अकसर होती रहती थी। साथ ही शाहजहाँ का उद्देश्य यह भी था कि इन क्षेत्रों में कोई मित्र शासक हो, जो काबुल की सीमा से लगे क्षेत्रों में अफगानी कबीलों को नियंत्रण में रखे।

औरंगजेब

91 शाहजहाँ के पश्चात् हुए उत्तराधिकार के युद्ध में कौन विजयी रहा?

(Chap 18, Class-XI, Old NCERT)

(a) दाराशिकोह (b) औरंगजेब
(c) शूजा (d) सुलेमान

उत्तर *(b)*

व्याख्या शाहजहाँ के पश्चात् हुए उत्तराधिकार के युद्ध में औरंगजेब विजयी रहा था। शाहजहाँ के बीमार पड़ने और मृत्यु की अफवाह के उपरांत उसके पुत्रों दाराशिकोह और औरंगजेब के मध्य तीन उत्तराधिकार के युद्ध हुए थे, जिसमें औरंगजेब ने अपनी कूटनीति एवं सैन्य क्षमता का प्रदर्शन करते हुए दाराशिकोह को धरमट के युद्ध (15 अप्रैल 1658) में पराजित किया था।

92 सामूगढ़ का युद्ध किनके बीच में संपन्न हुआ था?

(Chap 18, Class-XI, Old NCERT)

(a) दाराशिकोह और औरंगजेब
(b) सुलेमान शिकोह और शूजा
(c) औरंगजेब और शूजा
(d) दाराशिकोह और सुलेमान

उत्तर *(a)*

व्याख्या सामूगढ़ का युद्ध दूसरा उत्तराधिकार का युद्ध था, जोकि 29 मई, 1658 को औरंगजेब और दाराशिकोह के मध्य हुआ था। इस युद्ध में भी दाराशिकोह की हार हुई।

उत्तराधिकार के युद्ध का मुख्य कारण मुगल सत्ता को प्राप्त करना था। शाहजहाँ अपने बड़े पुत्र दाराशिकोह को गद्दी देना चाहता था, परंतु औरंगजेब को यह मंजूर नहीं था, अत: उसने शाहजहाँ को आगरा के किले में कैद कर दिया और दाराशिकोह से युद्ध किया।

93 औरंगजेब के संबंध में निम्नलिखित कथनों में कौन-सा कथन सत्य नहीं है?

(Chap 18, Class-XI, Old NCERT)

(a) उसने शहजादा मुअज्जम को 12 वर्षों तक जेल में कैद रखा।
(b) उसका व्यक्तिगत जीवन बहुत साधारण था।
(c) उसकी ख्याति एक धार्मिक उदारवादी बादशाह के रूप में थी।
(d) उपर्युक्त में से कोई नहीं

उत्तर *(c)*

व्याख्या औरंगजेब के संबंध में कथन (c) सत्य नहीं है, क्योंकि औरंगजेब की ख्याति एक धार्मिक उदारवादी बादशाह के रूप में न होकर एक कट्टरतावादी शासक के रूप में थी। उसके धार्मिक विचार रूढ़िवादी थे। वह दार्शनिक रहस्यवाद में रुचि नहीं रखता था। उसने अपने साम्राज्य में मुस्लिम कानून (शरिया) को मजबूती से लागू किया, इसके लिए उसने मुहतसिब को नियुक्त किया, जिसका कार्य लोगों को शरिया कानून के अनुसार चलने के लिए निर्देशित करना होता था। इसने हिंदुओं पर जजिया कर पुन: लगा दिया था।

94 औरंगजेब के संबंध में निम्नलिखित कथनों पर विचार कीजिए

(Chap 18, Class-XI, Old NCERT)

1. उसने कश्मीर से लेकर जिंजी तथा हिंदूकुश से लेकर चटगाँव तक साम्राज्य का विस्तार किया।
2. उसे 'जिंदा पीर' के नाम से जाना जाता है।
3. उसने अपने शासन में 'हनीफ' कानून को अपनाया था।

उपर्युक्त में से कौन-सा/से कथन सत्य हैं?

(a) 1 और 2 (b) 1 और 3
(c) 2 और 3 (d) 1, 2 और 3

उत्तर *(d)*

व्याख्या औरंगजेब के संबंध में सभी कथन सत्य हैं।

औरंगजेब लगभग 50 वर्षों (1658-1707 ई.) तक मुगल सत्ता पर काबिज रहा, इसके शासनकाल में मुगल साम्राज्य का सर्वाधिक विस्तार हुआ। इसके शासनकाल में मुगल साम्राज्य अपनी पराकाष्ठा पर पहुँच गया, जो उत्तर में कश्मीर से दक्षिण में जिंजी तक तथा पश्चिम में हिंदूकुश से पूर्व में चटगाँव तक फैला हुआ था।

यह औरंगजेब को सशक्त और कर्मठ शासक के रूप में प्रस्तुत करता है, परंतु वह धार्मिक दृष्टिकोण से कट्टरतावादी था। हिंदुओं के विरुद्ध अनेक धार्मिक अत्याचार और मुस्लिम आस्था का अत्यधिक समर्थन करने के कारण उसे 'जिंदा पीर' कहा जाता था। साथ ही उसने शासन व्यवस्था में मुस्लिम कानून की 'हनीफ' व्याख्या को अपनाया, जिसका पालन भारत में पारंपरिक रूप से किया जा रहा था।

95 औरंगजेब की धार्मिक नीति के संबंध में निम्नलिखित कथनों पर विचार कीजिए *(Chap 18, Class-XI, Old NCERT)*

1. उसने अपने शासनकाल में सिक्कों पर कलमा की खुदाई करने का निषेध कर दिया।
2. उसने नौरोज के त्योहार की मनाही कर दी।
3. सभी सूबों में मुहतसिब की नियुक्ति पर पाबंदी लगा दी।

उपर्युक्त में से कितने कथन असत्य है/हैं?

(a) केवल एक (b) केवल दो
(c) सभी तीन (d) इनमें से कोई नहीं

उत्तर *(a)*

व्याख्या औरंगजेब की धार्मिक नीति के संबंध में केवल कथन एक अर्थात् कथन (3) असत्य है, क्योंकि औरंगजेब ने सूबों में मुहतसिब नियुक्त किए, जिनका कार्य यह था कि वे लोगों को शरा (धार्मिक कानून) के अनुसार जीवन व्यतीत करने को निर्देशित करें।

96 औरंगजेब की धार्मिक नीति का वर्णन करने वाली पुस्तक 'मआसिर-ए-आलमगिरि' की रचना किसने की थी? *(Chap 18, Class-XI, Old NCERT)*

(a) खफी खाँ (b) अब्बास खाँ सरबानी
(c) मुस्तैद खाँ (d) बर्नियर

उत्तर *(c)*

व्याख्या औरंगजेब की धार्मिक नीति का वर्णन करने वाली पुस्तक 'मआसिर-ए-आलमगिरि' की रचना मुस्तैद खाँ ने की थी। इसमें औरंगजेब के द्वारा मंदिर तोड़ने का हुक्म व तोड़े जाने वाले मंदिरों तथा हिंदुओं के प्रति अपनाए जाने वाले धर्मांध निर्णयों का वर्णन मिलता है।

97 औरंगजेब की धार्मिक-सामाजिक नीतियों के संबंध में निम्नलिखित कथनों पर विचार कीजिए *(Chap18, Class-XI, Old NCERT)*

1. उसने जजिया कर को पुनः लागू किया था।
2. उसने 'अबवाव' नामक एक नया शुल्क अनिवार्य कर दिया था।
3. हिंदू जजिया कर को भेदभाव का द्योतक मानते थे।

उपर्युक्त में से कितने कथन सत्य हैं?

(a) केवल एक
(b) केवल दो
(c) सभी तीन
(d) उपर्युक्त में से कोई नहीं

उत्तर *(b)*

व्याख्या औरंगजेब की धार्मिक-सामाजिक नीतियों के संबंध में दो कथन (1) और (3) सत्य हैं। औरंगजेब दूसरे धर्म के अनुयायियों के प्रति धर्मांध व्यवहार अपनाता था, जिसका परिचय उसके द्वारा मंदिरों के प्रति व्यवहार तथा पुनः जजिया कर लगाए जाने से लगाया जा सकता है। अकबर ने जजिया कर को समाप्त कर दिया था, परंतु औरंगजेब ने पुनः इसे 1679 ई. में लागू कर दिया।

शरिया के अनुसार, मुस्लिम राज्य में गैर-मुसलमानों को जजिया कर अदा करना अनिवार्य था, जिसका पालन औरंगजेब ने किया और इसे लागू किया। हिंदू जजिया कर को भेदभाव का द्योतक मानते थे। इतिहासकारों के अनुसार, यह कोई आर्थिक दबाव नहीं था, बल्कि हिंदुओं को इस्लाम कबूल करने पर मजबूर करने का प्रयास था।

कथन (2) असत्य है, क्योंकि औरंगजेब ने 'अबवाव' नामक शुल्क को अनिवार्य नहीं किया था और न ही इसका प्रावधान शरियत में था।

अध्याय 19

मुगलकालीन प्रशासन, समाज, आर्थिक एवं कला

मुगलकालीन प्रशासन, समाज, आर्थिक एवं कला

प्रशासनिक व्यवस्था

केंद्रीय प्रशासन
- अत्यधिक केंद्रीकृत शासन, जाँच और संतुलन की एक प्रणाली लागू
- सम्राट को दैवीय रूप मानना; वजीर को नागरिक तथा सैन्य शक्तियाँ दोनों प्राप्त

प्रांतीय प्रशासन
- साम्राज्य 15 सूबों (प्रांतों) में विभाजित; सूबा के गवर्नर, सूबेदार सीधे सम्राट द्वारा नियुक्त; लोगों तथा सेना के कल्याण के लिए जिम्मेदार;
- दीवान द्वारा सहायता प्रदान;
- राजस्व विभाग का प्रमुख, बख्शी घोड़ों की जाँच तथा निरीक्षण के लिए जिम्मेदार

स्थानीय प्रशासन
- **सरकार** (जिला) फौजदार कार्यकारी प्रमुख;
- राजस्व संग्रहकर्ता अमलगुजार;
- परगना सरकार के नीचे की प्रशासनिक इकाई; शिकदार की अध्यक्षता में आमिल-राजस्व संग्रह;

मौद्रिक प्रशासन
- अकबर ने अशर्फी नामक सोने के सिक्के चलवाए; सिक्कों पर शासक की प्रशंसा करते हुए फारसी कविता अंकित करने की प्रथा आरंभ

राजस्व प्रशासन
- भू-राजस्व मुख्य स्रोत; मुसलमानों पर जकात कर, हिंदुओं पर जजिया कर और खुम्स (लूट) राजस्व के स्रोत

समाज एवं अर्थव्यवस्था

मुगलकालीन समाज
- मुगलकालीन समाज मुख्य रूप से निम्न, मध्य और उच्च तीन वर्गों में बँटा हुआ था
- निम्न या जनसाधारण वर्ग में किसान, मजदूर, दस्तकार, नौकर, दास, भिखारी आदि शामिल
- मध्य वर्ग में व्यापारी, वैध, लेखक, मध्य स्तरीय अधिकरी, आर्थिक नेता आदि शामिल
- उच्च वर्ग में शासक वर्ग के लोग शामिल
- ग्रामीण जीवन प्रणाली के लोगों का मुख्य आहार चावल, मोटे अनाज और दालें थीं। (डच यात्री फ्रैंसिस्को पैलसर्ट के अनुसार)

केंद्रीय प्रशासन में महत्त्वपूर्ण अधिकारी
- दीवान-ए-कुल शाही खजाने की निगरानी करता या सभी खातों की जाँच करता
- **मीर बख्शी** सैन्य तथा खूफिया प्रमुख;
- **मीरसामाँ** शाही कारखाने का प्रभारी अधिकारी;

सद्र-उस-सुदूर धार्मिक विभाग का प्रमुख काजी-उल-कुजात न्यायिक विभाग का प्रमुख

न्याय व्यवस्था
- इस्लामिक न्याय प्रणाली का अनुसरण
- नागरिक मामलों के लिए अलग व्यक्तिगत कानून और आपराधिक मामलों के लिए इस्लामिक कानून

कला एवं संस्कृति

चित्रकारी
- लघु चित्रकला और छायाचित्रों का विकास; दरबार, युद्ध के दृश्यों और जानवरों को चित्रित करने वाले नए विषयों की शुरुआत; पुर्तगाली पादरियों द्वारा मुगल दरबार में यूरोपीय चित्रकला की शुरुआत; अकबर के दो प्रसिद्ध चित्रकार दसवंत और बसावन
- जहाँगीर के अधीन छाया चित्रकारी और जानवरों के चित्रांकन में विशेष प्रगति

साहित्य
- फारसी भाषा का विकास, बाबरनामा-बाबर की आत्मकथा, गुलबदन बेगम द्वारा लिखित हुमायूँनामा, अबुल फजल द्वारा लिखित अकबरनामा, तुजुक-ए-जहाँगीरी; जहाँगीर की आत्मकथा, पादशाहनामा जहाँगीर के शासन का विस्तृत वर्णन

संगीत
- तानसेन अकबर के दरबार के नवरत्नों में से एक; अनेक रागों की खोज की

कला और स्थापत्य
- बल्बनुमा गुंबद की शुरुआत, पतली मीनारें, बड़े हॉल, बड़े गुंबददार प्रवेश द्वार और बारीक अलंकरण, हुमायूँ का मकबरा, आगरा का किला, फतेहपुर सीकरी बुलंद दरवाजा और पंचमहल अकबर के शासनकाल के दौरान बनाए गए थे;
- शाहजहाँ ने लाल किला, जामा मस्जिद और ताजमहल के निर्माण का आदेश

SOURCE Old NCERT Class XI भारत में सांस्कृतिक विकास (तेरहवीं से पंद्रहवीं सदी तक), मुगल साम्राज्य का दृढ़ीकरण (अकबर का काल), सत्रहवीं सदी के पूर्वार्द्ध में भारत, मुगलों के अधीन आर्थिक तथा सामाजिक जीवन, सांस्कृतिक तथा धार्मिक गतिविधियाँ, New NCERT Class VII मुगल साम्राज्य, New NCERT Class XII किसान, जमींदार और राज्य, Tamil Nadu Board Class XI मुगल साम्राज्य, NIOS Module-2 मुगल शासन की स्थापना, प्रशासनिक प्रणाली और संस्थाएँ, अर्थव्यवस्था, मध्यकालीन भारत में सांस्कृतिक विकास

मुगलकालीन प्रशासनिक व्यवस्था

1 मुगलकालीन भू-राजस्व के संबंध में निम्नलिखित कथनों पर विचार कीजिए *(Chap 8, Class-XII, New NCERT)*

1. अकबर ने वार्षिक राजस्व निर्धारण की प्रणाली फिर से आरंभ की।
2. कानूनगो नामक अधिकारी वास्तविक खेती की स्थिति की जानकारी बादशाह को भेजता था।
3. अकबर के काल में पूरे उत्तर भारत में 'करोरी' नाम से जानने वाले अमले भर्ती किए गए।

उपर्युक्त में से कौन-सा/से कथन सत्य है/हैं?

(a) 1 और 2 (b) 2 और 3 (c) 1, 2 और 3 (d) 1 और 3

उत्तर (c)

व्याख्या मुगलकालीन भू-राजस्व के संबंध में सभी कथन सत्य हैं।

गुजरात विजय (1571 ई.) के पश्चात् अकबर ने प्रशासनिक समस्याओं का समाधान करते हुए वार्षिक राजस्व निर्धारण की प्रणाली को फिर से आरंभ किया, जो हुमायूँ के समय बंद हो गई थी।

कानूनगो (अधिकारी) ने लोगों को, जो जमीन के वंशानुगत जोतदार और साथ ही स्थानीय परिस्थितियों से भली-भाँति अवगत थे, आदेश दिया गया था कि वे वास्तविक उपज, खेती की स्थिति, स्थानीय कीमतों आदि के विषय में जानकारी भेजें।

अकबर ने 1573 ई. में उत्तर भारत में 'करोरी' नाम से जानने वाले अमले भर्ती किए। इनमें से प्रत्येक को एक करोड़ 'दाम' वसूल करने की जिम्मेदारी सौंपी गई।

2 'दहसाला' पद्धति के संबंध में कौन-सा कथन सत्य नहीं है? *(Chap 13, Class-XI, Old NCERT)*

(a) इसे हुमायूँ ने प्रारंभ किया था।
(b) इस प्रणाली के अनुसार पिछले दस साल का हिसाब लगाया जाता था।
(c) औसत उपज का एक तिहाई भाग राज्य का हिस्सा तय किया गया।
(d) उपर्युक्त में से कोई नहीं

उत्तर (a)

व्याख्या 'दहसाला' पद्धति के संबंध में कथन (a) सत्य नहीं है, क्योंकि दहसाला पद्धति की शुरुआत हुमायूँ ने नहीं, बल्कि अकबर ने प्रारंभ की थी। कानूनगो नामक अधिकारी से प्राप्त जानकारी के आधार पर दहसाला (दससाला) की शुरुआत 1580 ई. में हुई थी।

इस प्रणाली के अंतर्गत पिछले दस (दह) साल के दौरान अलग-अलग फसलों की औसत उपजों और उनकी औसत कीमतों का हिसाब लगाया गया। औसत उपज का एक तिहाई भाग राज्य का हिस्सा तय किया गया, लेकिन राजस्व की माँग नकद के रूप में सामने रखी गई।

3 मुगलकाल के संदर्भ में निम्नलिखित कथनों पर विचार कीजिए *(Chap 8, Class - XII, New NCERT)*

1. जमींदार वर्ग के लिए 'मुजरियान' शब्द का प्रयोग किया जाता था।
2. वे खेतिहर जो दूसरे गाँवों में ठेके पर खेती करते थे, पाहि काश्त कहलाते थे।

उपर्युक्त कथनों में से कौन-सा/से कथन सही है/हैं?

(a) केवल 1 (b) केवल 2
(c) 1 और 2 दोनों (d) न तो 1 और न ही 2

उत्तर (b)

व्याख्या मुगलकाल के संदर्भ में कथन (2) सही है। मुगलकाल के वे खेतिहर जो दूसरे गाँवों में ठेके पर खेती करते थे, पाहि काश्त कहलाते थे। 17वीं शताब्दी से प्राप्त स्रोतों के अनुसार दो प्रकार के किसानों का वर्णन मिलता है—खुद काश्त और पाहि-काश्त। खुद काश्त वे किसान थे, जो उन्हीं गाँवों में रहतें थे, जिनमें उनकी जमीन थी।

कथन (1) सही नहीं है, क्योंकि मुगल काल में 'मुजरियान' शब्द का प्रयोग जमींदार वर्ग के लिए नहीं, बल्कि भारतीय-फारसी किसान के लिए किया जाता था।

4 'गल्ला-बख्शी' प्रणाली के संबंध में निम्नलिखित कथनों पर विचार कीजिए *(Chap 8, Class-XII, New NCERT)*

1. इसे बँटाई प्रणाली के नाम से भी जाना जाता है।
2. इस प्रणाली में उपज निर्धारित अनुपात में किसानों और राज्य में नहीं बाँटी जाती थी।
3. इस प्रणाली को बहुत न्यायपूर्ण माना जाता था।

उपर्युक्त में से कौन-सा/से कथन सत्य है/हैं?

(a) 1 और 3 (b) 1 और 2
(c) 1, 2 और 3 (d) केवल 2

उत्तर (a)

व्याख्या 'गल्ला-बख्शी' प्रणाली के संबंध में कथन (1) और (3) सत्य हैं। अकबर के शासनकाल में राजस्व निर्धारण की प्रणालियों का प्रयोग किया जाता था तथा सबसे पुरानी प्रणाली का नाम 'बँटाई' या 'गल्ला-बक्शी' था।

इस प्रणाली को बहुत न्यायपूर्ण माना जाता था, लेकिन इसके लिए फसल की कटनी के समय या उसके पकते समय ईमानदार सरकारी आमलों की पूरी एक फौज की मौजूदगी की आवश्यकता रहती थी।

कथन (2) असत्य है, क्योंकि इस प्रणाली में उपज निर्धारित अनुपात में किसानों और राज्यों के मध्य बाँट दी जाती थी। फसल बोने के बाद या काटकर बोझा बाँधने के बाद अथवा जब खेत में खड़ी होती थी, उसी समय बाँट ली जाती थी।

5 अहदियों के संदर्भ में निम्नलिखित कथनों पर विचार कीजिए *(Chap 15, Class-XI, Old NCERT)*

1. इनके कर्त्तव्य बहुमुखी प्रकार के होते थे।
2. ये विश्वस्त सैन्यदल के सदस्य होते थे, जिनकी नियुक्ति बादशाह स्वयं करते थे।
3. इनके वेतन दूसरे घुड़सवारों से काफी अधिक होते थे।

उपर्युक्त में से कौन-सा/से कथन सत्य है/हैं?

(a) 1 और 2 (b) 2 और 3 (c) 1 और 3 (d) ये सभी

उत्तर (d)

व्याख्या अहदियों के संदर्भ में सभी कथन सत्य हैं।

अहदियों के कर्त्तव्य बहुमुखी प्रकार के होते थे। इन्हें क्लर्क और सहायकों के पदों पर भी नियुक्त किया जाता था। ये विश्वस्त सैन्यदल के सदस्य होते थे, जिनकी नियुक्ति बादशाह स्वयं करते थे और इनकी हाजिरी लेने के लिए एक अन्य अधिकारी होता था।

इनका वेतन अन्य घुड़सवारों से अधिक होता था। मनसबदारों के अतिरिक्त स्वयं बादशाह भी फुटकर घुड़सवार रखते थे, जिन्हें 'अच्छी' कहा जाता था।

6 मुगलकालीन भू-राजस्व प्रशासन के संबंध में कौन-सा कथन असत्य है? *(Chap 8, Class-XII, New NCERT)*

(a) जिस जमीन पर लगभग प्रत्येक साल खेती की जाती थी, उसे 'पोलज' कहा जाता था।
(b) जब उसमें खेती नहीं की जाती थी, तो उसे 'परती' कहते थे।
(c) जो जमीन लगातार दो-तीन साल परती रहती थी, उसे 'चाचर' कहा जाता था।
(d) उपर्युक्त में से कोई नहीं

उत्तर (d)

व्याख्या मुगलकालीन भू-राजस्व प्रशासन के संबंध में सभी कथन सत्य हैं। मुगलकालीन के कुछ क्षेत्रों में राजस्व निर्धारण की कुछ दूसरी पद्धतियाँ भी प्रचलन में थीं। भू-राजस्व के निर्धारण हेतु कृषि में स्थायित्व या निरंतरता का भी ध्यान रखा जाता था। जिस भूमि पर प्रत्येक साल कृषि की जाती थी, वह 'पोलज' (उपजाऊ भूमि) कहलाती थी।

जब उस भूमि पर कृषि नहीं की जाती थी, तो वह 'परती' कहलाती थी। जो जमीन लगातार दो-तीन सालों तक परती रहती थी, उसे 'चाचर' कहा जाता था और तीन साल से अधिक समय तक परती रहने वाली भूमि बंजर कहलाती थी। इस प्रकार, कृषि में भूमि का वर्गीकरण पोलज, परती, चाचर और बंजर में किया गया था।

7 मुगलों की 'मनसबदारी व्यवस्था' के संबंध में निम्नलिखित कथनों पर विचार कीजिए *(Chap 15, Class - XI, Old NCERT)*

1. अकबर की अपेक्षा जहाँगीर मनसबदारों को प्रति सवार अधिक वेतन देता था।
2. सवारों को उनकी राष्ट्रीयता और घोड़ों के स्तर पर वेतन दिया जाता था।
3. मुगलों ने मिश्रित सैनिकों की भर्ती की थी।

उपर्युक्त कथनों में से कौन-सा/से कथन सत्य नहीं है/हैं?

(a) केवल 1 (b) केवल 2
(c) केवल 3 (d) ये सभी

उत्तर (a)

व्याख्या मुगलों की 'मनसबदारी व्यवस्था' के संबंध में कथन (1) सत्य नहीं है, क्योंकि अकबर की अपेक्षा जहाँगीर मनसबदारों को प्रति सवार अधिक वेतन नहीं, बल्कि कम वेतन देता था।

अकबर द्वारा स्थापित मनसबदारी व्यवस्था को जहाँगीर और शाहजहाँ ने मामूली फेरबदल के बाद जारी रखा।

सवारों को उनकी राष्ट्रीयता और घोडों के स्तर पर वेतन दिया जाता था। मुगल दरबार में सवार अलग-अलग राष्ट्र व राज्य के होते थे।

मुगल शासकों ने सैनिकों की प्रत्येक टुकड़ी में ईरानी, तूरानी, मुगल, भारतीय, अफगान और मुसलमानों को बराबर-बराबर रखने की व्यवस्था की थी अर्थात् मुगलों ने मिश्रित सैनिकों की भर्ती की थी।

8 मनसबदारी व्यवस्था के संदर्भ में कौन-सा/से कथन सत्य है/हैं? *(Chap 8, Class-XII, New NCERT), (Chap 15, Class-XI, Old NCERT) (UPPSC Pre 2019)*

1. मनसबदारी व्यवस्था राज्य के कुलीन वर्ग से संबंधित थी, जिसे अकबर ने प्रारंभ किया।
2. मनसबदारी का पद पैतृक था।

कूट

(a) केवल 1
(b) 1 और 2
(c) केवल 2
(d) न तो 1 और न ही 2

उत्तर (a)

व्याख्या मनसबदारी व्यवस्था के संदर्भ में कथन (1) सत्य है। मनसबदारी व्यवस्था का संबंध राज्य के कुलीन वर्ग से था, जिसे अकबर ने प्रारम्भ किया था। अभिजात वर्ग के सदस्यों को शाही सेवा की शक्ति प्रदान करने के लिए मनसबदारी प्रदान की जाती थी।

कथन (2) सत्य नहीं है, क्योंकि मनसबदारी का पद पैतृक नहीं था, बल्कि मनसबदारों की नियुक्ति, पदोन्नति तथा परिवर्तन पर शासक का पूर्ण नियंत्रण था।

9 अकबरकालीन स्थानीय प्रशासन के संबंध में निम्नलिखित कथनों पर विचार कीजिए *(Chap 13, Class-XI, Old NCERT)*

1. स्थानीय शासन के संगठन में अकबर ने कोई परिवर्तन नहीं किया।
2. सरकार के मुख्य अधिकारी फौजदार और अमलगुजार होते थे।
3. फौजदार शांति-व्यवस्था के लिए जिम्मेदार होता था।

उपर्युक्त में से कौन-सा/से कथन सत्य है/हैं?

(a) 1 और 2 (b) 2 और 3 (c) 1, 2 और 3 (d) केवल 2

उत्तर (c)

व्याख्या अकबरकालीन स्थानीय प्रशासन के संबंध में सभी कथन सत्य हैं। अकबर ने स्थानीय प्रशासन के संगठन में किसी भी प्रकार का कोई परिवर्तन नहीं किया। यह व्यवस्था पूर्ववत परगने और सरकार के रूप में कायम रही। अकबरकालीन स्थानीय प्रशासन में सरकार का मुख्य अधिकारी फौजदार और अमलगुजार होता था।

अकबरकालीन सरकारों के मुख्य अधिकारी अपने-अपने कार्यों को संभालते थे, जिनमें फौजदार शांति व्यवस्था के कार्यों को संभालता था, जबकि अमलगुजार का कार्य भू-राजस्व निर्धारित करना तथा उसे वसूल करना था।

10 मुगलकालीन प्रशासन के संबंध में कौन-सा कथन सत्य नहीं है? *(Chap 13, Class-XI, Old NCERT)*

(a) अकबर की केंद्रीय शासन प्रणाली सल्तनतकालीन प्रशासन पर आधारित थी।
(b) मुगल प्रशासन में न्याय विभाग एक पृथक् विभाग रहा था।
(c) अकबर ने वकील के पद को समाप्त कर दिया।
(d) उपर्युक्त में से कोई नहीं

उत्तर (c)

व्याख्या मुगलकालीन प्रशासन के संबंध में कथन (c) सत्य नहीं है, क्योंकि अकबर के शासनकाल में सर्वशक्तिमान वजीर की अवधारणा को समाप्त कर दिया गया था, न कि वकील के पद को, क्योंकि अकबर का संरक्षक बैरम खाँ वकील के रूप में वजीर की सत्ता का उपभोग करता रहा। अकबर ने केंद्रीय तथा प्रांतीय सरकारों के संगठन पर विशेष ध्यान दिया। उसकी केंद्रीय शासन प्रणाली दिल्ली सल्तनत के काल में विकसित शासन-संरचना पर आधारित थी, लेकिन विभिन्न विभागों के कार्यों को सावधानी के साथ पुनर्गठित किया गया और राज्य कार्यों के संचालन हेतु नियम बनाए गए थे। मुगलकाल में न्याय विभाग एक पृथक् विभाग था।

11 मनसबदारी प्रणाली के संदर्भ में निम्नलिखित में से कौन-सा कथन सत्य नहीं है? *(Chap 15, Class-XI, Old NCERT)*

(a) मनसबदारों को वेतन नकद में न देकर जागीरों में दिया जाता था।
(b) बही दस्तावेज को 'जमा-दामी' कहा जाता था।
(c) शाहजहाँ के समय मनसबदारी व्यवस्था सुचारू रूप से नहीं चल पा रही थी।
(d) आगे चलकर मनसबदारों का वेतन सालाना की जगह माहवारी पैमाने पर दिया जाने लगा था।

उत्तर (c)

व्याख्या मनसबदारी प्रणाली के संदर्भ में कथन (c) सत्य नहीं है, क्योंकि शाहजहाँ के समय मनसबदारी व्यवस्था सुचारू रूप से संचालित हो रही थी। इसका कारण यह था कि उसने प्रशासन की ओर बहुत सावधानी से ध्यान दिया और अधिकारियों के रूप में बहुत सोच-समझकर सुयोग्य व्यक्तियों का ही चयन किया था। इस प्रणाली में मनसबदारों को वेतन नकद में न देकर जागीरों में दिया जाता था। बही दस्तावेज को 'जमा-दामी' कहा जाता था। आगे चलकर मनसबदारों का वेतन सालाना के स्थान पर माहवारी पैमाने पर दिया जाने लगा था।

12 'मीर बख्शी' के संबंध में निम्नलिखित कथनों पर विचार कीजिए *(Chap 13, Class-XI, Old NCERT)*

1. यह सैनिक विभाग का प्रधान होता था।
2. इस पद पर केवल प्रमुख सरदारों को ही नियुक्त किया जाता था।
3. साम्राज्य की खुफिया और सूचना एजेंसियों का प्रधान मीर बख्शी होता था।

उपर्युक्त में से कौन-सा/से कथन सत्य है/हैं?

(a) 1 और 3 (b) 1 और 2
(c) 1, 2 और 3 (d) केवल 2

उत्तर (c)

व्याख्या 'मीर बख्शी' के संबंध में सभी कथन सत्य हैं।

मुगल काल में सैन्य विभाग का सर्वोच्च अधिकारी 'मीर बख्शी' कहलाता था। इस पद का विकास अकबर के काल में प्रारंभ हुआ था।

मुगलकालीन सरदारों के संगठन का प्रधान दीवान नहीं, बल्कि मीर बख्शी माना जाता था। इसलिए इस पद पर केवल प्रमुख सरदारों को ही नियुक्त किया जाता था। मनसबों की नियुक्ति अथवा पदोन्नति के लिए की जाने वाली सिफारिश भी मीर बख्शी ही करता था।

मुगलकालीन खुफिया विभाग का प्रमुख 'बरीद' था और सूचना विभाग का प्रमुख 'वाकियानवीस' था, जो मुगल साम्राज्य के सभी भागों में तैनात किए जाते थे। इन सभी विभागों का प्रधान भी मीर बख्शी होता था।

13 सूची I को सूची II से सुमेलित कीजिए *(Chap 13, Class-XI, Old NCERT)*

	सूची I (अधिकारी)		सूची II (विभाग)
A.	बरीद	1.	सूचना अधिकारी
B.	वाकियानवीस	2.	खुफिया अधिकारी
C.	अमलगुजार	3.	भू-राजस्व अधिकारी
D.	काजी	4.	न्याय प्रशासन

कूट

	A	B	C	D		A	B	C	D
(a)	2	1	3	4	(b)	1	2	3	4
(c)	4	3	2	1	(d)	3	2	1	4

उत्तर (a)

व्याख्या सही सुमेलन A-2, B-1, C-3, D-4 है।

मुगलकाल में खुफिया/गुप्तचर विभाग का प्रमुख अधिकारी बरीद कहलाता था। यह मीर बख्शी के अधीन कार्य करता था।

वाकियानवीस, मुगलकालीन सूचना अधिकारी था, जो समाचार लेखन का कार्य करता था। यह राज्य के सभी समाचारों से केंद्र को अवगत कराता था।

अमलगुजार, मुगलकालीन भू-राजस्व अधिकारी था। इसका प्रमुख कार्य लगान वसूल करना तथा कृषि व किसानों की देखभाल करना था।

काजी, न्याय विभाग का प्रमुख अधिकारी था। मुगलकाल में काजी को 'आला काजी' भी कहा जाता था। कभी-कभी एक हो व्यक्ति को 'आला काजी' और 'आला सदर' इन दोनों पदों पर नियुक्त किया जाता था। आला सदर सभी धर्मांर्थ अनुदानों के लिए जिम्मेदार होता था।

14 अकबर के शासनकाल के बारह सूबे में निम्नलिखित में से कौन-सा एक सूबा सम्मिलित नहीं था? *(Chap 13, Class-XI, Old NCERT)*

(a) बिहार (b) मालवा (c) अजमेर (d) मारवाड़

उत्तर (d)

व्याख्या अकबर के शासनकाल के बारह सूबों में मारवाड़ शामिल नहीं था। 1580 ई. में अकबर ने अपने साम्राज्य को 12 सूबों में बाँटा था, जिनमें बिहार, इलाहाबाद, अवध, आगरा, दिल्ली, लाहौर, मुल्तान, काबुल, अजमेर, मालवा और गुजरात शामिल हैं। प्रत्येक सूबे में एक-एक सूबेदार, दीवान बख्शी, सदर, काजी और वाकियानवीस को नियुक्त किया गया था, जिससे संतुलन की स्थिति को सूबों में भी विकसित किया गया।

15 मुगल सेना के संबंध में निम्नलिखित कथनों पर विचार कीजिए *(Chap 13, Class-XI, Old NCERT)*

1. अकबर के अधीन अपनी सैनिक टुकड़ी के खर्च के लिए मनसबदार को औसतन ₹ 240 प्रतिवर्ष प्रति सवार दिए जाते थे।
2. जहाँगीर के काल में इसे बढ़ाकर ₹ 300 कर दिया गया।

उपर्युक्त में से कौन-सा/से कथन सत्य है/हैं?

(a) केवल 1 (b) केवल 2
(c) 1 और 2 (d) न तो 1 और न ही 2

उत्तर (a)

व्याख्या मुगल सेना के संबंध में कथन (1) सत्य है। अकबर द्वारा स्थापित प्रशासन तंत्र और राजस्व व्यवस्था को जहाँगीर और शाहजहाँ ने कुछ परिवर्तनों के साथ जारी रखा, परंतु मनसबदारी व्यवस्था में कुछ महत्त्वपूर्ण परिवर्तन किए गए। अकबर द्वारा अपनी सैनिक टुकड़ी के खर्च के लिए मनसबदार को औसत रूप से ₹ 240 प्रतिवर्ष प्रति सवार दिए जाते थे।

कथन (2) असत्य है, क्योंकि जहाँगीर के शासनकाल में मनसबदारों को दिए जाने वाले सैनिक टुकड़ी के खर्च में कमी की गई और यह ₹ 200 कर दिया गया, न कि ₹ 300।

16 निम्नलिखित में से किस मुगल शासक ने 'दुआस्पाह-सी अस्पाह' प्रणाली की शुरुआत की थी? *(Chap 13, Class-XI, Old NCERT)* *(BPSC Pre 2004)*

(a) अकबर (b) जहाँगीर
(c) शाहजहाँ (d) औरंगजेब

उत्तर (b)

व्याख्या मुगलकालीन मनसबदारी व्यवस्था के अंतर्गत जहाँगीर द्वारा 'दुआस्पाह-सी अस्पाह' प्रणाली प्रारंभ की गई थी, जिसके अंतर्गत कुछ विशेष सरदारों को 'जात' दर्जे में बिना किसी वृद्धि के अधिक सवार रखने की अनुमति दी गई थी। इस प्रणाली का शाब्दिक अर्थ 'दो या तीन घोड़ों वाला सवार' होता है। व्यावहारिक रूप से इसका अर्थ यह था कि इस दर्जे के मनसबदार को उसके सवार दर्जे के अनुसार निर्धारित संख्या से दोगुनी संख्या में सवार रखने पड़ते थे और उसे उसी के अनुसार वेतन भी दिया जाता था।

17 मध्यकाल के संदर्भ में निम्नलिखित कथनों पर विचार कीजिए *(Chap 8, Class-XII, New NCERT)*

1. अमीन प्रांतों में राजकीय नियम कानूनों का पालन सुनिश्चित कराता था।
2. मनसबदारों को नकद तथा जमीन दोनों रूपों में भुगतान किया जाता था।
3. कनकूत तथा भाओली फसल के रूप में राजस्व उगाहने के दो तरीके थे।

उपर्युक्त कथनों में कौन-सा/से कथन सही है/हैं?

(a) केवल 1 (b) केवल 2
(c) 2 और 3 (d) 1, 2 और 3

उत्तर (d)

व्याख्या मध्यकाल के संदर्भ में सभी कथन सही हैं।

मध्यकाल के अमीन प्रांतों में राजकीय नियम कानूनों का पालन सुनिश्चित कराता था। अमीन राजकीय अधिकारी होते थे। मनसबदारों को नकद तथा जमीन दोनों रूपों में भुगतान किया जाता था। मनसबदारों पर राज्य के सैनिक व नागरिक मामलों की जिम्मेदारी होती थी। समय-समय पर उनका स्थानांतरण भी किया जाता था। कनकूत तथा भाओली फसल के रूप में राजस्व उगाने के दो तरीके थे। इसमें कनकूत का अर्थ अनाज का अंदाजा लगाने तथा भाओली का अर्थ बँटाई से है।

18 मुगलकालीन ग्रामीण व्यवस्था के संदर्भ में कौन-सा कथन सही नहीं है? *(Chap 8, Class-XII, New NCERT)*

(a) किसान का अपनी जमीन पर व्यक्तिगत अधिकार था।
(b) पंचायतों को जुर्माना लगाने और समुदाय से निष्कासित करने जैसे ज्यादा गंभीर दंड देने के अधिकार थे।
(c) जाति की अवहेलना रोकने के लिए लोगों के आचरण पर नजर रखना मुखिया की जिम्मेदारी थी।
(d) बंगाल में ग्रामीण दस्तकारों को अपनी सेवाओं के बदले में ग्रामीण समुदाय द्वारा दी गई भूमि को मीरास/वतन भी कहा जाता था।

उत्तर *(d)*

व्याख्या मुगलकालीन ग्रामीण व्यवस्था के संदर्भ में कथन (d) सही नहीं है, क्योंकि महाराष्ट्र में ग्रामीण दस्तकारों को अपनी सेवाओं के बदले में ग्रामीण समुदाय द्वारा दी गई भूमि को मीरास/वतन भी कहा जाता था, न कि बंगाल में। यह व्यवस्था उत्तर भारत में प्रचलित नहीं थी।

मुगलकालीन ग्रामीण व्यवस्था में किसान का अपनी जमीन पर व्यक्तिगत अधिकार था। पंचायतों को जुर्माना लगाने और समुदाय से निष्कासित करने जैसे ज्यादा गंभीर दंड देने के अधिकार थे।

19 मुगल सेना के संबंध में निम्नलिखित कथनों पर विचार कीजिए *(Chap 13, Class-XI, Old NCERT)*

1. शाहंशाह के शाही अंगरक्षकों को 'वालाशाही' कहा जाता था।
2. पैदल सैनिकों को 'पियादगान' कहा जाता था।
3. गुलाम अहदी के पद पर नियुक्त हो सकता था।

उपर्युक्त में से कितने कथन सत्य है/हैं?

(a) केवल एक
(b) केवल दो
(c) सभी तीनों
(d) उपर्युक्त में से कोई नहीं

उत्तर *(c)*

व्याख्या मुगल सेना के संबंध में सभी कथन सत्य हैं।

मुगलकाल में अहदियों के अतिरिक्त सम्राट एक शाही अंगरक्षकों का दल भी रखते थे, जो राजमहल के सशस्त्र पहरेदार होते थे, इन्हें 'वालाशाही' कहा जाता था।

मुगलकाल के दौरान पैदल सैनिकों की संख्या अधिक थी। वे कई भागों में बँटे हुए थे। उनमें से बहुत से लोग बंदूकची थे और वे तीन से सात रुपये मासिक वेतन पाते थे। इन्हें 'पियादगान' कहा जाता था। मुगलकाल के पैदल सैनिकों में भारवाहक, हरकारे, नौकर, तलवारबाज, पहलवान और गुलाम शामिल थे। इन्हें सभी सुख-सुविधाएँ शाही परिवार या सम्राट के द्वारा दी जाती थीं, कभी-कभी इन गुलामों को अहदी का पद भी दिया जा सकता था।

20 निम्नलिखित कथनों में से कौन-सा कथन असत्य है? *(Chap 13, Class-XI, Old NCERT)*

(a) शाहजहाँ के पास 200000 घुड़सवार थे।
(b) औरंगजेब के पास 240000 घुड़सवार थे।
(c) शाहजहाँ के पास पैदल सैनिकों की संख्या 40000 थी।
(d) उपर्युक्त में से कोई नहीं

उत्तर *(d)*

व्याख्या दिए गए सभी कथन सत्य हैं।

मुगलकालीन सेना की संख्या का निर्धारण नहीं किया जा सकता है, लेकिन एक अनुमान के तौर पर यह ज्ञात है कि शाहजहाँ के अधीन 200000 घुड़सवार कार्य करते थे, जिनमें जिलों में और फौजदारों के साथ कार्य करने वाले घुड़सवार शामिल नहीं थे, लेकिन औरंगजेब के काल में यह संख्या 240000 हो गई।

शाहजहाँ के अधीन कार्यरत् पैदल सैनिकों की संख्या 40000 बताई गई है, जिनमें गैर-लड़ाका वर्ग शामिल नहीं था। अनुमानत: औरंगजेब के अधीन भी शाहजहाँ के समकक्ष ही पैदल सैनिक कार्यरत् थे।

मुगलकालीन सामाजिक व्यवस्था

21 मुगलकालीन सामाजिक व्यवस्था में सरदार वर्ग के संबंध में कौन-सा कथन असत्य है? *(Chap 16, Class-XI, Old NCERT)*

(a) अधिकतर मुगल सरदारों का मूल निवास तूरान का क्षेत्र था।
(b) जहाँगीर के काल में अफगानों को सरदार वर्ग में शामिल किया जाने लगा।
(c) अकबर के काल में हिंदुओं को सरदार वर्ग में शामिल किया गया।
(d) उपर्युक्त में से कोई नहीं

उत्तर *(d)*

व्याख्या मुगलकालीन सामाजिक व्यवस्था में सरदार वर्ग के संबंध में सभी कथन सत्य हैं। मुगलकालीन सामाजिक व्यवस्था में सरदार वर्ग मुख्यत: शासक वर्ग के थे। मुगल सरदारों को सामाजिक तथा आर्थिक दोनों ही दृष्टियों से विशेषाधिकार प्राप्त थे। इन आरंभिक मुगल सरदारों का निवास स्थान मुगलों के ही समान तूरान और उसके आस-पास के क्षेत्रों; जैसे-तजाकिस्तान, खुरासान व ईरान आदि में था। बाबर और अकबर के काल में अफगान अमीरों का मुगलों के साथ संघर्ष निरंतर चलता रहा, लेकिन जहाँगीर के शासनकाल से ही अफगानों को भी सरदार वर्ग में स्थान दिया जाने लगा था।

अकबर के शासनकाल से हिंदुओं को भी सरदार वर्ग में नियमित रूप से शामिल किया जाने लगा और ऐसे सरदारों में सबसे अधिक संख्या राजपूतों की थी।

22 मुगलकालीन सामाजिक व्यवस्था में भारतीय मुसलमानों को क्या कहा जाता था? *(Chap 16, Class-XI, Old NCERT)*

(a) शरीफजादा (b) शेखजादा (c) काफिर (d) मुतल्ला

उत्तर *(b)*

व्याख्या मुगलकालीन सामाजिक व्यवस्था में भारतीय मुसलमानों को 'शेखजादा' कहा जाता था। इन्हें 'हिंदुस्तानी' उपनाम से भी जाना जाता है। जहाँगीर के शासनकाल में इन शेखजादा को शाही सेवा में शामिल किया जाने लगा था।

23 मध्यकाल में जमींदारी संबंधी अधिकारों के संदर्भ में निम्नलिखित कथनों पर विचार कीजिए *(Chap 8, Class - XII, New NCERT)*

1. महिलाओं को संपत्ति पर पुश्तैनी हक मिलता था।
2. विधवा महिलाएँ भी संपत्ति की विक्रेता हो सकती थीं।
3. महिलाओं को मिली पुश्तैनी जमींदारी को गिरवी रखने की अनुमति नहीं थी।
4. बंगाल में महिला जमींदारी पाई जाती थी।

उपर्युक्त कथनों में कौन-सा/से कथन सही है/हैं?

(a) केवल 1 (b) 1 और 3 (c) 1, 2 और 4 (d) 3 ओर 4

उत्तर *(c)*

व्याख्या मध्यकाल में जमींदारी संबंधी अधिकारों के संदर्भ में कथन (1), (2) और (4) सही हैं। मध्यकाल में महिलाओं को संपत्ति पर पुश्तैनी हक मिलता था। मध्यकाल में विधवा महिलाएँ भी संपत्ति की विक्रेता हो सकती थीं। विधवा महिलाएँ विशेषकर पंजाब में पुश्तैनी संपत्ति के विक्रेता के रूप में ग्रामीण जमीन के बाजार में सक्रिय भगीदारी रखती थी। बंगाल में महिला जमींदारी पाई जाती थी।

कथन (3) सही नहीं है, क्योंकि महिलाओं को मिली पुश्तैनी जमींदारी को गिरवी रखने की अनुमति थी। हिंदू तथा मुसलमान महिलाओं को जमींदारी उत्तराधिकार में मिलती थी।

24 मुगल भारत के संदर्भ में जागीरदार और जमींदार के बीच क्या अन्तर है/हैं? *(Chap 16, Class-XI, Old NCERT)* *(IAS Pre 2019)*

1. जागीरदारों के पास न्यायिक और पुलिस दायित्वों के बदले में भूमि आवंटनों का अधिकार होता था, जबकि जमींदारों के पास राजस्व अधिकार होते थे तथा उन पर राजस्व उगाही को छोड़कर अन्य कोई दायित्व पूरा करने की बाध्यता नहीं होती थी।
2. जागीरदारों को किए गए भूमि आवंटन वंशानुगत होते थे और जमींदारों के राजस्व अधिकार वंशानुगत नहीं होते थे।

उपर्युक्त कथनों में से कौन-सा/से कथन सही है/हैं?

(a) केवल 1
(b) केवल 2
(c) 1 और 2
(d) न तो 1 और न ही 2

उत्तर *(d)*

व्याख्या मुगल भारत के संदर्भ में दोनों कथन सही नहीं हैं।

मुगलकाल में जागीरदार वे मनसबदार होते थे, जिन्हें नकद वेतन के बदले कुछ राजस्व क्षेत्र दे दिए जाते थे तथा जमींदार वे भू-स्वामी होते थे, जिन्हें कुछ गाँवों से भू-राजस्व वसूल करने का वंशानुगत अधिकार प्राप्त था। जमींदार के अधिकार वंशानुगत होने के बावजूद यह भूमि का मालिक नहीं होता था। किसान तब तक भू-राजस्व अदा करता रहता था, जब तक उसे भूमि से बेदखल नहीं किया जा सकता था।

जागीरदारी और जमींदारी में प्रमुख अंतर यह था कि जागीरदारी हस्तान्तरित होती रहती थी, जबकि जमींदारी एक स्थायी और वंशानुगत अधिकार था।

25 मुगलकालीन सरदार वर्ग के संदर्भ में निम्नलिखित कथनों पर पर विचार कीजिए *(Chap 16, Class-XI, Old NCERT)*

1. शाहजहाँ के काल में शाहजी प्रमुख मराठा सरदार थे।
2. शाहजहाँ के काल की अपेक्षा औरंगजेब के काल में हिंदू सरदार वर्ग का प्रतिशत अधिक था।
3. यह वर्ग नस्ली रूप से एक मिश्रित शासक वर्ग था।

उपर्युक्त कथनों में कौन-से कथन सत्य है/हैं?

(a) 1 और 2 (b) 2 और 3
(c) 1, 2 और 3 (d) 1 और 3

उत्तर *(c)*

व्याख्या मुगलकालीन सरदार वर्ग के संदर्भ में सभी कथन सत्य हैं।

मुगलकाल में सरदार वर्ग शाहजहाँ के काल में शाहजी प्रमुख मराठा सरदार थे। इस काल में सरदार वर्ग की एक प्रमुख भूमिका थी, जिसमें हिंदू सरदारों का काफी बोलबाला था। शाहजी जो शिवाजी के पिता थे, वे शाहजहाँ के शासनकाल में एक प्रमुख मराठा सरदार थे।

शाहजहाँ के काल की अपेक्षा औरंगजेब के काल में हिंदू सरदार वर्ग का प्रतिशत अधिक था। जहाँ शाहजहाँ के शासनकाल में सरदार वर्ग में हिंदुओं का अनुपात 24% था, वहीं औरंगजेब के शासनकाल में 33% था। यह वर्ग नस्ली रूप से एक मिश्रित शासक वर्ग था।

26 मुगलकालीन समाज के संबंध में निम्नलिखित में से कौन-सा कथन असत्य है? *(Chap 16, Class-XI, Old NCERT)*

(a) जमींदार अपनी जमींदारी की सभी जमीन का 'स्वत्वाधिकारी' होता था।
(b) देशमुख, पारिल, नायक स्थानीय जमींदार के नाम थे।
(c) सरदारों की तुलना में जमींदारों की आय सीमित थी।
(d) उपर्युक्त में से कोई नहीं

उत्तर *(a)*

व्याख्या मुगलकालीन समाज के संबंध में कथन (a) असत्य है, क्योंकि मुगलकालीन समाज में जमींदार अपनी जमींदारी की सभी जमीन का 'स्वत्वाधिकारी' नहीं होता था। मुगलकालीन समाज में भूमि का व्यक्तिगत स्वामित्व भारत में दीर्घकाल से प्रचलित था। इसकी पुष्टि अबुल फजल तथा अन्य समकालीन लेखकों की कृतियों से स्पष्ट होती है। इस काल में भूमि का स्वत्वाधिकार मुख्य रूप से उत्तराधिकार पर निर्भर था।

27 मुगलकालीन सामाजिक व्यवस्था में मध्य वर्ग के संबंध में निम्नलिखित कथनों पर विचार कीजिए *(Chap 16, Class-XI, Old NCERT)*

1. बर्नियर के अनुसार भारत में कोई 'मध्य वर्ग' नहीं था।
2. मध्य वर्ग का अर्थ व्यापारी और दुकानदार था।
3. मुगलकालीन मध्य वर्ग का जीवन स्तर अमीरों और गरीबों के मध्य में होता था।

उपर्युक्त में से कौन-सा/से कथन सत्य है/हैं?

(a) केवल 3 (b) 1 और 2 (c) 2 और 3 (d) 1, 2 और 3

उत्तर *(d)*

व्याख्या मुगलकालीन सामाजिक व्यवस्था में मध्य वर्ग के संबंध में सभी कथन सत्य हैं। मध्यकालीन भारत में मध्य वर्ग के अस्तित्व को लेकर प्रसिद्ध विचारकों व लेखकों में स्पष्ट स्थिति का विवरण प्राप्त नहीं होता है। बर्नियर के अनुसार, भारत में मध्य वर्ग नहीं था, लेकिन उनका यह कथन तर्कसंगत प्राप्त नहीं होता।

मध्य वर्ग से तात्पर्य व्यापारियों और दुकानदारों से था। भारत में धनाढ्य व्यापारियों और वणिकों का एक बहुत बड़ा वर्ग था, जिनमें से कुछ तत्कालीन समय के समृद्ध व्यापारियों में से एक थे।

28 मुगलकालीन सामाजिक व्यवस्था के संबंध में कौन-सा कथन सत्य नहीं है? *(Chap 16, Class-XI, Old NCERT)*

(a) जमींदारों के ऊपर राजा होते थे।
(b) तुर्की लेखकों ने राजाओं को भी 'जमींदार' कहा है।
(c) जमींदारों, सरदारों और राजाओं की अपनी सशस्त्र सेनाएँ होती थीं।
(d) उपर्युक्त में से कोई नहीं

उत्तर *(b)*

व्याख्या मुगलकालीन सामाजिक व्यवस्था के संबंध में कथन (b) सत्य नहीं है, क्योंकि मुगलकालीन सामाजिक व्यवस्था के अंतर्गत तुर्की लेखकों ने नहीं, बल्कि फारसी लेखकों ने राजाओं को 'जमींदार' कहा है।

मुगलकालीन व्यवस्था के अंतर्गत जमींदारों के ऊपर राजा होते थे, जिनका प्रभुत्व कभी छोटे तो कभी बड़े क्षेत्रों पर होता था और जिन्हें अलग-अलग सीमाओं तक आंतरिक स्वशासनाधिकार प्राप्त था। तत्कालीन समाज में जमींदारों, सरदारों और राजाओं की अपनी सशस्त्र सेनाएँ होती थीं और वे गढ़ियों (छोटे किले) में निवास करते थे।

29 पूर्व-मध्यकाल में हिंदू राजाओं द्वारा किए गए भूमिदानों को क्या कहा जाता था? *(Chap 16, Class-XI, Old NCERT)*

(a) शासन (b) जागीर
(c) वतन जागीर (d) खिल्लत

उत्तर *(a)*

व्याख्या पूर्व-मध्यकाल में हिंदू राजाओं द्वारा दिए गए भूमिदानों को शासन कहा जाता था।

इस काल में विद्वानों, उलेमाओं आदि पेशेवर लोगों को थोड़ी बहुत भूमि दान में दी जाती थी और ऐसी भूमियों के लिए मुगल शब्दावली में 'मदद-ए-मआश' और राजस्थान में 'शासन' शब्द प्रयुक्त होता था। मुगल शासकों के अतिरिक्त छोटे शासक, जमींदार और सरदार भी ऐसे दान दिया करते थे।

मुगलकालीन आर्थिक व्यवस्था

30 मुगलकालीन कृषि के संबंध में निम्नलिखित कथनों पर विचार कीजिए *(Chap 16, Class-XI, Old NCERT)*

1. चावल, मोटे अनाज और दालें लोगों के मुख्य आहार थे।
2. बंगाल के तटवर्ती प्रदेशों में लोग खाने में मांस का प्रयोग करते थे।
3. नमक और शक्कर अधिक खर्चीले थे।

उपर्युक्त में से कौन-सा/से कथन सत्य है/हैं?

(a) केवल 1
(b) 1 और 3
(c) 1, 2 और 3
(d) 1 और 2

उत्तर *(b)*

व्याख्या मुगलकालीन कृषि के संबंध में कथन (1) और (3) सत्य हैं। मुगलकालीन ग्रामीण जीवन के अंतर्गत लोगों के मुख्य आहार में चावल, मोटे अनाज और विभिन्न प्रकार की दालें शामिल थीं, इन्हें 'पैलसर्ट' कहा जाता था। उत्तर भारत में गेहूँ या मोटे अनाज से बनी रोटियाँ, दाल तथा हरी सब्जियाँ लोगों का आम भोजन होता था। इस काल में नमक और शक्कर अधिक खर्चीले थे।

कथन (2) असत्य है, क्योंकि बंगाल में और तटवर्ती प्रदेशों में लोग मछली को भोजन के रूप में में ग्रहण करते थे न कि मांस को, जबकि मांस का सेवन दक्षिण तथा प्रायद्वीपीय प्रदेश के लोगों द्वारा किया जाता था।

31 निम्नलिखित में से कौन-सा युग्म सही सुमेलित नहीं है? *(Chap 16, Class-XI, Old NCERT)*

	संबंधित वस्तु		मुगलकालीन व्यापारिक केंद्र
(a)	सूती और रेशमी कपड़े का निर्यात	—	गुजरात
(b)	खाद्यान्न	—	बंगाल
(c)	दस्तकारी वस्तुएँ	—	प्रयाग
(d)	गलीचे	—	कश्मीर

उत्तर *(c)*

व्याख्या दिए गए युग्मों में से युग्म (c) सही सुमेलित नहीं है, क्योंकि मुगलकालीन व्यापारिक गतिविधियों के अंतर्गत दस्तकारी वस्तुओं के उत्पादन का महत्त्वपूर्ण केंद्र प्रयाग नहीं, बल्कि लाहौर था।

32 मुगलकालीन हुंडियों के संबंध में कौन-सा कथन सत्य नहीं है? *(Chap 16, Class-XI, Old NCERT)*

(a) यक एक साख-पत्र होता था।
(b) इसका भुगतान किसी निश्चित समय के बाद छूट के साथ किया जाता था।
(c) हुंडी में बीमे की राशि शामिल नहीं होती थी।
(d) सर्राफ हुंडियों के कारोबार के विशेषज्ञ थे।

उत्तर *(c)*

व्याख्या मुगलकालीन हुंडियों के संबंध में कथन (c) सत्य नहीं है, क्योंकि मुगलकालीन आर्थिक गतिविधियों के अंतर्गत हुंडी का एक महत्त्वपूर्ण स्थान था, इन हुंडियों में बीमे की राशि शामिल होती थी।

हुंडी एक साख-पत्र होता था, जिसका भुगतान किसी निश्चित समय के बाद छूट के साथ किया जाता था। यह मुद्रा को देश के एक भाग से दूसरे भाग में ले जाने हेतु संचालित एक वित्तीय प्रणाली थी, जिससे वस्तुओं के संचालन में सहायता मिलती थी। सर्राफ हुंडियों के कारोबार में विशेषज्ञ थे।

33 निम्नलिखित में से कितने युग्म सही सुमेलित नहीं है? *(Chap 16, Class-XI, Old NCERT)*

व्यापारिक वर्ग		स्थान
1. बोहरा	—	गुजरात
2. ओसवाल	—	राजस्थान
3. चेट्टी	—	मुल्तान
4. खत्री	—	कोरोमंडल

कूट

(a) केवल एक
(b) केवल दो
(c) केवल तीन
(d) सभी चार

उत्तर *(b)*

व्याख्या दिए गए युग्मों में से केवल दो युग्म अर्थात् (युग्म 3 और 4) सही सुमेलित नहीं है।

कोरोमंडल तट के चेट्टी व्यापारिक वर्ग और मालाबार के मुसलमान व्यापारी (जिनमें हिंदुस्तानी और अरब दोनों शामिल थे) दक्षिण भारत के महत्त्वपूर्ण व्यापारिक समुदाय थे।

मध्य एशिया के साथ मुगलकालीन भारत में थल मार्ग से चलने वाले व्यापार में मुल्तानियों, अफगानों और खत्रियों (व्यापारिक वर्ग) का महत्त्वपूर्ण स्थान था।

34 निम्नलिखित में किस शासक के काल में व्यापारियों की संपत्ति की रक्षा के लिए कई कानून बनाए गए थे? *(Chap 16, Class-XI, Old NCERT)*

(a) हुमायूँ
(b) शेरशाह सूरी
(c) इस्लाम सूरी
(d) अकबर

उत्तर *(b)*

व्याख्या शेरशाह सूरी के शासनकाल में व्यापारियों की संपत्ति की रक्षा हेतु कई कानून बनाए गए। इसके पश्चात् जहाँगीर ने भी व्यापारियों की संपत्ति की रक्षा हेतु कानून बनाए। उसके द्वारा बनाए गए कानून की एक धारा में यह लिखित है कि यदि किसी भी व्यापारी की मृत्यु हो जाए, तो उसकी संपत्ति उसके उत्तराधिकारी को सौंपी जाएगी और यदि उसका वारिस नहीं है, तो उसकी संपत्ति की रक्षा के लिए निरीक्षक और पहरेदार नियुक्त किए जाएँगे।

35 मुगलकाल के वाणिज्य व्यापार के संबंध में निम्नलिखित कथनों पर विचार कीजिए *(Chap 16, Class-XI, Old NCERT)*

1. मुगल शासक उच्च शुद्धता के चाँदी के सिक्के ढलवाते थे।
2. जब्ती प्रणाली के अंतर्गत भू-राजस्व का निर्धारण नकदी तौर पर किया जाता था।

उपर्युक्त में से कौन-सा/से कथन सत्य है/हैं?

(a) केवल 1
(b) केवल 2
(c) 1 और 2
(d) न तो 1 और न ही 2

उत्तर *(c)*

व्याख्या मुगलकाल के वाणिज्य व्यापार के संबंध में दोनों कथन सत्य हैं। 17वीं सदी में वाणिज्य व्यापार के विकास में मुगलकालीन शासन व्यवस्था का महत्त्वपूर्ण स्थान था। मुगल शासक उच्च शुद्धता के चाँदी के सिक्के ढलवाते थे तथा ये सिक्के भारत में और भारत से बाहर भी मानक मुद्रा के रूप में प्रचलित हुए, जिनसे व्यापार में सहायता मिलती थी।

मुगलकालीन अर्थव्यवस्था में जब्ती प्रणाली के अंतर्गत भू-राजस्व का निर्धारण नकदी तौर पर किया जाता था और उसकी नकद अदायगी भी अपेक्षित थी। इसके अंतर्गत किसान को भू-राजस्व निर्धारण के वैकल्पिक तरीकों का चुनाव करने की सुविधा प्रदान की जाती थी; जैसे-फसल का बँटवारा और राज्य के हिस्से को व्यापारियों के द्वारा गाँवों में ही बेच दिया जाता था।

मुगलकालीन कला एवं संस्कृति

36 मुगल स्थापत्य के संबंध में निम्नलिखित कथनों पर विचार कीजिए *(Chap 17, Class-XI, Old NCERT)*

1. मुगलों ने जलस्रोतों से युक्त सुनियोजित बगीचे लगवाए थे।
2. बाबर ने आगरा और लाहौर में बगीचे लगवाए थे।
3. मुगलों के राजमहलों और प्रमोद-स्थलों में प्रवाहयुक्त जलस्रोतों की व्यवस्था होती थी।

उपर्युक्त में से कितने कथन सत्य हैं?

(a) केवल एक (b) केवल दो
(c) सभी तीनों (d) इनमें से कोई नहीं

उत्तर *(c)*

व्याख्या मुगल स्थापत्य के संबंध में सभी कथन सत्य हैं।

मुगल काल के दौरान भारत में हुए सांस्कृतिक विकास के कारण मुगलकाल को गुप्तकाल के बाद भारत का दूसरा स्वर्णयुग कहा जाता है। मुगल स्थापत्य के अंतर्गत किले, राजमहलों, मस्जिदों, दरवाजों आदि का निर्माण करवाया गया। ये स्थापत्य इंडो-इस्लामिक शैली (भारतीय-तुर्की-ईरानी शैली का मिश्रण) से बनाए गए थे।

इन स्थापत्य स्थलों पर जलस्रोतों से युक्त चार बाग पद्धति से बगीचे लगाए जाते थे। साथ ही इन स्थलों पर प्रवाहयुक्त जलस्रोतों की व्यवस्था होती थी, बाबर बगीचों का शौकीन था अत: उसने आगरा एवं लाहौर में बगीचे लगवाए थे।

37 मुगल चित्रकाला के संबंध में निम्नलिखित कथनों में से कौन-सा/से कथन सत्य है/हैं? *(Chap 17, Class-XI, Old NCERT)*

1. मुगल बादशााहों ने कुशल चित्रकारों को संरक्षण प्रदान किया था।
2. इनकी चित्रकारी में दरबार के दृश्य, शिकार व युद्ध के दृश्यों को चित्रित किया जाता था।
3. जसवंत और दसावन अकबर के दरबार में प्रसिद्ध चित्रकार थे।

कूट

(a) 1 और 2 (b) 2 और 3
(c) 1 और 3 (d) 1, 2 और 3

उत्तर *(d)*

व्याख्या मुगल चित्रकला के संबंध में सभी कथन सत्य हैं।

मुगल चित्रकला में मुगल बादशाहों ने कुशल चित्रकारों को संरक्षण प्रदान किया था। चित्रकारी के क्षेत्र में मुगलों ने विशिष्ट योगदान दिया। चित्रकारों को हुमायूँ से लेकर शाहजहाँ ने विशिष्ट संरक्षण प्रदान किया था। इनकी चित्रकारी में दरबार के दृश्य और शिकार व युद्ध के दृश्यों को चित्रित किया जाता था। जसवंत और दसावन अकबर के दरबार में प्रसिद्ध चित्रकार थे।

38 शाहजहाँ के संदर्भ में निम्नलिखित कथनों पर विचार कीजिए *(Chap 17, Class-XI, Old NCERT)*

1. शाहजहाँ ने आगरा के किले में मोती मस्जिद का निर्माण कराया था।
2. शाहजहाँ ने दिल्ली में स्थित जामा मस्जिद का निर्माण करवाया था।
3. शााहजहाँ ने सिक्ख गुरु अर्जन देव को संरक्षण प्रदान किया था।

उपर्युक्त में से कौन-सा/से कथन सही है/हैं?

(a) केवल 1 (b) 1 और 2
(c) 1 और 3 (d) 1, 2 और 3

उत्तर *(b)*

व्याख्या शाहजहाँ के संदर्भ में कथन (1) और (2) सही हैं।

शाहजहाँ ने आगरा के किले में मोती मस्जिद का निर्माण कराया था। इसने दिल्ली में स्थित जामा मस्जिद का निर्माण भी करवाया था। शाहजहाँ के शासनकाल में मस्जिद निर्माण अपनी पराकाष्ठा पर पहुँच गया था। इसके शासनकाल में मस्जिद बनाने के लिए लाल बलुआ पत्थर का उपयोग किया गया था।

कथन (3) सही नहीं है, क्योंकि सिक्ख गुरु अर्जन देव को संरक्षण शाहजहाँ ने नहीं, बल्कि अकबर ने दिया था।

39 अकबर द्वारा स्थापित स्थापत्य कला के संबंध में निम्नलिखित कथनों पर विचार कीजिए *(Chap 17, Class-XI, Old NCERT)*

1. उसने आगरा का किला बनवाया था।
2. आगरा का किला संगमरमर का बना हुआ है।
3. फतेहपुर सीकरी में एक राजमहल सह-किले का निर्माण अकबर ने करवाया था।

उपर्युक्त में से कौन-सा/से कथन सत्य है/हैं?

(a) 1 और 2 (b) 2 और 3 (c) 1 और 3 (d) 1, 2 और 3

उत्तर *(c)*

व्याख्या अकबर द्वारा स्थापित स्थापत्य कला के संबंध में कथन (1) और (3) सत्य हैं। आगरा के किले का निर्माण अकबर द्वारा 1573 ई. में करवाया गया। यह किला 1638 ई. तक मुगल शासकों का मुख्य निवास स्थान होता था। वर्तमान में यह यूनेस्को की विश्व विरासत सूची में शामिल है। आगरा से 36 किमी दूर फतेहपुर सीकरी नगर की स्थापना अकबर ने की थी। यहाँ अकबर ने एक राजमहल सह-किले का निर्माण करवाया।

कथन (2) असत्य है, क्योंकि आगरा का किला संगमरमर का नहीं, बल्कि लाल बलुआ पत्थर से बना है।

40 'बुलंद दरवाजा' के संबंध में निम्नलिखित में से कौन-सा कथन सत्य नहीं है? *(Chap 17, Class-XI, Old NCERT)*

(a) यह फतेहपुर सीकरी में स्थित है।
(b) इसका निर्माण अकबर की गुजरात विजय के उपलक्ष्य में करवाया गया था।
(c) यह अर्द्ध-गुंबदीय शैली में बना हुआ है।
(d) यह तुर्की कला से प्रभावित है।

उत्तर *(d)*

व्याख्या 'बुलंद दरवाजा' के संबंध में कथन (d) सत्य नहीं है, क्योंकि यह तुर्की कला से नहीं, बल्कि ईरानी शैली से प्रभावित है। मुगल बादशाह अकबर ने बुलंद दरवाजे का निर्माण 1575 ई. गुजरात विजय के उपलक्ष्य में करवाया था, क्योंकि बुलंद दरवाजे का अर्थ है-जीत का दरवाजा। यह अर्द्ध-गुंबदीय शैली में बना है। यह विश्व का सबसे ऊँचा दरवाजा है।

41 मुगल काल में दीवारों को अर्द्ध मूल्यवान पत्थरों से बनी फूल-पत्तियों की आकृतियों से सजाने का चलन क्या कहलाता था? *(Chap 17, Class-XI, Old NCERT)*

(a) मेहराब (b) प्येत्रा-द्यूरा
(c) इंडो-इस्लामिक शैली (d) इनमें से कोई नहीं

उत्तर *(b)*

व्याख्या जहाँगीर के शासनकाल के अंतिम वर्षों में केवल संगमरमर की इमारतें बनाने और उसकी दीवारों पर अर्द्ध मूल्यवान पत्थरों से बनी फूल-पत्तियों की आकृतियों से सजाने का चलन प्रारंभ हुआ, जिसे प्येत्रा-द्यूरा कहा जाता था। नूरजहाँ द्वारा निर्मित अपने पिता एत्मादुद्दौला के मकबरे (आगरा) में सर्वप्रथम प्येत्रा-द्यूरा का प्रयोग किया गया।

42 भारत के सांस्कृतिक इतिहास के संदर्भ में निम्नलिखित कथनों पर विचार कीजिए *(Chap 17, Class-XI, Old NCERT) (IAS Pre 2018)*

1. फतेहपुर सीकरी स्थित बुलंद दरवाजा तथा खानकाह के निर्माण में सफेद संगमरमर का प्रयोग हुआ था।
2. लखनऊ में स्थित बड़ा इमामबाड़ा और रूमी दरवाजे के निर्माण में लाल बलुआ पत्थर और संगमरमर का प्रयोग हुआ था।

उपर्युक्त कथनों में से कौन-सा/से कथन सही है/हैं?

(a) केवल 1 (b) केवल 2
(c) 1 और 2 (d) न तो 1 और न ही 2

उत्तर (d)

व्याख्या भारत के सांस्कृतिक इतिहास के सन्दर्भ में दोनों कथन सही नहीं हैं। फतेहपुर सीकरी स्थित बुलंद दरवाजा तथा शेख सलीम चिश्ती के खानकाह के निर्माण में सफेद संगमरमर का प्रयोग नहीं हुआ है, बल्कि लाल बलुआ पत्थर का प्रयोग हुआ है। शेख सलीम चिश्ती की दरगाह फतेहपुर सीकरी महल के प्रांगण में स्थित है।

लखनऊ में स्थित बड़ा इमामबाड़ा और रूमी दरवाजे के निर्माण में ईंट और चूने का प्रयोग हुआ है। इन दोनों का निर्माण आसफ-उद्दौला के समय हुआ था। रूमी दरवाजा इमामबाड़ा का मुख्य प्रवेश द्वार है।

43 निम्नलिखित में से कौन-सा युग्म सही सुमेलित है?

(Chap 17, Class-XI, Old NCERT) (UPPSC Pre 2010)

(a) शेख सलीम चिश्ती का मकबरा — खुल्दाबाद
(b) एत्मादुद्दौला का मकबरा — फतेहपुर सीकरी
(c) औरंगजेब का मकबरा — आगरा
(d) अब्दुर्रहीम खानेखाना का मकबरा — दिल्ली

उत्तर (d)

व्याख्या दिए गए युग्मों में से युग्म (d) सही सुमेलित है। अब्दुर्रहीम खानेखाना का मकबरा दिल्ली में स्थित है।

युग्म (a), (b) और (c) सही सुमेलित नहीं हैं, क्योंकि शेख सलीम चिश्ती का मकबरा फतेहपुर सीकरी में, अकबर द्वारा 1580-81 ई. के मध्य निर्मित करवाया गया। एत्मादुद्दौला का मकबरा आगरा में नूरजहाँ द्वारा अपने पिता गयासुद्दीन बेग की स्मृति में बनवाया गया था तथा औरंगजेब का मकबरा खुल्दाबाद (औरंगाबाद) में स्थित है और इसे उसके बेटे मोहम्मद आजमशाह ने बनवाया था।

44 निम्नलिखित में से कितने युग्म सही सुमेलित नहीं हैं?

(Chap 17, Class-XI, Old NCERT)

इमारत/भवन		अवस्थिति
1. मोती मस्जिद	—	दिल्ली
2. पंचमहल	—	औरंगाबाद
3. मुसम्मन बुर्ज	—	आगरा
4. बीबी का मकबरा	—	फतेहपुर सीकरी

कूट

(a) केवल एक (b) केवल दो
(c) केवल तीन (d) इनमें से कोई नहीं

उत्तर (b)

व्याख्या दिए गए युग्मों में से केवल दो युग्म अर्थात् (2 और 4) सही सुमेलित नहीं हैं।

पंचमहल, फतेहपुर सीकरी में स्थित है। इसका निर्माण अकबर द्वारा 1572 ई. में करवाया गया। यह रानी जोधाबाई का महल था।

बीबी का मकबरा, महाराष्ट्र के औरंगाबाद में स्थित है। इसका निर्माण 1660 ई. में औरंगजेब ने अपनी बेगम की स्मृति में करवाया था।

45 शाहजहाँ के शासनकाल की स्थापत्य के संबंध में निम्नलिखित कथनों पर विचार कीजिए *(Chap 17, Class-XI, Old NCERT)*

1. इसके शासनकाल में मस्जिद निर्माण अपनी पराकाष्ठा पर पहुँच गया।
2. आगरा के किले की मोती मस्जिद लाल बलुआ पत्थर से निर्मित है।
3. दिल्ली की जामा मस्जिद की मुख्य विशेषता विशालकाय दरवाजा तथा ऊँची पतली मीनारें हैं।

उपर्युक्त में से कौन-सा/से कथन सत्य है/हैं?

(a) 1 और 3 (b) 2 और 3
(c) 1 और 2 (d) 1, 2 और 3

उत्तर (a)

व्याख्या शाहजहाँ के शासनकाल की स्थापत्य के संबंध में कथन (1) और (3) सत्य हैं। मुगल शासक शाहजहाँ का शासनकाल अपनी वास्तुकला के लिए जाना जाता है। इसके द्वारा ही आगरा में प्रसिद्ध ताजमहल का निर्माण करवाया गया। इसके शासनकाल में मस्जिदों का निर्माण अपनी पराकाष्ठा पर पहुँच गया था। दिल्ली की जामा मस्जिद का निर्माण शाहजहाँ ने 1656 ई. में करवाया था। यह लाल बलुआ पत्थर से बनी हुई है। इसका विशाल दरवाजा, ऊँची मीनार, गुंबदें इसके मुख्य आकर्षक हैं।

कथन (2) असत्य है, क्योंकि आगरा की मोती मस्जिद संगमरमर से बनी है, न कि लाल बलुआ पत्थर से।

46 मुगल चित्रकला के संदर्भ में निम्नलिखित कथनों पर विचार कीजिए *(Chap 17, Class-XI, Old NCERT)*

1. जहाँगीर चित्रकला का पारखी था। वह चित्र में प्रत्येक चित्रकार के योगदान को पहचान लेता था।
2. औरंगजेब को चित्रकला में रुचि नहीं थी।
3. मंसूर, शाहजहाँ के दरबार का प्रसिद्ध चित्रकार था।

उपर्युक्त कथनों में से कौन-सा/से कथन सही है/हैं?

(a) 1 और 2 (b) 2 और 3
(c) 1, 2 और 3 (d) इनमें से कोई नहीं।

उत्तर (a)

व्याख्या मुगल चित्रकला के संदर्भ में कथन (1) और (2) सही हैं। मुगल चित्रकला में जहाँगीर चित्रकला का पारखी था। वह चित्र में प्रत्येक चित्रकार के योगदान को पहचान लेता था। जहाँगीर के काल में मुगल चित्रकला अपनी पराकाष्ठा पर पहुँच गई थी। मुगल बादशाह औरंगजेब को चित्रकला में रुचि नहीं थी। चित्रकारी की परंपरा शाहजहाँ के काल तक ही अस्तित्व में रही थी।

कथन (3) सही नहीं है, क्योंकि मंसूर, शाहजहाँ के दरबार का नहीं, बल्कि जहाँगीर के दरबार का प्रसिद्ध चित्रकार था। मंसूर मानव और पशु की एकल आकृति के चित्र बनाने में प्रख्यात था।

47 मुगल चित्रकारों के संबंध में निम्नलिखित कथनों पर विचार कीजिए *(Chap 17, Class-XI, Old NCERT)*

1. जसवंत और दसावन हुमायूँ के दरबार के दो प्रसिद्ध चित्रकार थे।
2. अब्दुस समद बाबर के दरबार को सुशोभित करता था।

उपर्युक्त में से कौन-सा/से कथन सत्य है/हैं?

(a) केवल 1
(b) केवल 2
(c) 1 और 2
(d) न तो 1 और न ही 2

उत्तर (d)

व्याख्या मुगल चित्रकारों के संबंध में दोनों कथन असत्य हैं। जसवंत और दसावन अकबर के दरबार के प्रसिद्ध चित्रकार थे। अकबर द्वारा स्थापित चित्रकला हेतु कारखाने में देश के विभिन्न भागों से बहुत सारे चित्रकारों को शामिल किया गया था, जिसमें हिंदू और मुस्लिम दोनों धर्म के चित्रकारों को स्थान दिया गया।

अब्दुस समद हुमायूँ के दरबार का चित्रकार था, जिसे हुमायूँ ईरान से अपने साथ लाया था। इसका एक प्रसिद्ध चित्रकला संग्रह 'हम्जानामा' है।

48 मुगलकला की चित्रकारी में निम्नलिखित में किन विषयों पर चित्र बनाए गए? *(Chap 17, Class-XI, Old NCERT)*

(a) फारसी कथाओं के चित्र (b) महाभारत के चित्र
(c) अकबरनामा के चित्र (d) ये सभी

उत्तर (d)

व्याख्या मुगलकला की चित्रकारी में दिए गए सभी विषयों पर चित्र बनाए गए। अकबर के द्वारा स्थापित कारखाने में नियुक्त चित्रकारों को विभिन्न विषयों पर चित्र बनाने का कार्य सौंपा गया। इन्हें फारसी कथाओं को चित्रित करने के अतिरिक्त महाभारत के फारसी अनुवाद, ऐतिहासिक रचना, अकबरनामा व अन्य पुस्तकों को भी चित्रों से सजाने का कार्य सौंपा गया। इस प्रकार चित्रकारों के लिए भारतीय जीवन से जुड़े प्रसंग तथा प्राकृतिक दृश्यों का चित्रण चित्रकारी के प्रधान विषय बन गए।

49 मुगल चित्रकला के संबंध में निम्नलिखित कथनों पर विचार कीजिए *(Chap 17, Class-XI, Old NCERT)*

1. भारतीय रंगों का, जैसे मयूरी नीले का अधिक उपयोग किया जाने लगा।
2. फारसी शैली के सपाटपन का स्थान भारतीय कूँची की गोलाई ने ले लिया।

उपर्युक्त में से कौन-सा/से कथन सत्य है/हैं?

(a) केवल 1
(b) केवल 2
(c) 1 और 2
(d) न तो 1 और न ही 2

उत्तर (c)

व्याख्या मुगल चित्रकला के संबंध में दोनों कथन सत्य हैं।

अकबर द्वारा ईरान से आए चित्रकार 'मीर सईद अली' और 'अब्दुस समद' के नेतृत्व में कारखाना स्थापित किया गया था, जिस कारण से चित्रकला पर प्रारंभ में फारसी प्रभाव अधिक था, परंतु बाद में जब अकबर ने भारतीय चित्रकारों को बड़ी संख्या में नियुक्त किया, तो चित्रकला पर फारसी प्रभाव लगभग समाप्त हो गया। अब चित्रकला के लिए भारतीय रंगों (मयूरी, नीले रंग) तथा भारतीय सामानों का अधिक प्रयोग होने लगा। साथ ही अब फारसी शैली के सपाटपन के स्थान पर भारतीय कूँची की गोलाई का प्रयोग किया जाने लगा।

50 'फैजी' के संदर्भ में निम्नलिखित कथनों पर विचार कीजिए *(Chap 17, Class-XI, Old NCERT)*

1. यह हुमायूँ के अनुवाद विभाग से संबंधित था।
2. महाभारत का फारसी अनुवाद 'फैजी' की देखरेख में हुआ था।

उपर्युक्त कथनों में से कौन-सा/से कथन असत्य है/हैं?

(a) केवल 1
(b) केवल 2
(c) 1 और 2 दोनों
(d) न तो 1 और न ही 2

उत्तर (b)

व्याख्या 'फैजी' के संदर्भ में कथन (1) असत्य है, क्योंकि 'फैजी' अकबर के अनुवाद विभाग से संबंधित था। 'फैजी' अबुल फजल का भाई था, जो फारसी का बहुत बडा विद्वान था। वह अकबर के नवरत्नों में से एक था।

51 निम्नलिखित कथनों पर विचार कीजिए *(Chap 11 & 17, Class-XI, Old NCERT) (HPSC Pre 2023)*

कथन I औरंगजेब ने चिंतामणि मंदिर को तोड़कर कुवैत-उल-इस्लाम मस्जिद का निर्माण करवाया था।

कथन II कुतुबुद्दीन ऐबक ने दिल्ली में कुवैत-उल-इस्लाम मस्जिद का निर्माण करवाया था।

उपर्युक्त कथनों के आलोक में नीचे दिए गए विकल्पों में सही उत्तर का चयन कीजिए

(a) कथन I और II दोनों सत्य हैं।
(b) कथन I और II दोनों असत्य हैं।
(c) कथन I सत्य है, किंतु कथन II असत्य है।
(d) कथन I असत्य है, किंतु कथन II सत्य है।
(e) अनुत्तरित प्रश्न

उत्तर (a)

व्याख्या कथन I और II दोनों सत्य हैं।

औरंगजेब ने अपने शासनकाल के समय चिंतामणि मंदिर को तोड़कर गुजरात स्थित कुवैत-उल-इस्लाम मस्जिद का निर्माण करवाया था। इस मंदिर का निर्माण, नगरसेठ शांतिदास भटावेरी ने करवाया था। गुलाम वंश के संस्थापक कुतुबुद्दीन ऐबक ने भी अपने अल्पकालिक शासन के दौरान दिल्ली में कुवैत-उल-इस्लाम मस्जिद का निर्माण करवाया था।

52 मुगलकालीन लेखकों के संबंध में कौन-सा कथन सत्य नहीं है? *(Chap 17, Class-XI, Old NCERT)*

(a) उर्फी और नजीरी फारसी कवि थे।
(b) अलाउल ने बांग्ला में कविताएँ लिखीं।
(c) मलिक मुहम्मद जायसी ने हिंदी में पद्मावत लिखी।
(d) उपर्युक्त में से कोई नहीं

उत्तर (d)

व्याख्या मुगलकालीन लेखकों के संबंध में दिए गए सभी कथन सत्य हैं। 'उर्फी तथा नजीरी' अकबर के दरबार के प्रमुख फारसी कवि थे। इनका जन्म फारस में हुआ था तथापि इन्होंने मुगल दरबार व साम्राज्य में फारसी के प्रसार में महत्त्वपूर्ण योगदान दिया।

अकबर के शासनकाल में स्थानीय भाषाओं में भी साहित्य की रचना हुई। उदाहरण के लिए, अलाउल ने बांग्ला में कविताएँ लिखीं तथा सूफी संत मलिक मुहम्मद जायसी ने अवधी भाषा (हिंदी) में पद्मावत की रचना की, जिसमें अलाउद्दीन खिलजी के चित्तौड़ पर आक्रमण का वर्णन मिलता है।

53 किसके राज्यकाल में 'योगवाशिष्ठ' का निजामुद्दीन पानीपति द्वारा फारसी में अनुवाद किया गया? *(Unit 14, Class-XI, Tamil Nadu Board) (IAS Pre 2022)*

(a) अकबर (b) हुमायूँ (c) शाहजहाँ (d) औरंगजेब

उत्तर (a)

व्याख्या मुगल शासक अकबर के राज्यकाल में 'योगवाशिष्ठ' का निजामुद्दीन पानीपति द्वारा फारसी में अनुवाद किया गया। इसके अतिरिक्त महाभारत का फारसी में अनुवाद किया गया, जिसे रज्मनामा के नाम से जाना जाता है।

54 मुगलकालीन संगीत के संबंध में निम्नलिखित कथनों पर विचार कीजिए *(Chap 17, Class-XI, Old NCERT)*

1. अकबर चित्तौड़ के प्रसिद्ध गायक तानसेन का संरक्षक था।
2. औरंगजेब ने अपने दरबार से गायन को बंद करवा दिया, लेकिन वाद्ययंत्रों के वादनों को नहीं।
3. मुहम्मद शाह के काल में संगीत का उत्थान हुआ।

उपर्युक्त में से कितने कथन सत्य हैं?

(a) केवल एक (b) केवल दो
(c) सभी तीन (d) इनमें से कोई नहीं

उत्तर (a)

व्याख्या मुगलकालीन संगीत के संबंध में केवल एक कथन अर्थात् कथन (1) असत्य है, क्योंकि अकबर ने ग्वालियर के प्रसिद्ध गायक तानसेन को संरक्षण प्रदान किया, न कि चित्तौड़ के प्रसिद्ध तानसेन को।

अध्याय 20

मराठा राज्य एवं संघ

मराठा राज्य एवं संघ

उत्पत्ति
- अद्वितीय भौगोलिक स्थिति ने सरदारों को स्वायत्तता की भावना विकसित करने में सहायता की;
- भक्ति आंदोलन ने मराठा पहचान बनाने के लिए प्रेरणा प्रदान की;
- आंतरिक-संघर्ष, दक्कन के सुल्तानों का कुशासन, शिवाजी का करिश्माई/प्रखर व्यक्तित्व

मराठा शासक
- शिवाजी के पिता शाहजी भोंसले, अपने पिता मालोजी और अहमदनगर के मलिक अंबर के अधीन युद्ध और रणनीति का व्यावहारिक अनुभव प्राप्त
- अहमदनगर में किंग मेंकर की भूमिका निभाई

शिवाजी
- दादाजी कोंडदेव के संरक्षण में पले-बढ़े
- 1674 ई. में रायगढ़ किले में राजा के रूप में ताज पहनाया गया
- हैंदव धर्मोद्धारक की उपाधि धारण की

सैन्य अभियान
- प्रतापगढ़ की लड़ाई (1659) में आदिलशाही जनरल अफजल खान को हराया;
- पावनखिंड की लड़ाई (1660) में सिंहगढ़ किले पर पुनः कब्जा कर लिया; दक्कन क्षेत्र में औरंगजेब के साथ प्रतिस्पर्धा

शिवाजी की प्रशासनिक व्यवस्था
- **केंद्रीय प्रशासन** राजा की सहायता के लिए 'अष्ट प्रधान' की स्थापना; राज्य के मंत्रियों के समूह की परिषद्; चिटनिस (सचिव) राजनयिक पत्राचार देखते।
- **प्रांतीय प्रशासन** साम्राज्य को मौजा, तरफस और प्रांतों में विभाजित किया; प्रांत सूबेदार के अधीन शासन देशमुख (ग्राम प्रधान) और जमादार (कोषाध्यक्ष)
- **सैन्य प्रशासन** दुर्ग व्यवस्था पर आधारित
- हवलदार, सबनीस और सरनोबत किलों के प्रभारी
- नौसेना का बेड़ा गुरब और गैलीवेट्स से सुसज्जित
- **राजस्व प्रशासन** रैयतवाड़ी प्रणाली शुरू की
- राजस्व प्रणाली मलिक अंबर की काठी प्रणाली पर आधारित
- चौथ और सरदेशमुखी राजस्व के अन्य स्रोत

न्यायिक प्रशासन
- राजा न्यायिक मामलों में सर्वोच्च और अंतिम प्राधिकारी; राजाओं द्वारा नियुक्त न्यायाधीश और पंडित राव, पटेल ग्राम अधिकारी
- प्रशासनिक राजस्व और न्यायिक जिम्मेदारियाँ

शिवाजी के उत्तराधिकारी
- **शंभाजी** शिवाजी के उत्तराधिकार द्वारा मुगलों से संघर्ष जारी
- 1689 ई. में मुगल शासक औरंगजेब द्वारा पकड़ लिए गए और अंततः मार डाला।
- **राजाराम प्रथम** के शासनकाल 1689 से 1700 ई. में भी मुगलों के विरुद्ध निरंतर संघर्ष रहा
- **शाहू** शंभाजी के पुत्र; पहले 1689 ई. में मुगलों द्वारा अपनी माँ के साथ बंदी बना लिए गए
- बहादुर शाह प्रथम द्वारा छोड़ दिए गए

पेशवा का उदय
- अष्टप्रधान प्रणाली के तहत पेशवा नागरिक और सैन्य दोनों मामलों के प्रमुख
- **बालाजी विश्वनाथ (1713-1720 ई.)** द्वारा मराठा साम्राज्य पर अपनी पकड़ मजबूत करने के लिए युवा मराठा सम्राट शाहू की सहायता
- **बाजीराव (1720-1740 ई.)** को मराठा साम्राज्य के विस्तार का श्रेय दिया; एक भी लड़ाई नहीं हारी
- प्रशासनिक राजस्व और न्यायिक जिम्मेदारियाँ
- **बालाजी बाजीराव (1740-1761 ई.)** के कार्यकाल के दौरान मराठा राजा एकमात्र व्यक्ति बनकर रह गए;
- अहमदशाह अब्दाली द्वारा पानीपत की तीसरी लड़ाई में हार
- **माधवराव प्रथम (1761-1772 ई.)** ने मैसूर के हैदर अली को हराया; उत्तर भारत में मराठों का वर्चस्व स्थापित
- **बाजीराव द्वितीय (1796-1818 ई.)** एक अयोग्य शासक,
- 1802 ई. में अंग्रेजों के साथ बेसिन की संधि पर हस्ताक्षर

प्रमुख संघ
- नागपुर का भोसले, रघुजी भोसले द्वारा स्थापित
- बड़ौदा के गायकवाड़, दामाजी राव गायकवाड़ द्वारा स्थापित
- इंदौर के होल्कर, मल्हार राव होल्कर द्वारा स्थापित
- ग्वालियर के सिंधिया, राणोजी सिंधिया द्वारा स्थापित

आंग्ल-मराठा युद्ध
- **प्रथम आंग्ल मराठा युद्ध** (1775-1782 ई.)
  - प्रारंभ में अंग्रेज पराजित
  - सालबाई की संधि पर हस्ताक्षर
- **द्वितीय आंग्ल-मराठा युद्ध** (1803-1806 ई.)
  - पेशवा के बेसिन की संधि के अंतर्गत सहायक संधि पर हस्ताक्षर
- **तृतीय आंग्ल-मराठा युद्ध** (1817-1818 ई.)
  - लॉर्ड हेस्टिंग्स द्वारा पिंडारियों का दमन
  - निर्णायक संघर्ष
  - मराठों का अंततः पतन

SOURCE Old NCERT Class XI मुगल साम्राज्य का चर्मोत्कर्ष और विघटन-II, Old NCERT Class XII अठारहवीं सदी का भारत
Tamil Nadu Board Unit 15 मराठा, NIOS 1 Module-2 भारत में प्रादेशिक राज्यों का उदय

मराठा शक्ति का अभ्युदय

1 मराठों के उदय के संबंध में निम्नलिखित कथनों पर विचार कीजिए
(Chap 19, Class-XI, Old NCERT)

1. अहमदनगर और बीजापुर की सेनाओं में मराठे उच्च पद पर आसीन थे।
2. दक्कनी राज्यों तथा मुगलों दोनों ने मराठों का समर्थन प्राप्त करने की कोशिश की।
3. राजपूतों की भाँति मराठों का एक सुप्रतिष्ठित राज्य था।

उपर्युक्त में से कौन-सा/से कथन सत्य है/हैं?

(a) 1 और 2 (b) 1 और 3
(c) 2 और 3 (d) 1, 2 और 3

उत्तर (a)

व्याख्या मराठों के उदय के संबंध में कथन (1) और (2) सत्य हैं। दक्षिण भारत के दो प्रमुख राज्य अहमदनगर और बीजापुर की सेनाओं में मराठे उच्च पदों पर आसीन थे, वे अपनी वीरता के लिए जाने जाते थे। यही कारण था कि यहाँ के शासकों ने मराठों को अपनी सेना में प्रतिष्ठित पद दिए। मराठों की शक्ति को देखते हुए मुगल शासक भी उन्हें अपने पक्ष में करना चाहते थे। मुगल शासकों ने दक्षिण भारत में अपना प्रभुत्व जमाने के लिए मराठों का समर्थन प्राप्त करने की कोशिश की।

कथन (3) असत्य है, क्योंकि राजपूतों की भाँति मराठों का कोई सुप्रतिष्ठित राज्य नहीं था, बल्कि मराठा साम्राज्य को व्यवस्थित करने का श्रेय शाहजी भोंसले एवं शिवाजी को दिया गया।

2 निम्नलिखित कथनों पर विचार कीजिए
(Chap 19, Class-XI, Old NCERT)

कथन I मराठा शक्ति के उत्कर्ष का आधार वहाँ के निवासी थे, जिन्होंने जाति, भाषा, धर्म, साहित्य तथा स्थान की एकता को स्वीकार किया और स्वतन्त्र राज्य का संकल्प लिया।

कथन II भक्ति संतों के साहित्य तथा वाणियों ने लोक मानस में राष्ट्र के गौरव तथा स्वाभिमान की भावना जागृत की।

उपर्युक्त कथनों के बारे में निम्नलिखित में से कौन-सा एक सही है?

(a) कथन I और कथन II दोनों सही हैं तथा कथन II, कथन I की सही व्याख्या है
(b) कथन I और कथन II दोनों सही हैं तथा कथन II, कथन I की सही व्याख्या नहीं है
(c) कथन I सही है, किंतु कथन II गलत है
(d) कथन I गलत है, किंतु कथन II सही है

उत्तर (a)

व्याख्या कथन I और कथन II दोनों सही हैं तथा कथन II, कथन I की सही व्याख्या है।

मराठा शक्ति के उत्कर्ष का आधार वहाँ के निवासी थे, जिन्होंने जाति, भाषा धर्म, अहिंसा तथा स्थान की एकता को स्वीकार किया और स्वतन्त्र राज्य का संकल्प लिया।

भक्ति संतों तुकाराम, रामदास तथा एकनाथ ने अपने साहित्य तथा लोक वाणियों से जन सामान्य में सांस्कृतिक एकता, भाषा, दर्शन तथा आचार/विचार में एकता तथा राष्ट्र के गौरव तथा स्वाभिमान का संचार किया, जिससे मराठा जन मानस में भौगोलिक सुरक्षा, राजनीतिक भावना तथा उच्च नेतृत्व क्षमता का विकास हुआ। यह भावना अंतत: मराठा शक्ति के उत्कर्ष का आधार बनी, जिसने मराठा क्षेत्र को संगठित करने और मजबूत बनाने के लिए एक स्वतंत्र राज्य के रूप में स्थापित करने का संकल्प लिया।

3 मुगल काल के उत्तरार्द्ध में मोरे, घोटगे तथा निंबलकर किस रूप में प्रतिष्ठित थे?
(Chap 19, Class-XI, Old NCERT)

(a) मराठा सत्ताधारी परिवार
(b) मुगल सेना में उच्च सेनाधिकारी
(c) निजाम के सहयोगी
(d) मराठा राजकीय सेवा में लगे कर्मचारी

उत्तर (a)

व्याख्या मुगल काल के उत्तरार्द्ध में मोरे, घोटगे तथा निंबलकर मराठा सत्ताधारी परिवार से संबंधित थे। ये अधिक प्रभावशाली मराठा थे, जिनके हाथों में स्थानीय सत्ता थी, परंतु इनकी शक्तियाँ विकेंद्रित थीं।

ये मुख्यत: अहमदनगर एवं बीजापुर शासकों को सैन्य सहायता प्रदान करते थे। कालांतर में मराठा शक्तियाँ एकजुट होने लगी थीं। मुगल स्वयं भी प्रभावशाली मराठों की सहायता से दक्षिण भारत में अपनी स्थिति मजबूत करना चाहते थे, परंतु मुगलों का मराठों के साथ संघर्ष हुआ।

4 शाहजी भोंसले के संबंध में निम्नलिखित कथनों में से कौन-सा सत्य नहीं है?
(Chap 19, Class-XI, Old NCERT)

(a) शाहजी ने अहमदाबाद में अपनी राजनीतिक स्थिति को सुदृढ़ किया।
(b) 1636 ई. में उन्हें अपने प्रभुत्व वाले प्रदेश छोड़ने पड़े थे।
(c) वे कुछ दिन बीजापुर की सेवा में रहे।
(d) उन्होंने बेंगलूर (बंगलुरु) में अर्द्ध स्वतंत्र राज्य स्थापित किया था।

उत्तर (a)

व्याख्या शाहजी भोंसले के संबंध में कथन (a) सत्य नहीं है, क्योंकि शाहजी पहले ऐसे प्रभावशाली मराठा थे, जिन्होंने अहमदाबाद में नहीं, बल्कि अहमदनगर में अपनी स्थिति मजबूत की। वे पहले ऐसे मराठा थे, जिन्होंने मराठा शक्तियों को एक करना प्रारंभ किया। कालांतर में उनके पुत्र शिवाजी ने इसी कार्य को आगे बढ़ाया। उन्होंने मुगलों के विरुद्ध अहमदनगर की ओर से चुनौती दी, परंतु एक संधि के अनुसार शाहजी को उन्हें अपने प्रभुत्व वाले प्रदेश छोड़ने पड़े थे। इसके बाद वे बीजापुर की सेवा में लग गए। तत्पश्चात् शाहजी भोंसले कर्नाटक की ओर चले गए, वहाँ उन्होंने राजनीतिक अस्थिरता का लाभ उठाकर बेंगलूर (बंगलुरु) में एक अर्द्ध स्वतंत्र राज्य स्थापित किया था।

5 निम्नलिखित में से कौन-सा युग्म सुमेलित नहीं है?
(Chap 19, Class-XI, Old NCERT)

	राज्य स्थापना के प्रयास		नेतृत्वकर्ता
(a)	कोरोमंडल	–	मीर जुमला
(b)	पश्चिमी घाट	–	सीदी सरदार
(c)	गोलकुंडा	–	शाहजी भोंसले
(d)	पूना	–	शिवाजी

उत्तर (c)

व्याख्या दिए गए युग्मों में से युग्म (c) सही सुमेलित नहीं है, क्योंकि शाहजी भोंसले ने गोलकुंडा में नहीं, बल्कि अहमदनगर में अपनी स्थिति मजबूत की थी। शाहजी भोंसले चतुर तथा नीति-कुशल व्यक्ति थे।

शिवाजी का उदय

6 शिवाजी के संदर्भ में निम्नलिखित कथनों पर विचार कीजिए
(Chap 19, Class - XI, Old NCERT)

1. शिवाजी ने मुगल इलाकों से चौथ (कर) वसूला था।
2. शिवाजी के काल में अन्नाजी दत्तो ने नए सिरे से राजस्व निर्धारित करने का काम किया।
3. अहमदनगर अभियान शिवाजी का अंतिम अभियान था।

उपर्युक्त में से कितने कथन सही हैं?

(a) केवल एक (b) केवल दो

(c) सभी तीनों (d) इनमें से कोई नहीं

उत्तर (b)

व्याख्या दिए गए कथनों में केवल दो कथन अर्थात् (1 और 2) सही हैं। शिवाजी ने अपने राज्य के निकट मुगल इलाकों से चौथ वसूला था। चौथ, मराठा छापों से बचने के लिए दिया जाने वाला कर था, जो उस क्षेत्र के भू-राजस्व का एक-चौथाई होता था। शिवाजी के काल में 1679 ई. में अन्नाजी दत्तो ने नए सिरे से राजस्व निर्धारण का काम किया।

कथन (3) सही नहीं है, क्योंकि 1680 ई. का कर्नाटक अभियान शिवाजी का अंतिम अभियान था, जिससे लौटने के कुछ समय पश्चात् ही शिवाजी की मृत्यु हो गई थी।

7 शिवाजी के विजय अभियानों के संबंध में निम्नलिखित कथनों पर विचार कीजिए *(Chap 19, Class-XI, Old NCERT)*

1. 1647 ई. में उन्होंने अपने पिता की जागीर पूर्ण रूप से अपने नियंत्रण में ले ली।
2. शिवाजी की विजय का वास्तविक दौर 1656 ई. में प्रारंभ हुआ।
3. उन्होंने जवाली राज्य को जीतकर मराठा साम्राज्य में मिलाया था।

उपर्युक्त में से कौन-सा/से कथन सत्य है/हैं?

(a) 1 और 2 (b) 1 और 3 (c) 1, 2 और 3 (d) केवल 3

उत्तर (c)

व्याख्या शिवाजी के विजय अभियानों के संबंध में सभी कथन सत्य हैं। 1647 ई. में शिवाजी ने अपने संरक्षक से अपने पिता की जागीर पूर्ण रूप से अपने नियंत्रण में ले ली थी और स्वयं को 'मुख्तार' भी घोषित कर दिया। शिवाजी की विजय का वास्तविक दौर 1656 ई. में प्रारंभ हुआ था। सर्वप्रथम उन्होंने मराठा सरदार चंद्र राव मोरे से जवाली का राज्य जीत लिया। शिवाजी ने जवाली राज्य व वहाँ के खजाने प्राप्त करने के लिए छल प्रपंच का सहारा लिया। जवाली विजय अभियान के बाद शिवाजी जवाली क्षेत्र के निर्विवाद स्वामी बन गए। इस विजय अभियान से शिवाजी को व्यापक सफलता मिली, क्योंकि इसके तत्पश्चात् सतारा व कोंकण क्षेत्र तक पहुँचना सरल हो गया था।

8 शिवाजी के काल की विभिन्न घटनाओं के संबंध में निम्नलिखित कथनों पर विचार कीजिए *(Chap 19, Class-XI, Old NCERT)*

1. मुगलों ने 1657 ई. में बीजापुर पर आक्रमण किया, जिससे शिवाजी बीजापुर के प्रतिशोध से बच गए।
2. शिवाजी ने 1665 ई. में मुगल क्षेत्र में प्रवेश कर अपना खजाना भरा था।

उपर्युक्त में से कौन-सा/से कथन सत्य है/हैं?

(a) केवल 1 (b) केवल 2

(c) 1 और 2 (d) न तो 1 और न ही 2

उत्तर (a)

व्याख्या शिवाजी के काल की विभिन्न घटनाओं के संबंध में कथन (1) सत्य है। 1657 ई. में बीजापुर शासकों पर मुगल सैनिकों ने आक्रमण कर दिया, इस संघर्ष में बीजापुर के शासक इतने उलझ गए कि शिवाजी स्वयं बीजापुर के शासकों के प्रतिशोध से बच गए।

कथन (2) असत्य है, क्योंकि शिवाजी ने 1665 ई. में नहीं, बल्कि 1657 ई. में मुगल क्षेत्र में प्रवेश किया था।

9 किस वर्ष मराठा सेना ने 'पनहाला' के मजबूत किले पर अधिकार कर लिया था? *(Chap 19, Class-XI, Old NCERT)*

(a) 1655 ई. (b) 1656 ई.

(c) 1659 ई. (d) 1660 ई.

उत्तर (c)

व्याख्या 1659 ई. में बीजापुर के सरदार अफजल खाँ की हत्या के पश्चात् शिवाजी के सैनिकों का मनोबल काफी बढ़ गया। इस विजय के बाद शिवाजी के सैनिकों ने अफजल खाँ के हथियारों एवं तोपखाने को अपने अधिकार में ले लिया। इसी विजय से उत्साहित होकर मराठों ने 'पनहाला' जैसे मजबूत किले पर अधिकार कर लिया, साथ ही दक्षिणी कोंकण एवं कोल्हापुर तक मराठों का प्रभुत्व स्थापित हो गया।

10 शिवाजी के पराक्रम के संबंध में कौन-सा कथन सत्य नहीं है? *(Chap 19, Class-XI, Old NCERT)*

(a) जनता उन्हें अलौकिक शक्तियों का श्रेय देने लगी थी।

(b) मराठा क्षेत्र के लोग भारी संख्या में सेना में शामिल होने लगे।

(c) अहमदनगर के तुर्क सैनिक शिवाजी की सेना में शामिल हो गए।

(d) उपर्युक्त में से कोई नहीं

उत्तर (c)

व्याख्या शिवाजी के पराक्रम के संबंध में कथन (c) सत्य नहीं है, क्योंकि अहमदनगर के तुर्क सैनिक शिवाजी की सेना में शामिल नहीं हुए।

शिवाजी की बढ़ती लोकप्रियता के कारण मराठा क्षेत्र के लोग उनकी सेना में शामिल होने लगे। यहाँ तक कि भाड़े पर बीजापुरी सेना में कार्य करने वाले अफगानी सैनिक भी शिवाजी की सेना में शामिल होने लगे थे और जनता शिवाजी को अलौकिक शक्तियों का श्रेय देने लगी थी।

11 शिवाजी मुगलों की कैद से भागने के समय कौन-से नगर में कैद थे? *(Chap 19, Class-XI, Old NCERT) (MPPSC Pre 2005)*

(a) ग्वालियर (b) आगरा

(c) दिल्ली (d) कानपुर

उत्तर (b)

व्याख्या शिवाजी मुगलों की कैद से भागने के समय आगरा में कैद थे। शिवाजी तथा औरंगजेब के मध्य समझौते की प्रक्रिया के अंतर्गत जयसिंह ने शिवाजी को आगरा आने का निमंत्रण भेजा। मुगल दरबार में शिवाजी द्वारा साम्राज्य की सेवा में प्रवेश करने से मना करने पर उन्हें बंदी बनाया गया था। 1666 ई. में शिवाजी कैद से भाग गए और नए तरीके से मराठा साम्राज्य को व्यवस्थित किया।

12 निम्नलिखित कथनों पर विचार कीजिए *(Chap 19, Class-X, Old NCERT)*

कथन I पुरंदर की संधि शिवाजी के लिए तात्कालिक राहत का आधार मात्र थी यद्यपि इसने मराठा साम्राज्य के आर्थिक तथा नैतिक मनोबल को कमजोर कर दिया था।

कथन II शिवाजी का सूरत पर दोबारा आक्रमण पुरंदर की संधि की प्रतिपूर्ति थी।

उपर्युक्त कथनों के बारे में निम्नलिखित में से कौन-सा एक सही है?

(a) कथन I और कथन II दोनों सही हैं तथा कथन II, कथन I की सही व्याख्या है

(b) कथन I और कथन II दोनों सही हैं तथा कथन II, कथन I की सही व्याख्या नहीं है

(c) कथन I सही है, किंतु कथन II गलत है

(d) कथन I गलत है, किंतु कथन II सही है

उत्तर (b)

व्याख्या कथन I और कथन II दोनों सही हैं तथा कथन II, कथन I की सही व्याख्या नहीं है।

11 जून, 1665 को राजपूत राजा जयसिंह प्रथम (मुगल की ओर से) तथा मराठा सेनापति शिवाजी के मध्य पुरंदर की संधि हुई थी। जयसिंह द्वारा पुरंदर का किला घेरने के पश्चात् शिवाजी के पास बचाव का कोई विकल्प नहीं बचा, जिस कारण अंतत: पुरंदर की संधि स्वीकार करनी पड़ी। इस संधि ने मराठा को

आर्थिक रूप से कमजोर कर दिया, क्योंकि मराठा को 1 लाख हूणों की आय के साथ बारह किलो को मुगलों को देने पड़ा, साथ ही सम्भाजी को औरंगजेब की सेवा में भेजना पड़ा।

शिवाजी का सूरत पर दोबारा आक्रमण (1670 ई.) पुरंदर की संधि में हुई आर्थिक क्षति की प्रतिपूर्ति था।

13 'पुरंदर की संधि' के संबंध में निम्नलिखित कथनों पर विचार कीजिए *(Chap 19, Class-XI, Old NCERT)*

1. यह आमेर के राजा जयसिंह और शिवाजी के बीच हुई थी।
2. राजा जयसिंह मुगल प्रतिनिधि के रूप में कार्य कर रहे थे।
3. यह संधि 1668 ई. में हुई थी।

उपर्युक्त में से कितने कथन सत्य हैं?

(a) केवल एक (b) केवल दो
(c) सभी तीन (d) इनमें से कोई नहीं

उत्तर (b)

व्याख्या 'पुरंदर की संधि' के संबंध में केवल दो कथन (1 और 2) सत्य हैं। पुरंदर की संधि आमेर के शासक एवं औरंगजेब के विश्वासपात्र राजा जयसिंह और शिवाजी के मध्य में हुई थी। राजा जयसिंह मुगल प्रतिनिधि के रूप में कार्य कर रहे थे।

कथन (3) असत्य है, क्योंकि पुरंदर की संधि 1665 ई. में हुई थी, न कि 1668 ई. में।

14 जयसिंह ने किसे पत्र लिखकर यह कहा था कि "शिवा को वृत्त के बिंदु की तरह हम चारों ओर से घेर लेंगे?" *(Chap 19, Class-XI, Old NCERT)*

(a) शाहजहाँ को (b) औरंगजेब को
(c) दाराशिकोह को (d) शाइस्ता खाँ

उत्तर (b)

व्याख्या पुरंदर की संधि के बाद, शिवाजी के संदर्भ में आमेर के शासक जयसिंह ने औरंगजेब को पत्र लिखकर यह कहा था कि "शिवा को वृत्त के बिंदु की तरह हम चारों ओर से घेर लेंगे।" दक्षिण भारत में मुगलों की प्रतिष्ठा को मजबूत बनाने के लिए यह आवश्यक था कि शिवाजी को मुगलों के प्रति विश्वासपात्र बनाया जा सके। औरंगजेब बीजापुर की शक्ति कुचलने के बाद शिवाजी को भी कमजोर करना चाहता था, ताकि दक्षिण भारत में मुगलों के समक्ष कोई चुनौती प्रस्तुत करने वाला न हो।

15 शिवाजी के राजतिलक से संबंधित निम्नलिखित कथनों पर विचार कीजिए *(Chap 19, Class-XI, Old NCERT)*

1. शिवाजी ने 1674 ई. में रायगढ़ में विधिवत राजमुकुट धारण किया।
2. राजतिलक का संस्कार पुरोहित गंगाभट्ट ने करवाया था।
3. राजतिलक समारोह में पुरोहित द्वारा शिवाजी को उच्च वर्गीय ब्राह्मण शासक घोषित किया गया।

उपर्युक्त में से कौन-सा/से कथन सत्य है/हैं?

(a) 1 और 2 (b) 2 और 3 (c) 1 और 3 (d) केवल 2

उत्तर (a)

व्याख्या शिवाजी के राजतिलक के सन्दर्भ में कथन (1) और (2) सत्य हैं। 6 जून, 1674 को शिवाजी ने रायगढ़ में विधिवत् राजमुकुट धारण किया तथा उन्होंने 'छत्रपति' की उपाधि धारण की। प्रारंभ में शिवाजी पूना के एक जागीरदार थे, परंतु अपनी वीरता एवं पराक्रम का परिचय देते हुए शिवाजी ने मराठा साम्राज्य की नींव रखी। शिवाजी के राजतिलक समारोह का संस्कार बनारस के पुरोहित गंगाभट्ट ने करवाया था।

कथन (3) असत्य है, क्योंकि राजतिलक समारोह संपादित करने वाले पुरोहित गंगाभट्ट ने विधिवत यह घोषणा की थी कि शिवाजी उच्च वर्गीय क्षत्रिय हैं, और यह भी कहा कि शिवाजी अब एक स्वतंत्र शासक हैं।

16 निम्नलिखित युग्मों पर विचार कीजिए *(Chap 19, Class - XI, Old NCERT)*

प्रशासनिक व्यवस्था		अधिकारी
1. वित्त व्यवस्था	—	पेशवा
2. सैन्य प्रशासन	—	वाक-ए-नवीस
3. लेखपाल	—	सर-ए-नौबत
4. गुप्तचर और डाक विभाग	—	मजूमदार

मराठों की प्रशासनिक व्यवस्था व उनसे संबंधित अधिकारियों के संबध में कितने युग्म सही सुमेलित नहीं हैं?

(a) केवल एक (b) केवल दो
(c) सभी तीन (d) सभी चार

उत्तर (c)

व्याख्या दिए गए युग्मों में से केवल तीन युग्म अर्थात् (2, 3 और 4) सही सुमेलित नहीं हैं।

शिवाजी ने प्रशासन के सुचारू संचालन के लिए आठ मंत्रियों की मंत्रिपरिषद् का गठन किया था, जिसे अष्टप्रधान कहा जाता था। इसमें वित्त व्यवस्था तथा प्रशासन पेशवा की देख-रेख में था।

सैन्य प्रशासन की जिम्मेदारी सर-ए-नौबत (सेनापति) की थी। मजूमदार राज्य का लेखपाल (अकाउंटेंट) होता था।

जबकि वाक-ए-नवीस, गुप्तचर और डाक विभाग तथा राजकीय गृहस्थी की देख-रेख करता था।

17 शिवाजी के शासनकाल के संबंध में निम्नलिखित युग्मों पर विचार कीजिए *(Chap 19, Class-XI, Old NCERT)*

1. पंडितराव : पारमार्थिक दानों के लिए जिम्मेदार
2. स्थायी सेना : पागा
3. अस्थायी सैनिक : सिलहदार
4. घुड़सवार सेना : बारगीर

उपर्युक्त में से कितने युग्म सही हैं?

(a) केवल दो (b) केवल तीन
(c) सभी चारों (d) इनमें से कोई नहीं

उत्तर (c)

व्याख्या शिवाजी के शासनकाल के संबंध में सभी युग्म सही हैं।

शिवाजी की मंत्रिपरिषद् में शामिल पंडितराव की जिम्मेदारी पारमार्थिक कार्यों तथा दानों के लिए थी।

शिवाजी का सैन्य प्रशासन विभिन्न श्रेणियों में वर्गीकृत था, जिसमें स्थायी सेना को 'पागा' कहा जाता था। 'सिलहदार' अस्थायी सैनिकों को, जबकि 'बारगीर' घुड़सवार सैनिकों को कहा जाता था।

मराठा प्रशासन

18 शिवाजी के प्रशासन से संबंधित निम्नलिखित कथनों पर विचार कीजिए *(Chap 19, Class-XI, Old NCERT)*

1. शिवाजी की शासन प्रणाली दक्कनी राज्यों से उधार ली गई थी।
2. प्रशासन में आठ मंत्रियों के समूह को अष्टप्रधान कहा जाता था।
3. अष्टप्रधान का स्वरूप मंत्रिपरिषद् वाला था।

उपर्युक्त में से कौन-सा/से कथन सत्य है/हैं?

(a) 1 और 3
(b) 2 और 3
(c) 1 और 2
(d) 1, 2 और 3

उत्तर (c)

व्याख्या शिवाजी के प्रशासन के संदर्भ में कथन (1) और (2) सत्य हैं। शिवाजी की शासन प्रणाली दक्कनी राज्यों से उधार ली गई थी। यह विशेषत: अहमदनगर एवं बीजापुर के प्रशासनिक ढाँचे पर आधारित थी। मराठा शासन व्यवस्था में 8 मंत्री नियुक्त किए गए, जिन्हें सामूहिक रूप में 'अष्टप्रधान' कहा जाता था।

कथन (3) असत्य है, क्योंकि अष्टप्रधान का स्वरूप मंत्रिपरिषद् वाला नहीं था, बल्कि प्रत्येक मंत्री सीधे राजा के प्रति उत्तरदायी थे। इनका कार्य राजा को परामर्श देना मात्र था, इसे किसी भी अर्थ में मंत्रिमंडल नहीं कहा जा सकता था।

19 निम्नलिखित में से कौन-सा युग्म सुमेलित नहीं है? *(Chap 19, Class-XI, Old NCERT)*

अधिकारी		कार्य
(a) मजूमदार	—	लेखपाल
(b) वाकियानवीस	—	गुप्तचर
(c) सुरूनवीस	—	पत्राचार
(d) दबीर	—	प्रांतीय सेनापति

उत्तर *(d)*

व्याख्या दिए गए युग्मों में से युग्म (d) सही सुमेलित नहीं है, क्योंकि दबीर, शिवाजी का प्रशासनिक अधिकारी था, जिसे दरबार के नियम-कानून की देखभाल की जिम्मेदारी दी जाती थी। वह बाहरी शक्तियों से संबंधित मामलों में राजा की सहायता करता था।

20 मराठा प्रशासन के अधिकारियों के संबंध में निम्नलिखित कथनों पर विचार कीजिए *(Chap 19, Class-XI, Old NCERT)*

1. न्यायाधीश और पंडितराव क्रमश: न्याय व्यवस्था और पारमार्थिक दोनों के लिए जिम्मेदार थे।
2. किसी स्त्री या नर्तकी को सेना के साथ ले जाने की अनुमति थी।
3. स्थायी सेना में तीस से चालीस हजार घुड़सवार शामिल थे।

उपर्युक्त में से कितने कथन असत्य हैं?

(a) केवल एक (b) केवल दो
(c) सभी तीन (d) इनमें से कोई नहीं

उत्तर *(a)*

व्याख्या मराठा प्रशासन के अधिकारियों के संबंध में केवल एक कथन अर्थात् (2) असत्य है, क्योंकि सेना के साथ कड़ा अनुशासन बरता जाता था, इसलिए किसी स्त्री या नर्तकी को सेना के साथ ले जाने की अनुमति नहीं थी।

21 निम्नलिखित में से किसने 1679 ई. में शिवाजी के प्रशासन में नए सिरे से राजस्व का निर्धारण किया था? *(Chap 19, Class-XI, Old NCERT)*

(a) मलिक अंबर (b) अन्नाजी दत्तो
(c) राजा टोडरमल (d) अन्ना मजूमदार

उत्तर *(b)*

व्याख्या 1679 ई. में शिवाजी के प्रशासन में नए सिरे से राजस्व का निर्धारण अन्नाजी दत्तो ने किया। शिवाजी ने इस मामले में मलिक अंबर की राजस्व व्यवस्था का अनुकरण किया। शिवाजी ने देशमुखी या जमींदारी प्रथा समाप्त नहीं की थी, लेकिन उन्होंने अपने अधिकारियों को मोकासा या जागीरें नहीं दीं।

22 मराठा साम्राज्य के प्रांतीय प्रशासन के संदर्भ में विचार कीजिए *(Chap 19, Class - XI, Old NCERT)*

1. मराठा साम्राज्य का विभाजन तीन भागों में किया गया था।
2. राज्य को सरसूबा (प्रांत) कहा जाता था, जिसका मुखिया सूबेदार होता था।
3. प्रशासन की सबसे छोटी इकाई परगना होती थी।

उपर्युक्त कथनों में से कितने कथन सही नहीं हैं?

(a) केवल एक (b) केवल दो
(c) सभी तीन (d) इनमें से कोई नहीं

उत्तर *(b)*

व्याख्या मराठा साम्राज्य के प्रांतीय प्रशासन के संदर्भ में केवल एक कथन अर्थात् कथन (3) सही नहीं है, क्योंकि मराठा साम्राज्य में प्रशासन की सबसे छोटी इकाई गाँव होती थी, जिसका मुखिया पाटिल (पटेल) कहलाता था। प्रशासन के विभाजन का क्रम क्रमश: साम्राज्य, प्रांत, परगना, तर्क, ग्राम था।

23 मराठा प्रशासन के संबंध में कौन-सा कथन सत्य नहीं है? *(Chap 19, Class-XI, Old NCERT)*

(a) मोकासा एक प्रकार की जागीर थी।
(b) स्थायी सेना को सिलहदार कहा जाता था।
(c) मवाली एक प्रकार के सुरक्षा कर्मचारी थे।
(d) उपर्युक्त में से कोई नहीं

उत्तर *(b)*

व्याख्या मराठा प्रशासन के संबंध में कथन (b) सत्य नहीं है, क्योंकि मराठा प्रशासन में अस्थायी सेना को 'सिलहदार' कहा जाता था, न कि स्थायी सेना को। इस श्रेणी के सैनिकों को अपने घोड़े व अन्य खर्चे स्वयं उठाने पड़ते थे, इन्हें केवल युद्ध के समय लड़ाई भत्ता मिलता था।

पेशवाओं के अधीन मराठा

24 राजा शाहू का पेशवा कौन था? जिसने पेशवा आधिपत्य को स्थापित किया? *(Chap 19, Class-XI, Old NCERT)*

(a) बालाजी विश्वनाथ (b) बालाजी बाजीराव
(c) राजाराम (d) बालाजी विशंभर

उत्तर *(a)*

व्याख्या राजा शाहू का पेशवा बालाजी विश्वनाथ था, जिसने पेशवा आधिपत्य स्थापित किया था। 18वीं सदी में मराठा साम्राज्य की स्थापना उन्हीं के नेतृत्व में हुई थी।

बालाजी विश्वनाथ ने शाहू की सहायता से एक मजबूत मराठा साम्राज्य की नींव रखी, परंतु आंतरिक कलह और औरंगजेब के अधीन मुगलों के आक्रमण से मराठा साम्राज्य की स्थिति कमजोर होती चली गई। 1713 ई. में उन्होंने पेशवा की उपाधि धारण की। उन्होंने सैयद बंधुओं के कहने पर मुगल सम्राट से जो संधि की थी, उसमें पेशवा ने अपना पूर्ण कौशल दिखाया था, जिसके माध्यम से उन्होंने मुगलों की राजनीति में हस्तक्षेप करने का अधिकार मराठों के लिए प्राप्त कर लिया था।

25 बालाजी विश्वनाथ के संबंध में कौन-सा कथन सत्य नहीं है? *(Chap 1, Class-XII, Old NCERT)*

(a) वह एक क्षत्रिय था।
(b) वह 1713 ई. में पेशवा बना था।
(c) उसने मुगल अधिकारियों के आपसी झगड़ों का लाभ उठाया।
(d) उपर्युक्त में से कोई नहीं

उत्तर *(a)*

व्याख्या बालाजी विश्वनाथ के संबंध में कथन (a) सत्य नहीं है, क्योंकि वे एक चितपावन ब्राह्मण परिवार से थे और अपनी प्रतिभा के बल पर 1713 ई. में मराठा साम्राज्य के पहले पेशवा बने।

26 बालाजी विश्वनाथ किस मुगल बादशाह की कब्र (खुल्दाबाद) तक पैदल चलकर गया था? *(Chap 1, Class-XII, Old NCERT)*

(a) जहाँगीर (b) शाहजहाँ
(c) औरंगजेब (d) हुमायूँ

उत्तर *(c)*

व्याख्या मराठा पेशवा बालाजी विश्वनाथ मुगल बादशाह औरंगजेब की कब्र (खुल्दाबाद) तक पैदल चलकर गया था। बालाजी विश्वनाथ ने मुगलों के साथ 21 वर्ष तक संघर्ष किया, अंततः उन्होंने मुगलों के साथ संधि कर मराठा साम्राज्य को स्थिर किया।

27 बाजीराव प्रथम के संबंध में निम्नलिखित कथनों पर विचार कीजिए
(Chap 1, Class-XII, Old NCERT)

1. उसे शिवाजी के बाद गुरिल्ला युद्ध का सबसे बड़ा प्रतिपादक कहा गया।
2. जीवन भर उसने दक्कन में बुरहान-उल-मुल्क की शक्ति को नियंत्रित करने की कोशिश की।
3. बाजीराव प्रथम ने 1733 ई. में जंजीरा के सिद्दियों के विरुद्ध एक अभियान किया था।

उपर्युक्त में से कितने कथन असत्य हैं?

(a) केवल एक (b) केवल दो
(c) सभी तीन (d) इनमें से कोई नहीं

उत्तर *(a)*

व्याख्या बाजीराव प्रथम के संबंध में केवल एक कथन अर्थात् कथन (2) असत्य है, क्योंकि बाजीराव प्रथम ने जीवन भर (1720-1740 ई. तक) मुगलों की शक्ति को नियंत्रित करने की कोशिश की। उसने आंग्रिया, पुर्तगालियों व अंग्रेजों को भी पराजित किया तथा पालखेड़ के युद्ध (1728 ई.) में उसने निजाम को भी पराजित कर दक्षिण भारत में अपनी स्थिति मजबूत कर ली।

28 नीचे दिए गए कथनों पर विचार कीजिए
(Chap 10, Class-VII, Old NCERT)

1. 1737 ई. में बाजीराव प्रथम के नेतृत्व में दिल्ली पर धावा बोलने के बाद मराठा प्रभुत्व की सीमाएँ तेजी से बढ़ीं।
2. मराठों ने उत्तर में राजस्थान और पंजाब, पूर्व में बंगाल और उड़ीसा तथा दक्षिण में कर्नाटक तथा तेलुगू प्रदेशों को अपने साम्राज्य में प्रत्यक्ष रूप से मिला लिया।

उपर्युक्त में से कौन-सा/से कथन असत्य है/हैं?

(a) केवल 1 (b) केवल 2
(c) 1 और 2 दोनों (d) न तो 1 और न ही 2

उत्तर *(b)*

व्याख्या दिए गए कथनों में से केवल कथन (2) असत्य है, क्योंकि मराठों ने उत्तर में राजस्थान और पंजाब, पूर्व में बंगाल और उड़ीसा तथा दक्षिण में कर्नाटक तथा तेलुगू प्रदेशों को अपने साम्राज्य में औपचारिक रूप से सम्मिलित नहीं किया, बल्कि मराठा प्रभुसत्ता की स्वीकृति के रूप में उनसे भेंट ली गई।

29 बाजीराव प्रथम ने किस यूरोपीय शक्ति को 'सिलसिट' में पराजित किया था?
(Chap 1, Class-XII, Old NCERT)

(a) अंग्रेज (b) पुर्तगाली
(c) डच (d) फ्रांसीसी

उत्तर *(b)*

व्याख्या बाजीराव प्रथम ने यूरोपीय शक्ति पुर्तगाली को 'सिलसिट' में पराजित किया। 1739 ई. में अपने अंतिम दिनों में बाजीराव प्रथम ने अपने भाई चिमन अप्पा को भेजकर पुर्तगालियों को पराजित किया, तत्पश्चात् मराठा एवं पुर्तगाली अधिकारियों को 'बसई की संधि' करनी पड़ी।

30 बालाजी बाजीराव के संबंध में कौन-सा कथन सत्य नहीं है?
(Chap 1, Class-XII, Old NCERT)

(a) वह बाजीराव प्रथम का भाई था।
(b) उसे नाना साहब के नाम से जाना जाता था।
(c) वह 1740 ई. से 1761 ई. तक पेशवा रहा।
(d) उपर्युक्त में से कोई नहीं

उत्तर *(a)*

व्याख्या बालाजी बाजीराव के संबंध में कथन (a) सत्य नहीं है, क्योंकि बालाजी बाजीराव, बाजीराव प्रथम का भाई नहीं, बल्कि पुत्र था। उसे 'नाना साहब' के नाम से भी जाना जाता है। बालाजी बाजीराव 1740 ई. से जून 1761 ई. तक पेशवा रहा।

31 निम्नलिखित पेशवाओं के शासनकाल पर विचार कीजिए तथा उन्हें कालक्रमानुसार व्यवस्थित कीजिए
(Chap 19, Class - XI, Old NCERT) (UPPSC Pre 2023)

1. बालाजी विश्वनाथ 2. बाजीराव प्रथम
3. नारायण राव 4. माधवराव द्वितीय

कूट

(a) 1, 2, 4, 3 (b) 2, 1, 4, 3 (c) 1, 2, 3, 4 (d) 1, 3, 2, 4

उत्तर *(a)*

व्याख्या पेशवाओं के शासनकाल का सही कालक्रम 1, 2, 4, 3 है।

बालाजी विश्वनाथ को मराठा साम्राज्य का द्वितीय संस्थापक माना जाता है। 1713 ई. में शाहू ने इन्हें पेशवा नियुक्त किया तथा ये 1720 ई. तक पेशवा रहे।

बाजीराव प्रथम बालाजी विश्वनाथ की मृत्यु के पश्चात् 1720 ई. में पेशवा बने। और ये 1740 ई. तक पेशवा रहे। बाजीराव ने हिंदू पद पादशाही के आदर्श का प्रचार किया और इसे लोकप्रिय बनाया।

माधवराव द्वितीय बाजीराव प्रथम की मृत्यु के पश्चात् 1761 ई. में पेशवा बने, लेकिन 1772 ई. में इनकी मृत्यु हो गई। 1764 ई. एवं 1766 ई. में इसने मैसूर पर हमले किए थे और उन्हें चौथ देने को बाध्य किया।

नारायण राव माधवराव की मृत्यु के पश्चात् 1772 ई. में पेशवा बने, लेकिन 1773 ई. में उसके चाचा रघुनाथ राव ने पेशवा बनने के लिए उनकी हत्या कर दी।

32 पानीपत का तृतीय युद्ध किनके मध्य लड़ा गया था?
(Chap 1, Class-XII, Old NCERT) (UKPSC Pre 2004)

(a) पेशवा विश्वनाथ राव और अहमदशाह अब्दाली के मध्य
(b) पेशवा सदाशिव राव भाऊ तथा नादिरशाह के मध्य
(c) पेशवा बाजीराव प्रथम तथा अब्दाली के मध्य
(d) उपर्युक्त में से कोई नही

उत्तर *(a)*

व्याख्या पानीपत का तृतीय युद्ध मराठा पेशवा विश्वनाथ राव और अहमदशाह अब्दाली के मध्य हुआ था। इस युद्ध में मराठा सेनाओं के सेनापति सदाशिव राव भाऊ शामिल थे, लेकिन इस युद्ध में इब्राहिम शाह गार्दी ने मराठों का साथ दिया था। मराठा और अफगानी शासकों के मध्य हुए इस युद्ध में अंततः अफगानी शासक विजयी हुए थे। इस युद्ध में सिंधिया शासक महादजी सिंधिया ने भी महत्त्वपूर्ण भूमिका निभाई थी।

33 निम्नलिखित में कितने युग्म सुमेलित नहीं है?
(Chap 1, Class-XII, Old NCERT)

पेशवा		क्षेत्र
1. गायकवाड़	—	बड़ौदा
2. होल्कर	—	इंदौर
3. भोंसले	—	नागपुर
4. सिंधिया	—	जोधपुर

कूट

(a) केवल एक (b) केवल दो (c) केवल तीन (d) सभी चार

उत्तर *(a)*

व्याख्या दिए गए युग्मों में से केवल एक युग्म अर्थात् युग्म (4) सही सुमेलित नहीं है, क्योंकि पेशवा की शाखा सिंधिया का क्षेत्र जोधपुर नहीं, बल्कि ग्वालियर था। महादजी सिंधिया इसके प्रमुख शासक थे। जबकि गायकवाड़ का प्रमुख क्षेत्र बड़ौदा, होल्कर का इंदौर और भोंसले का नागपुर था।

अध्याय 21

उत्तर मुगल (18वीं सदी)

उत्तर मुगल (18वीं सदी)

प्रस्तावना

- मुगल साम्राज्य का विघटन;
- 1707 ई. में औरंगजेब की मृत्यु के परिणामस्वरूप तेजी से पतन हुआ;
- अमीरों के बीच प्रतिस्पर्द्धा तीव्र हुई।
- प्रांतीय गवर्नर स्वतंत्र तरीके से कार्य करने लगे
- 1803 ई. में दिल्ली पर ब्रिटिश सेना का कब्जा।

उत्तर मुगल शासक

- **बहादुर शाह प्रथम** (1707-1712 ई.)
  - मराठा और राजपूत शासकों को समझाकर मुगल साम्राज्य की सद्भावना बहाल करने की कोशिश की; औरंगजेब की संकीर्ण नीतियों को उलट दिया; सिखों के विरुद्ध पुनः अभियान का नेतृत्व किया; सरदेशमुखी को उनकी चौथ की माँगें पूरी कर दीं;
  - छत्रसाल (बुंदेला प्रमुख) और चुरामन (जाट प्रमुख) के साथ शांति स्थापित की
- **जहाँदार शाह प्रथम** (1712-1713 ई.)
  - इनके शासनकाल तक, अमीर लोग सत्ता के मालिक बन गए और सत्ता पर अधिकार करने के लिए राजकुमारों को महज कठपुतली के रूप में प्रयोग किया
  - अमीर वर्ग जुल्फिकार खान द्वारा समर्थित था, जिन्होंने अप्रत्यक्ष रूप से साम्राज्य पर शासन किया; जजिया कर समाप्त कर दिया गया
  - इजारा प्रणाली के रूप में अनुबंध खेती की शुरुआत
- **फर्रुखसियर** (1713-1719 ई.)
  - सैयद भाइयों द्वारा समर्थित-अब्दुल्ला खान और हुसैन अली खान जिन्हें क्रमशः वजीर और मीर बख्शी के पदों से सम्मानित किया;
  - मराठा पेशवा ने फर्रुखसियर को उखाड़ फेंकने में सैयद भाइयों की सहायता की
- **सैयद बंधु**
  - अब्दुल्ला खान और हुसैन अली को भारतीय इतिहास में किंग मेकर के रूप में साम्राज्य को प्रशासनिक विघटन से बचाने का प्रयास;
  - कुलीन वर्ग में निरंतर राजनीतिक प्रतिद्वंद्विता के कारण
- **मुहम्मद शाह** (1719-1748 ई.)
  - सैयद बंधुओं द्वारा चयनित
  - कमजोर मानसिकता वाला शासक;
  - वजीर निजाम-उल-मुल्क ने साम्राज्य छोड़ दिया और हैदराबाद राज्य की स्थापना की;
  - नादिर शाह ने 1739 ई. में दिल्ली को लूटा नादिर शाह शाहजहाँ का प्रसिद्ध कोहीनूर हीरे-जवाहरात तथा शाहजहाँ का रत्न जड़ित मयूर सिंहासन अपने साथ ले गया।
- **अहमद शाह** (1748-1754 ई.)
  - इसके शासनकाल में अफगान शासक अहमद शाह अब्दाली द्वारा कई बार हमले किए गए
  - मराठों ने सफलतापूर्वक मालवा और बुंदेलखंड के क्षेत्रों पर अधिकार किया
- **शाहआलम द्वितीय** (1759-1806 ई.)
  - पानीपत की तीसरी लड़ाई 1761 ई. में लड़ी गई; बंगाल के मीर कासिम और अवध के शुजा-उद-दौला के साथ मिलकर बक्सर की लड़ाई (1764 ई.) में अंग्रेजों से लड़े।
  - इस युद्ध में हार के बाद ईस्ट इंडिया कंपनी के प्रधान के रूप में कई वर्षों तक इलाहाबाद में रहे; अंग्रेजों ने बिहार, बंगाल और उड़ीसा की दीवानी या राजस्व एकत्र करने का अधिकार सुरक्षित कर लिया।
- **अकबर द्वितीय** (1806-1837 ई.)
  - राममोहन राय को राजा की उपाधि दी।
- **बहादुर शाह द्वितीय** (1837-1858 ई.)
  - अंतिम मुगल शासक; जफर के उपनाम से लिखी गई उर्दू कविताएँ
  - 1857 के विद्रोह के दौरान, विद्रोही सैनिकों और जमींदारों द्वारा उन्हें भारत के सम्राट के रूप में मान्यता दी गई थी; कोशिश की गई और रंगून में निर्वासित कर दिया।

पतन के कारण

- औरंगजेब का असहिष्णु रवैया
- कमजोर उत्तराधिकारी
- नादिर शाह और अहमद शाह अब्दाली का आक्रमण
- अमीरों कुलीनों के बीच विभाजन। राजपूतों, सिखों, जाटों और मराठों द्वारा विद्रोह

SOURCE Old NCERT Class VIII अठारहवीं सदी का भारत, भारत और आधुनिक दुनिया, Old NCERT Class XII अठारहवीं शताब्दी में भारत, Tamil Nadu Board Class-XI यूरोपियों का आगमन, NIOS Module-2 अठारहवीं शताब्दी में भारत की स्थिति

उत्तरवर्ती मुगल

1 मुगल उत्तराधिकार के युद्ध के संदर्भ में विचार कीजिए

(Chap 9, Class-VII, Old NCERT)

1. 1710 ई. में औरंगजेब की मृत्यु के उपरांत 'मुगल उत्तराधिकार का युद्ध प्रारंभ हुआ, जिसमें औरंगजेब के तीन पुत्रों में संघर्ष हुआ।
2. उत्तराधिकार के युद्ध में विजयी हुए राजकुमार ने बहादुर शाह की उपाधि धारण की।
3. कमजोर उत्तराधिकार नेतृत्व के कारण बुंदेलखंड, रुहेलखंड आदि क्षेत्रों में लगातार विद्रोह की घटनाएँ उभरीं।

उपर्युक्त में से कितने कथन सत्य हैं?

(a) केवल एक (b) केवल दो (c) सभी तीन (d) इनमें से कोई नहीं

उत्तर *(b)*

व्याख्या मुगल उत्तरधिकार के युद्ध के संदर्भ में केवल दो कथन अर्थात् (2) और (3) सत्य हैं।

औरंगजेब की मृत्यु के बाद मुगल उत्तराधिकार का युद्ध प्रारंभ हुआ, जिसमें औरंगजेब के तीन पुत्रों मुअज्जम, आजम तथा कामबख्श में संघर्ष आरंभ हुआ। इस युद्ध में मुअज्जम ने आजम को पराजित कर दिया तथा स्वयं बहादुर शाह की उपाधि धारण कर दिल्ली पर शासन किया, किंतु राजकीय कार्यों में लापरवाही के कारण इसे 'शाहे बेखबर' की उपाधि भी दी गई। औरंगजेब के उत्तराधिकारियों की कमजोर स्थिति का लाभ उठाकर बुंदेलखंड, रुहेलखंड आदि क्षेत्रों में विद्रोह की प्रवत्तियाँ उभरीं। इन प्रवृत्तियों ने साम्राज्य की संरचना को कमजोर कर दिया।

कथन (1) असत्य है, क्योंकि 1707 ई. में औरंगजेब की मृत्यु के उपरांत मुगल उत्तराधिकार का युद्ध आरंभ हुआ, न कि 1710 ई. में।

2 मुगल शासक बहादुर शाह के संबंध में कौन-सा कथन सत्य है?

(Chap 1, Class-XII, Old NCERT)

(a) उसने समझौते तथा मेल-मिलाप की नीति अपनाई तथा औरंगजेब द्वारा अपनाई गई संकीर्णतावादी नीतियों में से कुछ को बदल दिया।
(b) इसके शासनकाल में मंदिरों को नष्ट नहीं किया गया।
(c) 'a' और 'b' दोनों
(d) उसने मराठा सरदारों के प्रति गहरे मेल-मिलाप की नीति अपनाई तथा उन्हें दक्कन की सरदेशमुखी तथा चौथ वसूलने का अधिकार दे दिया।

उत्तर *(c)*

व्याख्या मुगल शासक बहादुर शाह के संबंध में कथन (a) और (b) सत्य हैं। बहादुर शाह ने शासन की बागडोर संभालते ही मेल-मिलाप और समझौते की नीति अपनाई और साथ ही उसने औरंगजेब की संकीर्णतावादी नीतियों को भी बदल दिया। उसने हिंदू सरदारों और राजाओं के प्रति सहिष्णु व्यवहार को अपनाया। उसने पूर्व के शासक औरंगजेब की भाँति मंदिरों को नष्ट नहीं किया। उसने मराठों के साथ ऊपरी मेल-मिलाप की नीति को अपनाते हुए दक्कन की सरदेशमुखी वसूलने का अधिकार तो मराठों को दिया, परंतु चौथ का अधिकार नहीं दिया।

3 निम्न में से कौन-सा कथन असत्य है?

(Chap 1, Class-XII, Old NCERT)

(a) बहादुर शाह की मृत्यु के बाद हुए गृहयुद्ध में उसका एक कम काबिल बेटा जहाँदार शाह विजयी हुआ।
(b) जहाँदारशाह को अपने समय के सबसे शक्तिशाली सामंत जुल्फिकार खाँ का समर्थन प्राप्त था।
(c) जहाँदार शाह के शासनकाल में जजिया को पुन: प्रारंभ कर दिया गया।
(d) जहाँदार शाह के काल में आमेर के राजा जयसिंह को मिर्जा राजा सवाई की पदवी दी गई और गुजरात का सूबेदार नियुक्त किया गया।

उत्तर *(c)*

व्याख्या दिए गए कथनों में से कथन (c) असत्य है, क्योंकि जहाँदार शाह के शासनकाल में जजिया कर को समाप्त कर दिया गया न कि उसे पुन: प्रारंभ किया गया।

बहादुर शाह की मृत्यु के पश्चात् उसका कम काबिल बेटा जहाँदार शाह, जुल्फिकार खाँ की सहायता से गृहयुद्ध में विजयी हुआ, जिसके पश्चात् उसने सत्ता पर कब्जा कर लिया। जुल्फिकार खाँ को वजीर नियुक्त किया गया, वस्तुत: शासन की बागडोर वास्तविक रूप से उसी के हाथों में थी। उसने अपनी स्थिति को मजबूत रखने हेतु राजपूतों तथा मराठों के साथ अपनी स्थिति को सुदृढ़ता प्रदान की। इसी क्रम में आमेर के राजा जयसिंह को मिर्जा राजा सवाई की पदवी दी गई और उन्हें मालवा का सूबेदार नियुक्त कर दिया गया।

4 मुहम्मद शाह के संदर्भ में दिए गए कथनों पर विचार कीजिए

(Chap 10, Class- VII, New NCERT)
(Chap 1, Class-XII, Old NCERT)

1. 1739 ई. में अफगान आक्रमणकारी अहमद शाह अब्दाली द्वारा इसके शासन काल में उत्तर भारत में आक्रमण शुरू हुए।
2. मुहम्मद शाह तथा नादिर शाह के मध्य करनाल का युद्ध हुआ था।
3. मुहम्मद शाह के शासन की समाप्ति 1750 ई. में इसकी मृत्यु के साथ हुई।

उपर्युक्त में से कितने कथन सत्य हैं?

(a) केवल एक (b) केवल दो
(c) सभी तीन (d) इनमें से कोई नहीं

उत्तर *(a)*

व्याख्या मुहम्मद शाह के संदर्भ में केवल एक कथन अर्थात् (2) सत्य है। मुहम्मद शाह तथा अफगान आक्रमणकारी नादिर शाह के मध्य 1739 ई. में करनाल का युद्ध हुआ था। नादिर शाह के आक्रमण का उद्देश्य भारत की अपार धन संपदा को लूटना था।

कथन (1) और (3) असत्य है, क्योंकि मुहम्मद शाह के समय नादिर शाह द्वारा आक्रमण किया गया था, न कि अहमद शाह अब्दाली द्वारा। मुहम्मद शाह की मृत्यु 1748 ई. में हुई थी। इसकी मृत्यु के पश्चात् इसके शासन का अंत हो गया।

5 जहाँदार शाह के संबंध में दिए गए कथनों पर विचार कीजिए।

(Chap 15, Module-2, NIOS)

1. जहाँदार शाह के समय शासन का संचालन मुख्यत: जुल्फिकार खाँ के हाथों में था, जिसने शासन संचालन में मराठा तथा राजपूतों के साथ मैत्रीपूर्ण नीति अपनाई।
2. जहाँदार के काल में सुलह नीति के अंतर्गत संस्थागत ढाँचे मे हिस्सेदार शक्तियों को शामिल किया गया।
3. जुल्फिकार खाँ ने आर्थिक सुलह के तहत स्थानीय सरदारों की संतुष्टि के लिए खुलकर जागीरें बाँटी।

उपर्युक्त में से कितने कथन सही हैं?

(a) केवल एक (b) केवल दो
(c) सभी तीनों (d) इनमें से कोई भी नहीं

उत्तर *(b)*

व्याख्या जहाँदार शाह के संबंध में केवल दो कथन अर्थात् (1 और 2)सही हैं। जहाँदार शाह अयोग्य शासक था। उसके वजीर जुल्फिकार खाँ ने साम्राज्य को चलाने की शक्तियाँ अपने हाथों में ले लीं। उसने शासन संचालन के लिए राजपूत और मराठा के साथ मित्रता पूर्ण संबंध बनाए रखें। उसने औरंगजेब की नीतियों को उलटते हुए जजिया कर को हटा दिया। जहाँदार शाह ने सुलह नीति में उन शक्तियों को शामिल किया, जो मुगल संस्थागत ढाँचे में सत्ता बाँटना चाहती थीं। कथन (3) सही नहीं है, क्योंकि जुल्फिकार खाँ ने कमजोर अर्थव्यवस्था में सुधार के लिए जागीर के बँटवारे को सीमित कर दिया था।

6 निम्नलिखित कथनों पर विचार कीजिए। *(Chap 1, Class-XII, Old NCERT)*

1. मुगल अर्थव्यवस्था के पतन में इजारेदारी व्यवस्था की भूमिका रही।
2. जहाँदार शाह के काल में इजारेदारी व्यवस्था का प्रारंभ हुआ, जो उत्तर मुगल में प्रचलित ठेकेदारी व्यवस्था थी।
3. यह व्यवस्था टोडर माल की भू-राजस्व व्यवस्था के समान थी।

उपर्युक्त में से कितने कथन सही हैं?

(a) केवल एक (b) केवल दो
(c) सभी तीनों (d) इनमें से कोई भी नहीं

उत्तर *(c)*

व्याख्या दिए गए सभी कथन सही हैं।

मुगल अर्थव्यवस्था के पतन में इजारेदारी की महत्त्वपूर्ण भूमिका थी। मुगलकाल में इजारेदार लगान के ठेकेदारों को कहा जाता था।

जहाँदार शाह के काल में इजारेदारी की व्यवस्था का प्रारंभ हुआ, जो उत्तर मुगलकाल में प्रचलित ठेकेदारी व्यवस्था थी। जहाँदार शाह के वजीर जुल्फिकार खाँ ने इस व्यवस्था को प्रारंभ किया था। इसके अंतर्गत इजारेदार और बिचौलिए से लगान वसूल कर सरकार को एक निश्चित राशि देने हेतु करारनामा किया गया, परंतु इजारेदारों के मनमाने लगान वसूलने से किसानों का उत्पीड़न बढ़ा।

यह व्यवस्था टोडरमल की भू-राजस्व व्यवस्था के समान थी।

7 उत्तर मुगलकाल में राजा बनाने वालों (किंग मेकर) की भूमिका में रहे 'सैयद बंधुओं' में शामिल थे *(Chap 2, Class-VIII, Old NCERT)*

1. अब्दुल्ला खाँ 2. हुसैन अली खाँ
3. शैबानी खाँ 4. वहद अली खाँ

कूट

(a) 1 और 2 (b) 1 और 4 (c) 1 और 3 (d) 2 और 3

उत्तर *(a)*

व्याख्या उत्तर मुगलकाल में राजा बनने वालों (किंग मेकर) की भूमिका में रहे सैयद बंधुओं में अब्दुल्ला खाँ और हुसैन अली खाँ शामिल थे। फर्रूखशियर को शासक बनाने में सैयद बंधुओं की बड़ी भूमिका थी। फर्रूखशियर ने 1713 ई. में जहाँदार शाह को पराजित कर मुगल साम्राज्य की सत्ता प्राप्त की थी।

8 निम्नलिखित को कालानुक्रम में व्यवस्थित कीजिए तथा नीचे दिए गए कूट से सही उत्तर का चयन कीजिए *(Chap 2, Class-VIII, Old NCERT) (UPPSC Pre 2018)*

1. मुहम्मद शाह 2. जहाँदार शाह
3. आलमगीर द्वितीय 4. अहमद शाह

कूट

(a) 1 3 4 2 (b) 2 1 4 3 (c) 3 1 2 4 (d) 4 2 3 1

उत्तर *(b)*

व्याख्या उपर्युक्त शासकों का सही कालानुक्रम 2,1,4,3 है।

जहाँदार का शासनकाल 1712-13 ई. तक था। वह अल्पकाल के लिए मुगल साम्राज्य पर आसीन हुआ। मुहम्मद शाह का शासनकाल 1719 से 1748 ई. तक था। इसके शासनकाल में 1739 ई. में अफगान आक्रमणकारी नादिर शाह ने दिल्ली को लूटा।

अहमद शाह 1748 से 1754 ई. तक शासक था। 1754 ई. में इमादुल मुल्क ने अहमद शाह को अपदस्थ कर आलमगीर द्वितीय को मुगल शासक नियुक्त किया।

आलमगीर द्वितीय का शासनकाल 1754 से 1759 ई. के बीच था। वह पूर्ववर्ती मुगल शासक जहाँदार शाह का पुत्र था। 29 नवंबर, 1759 को उसकी मृत्यु हो गई।

9 मुर्शिद कुली खाँ के संदर्भ में निम्नलिखित कथनों पर विचार कीजिए *(Chap 9, Class-VII, Old NCERT) (Chap 1 Class-XII, Old NCERT)*

1. मुर्शिद कुली खाँ औरंगजेब के मातहत बंगाल का दीवान था।
2. मुहम्मद शाह ने उसे बंगाल का सबेदार बना दिया।
3. वह अपनी राजधानी मध्य बंगाल के एक स्थान पर ले गया, जिसे उसने मुर्शिदाबाद नाम दिया।
4. उसने और उसके उत्तराधिकारी नवाबों ने बंगाल, बिहार और उड़ीसा पर स्वतंत्र शासकों की तरह शासन किया।

उपर्युक्त में से कौन-सा/से कथन सही है/हैं?

(a) 1, 2 और 3 (b) केवल 2 (c) 1, 3 और 4 (d) 1 और 2

उत्तर *(c)*

व्याख्या मुर्शिद कुली खाँ के संदर्भ में कथन (1), (3) और (4) सही हैं।

मुर्शिद कुली खाँ औरंगजेब के मातहत बंगाल का दीवान था। उसकी योजना से प्रभावित होकर औरंगजेब ने इसे दीवान नियुक्त किया था। दीवान बनने के पश्चात् उसने केंद्रीय नियंत्रण से स्वयं को मुक्त कर लिया।

औरंगजेब के कहने पर वह अपनी राजधानी को ढाका से मध्य बंगाल के मकसूदाबाद ले गया तथा बाद में उसका नाम बदलकर मुर्शिदाबाद रख दिया।

उसने तथा उसके उत्तराधिकारियों ने आगे चलकर स्वतंत्र शासकों की भाँति बंगाल, बिहार तथा उड़ीसा पर शासन किया।

कथन (2) सही नहीं है, क्योंकि मुर्शिद कुली खाँ 1717 ई. में फर्रुखशियर द्वारा बंगाल का सूबेदार बनाया गया था न कि मुहम्मद शाह द्वारा।

10 चिनकिलिच खाँ के संदर्भ में निम्न कथनों पर विचार कीजिए *(Chap 1, Class-XII, Old NCERT)*

1. वह 1722 ई. में मुगल शासक का वजीर बना।
2. उसने प्रशासनिक सुधार के लिए प्रयत्न किया।
3. वह जनवरी, 1723 में वजीर का पद छोड़कर दक्कन चला गया।
4. उसका जाना मुगल साम्राज्य से निष्ठा और सद्गुणों के पलायन का प्रतीक था।

उपर्युक्त में से कौन-सा/से कथन सत्य है/हैं?

(a) 1 और 2 (b) 2 और 3 (c) 1, 2 और 4 (d) ये सभी

उत्तर *(c)*

व्याख्या चिनकिलिच खाँ के संदर्भ में कथन (1), (2) और (4) सत्य हैं।

चिनकिलिच खाँ हैदराबाद रियासत का संस्थापक था। वह मुगल बादशाह मुहम्मद शाह का एक योग्य वजीर था, वह 1722 ई. में वजीर बना।

उसने पद संभालते ही प्रशासन में सुधार हेतु महत्त्वपूर्ण प्रयास किए। मुगल साम्राज्य का वास्तविक बिखराव चिनकिलिच खाँ, जिसे निजाम-उल-मुल्क के रूप में भी जाना जाता है, के पश्चात् ही प्रारंभ हुआ। चिनकिलिच खाँ के दक्कन जाने की प्रक्रिया को मुगल साम्राज्य से निष्ठा और सद्गुणों के पलायन का प्रतीक माना जाता है।

कथन (3) असत्य है, क्योंकि चिनकिलिच खाँ जनवरी, 1723 में नहीं, बल्कि अक्टूबर, 1724 में वजीर का पद छोड़कर दक्कन चला गया।

11 निम्नलिखित युग्मों पर विचार कीजिए *(Chap 2, Class-VIII, Old NCERT)*

शासक		शासनकाल
1. शाहआलम द्वितीय	–	1806-1837 ई.
2. अकबर द्वितीय	–	1740-1720 ई.
3. बहादुर शाह प्रथम	–	1759-1806 ई.
4. फर्रूखशियर	–	1713-1719 ई.

उपर्युक्त में से कितने युग्म सही नहीं हैं?

(a) केवल एक (b) केवल दो (c) केवल तीन (d) सभी चार

उत्तर *(c)*

व्याख्या दिए गए युग्मों में से केवल तीन युग्म अर्थात् युग्म (1, 2 और 3) सही नहीं हैं।

शाहआलम द्वितीय का शासनकाल 1759 से 1806 ई. के मध्य था। उसने बक्सर के युद्ध (1764) में अंग्रेजों के विरुद्ध त्रिदलीय गठबंधन में भाग लिया था।

अकबर द्वितीय ने 1806 ई. से 1837 ई. के मध्य 31 वर्षों तक शासन किया। उसने राजाराम मोहन राय को अपनी पैरवी के लिए लंदन भेजा था तथा उन्हें 'राजा' की उपाधि दी थी।

बहादुर शाह प्रथम ने 1707 से 1712 ई. तक शासन किया। वह एक सहिष्णु शासक था, उसने जजिया कर पर अस्थायी प्रतिबंध लगाया था।

12 निम्नलिखित में कौन-सा युग्म सही सुमेलित नहीं है?

(Chap 1, Class-XII, Old NCERT)

1. नादिर शाह का उत्तरी भारत के मैदानों में प्रवेश – 1738-39 ई.
2. नादिर शाह तथा मुगल सेना के मध्य करनाल में युद्ध – 1739 ई.
3. मुहम्मद शाह के शासन का अंत – 1750 ई.
4. पानीपत का तीसरा युद्ध – 1556 ई.

कूट

(a) 1 और 2 (b) 2 और 3
(c) 3 और 4 (d) 1 और 4

उत्तर (c)

व्याख्या दिए गए युग्मों में से युग्म (3) और (4) सही सुमेलित नहीं हैं, क्योंकि मुहम्मद शाह की मृत्यु 1748 ई. में हुई थी, इसकी मृत्यु के साथ ही इसके शासन का अंत हो गया था। मुहम्मद शाह ने 1720 ई. में वसूल किए जाने वाले जजिया कर को अंतिम रूप से प्रतिबंधित कर दिया।

पानीपत का तीसरा युद्ध 1556 ई. में नहीं, बल्कि 1761 ई. में अहमद शाह अब्दाली तथा मराठों के बीच हुआ था। इस समय मुगल सम्राट शाहआलम द्वितीय था।

13 निम्न कथनों पर विचार कीजिए *(Chap 1, Class-XII, Old NCERT)*

1. करनाल के युद्ध में मुहम्मद शाह को नादिर शाह से हार का सामना करना पड़ा।
2. नादिर शाह ने दिल्ली पर अधिकार करके यहाँ के नागरिकों के साथ सद्व्यवहार प्रदर्शित किया।
3. दिल्ली से वापस जाते समय वह प्रसिद्ध कोहिनूर हीरा तथा शाहजहाँ का रत्नजड़ित मयूर सिंहासन (तख्तेताउस) भी लूट ले गया।
4. उसने मुहम्मद शाह को सिंधु नदी के पूर्व के साम्राज्य के क्षेत्रों को उसे देने के लिए बाध्य किया।

उपर्युक्त युग्मों में से कितने कथन सही हैं?

(a) केवल एक (b) केवल दो
(c) केवल तीन (d) सभी चार

उत्तर (b)

व्याख्या दिए गए कथनों में से केवल दो कथन अर्थात् (1 और 3) सही हैं। करनाल का युद्ध (13 फरवरी, 1739) नादिर शाह और मुगल शासक मुहम्मद शाह के बीच हुआ था। फूट, अयोग्य नेतृत्व, आपसी द्वेष तथा परस्पर अविश्वास ने इस युद्ध में मुगल फौज को शिकस्त दी और मुहम्मदशाह को बंदी बना लिया। इस प्रकार नादिर शाह दिल्ली की ओर बढ़ा।

नादिर शाह ने दिल्ली पर आक्रमण कर अपार धन लूटा तथा बहुत से कत्लेआम किए और दिल्ली से वापस जाते समय प्रसिद्ध कोहिनूर हीरा और **शाहजहाँ का** रत्नजड़ित मयूर सिंहासन (तख़्तेताउस) भी अपने साथ ले गया।

कथन (2) और (4) सही नहीं हैं, क्योंकि नादिर शाह ने दिल्ली पर आक्रमण कर अपने कुछ सैनिकों की हत्या का बदला लेने के लिए नागरिकों के साथ बहुत बुरा व्यवहार किया। दिल्ली से वापस जाते समय मुहम्मद शाह को सिंधु नदी के पश्चिम साम्राज्य के क्षेत्रों को उसे (नादिर शाह) देने के लिए बाध्य किया था न कि पूर्वी साम्राज्य के क्षेत्रों को।

14 कथन I 1739 ई. में ईरानी आक्रमणकारी नादिर शाह द्वारा दिल्ली पर आक्रमण कर पंजाब के उपजाऊ क्षेत्र तक साम्राज्य का विस्तार करना तथा संपूर्ण भारतीय उपमहाद्वीप पर नियंत्रण को सुनिश्चित करना था।

(Chap 19, Class-XI, Old NCERT)
(Chap 10, Class-VII, New NCERT)

कथन II नादिर शाह के पश्चात् अहमदशाह अब्दाली ने भारत पर पाँच बार आक्रमण किया।

कूट

(a) कथन I और II दोनों सही हैं तथा कथन II, कथन I की सही व्याख्या है।
(b) कथन I और II दोनों सही हैं, परन्तु कथन II, कथन I की सही व्याख्या नही है
(c) कथन I सही है, किंतु कथन II गलत है
(d) कथन I गलत है, किंतु कथन II सही है

उत्तर (d)

व्याख्या कथन I गलत है, किंतु कथन II सही है।

1739 ई. में ईरानी आक्रमणकारी नादिर शाह द्वारा दिल्ली पर किए गए आक्रमण का मुख्य उद्देश्य भारत की अपार धन संपदा को लूटना था, न कि साम्राज्य का विस्तार करना था। नादिर शाह के आक्रमण के पश्चात् अहमद शाह अब्दाली के आक्रमणों का ताँता लगा रहा। उसने 1748 से 1761 ई. के बीच पाँच बार उत्तरी भारत पर आक्रमण किया और लूट-पाट मचाई।

15 निम्नलिखित युग्मों पर विचार कीजिए

(Chap 1, Class-XII, Old NCERT)

	तथ्य		संबंधित वर्ष
1.	अहमद शाह अब्दाली का भारत पर आक्रमण	–	1748 ई.
2.	शाहआलम द्वितीय द्वारा ईस्ट इंडिया कंपनी के विरुद्ध लड़ाई की घोषणा	–	1772 ई.
3.	शाहआलम द्वितीय की मराठों के संरक्षण में ब्रिटिश आश्रय छोड़कर दिल्ली वापसी	–	1764 ई.
4.	अंग्रेजों द्वारा दिल्ली पर आधिपत्य	–	1803 ई.

उपर्युक्त युग्मों में से कितने युग्म सही सुमेलित नहीं हैं?

(a) केवल एक (b) केवल दो
(c) केवल तीन (d) सभी चार

उत्तर (b)

व्याख्या दिए गए युग्मों में से केवल दो युग्म अर्थात् युग्म (2 और 3) सही नहीं हैं।

शाहआलम द्वितीय 1759 ई. में सत्ता पर आसीन हुआ। उसने 1764 ई. में बंगाल के मीर कासिम और अवध के नवाब शुजाउद्दौला के साथ मिलकर अंग्रेजी ईस्ट इंडिया कंपनी के विरुद्ध युद्ध की घोषणा कर दी थी। यह युद्ध बक्सर के युद्ध के रूप में भारतीय इतिहास में प्रसिद्ध है।

बक्सर के युद्ध में पराजित हो जाने के पश्चात् शाहआलम द्वितीय कई वर्षों तक इलाहाबाद (अब प्रयागराज) में ईस्ट इंडिया कंपनी का पेंशन भोगी बन कर रहा, लेकिन वह 1772 ई. में मराठों के संरक्षण में ब्रिटिश आश्रय छोड़कर दिल्ली वापस लौट गया।

16 मुगल साम्राज्य के पतन के परिणाम के संबंध में कौन-सा कथन सत्य नहीं है? *(Chap 1, Class-XII, Old NCERT)*

(a) इसके परिणामस्वरूप अंग्रेजों के लिए भारत पर नियंत्रण का मार्ग प्रशस्त हुआ।

(b) मुगलों के पतन के पश्चात् अन्य भारतीय क्षेत्रीय शक्तियों ने मुगलों की विरासत का दावा किया तथा इन शक्तियों ने मिलकर अंग्रेजों के लिए एक नई चुनौती पेश की।

(c) मुगलों के पतन के पश्चात् कोई ऐसी शक्ति नहीं बची थी, जो अंग्रेजो को कठिन चुनौती दे सके।

(d) मुगल साम्राज्य के पतन ने शताब्दियों पुराने सामाजिक-आर्थिक ढाँचे के स्थान पर एक औपनिवेशिक ढाँचा स्थापित कर दिया।

उत्तर *(b)*

व्याख्या मुगल साम्राज्य के पतन के परिणाम के संबंध में कथन (b) सत्य नहीं है, क्योंकि मुगल साम्राज्य के पतन के पश्चात् भारतीय शक्तियों में से किसी भी क्षेत्रीय शक्ति ने मुगलों की विरासत का दावा नहीं किया, जिसके परिणामस्वरूप अंग्रेजो को भारत में सत्ता स्थापित करने हेतु किसी भी महत्त्वपूर्ण चुनौती का सामना नहीं करना पड़ा।

17 निम्नलिखित कथनों पर विचार कीजिए *(Chap 19, Class-XI, Old NCERT)*

कथन I अकबर के काल में शुरू मनसबदारी व्यवस्था शाहजहाँ के काल में अपने सर्वोच्च पायदान पर थी, जिसने मुगल साम्राज्य को सुदृढ़ आधार दिया।

कथन II प्रशासनिक सुविधा के दृष्टिकोण से विकसित मनसबदारी व्यवस्था ने मुगल साम्राज्य के प्रशासन को ही कमजोर कर दिया।

कूट

(a) कथन I और II दोनों सही हैं तथा कथन II, कथन I की सही व्याख्या है।

(b) कथन I और II दोनों सही हैं परन्तु कथन II, कथन I की सही व्याख्या नहीं है।

(c) कथन I सही है, किंतु कथन II गलत है।

(d) कथन I गलत है, किंतु कथन II सही है।

उत्तर *(d)*

व्याख्या कथन I गलत है, किंतु कथन II सही है।

अकबर काल में शुरू हुई मनसबदारी व्यवस्था औरंगजेब के काल में अपने सर्वोच्च शिखर पर थी। जहाँगीर काल में मनसबदारों की संख्या 2069 थी तथा शाहजहाँ के काल में यह संख्या बढ़कर 8000 हो गई। जबकि औरंगजेब के काल में मनसबदारों की संख्या 11,450 थी, जो पूववर्ती काल में शासकों की अपेक्षा पाँच गुनी थी।

मनसबदारी व्यवस्था ने मुगल प्रशासन को कमजोर कर दिया, जिससे मुगल शासन का पतन अवश्यभावी हो गया। मनसबदारी व्यवस्था के कारण केंद्रीय सत्ता कमजोर हो गई।

18 मुगल साम्राज्य के पतन के संबंध में निम्नलिखित कथनों पर विचार कीजिए *(Chap 19, Class-XI, Old NCERT)*

1. मुगल दरबार सरदारों के बीच गुटबाजी और झगड़ों का केंद्र बन गया।
2. सूबेदार स्वतंत्र आचरण करने लगे।
3. मराठों के आक्रमण पश्चिमोत्तर सीमा प्रांत तक होने लगे।

उपर्युक्त में से कौन-सा/से कथन सत्य है/हैं?

(a) 1 और 2 (b) 2 और 3
(c) 1 और 3 (d) 1, 2 और 3

उत्तर *(a)*

व्याख्या मुगल साम्राज्य के पतन के संबंध में कथन (1) और (2) सत्य हैं। औरंगजेब की मृत्यु (1707 ई.) के पश्चात् मुगल दरबार सरदारों की आपसी गुटबाजी और आंतरिक झगड़ों का केंद्र बन गया और सभी स्वायत्त सत्ता की लालसा रखने लगे। मुगलकालीन महत्त्वाकांक्षी सूबेदार भी औरंगजेब की मृत्यु के पश्चात् स्वयं को स्वतंत्र घोषित कर सत्ता की बागडोर स्वयं संभालने का प्रयास करने लगे।

कथन (3) असत्य है, क्योंकि मराठों के आक्रमण दक्कन से लेकर गंगा घाटी के मैदानों तक होने लगे थे, जहाँ तक मुगल शासन का क्षेत्र था।

19 मुगल साम्राज्य के पतन में निम्नलिखित में से किसने महत्त्वपूर्ण भूमिका का निर्वहन किया? *(Chap 19, Class-XI, Old NCERT)*

(a) कुल कृषि-भूमि क्षेत्र का विस्तार

(b) जब्ती क्षेत्र का विस्तार

(c) कपास तथा नील के उत्पादन में वृद्धि

(d) उपर्युक्त में से कोई नहीं

उत्तर *(d)*

व्याख्या प्रश्न में दिए गए सभी तथ्य मुगलकालीन अर्थव्यवस्था के विकास को दर्शाते हैं, न कि मुगल साम्राज्य के पतन को। मुगल साम्राज्य के पतन का कारण आर्थिक व्यवस्था से अधिक राजनीतिक अदूरदर्शिता से संबंधित था।

20 मुगल साम्राज्य के पतन में किन कारकों ने महत्त्वपूर्ण भूमिका निभाई? *(Chap 19, Class-XI, Old NCERT)*

1. खेतिहर समुदाय और जमींदार क्रमश: सामान्य जातियों (शूद्र) और ऊँची जातियों के थे।
2. अस्पृश्य जातियों को भूमिहीन बना दिया गया।
3. अस्पृश्य लोग नए गाँव बसाकर रहने लगे।

कूट

(a) 1 और 3 (b) 2 और 3
(c) 1 और 2 (d) 1, 2 और 3

उत्तर *(c)*

व्याख्या मुगल साम्राज्य के पतन के कारकों के संबंध में कथन (1) और (2) सत्य हैं। मुगल शासन क्षेत्र के अंतर्गत खेतिहर समुदाय और जमींदार क्रमश: सामान्य जातियों (शूद्र) और ऊँची जातियों के थे, परंतु उन लोगों ने अस्पृश्य या दलित लोगों के साथ ऐसा कोई प्रयास नहीं किया, जिससे उनकी स्थिति में सुधार हो, बल्कि उनका स्वार्थ तो इस बात में था कि अस्पृश्य लोग भूमिहीन बने रहें, ताकि ऊँची जातियों और सामान्य जातियों को उनकी सेवाएँ प्राप्त होती रहें।

कथन (3) असत्य है, क्योंकि मुगलकाल में अस्पृश्य लोग नए गाँव बसाकर भूमि का स्वामित्व प्राप्त करने में असफल रहे थे, अर्थात वे भूमिहीन बने रहे और मरे पशुओं की खाल उतारने तथा रस्सी बनाने जैसे कार्यों में ही लगे रहे।

21 मुगल साम्राज्य के पतन के दौरान जमींदारों की स्थिति के संबंध में निम्नलिखित कथनों पर विचार कीजिए *(Chap 19, Class-XI, Old NCERT)*

1. जमींदारों के प्रति मुगलों की नीति अंतर्विरोधपूर्ण थी।
2. उन्हें साम्राज्य की आंतरिक स्थिरता के लिए खतरा माना जा रहा था।
3. उन्हें स्थानीय प्रशासन के कार्य से जोड़ने की कोशिश की जा रही थी।

उपर्युक्त में से कौन-सा/से कथन सत्य है/हैं?

(a) 1 और 2

(b) केवल 3

(c) 1, 2 और 3

(d) 1 और 2

उत्तर *(c)*

व्याख्या मुगल साम्राज्य के पतन के दौरान जमींदारों की स्थिति के संबंध में दिए गए सभी कथन सत्य हैं। जमींदारों के प्रति मुगलों की नीति अंतर्विरोधपूर्ण थी। जहाँ एक ओर वे मुगल साम्राज्य के लिए असुरक्षा की भावना के द्योतक थे, तो दूसरी ओर उन्हें मुगलों द्वारा स्थानीय प्रशासन के कार्य में जोड़ने की कोशिश भी की गई थी। उनमें से बहुत से मराठों, राजपूतों व अन्य को मनसब तथा राजनीतिक पद प्रदान कर साम्राज्य को सुदृढ़ता प्रदान करने का प्रयत्न किया गया था।

22 प्रशासनिक स्तर पर सरदारों की गुटबाजी से हुए मुगल साम्राज्य के पतन को इतिहासकारों ने कौन-सा संकट कहा है?

(Chap 19, Class-XI, Old NCERT)

(a) जागीरदारी व्यवस्था का संकट
(b) रैयतवाड़ी व्यवस्था का संकट
(c) मनसबदारी व्यवस्था का संकट
(d) महालवाड़ी व्यवस्था का संकट

उत्तर (a)

व्याख्या मुगल साम्राज्य में प्रशासनिक स्तर पर सरदारों के बीच असंतोष और गुटबाजी से उत्पन्न हुई स्थिति को इतिहासकारों ने 'जागीरदारी व्यवस्था के संकट' की संज्ञा दी है। मुगलकाल में जागीरों से अधिक-से-अधिक धन प्राप्त करने की आकांक्षा के फलस्वरूप ग्रामीण समाज सहित किसानों व जमींदारों का अंतर्विरोध प्रत्यक्ष रूप से दृष्टिगोचर होने लगा और स्थानीय स्तर पर स्वतंत्र राज्य स्थापित करने के प्रयत्नों ने इस संकटपूर्ण व्यवस्था में महत्त्वपूर्ण भूमिका निभाई।

23 जागीरदारी संकट मुगल सत्ता के पतन के लिए जिम्मेदार कारकों में से एक कारक है। किस इतिहासकार ने जागीरदारी संकट को मुगल पतन की व्याख्या में शामिल किया?

(Chap 19, Class-XI, Old NCERT)

(a) भीम सेन, खाफी खाँ
(b) खाफी खाँ, सतीश चंद्रा
(c) अब्बास खाँ सरवानी, सतीश चंद्र, खाफी खाँ
(d) भीम सेन, अब्बास खाँ सरवानी

उत्तर (b)

व्याख्या खाफी खाँ तथा सतीश चंद्रा इतिहासकारों ने मुगल साम्राज्य के पतन में जागीर के अनुचित बँटवारे से उत्पन्न जागीरदारी संकट को मुगल पतन की व्याख्या में शामिल किया है। मुगल साम्राज्य में जागीरों की कमी को इतिहासकार खाफी खाँ ने 'एक अनार सौ बीमार' की उक्ति के रूप में व्याख्यायित किया है। वही सतीश चंद्र इतिहासकार ने जागीरदारी संकट को मुख्यत: मध्यकालीन भारत में व्याप्त आर्थिक एवं सामाजिक संकट से जोड़ा है।

24 मुगल साम्राज्य के पतन के संबंध में औरंगजेब की नीतियों पर विचार कीजिए

(Chap 19, Class-XI, Old NCERT)

1. उसने बीजापुर और गोलकुंडा को खालसा के रूप में सुरक्षित रखा।
2. वह खालसा से युद्ध का खर्च निकालना चाहता था।

उपर्युक्त में से कौन-सा/से कथन सत्य है/हैं?

(a) केवल 1
(b) केवल 2
(c) 1 और 2
(d) न तो 1 और न ही 2

उत्तर (c)

व्याख्या मुगल साम्राज्य के पतन के संबंध में दोनों कथन सत्य हैं।
मुगलकालीन शासन व्यवस्था में खालसा भूमि वह होती थी, जिसकी आय बादशाह के लिए सुरक्षित रखी जाती थी। यह भूमि बादशाह के प्रत्यक्ष नियंत्रण में रहती थी। औरंगजेब ने अपने शासनकाल के दौरान इसी पद्धति के द्वारा गोलकुंडा व बीजापुर को खालसा के रूप में सुरक्षित रखा था, क्योंकि वे सबसे अच्छी जागीरें थीं।

औरंगजेब द्वारा सबसे अच्छी जागीरों के रूप में गोलकुंडा और बीजापुर को सुरक्षित रखने का उद्देश्य उन क्षेत्रों से प्राप्त आय से युद्ध में होने वाले खर्चों का वहन करना था।

25 मुगल साम्राज्य के पतन में महत्त्वपूर्ण भूमिका निभाने वाली 'जागीर' के संबंध में निम्नलिखित कथनों पर विचार कीजिए

(Chap 19, Class-XI, Old NCERT)

1. औरंगजेब के काल में 'जागीर की कमी' की समस्या विकराल हो गई।
2. औरंगजेब की दक्कन विजय ने जागीर की समस्या को समाप्त कर दिया।

उपर्युक्त में से कौन-सा/से कथन सत्य है/हैं?

(a) केवल 1
(b) केवल 2
(c) 1 और 2
(d) न तो 1 और न ही 2

उत्तर (a)

व्याख्या मुगल साम्राज्य के पतन में महत्त्वपूर्ण भूमिका निभाने वाली 'जागीर' के संबंध में कथन (1) सत्य है। औरंगजेब द्वारा राजनीतिक प्रयोजनों व युद्धों के भार वहन व अन्य कार्यों हेतु जागीरों से प्राप्त आमदनी (आय) व जागीरों के माध्यम से परिस्थिति को स्वयं के अनुरूप बनाने की प्रक्रिया ने तत्कालीन सामाजिक और आर्थिक व्यवस्था में असंतोषजनक स्थिति को प्रारंभ किया, जिसके फलस्वरूप 'जागीरों की कमी' की समस्या उभरकर सामने आने लगी, क्योंकि सरदारों द्वारा जागीरों से अत्यधिक धन प्राप्त करने की लालसा ने एक विरोधपूर्ण वातावरण तैयार किया।

कथन (2) असत्य है, क्योंकि औरंगजेब की दक्कन विजय के पश्चात् जागीरों की समस्या का समाधान नहीं निकला था।

26 निम्नलिखित में से कौन-सा संगठन मुगलों के अधीन विकसित सबसे महत्त्वपूर्ण संस्थाओं में से एक था?

(Chap 19, Class-XI, Old NCERT)

(a) उमरा संगठन
(b) मुकद्दम संगठन
(c) खालसा संगठन
(d) मीर-बक्शी संगठन

उत्तर (a)

व्याख्या उमरा संगठन या सरदार तंत्र, मुगलों के अधीन विकसित सबसे महत्त्वपूर्ण संस्थाओं में से एक था। मुगलों ने उमरा संगठन धर्म या नस्ल आधारित भेदभाव किए बिना विकसित किया था।

इस तंत्र में मराठा, राजपूत, हिंदुस्तानी, अफगानी आदि समुदाय के व्यक्तियों को मनसब का अधिकार प्रदान किया गया था। इन समुदायों ने अपने दायित्वों का सफलतापूर्वक निर्वहन किया था और साम्राज्य में शांति व्यवस्था स्थापित करने में महत्त्वपूर्ण भूमिका निभाई थी।

27 मुगल साम्राज्य के पतन में 'सरदार संगठन' की भूमिका के संबंध में कौन-सा कथन सत्य नहीं है? *(Chap 19, Class-XI, Old NCERT)*

(a) सरदार संगठन ने राष्ट्र-विरोधी कार्य किया
(b) सरदार संगठन विभिन्न नस्लीय पहचान का था
(c) सरदार संगठन का राष्ट्रीय चरित्र उभरकर सामने आ गया
(d) उपर्युक्त में से कोई नहीं

उत्तर (c)

व्याख्या मुगल साम्राज्य के पतन में 'सरदार संगठन' की भूमिका के संबंध में कथन (c) सत्य नहीं है, क्योंकि मुगल साम्राज्य के पतन में महत्त्वपूर्ण भूमिका निभाने वाले सरदार संगठन में अलग-अलग समुदायों, नस्लों और प्रजातियों के लोगों के शामिल होने के कारण उनका कोई भी राष्ट्रीय चरित्र उभरकर सामने नहीं आया। मुगलकाल में राष्ट्रीयता की भावना आधुनिक समय से बिल्कुल भिन्न थी। अतएव उन मानकों के आधार पर मुगल सरदारों ने राष्ट्रविरोधी कार्य किए थे।

28 मुगल साम्राज्य के पतन में प्रशासन की भूमिका के संबंध में निम्नलिखित कथनों पर विचार कीजिए *(Chap 19, Class-XI, Old NCERT)*

1. मुगल शासन प्रणाली अत्यधिक केंद्रीकृत थी।
2. सुयोग्य शासकों के अभाव में केंद्रीकृत प्रशासन में बिखराव आया।
3. वजीरों ने केंद्रीकृत सत्ता को संभाल लिया।

उपर्युक्त में से कितने कथन सत्य हैं?

(a) केवल एक (b) केवल दो
(c) सभी तीन (d) इनमें से कोई नहीं

उत्तर *(b)*

व्याख्या मुगल साम्राज्य के पतन में प्रशासन की भूमिका के संबंध में केवल दो कथन अर्थात् (1) और (2) सत्य हैं। मुगलों ने अपनी शासन प्रणाली में विभिन्न स्तरों पर अंकुश और प्रतिसंतुलन की युक्ति लागू की थी। उन्होंने विभिन्न नस्लों और धार्मिक समूहों को ऐसा संतुलित रूप देने का प्रयास किया, जिससे अमीरों या उनके समूहों की महत्त्वाकांक्षाओं पर नियंत्रण रखा जा सके। अतएव मुगल शासन प्रणाली अत्यधिक केंद्रीकृत थी।

औरंगजेब की मृत्यु के पश्चात् अयोग्य व निर्बल उत्तराधिकारियों ने जागीरदारी व्यवस्था पर आए संकट को संभालने में समुचित रूप से सफलता प्राप्त नहीं की और परिणामस्वरूप प्रशासन तंत्र का ह्रास हुआ।

कथन (3) असत्य है, क्योंकि मुगल साम्राज्य की बिखरती हुई केंद्रीकृत व्यवस्था को वजीरों ने संभालने की कोशिश तो की, परंतु वे उसमें सफल नहीं हुए।

29 निम्नलिखित कथनों पर विचार कीजिए।

(Chap 19, Class-XI, Old NCERT)

1. शिवाजी के नेतृत्व में मराठा दक्कन में बहुत शक्तिशाली हो गए, जिन्होंने मुगलों के अधिकारों को चुनौती दी।
2. राजपूताना संबंधों में मारवाड़ के राजसिंहासन के मुद्दे पर औरंगजेब के हस्तक्षेप ने प्रतिकूल प्रभाव उत्पन्न किया।
3. 1687 ई. में बीजापुर और गोलकुंडा के दक्कनी राज्यों का मुगलों के अधीन होना मुगलों के स्थायित्व का आधार बना।

उपर्युक्त में से कितने कथन सत्य हैं?

(a) केवल एक (b) केवल दो (c) सभी तीन (d) इनमें से कोई नहीं

उत्तर *(b)*

व्याख्या दिए गए कथनों में से केवल दो कथन अर्थात् (1) और (2) सत्य हैं। दक्कन में मराठों ने मुगल साम्राज्य को गंभीर चुनौती दी। औरंगजेब के समय मराठा शक्ति ने मुगलों के पतन को अवश्यंभावी बना दिया था। औरंगजेब द्वारा मराठा आंदोलन के वास्तविक स्वरूप को समझने में की गई भूल, शंभाजी को मृत्यु दंड देना तथा शाहू व अन्य मराठों पर विश्वास न करना, इन सभी परिस्थितियों ने मराठों और मुगल बादशाह के बीच एक वैचारिक मतभेद को जन्म दिया, जिसके परिणामस्वरूप मराठा शक्ति ने मुगल साम्राज्य के पतन के मार्ग को प्रशस्त करने में एक महत्त्वपूर्ण भूमिका का निर्वहन किया।

औरंगजेब के शासनकाल में राजपूत संबंधों में प्रतिकूल परिवर्तन आया। यह संबंध मारवाड़ के उत्तराधिकार के मुद्रदे, औरंगजेब के हस्तक्षेप तथा जोधपुर पर कब्जे से विशेषतया प्रभावित हुआ।

कथन (3) असत्य है, क्योंकि 1687 ई. में बीजापुर तथा गोलकुंडा को मुगल साम्राज्य में जोड़ दिया गया, किन्तु औरंगजेब द्वारा दक्कन में किया गया खर्च मुगल साम्राज्य के लिए एक अपव्यय सिद्ध हुआ, जिसने मुगल साम्राज्य में अस्थिरता उत्पन्न कर दी।

30 मुगल साम्राज्य के पतन के संबंध में निम्नलिखित कथनों पर विचार कीजिए

(Chap 19, Class-XI, Old NCERT)

1. औरंगजेब मराठा समस्या को हल करने में विफल रहा।
2. उसने कई मराठा सरदारों को मनसब दिए।
3. मराठों के विरुद्ध दक्कनी राज्यों के साथ गठबंधन सफल रहा।

उपर्युक्त में से कौन-सा/से कथन सत्य है/हैं?

(a) 1 और 2 (b) 1 और 3 (c) 1, 2 और 3 (d) केवल 3

उत्तर *(a)*

व्याख्या मुगल साम्राज्य के पतन के संबंध में कथन (1) और (2) सत्य हैं। मराठा समस्या को हल करने में औरंगजेब की विफलता एक उत्तरदायी कारण रही। हालाँकि उसने कई मराठों को मनसब अवश्य प्रदान किए, लेकिन ऊँचे पदों पर सदैव राजपूतों का वर्चस्व रहा, जिसका प्रमुख कारण यह था कि कभी भी मराठा औरंगजेब के विश्वासपात्र नहीं रहे।

कथन (3) असत्य है, क्योंकि मुगल साम्राज्य मराठों के विरुद्ध दक्कनी राज्यों के साथ गठबंधन करने में विफल रहा। इस विफलता की इतिहासकारों द्वारा आलोचना की गई है।

31 निम्नलिखित कथनों पर विचार कीजिए

(Chap 19, Class-XI, Old NCERT)

कथन I शाहआलम ने सुदूर दक्षिण तक पहुँच बनाने के लिए औरंगजेब को बीजापुर और गोलकुंडा से समझौता करने की सलाह दी।

कथन II औरंगजेब ने दक्षिण में विस्तार के लिए समझौते का दृष्टिकोण अपनाया, जिसने उत्तर में राजपूत और दक्कन में मराठा नीति को संतुलित किया।

कूट

(a) कथन I और II दोनों सही हैं तथा कथन II, कथन I की सही व्याख्या है।
(b) कथन I और II दोनों सही हैं परन्तु कथन II, कथन I की सही व्याख्या नही है।
(c) कथन I सही है, किंतु कथन II गलत है।
(d) कथन I गलत है, किंतु कथन II सही है।

उत्तर *(c)*

व्याख्या कथन I सही है, किंतु कथन II गलत हैं।

औरंगजेब के ज्येष्ठ पुत्र शाहआलम ने यह परामर्श दिया था कि उसे बीजापुर और गोलकुंडा के साथ समझौता कर लेना चाहिए और उसके कुछ प्रदेशों को मुगल साम्राज्य में शामिल कर शेष प्रदेशों को अपने अधिकार क्षेत्र से बाहर रखना चाहिए।

इन क्षेत्रों की व्यवस्था के साथ-साथ वह कर्नाटक, जोकि सुदूर दक्षिण में स्थित है, पर भी शासन करना चाहता था, लेकिन औरंगजेब ने शाहआलम के इस परामर्श को नहीं माना। फलस्वरूप मुगल प्रशासन को विस्तार देने के क्रम की स्थितियाँ बिगड़ने लगीं और मुगल सरदारों के साथ राजस्व वसूली की समस्या भी उत्पन्न हो गई।

32 मुगल साम्राज्य के पतन में राजपूत शासकों की भूमिका के संबंध में कौन-सा कथन सत्य नहीं है? *(Chap 19, Class-XI, Old NCERT)*

(a) मारवाड़ के साथ मुगलों की अनबन हो गई थी।
(b) औरंगजेब ने मेवाड़ को नष्ट कर दिया था।
(c) दक्कन युद्ध में राठौर राजपूतों ने औरंगजेब का साथ दिया।
(d) उपर्युक्त में से कोई नहीं

उत्तर *(c)*

व्याख्या मुगल साम्राज्य के पतन में राजपूत शासकों की भूमिका के संबंध में कथन (c) सत्य नहीं है, क्योंकि दक्कन युद्ध में राठौर राजपूतों ने औरंगजेब का साथ नहीं दिया।

1681 से 1707 ई. के बीच दक्कन में राठौर राजपूतों की बड़ी संख्या में मौजूदगी न होने के कारण मराठों के विरुद्ध मुगलों के संघर्ष की स्थिति पर प्रतिकूल प्रभाव पड़ा, क्योंकि उनकी माँग यह थी कि उन्हें ऊँचे मनसब प्रदान किए जाएँ और साथ ही उनका राज्य उन्हें वापस कर दिया जाए।

औरंगजेब की मृत्यु के 5-6 वर्षों के उपरांत राजपूत शासकों के प्रति नीतियों में बड़ा बदलाव आया। इससे पूर्व औरंगजेब के मारवाड़ और मेवाड़ के साथ मैत्रीपूर्ण संबंध नहीं रहे थे।

अतएव इन परिस्थितियों के परिणामस्वरूप मुगल साम्राज्य के पतन की दिशा निर्धारित हुई।

33 **औरंगजेब की धार्मिक नीति ने मुगल साम्राज्य को किस प्रकार पतन की ओर अग्रसर किया?** *(Chap 19, Class-XI, Old NCERT)*

1. औरंगजेब का दृष्टिकोण रूढ़िवादी था और उसने इस्लामी कानून की मर्यादाओं के अंदर रहने का प्रयत्न किया।
2. उसने अनेक अवसरों पर अपनी गैर-मुस्लिम प्रजा की भावनाओं का आदर करने की विमुखता का परिचय दिया।

कूट

(a) केवल 1 (b) केवल 2 (c) 1 और 2 (d) न तो 1 और न ही 2

उत्तर (c)

व्याख्या औरंगजेब की धार्मिक नीति ने मुगल साम्राज्य को निम्न प्रकार पतन की ओर अग्रसर किया

- औरंगजेब की धार्मिक नीति को तत्कालीन सामाजिक, आर्थिक और राजनीतिक परिप्रेक्ष्य में देखा जा सकता है।
- औरंगजेब रूढ़िवादी दृष्टिकोण वाला शासक था। अतएव उसने स्वयं को इस्लामी कानून की मर्यादाओं के अंदर रखने का प्रयत्न किया।
- औरंगजेब द्वारा अपने शासनकाल के दौरान गैर-मुस्लिम प्रजा की भावनाओं का आदर करने में विमुखता का परिचय दिया गया। इस विमुखता में मंदिरों के प्रति कड़ी और सख्त जीर्णशीर्ण की नीति को पुन: दोहराया जाना व जजिया कर को लागू करना आदि प्रमुख थे।

34 **औरंगजेब के द्वारा उठाए गए निम्नलिखित में से किन कदमों ने मुगल साम्राज्य के पतन में भूमिका निभाई?** *(Chap 19, Class-XI, Old NCERT)*

(a) मंदिरों के प्रति कड़ी नीति (b) जजिया कर को लागू करना
(c) इस्लामी कानून को वरीयता (d) ये सभी

उत्तर (d)

व्याख्या औरंगजेब की धार्मिक नीति में शामिल मंदिरों के प्रति कड़ी नीति, जजिया कर को पुन: लागू किया जाना तथा इस्लामी कानून को वरीयता प्रदान किया जाना आदि ऐसे कदम थे, जिन्होंने मुगल साम्राज्य के पतन में महत्त्वपूर्ण भूमिका निभाई। इससे मुगल साम्राज्य के प्रति लोगों में असंतोषजनक भावनाओं का प्रसार हुआ और एक बड़ा वर्ग (हिंदू समुदाय) उसके इन फैसलों से विमुख हो गया। हालाँकि इस्लामी कानून को वरीयता देने के बावजूद भी मुस्लिम समुदाय एकजुट नहीं हुआ और कई राज्यों में निष्ठा का भाव अपूर्ण बना रहा।

35 **मुगल साम्राज्य के पतन में औरंगजेब की भूमिका के संबंध में निम्नलिखित कथनों पर विचार कीजिए** *(Chap 19, Class-XI, Old NCERT)*

1. औरंगजेब परिस्थितियों के हाथों का खिलौना था।
2. औरंगजेब उन परिस्थितियों का सृजनकर्ता स्वयं था।

उपर्युक्त में से कौन-सा/से कथन सत्य है/हैं?

(a) 1 और 2 (b) केवल 1 (c) केवल 2 (d) न तो 1 और न ही 2

उत्तर (a)

व्याख्या मुगल साम्राज्य के पतन में औरंगजेब की भूमिका के संबंध में दोनों कथन सत्य हैं।

मुगल साम्राज्य का पतन और विघटन आर्थिक, सामाजिक, राजनीतिक एवं संस्थागत कारणों के फलस्वरूप हुआ था। औरंगजेब के बादशाह बनने तक सामाजिक-आर्थिक शक्तियों में बिखराव की स्थिति प्रबल हो चुकी थी।

औरंगजेब में न तो समाज की संरचना में बुनियादी बदलाव लाने की दूरदर्शिता थी और न ही ऐसी नीतियों का पालन करने की समझदारी, जो कुछ समय के लिए विभिन्न तत्त्वों के बीच समझौते के वातावरण को तैयार कर सकें। अतएव वह परिस्थितियों का खिलौना मात्र था, जिन परिस्थितियों को एक सीमा तक उसने स्वयं सृजित किया था।

36 **औरंगजेब की मृत्यु के पश्चात् उसके उत्तराधिकारियों के समक्ष जो संकट उत्पन्न हुए उसके प्रमुख कारण थे** *(Chap 10, Class-VII, New NCERT)*

1. सूबेदारों का सैन्य प्रशासन एवं राजस्व कार्यालय में नियंत्रण का खत्म होना।
2. औरंगजेब का दक्कन में लंबी लड़ाई लड़ते हुए साम्राज्य के सैन्य और वित्तीय संसाधनों का बड़ी मात्रा में खर्च करना।
3. प्रशासनिक कुशलता में कमी
4. विभिन्न क्षेत्रों में होने वाला कृषक एवं जमींदारों का विद्रोह

कूट

(a) 2, 3 और 4
(b) 1, 2 और 3
(c) 1, 2 और 4
(d) उपरोक्त सभी

उत्तर (a)

व्याख्या दिए गए कथनों मे से कथन (2), (3) और (4) सही हैं।
औरंगजेब की मृत्यु के पश्चात् उसके उत्तराधिकारियों के समक्ष उत्पन्न हुई चुनौतियों में औरंगजेब द्वारा दक्कन (1679 ई.) में साम्राज्य विस्तार हेतु किया गया आक्रमण शामिल था, जिसने प्रचुर मात्रा में वित्तीय और सैन्य संसाधनों की कमी को उभारा। औरंगजेब के उत्तराधिकारी साम्राज्य के प्रशासन को कायम रखने में असफल रहे, जिसके फलस्वरूप मनसबदारों के शक्तिशाली वर्गों को केंद्रीय सत्ता में कायम रखना असंभव हो गया।

उत्तरी तथा पश्चिमी भारत के अनेक क्षेत्रों में हुए जमींदारों और किसानों के विद्रोह और कृषक आंदोलन ने एक गंभीर चुनौती पेश की।

कथन (1) असत्य है, क्योंकि सूबेदार के रूप में नियुक्त अभिजात अक्सर राजस्व और सैन्य प्रशासन (दीवानी एवं फौजदारी) दोनों कार्यालयों पर नियंत्रण रखते थे।

37 **मुगल साम्राज्य के पतन के पश्चात् तीन प्रमुख राज्यों तथा उनके संस्थापकों के संदर्भ में कौन-सा सही सुमेलित है?** *(Chap 10, Class-VII, New NCERT)*

1. बंगाल — मुर्शिद कुली खाँ
2. हैदराबाद — निजाम-उल-मुल्क आसफजाह
3. अवध — अजीजुद्दीन

कूट

(a) 1 और 3
(b) 2 और 3
(c) 1 और 2
(d) उपर्युक्त सभी

उत्तर (c)

व्याख्या दिए गए युग्मों में से युग्म (1) और (2) सही सुमेलित हैं।
बंगाल की स्थापना मुर्शिद कुली खाँ ने की थी। वह बंगाल का प्रथम नवाब (1713-1727 ई.) था।

निजाम-उल-मुल्क आसफजाह (1724-48 ई.), जिसने हैदराबाद राज्य की स्थापना की। मुगल बादशाह फर्रूखशियर के दरबार का एक अत्यंत शक्तिशाली सदस्य था। उसे सर्वप्रथम अवध की सूबेदारी सौंपी गई थी, परंतु बाद में उसे दक्कन का कार्यभार प्रदान कर दिया गया।

युग्म (3) सही सुमेलित नहीं है, क्योंकि अवध नामक स्वतंत्र राज्य की स्थापना अजीजुद्दीन ने नहीं, बल्कि बुरहान-उल-मुल्क सआदत खान ने की थी। उसे 1722 ई. में अवध का सूबेदार नियुक्त किया गया था।

अध्याय 22

भारत में यूरोपीय शक्ति का आगमन

भारत में यूरोपीय शक्ति का आगमन

पुर्तगाली

- 1498 ई. में, पुर्तगाल के वास्को-डी-गामा ने यूरोप से भारत तक एक नया समुद्री मार्ग खोजा
- 16वीं शताब्दी में पुर्तगालियों का पूर्वी भारत के व्यापार पर एकाधिकार स्थापित हुआ।
- नौसैनिक श्रेष्ठता के कारण एक शताब्दी तक भारत पर अपना अधिकार बनाए रखने में सफल

महत्त्वपूर्ण गवर्नर

- **फ्रांसीसो-डी-अल्मीड़ा** (1505-1509 ई.) में 1509 ई. में मिस्र के सुल्तान और गुजरात के शासक के संयुक्त नौसैनिक बेड़े को हराया; 'ब्लू वाटर पॉलिसी' को अपनाया
- **अल्फांसो-डी-अल्बुकर्क** (1509-151 ई.) भारत में पुर्तगाली शक्ति के वास्तविक संस्थापक; 1510 ई. में बीजापुर से गोवा पर कब्जा
- **नीनो दा कुन्हा** (1529-1538 ई.) ने अपनी राजधानी कालीकट से गोवा स्थानांतरित की; 1534 ई. में पुर्तगालियों ने दीव और बेसिन पर अधिकार किया।

योगदान

- प्रिंटिंग प्रेस की शुरुआत हुई; टमाटर, आलू की खेती शुरू की। भारत में तंबाकू और मिर्च की कृषि आरम्भ की भारतीय औषधीय पौधों पर प्रथम वैज्ञानिक कार्य का परीक्षण

पतन

- यूरोपीय शक्तियों के बीच तीव्र प्रतिस्पर्द्धा में गिरावट;
- महाराष्ट्र में शक्तिशाली मराठों का उदय

डच

- डच ईस्ट इंडिया कंपनी की स्थापना 1602 ई. में हुई
- उनकी मुख्य रुचि इंडोनेशियाई द्वीपों में थी;
- मसूलीपट्टनम में स्वयं को स्थापित किया
- सूरत, कैम्बे, कोचीन, नागपुर, पटना में व्यापारिक डिपों का निर्माण
- बेदारा की लड़ाई में अंग्रेजों से हार के बाद, उन्होंने इंडोनेशिया से मसालों के व्यापार पर ध्यान केंद्रित करने का फैसला किया।

ब्रिटिश

- ईस्ट इंडीज (ईस्ट इंडिया कंपनी) में व्यापार करने वाले लंदन के व्यापारियों के गवर्नर और कंपनी
- 1600 ई. में रानी एलिजाबेथ द्वारा एक शाही चार्टर प्रदान किया गया।
- **विस्तार** पश्चिमी तट विलियम हॉकिंस 1608 ई. में जहाँगीर के दरबार में पहुँचे
- 1613 ई. में जहाँगीर द्वारा जारी एक फरमान में उन्हें सूरत में एक कारखाना खोलने की अनुमति दी गई
- शाही राजदूत सर थॉमस रो 1618 ई. में साम्राज्य के विभिन्न भागों में व्यापार करने और कारखाने स्थापित करने के लिए दो फरमान प्राप्त करने में सफल रहे
- 1687 ई. में सबसे पहले सूरत और बंबई को कंपनी का मुख्यालय घोषित किया गया
- 1611 ई. में पूर्वी तट को मसूलीपट्टनम में व्यापार करने की अनुमति दी गई
- 1632 ई. में गोलकुंडा के सुल्तान से स्वर्ण फरमान प्राप्त किया
- 1639 ई. में फ्रांसिस डे ने चंद्रगिरि के राजा से मद्रास प्राप्त किया।
- 1616 ई. में बंगाल, उड़ीसा के मुगल गवर्नर ने अंग्रेजों को हरिहरपुर, बालोसोर और पिपली में कारखाने खोलने की अनुमति दे दी
- बंगाल के गवर्नर अजीमुशान ने सुतानाटी, कलकत्ता और गोविंदपुर के तीन गाँवों की जमींदारी प्रदान की।
- फर्रुखसियर द्वारा जॉन सुरमन को तीन फरमान देने से उनकी स्थिति और मजबूत हो गई।

फ्रेंच

- फ्रेंच ईस्ट इंडिया कंपनी की स्थापना 1664 ई. में हुई थी; चंद्रनगर और पॉण्डिचेरी में मजबूती से स्थापित
- वित्त के लिए फ्रांसीसी सरकार पर अत्यधिक निर्भर
- गवर्नर जनरल जोसेफ फ्रांकोइस डुप्लेक्स के अधीन फ्रांसीसियों ने देशी शासकों के आंतरिक मामलों में हस्तक्षेप करना शुरू कर दिया।
- कर्नाटक युद्ध भारत पर प्रभुत्व के लिए फ्रांसीसियों और अंग्रेजों के बीच लड़ाई हुई
- प्रथम कर्नाटक युद्ध (1746-1748 ई.) यूरोप में ऑस्ट्रिया के उत्तराधिकार युद्ध के कारण हुआ; फ्रांसीसी विजयी हुए
- ऐक्स-ला-चैपल की संधि के माध्यम से शांति वार्ता की गई।
- दूसरा कर्नाटक युद्ध (1749-1754 ई.) इसलिए लड़ा गया, क्योंकि दोनों प्रतिद्वंद्वी कंपनियों ने हैदराबाद के निजाम और कर्नाटक के नवाब के पद के लिए अलग-अलग विरोधियों का समर्थन किया था; परिणामस्वरूप फ्रांसीसियों की पराजय हुई।
- तृतीय कर्नाटक युद्ध (1756-1763 ई.) अंग्रेज जनरल आयर कूट ने 1760 ई. में वांडिवाश के युद्ध में फ्रांसीसी गवर्नर जनरल काउंट डी लाली को हराया; 1763 ई. में पेरिस की संधि पर हस्ताक्षर किए गए।

डेन

- 1616 ई. में डेनमार्क से आए; बंगाल में सेरामपुर में संचालित फॉर्म मुख्यालय;
- सेरामपुर में उन्होंने 1800 ई. में एक प्रिंटिंग प्रेस और 1818 ई. में एक कॉलेज की स्थापना की।

SOURCE

New NCERT Class VIII व्यापार से साम्राज्य तक कंपनी की सत्ता स्थापित होती है, ग्रामीण क्षेत्र पर शासन चलाना, Old NCERT Class VIII ब्रिटिश शासन का उदय, अट्ठारहवीं सदी का भारत, भारत में यूरोपियों का प्रवेश और अंग्रेजों की विजय, Old NCERT Class XII भारत में यूरोपीय प्रवेश और ब्रिटिश विजय, NIOS Module-3 भारत में ब्रिटिश शासन का संस्थापन 1857 तक

भारत में यूरोपियों का प्रवेश

1 निम्नलिखित कथनों में से कौन-सा कथन सही है?

(Chap 2, Class-XII, Old NCERT)

(a) पुर्तगाली नाविक वास्को-डि-गामा ने 1498 ई. में यूरोप से भारत तक एक नए समुद्री मार्ग की खोज की थी

(b) वास्को-डि-गामा आशा अंतरीप होते हुए अफ्रीका का चक्कर लगाकर भारत में कालीकट पहुँचा था

(c) 'a' और 'b' दोनों

(d) वास्कोडिगामा जिस माल को लेकर लौटा, वह पूरी यात्रा की कीमत के 20 गुना दामों पर बिका

उत्तर (c)

व्याख्या दिए गए कथनों में से कथन (a) और (b) सही हैं। नवजागरण के क्षेत्र में प्रमुख कार्यों में से एक नए समुद्री मार्गों की खोज करना भी था। इस क्षेत्र में यूरोपीय नाविकों ने अभूतपूर्व पहल की। एक ओर जहाँ स्पेन के निवासी कोलंबस ने अमेरिका की खोज की, तो वहीं दूसरी प्रमुख उपलब्धि वास्को-डि-गामा की रही, जिसने 1498 ई. में भारत की खोज की। वह आशा अंतरीप के मार्ग से होते हुए अफ्रीका से भारत के कालीकट तट पर पहुँचा था।

कथन (d) सही नहीं है, क्योंकि वास्को-डि-गामा जिस माल को लेकर वापस लौटा, वह पूरी यात्रा की कीमत का 20 गुना नहीं, बल्कि 60 गुना दामों पर बिका।

2 निम्न कथनों पर विचार कीजिए *(Chap 2, Class-XII, Old NCERT)*

1. 1510 ई. में गोवा पर अधिकार करने वाला पुर्तगाली गवर्नर फ्रांसिस्को अल्मीडा था।
2. अल्बुकर्क के काल में पुर्तगालियों ने फारस की खाड़ी में स्थित हरमुज से लेकर मलक्का तक अधिकार कर लिया था।
3. दक्षिण भारत मुगल साम्राज्य से बाहर था, अत: उन्हें मुगलों की शक्ति का सामना नहीं करना पड़ा।

उपर्युक्त में से कौन-सा/से कथन सही नहीं है/हैं?

(a) केवल 1 (b) 1 और 2 (c) केवल 2 (d) 1 और 3

उत्तर (a)

व्याख्या दिए गए कथनों में से कथन (1) सही नहीं है, क्योंकि गोवा पर 1510 ई. में अधिकार करने वाला पुर्तगाली गवर्नर अलफांसो-डि-अल्बुकर्क था, न कि फ्रांसिस्को अल्मीडा। उसने भारत के तटीय क्षेत्र पर अपना आधिपत्य स्थापित किया साथ ही अपना व्यापार और अधिकार क्षेत्र बढ़ाने तथा यूरोपीयों से अपने व्यापारिक एकाधिकार को सुरक्षित रखने हेतु निरंतर संघर्षरत् रहा।

3 मध्यकालीन गुजरात के इनमें से किस एक शासक ने दियु को पुर्तगालियों के सुपुर्द कर दिया?

(Chap 2, Class-XII, Old NCERT) (IAS Pre 2023)

(a) अहमदशाह (b) महमूद बेगढ़ा

(c) बहादुरशाह (d) मुहम्मदशाह

उत्तर (c)

व्याख्या मध्यकालीन गुजरात के शासक बहादुरशाह ने दियु (दीव) को पुर्तगालियों के सुपुर्द (हवाले) कर दिया। बहादुरशाह (1523-1537 ई.) गुजरात का सुल्तान था।

उसने मालवा के सुल्तान को पराजित कर मेवाड़ पर चढ़ाई की और 1534 ई. में चित्तौड़ पर अधिकार कर लिया, किंतु एक वर्ष के पश्चात् ही मुगल बादशाह हुमायूँ ने उसे पराजित कर दिया और उसके राज्य पर नियंत्रण कर लिया। इस युद्ध में पराजित होने के पश्चात् बहादुरशाह गोवा की ओर भाग गया। मुगलों के आक्रमण के कारण उसने 1534 ई. में पुर्तगालियों के साथ बसीन की संधि कर ली। बाद में दीव तथा उनके साम्राज्य के अन्य क्षेत्र जैसे कि बसई आदि को पुर्तगालियों को सौंप दिया।

4 वास्कोडिगामा के संबंध में कौन-सा/से कथन सही है/हैं?

(Chap 2, Class-XII, Old NCERT) (CGPSC Pre 2023)

1. वास्कोडिगामा के 1498 ई. में भारत यात्रा के समय कालीकट का शासक जमोरिन (समुथिरी) था।
2. प्रथम यात्रा में वास्कोडिगामा लगभग एक वर्ष तक भारत में रहा।
3. वास्कोडिगामा ने पुन: 1501 ई. में भारत की यात्रा की।

कूट

(a) 1, 2 और 3

(b) 1 और 2

(c) 1 और 3

(d) केवल 1

उत्तर (c)

व्याख्या वास्कोडिगामा के संबंध में कथन (1) और (3) सही हैं। वास्कोडिगामा की 1498 ई. में भारत यात्रा के समय कालीकट का शासक जमोरिन (समुथिरी) था। इसने 1501 ई. में पुन: भारत की यात्रा की थी। कथन (2) सही नहीं है, क्योंकि प्रथम यात्रा में वास्कोडिगामा कालीकट में तीन माह रुकने के पश्चात् पुर्तगाल वापस चला गया था।

5 निम्नलिखित युग्मों पर विचार कीजिए

(Chap 2, Class-XII Old NCERT)

1.	अल्फांसो-डी-अल्बुकर्क	–	सितम्बर, 1500 में भारत आगमन
2.	नीने-डी-कुंहा	–	पुर्तगाली हेडक्वार्टर का कोचीन से गोवा बदला जाना।
3.	पेड्रो अल्वारेस कैब्राल	–	ब्लू वाटर पॉलिसी
4.	फ्रांसिस्को-डी-अल्मीडा	–	1510 ई. में गोवा पर आधिपत्य

उपर्युक्त युग्मों में से कितने युग्म सही सुमेलित नहीं हैं?

(a) केवल एक

(b) केवल दो

(c) केवल तीन

(d) उपर्युक्त सभी

उत्तर (c)

व्याख्या दिए गए युग्मों में से केवल तीन युग्म अर्थात् युग्म (1, 3 और 4) सही सुमेलित नहीं हैं।

अल्फांसो-डी-अल्बुकर्क ने 1510 ई. में गोवा पर आधिपत्य करके पुर्तगाली भारत में राज्यपाल के रूप में सेवाएँ दी थीं।

पेड्रो अल्वारेस कैब्राल सितम्बर, 1500 में भारत आया था।

फ्रांसिस्को-डी-अल्मीडा ब्लू वाटर पॉलिसी लेकर आया था, जिसका उद्देश्य हिंद महासागर को नियंत्रित करना था।

6 16वीं सदी के यूरोपीय व्यापारिक कंपनियों के संघर्ष के संबंध में कौन-सा कथन सही नहीं है? *(Chap 2, Class-XII, Old NCERT)*

(a) 16वीं सदी के उत्तरार्द्ध में इंडोनेशिया के व्यापार पर फ्रांस का अधिकार स्थापित हो गया

(b) इंग्लैंड, हॉलैंड तथा फ्रांस; जैसे देशों ने विश्व व्यापार पर स्पेनी और पुर्तगाली एकाधिकार के खिलाफ कड़ा संघर्ष छेड़ा।

(c) श्रीलंका, मलाया तथा भारत की व्यापारिक गतिविधियों पर ब्रिटिश का आधिपत्य रहा

(d) डचों की व्यापारिक समझ भारत से अलग इंडोनेशिया के मसाला द्वीपों पर थी

उत्तर (a)

व्याख्या 16वीं सदी के यूरोपीय व्यापारिक कंपनियों के संघर्ष के संबंध मे कथन (a) सही नहीं हैं, क्योंकि 16वीं सदी के उत्तरार्द्ध में इण्डोनेशिया पर फ्रांस के व्यापारियों का नहीं, बल्कि डच के व्यापारियों ने अधिकार स्थापित किया। डच की व्यापारिक दृष्टि भारत की जगह इंडोनेशिया पर अधिक थी।

कथन (b), (c) और (d) सही हैं। 16वीं सदी में वैश्विक व्यापार पर पुर्तगाल तथा स्पेन का एकाधिकार था। इस एकाधिकार के विरुद्ध इग्लैंड, हॉलैंड, तथा फ्रांस ने संघर्ष छेड़ा। भारत में पुर्तगाली सत्ता को ब्रिटिश का व्यापक विरोध झेलना पड़ा। अन्ततः पुर्तगाल को हार माननी पड़ी। वैश्विक परिपेक्ष्य में भी पुर्तगाल तथा स्पेन को इस स्थिति का सामना करना पड़ा।

श्रीलंका, मलाया तथा भारत पर ब्रिटिश का अधिकार था।

डचों की व्यापारिक समझ भारत की अपेक्षा इंडोनेशिया के जावा, सुमात्रा तथा मसाला द्वीपों पर ज्यादा केंद्रित थी।

7 भारतीय इतिहास के संदर्भ में निम्नलिखित कथनों पर विचार कीजिए *(Chap 2, Class-VI, New NCERT)* *(Chap 2, Class-XII Old NCERT) (IAS Pre 2022)*

1. डच लोगों ने पूर्वी तटीय क्षेत्रों में गजपति शासकों द्वारा प्रदान की गई जमीनों पर अपनी फैक्ट्रियाँ/गोदाम स्थापित किए।
2. अल्फांसो-डी-अल्बुकर्क ने बीजापुर सल्तनत से गोवा को छीन लिया था।
3. अंग्रेजी ईस्ट इंडिया कंपनी ने मद्रास में विजयनगर साम्राज्य के एक प्रतिनिधि से पट्टे पर ली गई जमीन के एक प्लॉट पर फैक्ट्री स्थापित की थी।

उपर्युक्त कथनों में से कितने कथन सही हैं?

(a) केवल एक
(b) केवल दो
(c) सभी तीन
(d) उपर्युक्त में से कोई नहीं

उत्तर *(b)*

व्याख्या (b) भारतीय इतिहास के सन्दर्भ में केवल दो कथन अर्थात् (2) और (3) सही हैं। अल्फांसों-डी-अल्बुकर्क के पास 23 युद्धपोत और लगभग 1000 सैनिक थे। जनवरी, 1510 में उसने गोवा पर आक्रमण किया। उस समय गोवा का शासन बीजापुर के शासक के हाथों में था। अल्फांसो-डी-अल्बुकर्क ने इस पर नियंत्रण कर लिया।

1611 ई. में अंग्रेजों ने दक्षिण भारत में मछलीपट्टनम में अपना पहला कारखाना स्थापित किया, लेकिन जल्द ही गतिविधियों का मुख्य केंद्र मद्रास में स्थानांतरित हो गया। फ्रांसिस डे ने 1639 ई. में विजयनगर साम्राज्य के प्रतिनिधि चंद्रगिरी से मद्रास को पट्टे पर लिया था। उन्होंने वहाँ एक किलेबंद कोठी का निर्माण किया।

कथन (1) सही नहीं है, क्योंकि गजपति शासकों का शासन ओडिशा के तटीय क्षेत्रों में 1434 से 1531 ई. तक था, जबकि डच ईस्ट इंडिया कंपनी द्वारा भारत में पहली फैक्ट्री 1605 ई. में मसूलीपट्टनम (आंध्र प्रदेश) में स्थापित की गई।

8 डच ईस्ट इंडिया कंपनी के विषय में कौन-सा कथन सही नहीं है? *(Chap 2, Class-XII, Old NCERT)*

(a) डच ईस्ट इंडिया कंपनी की स्थापना 1604 ई. में हुई थी।
(b) डच संसद ने एक चार्टर के द्वारा कंपनी को युद्ध एवं संधि करने तथा किले बनाने के अधिकार दे दिए थे।
(c) डचों की व्यापारिक रुचि भारत में नहीं, बल्कि इंडोनेशिया के मसाला उत्पादक क्षेत्रों में थी।
(d) 1658 ई. में डच ईस्ट इंडिया कंपनी ने श्रीलंका को विजित किया था।

उत्तर *(a)*

व्याख्या डच ईस्ट इंडिया कंपनी के विषय में कथन (a) सही नहीं है, क्योंकि डच ईस्ट इंडिया कंपनी की स्थापना 1604 ई. में नहीं, बल्कि 1602 ई. में हुई थी। डच संसद ने एक चार्टर के माध्यम से कंपनी को साम्राज्य विस्तार हेतु विभिन्न अधिकारों के प्रयोग की मान्यता प्रदान कर रखी थी।

डच भारत को विजित करने के बजाय इंडोनेशिया के जावा, सुमात्रा और स्पाइस आइलैंड जैसे द्वीपों पर अपना अधिकार स्थापित करना चाहते थे, क्योंकि ये द्वीप मसालों के लिए प्रसिद्ध थे।

डच ईस्ट इंडिया कंपनी ने 1658 ई. में श्रीलंका को विजित किया तथा कैंडी में अपना केंद्र स्थापित किया।

9 सत्रहवीं शताब्दी के प्रथमार्द्ध के संदर्भ में निम्नलिखित कथनों पर विचार कीजिए *(Chap 2, Class VIII, New NCERT)*

1. ईस्ट इंडिया कंपनी को पूरब से व्यापार करने का एकाधिकार प्राप्त था।
2. भारत के बने बारीक सूती कपड़ें और रेशम की यूरोप के बाज़ारों में बहुत अधिक माँग थी।
3. इस समय तक पुर्तगाली भारत के पश्चिमी तट पर अपनी उपस्थिति दर्ज करा चुके थे।

उपर्युक्त में से कितने कथन सही हैं?

(a) केवल एक (b) केवल दो
(c) सभी तीन (d) इनमें से कोई नहीं

उत्तर *(c)*

व्याख्या सत्रहवीं शताब्दी के प्रथमार्द्ध के सन्दर्भ में सभी कथन (1, 2 और 3) सही हैं।

31 दिसम्बर, 1600 में ब्रिटेन की महारानी एलिजाबेथ प्रथम ने एक शाही फरमान जारी कर 15 वर्षों के लिए ईस्ट इंडिया कंपनी को पूरब में व्यापार का एकाधिकार दिया था।

17वीं शताब्दी के प्रथमार्द्ध में भारत में बने बारीक सूती कपड़ों और रेशम की यूरोप के बाजारों में बहुत अधिक माँग थी।

17वीं शताब्दी से पूर्व ही 1503 ई. में पुर्तगाली यात्री वास्कोडिगामा कोचीन में अपनी पहली फैक्टरी स्थापित कर चुका था।

10 ब्रिटिश ईस्ट इंडिया कंपनी के संदर्भ में निम्न कथनों पर विचार कीजिए *(Chap 2, Class-XII, Old NCERT)*

1. 1605 ई. में कंपनी ने भारत के पश्चिमी तट पर गोवा में एक फैक्ट्री की स्थापना की।
2. कंपनी ने कैप्टन हॉकिंस को जहाँगीर के दरबार में शाही आज्ञा लेने के लिए भेजा।
3. 1615 ई. में अंग्रेज राजदूत टॉमस रो मुगल साम्राज्य के सभी भागों में व्यापार करने और फैक्ट्रियों को स्थापित करने का शाही फरमान जारी कराने में सफल रहा।

उपर्युक्त में से कितने कथन सही नहीं है/हैं?

(a) केवल एक (b) केवल दो
(c) सभी तीन (d) इनमें से कोई नहीं

उत्तर *(a)*

व्याख्या ब्रिटिश ईस्ट इंडिया कंपनी के संदर्भ में केवल एक कथन अर्थात् कथन (1) सही नहीं है, क्योंकि ब्रिटिश ईस्ट इंडिया कंपनी ने भारत के पश्चिमी तट पर गोवा में 1605 ई. मे नहीं, बल्कि सूरत में 1608 ई. में फैक्ट्री स्थापित करने का निश्चय किया था। उस समय व्यापारिक केंद्रों को 'फैक्ट्री' के नाम से जाना जाता था और इसी फैक्ट्री की स्वीकृति लेने हेतु कंपनी ने कैप्टन हॉकिंस को जहाँगीर के दरबार में भेजा था। परिणामस्वरूप एक शाही फरमान द्वारा पश्चिमी तट के अनेक स्थानों पर ब्रिटिश ईस्ट इंडिया कंपनी को फैक्ट्रियाँ स्थापित करने की अनुमति प्राप्त हो गई।

11 **निम्न कथनों पर विचार कीजिए** *(Chap 3, Class-VIII, Old NCERT)*

1. 18वीं सदी के आरंभ तक इंग्लैंड एवं फ्रांस की कंपनियों का यूरोप व भारत के मध्य व्यापार पर प्रभुत्व स्थापित हो गया।
2. व्यापारिक प्रतिद्वंद्विता तथा अधिकाधिक लाभ के कारण कंपनियों के मध्य झगड़े भी हुए।

उपर्युक्त में से कौन-सा/से कथन सही है/हैं?

(a) केवल 1 (b) केवल 2
(c) 1 और 2 (d) न तो 1 और न ही 2

उत्तर *(c)*

व्याख्या दिए गए दोनों कथन सही हैं।

18वीं सदी के आरंभ तक अंग्रेजों और फ्रांसीसियों ने पुर्तगालियों, स्पेनवासियों तथा डचों को उन महत्त्वपूर्ण स्थलों से विस्थापित कर दिया था, जो उन्होंने एशिया और यूरोप के मध्य व्यापार के लिए पहले स्थापित किए थे। इस प्रकार इंग्लैंड और फ्रांस की कंपनियों का यूरोप व भारत के मध्य व्यापार पर प्रभुत्व स्थापित हो गया। व्यापारिक कंपनियाँ कम-से-कम कीमत पर भारतीय माल को खरीदना चाहती थीं और बाजार पर अपना प्रभुत्व स्थापित करना चाहती थीं और इसी लाभ की स्थिति ने इनके मध्य परस्पर विरोध और प्रतिद्वंद्विता की स्थिति को जन्म दिया।

12 **अंग्रेजों ने दक्षिण भारत में 1611 ई. में अपनी पहली फैक्ट्री कहाँ स्थापित की थी?** *(Chap 2, Class-XII, Old NCERT)*

(a) नागपट्टनम (b) उरैयूर
(c) मसूलीपट्टनम (d) गोवा

उत्तर *(c)*

व्याख्या अंग्रेजों ने दक्षिण भारत में 1611 ई. में अपनी पहली फैक्ट्री मसूलीपट्टनम में स्थापित की थी, परंतु जल्द ही उनकी गतिविधियों का केंद्र मद्रास बन गया, जिसका पट्टा 1639 ई. में संबंधित क्षेत्र के स्थानीय राजा ने उन्हें दे दिया था। राजा ने अंग्रेजों को उस स्थान की किलेबंदी करने, उनका प्रशासन चलाने और सिक्के ढालने की अनुमति इस शर्त पर दी थी कि बंदरगाह से प्राप्त चुंगी का आधा भाग राजा को हिस्से के रूप में दिया जाएगा।

13 **निम्नलिखित युग्मों पर विचार कीजिए** *(Chap 2, Class-XII, Old NCERT)*

	तथ्य		संबंधित वर्ष
1.	सम्राट चार्ल्स द्वितीय को पुर्तगालियों से बंबई का द्वीप उपहार में मिला	–	1639 ई.
2.	अंग्रेजों को मद्रास पट्टे पर मिला	–	1622 ई.
3.	अंग्रेजों ने उड़ीसा में फैक्ट्री स्थापित की	–	1651 ई.
4.	बंगाल के हुगली नगर में अंग्रेजों को व्यापार की अनुमति मिली	–	1633 ई.

उपर्युक्त युग्मों में से कितने युग्म सही सुमेलित नहीं हैं?

(a) केवल एक (b) केवल दो
(c) केवल तीन (d) ये सभी

उत्तर *(b)*

व्याख्या दिए गए युग्मों में केवल दो युग्म अर्थात् युग्म (3 और 4) सही सुमेलित नहीं हैं। 1633 ई. में पूर्वी भारत में अंग्रेज कंपनी द्वारा अपनी आरंभिक फैक्ट्रियों में से एक की स्थापना उड़ीसा में की गई थी।

अंग्रेज कंपनी को 1651 ई. में बंगाल के हुगली नगर में व्यापार की अनुमति प्राप्त हुई थी, जिसके पश्चात् कंपनी ने पटना, बालासोर, ढाका और बंगाल-बिहार के अन्य स्थानों पर भी फैक्ट्रियों को स्थापित किया था।

14 **ब्रिटिश ईस्ट इंडिया कंपनी ने बंबई प्रांत किससे प्राप्त किया था?** *(Chap 2, Class-XII, Old NCERT), (UKPSC Pre 2016)*

(a) डचों से (b) फ्रांसीसियों से (c) डेनिशों से (d) पुर्तगालियों से

उत्तर *(d)*

व्याख्या ब्रिटिश ईस्ट इंडिया कंपनी ने बंबई प्रांत को पुर्तगालियों से प्राप्त किया, क्योंकि 1661 ई. में पुर्तगालियों ने अपनी राजकुमारी कैथरीन ब्रेगांजा का विवाह ब्रिटेन के चार्ल्स द्वितीय से किया और बंबई को उसे दहेज के रूप में दिया तथा राजकुमार चार्ल्स ने 1668 ई. में बंबई को दस पौंड के वार्षिक किराए पर ईस्ट इंडिया कंपनी को दे दिया।

इस प्रकार कंपनी को मराठा शक्ति से रक्षा हेतु बंबई का बंदरगाह अत्यंत उपयोगी सिद्ध हुआ। जल्द ही कंपनी ने पश्चिमी तट पर मुख्यालय के रूप में मद्रास का स्थान प्राप्त कर लिया था।

15 **निम्न कथनों में सही कथन पर विचार कीजिए** *(Chap 2, Class-XII, Old NCERT)*

1. 1686 ई. में अंग्रेजों ने हुगली को तहस-नहस कर दिया तथा मुगल सम्राट के विरुद्ध युद्ध की घोषणा कर दी।
2. औरंगजेब के शासन में मुगल साम्राज्य अब ईस्ट इंडिया कंपनी की तुलना में कमजोर हो गया था।
3. युद्ध के उपरांत मुगल साम्राज्य को काफी क्षति पहुँची और कंपनी को एक बड़ा क्षेत्र प्राप्त हुआ।
4. युद्ध में कंपनी की पराजय हुई और उन्हें बंगाल में स्थित उनकी फैक्ट्रियों से भगा दिया गया।

उपर्युक्त युग्मों में से कितने कथन सही हैं?

(a) केवल एक (b) केवल दो
(c) केवल तीन (d) ये सभी

उत्तर *(b)*

व्याख्या दिए गए कथनों में से केवल दो कथन अर्थात् (1 और 4) सही हैं। 1686 ई. में अंग्रेजों ने हुगली को तहस-नहस कर दिया था, उस समय भारत में औरंगजेब का शासन था। अंग्रेजों द्वारा मुगलों के विरुद्ध युद्ध की घोषणा के बाद मुगलों की सेना के आक्रामक व्यवहार ने अंग्रेजों को बंगाल के बाहर खदेड़ दिया।

कथन (2) और (3) सही नहीं हैं, क्योंकि औरंगजेब के शासनकाल में मुगल साम्राज्य ईस्ट इंडिया कंपनी से कमजोर नहीं, बल्कि अधिक शक्तिशाली था।

मुगलों और अंग्रेजी कंपनी के बीच हुए युद्ध के पश्चात् अंग्रेजों को काफी क्षति पहुँची और उन्हें सूरत, मसूलीपट्टनम् और विशाखापट्टनम् स्थित फैक्ट्रियों के अतिरिक्त बंबई के किले को भी गँवाना पड़ा था।

16 **निम्न में से कौन-सा कथन सही नहीं है?** *(Chap 3, Class-XII, Old NCERT)*

1. 1698 ई. में ईस्ट इंडिया कंपनी ने बंगाल में फोर्ट विलियम नामक किले का निर्माण करवाया।
2. 1717 ई. में कंपनी को मुर्शिदकुली खाँ से व्यापार करने का फरमान प्राप्त हुआ।

कूट

(a) केवल 1 (b) केवल 2
(c) 1 और 2 (d) इनमें से कोई नहीं

उत्तर *(b)*

व्याख्या दिए गए कथनों में से कथन (2) सही नहीं है, क्योंकि 1717 ई. में कंपनी को बंगाल के सम्राट फर्रुखसियर से व्यापार करने का फरमान प्राप्त हुआ था, न कि मुर्शिदकुली खाँ से। इसके अंतर्गत कंपनी को 1691 ई. में प्राप्त विशेषाधिकारी को दोबारा से मान्यता प्राप्त हुई और इस फरमान को गुजरात और दक्कन के क्षेत्रों तक बढ़ा दिया गया।

17 1740-48 ई. के मध्य यूरोप में चला 'ऑस्ट्रियाई उत्तराधिकार का युद्ध' किन यूरोपीय शक्तियों के मध्य हुआ था?
(Chap 3, Class-VIII, Old NCERT)

(a) फ्रांसीसी और अंग्रेज
(b) डच और फ्रांसीसी
(c) पुर्तगाली और डच
(d) अंग्रेज और पुर्तगाली

उत्तर *(a)*

व्याख्या 1740-48 ई. के मध्य यूरोप में चले 'ऑस्ट्रियाई उत्तराधिकार के युद्ध' में अंग्रेज और फ्रांसीसियों के मध्य हुआ था।

इस युद्ध के परिणाम दोनों देशों के मध्य भारत में दृष्टिगोचर हुए, जब फ्रांसीसियों ने सेंट जॉर्ज को अपने आधिपत्य में ले लिया था। इस युद्ध के समय पांडिचेरी में फ्रांसीसी गवर्नर के रूप में डूप्ले कार्यरत् था।

18 यूरोप में अंग्रेजों तथा फ्रांसीसियों के मध्य होने वाला 'सप्तवर्षीय युद्ध' कब से कब तक चला था? *(Chap 3, Class-VIII, Old NCERT)*

(a) 1753 से 1760 ई. तक
(b) 1754 से 1761 ई. तक
(c) 1755 से 1762 ई. तक
(d) 1756 से 1763 ई. तक

उत्तर *(d)*

व्याख्या यूरोप में अंग्रेजों तथा फ्रांसीसियों के मध्य होने वाला 'सप्तवर्षीय युद्ध' 1756 ई. से 1763 ई. तक चला था। इस युद्ध के परिणामस्वरूप कर्नाटक में फ्रांसीसियों को पराजय का सामना करना पड़ा। युद्ध के पश्चात् भारत में फ्रांसीसियों की राजनीतिक सत्ता समाप्त हो गई और अब वे केवल व्यापारिक गतिविधियों तक सीमित रह गए और अंग्रेजों ने बंगाल पर अपना अधिकार स्थापित कर लिया।

19 निम्नलिखित कथनों पर विचार कीजिए
(Chap 2, Class-XII, Old NCERT)

1. यूरोप के सप्तवर्षीय युद्ध (1756-1763 ई.) के परिणामस्वरूप भारत में फ्रांस तथा इंग्लैंड प्रतिद्वंद्विता में पुन: शामिल हुए।
2. वांडीवाश के मैदान में लड़े गए युद्ध ने ब्रिटिश कंपनी को अन्य यूरोपीय कंपनी की अपेक्षा ऊँचे पायदान पर स्थापित किया।
3. आंग्ल-कर्नाटक संघर्ष में भारतीय क्षेत्रीय शक्तियों की दुर्बलता को उजागर कर दिया।

उपर्युक्त कथनों में कितने सही हैं?

(a) केवल एक (b) केवल दो
(c) सभी तीनों (d) इनमें से कोई भी नहीं

उत्तर *(c)*

व्याख्या दिए गए सभी कथन सही हैं।

द्वितीय आंग्ल-कर्नाटक युद्ध की समाप्ति पांडिचेरी की संधि (1755) से हुई, किंतु 1756 ई. में यूरोप में अंग्रेजों तथा फ्रांसीसी में सप्तवर्षीय युद्ध आरंभ हो गया।

भारत में स्थित इन दोनों यूरोपीय शक्तियों में पुन: प्रतिद्वंद्विता बढ़ गई तथा इन दोनों शक्तियों तृतीय कर्नाटक युद्ध में भाग लिया 1760 ई. में वांडीवाश के मैदान में अंग्रेजी सेना द्वारा फ्रांसीसियों की पराजय के साथ इस युद्ध की समाप्ति हुई, जिसने ब्रिटिश कम्पनी को अन्य यूरोपीय कंपनियों की तुलना में श्रेष्ठता प्रदान की।

आंग्ल-कर्नाटक युद्ध में भारतीय क्षेत्रीय शासकों की दुर्बलताएँ (विशेष रूप से नौसेना अक्षमता) भी स्पष्ट हुई, जो बड़ी सेना के बावजूद प्रबंधन में कमजोर साबित हुई।

ब्रिटिश का साम्राज्य विस्तार

20 18वीं शताब्दी में भारत में लड़े गए युद्धों का निम्नलिखित में से सही कालानुक्रम कौन-सा है?
(Chap 2, Class-XII, Old NCERT) (IAS Pre 2005)

(a) वांडीवाश युद्ध-बक्सर युद्ध-अंबर युद्ध-प्लासी युद्ध
(b) अंबर युद्ध-प्लासी युद्ध-वांडीवाश युद्ध-बक्सर युद्ध
(c) वांडीवाश युद्ध-प्लासी युद्ध-अंबर युद्ध-बक्सर युद्ध
(d) अंबर युद्ध-बक्सर युद्ध-वांडीवाश युद्ध-प्लासी युद्ध

उत्तर *(b)*

व्याख्या 18वीं शताब्दी में भारत में लड़े गए युद्धों का सही कालानुक्रम इस प्रकार है-अंबर युद्ध-प्लासी युद्ध-वांडीवाश युद्ध-बक्सर युद्ध

अंबर की लड़ाई 1749 ई. में डूप्ले के नेतृत्व में फ्रांसीसी सेना तथा कर्नाटक के नवाब अनवरुद्दीन की सेना के बीच हुई थी। इस लड़ाई में अनवरुद्दीन मारा गया।

प्लासी का युद्ध 1757 ई. में रॉबर्ट क्लाइव के नेतृत्व में अंग्रेजी सेना तथा बंगाल के नवाब सिराजुद्दौला के बीच हुआ। इस युद्ध में सिराजुद्दौला मारा गया।

वांडीवाश का युद्ध 1760 ई. में ब्रिटिश तथा फ्रांसीसी सेनाओं के बीच हुआ। यह एक निर्णायक युद्ध था, जिसने फ्रांसीसी शक्ति को भारत में क्षीण कर दिया।

बक्सर का युद्ध 1764 ई. मे अंग्रेजी सेना तथा अवध के नवाब, बंगाल के नवाब एवं मुगल सम्राट की संयुक्त सेना के बीच हुआ। इस युद्ध से बंगाल पर ईस्ट इंडिया कंपनी का नियंत्रण स्थापित हुआ।

21 1717 ई. में मुगल सम्राट द्वारा ब्रिटिश ईस्ट इंडिया कंपनी को जारी किए गए शाही फरमान के संबंध में कौन-सा कथन सही नहीं है?
(Chap 2, Class-XII, Old NCERT)

1. कलकत्ता से होने वाले व्यापार पर कर वसूलने का अधिकार कंपनी को प्राप्त हो गया।
2. कंपनी को बिना कर चुकाए बंगाल से वस्तुओं के आयात-निर्यात की छूट मिल गई।
3. भारतीय व्यापारियों एवं कंपनी के कर्मचारियों की निजी व्यापार हेतु कर की दर एक समान थी।

कूट

(a) केवल 1 (b) केवल 2 (c) 1 और 2 (d) 1 और 3

उत्तर *(a)*

व्याख्या 1717 ई. में मुगल सम्राट द्वारा ब्रिटिश ईस्ट इंडिया कंपनी को जारी किए गए शाही फरमान के संबंध में कथन (1) सही नहीं है, क्योंकि मुगल सम्राट फर्रुखसियर द्वारा जारी किए गए इस शाही फरमान में अंग्रेजों को बहुमूल्य विशेषाधिकार प्रदान किए गए थे, लेकिन कलकत्ता से होने वाले व्यापार पर कर वसूलने का अधिकार कंपनी को प्राप्त नहीं था।

22 निम्न में से कौन-सा कथन सही नहीं है?
(Chap 2, Class-VIII, New NCERT)

(a) 1750 ई. में मुर्शिदकुली खाँ की मृत्यु के बाद सिराजुद्दौला बंगाल का नवाब बना
(b) सिराजुद्दौला ने अंग्रेज तथा फ्रांसीसी कंपनियों को आदेश दिया कि वे किलेबंदी रोकें तथा बकाया राजस्व चुकाएँ
(c) जब अंग्रेजों ने सिराजुद्दौला की बात नहीं मानी, तो उसने 30,000 सिपाहियों के साथ कासिम बाजार स्थित इंग्लिश फैक्ट्री पर आक्रमण कर दिया
(d) अंग्रेजों के हाथ से कलकत्ता के निकल जाने के बाद कंपनी ने रॉबर्ट क्लाइव के नेतृत्व में बंगाल के लिए सेना भेजी

उत्तर *(a)*

व्याख्या दिए गए कथनों में से कथन (a) सही नहीं है, क्योंकि 1750 ई. में नहीं, बल्कि 1756 ई. में अलीवर्दी खाँ की मृत्यु के पश्चात् सिराजुद्दौला बंगाल का नवाब बना। सिराजुद्दौला एक साहसी नवाब था और संभवत: अंग्रेज भी उसके आक्रामक व्यवहार से परिचित थे। नवाब बनने के पश्चात् सिराजुद्दौला ने अंग्रेजों को राजस्व चुकाने और किलेबंदी को रोकने की आज्ञा दी।

23 **सिराजुद्दौला ने फोर्ट विलियम पर कब अधिकार किया?** *(Chap 2, Class-XII, Old NCERT)*

(a) 18 जनवरी, 1756 (b) 27 मार्च 1756
(c) 20 जून, 1756 (d) इनमें से कोई नहीं

उत्तर (c)
व्याख्या सिराजुद्दौला ने कलकत्ता में 20 जून, 1756 में फोर्ट विलियम को भी अपने अधिकार में ले लिया। नवाब बनते ही उसने अंग्रेजों के विरुद्ध आक्रामक व्यवहार अपनाते हुए कासिम बाजार में स्थित उनकी फैक्ट्री पर आक्रमण कर, उस पर अधिकार कर लिया।

24 **निम्नलिखित कथनों में से कौन-सा कथन सही है?** *(Chap 3, Class-VIII, New NCERT)*

1. 1757 ई. में रॉबर्ट क्लाइव ने प्लासी के मैदान में सिराजुद्दौला के विरुद्ध कंपनी की सेना का नेतृत्व किया था।
2. इस युद्ध में सिराजुद्दौला की पराजय हुई।
3. सिराजुद्दौला की पराजय का प्रमुख कारण उसके सेनापति मीर कासिम की गद्दारी थी।
4. प्लासी के युद्ध में विजय के उपरांत कंपनी ने मीर कासिम को बंगाल का नवाब बनाया।

कूट
(a) 1 और 2 (b) 2 और 3 (c) 3 और 1 (d) ये सभी

उत्तर (a)
व्याख्या दिए गए कथनों में से कथन (1) और (2) सही हैं। बंगाल के नवाब सिराजुद्दौला के कृत्यों से क्षुब्ध अंग्रेजों ने 1757 ई. में रॉबर्ट क्लाइव के नेतृत्व में प्लासी के युद्ध में सिराजुद्दौला को पराजित कर पुन: बंगाल को अपने अधिकार में ले लिया था।
कथन (3) और (4) सही नहीं हैं, क्योंकि सिराजुद्दौला की पराजय के प्रमुख कारणों में से एक उसके सेनापति मीर जाफर (न की मीर कासिम) द्वारा युद्ध के दौरान की गई गद्दारी थी और युद्ध के समाप्त होने के पश्चात् मीर जाफर को बंगाल का नवाब बना दिया गया था।

25 **निम्नलिखित में से कौन-सा कथन सही नहीं है?** *(Chap 2, Class-XII, Old NCERT)*

(a) प्लासी के युद्ध के उपरांत कंपनी को बंगाल, बिहार तथा उड़ीसा में मुक्त व्यापार का अधिकार मिला
(b) कंपनी को चौबीस परगने की जमींदारी मिली
(c) कलकत्ता पर आक्रमण के हर्जाने के रूप में मीर जाफर ने कंपनी को ₹ 1 करोड़ दिए
(d) अंतत: इस युद्ध ने कंपनी का बंगाल तथा पूरे भारत पर अधिकार का रास्ता खोल दिया

उत्तर (c)
व्याख्या दिए गए कथनों में से कथन (c) सही नहीं है। प्लासी के युद्ध के पश्चात् कलकत्ता पर आक्रमण के हर्जाने के रूप में मीर जाफर ने कंपनी को और नगर के व्यापारियों को एक करोड़ सतहत्तर लाख रुपये दिए, साथ ही कंपनी के अधिकारियों को 'उपहारों' अर्थात् रिश्वत के रूप में बड़ी रकमें दी गई। क्लाइव को बीस लाख और एडमिरल वाट्सन को दस लाख रुपये से अधिक की रकम दी गई।

26 **निम्न कथनों पर विचार कीजिए** *(Chap 2, Class-XII, Old NCERT)*

1. मीर कासिम ने बंगाल में आंतरिक व्यापार पर लगने वाले सभी कर समाप्त कर दिए।
2. मीर कासिम ने यूरोपीय तर्ज पर एक आधुनिक और अनुशासित सेना खड़ी करने का प्रयास किया।

उपर्युक्त में से कौन-सा/से कथन सही नहीं है/हैं?
(a) केवल 1 (b) केवल 2
(c) 1 और 2 (d) इनमें से कोई नहीं

उत्तर (d)
व्याख्या दिए गए सभी कथन सही हैं।
मीर कासिम ने बंगाल में आंतरिक व्यापार पर लगने वाले महसूल (कर) को समाप्त कर दिया और अपनी प्रजा को वो छूट प्रदान कर दी, जिसे अंग्रेजों ने बलपूर्वक प्राप्त किया था।
मीर कासिम ने नवाब बनने के पश्चात् इसकी आवश्यकता महसूस की कि अपनी स्वतंत्रता को कायम रखने हेतु एक भरा हुआ शाही खजाना और एक कुशल सेना का होना आवश्यक है। इसलिए उसने सार्वजनिक अव्यवस्था को सँभालने, राजस्व प्रशासन से भ्रष्टाचार को समाप्त कर अपनी आय बढ़ाने और यूरोपीय तर्ज पर एक आधुनिक और अनुशासित सेना खड़ी करने का प्रयास किया।

27 **22 अक्टूबर, 1764 को हुए बक्सर के युद्ध में अंग्रेजी सेना के विरुद्ध कौन लड़े थे?** *(Chap 3, Class-VIII, Old NCERT)*

(a) मीर कासिम (b) अवध का नवाब शुजाउद्दौला
(c) मुगल बादशाह शाहआलम द्वितीय (d) ये सभी

उत्तर (d)
व्याख्या 22 अक्टूबर, 1764 को पश्चिमी बिहार प्रांत के बक्सर नामक स्थान पर एक निर्णायक युद्ध लड़ा गया, जिसमें भारतीय सेना की ओर से मीर कासिम, अवध का नवाब शुजाउद्दौला और मुगल बादशाह शाहआलम द्वितीय शामिल थे। इन्होंने अंग्रेजों के विरुद्ध युद्ध किया, जिसे 'बक्सर का युद्ध' के नाम से जाना जाता है। इस युद्ध में भारतीय संयुक्त सेना की पराजय हुई और अंग्रेजों की निर्णायक विजय हुई।

28 **1765 ई. की इलाहाबाद की संधि के संबंध में निम्न कथनों पर विचार कीजिए** *(Chap 3, Class-VIII, Old NCERT)*

1. संधि के अनुसार कंपनी को बंगाल, बिहार और उड़ीसा की दीवानी मिल गई।
2. अवध के नवाब ने कड़ा और इलाहाबाद को मुगल बादशाह को दे दिया।
3. कंपनी ने मुगल बादशाह को ₹ 25 लाख देना मंजूर किया।
4. बाहरी आक्रमण से नवाब की रक्षा के लिए कंपनी ने अपनी सेना भेजने का वचन दिया, किंतु इसका खर्च नवाब को वहन करना था।

उपर्युक्त में से कौन-सा/से कथन सही नहीं है/हैं?
(a) 1 और 2 (b) केवल 2 (c) केवल 3 (d) ये सभी

उत्तर (c)
व्याख्या 1765 ई. की इलाहाबाद की संधि के संबंध में केवल कथन (3) सही नहीं है, क्योंकि कंपनी ने मुगल बादशाह को ₹ 25 लाख नहीं, बल्कि ₹ 26 लाख देना मंजूर किया था। बक्सर के युद्ध के पश्चात् भारतीय सेना और अंग्रेजों के मध्य 1765 ई. में इलाहाबाद की संधि हुई। इस संधि के अनुसार कंपनी को बंगाल, बिहार तथा उड़ीसा की दीवानी प्राप्त हुई। इस संधि के अंतर्गत मुगल सम्राट को इलाहाबाद और कड़ा का प्रांत भी जीतकर दे दिया गया। बाहरी आक्रमण से नवाब की रक्षा हेतु कंपनी ने अपनी सेवा भेजने का वचन दिया, किंतु इसका खर्च नवाब को वहन करना था।

29 **द्वैध शासन के संदर्भ में निम्न कथनों पर विचार कीजिए**

(Chap 3, Class-VIII, Old NCERT)

1. 1765 से 1772 ई. तक बंगाल में दोहरी सरकार रही, क्योंकि वहाँ एक साथ दो सत्ताएँ शासन कर रही थीं।
2. सेना और राजस्व वसूली अंग्रेजों के पास, जबकि प्रशासनिक अधिकार नवाब के पास था।

उपर्युक्त में कौन-सा/से कथन सही है/हैं?

(a) केवल 1 (b) केवल 2
(c) 1 और 2 (d) इनमें से कोई नहीं

उत्तर *(c)*

व्याख्या द्वैध शासन के संदर्भ में दोनों कथन सही हैं।

1765 से 1772 ई. तक बंगाल में दोहरी सरकार सत्ता का संचालन कर रही थी। सेना और राजस्व वसूली का कार्य अंग्रेजों द्वारा किया जा रहा था, तो वहीं प्रशासन सँभालने का कार्य नवाब के द्वारा होता था। बंगाल में द्वैध शासन का जनक रॉबर्ट क्लाइव को माना जाता है।

30 **निम्न कथनों पर विचार कीजिए** *(Chap 2, Class-VIII, New NCERT)*

1. मैसूर के साथ अंग्रेजों का चार बार (1767-69, 1780-84, 1790-92 और 1799 ई.) युद्ध हुआ था।
2. श्रीरंगपट्टनम की संधि 1799 ई. में हुई थी।
3. 1799 ई. के अंतिम युद्ध में टीपू की मृत्यु हो गई।
4. टीपू के बाद मैसूर का राजकाज वाडियार राजवंश के हाथ में सौंप दिया गया।

उपर्युक्त में कौन-सा/से कथन सही नहीं है/हैं?

(a) केवल 1 (b) केवल 2
(c) 1, 2 और 3 (d) 1, 2 और 4

उत्तर *(b)*

व्याख्या दिए गए कथनों में से कथन (2) सही नहीं है, क्योंकि तृतीय आंग्ल-मैसूर युद्ध के पश्चात् अंग्रेजों और टीपू के मध्य 1799 में नहीं, बल्कि 1792 ई. में श्रीरंगपट्टनम की संधि हुई थी।

31 **निम्नलिखित युग्मों पर विचार कीजिए**

(Chap 3, Class-VIII, Old NCERT)

	तथ्य		संबंधित वर्ष
1.	बंगाल में द्वैध शासन का अंत	–	1772 ई.
2.	वॉरेन हेस्टिंग्स ब्रिटिश प्रदेशों का गवर्नर जनरल बना	–	1773 ई.
3.	सालबाई की संधि	–	1775 ई.
4.	प्रथम-आंग्ल मराठा युद्ध का आरंभ	–	1782 ई.

उपर्युक्त युग्मों में से कितने युग्म सही सुमेलित नहीं हैं?

(a) केवल एक (b) केवल दो (c) केवल तीन (d) ये सभी

उत्तर *(b)*

व्याख्या दिए गए युग्मों में से केवल दो युग्म अर्थात् (3 और 4) सही नहीं हैं।

17 मई, 1782 को मराठों और ब्रिटिश ईस्ट इंडिया कंपनी के प्रतिनिधियों द्वारा प्रथम आंग्ल-मराठा युद्ध को समाप्त करने हेतु सालबाई की संधि पर हस्ताक्षर किए गए।

प्रथम आंग्ल-मराठा युद्ध का आरंभ 1775 ई. में हुआ था, इसकी अवधि 1775-1782 ई. तक थी। इस युद्ध में मराठों का नेतृत्व महादजी सिंधिया व मल्हारराव होल्कर तथा अंग्रेजों का नेतृत्व कर्नल कीटिंग, कर्नल अप्टन, कर्नल एगटस तथा अंत में कर्नल काकबर्क ने किया था।

32 **निम्नलिखित कथनों में से कौन-सा कथन सही है?**

(Chap 2, Class-VIII, New NCERT)

1. प्रथम आंग्ल-मराठा युद्ध 1784 ई. की मंगलौर की संधि के साथ समाप्त हुआ था।
2. द्वितीय आंग्ल-मराठा युद्ध (1803-06 ई.) में उड़ीसा और यमुना के उत्तर में स्थित आगरा व दिल्ली सहित कई भू-भाग अंग्रेजों के अधिकार में आ गए।
3. 1817-19 ई. के तीसरे आंग्ल-मराठा युद्ध ने मराठों की शक्ति को पूर्ण रूप से दबा दिया।

कूट

(a) केवल 1 (b) 2 और 3
(c) केवल 3 (d) 1, 2 और 3

उत्तर *(b)*

व्याख्या दिए गए कथनों में से कथन (2) और (3) सही हैं।

भारतीय इतिहास में क्रमश: तीन आंग्ल-मराठा युद्ध हुए, प्रथम 1775-1782 ई., द्वितीय 1803-1806 ई. तथा तृतीय 1817-1819 ई. में। द्वितीय आंग्ल-मराठा युद्ध में अंग्रेजों ने उड़ीसा और यमुना के उत्तर में स्थित आगरा व दिल्ली सहित कई भू-भागों को अपने नियंत्रण में ले लिया था, लेकिन तृतीय आंग्ल-मराठा युद्ध में मराठों ने अंग्रेजों की शक्ति को पूर्ण रूप से दबा दिया था। कथन (1) सही नहीं है, क्योंकि प्रथम आंग्ल-मराठा युद्ध 1782 ई. में सालबाई की संधि के साथ समाप्त हुआ था न कि मंगलौर की संधि के साथ (1784 ई.)। मंगलौर की संधि (1784 ई.) के द्वारा द्वितीय आंग्ल-मैसूर युद्ध समाप्त हुआ था।

33 **भारत में ईस्ट इण्डिया कम्पनी की सफलता का राज था**

(Chap 3, Class-VIII, Old NCERT)

(a) भारत में राष्ट्रीय भावना की कमी
(b) कम्पनी की सेना को पश्चिमी प्रशिक्षण मिला था तथा उनके पास आधुनिक हथियार थे
(c) भारतीय सैनिकों में राष्ट्रीय भावना का अभाव था, जिसके फलस्वरूप कोई जो उन्हें अच्छा वेतन दे, अपनी सेवा में लगा सकता था
(d) उपर्युक्त सभी

उत्तर *(d)*

व्याख्या दिए गए सभी कारण भारत में ईस्ट इण्डिया कम्पनी की सफलता का राज थे। उस समय भारतीय राष्ट्रवाद की विचारधारा से अधिक परिचित नहीं थे, इनमें राष्ट्रीय भावना की कमी थी।

विभिन्न क्षेत्रीय शक्तियों के मध्य आपसी प्रतिस्पर्द्धा थी, जिसका लाभ कम्पनी ने उठाया। राष्ट्रीय भावना में अभाव के कारण भारतीय सैनिक भी कम्पनी में नौकरी करने लगे, क्योंकि उन्हें यहाँ अच्छा वेतन मिलता था। तकनीकी स्तर पर भी भारतीय यूरोपीय शक्तियों से अधिक पिछड़े हुए थे। कंपनी की सेना को पश्चिमी प्रशिक्षण मिला था तथा उनके पास आधुनिक हथियार भी थे। इन सभी कारणों से ईस्ट इण्डिया कंपनी भारत में सफल हो पाई।

34 **अपने राजनीतिक उद्देश्यों को पूरा करने हेतु लॉर्ड वेलेजली ने किन उपायों का सहारा लिया?** *(Chap 2, Class-XII, Old NCERT)*

(a) सहायक संधि प्रणाली
(b) खुला युद्ध
(c) पहले से अधीन बनाए जा चुके शासकों का भू-भाग हड़पना
(d) उपर्युक्त सभी

उत्तर *(d)*

व्याख्या लॉर्ड वेलेजली ने अपने राजनीतिक उद्देश्यों को पूरा करने हेतु तीन उपायों का सहारा लिया, जिसमें शामिल हैं

- सहायक संधि प्रणाली में सामान्यत: भारतीय शासक को यह भी स्वीकार करना पड़ता था कि वह अपने दरबार में एक ब्रिटिश रेजीडेंट रखेगा।

- खुला युद्ध के अंतर्गत अंग्रेज भारतीय राज्यों के खर्च पर एक बड़ी सेना रखते थे और वे युद्ध अपने क्षेत्र से दूर लड़ते थे।
- पहले से अधीन बनाए जा चुके शासकों के क्षेत्रों को हड़पना।

लॉर्ड वेलेजली भारत में ब्रिटिश साम्राज्य के विस्तार हेतु आया था और इसी लक्ष्य को वेलेजली ने पूर्ण करने का प्रयास किया।

35 निम्न में से सहायक संधि के प्रावधानों पर विचार कीजिए

(Chap 2, Class-XII, Old NCERT)

1. भारतीय शासक को अपने दरबार में एक ब्रिटिश रेजिडेंट रखना होता था।
2. भारतीय शासक अंग्रेजों की स्वीकृति के बिना किसी यूरोपीय को अपनी सेवा में रख सकते थे।
3. गवर्नर जनरल के परामर्श के बिना कोई भारतीय शासक दूसरे शासक से वार्ता कर सकता था।
4. सहायक संधि के बदले अंग्रेज उस शासक तथा उसके राज्य की रक्षा का वचन देते थे।

उपर्युक्त में से कौन-सा/से कथन सही नहीं है/हैं?

(a) 1 और 2 (b) 2 और 3 (c) 3 और 4 (d) 1 और 4

उत्तर *(b)*

व्याख्या सहायक संधि के प्रावधानों के संबंध में कथन (2) और (3) सही नहीं हैं, क्योंकि सहायक संधि की शर्तों के अनुसार भारतीय शासक अपने दरबार में अंग्रेजों की स्वीकृति के बिना किसी यूरोपीय को अपनी सेवा में नहीं रख सकता था। सहायक संधि की एक अन्य शर्त के अनुसार, गवर्नर जनरल से परामर्श किए बिना कोई भारतीय शासक किसी दूसरे भारतीय शासक से बातचीत नहीं कर सकता था।

36 निम्नलिखित युग्मों में से कितने युग्म सही सुमेलित हैं?

(Chap 2, Class-XII, Old NCERT)

	सहायक संधि करने वाले राज्य		संबंधित वर्ष
1.	हैदराबाद	–	1798 ई.
2.	मैसूर	–	1799 ई.
3.	अवध	–	1801 ई.
4.	पेशवा	–	1802 ई.

कूट

(a) केवल एक (b) केवल दो (c) केवल तीन (d) ये सभी

उत्तर *(a)*

व्याख्या दिए गए सभी युग्म अर्थात् युग्म (1, 2, 3 और 4) सही सुमेलित हैं। सहायक संधि का जन्मदाता लॉर्ड वेलेजली को माना जाता है। यह एक प्रकार की मैत्री संधि थी, जिसका प्रयोग 1798-1805 ई. तक भारत के देशी राज्यों से संबंध स्थापित करने हेतु किया गया था। इस संधि को हैदराबाद के निजाम ने 1798 ई. में सबसे पहले स्वीकार किया था, तत्पश्चात् मैसूर ने 1799 ई. में, अवध ने 1801 ई. तथा पेशवा ने 1802 ई. में इसे स्वीकार किया था।

37 अंग्रेजों ने इंदौर के होल्कर राजवंश से राजघाट की संधि कब की थी?

(Chap 2, Class-XII, Old NCERT)

(a) 1802 ई. में (b) 1803 ई. में (c) 1806 ई. में (d) 1808 ई. में

उत्तर *(c)*

व्याख्या अंग्रेजों द्वारा इंदौर के होल्कर राजवंश से राजघाट की संधि जनवरी, 1806 में की गई थी। इसी संधि के साथ लॉर्ड वेलेजली को भी भारत से वापस ब्रिटेन बुला लिया गया था। इस संधि का मुख्य कारण विश्व पटल पर नेपोलियन बोनापार्ट का पुनः आगमन था और ब्रिटेन ने इसी को मद्देनजर रखते हुए अपने धन को बचाने हेतु साम्राज्य के प्रसार को रोकने का निर्णय लिया।

38 किस ब्रिटिश गवर्नर जनरल के काल में कंपनी ने 'सर्वोच्चता' की एक नई नीति की शुरुआत की थी?

(Chap 2, Class-VIII, New NCERT)

(a) वॉरेन हेस्टिंग्स (b) लॉर्ड कॉर्नवालिस
(c) लॉर्ड कर्जन (d) लॉर्ड हेस्टिंग्स

उत्तर *(d)*

व्याख्या लॉर्ड हेस्टिंग्स (1813-1823 ई.) के काल में ब्रिटिश कंपनी ने 'सर्वोच्चता' की एक नई नीति की शुरुआत की थी। इससे पूर्व कंपनी उन्नीसवीं सदी के प्रारंभ से ही क्षेत्रीय विस्तार की आक्रामक नीति का अनुसरण कर रही थी, लेकिन लॉर्ड हेस्टिंग्स के गवर्नर जनरल बनने के पश्चात् कंपनी द्वारा इस बात पर बल दिया गया कि उसकी सत्ता सर्वोच्च है, इसलिए वह भारतीय राज्यों से शीर्षस्थ है। अपने हितों की रक्षा हेतु वह भारतीय रियासतों का अधिग्रहण कर भी सकती है या उनको अधिग्रहण करने हेतु बाध्य भी कर सकती है।

39 किसके नेतृत्व में अंग्रेजों ने सिंध का अधिग्रहण कर लिया?

(Chap 2, Class-VIII, Old NCERT)

(a) चार्ल्स नेपियर (b) चार्ल्स मैसन
(c) लॉर्ड एल्गिन (d) लॉर्ड मेयो

उत्तर *(a)*

व्याख्या चार्ल्स नेपियर के नेतृत्व में अंग्रेजों ने सिंध का अधिग्रहण किया। 1843 ई. में एक संक्षिप्त अभियान के पश्चात् यह कार्य किया गया था और इस कार्य के बदले नेपियर को पुरस्कार स्वरूप सात लाख रुपए भी मिले थे। इससे पूर्व 1832 ई. में एक संधि के द्वारा सिंध की सड़कों और नदियों को ब्रिटिश व्यापार के लिए खोल दिया गया था। इसी दौरान 1839 ई. में सिंध के अमीर कहलाने वाले सरदारों के साथ एक सहायक संधि पर हस्ताक्षर भी कराए गए थे।

40 अंग्रेज तथा सिखों के मध्य लाहौर की संधि कब संपन्न हुई थी?

(Chap 3, Class-VIII, Old NCERT)

(a) 20 फरवरी, 1845 (b) 8 मार्च, 1846
(c) 20 अक्टूबर, 1847 (d) 14 जनवरी, 1848

उत्तर *(b)*

व्याख्या अंग्रेज और सिखों के मध्य लाहौर की संधि 8 मार्च, 1846 को हुई थी। यह एक अपमानजनक संधि थी, जिसके पश्चात् अंग्रेजों ने जालंधर के दोआब क्षेत्र को हड़प लिया और पचास लाख रुपए नकद लेकर जम्मू एवं कश्मीर को राजा गुलाब सिंह डोगरा को सौंप दिया। पंजाब की सेना को घटाकर अंग्रेजों द्वारा 20,000 पैदल तथा 12,000 घुड़सवार सेना तक सीमित कर दिया तथा बहुत बड़ी संख्या में ब्रिटिश सेना को लाहौर में तैनात कर दिया गया।

41 पंजाब पर जिस समय अंग्रेजों का अधिकार हुआ उस समय गवर्नर जनरल कौन था?

(Chap 3, Class-VIII, Old NCERT)

(a) लॉर्ड हेस्टिंग्स
(b) लॉर्ड एलनबरो
(c) लॉर्ड वेलेजली
(d) लॉर्ड डलहौजी

उत्तर *(d)*

व्याख्या पंजाब पर जिस समय अंग्रेजों का अधिकार हुआ, उस समय लॉर्ड डलहौजी भारत का गवर्नर जनरल था। लॉर्ड डलहौजी के कार्यकाल (1848 से 1856 ई. तक) में भारत में अंग्रेजों की प्रभुसत्ता स्थापित हो गई। 1848 ई. में पंजाब में अंग्रेजों के विरुद्ध कई विद्रोह हुए और उसके बाद द्वितीय आंग्ल-सिख युद्ध हुआ, जिसमें पंजाब की सेनाएँ हार गईं और अंग्रेजों ने पंजाब को अपने राज्य क्षेत्र में शामिल कर लिया।

42 **डलहौजी की विलय नीति के अंतर्गत निम्न कथनों पर विचार कीजिए** *(Chap 3, Class-VIII, Old NCERT)*

1. इस नीति के अनुसार यदि किसी सुरक्षा प्राप्त राज्य का शासक बिना किसी स्वाभाविक उत्तराधिकारी के मर जाए, तो उसका राज्य उसके दत्तक उत्तराधिकारी को सौंपने का प्रावधान था।
2. यदि उत्तराधिकारी को गोद लेने के कार्य को पहले से अंग्रेज अधिकारियों की सहमति प्राप्त न होगी, तो वह ब्रिटिश राज्य में मिला लिया जाएगा।
3. इस नीति के अनुसार सर्वप्रथम नागपुर राज्य का विलय किया गया।

उपर्युक्त में से कौन-सा/से सही नहीं है/हैं?

(a) केवल 1 (b) केवल 2 (c) 1 और 3 (d) 2 और 3

उत्तर (c)

व्याख्या डलहौजी की विलय नीति के संबंध में कथन (1) और (3) सही नहीं हैं, क्योंकि लॉर्ड डलहौजी की विलय नीति (डॉक्ट्रिन ऑफ लैप्स) से संबंधित सिद्धांत के अनुसार, यदि किसी सुरक्षा प्राप्त राज्य का शासक बिना एक स्वाभाविक उत्तराधिकारी के मर जाए, तो उसका राज्य उसके दत्तक उत्तराधिकारी को नहीं सौंपा जाएगा। इस नीति के अनुसार, सर्वप्रथम सतारा को 1848 ई. में अंग्रेजी राज्य में शामिल (विलय) किया गया था।

43 **निम्नलिखित युग्मों पर विचार कीजिए** *(Chap 2, Class-VIII, New NCERT)*

	विलय नीति वाले राज्य		संबंधित वर्ष
1.	सतारा	–	1853
2.	संबलपुर	–	1852
3.	उदयपुर	–	1850
4.	नागपुर	–	1848

उपर्युक्त युग्मों में से कितने युग्म सही सुमेलित नहीं हैं?

(a) केवल एक (b) केवल दो (c) केवल तीन (d) ये सभी

उत्तर (d)

व्याख्या दिए गए सभी युग्म सुमेलित नहीं हैं।

विलय नीति, हड़प नीति या व्यपगत का सिद्धांत, लॉर्ड डलहौजी द्वारा लाई गई एक नीति थी। यह सिद्धांत इस तर्क पर आधारित था कि यदि किसी शासक की मृत्यु हो जाती है और उसका कोई पुरुष उत्तराधिकारी नहीं है, तो उसकी रियासत कंपनी के क्षेत्र में शामिल कर ली जाएगी। इस सिद्धांत के आधार पर क्रमशः ब्रिटिश क्षेत्र में शामिल की गई रियासतें थीं-सतारा (1848 ई.), संबलपुर (1850 ई.), उदयपुर (1852 ई.), नागपुर (1853 ई.)।

44 **निम्न कथनों पर विचार कीजिए** *(Chap 2, Class-VIII, New NCERT)*

1. कंपनी ने 1857 ई. में अवध को अपने नियंत्रण में ले लिया।
2. अवध के नियंत्रण हेतु अंग्रेजों ने यह तर्क दिया कि अवध की जनता को नवाब के कुशासन से मुक्त कराने हेतु ऐसा किया गया।

उपर्युक्त में से कौन-सा/से कथन सही नहीं है/हैं?

(a) केवल 1 (b) केवल 3
(c) 1 और 2 (d) न ता 1 और न ही 2

उत्तर (a)

व्याख्या दिए गए कथनों में से केवल कथन (1) सही नहीं है, क्योंकि कंपनी द्वारा अवध को विलय की नीति के अंतर्गत अंग्रेजी राज्य में 1857 ई. में नहीं, बल्कि 1856 ई. में शामिल किया गया था। कंपनी द्वारा अवध को शामिल किए जाने के संबंध में यह तर्क दिया गया कि अवध की जनता को वर्तमान नवाब के 'कुशासन' से मुक्त कराने के लिए वह कर्त्तव्य से बँधे हुए हैं, इसलिए वह अवध को ब्रिटिश शासन में शामिल कर रहे हैं।

45 **निम्नलिखित में से कौन-से कथन सही हैं?** *(Chap 2, Class-VIII, New NCERT)*

1. वॉरेन हेस्टिंग्स के काल तक कंपनी बंगाल, बंबई और मद्रास में सत्ता हासिल कर चुकी थी।
2. ब्रिटिश क्षेत्र प्रशासकीय इकाइयों में बँटे होते थे, जिन्हें प्रेसीडेंसी कहा जाता था।
3. 1772 ई. में स्थापित नई न्याय व्यवस्था के अंतर्गत फौजदारी एवं दीवानी अदालतों को समाप्त कर दिया गया।
4. मौलवी एवं हिंदू पंडित कानूनों की व्याख्या से संबंधित थे।

कूट

(a) 1 और 2 (b) 2 और 3
(c) 1, 2 और 3 (d) 1, 2 और 4

उत्तर (d)

व्याख्या दिए गए कथनों में से कथन (1), (2) और (4) सही हैं।

वॉरेन हेस्टिंग्स का कार्यकाल (1773-1785 ई.) एक गवर्नर-जनरल के रूप में कंपनी की शक्ति को विस्तार देने हेतु महत्त्वपूर्ण था। इसके शासनकाल तक बंगाल के अतिरिक्त बंबई और मद्रास में ब्रिटिश सत्ता स्थापित हो चुकी थी। तत्कालीन समय में ब्रिटिश क्षेत्र प्रशासकीय इकाइयों में बँटे थे, जिसे प्रेजिडेंसी कहकर संबोधित किया जाता था।

इस काल में दीवानी अदालतों के प्रधान यूरोपीय जिला कलक्टर होते थे, जिनके लिए मौलवी और हिंदू पंडित भारतीय कानूनों की व्याख्या करते थे। कथन (3) सही नहीं है, क्योंकि वॉरेन हेस्टिंग्स के काल में एक नई न्याय व्यवस्था स्थापित हुई। 1772 ई. में स्थापित इस न्याय व्यवस्था में प्रत्येक जिले में दो अदालतों (दीवानी और फौजदारी) का प्रावधान किया गया।

46 **किस गवर्नर जनरल पर इंग्लैंड में महाभियोग का मुकदमा चलाया गया था?** *(Chap 2, Class-VIII, New NCERT) (UPPSC Pre 2010)*

(a) वेलेजली (b) क्लाइव
(c) वॉरेन हेस्टिंग्स (d) कर्जन

उत्तर (c)

व्याख्या वॉरेन हेस्टिंग्स अपने कार्यकाल की अवधि के समाप्त हो जाने के पश्चात् 1785 ई. में वापस इंग्लैंड लौट गया, तो ऐडमंड बर्के ने उस पर बंगाल का शासन सही ढंग से न चलाने का आरोप लगाया और इस आरोप के कारण हेस्टिंग्स पर ब्रिटिश संसद में महाभियोग का मुकदमा चलाया गया, जो सात वर्षों तक निरंतर चलता रहा।

47 **निम्न कथनों पर विचार कीजिए** *(Chap 2, Class-VIII, New NCERT)*

1. 1857 ई. तक भारतीय उपमहाद्वीप के 63% भू-भाग और शेष 78% आबादी पर कंपनी का सीधा शासन स्थापित हो चुका था।
2. ईस्ट इंडिया कंपनी एक व्यापारिक कंपनी से बढ़ते हुए एक भौगोलिक शक्ति बन गई थी।

उपर्युक्त में से कौन-सा/से कथन सही है/हैं?

(a) केवल 1
(b) केवल 2
(c) 1 और 2
(d) न तो 1 और न ही 2

उत्तर (c)

व्याख्या दिए गए दोनों कथन सही हैं। 1857 ई. तक भारतीय उपमहाद्वीप के 63% भू-भाग और 78% आबादी पर कंपनी का सीधा शासन स्थापित हो चुका था। इसके अतिरिक्त देश के शेष भू-भाग और आबादी पर कंपनी का अप्रत्यक्ष प्रभाव था। 1857 ई. के पूर्व व्यावहारिक स्तर पर ईस्ट इंडिया कंपनी ने समस्त भारत को अपने नियंत्रण में ले लिया था।

अध्याय 23

प्रांतीय स्वायत्त राजवंश

प्रांतीय स्वायत्त राजवंश

हैदराबाद

- 1724 ई. में निजाम-उल-मुल्क आसफ जाह द्वारा स्थापित; कभी भी खुले तौर पर अपनी स्वतंत्रता की घोषणा नहीं की, बल्कि स्वतंत्र तरीके से कार्य किया;
- लगातार मराठों के विरुद्ध संघर्ष में लगे रहे; युद्ध छेड़े, शांति स्थापित की, उपाधियाँ प्रदान कीं और दिल्ली का संदर्भ दिए बिना जागीरें और कार्यालय दिए; अन्य शासक- नासिर जंग, मुजफ्फर जंग, सलाबत जंग।

कर्नाटक

- मुगल सूबा, जो हैदराबाद की सत्ता के निजाम के अधीन आता था; कर्नाटक के नवाब सादुतुल्ला खान ने दोस्त अली खान को अपना उत्तराधिकारी बनाया था;
- सत्ता के लिए निरंतर संघर्ष ने कर्नाटक में स्थिति को खराब कर दिया।

अवध

- 1722 ई. में सआदत खान बुरहान-उल-मुल्क द्वारा स्थापित; पश्चिम में कन्नौज से पूर्व में कर्मनाशा नदी तक विस्तारित रूप
- अधिकांश सफदरजंग से, जिन्होंने न्याय की एक न्यायसंगत प्रणाली की स्थापना की
- विशिष्ट लखनऊ संस्कृति के विकास में मद्द मिली; नवाब सआदत खान ने अंग्रेजों के साथ सहायक गठबंधन पर हस्ताक्षर किए और वाजिद अली शाह अवध के अंतिम

बंगाल

- **मुर्शिद कुली खान** (1717-1727 ई.) जो 1717 ई. में बंगाल के गवर्नर बने, ने स्वयं को केंद्रीय नियंत्रण से मुक्त कर लिया
- बंगाल को आंतरिक और बाहरी खतरे से मुक्त करके शांति स्थापित की; जागीर भूमि के बड़े हिस्से को खालसा में स्थानांतरित कर दिया
- भर्ती किए गए राजस्व अनुयायी;
- स्वीकृत कृषि ऋण (टैकावी)
- **अलीवर्दी खान** ने 1740-1756 ई. के बीच 15 वर्षों तक शासन किया;
- मराठों के विरुद्ध निरंतर संघर्ष किया।
- **सिराज-उद-दौला** (1756-1757 ई.) को भतीजे-शौकत जंग, चाची-घसीती बेगम और अन्य-जगत-सेठ, ओमीचंद, राय बल्लभ और राजा दुर्लभ जैसे आंतरिक प्रतिद्वंद्वियों का सामना करना पड़ा
- प्लासी के युद्ध (1757) में रॉबर्ट क्लाइव द्वारा पराजित किया गया
- उनकी मृत्यु के बाद मीर जाफर और मीर कासिम को अंग्रेजों ने बंगाल का नवाब बनाया
- 1765 ई. में बक्सर की लड़ाई के बाद, रॉबर्ट क्लाइव ने सरकारी की दोहरी प्रणाली शुरू की (1765-1722 ई. के बीच)

मैसूर

- हैदर अली के शासन में मैसूर महत्त्वपूर्ण शक्ति के रूप में उभरा;
- फ्रांसीसी सहायता से डिंडीगुल में एक आधुनिक शस्त्रागार की स्थापना की।
- मराठों के साथ युद्ध में लगे;
- निजाम और अंग्रेज;
- टीपू सुल्तान (1792-1799 ई.) के उत्तराधिकारी बने, जिन्होंने एक नया कैलेंडर पेश किया
- सिक्कों की प्रणाली और वजन और माप के नए पैमाने;
- जैकोबिन क्लब का सदस्य बन गया
- विदेशी व्यापार को विकसित करने के लिए फ्रांस, टर्की, ईरान और पेगु में दूत भेजे गए

आंग्ल-मैसूर युद्ध

- प्रथम (1767-1769 ई.) मद्रास की संधि द्वारा संपन्न
- दूसरा (1779-1784 ई.) मैंगलोर की संधि द्वारा संपन्न
- तीसरा (1790-1792 ई.) श्रीरंगपट्टनम की संधि द्वारा संपन्न
- चौथा (1799 ई.) ब्रिटिश सेनाओं द्वारा जीता गया; टीपू सुल्तान की मृत्यु

SOURCE New NCERT Class VIII व्यापार से साम्राज्य तक कंपनी की सत्ता स्थापित होती है, ग्रामीण क्षेत्र पर शासन चलाना, Old NCERT Class VIII ब्रिटिश शासन का उदय, अट्ठारहवीं सदी का भारत, भारत में यूरोपियों का प्रवेश और अंग्रेजों की विजय, Old NCERT Class XII भारत में यूरोपीय प्रवेश और ब्रिटिश विजय, Tamil Nadu Board Class XI Unit 16

प्रांतीय शक्तियों का उदय

1 निम्नलिखित कथनों पर विचार कीजिए *(Class-XI, Old NCERT)*

कथन I प्रांतीय स्वायत्त राज्य संसाधन, दीर्घकालिकता तथा प्रधान लक्षणों के आधार पर प्रवृत्ति में भिन्न थे, जिनमें कुछ स्थानीय परंपरा, कुछ विशिष्ट पद्धतियों से पैदा हुए तथा कुछ जातिय तथा सांप्रदायिक थे।

कथन II केंद्रीय सत्ता के शनै-शनै पतन ने नए प्रकार की क्षेत्रीय शक्तियों को जन्म दिया, जिसने अमीरों को तथा क्षेत्रीय शासकों को नए आधार बनाने के अवसर दिए।

उपर्युक्त कथनों के बारे मे निम्नलिखित में से कौन-सा एक सही है?

(a) कथन I और II दोनों सही हैं तथा कथन II कथन I की सही व्याख्या है
(b) कथन I और II दोनों सही हैं तथा कथन II कथन I की सही व्याख्या नहीं है
(c) कथन I सही है, किंतु कथन II गलत है
(d) कथन I गलत है, किंतु कथन II सही है

उत्तर (a)

व्याख्या कथन I और II दोनों सही हैं तथा कथन II कथन I की सही व्याख्या है।

मुगल सत्ता के कमजोर उत्तराधिकारियों ने साम्राज्य को मध्यम गति से पतनशील बनाया। यह वह दौर था, जब अमीरों तथा क्षेत्रीय शासकों को अपनी स्वतंत्र सत्ता को स्थापित करने के लिए समय और कारक दोनों पर्याप्त उपलब्ध रहे। कुछ राज्य स्वयं को दीर्घकालिक रूप से स्थापित कर सके; जैसे-मराठा तथा संसाधन संपन्न दृष्टिकोण आधार पर विकसित हुए; जैसे बंगाल।

कुछ प्रांतीय राज्य जातीय तथा सांप्रदायिक आधार पर गठित हुए; जैसे-मराठा, सिख एवं जाट। प्रांतीय राज्यों के सशक्त होने का एक आधार था कि वे मुगलों के प्रतीकात्मक आधिपत्य को स्वीकार कर स्वयं को स्थापित करते रहे।

2 निम्न में से कौन-सा कथन सही सही नहीं है? *(Chap 1, Class-XII, Old NCERT)*

(a) अवध तथा हैदराबाद राज्य उत्तराधिकार वाले राज्य थे। मुगल साम्राज्य के कमजोर होने से प्रांतीय गवर्नरों के स्वतंत्र होने का दावा करने से इन राज्यों का जन्म हुआ था
(b) मराठा, अफगान, जाट तथा पंजाब जैसे राज्यों का जन्म मुगल शासन के विरुद्ध स्थानीय सरदारों, जमींदारों तथा किसानों के विद्रोह के कारण हुआ था
(c) इन शक्तियों के अतिरिक्त दक्षिण-पश्चिम तथा दक्षिण-पूर्व के समुद्री किनारों के क्षेत्र थे, जहाँ मुगलों का प्रत्यक्ष प्रभाव था
(d) इन सभी क्षेत्रीय शक्तियों ने मुगल प्रशासन के तौर-तरीकों और उसकी पद्धति को अपनाया

उत्तर (c)

व्याख्या दिए गए कथनों में से कथन (c) सही नहीं है, क्योंकि मुगल साम्राज्य के पतन के पश्चात् कुछ उत्तराधिकार वाले राज्य तथा कुछ ऐसे राज्य जिनका जन्म किसान, जमींदार आदि के विद्रोह के कारण हुआ, अस्तित्व में आए। इन सभी के अतिरिक्त एक तीसरा क्षेत्र भी था, जिसमें दक्षिण-पश्चिम तथा दक्षिण-पूर्व के समुद्री किनारों के क्षेत्र तथा उत्तर-पूर्वी भारत के क्षेत्र शामिल थे। इन क्षेत्रों पर किसी भी रूप में मुगल प्रभाव स्थापित नहीं हो पाया था।

3 मुगल साम्राज्य के विघटन के पश्चात् बने तीन प्रमुख राज्यों तथा उनके संस्थापक के संदर्भ में कितने युग्म सही सुमेलित हैं? *(Chap 10, Class-VII, New NCERT)*

1. हैदराबाद	–	निजाम-उल-मुल्क आसफ जाह
2. बंगाल	–	मुर्शीद कुली खाँ
3. अवध	–	अजीजुद्दीन
4. भरतपुर	–	गोकुलनाट

कूट

(a) केवल एक (b) केवल दो
(c) केवल तीन (d) ये सभी

उत्तर (b)

व्याख्या दिए गए युग्मों में केवल दो युग्म अर्थात् (1 और 2) सही सुमेलित हैं। हैदराबाद राज्य की स्थापना निजाम-उल-मुल्क आसफजांह ने की थी। यह फर्रूखशियर के दरबार का सदस्य था। फर्रूखशियर ने इसे दक्षिण के छः सूबों की सूबेदारी दी थी।

बंगाल की स्वतंत्र राज्य के रूप में स्थापना मुर्शीद कुली खाँ द्वारा की गई। बादशाह फर्रूखशियर द्वारा 1717 ई. में मुर्शीद कुली खाँ को बंगाल का सूबेदार नियुक्त किया गया था।

युग्म (3) और (4) सही सुमेलित नहीं हैं, क्योंकि अवध राज्य की स्थापना बुरहान-उल-मुल्क सआदत खाँ ने की थी, ना कि अजीजुद्दीन ने। सआदत खाँ ने बादशाह मुहम्मद शाह का सैयद बंधुओं के विरुद्ध सहयोग किया था। इस कारण मुहम्मद शाह द्वारा इसे आगरा का गवर्नर भी बनाया गया था।

भरतपुर की स्थापना चूड़ामन जाट द्वारा की गई थी, ना कि गोकुल जाट द्वारा।

4 प्रांतीय राज्य के रूप में हैदराबाद के संदर्भ में विचार कीजिए *(Chap 1, Class-XII, Old NCERT)*

1. हैदराबाद राज्य का स्वतंत्र संस्थापक चिनकिलिच खाँ था, जिसे फर्रूखशियर द्वारा आसफजाह की उपाधि दी गई।
2. निजाम-उल-मुल्क 'आसफजाह' ने हैदराबाद की स्वतंत्र राज्य के रूप में 1724 ई. में स्थापना की।
3. मुहम्मद शाह ने निजाम-उल-मुल्क को दक्कन का वायसराय नियुक्त किया था।

उपर्युक्त में कितने कथन सही हैं?

(a) केवल एक (b) केवल दो
(c) ये सभी (d) इनमें से कोई भी नहीं

उत्तर (b)

व्याख्या दिए गए कथनों में से केवल दो कथन अर्थात् (2 और 3) सही हैं। दक्कन में हैदराबाद स्वतंत्र राज्य की स्थापना 1724 ई. में चिनकिलिच खाँ द्वारा की गई। फर्रूखशियर द्वारा इसे निजाम-उल-मुल्क-बहादुर फतह जंग तथा 'खान-ए-खाना' की उपाधि दी गई। 1725 ई. में इसने हैदराबाद को अपनी राजधानी बनाया।

शूकर खेड़ा के युद्ध में निजाम-उल-मुल्क ने मुगल सूबेदार मुबारिज खाँ को पराजित किया तथा दक्कन पर अधिकार कर लिया, जिससे विवश होकर मुहम्मद शाह ने निजाम-उल-मुल्क को दक्कन का वायसराय बनाया।

कथन (1) सही नहीं है, क्योंकि चिनकिलिच खाँ (निजाम-उल-मुल्क) को आसफ जांह की उपाधि मुहम्मद शाह ने दी थी।

बंगाल

5 बंगाल के नवाबों का सही कालक्रम कौन-सा है? *(Chap 2, Class-VIII, Old NCERT)*

(a) मुर्शिदकुली खाँ-शुजाउद्दीन-सरफराज खाँ-अलीवर्दी खाँ
(b) शुजाउद्दीन-सरफराज खाँ-अलीवर्दी खाँ-मुर्शिदकुली खाँ
(c) सरफराज खाँ-अलीवर्दी खाँ-मुर्शिदकुली खाँ-शुजाउद्दीन
(d) अलीवर्दी खाँ-मुर्शिदकुली खाँ-शुजाउद्दीन-सरफराज खाँ

उत्तर (a)

व्याख्या बंगाल के नवाबों का सही कालक्रम मुर्शिदकुली खाँ $\rightarrow$ शुजाउद्दीन $\rightarrow$ सरफराज खाँ $\rightarrow$ अलीवर्दी खाँ है।

बंगाल में स्वतंत्र सत्ता की स्थापना का श्रेय मुर्शिदकुली खाँ और अलीवर्दी खाँ को जाता है। मुर्शिदकुली खाँ को 1717 ई. में बंगाल का सूबेदार बनाया गया

था, जिसके पश्चात् उसने स्वयं को केंद्रीय सत्ता से मुक्त कर लिया था। 1727 ई. में मुर्शिदकुली खाँ की मृत्यु के पश्चात् बंगाल के अन्य नवाबों का क्रम है-शुजाउद्दीन-1727-1739 ई., सरफराज खाँ-1739-1740 ई., अलीवर्दी खाँ-1740-1756 ई.।

6 निम्न में से कौन-सा कथन सही नहीं है? *(Chap 2, Class-VIII, Old NCERT)*

(a) मुर्शिदकुली खाँ, औरंगजेब के शासनकाल में बंगाल का दीवान था।
(b) फर्रूखशियर ने मुर्शिदकुली खाँ को बंगाल का सूबेदार बना दिया।
(c) मुर्शिदकुली खाँ ने मध्य बंगाल में मुर्शिदाबाद को अपनी राजधानी बनाया।
(d) मुर्शिदकुली खाँ और उत्तराधिकारी नवाबों ने बंगाल, बिहार और उड़ीसा पर स्वतंत्र शासकों की भाँति व्यवहार किया और मुगल बादशाह को राजस्व देने से मना कर दिया

उत्तर *(d)*

व्याख्या दिए गए कथनों में कथन (d) सही नहीं है, क्योंकि मुर्शिदकुली खाँ और उसके उत्तराधिकारी नवाबों ने बंगाल, बिहार और उड़ीसा पर स्वतंत्र शासकों की भाँति शासन किया, यद्यपि वे मुगल बादशाह को नियमित रूप से राजस्व भी भेजते रहे।

7 निम्न कथनों पर विचार कीजिए *(Chap 1, Class-XII, Old NCERT)*

1. मुर्शिदकुली खाँ ने भू-राजस्व बंदोबस्त के द्वारा जागीर भूमि के एक बड़े भाग को खालसा भूमि बना दिया।
2. उसने ठेके पर भू-राजस्व वसूल करने की इजारा व्यवस्था को समाप्त कर दिया।
3. उसने गरीब किसानों, खेतिहरों आदि की सहायता के लिए तकावी ऋण प्रदान किए।

उपर्युक्त में से कौन-सा/से कथन सही है/हैं?

(a) 1 और 2 (b) 2 और 3
(c) 1 और 3 (d) ये सभी

उत्तर *(c)*

व्याख्या दिए गए कथनों में से कथन (1) और (3) सही हैं।

मुर्शिदकुली खाँ ने स्वतंत्र शासक के रूप में बंगाल के प्रशासन को मितव्ययी बनाया। उसने बंगाल के वित्तीय मामलों का प्रबंध नए सिरे से किया। साथ ही नए भू-राजस्व बंदोबस्त के द्वारा जागीर भूमि के एक बड़े भाग को खालसा भूमि में बदल दिया।

मुर्शिदकुली खाँ ने स्थानीय जमींदारों और सौदागर, साहूकारों के बीच से राजस्व वसूलने वाले किसान और सौदागर साहूकार भर्ती किए और साथ ही गरीब खेतिहरों का कष्ट दूर करने तथा उन्हें समय पर भू-राजस्व देने में समर्थवान बनाने हेतु तकाबी ऋण भी प्रदान किए।

कथन (2) सही नहीं है, क्योंकि मुर्शिदकुली खाँ ने ठेके पर भू-राजस्व वसूल करने की 'इजारा व्यवस्था' को आरंभ किया था।

8 निम्न कथनों पर विचार कीजिए *(Chap 1, Class-XII, Old NCERT)*

1. बंगाल के नवाबों ने कंपनी के नौकरों को देश के कानून का पालन करने तथा अन्य व्यापारियों के बराबर सीमा शुल्क देने को बाध्य किया।
2. अलीवर्दी खाँ ने अंग्रेजों को कलकत्ता और चंद्रनगर के अपने कारखानों की किलेबंदी करने की स्वीकृति दी।
3. अंग्रेजी कंपनी की सैन्य धमकी के बावजूद भी बंगाल के नवाब कंपनी को अपनी सत्ता के लिए कोई खतरा नहीं मानते थे।

उपर्युक्त में से कितने कथन सही नहीं हैं?

(a) केवल एक (b) केवल दो
(c) सभी तीन (d) इनमें से कोई नहीं

उत्तर *(b)*

व्याख्या दिए गए कथनों में से केवल दो कथन अर्थात् (2) सही नहीं है, क्योंकि बंगाल के नवाब अलीवर्दी खाँ ने अंग्रेजों और फ्रांसीसियों को कलकत्ता और चंद्रनगर के अपने कारखानों की किलेबंदी करने की स्वीकृति नहीं दी थी।

अलीवर्दी खाँ का मानना था कि व्यापार का प्रसार जनता और सरकार के लिए लाभदायक है, इसलिए इन्होंने भारतीय और विदेशी व्यापारियों को बढ़ावा दिया। इन्होंने अपने शासनकाल में भूमि सुधारों को भी बढ़ावा दिया था।

अवध

9 निम्न में कौन-सा कथन सही नहीं है? *(Chap 1, Class-XII, Old NCERT)*

(a) सआदत खाँ ने 1725 ई. में नया राजस्व-बंदोबस्त (रेवेंयू सेटेलमेंट) किया
(b) सफदरजंग ने न्याय की उचित व्यवस्था की तथा हिंदुओं और मुसलमानों के बीच निष्पक्षता की नीति अपनाई
(c) सफदरजंग के शासनकाल में लखनऊ कला एवं साहित्य के संरक्षण की दृष्टि से दिल्ली का प्रतिद्वंद्वी हो गया
(d) सफदरजंग के काल में सरकार के सबसे बड़े पद पर एक हिंदू महाराजा नवाब राय आसीन था

उत्तर *(a)*

व्याख्या दिए गए कथनों में से कथन (a) सही नहीं है, क्योंकि सआदत खाँ ने 1723 ई. में नया राजस्व बंदोबस्त (रेवेंयू सेटेलमेंट) लागू किया। इसके अनुसार वह उचित भू-लगान लगाकर तथा बड़े जमींदारों के अत्याचारों से बचाकर किसानों की स्थिति को सुव्यवस्थित और बेहतर बनाने में महत्त्वपूर्ण भूमिका निभा सकता था।

मैसूर

10 हैदर अली के संबंध में निम्न कथनों पर विचार कीजिए *(Chap 1, Class-XII, Old NCERT)*

1. हैदर अली का जन्म 1721 ई. में हुआ था।
2. उसने 1755 ई. में डिंडीगुल में फ्रांसीसी विशेषज्ञों की सहायता से एक आधुनिक शस्त्रागार का निर्माण किया।
3. उसने 1761 ई. में कृष्णराजा वोडियार को सत्ता से हटाकर मैसूर की सत्ता पर अधिकार कर लिया।

उपर्युक्त में से कितने कथन सही हैं?

(a) केवल एक (b) केवल दो
(c) सभी तीन (d) इनमें से कोई नहीं

उत्तर *(c)*

व्याख्या हैदर अली के संबंध में सभी कथन अर्थात् (1, 2 और 4) सही हैं। हैदर अली का जन्म 1721 ई. में हुआ था। दक्षिण भारत में हैदराबाद के समीप हैदर अली के अधीन मैसूर नामक एक महत्त्वपूर्ण सत्ता के केंद्र का विकास हुआ।

उसने मैसूर में एक साधारण सैन्य अधिकारी के रूप में अपने जीवन की शुरुआत की और 1755 ई. में उसने डिंडीगुल में आधुनिक शस्त्रागार की स्थापना भी की।

1761 ई. में हैदर अली ने कृष्णराजा वोडियार को सत्ता से हटाकर स्वयं को मैसूर का शासक घोषित कर दिया।

11 'टीपू सुल्तान' के संबंध में निम्न कथनों पर विचार कीजिए *(Chap 1, Class-XII, Old NCERT)*

1. उसने एक नए कैलेंडर को लागू किया।
2. उसने श्रीरंगपट्टम में 'स्वतंत्रता वृक्ष' लगाया।
3. उसने जागीर प्रथा को बढ़ावा दिया।
4. वह पैदावार का एक-चौथाई हिस्सा भू-राजस्व के रूप में लेता था।

उपर्युक्त कथनों में से कितने कथन सही नहीं हैं?
(a) केवल एक (b) केवल दो (c) केवल तीन (d) ये सभी
उत्तर (c)

व्याख्या 'टीपू सुल्तान' के संबंध में केवल दो कथन अर्थात् (3) और (4) सही नहीं हैं, क्योंकि टीपू सुल्तान हैदर अली का पुत्र व मैसूर की सत्ता का उत्तराधिकारी था, उसने जागीर देने की प्रथा को समाप्त कर राजकीय आय बढ़ाने के प्रयास किए।

टीपू सुल्तान ने पोलिगारों की पैतृक संपत्ति को कम करने तथा राज्य और किसानों के बीच मध्यस्थों को समाप्त करने का प्रयास किया। वह पैदावार का एक-चौथाई नहीं, बल्कि एक-तिहाई हिस्सा भू-राजस्व के रूप में लेता था। वह भू-राजस्व में छूट देने का पक्षधर था।

12 **निम्न कथनों पर विचार कीजिए** *(Chap 1, Class-XII, Old NCERT)*

1. विदेशी व्यापार के विकास हेतु फ्रांस, तुर्की, ईरान और पीगू में अपने राजदूत को भेजा।
2. चीन के साथ व्यापारिक संबंध कायम किए।
3. बंदरगाह वाले नगरों में व्यापारिक संस्थाएँ स्थापित करके रूस तथा अरब के साथ व्यापार बढ़ाने का प्रयत्न किया।

उपर्युक्त कथन किस शासक से संबंधित है/हैं?
(a) हैदर अली (b) टीपू सुल्तान
(c) अलीवर्दी खाँ (d) सवाई जयसिंह
उत्तर (b)

व्याख्या उपर्युक्त सभी कथन मैसूर के शासक टीपू सुल्तान से संबंधित हैं। टीपू सुल्तान आधुनिक व्यापार और उद्योग के महत्त्व को समझता था और वह इसके पक्ष में भी था।

वास्तव में, वह तत्कालीन भारतीय शासकों में एकमात्र ऐसा शासक था, जो आर्थिक शक्ति के महत्त्व को सैनिक शक्ति की नींव मानता था। उसने विदेशी व्यापार के विकास हेतु विभिन्न देशों; जैसे-फ्रांस, तुर्की, ईरान और पीगू में अपने दूत भेजे थे। चीन के साथ भी उसने व्यापार को बढ़ावा दिया और अपने बंदरगाह नगरों में व्यापारिक संस्थाएँ भी स्थापित कीं, ताकि रूस और अरब देशों के साथ व्यापार को बढ़ाया जा सके।

केरल

13 **निम्न में से कौन-सा युग्म सही सुमेलित नहीं है?**
(Chap 1, Class-XII, Old NCERT)

(a) मार्तंड वर्मा — उरैयूर
(b) सवाई जयसिंह — आमेर
(c) दोस्त अली — कर्नाटक
(d) सूरजमल — जाट राज्य
उत्तर (a)

व्याख्या दिए गए युग्मों में से युग्म (a) सही सुमेलित नहीं है, क्योंकि मार्तंड वर्मा का संबंध त्रावणकोर राज्य से था। इस राज्य को 1729 ई. के पश्चात् 18वीं सदी के एक अग्रणी राजा मार्तंड वर्मा के नेतृत्व में प्रमुखता मिली। 18वीं सदी के प्रारंभ में ये केवल चार प्रमुख राज्यों में सामंत और राजाओं के नेतृत्व में बँटे थे, जिसमें कालीकट, चिरक्कल, कोचीन और त्रावणकोर शामिल थे।

14 **मार्तंड वर्मा के संबंध में निम्न कथनों पर विचार कीजिए**
(Chap 1, Class-XII, Old NCERT)

1. उसने यूरोपीय अफसरों की सहायता से पश्चिमी मॉडल के आधार पर एक शक्तिशाली फौज का गठन किया।
2. उसने क्विलोन और इलायादाम को जीत लिया और डचों को पराजित कर केरल में उनकी सत्ता समाप्त कर दी।

उपर्युक्त में से कौन-सा/से कथन सही है/हैं?
(a) केवल 1 (b) 1 और 2
(c) केवल 2 (d) न तो 1 और न ही 2
उत्तर (b)

व्याख्या मार्तंड वर्मा के संबंध में दोनों कथन सही हैं।
राजा मार्तंड वर्मा ने अपने राज्य को नई गति प्रदान करने हेतु यूरोपीय अफसरों की सहायता से पश्चिमी मॉडल के आधार पर एक शक्तिशाली फौज को संगठित किया और उसे आधुनिक हथियारों से सुसज्जित किया। उसने एक आधुनिक शस्त्रागार का भी निर्माण किया तथा उसने अपनी इस नई संगठित फौज का प्रयोग अपनी शक्ति और क्षेत्र विस्तार हेतु किया।
मार्तंड वर्मा ने सर्वप्रथम शासक बनने के पश्चात् सामंतों पर अपना आधिपत्य स्थापित किया और साथ ही क्विलोन और इलायादाम को जीत लिया तथा डचों को पराजित कर केरल में उनकी राजनीतिक सत्ता को भी समाप्त कर दिया।

राजपूत राज्य

15 **18वीं सदी के सर्वश्रेष्ठ राजपूत शासक सवाई जयसिंह के संबंध में निम्न कथनों पर विचार कीजिए** *(Chap 1, Class-XII, Old NCERT)*

1. वह एक विख्यात राजनेता, कानून निर्माता, सुधारक तथा विज्ञान प्रेमी था।
2. उसने नेपियर की रचना का संस्कृत में अनुवाद कराया था।

उपर्युक्त में से कौन-सा/से कथन सही है/हैं?
(a) केवल 1 (b) केवल 2
(c) 1 और 2 (d) न तो 1 और न ही 2
उत्तर (c)

व्याख्या 18वीं सदी के सर्वश्रेष्ठ राजपूत शासक सवाई जयसिंह के संबंध में दोनों कथन सही हैं। 18वीं सदी में सबसे श्रेष्ठ राजपूत शासक सवाई जयसिंह था, वह एक कुशल कानून निर्माता, सुधारक और विज्ञान प्रेमी था। उसने युक्लिड की 'रेखागणित के तत्त्व' तथा त्रिकोणमिति की बहुत सारी कृतियों और लघुगणकों को बनाने और उसके उपयोग संबंधी नेपियर की रचना का संस्कृत में अनुवाद कराया था।

16 **जयपुर के शासक सवाई जयसिंह द्वारा बनवाई गई वेधशालाएँ कहाँ थीं?** *(Chap 1, Class-XII, Old NCERT) (UPPSC Mains 2007)*

1. दिल्ली 2. जयपुर 3. उज्जैन 4. वाराणसी

कूट
(a) 1 और 2 (b) 1 और 3 (c) 2 और 3 (d) 1, 2, 3 और 4
उत्तर (d)

व्याख्या जयपुर के शासक सवाई जयसिंह द्वितीय द्वारा बनवाई गई। ये वेधशालाएँ दिल्ली, जयपुर, वाराणसी, मथुरा तथा उज्जैन में थीं, जिन्हें जंतर-मंतर भी कहा जाता है। भारत में कुल 5 जंतर-मन्तर हैं।
ये खगोलीय घटनाओं के पर्यवेक्षण के लिए बनाई गई आकृतियाँ थीं।
जयपुर शहर की स्थापना 1728 ई. में आंबेर के महाराजा जयसिंह द्वितीय ने की थी। जयपुर को 'गुलाबी शहर' के नाम से भी जाना जाता है। जय सिंह गणित वास्तुकला और खगोल विज्ञान के शौकीन थे। इन्हें मुगल सम्राट औरंगजेब ने सवाई की उपाधि दी थी।

जाट

17 **स्वतंत्रत जाट राज्य के संदर्भ में विचार कीजिए**
(Chap 1, Class XII, Old NCERT)

1. जाट खेतिहरों की एक जाति थी, जो दिल्ली, आगरा और मथुरा के आस-पास क्षेत्रों में फैले हुए थे।
2. जाट शासक चूड़ामन के नेतृत्व में स्वतंत्र जाट राज्य अपने सर्वोच्च शिखर पर पहुँचा।

3. सूरजमल के काल में राज्य का विस्तार पूर्व में गंगा से लेकर पश्चिम में आगरा तक तथा उत्तर-दक्षिण विस्तार क्रमशः दिल्ली और चंबल तक था।

उपर्युक्त कथनों में से कितने कथन सही हैं?

(a) केवल एक (b) केवल दो
(c) सभी तीन (d) इनमें से कोई नहीं

उत्तर (b)

व्याख्या स्वतंत्र जाट राज्य के संदर्भ में केवल दो कथन अर्थात् (1) और (3) सही हैं।

जाट खेतिहर समुदाय से संबंधित जाति थी, जो दिल्ली, आगरा और मथुरा के आस-पास क्षेत्रों तक फैले थे। सूरजमल के काल में इनका व्यापक विस्तार हुआ। इनका राज्य क्षेत्र पूर्व-पश्चिम में क्रमशः गंगा से आगरा तक तथा उत्तर-दक्षिण में क्रमशः दिल्ली से चंबल तक फैला था। सूरजमल का शासन काल 1756 से 1763 ई. तक था।

कथन (2) सही नहीं है, क्योंकि जाट राज्य सूरजमल के नेतृत्व में अपने सर्वोच्च शिखर पर पहुँचा। सूरजमल कुशल प्रशासक, योग्य सेनापति तथा कुशाग्र राजनेता था।

सिख

18 सिख धर्म के संबंध में निम्न कथनों पर विचार कीजिए

(Chap 1, Class-XII, Old NCERT)

1. सिख धर्म को गुरु नानक ने 15वीं शताब्दी में चलाया।
2. गुरु हरगोविंद ने सिखों को लड़ाकू समुदाय के रूप में स्थापित किया।
3. गुरु गोविंद सिंह की मृत्यु के बाद सिखों का नेतृत्व बाबा रामचंद्र ने किया था।

उपर्युक्त में से कौन-सा/से कथन सही नहीं है/हैं?

(a) केवल 1 (b) 1 और 2
(c) केवल 3 (d) 2 और 3

उत्तर (c)

व्याख्या सिख धर्म के संबंध में कथन (3) सही नहीं है, क्योंकि सिखों के दसवें गुरु गोविंद सिंह (1666-1708 ई.) के नेतृत्व में सिख एक राजनीतिक और सैन्य शक्ति के रूप में स्थापित हुए।

गुरु गोविंद सिंह की मृत्यु के पश्चात् गुरु की परंपरा समाप्त हो गई और सिखों का नेतृत्व गुरु गोविंद सिंह के कृपापात्र बंदा सिंह ने किया था, जो इतिहास में बंदा बहादुर के नाम से प्रसिद्ध है।

19 सिख गुरुओं का सही कालक्रम कौन-सा है?

(Chap 1, Class-XII, Old NCERT)

(a) गुरु नानक-गुरु अंगद-गुरु हरगोविंद-गुरु गोविंद सिंह
(b) गुरु नानक-गुरु हरगोविंद-गुरु अंगद-गुरु गोविंद सिंह
(c) गुरु नानक-गुरु गोविंद सिंह-गुरु अंगद-गुरु हरगोविंद
(d) गुरु गोविंद सिंह-गुरु हरगोविंद-गुरु नानक-गुरु अंगद

उत्तर (a)

व्याख्या सिख गुरुओं का सही कालक्रम गुरु नानक, गुरु अंगद, गुरु हरगोविंद, गुरु गोविंद सिंह है।

गुरु नानक देव का जन्म 1469 ई. में ननकाना साहिब में हुआ था, जो वर्तमान पाकिस्तान में है। गुरु नानक देव सिख संप्रदाय के प्रथम गुरु थे। इनका निधन 1539 ई. में करतारपुर साहिब (वर्तमान में पाकिस्तान) में हुआ था।

गुरु अंगद सिखों के दूसरे गुरु थे। इनका जन्म 1504 ई. में श्री मुक्तसर साहिब (पंजाब) में हुआ था। गुरु अंगद का निधन 1552 ई. में अमृतसर (पंजाब) में हुआ था।

गुरु हरगोविंद सिखों के छठे गुरु थे। इनका जन्म 1595 ई. में अमृतसर पंजाब में हुआ था। इनके पिता गुरु अर्जन देव को जहाँगीर द्वारा मृत्युदंड दिए जाने के पश्चात् 11 वर्ष की आयु में उन्हें 'गुरु' बनाया गया। गुरु हरगोविंद सिंह का निधन 1644 ई. में कीरतपुर साहिब (पंजाब) में हुआ था।

सिखों के दसवें गुरु, गुरु गोविंद सिंह का जन्म 1666 ई. में पटना (बिहार) में हुआ था। इन्होंने 'खालसा पंथ' की स्थापना की थी। 1708 ई. में गुरु गोविंद सिंह का निधन नांदेड (महाराष्ट्र) में हुआ था।

20 सिखों के संदर्भ में निम्न कथनों पर विचार कीजिए

(Chap 1, Class-VIII, Old NCERT)

1. गुरु गोविंद सिंह सिखों के 10वें एवं अंतिम गुरु थे।
2. गुरु गोविंद सिंह की मृत्यु के बाद सिखों को बंदा बहादुर के नाम से एक योग्य नेता मिला।
3. बंदा बहादुर के नेतृत्व में सिखों ने मुगलों का बहादुरी से सामना किया तथा लाहौर से दिल्ली तक के सभी क्षेत्रों पर अधिकार हो गया।

उपर्युक्त में से कितने कथन सही हैं?

(a) केवल एक (b) केवल दो
(c) सभी तीन (d) इनमें से कोई नहीं

उत्तर (c)

व्याख्या सिखों के संदर्भ में सभी कथन अर्थात् (1, 2 और 3) सही हैं।

सिखों के अंतिम व दसवें गुरु गुरु गोविंद सिंह थे। उनकी मृत्यु के पश्चात् बंदा बहादुर ने सिखों को नेतृत्व प्रदान किया। उसने सिख शक्ति को एकजुट करने के प्रयास किए तथा पंजाब के किसानों और नीची जातियों के लोगों को एकजुट कर मुगल सत्ता के विरुद्ध आठ वर्षों तक युद्ध किया। उसके नेतृत्व में लाहौर से दिल्ली तक के सभी क्षेत्रों पर सिखों का अधिकार रहा। अंततः 1715 ई. में बंदा बहादुर को गिरफ्तार कर उसकी हत्या कर दी गई।

21 रणजीत सिंह के संबंध में निम्न कथनों पर विचार कीजिए

(Chap 1, Class-XII, Old NCERT)

1. इनका संबंध सुकरचकिया मिसल से था।
2. इन्होंने सतलुज के पश्चिम में सभी सिख प्रधानों को अपने अधीन कर पंजाब में अपना राज्य स्थापित किया।
3. भू-राजस्व का हिसाब 40% सकल उत्पादन के आधार पर लगाया।
4. रणजीत सिंह ने यूरोपीय प्रशिक्षकों की सहायता से एक शक्तिशाली एवं अनुशासित फौज तैयार की।

उपर्युक्त में से कितने कथन सही हैं?

(a) केवल एक (b) केवल दो
(c) केवल तीन (d) सभी चार

उत्तर (c)

व्याख्या रणजीत सिंह के संबंध में केवल तीन कथन अर्थात् (1, 2 और 4) सही हैं। रणजीत सिंह के अधीन पंजाब ने प्रमुखता प्राप्त की थी। वे 18वीं सदी के अंत में सुकरचकिया मिसल के प्रधान थे। इन्होंने 1799 ई. में लाहौर और 1802 ई. में अमृतसर पर अधिकार कर लिया।

इन्होंने सतलुज के पश्चिम के सभी सिख प्रधानों को अपने अधीन कर पंजाब पर अपना आधिपत्य स्थापित किया। तत्पश्चात् कश्मीर, पेशावर और मुल्तान को भी अपने अधिकार में ले लिया।

रणजीत सिंह द्वारा यूरोपीय प्रशिक्षकों की सहायता से एक अनुशासित फौज तैयार की गई, जिसमें सिखों के अतिरिक्त, गोरखा, बिहारी, उड़िया, पठान, गेगरा तथा पंजाबी मुसलमान सैनिक भी शामिल थे।

कथन (3) सही नहीं है, क्योंकि रणजीत सिंह ने भू-राजस्व का हिसाब 40% नहीं, बल्कि 50% सकल उत्पादन के आधार पर लगाया, क्योंकि उन्होंने मुगलों द्वारा लागू की गई भू-राजस्व की व्यवस्था में कोई परिवर्तन नहीं किया।

मराठा

22 शाहू और ताराबाई के मध्य हुए गृहयुद्ध ने एक नई व्यवस्था को जन्म दिया, वह व्यवस्था थी *(Chap 1, Class-XII, Old NCERT)*

(a) पेशवा का पद (b) मनसबदारी प्रथा का आरंभ
(c) सैन्य व्यवस्था में परिवर्तन (d) जजिया कर की वसूली

उत्तर (a)

व्याख्या शाहू और ताराबाई के मध्य हुए गृहयुद्ध के पश्चात् एक नई व्यवस्था का आरंभ हुआ, जो पेशवा का पद कहलाया, जिसका नेता राजा शाहू पेशवा बालाजी विश्वनाथ था। इस परिवर्तन के साथ इतिहास में पेशवा आधिपत्य का दूसरा काल आरंभ हुआ, जिसमें मराठा राज्य एक साम्राज्य के रूप में बदल गया।

23 निम्न कथनों पर विचार कीजिए *(Chap 1, Class-XII, Old NCERT)*

1. बालाजी विश्वनाथ की मृत्यु के बाद उसका पुत्र बाजीराव प्रथम पेशवा बना
2. बालाजी विश्वनाथ को शिवाजी के बाद गुरिल्ला युद्ध का सबसे बड़ा प्रतिपादक माना गया
3. बाजीराव प्रथम ने निजामुलमुल्क को दक्कन प्रांतों की चौथ एवं सरदेशमुखी मराठों को देने के लिए बाध्य किया
4. बाजीराव प्रथम ने पश्चिमी तट पर स्थित पुर्तगाली क्षेत्रों पर अधिकार कर लिया था

उपर्युक्त में से कितने कथन सही नहीं हैं?

(a) केवल एक (b) केवल दो
(c) केवल तीन (d) ये सभी

उत्तर (b)

व्याख्या दिए गए कथनों में केवल दो कथन अर्थात् (2 और 4) सही नहीं हैं, क्योंकि बालाजी विश्वनाथ को नहीं, बल्कि बाजीराव प्रथम को शिवाजी के पश्चात् गुरिल्ला युद्ध का सबसे बड़ा प्रतिपादक माना जाता है। बालाजी विश्वनाथ की मृत्यु 1720 ई. में हुई, जिसके पश्चात् उसका 20 वर्षीय पुत्र बाजीराव प्रथम पेशवा बना।

बाजीराव प्रथम पश्चिम तट से पुर्तगालियों के अधिकार को समाप्त करने में सफल नहीं हुआ फलस्वरूप पुर्तगालियों ने पश्चिमी तट क्षेत्र पर अपना आधिपत्य स्थापित कर लिया। हालाँकि बाजीराव प्रथम ने सिलसिट और बसई (बसीन) पर अपना आधिपत्य स्थापित करने में सफलता प्राप्त कर ली थी।

24 नीचे दिए गए कथनों में कौन-से कथन सही हैं? *(Chap 10 Class-VII New NCERT)*

1. मालवा में मराठा अभियानों ने उस क्षेत्र में स्थित शहरों के विकास एवं समृद्धि को कोई हानि नहीं पहुँचाई।
2. मराठों द्वारा नियंत्रित क्षेत्रों में वाणिज्य-व्यापार पूरी तरह नष्ट हो गए।
3. पानीपत की तीसरी लड़ाई में अन्य शासकों की खिलाफत ने मराठों की पराजय का आधार बनाया।

कूट

(a) 1 और 2 (b) 2 और 3
(c) 1 और 3 (d) 1, 2 और 3

उत्तर (c)

व्याख्या दिए गए कथनों में से कथन (1 और 3) सही हैं। मालवा में मराठा अभियानो ने उस क्षेत्र में स्थित शहरों के विकास एवं समृद्धि में कोई हानि नही पहुँचाई, बल्कि मराठों द्वारा नियंत्रित इन क्षेत्रों में व्यापार के नए मार्ग खुले। चंदेरी रेशम के वस्त्रों के लिए पुणे में नया बाजार खोला गया।

साम्राज्य विस्तार के लिए किए गए सैन्य अभियानों के कारण अन्य शासक मराठाओं के खिलाफ हो गए, इसलिए पानीपत के तीसरे युद्ध के अन्य प्रांतीय राज्यों से कोई सहायता नही मिली, जो पानीपत के युद्ध में मराठों की पराजय का एक प्रमुख कारण रहा।

कथन (2) सही नहीं है, क्योंकि मराठा नियंत्रित क्षेत्रों बुराहानपुर, मालवा आदि में वाणिज्य व्यापार का विस्तार हुआ, क्योंकि मराठा नियंत्रित क्षेत्र में सुरक्षा का दृष्टिकोण व्यापक था, जिसने व्यापार वाणिज्य का विस्तार किया।

25 पानीपत के युद्ध के परिणाम पर विचार कीजिए *(Chap 10, Class-VII, New NCERT)*

1. पानीपत की पराजय से मराठों की प्रतिष्ठा को ठेस पहुँची।
2. मराठों की पराजय ने कंपनी को बंगाल और दक्षिण भारत में अपनी सत्ता मजबूत करने का अवसर दिया।
3. युद्ध में पेशवा का बेटा विश्वास राव, सदाशिव राव भाऊ तथा बहुत-से मराठा सरदार मारे गए।

उपर्युक्त में से कौन-सा/से कथन सही है/हैं?

(a) 1 और 2 (b) 2 और 3
(c) 1 और 3 (d) ये सभी

उत्तर (d)

व्याख्या पानीपत के युद्ध के परिणाम पर सभी कथन सही हैं।

इस युद्ध में मराठों की पराजय ने मराठा शक्ति का ह्रास किया, जिसने मराठों की प्रतिष्ठा पर एक प्रश्नचिह्न लगा दिया। इस युद्ध में मराठों की पराजय के परिणामस्वरूप ईस्ट इंडिया कंपनी ने अपनी सत्ता को मजबूत करते हुए बंगाल और दक्षिण भारत में कंपनी का विस्तार किया। इस युद्ध में मराठों की ओर से लड़ते हुए पेशवा बालाजी बाजीराव का अल्पवयस्क पुत्र विश्वास राव, सदाशिव राव भाऊ तथा असंख्य मराठा सैनिक मारे गए थे।

26 मराठों के संदर्भ में नीचे दिए गए कथनों पर विचार कीजिए *(Chap 10 Class-VII New NCERT)*

1. शिवाजी ने एक स्थायी राज्य की स्थापना शक्तिशाली योद्धा परिवारों (देशमुखों) की सहायता से की थी।
2. मराठों ने 1720 के दशक तक मालवा और गुजरात मुगलों से छीन लिए।
3. लोहार एवं बंजारे शिवाजी के समय मराठों की सेना के मुख्य आधार बन गए।
4. शिवाजी की मृत्यु के पश्चात् मराठा राज्य में प्रभावी शक्ति पेशवा (प्रधानमंत्री) के हाथों में रही।

उपर्युक्त कथनों में से कितने कथन सही हैं?

(a) केवल एक (b) केवल दो
(c) केवल तीन (d) सभी चार

उत्तर (c)

व्याख्या मराठों के संदर्भ में केवल तीन कथन अर्थात् (1, 2 और 4) सही हैं। शिवाजी ने शक्तिशाली योद्धा परिवारों (देशमुखों) की सहायता से एक स्थायी राज्य की स्थापना की। मराठा राज्य एक शक्तिशाली क्षेत्रीय राज्य था, जो मुगल शासन का लगातार विरोध करके उत्पन्न हुआ। 1720 के दशक में मराठों ने मालवा तथा गुजरात को मुगलों से छीन लिया।

1720 से 1761 ई. के बीच में मराठा शक्ति का व्यापक विस्तार हुआ तथा 1730 के दशक में मराठाओं को दक्कन के अधिपति के रूप में मान्यता मिली।

शिवाजी की मृत्यु के पश्चात् मराठा राज्य का वास्तविक नियंत्रण चितपावन ब्राह्मणों के परिवार में चला गया था, जिन्होंने मराठा प्रशासन में प्रधानमंत्री (पेशवा) के रूप में शासन का संचालन किया।

कथन (3) सही नहीं है, क्योंकि शिवाजी की सेना का मुख्य आधार कृषक-पशुचारक योद्धा (कुनबी) थे, ना कि लोहार एवं बंजारे।

27 **सूची I को सूची II से सुमेलित कीजिए**

(Chap 1, Class-XII, Old NCERT)

सूची I (राजवंश)		सूची II (संबंधित स्थल)	
A.	सिंधिया	1.	इंदौर
B.	गायकवाड़	2.	नागपुर
C.	होल्कर	3.	बड़ौदा
D.	भोंसले	4.	ग्वालियर

कूट

	A	B	C	D		A	B	C	D
(a)	1	2	3	4	(b)	2	3	4	1
(c)	3	4	1	2	(d)	4	3	1	2

उत्तर *(d)*

व्याख्या सही सुमेलन A-4, B-3, C-1, D-2 है।

पेशवा की सत्ता कमजोर होने के परिणामस्वरूप बड़े मराठा सरदार कालांतर में स्वयं के लिए अर्द्ध-स्वतंत्र राज्यों को स्थापित करने लगे थे, जिनमें शामिल थे सिंधिया राजवंश ग्वालियर में, गायकवाड़ राजवंश बड़ौदा में, होल्कर राजवंश इंदौर में और भोंसले राजवंश नागपुर में अवस्थित था। इन सभी ने मुगल प्रशासन के सदृश नियमित प्रशासन की स्थापना की और इन सभी राज्यों के पास अपनी-अपनी अलग-अलग फौजें थीं। इन्होंने पुणे में विरोधी गुटों का साथ दिया और मराठा साम्राज्य के विरोधियों के साथ मिलकर षड्यंत्र भी किए।

18वीं सदी के लोगों का सामाजिक, आर्थिक तथा सांस्कृतिक जीवन

28 **निम्न में से कौन-सा कथन सही नहीं है?**

(Chap 1, Class-XII, Old NCERT)

(a) मुगलों के शासनकाल में एशिया तथा यूरोप के साथ बड़े पैमाने पर व्यापार होता था

(b) भारत में चाय, चीनी, चीनी मिट्टी तथा रेशम का आयात अरब से होता था

(c) सिंगापुर से टिन का आयात किया जाता था

(d) भारत से कच्चा रेशम, रेशमी कपड़े, नील, शोरा अफीम, चावल, काली मिर्च तथा अन्य मसाले विदेशों को निर्यात किए जाते थे।

उत्तर *(b)*

व्याख्या दिए गए कथनों में से कथन (b) सही नहीं है, क्योंकि 18वीं सदी के दौरान भारत में चाय, चीनी, चीनी मिट्टी के वतन और रेशम का आयात चीन से होता था, न कि अरब से। अरब से आयात होने वाली वस्तुओं में कहवा, सोना, दवाएँ और शहद आदि वस्तुएँ शामिल थीं। इस काल के दौरान भारत कच्चा रेशम, रेशमी कपड़े, लोहे का सामान, नील, शोरा, अफीम, चावल, गेहूँ, चीनी, काली मिर्च और अन्य मसाले, रत्न तथा औषधियों का निर्यात विभिन्न देशों में करता था।

29 **निम्न कथनों पर विचार कीजिए** *(Chap 1, Class-XII, Old NCERT)*

1. 18वीं सदी में भारत में शिक्षा परंपरागत थी तथा उसका पश्चिमी क्षेत्रों में हुए द्रुत परिवर्तनों से कोई संपर्क नहीं था।
2. हिंदुओं में उच्च शिक्षा फारसी माध्यम से होती थी।
3. यद्यपि प्राथमिक शिक्षा मुख्यत: ब्राह्मण राजपूत तथा वैश्य जैसी जातियों तक ही सीमित थी, किंतु छोटी जातियों के भी कई लोग बहुधा उसे प्राप्त कर लेते थे।

उपर्युक्त में से कौन-सा/से कथन सही नहीं है/हैं?

(a) केवल 1 (b) केवल 2
(c) 1 और 3 (d) इनमें से कोई नहीं

उत्तर *(b)*

व्याख्या दिए गए कथनों में से केवल कथन (2) सही नहीं हैं, क्योंकि 18वीं सदी के भारत में हिंदुओं में उच्च शिक्षा का माध्यम फारसी नहीं, बल्कि संस्कृत थी और मुख्यत: यह भाषा ब्राह्मणों तक ही सीमित थी। 18वीं सदी में तत्कालीन राजकीय भाषा होने के कारण फारसी भाषा हिंदुओं और मुसलमानों में समान रूप से लोकप्रिय थी।

30 **निम्न में कौन-सा कथन सही है?** *(Chap 1, Class-XII, Old NCERT)*

1. 18वीं शताब्दी में जाति हिंदुओं के सामाजिक जीवन की मुख्य विशेषता थी।
2. जाति नियम कठोर नहीं थे।

कूट

(a) केवल 1 (b) केवल 2
(c) 1 और 2 (d) न तो 1 और न ही 2

उत्तर *(a)*

व्याख्या दिए गए कथनों में से कथन (1) सही है। 18वीं सदी के सांस्कृतिक और सामाजिक जीवन के अंतर्गत जाति हिंदुओं के सामाजिक जीवन की मुख्य विशेषता थी। हिंदू धर्म चार वर्णों के अतिरिक्त अनेक जातियों में बँटा था। जातियों का स्वरूप अलग-अलग स्थानों पर भिन्न-भिन्न था।

कथन (2) सही नहीं है, क्योंकि 18वीं सदी में जाति नियम अत्यंत कठोर थे। ब्राह्मणों के नेतृत्व में उच्च जातियों ने सभी सामाजिक प्रतिष्ठा और विशेषाधिकार पर अपना एकाधिकार स्थापित कर रखा था।

31 **निम्न में से कौन-सा कथन सही है?**

(Chap 1, Class-XII, Old NCERT)

1. 18वीं सदी के दौरान सांस्कृतिक दृष्टि से भारत में दुर्बलता के लक्षण दिखाई देते हैं।
2. तत्कालीन सांस्कृतिक क्रियाकलापों का खर्च अधिकतर शाही दरबार शासक और सामंत तथा सरदार वहन करते थे, परंतु उनकी खराब आर्थिक स्थिति के कारण सांस्कृतिक कार्यों की धीरे-धीरे अवहेलना होने लगी।

कूट

(a) केवल 1 (b) केवल 2
(c) 1 और 2 (d) इनमें से कोई नहीं

उत्तर *(c)*

व्याख्या दिए गए दोनों कथन सही हैं।

18वीं सदी अपनी पिछली सदियों से सांस्कृतिक निरंतरता को कायम रखने में अवश्य सफल रही, परंतु साथ ही भारतीय संस्कृति संपूर्ण रूप से परंपरावादी बनी रही अर्थात् इस सदी के दौरान सांस्कृतिक दृष्टि से भारत में दुर्बलता के लक्षण दृष्टिगोचर होते हैं।

18वीं सदी में तत्कालीन सांस्कृतिक क्रियाकलापों का खर्च अधिकतर शाही दरबार शासक और सामंत तथा सरदारों द्वारा वहन किया जाता था, लेकिन धीरे-धीरे उनकी आर्थिक स्थिति दयनीय होती गई और सांस्कृतिक कार्यों की अवहेलना होने लगी। उस काल के दौरान अधिकतर उन सांस्कृतिक कार्यों में दुर्बलता के लक्षण दिखाई दिए, जो राजाओं और सामंतों के संरक्षण पर निर्भर थे।

अध्याय 24

ब्रिटिश काल की प्रशासनिक एवं आर्थिक नीतियाँ

ब्रिटिश काल की प्रशासनिक एवं आर्थिक नीतियाँ

रेग्युलेटिंग एक्ट

- 1773 के तहत बंगाल के गवर्नर को बंगाल, मद्रास और बंबई की तीनों प्रेसीडेंसियों के लिए गवर्नर-जनरल के रूप में नामित किया गया था; कलकत्ता में सर्वोच्च न्यायालय की स्थापना; कंपनी के शासी निकाय के रूप में 'बोर्ड ऑफ डायरेक्टर्स' का गठन किया गया।

चार्टर अधिनियम

- 1793 के तहत कंपनी का व्यापार एकाधिकार अगले 20 वर्षों के लिए बढ़ा दिया गया; नियंत्रण बोर्ड और उनके कर्मचारियों को भारतीय राजस्व से भुगतान किया जाता था।

चार्टर अधिनियम

- 1813 ने ईस्ट इंडिया कंपनी के व्यापार एकाधिकार को समाप्त कर दिया; भारत में पश्चिमी शिक्षा और ईसाई मिशनरियों के प्रसार के लिए प्रावधान किया गया।
- **चार्टर अधिनियम** 1833 ने बंगाल के गवर्नर-जनरल को सभी नागरिक और सैन्य शक्तियों के साथ भारत का गवर्नर-जनरल बना दिया; व्यापारिक निकाय के रूप में कंपनी की गतिविधियाँ समाप्त हो गईं।
- **चार्टर अधिनियम** 1853 ने भारतीय केंद्रीय विधानपरिषद् की स्थापना की;
- 1854 ई. में भारतीय सिविल सेवाओं पर मैकाले समिति की नियुक्ति की गई; केंद्रीय विधानपरिषद् में स्थानीय प्रतिनिधि

- **भारत सरकार अधिनियम** 1858 को भारत के सुशासन अधिनियम के रूप में भी जाना जाता है; द्वैध शासन व्यवस्था समाप्त; भारत के राज्य सचिव का कार्यालय गठित किया गया; भारत के गवर्नर-जनरल का पदनाम बदलकर भारत का वायसराय कर दिया गया
- **भारतीय परिषद् अधिनियम** 1861 विस्तारित शाही विधानपरिषद्; बंबई और मद्रास प्रेसीडेंसी में विधायी शक्तियाँ बहाल करके विकेंद्रीकरण की प्रक्रिया शुरू की
- **भारतीय परिषद् अधिनियम,** 1892 के तहत विधानपरिषद् के कार्यों में वृद्धि की गई और उसे बजट पर चर्चा करने और प्रश्न पूछने की शक्ति प्रदान की गई
- **भारतीय कौंसिल अधिनियम,** 1909 को मार्ले-मिंटो सुधार के रूप में भी जाना जाता है; केंद्रीय और प्रान्तीय विधानपरिषद् दोनों का आकार बढ़ाया गया; सत्येंद्र प्रसाद सिन्हा सांप्रदायिक प्रतिनिधित्व में शामिल होने वाले पहले भारतीय बने
- **भारत सरकार अधिनियम,** 1919 को मॉण्टेग्यू-चेम्सफोर्ड सुधार के रूप में भी जाना जाता है; प्रांतों में द्वैध शासन प्रणाली लागू की गई, जिसमें विषयों को दो भागों में विभाजित किया गया-स्थानांतरित और आरक्षित; द्विसदनात्मक विधायिका गठित और प्रत्यक्ष चुनाव शुरू किए गए; केंद्रीय लोक सेवा आयोग की स्थापना वर्ष 1926 में हुई थी।

- **भारत सरकार अधिनियम,** 1935 ने अखिल भारतीय महासंघ की स्थापना की; शक्तियों को केंद्र और राज्यों के बीच संघीय, प्रांतीय और समवर्ती सूची में विभाजित किया गया; प्रांतीय स्वायत्तता प्रदान की; 11 प्रांतों में से 6 में द्विसदनीय व्यवस्था लागू की गई; स्थापना-आरबीआई, संघीय लोक सेवा आयोग
- **भारत स्वतंत्र अधिनियम,** 1947 भारत में ब्रिटिश शासन समाप्त हो गया और भारत का विभाजन कर दिया गया, प्रांतीय और स्थानीय प्रशासन लॉर्ड मेयो ने केंद्रीय और प्रांतों के वित्त को अलग कर दिया
- लिटन ने भूमि जैसे महत्त्वपूर्ण विषय का हस्तांतरण किया। प्रांत को राजस्व, उत्पाद शुल्क, कानून और न्याय;
- लॉर्ड रिपन को भारत में स्थानीय स्वशासन का जनक कहा जाता है।

भू-राजस्व प्रणाली

बंगाल, बिहार और उड़ीसा में स्थायी बंदोबस्त लागू

- 1793 ई. में लॉर्ड कॉर्नवालिस द्वारा बनारस और मद्रास के उत्तरी जिले
- जमींदारों को भूमि का स्थायी स्वामी माना जाता था और भू-राजस्व निश्चित किया गया।
- रैयतवाड़ी प्रणाली 1820 ई. में थॉमस मुनरो और कैप्टन रीड द्वारा शुरू की गई; रैयतों को भूमि के मालिकों के रूप में मान्यता दी गई; उनसे सीधे राजस्व वसूला जाता था।

SOURCE New NCERT Class VIII ग्रामीण क्षेत्र पर शासन चलाना, आदिवासी, दीकु और एक स्वर्ण युग की कल्पना, Old NCERT Class VIII ब्रिटिश शासन का प्रशासनिक ढाँचा, नीतियाँ और उनका प्रभाव, Old NCERT Class XII भारत में ब्रिटिश साम्राज्य की सरकार की संरचना और आर्थिक नीतियाँ (1757-1857 तक), Tamil Nadu Board Class XI

भारत में अंग्रेजों की प्रशासनिक एवं आर्थिक नीतियाँ

1 ब्रिटिश सरकार के भारत में प्रशासनिक नियंत्रण के संदर्भ में निम्नलिखित कथनों पर विचार कीजिए

(Chap 4, Class-VIII, Old NCERT)

1. 1833 ई. के चार्टर एक्ट ने भारत के ब्रिटिश प्रदेशों के सैनिक और असैनिक प्रशासन के सभी अधिकार गवर्नर जनरल और उसकी परिषद् (कौंसिल) को सौंप दिए।
2. 1813 ई. में भारत के साथ अकेले ही व्यापार करने का कंपनी का विशेषाधिकार समाप्त हो गया।
3. पिट्स इंडिया एक्ट द्वारा कंपनी के व्यापारिक एवं राजनैतिक कार्यों को अलग कर दिया गया।

उपर्युक्त में से कितने कथन सही हैं?

(a) केवल एक (b) केवल दो
(c) सभी तीनों (d) इनमें से कोई नहीं

उत्तर *(c)*

व्याख्या ब्रिटिश सरकार द्वारा प्रशासनिक नियंत्रण के संदर्भ में सभी कथन सही हैं।

1833 ई. के चार्टर द्वारा गवर्नर जनरल तथा उसकी परिषद् को सैन्य तथा असैन्य प्रशासन के सभी अधिकार दे दिए गए। इस चार्टर एक्ट के द्वारा भारत के प्रशासन का केंद्रीकरण तथा बंगाल के गवर्नर जनरल को भारत का गवर्नर जनरल नियुक्त किया गया। गवर्नर जनरल की परिषद् में एक विधि सदस्य को शामिल किया गया।

1833 ई. के चार्टर एक्ट ने कंपनी के एकाधिकार को समाप्त कर दिया। इस एक्ट ने भारतीय व्यापार को सभी अंग्रेजों के लिए खोल दिया, किंतु चाय और चीन के साथ व्यापार पर कंपनी का एकाधिकार बना रहा।

1784 ई. में पारित पिट्स इंडिया एक्ट में कंपनी के व्यापारिक तथा राजनैतिक कार्यों को अलग कर दिया गया। व्यापारिक कार्य प्रणाली को कंपनी के निदेशक के हाथ में यथावत् रखते हुए राजनैतिक क्रियाकलापों के लिए बोर्ड ऑफ कंट्रोल (6 सदस्यीय) की स्थापना की गई।

2 निम्न कथनों पर विचार कीजिए *(Chap 3, Class-XII, Old NCERT)*

1. युद्धों और उपनिवेशवाद के द्वारा ब्रिटेन ने अनेक विदेशी व्यापारों पर अधिकार कर लिया।
2. निर्यात बाजारों के कारण ब्रिटेन के निर्यातक उद्योगों का उत्पादन तेजी से घट गया।

उपर्युक्त में से कौन-सा/से कथन सही है/हैं?

(a) केवल 1
(b) केवल 2
(c) 1 और 2 दोनों
(d) न तो 1 और न ही 2

उत्तर *(a)*

व्याख्या दिए गए कथनों में से कथन (1) सही है। ब्रिटेन में हुई औद्योगिक क्रांति ने उसकी अर्थव्यवस्था पर व्यापक प्रभाव डाला। 18वीं सदी के उत्तरार्द्ध और 19वीं सदी के पूर्व के दशकों में ब्रिटेन में कुछ महत्त्वपूर्ण सामाजिक और आर्थिक रूपांतरण हुए, जिसके फलस्वरूप ब्रिटेन ने युद्ध और उपनिवेशवाद के द्वारा विदेशी बाजारों पर एकाधिकार स्थापित कर लिया था।

कथन (2) सही नहीं है, क्योंकि निर्यात बाजारों में उत्तरोत्तर वृद्धि के कारण ब्रिटेन के निर्यातक उद्योगों का उत्पादन तेजी से बढ़ा है, न कि घट गया। इसमें उत्पादन तथा संगठन की आधुनिकतम तकनीकों का प्रयोग किया गया था।

3 अंग्रेजों की आर्थिक नीतियों के संदर्भ में विचार कीजिए

(Chap 4, Class-VIII, Old NCERT)

1. ये नीतियाँ ग्रामीण अर्थव्यवस्था को आत्मनिर्भर बनाने के लिए अपनाई गईं थीं।
2. गाँवों के मामलों में कंपनी द्वारा सीधे नियुक्त किए गए राजस्व अधिकारियों, पुलिस तथा न्यायिक अधिकारियों जैसे बाहरी लोगों के बढ़ते हस्तक्षेप का दौर शुरू हुआ।
3. राजस्व की वसूली मुद्रा के रूप में होने लगी।

उपर्युक्त में से कितने कथन सही हैं?

(a) केवल एक (b) केवल दो
(c) सभी तीनों (d) इनमें से कोई नहीं

उत्तर *(b)*

व्याख्या दिए गए कथनों में से केवल दो कथन (2 और 3) सही हैं।

अंग्रेजों द्वारा अपनाई गई नीतियों ने ग्रामीण अर्थव्यवस्था को प्रतिकूल रूप से प्रभावित किया। अंग्रेजों द्वारा नियुक्त राजस्व अधिकारियों, पुलिस तथा न्यायिक अधिकारियों ने ग्रामीण क्षेत्रों में हस्तक्षेप की प्रवृत्ति को बढ़ा दिया, जो ब्रिटिश आर्थिक हितों से प्रेरित थे।

निर्धारित राजस्व की वसूली मुद्रा के रूप में होने लगी थी। इसलिए किसान उन फसलों के उत्पादन के लिए मजबूर हो गए, जिन्हें बाजार में बेचा जा सके।

कथन (1) सही नहीं है, क्योंकि ब्रिटिश आर्थिक नीतियाँ मात्र ब्रिटिश आर्थिक हितों से प्रेरित थी, न कि ग्रामीण अर्थव्यवस्था को आत्मनिर्भर बनाने से।

4 निम्न कथनों पर विचार कीजिए *(Chap 3, Class-XII, Old NCERT)*

1. भारत सरकार ने 1813 ई. के बाद मुक्त व्यापार अर्थात् ब्रिटिश माल के अबाध भारत प्रवेश की नीति अपनाई।
2. भारतीय दस्तकारों को अब ब्रिटेन की मशीनों से बने माल के साथ कष्टदायक और असमान प्रतियोगिता का सामना करना पड़ा।

उपर्युक्त कथनों में से कौन-सा/से कथन सही है/हैं?

(a) केवल 1
(b) केवल 2
(c) 1 और 2 दोनों
(d) न तो 1 और न ही 2

उत्तर *(c)*

व्याख्या दिए गए दोनों कथन सही हैं।

1813 ई. के पश्चात् भारत सरकार द्वारा मुक्त व्यापार की नीति का अनुसरण करने से ब्रिटिश माल का भारत में प्रवेश अबाध गति से होने लगा, जिसके फलस्वरूप भारत में ब्रिटिश माल बिना किसी शुल्क या फिर मामूली आयात शुल्क के साथ आने लगा।

भारतीय दस्तकारों के द्वारा बनाए गए सामान ब्रिटिश मशीनों और आधुनिक तकनीकों का सामना करने में असक्षम दिखे, जिससे भारतीय दस्तकारों की स्थिति दयनीय होती गई।

5 कथन (A) **1813 ई. के बाद ईस्ट इंडिया कंपनी की व्यापारिक नीति का निर्धारण ब्रिटिश उद्योग की आवश्यकताओं के अनुसार होने लगा।**

कारण (R) **इसका मुख्य उद्देश्य भारत को ब्रिटिश कारखानों के माल का उपभोक्ता तथा कच्चे माल का निर्यातक बनाना था।**

कूट *(Chap 3, Class-XII, Old NCERT)*

(a) A और R दोनों सही हैं तथा R, A की सही व्याख्या करता है।
(b) A और R दोनों सही हैं, परंतु R, A की सही व्याख्या नहीं करता है।
(c) A सही है, किंतु R गलत है।
(d) A गलत है, किंतु R सही है।

उत्तर *(a)*

व्याख्या A और R दोनों सही हैं तथा R, A की सही व्याख्या करता है।

1813 ई. के बाद ब्रिटिश उद्योगों ने एकपक्षीय व्यापार की परिस्थितियाँ उत्पन्न कर दीं, जोकि ईस्ट इंडिया कंपनी की व्यापारिक नीति का भाग थीं। ब्रिटिशों ने आयात-निर्यात नीति में असमान स्थिति रखी, जिसके कारण ब्रिटेन की औद्योगिक इकाइयों को लाभ मिला।

ब्रिटिश, भारतीयों को ब्रिटेन की वस्तुओं पर आश्रित करना चाहते थे और साथ ही आर्थिक नीतियों का क्रियान्वयन भी अपने तरीके से करना चाहते थे। जिसके परिणामस्वरूप ब्रिटेन ने भारत की समस्त इकाइयों को स्वयं के द्वारा संचालित करना प्रारंभ कर दिया चाहे वह आयातित वस्तुओं पर लगने वाला कर हो या निर्यात की दर हो।

यातायात और संचार के साधनों का विकास

6 **कथन** (A) 19वीं सदी के मध्य तक भारत में यातायात के साधन बहुत पिछड़े हुए थे।

कारण (R) यातायात बैलगाड़ी और तांगों तक सीमित था।

(Chap 3, Class-XII, Old NCERT)

कूट

(a) A और R दोनों सही हैं तथा R, A की सही व्याख्या करता है
(b) A और R दोनों सही हैं, परंतु R, A की सही व्याख्या नहीं करता है
(c) A सही है, किंतु R गलत है।
(d) A गलत है, किंतु R सही है।

उत्तर *(a)*

व्याख्या A और R दोनों सही हैं तथा R, A की सही व्याख्या करता है।

19वीं सदी के मध्य तक भारत में यातायात के साधनों का विकास नहीं हुआ था। इस सदी तक भारत इस मामले में अत्यंत पिछड़ा हुआ था, क्योंकि कच्ची सड़कें बहुतायत में थीं।

19वीं सदी के मध्य तक भारत में यातायात हेतु बैलगाड़ी और तांगों का प्रयोग होता था। ब्रिटिश शासकों ने अपने तैयार माल को भारत के विभिन्न क्षेत्रों में पहुँचाने तथा भारत से ब्रिटिश उद्योगों के लिए सस्ते कच्चे माल के परिवहन हेतु नदियों में स्टीमर चलवाए तथा सड़कों में यथा संभव सुधार किए। इसी दौरान ग्रैंड ट्रंक रोड का निर्माण 1839 ई. में आरंभ हुआ, जो 1850 के दशक में पूर्ण हुआ।

7 **निम्न कथनों पर विचार कीजिए** *(Chap 3, Class-XII, Old NCERT)*

1. भारत में रेल लाइन बिछाने का पहला सुझाव 1834 ई. में कलकत्ता में आया था।
2. भारत में भाप से चलने वाली रेलों का प्रथम प्रस्ताव 1835 ई. में मद्रास में रखा गया था।
3. बंबई और थाणे के मध्य पहली रेल लाइन यातायात के लिए 1853 ई. में खोल दी गई थी।

उपर्युक्त में से कौन-सा/से कथन सही नहीं है/हैं?

(a) केवल 1 (b) 1 और 2 दोनों
(c) केवल 3 (d) इनमें से कोई नहीं

उत्तर *(b)*

व्याख्या दिए गए कथनों में से कथन (1) और (2) सही नहीं हैं, क्योंकि भारत में रेल लाइन बिछाने का प्रथम सुझाव 1834 ई. में नहीं, बल्कि 1831 ई. में मद्रास में आया था, लेकिन इस रेल के डिब्बों को घोड़े खींचने वाले थे।

भारत में भाप से चलने वाली रेलों का प्रथम प्रस्ताव 1835 ई. में नहीं, बल्कि 1834 ई. में इंग्लैंड में रखा गया था। इस प्रस्ताव को इंग्लैंड के रेलवे प्रोमोटरों, पूँजीपतियों (उद्योगपतियों) भारत से व्यापार कर रहे व्यापारिक उद्यम समूहों तथा वस्त्र उत्पादकों से अभूतपूर्व राजनीतिक समर्थन मिला।

8 **कथन** (A) अंग्रेजों ने एक कुशल और आधुनिक डाक प्रणाली स्थापित की तथा तार व्यवस्था की शुरुआत की।

कारण (R) 1854 ई. में कलकत्ता से इलाहाबाद के मध्य पहली तार लाइन को प्रारंभ किया गया। *(Chap 3, Class-XII, Old NCERT)*

कूट

(a) A और R दोनों सही हैं तथा R, A की सही व्याख्या है
(b) A और R दोनों सही हैं, परंतु R, A की सही व्याख्या नहीं है
(c) A सही है, किंतु R गलत है
(d) A गलत है, किंतु R सही है

उत्तर *(c)*

व्याख्या A सही है, किंतु R गलत है।

अंग्रेजों ने एक कुशल और आधुनिक डाक प्रणाली को प्रारंभ किया और साथ ही तार की व्यवस्था की भी शुरुआत की थी।

अंग्रेज अधिकारी लॉर्ड डलहौजी ने 1853 ई. में कलकत्ता से आगरा के मध्य पहली तार लाइन को प्रारंभ किया था न कि 1854 ई. में कलकत्ता से इलाहाबाद के मध्य।

9 **निम्न कथनों पर विचार कीजिए** *(Chap 3, Class-XII, Old NCERT)*

1. वास्तव में, 1813 ई. में प्रशासन और न्याय व्यवस्था में जितने भी महत्त्वपूर्ण परिवर्तन हुए, उनका लक्ष्य मालगुजारी का संग्रह बढ़ाना था।
2. कंपनी के व्यापार और मुनाफों के लिए तथा प्रशासनिक खर्च के लिए धन जुटाने का भार मुख्यत: जमींदारों पर था।

उपर्युक्त में से कौन-सा/से कथन सही नहीं है/हैं?

(a) केवल 1 (b) केवल 2
(c) 1 और 2 दोनों (d) इनमें से कोई नहीं

उत्तर *(b)*

व्याख्या दिए गए कथनों में से कथन (2) सही नहीं है, क्योंकि कंपनी के व्यापार और मुनाफों के लिए तथा प्रशासनिक खर्च के लिए धन की व्यवस्था करने की जिम्मेदारी जमींदारों पर नहीं, बल्कि किसानों अर्थात रैयतों पर थी।

स्थायी बंदोबस्त

10 **स्थायी बंदोबस्त के संदर्भ में निम्नलिखित कथनों पर विचार कीजिए** *(Chap 4, Class-VIII, Old NCERT)*

1. मुगल काल के जागीरदारों की स्थिति इस व्यवस्था में जमींदार से बहुत बेहतर थी।
2. इस व्यवस्था के कारण खेतिहर मजदूरों की संख्या बढ़ गई।
3. इस व्यवस्था से सरकार की अपेक्षा जमींदारों को अधिक लाभ हुआ।
4. इस व्यवस्था ने जमींदारों के एक नए वर्ग को जन्म दिया, जो अंग्रेजों के प्रति वफादार था।

उपर्युक्त कथनों में से कौन-से कथन सही हैं?

(a) 1, 2 और 3 (b) 2, 3 और 4
(c) 1 और 4 (d) ये सभी

उत्तर *(b)*

व्याख्या स्थायी बंदोबस्त के संदर्भ में कथन (2, 3 और 4) सही हैं।

स्थायी बंदोबस्त ने जमींदारों को उन किसानों की जमीन जब्त करने का अधिकार दे दिया, जो लगान नहीं जमा कर पा रहे थे। फसलों के सीमित उत्पादन से अक्सर ऐसी परिस्थितियाँ बन जाती थीं, जिस कारण किसानों को अपनी जमीन से बेदखल होना पड़ता था। इसलिए किसान खेतिहर मजदूरों में परिवर्तित हो गए, जिससे खेतिहर मजदूरों की संख्या बढ़ गई।

स्थायी बंदोबस्त से सरकार की अपेक्षा जमींदारों को अधिक लाभ हुआ। खेती के लिए नई भूमि प्राप्त हुई, तो जमींदारों ने भी लगान बढ़ा दिया, किंतु उन्हें सरकार को जो रकम देनी पड़ती थी, वह पूर्ववत् ही रही।

इस नई भू-व्यवस्था से कंपनी को नियमित आय होने लगी, जिसने जमींदारों के एक नए वर्ग को जन्म दिया, जो अंगेजों के प्रति वफादार था।

कथन (1) सही नहीं है, क्योंकि इस व्यवस्था से उत्पन्न नए जमींदार वर्ग की स्थिति मुगल काल के जागीरदारों से बेहतर थी, ना कि जागीरदारों की स्थिति जमींदारों से बेहतर थी।

11 स्थायी बंदोबस्त व्यवस्था के संदर्भ में निम्न कथनों पर विचार कीजिए *(Chap 3, Class-VIII, New NCERT)*

1. इस बंदोबस्त की शर्तों के अनुसार राजाओं और तालुकेदारों को जमींदार के रूप में मान्यता दी गई।
2. जमींदारों को किसानों से लगान वसूलने और कंपनी को राजस्व चुकाने का अधिकार सौंपा गया।
3. किसानों की ओर से चुकाई जाने वाली राशि को प्रतिवर्ष निर्धारित किया जाता था।

उपर्युक्त में से कौन-सा/से कथन सही है/हैं?

(a) केवल 1 (b) 1 और 2 दोनों
(c) केवल 3 (d) ये सभी

उत्तर *(b)*

व्याख्या स्थायी बंदोबस्त व्यवस्था के संदर्भ में कथन (1) और (2) सही हैं। स्थायी बंदोबस्त की शर्तों के अनुसार राजाओं और तालुकेदारों को जमींदारो के रूप में मान्यता प्रदान की गई और उन्हें यह जिम्मेदारी सौंपी गई ताकि वे किसानों से लगान वसूल करें और साथ ही कंपनी को राजस्व भी चुकाएँ।

कथन (3) सही नहीं है, क्योंकि किसानों की ओर से चुकाई जाने वाली राशि को स्थायी रूप से निश्चित कर दिया गया था। यह प्रत्येक वर्ष नहीं बदलती थी। इस राशि को स्थायी करने का अर्थ यह था कि किसानों से अंग्रेजों को नियमित रूप से राजस्व मिलता रहेगा और जमींदारों को जमीन में सुधार के लिए खर्च करने का प्रोत्साहन मिलेगा।

12 इस्तमरारी बंदोबस्त के संदर्भ में विचार कीजिए *(Chap 10, Class-XII, New NCERT)*

1. अंग्रेजों का मानना था कि इस व्यवस्था से एक ऐसा वर्ग उत्पन्न होगा, जिसके पास कृषि में निवेश करने के लिए पूँजी और उद्यम दोनों होंगे।
2. इस व्यवस्था का उद्देश्य राजस्व माँगों की दर को स्थायी करना था।
3. जब यह व्यवस्था लागू की गई उस समय बंगाल की ग्रामीण अर्थव्यवस्था संकट के दौर से गुजर रही थी।
4. 'सूर्यास्त का नियम' इस्तमरारी बंदोबस्त से संबंधित है।

उपर्युक्त कथनों में से कौन-सा/से कथन सही है/हैं?

(a) 1 और 2 दोनों (b) 2 और 3 दोनों
(c) 1, 2 और 3 (d) ये सभी

उत्तर *(d)*

व्याख्या दिए गए सभी कथन सही हैं।

1770 के दशक में बंगाल में कृषक अर्थव्यवस्था, निरंतर अकाल तथा घटती पैदावार से प्रतिकूल रूप से प्रभावित हुए। अत: अंग्रेजों ने इस बंदोबस्त को लागू किया, जिसका उद्देश्य राजस्व आय को तो सुनिश्चित करना था तथा साथ ही एक ऐसे वर्ग को उत्पन्न करना था, जो राजस्व आय के अतिरिक्त अर्जित लाभ को कृषि में निवेश कर सके।

1793 ई. में इस व्यवस्था को लागू करने का उद्देश्य कम उत्पादन और अकाल आदि अप्रत्याशित परिस्थितियों के बावजूद भी कंपनी की आय को सुनिश्चित करना था। जब यह व्यवस्था लागू की गई उस समय बंगाल की ग्रामीण अर्थव्यवस्था संकट के दौर से गुजर रही थी।

'सूर्यास्त के नियम' का संबंध इस्तमरारी बंदोबस्त से था। इस नियम के अनुसार, यदि निश्चित तारीख को सूर्यास्त होने तक जमींदार राजस्व का भुगतान नहीं करता था, तो उसकी जमींदारी नीलाम कर दी जाती थी।

ज्ञातव्य है कि स्थायी अथवा इस्तमरारी बंदोबस्त की शुरुआत 1793 ई. में लॉर्ड कॉर्नवालिस द्वारा की गई थी। बाद में इसे ओडिसा, मद्रास के उत्तरी जिलों तथा बनारस में भी लागू कर दिया गया।

13 स्थायी बंदोबस्त के कारण कौन-सी समस्या उत्पन्न हुई? *(Chap 4, Class-VIII, New NCERT)*

(a) कंपनी ने जो राजस्व तय किया वह इतना अधिक था कि उसको चुकाने में जमींदारों को बहुत परेशानी हो रही थी।
(b) जो जमींदार राजस्व चुकाने में असमर्थ हो जाता था उसकी जमींदारी छीन ली जाती थी।
(c) इस व्यवस्था से जमींदारों की स्थिति में तो सुधार आया, किंतु कंपनी को कोई लाभ नहीं हुआ।
(d) उपर्युक्त सभी

उत्तर *(d)*

व्याख्या स्थायी बंदोबस्त के कारण के सन्दर्भ में सभी कथन सही हैं। स्थायी बंदोबस्त के राजस्व को स्थायी रूप से तय करने के पश्चात् कंपनी के अधिकारियों को यह प्रतीत हो रहा था कि जमींदार जमीन में सुधार हेतु खर्च नहीं कर रहे हैं, जिसका मुख्य कारण ब्रिटिशों द्वारा तय की गई राजस्व की दर का उच्च होना था, जिसे चुकाने में जमींदारों को परेशानी का सामना करना पड़ रहा था।

इस दौरान बहुत सारी जमींदारी को कंपनी ने नीलाम कर दिया था, जिसका कारण जमींदारों का राजस्व चुकाने में विफल होना था। इस विफलता के कारण जमींदारों से उनकी जमींदारी छीन ली जाती थी।

19वीं सदी के प्रथम दशक में जमींदारों की स्थिति में सुधार हुआ, लेकिन कंपनी को लाभ नहीं हो रहा था, जिसका मुख्य कारण राजस्व की दर को स्थायी रूप से तय करना था, क्योंकि अब वह शर्त के अनुसार राजस्व में वृद्धि करने में असक्षम थी।

14 स्थायी बंदोबस्त व्यवस्था के संबंध में निम्न कथनों पर विचार कीजिए *(Chap 4, Class-VIII, Old NCERT)*

1. इस व्यवस्था में लगान का 10/11 भाग जमींदार स्वयं अपने पास रख लेते थे तथा 1/11 भाग कंपनी को देते थे।
2. यह व्यवस्था बनारस (उत्तर प्रदेश), उड़ीसा (ओडिशा) तथा उत्तरी कर्नाटक में लागू की गई थी।

उपर्युक्त में से कौन-सा/से कथन सही नहीं है/हैं?

(a) केवल 1
(b) केवल 2
(c) 1 और 2 दोनों
(d) न तो 1 और न ही 2

उत्तर *(a)*

व्याख्या स्थायी बंदोबस्त व्यवस्था के संबंध में कथन (1) सही नहीं है, क्योंकि स्थायी बंदोबस्त के अनुसार जमींदारों को किसानों से जो भी लगान मिलता था उसका 10/11 भाग उन्हें राज्य को देना पड़ता था और वे स्वयं के पास केवल 1/11 भाग ही रख सकते थे।

रैयतवाड़ी व्यवस्था

15 निम्नलिखित में से कौन ब्रिटिश शासन के दौरान भारत में रैयतवाड़ी बंदोबस्त को प्रारंभ किए जाने से संबद्ध था/थे? *(Chap 3, Class-XII, Old NCERT) (IAS Pre 2017)*

1. लॉर्ड कॉर्नवालिस 2. अलेक्जेंडर रीड 3. टॉमस मुनरो

कूट

(a) केवल 1 (b) 1 और 2 दोनों (c) 2 और 3 दोनों (d) ये सभी

उत्तर *(c)*

व्याख्या रैयतवाड़ी बंदोबस्त को प्रारंभ करने में अलेक्जेंडर रीड तथा टॉमस मुनरो का योगदान रहा है। यह बंदोबस्त 1792 ई. में आरंभ किया गया। यह बंदोबस्त तमिलनाडु के बारामहल क्षेत्र में लागू किया गया। इसके तहत कम्पनी तथा किसानों के बीच सीधा समझौता था। इस व्यवस्था के तहत खेत की उपज का अनुमान कर उसका आधा राजस्व के रूप में जमा करना पड़ता था। इसमें भूमि का मलिकाना हक किसनों के पास था। ब्रिटिश भारत के 51% क्षेत्र में यह व्यवस्था लागू की गई।

16 निम्न कथनों पर विचार कीजिए *(Chap 3, Class-VIII, New NCERT)*

1. ब्रिटिश नियंत्रण वाले दक्षिण भारतीय क्षेत्रों में स्थायी बंदोबस्त के स्थान पर एक नई व्यवस्था 'रैयतवाड़ी' का जन्म हुआ।
2. इस व्यवस्था में सीधे रैयतों (किसानों) से लगान की वसूली तय की गई।

उपर्युक्त में से कौन-सा/से कथन सही है/हैं?

(a) केवल 1 (b) 1 और 2 दोनों
(c) केवल 2 (d) इनमें से कोई नहीं

उत्तर *(b)*

व्याख्या दिए गए दोनों कथन सही हैं।

दक्षिणी भारत में रैयतवाड़ी व्यवस्था लागू की गई। दक्षिण भारत में देश के अन्य क्षेत्रों की भाँति जमींदार नहीं थे। अत: उन्होंने यह तय किया कि उन किसानों (रैयत) से सीधे ही लगान की वसूली करनी चाहिए, जो अनेक वर्षों से जमीनों पर खेती करते आ रहे हैं।

17 रैयतवाड़ी बंदोबस्त के संदर्भ में निम्नलिखित कथनों पर विचार कीजिए *(Chap 3, Class-XII, Old NCERT) (IAS Pre 2012)*

1. किसानों द्वारा लगान सीधे सरकार को दिया जाता था।
2. सरकार रैयत को पट्टे देती थी।
3. कर लगाने के पूर्व भूमि का सर्वेक्षण और मूल्य निर्धारण किया जाता था।

उपर्युक्त में से कितने कथन सही हैं?

(a) केवल एक (b) केवल दो
(c) सभी तीन (d) इनमें से कोई नहीं

उत्तर *(c)*

व्याख्या रैयतवाड़ी बंदोबस्त के संदर्भ में सभी कथन सही हैं।

रैयतवाड़ी बंदोबस्त के संदर्भ में किसानों द्वारा लगान सीधे सरकार को प्रदान करने की प्रक्रिया को लागू किया गया। सरकार, रैयतों को पट्टे पर भूमि प्रदान करती थी तथा कर लगाने से पहले भूमि का सर्वेक्षण किया जाता था तथा लगान की राशि तय की जाती थी।

महालवाड़ी व्यवस्था

18 महालवाड़ी व्यवस्था के संदर्भ में निम्न कथनों पर विचार कीजिए। *(Chap 3, Class-VIII, New NCERT)*

1. इस व्यवस्था का जन्मदाता हॉल्ट मैकेंजी को माना जाता था।
2. यह व्यवस्था बंगाल प्रेसीडेंसी के उत्तर-पश्चिम प्रांतों के लिए तैयार की गई थी।
3. इस व्यवस्था को 1820 ई. में लागू किया गया था।
4. इस व्यवस्था में राजस्व को स्थायी रूप से तय कर दिया जाता था।

उपर्युक्त में से कौन-सा/से कथन सही नहीं है/हैं?

(a) 1 और 2 (b) 2 और 3 (c) 3 और 4 (d) 1 और 4

उत्तर *(c)*

व्याख्या महालवाड़ी व्यवस्था के संदर्भ में कथन (3) और (4) सही नहीं हैं, क्योंकि महालवाड़ी व्यवस्था को 1820 ई. में नहीं, बल्कि 1822 ई. में मध्य प्रांत, आगरा एवं पंजाब के क्षेत्रों में लागू किया गया था। इस व्यवस्था में राजस्व को स्थायी रूप से तय नहीं किया गया, बल्कि उसमें समय-समय पर संशोधनों की व्यवस्था रखी गई। इस व्यवस्था में राजस्व संग्रह और उसे कंपनी को अदा करने की जिम्मेदारी गाँव के प्रधानों के माध्यम से दी जाने लगी।

19 निम्न में से किसने बंगाल में महालवाड़ी बन्दोबस्त प्रणाली की शुरुआत की? *(Chap 3, Class-VII, New NCERT) (BPSC Pre 2023)*

(a) लॉर्ड हेस्टिंग्स (b) लॉर्ड कॉर्नवालिस
(c) हॉल्ट मैकेंजी (d) इनमें से एक से अधिक

उत्तर *(c)*

व्याख्या महालवाड़ी बंदोबस्त प्रणाली की शुरुआत ब्रिटिश औपनिवेशिक प्रशासक हॉल्ट मैकेंजी ने की थी।

यह व्यवस्था बंगाल प्रेसीडेन्सी के आगरा एवं पंजाब के क्षेत्रों में लागू की गई थी। इस व्यवस्था में महाल या गाँव के जमींदारों का प्रधानों से बंदोबस्त किया गया। इसमें गाँव के प्रमुख किसानों को भूमि से बेदखल करने का अधिकार था। महालवाड़ी व्यवस्था के अंतर्गत लगान का निर्धारण महाल या संपूर्ण गाँव की उपज के आधार पर किया जाता था।

20 ब्रिटिश राजस्व दस्तावेजों में महाल क्या था? *(Chap 3, Class-VIII, New NCERT)*

(a) गाँव या गाँवों का समूह (b) ऐतिहासिक इमारत
(c) एक कर (d) एक सैन्य सोपान

उत्तर *(a)*

व्याख्या ब्रिटिश राजस्व दस्तावेजों में 'महाल' से तात्पर्य गाँव या गाँवों के समूह से था। हॉल्ट मैकेंजी के महालवाड़ी बंदोबस्त का मुख्य आकर्षण 'महाल' से वसूल होने वाला राजस्व था। इस व्यवस्था को महालों में लागू करने से पूर्व मैकेंजी ने सभी गाँवों का दौरा कलेक्टरों के माध्यम से कराया और जमीनों की जाँच की तथा खेतों को मापा गया।

कृषि, व्यापार एवं वाणिज्य

21 अंग्रेजों द्वारा देश के विभिन्न भागों में किसी-न-किसी फसल के उत्पादन के लिए किसानों को मजबूर किया जाता था। अतः विभिन्न प्रांत और उत्पादन के आधार पर सूची-I को सूची-II से सुमेलित कीजिए *(Chap 4, Class-VIII, Old NCERT)*

	सूची I (उत्पादक)		सूची II (संबंधित क्षेत्र)
A.	पटसन	1.	संयुक्त प्रांत
B.	चाय	2.	पंजाब
C.	गन्ना	3.	बंगाल
D.	गेहूँ	4.	असम

कूट

	A	B	C	D		A	B	C	D
(a)	1	2	3	4	(b)	2	3	4	1
(c)	3	4	1	2	(d)	4	1	2	3

उत्तर *(c)*

व्याख्या सही सुमेलन A-3, B-4, C-1, D-2 है।

ब्रिटिशों द्वारा भू-राजस्व व्यवस्था के पश्चात् यह अनुभव किया गया कि वह यूरोपीय आवश्यकताओं के अनुसार फसलों का भी उत्पादन विभिन्न क्षेत्रों में ग्रामीणों के माध्यम से करवा सकते हैं। 18वीं सदी तक कंपनी ने अफीम और चाय पर अपना पूरा ध्यान लगा रखा था और अगले 150 वर्षों तक उन्होंने भारतीय हिस्सों से विभिन्न फसलों की कृषि हेतु किसानों को प्रताड़ित किया, जिनमें बंगाल में पटसन, असम में चाय, संयुक्त प्रांत (उत्तर प्रदेश) में गन्ना, पंजाब में गेहूँ, महाराष्ट्र व पंजाब में कपास तथा मद्रास में चावल शामिल हैं।

22 निम्न में से कौन-सा कथन सही नहीं है? *(Chap 4, Class-VIII, Old NCERT)*

(a) अठारहवीं सदी के आखिरी दशक से ही बंगाल में नील की खेती बंद होने लगी थी
(b) नील की खेती की मुख्य दो विधियाँ थी निज और रयोती
(c) रैयती व्यवस्था के अंतर्गत बागान मालिक रैयतों के साथ एक अनुबंध (पट्टा) करते थे
(d) बागान मालिकों से अनुबंध करने वाले रैयतों को अपनी जमीन के कम-से-कम 25% भाग पर नील की खेती करनी होती थी

उत्तर *(a)*

व्याख्या दिए गए कथनों में से कथन (a) सही नहीं है, क्योंकि अठारहवीं सदी के आखिरी दशक से ही बंगाल में नील की खेती बंद होने के स्थान पर तेजी से फैलने लगी थी, क्योंकि यह दशक ब्रिटेन में तीव्र औद्योगीकरण का था और इस दौरान बंगाल का नील विश्व बाजारों में अपनी गहरी छाप छोड़ चुका था।

1810 ई. में ब्रिटेन द्वारा आयात किए गए भारतीय नील में उसका हिस्सा 95% था। यूरोप के देशों में नील की बढ़ती माँग ने भारत में विस्तार का अवसर बना। नील की खेती पहले नादिया, पबना, रंगपुर और बंगाल के जिलों से शुरू हुई थी। यह एक उष्ण कटिबंधीय पौधा है।

23 भारतीय उद्योग और व्यापार के संदर्भ में निम्नलिखित कथनों पर विचार कीजिए *(Chap 4, Class-VIII, Old NCERT)*

1. शिल्पकारी पैतृक पेशा नहीं रहा, बल्कि शहरी उद्योगों से सुसंगठित एक सामान्य पेशा बन गया
2. शिल्पकारों को राजाओं और सामंतों का निरंतर संरक्षण मिलता था।
3. शहरों में बसे हुए शिल्पकार उपयोगी वस्तुओं के अलावा विकास की भी वस्तुएँ बनाते थे।
4. सत्रहवीं और अठारहवीं सदियों में जहाज निर्माण के क्षेत्र में गोवा, सूरत और सतगाँव प्रमुख केंद्र थे।

उपर्युक्त में से कितने कथन गलत हैं?

(a) केवल एक (b) केवल दो
(c) केवल तीन (d) ये सभी

उत्तर *(a)*

व्याख्या उपर्युक्त में से केवल एक कथन अर्थात् (1) गलत है, क्योंकि शिल्पकारी का पेशा पैतृक पेशा ही बना रहा, जो संगठित शहरी उद्योगों के विकास के पश्चात् व्यापक रूप से विकसित हो सका। शिल्पकार एक विशेष उपजाति के होते थे। प्राचीनकाल में ये शिल्पकार श्रेणियों में संगठित होते थे।

24 निम्न कथनों पर विचार कीजिए *(Chap 4, Class-VIII, Old NCERT)*

1. ब्रिटिश काल में वाराणसी, लखनऊ तथा आगरा आदि सूती वस्त्र उत्पादन के महत्त्वपूर्ण केंद्र थे।
2. 17वीं और 18वीं शताब्दी में गोवा, सूरत तथा मछलीपट्टनम आदि जहाज निर्माण के मुख्य केंद्र थे।

उपर्युक्त में से कौन-सा/से कथन सही है/हैं?

(a) 1 और 2 दोनों
(b) केवल 1
(c) केवल 2
(d) न तो 1 और न ही 2

उत्तर *(a)*

व्याख्या दिए गए दोनों कथन सही हैं।

ब्रिटिश काल के दौरान शहरों में बसे शिल्पकार उपयोगी वस्तुओं के अतिरिक्त विलास हेतु वस्तुओं का भी निर्माण करते थे। ये वस्तुएँ देशी और विदेशी बाजारों में बिकती थीं, इनमें सबसे महत्त्वपूर्ण सूती वस्त्र थे। इस दौरान सूती वस्त्रों का उत्पादन ढाका, कृष्णानगर, वाराणसी, लखनऊ, आगरा, बुरहानपुर, सूरत, भड़ौच, अहमदाबाद आदि में किया जाता था।

कथन (2) सही नहीं है, क्योंकि 17वीं और 18वीं शताब्दी में जहाज निर्माण के क्षेत्र में भारत अग्रणी देशों में से एक था। भारत में गोवा, सूरत, मछलीपट्टनम, सतगाँव, ढाका और चटगाँव जहाज निर्माण के मुख्य केंद्र थे।

25 निम्न में से कौन-सा कथन सही नहीं है? *(Chap 3, Class-VIII, New NCERT)*

(a) 17वीं सदी के अंतिम दशक से ही बंगाल में नील की खेती तेजी से फैलने लगी थी
(b) 1788 ई. में ब्रिटेन द्वारा आयात किए गए नील में भारतीय नील का हिस्सा 50% था
(c) 'a' और 'b' दोनों
(d) 1810 ई. में ब्रिटेन द्वारा आयात किए गए नील में भारतीय नील का हिस्सा 95% हो चुका था

उत्तर *(c)*

व्याख्या दिए गए कथनों में से कथन (a) और (b) सही हैं, क्योंकि नील की खेती सत्रहवीं सदी में नहीं, बल्कि अठारहवीं सदी के आखिरी दशकों से ही बंगाल में तेजी से फैलने लगी थी। 1788 ई. में ब्रिटेन द्वारा आयात किए गए नील में भारतीय नील का हिस्सा 30% था, न कि 50%।

26 1859 ई. में अंग्रेजों द्वारा पारित परिसीमन कानून के संदर्भ में निम्नलिखित कथनों पर विचार कीजिए *(Chap 10, Class-XII, New NCERT)*

1. ऋणदाता और रैयत के बीच हस्ताक्षरित ऋणपत्र को केवल 3 वर्षों की मान्यता प्रदान की गई।
2. इसका उद्देश्य बहुत समय तक ब्याज को संचित होने से रोकना था।
3. ऋणदाताओं द्वारा रैयतों के शोषण की शिकायतों के संदर्भ में परिसीमन कानून लाया गया।

उपर्युक्त कथनों में से कितने कथन सही हैं?

(a) केवल एक (b) केवल दो
(c) सभी तीन (d) इनमें से कोई नहीं

उत्तर *(c)*

व्याख्या दिए गए सभी तीन कथन अर्थात् (1, 2 और 3) सही हैं।

रैयतों के ऋणदाताओं के शोषण के विरुद्ध 1859 ई. में परिसीमन कानून पारित किया गया। रैयतों के शोषण से सुरक्षा के लिए रैयत और ऋणदाताओं के बीच हस्ताक्षरित ऋणपत्र केवल 3 वर्षों के लिए मान्य किया गया, जिससे ब्याज को लंबे समय तक संचित होने से रोका जा सके।

ऋणदाताओं द्वारा रैयतों के शोषण की शिकायतों के संदर्भ में परिसीमन कानून लाया गया था।

27 **ब्रिटिश काल में झूम खेती के संदर्भ में निम्न कथनों पर विचार कीजिए** *(Chap 4, Class-VIII, New NCERT)*

1. झूम खेती को घुमंतू खेती कहा जाता है।
2. इस प्रकार की खेती अधिकांशत: जंगली क्षेत्रों में और छोटे भू-भागों पर की जाती थी।
3. इस खेती के अंतर्गत खेतों को जोतने और बीजों को बोने के स्थान पर खेत में बिखेर दिया जाता था।
4. घुमंतू किसान मुख्य रूप से पूर्वोत्तर और मध्य भारत की पर्वतीय व जंगली पट्टियों में रहते थे।

उपर्युक्त में से कौन-सा/से कथन सही है/हैं?

(a) 1 और 2 (b) 2 और 3 (c) 3 और 4 (d) ये सभी

उत्तर *(d)*

व्याख्या ब्रिटिश काल में झूम खेती के संदर्भ में सभी कथन सही हैं।

उन्नीसवीं सदी तक देश के विभिन्न भागों में आदिवासी विभिन्न गतिविधियों में सक्रिय रहे, उनमें से एक झूम कृषि थी। झूम खेती और घुमंतू खेती एक-दूसरे के समकक्ष थी।

झूम खेती मुख्यत: जंगलों में छोटे-छोटे भूखंडों को साफ करके की जाती थी इस खेती में जमीन पर उगी घास को जलाकर उससे बनी राख को खेतों में बिखेर दिया जाता था, जिससे जमीन उपजाऊ हो जाती थी, क्योंकि राख में पोटाश पाई जाती थी। घुमंतू किसान मुख्यत: पूर्वोत्तर क्षेत्र और मध्य भारत के पर्वतीय व जंगली क्षेत्रों में निवास करते थे।

28 **कथन** (A) **वन कानूनों में आए बदलाव से आदिवासियों के जीवन पर भारी असर पड़ा।**

कारण (R) **इस कानून के द्वारा अंग्रेजों ने समस्त जंगलों पर अपना नियंत्रण स्थापित कर लिया।** *(Chap 3, Class-VIII, New NCERT)*

कूट

(a) A और R दोनों सही हैं तथा R, A की सही व्याख्या करता है।
(b) A और R दोनों सही हैं, परंतु R, A की सही व्याख्या नहीं करता है।
(c) A सही है, किंतु R गलत है।
(d) A गलत है, किंतु R सही है।

उत्तर *(a)*

व्याख्या A और R दोनों सही हैं तथा R, A की सही व्याख्या करता है। आदिवासियों या वन क्षेत्र में रहने वाली जनजातियों की आजीविका या जीवन वनों पर निर्भर करता है, लेकिन वन कानूनों में आए बदलाव ने इनके जीवन पर गहरा प्रभाव डाला।

वन कानूनों के द्वारा अंग्रेजों ने समस्त वन क्षेत्र पर अपना नियंत्रण स्थापित कर लिया था और जंगलों को राज्य की संपत्ति घोषित कर दिया था। साथ ही कुछ वनों को आरक्षित वन की श्रेणी में समाहित किया गया था।

29 **निम्न में से कौन-सी जनजाति स्वयं को जंगल की संतान मानती थी?** *(Chap 3, Class-VIII, New NCERT)*

(a) खोंड (b) बैगा (c) संथाल (d) गोंड

उत्तर *(b)*

व्याख्या बैगा जनजाति स्वयं को जंगल की संतान मानती थी। बैगा लोग दूसरों की मजदूरी नहीं करते थे, वह केवल जंगल की उपज पर ही अपना जीवन निर्वाह करते थे।

मजदूरी करना बैगा जनजाति के लोगों के लिए अपमानजनक बात थी। यह भारत के मध्य क्षेत्रों में निवास करते थे। भारत के आदिवासियों में बैगा जनजाति के लोग सबसे अच्छे शिकारी माने जाते थे।

30 **निम्न कथनों पर विचार कीजिए** *(Chap 3, Class-VIII, New NCERT)*

1. 18वीं सदी में भारतीय रेशम की यूरोपीय बाजारों में भारी माँग थी।
2. भारतीय रेशम की गुणवत्ता के कारण निर्यात तेजी से बढ़ रहा था।

उपर्युक्त में से कान-सा/से कथन सही है/हैं?

(a) केवल 1
(b) केवल 2
(c) 1 और 2 दोनों
(d) न तो 1 और न ही 2

उत्तर *(c)*

व्याख्या दिए गए दोनों कथन सही हैं।

18वीं सदी में भारतीय रेशम की यूरोपीय बाजारों में बहुत अधिक माँग थी, क्योंकि भारतीय रेशम की गुणवत्ता अत्यधिक आकर्षण का केंद्र थी और भारत का निर्यात निरंतर बढ़ रहा था।

वर्तमान झारखंड में स्थित हजारीबाग के आस-पास निवास करने वाली संथाल जनजाति रेशम के कीड़े पालते थे और निर्यात की बढ़ोतरी को देखते हुए ईस्ट इंडिया कंपनी के अधिकारी विदेशों में रेशम की माँग को पूरा करने के लिए रेशम उत्पादन पर अत्यधिक बल देने लगे।

31 **निम्नलिखित युग्मों पर विचार कीजिए** *(Chap 3, Class-VIII, New NCERT)*

तथ्य		संबंधित जनजाति
1. पशुपालक	–	गद्दी
2. गडरिया	–	लम्बाडिस
3. बकरीपालक	–	नागा
4. झूम कृषि	–	बकरवाल

उपर्युक्त युग्मों में से कितने युग्म सही सुमेलित नहीं हैं?

(a) केवल एक (b) केवल दो
(c) केवल तीन (d) इनमें से कोई नहीं

उत्तर *(d)*

व्याख्या दिए गए सभी युग्म सही सुमेलित नहीं हैं।

आंध्र प्रदेश की लम्बाडिस जनजाति तथा पंजाब के पहाड़ी प्रदेश में निवास करने वाली गुज्जर जनजाति पशुपालक थे, जो गाय-भैंस के झुंड (समूह) पालते थे।

कुल्लू (हिमाचल प्रदेश) के गद्दा समुदाय (जनजाति) के लोग गडरिया थे, जो मुख्यत: भेड़ पालन का कार्य करते थे। कश्मीर की घाटी में पाई जाने वाली जनजाति बकरवाल मुख्यत: बकरियाँ पालती थी। मेघालय (पूर्वोत्तर राज्य) में निवास करने वाली नागा जनजाति झूम कृषि करती थी।

अध्याय 25

जनजातीय, किसान और मजदूर आंदोलन

जनजातीय, किसान और मजदूर आंदोलन

नागरिक और किसान विद्रोह

- **संयासी विद्रोह** (1763-1800 ई.) बंगाल में 1770 ई. के विनाशकारी अकाल और लोगों के पवित्र स्थानों पर जाने पर प्रतिबंध से भड़का; महत्त्वपूर्ण नेता-चिराग अली, मूसा शाह, भवानी पाठक और देबी चौधुरानी; वॉरेन हेस्टिंग्स द्वारा दबाया गया; बंकिमचन्द्र चट्टोपाध्याय ने इस विद्रोह के आधार पर आनंदमठ लिखा
- **पोलिगार विद्रोह** (1795-1805 ई.) का नेतृत्व कट्टोबाम्न नायकन ने उत्तरी अर्कोट, मदुरै, शिवगिरि, रामनाथपुरम और तिन्नेवेली में किया;
- **वेलुथंपी विद्रोह** (1808-1809 ई.) त्रावणकोर के दीवान, वेलुथंपी ने सहायक संधि के कारण वित्तीय असुरक्षा के कारण ब्रिटिशों के विरुद्ध विद्रोह किया।
- **पाइका विद्रोह** (1817 ई.) पारंपरिक जमींदार मिलिशिया, जो लगान मुक्त भूमि स्वामित्व का आनंद लेते थे; दमनकारी भू-राजस्व के विरुद्ध विद्रोह में उठ खड़े हुए; नेता-बख्शी जगबंधु विद्याधर महापात्र और मुकुंद देव; कंपनी की सेना को पीछे हटने पर मजबूर कर दिया
- **मैसूर का विद्रोह** (1830-1831 ई.) मुख्य कारण-राजस्व माँग में वृद्धि, भ्रष्टाचार और स्थानीय अधिकारियों की जबरन वसूली; किसानों का नेतृत्व सरदार मल्ल ने किया
- **केरल के मालाबार क्षेत्र में मोपला विद्रोह** (1835-1921 ई.) मुस्लिम किसानों द्वारा; हिंदू व्यापारी के विरुद्ध निर्देशित; 1834 से 1854 ई. के बीच 20 से अधिक विद्रोह; वर्ष 1919 में एक और विद्रोह हुआ।
- **नील विद्रोह** (1859-1860 ई.) बंगाल के नादिया और पाबना जिले में हुआ, जिन्होंने नील की खेती करने से इनकार कर दिया; दीनबंधु मित्र द्वारा लिखित नाटक 'नील दर्पण' इसी विद्रोह पर आधारित था
- **पाबना विद्रोह** (1873-1875 ई.) पूर्वी बंगाल में जमींदारों द्वारा लगान और भूमि कर की जबरन वसूली के विरुद्ध हुआ;
- 'कृषक संघ' का गठन पाबना जिले के यूसुफशाही परगना में किया गया था
- **दक्कन दंगे** (1875-1875 ई.) पुणे और अहमदनगर के रैयतवाड़ी क्षेत्रों में हुए; उच्च भू-राजस्व और खराब मौसम में भी इसका लगाया जाना मुख्य कारण था; साहूकारों के विरुद्ध भी निर्देशित किया गया
- **एका आंदोलन** (1926 ई.) संयुक्त प्रांत में हरदोई, बहराईच तथा सीतापुर में हुआ; मुख्य कारण-अत्यधिक लगान, ठेकेदारों द्वारा उत्पीड़न; मदारी पासी के नेतृत्व में; अवध में किसान आंदोलन बाबा रामचंद्र के नेतृत्व में चलाया गया था

मजदूर वर्ग का आंदोलन

- श्रमिक वर्ग को कम वेतन, लंबे काम के घंटे, अस्वास्थ्यकर और खतरनाक कामकाजी परिस्थितियों का सामना करना पड़ा;
- महान प्रायद्वीपीय रेलवे द्वारा पहली हड़ताल 1859 ई. में हुई; वर्ष 1920 में, अखिल भारतीय ट्रेड यूनियन कांग्रेस (एआईटीयूसी) की स्थापना की गई, जिसके अध्यक्ष लाला लाजपत राय थे; 1881, 1911 और वर्ष 1944 में अंग्रेजों द्वारा फैक्ट्री अधिनियम पारित किया गया था।

आदिवासी आंदोलन

- **खासी विद्रोह** (1793-1833 ई.)- गारो और जैंतिया पहाड़ियों के बीच पहाड़ी क्षेत्रों में हुआ; सड़क निर्माण के लिए मजदूरों की लामबंदी का विरोध किया
- नेतृत्व तीरथ सिंह ने किया
- बाहरी लोगों के आक्रमण के कारण खानदेश क्षेत्र में भील विद्रोह (1819 ई.) हुआ; विद्रोहियों को दबाने के लिए अंग्रेजों ने सैन्य बल और सुलह उपाय दोनों का उपयोग किया
- **रामोसी विद्रोह** (1822, 1825- 1826 ई.) अंग्रेजों द्वारा मराठा क्षेत्रों पर अधिकार करने के बाद, चित्तौड़ सिंह के नेतृत्व में पश्चिमी घाट की पहाड़ी जनजाति रामोसी का उदय हुआ।
- **पागल पंथी विद्रोह** (1825-1835 ई.) करम शाह प्रथम द्वारा स्थापित अर्ध-धार्मिक संप्रदाय; हाजोंग और गारो जनजाति ने भाग लिया; उत्तर बंगाल में जमींदारी उत्पीड़न के कारण हुआ
- **अहोम विद्रोह** (1828-1833 ई.) अहोम क्षेत्रों में ब्रिटिश घुसपैठ के विरुद्ध हुआ; गोमधर कोहवार के नेतृत्व में; अंततः, कंपनी ने कुछ क्षेत्र महाराजा पुरंदर सिंह को सौंप दिए
- **कोल विद्रोह** (1831-1832 ई.) सिंहभूम के कोल लोगों ने आदिवासी भूमि के हस्तांतरण के विरुद्ध विद्रोह किया; उनके क्षेत्र में व्यापारियों और साहूकारों का आना
- **खोंड विद्रोह** (1831-1832 ई.) ब्रिटिश सेना के विरुद्ध चक्र बिसोई के नेतृत्व में; खोंड तमिलनाडु से लेकर बंगाल तक विशाल पहाड़ी क्षेत्रों में रहते थे।
- **संथाल विद्रोह** (1855-1856 ई.) राजमहल क्षेत्र में पुलिस उत्पीड़न, जमींदारों और साहूकारों के अत्याचारों के विरुद्ध हुआ; सिद्धू और कान्हू के नेतृत्व में; इसके फलस्वरूप संथाल परगना काश्तकारी अधिनियम लागू हुआ
- **मुंडा विद्रोह** (1899-1900 ई.) छोटानागपुर क्षेत्र में हुआ; सामंती, जमींदारी ताकतों, ईसाई मिशनरियों, साहूकारों और वन ठेकेदारों के विरुद्ध बिरसा मुंडा के नेतृत्व में; बिरसा के बलिदान से आदिवासियों की कुछ शिकायतों का निवारण हुआ
- **रंपा विद्रोह** (वर्ष 1922 ई.) आंध्र क्षेत्र में हुआ, अन्यायपूर्ण वन कानून और साहूकार; अल्लूरी सितारामा राजू के नेतृत्व में; उनकी फाँसी के बाद समाप्त हो गया।

SOURCE New NCERT Class VIII ग्रामीण क्षेत्रों पर शासन चलाना, आदिवासी, दीकु और एक स्वर्ण युग की कल्पना, जनता जब बगावती करती है: 1857 और उसके बाद, Old NCERT Class VIII ब्रिटिश शासन के विरुद्ध विद्रोह, भारतीय राष्ट्रवाद का उदय, 1858 ई. के बाद भारत में ब्रिटिश नीतियाँ और प्रशासन, Old NCERT Class XII स्वराज के लिए संघर्ष-II 1917-1927, NIOS Module 3, कम्पनी शासन का जन विद्रोह, Tamil Nadu Board Class XII Unit 18

जनजातीय आंदोलन

1 1855 **ई. में संथाल विद्रोह का नेतृत्व किसने किया था?**

(Chap 4, Class-VIII, New NCERT)
(BPSC Pre 2022) (MPPSC Pre 2023)

(a) सिद्धू और कान्हू
(b) बुद्धो भगत और तेजा भगत
(c) मुलु मानेक और जोधा मानेक
(d) मदारी पासी और सहेदव

उत्तर (a)

व्याख्या 1855, ई. में संथाल विद्रोह का नेतृत्व और कान्हू ने किया था। 19वीं सदी के जनजातीय विद्रोहों मे यह सबसे बड़ा विद्रोह था। इसे संथाल हूल भी कहा जाता था। हूल का शब्दिक अर्थ है—विद्रोह या बगावत। सिद्धू कान्हू के अतिरिक्त चाँद एवं भैरव ने भी इस आन्दोलन में प्रमुख भूमिका निभाई थी। इस विद्धोह का प्रमुख कारण जमींदारों की अत्यधिक माँग, महाजनों, का ऋण जाल, पुलिस व न्यायालय का पक्षपात आदि था। इस विद्रोह का मुख्य उद्देश्य विदेशी राज को समाप्त करना तथा दिकुओं (बाहरी लोगों) को भगाना था।

2 अंग्रेजों ने किस प्रकार आदिवासी जीवन में हस्तक्षेप किया, जिसके कारण उन्होंने अंग्रेजों के विरुद्ध विद्रोह किया?

(Chap 4, Class-VIII, New NCERT)

(a) वन कानून द्वारा झूम खेती को हतोत्साहित करना
(b) स्थायी बंदोबस्त की शुरुआत और उच्च राजस्व की माँग
(c) 'a' और 'b' दोनों
(d) न तो 'a' और न ही 'b'

उत्तर (c)

व्याख्या अंग्रेजों ने वन कानून द्वारा झूम खेती को हतोत्साहित करके स्थायी बंदोबस्त और उच्च राजस्व की माँग द्वारा आदिवासी जीवन में हस्तक्षेप किया। अंग्रेजों के वन कानून के द्वारा आदिवासी समूहों के जीवन निर्वाह और आजीविका पर व्यापक प्रभाव पड़ा। साथ ही अंग्रेजों के द्वारा आदिवासियों को एक स्थान पर बसाकर उन पर अपनी राजस्व की माँगों को थोपा गया। आदिवासी झूम कृषि करते थे और वनों पर आश्रित रहते थे, लेकिन अंग्रेजों द्वारा दोनों चीजों में हस्तक्षेप के परिणामस्वरूप आदिवासियों ने अंग्रेजों के विरुद्ध विद्रोह किया।

3 सूची I को सूची II से सुमेलित कीजिए

(Chap 5, Class-VIII, Old NCERT)

सूची I (विद्रोह)	**सूची II** (स्थान)
A. भीलों का विद्रोह	1. उड़ीसा
B. गोंडों तथा खोंडों का विद्रोह	2. पश्चिमी घाट
C. वेलुथंपी का विद्रोह	3. मध्य प्रदेश और महाराष्ट्र
D. रामोसी विद्रोह	4. त्रावणकोर

कूट

	A	B	C	D
(a)	3	2	4	1
(b)	3	1	4	2
(c)	2	4	3	1
(d)	1	2	3	4

उत्तर (b)

व्याख्या सही सुमेलन A-3, B-1, C-4, D-2 है।

भील विद्रोह पश्चिमी घाट, खानदेश (महाराष्ट्र), मध्य प्रदेश तथा दक्षिणी राजस्थान में घटित विद्रोह था, जिसके मुख्य नेता गोविंद गुरु थे।

गोंडों तथा खोंडों का विद्रोह 1837-56 ई. में उड़ीसा तथा आंध्र प्रदेश में घटित विद्रोह था, जिसके नेता चक्र बिश्नोई थे।

वेलुथम्पी का विद्रोह 1808-09 ई. में त्रावणकोर में हुआ था, जिसके नेता टोलुथंपी दलावा थे।

रामोसी विद्रोह पश्चिमी घाट में 1822-29 ई. में घटित विद्रोह था। इसका नेतृत्व चित्तर सिंह ने किया था।

4 भील आदिवासी आंदोलन के संबंध में कौन-सा कथन सही नहीं है?

(Chap 6, Class-VIII, Old NCERT)

1. यह भारत के उत्तर-पूर्वी भाग में हुआ।
2. यह 1820 ई. में शुरू हुआ और 1831 ई. तक जारी रहा।

कूट

(a) केवल 1
(b) केवल 2
(c) 1 और 2
(d) न तो 1 और न ही 2

उत्तर (c)

व्याख्या भील आदिवासी आंदोलन के संबंध में दोनों कथन सही नहीं हैं। भील जाति के लोग पश्चिमी तट पर स्थित खानदेश में निवास करते थे। खानदेश महाराष्ट्र में स्थित क्षेत्र है। यह विद्रोह उत्तरी-पश्चिमी भाग में हुआ था।

यह विद्रोह सर्वप्रथम 1812 ई. में अंग्रेजों के विरुद्ध प्रारंभ हुआ। भीलों का यह विद्रोह 1831-46 ई. के मध्य अधिक सक्रिय रहा था। अत: वास्तव में, यह विद्रोह 1812 ई. से 1846 ई. के मध्य तक चला।

5 रंपा विद्रोह के संबंध में कौन-सा कथन सही है?

(Chap 9, Class-VIII, Old NCERT)

(a) यह विद्रोह 1886 ई. में हुआ था।
(b) यह एक लोकप्रिय किसान विद्रोह था।
(c) यह वर्तमान महाराष्ट्र में हुआ था।
(d) उपर्युक्त सभी

उत्तर (a)

व्याख्या रंपा विद्रोह के संबंध में कथन (a) सही है। रंपा विद्रोह 1886 ई में आंध्र प्रदेश में हुआ था। यह विद्रोह न केवल ब्रिटिश शासन के विरुद्ध, बल्कि जमींदारों तथा महाजनों के शोषण के विरुद्ध किया गया था। यह विद्रोह आंध्र प्रदेश में अल्लूरी सीताराम राजू के नेतृत्व में किया गया था। इस विद्रोह का प्रमुख कारण मनसबदारों की मनमानी, उनका भ्रष्टाचार और समाज में जंगल कानून का व्याप्त होना था।

6 मुंडा आंदोलन के संदर्भ में कौन-सा कथन सही है?

(Chap 4, Class-VIII, New NCERT)

1. 1895 ई. में बिरसा मुंडा ने अपने अनुयायियों से अपने गौरवशाली अतीत को पुन: प्राप्त करने का आग्रह किया।
2. मुंडा आंदोलन मिशनरियों, साहूकारों तथा हिंदू जमींदारों को बाहर करना चाहता था।
3. वर्ष 1900 में उसकी मृत्यु के बाद यह आंदोलन कमजोर पड़ गया।

कूट

(a) केवल 1 (b) 1 और 2 (c) 2 और 3 (d) 1, 2 और 3

उत्तर (d)

व्याख्या मुंडा आंदोलन के संदर्भ में सभी कथन सही हैं।

बिरसा मुंडा को मुंडा आंदोलन का प्रणेता माना जाता है। इन्होंने 'दिकुओं (बाहरी लोग) के विरुद्ध विद्रोह को एक निरंतर गति प्रदान की। 1895 ई. में बिरसा मुंडा ने अपने अनुयायियों से आग्रह किया कि अपने गौरवपूर्ण अतीत जिसमें वे लोग शांतिपूर्ण जीवन व्यतीत करते थे और अपनी आजीविका चलाते थे, को पुनर्जीवित करने हेतु संकल्पित हों।

बिरसा मुंडा द्वारा प्रारंभ किया गया आंदोलन मिशनरियों, महाजनों, हिंदू भू-स्वामियों और सरकार अर्थात् दिकुओं के विरुद्ध था। इस आंदोलन के राजनीतिक उद्देश्यों से ब्रिटिशों को अत्यंत परेशानी थी।

वर्ष 1900 में बिरसा मुंडा की मृत्यु हैजा के कारण हुई। वास्तव में, एक कुशल नेतृत्व के अभाव में मुंडा आंदोलन कमजोर पड़ गया।

7 बिरसा मुंडा के आंदोलन के संदर्भ में निम्नलिखित कथनों पर विचार कीजिए *(Chap 4, Class-VIII, New NCERT)*

1. बिरसा ने अपने समर्थकों को दिकुओं के उत्पीड़न से आजाद कराने के लिए आंदोलन किया।
2. बिरसा का आंदोलन आदिवासी समाज को सुधारने का आंदोलन था। इसी क्रम में उसने ईसाई मिशनरियों और हिंदू जमींदारों दोनों का विरोध किया।
3. सफेद झंडा बिरसा का राज प्रतीक था।
4. छोटा नागपुर टेनेंसी (रैयत या काश्तकारी) कानून इसी आंदोलन का परिणाम था।

उपर्युक्त में से कितने कथन सही हैं?

(a) केवल एक
(b) केवल दो
(c) सभी चारों
(d) उपर्युक्त में से कोई नहीं

उत्तर *(c)*

व्याख्या बिरसा मुंडा आंदोलन के संदर्भ में सभी कथन सही हैं।

बिरसा ने अपने समर्थकों को बाहरी लोगों (दिकुओं) के उत्पीड़न से आजाद कराने के लिए आंदोलन किया था। बिरसा के समर्थकों में क्षेत्र के अन्य आदिवासी भी शामिल थे।

बिरसा का आंदोलन आदिवासी समाज को सुधारने का दृष्टिकोण था। इसी क्रम में बिरसा मुंडा ने हिंदू जमींदारों तथा ईसाई मिशनरियों दोनों का विरोध किया था। यद्यपि बिरसा के व्यक्तित्व का निर्माण तथा शिक्षा-दीक्षा प्रारंभ में ईसाई मिशनरी में हुई थी। सफेद झंडा बिरसा राज का प्रतीक था।

यद्यपि सरकार द्वारा मुंडा विद्रोह को दबा दिया गया था, किंतु विद्रोह का यह प्रभाव था कि वर्ष 1908 में छोटा नागपुर टेनेंसी (छोटा नागपुर रैयत या काश्त कारी कानून) एक्ट पारित किया गया। यह एक्ट भारतीय स्वतंत्रता आंदोलन के विरुद्ध ब्रिटिश सरकार द्वारा एक दमनकारी कदम था।

8 ब्रिटिश काल में झूम खेती के संदर्भ में निम्नलिखित कथन पर विचार कीजिए *(Chap 5, Class-VIII, Old NCERT)*

1. इसमें लोग जंगलों में छोटे भूखंडों के पेड़ों के ऊपरी हिस्सों को काटकर तथा वहाँ की घास व झाड़ियों को जलाकर साफ करके खेती करते थे।
2. ऐसी खेती करने वाले किसान पूर्वोत्तर और मध्य भारत की पर्वतीय व जंगली पट्टियों में रहते थे।

उपर्युक्त कथनों में से कौन-सा/से कथन सही है/हैं?

(a) केवल 1
(b) केवल 2
(c) 1 और 2 दोनों
(d) न तो 1 और न ही 2

उत्तर *(c)*

व्याख्या ब्रिटिश काल में प्रचलित झूम खेती के संदर्भ में दोनों कथन सही हैं। झूम खेती पूर्वोत्तर भारत, मध्य भारत के पर्वतीय क्षेत्रों तथा जंगली पट्टियों में रहने वाले लोगों के द्वारा की जाती हैं। इसमें लोग जंगलों में छोटे-छोटे भूखंडों में पेड़ों को काटकर साफ कर देते हैं तथा घास और झाड़ियों में आग लगाकर खेती योग्य बनाते हैं।

जब तक वह भूमि खेती योग्य रहती है, तब तक वहाँ खेती की जाती थी तत्पश्चात् उस भूमि को कुछ समय के लिए परती छोड़ दी जाती थी, जिससे वह पुन: उपजाऊ के योग्य हो सके।

ऐसी खेती करने वाले किसान पूर्वोत्तर भारत (असम, और मणिपुर) तथा मध्य भारत की पर्वतीय और जंगली पट्टियों में रहते थे।

9 भारत में 19वीं शताब्दी के जनजातीय विद्रोह के लिए निम्नलिखित में से कौन-से तत्त्व ने साझा कारण मुहैया किया? *(Chap 4, Class-VIII, New NCERT) (IAS Pre 2011)*

(a) भू-राजस्व की नई प्रणाली का लागू होना और जनजातीय उत्पादों पर कर का लगाया जाना
(b) जनजातीय क्षेत्रों में विदेशी धर्म प्रचारकों का प्रभाव
(c) जनजातीय क्षेत्रों में बिचौलियों के रूप में बड़ी संख्या में महाजनों, व्यापारियों और लगान के ठेकेदारों का बढ़ना
(d) जनजातीय समुदायों की प्राचीन भूमि संबंधी व्यवस्था का संपूर्ण विचलन

उत्तर *(d)*

व्याख्या भारत में 19वीं शताब्दी के दौरान देश के विभिन्न भागों में जनजातीय आंदोलन के प्रारंभ होने का मुख्य कारण ब्रिटिशों द्वारा बदलते वन कानून तथा अपने व्यवहार पर लगी पाबंदियाँ थीं।

इस व्यवस्था ने जनजातीय समुदायों की प्राचीन भूमि संबंधी व्यवस्था को बदल दिया, जिसकी प्रतिक्रिया जनजातीय विद्रोहों के माध्यम से सामने आई। इस व्यवस्था से उपजी समस्याओं के कारण विशेषत: नए करों और व्यापारियों व महाजनों द्वारा जनजातियों का अत्यधिक शोषण किया गया।

10 निम्न में से कौन-सा युग्म सही सुमेलित है? *(Chap 6, Class-VIII, Old NCERT)*

	आदिवासी विद्रोह		**स्थान**
(a)	भील	—	मध्य प्रदेश
(b)	कोल	—	हिमाचल प्रदेश
(c)	संथाल	—	महाराष्ट्र
(d)	मेड़	—	असम

उत्तर *(a)*

व्याख्या दिए गए युग्मों में युग्म (a) सही सुमेलित है। भील जनजाति मध्य प्रदेश तथा पश्चिमी घाट में निवास करती थी और इनके द्वारा 1812 ई. से 1846 ई. तक अंग्रेजों के विरुद्ध विद्रोह जारी रहा। इसका नेतृत्व गोविंद गुरु ने किया था।

युग्म (b), (c) और (d) सुमेलित नहीं है, क्योंकि कोल विद्रोह (1831-32 ई.) बंगाल, बिहार और उड़ीसा में प्रारंभ हुआ था। इस विद्रोह का मूल कारण आदिवासियों की भूमि को उनसे छीनकर मुसलमान तथा सिख किसानों को देना था। इसका नेतृत्व गोमधर कुँवर ने किया था।

संथाल विद्रोह (1855-56 ई.) बिहार (वर्तमान झारखंड) में प्रारंभ हुआ था।

मेड़ों का विद्रोह राजस्थान में प्रारंभ हुआ था। इसका नेतृत्व सिद्धू और कान्हू ने किया था।

11 सूची I को सूची II से सुमेलित कीजिए *(Chap 4, Class-VIII, New NCERT)*

सूची I (आदिवासी विद्रोह)	**सूची** II (संबंधित वर्ष)
A. कोल	1. 1910
B. बस्तर	2. 1831-32
C. वर्ली	3. 1945
D. संथाल	4. 1855

कूट

	A	B	C	D		A	B	C	D
(a)	4	2	1	3	(b)	2	1	4	3
(c)	2	1	3	4	(d)	4	1	3	2

उत्तर *(c)*

व्याख्या सही सुमेलन A-2, B-1, C-3, D-4 है।
कोल विद्रोह, बिहार के छोटानागपुर पठार में रहने वाली जनजातियों द्वारा अंग्रेजों के विरुद्ध (1831-32 ई.) प्रारंभ किया गया था।
बस्तर विद्रोह, मध्य भारत में वर्ष 1910 में हुआ था। यह ब्रिटिश राज के विरुद्ध एक आदिवासी विद्रोह था। इसे भूमकाल आंदोलन के रूप में भी जाना जाता है,
वर्ली विद्रोह, वर्ष 1945 में महाराष्ट्र के ठाणे में हुआ था। यह एक किसान आंदोलन था, जिसका नेतृत्व अखिल भारतीय किसान सभा द्वारा किया गया था। यह आंदोलन सामंतवाद और जमींदारी प्रथा के विरुद्ध था।
संथाल विद्रोह की शुरुआत 1855 ई. में झारखंड के संथाल परगना क्षेत्र में संथाल जनजाति द्वारा की गई थी।

किसान आंदोलन

12 नील की खेती के संदर्भ में कौन-सा/से कथन सही है/हैं?

(Chap 3, Class-VIII, New NCERT)

1. अंग्रेजों ने गाँव के मुखिया पर रैयतों की ओर से एक अनुबंध पर हस्ताक्षर करने हेतु दबाव डाला।
2. रैयतों को नील की बहुत कम कीमत मिलती थी।

कूट

(a) केवल 1 (b) केवल 2 (c) 1 और 2 (d) न तो 1 और न ही 2

उत्तर *(c)*

व्याख्या नील की खेती के संदर्भ में दोनों कथन सही हैं।
अंग्रेजों द्वारा गाँव के मुखिया पर रैयती व्यवस्था के अंतर्गत एक अनुबंध पर हस्ताक्षर करने के लिए दबाव डाला जाता था और जो इस अनुबंध पर हस्ताक्षर कर देते थे, उन्हें नील उगाने के लिए कम ब्याज दर पर बागान मालिकों से नकद कर्ज मिल जाता था, लेकिन कर्ज लेने वाले रैयत (किसान) को अपनी जमीन के कम-से-कम 25% भाग पर नील की खेती करनी पड़ती थी।
रैयतों द्वारा नील की खेती पूर्ण हो जाने पर कटाई के पश्चात् उन्हें बागान मालिकों से पुन: कर्ज मिल जाता था और नील की उपज के बदले कम कीमत मिलती थी।

13 नील विद्रोह के संबंध में कौन-सा/से कथन सही नहीं है/हैं?

(a) यह गुजरात में हुआ था। *(Chap 3, Class-VIII, New NCERT)*
(b) गाँव के मुखिया और जमींदारों ने विद्रोह का समर्थन किया।
(c) विद्रोह के परिणामस्वरूप नील आयोग नियुक्त किया गया।
(d) आयोग ने बागान मालिकों को दोषी ठहराया।

उत्तर *(a)*

व्याख्या नील विद्रोह के संबंध में कथन (a) सही नहीं है, क्योंकि नील विद्रोह 1859 ई. में गुजरात में नहीं, बल्कि बंगाल के नदिया जिले से प्रारंभ हुआ था, जब बंगाल के बहुत सारे रैयतों ने नील की खेती करने से इंकार कर दिया था। नील दर्पण बांग्ला भाषा का प्रसिद्ध नाटक है, जिसके रचयिता दीनबन्धु मित्र हैं। इस नाटक में नील विद्रोह का वर्णन रंगमंच के रूप किया गया था, जो नील विद्रोह का कारण बना था।

14 निम्नलिखित कथनों पर विचार कीजिए

(Chap 13, Class-XII, Old NCERT)

1. बारदोली सत्याग्रह वर्ष 1928 में हुआ था।
2. इसकी अध्यक्षता सरदार वल्लभभाई पटेल ने की थी।
3. उन्होंने किसानों द्वारा 'कर नहीं देने' का आंदोलन चलाया।

उपर्युक्त में से कितने कथन सही हैं?

(a) केवल एक (b) केवल दो
(c) सभी तीन (d) इनमें से कोई नहीं

उत्तर *(c)*

व्याख्या दिए गए सभी कथन अर्थात् (1, 2 और 3) सही हैं। बारदोली सत्याग्रह भारतीय स्वाधीनता संग्राम के दौरान जून, 1928 में गुजरात में हुआ एक प्रमुख किसान आंदोलन था। जिसका नेतृत्व सरदार वल्लभभाई पटेल ने किया था। तत्कालीन प्रांतीय सरकार ने किसानों के लगान में 30% तक वृद्धि कर दी थी। वल्लभभाई पटेल ने लगान वृद्धि का विरोध किया था और किसानों से कर न देने की अपील की थी। आंन्दोलन सफल होने के फलस्वरूप इन्हें सरदार की उपाधि दी गई थी।

15 ''एक संन्यासी, जो फिजी में एक गिरमिटिया मजदूर के रूप में कार्य करने के बाद उस जिले में अपनी पीठ पर तुलसीदास रामायण की एक प्रति लेकर आया था, जिससे वह ग्रामीण श्रोताओं को छंद सुनाता था।'' यहाँ जिस किसान नेता का वर्णन है वह है

(Chap 5, Class-VIII, Old NCERT) (BPSC Pre 2023)

(a) बाबा रामचंद्र (b) झींगुरी सिंह
(c) यदुनंदन शर्मा (d) इनमें से कोई नहीं

उत्तर *(a)*

व्याख्या बाबा रामचंद्र एक संन्यासी थे, जो गिरमिटिया मजदूर के रूप में फिजी गए थे, कुछ वर्षों तक वहाँ रहने के बाद ये वापस भारत आए। भारत आने पर ये किसान आंदोलन से जुड़े तथा अवध के ग्रामीण क्षेत्रों में पीठ पर रामचरितमानस की प्रति लेकर जाते और लोगों को उसके छंदों को सुनाकर जागरूक करते थे।

16 कथन (A) वर्ष 1920-22 और वर्ष 1930-34 के दो राष्ट्रवादी जन आंदोलनों ने बड़े पैमाने पर किसानों और श्रमिकों का राजनीतिकरण किया था।
कारण (R) किसानों और श्रमिकों के शोषण ने उन्हें अंग्रेजों के विरुद्ध आवाज उठाने के लिए प्रेरित किया।

कूट *(Chap 13, Class-XII, Old NCERT)*

(a) A और R दोनों सही हैं तथा R, A की सही व्याख्या है
(b) A और R दोनों सही हैं, परंतु R, A की सही व्याख्या नहीं है
(c) A सही, किंतु R गलत है
(d) A गलत, किंतु R सही है

उत्तर *(a)*

व्याख्या A और R दोनों सही हैं तथा R, A की सही व्याख्या है।
वर्ष 1920-22 के असहयोग आंदोलन और वर्ष 1930-34 के बीच के सविनय अवज्ञा आंदोलन ने बड़े पैमाने पर किसानों और श्रमिकों को भारतीय राजनीति की ओर अग्रसर किया था।
विगत दशकों से अंग्रेजों के द्वारा होते आ रहे शोषण ने एक ऐसी स्थिति उत्पन्न कर दी थी कि किसान और श्रमिक बीसवीं सदी के दौरान हुए दो महत्त्वपूर्ण आंदोलनों का अंग बनकर उन्होंने अंग्रेजों के विरोध में आवाज उठाई।

17 17वीं और आरंभिक 18वीं शताब्दी के निम्नलिखित जाट किसान नेताओं के बारे में विचार कीजिए

(Chap 5, Class-VIII, Old NCERT)
(IAS Pre 2021)

1. बदन सिंह 2. राजाराम जाट
3. गोकुल सिंह जाट 4. चूड़ामन जाट

उपर्युक्त नेताओं का सही कालक्रम कौन-सा है?

(a) 3, 2, 4, 1
(b) 1, 2, 3, 4
(c) 3, 4, 1, 2
(d) 2, 3, 1, 4

उत्तर *(a)*

व्याख्या 17वीं और आरंभिक 18वीं शताब्दी के जाट किसान नेताओं का सही कालानुक्रम 3, 2, 4, 1 है।

गोकुल सिंह जाट, जाट नेता में सबसे प्रथम थे। इन्होंने 1666 ई. में मुगलों को तिलपत की लड़ाई में पराजित किया था। ये तिलपत गाँव के सरदार थे और इन्होंने मुगलों की कर नीति का विरोध किया था।

राजाराम जाट (1670-88), 16 सिनसिनी जाटों के सरदार थे। ये पहले जाट नेता थे, जिन्होंने औरंगजेब के विरुद्ध विद्रोह किया था।

चूड़ामन सिंह (1695-1721 ई.), सिनसिनी के राजा थे और भारत में भरतपुर (राजस्थान) के जाट राज्य के प्रमुख थे।

बदन सिंह, जोकि चूड़ामन का भतीजा था, इसने अपनी शासनावधि (1721-1756 ई.) के दौरान एक शक्तिशाली सेना का गठन किया और नादिरशाह के आक्रमण के पश्चात् हुई अव्यवस्था का लाभ उठाकर आगरा तथा मथुरा पर अधिकार कर लिया।

नागरिक विद्रोह/अपदस्थ शासक/जमींदार

18 निम्न में से कौन-सा 1857 से पूर्व हुए नागरिक विद्रोहों का प्राथमिक कारण था? *(Chap 6, Class-VIII, Old NCERT)*

(a) अंग्रेजों एवं साहूकारों द्वारा गाँव के कारीगरों और किसानों का शोषण।
(b) अंग्रेजों द्वारा अर्थव्यवस्था, प्रशासन और भू-राजस्व व्यवस्था में तीव्र गति से किया गया परिवर्तन।
(c) भू-राजस्व की माँगों को तेज करने और यथासंभव बड़ी राशि निकालने की औपनिवेशिक नीति
(d) बढ़े राजस्व का एक हिस्सा भी कृषि के विकास या किसानों के कल्याण पर खर्च नहीं करना।

उत्तर (b)

व्याख्या अंग्रेजों द्वारा अर्थव्यवस्था, प्रशासन और भू-राजस्व व्यवस्था में तीव्र गति से किया गया परिवर्तन 1857 से पूर्व हुए नागरिक विद्रोहों का प्राथमिक कारण था। इन परिस्थितियों ने भारतीय समाज के एक बहुत बड़े वर्ग को जिसमें किसान, श्रमिक, आदिवासी जनजाति आदि सम्मिलित थे, अंग्रेजों के विरुद्ध विद्रोह और नागरिक प्रदर्शन हेतु अग्रसर किया।

19 पोलीगरों के संदर्भ में विचार कीजिए *(Chap 5, Class-VIII, Old NCERT)*

1. पोलीगर दक्षिण भारत में किसानों के शोषण के विरुद्ध जमींदारों तथा अंग्रेजों के विरुद्ध विद्रोह करने वाला समूह था।
2. पोलिगरों का विद्रोह 1795 से 1805 ई. के मध्य हुआ था।
3. मुरुद-पाड्यन, कोट्टबोम्मन् तथा पायचे राजा इस आंदोलन के प्रमुख नेता थे।

उपर्युक्त में से कितने कथन सही हैं?

(a) केवल 1 (b) केवल दो
(c) सभी तीन (d) इनमें से कोई नहीं

उत्तर (b)

व्याख्या पोलीगरों के संदर्भ में केवल दो कथन अर्थात् (2) और (3) सही हैं।

पोलीगर विद्रोह 1795 ई. से 1805 ई. के मध्य हुआ था। कुछ इतिहासकारों द्वारा इस विद्रोह को भारत की स्वाधीनता का पहला युद्ध कहा गया, जिसका नेतृत्व जमीदारों द्वारा किया गया था।

इस विद्रोह के प्रमुख नेता मुरुद पाड्यन, कोट्टबोम्मन् और पायचे राजा थे, जो दक्षिण भारत के प्रमुख विद्रोह में शामिल थे।

कथन (1) सही नहीं है, क्योंकि पोलीगर दक्षिण भारत में अंग्रेजों के विरुद्ध विद्रोह करने वाले जमींदार थे। इन्होंने जमींदारों के विरुद्ध विद्रोह नहीं किया था।

20 खुर्दा विद्रोह के संबंध में निम्न में से कौन-सा/से कथन सही है/हैं? *(Chap 5, Class-VIII, New NCERT)*

1. यह विद्रोह 1790 ई. में हुआ था।
2. इसका नेतृत्व बख्शी जगबंधु ने किया था।
3. पाइका ने थाने और अन्य सरकारी प्रतिष्ठानों पर हमला किया।
4. इस विद्रोह में रैयत एवं जमींदार दोनों शामिल हुए।

कूट

(a) 1, 2 और 3 (b) 2, 3 और 4
(c) 1, 2 और 4 (d) 1, 2, 3 और 4

उत्तर (b)

व्याख्या खुर्दा विद्रोह के संबंध में कथन (2), (3) और (4) सही हैं।

खुर्दा विद्रोह को 'पाइका विद्रोह' के नाम से भी जाना जाता है। यह ब्रिटिश ईस्ट इंडिया कंपनी की शोषणकारी नीतियों के विरुद्ध उड़ीसा में पाइका जाति के लोगों द्वारा किया गया एक सशस्त्र, व्यापक आधार वाला और संगठित विद्रोह था। इस विद्रोह के नेता या नेतृत्वकर्ता बक्शी जगबंधु थे। 1803 ई. में ईस्ट इंडिया कंपनी द्वारा खुर्दा (उड़ीसा) की विजय के बाद पाइको की शक्ति एवं प्रतिष्ठा घटने लगी थी। पाइका ने थाने और अन्य सरकारी प्रतिष्ठानों पर भी हमला किया।

कंपनी की जबरन वसूली वाली भू-राजस्व नीति ने किसानों और जमींदारों को एक समान रूप से प्रभावित किया। अत: दोनों इस विद्रोह में शामिल हुए।

कथन (1) सही नहीं है, क्योंकि खुर्दा (पाइका) विद्रोह 1790 ई. में नहीं, बल्कि 1817 ई. में हुआ था।

21 निम्न कथनों को पढ़कर सही विकल्प चुनें *(Chap 5, Class-VIII, Old NCERT) (CGPSC Pre 2021)*

1. गंजाम विद्रोह 1800 ई. से 1805 ई. में हुआ।
2. गंजाम विद्रोह का नेतृत्व धनंजय ने किया।
3. गुमसुर के विद्रोह का नेतृत्व श्रीकर भांजा ने किया।
4. धनंजय, श्रीकर भांजा के पिता थे।

उपर्युक्त में से कौन-सा/कौन-से कथन सही है/हैं?

(a) 1, 2 और 3 (b) 1, 2 और 4
(c) 1 और 2 (d) केवल 1

उत्तर (a)

व्याख्या दिए गए कथनों में कथन (1), (2) और (3) सही हैं।

गंजाम और गुमसुर में लंबे समय से विद्रोह की स्थिति बनी रही। गंजाम विद्रोह 1800-1805 ई. के मध्य हुआ था। इस विद्रोह का नेतृत्व धनंजय भांजा (गुमसुर का जमींदार) ने किया था।

प्रारंभ में गुमसुर विद्रोह का नेतृत्व श्रीकर भांजा तथा बाद में इनके बेटे धनंजय भांजा ने किया था। धनंजय ने 1835 ई. में गुमसुर के जमींदारों लगान के बकाया को लेकर विद्रोह किया था। ये दोनों ही विद्रोह अंग्रेजों के विरुद्ध थे। फरवरी, 1835 तक अंग्रेजों द्वारा गुमसुर विद्रोह को दबा दिया गया।

कथन (4) सही नहीं है, क्योंकि धनंजय श्रीकर भांजा का बेटा था।

22 निम्न में से कौन-सा/से कथन सही है/हैं? *(Chap 5, Class-VIII, New NCERT)*

(a) 1795 ई. से 1805 ई. तक दक्षिण भारत में अंग्रेजों के विरुद्ध भयंकर विद्रोह हुआ।
(b) इस विद्रोह का नेतृत्व जमींदारों द्वारा किया गया, जिन्हें पोलीगार कहते हैं।
(c) पोलिगरों ने जनता की सहायता से अंग्रेजों के विरुद्ध विद्रोह किया।
(d) उपर्युक्त सभी

उत्तर (d)

व्याख्या दिए गए सभी कथन सही हैं।

दक्षिण भारत में 1795 ई. से 1805 ई. के बीच अंग्रेजों को भीषण विद्रोह का सामना करना पड़ा। यह विद्रोह पोलिगारों द्वारा किया गया था, जो जमींदार थे। पोलिगरों को सत्ता विजयनगर साम्राज्य के दौरान विरासत में मिली थी, इसलिए पोलिगरों को विद्रोह के समय तत्कालीन दक्षिण भारतीय क्षेत्र मद्रास, उत्तरी अर्काट का तिरुनेल्वेली जिला और आंध्र प्रदेश के अभ्यर्पति जिलों के स्थानीय किसानों का भी समर्थन प्राप्त था।

23 उस व्यक्ति का नाम बताइए, जिसने मणिपुर में ब्रिटिश विरोधी विद्रोह का नेतृत्व किया, किंतु विद्रोह को दबा दिया गया और उसकी हत्या कर दी गई। *(Chap 9, Class-VIII, Old NCERT)*

(a) वासुदेव बलवंत (b) हीरा सिंह
(c) टिकेंद्रजीत सिंह (d) तीरथ सिंह

उत्तर (c)

व्याख्या मणिपुर में ब्रिटिश विरोधी विद्रोह का नेतृत्व टिकेंद्रजीत सिंह ने किया था। वे महान देशभक्त और ब्रिटिश साम्राज्यवादी योजना के घोर विरोधी थे। इन्होंने ब्रिटिशों की विस्तारवादी नीतियों से लोगों को अवगत कराया था, जिसके परिणामस्वरूप 1891 ई. में आंग्ल-मणिपुर युद्ध प्रारंभ हुआ, हालाँकि इस युद्ध में अंग्रेज विजयी हुए और टिकेंद्रजीत सिंह को फाँसी दे दी गई। जिसे वर्तमान में वीर टिकेंद्र जीत पार्क के नाम से जाना जाता है।

24 फड़के सशस्त्र विद्रोह के संदर्भ में निम्न में से कौन-सा/से कथन सही है/हैं? *(Chap 9, Class-VIII, Old NCERT)*

(a) यह विद्रोह 1879 ई. में हुआ था।
(b) इसका नेतृत्व वासुदेव बलवंत फड़के ने किया था।
(c) यह विद्रोह ब्रिटिश शासन के विरुद्ध शुरू हुआ था।
(d) उपर्युक्त सभी

उत्तर (d)

व्याख्या फड़के सशस्त्र विद्रोह के संदर्भ में सभी कथन सही हैं।

फड़के सशस्त्र विद्रोह 1879 ई. में महाराष्ट्र में वासुदेव बलवंत फड़के के नेतृत्व में प्रारंभ हुआ था। ब्रिटिश काल में किसानों की दयनीय स्थिति को देखते हुए फड़के ने कोली, भील तथा धांगड़ जातियों को एकत्र कर 'रामोशी' नामक एक क्रांतिकारी संगठन का निर्माण किया। अपने इस मुक्ति संग्राम के लिए इन्होंने महाजनों और धनी अंग्रेज साहूकारों को लूटकर धन एकत्र किया, परंतु यह विद्रोह अधिक समय तक जारी न रह सका तथा फड़के को पकड़ लिया गया और आजीवन कारावास की सजा दी गई।

25 कूका आंदोलन के संदर्भ में कौन-सा/से कथन सही है/हैं? *(Chap 9, Class-VIII, Old NCERT)*

1. कूका आंदोलन का नेतृत्व गुरु रामसिंह ने किया था।
2. उन्होंने अंग्रेजों द्वारा समर्पित भ्रष्ट महंतों के विरुद्ध विद्रोह किया।

कूट

(a) केवल 1 (b) केवल 2
(c) 1 और 2 (d) न तो 1 और न ही 2

उत्तर (a)

व्याख्या कूका आंदोलन के संदर्भ में कथन (1) सही है। कूका विद्रोह या आंदोलन 1871-72 ई. में पंजाब के कूका लोगों द्वारा किया गया एक सशस्त्र विद्रोह था, जिसका नेतृत्व बालक सिंह तथा उनके अनुयायी गुरु रामसिंह ने किया था। प्रारंभ में कूका आंदोलन सिक्ख पंथ में व्याप्त अंधविश्वास और बुराइयों को दूर करने के लिए किया गया, लेकिन बाद में यह आंदोलन एक राजनीतिक आंदोलन में परिवर्तित हो गया।

कथन (2) सही नहीं है, क्योंकि कूका विद्रोह अंग्रेजों द्वारा गायों की हत्या को बढ़ावा देने के विरोध में किया गया था न कि यह भ्रष्ट महंतों के विरुद्ध किया गया था।

विविध

26 वहाबियों के संदर्भ में निम्न में से कौन-सा/से कथन सही है/हैं? *(Chap 6, Class-VIII, Old NCERT)*

1. सैयद अहमद बरेलवी इसके मुख्य प्रवर्तक थे।
2. बंगाल और बिहार इस संप्रदाय के प्रमुख आधार थे।
3. उन्होंने लोगों से ब्रिटिश शासन को उखाड़ फेंकने के लिए इस पवि[त्र] युद्ध में शामिल होने का आग्रह किया।

कूट

(a) केवल 1 (b) 1 और 2
(c) 2 और 3 (d) 1, 2 और 3

उत्तर (d)

व्याख्या वहाबियों के संदर्भ में सभी कथन सही हैं।

वहाबी संप्रदाय इस्लाम की एक शाखा थी, जो अत्यंत कट्टर मानी जाती थी। वहाबी आंदोलन शाह वली उल्लाह ने प्रारंभ किया था। तत्पश्चात् सैयद अहम[द] बरेलवी ने इस आंदोलन को आगे बढ़ाया था। इनके अनुयायियों को वहाबी कह[ा] जाता था।

यह एक पुनर्जागरण आंदोलन था, जो 1828 ई. से 1888 ई. तक चलता रह[ा।] इसका प्रमुख केंद्र पटना था। बिहार और बंगाल के किसान वर्ग, कारीगर औ[र] दुकानदारों ने वहाबी आंदोलन को समर्थन दिया था।

वहाबी आंदोलन के समर्थकों ने लोगों से ब्रिटिश शासन को जड़ से समाप्त कर[ने] हेतु इस पवित्र युद्ध में शामिल होने का आग्रह किया था।

27 निम्न में से किस स्थान पर 1857 के विद्रोह से पहले लोकप्रिय सिपाहियों के विद्रोह हुए थे? *(Chap 6, Class-VIII, Old NCERT)*

1. वेल्लूर 2. लखनऊ
3. बैरकपुर 4. बॉम्बे

कूट

(a) 1 और 2
(b) 1 और 3
(c) 2 और 3
(d) 3 और 4

उत्तर (b)

व्याख्या वेल्लूर और बैरकपुर नामक स्थान पर 1857 ई. के विद्रोह से पू[र्व] लोकप्रिय सिपाहियों का विद्रोह हुआ था। अपने प्रारंभ के विद्रोह को देखते हु[ए] कंपनी की फौज में शामिल सिपाहियों ने भी 1806 ई. में वेल्लूर विद्रोह औ[र] 1824 ई. में बैरकपुर विद्रोह किया था। वेल्लूर में टीपू सुल्तान के बेटों [को] अंग्रेजों ने बसाया था और कहीं-न-कहीं उनकी मौजूदगी कंपनी में कार्यर[त] सिपाहियों के लिए प्रेरणा स्रोत थी।

28 भारत में 1857 के विद्रोह से पूर्व हुए सिपाही विद्रोह के संदर्भ में निम्न में से कौन-सा कथन सही नहीं है? *(Chap 6, Class-VIII, Old NCERT)*

(a) वेल्लूर विद्रोह 1806 ई. में हुआ था।
(b) बैरकपुर में विद्रोह का नेतृत्व 47वीं नेटिव इंफैंट्री ने किया था।
(c) 'a' और 'b' दोनों
(d) उपर्युक्त में से कोई नहीं

उत्तर (d)

व्याख्या भारत में 1857 के विद्रोह से पूर्व हुए सिपाही विद्रोह के संदर्भ [में] कोई भी कथन सही नहीं है।

वेल्लूर विद्रोह (1806) और बैरकपुर विद्रोह (1824) दोनों 1857 की क्रां[ति] के पूर्व घटित हुए थे। बैरकपुर में 47वीं नेटिव इंफैंट्री के सिपाहियों ने विद्रो[ह] किया था, जिसे देखकर ब्रिटिश भी आश्चर्यचकित थे। यह विद्रोह मुख्य रूप [से] चर्बी लगे कारतूसों के प्रयोग करने को लेकर था।

अध्याय 26

सामाजिक-धार्मिक सुधार आंदोलन

सामाजिक-धार्मिक सुधार आंदोलन

सामाजिक सुधार आंदोलन

ब्रह्म समाज
- 1828 ई. में राजा राम मोहन राय द्वारा स्थापित
- उद्देश्य हिंदू धर्म को शुद्ध करना और एकेश्वरवाद का प्रचार करना
- महिला मुक्ति; मूर्ति पूजा का विरोध और सती प्रथा का विरोध।

सत्यशोधक समाज
- 1873 ई. में ज्योतिबा फुले द्वारा स्थापित
- महिलाओं और निचली जाति के लोगों के बीच शिक्षा का प्रसार

प्रार्थना समाज
- 1867 ई. में केशवचंद्र सेन की मदद से आत्माराम पांडुरंग द्वारा स्थापित
- उद्देश्य जाति व्यवस्था, महिला शिक्षा, विधवा पुनर्विवाह की अस्वीकृति

आर्य समाज
- औपचारिक रूप से 1875 ई. में बंबई में दयानंद सरस्वती द्वारा स्थापित;
- हिंदू धर्म में सुधार और शिक्षा प्रदान करने पर ध्यान केंद्रित।

रामकृष्ण मिशन
- स्वामी विवेकानंद द्वारा अपने आध्यात्मिक गुरु रामकृष्ण परमहंस के नाम पर स्थापित;
- वंचितों की भलाई के लिए काम किया

युवा बंगाल आंदोलन
- युवाओं के बीच एक बौद्धिक और क्रांतिकारी आंदोलन
- हेनरी विवियन डेरोजियो के नेतृत्व में

थियोसोफिकल सोसायटी
- 1875 ई. में न्यूयॉर्क में मैडम एच.पी. ब्लावाटस्की और कर्नल एच. एस. ओल्काट द्वारा थियोसोफिकल सोसायटी की स्थापना की
- भारत में ऐनी बेसेंट के उद्भव के बाद इसमें तेजी आई।

धार्मिक सुधार आंदोलन

राधा स्वामी आंदोलन
- 1861 ई.में तुलसी राम और शिव दयाल साहद द्वारा स्थापित; एक सर्वोच्च सत्ता में विश्वास
- गुरु की सर्वोच्चता

देव समाज
- 1887 ई. में लाहौर में शिव नारायण अग्निहोत्री द्वारा स्थापित; सर्वोच्च सत्ता के कार्य पर बल
- गुरु की श्रेष्ठता

वहाबी आंदोलन
- मुस्लिम पुनरुत्थानवादी; पश्चिमी प्रभावों और पतन की प्रतिक्रिया;
- सैयद अहमद बरेलवी के नेतृत्व में; 1857 ई. के विद्रोह में महत्त्वपूर्ण भूमिका निभाई।

अहमदिया आंदोलन
- 1889 ई. में कादियान के मिर्जा गुलाम अहमद द्वारा आरंभ; जिहाद का विरोध किया;
- समस्त मानवता के सार्वभौमिक धर्म के सिद्धंतों की वकालत की

देवबंद आंदोलन
- 1867 ई. में मुहम्मद कासिम नानौतवी और रशीद अहमद गंगोही द्वारा स्थापित;
- उद्देश्य कुरान और हदीस की शिक्षाओं को लोकप्रिय बनाना

निरंकारी आंदोलन
- बाबा दयाल दास द्वारा स्थापित;
- मूर्ति पूजा, मांस खाना और शराब पीना अस्वीकार किया

सिंह सभा आंदोलन
- सिख धर्म को अंधविश्वासों और जाति भेदों से मुक्त कराने के लिए संघर्ष किया;
- सिखों में शिक्षा को बढ़ावा दिया।

पारसी समुदाय में धार्मिक सुधार
- रहनुमायी मज्दायसन सभा का गठन दादाभाई नौरोजी और एस.एस. बंगाली द्वारा किया गया।

प्रमुख समाज सुधारक

राजा राममोहन राय
- भारतीय पुनर्जागरण के अग्रदूत
- 1814 ई. में आत्मीय सभा तथा 1825 ई. में वेदांत कॉलेज की स्थापना की।
- 1817 ई. में राजा राममोहन राय और डेविड हेयर द्वारा कलकत्ता में हिंदू कॉलेज की स्थापना।

स्वामी दयानंद सरस्वती
- 'पुनः वेदों की ओर लौटो' का नारा दिया।
- 'सत्यार्थ प्रकाश' वेद भाष्य की भूमिका, पाखंड खंडन तथा ऋग्वेद भाष्य प्रमुख पुस्तकें
- परिवर्तन एवं सामाजिक सुधारों के कारण, इन्हें भारत का मार्टिन लूथर किंग कहा गया।

स्वामी विवेकानंद
- मूल नाम नरेंद्रनाथ दत्त
- स्वामी जी को 19वीं सदी के हिंदू नवजागरण का संस्थापक भी कहा जाता था।
- आधुनिक राष्ट्रीय आंदोलन का आध्यात्मिक पिता भी कहा जाता है।

ईश्वरचंद विद्यासागर
- बंगाल के पुनर्जागरण का अग्रदूत माना गया।
- 1856 ई. में हिंदू विधवा पुनर्विवाह अधिनियम पारित।
- 1849 ई. में बेथुन स्कूल की स्थापना में महत्त्वपूर्ण योगदान दिया।

ऐनी बेसेंट
- भारत में वर्ष 1916 में होमरूल लीग आंदोलन की शुरुआत की।
- 1898 ई. में बनारस में सेंट्रल हिंदू स्कूल की स्थापना।

गोपाल हरि देशमुख
- महाराष्ट्र के प्रसिद्ध समाज सुधारक
- 1848 ई. में प्रभाकर नामक पत्रिका का प्रकाशन आरंभ किया।
- 'लोक हितवादी' के नाम से लोकप्रिय

SOURCE Old NCERT Class VIII धार्मिक तथा सामाजिक सुधार आंदोलन और सांस्कृतिक जागृति, Old NCERT Class XIII 19वीं सदी के पूर्वार्द्ध में सामाजिक और सांस्कृतिक जागरण, 1858 के बाद के धार्मिक और सामाजिक सुधार, Tamil Nadu Board, Class-XII, आधुनिक भारत में सामाजिक परिवर्तन

समाज सुधार आंदोलन

1 राजा राममोहन राय के संबंध में निम्नलिखित कथनों पर विचार कीजिए *(Chap 8, Class-XIII, New NCERT)* *(Chap 5, Class-XII, Old NCERT)*

1. ये 19वीं सदी के पूर्वार्द्ध में सामाजिक एवं सांस्कृतिक जागरण के प्रमुख नेता थे।
2. राजा राममोहन राय संस्कृत, फारसी, अरबी, अंग्रेजी तथा फ्रांसीसी भाषा जानते थे।
3. 1809 ई. में इन्होंने फारसी में अपनी प्रसिद्ध पुस्तक 'एकेश्वरवादियों को उपहार' (Gift to Monotheists) लिखी।

उपर्युक्त में से कौन-सा/से कथन सही है/हैं?

(a) 1 और 2 (b) 2 और 3
(c) 1 और 3 (d) 1, 2 और 3

उत्तर *(d)*

व्याख्या राजा राममोहन राय के संबंध में दिए गए सभी कथन सही हैं।

राजा राममोहन राय 19वीं सदी के पूर्वार्द्ध में सामाजिक और सांस्कृतिक जागरण के प्रमुख नेता थे, इसलिए राजा राममोहन राय को 'भारतीय पुनर्जागरण का अग्रदूत' माना जाता है।

राजा राममोहन राय प्राच्य और पाश्चात्य चिंतन के संश्लिष्ट (मिले-जुले) रूप के प्रतिनिधि थे। वे संस्कृत, फारसी, अरबी, अंग्रेजी, फ्रांसीसी, ग्रीक और हिब्रू सहित एक दर्जन से अधिक भाषाओं के जानकार थे।

इन्होंने 1809 ई. में फारसी में अपनी प्रसिद्ध पुस्तक 'एकेश्वरवादियों को उपहार' लिखी, जिसमें उन्होंने अनेक देवताओं में विश्वास के विरुद्ध और एकेश्वरवाद के पक्ष में मजबूती के साथ तर्क दिए।

2. ब्रह्म समाज के संदर्भ में निम्न में से कौन-सा/से कथन सही है/हैं? *(Chap 8, Class-VIII, New NCERT)*

1. इसकी स्थापना 1828 ई. में हुई थी।
2. इसने मूर्ति पूजा तथा सती प्रथा जैसी सामाजिक कुरीतियों का विरोध किया।
3. इस समाज की यह मान्यता थी कि वेद त्रुटिहीन हैं।

कूट

(a) केवल 1 (b) 2 और 3
(c) 1, 2 और 3 (d) इनमें से कोई नहीं

उत्तर *(c)*

व्याख्या ब्रह्म समाज के संदर्भ में सभी कथन सही हैं। राजा राममोहन राय ने 1828 ई. में ब्रह्म सभा नाम की एक धार्मिक संस्था की स्थापना की, जिसे बाद में ब्रह्म समाज कहा गया। इसका उद्देश्य हिंदू धर्म को स्वच्छ बनाना और एकेश्वरवाद की शिक्षा देना था। ब्रह्म समाज ने मानवीय प्रतिष्ठा पर बल दिया तथा मूर्ति पूजा और सती प्रथा जैसी सामाजिक कुरीतियों की आलोचना की। ब्रह्म समाज के दो आधार थे- तर्क शक्ति और वेद तथा उपनिषद् क्योंकि यह समाज वेदों को त्रुटिरहित मानता था।

3 निम्न में से कौन-सा श्रेय राजा राममोहन राय को जाता है? *(Chap 8, Class-VIII, New NCERT)*

1. अंग्रेजी शिक्षा को बढ़ावा और प्रचार 2. हिंदू धर्म में सुधार
3. महिलाओं के अधिकार के समर्थक
4. बहुविवाह और महिलाओं की अपमानजनक स्थिति के विरोधी

कूट

(a) 1 और 4 (b) 1 और 2
(c) 2, 3 और 4 (d) ये सभी

उत्तर *(d)*

व्याख्या प्रश्न में वर्णित सभी का श्रेय राजा राममोहन राय को जाता है। राजा राममोहन राय की गतिविधियाँ धार्मिक सुधार तक ही सीमित नहीं थीं। उन्होंने भारत में अंग्रेजी शिक्षा को प्रारंभ करने का समर्थन किया था।

उनका मानना था कि भारत में ज्ञान-विज्ञान को बढ़ावा देने हेतु अंग्रेजी शिक्षा भी आवश्यक है। उन्होंने सती प्रथा, मूर्ति पूजा आदि कुरीतियों को समाप्त कर हिंदू धर्म में सुधार की शुरुआत की थी।

उन्होंने बहुपत्नी प्रथा का विरोध किया, साथ ही स्त्रियों के लिए शिक्षा की व्यवस्था पर बल दिया और महिलाओं को संपत्ति में उत्तराधिकार के रूप में शामिल करने की बात भी की, जिससे यह स्पष्ट होता है कि वे महिलाओं की स्थिति में सुधार के पक्षधर थे।

4 कथन (A) **राजा राममोहन राय ने विज्ञान की शिक्षा पर जोर देने की माँग उठाई।**

कारण (R) **उनका मानना था कि भारत में पिछड़ेपन का प्रमुख कारण विज्ञान की उपेक्षा होना है।** *(Chap 8, Class-VIII, Old NCERT)*

कूट

(a) A और R दोनों सही हैं तथा R, A की सही व्याख्या है
(b) A और R दोनों सही हैं, परंतु R, A की सही व्याख्या नहीं है
(c) A सही, किंतु R गलत है
(d) A गलत, किंतु R सही है

उत्तर *(a)*

व्याख्या A और R दोनों सही हैं तथा R, A की सही व्याख्या है।

राजा राममोहन राय ने विज्ञान की शिक्षा पर जोर देने की माँग उठाई थी।

राजा राममोहन राय जैसे अनेक भारतीय सुधारकों ने अंग्रेजी शिक्षा का समर्थन किया था, जिसका प्रमुख कारण यह था कि वे विज्ञान की शिक्षा को विशेष महत्त्व देते थे, क्योंकि इनका विश्वास था कि भारत के पिछड़ेपन का कारण भारत में विज्ञान की उपेक्षा होना है। तत्पश्चात् कई सुधारकों ने विज्ञान को लोकप्रिय बनाने के लिए वैज्ञानिक संस्थाएँ स्थापित की थीं।

5 यंग बंगाल आंदोलन के संबंध में कौन-सा कथन सही नहीं है? *(Chap 8, Class-VIII, Old NCERT)*

(a) इस आंदोलन का नेतृत्व लॉर्ड हेनरी ने किया था।
(b) इस आंदोलन ने सामाजिक व धार्मिक रूढ़ियों को तोड़ा।
(c) अभिव्यक्ति की स्वतंत्रता और स्त्रियों की शिक्षा के लिए माँग उठाई
(d) इसने फ्रांस की क्रांति तथा इंग्लैंड के उदय चिंतन के आदर्श प्रस्तुत किए।

उत्तर *(a)*

व्याख्या यंग बंगाल आंदोलन के संबंध में कथन (a) सही नहीं है, क्योंकि यंग बंगाल आंदोलन का नेतृत्व लॉर्ड हेनरी ने नहीं, बल्कि हेनरी लुई विवियन डेरोजियो ने किया था। बंगाल में आधुनिकीकरण के आंदोलन को आगे बढ़ाने में युवा सामाजिक कार्यकर्ता हेनरी लुई विवियन डेरोजियो का बहुत बड़ा योगदान रहा।

6 ईश्वरचंद्र विद्यासागर के संबंध में निम्न कथनों पर विचार कीजिए *(Chap 5, Class-XII, Old NCERT)*

1. उन्होंने संस्कृत कॉलेज गैर-ब्राह्मण विद्यार्थियों के लिए भी खोल दिए।
2. इन्होंने विधवा पुनर्विवाह का समर्थन किया तथा इसके लिए सफल आंदोलन भी चलाया।
3. इन्होंने बाल विवाह तथा बहुविवाह का समर्थन किया।

उपर्युक्त में से कितने कथन सही है/हैं?

(a) केवल एक
(b) केवल दो
(c) सभी तीन
(d) उपर्युक्त में से कोई नहीं

उत्तर *(b)*

व्याख्या ईश्वरचंद्र विद्यासागर के संबंध केवल दो कथन अर्थात् (1) और (2) सही हैं। आधुनिक भारत के निर्माण में ईश्वरचंद्र विद्यासागर का महत्त्वपूर्ण योगदान रहा है। उन्होंने संस्कृत पढ़ाने की नई तकनीक को विकसित किया, साथ ही संस्कृत कॉलेज के द्वार गैर-ब्राह्मण विद्यार्थियों के लिए खोल दिए, क्योंकि वे संस्कृत के अध्ययन पर ब्राह्मण जाति के तत्कालीन एकाधिकार के विरोधी थे।

ईश्वरचंद्र विद्यासागर ने नारी जाति के उत्थान हेतु विधवा पुनर्विवाह की प्रथा का समर्थन किया। इन्होंने 1855 ई. में विधवा पुनर्विवाह के पक्ष में आवाज उठाई, जो शीघ्र एक आंदोलन में बदल गया।

कथन (3) सही नहीं है, क्योंकि ईश्वरचंद्र विद्यासागर ने 1850 ई. में बाल विवाह का विरोध किया और उन्होंने बहुविवाह का विरोध करते हुए आजीवन आंदोलन चलाया।

7 ईश्वरचंद्र विद्या सागर के संबंध में निम्नलिखित कथनों पर विचार कीजिए *(Chap 8, Class-VIII, New NCERT)*

1. इन्होंने विधवा पुनर्विवाह के लिए संघर्ष किया और उसे कानूनी रूप से वैध बनाने में सफलता प्राप्त की।
2. इन्होंने संस्कृत के अध्ययन के लिए निम्न जातियों के विद्यार्थियों को कॉलेज में प्रवेश दिया।
3. इन्होंने बालिका शिक्षा हेतु कन्या विद्यालय खोले।

उपर्युक्त कथनों में से कौन-सा/से सही है/हैं?

(a) 1 और 2
(b) केवल 2
(c) 1 और 3
(d) 1, 2 और 3

उत्तर (d)

व्याख्या ईश्वरचंद्र विद्यासागर के संबंध में सभी कथन सही हैं। ईश्वरचंद्र विद्या सागर ने स्त्री उत्थान के लिए विधवा पुनर्विवाह का कानून बनाने के लिए संघर्ष किया और उसमें सफलता भी पाई। कलकत्ता में इन्हीं के प्रयासों से 1856 ई. में पहली बार विधवा पुनर्विवाह संपन्न हुआ था। संस्कृत के विद्वान होने के कारण इन्हें कलकत्ता के संस्कृत कॉलेज का प्रिंसिपल बनाया गया था।

इन्होंने संस्कृत कॉलेज में आधुनिक पाश्चात्य विचारों पर आधारित शिक्षा शुरू की और संस्कृत के अध्ययन के लिए निम्न जातियों के विद्यार्थियों को कॉलेज में प्रवेश दिलाया। इन्होंने 1849 ई. में बालिका शिक्षा हेतु पहला विद्यालय खोला। इन्होंने 1855 ई. में अनेक कन्या विद्यालय खोले।

8 प्रार्थना समाज के बारे में निम्न कथनों पर विचार कीजिए *(Chap 8, Class-VIII, Old NCERT)*

1. प्रार्थना समाज की स्थापना 1867 ई. में हुई थी।
2. इसने जाति प्रथा और अस्पृश्यता की निंदा की।
3. इसके द्वारा विधवा पुनर्विवाह का समर्थन किया गया।

उपर्युक्त में से कौन-सा/से कथन सही है/हैं?

(a) 1 और 2 (b) 2 और 3
(c) 1 और 3 (d) ये सभी

उत्तर (d)

व्याख्या प्रार्थना समाज के संबंध में सभी कथन सही हैं।

बंगाल में प्रारंभ हुआ धार्मिक-सामाजिक सुधार आंदोलन देश के कई भागों में फैला और इसी क्रम में 1867 ई. में बंबई में प्रार्थना समाज की स्थापना हुई। इसके प्रमुख नेता महादेव गोविंद रानाडे और रामकृष्ण गोपाल भंडारकर थे। इसके नेता ब्रह्म समाज से प्रभावित थे। इन्होंने जाति प्रथा और अस्पृश्यता की निंदा की और साथ ही स्त्रियों के उत्थान हेतु विधवा पुनर्विवाह का भी समर्थन किया।

9 परमहंस मंडली के संदर्भ में निम्न कथनों पर विचार कीजिए *(Chap 5, Class-XII, Old NCERT)*

1. इसकी स्थापना 1849 ई. में महाराष्ट्र में हुई थी।
2. इसके संस्थापक बहुदेववाद में विश्वास करते थे।
3. इस मंडली की शाखाएँ बड़ौदा, राजकोट, मैसूर आदि स्थानों पर विस्तृत थीं।
4. इस मंडली के लोग विधवा विवाह एवं स्त्री शिक्षण में विश्वास करते थे।

उपर्युक्त में से कौन-सा/से कथन सही नहीं है/हैं?

(a) केवल 1 (b) 2 और 3
(c) 1, 2 और 3 (d) 2, 3 और 4

उत्तर (b)

व्याख्या परमहंस मंडली के संदर्भ में कथन (2) और (3) सही नहीं हैं, क्योकि परमहंस मंडली के संस्थापक एकेश्वरवाद अर्थात् एक ईश्वर में विश्वास करते थे न कि बहुदेववाद में। परमहंस मंडली की शाखाएँ पूना, सतारा तथा महाराष्ट्र के कई नगरों में विस्तृत थीं न कि बड़ौदा, राजकोट तथा मैसूर में।

10 निम्न में से कौन-सा कथन सही है? *(Chap 5, Class-XII, Old NCERT)*

1. 1850 ई. में विष्णु शास्त्री पंडित ने 'विधवा विवाह समाज' की स्थापना की थी।
2. करसोनदास मलजी ने 1852 ई. में गुजराती भाषा में विधवा विवाह के समर्थन में 'सत्य प्रकाश' नामक पत्रिका निकाली।

कूट

(a) केवल 1 (b) केवल 2
(c) 1 और 2 दोनों (d) न तो 1 और न ही 2

उत्तर (c)

व्याख्या दिए गए दोनों कथन सही हैं।

1850 ई. में विष्णु शास्त्री पंडित ने 'विधवा-विवाह समाज' की स्थापना की थी। 19वीं सदी में विधवा विवाह को लेकर समाज सुधारकों ने देश के विभिन्न क्षेत्रों में महत्त्वपूर्ण कार्य किए, जिसमें ईश्वरचंद्र विद्यासागर, राजा राममोहन राय, ज्योतिबा फुले आदि का नाम उल्लेखनीय रहा है।

करसोनदास मलजी विधवा विवाह के क्षेत्र में योगदान देने वाले एक महत्त्वपूर्ण कार्यकर्ता थे। 1852 ई. में उन्होंने गुजराती भाषा में विधवा विवाह के समर्थन में 'सत्य प्रकाश' नामक पत्रिका का प्रकाशन किया था।

11 समाज सुधारक ज्योतिबा फुले के संबंध में निम्न कथनों पर विचार कीजिए *(Chap 8, Class-VIII, New NCERT)*

1. 1848 ई. में उन्होंने निम्न जाति की कन्याओं के लिए स्कूल खोला।
2. ज्योतिबा ने दलितों के उद्धार का जो महान कार्य किया, उसके लिए उन्हें महात्मा की पदवी प्रदान की गई।

उपर्युक्त में से कौन-सा/से कथन सही नहीं है/हैं?

(a) केवल 1 (b) केवल 2
(c) 1 और 2 दोनों (d) न तो 1 और न ही 2

उत्तर (c)

व्याख्या समाज सुधारक ज्योतिबा फुले के संबंध में दोनों कथन सही हैं।

पश्चिमी भारत के महान समाज सुधारकों में ज्योतिबा फुले का अतुलनीय योगदान रहा है। इन्होंने दलितों और स्त्रियों के लिए अनेक महत्त्वपूर्ण कार्य किए। 1848 ई. में उन्होंने निम्न जातियों की कन्याओं के लिए भी स्कूल खोला था। उन्होंने दलितों के उद्धार के लिए जो कार्य किए, उसके लिए उन्हें 'महात्मा' की पदवीं प्रदान की गई थी।

12 समाज सुधारक ज्योतिबा फुले से संबंधित कथनों पर विचार कीजिए *(Chap 8, Class-VIII, New NCERT)*

1. ज्योतिबा फुले ने 1873 ई. में सत्य शोधक समाज की स्थापना की थी।
2. इन्होंने पुरोहितों के बिना विवाह समारोह संपन्न कराने की प्रथा चलाई थी।
3. 1848 ई. में निम्न जातियों की कन्याओं के लिए भी उन्होंने स्कूल खोला था।
4. ये (ज्योतिबा फुले) ब्राह्मणों की प्रभुता के समर्थक थे।

उपर्युक्त में से कौन-सा कथन सही नहीं है?

(a) 1 और 2 (b) 2 और 3 (c) केवल 4 (d) 1, 2 और 3

उत्तर (c)

व्याख्या समाज सुधारक ज्योतिबा फुले के संदर्भ में कथन (4) सही नहीं है, क्योंकि ज्योतिबा फुले ब्राह्मणों की प्रभुता के विरोधी थे, न कि समर्थक। इन्हें 'महात्मा फुले' भी कहा जाता है। महिलाओं व पिछड़ों तथा अछूतों के उत्थान के लिए इन्होंने अनेक कार्य किए। समाज के सभी वर्गों को शिक्षा प्रदान करने के ये प्रबल समर्थक थे। ये भारतीय समाज में प्रचलित जाति पर आधारित विभाजन और भेदभाव के विरुद्ध थे। ये समाज में ब्राह्मण समाज के वर्चस्व के विरोधी थे, क्योंकि ये सभी को समान अधिकार देना चाहते थे।

13 कथन (A) 1864 ई. में ब्रह्म समाज की प्रेरणा से मद्रास में वेद समाज की स्थापना हुई थी। *(Chap 8, Class-VIII, New NCERT)*

कारण (R) इस समाज ने जाति प्रथा का विरोध किया तथा विधवा पुनर्विवाह और कन्याओं की शिक्षा का समर्थन नहीं किया था।

कूट

(a) A और R दोनों सही हैं तथा R, A की सही व्याख्या है
(b) A और R दोनों सही हैं, परंतु R, A की सही व्याख्या नहीं है
(c) A सही है, किंतु R गलत है
(d) A गलत है, किंतु R सही है

उत्तर (c)

व्याख्या A सही है, किंतु R गलत है।

ब्रह्म समाज से प्रेरणा लेकर ही 1864 ई. में चेंबेदी श्रीधरालू नायडू ने वेद समाज की स्थापना की थी। ब्रह्म समाज की तरह वेद समाज ने भी कट्टरपंथी हिंदुओं के अनुष्ठानों और अंधविश्वासों की निंदा की।

वेद समाज ने जातिभेद का विरोध किया, जबकि विधवा पुनर्विवाह तथा कन्याओं की शिक्षा व्यवस्था का समर्थन किया था, जैसा कि पूर्व में ब्रह्म समाज ने किया था।

14 बालशास्त्री जांभेकर के बारे में निम्न में से कौन-सा/से कथन सही है/हैं? *(Chap 8, Class-VIII, Old NCERT)*

1. उन्होंने दर्पण के नाम से एक समाचार-पत्र आरंभ किया था।
2. वह बॉम्बे के पहले समाज सुधारक थे।

कूट

(a) केवल 1 (b) केवल 2
(c) 1 और 2 दोनों (d) न तो 1 और न ही 2

उत्तर (c)

व्याख्या बालशास्त्री जांभेकर के बारे में दोनों कथन सही हैं।

बालशास्त्री जांभेकर मराठी पत्रकारिता के अग्रदूत थे। इन्होंने 'दर्पण' नामक प्रथम मराठी पत्रिका आरंभ की थी। इन्होंने इतिहास और गणित से संबंधित विषयों पर अनेक पुस्तकें लिखी। वे महाराष्ट्र के समाज सुधारक थे तथा जबकि बॉम्बे के पहले समाज सुधारक थे।

15 बी. आर. अंबेडकर को भारत में दलित आंदोलनों का जनक माना जाता है। उनके संबंध में निम्न में से कौन-सा कथन सही नहीं है? *(Chap 8, Class-VIII, Old NCERT)*

(a) उनका जन्म महार परिवार में हुआ था।
(b) वर्ष 1931 में उन्होंने मंदिर प्रवेश आंदोलन शुरू किया।
(c) वे हिंदू धर्म में समानता और जातिवाद की अनुपस्थिति को लागू करना चाहते थे।
(d) उपर्युक्त में से कोई नहीं

उत्तर (b)

व्याख्या दिए गए कथनों में से कथन (b) सही नहीं है, क्योंकि डॉ. भीमराव अंबेडकर ने वर्ष 1927 में मंदिर प्रवेश आंदोलन को प्रारंभ किया था, न कि 1931 में। इस आंदोलन में महार जाति के लोगों ने बड़ी संख्या में भाग लिया था। वर्ष 1927 से 1935 के बीच अंबेडकर ने मंदिरों में प्रवेश से संबंधित ऐसे तीन आंदोलनों को प्रारंभ किया था।

16 निम्नलिखित कथनों पर विचार कीजिए *(Chap 8, Class-VIII, New NCERT)*

1. के. वीरेशलिंगम दक्षिण भारत में सुधार आंदोलनों के एक प्रसिद्ध नेता थे।
2. वीरेशलिगम ने 1876 ई. में एक तेलुगू पत्रिका शुरू की, जो लगभग पूर्णत: समाज सुधार कार्य के लिए समर्पित थी।

उपर्युक्त में से कौन-सा/से कथन सही है/हैं?

(a) केवल 1 (b) केवल 2
(c) 1 और 2 दोनों (d) न तो 1 और न ही 2

उत्तर (c)

व्याख्या दिए गए दोनों कथन सही हैं।

दक्षिण भारत में के. वीरेशलिंगम तथा श्रीधरालू नायडू सुधार आंदोलन के एक प्रमुख नेता थे। वे विशेष रूप से केशव चंद्र सेन के विचारों से अत्यधिक प्रभावित थे। उन्होंने 1876 ई. में एक तेलुगू पत्रिका 'विवेकवर्धिनी' का प्रकाशन प्रारंभ किया, जो समाज सुधार कार्य के लिए समर्पित थी। इन्होंने समाज सुधार के क्षेत्र में सक्रिय भूमिका निभाते हुए अपना संपूर्ण जीवन समर्पित कर दिया।

17 19वीं शताब्दी में दक्षिण भारत में हुए प्रमुख सुधार आंदोलनों से संबंधित निम्नलिखित कथनों पर विचार कीजिए *(Chap 8, Class-VIII, Old NCERT)*

1. 1894 ई. में कलकत्ता में वेद समाज की स्थापना हुई थी।
2. के. वीरेशलिंगम् ने दक्षिण भारत में कन्याओं की शिक्षा और विधवा पुर्नविवाह हेतु कार्य किए।
3. 'श्री नारायण धर्म परिपालन योगम् नामक संस्था की स्थापना नारायण गुरु ने की थी।

उपर्युक्त कथनों में से कितने कथन सही नहीं हैं?

(a) केवल एक (b) केवल दो
(c) सभी तीन (d) इनमें से कोई नहीं

उत्तर (a)

व्याख्या 19वीं शताब्दी में दक्षिण भारत में हुए प्रमुख सुधार आंदोलनों से संबंधित केवल एक कथन अर्थात् (1) सही नहीं है, क्योंकि वेद समाज की स्थापना 1864 ई. में मद्रास में की गई थी। वेद समाज को प्रेरणा ब्रह्म समाज से प्राप्त हुई थी।

वेद समाज के प्रमुख नेता थे। इन्होंने ब्रह्म समाज की पुस्तकों का तमिल और तेलुगू में अनुवाद किया। ब्रह्म समाज की तरह वेद समाज में भी कट्टर पंथी हिंदुओं के अनुष्ठानों और अंधविश्वासों की निंदा की तथा एक सर्वशक्तिमान ईश्वर में आस्था व्यक्त की।

18 दयानंद सरस्वती के संबंध में कौन-सा कथन सत्य है?
(Chap 8, Class-VIII, New NCERT)

(a) दयानंद सरस्वती का जन्म 1824 ई. में काठियावाड़ में हुआ था
(b) इनके बचपन का नाम मूलशंकर था
(c) 'a' और 'b' दोनों
(d) इनका मानना था कि उपनिषद् में ईश्वर द्वारा प्रदत्त सारा ज्ञान विद्यमान है

उत्तर *(c)*

व्याख्या दयानंद सरस्वती के संबंध में दिए गए कथनों में से कथन (a) और (b) दोनों सही हैं। उत्तर भारत में धार्मिक और सामाजिक सुधार का सबसे प्रभावशाली आंदोलन दयानंद सरस्वती ने प्रारंभ किया। दयानंद सरस्वती का जन्म 1824 ई. में काठियावाड़ प्रांत में हुआ था। इनके बचपन का नाम मूलशंकर था। 14 वर्ष की आयु में उन्होंने मूर्ति पूजा का बहिष्कार किया।

कथन (d) सही नहीं है, क्योंकि दयानंद सरस्वती का मानना था कि ईश्वर द्वारा प्रदत्त सभी ज्ञान वेदों में विद्यमान है, न कि उपनिषदों में।

19 आर्य समाज के संबंध में कौन-सा कथन सही नहीं है?
(Chap 8, Class-VIII, New NCERT)

(a) आर्य समाज की स्थापना 1875 ई. में बंबई में की गई थी।
(b) आर्य समाज बाल विवाह का विरोध तथा विधवा पुनर्विवाह का समर्थन करता है।
(c) आर्य समाज के सदस्य 5 सिद्धांतों का अनुसरण करते थे।
(d) आर्य समाज की यह मान्यता है कि ईश्वर एक है।

उत्तर *(c)*

व्याख्या आर्य समाज के संबंध में कथन (c) सही नहीं है, क्योंकि आर्य समाज के सदस्य पाँच सिद्धांतों का नहीं, बल्कि 'दस सिद्धांतों' का अनुसरण करते थे। इनमें प्रथम-वेदों का अध्ययन है, जबकि शेष सिद्धांत सद्गुण और नैतिकता से संबंधित हैं। आर्य समाज की स्थापना दयानंद सरस्वती ने की थी और इसका मुख्य उद्देश्य वैदिक धर्म को पुन: शुद्ध रूप में स्थापित करना था। इनका मूल नारा था-''वेदों की ओर लौटो।''

20 स्वामी विवेकानंद के संबंध में निम्नलिखित कथनों पर विचार कीजिए
(Chap 8, Class-VIII, New NCERT)

1. इन्होंने रामकृष्ण मिशन की स्थापना 1 मई, 1859 में की थी।
2. इन्होंने 1893 ई में अमेरिका के शिकागों शहर में आयोजित विश्व धर्म सम्मेलन में भाग लिया था।
3. इन्होंने भारतीय दर्शन के साथ ही पाश्चात्य दर्शन का भी अध्ययन किया था।

उपर्युक्त कथनों में से कितने कथन सही है/हैं?

(a) केवल एक
(b) केवल दो
(c) सभी तीन
(d) उपर्युक्त में से कोई नहीं

उत्तर *(b)*

व्याख्या स्वामी विवेकानंद के संबंध में केवल दो कथन अर्थात् (2) और (3) सही हैं। इन्होंने 1893 ई. में अमेरिका के शिकागों शहर में आयोजित विश्व धर्म सम्मेलन में भाग लिया था। इन्होंने देश के बाहर जो भी कार्य किया, उससे भारतीय संस्कृति के प्रति विदेशियों का आकर्षण बढ़ा था। शिकागो में उन्होंने अपने भाषण की शुरुआत हिंदी भाषा में 'भाइयों और बहनों' के साथ की थी, जिससे इन्स्टीट्यूट ऑफ शिकागो दो मिनट तक तालियों से गूँजता रहा। इन्होंने भारतीय दर्शन के साथ ही पाश्चात्य दर्शन का भी अध्ययन किया था तथा नई समाज व्यवस्था लाने के लिए एवं गरीबी दूर करके जनता को जागृत करने का आजीवन प्रयास किया था।

कथन (1) सही नहीं है, क्योंकि रामकृष्ण मिशन की स्थापना स्वामी विवेकानंद ने 1 मई, 1897 को कोलकाता के बेल्लूर में की थी।

21 आत्मसम्मान आंदोलन के संबंध में कौन-सा/से कथन सही है/हैं?
(Chap 8, Class-VIII, New NCERT)

1. इसका आधार उत्तर पश्चिम भारत में था।
2. इसका सबसे प्रमुख उद्देश्य महिला अधिकारों के लिए लड़ना था।

कूट

(a) केवल 1 (b) केवल 2 (c) 1 और 2 दोनों (d) न तो 1 और न ही 2

उत्तर *(d)*

व्याख्या आत्मसम्मान आंदोलन के संबंध में दोनों कथन सही नहीं हैं। आत्मसम्मान आंदोलन या स्वाभिमान आंदोलन, उत्तर-पश्चिम में नहीं, बल्कि दक्षिण भारत में शुरू हुआ था।

इस आंदोलन का प्रमुख उद्देश्य महिला अधिकारों के लिए लड़ना नहीं बल्कि'अछूतों के लिए सम्मान' था, यह आंदोलन उच्च जाति और निम्न जाति के बीच की खाई को समाप्त करने के उद्देश्य से ई. वी. रामास्वामी नायकर (पेरियार) द्वारा प्रारंभ किया गया था।

22 सामाजिक धार्मिक सुधार काल के दौरान कई ऐसे संगठन थे, जिन्होंने सामाजिक धार्मिक सुधार का विरोध किया। निम्न में से कौन-से ऐसे संगठन हैं?
(Chap 8, Class-VIII, Old NCERT)

1. सनातन धर्म सभा
2. भारत धर्म महामंडल
3. आर्य समाज
4. ब्राह्मण सभा

कूट

(a) 1, 2 और 3 (b) 2, 3 और 4 (c) 1, 2 और 4 (d) ये सभी

उत्तर *(c)*

व्याख्या सामाजिक धार्मिक सुधार आंदोलन के काल में रूढ़िवादी हिंदू समाज ने उत्तर में सनातन धर्म सभाओं तथा भारत धर्म महामंडल और बंगाल में ब्राह्मण सभा जैसे संगठनों के द्वारा सामाजिक-धार्मिक सुधार का विरोध किया था। इन संगठनों के द्वारा विरोध करने का उद्देश्य समाज में उच्च और निम्न जातियों के बीच की खाई को बने रहने देना था।

23 19वीं शताब्दी के धर्म सुधार आंदोलन के संदर्भ में निम्नलिखित कथनों पर विचार कीजिए
(Chap 5, Class-XII, Old NCERT)

1. इस समय धार्मिक समुदाय में सामाजिक सुधार के जो आंदोलन शुरू हुए वे धार्मिक सुधार के भी आंदोलन थे।
2. इस समय भारत के धार्मिक तथा सामाजिक सुधारकों ने पाश्चात्य विचारों की अपनी जानकारी के साथ-साथ प्राचीन ज्ञान का भी उपयोग किया।

उपर्युक्त में से कौन-सा/से कथन सही है/हैं?

(a) केवल 1
(b) केवल 2
(c) 1 और 2 दोनों
(d) न तो 1 और न ही 2

उत्तर *(c)*

व्याख्या 19वीं शताब्दी के धर्म सुधार आंदोलन के संदर्भ में दोनों कथन सही हैं। इस समय धार्मिक समुदाय में सामाजिक सुधार के जो आंदोलन शुरू हुए वे धार्मिक सुधार के भी आंदोलन थे। इस सदी के आरंभिक दशकों से देश के प्रत्येक भाग में यह अधिकाधिक महसूस किया जाने लगा कि भारतीय समाज पिछड़ा हुआ है और इसे सुधारना आवश्यक है। इस समय कुछ सामाजिक कुरीतियों और अंधविश्वासों ने धार्मिक विश्वासों का रूप धारण कर लिया था। अठारहवीं सदी के अंतिम चरण से यूरोपीय तथा भारतीय विद्वानों ने भारत की प्राचीन विद्या का अंवेषण शुरू किया। सुधारकों ने अंधविश्वासों तथा अमानवीय प्रथाओं के विरुद्ध शुरू किए गए अपने संघर्ष में प्राचीन ग्रंथों का प्रमाण प्रस्तुत किया। ऐसा करते हुए उनमें से अधिकांश ने धार्मिक विश्वास के अतिरिक्त तर्कबुद्धि को महत्त्व दिया। धार्मिक तथा सामाजिक सुधारकों ने पाश्चात्य विचारों की अपनी जानकारी के साथ-साथ प्राचीन ज्ञान का भी उपयोग किया था।

24 सूची I को सूची II से सुमेलित कीजिए तथा सूचियों के नीचे दिए गए कूट से सही उत्तर चुनिए। *(Chap 8, Class-VIII, Old NCERT)* *(UPPSC Pre 2022)*

सूची I (व्यक्ति)	सूची II (संबंधित कार्य/पद)
A. डी. के. कर्वे	1. कलकत्ता में कन्या विद्यालय की स्थापना
B. जे.ई.डी. बेथ्युन	2. सचिव, विडो री-मैरिज एसोसिएशन
C. ईश्वरचंद्र विद्यासागर	3. बाल विवाह के विरुद्ध संघर्ष प्रारंभ करना
D. बी. एम. मालाबारी	4. कलकत्ता में संस्कृत कॉलेज के प्राचार्य

कूट

	A	B	C	D		A	B	C	D
(a)	1	2	3	4	(b)	2	1	4	3
(c)	2	1	3	4	(d)	1	2	4	3

उत्तर *(b)*

व्याख्या सही सुमेलन A-2, B-1, C-4, D-3 है।

डी. के. कर्वे विडो री-मैरिज एसोसिएशन के सचिव थे। वह महाराष्ट्र के समाज सुधारक थे। उन्होंने विधवा विवाह तथा महिलाओं के उत्थान हेतु जमीनी स्तर कार्य किया था।

जे. ई. डी. बेथ्युन ने कलकत्ता में कन्या विद्यालय की स्थापना की थी, जिसे बेथ्युन कॉलेज के नाम से भी जाना जाता है।

ईश्वरचंद्र विद्यासागर कलकत्ता में संस्कृत कॉलेज के प्राचार्य थे। उनके विद्यार्थी जीवन में ही संस्कृत कॉलेज ने इन्हें 'विद्यासागर' की उपाधि प्रदान की थी।

बी. एम. मालाबारी ने बाल विवाह के विरुद्ध संघर्ष प्रारंभ किया था। वह एक प्रसिद्ध कवि, प्रकाशक, लेखक तथा समाज सुधारक थे। वे स्त्रियों के अधिकारों की रक्षा के प्रबल पक्षधर थे।

मुस्लिम, पारसी और सिख सुधार

25 19वीं शताब्दी के मुस्लिम धर्म सुधार आंदोलन से संबंधित कथनों पर विचार कीजिए *(Chap 10, Class-XII, Old NCERT)*

1. मुसलमानों में जागरण की शुरुआत 19वीं सदी के पूर्वार्द्ध में बरेली के सैय्यद अहमद और बंगाल के शरीयतुल्ला जैसे नेताओं के प्रयासों से हुई।
2. भारतीय मुसलमानों पर पाश्चात्य विचारों और आधुनिक शिक्षा का प्रभाव अति शीघ्रता से पड़ा।
3. अंग्रेजी शिक्षा और सामाजिक तथा आर्थिक लाभों से वंचित रहने के कारण भारतीय मुसलमानों में लंबे समय तक मध्य वर्ग का उदय नहीं हो सका।

उपर्युक्त में से कौन-सा/से कथन सही नहीं है/हैं?

(a) 1 और 2 (b) केवल 2
(c) केवल 3 (d) इनमें से कोई नहीं

उत्तर *(b)*

व्याख्या 19वीं शताब्दी के मुस्लिम धर्म सुधार आंदोलन से संबंधित कथन (2) सही नहीं है, क्योंकि मुस्लिम धर्म सुधार आंदोलन के संदर्भ में भारतीय मुसलमानों पर पाश्चात्य विचारों और आधुनिक शिक्षा का प्रभाव देर से पड़ा। इसका प्रमुख कारण उन्नीसवीं सदी के पूर्वार्द्ध में मुसलमानों के बीच शिक्षा के माध्यम का विकास न होना था। उस समय दिल्ली और कलकत्ता के बहुत कम मुसलमानों ने तत्कालीन समय में अंग्रेजी शिक्षा प्राप्त की थी।

26 सर सैयद अहमद खाँ के संदर्भ में निम्न कथनों पर विचार कीजिए *(Chap 10, Class-XII, Old NCERT)*

1. उन्होंने एक न्यायिक अफसर के रूप में ईस्ट इंडिया कंपनी की नौकरी की और 1857 ई. के विद्रोह के दौरान वे कंपनी के प्रति वफादार बने रहे।
2. 1864 ई. में उन्होंने अनुवाद समिति की स्थापना की।
3. उन्होंने 1870 ई. में अलीगढ़ में 'मोहम्मडन एंग्लो ओरियंटल कॉलेज' की स्थापना की थी।
4. कांग्रेस का विरोध करने के लिए उन्होंने कुछ हिंदू तथा मुसलमान नेताओं के सहयोग से इंडियन पैट्रियाटिक एसोसिएशन की स्थापना की।

उपर्युक्त कथनों में से कौन-सा/से कथन सही है/हैं?

(a) 1 और 2 (b) 2 और 3
(c) 1, 2 और 3 (d) 1, 2 और 4

उत्तर *(d)*

व्याख्या सर सैयद अहमद खाँ के संदर्भ में कथन (1), (2) और (4) सही हैं। मुसलमानों में आधुनिक शिक्षा के प्रसार और सामाजिक सुधार के लिए सबसे महत्त्वपूर्ण आंदोलन सर सैय्यद अहमद खाँ द्वारा प्रारंभ किया गया था।

आरंभिक जीवन में वे ईस्ट इंडिया कंपनी के न्यायिक अधिकारी के रूप में कार्यरत थे। 1857 के विद्रोह के समय वे कंपनी के प्रति वफादार थे। उन्होंने मुसलमानों की शैक्षिक स्थिति को सुधारने की दिशा में अथक् प्रयास किए।

1864 ई. में उन्होंने अनुवाद समिति की स्थापना की, जिसे बाद में वैज्ञानिक समिति का नाम दिया गया। उन्होंने कांग्रेस का विरोध करने के उद्देश्य से 'इंडियन पैट्रियाटिक एसोसिएशन' की स्थापना की थी। इन्होंने मुसलमानों को कांग्रेस में शामिल होने से मना किया था।

कथन (3) सही नहीं है, क्योंकि अलीगढ़ में 'मोहम्मडन एंग्लो-ओरियंटल कॉलेज' की स्थापना 1875 ई. में हुई थी, यही कॉलेज आगे चलकर 'अलीगढ़ मुस्लिम विश्वविद्यालय' के नाम से प्रसिद्ध हुआ।

वर्तमान

27 अहरार आंदोलन के बारे में निम्न में से कौन-सा कथन सही है? *(Chap 8, Class-VIII, Old NCERT)*

1. मौलाना मुहम्मद अली इसके संस्थापकों में से एक थे।
2. इसके सदस्यों ने भारतीय स्वतंत्रता आंदोलन में सक्रिय भागीदारी की वकालत की।
3. इसकी स्थापना 20वीं सदी के प्रारंभिक दशक में हुई थी।
4. इन्होंने अलीगढ़ आंदोलन के राजपक्ष समर्थक राजनीति का समर्थन किया।

कूट

(a) 2, 3 और 4 (b) 1, 2 और 3
(c) 1, 3 और 4 (d) 1, 4 और 3

उत्तर *(b)*

व्याख्या अहरार आंदोलन के बारे में कथन (1), (2) और (3) सही हैं।

इस आंदोलन का नेतृत्व मौलाना मोहम्मद अली, हकीम अजमल खाँ, मौलाना जफर अली खान, हसन इमान आदि के द्वारा किया गया था। इसके सदस्यों ने भारतीय स्वतंत्रता आंदोलन में सक्रिय भागीदारी की वकालत की।

वर्ष 1906 (20वीं सदी के आरंभिक दशक) में बंगाल के राष्ट्रवादी मुस्लमानों द्वारा अहरार आंदोलन को प्रारंभ किया गया इस आंदोलन का लक्ष्य मुस्लमानों की राष्ट्रीय आंदोलन में सहभागिता को प्रोत्साहित करना तथा ब्रिटिश राज्य के प्रति स्वामी-भक्ति की भावना को हतोत्साहित करना था।

कथन (4) सही नहीं है, क्योंकि अहरार आंदोलन ने अलीगढ़ आंदोलन के राजपक्ष समर्थक राजनीति का समर्थन नहीं, बल्कि विरोध किया था।

28 निम्न कथनों में से कौन-सा कथन सही नहीं है? *(Chap 8, Class-VIII, Old NCERT)*

(a) पारसी समाज सुधारक दादाभाई नौरोजी और नौरोजी फुरदून जी दोनों ने मिलकर 'रस्त गोफ्तार' नामक पत्रिका का प्रकाशन किया था।
(b) 1870 के दशक में अमृतसर और लाहौर में सिंह सभाएँ स्थापित हुईं और उन्होंने सिखों में सुधार आंदोलन को आरंभ किया।
(c) सिंह सभाओं के प्रयत्नों तथा अंग्रेजों की सहायता से 1890 ई. में लाहौर में खालसा कॉलेज की स्थापना की गई।
(d) 20वीं सदी के आरंभिक दशकों में गुरुद्वारों में सुधार हेतु शिरोमणि गुरुद्वारा प्रबंधक कमेटी और अकाली दल द्वारा मिलकर एक आंदोलन चलाया गया।

उत्तर *(c)*

व्याख्या दिए गए कथनों में से कथन (c) सही नहीं है, क्योंकि सिंह सभाओं के प्रयत्नों तथा अंग्रेजों की सहायता से वर्ष 1892 (न कि 1890 में) में अमृतसर में खालसा कॉलेज की स्थापना की गई थी। इस कॉलेज ने इस प्रकार के अन्य प्रयत्नों से स्थापित विद्यालयों ने गुरुमुखी, सिख धर्मज्ञान और पंजाबी भाषा के साहित्य को प्रोत्साहन दिया।

29 निम्न में से किस स्थान पर सिंह सभा आंदोलन का गठन किया गया था? *(Chap 8, Class-VIII, Old NCERT)*

1. अमृतसर
2. लखनऊ
3. लाहौर
4. दिल्ली

कूट

(a) 1 और 3 (b) 2 और 3
(c) 2 और 3 (d) 3 और 4

उत्तर *(a)*

व्याख्या 1870 के दशक में अमृतसर और लाहौर में सिंह सभाएँ स्थापित की गईं और उन्होंने सिखों में सुधार आंदोलन को प्रारंभ किया, तत्पश्चात् दोनों सभाएँ मिलकर एक हो गईं।

सिंह सभा ने शिक्षा के क्षेत्र में महत्त्वपूर्ण भूमिका निभाई। इस आंदोलन के मुख्य उद्देश्य सच्चे सिख धर्म का प्रचार-प्रसार करना, इनके खोए हुए गौरव को पुनः प्राप्त करना, सिखों की ऐतिहासिक एवं धार्मिक पुस्तकें लिखना और उनका वितरण करना इत्यादि हैं।

30 निम्न कथनों पर विचार कीजिए *(Chap 10, Class-XII, Old NCERT)*

1. अकाली आंदोलन वर्ष 1921 में शुरू हुआ था।
2. अकाली आंदोलन के परिणामस्वरूप वर्ष 1922 में गुरुद्वारा अधिनियम अधिनियमित किया गया था।
3. अकाली आंदोलन की शुरुआत से पूर्व अमृतसर में खालसा कॉलेज शुरू किया गया था।

उपर्युक्त में से कौन-सा/से कथन सही है/हैं?

(a) केवल 1
(b) 1 और 2
(c) 2 और 3
(d) 1, 2 और 3

उत्तर *(d)*

व्याख्या दिए गए सभी कथन सही हैं।

सिखों में धार्मिक सुधार का आरंभ 19वीं सदी की समाप्ति के साथ हुआ, जब अमृतसर में खालसा कॉलेज की स्थापना हुई, लेकिन सुधार के प्रयासों को बल वर्ष 1920 के बाद मिला, जब 1921 में पंजाब में अकाली आंदोलन प्रारंभ हुआ। आंदोलन के फलस्वरूप वर्ष 1922 में सिख गुरुद्वारा कानून बना और वर्ष 1925 में उसमें संशोधन भी हुए।

महिला शिक्षा और महिला संबंधी अन्य सुधार

31 आधुनिक भारत की सबसे प्रारंभिक और सबसे प्रसिद्ध महिला समाज सुधारक का नाम बताइए। वह 'स्त्री-पुरुष तुलना' नामक पुस्तक की लेखिका भी थीं? *(Chap 8, Class-VIII, Old NCERT)*

(a) पंडिता रमाबाई (b) श्रीमती एनी बेसेंट
(c) ताराबाई शिंदे (d) मुथुलक्ष्मी रेड्डी

उत्तर *(c)*

व्याख्या आधुनिक भारत की सबसे प्रारंभिक और सबसे प्रसिद्ध महिला समाज सुधारक ताराबाई शिंदे थीं, जिन्होंने पूना में घर पर ही शिक्षा प्राप्त की थी। इन्होंने 'स्त्री-पुरुष तुलना' नामक एक पुस्तक की रचना भी की थी, जिसमें पुरुषों और महिलाओं के बीच मौजूद सामाजिक भेदभाव की आलोचना की गई थी।

32 पंडिता रमाबाई के संबंध में निम्न में से कौन-सा/से कथन सही है/हैं? *(Chap 8, Class-VIII, Old NCERT)*

1. वह संस्कृत की विद्वान थीं।
2. उन्होंने महिलाओं को आश्रय प्रदान करने के लिए पूना में एक विधवा गृह की स्थापना की।

कूट

(a) केवल 1 (b) केवल 2
(c) 1 और 2 दोनों (d) न तो 1 और न ही 2

उत्तर *(c)*

व्याख्या पंडिता रमाबाई के संबंध में दोनों कथन सही हैं।

पंड़िता रमाबाई संस्कृत की महान विद्वान् थीं। इनका मानना था कि हिंदू धर्म महिलाओं का दमन करता है। उन्होंने ऊँची जातियों की हिंदू महिलाओं की स्थिति को दर्शाने हेतु एक पुस्तक की रचना भी की थी। उन्होंने पूना में एक विधवा गृह की स्थापना की थी, जिसमें ससुराल वालों का अत्याचार झेल रही महिलाओं को आश्रय दिया जाता था।

33 शारदा एक्ट का संबंध था *(Chap 8, Class-VIII, New NCERT) (UKPSC Mains 2002)*

(a) बाल विवाह प्रतिबंध से (b) अंतर्जातीय विवाह प्रतिबंध से
(c) विधवा विवाह प्रतिबंध से (d) जनजातीय विवाह प्रतिबंध से

उत्तर *(a)*

व्याख्या शारदा एक्ट का संबंध बाल विवाह प्रतिबंध से है। 20वीं सदी में बाल विवाह को रोकने हेतु वर्ष 1929 में शारदा एक्ट लाया गया। इस कानून में विवाह के लिए लड़कियों की आयु न्यूनतम 16 वर्ष और लड़कों की आयु न्यूनतम 18 वर्ष निश्चित की गई।

सांस्कृतिक जागरण एवं अन्य सुधार

34 राजा राममोहन राय के संबंध में कौन-सा कथन सही नहीं है? *(Chap 5, Class-XII, Old NCERT)*

(a) वे भारतीय पत्रकारिता के अग्रदूत थे।
(b) उन्होंने राजनीतिक आधार पर सार्वजनिक आंदोलन शुरू किया।
(c) 'a' और 'b' दोनों
(d) न तो 'a' और न ही 'b'

उत्तर *(c)*

व्याख्या राजा राममोहन राय के संबंध में दोनों कथन सही नहीं हैं। राजा राममोहन राय को भारतीय पुनर्जागरण का अग्रदूत कहा जाता है। उन्होंने सामाजिक और धार्मिक सुधार आंदोलन में अपना महत्त्वपूर्ण योगदान दिया। राजा राममोहन राय द्वारा स्थापित ब्रह्म समाज धार्मिक सुधार का पहला महत्त्वपूर्ण संगठन था। इस समाज ने धार्मिक और सामाजिक कुरीतियों का बहिष्कार किया तथा समाज के लिए एक नए नियम का प्रतिपादन किया।

35 तत्त्वबोधिनी सभा के संदर्भ में निम्न में से कौन-सा/से कथन सही है/हैं? *(Chap 5, Class-XII, Old NCERT)*

1. इसकी स्थापना 1849 ई. में हुई थी।
2. इसने बंगाली भाषा में भारत के अतीत के व्यवस्थित अध्ययन को बढ़ावा दिया।

कूट

(a) केवल 1
(b) केवल 2
(c) 1 और 2 दोनों
(d) न तो 1 और न ही 2

उत्तर (b)

व्याख्या तत्त्वबोधिनी सभा के संदर्भ में कथन (2) सही है। तत्त्वबोधिनी सभा और उसके मुख्य पत्र 'तत्त्वबोधिनी पत्रिका' ने बांग्ला भाषा में भारत के सुव्यवस्थित अध्ययन को बढ़ावा दिया। उसने बंगाल के बुद्धिजीवियों को विवेकशील दृष्टिकोण अपनाने हेतु प्रेरित किया।

कथन (1) सही नहीं है, क्योंकि तत्त्वबोधिनी सभा की स्थापना 1839 ई. में देवेंद्रनाथ ठाकुर द्वारा की गई थी।

36 निम्नलिखित कथनों में से कितने कथन सही नहीं है/हैं? *(Chap 8, Class-VIII, Old NCERT)*

1. दादाभाई नौरोजी और नौरोजी फरदोन जी पारसी धर्म सुधारकों के दो अग्रणी नेता थे।
2. दादाभाई नौरोजी रहनुभाई मजदायसन सभा से संबंधित नहीं थे।
3. 1892 ई. में अमृतसर में सिखों ने 'खालसा कॉलेज' की स्थापना की थी।
4. सिखों ने गुरुद्वारों में सुधार के लिए 20वीं शताब्दी में शक्तिशाली आंदोलन चलाए थे।

कूट

(a) केवल एक (b) केवल दो
(c) केवल तीन (d) सभी चार

उत्तर (a)

व्याख्या दिए गए कथनों में से केवल एक कथन अर्थात् (2) सही नहीं है, क्योंकि दादाभाई नौरोजी, नौरोजी फुरदून जी. एस. एस. बंगाली तथा कुछ अन्य लोगों ने 1851 ई. में रहनुमाई मजदायसन सभा (रिलीजस रिफॉर्म एसोसिएशन) का आरंभ किया था। अत: स्पष्ट है कि दादाभाई नौरोजी इस सभा से संबंधित थे। इन सभी ने मिलकर धर्म के क्षेत्र में फैले रूढ़िवाद के विरुद्ध आंदोलन को प्रारंभ किया था।

37 थियोसोफिकल सोसायटी के संबंध में निम्न में कौन-सा कथन सही है? *(Chap 10, Class-XII, Old NCERT)*

1. इसके संस्थापक गैर-भारतीय थे।
2. भारत में इसका मुख्यालय कलकत्ता में था।
3. यह संस्था हिंदू धर्म के पुनरुद्धार के पक्ष में थी।
4. इसने आत्मा के पुनरागमन के सिद्धांत को मान्यता दी।

कूट

(a) 1, 2 और 3 (b) 2, 3 और 4
(c) 1, 3 और 4 (d) 1 और 2

उत्तर (c)

व्याख्या थियोसोफिकल सोसायटी के संबंध में दिए गए कथनों में कथन (1), (3) और (4) सही हैं। थियोसोफिकल सोसायटी के संस्थापक गैर-भारतीय थे। थियोसोफिस्ट प्रचार करते थे कि हिंदुत्व, पारसी मत (जरथ्रुष्ट मत) तथा बौद्ध मत जैसे प्राचीन धर्मों को पुनर्स्थापित करके मजबूत किया जाए। साथ ही उन्होंने आत्मा के पुनरागमन सिद्धांत को भी प्रचारित किया।

कथन (2) सही नहीं है, क्योंकि थियोसोफिकल सोसायटी का मुख्यालय कलकत्ता में नहीं, बल्कि मद्रास के निकट अड्यार में स्थापित किया गया था।

थियोसॉफिकल सोसायटी की स्थापना रूसी महिला एच. पी. ब्लावाट्स्की और अमेरिकी कर्नल हेनरी आल्काट ने 17 नवंबर, 1875 को न्यूयार्क में की थी। यह एक अंतर्राष्ट्रीय अध्यात्मिक संस्था थी।

यह संस्था चिंतन पद्धति विज्ञान, धर्म और दर्शन द्वारा आत्मचेतना के विकास की प्रेरणा प्रदान करती थी। इस सोसायटी का लक्ष्य ऐसे मानव समाज का निर्माण करना था, जिसमें सेवा, सहिष्णुता, आत्मविश्वास का भाव बना रहे।

38 निम्नलिखित युग्मों में से कितने युग्म सही सुमेलित हैं? *(Chap 8, Class-VIII, Old NCERT)*

लेखक		संबंधित भाषा
1. बंकिमचंद्र चट्टोपाध्याय	—	बांग्ला
2. अप्पा राव	—	तेलुगू
3. फकीर मोहन सेनापति	—	उड़िया
4. के. सुब्रह्मण्यम भारती	—	तमिल

कूट

(a) केवल एक
(b) केवल दो
(c) केवल तीन
(d) उपर्युक्त सभी

उत्तर (a)

व्याख्या दिए गए सभी युग्म सही सुमेलित हैं।

बंकिमचंद्र चट्टोपाध्याय का संबंध बांग्ला भाषा से है। बंकिम चंद्र चट्टोपाध्याय (1838-1894) बांग्ला भाषा के प्रसिद्ध उपन्यासकार कवि थे। इन्होंने भारत के राष्ट्रगीत 'वंदे मातरम' की रचना की, जो उनके उपन्यास आनंदमठ में संकलित है।

गुरुजाडा अप्पाराव (1862-1915), तेलुगू भाषा के नाट्कार कवि थे, जिनकी नाट्य रचनाएँ महत्त्वपूर्ण हैं। उनका श्रेष्ठतम नाटक कन्याशुल्कम है।

फकीर मोहन सेनापति का संबंध उड़िया भाषा से है। फकीर मोहन सेनापति (1843-1918) को ओड़िया कहानी तथा उपन्यासों की रचना में विशिष्ट पहचान है। इन्हें ओड़िया भाषा का 'कथा सम्राट' कहा जाता है।

के. सुब्रह्मण्यम भारती का संबंध तमिल भाषा से है। तमिल भाषा के कवि सुब्रह्मण्यम भारती (1882-1921) को महाकवि भारतियार के नाम से भी जाना जाता था। इनकी कविताओं में राष्ट्रवाद की भावना प्रबल है।

इन सभी ने अपने सुधारवादी विचारों, कविताओं, नाटकों, निबंधों आदि के माध्यम से तत्कालीन समाज में सुधारवादी आंदोलन को सहयोग दिया था।

39 निम्न कथनों पर विचार कीजिए *(Chap 8, Class-VIII, Old NCERT)*

1. राष्ट्रगीत 'वंदे मातरम' की रचना रवींद्रनाथ ठाकुर ने की थी।
2. राष्ट्रगान की रचना बंकिमचंद्र चटर्जी ने की थी।
3. 'सारे जहाँ से अच्छा' गीत की रचना मुहम्मद इकबाल ने की थी।

उपर्युक्त में से कौन-सा/से कथन सही है/हैं?

(a) केवल 1 (b) 1 और 2
(c) केवल 3 (d) ये सभी

उत्तर (c)

व्याख्या दिए गए कथनों में से कथन (3) सही है। सुधारवादी विचारों ने समाज में बदलाव लाने के उद्देश्य से 20वीं सदी में अपनी गहरी छाप छोड़ी। इसी क्रम में मुहम्मद इकबाल ने उस दौरान राष्ट्रगीत के रूप में 'सारे जहाँ से अच्छा हिन्दोस्ताँ हमारा' की रचना की थी।

कथन (1) और (2) सही नहीं हैं, क्योंकि राष्ट्रगीत वंदे मातरम् की रचना बंकिमचंद्र चटर्जी ने और राष्ट्रगान की रचना रबींद्रनाथ ठाकुर ने की थी।

अध्याय 27

भारत में प्रेस एवं शिक्षा का विकास

भारत में प्रेस एवं शिक्षा का विकास

प्रेस का विकास

आरंभ
- 1780 ई. में जेम्स हिक्की द्वारा पहला समाचार-पत्र बंगाल गजट;
- जी सुब्रह्मण्यम अय्यर द्वारा 'द हिंदू' एंड 'स्वदेश मित्र'
- सुरेंद्रनाथ बनर्जी द्वारा 'बंगाली'

प्रेस सेंसरशिप अधिनियम (1795 ई.)
- लॉर्ड वेलेजली द्वारा अधिनियमित; युद्धकालीन प्रेस प्रतिबंध लगाया

लाइसेंसिंग नियम (1823 ई.)
- जॉन एडम्स द्वारा अधिनियमित; बिना लाइसेंस के प्रेस करना दंडनीय अपराध बन गया

मेटकॉफ अधिनियम
- 1835 ई. ने लाइसेंसिंग विनियमन, 1823 को निरस्त कर दिया; चार्ल्स मेटकाफ को 'भारतीय प्रेस का मुक्तिदाता' कहा जाता है।

वर्नाक्युलर प्रेस अधिनियम
- 1878 ई. राष्ट्रवादी लेखन को दंडित करने और दबाने के लिए अधिनियमित
- जिला मजिस्ट्रेट को किसी भी स्थानीय शिक्षा के मुद्रक और प्रकाशक से वचन लेने का अधिकार
- मजिस्ट्रेट की कार्रवाई अंतिम एवं कोई अपील नहीं।

समाचार-पत्र (अपराधों को उकसाना) अधिनियम (1908)
- इस अधिनियम ने मजिस्ट्रेट को आपत्तिजनक सामग्री प्रकाशित करने वाली प्रेस संपत्ति को जब्त करने का अधिकार दिया।

भारतीय प्रेस अधिनियम, 1910
- स्थानीय भाषा अधिनियम में संशोधन ने स्थानीय सरकार को मुद्रक/प्रकाशक से पंजीकरण पर सुरक्षा की माँग करने का अधिकार दिया

ब्रिटिश शासन के अंतर्गत शिक्षा का विकास

हंटर शिक्षा आयोग (1882-83)
- देश में शिक्षा की प्रगति की समीक्षा के लिए स्थापित; प्राथमिक शिक्षा का नियंत्रण जिला और नगरपालिका बोर्डों को हस्तांतरित करना; पंजाब एवं इलाहाबाद विश्वविद्यालयों की स्थापना

भारतीय विश्वविद्यालय अधिनियम (1904)
- विश्वविद्यालयों के कामकाज में सुधार के लिए उपाय सुझाने के लिए रेले आयोग की स्थापना की गई; भारतीय विश्वविद्यालय अधिनियम, 1904 का पारित होना; सरकार को वीटो विश्वविद्यालय सीनेट विनियमन का प्रयोग करने की शक्ति मिली; अध्ययन और अनुसंधान के लिए अधिक प्रोत्साहन

शिक्षा नीति 1913 पर सरकारी प्रस्ताव
- प्रांतीय सरकार से गरीब और अधिक पिछड़े वर्ग को मुफ्त प्रारंभिक शिक्षा प्रदान करने के लिए शीघ्र कदम उठाने का आग्रह किया गया

सैडलर विश्वविद्यालय आयोग (1917-19)
- कलकत्ता विश्वविद्यालय की समस्याओं पर अध्ययन और रिपोर्ट करने के लिए स्थापित; स्कूल पाठ्यक्रम कवर 12 वर्ष; विश्वविद्यालयों में तीन वर्षीय डिग्री पाठ्यक्रम; माध्यमिक और इंटरमीडिएट शिक्षा का अलग बोर्ड; महिला शिक्षा और व्यावहारिक वैज्ञानिक और प्रौद्योगिकी शिक्षा पर बल

हार्टोग समिति (1929)
- विश्वविद्यालयों में प्रवेश के लिए चयनात्मक प्रणाली की सिफारिश की गई; योग्य छात्र (शैक्षणिक पाठ्यक्रम) और औसत छात्र के लिए व्यावसायिक पाठ्यक्रम

शिक्षा की सार्जेंट योजना (1944)
- पर्याप्त तकनीकी, वाणिज्यिक और कला शिक्षा और मध्यवर्ती पाठ्यक्रम को समाप्त करने का प्रावधान; 20 वर्षों में वयस्क निरक्षरता के उन्मूलन की वकालत की

शिक्षा का विकास

ईस्ट इंडिया कंपनी के अधीन शिक्षा
- वॉरेन ने मुस्लिम कानून के लिए कलकत्ता मदरसे की स्थापना की शुरुआत की;
- जोनाथन डंकन ने वाराणसी में संस्कृत कॉलेज शुरू किया
- कंपनी के सिविल सेवकों को प्रशिक्षित करने के लिए 1800 ई. में वेलेजली द्वारा स्थापित फोर्ट विलियम कॉलेज
- सेरामपुर मिशनरियों ने पश्चिमी शिक्षा को बढ़ावा दिया

1813 का चार्टर एक्ट
- कंपनी को शिक्षा के लिए सालाना एक लाख रुपये स्वीकृत करने का निर्देश दिया

प्राच्यवादी-आंग्लवादी विवाद
- आधुनिक शिक्षा और शिक्षा के माध्यम पर बल देने पर बहस हुई
- अंततः मैकाले की मिनट-सुलझी बहस ने डाउनवर्ड फिल्ट्रेशन सिद्धांत के तहत छोटे अल्पसंख्यकों के लिए अंग्रेजी शिक्षा का समर्थन किया

वुड्स डिस्पैच 1854
- भारत में अंग्रेजी शिक्षा का मैग्नाकार्टा'
- अधोमुखी निस्यंदन सिद्धांत खारिज एवं जन शिक्षा का समर्थन
- शिक्षा का पदानुक्रम- स्थानीय प्राथमिक विद्यालय (गाँव), एंग्लो-वर्नाक्यूलर (हाई स्कूल), कलकत्ता, बॉम्बे और मद्रास के प्रेसीडेंसी में संबद्ध विश्वविद्यालय

स्वतंत्रता के पश्चात् शिक्षा का विकास
- **राधाकृष्णन आयोग** (1948) विश्वविद्यालयों में प्रवेश से पहले 12 वर्ष की पूर्व-विश्वविद्यालय शिक्षा की सिफारिश की गई; विश्वविद्यालय अनुदान आयोग (यूजीसी) की स्थापना
- **कोठारी शिक्षा आयोग** (1964-1966) 6 से 14 वर्ष के बच्चों के लिए निःशुल्क और अनिवार्य शिक्षा प्रदान करता है।

SOURCE New NCERT Class VIII ''देशी जनता'' को सभ्य बनाना राष्ट्र को शिक्षित करना, Tamil Nadu Board Class XII भारत में राष्ट्रवाद का उदय

1 **नीचे दिए गए विकल्पों में से राष्ट्रवादी समाचार-पत्रों द हिंदू, केसरी, बंगाली, हिंदुस्तानी, सुधारक के संपादकों के नामों का संयोजन ज्ञात कीजिए** *(Class-XI, Old NCERT)*

(a) सुरेंद्रनाथ बनर्जी, जी. सुब्रह्मण्यम अय्यर, बाल गंगाधर तिलक, गंगा प्रसाद वर्मा, गोपालकृष्ण गोखले
(b) बाल गंगाधर तिलक, जी. सुब्रह्मण्यम अय्यर, सुरेंद्रनाथ बनर्जी, गंगा प्रसाद वर्मा, गोपालकृष्ण गोखले
(c) जी. सुब्रह्मण्यम अय्यर, बाल गंगाधर तिलक, गंगा प्रसाद वर्मा, गोपालकृष्ण गोखले, सुरेंद्रनाथ बनर्जी
(d) जी. सुब्रह्मण्यम अय्यर, बाल गंगाधर तिलक, सुरेंद्रनाथ बनर्जी, गंगा प्रसाद वर्मा, गोपालकृष्ण गोखले

उत्तर *(d)*

व्याख्या दिए गए विकल्पों में से राष्ट्रवादी समाचार-पत्रों 'द हिंदू', 'केसरी', बंगाली, हिंदुस्तानी, 'सुधारक' के संपादकों के नामों का सही संयोजन जी. सुब्रह्मण्यम अय्यर, बाल गंगाधर तिलक, सुरेंद्रनाथ बनर्जी, गंगा प्रसाद वर्मा, गोपालकृष्ण गोखले है।

जी सुब्रह्मण्यम अय्यर का संबंध 'द हिंदू' समाचार-पत्र से था। इस समाचार-पत्र की शुरुआत 1878 ई. में हुई थी।

बाल गंगाधर तिलक ने 'केसरी' समाचार-पत्र की शुरुआत 1881 ई. में की। यह मराठी भाषा का समाचार-पत्र था।

सुरेंद्रनाथ बनर्जी ने बंगाली समाचार-पत्र का संपादन किया। इस समाचार-पत्र के प्रकाशक गिरीश चंद्र घोष थे। अंग्रेजी भाषा में प्रकाशित यह समाचार-पत्र कलकत्ता (कोलकाता) से प्रकाशित होता था।

गंगा प्रसाद वर्मा ने 'हिंदुस्तानी' नामक समाचार-पत्र का संपादन किया था।

गोपालकृष्ण गोखले के द्वारा 'सुधारक' नामक समाचार-पत्र की स्थापना 1888 ई. में की गई तथा इसका संपादन भी किया गया।

2 **सूची I को सूची II से सुमेलित कीजिए तथा सूचियों के नीचे दिए गए कूट का प्रयोग करते हुए सही उत्तर का चयन कीजिए** *(Class-XI, Old NCERT) (IAS Pre 1999)*

सूची I		सूची II	
A.	श्यामजी कृष्ण वर्मा	1.	वंदेमातरम्
B.	मैडम भीकाजी कामा	2.	द इंडियन सोशियोलॉजिस्ट
C.	एनी बेसेंट	3.	द तलवार
D.	अरविंद घोष	4.	कॉमनवील

कूट

	A	B	C	D		A	B	C	D
(a)	2	3	4	1	(b)	3	2	1	4
(c)	2	3	1	4	(d)	3	2	4	1

उत्तर *(a)*

व्याख्या सही सुमेलन A-2, B-3, C-4, D-1 है।

श्यामजी कृष्ण वर्मा ने वर्ष 1905-1914 तक द इंडियन सोशियोलॉजिस्ट पत्रिका का संपादन किया। इसकी शुरुआत राष्ट्रवादी विचारधारा के साथ लंदन से की गई थी।

वर्ष 1909 में बर्लिन में 'द तलवार' समाचार-पत्र का संपादन मैडम भीकाजी कामा ने किया था। द तलवार 20वीं शताब्दी का एक प्रमुख राष्ट्रवादी समाचार-पत्र था। राष्ट्रीय स्वतंत्रता आंदोलन को मजबूती प्रदान करने हेतु एनी बेसेण्ट ने 'न्यू इण्डिया' तथा कॉमनवील' समाचार-पत्रों का संपादन शुरू किया।

अरविंद घोष ने स्वदेशी एवं बहिष्कार आंदालन (1905) के दौरान वंदेमातरम् समाचार-पत्र का संपादन किया तथा राष्ट्रीय जर्नल वंदे मातरम् को बिपिन चन्द्र पाल ने शुरू किया था।

3 **सूची I को सूची II से सुमेलित कीजिए और नीचे दिए गए कूट से सही उत्तर चुनिए** *(Class-XI, Old NCERT)* *(UPPSC Mains 2017)*

सूची I (समाचार-पत्र)		सूची II (संपादक)	
A.	काल	1.	सुरेंद्रनाथ बनर्जी
B.	बंगाली	2.	गोपालकृष्ण गोखले
C.	सुधारक	3.	द्वारकानाथ विद्याभूषण
D.	सोमप्रकाश	4.	शिवराम महादेव परांजपे

कूट

	A	B	C	D		A	B	C	D
(a)	4	1	2	3	(b)	4	1	3	2
(c)	3	1	4	2	(d)	3	1	2	4

उत्तर *(a)*

व्याख्या सही सुमेलन A-4, B-1, C-2, D-3 है।

काल समाचार-पत्र की शुरुआत 1898 ई. में हुई थी। इसके संपादक शिवराम महादेव परांजपे थे।

बंगाली समाचार-पत्र की शुरुआत 1862 ई. में हुई थी। इसके संपादक सुरेंद्रनाथ बनर्जी थे।

सुधारक समाचार-पत्र की शुरुआत 1888 ई. में गोपाल गणेश आगरकर द्वारा की गई। इसके संपादक गोपालकृष्ण गोखले थे।

सोमप्रकाश समाचार-पत्र की शुरुआत 1858 ई. में हुई थी। इसके प्रकाशक द्वारकानाथ विद्याभूषण थे। इसका संपादन ईश्वरचंद्र विद्यासागर ने किया।

4 **निम्नलिखित में से किन समाचार-पत्रों ने भारतीय स्वतंत्रता संग्राम के काल में क्रांतिकारी आतंकवाद की वकालत की थी?** *(Class-XI, Old NCERT)*

1. संध्या 2. युगांतर 3. काल

कूट

(a) 1 और 2 (b) 1 और 3
(c) 2 और 3 (d) 1, 2 और 3

उत्तर *(d)*

व्याख्या संध्या, युगांतर तथा काल समाचार-पत्रों ने भारतीय स्वतंत्रता संग्राम के काल में क्रांतिकारी आतंकवाद की वकालत की थी।

संध्या समाचार-पत्र का प्रकाशन वर्ष 1906 में हुआ था। इसके संपादक ब्रह्म बांधव उपाध्याय थे। वर्ष 1907 में ब्रह्म बांधव उपाध्याय की मृत्यु कोलकाता जेल में हो गई थी।

युगांतर समाचार-पत्र के संपादक तथा प्रकाशक बारींद्रनाथ घोष तथा भूपेंद्रनाथ दत्त थे। इस समाचार-पत्र की शुरुआत वर्ष 1906 में हुई थी।

काल नामक साप्ताहिक मराठी समाचार-पत्र का प्रकाशन शिवराम महादेव परांजपे ने किया। शिवराम महादेव परांजपे मराठी भाषा के प्रसिद्ध साहित्यकार थे।

5 **सूची I को सूची II से सुमेलित कीजिए तथा सूचियों के नीचे दिए गए कूट से सही उत्तर चुनिए** *(Class-XI, Old NCERT)* *(UPPSC Pre 2022)*

सूची I (समाचार-पत्र/पत्रिका)		सूची II (प्रकाशन का स्थान)	
A.	स्वदेश	1.	आगरा
B.	भारत बंधु	2.	अल्मोड़ा
C.	सत्यवादी	3.	हाथरस
D.	शक्ति	4.	गोरखपुर

कूट

	A	B	C	D		A	B	C	D
(a)	4	3	1	2	(b)	1	2	3	4
(c)	3	2	1	4	(d)	2	3	4	1

उत्तर (a)

व्याख्या सही सुमेलन A-4, B-3, C-1, D-2 है।

स्वदेश नाम का हिंदी समाचार-पत्र गोरखपुर से प्रकाशित होता था। पंडित दशरथ प्रसाद द्विवेदी इसके संपादक थे।

भारत बंधु का प्रकाशन हाथरस से होता था।

सत्यवादी का प्रकाशन आगरा से किया गया।

शक्ति समाचार-पत्र का प्रकाशन अल्मोड़ा से किया गया। यह प्रारंभ से ही आक्रामक, प्रखर राष्ट्रवादी पत्र था। इसने राष्ट्रीय आंदोलन के अंतिम तीन दशकों में स्थानीय जनता को जाग्रत करने का महत्त्वपूर्ण कार्य किया।

6 निम्नलिखित युग्मों पर विचार कीजिए

(Unit 1, Class-XII, Tamil Nadu Board)

समाचार-पत्र		भाषा
1. भारत मित्र	—	हिंदी
2. राष्ट्रमत	—	गुजराती
3. प्रजामित्र	—	बंगाली
4. नायक	—	मराठी

कूट

(a) केवल एक (b) केवल दो (c) केवल तीन (d) ये सभी

उत्तर (c)

व्याख्या दिए गए युग्मों में से केवल तीन युग्म अर्थात् युग्म (2, 3 और 4) सही सुमेलित नहीं हैं।

राष्ट्रमत समाचार-पत्र का प्रकाशन मराठी भाषा में होता था, जिसका मुख्य केंद्र महाराष्ट्र व विदर्भ के क्षेत्र थे।

प्रजामित्र समाचार-पत्र गुजराती भाषा में प्रकाशित होता था।

नायक बंगाल प्रान्त का प्रमुख समाचार पत्र था, जिसका प्रकाशन बंगाली भाषा में होता था।

7 निम्नलिखित में से एनी बेसेंट द्वारा निकाले जाने वाले दो अखबार कौन-से थे? ***(Class-XI, Old NCERT)***

1. कॉमनवील 2. न्यू इंडिया
3. न्यू हिंदू 4. दी आर्यंस

नीचे दिए गए कूट से सही उत्तर चुनिए

(a) 1 और 2 (b) 1 और 3 (c) 2 और 4 (d) 3 और 4

उत्तर (a)

व्याख्या एनी बेसेंट द्वारा निकाले जाने वाले दो अखबार कॉमनवील तथा न्यू इंडिया थे। एनी बेसेंट एक राजनीतिक कार्यकर्ता एवं स्वतंत्रता सेनानी थीं। इनका जन्म 1 अक्टूबर, 1847 को आयरलैंड में हुआ था और वह 1893 ई. में भारत आ गईं। ये भारत में थियोसोफिकल सोसायटी की प्रमुख बनी और वर्ष 1916 में इन्होंने इंडियन होमरूल लीग की स्थापना की। ये वर्ष 1917 में भारतीय राष्ट्रीय कांग्रेस की पहली महिला अध्यक्ष बनी थीं।

8 निम्नलिखित को सही कालानुक्रम में व्यवस्थित कीजिए और नीचे दिए गए कूट की सहायता से सही उत्तर चुनिए

(Class-XI, Old NCERT) (UPPSC Pre 2016)

1. ड्रैमेटिक परफॉरमेंस 2. वर्नाक्यूलर प्रेस एक्ट
3. नॉर्थ वेस्टर्न प्रोविंसेज एंड अवध एक्ट 4. बंगाल टेनेंसी एक्ट

कूट

(a) 1, 2, 4, 3 (b) 4, 2, 1, 3 (c) 1, 2, 3, 4 (d) 2, 3, 4, 1

उत्तर (a)

व्याख्या दिए गए विकल्पों का सही कालानुक्रम 1, 2, 4, 3 है।

ड्रैमेटिक परफॉरमेंस 1872 ई. में राष्ट्रीय थिएटर, जो बंगाली भाषा में था, आम जनता के लिए ब्रिटिश विरोधी विषयों को उजागर करता था। 1876 ई. में प्रिंस ऑफ वेल्स ने कोलकाता का दौरा कर ड्रैमेटिक परफॉरमेंस (नाटकीय प्रदर्शन) अधिनियम पारित कर इसे पूर्णत: प्रतिबंधित कर दिया। यह अधिनियम ब्रिटिश कानून द्वारा बेहतर नियंत्रण के लिए लागू किया गया।

वर्नाक्यूलर प्रेस एक्ट (देशी भाषा समाचार-पत्र अधिनियम, 1878) के अंतर्गत देशी समाचार-पत्रों पर पूर्णत: प्रतिबंध लॉर्ड लिटन के कार्यकाल के दौरान लगा दिया गया था।

बंगाल टेनेंसी एक्ट (अधिनियम) औपनिवेशिक व्यवस्था को स्थिर करने के लिए 1885 ई. में पारित किया गया। यह अधिनियम भूमि मालिकों के पूर्णत: स्वामित्व से संबंधित था। नॉर्थ वेस्टर्न प्रोविंसेज एंड अवध एक्ट उत्तर-पश्चिमी प्रांतों तथा अवध क्षेत्र के बेहतर प्रशासन के लिए बनाया गया। इस एक्ट को 1890 ई. में पारित किया गया था।

9 वर्नाक्युलर प्रेस एक्ट के बारे में निम्नलिखित में से कौन-सा/से कथन सही है/हैं? ***(Class-XI, Old NCERT) (BPSC Pre 2023)***

1. इसे लॉर्ड लिटन द्वारा अधिनियमित किया गया था।
2. इसे गैगिंग अधिनियम के रूप में जाना जाने लगा।
3. इस अधिनियम को लॉर्ड रिपन ने निरस्त कर दिया था।

नीचे दिए गए कूट का प्रयोग कर सही उत्तर चुनिए

(a) 1 और 2 (b) 2 और 3 (c) केवल 1 (d) 1, 2 और 3

उत्तर (d)

व्याख्या वर्नाक्युलर प्रेस एक्ट (देशी भाषा का समाचार-पत्र अधिनियम, 1878) के संदर्भ में सभी कथन सही हैं।

इसे लॉर्ड लिटन द्वारा अधिनियमित किया गया था, जिसे गैगिंग अधिनियम के रूप में जाना जाने लगा, क्योंकि यह अंग्रेजी तथा भारतीय भाषाओं में मतभेद करता था। लॉर्ड रिपन द्वारा 1881 ई. में इसे निरस्त कर दिया गया था।

10 गाँधीजी द्वारा शुरू किया गया एक साप्ताहिक-पत्र 'हरिजन' का प्रथम अंक 11 फरवरी, 1933 को निम्न शहरों में से कहाँ से प्रकाशित किया गया? ***(Class-XI, Old NCERT)***

(a) बंबई (वर्तमान मुंबई) से (b) अहमदाबाद से
(c) पूना (वर्तमान पुणे) से (d) नासिक से

उत्तर (c)

व्याख्या गाँधीजी द्वारा शुरू किया गया साप्ताहिक-पत्र 'हरिजन' का प्रथम अंक 11 फरवरी, 1933 को पूना (वर्तमान पुणे) से प्रकाशित किया गया था। इसके प्रथम संपादक आर. बी. शास्त्री थे। हरिजन समाचार-पत्र वर्ष 1948 तक प्रकाशित हुआ। इस समाचार-पत्र का प्रकाशन अंग्रेजी के साथ हिंदी और गुजराती में भी होता था।

11 कथन (A) बंगाल की एशियाटिक सोसायटी की स्थापना वॉरेन हेस्टिंग्स के काल में हुई थी और उसने सर विलियम जोंस के पक्ष में उक्त विद्वत संस्था की अध्यक्षता का प्रस्ताव अस्वीकार किया था।

कारण (R) वॉरेन हेस्टिंग्स स्वयं एक उद्भट विद्वान् तथा प्राच्य विद्या का प्रखर समर्थक था, जो संस्कृत, फारसी तथा अरबी के अध्ययन को प्रोत्साहित करता था। ***(Chap 7, Class-VIII, New NCERT)***

कूट ***(UPPSC Pre 2019)***

(a) A और R दोनों सही हैं तथा R, A की सही व्याख्या है
(b) A और R दोनों सही हैं, परंतु R, A की सही व्याख्या नहीं है
(c) A सही है, किंतु R गलत है
(d) A गलत है, किंतु R सही है

उत्तर (a)

व्याख्या A और R दोनों सही हैं तथा R, A की सही व्याख्या है।

बंगाल में एशियाटिक सोसायटी की स्थापना 1784 ई. में की गई। उस समय बंगाल के गवर्नर जनरल वॉरेन हेस्टिंग्स थे। इस सोसायटी की स्थापना के बाद अध्यक्ष की नियुक्ति पर हुए विवाद के दौरान इन्होंने विलियम जोंस को अध्यक्ष बनाने का प्रस्ताव अस्वीकार किया था।

वॉरेन हेस्टिंग्स स्वयं प्राच्य विद्या का विद्वान् था और वह प्राच्य विद्या के अध्ययन को प्रोत्साहन देने के लिए विलियम जोंस के अतिरिक्त किसी अन्य विद्वान् को इस पद पर बैठाना चाहता था।

12 भारत में औपनिवेशिक शासन के दौरान शैक्षणिक संस्थाओं के संदर्भ में निम्नलिखित युग्मों पर विचार कीजिए

(Chap 7, Class-VIII, New NCERT)
(IAS Pre 2018)

संस्थान		संस्थापक
1. बनारस संस्कृत कॉलेज	—	विलियम जोंस
2. कलकत्ता मदरसा	—	वॉरेन हेस्टिंग्स
3. फोर्ट विलियम कॉलेज	—	आर्थर वेलेजली

उपर्युक्त युग्मों में से कौन-सा/से युग्म सुमेलित है/हैं?

(a) 1 और 2
(b) केवल 2
(c) 1 और 3
(d) केवल 3

उत्तर *(b)*

व्याख्या भारत में औपनिवेशिक शासन के दौरान शैक्षणिक संस्थाओं के संदर्भ में युग्म (2) सही सुमेलित है। कलकत्ता मदरसा की स्थापना 1781 ई. में वॉरेन हेस्टिंग्स ने की थी।

युग्म (1) और (3) सही सुमेलित नहीं हैं, क्योंकि बनारस संस्कृत कॉलेज की स्थापना विलियम जोंस ने नहीं, बल्कि 1791-92 ई. में जोनाथन डंकन ने की थी।

फोर्ट विलियम कॉलेज की स्थापना आर्थर वेलेजली ने नहीं, बल्कि 1800 ई. में नव नियुक्त सिविल सेवकों के प्रशिक्षण के लिए लॉर्ड विलियम वेलेजली ने की थी।

13 फोर्ट विलियम कॉलेज कलकत्ता के संदर्भ में कौन-सा/से कथन सही है/हैं?

(Chap 7, Class-VIII, New NCERT)
(UP RO/ARO Pre 2021)

1. इसकी स्थापना 10 जून, 1800 को कलकत्ता के फोर्ट विलियम कॉम्पलेक्स में हुई थी।
2. इसकी स्थापना का मुख्य उद्देश्य ब्रिटिश अधिकारियों को भारतीय भाषाओं की शिक्षा देना था।

कूट

(a) केवल 1
(b) केवल 2
(c) 1 और 2 दोनों
(d) न तो 1 और न ही 2

उत्तर *(b)*

व्याख्या फोर्ट विलियम कॉलेज, कलकत्ता के संदर्भ में कथन (2) सही है। इसकी स्थापना का मुख्य उद्देश्य ब्रिटिश अधिकारियों को भारतीय भाषाओं (फारसी और हिंदुस्तानी) की शिक्षा देना था। इस संस्थान के द्वारा संस्कृत, अरबी, फारसी, बांग्ला, हिंदी, उर्दू आदि की हजारों पुस्तकों का अनुवाद किया गया। प्रशासन को बेहतर बनाने के लिए तथा स्थानीय संस्कृति, परंपरा को समझने के लिए स्थानीय भाषाओं के ज्ञान को जरूरी समझा गया।

कथन (1) सही नहीं है, क्योंकि फोर्ट विलियम कॉलेज कलकत्ता की स्थापना 10 जुलाई, 1800 में तत्कालीन गवर्नर जनरल वेलेजली द्वारा की गई।

14 वेलेजली ने कलकत्ता में फोर्ट विलियम कॉलेज की स्थापना किस लिए की थी?

(Chap 7, Class-VIII, New NCERT)
(IAS Pre 2020)

(a) उसे लंदन में स्थित बोर्ड ऑफ डायरेक्टर्स ने ऐसा करने को कहा था
(b) वह भारत में प्राच्य ज्ञान के प्रति अभिरुचि पुन: जाग्रत करना चाहता था
(c) वह विलियम कैरी तथा उसके सहयोगियों को रोजगार प्रदान करना चाहता था
(d) वह ब्रिटिश नागरिकों को भारत में प्रशासन हेतु प्रशिक्षित करना चाहता था

उत्तर *(d)*

व्याख्या लॉर्ड वेलेजली ने कलकत्ता में फोर्ट विलियम कॉलेज की स्थापन की, क्योंकि वह ब्रिटिश नागरिकों को भारत में प्रशासन हेतु प्रशिक्षित करन चाहता था। फोर्ट विलियम कॉलेज की स्थापना का उद्देश्य ब्रिटिश प्रशासनिक सेवा के सदस्यों को प्राच्य विद्याओं तथा भाषाओं का अध्ययन करवाना था जिससे वे भारतीय परिस्थितियों में प्रशासन के लिए प्रशिक्षित हो सके। 1802 ई में इसे निदेशकों के आदेश पर बंद कर दिया गया। फोर्ट विलियम कॉलेज क नाम इंग्लैंड के शासक विलियम तृतीय के नाम पर रखा गया था।

15 निम्नलिखित में से किससे/किनसे भारत में अंग्रेजी शिक्षा की नींव पड़ी?

(Chap 7, Class-VIII, New NCERT
(IAS Pre 2018

1. 1813 ई. का चार्टर एक्ट
2. जनरल कमेटी ऑफ पब्लिक इंस्ट्रक्शन, 1823 ई.
3. प्राच्यविद् एवं आंग्लविद् विवाद

नीचे दिए गए कूट का प्रयोग कर सही उत्तर चुनिए

(a) 1 और 2 (b) केवल 2 (c) 1 और 3 (d) 1, 2 और 3

उत्तर *(d)*

व्याख्या उपर्युक्त तीनों से भारत में अंग्रेजी शिक्षा की नींव पड़ी। 1813 ई. के चार्टर एक्ट के द्वारा भारत में शिक्षा के प्रसार के लिए प्रतिवर्ष ₹ 1 लाख खर्च करने का प्रावधान किया गया। जनरल कमेटी ऑफ पब्लिक इंस्ट्रक्शन (1823 ई.) की जिम्मेदारी ₹ 1 लाख देने की थी। इसमें दस यूरोपीय सदस्य थे। प्राच्यविद् एवं आंग्लविद् विवाद ने भारत में अंग्रेजी शिक्षा के मार्ग को प्रशस्त किया।

16 वुड के 1854 ई. के प्रेषण के संबंध में निम्नलिखित कथनों पर विचार कीजिए

(Chap 7, Class-VIII, New NCERT
(BPSC Pre 2023

1. इसने उच्च अध्ययन के लिए शिक्षा के माध्यम के रूप में अंग्रेजी क सिफारिश की।
2. इसने महिला शिक्षा और व्यावसायिक प्रशिक्षण पर बल दिया।

उपर्युक्त में से कौन-सा/से कथन सही है/हैं?

(a) केवल 1 (b) केवल 2
(c) 1 और 2 दोनों (d) न तो 1 और न ही 2

उत्तर *(c)*

व्याख्या वुड के 1854 ई. के प्रेषण के संबंध में दोनों कथन सही हैं।

चार्ल्स वुड ने उच्च अध्ययन के लिए शिक्षा के माध्यम के रूप में अंग्रेजी क सिफारिश की। इसने स्कूली-शिक्षा का माध्यम देशी भाषाओं को बनाए जाने व सुझाव दिया। इसने महिला शिक्षा तथा व्यावसायिक शिक्षा की आवश्यकता प बल दिया।

1854 ई. में चार्ल्स वुड (बोर्ड ऑफ कंट्रोल के अध्यक्ष) ने भारत की भा शिक्षा के लिए एक विस्तृत योजना प्रस्तुत की। इसे ही 'चार्ल्स वुड का डिस्पैच' कहा जाता है। इसे 'भारतीय शिक्षा का मैग्नाकार्टा' भी कहा जाता है। इसने सुझाव दिया था कि भारत के प्रेसीडेंसी नगरों—बंबई, कलकत्ता तथा मद्रास लंदन विश्वविद्यालय की तर्ज पर विश्वविद्यालय स्थापित किए जाएँ।

17 **निम्नलिखित कथनों पर विचार कीजिए**

(Chap 7, Class-VIII, New NCERT)

1. चार्ल्स वुड के 1854 ई. के डिस्पैच ने भारत में उच्च शिक्षा के विकास पर विशिष्ट बल दिया तथा प्राथमिक एवं माध्यमिक शिक्षा को उपेक्षित किया।
2. आर. डब्ल्यू. कार्लाइल द्वारा जारी किए गए कार्लाइल सर्कुलर ने शिक्षण संस्थानों में क्रातिंकारी गतिविधियों को नियत्रिंत करने की कोशिश की।

उपर्युक्त कथनों में से कौन-सा/से कथन सही है/हैं?

(a) केवल 1 (b) केवल 2
(c) 1 और 2 दोनों (d) न तो 1 और न ही 2

उत्तर (b)

व्याख्या दिए गए कथनों में से कथन (2) सही है। जब भारतीय युवाओं ने बंगाल के विभाजन के विरुद्ध पश्चिमी शिक्षा का विरोध करना शुरू किया, तब बंगाल के मुख्य सचिव कार्लाइल ने 22 अक्टूबर, 1905 को कार्लाइल सर्कुलर के नाम से एक घोषणा जारी की।

इस सर्कुलर के अनुसार, यदि कोई कॉलेज सरकार के आदेश का उल्लंघन करता है और छात्र शैक्षिक संस्थान से बाहर निकलता है, तो संस्थान को सरकार द्वारा कोई सहायता नहीं दी जाएगी। इस प्रकार आर. डब्ल्यू. कार्लाइल ने कार्लाइल सर्कुलर के माध्यम से शिक्षण संस्थानों में क्रातिंकारी गतिविधियों को नियत्रिंत करने की कोशिश की।

कथन (1) सही नहीं है, क्योंकि वुड डिस्पैच ने उच्च शिक्षा के साथ प्राथमिक तथा माध्यमिक शिक्षा पर भी बल दिया था।

18 **1854 ई. की वुड-विज्ञप्ति में अभिव्यक्त शिक्षा का लक्ष्य था**

(Chap 7, Class-VIII, New NCERT) (IAS Pre 2003)

(a) देशीय भारतीयों के लिए रोजगार के अवसर उत्पन्न करना
(b) भारत में पाश्चात्य संस्कृति का प्रचार करना
(c) अंग्रेजी भाषा के माध्यम का प्रयोग कर लोगों में साक्षरता को बढ़ावा देना
(d) परंपरागत भारतीय शिक्षा में वैज्ञानिक अनुसंधान तथा तर्क बुद्धिवाद का प्रवेश करवाना

उत्तर (b)

व्याख्या 1854 ई. की वुड-विज्ञप्ति (वुड्स डिस्पैच) में अभिव्यक्त शिक्षा का लक्ष्य भारत में पाश्चात्य संस्कृति का प्रचार करना था।

1854 ई. में जारी वुड-विज्ञप्ति में उच्च शिक्षा के लिए अंग्रेजी को प्रोत्साहन देने पर बल दिया गया था। इस विज्ञप्ति में साक्षरता के लिए प्राथमिक स्तर पर देशी भाषाओं को महत्त्व दिया गया तथा निजी विद्यालयों को अनुदान के साथ-साथ विश्वविद्यालयों की स्थापना पर भी बल दिया गया।

19 **निम्नलिखित का सही कालानुक्रम क्या होगा?**

(Chap 7, Class-VIII, New NCERT) (IAS Pre 1991)

1. वुड का एजुकेशन डिस्पैच
2. मैकाले का मिनट ऑन एजुकेशन
3. दी सार्जेंट एजुकेशन रिपोर्ट
4. इंडियन एजुकेशन (हंटर कमीशन)

कूट

(a) 2, 1, 4, 3 (b) 2, 1, 3, 4 (c) 1, 2, 4, 3 (d) 4, 3, 1, 2

उत्तर (a)

व्याख्या दिए गए विकल्पों का सही कालानुक्रम 2, 1, 4, 3 है।

लॉर्ड मैकाले, जो गवर्नर जनरल की कार्यकारिणी परिषद् के सदस्य थे, का स्मरण-पत्र (मिनट ऑन एजुकेशन रिपोर्ट) 1835 ई. में प्रकाशित हुआ था।

2 फरवरी, 1835 को अपने महत्त्वपूर्ण स्मरण-पत्र में इन्होंने लिखा कि "सरकार के सीमित संसाधनों को ध्यान में रखते हुए पाश्चात्य विज्ञान एवं साहित्य की शिक्षा हेतु अंग्रेजी भाषा ही माध्यम के रूप में सर्वोत्तम है।"

चार्ल्स वुड का एजुकेशन डिस्पैच 1854 ई. में प्रकाशित हुआ था, जिसमें महिलाओं की शिक्षा के प्रति सकारात्मक पक्ष रखे गए थे। साथ ही उच्च शिक्षा को प्रोत्साहित करने हेतु बंबई (वर्तमान में मुंबई), मद्रास (वर्तमान में चेन्नई) एवं कलकत्ता (वर्तमान में कोलकाता) में विश्वविद्यालय स्थापित करने हेतु सिफारिश की गई थी।

इंडियन एजुकेशन (हंटर कमीशन) का गठन 1882-83 ई. में तत्कालीन वायसराय लॉर्ड रिपन द्वारा गठित किया गया था। प्राथमिक शिक्षा के क्षेत्र में महत्त्वपूर्ण सुधार करना तथा वुड डिस्पैच के गैर-क्रियांवयन की शिकायतों पर विचार करना इस आयोग का मुख्य उद्देश्य था।

दी सार्जेंट एजुकेशन रिपोर्ट वर्ष 1944 में ब्रिटिश-भारतीय सरकार द्वारा तैयार की गई एक महत्त्वपूर्ण योजना थी, जिसका उद्देश्य भारत को अगले 40 वर्षों के अंदर पूर्णत: साक्षर बनाना था।

20 **निम्नलिखित कथनों पर विचार कीजिए**

(Chap 7, Class-VIII, New NCERT) (IAS Pre 2005)

1. ईश्वरचंद्र विद्यासागर ने महिलाओं की शिक्षा को प्रोत्साहित करने के प्रमुख उद्देश्य से कलकत्ता में बेथ्यून स्कूल स्थापित किया।
2. बंकिमचंद्र चट्टोपाध्याय कलकत्ता विश्वविद्यालय के प्रथम स्नातक थे।
3. केशवचंद्र सेन के सती के विरुद्ध अभियान के फलस्वरूप तत्कालीन गवर्नर जनरल ने सती प्रथा पर प्रतिबंध के लिए कानून बनाया।

उपर्युक्त कथनों में से कौन-सा/से कथन सही है/हैं?

(a) केवल 1
(b) 1 और 2
(c) 2 और 3
(d) 1, 2 और 3

उत्तर (b)

व्याख्या दिए गए कथनों में से कथन (1) और (2) सही हैं।

ईश्वरचंद्र विद्यासागर भारत के प्रसिद्ध समाज सुधारक एवं शिक्षाशास्त्री थे। इन्होने स्त्री-शिक्षा तथा विधवा-विवाह को भारत की प्रगति बताया है। ईश्वरचंद्र ने मेट्रोपॉलिटन विद्यालय एवं बेथ्यून स्कूल सहित अनेक महिला विद्यालयों की स्थापना की।

बंकिमचंद्र चट्टोपाध्याय बंगाल के प्रख्यात उपन्यासकार, कवि, नाटककार तथा पत्रकार थे। इनके द्वारा रचित राष्ट्रीय गीत वंदे मातरम् रचना आनंदमठ से लिया गया है। इनकी प्राथमिक शिक्षा हुगली कॉलेज तथा उच्च शिक्षा प्रेसीडेंसी कॉलेज कलकत्ता (कलकत्ता विश्वविद्यालय) से हुई थी। ये कलकत्ता विश्वविद्यालय से स्नातक की डिग्री प्राप्त करने वाले प्रथम भारतीय थे।

कथन (3) सही नहीं है, क्योंकि केशवचंद्र सेन ने सती प्रथा के विरुद्ध अभियान नहीं चलाया था, बल्कि यह कार्य राजा राममोहन राय ने किया था। केशवचंद्र सेन ने मद्य निषेध एवं दान देने पर अधिक बल दिया और इन्होंने ब्रह्म विवाह एक्ट को पारित करवाया था।

अध्याय 28

1857 का विद्रोह

1857 का विद्रोह

विद्रोह के कारण

राजनीतिक कारण
- राजाओं और नवाबों के हितों की राजनीतिक अनदेखी-लॉर्ड डलहौजी द्वारा व्यपगत के सिद्धांत की विलय नीति
- कुशासन के आरोप में अवध का विलय

प्रशासनिक कारण
- अंग्रेजों की राजस्व बंदोबस्त नीतियों के प्रति जमींदारों का प्रशासनिक असंतोष
- अंग्रेजों की बंदोबस्त नीतियाँ
- उच्च राजस्व माँग
- प्रशासन के निचले स्तर पर भ्रष्टाचार का प्रसार; जटिल न्यायिक प्रणाली

धार्मिक कारण
- ईसाई मिशनरियों की गतिविधियों के कारण सामाजिक-धार्मिक भय; मंदिर और मस्जिद की भूमि पर कर लगाना; सती प्रथा का उन्मूलन; विधवा पुनर्विवाह को वैध बनाना

आर्थिक कारण
- देश का आर्थिक शोषण; किसानों, कारीगरों और हस्तशिल्पियों का सुधार; ग्रामीण और कृषि संकट

सैन्य कारण
- वेतन, भत्ते और सेवा की स्थिति के संबंध में सिपाहियों में असंतोष;
- सरकारी सेवा पात्रता अधिनियम विदेशी सेवाओं को अनिवार्य बनाता है; सेना में भेदभाव; विदेशी भत्ता वापस लेना

तात्कालिक कारण
- एनफील्ड राइफल का प्रयोग, जिसका कारतूस कथित तौर पर गाय और सुअर की चर्बी से बना था, इससे हिंदू और मुसलमानों की धार्मिक भावनाएँ आहत हुई।

इतिहासकारों के विचार
- डॉ. के. दत्त इसे मुख्यतः सैन्य दृष्टिकोण मानते हैं वी.डी. सावरकर ने अपनी पुस्तक में; प्रथम भारतीय स्वतंत्रता संग्राम बताया; आर. सी. मजूमदार ने इसे न प्रथम, न राष्ट्रीय, न ही स्वतंत्रता संग्राम कहा

विद्रोह की शुरुआत और दिशा
- 8 अप्रैल, 1857 को बैरकपुर में अपने अधिकारियों पर हमला करने के लिए मंगल पांडे को फाँसी पर लटका दिया गया
- मेरठ में सैनिकों ने जेल की ओर मार्च किया और कैद किए गए सिपाहियों को रिहा कर दिया तथा ब्रिटिश अधिकारियों पर हमला किया
- सैनिकों ने विद्रोह के नेता के रूप में मुगल सम्राट बहादुर शाह जफर को चुना
- नागरिक भी अशांति में शामिल हो गए और दिल्ली पर अधिकार कर लिया; 20 सितंबर, 1857 को दिल्ली पर अंग्रेजों ने अधिकार कर लिया
- 1859 ई. में नाना साहब नेपाल भाग गए; रानी लक्ष्मीबाई की जून, 1858 में युद्ध के दौरान ग्वालियर में मृत्यु बहादुरशाह को निर्वासित कर रंगून भेजा गया।

विद्रोह के केंद्र

दिल्ली	जनरल बख्त खान
लखनऊ	बेगम हजरत महल
बिहार	कुँवर सिंह
कानपुर	नाना साहेब और ताँत्या टोपे
बरेली	खान बहादुर खान
फैजाबाद	मौलवी अहमदुल्लाह
झाँसी	रानी लक्ष्मीबाई
इलाहाबाद	मौलवी लियाकत अली
बड़ौत	शाहमल

अन्य

विद्रोह का प्रभाव
- प्रशासन को ईस्ट इंडिया कंपनी से ब्रिटिश ताज में स्थानांतरित किया गया
- भारत के शासन से संबंधित सभी मामलों की देख-रेख के लिए ब्रिटिश कैबिनेट के एक सदस्य को भारत का राज्य सचिव नियुक्त किया गया
- भारतीय परिषद् का निर्माण
- गवर्नर-जनरल को वायसराय की उपाधि दी गई

विद्रोह का महत्त्व
- इस विद्रोह के नेताओं को भारतीयों ने राष्ट्रीय नायकों का दर्जा दिया
- देश के लिए न्यौछावर होने की प्रेरणा प्राप्त की।
- परिणामस्वरूप देश राजनैतिक रूप से एक हुआ
- भारतीयों में अंग्रेजों के प्रति घृणा की भावना बढ़ती गई।

असफलता के कारण
- कमजोर संगठन और विद्रोहियों के बीच समन्वय की कमी
- अंग्रेजों के पास बेहतर संसाधन और आधुनिक हथियार
- टेलीग्राफ प्रणाली ने विद्रोहियों के आंदोलन के बारे में जानकारी प्रदान की
- शिक्षित भारतीयों की उदासीनता
- सिपाहियों में देशभक्ति और राष्ट्रवाद के उच्च आदर्शों का अभाव

SOURCE Old NCERT Class-VIII ब्रिटिश शासन के विरुद्ध विद्रोह, 1858 ई. के बाद भारत में ब्रिटिश नीतियाँ और प्रशासन, Old NCERT Class-XII 1857 का विद्रोह, भारत में यूरोपीय प्रवेश और ब्रिटिश विजय, 1858 के बाद प्रशासनिक बदलाव, Tamil Nadu Board, Class-XII, ब्रिटिश शासन का प्रारंभिक प्रतिरोध

विद्रोह का कारण

1 **1857 के विद्रोह का तात्कालिक कारण क्या था?** *(Chap 6, Class-XII, Old NCERT)*

(a) गाय और सुअर की चर्बी लगे कारतूसों का प्रयोग
(b) भारतीय सैनिकों को तिलक लगाने से मना करना
(c) भारतीयों को समुद्र पार दूसरे देशों में भेजना
(d) भारतीय सैनिकों की कंपनी की सेना से छँटनी

उत्तर *(a)*

व्याख्या 1857 के विद्रोह के तात्कालिक कारणों के संबंध में कथन (a) सत्य है। 1856 ई. में ब्रिटिश सेना द्वारा पुरानी ब्राउन बैस के स्थान पर नई इनफील्ड राइफल को लाया गया था, इसमें कारतूस को भरने के लिए कारतूस पर लगे कवर को दाँत से काटना पड़ता था। इन कारतूसों में गाय और सुअर की चर्बी का प्रयोग किए जाने की खबर फैल गई, जिसका परिणाम यह हुआ कि भारतीय सिपाहियों (हिंदू और मुस्लिम) ने विद्रोह कर दिया। 29 मार्च, 1857 को मंगल पांडे नामक एक सैनिक ने बैरकपुर में गाय की चर्बी मिले कारतूसों को मुँह से काटने से स्पष्ट मना कर दिया था।

2 1857 **के विद्रोह के प्रमुख कारण थे** *(Chap 6, Class-XII, Old NCERT)*

1. ब्रिटिशों द्वारा देश का आर्थिक शोषण
2. प्रशासन के निचले स्तर पर व्याप्त भ्रष्टाचार
3. लॉर्ड डलहौजी द्वारा अवध का विलय

कूट

(a) 1 और 2 (b) 2 और 3 (c) 1 और 3 (d) 1, 2 और 3

उत्तर *(d)*

व्याख्या 1857 के विद्रोह के प्रमुख कारणों के सन्दर्भ सभी कथन सही हैं। ब्रिटिशों द्वारा देश का आर्थिक शोषण 1857 के विद्रोह का प्रमुख कारण था। इसने बड़ी संख्या में परंपरागत जमींदारों, किसानों, दस्तकारों तथा हस्तशिल्पियों को निर्धनता के मुँह में झोंक दिया, जिससे जन असंतोष की भावना ने जन्म लिया और परिणति 1857 ई. की क्रांति के रूप में सामने आई। निचले स्तर पर प्रशासन में व्याप्त भ्रष्टाचार ने साधारण जनता को बुरी तरह प्रभावित किया था। इस विद्रोह के कारणों की चर्चा करते हुए 1859 ई. में एक ब्रिटिश अधिकारी विलियम एडवर्ड ने लिखा था कि "पुलिस को जनता कोढ़ के समान समझती थी।" लॉर्ड डलहौली द्वारा अवध का विलय भी 1857 के विद्रोह का प्रमुख कारण था।

3 **डलहौजी के कुछ उपायों ने भारत में गंभीर असंतोष उत्पन्न किया, जो 1857 के विद्रोह के लिए उत्तरदायी थे। निम्न में से कौन-सा एक उपाय उनमें से नहीं था?** *(Chap 5, Class-VIII, Old NCERT)*

(a) हड़प नीति का सिद्धांत
(b) धर्म और जाति संबंधी नुकसान का डर
(c) कई शासकों के खिताब और पेंशन का उन्मूलन
(d) शैक्षिक सुधार

उत्तर *(d)*

व्याख्या डलहौजी द्वारा किए गए कुछ उपायों ने भारतीयों में गंभीर असंतोष की स्थिति को उत्पन्न कर दिया, जिसने 1857 के विद्रोह को प्रारंभ करने में एक महत्त्वपूर्ण भूमिका निभाई, लेकिन इन सभी कारणों में शैक्षिक सुधार शामिल नहीं था। डलहौजी द्वारा हड़प नीति का सिद्धांत, जिसने कई राजाओं से उनके राज्यों को छीन लिया, कई शासकों की पेंशन का उन्मूलन किया गया, जिससे उन शासकों में ब्रिटिशों के विरुद्ध असंतोष की स्थिति उत्पन्न हो गई और साथ ही धर्म और जाति के प्रति ब्रिटिशों के व्यवहार ने 1857 की पृष्ठभूमि को तैयार किया।

4 **1857 के विद्रोह के लिए निम्न में से कौन-सा सैन्य कारण जिम्मेदार था?** *(Chap 5, Class-VIII, Old NCERT)*

(a) भारतीय और ब्रिटिश सैनिकों के मध्य वेतन और पेंशन संबंधी मुद्दे
(b) हड़प नीति का सिद्धांत
(c) जॉन लॉरेंस की गैर-हस्तक्षेप नीति
(d) इनाम आयोग की स्थापना

उत्तर *(a)*

व्याख्या 1857 के विद्रोह के संबंध में भारतीय और ब्रिटिश सैनिकों के बीच होने वाला भेदभाव, जिसमें वेतन और पेंशन संबंधी मुद्दे शामिल थे, विद्रोह का एक मुख्य कारण था। ब्रिटिश फौज में भारतीय सिपाहियों के लिए पदोन्नति सहित वेतन और पेंशन संबंधी समस्याएँ भी प्रबल थीं, क्योंकि सेना के सभी उच्च पद यूरोपीय सैनिकों के लिए सुरक्षित किए गए थे।

5 **1857 के विद्रोह के कारणों के बारे में निम्न कथनों पर विचार करें** *(Chap 5, Class-VIII, Old NCERT)*

1. नि:संतान राजाओं की बच्चा गोद लेने की प्रक्रिया की समाप्ति
2. भारतीय प्रजा को नीचा दिखाने की ब्रिटिश नीति
3. अंग्रेजी और भारतीय सैनिकों के बीच भेदभाव
4. सामाजिक सुधार और ईसाई धर्म में परिवर्तन

उपर्युक्त में से कितने कथन सही हैं?

(a) केवल एक (b) केवल दो
(c) केवल तीन (d) ये सभी

उत्तर *(d)*

व्याख्या 1857 के विद्रोह के कारणों के बारे में दिए गए सभी कथन सही हैं। 1857 में हुए विद्रोह के लिए अनेक कारण उत्तरदायी रहे हैं, जिनमें अंग्रेजो द्वारा दत्तक पुत्र या राजा द्वारा गोद लेने की प्रथा को समाप्त करना मुख्य था, जिसने संबंधित भारतीय राजाओं को अंग्रेजो के नीतियों के विरुद्ध कर दिया।

ब्रिटिशों द्वारा भारतीयों को अपने नए नियमों या अन्य कारणों से नीचा दिखाना भी एक प्रमुख कारण था, जिससे भारतीय अंग्रेजों के विरुद्ध हुए और उनकी नीति से भी क्षुब्ध हुए। भारतीय सैनिकों और अंग्रेज सैनिकों के बीच होने वाले भेदभाव ने क्रांति का मार्ग प्रशस्त किया और साथ ही तत्कालीन समाज में व्याप्त अनेक प्रकार की रीतियों को अंग्रेजो ने समाप्त कर दिया अथवा उनमें परिवर्तन कर दिए गए। इसके अतिरिक्त अंग्रेज ईसाई मिशनरी द्वारा समाज के निचले तबके के लोगों का धर्म परिवर्तन कराने से भी विद्रोह को बल मिला।

6 1857 **के विद्रोह के विषय में कौन-सा कथन सत्य है?** *(Chap 6, Class-XII, Old NCERT)*

(a) यह राजाओं, नवाबों और तालुकेदारों द्वारा सावधानीपूर्वक संगठित और नियोजित विद्रोह था।
(b) अफवाहों और भविष्यवाणियों ने इसके विस्तृत होने में कोई भूमिका नहीं निभाई।
(c) अंग्रेज विद्रोहियों को शीघ्रतापूर्वक एवं आसानी से नियंत्रित करने में सफल रहे।
(d) उपर्युक्त में से कोई नहीं

उत्तर *(a)*

व्याख्या 1857 के विद्रोह के विषय में कथन (a) सत्य है। 1857 का विद्रोह राजाओं, नवाबों और तालुकेदारों द्वारा सावधानीपूर्वक संगठित और नियोजित विद्रोह था, क्योंकि ब्रिटिशों की दोषपूर्ण नीतियों ने सबसे अधिक प्रभाव इन्हीं पर डाला था। अवध के अधिग्रहण के पश्चात् संबंधित परिवारों पर बुरा प्रभाव पड़ा। अंग्रेजों द्वारा तालुकेदारों तथा जमींदारों की जमीनें जब्त कर लेने से वे संपत्तिहीन बन गए और अपनी खोई हुई जमीन तथा प्रतिष्ठा की प्राप्ति ने 1857 की क्रांति का मार्ग प्रशस्त किया।

7 1857 की क्रांति के धार्मिक कारणों के संबंध में नीचे दिए गए कथनों पर विचार कीजिए *(Chap 6, Class-XII, Old NCERT)*

1. ईसाई मिशनरियों द्वारा हिंदू तथा इस्लाम धर्म पर तीखा प्रहार करना।
2. मंदिर और मस्जिदों की जमीनों पर कर लगाना।
3. ब्रिटिश सरकार द्वारा भारतीय समाज सुधारकों की सलाह पर सामाजिक कुरीतियों के विरुद्ध कानून बनाना।

उपर्युक्त में से कितने कथन सही हैं?

(a) केवल एक
(b) केवल दो
(c) केवल तीन
(d) उपर्युक्त सभी

उत्तर (d)

व्याख्या 1857 की क्रांति के धार्मिक कारणों के संबध मे सभी कथन सही हैं। 1857 में ब्रिटिश शासन के विरोध में जनता के खड़े होने का प्रमुख कारण यह था कि इस शासन से उनका धर्म खतरे में पड़ गया था। ईसाई मिशनरियों द्वारा भारतीय लोगों को ईसाई बनाने का प्रयास करना तथा हिंदू धर्म और इस्लाम धर्म पर सार्वजनिक रूप से तीखा और तीव्र प्रहार करना भी इसके प्रमुख कारण थे।

मंदिर और मस्जिदों की जमीनों पर कर लगाने से भी धार्मिक भावनाओं को चोट पहुँची। पहले के भारतीय शासकों ने मंदिर और मस्जिद से जुड़ी जमीन को उनके पुजारियों या सेवा संस्थाओं को कर से मुक्त रखा था।

ब्रिटिश सरकार द्वारा भारतीय समाज सुधारकों की सलाह पर सामाजिक कुरीतियों के विरुद्ध कानून बनाना भी भारतीय जनमानस पर गहरा आघात था। सती प्रथा का उन्मूलन, विधवा पुनर्विवाह संबंधी कानून तथा लड़कियों के लिए पश्चिमी शिक्षा व्यवस्था उन्हीं परिवर्तनों में से एक था।

8 निम्नलिखित में से कौन एक (1857 के विद्रोह का स्थान-विद्रोह का आरंभ) सही सुमेलित नहीं है?
(Chap 6, Class-XII, Old NCERT) (UPPSC Pre 2023)

(a) लखनऊ — 4 जून, 1857
(b) झाँसी — 11 मई, 1857
(c) मेरठ — 10 मई, 1857
(d) बैरकपुर — 29 मार्च, 1857

उत्तर (b)

व्याख्या दिए गए युग्मों में से युग्म (b) सही सुमेलित नहीं है, क्योंकि झाँसी में 4 जून, 1857 को विद्रोह प्रारम्भ हुआ था। 1857 के भारतीय विद्रोह को प्रथम भारतीय स्वतन्त्रता संग्राम, सिपाही विद्रोह और भारतीय विद्रोह के नाम से भी जाना जाता है।

9 निम्न कथनों पर विचार कीजिए *(Chap 6, Class-XII, Old NCERT)*

1. मंगल पांडे ने बलिया में विद्रोह किया था।
2. उन्हें 9 मई, 1857 को फाँसी दे दी गई।

उपर्युक्त में से कौन-सा/से कथन सही नहीं है/हैं?

(a) केवल 1
(b) केवल 2
(c) 1 और 2
(d) न तो 1 और न ही 2

उत्तर (c)

व्याख्या दिए गए दोनों कथन सही नहीं हैं, क्योंकि मंगल पांडे ने बलिया में नहीं, बल्कि बैरकपुर (पश्चिमी बंगाल) में विद्रोह किया था। मंगल पांडे को विद्रोह करने तथा अपने अधिकारियों पर हमला करने के कारण 8 अप्रैल, 1857 को फाँसी दे दी गई थी।

10 बहादुरशाह जफर के संबंध में कौन-सा कथन सत्य है?
(Chap 5, Class-VIII, Old NCERT)

(a) उन्हें 1857 ई. में बंदी बना लिया गया था।
(b) उन पर मुकदमा चलाया गया और उन्हें भूटान निर्वासित कर दिया गया।
(c) उनकी मृत्यु 1865 ई. में हुई।
(d) उनके बड़े बेटे को उनका उत्तराधिकारी घोषित किया गया।

उत्तर (a)

व्याख्या बहादुरशाह जफर के संबंध मे कथन (a) सत्य है। बहादुरशाह जफर को 1857 ई. में अंग्रेजों द्वारा बंदी बना लिया गया तथा सितंबर, 1857 में अंग्रेजों द्वारा दिल्ली पर अधिकार कर लिया। इस विद्रोह को एक साल के अंदर ही दबा दिया गया। इसके पश्चात् 1862 ई. में बहादुरशाह की मृत्यु अंग्रेजों द्वारा उस पर अभियोग चलाकर रंगून (बर्मा) निर्वासित करने के दौरान हुई थी।

11 दिल्ली में प्रतीक के रूप में नेता बहादुरशाह जफर थे, किंतु वास्तविक नियंत्रण एक सैनिक समिति के हाथ में था। इस समिति का प्रमुख था *(Chap 6, Class-XII, Old NCERT)*

(a) सिकंदर हयात खाँ (b) जफर खाँ
(c) जनरल बख्त खाँ (d) मौलवी अहमद उल्लाह

उत्तर (c)

व्याख्या दिल्ली में प्रतीक के रूप में विद्रोह के नेता बहादुरशाह जफर थे, लेकिन वास्तविक नियंत्रण एक सैनिक समिति के हाथों में था, जिसका प्रमुख जनरल बख्त खाँ था। इन्होंने ही बरेली के सैनिकों का नेतृत्व किया था और इन्हें दिल्ली ले आए थे। 1857 के विद्रोह के प्रमुख केंद्र-दिल्ली, कानपुर, लखनऊ, बरेली, झाँसी तथा आरा (बिहार) थे।

12 निम्न कथनों पर विचार कीजिए *(Chap 6, Class-XII, Old NCERT)*

1. 1857 के विद्रोह की शक्ति हिंदू-मुस्लिम एकता में निहित थी।
2. सभी विद्रोहियों ने बहादुरशाह को भारत का सम्राट मानने से इंकार कर दिया था।
3. 1857 के विद्रोह के प्रमुख केंद्र दिल्ली, कानपुर, लखनऊ, झाँसी आदि थे।

उपर्युक्त में से कौन-सा/से कथन सही है/हैं?

(a) 1 और 2 (b) 2 आर 3
(c) 1 और 3 (d) ये सभी

उत्तर (c)

व्याख्या दिए गए कथनों में से कथन (1) और (3) सही हैं। 1857 की क्रांति का मूल हिंदू-मुस्लिम एकता थी, क्योंकि विद्रोह के तात्कालिक कारण ने दोनों समुदायों की धार्मिक भावना को ठेस पहुँचाई थी, जिसके परिणामस्वरूप दोनों समुदायो के सैनिकों ने अंग्रेजों के विरुद्ध विद्रोह किया था। 1857 के विद्रोह के प्रमुख केंद्र-दिल्ली, कानपुर, बरेली, लखनऊ, झाँसी, आरा (बिहार) आदि थे।

कथन (2) असत्य है, क्योंकि विद्रोहियों ने ही मुगल सम्राट बहादुरशाह जफर को भारत का सम्राट माना था।

13 1857 के विद्रोह के नेताओं के बारे में निम्न कथनों पर विचार कीजिए *(Chap 6, Class-XII, Old NCERT)*

1. तात्याँ टोपे, नाना साहब का विश्वसनीय सेवक था।
2. बरेली में खान बहादुर खान ने अंग्रेजों के विरुद्ध विद्रोह का नेतृत्व किया था।

उपर्युक्त में से कौन-सा/से कथन सही है/हैं?

(a) केवल 1 (b) केवल 2
(c) 1 और 2 दोनों (d) न तो 1 और न ही 2

उत्तर (c)

व्याख्या 1857 के विद्रोह के नेताओं के बारे में दोनों कथन सही हैं। तात्याँ टोपे, नाना साहब का एक विश्वसनीय सेवक था, जिसने अपनी सैन्य टुकड़ी के साथ नाना साहब की ओर से विद्रोह में मुख्य भूमिका निभाई थी। नाना साहब कानपुर में विद्रोह के नेता थे, तो वहीं बरेली में 1857 के विद्रोह का नेतृत्व खान बहादुर खान ने किया था।

14 शाहमल उन नेताओं में से एक थे, जिन्होंने 1857 के विद्रोह में महत्त्वपूर्ण भूमिका निभाई थी। निम्न में से कौन-सा कथन उनके संदर्भ में असत्य है? *(Chap 2, Class-XII, New NCERT)*

1. शाहमल ने 84 देश के जमींदारों और काश्तकारों को लामबंद किया।
2. उसने एक अंग्रेज अधिकारी के आवास पर अधिकार करके उसे 'न्याय के हॉल' में बदल दिया।
3. जुलाई, 1860 में वह युद्ध में मारा गया।

कूट

(a) केवल 1 (b) केवल 2
(c) केवल 3 (d) ये सभी

उत्तर *(c)*

व्याख्या दिए गए कथनों में से कथन (3) असत्य है, क्योंकि शाहमल की मृत्यु जुलाई, 1857 के युद्ध (1857 का विद्रोह) के दौरान हुई थी, न कि 1860 ई. में। शाहमल उत्तर प्रदेश के बड़ौत परगना के एक बड़े गाँव के जाट कुटुंब परिवार से संबंधित थे। इनका परगना चौरासी देस (चौरासी गाँव) में फैला था।

15 निम्न कथनों में से कौन-सा कथन असत्य है? *(Chap 2, Class-XII, New NCERT)*

(a) 1857 के विद्रोह के दौरान अंग्रेजों ने सर्वप्रथम कानपुर पर अधिकार किया।
(b) अंग्रेजो ने 20 सितंबर, 1857 को दिल्ली पर अधिकार कर सम्राट बहादुरशाह को बंदी बना लिया।
(c) दिल्ली के पतन के बाद विद्रोह का केंद्र बिंदु नष्ट हो गया।
(d) 1859 ई. के अंत तक भारत पर ब्रिटिश सत्ता पूरी तरह पुनर्स्थापित हो चुकी थी।

उत्तर *(a)*

व्याख्या दिए गए कथनों में से कथन (a) असत्य है, क्योंकि 1857 के विद्रोह के दौरान अंग्रेजों ने सर्वप्रथम दिल्ली पर अधिकार किया।
कथन (b), (c) और (d) सत्य हैं। 20 सितंबर, 1857 को सम्राट बहादुरशाह को बंदी बनाकर उस पर अभियोग की प्रक्रिया के अंतर्गत उसे रंगून (बर्मा) भेज दिया। 1859 ई. के अंत तक अंग्रेजों ने विद्रोह को पूरी तरह दबा दिया था और भारत में ब्रिटिश सत्ता को पुनर्स्थापित कर दिया था।

16 सुमेलित कीजिए *(Chap 6, Class-XII, Old NCERT) (CGPSC Pre 2014)*

	सूची I (1857 के विद्रोह के प्रमुख क्रांतिकारी)		**सूची** II (संबंधित स्थल)
A.	बख्त खाँ	1.	अवध
B.	मौलवी अहमदुल्लाह	2.	कानपुर
C.	कुँवर सिंह	3.	आरा
D.	नाना साहब	4.	दिल्ली

कूट

	A	B	C	D		A	B	C	D
(a)	1	2	3	4	(b)	2	4	1	3
(c)	4	1	3	2	(d)	4	1	2	3

उत्तर *(c)*

व्याख्या सही सुमेलन A-4, B-1, C-3, D-2 है।
बख्त खाँ ने 1857 के विद्रोह में मेरठ के विद्रोही सैनिकों का नेतृत्व दिल्ली में किया। बख्त खाँ ने बहादुरशाह जफर को भारत का सम्राट घोषित कर स्वयं को कमांडर-इन-चीफ घोषित किया। 13 मई, 1859 को इनकी मृत्यु खैबर पख्तुनख्वा प्रांत (अब पाकिस्तान) में हुई।
मौलवी अहमदुल्लाह शाह ने फैजाबाद (अवध) में 1857 के विद्रोह का नेतृत्व किया। इन्हें 'विद्रोह का लाइट हाउस' कहा जाता है। 5 जून, 1858 को शाहजहाँपुर (उत्तर प्रदेश) में मौलवी अहमदुल्लाह शाह की हत्या कर दी गई।
कुँवर सिंह ने 1857 में जगदीशपुर (आरा) से विद्रोह का नेतृत्व किया। इन्हें दानापुर के विद्रोही सिपाहियों का समर्थन प्राप्त था। 26 अप्रैल, 1858 को जगदीशपुर में इनकी मृत्यु हुई।
नाना साहब ने 1857 के सैन्य विद्रोह का कानपुर में नेतृत्व किया। ये इस संघर्ष के मान्यता प्राप्त नेता थे। इनका निधन 24 सितंबर, 1859 को हुआ।

17 1857 के विद्रोह के संबंध में विचार कीजिए *(Chap 6, Class-XII, Old NCERT)*

1. यह विद्रोह बहुत व्यापक क्षेत्र में फैला और इसे जनता का व्यापक समर्थन प्राप्त था, फिर भी यह पूरे देश को या भारतीय समाज के सभी अंगों तथा वर्गों को अपने विद्रोह में नहीं ले सका।
2. ग्वालियर के सिंधिया, इंदौर के होल्कर, हैदराबाद के निजाम आदि शासकों ने विद्रोह को व्यापक रूप से अपना समर्थन प्रदान किया था।

उपर्युक्त में से कौन-सा/से कथन सही नहीं है/हैं?

(a) केवल 1 (b) केवल 2
(c) 1 और 2 (d) न तो 1 और न ही 2

उत्तर *(b)*

व्याख्या 1857 के विद्रोह के संबंध में कथन (2) सही नहीं है, क्योंकि ग्वालियर के सिंधिया, इंदौर के होल्कर, हैदराबाद के निजाम, जोधपुर के राजा सहित अनेक सिख और राजपूत शासकों ने विद्रोह को अपना समर्थन न देकर विद्रोह को कुचलने में अंग्रेजों की सहायता की थी।

18 1857 के विद्रोह के बाद अंग्रेजों द्वारा क्रूर दमन के दौरान निम्न नेताओं में से कौन नेपाल भागने में सफल रहे थे? *(Chap 5, Class-VIII, Old NCERT)*

1. तात्याँ टोपे 2. बेगम हजरत महल
3. कुँवर सिंह 4. नाना साहब

कूट

(a) 1 और 3 (b) 2 और 4 (c) 3 और 4 (d) ये सभी

उत्तर *(b)*

व्याख्या 1857 के विद्रोह के बाद अंग्रेजों द्वारा क्रूर दमन के दौरान बेगम हजरत महल और नाना साहब नेपाल की ओर भागने में सफल रहे थे।
1859 ई. के आरंभ में नाना साहब कानपुर में हुई अपनी हार को स्वीकार न करते हुए नेपाल की ओर चले गए, जहाँ से इनका कोई पता न चला और अन्य नेताओं की मृत्यु के पश्चात् मजबूर होकर बेगम हजरत महल भी नेपाल में जा छिपी थी।

19 1857 के विद्रोह के संबंध में कौन-सा कथन सत्य है? *(Chap 5, Class-VIII, Old NCERT)*

(a) सभी नेताओं ने एक-दूसरे के साथ सहज ढंग से समन्वय स्थापित किया।
(b) रानी लक्ष्मीबाई की मृत्यु 1857 ई. में हुई थी।
(c) कुँवर सिंह को इसके एक दोस्त ने धोखा देकर अंग्रेजों के हाथों फाँसी दिलवा दी।
(d) उपर्युक्त में से कोई नहीं

उत्तर *(d)*

व्याख्या 1857 के विद्रोह के संबंध में कोई भी कथन सत्य नहीं है।
1857 के विद्रोह को भारत के विभिन्न क्षेत्रों में स्थानीय नेतृत्व प्रदान किया गया, जहाँ इनके बीच किसी भी प्रकार का समन्वय नहीं था। सभी नेतृत्वकर्ता क्षेत्र विशेष में अपने-अपने तरीके से विद्रोह को नेतृत्व प्रदान कर रहे थे।
रानी लक्ष्मीबाई की मृत्यु जून, 1858 में हुई थी, न कि 1857 में। ये झाँसी की रानी थीं और इन्होंने साहसपूर्वक अंग्रेजों का विरोध किया।
कुँवर सिंह को नहीं, बल्कि तात्याँ टोपे को इसके एक मित्र के विश्वासघात के कारण अंग्रेजो ने फाँसी की सजा दी थी।

20 **सूची I को सूची II से सुमेलित कीजिए**
(Chap 5, Class-VIII, Old NCERT) (UPPSC Pre 2010)

	सूची I (स्थान)		सूची II (क्रांति का नेतृत्वकर्ता)
A.	झाँसी	1.	मौलवी अहमदशाह
B.	लखनऊ	2.	अजीमुल्लाह खाँ
C.	कानपुर	3.	बेगम हजरत महल
D.	फैजाबाद	4.	रानी लक्ष्मीबाई

कूट

	A	B	C	D		A	B	C	D
(a)	4	3	2	1	(b)	4	2	3	1
(c)	3	4	2	1	(d)	1	2	3	4

उत्तर (a)
व्याख्या सही सुमेलन A-4, B-3, C-2, D-1 है।
झाँसी में, 1857 के विद्रोह का नेतृत्व रानी लक्ष्मीबाई ने किया था। रानी लक्ष्मीबाई ने अंग्रेजों द्वारा झाँसी को 'हड़प की नीति' के अंतर्गत ब्रिटिश शासन में मिलाने का विरोध किया।
1857 के विद्रोह में लखनऊ के विद्रोहियों का नेतृत्व बेगम हजरत महल ने किया। वाजिद अली शाह की गिरफ्तारी तथा अवध को अक्षमता के आधार पर ब्रिटिश शासन में मिलाने का इन्होंने विरोध किया।
कानपुर में नाना साहब के सेनापति तथा वजीर के रूप में अजीमुल्लाह खाँ ने 1857 की क्रांति में भाग लिया। अजीमुल्लाह खाँ, 1857 के विद्रोह के नायकों में शामिल हैं।
फैजाबाद (अवध) में 1857 की क्रांति का नेतृत्व मौलवी अहमदुल्लाह शाह थे। अहमदुल्लाह शाह हरदोई के गोपामन के मूल निवासी थे।

21 **1857 के विद्रोह की विफलता के निम्नलिखित में से कौन-से कारण थे?** *(Chap 6, Class-XII, Old NCERT) (BPSC Pre 2023)*
1. अंग्रेजों की सैन्य श्रेष्ठता।
2. विद्रोहियों के पास कोई एकीकृत कार्यक्रम एवं विचारधारा नहीं थी।
3. समाज के सभी वर्गों से समर्थन का अभाव था।

कूट
(a) 1 और 2
(b) 2 और 3
(c) 1, 2 और 3
(d) इनमें से कोई नहीं

उत्तर (c)
व्याख्या 1857 के विद्रोह की विफलता के कारणों के संबंध में सभी कथन सही हैं।
अंग्रेजों की सैन्य श्रेष्ठता 1857 विद्रोह के समय भारतीय क्रांतिकारी एकजुट नही थे तथा सभी अपनी-अपनी सेना के साथ लड़ रहे थे। वहीं अंग्रेज एक सैन्य टुकड़ी के रूप में श्रेष्ठ थे।
विद्रोहियों के पास कोई एकीकृत कार्यक्रम एवं विचारधारा नहीं थी। जिसके कारण इनका विद्रोह दिशाहीन हो गया।
समाज के सभी वर्गों से समर्थन का अभाव था।

22 **नीचे दो कथन दिए गए हैं, निमें एक को कथन (A) और दूसरे को कारण (R) कहा गया है। नीचे दिए गए कूट का प्रयोग कर सही उत्तर चुनिए** *(Chap 5, Class-VIII, Old NCERT)*
कथन (A) 1857 का विद्रोह ब्रिटिश सरकार से स्वतंत्रता हासिल करने में विफल रहा।
कारण (R) अंग्रेजों ने 1857 के विद्रोह के बाद कई प्रशासनिक सुधार किए।
कूट
(a) A और R दोनों सही हैं तथा R, A की सही व्याख्या है
(b) A और R दोनों सही हैं, परंतु R, A की सही व्याख्या नहीं है
(c) A सही है, किंतु R गलत है
(d) A गलत है, किंतु R सही है

उत्तर (b)
व्याख्या A और R दोनों सही हैं, परंतु R, A की सही व्याख्या नहीं है।
1857 का विद्रोह ब्रिटिश सरकार से स्वतंत्रता को हासिल नहीं कर पाया। फलस्वरूप 1859 के अंत तक भारत पर ब्रिटिश सत्ता पूर्णत: स्थापित हो गई। अंग्रेजों ने 1857 के बाद प्रशासनिक सुधारों की ओर ध्यान दिया, जिसमें कंपनी के शासन को समाप्त कर भारत पर ब्रिटिश शासन ने नियंत्रण स्थापित किया और यह घोषणा की गई कि भारतीय राजाओं के अधिकार सुरक्षित रहेंगे, क्योंकि किसी भी क्षेत्र का ब्रिटिश शासन में विलय नहीं किया जाएगा।

23 **1857 के विद्रोह की असफलता के प्रमुख कारण थे** *(Chap 6, Class-XII, Old NCERT)*
1. यह भारतीय समाज के सभी अंगों तथा वर्गों को अपने प्रभाव में नहीं ले सका।
2. यह विद्रोह भारत के सभी भागों में नहीं फैल सका।
3. विद्रोह सत्ता पर अधिकार के बाद लागू किए जाने वाले सामाजिक विकल्प से रहित था।
4. विद्रोहियों का अति राष्ट्रवाद की भावना से प्रेरित होना।

उपर्युक्त में से कितने कथन सही हैं?
(a) केवल एक
(b) केवल दो
(c) केवल तीन
(d) ये सभी

उत्तर (c)
व्याख्या 1857 के विद्रोह की असफलता के प्रमुख कारणों के संदर्भ में केवल तीन कथन अर्थात् (1, 2 और 3) सही हैं। यह विद्रोह भारतीय समाज के सभी अंगों तथा वर्गों को अपने प्रभाव में नहीं ले सका। इसमें केवल असंतुष्ट एवं बेदखल शासक, जो एक प्रतिशत से भी कम थे, शामिल हुए थे।
उच्च तथा मध्यम वर्ग के अधिकांश लोग विद्रोहियों के आलोचक थे। आधुनिक शिक्षा प्राप्त भारतीयों ने भी विद्रोहियों का साथ नहीं दिया। यह विद्रोह दक्षिण भारत तथा पूर्वी और पश्चिमी भारत के अधिकांश भागों में नहीं फैल सका, क्योंकि इन क्षेत्रों में पहले ही अनेक विद्रोह हो चुके थे। इस विद्रोह में विद्रोह सत्ता पर अधिकार के बाद लागू किए जाने वाले सामाजिक विकल्प से रहित था। विद्रोहियों के पास एक भविष्योन्मुख कार्यक्रम सुसंगत विचारधारा, राजनीतिक परिप्रेक्ष्य अथवा भावी समाज और अर्थव्यवस्था के प्रति एक स्पष्ट दृष्टिकोण का अभाव था।
कथन (4) सही नहीं है, क्योंकि भारत इस समय आधुनिक राष्ट्रवाद से अपरिचित था। विद्रोहियों में अपने क्षेत्र या राजसत्ता के प्रति प्रेम अधिक था।

24 **निम्न में से कौन 1857 के विद्रोह को दबाने से संबंधित ब्रिटिश कमांडर नहीं था?** *(Chap 6, Class-XII, Old NCERT)*
(a) जॉन स्टुअर्ट
(b) हेनरी लॉरेंस
(c) कैंपबेल
(d) ह्यूरोज

उत्तर (a)

व्याख्या जॉन स्टुअर्ट 1857 के विद्रोह को दबाने से संबंधित ब्रिटिश कमांडर नहीं था, जबकि अन्य सभी ब्रिटिश सेना के नायक थे, जिन्होंने भारत के विभिन्न क्षेत्रों में 1857 के विद्रोह को दबाने का प्रयास किया था।

25 **आजमगढ़ में 25 अगस्त, 1857 की उद्घोषणा में निम्न में से किस एक मुद्दे पर बल दिया गया था?** *(Chap 2, Class-XII, Old NCERT)*

(a) हिंदू-मुस्लिम सौहार्द की भावना
(b) अंग्रेजी सरकार को समर्थन
(c) बादशाही की वापसी
(d) राजस्व की माँग

उत्तर (a)

व्याख्या आजमगढ़ में 25 अगस्त, 1857 को जारी घोषणा-पत्र (आजमगढ़ उद्घोषणा) में हिंदू-मुस्लिम एकता से संबंधित विचारों को सम्मिलित करते हुए, उनके द्वारा एकजुट होकर ब्रिटिश शासन के विरुद्ध लड़ाई को जारी रखने हेतु संकेत दिए गए थे, साथ ही लोगों से बड़ी संख्या में इस विद्रोह में शामिल होने हेतु आग्रह भी किया था। इस घोषणा-पत्र में व्यापारी, जमींदार,कारीगर, सरकारी कर्मचारी सहित पंडितों, फकीरों आदि के बारे में भी विस्तृत जानकारी दी गई थी।

26 **1857 के विद्रोह के बाद ब्रिटिश सरकार ने सिपाहियों का इन प्रांतों से चयन किया** *(Chap 6, Class-XII, Old NCERT), (BPSC Pre 2008)*

(a) उत्तर प्रदेश एवं बिहार
(b) बंगाल एवं ओडिशा
(c) गोरखा, सिख तथा पंजाब
(d) मद्रास प्रेसीडेंसी एवं मराठा

उत्तर (c)

व्याख्या 1857 के विद्रोह के बाद ब्रिटिश सरकार ने गोरखा, सिख तथा पंजाबा प्रांतों से सिपाहियों का चयन किया। 1857 के विद्रोह को दबाने में सहायक पंजाबियों, गोरखों तथा पठानों को लड़ाकू जाति घोषित किया गया तथा उन्हें बड़ी संख्या में ब्रिटिश सेना में शामिल किया गया।

1857 के विद्रोह के बाद सेना का सावधानी के साथ पुनर्गठन किया गया, जिसका प्रमुख उद्देश्य एक और विद्रोह न होने देना था। सेना की भर्ती में जाति, क्षेत्र और धर्म के आधार पर भेदभाव किया जाने लगा। लड़ाकू तथा गैर-लड़ाकू जातियों के मध्य भौगोलिक विभाजन किया गया।

27 **महारानी विक्टोरिया की उद्घोषणा (1858) का उद्देश्य क्या था?** *(Chap 7, Class-XII, Old NCERT) (IAS Pre 2014)*

1. किसी भी भारतीय राज्य को ब्रिटिश साम्राज्य में न मिलाया जाए।
2. भारतीय प्रशासन को ब्रिटिश सम्राट के अधीन रखना।
3. भारत के साथ ईस्ट इंडिया कंपनी के व्यापार का नियमन करना।

उपर्युक्त में से कौन-सा/से कथन सही हैं/है?

(a) 1 और 2
(b) केवल 2
(c) 1 और 3
(d) 1, 2 और 3

उत्तर (a)

व्याख्या दिए गए कथनों में से कथन (1) और (2) सही हैं। महारानी विक्टोरिया (1858) के घोषणा-पत्र के उद्देश्य—इस घोषणा-पत्र के द्वारा भारतीय राज्यों को ब्रिटिश साम्राज्य के अधीन न करने की बात कही गई थी, साथ ही भारतीय राजाओं के अधिकारों को सुरक्षित रखने की घोषणा भी की गई थी।

इस घोषणा-पत्र के द्वारा 1858 ई. में ब्रिटिश पार्लियामेंट ने एक अधिनियम पास कर भारत में कंपनी के शासन को समाप्त कर दिया और भारत पर ब्रिटिश सम्राट के नियंत्रण की बात कही गई थी।

कथन (3) सही नहीं है, क्योंकि इस घोषणा का उद्देश्य ईस्ट इंडिया कंपनी के व्यापार का नियमन नहीं था।

28 **1857 के विद्रोह के बाद प्रशासन में कौन-से परिवर्तन किए गए थे?** *(Chap 7, Class-XII, Old NCERT)*

(a) गवर्नर-जनरल को वायसराय की उपाधि दी गई।
(b) गवर्नर-जनरल की परिषद् का विस्तार किया गया।
(c) 'a' और 'b' दोनों
(d) उपर्युक्त में से कोई नहीं

उत्तर (c)

व्याख्या 1857 के विद्रोह के पश्चात् 1858 के घोषणा-पत्र के द्वारा महत्त्वपूर्ण निर्णय लिए गए तथा प्रशासनिक परिवर्तन भी किए गए, जो निम्न हैं 1858 के कानून के अनुसार, भारत का शासन संचालन गवर्नर-जनरल के द्वारा संचालित किया जाना था, उसे वायसराय अर्थात् सम्राट के व्यक्तिगत प्रतिनिधि की पदवी दी गई थी।

इस कानून में गवर्नर-जनरल हेतु एक कार्यकारिणी परिषद् की भी व्यवस्था की गई, जिसके द्वारा इस परिषद् के सदस्य विभिन्न विभागों के प्रमुख व गवर्नर जनरल के सहयोगी की भूमिका को निभाएँगे अर्थात् गवर्नर-जनरल की शक्तियों व अधिकार क्षेत्र में विस्तार किया गया।

29 **1857 के विद्रोह के बाद ब्रिटिश प्रांतीय प्रशासन में लाए गए सुधारों के संबंध में निम्न कथनों पर विचार कीजिए** *(Chap 7, Class-XII, Old NCERT)*

1. प्रांतों को निश्चित अनुदान देने की व्यवस्था 1882 ई. में समाप्त कर दी गई।
2. केंद्रीय और प्रांतीय वित्त को अलग करने की दिशा में पहला कदम 1870 ई. में लॉर्ड मेयो ने उठाया था।

उपर्युक्त में से कौन-सा/से कथन सही नहीं है/हैं?

(a) केवल 1
(b) केवल 2
(c) 1 और 2
(d) न तो 1 और न ही 2

उत्तर (d)

व्याख्या 1857 के विद्रोह के पश्चात् ब्रिटिश प्रांतीय प्रशासन में सुधारों के संबंध में दोनों कथन सही हैं।

1858 के घोषणा-पत्र के पश्चात् प्रांतीय प्रशासन में भी परिवर्तन हुए और 1882 ई. में प्रांतों को निश्चित अनुदान देने की व्यवस्था को समाप्त कर दिया गया और उसके स्थान पर यह व्यवस्था की गई कि किसी प्रांत को कुछ स्रोतों से प्राप्त पूरी आय दी जाएगी और साथ ही अन्य स्रोतों से प्राप्त आय का एक निश्चित भाग दिया जाएगा।

प्रांतीय वित्त को केंद्रीय वित्त से अलग करने की दिशा में पहला कदम १८७० ई. में लॉर्ड मेयो द्वारा उठाया गया था। पुलिस, जेल, शिक्षा, चिकित्सीय सेवाओं तथा सड़कों जैसी कुछ सेवाओं के प्रशासन के लिए प्रांतीय सरकारों को निर्धारित रकम दी जाने लगी और उसका उपयोग प्रांतीय सरकार की इच्छा पर आधारित कर दिया गया।

30 **1858 के ब्रिटिश शासन द्वारा पारित एक्ट के संदर्भ में निम्न कथनों पर विचार कीजिए** *(Chap 5, Class-VIII, Old NCERT)*

1. इस एक्ट के द्वारा देश के सभी शासकों को यह विश्वास कराया गया कि भविष्य में कभी भी उनके भू-क्षेत्र पर अधिकार नहीं किया जाएगा।
2. इस एक्ट के माध्यम से सेना में यूरोपीय सिपाहियों का अनुपात कम करने और भारतीय सिपाहियों की संख्या बढ़ाने का फैसला लिया गया।
3. मुसलमानों की जमीन और संपत्ति बड़े पैमाने पर छीन ली गई।
4. इस एक्ट के माध्यम से अंग्रेजों ने निर्णय किया कि वे भारत के लोगों के धार्मिक और सामाजिक रीति-रिवाजों का सम्मान करेंगे।

उपर्युक्त में से कितने कथन सही नहीं हैं?
(a) केवल एक (b) केवल दो (c) केवल तीन (d) ये सभी

उत्तर (a)
व्याख्या 1858 के ब्रिटिश शासन द्वारा पारित एक्ट के संदर्भ में केवल एक कथन अर्थात् (2) सही नहीं है, क्योंकि 1858 के ब्रिटिश शासन द्वारा पारित अधिनियम के माध्यम से सेना में भी परिवर्तन किए गए और सेना का पुनर्गठन किया गया, जिसका प्रमुख उद्देश्य 1857 के विद्रोह की स्थिति को दोबारा न दोहराना था।

इस परिवर्तन में सेना पर यूरोपीय सैनिकों का वर्चस्व सुनिश्चित किया गया और सेना में भारतीयों के मुकाबले यूरोपीय सैनिकों को वरीयता दी गई और उस अनुपात को बढ़ा दिया गया। बंगाल की सेना में यह अनुपात एक और दो का तथा मद्रास और बंबई की सेनाओं में दो और पाँच का था।

31 किस वर्ष बजट की प्रणाली भारत में 1857 के विद्रोह के बाद प्रशासनिक सुधार की दिशा में एक कदम के रूप में पेश की गई थी? *(Chap 6, Class-VIII, Old NCERT)*
(a) 1858 ई. (b) 1859 ई. (c) 1860 ई. (d) 1862 ई.

उत्तर (c)
व्याख्या 1860 ई. में बजट प्रणाली की शुरुआत भारत में 1857 के विद्रोह के बाद प्रशासनिक सुधार की दिशा में एक महत्त्वपूर्ण कदम था। बजट प्रणाली की शुरुआत के साथ ही प्रत्येक स्रोत से आने वाली अनुमानित आय का ब्यौरा तैयार किया गया। कुछ समय पश्चात् केंद्रीय तथा प्रांतीय सरकारों के बीच आय के वितरण के विषय में निर्णय लिया गया।

32 हिंदू-मुस्लिम एकता 1857 के विद्रोह का मुख्य स्तंभ था। दोनों समुदायों के बीच फूट और दरार पैदा करने के लिए अंग्रेजों ने क्या उपाय किए? *(Chap 6, Class-VIII, Old NCERT)*
(a) प्रारंभिक वर्षों में मुस्लिमों के साथ सेवा में भेदभाव किया जाता था।
(b) उन्हें हिंदुओं के संचालक के रूप में दिखाया गया था।
(c) यह प्रचारित किया गया था कि ब्रिटिश शासन के प्रति वफादार होने पर ही हिंदुओं का हित है।
(d) उपर्युक्त सभी

उत्तर (d)
व्याख्या 1857 के विद्रोह के पश्चात् हिंदू-मुस्लिम एकता में फूट डालने के उद्देश्य से अंग्रेजों द्वारा मुसलमानों को नौकरियाँ देने में उनके साथ भेदभाव किया गया, क्योंकि ब्रिटिशों ने मुस्लिमों को 1857 के विद्रोह का मुख्य शत्रु माना। तत्पश्चात् इन्होंने हिंदुओं को यह समझाने का प्रयास किया कि मुसलमानों ने हिंदुओं का दमन किया है। इसी उद्देश्य को लेकर ये लगातार दोनों समुदायों के बीच कभी धर्म के आधार पर, कभी सुविधाओं व नौकरियों के आधार पर, तो कभी अन्य कुछ कारणों के आधार पर फूट डालने का प्रयास करते रहे।

33 1857 की क्रांति के पश्चात् सेना पुनर्गठन के संबंध में निम्न कथनों पर विचार कीजिए *(Chap 6, Class-XII, Old NCERT)*
1. सेना के भारतीय अंग का संगठन 'संतुलन और जवाबी संतुलन' तथा 'बाँटो और राज करो' की नीति के आधार पर किया गया था।
2. सेना की भर्ती में जाति, क्षेत्र और धर्म के आधार पर भेदभाव को समाप्त कर सैन्य संगठन को मजबूती प्रदान की गई।
3. विद्रोह को कुचलने में सहायता देने वाले पंजाबियों, गोरखों और पठानों को लड़ाकू जाति घोषित किया गया।

उपर्युक्त में से कौन-सा/से कथन सही नहीं है/हैं?
(a) 1 और 2 (b) केवल 2
(c) 2 और 3 (d) इनमें से कोई नहीं

उत्तर (b)
व्याख्या 1857 की क्रांति के पश्चात् सेना पुनर्गठन के संबंध में कथन (2) असत्य है, क्योंकि 1857 के विद्रोह के पश्चात् ब्रिटिशों के द्वारा सेना में परिवर्तन के प्रयास किए गए, ताकि पूर्व की परिस्थितियाँ फिर से उत्पन्न न हों। इसी आधार पर सेना में भर्ती जाति, क्षेत्र और धर्म के आधार पर की जाने लगी न कि इसे समाप्त किया गया था।

34 ब्रिटिश शासन द्वारा 1858 ई. के पश्चात् अपनाई गई नीतियों के संबंध में विचार कीजिए *(Chap 6, Class-XII, Old NCERT)*
1. इसके पश्चात् भारतीयों में परस्पर 'बाँटों और राज करो' की नीति को आगे बढ़ाया गया।
2. 1870 ई. के पश्चात् उच्च तथा मध्यवर्गीय मुसलमानों को राष्ट्रीय आंदोलन के विरुद्ध खड़ा करने का प्रयास किया गया।

उपर्युक्त में से कौन-सा/से कथन सत्य है/हैं?
(a) केवल 1
(b) केवल 2
(c) 1 और 2
(d) न तो 1 और न ही 2

उत्तर (c)
व्याख्या ब्रिटिश शासन द्वारा 1858 ई. के पश्चात् अपनाई गई नीतियों के संबंध में दोनों कथन सत्य हैं। 1857 की क्रांति के बाद ब्रिटिश शासन द्वारा 1858 ई. के घोषणा-पत्र के माध्यम से अपनाई गई नीतियों में प्रशासनिक, प्रांतीय, सैन्य सहित अन्य सुधारों को महत्त्व दिया गया, लेकिन साथ ही ब्रिटिशों ने 'बाँटों और राज करो' की नीति को भी आगे बढ़ाया।

इसके अंतर्गत इन्होंने हिंदू-मुस्लिम एकता पर प्रहार किया। एक ओर जहाँ इन्होंने 1857 के पश्चात् मुस्लिमों के साथ भेदभाव किया और हिंदुओं को अपना हितैषी बताया, तो वहीं 1870 के बाद इस नीति के बिल्कुल विपरीत उच्च तथा मध्यवर्गीय मुसलमानों को राष्ट्रवादी आंदोलन के विरुद्ध खड़ा करने का प्रयास किया, क्योंकि अंग्रेजों ने राष्ट्रीय आंदोलन को धर्म के आधार पर बाँटना प्रारंभ कर दिया था।

35 नीचे दो कथन दिए गए हैं, जिनमें एक को कथन (A) और दूसरे को कारण (R) कहा गया है। नीचे दिए गए कूट का प्रयोग कर सही उत्तर चुनिए *(Chap 6, Class-VIII, Old NCERT)*
कथन (A) 1857 में ब्रिटिश सरकार ने अपने शासन को मजबूत बनाने की नीयत से भारतीय राजाओं को बनाए रखने की नीति अपनाई।
कारण (R) भारत की ब्रिटिश सरकार ने इन राजाओं को अपना सहयोगी मान लिया था।

कूट
(a) A और R दोनों सही हैं तथा R, A की सही व्याख्या है
(b) A और R दोनों सही हैं, परंतु R, A की सही व्याख्या नहीं है
(c) A सही है, किंतु R गलत है
(d) A गलत है, किंतु R सही है

उत्तर (a)
व्याख्या A और R दोनों सही हैं तथा R, A की सही व्याख्या है।
1857 में ब्रिटिश सरकार ने अपने शासन को मजबूती प्रदान करने हेतु भारतीय राजाओं को बनाए रखने की नीति अपनाई थी, ताकि उनके साथ मधुर संबंध स्थापित किए जा सकें।

1858 ई. के विक्टोरिया घोषणा-पत्र में यह विदित था कि ब्रिटिश शासन भारतीय राजाओं के अधिकारों की रक्षा करेगा और साथ ही उनके किसी भी क्षेत्र को ब्रिटिश शासन में विलय नहीं करेगा, अत: उनकी प्रतिष्ठा का सम्मान किया जाएगा। इससे स्पष्ट होता है कि ब्रिटिश सरकार ने इन राजाओं को अपना सहयोगी मान लिया था और इसी कड़ी में कई जागीरदारों को राजा का स्थान प्रदान किया गया था।

अध्याय 29

भारतीय राष्ट्रीय आंदोलन प्रथम चरण (1885-1915)

भारतीय राष्ट्रीय आंदोलन प्रथम चरण (1885-1915)

राष्ट्रवाद एवं कांग्रेस का उत्थान

कांग्रेस से पूर्व की राजनीतिक संस्थाएँ
- 1838 ई. में द्वारकानाथ टैगोर द्वारा 'लैण्ड होल्डर्स सोसायटी' का गठन
- राधाकांत देब द्वारा ब्रिटिश इंडियन एसोसिएशन (1851) दादाभाई नौरोजी द्वारा ईस्ट; इंडिया एसोसिएशन (1866)
- शिशिर कुमार घोष द्वारा इंडियन लीग (1875)
- बॉम्बे प्रेसीडेंसी एसोसिएशन (1885) बदरुद्दीन तैयबजी, फिरोजशाह मेहता और के.टी. तेलंग द्वारा
- सेवानिवृत्त सिविल सेवक ए.ओ.ह्यूम द्वारा कांग्रेस की स्थापना; 1885 ई. में बंबई में पहले सत्र की अध्यक्षता डब्ल्यू.सी. बनर्जी द्वारा

ब्रिटिश आर्थिक और राजनीतिक नीति का परिणाम
- प्रशासन की एकसमान प्रणाली की ग्रामीण और शहरी अर्थव्यवस्थाओं के साथ अंतर्संबंध
- टेलीग्राफ से परिचय;
- रेलवे और एकीकृत डाक प्रणाली

राष्ट्रीय कांग्रेस का आरंभिक दौर
- दिसंबर में प्रायः भिन्न-भिन्न स्थानों पर कांग्रेस के अधिवेशन आयोजित होते रहे।
- कांग्रेस का दूसरा अधिवेशन 1886 ई. में कलकत्ता में आयोजित किया गया
- सुरेंद्रनाथ बनर्जी ने पहली बार कांग्रेस अधिवेशन में भाग लिया।
- कांग्रेस के कलकत्ता अधिवेशन,1886 की अध्यक्षता दादाभाई नौरोजी ने की
- 1887 ई. में कांग्रेस का तीसरा अधिवेशन मद्रास में आयोजित किया गया,
- 1888 ई. में इलाहाबाद (प्रयागराज) में आयोजित कांग्रेस के चतुर्थ सम्मेलन में कुल 1300 प्रतिनिधियों ने भाग लिया।

उदारवादी एवं उग्रवादी चरण

उदारवादी चरण (1895 से 1905)
- **महत्त्वपूर्ण**
  - **नेता** दादाभाई नौराजी • एम.जी. रानाडे
  - गोपालकृष्ण गोखले
  - डब्ल्यू.सी. बनर्जी • फिरोजशाह मेहता
  - **पद्धति** जनमत का निर्माण
  - **याचिकाएँ** विरोध और प्रार्थनाएँ
  - समाचार - पत्र का प्रकाशन
  - आयोजित बैठकों, प्रस्तावों और भाषणों में माँगें
  - रियायतों की माँग की और अपनी शिकायतें प्रस्तुत कीं
  - विधायिका, सिविल सेवाओं में सुधार, प्रेस, समाचार-पत्र और भाषणों पर प्रतिबन्ध हटाने की माँग

उग्रवादी चरण (1905-1919)
- **महत्त्वपूर्ण नेता**
- अश्विनी कुमार दत्ता
- अरबिंदो घोष
- बिपिनचन्द्र पाल
- बाल गंगाधर तिलक
- लाला लाजपत राय
  - नरमपंथियों के प्रति असंतोष उभरने का कारण
  - गंभीर अकाल; प्लेग; बढ़ती बेरोजगारी
  - इथियोपियाई लोगों द्वारा इतालवी सेना का पतन
  - बोअर युद्ध; जापान की रूस पर विजय

मुस्लिम लीग की स्थापना
- वर्ष 1906 में ढाका में
- नेता सलीमुल्ला खान ओर आगा खान थे
- प्रथम अध्यक्ष-वकार-उल-मुल्क मुस्ताक हुसैन
- **बंगाल विभाजन 1905** - कर्जन द्वारा घोषित
- बड़े पैमाने पर मुस्लिम पूर्वी क्षेत्रों को बड़े पैमाने पर हिंदू पश्चिमी क्षेत्रों से अलग कर दिया गया

बंगाल

स्वदेशी और बहिष्कार आंदोलन
- कलकत्ता टाउन हॉल में बहिष्कार के प्रस्ताव की घोषणा की गई और स्वदेशी की घोषणा की गई
- विभाजन दिवस (16 अक्टूबर, 1905) को शोक दिवस के रूप में मनाया गया; वंदे मातरम् थीम गीत बन गया
- विभाजन को रद्द करने और राजधानी को कलकत्ता से दिल्ली स्थानांतरित करने की घोषणा दिल्ली दरबार में वर्ष 1911 में की गई

सूरत विभाजन (1907)
- उग्रवादियों की प्रमुख माँग तिलक या लाजपत राय को अध्यक्ष और नागपुर को कांग्रेस अधिवेशन का स्थान बनाना
- नरमपंथियों ने रासबिहारी घोष को अध्यक्ष और सूरत को आयोजन स्थल चुना

क्रांतिकारी गतिविधियों का पहला चरण
- रूसी और आयरिश राष्ट्रवादी से प्रेरित
- व्यक्तिगत वीरता पर केंद्रित
- अलोकप्रिय अधिकारियों की संगठित हत्याएँ
- धन जुटाने के लिए डकैतियाँ डालीं
- बंगाल अनुशीलन समिति की स्थापना प्रथम नाथ मित्र, जतींद्रनाथ बनर्जी, बारींद्र कुमार घोष ने की।
- शारीरिक और नैतिक प्रशिक्षण दिया
- साप्ताहिक पत्रिका 'युगांतर' प्रारंभ की
- 1879 ई. में वासुदेव बलवंत फड़के द्वारा महाराष्ट्र रामोसी किसान सेना; चापेकर बंधुओं ने 1897 ई. में पूना के प्लेग कमिश्नर की हत्या कर दी
- सावरकर ने मित्र मेला और अभिनव भारत का गठन किया; अनंत लक्ष्मण कन्हेरे ने नासिक के जिला मजिस्ट्रेट जैक्सन की हत्या कर दी

गदर आंदोलन
- क्रांतिकारी समूह ने एक साप्ताहिक समाचार-पत्र गदर के आस-पास संगठित किया; सैन-फ्रांसिस्को में मुख्यालय
- कामागाटामारू घटना से नाराज
- प्रमुख नेता- लाला हरदयाल, भगवान सिंह, करतार सिंह सराभा और भाई परमानंद

SOURCE Old NCERT Class VIII भारतीय राष्ट्रवाद का उदय, स्वराज के संघर्ष, Old NCERT Class-X भारत का स्वाधीनता संघर्ष, Old NCERT Class-XII नए भारत का विकास राष्ट्रवादी आंदोलन 1905 से 1918 : उग्र राष्ट्रवाद का उदय, Tamil Nadu Board Class-XII भारत में राष्ट्रवाद का उदय, उग्रवाद और स्वदेशी आंदोलन का उदय, NIOS-2 Module-4 भारतीय राष्ट्रीय आंदोलन का उदय

राष्ट्रवाद का उदय/कांग्रेस पूर्व संगठन

1 निम्न में से कौन-सा कथन राष्ट्रवाद के संबंध में सत्य है? *(Chap 9, Class-XII, Old NCERT)*

(a) आधुनिक भारतीय राष्ट्रवाद बुनियादी तौर पर विदेशी आधिपत्य की चुनौती के जवाब के रूप में उदित हुआ।
(b) ब्रिटिश शासन की परिस्थितियों ने भारतीय जनमानस में राष्ट्रीय भावना को विकसित करने में सहायता दी।
(c) ब्रिटिश शासन तथा उसके प्रत्यक्ष और परोक्ष परिणामों ने ही भारत में राष्ट्रीय आंदोलन के विकास के लिए भौतिक, नैतिक एवं बौद्धिक परिस्थितियाँ तैयार की थीं।
(d) उपर्युक्त सभी

उत्तर (d)

व्याख्या राष्ट्रवाद के संबंध में सभी कथन सत्य हैं।
उन्नीसवीं सदी के उत्तरार्द्ध में राष्ट्रीय राजनीतिक चेतना बहुत तेजी से विकसित हुई और भारत में एक संगठित राष्ट्रीय आंदोलन का आरंभ हुआ। भारत में राष्ट्रवाद की प्रवृत्तियाँ प्रबल होती गईं। आधुनिक भारतीय राष्ट्रवाद का उदय बुनियादी तौर पर विदेशी आधिपत्य की चुनौती के जवाब के रूप में हुआ था और इसी से उत्पन्न परिस्थितियों ने भारत में राष्ट्रवाद के विकास को बढ़ावा दिया। ब्रिटिश शासन से उपजी परिस्थितियों (प्रत्यक्ष और परोक्ष परिणाम) ने भारतीय राष्ट्रीय आंदोलन के विकास में महत्त्वपूर्ण भूमिका निभाई।

2 भारत में राष्ट्रवाद के उदय के संदर्भ में निम्न में से कौन-सा/से कथन असत्य है/हैं? *(Chap 9, Class-XII, Old NCERT)*

1. आधुनिक शिक्षा प्रणाली विभिन्न भाषाई क्षेत्रों में राष्ट्रवादी विचारों को फैलाने का माध्यम बन गई।
2. शिक्षित भारतीय, स्वतंत्रता संग्राम के दौरान अंग्रेजों के प्रति वफादार रहे।

कूट

(a) केवल 1 (b) केवल 2
(c) 1 और 2 (d) न तो 1 और न ही 2

उत्तर (b)

व्याख्या भारत में राष्ट्रवाद के उदय के संदर्भ में कथन (2) असत्य है, क्योंकि शिक्षित भारतीय, स्वतंत्रता संग्राम के दौरान अंग्रेजों के प्रति वफादार नहीं थे, बल्कि इन्होंने अपने विचारों में आधुनिकता का मिश्रण कर विदेशी (ब्रिटिश) शासन की बुराइयों को उजागर किया था। इन्होंने एक मजबूत, समृद्ध और एकताबद्ध भारत की कल्पना को प्रोत्साहित किया और कालांतर में इन्हीं शिक्षित भारतीयों में से कुछ कुशल नेतृत्वकर्ता और संगठनकर्ता के रूप में उभरकर सामने आए।

3 19वीं शताब्दी के अंत में इतिहास के अध्ययन ने भारत में राष्ट्रीयता की भावना उत्पन्न करने में किस प्रकार सहायता की? *(Class-XII, Old NCERT)*

(a) ब्रिटिश शासन के अंतर्गत दयनीय स्थितियों को बदलने और संघर्ष करने के लिए लोगों से आग्रह करके
(b) इतिहास की पुनर्व्याख्या करके और अंग्रेजों द्वारा भारतीयों को पिछड़ा, आदिम तथा स्वयं पर शासन करने में असमर्थ के रूप में चित्रित करने का खंडन करके
(c) भारत के गौरवशाली अतीत के बारे में लिखकर और लोगों से उनकी उपलब्धियों पर गर्व करने का आग्रह करके
(d) उपर्युक्त में से एक से अधिक

उत्तर (d)

व्याख्या 19वीं शताब्दी के अन्त में भारत में राष्ट्रीयता की भावना उत्पन्न करने में उपर्युक्त में से एक से अधिक कारकों ने सहायता की।
ब्रिटिश औपनिवेशिक शासन से भारत में अत्यधिक गरीबी की स्थिति उत्पन्न हो गई। परिणामस्वरूप लोगों को विपन्नता की स्थिति से बाहर निकालने के लिए ब्रिटिश साम्राज्य के शोषणकारी चरित्र का जन सामान्य से परिचित करवाया गया और उन्हें संघर्ष के लिए प्रेरित करके उनमें राष्ट्रीयता की भावना का विकास किया गया।
अंग्रेजों का भारत में शासन इस नैतिकता पर आधारित था कि भारतीय पिछड़े, आदिम तथा स्वयं का शासन करने में असमर्थ हैं, अत: वे (अंग्रेज) भारतीयों को 'सभ्य' बनाने आए हैं, किंतु भारतीय राष्ट्रीय इतिहासकारों ने अंग्रेजी की इस मान्यता का खंडन किया।
इतिहास की पुनर्व्याख्या करके और अंग्रेजों द्वारा भारतीयों को पिछड़ा, आदिम तथा स्वयं पर शासन करने में असमर्थ के रूप में चित्रित करने का खंडन करके इतिहास के अध्ययन ने राष्ट्रीयता की भावना उत्पन्न करने में सहायता की।
भारत के गौरवशाली अतीत के बारे में लिखकर और लोगों से उनकी उपलब्धियों पर गर्व करने का आग्रह कर राष्ट्रीयता की भावना उत्पन्न की गई।

4 नीचे दो कथन दिए गए हैं, जिनमें एक को कथन (A) तथा दूसरे को (R) कहा गया है। नीचे दिए गए कूट का प्रयोग कर सही उत्तर चुनिए। *(Chap 9, Class-XII, Old NCERT)*

कथन (A) राष्ट्रीय आंदोलन आधुनिक शिक्षा प्रणाली की उपज थी।
कारण (R) आधुनिक शिक्षा प्रणाली ने शिक्षित भारतीयों को पाश्चात्य विचार अपनाकर राष्ट्रीय आंदोलन का नेतृत्व संभालने तथा उसे एक जनतांत्रिक और आधुनिक शिक्षा देने में समर्थ बनाया।

कूट

(a) A और R दोनों सही हैं तथा R, A की सही व्याख्या है
(b) A और R दोनों सही हैं, परंतु R, A की सही व्याख्या नहीं है
(c) A सही है, किंतु R गलत है
(d) A गलत है, किंतु R सही है

उत्तर (d)

व्याख्या A गलत है, किंतु R सही है।
राष्ट्रीय आंदोलन आधुनिक शिक्षा प्रणाली की उपज नहीं थी, बल्कि वह ब्रिटेन तथा भारत के हितों के टकराव से उत्पन्न परिणिति थी। क्योंकि आधुनिक शिक्षा प्रणाली ने शिक्षित भारतीयों में पाश्चात्य विचारों और विचारकों के ज्ञान बोध की क्षमता प्रदान की, जिसके फलस्वरूप राष्ट्रीय आंदोलन को एक सही दिशा प्रदान करने में सक्षमता प्राप्त हुई।

5 दादाभाई नौरोजी के संबंध में निम्न कथनों पर विचार कीजिए *(Chap 9, Class-XII, Old NCERT)*

1. इन्होंने अपने अर्थशास्त्रीय लेखन द्वारा यह सिद्ध किया कि भारत की गरीबी का कारण अंग्रेजों द्वारा उसका शोषण तथा यहाँ का धन ब्रिटेन भेजना था।
2. ये दो बार भारतीय राष्ट्रीय कांग्रेस के अध्यक्ष बने थे।

उपर्युक्त में से कौन-सा/से कथन असत्य है/हैं?

(a) केवल 1 (b) केवल 2
(c) 1 और 2 (d) न तो 1 और न ही 2

उत्तर (b)

व्याख्या दादाभाई नौरोजी के संबंध में कथन (2) असत्य है, क्योंकि दादाभाई नौरोजी दो बार नहीं बल्कि तीन बार भारतीय राष्ट्रीय कांग्रेस के अध्यक्ष बने थे। इन्हें 'ग्रैंड ओल्ड मैन ऑफ इंडिया' भी कहा जाता है।
ये भारत के पहले आर्थिक विचारक थे। इन्होंने अपने अर्थशास्त्रीय लेखन मे सिद्ध किया कि भारत की गरीबी का कारण अंग्रेजों द्वारा उसका शोषण तथा यहाँ का धन ब्रिटेन भेजना था।

6 **बंगाल के युवा राष्ट्रवादियों को ब्रिटिश इंडियन एसोसिएशन की नीतियों से छूट दी गई थी, क्योंकि इसने आवाज उठाई थी**

(Chap 16, Class-X, Old NCERT)

1. छोटे किसानों के लिए
2. जमींदारों के लिए
3. सामाजिक सुधार के लिए

कूट

(a) केवल 1 (b) केवल 2 (c) 1 और 3 (d) ये सभी

उत्तर (d)

व्याख्या बंगाल के युवा राष्ट्रवादियों को ब्रिटिश इंडियन एसोसिएशन की नीतियों से छूट दी गई थी, क्योंकि इन राष्ट्रवादियों ने छोटे किसानों, जमींदारों तथा सामाजिक सुधार हेतु प्रयास करने प्रारंभ कर दिए थे। उन्नीसवीं सदी के उत्तरार्द्ध में भारत में अनेक राजनीतिक संगठनों की स्थापना हुई। इसी क्रम में 1851 ई. में बंगाल में ब्रिटिश इंडियन एसोसिएशन की स्थापना ब्रिटिश सरकार तक भारतीयों की शिकायतें पहुँचाने के लिए की गई थी।

7 **इंडियन एसोसिएशन के संबंध में निम्न कथनों में से कौन-सा सत्य है?**

(Chap 9, Class-XII, Old NCERT)

(a) इंडियन एसोसिएशन, कांग्रेस से पूर्व राष्ट्रवादी संगठनों में सबसे महत्त्वपूर्ण संस्था थी।
(b) इसकी स्थापना सुरेंद्रनाथ बनर्जी एवं आनंद मोहन बोस के नेतृत्व में हुई थी।
(c) 'a' और 'b' दोनों
(d) यह जुलाई, 1877 में मद्रास में स्थापित की गई थी।

उत्तर (c)

व्याख्या इंडियन एसोसिएशन के संबंध में कथन (a) और (b) सत्य हैं। भारतीय राष्ट्रीय कांग्रेस की स्थापना से पूर्व राष्ट्रवादी संगठनों में सबसे महत्त्वपूर्ण संगठन इंडियन एसोसिएशन था। इसकी स्थापना सुरेंद्रनाथ बनर्जी और आनंद मोहन बोस के नेतृत्व में की गई थी। इस एसोसिएशन ने राजनीतिक रूप से भारतीय जनता को एकताबद्ध करने का लक्ष्य रखा था।

कथन (d) असत्य है, क्योंकि इंडियन एसोसिएशन जुलाई, 1876 में कलकत्ता में स्थापित की गई थी।

8 **निम्नलिखित युग्मों पर विचार कीजिए**

(Chap 16, Class-X, Old NCERT)

संस्था		स्थापना
1. पूना सार्वजनिक सभा	—	1870 ई.
2. मद्रास नेटिव एसोसिएशन	—	1851 ई.
3. ब्रिटिश इंडियन एसोसिएशन	—	1884 ई.
4. मद्रास महाजन सभा	—	1852 ई.

उपर्युक्त युग्मों में से कितने युग्म सही सुमेलित नहीं हैं?

(a) केवल एक (b) केवल दो
(c) केवल तीन (d) ये सभी

उत्तर (b)

व्याख्या दिए गए युग्मों में से केवल तीन युग्म अर्थात् युग्म (2, 3 और 4) सही नहीं हैं।

मद्रास नेटिव एसोसिएशन की स्थापना 1852 ई. में गजलु लक्ष्मीनरसु चेट्टी द्वारा मद्रास में की गई थी। यह बंगाल में स्थापित ब्रिटिश इंडियन एसोसिएशन की एक शाखा थी। सी. वाई. मुदलियर इसके अध्यक्ष और वी. रामानुजाचारी इसके सचिव थे।

ब्रिटिश इंडियन एसोसिएशन की स्थापना 1851 ई. में राजेंद्र लाल मित्र, हरिश्चंद्र मुखर्जी तथा रामगोपाल घोष द्वारा कलकत्ता में की गई थी।

मद्रास महाजन सभा की स्थापना 1884 ई. में वी. राघवाचारी, बी. सुब्रह्मण्यम अय्यर तथा पी. आनंद चारलू द्वारा मद्रास में की गई थी।

9 **बॉम्बे प्रेसीडेंसी एसोसिएशन की स्थापना में कौन शामिल नहीं था?**

(Chap 9, Class-XII, Old NCERT)

(a) आनंद चारलू (b) फिरोजशाह मेहता
(c) बदरुद्दीन तैयबजी (d) के. टी. तेलंग

उत्तर (a)

व्याख्या बॉम्बे प्रेसीडेंसी एसोसिएशन की स्थापना में आनंद चारलू शामिल नहीं थे। जबकि फिरोजशाह मेहता, बदरुद्दीन तैयबजी तथा के.टी. तेलंग शामिल थे। पी. आनंद चारलू मद्रास महाजन सभा के संस्थापक सदस्यों में से एक थे। बॉम्बे प्रेसीडेंसी एसोसिएशन की स्थापना 1885 ई. में बंबई में की गई थी। इस स्थापना का मुख्य उद्देश्य सरकारी पदों पर भारतीयों की नियुक्ति तथा भारत में सिविल सेवा परीक्षा को आयोजित कराने से संबंधित था।

10 **निम्न कथनों पर विचार कीजिए** *(Chap 9, Class-VIII, Old NCERT)*

1. 1878 ई. में पारित शस्त्र अधिनियम ने भारतीयों के हथियार रखने को प्रतिबंधित कर दिया था।
2. सरकार 1883 ई. में इल्बर्ट बिल लाई।

उपर्युक्त में से कौन-सा/से कथन सत्य है/हैं?

(a) केवल 1 (b) केवल 2
(c) 1 और 2 दोनों (d) न तो 1 और न ही 2

उत्तर (c)

व्याख्या दिए गए दोनों कथन सत्य हैं।

1870 से 1880 के दशक की कुछ घटनाओं ने भारतीयों में ब्रिटिश शासन के विरुद्ध असंतोष की स्थिति उत्पन्न की और इसी दौरान ब्रिटिश सरकार ने भारतीयों की माँगों को पूरा करने के स्थान पर नए दमनकारी कदम उठाए। इसी क्रम में 1878 ई. में शस्त्र कानून लाया गया, जिसने भारतीयों के शस्त्र रखने पर प्रतिबंध लगा दिया।

इल्बर्ट बिल को 9 फरवरी, 1883 ई. में लॉर्ड रिपन के कार्यकाल में लाया गया था। इस बिल के द्वारा भारतीय न्यायाधीशों को उन मामलों की सुनवाई करने का भी अधिकार दिया गया था, जिनमें यूरोपीय नागरिक शामिल होते थे, लेकिन भारत में रहने वाले अंग्रेजों और यूरोपवासियों के विरोध के कारण इसे वापस ले लिया गया।

भारतीय राष्ट्रीय कांग्रेस

11 **निम्नलिखित कथनों पर विचार कीजिए**

(Chap 9, Class-XII, Old NCERT)

1. भारतीय राष्ट्रीय कांग्रेस की स्थापना दिसंबर, 1885 में हुई थी।
2. भारतीय राष्ट्रीय कांग्रेस के पहले अधिवेशन का आयोजन बंबई में किया गया था।
3. भारतीय राष्ट्रीय कांग्रेस के पहले अधिवेशन की अध्यक्षता ए.ओ ह्यूम ने की थी।

उपर्युक्त में से कौन-सा/से कथन सत्य है/हैं?

(a) केवल 1 (b) 2 और 3 (c) 1 और 2 (d) केवल 3

उत्तर (c)

व्याख्या दिए गए कथनों में से कथन (1) और (2) सत्य हैं। भारतीय राष्ट्रीय कांग्रेस की स्थापना दिसंबर, 1885 में एक सेवानिवृत्त अंग्रेज सिविल सर्वेंट ए. ओ. ह्यूम द्वारा की गई थी। इसके पहले अधिवेशन का आयोजन 28-31 दिसंबर, 1885 तक बॉम्बे के गोकुलदास तेजपाल संस्कृत कॉलेज में किया गया था। इसमें 72 प्रतिनिधियों ने भाग लिया था।

कथन (3) सही नहीं है, क्योंकि भारतीय राष्ट्रीय-कांग्रेस के पहले अधिवेशन की अध्यक्षता ए.ओ. ह्यूम ने नहीं, बल्कि व्योमेश चंद्र बनर्जी ने की थी। ये ब्रिटेन के हाउस ऑफ कॉमन्स के लिए चुनाव लड़ने वाले प्रथम भारतीय थे।

12 राष्ट्रीय कांग्रेस के संदर्भ में निम्न में से कौन-सा/से कथन असत्य है/हैं? *(Chap 9, Class-XII, Old NCERT)* *(Unit 1, Class-XII, Tamil Nadu Board)*

1. ए. ओ. ह्यूम ने इसके गठन में महत्त्वपूर्ण भूमिका निभाई।
2. इसके प्रथम सत्र में 120 प्रतिनिधियों ने भाग लिया था।

कूट

(a) केवल 1
(b) केवल 2
(c) 1 और 2
(d) न तो 1 और न ही 2

उत्तर (b)

व्याख्या राष्ट्रीय कांग्रेस के संदर्भ में कथन (2) असत्य है, क्योंकि भारतीय राष्ट्रीय कांग्रेस के प्रथम सत्र में 120 नहीं, बल्कि 72 प्रतिनिधियों ने भाग लिया था।

13 निम्न कथनों पर विचार कीजिए *(Chap 9, Class-VIII, Old NCERT)*

1. जॉर्ज यूले 1888 ई. के इलाहाबाद अधिवेशन के अध्यक्ष थे।
2. सुरेंद्रनाथ बनर्जी ने कांग्रेस के पहले तीन सत्रों में भाग नहीं लिया था।
3. अल्फ्रेड वेब कांग्रेस अधिवेशन की अध्यक्षता करने वाले पहले ब्रिटिश थे।

उपर्युक्त कथनों में से कितने कथन सही नहीं है/हैं?

(a) केवल एक
(b) केवल दो
(c) सभी तीन
(d) इनमें से कोई नहीं

उत्तर (b)

व्याख्या दिए गए कथनों में से केवल दो कथन अर्थात् कथन (2 और 3) सही नहीं हैं, क्योंकि सुरेंद्रनाथ बनर्जी ने कांग्रेस के प्रथम अधिवेशन में भाग नहीं लिया था। तत्पश्चात् इन्होंने कांग्रेस के दूसरे अधिवेशन (1886, कलकत्ता) में भाग लिया था।

जॉर्ज यूले प्रथम अंग्रेज अध्यक्ष थे, जिन्होंने कांग्रेस की अध्यक्षता की थी, जबकि अल्फ्रेड वेब, जॉर्ज यूले और विलियम वेडरबर्न के बाद तीसरे ऐसे अंग्रेज थे, जिन्होंने कांग्रेस की अध्यक्षता (1894 मद्रास, 10वाँ अधिवेशन) की थी।

14 नीचे दो कथन दिए गए हैं, प्रथम अभिकथन (A) के रूप में और द्वितीय कारण (R) के रूप में है। *(Chap 9, Class-XII, Old NCERT)*

अभिकथन (A) वायसराय लॉर्ड डफरिन की सलाह एवं मार्गदर्शन में, शासकीय निर्देशों के अंतर्गत ए. ओ. ह्यूम के द्वारा भारतीय राष्ट्रीय कांग्रेस की शुरुआत हुई।

कारण (R) भारतीय राष्ट्रीय कांग्रेस जन समूह में उठे असंतोष के लिए कोमल, सुरक्षित, शांतिपूर्ण एवं संवैधानिक अभिव्यक्ति या सुरक्षित मूल्य प्रदान करती थी।

कूट

(a) A और R दोनों सही हैं तथा कथन R की सही व्याख्या है
(b) A और R दोनों सही हैं, परंतु R, A की सही व्याख्या नहीं है
(c) A सही है, किंतु R सही नहीं है।
(d) A सही नहीं है, किंतु R सही है।

उत्तर (a)

व्याख्या A और कारण R दोनों सही हैं तथा R, A की सही व्याख्या है। 1885 ई. में भारत में नियुक्त तत्कालीन वायसराय लॉर्ड डफरिन की सलाह एवं मार्गदर्शन में शासकीय निर्देशों के अंतर्गत ए. ओ. ह्यूम के द्वारा भारतीय राष्ट्रीय कांग्रेस की स्थापना अथवा शुरुआत की गई थी। डफरिन चाहते थे कि कांग्रेस जनसमूह में उठे असंतोष के लिए कोमल, सुरक्षित, शांतिपूर्ण एवं संवैधानिक अभिव्यक्ति या सुरक्षित मूल्य प्रदान करे अर्थात् डफरिन के निर्देश पर ए. ओ. ह्यूम ने कांग्रेस की स्थापना एक सेफ्टी वॉल्व के रूप में की थी।

15 भारतीय राष्ट्रीय कांग्रेस के संदर्भ में निम्न में से कौन-सा/से कथन सत्य नहीं है/हैं? *(Chap 9, Class-VIII, Old NCERT)*

(a) बदरुद्दीन तैयबजी कांग्रेस के पहले मुस्लिम अध्यक्ष थे।
(b) दादाभाई नौरोजी कभी भी कांग्रेस अध्यक्ष नहीं रहे।
(c) 'a' और 'b' दोनों
(d) न तो 'a' और न ही 'b'

उत्तर (b)

व्याख्या भारतीय राष्ट्रीय कांग्रेस के संदर्भ में कथन (b) असत्य है, क्योंकि दादाभाई नौरोजी ने कांग्रेस के अधिवेशनों की अध्यक्षता तीन बार की थी, जो क्रमशः-दूसरा अधिवेशन (1886, कलकत्ता), 9वाँ अधिवेशन (1893, लाहौर) तथा 22वाँ अधिवेशन (1906, कलकत्ता) हैं।

16 राष्ट्रीय कांग्रेस के उद्देश्यों के संबंध में कौन-सा कथन सत्य है? *(Chap 9, Class-XII, Old NCERT)*

(a) देश में जनमत को प्रशिक्षित और संगठित करना।
(b) राष्ट्रवादी राजनीतिक कार्यकर्ताओं के बीच मैत्रीपूर्ण संबंध विकसित करना।
(c) जाति, धर्म, प्रांत का भेदभाव किए बिना राष्ट्रीय एकता की भावना को विकसित तथा मजबूत करना।
(d) उपर्युक्त सभी

उत्तर (d)

व्याख्या राष्ट्रीय कांग्रेस के उद्देश्यों के संबंध में दिए गए सभी कथन सत्य हैं। कांग्रेस के प्रथम अधिवेशन (1885 ई. में बंबई में आयोजित) में राष्ट्रीय कांग्रेस के कुछ उद्देश्य घोषित किए गए थे, जिनमें शामिल हैं

- देश के विभिन्न भागों के राष्ट्रवादी राजनीतिक कार्यकर्ताओं के बीच मैत्रीपूर्ण संबंध विकसित करना।
- जाति, धर्म, प्रांत का भेद किए बिना राष्ट्रीय एकता की भावना को विकसित तथा मजबूत करना।
- जनप्रिय माँगों का निरूपण तथा उन्हें सरकार के समक्ष प्रस्तुत करना तथा देश में जनमत को प्रशिक्षित और संगठित करना।

17 किसने कहा था? ''कांग्रेस पतन के लिए लड़खड़ा रही है और मेरी सबसे बड़ी अभिलाषा, जब तक मैं भारत में हूँ, कांग्रेस की शांतिपूर्ण समाप्ति में सहयोग करना है।'' *(Chap 9, Class-XII, Old NCERT) (UPPSC Pre 2002)*

(a) जॉर्ज हैमिल्टन
(b) लॉर्ड कर्जन
(c) लॉर्ड डफरिन
(d) लॉर्ड मिंटो

उत्तर (b)

व्याख्या उपर्युक्त कथन लॉर्ड कर्जन ने कहा था। लॉर्ड कर्जन ने 1900 ई. में विदेश सचिव को बताया कि ''कांग्रेस पतन के लिए लड़खड़ा रही है और सबसे बड़ी अभिलाषा है कि जब तक मैं भारत में हूँ, तब तक कांग्रेस की शांतिपूर्ण समाप्ति में सहयोग करूँ।''

तात्कालिक वायसराय लॉर्ड डफरिन ने 1887 ई. में एक सार्वजनिक भाषण में राष्ट्रीय कांग्रेस पर आक्रमण किया तथा उसे 'जनता के एक सूक्ष्म भाग का प्रतिनिधि' करने वाली संस्था कहा।

18 1890 ई. में कांग्रेस सत्र को संबोधित करने वाली कलकत्ता विश्वविद्यालय की पहली महिला स्नातक कौन थी? *(Chap 9, Class-XII, Old NCERT)*

(a) विजयलक्ष्मी पंडित
(b) पंडित रमाबाई
(c) कादंबिनी गांगुली
(d) ऐनी बेसेंट

उत्तर (c)

व्याख्या 1890 ई. (कांग्रेस का छठा अधिवेशन, कलकत्ता) में कांग्रेस सत्र को संबोधित करने वाली महिला कलकत्ता विश्वविद्यालय की पहली महिला स्नातक कादंबिनी गांगुली थी। इस अधिवेशन की अध्यक्षता फिरोजशाह मेहता ने की थी। इस अधिवेशन में यह संबोधन इस बात की ओर इंगित कर रहा था कि महिलाओं की स्थिति में सुधार होने की संभावना अपने प्राथमिक स्तर पर है।

19 **नीचे दो कथन दिए गए हैं, जिनमें एक को कथन (A) व दूसरे को कारण (R) कहा गया है। नीचे दिए गए कूट का प्रयोग कर सही उत्तर का चयन कीजिए** *(Chap 9, Class-XII, Old NCERT)*

कथन (A) कांग्रेस की स्थापना के पीछे ए. ओ. ह्यूम का प्रमुख उद्देश्य शिक्षित भारतीयों में बढ़ रहे असंतोष की सुरक्षित निकासी हेतु एक 'सेफ्टी वॉल्व' बनाना था।

कारण (R) वे असंतुष्ट राष्ट्रवादी शिक्षित वर्गों तथा असंतुष्ट किसान जनता के आपसी मेल को जरूरी मानते थे।

कूट

(a) A और R दोनों सही हैं तथा R, A की सही व्याख्या है
(b) A और R दोनों सही हैं, परंतु R, A की सही व्याख्या नहीं है
(c) A सही है, किंतु R गलत है
(d) A गलत है, किंतु R सही है

उत्तर (c)

व्याख्या A सही है, किंतु R गलत है।

कांग्रेस की स्थापना के पीछे ए. ओ. ह्यूम का प्रमुख उद्देश्य शिक्षित भारतीयों में बढ़ रहे असंतोष की सुरक्षित निकासी हेतु 'सेफ्टी वॉल्व' बनाना था अर्थात् एक ऐसा वातावरण तैयार करना था, जिससे एक सुरक्षित, सौम्य और शांतिपूर्ण वातावरण तैयार किया जा सके।

ए. ओ. ह्यूम असंतुष्ट राष्ट्रवादी शिक्षित वर्गों तथा असंतुष्ट किसान वर्गों के आपसी मेल को रोकना चाहते थे, ताकि एक नई जटिल परिस्थिति को पनपने न दिया जाए।

20 **आरंभिक राष्ट्रवादियों के कार्यक्रम और कार्यकलाप में कौन-सा शामिल था?** *(Chap 9, Class-XII, Old NCERT)*

(a) राष्ट्रीय भावनाओं को जगाना तथा मजबूत करना।
(b) भारतीय जनता को राष्ट्रवादी राजनीति की धारा में लाना।
(c) राष्ट्रीय स्तर पर लोकप्रिय माँगों का निरूपण करना।
(d) उपर्युक्त सभी

उत्तर (d)

व्याख्या आरंभिक राष्ट्रवादी नेताओं का विश्वास था कि देश की राजनीतिक मुक्ति के लिए सीधी कार्यवाही व्यावहारिक नहीं है, इसलिए इन्होंने एक कार्यसूची तैयार की, जिनमें शामिल तत्त्व निम्न प्रकार थे

- राष्ट्रीय भावनाओं को जाग्रत करना तथा उन्हें मजबूती प्रदान करना।
- बड़ी संख्या में भारतीय जनता को राष्ट्रवादी राजनीति की धारा में शामिल करना।
- राजनीति और राजनीतिक आंदोलन हेतु उन्हें शिक्षित करना।
- देश में जनमत का संगठन करना।
- राष्ट्रीय स्तर पर लोकप्रिय माँगों का निरूपण करना।

21 **निम्न में से किसने भारतीय राष्ट्रीय कांग्रेस के अधिवेशन की अध्यक्षता की?** *(Chap 9, Class-XII, Old NCERT)*

1. ए. ओ. ह्यूम 2. बदरुद्दीन तैयबजी 3. रमेशचंद्र दत्त
4. विजयलक्ष्मी पंडित 5. गोपालकृष्ण गोखले

कूट

(a) 1, 2 और 5 (b) 2, 3 और 4 (c) 2, 3 और 5 (d) 3, 4 और 5

उत्तर (c)

व्याख्या बदरुद्दीन तैयबजी (1887, मद्रास), रमेशचंद्र दत्त (1899, लखनऊ) तथा गोपालकृष्ण गोखले (1905, बनारस) ने भारतीय राष्ट्रीय कांग्रेस के अधिवेशन की अध्यक्षता की थी, जबकि ए. ओ. ह्यूम तथा विजयलक्ष्मी पंडित ने कांग्रेस के किसी भी अधिवेशन की अध्यक्षता नहीं की थी। ए. ओ. ह्यूम भारतीय राष्ट्रीय कांग्रेस के संस्थापक थे, जबकि विजयलक्ष्मी पंडित भारत की पहली महिला राजदूत थीं।

22 **सूची I को सूची II से सुमेलित कीजिए** *(Chap 13, Class-X, Old NCERT)*

	सूची I (कांग्रेस सत्र)		सूची II (वर्ष)
A.	सूरत	1.	1906
B.	इलाहाबाद	2.	1910
C.	कलकत्ता	3.	1905
D.	बनारस	4.	1907

कूट

	A	B	C	D
(a)	4	2	1	3
(b)	2	1	4	3
(c)	2	1	3	4
(d)	4	1	3	2

उत्तर (a)

व्याख्या सही सुमेलन A-4, B-2, C-1, D-3 है।

सूरत अधिवेशन वर्ष 1907 में हुआ था, जिसकी अध्यक्षता रास बिहारी बोस ने की थी। इस अधिवेशन में कांग्रेस का गरम दल और नरम दल में विभाजन हुआ था।

इलाहाबाद अधिवेशन वर्ष 1910 में हुआ था, जिसकी अध्यक्षता अंग्रेज विलियम वेडरबर्न ने की थी। यह ऐसा दूसरा अवसर था, जब विलियम वेडरबर्न ने अधिवेशन की अध्यक्षता की थी। इससे पूर्व इन्होंने 1889 ई. में बंबई अधिवेशन की भी अध्यक्षता की थी।

कलकत्ता अधिवेशन वर्ष 1906 में हुआ था, जिसकी अध्यक्षता दादाभाई नौरोजी ने की थी।

बनारस अधिवेशन वर्ष 1905 में हुआ था, जिसकी अध्यक्षता गोपालकृष्ण गोखले ने की थी। इस अधिवेशन में बंगाल विभाजन तथा लॉर्ड कर्जन की नीतियों की आलोचना की गई थी।

23 **भारतीय राष्ट्रीय कांग्रेस के उदारवादी नेताओं के संबंध में निम्न में से कौन-सा कथन सत्य नहीं है?** *(Chap 9, Class-XII, Old NCERT)*

(a) इन्होंने भारत से धन निकासी की आलोचना की।
(b) इन्होंने विदेशी वस्तुओं के बहिष्कार की वकालत की।
(c) इन्होंने जमींदारों द्वारा भारतीय ग्रामीण लोगों के शोषण के मुद्दे को नजरअंदाज किया।
(d) इन्होंने ब्रिटेन की शाही अर्थव्यवस्था में भारत द्वारा निभाई गई महत्त्वपूर्ण भूमिका को समझा।

उत्तर (c)

व्याख्या भारतीय राष्ट्रीय कांग्रेस के उदारवादी नेताओं के संबंध में कथन (c) सत्य नहीं है, क्योंकि भारतीय राष्ट्रीय कांग्रेस के उदारवादी नेताओं ने जमींदारों द्वारा भारतीय ग्रामीण लोगों के शोषण के मुद्दे को भी उठाया था, न कि उसे नजरअंदाज किया था। उदारवादी नेताओं में प्रमुख दादाभाई नौरोजी ने धन निष्कासन के सिद्धांत का प्रतिपादन किया, क्योंकि उस समय भारत से धन का निर्गमन ब्रिटेन की ओर हो रहा था और इन्होंने इस धन के दोहन को रोकने की माँग की। साथ ही किसानों पर करों का बोझ कम करने के लिए उदारवादियों ने जमीन की मालगुजारी घटाने के संबंध में निरंतर आंदोलन को जारी रखा। इन्होंने विदेशी वस्तुओं का बहिष्कार किया और इन्हें न अपनाने की जनता से अपील की।

24 **निम्न कथनों पर विचार कीजिए** *(Chap 9, Class-XII, Old NCERT)*

1. आरंभिक राष्ट्रवादियों का आरंभ से यह विश्वास था कि भारत में अंततः लोकतांत्रिक स्वशासन लागू होना चाहिए।
2. आरंभिक राष्ट्रवादियों के दबाव के कारण ही ब्रिटिश सरकार को 1892 ई. में भारतीय कानून पास करना पड़ा।
3. राष्ट्रवादी 1892 ई. के कानून से पूर्णतः संतुष्ट थे।

उपर्युक्त में से कितने कथन असत्य है/हैं?

(a) केवल एक (b) केवल दो
(c) सभी तीन (d) इनमें से कोई नहीं

उत्तर *(a)*

व्याख्या दिए गए कथनों में से केवल एक कथन अर्थात् कथन (3) असत्य है, क्योंकि ब्रिटिश सरकार द्वारा लाया गया 1892 ई. का भारतीय परिषद् अधिनियम राष्ट्रवादियों को संतुष्ट करने में पूर्णतः असफल रहा, क्योंकि इस कानून के अंतर्गत संघीय विधायी परिषद् तथा प्रांतीय परिषदों में संख्या को बढ़ाया गया। इनमें से कुछ सदस्यों को भारतीय अप्रत्यक्ष चुनाव द्वारा चुन सकते थे, परंतु बहुमत सरकारी सदस्यों का ही होता था। जिसके परिणामस्वरूप राष्ट्रवादियों ने परिषदों में भारतीय सदस्यों की संख्या बढ़ाने तथा उन्हें अधिक अधिकार दिए जाने की माँग उठाई और साथ ही इन्होंने सार्वजनिक धन पर भारतीयों के नियंत्रण की माँग की।

25 **निम्न कथनों पर विचार कीजिए** *(Chap 9, Class-XII, Old NCERT)*

1. वर्ष 1905 तक भारत के राष्ट्रीय आंदोलन पर उन लोगों का वर्चस्व था, जिनको प्रायः नरमपंथी राष्ट्रवादी कहा जाता है।
2. नरमपंथी कानून की सीमा में रहकर संवैधानिक सुधारों के पक्षधर थे।

उपर्युक्त में से कौन-सा/से कथन सत्य है/हैं?

(a) केवल 1
(b) केवल 2
(c) 1 और 2 दोनों
(d) न तो 1 और न ही 2

उत्तर *(c)*

व्याख्या दिए गए दोनों कथन सत्य हैं। वर्ष 1905 तक के काल को भारतीय इतिहास में नरमपंथी राष्ट्रवाद के रूप में परिभाषित किया जाता है। अतः राष्ट्रीय आंदोलन का यह समय नरमपंथी राष्ट्रवादियों का था, क्योंकि इस समय की आंदोलन संबंधी गतिविधियों पर पूर्ण नियंत्रण और वर्चस्व नरमपंथी राष्ट्रवादियों का था।

नरमपंथी राष्ट्रवादी कानून की सीमा के अंतर्गत संवैधानिक आंदोलन और व्यवस्थित तरीके से राजनीतिक प्रगति के पक्षधर थे। इनका विश्वास था कि यदि जनमत को उभारा और संगठित किया जाए और प्रार्थना-पत्रों, सभाओं, प्रस्तावों तथा भाषणों के द्वारा अधिकारियों तक जनता की माँगों को पहुँचाया जाए, तो वे धीरे-धीरे एक-एक करके इन माँगों का पूरा करेंगे।

26 **निम्न में से कौन उदारवादी (नरमपंथी) थे?** *(Chap 10, Class-VIII, Old NCERT)*

1. जी. के. गोखले 2. दादाभाई नौरोजी
3. फिरोजशाह मेहता 4. लाला लाजपत राय
5. बाल गंगाधर तिलक 6. विपिनचंद्र पाल

कूट

(a) 1, 2, 3, 4 और 5
(b) 1, 2 और 3
(c) 1, 5, 3 और 6
(d) 1, 2, 3 और 4

उत्तर *(b)*

व्याख्या आजादी से पूर्व कांग्रेस ही मुख्य पार्टी संगठन था, जो भारत की राजनीतिक गतिविधियों में भाग लेता था। इस संगठन में दो विचारधाराओं वाले व्यक्ति थे-प्रथम वे, जो शांतिपूर्वक आजादी के पक्षधर थे, ये नरमपंथी कहलाए तथा दूसरे, जो विद्रोहपूर्वक आजादी चाहते थे, ये गरमपंथी कहलाए। भारतीय राष्ट्रीय आंदोलन के नरमपंथी राष्ट्रवादियों के अंतर्गत गोपालकृष्ण गोखले, दादाभाई नौरोजी तथा फिरोजशाह मेहता सहित अन्य कई नेता शामिल थे, जो अपनी माँगों को ब्रिटिश शासन के समक्ष विधि के अंतर्गत और संविधानिक तरीके से रखना चाहते थे।

इसके विपरीत उग्रवादी (गरम दल) नेताओं में बाल गंगाधर तिलक, लाला लाजपत राय, विपिनचंद्र पाल सहित अन्य कई नेता शामिल थे, जो संभवतः वर्ष 1905 के पश्चात् भारतीय राष्ट्रीय आंदोलन में शामिल हुए और ये अपनी माँगों को ब्रिटिशों के समक्ष क्रांतिकारी रूप से रखने के समर्थक थे।

27 **भारतीय राष्ट्रीय कांग्रेस की 'ब्रिटिश समिति' की स्थापना कब की गई थी?** *(Chap 9, Class-XII, Old NCERT)*

(a) 1886 ई. में (b) 1889 ई. में
(c) 1892 ई. में (d) 1896 ई. में

उत्तर *(b)*

व्याख्या 1889 ई. में भारतीय राष्ट्रीय कांग्रेस की एक 'ब्रिटिश समिति' की स्थापना गई थी। इस समिति ने 1890 ई. में 'इंडिया' नामक एक पत्रिका का प्रकाशन प्रारंभ किया था। इस समिति का उद्देश्य ब्रिटेन में जनता के लिए भारतीय मुद्दों के बारे में जागरूकता बढ़ाना था, जिसके लिए भारत सरकार उत्तरदायी थी। इसके लिए दादाभाई नौरोजी और व्योमेश चंद्र बनर्जी ने इंग्लैंड में रहकर भारत के संदर्भ में हितकारी कानूनों के निर्माण के लिए कार्य किया।

28 **निम्नलिखित कथनों पर विचार कीजिए** *(Chap 9, Class-XII, Old NCERT)*

कथन I 1866 ई. में दादाभाई नौरोजी ने लंदन में ईस्ट इंडिया एसोसिएशन की स्थापना की, जिसका उद्देश्य ब्रिटिश जनता को भारतीय मुद्दों के प्रति जागरूक करना था। इस संस्था की कई शाखाएँ भारत के प्रमुख शहरों में खोली गईं।

कथन II इन्होंने यह दर्शाया कि भारत की गरीबी और आर्थिक पिछड़ापन भारत के स्थानीय कारणों में अंतर्निहित नहीं था, बल्कि यह औपनिवेशिक शासन का परिणाम था, जिसके द्वारा भारत से धन-संपत्ति का दोहन हुआ।

कूट

(a) कथन I और II दोनों सही हैं।
(b) कथन I और II दोनों सही नहीं हैं।
(c) कथन I सही है, किंतु कथन II गलत है।
(d) कथन I गलत है, किंतु कथन II सही है।

उत्तर *(a)*

व्याख्या कथन I और II दोनों सही हैं।

'ग्रैंड ओल्ड मैन ऑफ इंडिया' के नाम से प्रसिद्ध कांग्रेस के नरमदल के नेता दादाभाई नौरोजी का जन्म 4 सितंबर, 1825 को बॉबे (मुम्बई) के एक पारसी परिवार में हुआ था। 1870 के दशक में वे बांबे (मुम्बई) नगर-निगम और नगर परिषद् के लिए निर्वाचित हुए। इन्होंने 'भारत समाज' (1865) तथा लंदन में 'ईस्ट इंडिया एसोसिएशन' (1866) की स्थापना की। ईस्ट इंडिया एसोसिएशन का मुख्य उद्देश्य ब्रिटिश जनता को भारतीय मुद्दों के प्रति जागरूक करना था। इसकी कई शाखाएँ भारत के प्रमुख शहरों में भी बोली गईं।

दादाभाई नौरोजी ने 'धन के निष्कासन का सिद्धान्त' (थ्योरी ऑफ ड्रेन ऑफ वेल्थ) प्रतिपादित किया, जिसके अनुसार भारत की गरीबी और आर्थिक पिछड़ापन भारत के स्थानीय कारणों में अंतर्निहित नहीं था, बल्कि यह औपनिवेशिक शासन का परिणाम था।

29 वह कौन-सा कारण था, जिससे जनता को आभास हुआ कि सरकार व्यापक राजनीतिक अधिकार देने के बजाय उन्हें मिले थोड़े से अधिकार भी छीन रही है? *(Chap 11, Class-XII, Old NCERT)*

(a) 1898 ई. में बना एक कानून जिसमें विदेशी शासन के प्रति 'असंतोष की भावना' फैलाने को अपराध घोषित किया गया।
(b) वर्ष 1904 में बना इंडियन ऑफिशियल सीक्रेट एक्ट।
(c) 1897 ई. में लोकमान्य तिलक और दूसरे समाचार-पत्र संपादकों को विदेशी सरकार के विरुद्ध जनता को भड़काने के आरोप में जेल की लंबी सजाएँ देना।
(d) उपर्युक्त सभी

उत्तर *(d)*

व्याख्या उपर्युक्त वर्णित सभी परिस्थितियों ने एक उग्र वातावरण का विकास किया, जिसने राष्ट्रीय आंदोलन को तीव्रता प्रदान करने में महत्त्वपूर्ण भूमिका निभाई। 1892 ई. और वर्ष 1905 के बीच घटित राजनीतिक घटनाओं ने राष्ट्रवादियों को उग्र राजनीति के बारे में सोचने के लिए बाध्य किया, जिनमें 1892 ई. का इंडियन कौंसिल एक्ट महत्त्वपूर्ण था। राष्ट्रवादली 1892 के कानून से पूरी तरह असंतुष्ट थे।

राष्ट्रवादी 1892 के कानून से पूरी तरह असंतुष्ट थे।

1898 में एक कानून बनाया गया, जिसमें विदेशी शासन के प्रति 'असंतोष की भावना' फैलाने को अपराध घोषित किया गया।

वर्ष 1899 में कलकत्ता नगर-निगम में भारतीय सदस्यों की संख्या घटा दी गई।

वर्ष 1904 में इंडियन ऑफिशियल सीक्रेट्स एक्ट बनाकर प्रेस की स्वतंत्रता को सीमित कर दिया गया।

वर्ष 1897 में पूना में प्लेग फैल गया था। लोकमान्य तिलक ने प्लेग प्रबंधन पद सरकारी भूमिका पर सवाल उठाए। तिलक और दूसरे समाचार-पत्र संपादकों को सरकार के प्रति घृणा फैलाने के आरोप में लंबी सजाएँ दी गईं।

30 निम्न में से किसका संबंध उग्र राष्ट्रवादी विचारधारा से था? *(Chap 11, Class-XII, Old NCERT)*

(a) अश्विनी कुमार दत्त (b) विष्णुशास्त्री चिपलुंकर
(c) गोविंद रानाडे (d) 'a' और 'b' दोनों

उत्तर *(d)*

व्याख्या उग्र राष्ट्रवाद की विचारधारा के समर्थक बंगाल में राजनारायण बोस और अश्विनी कुमार दत्त तथा महाराष्ट्र में विष्णुशास्त्री चिपलुंकर जैसे नेता थे। इस विचारधारा के सबसे प्रमुख अग्रदूत बाल गंगाधर तिलक थे। उग्र राष्ट्रवादी विचारधारा के समर्थकों का विश्वास था कि ये अपनी माँगों को ब्रिटिशों के सामने क्रांतिकारी रूप से रखेंगे।

31 बाल गंगाधर तिलक के संबंध में निम्न कथनों पर विचार कीजिए *(Chap 11, Class-XII, Old NCERT)*

1. इन्होंने अंग्रेजी भाषा में 'मराठा' तथा मराठी भाषा में 'केसरी' नामक पत्रों का संपादन किया।
2. 1893 ई. में गणपति उत्सव तथा 1895 ई. में शिवाजी महोत्सव का आयोजन आरंभ किया।
3. 1896-97 ई. में इन्होंने महाराष्ट्र में कर न चुकाने का आंदोलन चलाया।
4. 1899 ई. में इन्हें राजद्रोही लेखों के कारण 12 महीने की सजा हुई।

उपर्युक्त में से कितने कथन सही नहीं है/हैं?

(a) केवल एक (b) केवल दो
(c) केवल तीन (d) ये सभी

उत्तर *(a)*

व्याख्या बाल गंगाधर तिलक के संबंध में केवल एक कथन अर्थात् कथन (4) सही नहीं है, क्योंकि बाल गंगाधर तिलक को सरकार के विरुद्ध घृणा और असंतोष भड़काने के आरोप में 1899 ई. में नहीं, बल्कि 1897 में 12 महीने की सजा के बजाय 18 महीने की सजा सुनाई गई थी।

32 उग्र राष्ट्रवादियों के संबंध में कौन-सा कथन असत्य है? *(Chap 11, Class-XII, Old NCERT)*

(a) विपिनचंद्र पाल, अरविंद घोष और लाला लाजपत राय आदि प्रमुख उग्र राष्ट्रवादी नेता थे।
(b) इनका मत था कि भारतीयों को मुक्ति स्वयं अपने प्रयासों से ही प्राप्त होगी।
(c) इनका मानना था कि भारत अंग्रेजों के 'कृपापूर्ण मार्गदर्शन' और नियंत्रण में प्रगति कर सकता है।
(d) इनका मानना था कि स्वराज या स्वाधीनता ही राष्ट्रीय आंदोलन का लक्ष्य है।

उत्तर *(c)*

व्याख्या उग्र राष्ट्रवादियों के संबंध में कथन (c) असत्य है, क्योंकि उग्र राष्ट्रवादियों का यह मानना था कि भारत अंग्रेजों के 'कृपापूर्ण मार्गदर्शन' और 'नियंत्रण' में प्रगति नहीं कर सकता, वे विदेशी शासन के विरुद्ध थे और इन्होंने राष्ट्रीय आंदोलन का एकमात्र लक्ष्य स्वराज या स्वाधीनता को माना था।

33 उग्र राष्ट्रवाद के विकास के प्रमुख कारणों के संबंध में कौन-सा कथन सत्य है? *(Chap 11, Class-XII, Old NCERT)*

(a) नरमपंथियों के नेतृत्व में पहले के विरोधी आंदोलन का कोई विशेष परिणाम न निकलना
(b) बंगाल में हिंदुओं तथा मुसलमानों में फूट डालने का प्रयत्न
(c) 'a' और 'b' दोनों
(d) उपर्युक्त में से कोई नहीं

उत्तर *(c)*

व्याख्या उग्र राष्ट्रवाद के विकास के प्रमुख कारणों के संबंध में कथन (a) और (b) दोनों सत्य हैं। बंगाल विभाजन विरोधी आंदोलन का कोई परिणाम न निकल पाने के कारण जल्द ही यह आंदोलन तिलक, विपिनचंद्र पाल और अरविंद घोष जैसे उग्र राष्ट्रवादियों के हाथों में पहुँच गया, जिसके निम्न कारण थे नरमपंथियों के नेतृत्व में पूर्व के आंदोलनों का कोई भी सार्थक परिणाम न निकल पाना।

- बंगाल के दोनों भागों, विशेषकर पूर्वी बंगाल की सरकार द्वारा हिंदू-मुस्लिमों के बीच वैमनस्य की भावना का विकास किए जाने का प्रयत्न करना।

34 भारतीय राष्ट्रीय आंदोलन में उग्र राष्ट्रवादियों की विचारधारा एवं कार्य पद्धति के संबंध में नीचे दिए गए कथनों पर विचार कीजिए *(Chap 11, Class-XII, Old NCERT)*

1. वे अंग्रेजों के 'कृपापूर्ण मार्गदर्शन' और नियंत्रण में भारत की प्रगति चाहते थे।
2. वे जनता की कार्यवाही के द्वारा स्वराज प्राप्त करना चाहते थे।
3. इन लोगों ने भारतीय इतिहास और संस्कृति से प्रेरणा ली थी।

उपर्युक्त में से कौन-सा/से कथन सत्य है/हैं?

(a) 1 और 2 (b) केवल 2
(c) 2 और 3 (d) 1, 2 और 3

उत्तर *(c)*

व्याख्या भारतीय राष्ट्रीय आंदोलन में उग्र राष्ट्रवादियों की विचारधारा एवं कार्य पद्धति के संबंध में कथन (2) और (3) सत्य हैं। उग्र राष्ट्रवादियों का मत था कि भारतीयों को स्वतंत्रता स्वयं अपने प्रयासों से करनी होगी। इन्हें जनता की शक्ति में असीम विश्वास था और इनकी योजना जनता की कार्यवाही द्वारा स्वराज को प्राप्त करने की थी, इसलिए इन्होंने जनता के बीच राजनीतिक कार्य एवं जनता की सीधी कार्यवाही पर बल दिया।

उग्र राष्ट्रवादियों ने भारतीय इतिहास एवं संस्कृति से प्रेरणा ली। भारतीय संस्कृति को श्रेष्ठ बताते हुए बाल गंगाधर तिलक ने 'गीता रहस्य', 'द आर्कटिक होम इन द वेदाज', 'वेदिक क्रोनालाजी एण्ड वेदांग ज्योतिष' आदि पुस्तकों की रचना की।

कथन (1) असत्य है, क्योंकि उग्र राष्ट्रवादी यह मानते थे कि अंग्रेजों के 'कृपापूर्ण मार्गदर्शन' और नियंत्रण में भारत की प्रगति नहीं हो सकती है।

35 वर्ष 1905 के कांग्रेस के बनारस अधिवेशन के संबंध में कौन-सा कथन असत्य है? *(Chap 11, Class-XII, Old NCERT)*

(a) इस अधिवेशन की अध्यक्षता गोपालकृष्ण गोखले ने की थी।
(b) इस अधिवेशन में स्वदेशी और बहिष्कार आंदोलन का विरोध किया गया।
(c) इस अधिवेशन में गरमपंथी स्वदेशी और बहिष्कार आंदोलन को बंगाल तक सीमित रखने के पक्षधर थे।
(d) 'b' और 'c' दोनों

उत्तर *(d)*

व्याख्या वर्ष 1905 के कांग्रेस के बनारस अधिवेशन के संबंध में कथन (b) और (c) असत्य हैं, क्योंकि इस अधिवेशन में नरमपंथी तथा गरमपंथी राष्ट्रवादियों के बीच स्वदेशी एवं बहिष्कार के मुद्दे पर सार्वजनिक बहस भी हुई थी। गरमपंथी इस आंदोलन को बंगाल के बाहर देशभर में फैलाने के पक्षधर थे तथा औपनिवेशिक सरकार के साथ किसी रूप में भी सहयोग नहीं करना चाहते थे, जबकि नरमपंथी इस आंदोलन को केवल बंगाल तक सीमित रखना चाहते थे।

स्वदेशी आंदोलन

36 आरंभ में बंग-भंग विरोधी आंदोलन का नेतृत्व किसके हाथ में था? *(Chap 11, Class-XII, Old NCERT)*

(a) सुरेंद्रनाथ बनर्जी
(b) रवींद्रनाथ टैगोर
(c) अरविंद घोष
(d) बी. जी. तिलक

उत्तर *(a)*

व्याख्या आरंभ में बंग-भंग विरोधी आंदोलन का नेतृत्व सुरेंद्रनाथ बनर्जी के हाथों में था, परंतु बाद में इस आंदोलन का नेतृत्व उग्र और क्रांतिकारी राष्ट्रवादियों ने सँभाल लिया। प्रारंभ में बंग-भंग विरोधी आंदोलन से प्रेरित स्वदेशी और बहिष्कार आंदोलन बंगाल के संपूर्ण राष्ट्रीय नेतृत्व के प्रयासों के कारण था, न कि आंदोलन के किसी एक भाग के आरंभ में।

1903-1905 के दौरान उदारवादी, जिन्होंने बंगाल विभाजन के विरोध में सक्रिया भूमिका निभाई, सुरेंद्र नाथ बनर्जी, के.के. मित्रा तथा पृथ्वीशचंद्र राय प्रमुख थे।

सुरेंद्र नाथ बनर्जी तथा आनंदमोहन बोस ने कलकत्ता में बंगाल विभाजन के विरोध में एक विशाल जनसभा को संबोधित किया।

बंगाल विभाजन 16 अक्टूबर, 1905 को लागू किया।

37 बंग-भंग विरोधी आंदोलन के संबंध में कौन-सा कथन असत्य है? *(Chap 11, Class-XII, Old NCERT)*

(a) बंगाल विभाजन 16 अक्टूबर, 1905 को लागू हुआ।
(b) बंगाल विभाजन के दिन को पूरे बंगाल में शोक दिवस के रूप में मनाने की घोषणा की गई।
(c) इस आंदोलन के समय ही रवींद्रनाथ ठाकुर ने अपना प्रसिद्ध गीत 'आमार सोनार बांग्ला' लिखा।
(d) इस आंदोलन ने हिंदुओं तथा मुसलमानों के बीच वैमनस्य को बढ़ावा दिया।

उत्तर *(d)*

व्याख्या बंग-भंग विरोधी आंदोलन के संबंध में कथन (d) असत्य है, क्योंकि बंग-भंग विरोधी आंदोलन ने हिंदुओं तथा मुसलमानों के बीच वैमनस्य की भावना को बढ़ावा नहीं दिया, बल्कि इस आंदोलन ने बंगाल और बंगालियों की अटूट एकता के प्रतीक के रूप में हिंदू-मुसलमानों के बीच के भाव को और अधिक सुदृढ़ किया और दोनों धर्मों के लोगों ने एक-दूसरे की कलाइयों पर राखियाँ बाँधकर अपनी भावना को दर्शाया।

38 'वंदे मातरम्' का प्रथम बार व्यापक स्तर पर प्रयोग किस आंदोलन के दौरान किया गया था? *(Chap 11, Class-XII, Old NCERT)*

(a) बंग-भंग विरोधी आंदोलन
(b) होमरूल आंदोलन
(c) असहयोग आंदोलन
(d) सविनय अवज्ञा आंदोलन

उत्तर *(a)*

व्याख्या 'वंदे मातरम्' का प्रथम बार व्यापक स्तर पर प्रयोग बंग-भंग विरोधी आंदोलन के दौरान किया गया था। इस आंदोलन के दौरान कलकत्ता की सड़कों पर वंदे मातरम् की गूँज ने आंदोलन को एक नई दिशा प्रदान की और यह गीत रातों-रात बंगाल का राष्ट्रीय गीत बन गया, इस गीत को बंकिम चंद्र चटर्जी ने लिखा था, जिसे उनके प्रसिद्ध उपन्यास 'आनंद मठ' से लिया गया है।

39 स्वदेशी आंदोलन के परिणामस्वरूप क्या परिवर्तन हुए? *(Chap 11, Class-XII, Old NCERT)*

(a) अनेक कपड़ा मिलें, साबुन और माचिस के कारखानें, हैंडलूम के उद्यम तथा राष्ट्रीय बैंक और बीमा कंपनियाँ खुलीं।
(b) राष्ट्रवादी काव्य, गद्य और पत्रकारिता का विकास हुआ।
(c) 15 अगस्त, 1906 को एक राष्ट्रीय शिक्षा परिषद् की स्थापना की गई।
(d) उपर्युक्त सभी

उत्तर *(d)*

व्याख्या स्वदेशी आंदोलन के अंतर्गत स्वदेशी वस्तुओं का उपयोग और विदेशी वस्तुओं का बहिष्कार शामिल था। इस आंदोलन के परिणामस्वरूप निम्नलिखित परिवर्तन हुए

- स्वदेशी उद्योगों की स्थापना के कारण भारतीय उद्योगों को अत्यधिक प्रोत्साहन मिला। अनेक कपड़ा मिलें, साबुन और माचिस के कारखाने, हैंडलूम के उद्यम तथा राष्ट्रीय बैंक और बीमा कंपनियाँ खुली।
- सांस्कृतिक विकास के दौरान भारतीय काव्य, गद्य और पत्रकारिता का विकास हुआ। रवीन्द्रनाथ टैगोर, रजनीकांत सेन, द्विजेंद्रलाल राय, मुकुंद दास आदि ने अनेक राष्ट्रवादी कविताओं और गीतों की रचना की। इसी समय रवींद्रनाथ टैगोर ने 'अमार सोनार बंग्ला' नामक प्रसिद्ध गीत लिखा, जो बाद में बांग्लादेश का राष्ट्रगान बना।
- राष्ट्रीय शिक्षा कार्यक्रम के दौरान स्वदेशी शिक्षा को महत्त्व दिया गया। 15 अगस्त, 1906 को एक राष्ट्रीय शिक्षा परिषद् की स्थापना की गई। रवींद्रनाथ टैगोर के शांति निकेतन से प्रेरणा ले कर कलकत्ता में नेशनल कॉलेज खोला गया, जिसके प्रधानाचार्य अरविंद घोष नियुक्त किए गए।

40 स्वदेशी आंदोलन के संदर्भ में नीचे दिए गए कथनों पर विचार कीजिए *(Chap 11, Class-XII, Old NCERT)*

1. जिन स्कूलों एवं कॉलेजों के छात्र स्वदेशी आंदोलन में सक्रिय रहे, उन्हें प्राप्त सरकारों से प्राप्त सहायताएँ व विशेषाधिकार छीन लिए गए।
2. इस आंदोलन में स्त्रियों की सक्रिय भागीदारी थी।
3. स्वदेशी आंदोलन केवल बंगाल तक ही सीमित था।

उपर्युक्त में से कितने कथन सत्य नहीं है/हैं?

(a) केवल एक (b) केवल दो
(c) सभी तीन (d) इनमें से कोई नहीं

उत्तर *(c)*

व्याख्या स्वदेशी आंदोलन के संदर्भ में केवल एक कथन अर्थात् कथन (3) असत्य है, क्योंकि स्वदेशी आंदोलन केवल बंगाल तक ही सीमित नहीं था बल्कि इसका विस्तार बंगाल के बाहर देश के दूसरे प्रांतों में भी हुआ। बंबई मद्रास और उत्तर भारत में बंगाल की एकता के समर्थन में तथा विदेशी मालों के बहिष्कार हेतु आंदोलन चलाए गए थे।

41 स्वदेशी आंदोलन के संबंध में निम्न कथनों पर विचार कीजिए
(Chap 11, Class-XII, Old NCERT)

1. इस आंदोलन में बंगाल के छात्रों ने प्रमुख भूमिका निभाई।
2. इस आंदोलन में महिलाएँ शामिल नहीं थीं।
3. मुस्लिमों ने इस आंदोलन से दूरी बनाए रखी।
4. इस आंदोलन में जमींदारों ने महत्त्वपूर्ण भूमिका अदा की।

उपर्युक्त में से कौन-सा/से कथन असत्य है/हैं?

(a) 1 और 2 (b) 2 और 3
(c) 1, 2 और 3 (d) इनमें से कोई नहीं

उत्तर (b)

व्याख्या स्वदेशी आंदोलन के संबंध में कथन (2) और (3) असत्य हैं, क्योंकि स्वदेशी आंदोलन में महिलाओं की सक्रिय भागीदारी एक महत्त्वपूर्ण पहलू था। शहरी मध्य वर्ग की महिलाएँ जुलूसों और धरनों में शामिल हुईं और इसके बाद से इन्होंने राष्ट्रीय आंदोलन में निरंतर अपनी भूमिका का निर्वहन किया।

इस आंदोलन में अनेक प्रमुख मुस्लिम नागरिकों ने भी शिरकत की, जिसमें प्रसिद्ध वकील अब्दुर्रसूल, लोकप्रिय आंदोलनकारी लियाकत अली और व्यापारी गजनवी प्रमुख थे। इसके अतिरिक्त अनेक मुसलमान अपना हित चाहते हुए आंदोलन में शामिल नहीं हुए।

42 स्वदेशी आंदोलन के संबंध में कौन-सा कथन सत्य है?
(Chap 11, Class-XII, Old NCERT)

1. यह आंदोलन केवल बंगाल तक सीमित था।
2. इस आंदोलन का प्रसार बंबई, मद्रास और उत्तर भारत तक हुआ था।

कूट

(a) केवल 1 (b) केवल 2
(c) 1 और 2 (d) न तो 1 और न ही 2

उत्तर (b)

व्याख्या स्वदेशी आंदोलन के संबंध में कथन (2) सत्य है। स्वदेशी आंदोलन का प्रसार बंबई, मद्रास और उत्तर भारत में बंगाल की एकता के समर्थन में तथा विदेशी वस्तुओं के बहिष्कार हेतु किया गया।

कथन (1) असत्य है, क्योंकि स्वदेशी आंदोलन केवल बंगाल तक सीमित नहीं था। इसका प्रसार देश के अन्य क्षेत्रों में भी हुआ था। इस आंदोलन को देश के दूसरे भागों तक पहुँचाने में बाल गंगाधर तिलक ने महत्त्वपूर्ण भूमिका निभाई थी।

43 सुमेलित कीजिए *(Chap 11, Class-XII, Old NCERT)*

	सूची I (नेतृत्वकर्ता)		सूची II (स्थान)
A.	कृष्ण कुमार मित्र	1.	बंगाल
B.	लाला लाजपत राय	2.	मद्रास
C.	चिदंबरम पिल्लै	3.	पंजाब
D.	जी. हरिसर्वोत्तम राव	4.	आंध्र प्रदेश

कूट

	A	B	C	D		A	B	C	D
(a)	1	3	2	4	(b)	2	3	4	1
(c)	3	4	1	2	(d)	4	1	2	3

उत्तर (a)

व्याख्या सही सुमेलन A-1, B-3, C-2, D-4 है।

कृष्ण कुमार मित्र बंगाल में स्वदेशी एवं बहिष्कार आंदोलन से जुड़े हुए थे। वर्ष 1906 में बारीसाल में आयोजित बंगाल प्रांतीय सम्मेलन पर पुलिस ने हमला कर इसे भंग कर दिया और वर्ष 1908 में बंगाल के नौ नेताओं को देश से बाहर कर दिया था, जिसमें कृष्ण कुमार मित्र और अश्विनी कुमार दत्त शामिल थे।

लाला लाजपत राय और अजीत सिंह ने पंजाब में स्वदेशी और बहिष्कार आंदोलन का प्रचार-प्रसार किया। वर्ष 1907 में पंजाब के शहरी क्षेत्रों में हुए ब्रिटिश विरोधी दंगों के पश्चात् लाला लाजपत राय और सरदार अजीत सिंह को देश से बाहर कर दिया गया।

चिदंबरम पिल्लै ने मद्रास में स्वदेशी आंदोलन का नेतृत्व किया। जबकि जी. हरिसर्वोत्तम राव ने आंध्र प्रदेश में लोगों को जागरूक किया। मद्रास में चिदंबरम पिल्लै को और आंध्र प्रदेश में जी. हरिसर्वोत्तम राव को तथा अन्य कई नेताओं को इस दौरान बंदी बनाया गया था।

44 निम्नलिखित कथनों पर विचार कीजिए
(Unit 2, Class-XII, Tamil Nadu Board)
(Chap 21, Module-4, NIOS), (IAS Pre 2023)

कथन I 7 अगस्त को राष्ट्रीय हथकरघा दिवस के रूप में घोषित किया गया है।

कथन II वर्ष 1905 में इसी दिन स्वदेशी आंदोलन शुरू किया गया था।

कूट

(a) कथन I और II दोनों सही हैं तथा कथन II, कथन I की सही व्याख्या है।
(b) कथन I और II दोनों सही हैं, परंतु कथन II, कथन I की सही व्याख्या नहीं है।
(c) कथन I सही है, किंतु कथन II गलत है।
(d) कथन I गलत है, किंतु कथन II सही है।

उत्तर (a)

व्याख्या कथन I और II दोनों सही हैं तथा कथन II, कथन I की सही व्याख्या है।

भारत सरकार ने 7 अगस्त, 2015 को राष्ट्रीय हथकरघा दिवस के रूप में घोषित किया। 7 अगस्त को स्वदेशी आंदोलन को यादगार बनाने के लिए राष्ट्रीय हथकरघा दिवस के रूप में मनाने की घोषणा की गई। 7 अगस्त, 1905 को बंगाल विभाजन के विरोध में भारतीय निर्मित वस्तुओं के पक्ष में विदेशी वस्तुओं के बहिष्कार के लिए कलकत्ता के टाउन हॉल में एक आधिकारिक घोषणा की गई थी।

लॉर्ड कर्जन ने जुलाई, 1905 में बंगाल विभाजन की घोषणा की थी। इसके पीछे लॉर्ड कर्जन का वास्तविक उद्देश्य प्रांत में साक्षर वर्ग की तेजी से बढ़ रही राजनीतिक आवाज को दबाना था। हालाँकि बंगाल विभाजन की इस घोषणा को वर्ष 1911 में दिल्ली दरबार में जॉर्ज पंचम् ने रद्द कर दिया था।

45 बंगाल 1905 में विभाजित हुआ, जिसके विरोध के फलस्वरूप यह दुबारा एकीकृत हुआ
(Chap 11, Class-XII, Old NCERT) (BPSC Pre 2003)

(a) वर्ष 1906 में (b) वर्ष 1916 में
(c) वर्ष 1911 में (d) वर्ष 1909 में

उत्तर (c)

व्याख्या वर्ष 1911 में ब्रिटिश शासक जॉर्ज पंचम तथा महारानी मैरी के भारत आगमन पर दिल्ली में दरबार आयोजित हुआ। इस दरबार में बंगाल (1905) विभाजन की प्रक्रिया को रखकर पुन: बंगाल को एकीकृत करने की घोषणा की गई।

क्रांतिकारी आंदोलन : प्रथम चरण

46 निम्न में से किस संगठन की स्थापना वी. डी. सावरकर द्वारा की गई थी?
(Chap 11, Class-XII, Old NCERT)

(a) युगांतर भारत (b) अनुशीलन समिति
(c) हिंदुस्तान रिपब्लिक एसोसिएशन
(d) अभिनव भारत

उत्तर (d)

व्याख्या वर्ष 1904 में विनायक दामोदर सावरकर ने अभिनव भारत नामक क्रांतिकारियों के एक गुप्त संगठन की स्थापना की थी। इसे प्रारंभ में 'मित्र मेला' के रूप में नासिक में स्थापित किया गया था, जब वी. डी सावरकर छात्र थे।

47 निम्न में से कौन-सा/से क्रांतिकारी समाचार-पत्र है/हैं? *(Chap 11, Class-XII, Old NCERT)*

(a) काल (b) संध्या (c) युगांतर (d) ये सभी

उत्तर (d)

व्याख्या वर्ष 1905 के बाद अनेक समाचार-पत्रों ने क्रांतिकारी आंदोलन को एक नई भूमिका प्रदान की। इनमें बंगाल में 'संध्या' और 'युगांतर' तथा महाराष्ट्र के 'काल' समाचार-पत्र प्रमुख थे। 'संध्या' समाचार-पत्र को वर्ष 1906 में ब्रह्मबांधव उपाध्याय द्वारा, युगांतर समाचार-पत्र को वर्ष 1916 में बारींद्र कुमार घोष द्वारा और 'काल' समाचार पत्र को 1898 ई. में शिवराम महादेव परांजपे के द्वारा प्रकाशित किया गया था।

48 निम्न में से कौन मुजफ्फरपुर बम कांड से संबंधित था? *(Chap 11, Class-XII, Old NCERT)*

(a) खुदीराम बोस (b) प्रफुल्लचंद चाकी
(c) रास बिहारी बोस (d) 'a' और 'b' दोनों

उत्तर (d)

व्याख्या खुदीराम बोस तथा प्रफुल्लचंद चाकी मुजफ्फरपुर बम कांड से संबंधित थे। इन्होंने मुजफ्फरपुर में जज किंग्सफोर्ड की बग्घी पर बम फेंका था, जिसे मुजफ्फरपुर बम कांड (1908) के नाम से जाना जाता है।

हालाँकि इस घटनाक्रम के पश्चात् प्रफुल्लचंद चाकी ने गिरफ्तारी से बचने के लिए खुद को गोली मार ली तथा खुदीराम बोस पर मुकदमा चलाया गया और अंतत: इन्हें भी फाँसी दे दी गई। इस घटना के बाद भारतीय इतिहास में क्रांतिकारी आतंकवाद का आंदोलन आरंभ हो चुका था।

मुस्लिम लीग

49 निम्नलिखित कथनों पर विचार कीजिए *(Chap 11, Class-XII, Old NCERT)*

1. मुस्लिम लीग का गठन ब्रिटिश वफादार, सांप्रदायिक और रूढ़िवादी राजनीतिक संगठन के रूप में किया गया।
2. मुस्लिम लीग ने बंगाल विभाजन का समर्थन किया।

उपर्युक्त में से कौन-सा/से कथन सत्य है/हैं?

(a) केवल 1
(b) केवल 2
(c) 1 और 2 दोनों
(d) न तो 1 और न ही 2

उत्तर (c)

व्याख्या दिए गए दोनों कथन सत्य हैं। वर्ष 1906 में अखिल भारतीय मुस्लिम लीग की स्थापना एक ब्रिटिश, सांप्रदायिक और रूढ़िवादी राजनीतिक संगठन के रूप में हुई और उसने उपनिवेशवाद की कोई आलोचना नहीं की थी। मुस्लिम लीग ने बंगाल विभाजन का समर्थन किया था। जब राष्ट्रीय कांग्रेस साम्राज्यवाद-विरोधी आर्थिक और राजनीतिक प्रश्न उठा रही थी, उसी समय मुस्लिम लीग और प्रतिक्रियावादी नेता यह प्रचार कर रहे थे कि मुसलमानों के हित हिंदुओं के हितों से अलग हैं। मुस्लिम लीग की राजनीतिक गतिविधियाँ विदेशी शासन के खिलाफ नहीं, बल्कि हिंदुओं और राष्ट्रीय कांग्रेस के खिलाफ थीं।

50 निम्नलिखित में किसने ऑल इंडिया मुस्लिम लीग की स्थापना की थी? *(Chap 16, Class-X, Old NCERT) (UPPSC Pre 2007)*

(a) सर सैयद अहमद खाँ
(b) मोहम्मद इकबाल
(c) आगा खान
(d) नवाब सलीमुल्लाह खान

उत्तर (d)

व्याख्या वर्ष 1906 में नवाब सलीमुल्लाह खान के नेतृत्व में ढाका में ऑल इंडिया मुस्लिम लीग की स्थापना हुई। शिक्षित मुसलमानों और बड़े मुस्लिम नवाबों के बीच अलगाववादी प्रवृत्तियों का विकास हुआ।

51 मुस्लिम लीग का प्रमुख उद्देश्य क्या था? *(Chap 16, Class-X, Old NCERT)*

(a) भारत के मुसलमानों में ब्रिटिश सरकार के प्रति वफादारी की भावना जगाना।
(b) भारतीय मुसलमानों के राजनीतिक अधिकारों और हितों की रक्षा की घोषणा करना।
(c) लीग के दूसरे उद्देश्यों पर अडिग रहते हुए दूसरे समुदायों के प्रति किसी प्रकार के विरोध की भावना को रोकना।
(d) उपर्युक्त सभी

उत्तर (d)

व्याख्या अंग्रेजों की 'फूट डालो और राज करो' नीति का एकमात्र उद्देश्य हिंदुओं और मुसलमानों को पृथक् करना था और अंग्रेज, मुस्लिम लीग की स्थापना होने के पश्चात् अपनी इस नीति में कामयाब भी हो गए।

मुस्लिमों का एक उच्च वर्गीय समुदाय अंग्रेजों के पक्ष में था, जिसके प्रतिनिधिमंडल ने ब्रिटिश वायसराय से मिलकर एक प्रस्ताव पेश किया, जिसमें निम्न बातें शामिल थीं

- मुस्लिम लीग का लक्ष्य ब्रिटिश सरकार के प्रति वफादारी कायम रखने का होगा।
- मुस्लिमों के हितों की रक्षा करना और उसमें वृद्धि करना।
- भारत के अन्य समुदायों के प्रति मुसलमानों में शत्रुता की भावना को पनपने नहीं देना।

52 'अल हिलाल' नामक समाचार-पत्र का संपादन किसके द्वारा किया गया था? *(Chap 11, Class-XII, Old NCERT)*

(a) हसरत मोहानी
(b) सर सैयद अहमद खाँ
(c) अबुल कलाम आजाद
(d) मुहम्मद अली जिन्ना

उत्तर (c)

व्याख्या 'अल हिलाल' नामक समाचार-पत्र का संपादन वर्ष 1912 में मौलाना अबुल कलाम आजाद ने महज 24 वर्ष की अवस्था में किया था। भारतीय राष्ट्रीय आंदोलन के दौरान राष्ट्रवादी भावनाएँ पारंपरिक मुसलमान उलेमाओं के एक भाग के रूप में भी उभर रही थी।

इनका नेतृत्व मदरसा देवबंद करता था। इन विद्वानों में सबसे प्रमुख मौलाना अबुल कलाम आजाद थे, जिन्होंने भारतीय स्वतंत्रता संग्राम के दौरान अपनी सक्रिय भागीदारी को मजबूती के साथ निभाया था।

अध्याय 30

भारत का राष्ट्रीय आंदोलन द्वितीय चरण (1915-1935)

भारत का राष्ट्रीय आंदोलन द्वितीय चरण (1915-1935)

लखनऊ समझौता (1916)

- लखनऊ अधिवेशन की अध्यक्षता अंबिका चरण मजूमदार ने की
- तिलक के नेतृत्व वाले उग्रवादियों को कांग्रेस में पुनः शामिल किया गया
- मुस्लिम लीग और कांग्रेस ने रखी संयुक्त माँग; ऐनी बेसेंट और तिलक द्वारा सहायता प्राप्त;
- मोंटेग्यू की अगस्त घोषणा के माध्यम से ब्रिटिश सरकार ने भारतीयों को स्वशासन देने की घोषणा की।

होमरूल लीग आंदोलन

- प्रथम विश्व युद्ध पर भारतीय प्रतिक्रिया; आयरिश होमरूल लीग से प्रेरित मुख्य उद्देश्य स्व-शासन था; अलग-अलग लीग-तिलक की लीग कांग्रेस महाराष्ट्र (बंबई को छोड़कर)। कर्नाटक, मध्य प्रांत और बरार और ऐनी बेसेंट की लीग की 200 शाखाएँ थीं और शेष भारत को कवर किया गया था।
- **अन्य** नेता-मोतीलाल नेहरू, जवाहरलाल नेहरू, जिन्ना, लाला लाजपत राय।

गाँधीवादी युग

- दक्षिण अफ्रीका में गाँधीजी की सक्रियता:
- नेटाल इंडियन कांग्रेस और समाचार-पत्र इंडियन ओपिनियन की स्थापना
- पंजीकरण प्रमाण-पत्र के विरुद्ध सत्याग्रह का नेतृत्व किया;
- भारतीय प्रवास पर प्रतिबंधों के विरुद्ध अभियान चलाया और चुनाव कर और भारतीय विवाहों को अमान्य करने के विरुद्ध अभियान चलाया।
- वर्ष 1915 में भारत आगमन; गोपालकृष्ण गोखले से मार्गदर्शन माँगा
- **चंपारण सत्याग्रह, 1917** भारत में पहला सविनय अवज्ञा आंदोलन; राजकुमार शुक्ला द्वारा आमंत्रित; प्रशांतों का नेतृत्व किया और तिनकठिया प्रणाली का विरोध किया
- **अहमदाबाद मिल हड़ताल, 1918** भारतीय राष्ट्रीय आंदोलन में पहली भूख हड़ताल; प्लेग बोनस बंद करने के मुद्दे पर कपास मिल मालिकों और श्रमिकों के बीच विवाद; गाँधीजी ने 35% बढ़ोतरी की माँग की और आमरण अनशन किया
- **खेड़ा सत्याग्रह, 1918** गाँधीजी द्वारा पहला असहयोग आंदोलन; फसल बर्बादी के अतिरिक्त भू-राजस्व लगाने का विरोध किया

रॉलेट एक्ट, 1919

- सरकार को किसी भी व्यक्ति को अदालत में मुकदमे और दोषसिद्धि के बिना कैद करने के लिए अधिकृत किया गया
- गाँधीजी द्वारा बड़े पैमाने पर विरोध प्रदर्शन आयोजित किया गया था

जलियाँवाला बाग हत्याकांड, 1919

- रॉलेट एक्ट के विरुद्ध अमृतसर में विरोध प्रदर्शन आयोजित किया गया; गोली चलाने का आदेश दिया; रवींद्रनाथ ने नाईटहुड की उपाधि को लौटाया; गाँधीजी ने अपनी 'केसर-ए-हिंद' की उपाधि त्याग दी।
- **खिलाफत आंदोलन, 1919** ब्रिटिश सरकार को खिलाफत को समाप्त न करने के लिए राजी करने के लिए भारतीय मुसलमानों द्वारा शुरू किया गया; अली बंधुओं (शौकत और मुहम्मद) के अधीन गठित खिलाफत समिति; गाँधीजी के असहयोग आंदोलन को स्वीकार किया और अंग्रेजों के विरुद्ध संयुक्त विरोध का नेतृत्व किया

असहयोग आंदोलन

- प्रारंभः कांग्रेस के नागपुर अधिवेशन में इसका समर्थन किया गया; उद्देश्य शांतिपूर्ण और वैध तरीकों से स्वराज प्राप्त करना था।
- **स्वराज पार्टी** सी.आर. दास, मोतीलाल नेहरू और अजमल खान द्वारा स्थापित; पेशेवर परिषद् में प्रवेश; विट्ठलभाई पटेल केंद्रीय विधानसभा के अध्यक्ष बने; सार्वजनिक सुरक्षा विधेयक 1928 की हार का कारण बना

साइमन कमीशन (1927-28)

- भारतीय वैधानिक आयोग; भारत सरकार अधिनियम, 1919 के कामकाज का मूल्यांकन करने और सुधारों का सुझाव देने के लिए जॉन साइमन के तहत स्थापित; इसका विरोध किया गया, क्योंकि इसमें कोई भारतीय सदस्य नहीं था; अखिल भारतीय हड़ताल 'साइमन वापस जाओ' के नारे के तहत आयोजित की गई थी।

नेहरू रिपोर्ट, 1928

- मोतीलाल नेहरू की अध्यक्षता वाली एक समिति द्वारा तैयार की गई; साइमन कमीशन और लॉर्ड बर्कनहेड द्वारा दी गई चुनौती का उत्तर देने का प्रयास
- **जिन्ना के चौदह अंक 1929** प्रोतों को अवशिष्ट बिजली की माँग की गई; प्रांतीय स्वायत्तता; केंद्रीय कानून में 1/3 प्रतिनिधि मुस्लिमों को; पूर्ण धार्मिक स्वतंत्रता
- **कांग्रेस का लाहौर अधिवेशन** अध्यक्षता जवाहरलाल नेहरू ने की; पूर्ण स्वराज का संकल्प अपनाया गया; 26 जनवरी, 1930 को प्रथम स्वतंत्रता दिवस के रूप में निश्चित किया गया; गोलमेज कांग्रेस का बहिष्कार

सविनय अवज्ञा आंदोलन

- गाँधीजी की 11 माँगें नहीं मानी जाने के बाद लॉन्च किया गया; गाँधीजी ने अपने अनुयायियों के साथ साबरमती आश्रम से नमक सत्याग्रह शुरू किया।
- विदेशी शराब और कपड़े की दुकानों पर धरना देने की पद्धति; कर का भुगतान न करना; अदालतों और शैक्षणिक संस्थानों का बहिष्कार
- **1931 में कांग्रेस का कराची अधिवेशन** गाँधी-इरविन समझौते का समर्थन किया गया। अधिवेशन की अध्यक्षता वल्लभभाई पटेल ने की; मौलिक अधिकारों और राष्ट्रीय आर्थिक कार्यक्रम का संकल्प अपनाया गया

गोलमेज सम्मेलन (1930-32)

- संवैधानिक सुधारों पर चर्चा के लिए इंग्लैंड में 3 सम्मेलन आयोजित
- कांग्रेस (गाँधीजी) ने वर्ष 1932 के दूसरे सम्मेलन पूना पैक्ट में भाग लिया
- सांप्रदायिक पुरस्कार के तहत दलित वर्गों को अलग निर्वाचन क्षेत्र के प्रावधान के विरुद्ध; इस विचार को त्याग दिया लेकिन केंद्रीय विधायिका में सीटें बढ़कर कुल 18 हो गईं

SOURCE Old NCERT Class VIII भारतीय राष्ट्रवाद का उदय, Old NCERT Class X भारत का स्वाधीनता संघर्ष, Old NCERT Class XII राष्ट्रवादी आंदोलन (1905-1918) : उग्र राष्ट्रवाद का उदय, स्वराज के लिए संघर्ष-I (1919-1927), स्वराज के संघर्ष-II, Tamil Nadu Board Class VII गाँधी का आगमन और जन संघटन, NIOS-2 Module-4 राष्ट्रीय आंदोलन तथा भारतीय प्रजातंत्र

गाँधीवादी आंदोलन एवं अन्य घटनाएँ

1 गाँधीजी के भारत आगमन के संबंध में निम्नलिखित में से कौन-सा कथन सत्य नहीं है? *(Chap 12, Class-XII, Old NCERT)*

(a) उन्होंने दो वर्षों तक भारत भ्रमण किया
(b) उन्होंने गोपाल कृष्ण गोखले को अपना राजनीतिक गुरु माना
(c) उन्होंने ब्रिटेन से कानून की शिक्षा प्राप्त की थी
(d) उपर्युक्त में से कोई नहीं

उत्तर *(a)*

व्याख्या गाँधीजी के भारत आगमन के संबंध में कथन (a) सत्य नहीं है, क्योकि गांधीजी ने दो वर्ष नहीं, बल्कि एक वर्ष तक भारत का भ्रमण किया। महात्मा गाँधी 46 वर्ष की अवस्था में वर्ष 1915 में दक्षिण अफ्रीका से भारत लौटे। उन्होंने वर्ष 1916 में अहमदाबाद के पास साबरमती आश्रम की स्थापना की, जहाँ उनके मित्रों और अनुयायियों ने वहाँ रहकर सत्य, अहिंसा में निहित मूल अर्थों को समझा।

2 निम्नलिखित को कालानुक्रमिक क्रम में व्यवस्थित करें (अर्लिस्ट से लेटेस्ट) *(Chap 12, Class-XII, New NCERT)*

1. खेड़ा सत्याग्रह
2. अहमदाबाद सत्याग्रह
3. रॉलेट एक्ट सत्याग्रह
4. चंपारण सत्याग्रह

नीचे दिए गए विकल्पों में से सही उत्तर चुनिए

(a) 1, 3, 2, 4 (b) 3, 4, 1, 2
(c) 4, 2, 1, 3 (d) 4, 1, 3, 2
(e) अनुत्तरित प्रश्न

उत्तर *(c)*

व्याख्या दी गई घटनाओं का सही कालक्रम 4, 2, 1, 3 है।

चंपारण सत्याग्रह वर्ष 1917 में महात्मा गाँधी द्वारा चलाया गया भारत में प्रथम आंदोलन था, जिसमें इन्होंने यूरोपियन नील उत्पादकों के विरुद्ध किसानों के आंदोलन का नेतृत्व किया।

अहमदाबाद सत्याग्रह वर्ष 1918 में सरकारी तंत्र के विरुद्ध न होकर भारतीय कपड़ा मिल मालिकों के विरुद्ध था। यहाँ पर मालिकों एवं मजदूरों में प्लेग बोनस को लेकर विवाद था।

खेड़ा सत्याग्रह वर्ष 1918 में गुजरात में पड़े भीषण दुर्भिक्ष के कारण फसल नष्ट होने के बावजूद सरकार द्वारा वसूले जाने वाले मालगुजारी के विरुद्ध शुरू हुआ किसानों का आन्दोलन था। इस आंदोलन को वल्लभभाई पटेल ने नेतृत्व प्रदान किया था।

रॉलेट एक्ट सत्याग्रह वर्ष 1919 में भारतीयों द्वारा अंग्रेजों के विरुद्ध किया गया एक सत्याग्रह है। रॉलेट एक्ट में ऐसा कानून था कि किसी भी संदेहस्पद व्यक्ति को बिना किसी कानून के गिरफ्तार किया जा सकता था।

3 होमरूल लीग आंदोलन के संबंध में निम्न कथनों पर विचार कीजिए *(Chap-11, Class-XII, Old NCERT)*

1. वर्ष 1915-16 में दो होमरूल लीग की स्थापना की गई।
2. दोनों होमरूल लीग ने इस माँग को उठाया कि प्रथम विश्वयुद्ध के बाद भारत को होमरूल या स्वशासन प्रदान किया जाए।
3. इसी आंदोलन के दौरान तिलक ने अपना प्रसिद्ध नारा दिया था कि 'स्वराज मेरा जन्मसिद्ध अधिकार है और मैं इसे लेकर रहूँगा'।

उपर्युक्त में से कौन-सा/से कथन सत्य है/हैं?

(a) केवल 1 (b) 2 और 3
(c) 1, 2 और 3 (d) इनमें से कोई नहीं

उत्तर *(c)*

व्याख्या होमरूल लीग आंदोलन के संबंध में सभी कथन सत्य हैं।

वर्ष 1915-16 में दो होमरूल लीगों की स्थापना हुई थी, जिनमें से एक के नेता लोकमान्य तिलक थे, तो दूसरी लीग का नेतृत्व ऐनी बेसेंट और सुब्रह्मण्यम अय्यर कर रहे थे।

इन दोनों लीगों का एकमात्र उद्देश्य ब्रिटिश शासन से स्वराज या होमरूल को शीघ्रता से प्राप्त करना था। इसके अतिरिक्त दोनों होमरूल लीग ने यह माँग उठाई कि प्रथम विश्वयुद्ध के बाद भारत को स्वशासन प्रदान किया जाए।

होमरूल लीग आंदोलन के दौरान ही तिलक ने संगठन को सफल बनाने और जनसमर्थन हेतु यह नारा दिया था कि ''स्वराज मेरा जन्मसिद्ध अधिकार है और मैं इसे लेकर रहूँगा।''

4 नीचे दो कथन दिए गए हैं *(Chap 12, Class-XII, New NCERT) (HPSC Pre 2023)*

कथन I. रॉलेट कानून असहयोग आंदोलन के दौरान लागू हुआ, जो भारतीय आंदोलनों में भाग लेते उनके विरुद्ध कार्यवाही करने के लिए इसकी डिजाइन की थी।

कथन II. रॉलेट बिल ने जूरिज के बिना राजनीतिक मामले सुलझाने की न्यायाधीशों को अनुमति दी और प्रांतीय सरकारों को विशेष में केंद्र को बिना ट्रायल के दफन का अधिकार दिया। इसका 'न अपील', 'न दलील', 'न वकील' के रूप में सामान्यतया वर्णन किया।

उपर्युक्त कथनों के प्रकाश में नीचे दिए गए विकल्पों में से सही व्याख्या का चुनाव कीजिए

(a) कथन I और II दोनों सही हैं
(b) कथन I और II दोनों गलत हैं
(c) कथन I सही है, किंतु कथन II गलत है
(d) कथन I गलत है, किंतु कथन II सही है
(e) अनुत्तरित प्रश्न

उत्तर *(d)*

व्याख्या कथन I गलत है, किंतु कथन II सही है।

रॉलेट कानून को असहयोग आंदोलन के दौरान नहीं, बल्कि असहयोग आंदोलन से पूर्व लागू किया गया था। असहयोग आंदोलन को शुरू करने के लिए, इस विवादित कानून ने भी गाँधीजी को प्रेरित किया था। इसी कानून का विरोध करने के कारण जलियाँवाला बाग जनसंहार हुआ था।

इस हिंसक घटनाक्रम में सैकड़ों लोग मारे गए। इस कानून ने जूरिज के बिना राजनीतिक मामले सुलझाने की न्यायाधीशों को अनुमति दी थी, साथ ही प्रांतीय सरकारों को विशेष में केंद्र को बिना ट्रायल के दफन करने का अधिकार दिया गया। इस कानून में न अपील, न दलील एवं न वकील के प्रावधान शामिल थे। महात्मा गाँधी ने इसे काले कानून का प्रतीक माना था।

5 अगस्त, 1918 में भारतीय राष्ट्रीय कांग्रेस ने बंबई में एक विशेष सत्र बुलाया था। इस सत्र की अध्यक्षता किसने की थी? *(Chap 12, Class-XII, Old NCERT)*

(a) हसरत मोहानी (b) हसन इमाम
(c) सुरेंद्रनाथ बनर्जी (d) मोती लाल घोष

उत्तर *(b)*

व्याख्या अगस्त, 1918 में भारतीय राष्ट्रीय कांग्रेस द्वारा बंबई में एक विशेष सत्र का आयोजन किया गया। यह सत्र मोंटेग्यू-चेम्सफोर्ड सुधार के प्रस्तावों पर विचार करने के उद्देश्य से बुलाया गया था। इस विशेष अधिवेशन की अध्यक्षता हसन इमाम ने की थी। इस विशेष अधिवेशन में मोंटेग्यू चेम्सफोर्ड सुधारों के प्रस्तावों को 'निराशाजनक और असंतोषजनक' बताकर उसके स्थान पर स्वशासन की माँग पर बल दिया गया।

6 **वर्ष 1918 में मोंटफोर्ड सुधारों पर कांग्रेस ने एक महत्त्वपूर्ण रुख अपनाया, जिसके कारण पुराने उदारवादी अवशेष (सप्रू, जयकर और चिंतामणि) टूट गए, जिन्होंने गठन किया**

(Chap 12, Class-XII, New NCERT)
(BPSC Pre 2023)

(a) इंडियन नेशनल लिबरल फेडरेशन का
(b) भारत सेवक समाज का
(c) स्वराज पार्टी का
(d) उपर्युक्त में से एक से अधिक

उत्तर *(a)*

व्याख्या वर्ष 1918 में मोंटफोर्ड सुधारों पर कांग्रेस ने एक महत्त्वपूर्ण रुख अपनाया, जिसके कारण पुराने उदारवादी अवशेष (सप्रू, जयकर और चिंतामणि) टूट गए, इन्होंने इंडियन नेशनल लिबरल फेडरेशन का गठन किया था।

वर्ष 1918 में जब मॉण्टेग्यू रिपोर्ट को सार्वजनिक किया गया, तो कांग्रेस में इसे लेकर फूट पड़ी और नरपंथियों ने इसका स्वागत किया, जबकि उग्रवादियों ने इसका विरोध किया। वर्ष 1919 में इसने 'इंडियन नेशनल लिबरल फेडरेशन बनाने वाले उदारवादी नेताओं के साथ कांग्रेस में फूट उत्पन्न की। पार्टी (आई एन एल एफ) की स्थापना सुरेंद्रनाथ बनर्जी द्वारा की गई थी और इसके प्रमुख नेता तेज बहादुर सप्रू, श्रीनिवास शास्त्री, आर ओ जयकर और चिंतामणि थे।

7 **रॉलेट एक्ट के संबंध में निम्न कथनों पर विचार कीजिए**

(Chap 12, Class-XII, Old NCERT)

1. **मार्च, 1919 में सरकार ने केंद्रीय विधानपरिषद् में भारतीय सदस्यों द्वारा विरोध के बावजूद रॉलेट कानून बनाया।**
2. **इस कानून में सरकार को यह अधिकार प्राप्त था कि वह किसी भी भारतीय पर अदालत में मुकदमा चला सकती है और उसे दंड दिए बिना जेल में बंद कर सकती है।**

उपर्युक्त में से कौन-सा/से कथन सत्य है/हैं?

(a) केवल 1 (b) केवल 2
(c) 1 और 2 (d) न तो 1 और न ही 2

उत्तर *(c)*

व्याख्या रॉलेट एक्ट के संबंध में दिए गए दोनों कथन सत्य हैं।

रॉलेट एक्ट कानून को 8 मार्च, 1919 को ब्रिटिश सरकार द्वारा केंद्रीय विधानपरिषद् में भारतीय सदस्यों के विरोध के बावजूद पारित किया गया था। भारत में क्रांतिकारियों के प्रभाव को समाप्त करने तथा राष्ट्रीय भावना को कुचलने के उद्देश्य से ब्रिटिश सरकार द्वारा सर सिडनी रॉलेट की अध्यक्षता में एक समिति गठित की गई थी। इस समिति ने अपनी रिपोर्ट वर्ष 1918 में प्रस्तुत की। इसे 'काला कानून' भी कहा जाता है।

इस कानून के अनुसार किसी भी संदेहस्पद व्यक्ति को बिना मुकदमा चलाए गिरफ्तार किया जा सकता था, परंतु उसके विरुद्ध 'न कोई अपील, न कोई दलील और न कोई वकील' किया जा सकता था।

8 **निम्न कथनों पर विचार कीजिए** *(Chap 12, Class-XII, Old NCERT)*

1. **वर्ष 1918 में गाँधीजी ने अहमदाबाद के मजदूरों और मिल मालिकों के बीच के विवाद में हस्तक्षेप किया।**
2. **उन्होंने मजदूरों की मजदूरी में 25% वृद्धि की माँग की।**
3. **उन्होंने मजदूरों को अपनी माँगों के लिए हड़ताल पर जाने को कहा।**
4. **उन्होंने इस आंदोलन के दौरान स्वयं आमरण अनशन किया।**

उपर्युक्त में से कितने कथन सत्य है/हैं?

(a) केवल एक (b) केवल दो
(c) केवल तीन (d) केवल चार

उत्तर *(c)*

व्याख्या दिए गए कथनों में केवल तीन कथन अर्थात् कथन (1, 3 और 4) सत्य हैं। महात्मा गाँधी द्वारा चंपारण सत्याग्रह की सफलता के पश्चात् वर्ष 1918 में अहमदाबाद में मिल मजदूरों और मिल मालिकों के विवाद में हस्तक्षेप किया गया। उन्होंने मिल मजदूरों को हड़ताल पर जाने की राय दी और साथ ही मजदूरों को मालिकों के विरुद्ध हिंसा का प्रयोग न करने की हिदायतें भी दीं। मजदूरों की हड़ताल को जारी रखने के संकल्प को बल प्रदान करने की दिशा में महात्मा गाँधी ने आमरण अनशन भी किया था। इस अनशन को देखते हुए मिल मालिकों ने मजदूरों की मजदूरी को बढ़ाने पर अपनी सहमति प्रदान कर दी थी। कथन (2) असत्य है, क्योंकि महात्मा गाँधी ने मजदूरों की मजदूरी में 25% नहीं, बल्कि 35% वृद्धि करने की माँग की थी।

9 **खेड़ा आंदोलन के संबंध में कौन-सा कथन सत्य है?**

(Chap 12, Class-XII, Old NCERT)

(a) यह आंदोलन वर्ष 1918 में हुआ था, जिसमें फसल खराब हो जाने के बावजूद भी सरकार लगान माफ नहीं कर रही थी
(b) इस आंदोलन में गाँधीजी ने किसानों से लगान न देने को कहा था
(c) खेड़ा आंदोलन के दौरान ही सरदार पटेल, गाँधीजी के अनुयायी बने थे
(d) उपर्युक्त सभी

उत्तर *(d)*

व्याख्या खेड़ा आंदोलन के संबंध में सभी कथन सत्य हैं।

गाँधीजी ने गुजरात के खेड़ा में वर्ष 1918 में 'कर नहीं आंदोलन' चलाया था, यह आंदोलन खेड़ा जिले में किसानों से जबरदस्ती लगान वसूल किए जाने के विरोध में ब्रिटिश सरकार के विरुद्ध चलाया गया था। इस आंदोलन में गाँधीजी ने किसानों को समर्थन देते हुए लगान न देने की वकालत की थी।

तत्पश्चात् ब्रिटिश सरकार ने स्थिति पर नियंत्रण करते हुए केवल उन्हीं किसानों से लगान वसूलने के आदेश दिए, जो लगान देने में सक्षम हों। इस आदेश के पश्चात् यह संघर्ष वापस लिया गया। इसी आंदोलन के दौरान सरदार वल्लभभाई पटेल, गाँधीजी के अनुयायी बने थे।

10 **गाँधीजी ने किस कानून को 'शैतान की करतूत' एवं निरंकुशवादी बताया था?** *(Chap 9, Class-VIII, Old NCERT)*

(a) मार्ले मिंटो सुधार (b) रॉलेट एक्ट
(c) भारत शासन अधिनियम, 1919 (d) भारत शासन अधिनियम, 1935

उत्तर *(b)*

व्याख्या महात्मा गाँधी, मोहम्मद अली जिन्ना और अन्य शीर्ष नेताओं ने रॉलेट एक्ट को 'शैतान की करतूत' और निरंकुशवादी कहा था। इन नेताओं का यह मानना था कि यह कानून अभिव्यक्ति की स्वतंत्रता जैसे मूलभूत अधिकारों पर अंकुश लगाने और पुलिस को और अधिक अधिकार देने के लिए लागू किया गया था। अत: इन नेताओं ने इस कानून को सरकार द्वारा लागू की गई लोगों की बुनियादी स्वतंत्रताओं पर अंकुश लगाने का साधन माना।

11 **निम्न में से कौन खिलाफत कमेटी के गठन से संबंधित नहीं था?**

(Chap 12, Class-XII, Old NCERT)

1. **मुहम्मद अली जिन्ना** 2. **हकीम अजमल खाँ**
3. **हसरत मोहानी** 4. **बदरुद्दीन तैयब जी**

कूट

(a) 1 और 2 (b) 2 और 3 (c) 3 और 4 (d) 1 और 4

उत्तर *(d)*

व्याख्या मुहम्मद अली जिन्ना एवं बदरुद्दीन तैयब खिलाफत कमेटी के गठन से संबंधित नहीं थे। सितंबर, 1919 में खिलाफत समिति का गठन हुआ, जिसमें शौकत अली और मोहम्मद अली (अलीबंधु), हसरत मोहानी और हकीम अजमल खाँ ने महत्त्वपूर्ण भूमिका निभाई थी। 25 नवंबर, 1919 को दिल्ली में संपन्न हुए 'अखिल भारतीय खिलाफत समिति' के सम्मेलन की अध्यक्षता महात्मा गाँधी ने की थी।

12 खिलाफत आंदोलन के संदर्भ में निम्न कथनों पर विचार कीजिए

(Chap 16, Class-X, Old NCERT)

1. प्रथम विश्वयुद्ध की समाप्ति के पश्चात् तुर्की के साथ हुए व्यवहार के विरोध में अली बंधुओं (मुहम्मद अली और शौकत अली) और अन्य दूसरे लोगों ने खिलाफत आंदोलन को आरंभ किया।
2. आगे चलकर यह आंदोलन राष्ट्रवादी आंदोलन का एक अंग बन गया।
3. इस आंदोलन को कांग्रेसी नेताओं का समर्थन नहीं मिला।

उपर्युक्त में से कितने कथन असत्य है/हैं?

(a) केवल एक (b) केवल दो
(c) सभी तीन (d) इनमें से कोई नहीं

उत्तर *(a)*

व्याख्या खिलाफत आंदोलन के संदर्भ में केवल एक कथन अर्थात् कथन (3) असत्य है, क्योंकि खिलाफत आंदोलन को कांग्रेसी नेताओं का समर्थन प्राप्त था, जिसमें महात्मा गाँधी, मौलाना अबुल कलाम आजाद सहित अन्य नेता भी शामिल थे।

13 निम्न घटनाओं को कालानुक्रम में व्यवस्थित कीजिए तथा नीचे दिए गए कूट की सहायता से सही उत्तर चुनिए

(Chap 12, Class-XII, Old NCERT)

1. होमरूल लीग आंदोलन का आरंभ
2. प्रथम विश्वयुद्ध का आरंभ
3. अहमदाबाद मिल मजदूर आंदोलन
4. चंपारण सत्याग्रह

कूट

(a) 1, 2, 3, 4 (b) 2, 1, 4, 3
(c) 3, 4, 1, 2 (d) 4, 1, 2, 3

उत्तर *(b)*

व्याख्या प्रश्न में दी गई घटनाओं का सही क्रम 2, 1, 4, 3 है।

प्रथम विश्वयुद्ध का आरंभ वर्ष 1914 में हुआ तथा यह वर्ष 1918 में समाप्त हुआ। इस युद्ध में विश्व दो भागों मित्र राष्ट्र और धुरी राष्ट्र में बँट गया था।

होमरूल लीग आंदोलन का आरंभ वर्ष 1916 में हुआ था और इसके नेता मद्रास में ऐनी बेसेंट और बंबई में बाल गंगाधर तिलक थे।

चंपारण सत्याग्रह वर्ष 1917 में हुआ था।

अहमदाबाद मिल मजदूर आंदोलन वर्ष 1918 में हुआ था।

14 असहयोग आंदोलन के संबंध में कौन-सा/से कथन सत्य है/हैं?

(Chap 12, Class-XII, Old NCERT)

(a) इस आंदोलन की शुरुआत अगस्त, 1920 में हुई थी
(b) इस आंदोलन के आरंभ से तुरंत पहले प्रमुख राष्ट्रवादी नेता बाल गंगाधर तिलक का निधन हो गया
(c) 'a' और 'b' दोनों
(d) कांग्रेस ने गाँधीजी के असहयोग आंदोलन को समर्थन प्रदान नहीं किया

उत्तर *(c)*

व्याख्या असहयोग आंदोलन के संबंध में कथन (a) और (b) सत्य हैं।

ब्रिटिश सरकार द्वारा रॉलेट कानून को रद्द करने, पंजाब के अत्याचारों की भरपाई करने तथा राष्ट्रवादियों की स्वशासन की आकांक्षा को मानने से मना करने के परिणामस्वरूप वर्ष 1920 में इलाहाबाद में एक सम्मेलन आयोजित किया गया, जिसमें स्कूलों, कॉलेजों और अदालतों के बहिष्कार की रूपरेखा तैयार की गई। 1 अगस्त, 1920 को असहयोग आंदोलन प्रारंभ कर दिया गया तथा खिलाफत आंदोलन इसमें समाहित हो गया।

असहयोग आंदोलन के प्रारंभ होने के ही दिन 1 अगस्त, 1920 को 64 वर्ष की अवस्था में लोकमान्य बाल गंगाधर तिलक का निधन हो गया था।

कथन (d) असत्य है, क्योंकि कांग्रेस ने गाँधीजी के असहयोग आंदोलन को पूर्ण समर्थन दिया था, जिसमें कांग्रेसी नेता मोतीलाल नेहरू और चितरंजन दास ने प्रमुख भूमिका निभाई थी।

15 नगरों में असहयोग आंदोलन के संबंध में निम्नलिखित में से कौन-से कथन सही नहीं हैं?

(Chap 12, Class -XII, New NCERT) (BPSC Pre 2023)

1. आंदोलन में केवल उच्च जातियों और अमीरों ने भाग लिया।
2. मद्रास की जस्टिस पार्टी द्वारा भी काउंसिल के चुनावों का बहिष्कार किया गया।
3. हजारों छात्रों ने सरकारी नियंत्रण वाले स्कूलों को छोड़ दिया, प्रधानाध्यापकों और शिक्षकों ने इस्तीफा दे दिया और वकीलों ने अपनी प्रैक्टिस छोड़ दी।

कूट

(a) 1 और 2 (b) 1 और 3
(c) 2 और 3 (d) इनमें से एक से अधिक

उत्तर *(a)*

व्याख्या नगरों में असहयोग आंदोलन के संबंध में कथन (1) और (2) सही नहीं हैं, क्योंकि असहयोग आंदोलन महात्मा गाँधी के नेतृत्व में चलाया जाने वाला प्रथम जन आंदोलन था। इस आंदोलन का व्यापक जन आधार था। शहरी क्षेत्रों में मध्यम वर्ग तथा ग्रामीण क्षेत्रों में किसानों और आदिवासियों का इसे व्यापक समर्थन मिला। इसमें श्रमिक वर्ग की भी भागीदारी थी। असहयोग आंदोलन अगस्त, 1920 में औपचारिक रूप से शुरू हुआ था और बाद में आंदोलन का प्रस्ताव कांग्रेस के कलकत्ता अधिवेशन में 4 सितम्बर, 1920 को पारित हुआ, जो लोग भारत से उपनिवेशवाद को समाप्त करना चाहते थे, उनसे आग्रह किया गया कि वे स्कूलों, कॉलेजों और न्यायालय न जाएँ, अंग्रेजों को कर न चुकाएँ। गाँधीजी ने कहा कि "यदि असहयोग आंदोलन का उचित प्रकार से पालन किया जाए, तो भारत एक वर्ष के भीतर स्वराज प्राप्त कर लेगा।"

16 असहयोग आंदोलन के संदर्भ में निम्न कथनों पर विचार कीजिए तथा नीचे दिए गए कूट की सहायता से असत्य कथन का चयन कीजिए

(Chap 12, Class-XII, Old NCERT)

1. असहयोग आंदोलन के दौर में ही अलीगढ़ के जामिया मिलिया इस्लामिया कॉलेज (राष्ट्रीय मुस्लिम विश्वविद्यालय), बिहार विद्यापीठ, काशी विद्यापीठ और गुजरात विद्यापीठ का जन्म हुआ।
2. असहयोग आंदोलन चलाने के लिए तिलक स्वराज कोष स्थापित किया गया।
3. इस आंदोलन में महिलाओं की भूमिका नगण्य थी।
4. इसमें विदेशी वस्त्रों का बहिष्कार एक जन आंदोलन बन गया।
5. इस आंदोलन के दौरान 'रोटी' तथा 'कमल का फूल' स्वतंत्रता के प्रतीक बन गए।

कूट

(a) 1, 2 और 3 (b) 2, 3 और 4
(c) 3 और 5 (d) 1, 2 और 4

उत्तर *(c)*

व्याख्या असहयोग आंदोलन के संबंध में कथन (3) और (5) असत्य हैं, क्योंकि असहयोग आंदोलन के दौरान स्त्रियों ने भी हिस्सा लिया और अपने आभूषणों को दान देकर अपनी भूमिका को दर्शाया था तथा इस आंदोलन के दौरान 'खादी' स्वतंत्रता का प्रतीक बन गई थी न कि 'रोटी' तथा 'कमल का फूल'।

'रोटी' तथा 'कमल का फूल' 1857 की क्रांति का प्रतीक थे।

17 भारतीय स्वतंत्रता संग्राम के बारे में निम्नलिखित में से कौन-सा कथन सही नहीं है?

(Chap 12, Class-XII, New NCERT) (BPSC Pre 2023)

(a) वर्ष 1921 में महात्मा गाँधी को गिरफ्तार कर लिया गया था
(b) चौरी-चौरा कांड के कारण गाँधीजी असहयोग आंदोलन से पीछे हट गए थे
(c) गाँधीजी ने अपना पहला प्रमुख सार्वजनिक भाषण बनारस हिंदू विश्वविद्यालय में दिया था
(d) उपर्युक्त में से एक से अधिक
(e) उपर्युक्त में से कोई नहीं

उत्तर *(a)*

व्याख्या भारतीय स्वतंत्रता संग्राम के संदर्भ में कथन (a) सही नहीं है, क्योंकि गाँधीजी वर्ष 1921 में गिरफ्तार नहीं हुए थे, बल्कि उन्हें 10 मार्च, 1922 को गिरफ्तार किया गया था।

भारत के इतिहास में चौरी-चौरा कांड 5 फरवरी, 1922 को ब्रिटिश भारत में संयुक्त राज्य के गोरखपुर जिले के चौरी-चौरा नामक स्थान पर हुआ था। इस घटना के प्रत्यक्ष परिणाम के रूप में 12 फरवरी, 1922 को राष्ट्रीय स्तर पर असहयोग आंदोलन को स्थगित कर दिया गया। महात्मा गाँधी ने भारत में अपना पहला सार्वजनिक भाषण वर्ष 1916 में बनारस हिंदू विश्वविद्यालय के उद्घाटन के समय दिया था।

18 भारतीय स्वतंत्रता संग्राम से संबंधित निम्नलिखित घटनाओं पर विचार कीजिए

(Chap 12 & 13, Class-XII, Old NCERT)

घटना		वर्ष
1. बारदोली सत्याग्रह	–	1928
2. कानपुर षड्यंत्र केस	–	1924
3. मेरठ षड्यंत्र केस	–	1931

उपर्युक्त में से कितने युग्म सही सुमेलित हैं?

(a) केवल एक
(b) केवल दो
(c) सभी तीनों
(d) इनमें से कोई नहीं

उत्तर *(b)*

व्याख्या भारतीय स्वतंत्रता संग्राम से संबंधित घटनाओं के संदर्भ में केवल दो अर्थात् युग्म (1) तथा (2) सही सुमेलित है। बारदोली सत्याग्रह वर्ष 1928 में हुआ, जिसका नेतृत्व सरदार वल्लभभाई पटेल ने किया था।

वर्ष 1924 में सरकार ने मुजफ्फर अहमद और श्रीपाद अमृत डांगे को गिरफ्तार करके उन पर कम्युनिस्ट विचारों के प्रचार का आरोप लगाया तथा उनके साथ अन्य लोगों को लेकर 'कानपुर षड्यंत्र' का मुकदमा चलाया गया।

19 निम्न में से कौन स्वराज पार्टी की स्थापना से संबंधित है?

(Chap 12, Class-XII, Old NCERT)

1. मोतीलाल घोष
2. चितरंजन दास
3. विट्ठलभाई पटेल
4. मोतीलाल नेहरू

कूट

(a) 1 और 2
(b) 1, 2 और 3
(c) 2 और 3
(d) 2 और 4

उत्तर *(d)*

व्याख्या चितरंजन दास और मोतीलाल नेहरू स्वराज पार्टी की स्थापना (1922) से संबंधित थे।

पूर्व में इस पार्टी को 'कांग्रेस खिलाफत स्वराज पार्टी' के नाम से जाना जाता था। इस पार्टी की स्थापना के पश्चात् स्वराज पार्टी के समर्थकों को 'प्रो-चेंजर्स' (परिवर्तन समर्थक) तथा विरोधियों (कांग्रेस) को नो-चेंजर्स (परिवर्तन विरोधी) कहा जाने लगा था। इस पार्टी के अध्यक्ष चितरंजन दास थे, जबकि मोतीलाल नेहरू इसके सचिवों में से एक थे।

20 स्वराजवादियों के संबंध में निम्न कथनों पर विचार कीजिए

(Chap 12, Class-XII, Old NCERT)

1. नवंबर, 1923 में केंद्रीय धारा सभा के चुनाव से भरी जाने वाली 105 सीटों में से 48 सीटें स्वराजवादियों को मिलीं।
2. मार्च, 1925 में स्वराजवादियों ने एक प्रमुख राष्ट्रवादी नेता विट्ठलभाई पटेल को केंद्रीय धारा सभा का अध्यक्ष (स्पीकर) बनवाने में सफलता प्राप्त की।

उपर्युक्त में से कौन-सा/से कथन असत्य है/हैं?

(a) केवल 1 (b) केवल 2 (c) 1 और 2 (d) न तो 1 और न ही 2

उत्तर *(a)*

व्याख्या स्वराजवादियों के संबंध में कथन (1) असत्य है, क्योंकि वर्ष 1923 में संपन्न केंद्रीय धारा सभा (Central Legislative Assembly) के चुनाव में स्वराज पार्टी ने 105 सीटों में से 38 सीटों पर जीत दर्ज की थी। केंद्रीय धारा सभा की कुल 145 सीटों में से 105 सीटों पर चुनाव हुए थे, जबकि 40 सीटों पर प्रतिनिधियों का मनोनयन किया गया था।

21 कथन (A) **स्वराजवादियों और अपरिवर्तनवादियों के बीच कोई बुनियादी मतभेद नहीं था।** *(Chap 12, Class-XII, Old NCERT)*

कारण (R) **जब एक नए राष्ट्रीय संघर्ष का समय आया तब दोनों एक हो गए।**

कूट

(a) A और R दोनों सही हैं तथा R, A की सही व्याख्या है
(b) A और R दोनों सही हैं, परंतु R, A की सही व्याख्या नहीं है
(c) A सही है, किंतु R गलत है
(d) A गलत है, किंतु R सही है

उत्तर *(a)*

व्याख्या A और R दोनों सही हैं तथा R, A की सही व्याख्या है।

स्वराजवादियों और अपरिवर्तनवादियों के बीच बुनियादी स्तर पर कोई मतभेद नहीं था। दोनों दल कांग्रेस के भीतर समाहित थे और अपने-अपने तरीके से कार्य कर रहे थे। दोनों ही दलों के बीच परस्पर संबंध मधुर और सौहार्दपूर्ण थे और दोनों ही दलों का उद्देश्य भारत को स्वतंत्रता दिलाना था, इसलिए बाद में जब एक नए राष्ट्रीय संघर्ष का समय आया, तो दोनों दल आसानी से एकजुट हो गए।

22 निम्न कथनों पर विचार कीजिए *(Chap 13, Class-XII, Old NCERT)*

1. वर्ष 1927 में राष्ट्रीय आंदोलन में समाजवाद की नई प्रवृत्ति का उदय हुआ।
2. राजनीतिक दृष्टि से इस शक्ति की अभिव्यक्ति कांग्रेस के अंदर एक वामपंथ के उदय के रूप में हुई।
3. समाजवाद की नई प्रवृत्ति के नेता जवाहरलाल नेहरू और सुभाषचंद्र बोस थे।

उपर्युक्त में से कौन-सा/से कथन सत्य है/हैं?

(a) केवल 1 (b) 1 और 2 (c) 2 और 3 (d) ये सभी

उत्तर *(d)*

व्याख्या दिए गए सभी कथन सत्य हैं।

वर्ष 1927 में राष्ट्रीय आंदोलन ने पुन: अपनी सशक्त भूमिका को प्रदर्शित किया और समाजवाद की नई प्रवृत्ति का उदय हुआ। इस काल में समाजवाद और मार्क्सवादी विचार बहुत तीव्र गति से फैलने लगे थे।

इस युग में प्रवृत्त इन नई शक्तियों की अभिव्यक्ति कांग्रेस के भीतर एक वामपंथ के उदय के रूप में हुई। इस वामपंथ ने अपना ध्यान साम्राज्यवाद विरोधी संघर्ष के अतिरिक्त पूँजीपतियों और जमींदारों के आंतरिक वर्गीय शोषण पर भी केंद्रित किया। इस नई प्रवृत्ति अर्थात् समाजवाद के नेता और समर्थक जवाहरलाल नेहरू और सुभाषचंद्र बोस थे।

23 साइमन कमीशन के संबंध में निम्न कथनों पर विचार कीजिए
(Chap 16, Class-X, Old NCERT)

1. नवंबर, 1927 में ब्रिटिश सरकार ने वर्ष 1919 के भारत सरकार अधिनियम पर विचार करने तथा आवश्यक परिवर्तनों के सुझाव देने के लिए साइमन कमीशन का गठन किया था।
2. इस कमीशन में 3 भारतीय सदस्य भी शामिल थे

उपर्युक्त में से कौन-सा/से कथन सत्य है/हैं?

(a) केवल 1 (b) 1 और 2
(c) केवल 2 (d) इनमें से कोई नहीं

उत्तर (a)

व्याख्या साइमन कमीशन के संबंध में कथन (1) सत्य है। वर्ष 1919 के भारत शासन अधिनियम के 10 वर्ष पश्चात् इस अधिनियम की समीक्षा हेतु एक आयोग के गठन का प्रावधान किया गया था, परंतु आयोग की नियुक्ति दो वर्ष पूर्व 1927 में ही कर दी गई थी, यह आयोग 'साइमन कमीशन' के रूप में जाना जाता है।

कथन (2) असत्य है, क्योंकि इस आयोग में एक भी भारतीय सदस्य शामिल नहीं था। साइमन कमीशन के सहयोग हेतु लॉर्ड इरविन द्वारा गठित एक अखिल भारतीय समिति के सदस्यों में अध्यक्ष सहित कुल 8 सदस्य शामिल थे।

24 निम्नलिखित घटनाओं पर विचार कीजिए तथा इन्हें कालक्रमानुसार व्यवस्थित कीजिए *(Chap 12, Class-XII, New NCERT) (UPPSC Pre 2022)*

1. गदर पार्टी की स्थापना
2. चिटगाँव शस्त्रागार छापा
3. बर्लिन में 'इंडियन इंडिपेंडेंस कमेटी' की स्थापना
4. केंद्रीय असेंबली बम कांड

नीचे दिए गए कूट से सही उत्तर का चयन कीजिए

(a) 3, 1, 2, 4 (b) 1, 3, 4, 2
(c) 1, 3, 2, 4 (d) 3, 1, 4, 2

उत्तर (b)

व्याख्या उपर्युक्त दी गई घटनाओं का सही कालक्रम 1, 3, 4, 2 है। गदर पार्टी की स्थापना 15 जुलाई, 1913 को संयुक्त राज्य अमेरिका के सैन फ्रांसिस्को में हुई थी। इस पार्टी के प्रमुख नेता सोहन सिंह भाखना, करतार सिंह सराभा तथा लाला हरदयाल थे।

बर्लिन में 'इंडियन इंडिपेंडेंस कमेटी' की स्थापना वर्ष 1915 में की गई थी। इस संगठन की स्थापना भारतीय स्वतंत्रता को बढ़ावा देने के उद्देश्य से की गई थी। दिल्ली में केंद्रीय असेंबली बम कांड की घटना 8 अप्रैल, 1929 को हुई थी। भगत सिंह और बटुकेश्वर दत्त ने पब्लिक सेफ्टी बिल तथा ट्रेड डिस्प्यूट बिल के विरुद्ध बम फेंका था तथा गिरफ्तारी दी।

चिटगाँव शस्त्रागार छापे की घटना 18 अप्रैल, 1930 को महान क्रांतिकारी सूर्य सेन के नेतृत्व में हुई थी।

25 ईवी रामस्वामी नायकर के संदर्भ में निम्न कथनों में से कौन-सा/से सही है/हैं? *(Chap 12, Class-XII, New NCERT) (UPPSC Pre 2023)*

1. उन्होंने असहयोग आंदोलन में हिस्सा लिया।
2. उन्होंने वर्ष 1925 में कांग्रेस छोड़ दी।

कूट

(a) केवल 1
(b) केवल 2
(c) 1 और 2 दोनों
(d) न तो 1 और न ही 2

उत्तर (c)

व्याख्या ईवी रामस्वामी नायकर (पेरियार) के संदर्भ में दोनों कथन सही हैं। ईवी रामस्वामी नायकर ने असहयोग आंदोलन में हिस्सा लिया था तथा वर्ष 1925 में इन्होंने कांग्रेस को छोड़ दिया था और जातिवादी व गैर-बराबरी वाले हिंदुत्व का विरोध किया, जो इनके अनुसार दलित समाज के उत्थान का एकमात्र विकल्प था।

26 वर्ष 1927 में हुए कांग्रेस के वार्षिक अधिवेशन के बारे में क्या सही नहीं है/हैं? *(Chap 12, Class-XII, New NCERT) (CGPSC Pre 2023)*

1. इस अधिवेशन की अध्यक्षता डॉ. एम ए अंसारी ने की थी।
2. इस अधिवेशन ने चीन और जापान में भारतीय सेनाओं को युद्ध लड़ने के लिए भेजने के विरुद्ध प्रस्ताव पारित किया।
3. इस अधिवेशन में 'पूर्ण स्वराज' के संकल्प को अपनाया गया।

कूट

(a) 1 और 2 (b) 2 और 3
(c) केवल 2 (d) इनमें से कोई नहीं

उत्तर (c)

व्याख्या वर्ष 1927 में हुए कांग्रेस के वार्षिक अधिवेशन के बारे में कथन (2) सही नहीं है, क्योंकि इस अधिवेशन में साइमन कमीशन का बहिष्कार करने का फैसला लिया गया, जो अगले वर्ष भारत आने वाला था।

27 साइमन कमीशन के संबंध में कौन-सा कथन सत्य है?
(Chap 16, Class-X, Old NCERT)

(a) इस कमीशन को 'इंडियन स्टेट्यूटरी कमीशन' के नाम से जाना जाता है।
(b) इसका उद्देश्य संवैधानिक सुधार के प्रश्न पर विचार करना था।
(c) इस कमीशन में कुल 12 सदस्य थे।
(d) 'a' और 'b' दोनों

उत्तर (d)

व्याख्या साइमन कमीशन के संबंध में कथन (a) और (b) सत्य हैं। साइमन कमीशन का गठन वर्ष 1927 में ब्रिटिश सरकार द्वारा 'इंडियन स्टेट्यूटरी कमीशन' के रूप में किया गया था। इसका उद्देश्य भारत के संबंध में उत्तरवर्ती संवैधानिक सुधारों की दिशा में कार्य करना था।

कथन (c) सत्य नहीं है, क्योंकि इस समिति में कुल सात सदस्य थे और सर जॉन साइमन इसके अध्यक्ष थे।

28 साइमन कमीशन के संबंध में कौन-सा कथन असत्य है?
(Chap 12, Class-XII, Old NCERT)

(a) कांग्रेस ने साइमन कमीशन का बहिष्कार किया था
(b) हिंदू महासभा तथा मुस्लिम लीग ने भी कमीशन का विरोध किया था
(c) इस कमीशन ने सभी वर्गों एवं दलों में फूट डाल दी थी
(d) अनेक भारतीय राष्ट्रवादियों द्वारा संवैधानिक सुधार की एक वैकल्पिक योजना बनाकर साइमन कमीशन की चुनौती का जवाब देने का प्रयास किया गया

उत्तर (c)

व्याख्या साइमन कमीशन के संबंध में कथन (c) असत्य है, क्योंकि साइमन कमीशन के आगमन ने तत्कालीन राजनीति और परिदृश्य पर गहरा प्रभाव डाला, जिसके परिणामस्वरूप भारत में विद्यमान सभी वर्ग एवं दल आपस में एकजुट हो गए न कि उनमें फूट पड़ गई, क्योंकि इस समिति में सभी सदस्य अंग्रेज थे और सभी वर्गों ने इसका विरोध किया।

29 नेहरू रिपोर्ट (1928) के संदर्भ में निम्न कथनों पर विचार कीजिए
(Chap 12, Class-XII, Old NCERT)

1. इस रिपोर्ट के प्रमुख निर्माता जवाहरलाल नेहरू थे।
2. इस रिपोर्ट को अगस्त, 1928 में अंतिम रूप दिया गया।
3. इस रिपोर्ट का मुस्लिम लीग, हिंदू महासभा तथा सिख संगठनों ने समर्थन किया।

उपर्युक्त में से कौन-सा/से कथन सत्य है/हैं?

(a) केवल 1 (b) केवल 2 (c) 1 और 3 (d) 2 और 3

उत्तर (b)

व्याख्या नेहरू रिपोर्ट (1928) के संदर्भ में कथन (2) सत्य है।

28 अगस्त, 1928 को नेहरू रिपोर्ट को अंतिम रूप प्रदान किया गया और इसे लखनऊ में आयोजित सर्वदलीय सम्मेलन द्वारा स्वीकार कर लिया गया। इस रिपोर्ट में राष्ट्रीय आंदोलन में परिवर्तन लाने तथा पूर्ण स्वराज को तात्कालिक लक्ष्य के रूप में रखने तथा विभिन्न धार्मिक संप्रदायों के समर्थन को प्राप्त करने से संबंधित प्रमुख बातों को ध्यान में रखा गया था।

कथन (1) और (3) असत्य हैं, क्योंकि नेहरू रिपोर्ट के प्रमुख निर्माता मोतीलाल नेहरू थे न कि जवाहरलाल नेहरू तथा मुस्लिम लीग, हिंदू महासभा तथा सिख संगठनों के सांप्रदायिक प्रवृत्ति वाले नेताओं ने इसे अपना समर्थन नहीं दिया था।

30 वर्ष 1929 के लाहौर कांग्रेस अधिवेशन के संबंध में कौन-सा/से कथन सत्य है/हैं? *(Chap 13, Class-XII, Old NCERT)*

(a) इस अधिवेशन की अध्यक्षता जवाहरलाल नेहरू ने की थी
(b) इस अधिवेशन में कांग्रेस ने पूर्ण स्वराज को अपना लक्ष्य घोषित किया
(c) 'a' और 'b' दोनों
(d) इस अधिवेशन में 31 जनवरी, 1930 को पहला स्वाधीनता दिवस घोषित किया गया

उत्तर (c)

व्याख्या वर्ष 1929 के लाहौर कांग्रेस अधिवेशन के संबंध में कथन (a) और (b) सत्य हैं। वर्ष 1929 के लाहौर कांग्रेस अधिवेशन की अध्यक्षता जवाहरलाल नेहरू ने की थी। इसी अधिवेशन में कांग्रेस ने पूर्ण स्वराज का लक्ष्य घोषित किया था। हालाँकि पूर्ण स्वराज को लक्ष्य के रूप में वर्ष 1928 में मोतीलाल नेहरू ने अपनी नेहरू रिपोर्ट में शामिल किया था।

कथन (d) असत्य है, क्योंकि इस अधिवेशन में 31 दिसंबर, 1929 को स्वाधीनता के स्वीकृत नए तिरंगे को फहराया गया तथा 26 जनवरी, 1930 को पहला स्वाधीनता दिवस घोषित किया गया था।

31 नीचे दो कथन दिए गए हैं, जिनमें से एक कथन (A) और दूसरा कारण (R) है। *(Chap 12, Class-XII, New NCERT) (HPPSC Pre 2023)*

कथन (A) नवंबर, 1933 मे इंडियन लेबर जर्नल को भेजे गए संदेश मे जवाहरलाल नेहरू ने सामाजिक एवं राष्ट्रीय संघर्षों को बुनियादी खतरा बताया और दोनों में से किसी एक से भी समझौते को नकारा।

कारण (R) उन्होंने श्रमिक वर्ग के साम्राज्यवाद विरोधी संघर्ष में अपनी भूमिका निभाने का आग्रह किया।

उपर्युक्त कथनों के संदर्भ में नीचे दिए गए विकल्पों में से सबसे सटीक को चुनें

(a) A और R दोनों सही हैं परंतु R, A की सही व्याख्या करता है
(b) A और R दोनों सही है तथा R, A की सही व्याख्या नहीं करता है
(c) A सही है, किंतु R गलत है।
(d) A गलत है, किंतु R सही है।
(e) अनुत्तरित प्रश्न

उत्तर (b)

व्याख्या A और R दोनों सही हैं परंतु R, A की सही व्याख्या नहीं है नवंबर, 1933 में इंडियन लेबर जनरल को भेजे गए एक संदेश में जवाहरलाल नेहरू ने सामाजिक एवं राष्ट्रीय संघर्षों को बुनियादी खतरा बताया और दोनों मे से किसी एक से भी समझौते करने को स्पष्ट रूप से नहीं नकारा। नेहरू श्रमिक हितों के प्रति संवेदनशील थे, वे श्रमिक वर्ग के साम्राज्यवाद विरोधी संघर्ष में स्वयं अपनी भूमिका निभाने के प्रति उत्सुक थे। नेहरू समाजवादी विचारधारा के समर्थक थे, परंत ाक्र्सवादी विचारधारा के कट्टर विरोधी थे, इसलिए नेहरू जी ने लोगों को ा संघर्ष के साथ आगे बढ़ने के लिए प्रेरित किया।

32 सविनय अवज्ञा आंदोलन के संबंध में निम्न कथनों पर विचार कीजिए *(Chap 13, Class-XII, Old NCERT)*

1. यह आंदोलन 6 अप्रैल, 1930 को प्रारंभ हुआ था।
2. इस आंदोलन की शुरुआत दांडी मार्च के साथ साबरमती आश्रम से हुई थी।
3. इस आंदोलन के दौरान गाँधीजी ने नमक कानून तोड़ा था।

उपर्युक्त में से कौन-सा/से कथन असत्य है/हैं?

(a) केवल 1 (b) केवल 2
(c) 2 और 3 (d) 1 और 3

उत्तर (a)

व्याख्या सविनय अवज्ञा आंदोलन के संबंध में कथन (1) असत्य है, क्योंकि सविनय अवज्ञा आंदोलन की शुरुआत 6 अप्रैल को नहीं, बल्कि 12 मार्च, 1930 को हुई थी।

33 सविनय अवज्ञा आंदोलन के संदर्भ में निम्न कथनों पर विचार कीजिए *(Chap 13, Class-XII, Old NCERT)*

1. सविनय अवज्ञा आंदोलन के दौरान महाराष्ट्र, कर्नाटक और मध्य भारत में जंगल कानून तोड़े गए।
2. पूर्वी भारत में ग्रामीण जनता ने चौकीदारी कर को अदा करने से इंकार कर दिया।
3. इस आंदोलन में स्त्रियों की भूमिका नगण्य थी।
4. नागालैंड की रानी गैडिन्ल्यू ने इस आंदोलन में प्रमुख भूमिका निभाई।

उपर्युक्त में से कौन-सा/से कथन सत्य है/हैं?

(a) 1 और 2 (b) 1, 2 और 3
(c) 1, 2 और 4 (d) 2, 3 और 4

उत्तर (c)

व्याख्या सविनय अवज्ञा आंदोलन के संदर्भ में कथन (1), (2) और (4) सत्य हैं। दांडी नमक सत्याग्रह के पश्चात् देश के कई भागों में सविनय अवज्ञा का दौर चला। इसी कड़ी में सविनय अवज्ञा आंदोलन के दौरान नमक कानून के अतिरिक्त महाराष्ट्र, कर्नाटक और मध्य भारत में जंगल कानून तोड़े गए और पूर्वी भारत में ग्रामीण जनता ने चौकीदारी कर को अदा करने से इंकार कर दिया।

इस आंदोलन की एक प्रमुख विशेषता यह थी कि इसे देश के प्रत्येक प्रांत व प्रत्येक भाग से समर्थन मिला। उत्तर पश्चिमी क्षेत्र में खान अब्दुल गफ्फार खान ने इस आंदोलन को बढ़ाया, तो वहीं पूर्वोत्तर भारत में मणिपुर तथा नागालैंड की रानी गैडिन्ल्यू ने आंदोलन को एक नई दिशा प्रदान की।

कथन (3) असत्य है, क्योंकि सविनय अवज्ञा आंदोलन में स्त्रियों ने अपनी भूमिका को सुनिश्चित किया था और वह घरों से निकलकर सत्याग्रह में भाग लेने लगी थीं।

34 सूची I को सूची II से सुमेलित कीजिए *(Chap 13, Class-XII, Old NCERT)*

सूची I	सूची II
A. सविनय अवज्ञा आंदोलन	1. नवंबर, 1930
B. प्रथम गोलमेज सम्मेलन	2. मार्च, 1930
C. नेहरू रिपोर्ट	3. मार्च, 1931
D. गाँधी इरविन समझौता	4. अगस्त, 1928

कूट

	A	B	C	D		A	B	C	D
(a)	1	2	3	4	(b)	2	1	4	3
(c)	3	4	1	2	(d)	4	1	3	2

उत्तर (b)

व्याख्या सही सुमेलन A-2, B-1, C-4, D-3 है।

सविनय अवज्ञा आंदोलन का प्रारंभ 12 मार्च, 1930 को हुआ था।

प्रथम गोलमेज सम्मेलन का आयोजन 12 नवंबर, 1930 से 19 जनवरी, 1931 तक किया गया। इसमें कुल 89 प्रतिनिधियों ने भाग लिया था, जिसमें 57 ब्रिटिश भारत के, 16 प्रतिनिधि रियासतों के तथा 16 ब्रिटेन के प्रमुख राजनैतिक दलों के संसद सदस्य थे।

नेहरू रिपोर्ट को 28 अगस्त, 1928 को अंतिम रूप प्रदान किया गया था।

गाँधी, इरविन समझौता 5 मार्च, 1931 को गाँधीजी और इरविन के बीच हुआ था, इसे 'दिल्ली समझौता' भी कहा जाता है।

35 प्रथम गोलमेज सम्मेलन, जोकि लंदन में आयोजित किया गया था, का उद्देश्य था *(Chap 13, Class-XII, Old NCERT)*

(a) नेहरू रिपोर्ट पर विचार करना
(b) जिला फॉर्मूले पर विचार करना
(c) साइमन कमीशन की रिपोर्ट पर विचार करना
(d) कांग्रेस और ब्रिटिश के मध्य समझौता करना

उत्तर *(c)*

व्याख्या साइमन कमीशन की रिपोर्ट पर विचार करने के उद्देश्य से नवंबर, 1930 में प्रथम गोलमेज सम्मेलन का आयोजन किया गया था।

यह सम्मेलन 12 नवंबर, 1930 से 19 जनवरी, 1931 तक चला था। लंदन के सेंट जेम्स पैलेस में आयोजित इस सम्मेलन की अध्यक्षता तत्कालीन ब्रिटिश प्रधानमंत्री रैम्जे मैकडोनाल्ड ने की थी तथा इसका उद्घाटन ब्रिटिश सम्राट जॉर्ज पंचम ने किया था।

36 गाँधी-इरविन समझौते के संदर्भ में कौन-सा कथन असत्य है? *(Chap 13, Class-XII, Old NCERT)*

(a) सरकार हिंसक तथा अहिंसक सभी प्रकार के राजनीतिक बंदियों को रिहा करने पर सहमत हो गई थी
(b) इस समझौते में नमक बनाने का अधिकार तथा विदेशी वस्त्रों तथा शराब की दुकान पर धरना देने के अधिकारों को समाप्त कर दिया गया
(c) 'a' और 'b' दोनों
(d) समझौते के अनुसार कांग्रेस ने सविनय अवज्ञा आंदोलन रोक दिया तथा दूसरे गोलमेज सम्मेलन में भाग लेने के लिए तैयार हो गई

उत्तर *(c)*

व्याख्या गाँधी-इरविन समझौते के संदर्भ में कथन (a) और (b) असत्य हैं, क्योंकि हिंसात्मक गतिविधियों में लिप्त लोगों को छोड़कर सभी राजनीतिक बंदियों (अहिंसक गतिविधियों में शामिल) को रिहा करने पर सहमति बनी। विदेशी वस्त्रों के बहिष्कार, शराब की दुकानों पर धरना तथा शांतिपूर्ण विरोध को स्वीकृति दी गई।

37 कथन (A) अनेक कांग्रेसी नेता और विशेषकर वामपंथी युवक गाँधी-इरविन समझौते के विरोधी थे।

कारण (R) सरकार ने एक भी प्रमुख राष्ट्रवादी माँग नहीं मानी थी। *(Chap 13, Class-XII, Old NCERT)*

कूट

(a) A और R दोनों सही हैं तथा R, A की सही व्याख्या है
(b) A और R दोनों सही हैं, परंतु R, A की सही व्याख्या नहीं है
(c) A सही है, किंतु R गलत है
(d) A गलत है, किंतु R सही है

उत्तर *(a)*

व्याख्या A और R दोनों सही हैं तथा R, A की सही व्याख्या है।

कांग्रेस के वामपंथी नेता गाँधी इरविन समझौते के विरोधी थे। गाँधी-इरविन समझौते के कई राष्ट्रवादी तथा वामपंथी युवक विरोधी थे। तत्कालीन ब्रिटिश सरकार ने उनकी एक भी प्रमुख राष्ट्रवादी माँग को नहीं माना था। 'लाहौर षड्यंत्र' केस में दोष के आधार पर भगत सिंह तथा उनके साथियों को फाँसी की सजा सुनाई गई थी।

देश के युवाओं की भावना थी कि इस समझौते में भगत सिंह तथा उनके साथियों की मृत्यु दंड की सजा को कम किए जाने पर सहमति बने, किंतु इसकी घोषणा नहीं होने से एक बड़ा वर्ग असंतुष्ट था और उसने गाँधी-इरविन समझौते को नकार दिया।

38 वर्ष 1931 में कांग्रेस के कराची अधिवेशन के संबंध में विचार कीजिए *(Chap 16, Class-X, Old NCERT)*

1. इस अधिवेशन में गाँधी-इरविन समझौते को मान्यता दी गई।
2. इसमें मौलिक अधिकार तथा आर्थिक नीति संबंधी प्रस्तावों को पेश किया गया।
3. इसमें स्वतंत्रता के बाद भारतीय समाज के पुनर्निर्माण की एक योजना की रूपरेखा प्रस्तुत की गई।

उपर्युक्त में से कितने कथन सही है/हैं?

(a) केवल एक
(b) केवल दो
(c) सभी तीन
(d) इनमें से कोई नहीं

उत्तर *(c)*

व्याख्या वर्ष 1931 में कांग्रेस के कराची अधिवेशन के संबंध में सभी कथन सही हैं।

गाँधी-इरविन समझौते को स्वीकृति प्रदान करने हेतु 29 मार्च, 1931 को कराची में कांग्रेस का अधिवेशन हुआ था। इसकी अध्यक्षता सरदार वल्लभभाई पटेल ने की थी।

इस अधिवेशन में मौलिक अधिकार (नि:शुल्क एवं प्राथमिक शिक्षा, अभिव्यक्ति, प्रेस, संगठन आदि की स्वतंत्रता से संबंधित) तथा आर्थिक कार्यक्रम (प्रमुख उद्योगों, परिवहन आदि को सरकारी नियंत्रण में रखना तथा लगान, मजदूरी, किसानों को कर्ज से राहत आदि) से संबंधित प्रस्तावों को पेश किया गया। मौलिक अधिकारों का प्रस्ताव जवाहरलाल नेहरू ने तैयार किया था।

इस अधिवेशन में स्वतंत्रता के बाद के भारत के निर्माण की योजना की रूपरेखा तैयार की गई थी।

39 द्वितीय गोलमेज सम्मेलन के संदर्भ में विचार कीजिए *(Chap 13, Class-XII, Old NCERT)*

1. यह सम्मेलन सितंबर, 1931 में लंदन में आयोजित हुआ था।
2. इस सम्मेलन में गाँधीजी ने कांग्रेस का प्रतिनिधित्व किया था।
3. भारतीय दृष्टिकोण से यह सम्मेलन सफल रहा था।

उपर्युक्त में से कौन-सा/से कथन असत्य है/हैं?

(a) केवल 1
(b) 1 और 2
(c) 2 और 3
(d) केवल 3

उत्तर *(d)*

व्याख्या द्वितीय गोलमेज सम्मेलन के संदर्भ में कथन (3) असत्य है, क्योंकि द्वितीय गोलमेज सम्मेलन भारतीय दृष्टिकोण से सफल नहीं रहा था। गोलमेज सम्मेलन के सफल होने के लिए यह आवश्यक था कि अल्पसंख्यकों की समस्या का समाधान पहले ही निकाला जाए। इस संबंध में गाँधीजी का मुस्लिम नेताओं से संपर्क का कोई परिणाम नहीं निकला।

क्रांतिकारी आंदोलन (द्वितीय चरण)

40 गदर पार्टी के संबंध में कौन-सा कथन असत्य है?

(Chap 11, Class-XII, Old NCERT)

(a) इसकी स्थापना वर्ष 1915 में की गई थी
(b) लाला हरदयाल, भगवान सिंह, रामचंद्र और सोहन सिंह भाखना आदि गदर पार्टी के प्रमुख नेता थे
(c) इस पार्टी के द्वारा 'गदर' नामक साप्ताहिक पत्र का प्रकाशन किया जाता था।
(d) इस पार्टी की विचारधारा धार्मिकता से प्रभावित नहीं थी

उत्तर *(a)*

व्याख्या गदर पार्टी के संबंध में कथन (a) असत्य है, क्योंकि अमेरिका और कनाडा में बसे भारतीयों ने वर्ष 1913 में 'गदर पार्टी' की स्थापना की थी।

इस पार्टी के प्रमुख नेताओं में लाला हरदयाल, मुहम्मद बरकतुल्लाह, भगवान सिंह, रामचंद्र और सोहन सिंह भाखना आदि प्रमुख थे। इस पार्टी का आधार साप्ताहिक पत्र 'गदर' था, जिसके शीर्ष पर 'अंग्रेजी राज का दुश्मन' लिखा होता था। इस पार्टी की विचारधारा धर्मनिरपेक्ष थी।

41 काकोरी ट्रेन डकैती कांड में किन क्रांतिकारियों को फाँसी की सजा दी गई थी?

(Chap 13, Class-XII, Old NCERT)
(BPSC Pre 2019)

(a) रामप्रसाद बिस्मिल और अशफाक उल्ला खाँ
(b) वीर सावरकर और वासुदेव चापेकर
(c) प्रफुल्लचंद्र चाकी और खुदीराम बोस
(d) सूर्य सेन एवं उधम सिंह

उत्तर *(a)*

व्याख्या काकोरी ट्रेन डकैती कांड में रामप्रसाद बिस्मिल और अशफाक उल्ला खाँ को फाँसी दी गई थी।

क्रांतिकारियों द्वारा धन एकत्रित करने के उद्देश्य से लखनऊ सहारनपुर संभाग के काकोरी नामक स्थान पर 9 अगस्त, 1925 को डकैती डालकर सरकारी खजाने को लूट लिया गया। इसके पश्चात् 29 लोगों पर मुकदमा चलाया गया। चार क्रांतिकारियों को फाँसी की सजा दे दी गई, जिनमें रामप्रसाद बिस्मिल (गोरखपुर), अशफाक उल्ला खाँ (फैजाबाद), रोशनलाल (नैनी, इलाहाबाद) तथा राजेंद्र लाहिड़ी (गोंडा) आदि शामिल थे।

42 हिंदुस्तान सोशलिस्ट रिपब्लिकन एसोसिएशन (HSRA) की स्थापना कब हुई थी?

(Chap 13, Class-XII, Old NCERT)
(UKPSC Pre 2016)

(a) वर्ष 1919 (b) वर्ष 1927
(c) वर्ष 1916 (d) वर्ष 1928

उत्तर *(d)*

व्याख्या हिंदुस्तान सोशलिस्ट रिपब्लिकन एसोसिएशन (HSRA) की स्थापना 9-10 सितंबर, 1928 को फिरोजशाह कोटला मैदान में की गई थी।

इस संगठन को पूर्व में हिंदुस्तान रिपब्लिक एसोसिएशन के नाम से जाना जाता था। इस संगठन की स्थापना का नेतृत्व चंद्रशेखर आजाद ने किया था तथा इनके अन्य सहयोगियों में विजय कुमार सिन्हा, शिव वर्मा, जयदेव कपूर, भगत सिंह, भगवतीचरण वोहरा तथा सुखदेव आदि शामिल थे।

43 निम्नलिखित में से किसने बहरी ब्रिटिश सरकार को सुनाने हेतु केंद्रीय विधानसभा में 8 अप्रैल, 1929 को बम फेंका था?

(Chap 13, Class-XII, Old NCERT)
(UPPSC Pre 2013)

1. भगत सिंह 2. सुखदेव
3. राजगुरु 4. बटुकेश्वर दत्त

नीचे दिए गए कूट से सही उत्तर का चयन कीजिए

(a) 1 और 2 (b) 2 और 3 (c) 1 और 3 (d) 1 और 4

उत्तर *(d)*

व्याख्या हिंदुस्तान सोशलिस्ट रिपब्लिकन एसोसिएशन (HSRA) के नेताओं (भगत सिंह और बटुकेश्वर दत्त) ने 8 अप्रैल, 1929 को केंद्रीय धारा सभा में बम फेंका था।

इसका उद्देश्य किसी की हत्या करना नहीं था, बल्कि अंग्रेजों को अपनी बातें सुनाना था, यह कार्य राजनीतिक उद्देश्यों तथा जनक्रांति की आवश्यकता के संबंध में जनता को बताने के उद्देश्य से किया गया था।

44 चटगाँव शस्त्रागार लूट के संबंध में निम्नलिखित कथनों पर विचार कीजिए

(Chap 13, Class-XII, Old NCERT)

1. यह लूट वर्ष 1930 में योजनाबद्ध तरीके से की गई थी।
2. इसका नेतृत्व मास्टर सूर्यसेन ने किया था।
3. इस दौरान लोकप्रिय सरकारी अधिकारियों पर हमले किए गए।

उपर्युक्त में से कौन-सा/से कथन सत्य है/हैं?

(a) केवल 3 (b) 1 और 2
(c) 2 और 3 (d) 1, 2 और 3

उत्तर *(b)*

व्याख्या चटगाँव शस्त्रागार लूट के संबंध में कथन (1) और (2) सत्य हैं। बंगाल में राष्ट्रवादी क्रांतिकारियों की गतिविधियाँ पुन: अप्रैल, 1930 में उभरकर सामने आईं, जब चटगाँव के सरकारी शस्त्रागार पर योजनाबद्ध तरीके से क्रांतिकारियों ने हमला किया था। इस क्रांतिकारी समूह का नेतृत्व मास्टर सूर्यसेन ने किया था। बंगाल में क्रांतिकारी आंदोलन की एक प्रमुख विशेषता यह थी कि उसमें स्त्रियों की महत्त्वपूर्ण भागीदारी थी।

कथन (3) असत्य है, क्योंकि बंगाल में क्रांतिकारियों द्वारा अलोकप्रिय सरकारी अधिकारियों पर हमले किए गए थे न कि लोकप्रिय अधिकारियों पर।

45 मेरठ षड्यंत्र केस के संदर्भ में कौन-सा कथन असत्य है?

(Chap 16, Class-X, Old NCERT)

(a) इस षड्यंत्र के अंतर्गत मार्च, 1929 में 31 मजदूर नेताओं को गिरफ्तार कर लिया गया
(b) इनमें पाँच अंग्रेज भी शामिल थे
(c) यह मुकदमा चार वर्षों तक चला था
(d) इस केस में कुछ अभियुक्त रिहा हो गए, किंतु कुछ को सजा मिली

उत्तर *(b)*

व्याख्या मेरठ षड्यंत्र केस के संदर्भ में कथन (b) असत्य है, क्योंकि मेरठ षड्यंत्र केस में तीन ब्रिटिश साम्यवादी शामिल थे न कि पाँच। फिलिप स्प्रेड, ब्रैन ब्रेडले तथा लेचर हचिंसन को भारत से निष्कासित करने का विधेयक तैयार किया गया था और इन पर यह आरोप लगाया गया था कि ये सम्राट को भारत की प्रभुसत्ता से वंचित करने का प्रयास कर रहे थे।

अध्याय 31

भारतीय राष्ट्रीय आंदोलन तृतीय चरण (1935-1947)

भारतीय राष्ट्रीय आंदोलन तृतीय चरण (1935-1947))

भारत सरकार अधिनियम, 1935
- तृतीय गोलमेज सम्मेलन की पृष्ठभूमि में प्रख्यापित

प्रांतीय चुनाव
- लखनऊ और फैजपुर अधिवेशन में कांग्रेस ने चुनाव लड़ने का निर्णय लिया; फरवरी, 1937 में चुनाव हुआ ; 11 प्रान्तों में से 7 में कांग्रेस मंत्रिमंडलों का गठन ; 2 प्रांतों में गठबंधन की सरकार थी ; बंगाल और पंजाब में गैर-कांग्रेसी सरकार का गठन

त्रिपुरी अधिवेशन और फॉरवर्ड ब्लॉक
- गाँधीजी और बोस के बीच मतभेद के कारण गाँधीजी ने पी. सीतारमैया को उम्मीदवार बनाया, सुभाषचंद्र बोस का पुनः निर्वाचन (पहले हरिपुरा अधिवेशन में), दबाव के कारण इन्होंने पद छोड़ दिया और वर्ष 1939 में कांग्रेस के अंदर फॉरवर्ड ब्लॉक का गठन किया

व्यक्तिगत सत्याग्रह
- गाँधीजी द्वारा यह दिखाने के लिए प्रारंभ किया गया कि राष्ट्रवादी धैर्य कमजोरी के कारण नहीं था, लोगों द्वारा यह भावना व्यक्त करना कि उन्हें युद्ध में कोई दिलचस्पी नहीं है। दिल्ली चलो आंदोलन के नाम से भी प्रसिद्ध, विनोबा भावे पहले और नेहरू दूसरे व्यक्तिगत सत्यग्राही थे।

क्रिप्स मिशन, 1942
- भारत पर आक्रमण के आसन्न खतरे के कारण और युद्ध के लिए उसका समर्थन लेने के लिए भेजा; प्रस्तावित डोमिनियम स्थिति का दर्जा

क्रिप्स मिशन की विफलता
- डोमिनियम स्थिति पर आपत्ति, प्रांतों को अलग होने का अधिकार, सत्ता का तत्काल हस्तांतरण नहीं, गवर्नर-जनरल की सर्वोच्चता बनाए रखना

भारत छोड़ो आंदोलन
- क्रिप्स मिशन की विफलता के बाद प्रारम्भ, 8 अगस्त, 1942 को बंबई में भारत छोड़ो प्रस्ताव पारित किया गया, ब्रिटिश शासन को तत्काल समाप्त करने की माँग की, गाँधीजी द्वारा 'करो या मरो' का नारा दिया गया

राजगोपालाचारी फॉर्मूला (1944)
- कांग्रेस और मुस्लिम लीग सहयोग के लिए तैयार; लीग को केंद्र में अंतरिम सरकार बनाने के लिए कांग्रेस के साथ सहयोग करना था; मुस्लिम बहुल क्षेत्रों में अलग राज्य बनाने के लिए जनमत संग्रह को मंजूरी

देसाई-लियाकत समझौता, 1945
- केंद्रीय कार्यकारिणी में मुस्लिम लीग और कांग्रेस दोनों के प्रतिनिधियों की समान संख्या और अल्पसंख्यकों के लिए 20% सीटें आरक्षित करने का प्रस्ताव

वेवेल योजना, 1945
- शिमला में सहमति बनी; हिंदू और मुस्लिम को समान प्रतिनिधित्व का प्रस्ताव; गवर्नर - जनरल और कमांडर इन - चीफ को छोड़कर कार्यकारी परिषद् के अन्य सभी सदस्य भारतीय होंगे।

इस्तीफा
- ब्रिटेन ने बिना परामर्श के युद्ध के लिए भारत के समर्थन की घोषणा की, गाँधीजी का रुख ब्रिटिश युद्ध प्रयासों को बिना शर्त समर्थन देने का था, लिनलिथगो ने भारत सरकार अधिनियम, 1935 को संशोधित करने के लिए परामर्श का वायदा किया, भारत की रक्षा अध्यादेश ने नागरिक स्वतंत्रता को पंगु बना दिया, कांग्रेस मंत्रिमंडलों के इस्तीफे में शामिल हुआ।

कैबिनेट मिशन (24 मार्च, 1946)
- भारतीय उपमहाद्वीप को तीन प्रमुख प्रांतों के समूहों में विभाजित; पूर्ण पाकिस्तान की माँग खारिज, अवशिष्ट शक्ति के साथ प्रस्तावित प्रांतीय स्वायत्तता

अगस्त प्रस्ताव, 1940
- डोमिनियम दर्जा का वायदा, बहुसंख्यक भारतीयों के साथ वायसराय की कार्यकारी परिषद् का विस्तार, विश्व युद्ध के पश्चात् संविधान सभा की स्थापना

भारतीय राष्ट्रीय सेवा (आई. एन. ए.)
- सर्वप्रथम मोहन सिंह द्वारा मलाया से पीछे हटने वाले सैनिकों और जापान से युद्ध बंदियों को शामिल करके बनाया गया; रासबिहारी बोस ने टोक्यो में इंडियन इंडिपेंडेंस लीग (आई.आई.एस.) बनाई थी, आई.एन.ए. इस लीग के तहत कार्य करता था।

अंतरिम सरकार
- जवाहरलाल नेहरू के नेतृत्व में 2 सितंबर 1946 को गठित नई सरकार के कामकाज को अवरुद्ध करने के लिए बाद में मुस्लिम लीग जुड़ी।

एटली की घोषणा (20 फरवरी, 1947)
- सत्ता हस्तांतरण के लिए 30 जून, 1948 की समय सीमा तय की गई; वेवेल के स्थान पर माउंटबेटेन को वायसराय नियुक्त किया गया

माउंटबेटेन प्लान (3 जून, 1947)
- भारत 2 राष्ट्रों में विभाजित, दोनों को स्वायत्तता और संप्रभुता की प्राप्ति ; कांग्रेस और लीग द्वारा घोषणा की स्वीकारोक्ति।

- भारतीय स्वतंत्रता अधिनियम 1947
- 18 जुलाई 1947 को ब्रिटिश संसद से पारित; माउंटबेटेन योजना पर आधारित नए संविधान के गठन तक दोनों अधिराज्य भारत सरकार अधिनियम, 1935 के अनुसार कार्य करेंगे।

SOURCE Old NCERT Class VIII स्वतंत्र भारत, Old NCERT Class X भारत की स्वाधीनता, Old NCERT Class XII स्वराज के लिए संघर्ष-II (1927-1947), New NCERT Class-VIII राष्ट्रीय आंदोलन का संघटन : 1870 दशक से 1947 तक, Tamil Nadu Board Class-XII भारतीय राष्ट्रीय आंदोलन का अन्तिम चरण

1 वर्ष 1935 के भारत सरकार कानून के संबंध में निम्न कथनों पर विचार कीजिए *(Chap 13, Class-XII, Old NCERT)*

1. इस कानून में एक नए अखिल भारतीय संघ की स्थापना तथा प्रांतों में प्रांतीय स्वायत्तता के आधार पर एक नई शासन प्रणाली की व्यवस्था की गई।
2. केंद्र में एक सदनीय संघीय विधायिका की व्यवस्था की गई।
3. यह संघ (फेडरेशन) ब्रिटिश भारत के प्रांतों तथा रजवाड़ों पर आधारित था।

उपर्युक्त में से कौन-सा/से कथन सही है/हैं?

(a) केवल 1 (b) 1 और 2
(c) 1 और 3 (d) इनमें से कोई नहीं

उत्तर (c)

व्याख्या वर्ष 1935 के भारत सरकार कानून के संबंध में कथन (1) और (3) सही हैं। लंदन में नवंबर, 1932 के दौरान हुए तृतीय गोलमेज सम्मेलन के फलस्वरूप वर्ष 1935 का भारत सरकार कानून लाया गया। इस कानून में एक नए अखिल भारतीय संघ की स्थापना की गई तथा प्रांतों में प्रांतीय स्वायत्तता सुनिश्चित करते हुए नई शासन पद्धति को विकसित किया गया। इस कानून के अंतर्गत स्थापित संघ (फेडरेशन) तत्कालीन ब्रिटिश भारत के प्रांतों और रजवाड़ों पर आधारित था।

कथन (2) सही नहीं है, क्योंकि केंद्र में एक सदनीय नहीं, बल्कि दो सदनों वाली एक संघीय विधायिका की व्यवस्था की गई थी, जिसमें रजवाड़ों को भिन्न-भिन्न प्रतिनिधित्व दिया गया था।

2 वर्ष 1935 के भारत सरकार कानून के अंतर्गत फरवरी, 1937 में हुए प्रांतीय चुनावों में कहाँ पर गैर-कांग्रेसी मंत्रिमंडल का गठन किया गया था? *(Chap 13, Class-XII, Old NCERT)*

1. संयुक्त प्रांत 2. बंगाल 3. पंजाब 4. मध्य प्रांत

कूट

(a) केवल 1 (b) 2 और 3
(c) केवल 4 (d) ये सभी

उत्तर (b)

व्याख्या वर्ष 1935 के भारत सरकार कानून के अंतर्गत फरवरी, 1937 में हुए प्रांतीय चुनावों में केवल बंगाल और पंजाब में ही गैर-कांग्रेसी मंत्रिमंडल का गठन किया गया था। पंजाब में यूनियनिस्ट पार्टी ने और बंगाल में कृषक प्रजा पार्टी तथा मुस्लिम लीग ने साथ मिलकर सरकार बनाई थी।

ग्यारह में से सात प्रांतों में जुलाई, 1937 में कांग्रेस की सरकार बनी, जबकि दो प्रांतों में कांग्रेस ने साझी सरकार बनाई थी।

3 जवाहरलाल नेहरू ने अपने किस सम्मेलन में कहा था कि भारत और विश्व की समस्याओं का एकमात्र समाधान समाजवाद है? *(Chap 13, Class-XII, Old NCERT)*

(a) 1929, लाहौर अधिवेशन (b) 1931, कराची अधिवेशन
(c) 1936, लखनऊ अधिवेशन (d) 1938, हरिपुरा अधिवेशन

उत्तर (c)

व्याख्या वर्ष 1936 के लखनऊ अधिवेशन में अपने अध्यक्षीय भाषण में जवाहरलाल नेहरू ने कांग्रेस से आग्रह किया कि वह समाजवाद को अपना लक्ष्य बनाए तथा स्वयं को किसान तथा मजदूर वर्गों के सन्निकट स्थापित करें। पंडित जवाहरलाल नेहरू का यह विश्वास था कि मुस्लिम जनता को उनके प्रतिक्रियावादी सांप्रदायिक नेताओं से दूर हटाने का यही सबसे बेहतर उपाय है। साथ ही उन्होंने यह कहा था कि ''विश्व और भारत की समस्याओं का एकमात्र समाधान समाजवाद है और इस शब्द का प्रयोग मैं अस्पष्ट मानवतावादी नहीं, बल्कि वैज्ञानिक, आर्थिक अर्थ में करता हूँ।''

4 कांग्रेस के अंदर वामपंथी प्रवृत्ति के उभार पर निम्नलिखित कथनों पर विचार कीजिए *(Chap 13, Class-XII, Old NCERT)*

1. जवाहरलाल नेहरू वर्ष 1929, वर्ष 1936 तथा वर्ष 1937 में कांग्रेस अध्यक्ष बने।
2. सुभाषचंद्र बोस वर्ष 1938, वर्ष 1939 तथा वर्ष 1940 में कांग्रेस अध्यक्ष बने।
3. जवाहरलाल नेहरू जनता की आर्थिक मुक्ति के पैरोकार थे।

उपर्युक्त में से कितने कौन-सा/से कथन सही है/हैं?

(a) केवल एक (b) केवल दो
(c) सभी तीन (d) इनमें से कोई नहीं

उत्तर (b)

व्याख्या दिए गए कथनों में से केवल दो कथन अर्थात् कथन (1) और (3) सही हैं। जवाहरलाल नेहरू ने वर्ष 1929 के लाहौर अधिवेशन में, वर्ष 1936 के लखनऊ अधिवेशन में तथा वर्ष 1937 के फैजपुर अधिवेशन में कांग्रेस की अध्यक्षता की थी। लाहौर अधिवेशन में पूर्ण स्वराज का प्रस्ताव पारित हुआ था, जबकि फैजपुर अधिवेशन ऐसा प्रथम अवसर था जब किसी गाँव में यह संपन्न हुआ था।

जवाहरलाल नेहरू जनता की आर्थिक मुक्ति से सरोकार रखते थे। इसी उद्देश्य से उन्होंने फैजपुर अधिवेशन में 13 सूत्रीय अस्थायी कृषि कार्यक्रम घोषित किया था। साथ ही समाजवाद के रूप में लक्ष्यों की प्राप्ति हेतु उन्होंने कृषि और उद्योग में निहित स्वार्थों के उन्मूलन पर भी जोर दिया था।

कथन (2) सही नहीं है, क्योंकि सुभाषचंद्र बोस ने केवल वर्ष 1938 (हरिपुरा, गुजरात) और वर्ष 1939 (त्रिपुरी, मध्य प्रदेश) के कांग्रेस अधिवेशन की अध्यक्षता की थी, जबकि वर्ष 1940 (रामगढ़) के कांग्रेस अधिवेशन की अध्यक्षता मौलाना अबुल कलाम आजाद ने की थी।

5 निम्न कथनों में से कौन-सा कथन सही नहीं है? *(Chap 13, Class-XII, Old NCERT)*

(a) वर्ष 1938 में कांग्रेस के हरिपुरा अधिवेशन के अध्यक्ष सुभाषचंद्र बोस थे
(b) हरिपुरा अधिवेशन में कांग्रेस ने आर्थिक योजना का विचार अपनाया
(c) हरिपुरा अधिवेशन में गठित 'राष्ट्रीय योजना समिति' का अध्यक्ष मौ. अबुल कलाम आजाद को बनाया गया
(d) राष्ट्रीय योजना समिति में कुल 3 सदस्य थे

उत्तर (c)

व्याख्या दिए गए कथनों में से कथन (c) सही नहीं है, क्योंकि वर्ष 1938 के हरिपुरा (गुजरात) कांग्रेस अधिवेशन में गठित 'राष्ट्रीय नियोजन/योजना समिति' का अध्यक्ष अबुल कलाम आजाद को नहीं, बल्कि जवाहरलाल नेहरू को बनाया गया था। यह अधिवेशन सुभाषचंद्र बोस की अध्यक्षता में संपन्न किया गया और इस अधिवेशन के दौरान गठित राष्ट्रीय योजना समिति के तीन सदस्यों में जवाहरलाल नेहरू, पट्टाभि सीतारमैया तथा सरदार वल्लभभाई पटेल शामिल थे।

6 कथन (A) **वर्ष 1938 में गाँधीजी के विरोध के बावजूद सुभाषचंद्र बोस दोबारा कांग्रेस के अध्यक्ष चुने गए।**

कारण (R) **गाँधीजी और उनके समर्थकों के कारण सुभाषचंद्र बोस को अप्रैल, 1939 में कांग्रेस के अध्यक्ष पद से त्याग पत्र देना पड़ा।** *(Chap 13, Class-XII, Old NCERT)*

कूट

(a) A और R दोनों सही हैं तथा R, A की सही व्याख्या है
(b) A और R दोनों सही हैं, परंतु R, A की सही व्याख्या नहीं है
(c) A सही है, किंतु R गलत है
(d) A गलत है, किंतु R सही है

उत्तर (d)

व्याख्या A गलत है, किंतु R सही है।
सुभाषचंद्र बोस, गाँधीजी के विरोध के बावजूद वर्ष 1938 में नहीं, बल्कि वर्ष 1939 में कांग्रेस के दोबारा अध्यक्ष चुने गए थे।
वर्ष 1939 में त्रिपुरी (मध्य प्रदेश) में प्रस्तावित अधिवेशन के लिए सुभाषचंद्र बोस ने पुन: चुनाव में खड़े होने का निर्णय लिया। गाँधीजी, डॉ. राजेंद्र प्रसाद, वल्लभभाई पटेल तथा आचार्य कृपलानी ने उनके इस निर्णय का विरोध किया और पट्टाभि सीतारमैया को समर्थन दिया, लेकिन चुनाव के पश्चात् सुभाषचंद्र बोस की जीत हुई। सुभाषचंद्र बोस के अध्यक्ष बनने से क्षुब्ध कांग्रेस वर्किंग समिति के 15 सदस्यों में से 13 ने त्याग पत्र दे दिया। फलस्वरूप सुभाषचंद्र बोस ने अध्यक्ष पद से त्याग-पत्र दे दिया।

7 स्वामी सहजानंद सरस्वती की अध्यक्षता में गठित पहला अखिल भारतीय किसान संगठन कौन-सा था?
(Chap 13, Class-XII, Old NCERT)
(a) अखिल भारतीय मजदूर सभा
(b) अखिल भारतीय किसान सभा
(c) अखिल भारतीय किसान संगठन
(d) अखिल भारतीय मजदूर किसान संगठन
उत्तर *(b)*

व्याख्या अप्रैल, 1936 में स्वामी सहजानंद सरस्वती की अध्यक्षता में गठित पहला अखिल भारतीय किसान संगठन 'अखिल भारतीय किसान सभा' था। इसका गठन लखनऊ में किया गया। यह संगठन तत्कालीन सभी प्रांतीय किसान सभाओं को मिलाकर एक संयुक्त सभा के रूप में बनाया गया था। एन. जी. रंगा को इस सभा का महासचिव बनाया गया था।

8 निर्मलिखित कथनों पर विचार कीजिए
(Chap 13, Class-XII, Old NCERT)
1. जनवरी, 1937 में भारतीय राष्ट्रीय कांग्रेस की ओर से मास्को में आयोजित उत्पीड़ित जातियों के सम्मेलन में जवाहरलाल नेहरू ने भाग लिया था।
2. इस सम्मेलन का आयोजन आर्थिक या राजनीतिक साम्राज्यवाद से पीड़ित एशियाई, अफ्रीकी और लैटिन अमेरिकी देशों के निर्वासित राजनीतिक कार्यकर्ताओं और क्रांतिकारियों ने किया था।
3. इस सम्मेलन का उद्देश्य इन सबके साझे साम्राज्यवाद विरोधी संघर्ष में तालमेल बिठाना और उन्हें योजनाबद्ध रूप देना था।

उपर्युक्त कथनों में से कौन-सा/से सही है/हैं?
(a) 1 और 2
(b) केवल 2
(c) 2 और 3
(d) 1, 2 और 3
उत्तर *(c)*

व्याख्या दिए गए कथनों में से कथन (2) और (3) सही हैं। कांग्रेस ने 1930 के दशक के समकालीन विश्व की घटनाओं में अपनी भूमिका के निरूपण हेतु साम्राज्यवादी प्रसार के विरोध की नीति विकसित कर ली थी। इसी नीति के अंतर्गत कांग्रेस ने आर्थिक और राजनीतिक रूप से पीड़ित एशियाई और अफ्रीकी व लैटिन अमेरिकी देशों ने सम्मेलन में भाग लिया था।
इस सम्मेलन का उद्देश्य सभी शामिल सदस्यों द्वारा साम्राज्यवाद के विरोध हेतु योजनाबद्ध तरीके से नीतियों का निर्माण करना और उन्हें क्रियान्वित करना था।
कथन (1) सही नहीं है, क्योंकि जवाहरलाल नेहरू नें कांग्रेस की ओर से वर्ष 1937 के मास्को सम्मेलन में नहीं, बल्कि वर्ष 1927 में आयोजित ब्रुसेल्स सम्मेलन में भाग लिया था, जिसका शीर्षक उत्पीड़ित जातीयताओं का सम्मेलन था।

9 वर्ष 1935 के भारत सरकार कानून की विशेषताओं के संबंध में नीचे दिए गए कथनों पर विचार कीजिए
(Chap 13, Class-XII, New NCERT)
1. एक अखिल भारतीय संघ की स्थापना
2. ब्रिटिश भारत की 50% जनता को मताधिकार प्रदान किया गया
3. सांप्रदायिक प्रतिनिधित्व प्रणाली की समाप्ति

उपर्युक्त मे से कितने कथन सही है/हैं?
(a) केवल एक
(b) केवल दो
(c) केवल तीन
(d) इनमें से कोई नहीं
उत्तर *(a)*

व्याख्या वर्ष 1935 के भारत सरकार कानून की विशेषताओं के संबंध में केवल दो कथन अर्थात् कथन (2 और 3) सही नहीं हैं, क्योंकि इस अधिनियम के माध्यम से ब्रिटिश भारत की केवल 10% जनता को मताधिकार का अधिकार प्रदान किया गया था। इस अधिनियम द्वारा केंद्रीय और प्रांतीय विधायिकाओं में धार्मिक आधार पर अल्पसंख्यकों हेतु आरक्षित सीटों का प्रावधान किया गया था, हालाँकि इसका उद्देश्य अल्पसंख्यक हितों की रक्षा करना था, लेकिन इससे सांप्रदायिक पहचान को भी बढ़ावा मिलने से भविष्य में सांप्रदायिक तनाव में योगदान मिला।

10 मुस्लिम लीग ने अलग पाकिस्तान का प्रस्ताव कब पारित किया था?
(Chap 13, Class-XII, Old NCERT)
(UPPSC Pre 2010)
(a) फरवरी, 1922
(b) दिसंबर, 1928
(c) मार्च, 1940
(d) सितंबर, 1940
उत्तर *(c)*

व्याख्या 22-23 मार्च, 1940 को मुस्लिम लीग ने लाहौर अधिवेशन में पहली बार पृथक् 'पाकिस्तान' राज्य के निर्माण का प्रस्ताव पारित किया था, परंतु प्रस्ताव में 'पाकिस्तान' शब्द का वर्णन नहीं था। लीग के इस अधिवेशन (1940) की अध्यक्षता मुहम्मद अली जिन्ना ने की थी। पृथक् पाकिस्तान की माँग को पहली बार आंशिक मान्यता वर्ष 1942 के क्रिप्स प्रस्तावों में मिली थी।

11 जवाहरलाल नेहरू के संबंध में निम्नलिखित कथनों पर विचार कीजिए
(Chap 13, Class-XII, Old NCERT)
1. नेहरू 'लीग अगेंस्ट इंपीरियलिज्म' की एक्जीक्यूटिव कौंसिल के सदस्य थे।
2. उन्होंने वर्ष 1927 का अध्यक्षीय भाषण प्रस्तुत किया था।

उपर्युक्त में से कौन-सा/से कथन सही है/हैं?
(a) केवल 1 (b) 1 और 2 (c) 1, 2 और 3 (d) 2 और 3
उत्तर *(a)*

व्याख्या जवाहरलाल नेहरू के संबंध में कथन (1) सही है। वर्ष 1927 के ब्रुसेल्स सम्मेलन में स्थापित 'लीग अगेंस्ट इंपीरियलिज्म'' की एक्जीक्यूटिव कौंसिल के सदस्य के रूप में नेहरू को चुना गया था।
कथन (2) सही नहीं है, क्योंकि जवाहरलाल नेहरू ने वर्ष 1927 के ब्रुसेल्स सम्मेलन में भाग लिया था न कि अध्यक्षीय भाषण प्रस्तुत किया था।

12 निम्नलिखित में से कौन वर्ष 1939 में भारत प्रजामंडल (ऑल इंडिया स्टेट्स पीपुल्स कॉन्फ्रेंस) के अध्यक्ष थे?
(Chap 13, Class-XII, Old NCERT)
(IAS Pre 2001)
(a) जयप्रकाश नारायण
(b) जवाहरलाल नेहरू
(c) शेख अब्दुल्ला
(d) सरदार वल्लभभाई पटेल
उत्तर *(b)*

व्याख्या जवाहरलाल नेहरू को वर्ष 1939 में भारत प्रजामंडल का अध्यक्ष चुना गया था। ऑल इंडिया स्टेट्स पीपुल्स कॉन्फ्रेंस की स्थापना वर्ष 1927 में विभिन्न रजवाड़ों में राजनीतिक गतिविधियों के तालमेल हेतु की गई थी, क्योंकि इस समय रजवाड़ों की जनता ने अपने लोकतांत्रिक अधिकारों तथा लोकप्रिय सरकारों की माँग लेकर आंदोलन करना प्रारंभ कर दिया था। कालांतर में ब्रिटिश भारत तथा रजवाड़ों के राजनीतिक संघर्षों के साझे राष्ट्रीय लक्ष्यों को सामने रखना था।

13 नीचे दो कथन दिए गए हैं

कथन I वर्ष 1937-39 में जिन्ना के विरोध के बावजूद कांग्रेस ने विधानपरिषदों में 'वंदे मातरम्' का गायन नहीं छोड़ा।

कथन II सर सैयद अहमद खाँ ने कहा था कि "पहले वह कांग्रेस के लिए लड़े थे, अब वह भारत की एकता के विरुद्ध लड़ेंगे।"

(Chap 9, Class-VIII, New NCERT)
(IAS Pre 2023)

उपर्युक्त कथनों के आलोक में नीचे दिए गए विकल्पों में से सबसे उपर्युक्त उत्तर का चयन कीजिए

(a) कथन I और II दोनों सही हैं
(b) कथन I और II दोनों सही नहीं हैं
(c) कथन I सही है, किंतु कथन II सही नहीं है
(d) कथन I सही नहीं है, किंतु कथन II सही है
(e) अनुत्तरित प्रश्न

उत्तर (a)

व्याख्या कथन I और II दोनों सही हैं।
वर्ष 1937-39 में जिन्ना के विरोध के बावजूद कांग्रेस ने विधानपरिषदों में 'वंदे मातरम्' का गायन नहीं छोड़ा। वर्ष 1937 में हुए प्रांतीय चुनाव के समय कांग्रेस कुल 8 राज्यों में सरकार बनाने में सफल रही। 'मुस्लिमों के पक्षधर नेता सर सैयद अहमद खाँ ने कहा था कि पहले वह कांग्रेस के लिए लड़े थे, अब वह भारत की एकता के विरुद्ध लड़ेंगे।' द्वि-राष्ट्र सिद्धांत के आधार पर देश का विभाजन जिन्ना की जिद्द का परिणाम था।

14 वर्ष 1937 के प्रांतीय चुनाव में मुसलमानों के लिए कुल कितनी सीटें आरक्षित थीं? *(Chap 13, Class-XII, Old NCERT)*

(a) 26 (b) 482 (c) 382 (d) 256

उत्तर (b)

व्याख्या वर्ष 1937 के प्रांतीय चुनाव में मुसलमानों के लिए कुल आरक्षित सीटें 482 थीं। राष्ट्रवादी राजनीति का एक महत्त्वपूर्ण घटनाक्रम सांप्रदायिकता का विकास था, जिसके अंतर्गत सीमित मताधिकार तथा अलग-अलग निर्वाचक मंडलों के आधार पर विधानसभाओं के लिए जो चुनाव कराए गए थे, उन्होंने अलगाववादी भावनाओं को उत्पन्न किया था। इसके अतिरिक्त कांग्रेस अल्पसंख्यकों के लिए सुरक्षित अनेक सीटें जीतने में असफल रही थी। मुसलमानों के लिए आरक्षित सीटों के अतिरिक्त कांग्रेस को केवल 26 सीटें प्राप्त हुई और उसमें से भी केवल 15 सीटें पश्चिमोत्तर सीमा-प्रांत में प्राप्त हुई थीं।

15 भारत में सांप्रदायिकता के संबंध में निम्नलिखित कथनों पर विचार कीजिए *(Chap 13, Class-XII, Old NCERT)*

1. सांप्रदायिकता के कारण दो राष्ट्र सिद्धांत का जन्म हुआ।
2. मुस्लिम लीग वहीं मजबूत थी, जहाँ मुस्लिम अल्पसंख्यक थे।
3. पश्चिमोत्तर सीमा प्रांत पर मुस्लिम लीग मजबूत थी।

उपर्युक्त में से कितने कथन सही है/हैं?

(a) केवल एक (b) केवल दो
(c) सभी तीन (d) इनमें से कोई नहीं

उत्तर (a)

व्याख्या भारत में सांप्रदायिकता के संबंध में केवल एक कथन अर्थात् कथन (3) सही नहीं है, क्योंकि पश्चिमोत्तर सीमा प्रांत, पंजाब, सिंध और बंगाल में मुस्लिम बहुसंख्यक थे इसलिए इन स्थानों पर मुस्लिम लीग मजबूत नहीं थी, क्योंकि यहाँ मुस्लिम आबादी स्वयं को सुरक्षित महसूस करती थी।

16 निम्नलिखित में कौन-सा युग्म सुमेलित नहीं है? *(Chap 13, Class-XII, Old NCERT)*

व्यक्ति		पेशा
(a) यूसुफ मेहर अली	—	शायर
(b) एस. ए. बरेलवी	—	पत्रकार
(c) मुहम्मद हबीब	—	इतिहासकार
(d) सरदार जाफरी	—	शायर

उत्तर (a)

व्याख्या दिए गए युग्मों में से युग्म (a) सही सुमेलित नहीं है, क्योंकि वर्ष 1946-47 के दौरान धार्मिक कट्टरता तथा सांप्रदायिकता की लहर में अनेक मुसलमान शामिल हो गए, परंतु कुछ मुसलमान इससे अलग रहे, जिनमें क्रांतिकारी भाषण देने वाले समाजवादी नेता युसुफ मेहर अली थे। इसमें निर्भीक पत्रकार एस. ए. बरेलवी, प्रसिद्ध इतिहासकार मुहम्मद हबीब और कुंवर मुहम्मद अशरफ तथा उर्दू के प्रसिद्ध शायर सरदार जाफरी, साहिर लुधियानवी, कैफी आजमी आदि शामिल थे।

17 द्वितीय विश्व युद्ध के संबंध में कौन-सा कथन सही नहीं है? *(Chap 13, Class-XII, Old NCERT)*

(a) इसकी शुरुआत दिसंबर, 1939 में हुई थी
(b) जर्मन प्रसारवाद इसका एक मुख्य कारण था
(c) जर्मनी ने पोलैंड पर आक्रमण किया था
(d) भारत इसमें शामिल नहीं था

उत्तर (d)

व्याख्या द्वितीय विश्व युद्ध के संबंध में कथन (d) सही नहीं है, क्योंकि द्वितीय विश्व युद्ध (1939-45) में भारत शामिल हुआ था। तत्कालीन भारत की सरकार ने राष्ट्रीय कांग्रेस या केंद्रीय धारा सभा के चुने हुए सदस्यों से बिना परामर्श लिए युद्ध में शामिल होने की घोषणा कर दी थी। द्वितीय विश्वयुद्ध सितंबर, 1939 में आरंभ हुआ, जब जर्मन प्रसारवाद की हिटलर की नीति के अनुसार, नाजी जर्मनी ने पोलैंड पर आक्रमण कर दिया था। इससे पूर्व वह आस्ट्रिया (मार्च, 1938) और चेकोस्लोवाकिया (मार्च, 1939) पर अधिकार कर चुका था।

18 कथन (A) वर्ष 1939 में सभी प्रांतों में कांग्रेसी मंत्रिमंडल ने त्याग पत्र दे दिया।

कारण (R) कांग्रेस ने द्वितीय विश्वयुद्ध के संदर्भ में वायसराय के जर्मनी के विरुद्ध युद्ध घोषित कर देने के निर्णय को स्वीकार नहीं किया।

(Chap 13, Class-XII, Old NCERT) (IAS Pre 2008)

कूट

(a) A और R दोनों सही हैं तथा R, A की सही व्याख्या है
(b) A और R दोनों सही हैं, परंतु R, A की सही व्याख्या नहीं है
(c) A तथा R दोनों गलत हैं
(d) A की व्याख्या R नहीं है

उत्तर (a)

व्याख्या A और R दोनों सही हैं तथा R, A की सही व्याख्या है।
वर्ष 1939 में कांग्रेस मंत्रिमंडल के त्याग-पत्र देने का प्रमुख कारण भारतीय राष्ट्रीय कांग्रेस की सहमति के बिना भारतीयों को द्वितीय विश्व युद्ध में ब्रिटिश सरकार द्वारा शामिल किया जाना था।

हालाँकि कांग्रेस फासीवाद विरोधी शक्तियों के विरुद्ध संघर्ष में लोकतांत्रिक शक्तियों की सहायता हेतु तैयार थे, परंतु उन्होंने ब्रिटिश सरकार से माँग की कि उन्हें स्वाधीन घोषित कर दिया जाए अन्यथा कम-से-कम भारतीयों को समुचित अधिकार प्रदान किए जाए, जिससे वह युद्ध में सक्रिय रूप से अपनी भागीदारी

का निर्वहन कर सकें। लेकिन ब्रिटिश शासन ने इन माँगों को मानने से इंकार कर दिया और कार्रवाई हेतु अल्पसंख्यकों और राजाओं को कांग्रेस के विरुद्ध कर दिया, जिससे क्षुब्ध होकर कांग्रेस मंत्रिमंडल ने त्याग-पत्र दे दिया था।

19 श्री कृष्ण सिंह द्वारा गठित बिहार की निर्वाचित सरकार ने फरवरी, 1938 में किस कारण से त्याग पत्र दे दिया?

(Chap 9, Class-VIII, New NCERT)
(BPSC Pre 2023)

(a) गाँधीजी द्वारा ब्रिटिश के विरुद्ध सत्याग्रह आंदोलन के कारण
(b) भारत की आजादी के आंदोलन में भाग लेने के कारण
(c) राजनीतिक कैदियों को छोड़ने के कारण
(d) उपर्युक्त में से एक से अधिक
(e) उपर्युक्त में से कोई नहीं

उत्तर *(c)*

व्याख्या श्री कृष्ण सिंह द्वारा गठित बिहार की निर्वाचित सरकार ने फरवरी, 1938 में राजनीतिक कैदियों को छोड़ने के कारण त्याग पत्र दे दिया था। बिहार के क्रांतिकारियों योगेंद्र शुक्ला, बसावन सिंह (सिन्हा), श्यामदेव नारायण उर्फ राम सिंह, राम प्रताप सिंह इत्यादि क्रांतिकारियों को दिसंबर, 1932 में अंडमान में स्थानांतरित कर दिया गया। वर्ष 1937 में बिहार राज्य के प्रथम मुख्यमंत्री श्री कृष्ण सिंह ने वायसराय के समक्ष इन राजनीतिक कैदियों की रिहाई के लिए दबाव डाला।

20 नीचे दी गई ऐतिहासिक घटनाओं को कालानुक्रम के अनुसार व्यवस्थित करें तथा दिए गए कूट का प्रयोग कर सही उत्तर चुनें

(Chap 9, Class-VIII, New NCERT)

1. भारत छोड़ो आंदोलन
2. क्रिप्स मिशन
3. नौसेना बिद्रोह
4. लाल किला मुकदमा

कूट

(a) 1, 2, 3, 4 (b) 2, 1, 4, 3
(c) 1, 2, 4, 3 (d) 2, 1, 3, 4

उत्तर *(b)*

व्याख्या उपर्युक्त दी गई घटनाओं का सही कालानुक्रम 2, 1, 4, 3 है।

क्रिप्स मिशन मार्च, 1942 में भारत आया था, जिसका उद्देश्य भारत को डोमिनियन राज्य के रूप में स्थापित करना था। भारत छोड़ो आंदोलन 9 अगस्त, 1942 को प्रारंभ किया गया, जो एक विशाल उपनिवेशवाद विरोधी संघर्ष था, जिसके नेतृत्वकर्ता गाँधीजी थे, जिन्होंने इस आंदोलन के दौरान 'करो या मरो' का मंत्र दिया था।

नवंबर, 1945 में सरकार ने आजाद हिंद फौज के कैदियों पर सार्वजनिक मुकदमा चलाने का निर्णय लिया। मुकदमा, लाल-किले में एक सिख (गुरुबख्श सिंह), एक हिंदू (प्रेम कुमार सहगल) और एक मुसलमान (शाहनवाज खान) को एक ही कटघरे में खड़ा करके चलाया गया। फरवरी, 1946 को लगभग 1100 भारतीय नाविकों या HMIS तलवार के नाविकों और रॉयल इंडियन नेवी ने भूख हड़ताल की घोषणा की, जिसे इतिहास में नौसेना विद्रोह के नाम से जाना जाता है।

21 सर स्टेफोर्ड क्रिप्स की योजना में यह परिकल्पना थी कि द्वितीय विश्वयुद्ध के बाद

(Chap 13, Class-XII, Old NCERT)

(a) भारत को पूर्ण स्वतंत्रता प्रदान की जानी चाहिए
(b) स्वतंत्रता प्रदान करने के पहले भारत को दो भागों में विभाजित कर दिया जाएगा
(c) डोमिनियन राज्य के दर्जे के साथ एक भारतीय संघ स्थापित किया जाएगा
(d) अंतरिम सरकार का गठन किया जाएगा

उत्तर *(c)*

व्याख्या सर स्टेफोर्ड क्रिप्स की योजना में यह परिकल्पना थी कि द्वितीय विश्वयुद्ध के बाद भारत में डोमिनियन राज्य के दर्जे के साथ एक भारतीय संघ की स्थापना की जाएगी। यह संघ राष्ट्रमण्डल के साथ अपने संबंधों का निर्धारण करने में स्वतत्र होगा।

क्रिप्स मिशन द्वितीय विश्व युद्ध में भारतीयों से सहयोग पाने की आकांक्षा हेतु कैबिनेट मंत्री सर स्टेफोर्ड क्रिप्स के नेतृत्व में मार्च, 1942 में भारत आया था। इस मिशन का उद्देश्य "भारत में जितनी जल्दी हो सके स्वशासन की स्थापना (डोमिनियन स्टेट्स प्रदान करना) करना था।" क्रिप्स मिशन और भारतीय नेताओं के बीच चली वार्ता असफल रही, क्योंकि ब्रिटिश शासन ने कांग्रेस की यह माँग मानने से इंकार कर दिया कि वास्तविक शक्ति तत्काल भारतीयों को सौंपी जाए।

22 कथन (A) **अक्टूबर, 1940 में गाँधीजी द्वारा कुछ चुने हुए व्यक्तियों को साथ लेकर सीमित पैमाने पर सत्याग्रह चलाने का निर्णय लिया गया।**

कारण (R) **इसमें सत्याग्रह करने वाले प्रथम व्यक्ति जवाहरलाल नेहरू थे।**

(Chap 13, Class-XII, Old NCERT)

कूट

(a) A और R दोनों सही हैं तथा R, A की सही व्याख्या है
(b) A और R दोनों सही हैं, परंतु R, A की सही व्याख्या नहीं है
(c) A सही है, किंतु R गलत है
(d) A गलत है, किंतु R सही है

उत्तर *(c)*

व्याख्या A सही है, किंतु R गलत है।

अक्टूबर, 1940 में महात्मा गाँधी ने ब्रिटिश नीतियों के विरुद्ध कुछ चुने हुए व्यक्तियों के साथ सीमित पैमाने पर सत्याग्रह प्रारंभ करने का निर्णय लिया। सत्याग्रह को सीमित इसलिए रखा गया ताकि देश में उथल-पुथल न हो, ब्रिटेन के युद्ध प्रयासों में बाधा न पड़े।

सत्याग्रह करने वाले प्रथम व्यक्ति विनोबा भावे थे न कि जवाहरलाल नेहरू। इस दौरान 15 मई, 1941 तक लगभग 25,000 से अधिक सत्याग्रहियों को गिरफ्तार भी किया जा चुका था।

23 सूची I को सूची II से सुमेलित कीजिए

(Chap 12, Class-VIII, Old NCERT)

सूची I (व्यक्तिगत सत्याग्रही)	सूची II (संबंध)
A. राजगोपालाचारी	1. पंजाब
B. मियाँ इफ्तिखारउद्दीन	2. मद्रास
C. एन.वी. गॉडगिल	3. बिहार
D. श्रीकृष्ण सिंह	4. महाराष्ट्र

कूट

	A	B	C	D		A	B	C	D
(a)	1	2	3	4	(b)	2	1	4	3
(c)	4	1	2	3	(d)	3	1	2	4

उत्तर *(b)*

व्याख्या सही सुमेलन A-2, B-1, C-4, D-3 है।

महात्मा गाँधी द्वारा प्रारंभ किए गए व्यक्तिगत सत्याग्रह में कुछ ही समय के पश्चात् करीब 25,000 सत्याग्रहियों ने अपनी गिरफ्तारी दी थी, इनमें अधिकांशत: कांग्रेस के नेता थे।

व्यक्तिगत सत्याग्रहियों में मद्रास से सी. राजगोपालाचारी, पंजाब से मियाँ इफ्तिखारउद्दीन, महाराष्ट्र से एन.वी. गॉडगिल और बिहार से श्रीकृष्ण सिंह शामिल थे।

24 भारत छोड़ो आंदोलन के संबंध में कौन-सा कथन सही है? *(Chap 13, Class-XII, Old NCERT)*

(a) 8 अगस्त, 1942 को बंबई में हुई अखिल भारतीय कांग्रेस कमेटी की बैठक में 'भारत छोड़ो' प्रस्ताव स्वीकार किया गया
(b) 9 अगस्त को गाँधीजी समेत अधिकांश प्रमुख नेताओं को गिरफ्तार कर लिया गया
(c) कांग्रेस को गैर-कानूनी घोषित कर दिया गया
(d) उपर्युक्त सभी

उत्तर *(d)*

व्याख्या भारत छोड़ो आंदोलन के संबंध में दिए गए सभी कथन सही हैं।

8 अगस्त, 1942 को भारत छोड़ो प्रस्ताव को नेहरू जी ने पेश किया था, जो कुछ संशोधनों के साथ स्वीकार कर लिया गया। इस प्रस्ताव को मुंबई के ऐतिहासिक ग्वालिया टैंक मैदान में कांग्रेस की बैठक में प्रस्तुत किया गया था।

9 अगस्त, 1942 को आंदोलन के प्रारंभ होते ही 'ऑपरेशन जीरो आवर' के अंतर्गत गाँधीजी, अबुल कलाम आजाद सहित अन्य कई कांग्रेसी नेताओं को गिरफ्तार कर लिया गया था।

इन नेताओं में से गाँधीजी और सरोजिनी नायडू को आगा खाँ पैलेस में, जवाहरलाल नेहरू, पट्टाभि सीतारमैया, आचार्य कृपलानी आदि को अहमदनगर जेल में, राजेंद्र प्रसाद को पटना जेल में तथा जयप्रकाश नारायण को हजारीबाग जेल में बंद करके रखा गया था।

कांग्रेसी नेता 15 जून, 1945 तक बंदीगृह में रहे थे और इसके साथ ही ब्रिटिश सरकार ने अखिल भारतीय कांग्रेस समिति, कांग्रेस कार्यकारिणी तथा प्रांतीय कांग्रेस समिति को गैर-कानूनी घोषित कर दिया था।

25 भारत छोड़ो आंदोलन के संबंध में निम्न कथनों पर विचार कीजिए *(Chap 13, Class-XII, Old NCERT)*

1. यह एक स्वत: स्फूर्त एवं हिंसक आंदोलन था।
2. इस आंदोलन को सभी वर्गों का समर्थन प्राप्त था।
3. इस आंदोलन के दौरान संयुक्त प्रांत, बिहार, पश्चिम बंगाल, उड़ीसा, आंध्र प्रदेश तमिलनाडु एवं महाराष्ट्र के अनेक भागों में ब्रिटिश शासन लुप्त हो गया।

उपर्युक्त में से कौन-सा/से कथन सही नहीं है/हैं?

(a) 1 और 2 (b) 1, 2 और 3 (c) केवल 2 (d) केवल 3

उत्तर *(c)*

व्याख्या भारत छोड़ो आंदोलन के संबंध में कथन (2) सही नहीं है, क्योंकि भारत छोड़ो आंदोलन को सभी वर्गों का समर्थन प्राप्त नहीं था। आमतौर पर छात्र, मजदूर और किसान ही इस आंदोलन के आधार थे, जबकि उच्च वर्गों के लोग अथवा नौकरशाह सरकार के वफादार बने रहे।

26 भारत छोड़ो आंदोलन के दौरान किन स्थानों पर समानांतर सरकार गठित नहीं हुई थी? *(Chap 13, Class-XII, Old NCERT)*

1. बंबई के पुणे जिले
2. उत्तर प्रदेश के गाजीपुर जिले
3. बिहार के भागलपुर जिले
4. बंगाल के मिदनापुर जिले

कूट

(a) 1 और 3 (b) 1, 2 और 3
(c) 2 और 3 (d) 3 और 4

उत्तर *(b)*

व्याख्या भारत छोड़ो आंदोलन के दौरान बंबई के पुणे, उत्तर प्रदेश के गाजीपुर और बिहार के भागलपुर जिले में समानांतर सरकारें गठित नहीं हुई थीं, जबकि बंगाल के मिदनापुर जिले के तामलुक में समानांतर सरकार गठित हुई थी।

भारत छोड़ो आंदोलन के समय गठित समानांतर सरकारें निम्नवत् हैं

क्षेत्र	अवधि	नेतृत्व
बलिया	1 सप्ताह, अगस्त, 1942	चित्तु पांडेय
तामलुक	दिसंबर, 1942 से सितंबर, 1944 तक	सतीश सामंत, किसान विधवा मातंगी-हजारा
सतारा	अगस्त, 1943 से मई, 1946 तक	क्रांति सिन्हा, नाना पाटिल, वाई. वी. चह्वाण

27 क्रिप्स मिशन के प्रस्तावों के संदर्भ में, निम्नलिखित कथनों पर विचार कीजिए *(Chap 9, Class-VIII, New NCERT)* *(IAS Pre 2022)*

1. संविधान सभा में प्रांतीय विधानसभाओं और साथ ही भारतीय रियासतों द्वारा नामित सदस्य होंगे।
2. नया संविधान स्वीकार करने के लिए, जो भी प्रांत तैयार नहीं होगा, उसे यह अधिकार होगा कि अपनी भावी स्थिति के बारे में ब्रिटेन के साथ अलग संधि पर हस्ताक्षर करें।

उपर्युक्त कथनों में से कौन-सा/से कथन सही है/हैं?

(a) केवल 1 (b) केवल 2
(c) 1 और 2 (d) न तो 1 और न ही 2

उत्तर *(b)*

व्याख्या क्रिप्स मिशन के प्रस्तावों के संदर्भ में कथन (2) सही है।

क्रिप्स मिशन भारत में वर्ष 1942 में आया था। इसका उद्देश्य भारत को ब्रिटेन के पक्ष में द्वितीय विश्वयुद्ध में शामिल करना था। इसने प्रस्ताव दिया कि युद्ध के उपरांत भारत को डोमिनियन स्टेट्स का दर्जा दिया जाएगा। इसके साथ ही यह भी प्रस्ताव रखा कि कोई भी प्रांत यदि भारतीय प्रांत में शामिल होने का इच्छुक नहीं होगा, तो उसे अधिकार होगा कि ब्रिटेन से अलग संधि पर हस्ताक्षर करें तथा उसे अलग संविधान बनाने की अनुमति होगी।

कथन (1) सही नहीं है, क्योंकि क्रिप्स मिशन के अनुसार, देश का नया संविधान बनाने के लिए एक संविधान सभा (संविधान निर्मात्री परिषद्) का गठन किया जाएगा। इसके कुछ सदस्य प्रांतीय विधायिकाओं द्वारा निर्वाचित किए जाएँगे तथा कुछ (रियासतों का प्रतिनिधित्व करने के लिए) राजाओं द्वारा मनोनीत किए जाएँगे।

28 क्रिप्स मिशन के संबंध में नीचे दिए गए कथनों पर विचार कीजिए *(Unit 7, Class-XII, Tamil Nadu Board)*

1. क्रिप्स मिशन वर्ष 1942 में भारत आया।
2. इस मिशन के अध्यक्ष स्टेफोर्ड क्रिप्स भारतीय राष्ट्रीय आंदोलन के समर्थक थे।
3. इस मिशन का उद्देश्य भारत में पूर्ण स्वतंत्रता स्थापित करना था।

उपर्युक्त में से कौन-सा/से कथन सही है/हैं?

(a) 1 और 2 (b) केवल 2 (c) 2 और 3 (d) केवल 3

उत्तर *(a)*

व्याख्या क्रिप्स मिशन के संबंध में कथन (1) और (2) सही हैं।

वर्ष 1942 में ब्रिटिश युद्ध मंत्रिमंडल द्वारा युद्ध के बाद भारत को डोमिनियन का दर्जा देने तथा कनाडा और ऑस्ट्रेलिया जैसे अन्य उपनिवेशों के समान भारतीयों के साथ समान व्यवहार करने के निर्णय के बाद क्रिप्स मिशन भेजा गया था। इस मिशन के अध्यक्ष स्टेफोर्ड क्रिप्स लेबर पार्टी के उग्र सदस्य एवं भारतीय राष्ट्रीय आंदोलन के पक्के समर्थक थे।

कथन (3) सही नहीं है, क्योंकि इस मिशन का उद्देश्य भारत में पूर्ण स्वतंत्रता स्थापित करना नहीं था, बल्कि भारत को एक डोमिनियन स्टेट्स प्रदान करना था अर्थात् ब्रिटिश साम्राज्य के अधीनस्थ जो अर्ध-स्वतंत्र सत्ताएँ थीं उन्हें स्वायत्त उपनिवेश या डोमिनियन कहा जाता था।

29 भारत छोड़ो आंदोलन के संबंध में नीचे दिए गए कथनों पर विचार कीजिए *(Chap 13, Class-XII, New NCERT)*

1. यह आंदोलन स्वत: स्फूर्त था।
2. यह एक हिंसक आंदोलन था।
3. उच्च वर्ग के लोग तथा नौकरशाही ने बढ़-चढ़ कर इस आंदोलन में भाग लिया।

उपर्युक्त में से कौन-सा/से कथन सही है/हैं?

(a) केवल 1 (b) 2 और 3 (c) 1 और 2 (d) 1 और 3

उत्तर (c)

व्याख्या भारत छोड़ो आंदोलन के संबंध में कथन (1) और (2) सही हैं। अखिल भारतीय कांग्रेस कमेटी की बैठक 8 अगस्त, 1942 को ग्वालिया टैंक, बॉम्बे में हुई और भारत छोड़ो प्रस्ताव पारित किया गया। 8 और 9 अगस्त, 1942 को सरकार ने कांग्रेस के सभी प्रमुख नेताओं को गिरफ्तार कर लिया। इन गिरफ्तारियों की खबर ने पूरे देश को संकट में डाल दिया और हर जगह विरोध में एक स्वत: स्फूर्त आंदोलन उठ खड़ा हुआ।

लगभग संपूर्ण देश में कारखानों, स्कूल-कॉलेजों में हड़तालों का आयोजन हुआ, जिसमें शामिल लोगों पर लाठीचार्ज व फायरिंग की गई, जिससे आंदोलन हिंसक हो उठा। अत: यह आंदोलन, अहिंसात्मक नहीं था।

कथन (3) सही नहीं है, क्योंकि इस आंदोलन के दौरान उच्च वर्ग के लोगों ने एवं नौकरशाहों ने अंग्रेजों का समर्थन किया था।

30 दिल्ली के लाल किला के मुकदमे के संबंध में विचार कीजिए *(Chap 13, Class-XII, Old NCERT)*

1. सरकार ने इस मुकदमे में जनरल शाहनवाज, जनरल गुरुदयाल सिंह ढिल्लो और जनरल प्रेम सहगल पर दिल्ली के लाल किले में मुकदमा चलाने का फैसला किया।
2. ये लोग पहले ब्रिटिश सेना के अधिकारी थे।
3. कोर्ट मार्शल में आजाद हिंद फौज के इन बंदियों को दोष मुक्त करार दिया गया।

उपर्युक्त में से कौन-सा/से कथन सही है/हैं?

(a) केवल 1 (b) 1 और 2 (c) 1 और 3 (d) 2 और 3

उत्तर (b)

व्याख्या दिल्ली के लाल किले के मुकदमे के संबंध में कथन (1) और (2) सही हैं। आजाद हिंद फौज के मुकदमे से तात्पर्य नवंबर, 1945 से लेकर मई, 1946 तक आजाद हिंद फौज के अनेक अधिकारियों पर चले कोर्ट मार्शल से है। इस दौरान कुल दस मुकदमे चले, जिसमें पहला और सबसे प्रसिद्ध मुकदमा दिल्ली के लाल किले में चला था। इस मुकदमे में कर्नल प्रेम सहगल, कर्नल गुरुबख्श सिंह ढिल्लो तथा मेजर जनरल शाहनवाज खान संयुक्त रूप से अभियुक्त थे। पूर्व में ये सभी ब्रिटिश सेना के अधिकारी थे। इन लोगों की तरफ से मुकदमे को भूलाभाई देसाई ने प्रस्तुत किया था। इस मुकदमे में भूलाभाई देसाई के साथ बचाव पक्ष में से तेज बहादुर सप्रू, जवाहरलाल नेहरू, आसफ अली तथा काटजू भी शामिल थे।

कथन (3) सही नहीं है, क्योंकि कोर्ट मार्शल में आजाद हिंद फौज के इन बंदियों की अंग्रेजी सरकार के कमांडर इन चीफ सर क्लॉड अक्लनिक के द्वारा उम्र कैद की सजा को माफ कर दिया गया था।

31 नीचे दी गई घटनाओं को उनके कालक्रम से व्यवस्थित कीजिए *(Chap 13, Class-XII, Old NCERT)*

1. द्वितीय विश्वयुद्ध का आरंभ
2. भारत छोड़ो आंदोलन
3. क्रिप्स मिशन
4. द्वितीय विश्व युद्ध की समाप्ति

कूट

(a) 1, 2, 3, 4 (b) 1, 3, 2, 4 (c) 3, 2, 1, 4 (d) 2, 1, 3, 4

उत्तर (b)

व्याख्या प्रश्न में वर्णित घटनाओं का सही क्रम 1, 3, 2, 4 है।

द्वितीय विश्वयुद्ध का आरंभ 1 सितंबर, 1939 को हुआ था।

क्रिप्स मिशन को सर स्टेफोर्ड क्रिप्स की अध्यक्षता में गठित कर 22 मार्च, 1942 को भारत भेजा गया था।

9 अगस्त, 1942 को भारत छोड़ो आंदोलन प्रारंभ किया गया था।

द्वितीय विश्व युद्ध की समाप्ति अगस्त, 1945 में हुई थी।

32 कथन I वर्ष 1942 में एस एन टैगोर ने इंडियन रेवोल्यूशनरी कम्युनिस्ट पार्टी की स्थापना की।

कथन II 13 दिसंबर, 1946 को संविधान सभा में डॉ. बी. आर. अंबेडकर ने 'उद्देश्य प्रस्ताव' प्रस्तुत किया। *(Chap 9, Class-VIII, New NCERT)* *(HPPSC Pre 2023)*

कूट

(a) कथन I और II दोनों सही हैं
(b) कथन I और II दोनों गलत हैं
(c) कथन I सही है, किंतु II गलत है
(d) कथन I गलत है, किंतु II सही है

उत्तर (b)

व्याख्या दिए गए कथनों में कथन I और II दोनों गलत हैं।

सौम्येन्द्रनाथ टैगोर ने वर्ष 1934 मे इंडियन रेवोल्यूशनरी कम्युनिस्ट पार्टी की स्थापना की। यह राजनीतिक दल बंगाल तथा असम में सक्रिय था।

13 दिसंबर, 1946 को संविधान सभा में जवाहरलाल नेहरू ने 'उद्देश्य प्रस्ताव' प्रस्तुत किया, जिसे संविधान सभा ने 22 जनवरी, 1947 को उद्देशिका के रूप में स्वीकृत किया था।

33 कैबिनेट मिशन, 1946 के संबंध में नीचे दिए गए कथनों पर विचार कीजिए

(Chap 9, Class-VIII, New NCERT) (Chap 13, Class-XII, New NCERT)

1. इसे भारतीयों को सत्ता सौंपने की शर्तों के बारे में बातचीत करने के लिए भेजा गया था।
2. इस मिशन ने भारत में दो स्तरों वाली एक संघीय योजना का प्रस्ताव किया।
3. कैबिनेट मिशन ने संघीय केंद्र को केवल प्रतिरक्षा, विदेशी मामलों एवं संचार विषयों पर नियंत्रण की सिफारिश की थी।

उपर्युक्त में से कौन-सा/से कथन सही है/हैं?

(a) केवल 1 (b) 2 और 3 (c) 1 और 3 (d) ये सभी

उत्तर (d)

व्याख्या उपर्युक्त दिए गए कथनों में सभी कथन सही हैं।

सितंबर, 1945 में ब्रिटेन में नई निर्वाचित लेबर सरकार ने भारत के लिए एक संविधान सभा बनाने का प्रस्ताव व्यक्त किया, जिसके उद्देश्य को पूरा करने के लिए कैबिनेट मिशन भारत भेजा गया। कैबिनेट मिशन ने भारतीय नेताओं से भारतीयों को सत्ता सौंपने की शर्तों के बारे में बातचीत की। इस मिशन ने भारत में दो स्तरों वाली एक संघीय योजना का प्रस्ताव किया, जिसका उद्देश्य था कि क्षेत्रीय स्वायत्ता देकर भी राष्ट्रीय एकता को बनाए रखा जाए। कैबिनेट मिशन ने संघीय केंद्र को केवल प्रतिरक्षा, विदेशी मामलों एवं संचार विषयों पर नियंत्रण की सिफारिश की थी।

34 सुभाषचंद्र बोस के संबंध में निम्नलिखित कथनों पर विचार कीजिए *(Chap 13, Class-XII, Old NCERT)*

1. उन्होंने 21 अक्टूबर, 1943 को सिंगापुर में अंतरिम सरकार की स्थापना की थी।
2. उन्होंने अंडमान पर भारत का झंडा फहराया।
3. उन्होंने करो या मरो का नारा दिया।

उपर्युक्त में से कितने कथन सही नहीं है/हैं?

(a) केवल एक
(b) केवल दो
(c) सभी तीन
(d) इनमें से कोई नहीं

उत्तर (a)

व्याख्या सुभाषचंद्र बोस के संबंध में केवल एक कथन अर्थात् कथन (3) सही नहीं है, क्योंकि महात्मा गाँधी ने भारत छोड़ो आंदोलन के दौरान अपने ऐतिहासिक संबोधन में 'करो या मरो' का आहवान किया था न कि सुभाषचंद्र बोस ने।

35 कैबिनेट मिशन निम्नलिखित में से किसके लिए भारत भेजा गया था?

1. एक राष्ट्रीय सरकार की स्थापना के लिए
2. सत्ता के हस्तांतरण हेतु एक संवैधानिक व्यवस्था तैयार करने के लिए
3. पाकिस्तान हेतु जिन्ना की माँग के ब्यौरों पर कार्य करने के लिए

(Chap 9, Class-VIII, New NCERT)
(Chap 13, Class-XII, New NCERT) (BPSC Pre 2023)

(a) केवल 3
(b) केवल 1
(c) केवल 2
(d) इनमें से एक से अधिक

उत्तर (d)

व्याख्या कैबिनेट मिशन के संबंध में विकल्प (d) सही है। कैबिनेट मिशन, ब्रिटिश प्रधानमंत्री क्लीमेंट एटली के द्वारा ब्रिटिश भारत सरकार से भारतीय नेताओं को शक्तियों के हस्तांतरण के लिए भारत में भेजा गया मिशन था, जिसका कार्य भारत में सत्ता के हस्तांतरण के लिए एक संवैधानिक व्यवस्था तैयार करना तथा एक राष्ट्रीय सरकार की स्थापना करना था।

फरवरी 1946 में ब्रिटेन के प्रधानमंत्री एटली ने भारत में एक तीन सदस्यीय उच्च-स्तरीय शिष्टमंडल भेजने की घोषणा की। इस शिष्ट मंडल में ब्रिटिश कैबिनेट के तीन सदस्य-लॉर्ड पैथिक लारेंस (भारत सचिव), सर स्टेफोर्ट क्रिप्स (व्यापार बोर्ड के अध्यक्ष) तथा ए.वी. अलेक्जेंडर (नौसेना मंत्री) थे। कैबिनेट मिशन मार्च, 1946 में भारत आया। कैबिनेट मिशन ने पाकिस्तान की माँग को अस्वीकार कर दिया, इन्होंने इसे अव्यावहारिक बताया, क्योंकि इससे सांप्रदायिकता की समस्या का समाधान नहीं हो सकता था।

कैबिनेट मिशन ने पाकिस्तानी माँग को अस्वीकार कर दिया, इन्होंने इसे अव्यवहारिक बताया, क्योंकि इसमें सांप्रदायिकता की समस्या का समाधन नहीं हो सकता था।

36 जवाहरलाल नेहरू के नेतृत्व में कांग्रेस ने एक अंतरिम मंत्रिमंडल का गठन कब किया था? *(Chap 13, Class-XII, Old NCERT)*
(UPPSC Mains 2016)

(a) जुलाई, 1946
(b) अगस्त, 1946
(c) सितंबर, 1946
(d) अक्टूबर, 1946

उत्तर (c)

व्याख्या जवाहरलाल नेहरू के नेतृत्व में कांग्रेस ने एक अंतरिम मंत्रिमंडल का गठन 2 सितंबर, 1946 को किया था। प्रारंभ में मुस्लिम लीग ने अंतरिम मंत्रिमण्डल में शामिल होने से मना कर दिया था, किंतु बाद में (अक्टूबर में) वह मंत्रिमंडल में शामिल हो गई। इस अंतरिम मंत्रिमंडल में जवाहरलाल नेहरू, वल्लभभाई पटेल, डॉ. राजेंद्र प्रसाद, आसफ अली, सी. राजगोपालाचारी, जॉन मथाई, लियाकत अली, इब्राहिम इस्माइल चुंद्रीगर, अब्दुल रब निश्तर, गजनफर अली तथा जोगेन्द्र नाथ मण्डल शामिल थे। ये सदस्य औपचारिक रूप से वायसराय की कार्यकारिणी परिषद् के सदस्य थे।

37 निम्न कथनों पर विचार कीजिए *(Chap 13, Class-XII, Old NCERT)*

1. फरवरी, 1947 में लॉर्ड माउंटबेटन को वायसराय बनाकर भारत भेजा गया।
2. माउंटबेटन ने कांग्रेस एवं लीग से बातचीत के उपरांत भारत विभाजन का रास्ता खोजा।

उपर्युक्त में से कौन-सा/से कथन सही नहीं है/हैं?

(a) केवल 1
(b) केवल 2
(c) 1 और 2
(d) न तो 1 और न ही 2

उत्तर (a)

व्याख्या दिए गए कथनों में से कथन (1) सही नहीं है, क्योंकि मार्च, 1947 में लॉर्ड लुई माउंटबेटन भारत का वायसराय बनकर आया था न कि फरवरी, 1947 में।

कथन (2) सही है, क्योंकि लॉर्ड माउंटबेटन ने भारत आगमन के पश्चात् कांग्रेस और मुस्लिम लीग के नेताओं से लंबी बातचीत की, लेकिन समझौते के पश्चात् देश विभाजन के रूप में एक हल निकाला गया और पाकिस्तान नामक एक नए राज्य की स्थापना को प्रस्तावित किया गया।

38 निम्न में से किस रियासत को 'जनमत संग्रह' के द्वारा भारतीय संघ में मिलाया गया? *(Chap 13, Class-XII, Old NCERT)*

(a) हैदराबाद
(b) कश्मीर
(c) जूनागढ़
(d) सतारा

उत्तर (c)

व्याख्या जूनागढ़ रियासत को 'जनमत संग्रह' के द्वारा भारतीय संघ में मिलाया गया था। भारत और पाकिस्तान के स्वाधीन होने की घोषणा 3 जून, 1947 को की गई। तत्कालीन रजवाड़ों को यह छूट दी गई कि वे किसी भी राज्य में शामिल हो सकते हैं।

सरदार वल्लभभाई पटेल की सफल कूटनीति के कारण और अधिकांश रजवाड़ों की जनता ने भारत में शामिल होने का फैसला किया। काठियावाड़ के समुद्र तट पर स्थित जूनागढ़ रियासत की जनता ने भी भारत में शामिल होने की इच्छा जताई, लेकिन वहाँ का नवाब पाकिस्तान में शामिल होना चाहता था। अंततः भारतीय सैन्य कार्रवाई के द्वारा राज्य पर कब्जा कर वहाँ एक जनमत संग्रह कराया गया और परिणाम भारत में शामिल होने के पक्ष में निकला।

39 निम्नलिखित में किन क्षेत्रों को मिलाकर वर्ष 1947 में पाकिस्तान का एक पृथक् राज्य के रूप में गठन हुआ था?
(Chap 13, Class-XII, Old NCERT)

(a) पश्चिमी पंजाब
(b) पूर्वी बंगाल
(c) सिंध और पश्चिमोत्तर सीमा प्रांत
(d) ये सभी

उत्तर (d)

व्याख्या अगस्त, 1947 में पश्चिमी पंजाब, पूर्वी बंगाल तथा सिंध और पश्चिमोत्तर सीमा प्रांत को मिलाकर एक पृथक् पाकिस्तान देश की स्थापना की गई थी। वर्तमान में पाकिस्तान का पूर्वी प्रांत वर्ष 1971 के भारत-पाकिस्तान युद्ध के पश्चात् बांग्लादेश के रूप में एक स्वतंत्र राज्य बना। 'पाकिस्तान' शब्द का जन्म वर्ष 1933 में कैंब्रिज विश्वविद्यालय के छात्र चौधरी रहमत अली द्वारा हुआ था।

40 14 अगस्त, 1947 को संविधान सभा में आधी रात को प्रथम प्रधानमंत्री जवाहरलाल नेहरू द्वारा जो भाषण दिया गया था, उसका नाम क्या था? *(Chap 13, Class-XII, Old NCERT)*

(a) भाग्य विधाता से मिलन
(b) नियति से मिलन
(c) प्रगति से मिलन
(d) प्रकृति से मिलन

उत्तर (b)

व्याख्या 14 अगस्त, 1947 की रात को जवाहरलाल नेहरू द्वारा संविधान सभा के समक्ष, जो प्रसिद्ध स्मरणीय वक्तव्य दिया गया, उसे 'नियति से मिलन' के रूप में संबोधित किया जाता है। अपने इस वक्तव्य में जवाहरलाल नेहरू ने देश की जनता को स्वाधीनता से अवगत कराते हुए एक नए युग में प्रवेश करने हेतु दृढ़ संकल्पित किया है।

अध्याय 32

गवर्नर, गवर्नर-जनरल एवं वायसराय

गवर्नर, गवर्नर-जनरल एवं वायसराय

बंगाल के गवर्नर एवं गवर्नर-जनरल

बंगाल के गवर्नर (1757-74)

रॉबर्ट क्लाइव (1757-60 और 1765-74)
- प्लासी के युद्ध में विजय के बाद गवर्नर बना
- बंगाल मे दोहरी सरकार की स्थापना, व्यापार विभाग की स्थापना

बाद के गवर्नर
- हेनरी वैनिस्टार्ट ने बक्सर की लड़ाई में ब्रिटिश सेना का नेतृत्व किया, जॉन कार्टियर के कार्यकाल में आधुनिक भारत का पहला अकाल 1770 ई. में पड़ा; वॉरेन हेस्टिंग्स ने दोहरी शासन प्रणाली को समाप्त किया

बंगाल के गवर्नर-जनरल (1773-1833)

वॉरेन हेस्टिंग्स (1773-84)
- 1784 ई. में भ्रष्टाचार के लिए महाभियोग चलाया गया और 1795 में बरी कर दिया गया; राजस्व संग्रह की निगरानी के लिए कलकत्ता में राजस्व बोर्ड की स्थापना की गई
- प्रत्येक जिले में कलेक्टर की नियुक्ति

लॉर्ड कॉर्नवालिस (1786-93)
- ब्रिटिश भारत के प्रशासन के लिए सिविल सेवाओं की शुरुआत; 1793 ई. में कॉर्नवालिस कोड द्वारा राजस्व प्रशासन को न्याय प्रशासन से अलग किया

लॉर्ड वेलेजली (1798-1805)
- चतुर्थ आंग्ल - मैसूर युद्ध और टिपू सुल्तान की मृत्यु; द्वितीय आंग्ल-मराठा युद्ध में सिंधिया, मोसने और होलकर की पराजय

सर जॉर्ज बार्लो (1805-07)
- 1806 ई. में सिपाहियों का वेल्लोर विद्रोह

लॉर्ड मिंटो प्रथम (1807-13) - 1809 ई. में रणजीत सिंह के साथ अमृतसर की संधि

लॉर्ड हेस्टिंग्स (1813-23)
- 1816 ई. में गोरखा राजशाही के साथ सुगौली की संधि, तृतीय-मराठा युद्ध के बाद मराठों की शक्ति को समाप्त कर दिया

भारत के गवर्नर-जनरल

लॉर्ड विलियम बैण्टिक (1828-35)
- भारत में आधुनिक पश्चिमी शिक्षा के जनक; 1829 ई.में सती प्रथा की समाप्ति ; 1830 ई. में ठगी का दमन;

चार्ल्स मेटकॉफ (1835-36)
- समाचार-पत्रों का मुक्तिदाता

लॉर्ड आकलैंड (1836-42)
- 1838 ई. में अंग्रेज, रणजीत सिंह एवं शाहशुजा के बीच त्रिपक्षीय संधि हुई, शेरशाह मार्ग का नाम परिवर्तन कर ग्रांड ट्रंक रोड कर दिया गया।

लॉर्ड एलनबरो (1842-44)
- चार्ल्स नेपियर के नेतृत्व में 1843 ई. में सिंध को अंग्रेजी साम्राज्य में मिलाया गया
- भारतीय दास प्रथा अधिनियम, 1843 द्वारा भारत में दास प्रथा का अंत

लॉर्ड हार्डिंग (1844-48)
- प्रथम आंग्ल - सिख युद्ध जिसका समापन लाहौर की संधि (1846) द्वारा, बालिका शिशु का हत्या का निषेध तथा नरबलि प्रथा का निषेध

लॉर्ड डलहौजी (1848-56)
- हड़प नीति के तहत सतारा; जैतपुर, सम्बलपुर
- झाँसी आदि पर नियंत्रण
- शिक्षा के क्षेत्र में सुधार के लिए वुड घोषणा
- पहली रेल लाइन की शुरुआत
- इलेक्ट्रॉनिक टेलीग्राफ सेवा की शुरुआत, कराची, बम्बई तथा कलकत्ता मे बंदरगाह की स्थापना।

वायसराय

लॉर्ड कैनिंग (1856-62)
- भारत के अंतिम गवर्नर-जनरल और प्रथम वायसराय, विधवा-पुनर्विवाह अधिनियम पारित, 1857 का विद्रोह,

लॉर्ड मेयो (1869-72)
- 1872 ई. में भारत में प्रथम जनगणना संपन्न, कृषि एवं वाणिज्य विभाग का गठन, केंद्रीय एवं प्रांतीय वित्त व्यवस्था का पृथक्करण।

लॉर्ड लिटन (1876-80)
- 1877 ई. में दिल्ली दरबार का आयोजन वर्नाक्यूलर प्रेस अधिनियम का पारित होना, सिविल सेवा के लिए अधिकतम सीमा को 21 से 19 वर्ष कर दी।

लॉर्ड रिपन (1880-84)
- वर्नाक्यूलर प्रेस एक्ट का निरसन; प्रथम कारखाना अधिनियम का पारित होना; इल्बर्ट-बिल विवाद; स्थानीय स्वशासन के लिए संकल्प पारित होना।

लॉर्ड कर्जन (1899-05)
- बंगाल का विभाजन; भारतीय विश्वविद्यालय आयोग की स्थापना; पूसा मे कृषि अनुसंधान संस्थान की स्थापना

लॉर्ड मिंटो द्वितीय (1905-10)
- मुस्लिम लीग की स्थापना, स्वदेशी आंदोलन का प्रारम्भ कांग्रेस में फूट (सूरत अधिवेशन)।

लॉर्ड चेम्सफोर्ड (1916-21)
- होमरूल लीग का प्रारंभ; लखनऊ समझौते पर हस्ताक्षर; शिक्षा पर सैडलर आयोग की नियुक्ति; रॉलेट एक्ट पारित; जलियाँवाला बाग हत्याकाण्ड; असहयोग आंदोलन का प्रारंभ, तृतीय आंग्ल - अफगाल युद्ध

SOURCE New NCERT Class-VIII कैसे, कब कहाँ, व्यापार से साम्राज्य तक कंपनी की सत्ता स्थापित होती है , Old NCERT Class-X भारत का स्वाधीनता संघर्ष, Old NCERT Class XII भारत में यूरोपीयों का प्रवेश और अंग्रेजों की विजय, प्रशासनिक ढाँचा और सामाजिक एवं सांस्कृतिक नीतियाँ, भारत में ब्रिटिश सरकार की संरचना एवं आर्थिक नीतियाँ (1757-1857), स्वराज के लिए संघर्ष-II (1927-1947), 1857 ई. का विद्रोह, 1858 के बाद प्रशासनिक परिवर्तन, NIOS Class-XII Module-3, भारत में ब्रिटिश शासन का संस्थापन 1857 ई. तक, Tamil Nadu Board Class-XII ब्रिटिश शासन का प्रभाव

1 रॉबर्ट क्लाइव ने भारत का नक्शा बनाने की जिम्मेदारी किसे सौंपी थी? *(Chap 1, Class-VIII, New NCERT)*

(a) जॉर्ज मूलर (b) चार्ल्स वुड
(c) जेम्स रेनेल (d) ऑर्थर ड्यूक

उत्तर *(c)*

व्याख्या रॉबर्ट क्लाइव ने 1782 ई. में जेम्स रेनेल को भारत का नक्शा बनाने की जिम्मेदारी सौंपी थी। जेम्स रेनेल भारत पर अंग्रेजों की विजय के समर्थक थे और उन्हें इस वर्चस्व प्रक्रिया के दौरान भारतीय नक्शे को तैयार करना दिलचस्प लगा। ये एक भूगोलविद्, इतिहासकार और समुद्रशास्त्री थे, जिन्हें 'समुद्र विज्ञान का जनक' भी कहा जाता था।

2 लॉर्ड क्लाइव के संदर्भ में निम्न में से कौन-सा कथन सही नहीं है? *(Chap 1, Class-VIII, New NCERT)*

(a) 1765 ई. में मद्रास के गवर्नर जनरल के रूप में नियुक्त किया गया था।
(b) प्लासी के युद्ध में अंग्रेजों का नेतृत्व किया।
(c) 'a' और 'b' दोनों
(d) न तो 'a' और न ही 'b'

उत्तर *(a)*

व्याख्या लॉर्ड क्लाइव के संदर्भ में कथन (a) सही नहीं है, क्योंकि लॉर्ड क्लाइव 1765 ई. में बंगाल के गवर्नर के पद पर आसीन था।

कंपनी के अधीन बंगाल का प्रथम गवर्नर जनरल वॉरेन हेस्टिंग्स (1773 ई.) बना। लॉर्ड क्लाइव ने 1757 ई. में प्लासी के युद्ध में अंग्रेजों का नेतृत्व किया था। इसने बंगाल में द्वैधशासन की स्थापना की थी।

3 निम्न कथनों पर विचार कीजिए *(Chap 1, Class-VIII, New NCERT)*

1. वॉरेन हेस्टिंग्स मद्रास का प्रथम गवर्नर जनरल था।
2. वॉरेन हेस्टिंग्स के समय में रेग्युलेटिंग एक्ट को लाया गया था।

उपर्युक्त कथनों में से कौन-सा/से कथन सही है/हैं?

(a) केवल 1 (b) केवल 2
(c) 1 और 2 (d) न तो 1 और न ही 2

उत्तर *(a)*

व्याख्या दिए गए कथनों में से कथन (2) सही है।

वॉरेन हेस्टिंग्स के समय में रेग्युलेटिंग एक्ट, 1773 को लागू किया गया था। इस अधिनियम के अनुसार बंगाल के गवर्नर को अब अंग्रेजी क्षेत्रों के अधीन भारत का गवर्नर जनरल कहा जाने लगा, जिसका कार्यकाल 5 वर्ष निर्धारित किया गया था।

कथन (1) सही नहीं है, क्योंकि वॉरेन हेस्टिंग्स मद्रास का नहीं, बल्कि बंगाल का प्रथम गवर्नर जनरल था। इसे भारत में ब्रिटिश साम्राज्य की नींव रखने का श्रेय दिया जाता है।

4 वॉरेन हेस्टिंग्स द्वारा न्याय के क्षेत्र में किए गए सुधारों के संबंध में कौन-सा/से कथन सही नहीं है/हैं? *(Chap 2, Class-VIII, New NCERT)*

(a) उसने 1772 ई. में नई न्याय व्यवस्था स्थापित की।
(b) इस व्यवस्था में दीवानी और फौजदारी अदालतों के गठन का प्रावधान था।
(c) दीवानी अदालतों के मुखिया यूरोपीय जिला कलेक्टर होते थे।
(d) उपर्युक्त सभी

उत्तर *(d)*

व्याख्या वॉरेन हेस्टिंग्स द्वारा न्याय के क्षेत्र में किए गए सुधारों के संबंध में सभी कथन सही हैं।

वॉरेन हेस्टिंग्स की न्याय व्यवस्था मुगल प्रणाली पर आधारित थी। इन्होंने प्रशासनिक सुधार के साथ-साथ न्यायिक क्षेत्र में भी महत्त्वपूर्ण सुधार किए। इन्होंने 1772 ई. में एक नई न्याय व्यवस्था को लागू करते हुए प्रत्येक जिले में एक दीवानी और एक फौजदारी अदालत की स्थापना की। दीवानी अदालतें यूरोपीय जिला कलेक्टर के अंतर्गत कार्य करती थीं, जिसमें मौलवी और हिंदू पंडित उनके लिए भारतीय कानूनों की व्याख्या करते थे, जबकि फौजदारी अदालतें काजी और मुफ्ती के अंतर्गत थीं, लेकिन वह भी कलेक्टर के दिशा-निर्देशानुसार कार्य करते थे।

5 1798 ई. में लॉर्ड वेलेजली द्वारा सहायक संधि को लागू किया गया। अंग्रेजों के साथ जो भी इस संधि में शामिल हुए, उन्हें कुछ नियम एवं शर्तें माननी पड़ीं। *(Chap 10, Class-XII, New NCERT)* **(HPSC Pre 2020)**

1. अंग्रेज अपने सहयोगियों को बाह्य एवं आन्तरिक खतरों से सुरक्षा प्रदान करने के लिए जवाबदेह होंगे।
2. सहयोगियों के क्षेत्र में एक ब्रिटिश सशस्त्र दल तैनात किया जाएगा, जिसके रख-रखाव का संसाधन सहयोगी प्रदान करेगा।
3. सहयोगी किसी अन्य शासक के साथ समझौता या युद्ध बिना अंग्रेजों की अनुमति के नहीं करेगा।
4. असहमति होने पर सहयोगी कभी भी संधि से अलग हो सकता है।

नीचे दिए गए विकल्पों में से सही उत्तर का चयन करें

(a) केवल 1 (b) 1 और 2
(c) 1, 2 और 3 (d) 2, 3 और 4
(e) अनुत्तरित प्रश्न

उत्तर *(c)*

व्याख्या दिए गए कथनों में से कथन (1), (2) और (3) सही हैं।

1798 ई. में लॉर्ड वेलेजली द्वारा सहायक संधि को लागू किया गया। इस संधि को स्वीकार करने वाले राज्यों को कुछ नियम एवं शर्तों का पालन करना अनिवार्य होता था। सहायक संधि स्वीकार करने वाले सहयोगी राज्यों को बाह्य एवं आंतरिक सुरक्षा की जिम्मेदारी अंग्रेज अधिकारियों को सौंप दी गई। सहयोगियों के क्षेत्र में एक ब्रिटिश सशस्त्र दल तैनात करने की योजना तैयार की गई, जिसके रख-रखाव का संसाधन सहयोगी प्रदान करेगा। सहायक संधि में यह भी शर्त निहित थी कि सहयोगी किसी अन्य शासक के साथ समझौता या युद्ध बिना ब्रिटिश कंपनियों के अधिकारियों की अनुमति के नहीं करेंगे।

कथन (4) सही नहीं है, क्योंकि असहमति होने पर भी सहयोगी कभी भी इस संधि से अलग या पृथक् नहीं हो सकता है।

6 निम्न कथनों पर विचार कीजिए *(Chap 1, Class-VIII, New NCERT)*

1. लॉर्ड कॉर्नवालिस 1793 ई. में भारत के गवर्नर जनरल थे।
2. उनके कार्यकाल के दौरान कई सुधार पेश किए गए।
3. उसके शासनकाल में महालवाड़ी व्यवस्था लागू की गई।

उपर्युक्त में से कौन-सा/से कथन सही है/हैं?

(a) केवल 1 (b) 1 और 2
(c) 2 और 3 (d) 1, 2 और 3

उत्तर *(b)*

व्याख्या दिए गए कथनों में से कथन (1) और (2) सही हैं। लॉर्ड कॉर्नवालिस को 1786 ई. में ब्रिटिश ईस्ट इंडिया कंपनी द्वारा पिट्स इंडिया एक्ट के अंतर्गत रेखांकित शांति स्थापना तथा शासन के पुनर्गठन हेतु गवर्नर जनरल के रूप में नियुक्त किया गया। इनका कार्यकाल 1786-93 ई. तक था।

लॉर्ड कॉर्नवालिस ने अपने शासनकाल के दौरान कई सुधार कार्य किए, जिनमें **न्यायिक सुधार, पुलिस सुधार, सिविल सेवा सुधार तथा राजस्व सुधार प्रमुख थे।** इन्हें भारत में सिविल सेवा परीक्षा का जन्मदाता माना जाता है।

इन्होंने ग्रामीण क्षेत्रों में जमींदारों के पुलिस अधिकारों को समाप्त कर, थानों की स्थापना की और वहाँ एक दरोगा व कुछ पुलिस कर्मचारियों की नियुक्ति की व्यवस्था को प्रारंभ किया।

कथन (3) सही नहीं है, क्योंकि लॉर्ड कॉर्नवालिस के शासनकाल में 1793 ई. में स्थायी बंदोबस्त व्यवस्था लागू की गई थी, न कि महालवाड़ी बंदोबस्त।

7 लॉर्ड वेलेजली द्वारा लागू की गई सहायक संधि व्यवस्था के बारे में निम्नलिखित में से कौन-सा कथन सही नहीं है?

(Chap 2, Class-XII, Old NCERT) (IAS Pre 2018)

(a) दूसरों के खर्च पर एक बड़ी सेना बनाए रखना
(b) भारत को नेपोलियन के खतरे से सुरक्षित रखना
(c) कंपनी के लिए एक नियत आय का प्रबंध करना
(d) भारतीय रियासतों के ऊपर ब्रिटिश सर्वोच्च सत्ता स्थापित करना

उत्तर *(c)*

व्याख्या लॉर्ड वेलेजली द्वारा लागू की गई सहायक संधि के संदर्भ में कथन (c) सही नहीं है, क्योंकि सहायक संधि व्यवस्था का संबंध कंपनी के लिए एक नियत आय का प्रबंध करना नहीं था, बल्कि यह दूसरों के खर्च पर बड़ी सेना बनाने का लक्ष्य लेकर उठाया गया कदम था, जिससे नेपोलियन के आक्रमण के खतरे से ब्रिटिश सत्ता को अक्षुण्ण रखा जा सके। यह भारतीय रियासतों के ऊपर ब्रिटिश सर्वोच्च सत्ता स्थापित करने से प्रभावित था।

8 निम्न में से किसने कहा था कि 'अखिल भारत हर समय हमारे पतन की ओर देख रहा है। प्रत्येक स्थान के लोग हमारे विनाश पर आनंदित होंगे या कल्पना करके आनंदित हो रहे होंगे।'

(Chap 16, Class-X, Old NCERT)

(a) लॉर्ड वेलेजली
(b) लॉर्ड मेटकॉफ
(c) लॉर्ड मिले प्रथम
(d) लॉर्ड ऑकलैंड

उत्तर *(b)*

व्याख्या उपर्युक्त कथन का संबंध लॉर्ड मेटकॉफ से है, इस कथन को उसने अपने गवर्नर जनरल के काल के दौरान 1835-36 ई. में कहा था। इस उक्ति के लगभग बीस वर्ष के बाद ही सिपाही विद्रोह (1857 ई.) हुआ था, क्योंकि ब्रिटिश प्रशासनिक, आर्थिक व अन्य नीतियों ने भारतीयों के प्रति दोषपूर्ण व्यवहार को अपनाया था।

9 निम्नलिखित कथनों पर विचार कीजिए तथा सही विकल्प को चुनिए *(Chap 10, Class-XII, New NCERT) (HPPSC Pre 2020)*

कथन 1 1833 ई. के चार्टर अधिनियम में दासता को समाप्त करने का एक प्रावधान था।

कथन 2 1855 ई. में ब्रिटिश ने अवध की रियासत को कुशासन का आरोप लगाकर अपने साम्राज्य में विलय कर दिया।

कूट

(a) कथन 1 और 2 दोनों सही हैं।
(b) कथन 1 और 2 दोनों गलत हैं।
(c) कथन 1 सही है, किंतु 2 गलत है।
(d) कथन 1 गलत है, किंतु 2 सही है।

उत्तर *(c)*

व्याख्या कथन 1 सही है, किंतु 2 गलत है।

1833 ई. के चार्टर अधिनियम द्वारा ब्रिटेन और उसके द्वारा अधिकृत सभी क्षेत्रों में दासता को समाप्त कर दिया गया था। विलियम बैंटिक उस समय भारत के गवर्नर जनरल थे। अवध को कुशासन के आरोप में 1856 ई. में ब्रिटिश शासन में मिला लिया गया, उस समय लॉर्ड डलहौजी भारत के गवर्नर जनरल थे।

10 निम्न में से कौन-से सामाजिक सुधार विलियम बैंटिक ने प्रारंभ किए? *(Chap 10, Class-XII New NCERT) (BPSC Pre 2021)*

1. सती प्रथा का उन्मूलन
2. दास प्रथा का उन्मूलन
3. धर्म परिवर्तन के कारण अयोग्यता के प्रावधान को हटाना
4. ठगों के संगठित गिरोहों का दमन

नीचे दिए गए कूट से सही उत्तर का चयन कीजिए

(a) 1 और 2
(b) 1, 3 और 4
(c) 1, 2 और 4
(d) 1, 2, 3 और 4

उत्तर *(c)*

व्याख्या दिए गए कथनों में से कथन (1), (2) और (4) सही हैं। समाज सुधारक विलियम बैंटिक बंगाल के गवर्नर एवं भारत के प्रथम गवर्नर जनरल के रूप में 1828 से 1835 ई. तक भारत में रहे थे। इस दौरान इनके कार्यकाल में 1829 ई. में नियम 17 (XVII) बनाकर विधवाओं के जलाने की प्रथा अर्थात् सती प्रथा को समाप्त कर दिया गया। इन्हीं के काल में ही भारत सरकार अधिनियम, 1833 पारित कर दास प्रथा का उन्मूलन किया गया। लॉर्ड विलियम बैंटिक ने कैप्टन स्लीमैन को ठगों के विरुद्ध कार्यवाही करने के लिए नियुक्त किया था, जिसमें 1500 ठगों को बंदी बना लिया था तथा अनेक ठगों को फाँसी दे दी गई थी।

कथन (3) सही नहीं है, क्योंकि धर्म परिवर्तन के कारण अयोग्यता के प्रावधान को हटाने का कार्य विलियम बैंटिक के कार्यकाल में नहीं, बल्कि 1850 ई. में किया गया था।

11 दिए गए कथनों पर विचार कीजिए

(Chap 10, Class-XII, New NCERT)

1. सिक्किम का विलय लॉर्ड हेस्टिंग्स के समय किया गया था।
2. पब्लिक वर्क्स डिपार्टमेंट को 1845-55 ई. के दौरान स्वरूप देने वाले लॉर्ड डलहौजी थे।
3. वेलिंगटन ने सिंध विजय कर उसका अधिग्रहण किया।

उपर्युक्त कथनों में कितने कथन सही हैं?

(a) केवल एक
(b) केवल दो
(c) केवल तीनों
(d) इनमें से कोई नहीं

उत्तर *(a)*

व्याख्या दिए गए कथनों में से केवल एक कथन अर्थात् कथन (2) सही है। पब्लिक वर्क्स डिपार्टमेंट (PWD) को 1844-55 ई. के दौरान स्वरूप देने वाले लॉर्ड डलहौजी थे। लॉर्ड डलहौजी के कार्यकाल में 12 जुलाई, 1854 को 'सार्वजनिक निर्माण विभाग' तथा 'लोक सेवा विभाग' की स्थापना की गई थी।

कथन (1) और (3) सही नहीं है, क्योंकि सिक्किम का भारत में विलय लॉर्ड डलहौजी ने किया था। लॉर्ड डलहौजी ने दो अंग्रेज चिकित्सकों पर दुर्व्यवहार का आरोप लगाकर 1850 ई. में सिक्किम का विलय ब्रिटिश भारत में कर लिया। नेपियर ने सिंध पर विजय प्राप्त कर उसका अधिग्रहण कर लिया था।

12 नीचे दो कथन दिए गए हैं, पहला अभिकथन (A) के रूप में और दूसरा कारण (R) के रूप में है। *(Chap 2, Class-XII, Old NCERT)*

(HPSC Pre 2023)

अभिकथन (A) गवर्नर जनरल डलहौजी ने 'पतन के सिद्धांत' को गद्दी के उत्तराधिकारी के अधिकार की अवहेलनों द्वारा प्रतिपादित किया। ब्रिटिश शासन का अपने आप पतन होगा, यदि शासक की कोई पारिवारिक उत्तराधिकारी के बिना मृत्यु होती है।

कारण (R) भारतीय शासकों एवं राजकुमारों द्वारा वैकल्पिक शासकों की सत्ता को रद्द करते हुए, सख्त नियंत्रण के अंतर्गत पतन का सिद्धांत एकीकृत भारत को लाने का डलहौजी योजना का एक भाग था।

उपर्युक्त कथनों के प्रकाश में नीचे दिए गए विकल्पों से सही उत्तर का चयन कीजिए

(a) A और R दोनों सही हैं तथा R, A की सही व्याख्या है।
(b) A और R दोनों सही हैं, परंतु R, A की सही व्याख्या नहीं है।
(c) A सही है, किंतु R गलत है।
(d) A गलत है, किंतु R सही है।

उत्तर *(a)*

व्याख्या A और R दोनों सही हैं तथा R, A की सही व्याख्या है। डलहौजी को अपने शासनकाल के दौरान 'पतन का सिद्धांत' (डॉक्ट्रिन ऑफ लैप्स) के कारण जाना जाता है। इसने भारतीय शासकों एवं राजकुमारों द्वारा वैकल्पिक शासकों की सत्ता को रद्द करते हुए, अपने सख्त नियंत्रण के अंतर्गत 'व्यपगत के सिद्धांत' को लागू किया, जिसका मुख्य उद्देश्य ब्रिटिश शासन के अधिकृत स्वीकृत भारत का निर्माण करना था, इसी उद्देश्य को पूरा करने के लिए डलहौजी ने पतन के सिद्धांत को गद्दी के उत्तराधिकारी के अधिकार की अवहेलना द्वारा प्रतिपादित किया, ताकि स्वत: ही इनका पतन हो जाए और ब्रिटिश राज्य के अंग के रूप में स्थापित हो जाए।

13 सूची I से सूची II को सुमेलित कीजिए

(Chap 1, Class-VIII, New NCERT)
(HPSC Pre 2023)

सूची I	सूची II
A. ईस्ट इंडिया कंपनी के द्वारा कलकत्ता में सर्वोच्च न्यायालय की स्थापना	1. 1793 ई.
B. कॉर्नवालिस संहिता अधिनियमित	2. 1774 ई.
C. बंबई से थाणे के बीच रेलवे लाइन	3. 1881 ई.
D. मद्रास हार्बर	4. 1853 ई.

कूट

	A	B	C	D
(a)	1	2	3	4
(b)	3	2	4	1
(c)	2	1	4	3
(d)	2	1	3	4

उत्तर *(c)*

व्याख्या सही सुमेलन A-2, B-1, C-4, D-3 है।
ईस्ट इंडिया कंपनी के द्वारा कलकत्ता में सर्वोच्च न्यायालय की स्थापना 1774 ई. में की गई। लॉर्ड एलिजा इम्पे इसके प्रथम मुख्य न्यायाधीश थे। कॉर्नवालिस संहिता अधिनियमित 1793 ई. में पूर्ण किया गया था।
प्रशासनिक सुधार के क्षेत्र में कॉर्नवालिस की भूमिका अधिक महत्त्वपूर्ण मानी जाती है। उन्होंने न्यायिक एवं सुरक्षा क्षेत्र में भी सुधार हेतु प्रभावी कदम उठाए थे। बंबई से थाणे के बीच रेलवे लाइन 1853 ई. में बिछाई गई थी। इसके अंतर्गत 32 किमी दूरी तय की गई थी। कोरोमंडल तट पर स्थित मद्रास हार्बर की स्थापना 1881 ई. में की गई थी।

14 लॉर्ड डलहौजी ने भारत में रेलवे के एक नेटवर्क के निर्माण की योजना बनाई थी ताकि *(Chap 3, Class-XII, Old NCERT)*

(a) भारतीय निर्यात के लिए आसानी से कच्चे माल की खरीद और निर्यात किया जा सके।
(b) ब्रिटिश पूँजी निवेश के लिए एक लाभदायक चैनल प्रदान करता है।
(c) 'a' और 'b' दोनों
(d) भारत में परिवहन के सस्ते एवं आसान साधन हेतु

उत्तर *(c)*

व्याख्या दिए गए कथनों में से कथन (a) और (b) सही हैं। भारत में रेलवे के विकास का श्रेय लॉर्ड डलहौजी को दिया जाता है। लॉर्ड डलहौजी द्वारा भारत में रेल नेटवर्क के निर्माण की योजना भारत में ब्रिटिश साम्राज्यवाद के आर्थिक, राजनीतिक तथा सैनिक हितों की पूर्ति हेतु लाई गई थी। ये रेल लाइनें मुख्यत: भारत के आंतरिक भागों में स्थित कच्चे माल का निर्माण करने वाले क्षेत्रों को निर्यात करने वाले बंदरगाहों से जोड़ने हेतु निर्मित की गई थीं।
कथन (d) सही नहीं है, क्योंकि भारत में रेल निर्माण की योजना ब्रिटिश पूँजी निवेशकों के लिए एक लाभदायक अवसर था।

15 लॉर्ड डलहौजी के संबंध में निम्न कथनों पर विचार कीजिए

(Chap 2, Class-XII, Old NCERT)

1. इसने डॉक्ट्रिन ऑफ लैप्स (राज्य विलय का सिद्धांत) की नीति की शुरुआत की।
2. इसका शासनकाल 1846 से 1854 ई. तक था।
3. लॉर्ड डलहौजी ने 1854 ई. में सतारा को अंग्रेजी राज्य में मिला लिया।

उपर्युक्त में से कितने कथन सही नहीं है/हैं?

(a) केवल एक (b) केवल दो
(c) सभी तीन (d) इनमें से कोई नहीं

उत्तर *(b)*

व्याख्या लॉर्ड डलहौजी के संबंध में केवल दो कथन अर्थात् कथन (2) और (3) सही नहीं हैं, क्योंकि लॉर्ड डलहौजी का शासनकाल 1848-56 ई. तक था न कि 1846-54 ई. तक।
लॉर्ड डलहौजी की विलय की नीति के अंतर्गत सतारा को 1848 ई. में ब्रिटिश साम्राज्य में शामिल किया गया था न कि 1854 ई. में।

16 लॉर्ड मेयो के 1870 ई. के संकल्प के बारे में, निम्नलिखित में से कौन-से कथन सही हैं? *Chap 1, Class-XII, New NCERT)*
(BPSC Pre 2023)

1. केंद्रीय और प्रांतीय वित्त को विभाजित करने वाला यह पहला कदम था।
2. प्रांतीय सरकारों को कुछ सेवाएँ प्रशासित करने का अधिकार दिया गया।
3. इसने मौजूदा असमानता को सुधारने का प्रयास किया।
4. इसने प्रांतों की वास्तविक आवश्यकताओं पर ध्यान केंद्रित किया।

नीचे दिए गए कूट का प्रयोग कर सही उत्तर चुनिए

(a) 1 और 2 (b) 1, 3 और 4
(c) 2, 3 और 4 (d) 1, 2, 3 और 4

उत्तर *(d)*

व्याख्या (d) लॉर्ड मेयो के संकल्प के बारे में सभी कथन सही हैं।
1870 ई. में लॉर्ड मेयो का संकल्प, वित्तीय विकेंद्रीकरण से संबंधित था। जिसने केंद्रीय तथा प्रांतीय वित्त को पहली बार विभाजित करने के आधार को प्रस्तुत किया। इस संकल्प द्वारा प्रांतीय सरकारों को अपने बजट को संतुलित करने के लिए स्थानीय कराधान को देने के लिए अधिकृत किया, जिससे प्रांत अपनी वास्तविक आवश्यकताओं को ध्यान दे पाने में सक्षम हो सकें। इस संकल्प द्वारा एक प्रकार से स्थानीय वित्त की शुरुआत की गई।

17 किस गवर्नर जनरल/वायसराय ने यह घोषणा की कि बहादुरशाह जफर की मृत्यु के बाद मुगलों से सम्राट की पदवी छीन ली जाएगी और वे केवल राजा ही कहे जाएँगे? *(Chap 6, Class-XII, Old NCERT)*

(a) लॉर्ड डलहौजी (b) लॉर्ड कैनिंग
(c) लॉर्ड कर्जन (d) लॉर्ड इरविन

उत्तर *(b)*

व्याख्या लॉर्ड कैनिंग ने 1856 ई. में यह घोषणा की थी कि बहादुरशाह की मृत्यु के पश्चात् मुगलों से सम्राट की पदवी छीन ली जाएगी और वे केवल राजा ही कहे जाएँगे। हालाँकि इसके पूर्व 1849 ई. में लॉर्ड डलहौजी ने मुगल वंश की प्रतिष्ठा पर चोट करते हुए यह घोषणा की थी कि बहादुरशाह के उत्तराधिकारी को ऐतिहासिक लाल किला छोड़कर दिल्ली के बाहर कुतुबमीनार के एक बहुत छोटे-से निवास स्थान में रहना होगा।

18 प्रांतीय वित्त को केंद्रीय वित्त से अलग करने की दिशा में पहला कदम किस गवर्नर जनरल ने उठाया था? *(Chap 6, Class-XII, Old NCERT)*

(a) लॉर्ड कैनिंग (b) लॉर्ड मेयो (c) लॉर्ड रिपन (d) लॉर्ड कर्जन

उत्तर *(b)*

व्याख्या लॉर्ड मेयो (1869-72 ई.) ने भारत में वित्त की विकेंद्रीकरण व्यवस्था को प्रारंभ किया, जिसके अंतर्गत प्रांतीय वित्त को केंद्रीय वित्त से अलग करने की दिशा में पहल की गई। उसने बजट के घाटे को भी कम किया और साथ ही आयकर की दर को 1% से बढ़ाकर 2.5% कर दिया।

19 निम्नलिखित में से किस एक एक्ट द्वारा बंगाल के गवर्नर-जनरल को भारत के गवर्नर-जनरल के रूप में अभिहित किया गया था?

(Unit 8, Class-XI, Tamil Nadu Board) (IAS Pre 2023)

(a) रेग्युलेटिंग एक्ट (b) पिट्स इण्डिया एक्ट

(c) 1793 का चार्टर एक्ट (d) 1833 का चार्टर एक्ट

उत्तर *(d)*

व्याख्या 1833 के चार्टर एक्ट द्वारा बंगाल के गवर्नर-जनरल को भारत के गवर्नर-जनरल के रूप में अभिहित किया गया था। इससे पूर्व 1773 के रेग्युलेटिंग एक्ट के द्वारा बंगाल के गवर्नर को बंगाल का गवर्नर जनरल बना दिया गया था तथा बंबई एवं मद्रास प्रेसीडेंसी को इसके अधीन कर दिया गया था। 1833 के चार्टर एक्ट के अंतर्गत लॉर्ड विलियम बैंटिंक को भारत का पहला गवर्नर-जनरल बनाया गया। इस एक्ट के अंतर्गत अब गवर्नर-जनरल और उसकी विधायी परिषद् को पूरे ब्रिटिश भारत के लिए विशेष विधायी शक्तियाँ दी गईं तथा इनके अंतर्गत पहली बार गवर्नर-जनरल की सरकार को/भारत सरकार और उनकी परिषद् को 'भारत परिषद्' के रूप में जाना गया।

20 निम्नलिखित कथनों में कौन-सा कथन सही नहीं है?

(Chap 9, Class-VIII, New NCERT)

1. लॉर्ड कर्जन ने कांग्रेस को अत्यधिक अल्पसंख्यक' लोगों का प्रतिनिधित्व करने वाला संगठन कहकर उपहास किया।
2. लॉर्ड रिपन के समय प्रथम कारखाना अधिनियम पारित किया गया था।

(a) 1 और 2 (b) केवल 1

(c) केवल 2 (d) इनमें से कोई नहीं

उत्तर *(b)*

व्याख्या दिए गए कथनों में से कथन (1) सही नहीं है, क्योंकि लॉर्ड डफरिन ने कांग्रेस को 'अत्यधिक अल्पसंख्यक' लोगों का प्रतिनिधित्व वाला संगठन कहकर उपहास किया। कांग्रेस की स्थापना के समय में इसके सदस्यों की संख्या अत्यंत सीमित थी।

21 लॉर्ड लिटन निम्नलिखित में से किससे संबंधित नहीं था?

(Chap 9, Class-VIII, New NCERT)
(BPSC Pre 2023)

(a) स्ट्रैची कमीशन (b) शस्त्र अधिनियम

(c) वर्नाक्यूलर प्रेस एक्ट (d) इल्बर्ट बिल

उत्तर *(d)*

व्याख्या लॉर्ड लिटन इल्बर्ट बिल से संबंधित नहीं था, बल्कि इल्बर्ट बिल 1883 ई. में लॉर्ड रिपन के वायसराय काल के दौरान पेश किया गया एक विधायी अधिनियम था।

इस बिल के द्वारा भारतीय न्यायाधीशों को उन मामलों में भी सुनवाई करने का अधिकार प्रदान किया गया, जिसमें यूरोपीय नागरिक भी शामिल होते थे। गौरतलब है कि इससे पहले यूरोपीय व्यक्तियों से संबंधित मामलों की सुनवाई केवल यूरोपीय न्यायाधीश ही करते थे।

22 लॉर्ड रिपन की सरकार द्वारा पारित प्रस्ताव 1858 ई. के बाद पेश किए गए प्रमुख प्रशासनिक परिवर्तनों में से एक था। निम्न में से कौन इस प्रस्ताव का हिस्सा नहीं था? *(Chap 7, Class-XII, Old NCERT)*

(a) ग्रामीण एवं शहरी निकायों को पदोन्नत किया गया था।

(b) स्थानीय निकायों के अधिकांश सदस्य ब्रिटिश सरकार के अधिकारी थे।

(c) स्थानीय निकाय के अध्यक्ष के रूप में गैर-सरकारी चुनाव को अनुमति दी।

(d) निर्वाचित सदस्य अल्पसंख्यक थे।

उत्तर *(b)*

व्याख्या स्थानीय संस्थाओं से संबंधित एक प्रस्ताव 1882 ई. में लॉर्ड रिपन के द्वारा प्रस्तुत किया गया, जिसमें ग्रामीण और नगरीय स्थानीय संस्थाओं द्वारा स्थानीय मामलों के प्रबंधन के संबंध में एक नीति निर्धारित की गई, जिसके अधिकांश सदस्य गैर-अधिकारी व्यक्ति थे, न कि ब्रिटिश सरकार के अधिकारी। 1882 ई. में लॉर्ड रिपन द्वारा स्थानीय संस्थाओं के विकास में अभूतपूर्व परिवर्तन की पहल की गई, इसी कारण लॉर्ड रिपन को 'स्थानीय स्वशासन का जनक' कहा जाता है।

23 लॉर्ड डफरिन के संदर्भ में, निम्न में से कौन-सा/से कथन सही नहीं है/हैं? *(Chap 16, Class-X, Old NCERT)*

1. इसके शासनकाल में कांग्रेस का गठन हुआ था।
2. इसने कांग्रेस को सूक्ष्म अल्पसंख्यकों की प्रतिनिधि के रूप में संदर्भित किया।

कूट

(a) केवल 1 (b) केवल 2

(c) 1 और 2 (d) न तो 1 और न ही 2

उत्तर *(c)*

व्याख्या लॉर्ड डफरिन के संदर्भ में दोनों कथन सही हैं।

भारतीय राष्ट्रीय कांग्रेस की स्थापना 1885 ई. में तत्कालीन वायसराय लॉर्ड डफरिन के शासनकाल (1884-88 ई.) में की गई थी। लॉर्ड डफरिन ने कांग्रेस को अल्पसंख्यकों के सूक्ष्म प्रतिनिधि के रूप में संदर्भित किया था। लॉर्ड डफरिन का यह विचार था कि "श्रेष्ठतम भारतीय जनमत के प्रति सचेत रहने की दृष्टि से कांग्रेस एक अच्छा मंच है, लेकिन जल्द ही कांग्रेस एक क्रांतिकारी संगठन में परिवर्तित हो गई, जिसने भारत को स्वाधीनता के मार्ग तक पहुँचाया।"

24 लॉर्ड कर्जन के बारे में निम्न में से कौन-सा कथन सही है?

(Chap 16, Class-X, Old NCERT)

(a) उन्हें कांग्रेस के प्रति सहानुभूति थी।

(b) उन्होंने सहायक गठबंधन की शुरुआत की थी।

(c) उन्होंने लॉर्ड कैनिंग को भारत के वायसराय के रूप में सफल बनाया।

(d) उन्होंने बंगाल विभाजन की घोषणा की।

उत्तर *(d)*

व्याख्या लॉर्ड कर्जन के विषय में कथन (d) सही है। उसने बंगाल विभाजन की घोषणा की। कथन (a), (b) और (c) सही नहीं हैं, क्योंकि लॉर्ड कर्जन दिसंबर, 1898 में भारत का वायसराय बना। उसने अपने काल में अत्यंत अलोकप्रिय कदम उठाए, जिनसे भारतीयों का ब्रिटिश शासन के प्रति रोष और अधिक बढ़ता गया। वर्ष 1905 में लॉर्ड कर्जन ने राष्ट्रीय आंदोलन को दबाने और कमजोर करने के उद्देश्य से बंगाल का विभाजन दो भागों में कर दिया। यह विभाजन 'फूट डालो और राज करो' की नीति पर आधारित था।

25 कथन (A) **कर्जन** 1898 **ई. में नए वायसराय के रूप में भारत आया था।**
कारण (R) **वह कांग्रेस के शांतिपूर्ण निधन में सहायता करने में सफल रहा।** *(Chap 16, Class-X, Old NCERT)*

कूट

(a) A और R दोनों सही हैं तथा R, A की सही व्याख्या है।

(b) A और R दोनों सही हैं, परंतु R, A की सही व्याख्या नहीं है।

(c) A सही है, किंतु, R गलत है।

(d) A गलत है, किंतु R सही है।

उत्तर *(c)*

व्याख्या A सही है, किन्तु R गलत है।

लॉर्ड कर्जन 1898 ई. में भारत का वायसराय बना, जिसने वर्ष 1905 में बंगाल का विभाजन किया था। कर्जन का कहना था कि वह कांग्रेस की 'कष्टरहित मृत्यु' में अपना सहयोग देगा, परंतु जब वह भारत से वापस गया तब कांग्रेस और राष्ट्रवादी आंदोलन पहले से कहीं अधिक प्रखर और मजबूत हो गए थे। अतः वह कांग्रेस के शांतिपूर्ण निधन में सहयोग करने में असफल रहा।

26 **निम्न को सही कालक्रम से व्यवस्थित कीजिए**

(Chap 1, Class-VIII, New NCERT)

1. लॉर्ड कर्जन 2. लॉर्ड चेम्सफोर्ड
3. लॉर्ड हार्डिंग 4. लॉर्ड इरविन

कूट

(a) 1, 2, 3, 4 (b) 2, 4, 1, 3
(c) 1, 4, 2, 3 (d) 2, 3, 1, 4

उत्तर *(a)*

व्याख्या प्रश्नानुसार, सही कालक्रम 1, 2, 3, 4 है।

लॉर्ड कर्जन वर्ष 1899 से 1905 तक वायसराय रहे।

लॉर्ड हार्डिंग वर्ष 1910 से 1916 तक वायसराय रहे।

लॉर्ड चेम्सफोर्ड वर्ष 1916 से 1921 तक वायसराय रहे।

लॉर्ड इरविन वर्ष 1926 से 1931 तक ब्रिटिश भारत में वायसराय के पद पर आसीन रहे हैं।

27 **निम्नलिखित युग्मों में से कौन-सा युग्म सही सुमेलित नहीं है?**

(Chap 1, Class-VIII, New NCERT)
(IAS Pre 2004)

(a) पिट्स इंडिया एक्ट — वॉरेन हेस्टिंग्स
(b) डॉक्ट्रिन ऑफ लैप्स — डलहौजी
(c) वर्नाक्यूलर प्रेस एक्ट — लॉर्ड कर्जन
(d) इलबर्ट बिल — लॉर्ड रिपन

उत्तर *(c)*

व्याख्या दिए गए युग्मों में युग्म (c) सही सुमेलित नहीं है, क्योंकि वर्नाक्यूलर प्रेस एक्ट 1878 ई. में लागू किया गया, उस समय ब्रिटिश भारत के वायसराय लॉर्ड कर्जन नहीं, बल्कि लॉर्ड लिटन थे, यह एक्ट 1881 ई. तक लागू रहा।

28 **निम्न में से ऐसे गवर्नर जनरल/वायसराय कौन थे, जिनको मारे जाने के इरादे से हमला किया गया था?** *(Chap 16, Class-X, Old NCERT)*

1. लॉर्ड रीडिंग 2. लॉर्ड मिंटो
3. लॉर्ड डफरिन 4. लॉर्ड हार्डिंग

कूट

(a) 1 और 2 (b) 2 और 3
(c) 1 और 3 (d) 2 और 4

उत्तर *(d)*

व्याख्या लॉर्ड मिंटो और लॉर्ड हार्डिंग ऐसे दो वायसराय थे, जिन पर बम फेंककर उनकी हत्या की कोशिश की गई थी, लेकिन दोनों के विरुद्ध यह योजना असफल रही।

लॉर्ड मिंटो पर 13 नवंबर, 1909 को अहमदाबाद में एक अज्ञात व्यक्ति द्वारा हमला किया गया था, जबकि 23 दिसंबर, 1912 को दिल्ली के चाँदनी चौक में एक जुलूस के दौरान लॉर्ड हार्डिंग पर हमला किया गया था। जिसे दिल्ली षड्यंत्र के नाम से जाना जाता है और इसका प्रमुख प्रणेता रास बिहारी बोस को माना जाता है।

29 **उस वायसराय का नाम बताइए जिसके कार्यकाल के दौरान प्रांतों में द्वैध शासन प्रणाली शुरू की गई?** *(Chap 16, Class-X, Old NCERT)*

(a) लॉर्ड लिनलिथगो
(b) लॉर्ड लिटन
(c) लॉर्ड रिपन
(d) लॉर्ड चेम्सफोर्ड

उत्तर *(d)*

व्याख्या वर्ष 1919 में लॉर्ड चेम्सफोर्ड के शासनकाल में प्रांतों में द्वैध शासन प्रणाली की शुरुआत की गई थी। यह व्यवस्था वर्ष 1919 के भारत शासन अधिनियम, जिसे मॉण्टेग्यू-चेम्सफोर्ड रिपोर्ट के नाम से भी जाना जाता है के द्वारा प्रारंभ की गई थी। प्रांतों में द्वैध शासन की स्थापना से तात्पर्य प्रांतों में उत्तरदायी सरकार की स्थापना से था। इस व्यवस्था के अंतर्गत प्रांतीय कार्यकारिणी परिषद् को दो भागों में बाँट दिया गया, जिसके पहले भाग में गवर्नर और उसकी कार्यकारिणी के सदस्य शामिल थे, जबकि दूसरे भाग में गवर्नर और मंत्रिगण शामिल थे।

30 **लॉर्ड इरविन के संदर्भ में कौन-सा कथन सही है?**

(Chap 16, Class-X, Old NCERT)

(a) इनके शासनकाल में गाँधी-इरविन समझौता संपन्न हुआ था।
(b) गाँधी-इरविन समझौते के परिणामस्वरूप सविनय अवज्ञा आंदोलन को बंद कर दिया गया।
(c) लॉर्ड विलिंगटन को इनका उत्तराधिकारी बनाया गया।
(d) उपर्युक्त सभी

उत्तर *(d)*

व्याख्या लॉर्ड इरविन के संदर्भ में दिए गए सभी कथन सही हैं।

लॉर्ड इरविन का वायसराय के रूप में कार्यकाल वर्ष 1926-31 तक था। 5 मार्च, 1931 को गाँधीजी और लॉर्ड इरविन के बीच एक समझौता हुआ, जिसे 'गाँधी-इरविन समझौता' या 'दिल्ली समझौता' कहा जाता है।

जिसके परिणामस्वरूप कांग्रेस की ओर से गाँधीजी ने सविनय अवज्ञा आंदोलन को वापस लेने का निर्णय लिया। लॉर्ड इरविन के कार्यकाल के पश्चात् लॉर्ड विलिंगटन (वर्ष 1931-36) को भारत का वायसराय नियुक्त किया गया।

31 **असैनिक प्रशासन वर्ष 1905 के संदर्भ में कितने कथन सही नहीं है/हैं?**

(Unit 2, Class-XII, Tamil Nadu Board)

1. लॉर्ड कर्जन ने प्रांतीय सीमाओं को पुनर्गठित करने का निर्णय लिया।
2. पूर्वी बंगाल और असम नामक एक नया प्रांत बनाया गया।
3. लॉर्ड डफरिन सबसे लंबे समय तक वायसराय रहा।

नीचे दिए गए कूट में से सही उत्तर चुनिए

(a) केवल एक (b) केवल दो
(c) सभी तीन (d) इनमें से कोई नहीं

उत्तर *(a)*

व्याख्या असैनिक प्रशासन वर्ष 1905 के संदर्भ में केवल एक कथन अर्थात् (3) सही नहीं है, क्योंकि लंबे समय तक लॉर्ड डफरिन नहीं, बल्कि लॉर्ड लिनलिथिगो (1936-1944) भारत का वायसराय रहा। इसके समय की प्रमुख घटनाओं में भारत छोड़ो आंदोलन रहा।

32 **किस वायसराय ने यह अवलोकन किया था कि ''यह दुनिया बहुत खूबसूरत है, किंतु यह गाँधी के लिए नहीं है?''**

(Chap 16, Class-X, Old NCERT)

(a) लॉर्ड इरविन (b) लॉर्ड वेवेल
(c) लॉर्ड माउंटबेटन (d) लॉर्ड विलिंगडन

उत्तर *(d)*

व्याख्या लॉर्ड विलिंगडन ने कहा था कि ''यह दुनिया बहुत खूबसूरत है, लेकिन यह गाँधीजी के लिए नहीं है।''

''लॉर्ड विलिंगडन के काल में ही अगस्त, 1932 में रैम्जे मैकडोनॉल्ड ने प्रसिद्ध सांप्रदायिक निर्णय की घोषणा की। गाँधीजी ने यरवदा जेल में बंद रहते हुए उनका दृढ़ विरोध किया। जिसके फलस्वरूप पूना समझौता संपन्न हुआ और हस्ताक्षर के साथ यह समझौता दलित जातियों के प्रश्नों पर सांप्रदायिक निर्णय लेने में परिवर्तित कर दिया था।

अध्याय 33

स्वतंत्रता के पश्चात् भारत

स्वतंत्रता के पश्चात् भारत

स्वतंत्रता के पश्चात् भारत के समक्ष चुनौतियाँ

- भारत विभाजन के उपरान्त भारत में पाकिस्तान से 80 लाख शरणार्थियों का आगमन
- 500 से अधिक रियासतों के साथ बातचीत
- नए राष्ट्र के लिए उपयुक्त राजनीतिक व्यवस्था का चुनाव
- औपनिवेशिक विरासत पर काबू पाना
- जनता की दरिद्रता।

रियासतों का एकीकरण

- 1947 के भारतीय स्वतंत्रता अधिनियम ने भारतीय राज्यों पर ब्रिटिश सर्वोच्चता को समाप्त कर दिया
- रियासतों को भारत या पाकिस्तान में विलय करने या स्वतंत्र रहने का विकल्प दिया गया
- 15 अगस्त, 1947 तक अधिकांश राज्यों का भारत में विलय हो गया जूनागढ़, हैदराबाद और कश्मीर ने अपनी स्वायत्तता बरकरार

जूनागढ़

- बहुसंख्यक हिंदू लेकिन नवाब मुस्लिम महाबत खान तृतीय द्वारा शासित;
- नवाब द्वारा जूनागढ़ के पाकिस्तान में विलय की घोषणा
- लोगों द्वारा प्रतिरोध और बाद में जनमत संग्रह
- बहुमत द्वारा भारत में विलय के पक्ष में सहमति

कश्मीर

- बहुसंख्यक आबादी मुस्लिम लेकिन हिंदू राजा द्वारा शासित
- पाकिस्तान और भारत के साथ एकीकरण का निर्णय नहीं
- पाकिस्तान ने कश्मीर पर हमला किया और इसके शासक हरिसिंह ने भारतीय सेना से मदद की माँग और अपने राज्य का भारत में विलय
- 1954 में जम्मू-कश्मीर की संविधान सभा द्वारा कश्मीर के भारत में एकीकरण की पुष्टि की

हैदराबाद

- भारत की सबसे बड़ी रियासत; नवाब मीर उस्मान अली खान पाकिस्तान में शामिल होना चाहते थे लेकिन बहुसंख्यक आबादी हिंदू थी,
- 15 अगस्त, 1947 से पहले की स्थिति को यथावत् रखने के लिए एक समझौता पर हस्ताक्षर
- हथियार का निर्माण और सैन्य संगठन को बढ़ावा
- सितम्बर, 1948 में सैन्य कार्रवाई द्वारा इसे भारत में एकीकृत कर लिया गया

राज्यों का गठन एवं भाषाई समस्या

- आजादी से पूर्व कांग्रेस ने भाषाई राज्य के गठन का वायदा किया था
- आजादी के बाद नेहरू और पटेल दोनों भाषाई राज्यों के निर्माण के विरुद्ध थे, पी. श्री रामुलू द्वारा भाषाई आधार पर आंध्र प्रदेश के गठन को लेकर भूख हड़ताल की गई
- इनकी मृत्यु के बाद आंध्र प्रदेश का गठन किया गया
- वर्ष 1956 में राज्य पुनर्गठन आयोग ने भाषाई आधार पर राज्यों के पुनर्गठन की सिफारिश की
- वर्ष 1960 में बॉम्बे को मराठी और गुजराती भाषियों के लिए अलग राज्य में विभाजित किया गया
- वर्ष 1966 में पंजाब राज्य को पंजाब और हरियाणा मे विभाजित किया

विदेश नीति

- प्रधानमंत्री जवाहरलाल नेहरू द्वारा स्वतंत्र भारत के विदेश मंत्री के रूप में कार्यभार

गुटनिरपेक्ष आंदोलन (NAM)

- भारत ने मिस्र, यूगोस्लाविया, इंडोनेशिया और घाना के नेताओं के साथ गुटनिरपेक्षता की नीति अपनाई
- वर्ष 1955 में बांडुंग में संपन्न अफ्रीकी एशियाई सम्मेलन में नाम की स्थापना
- अमेरिकी और सोवियत गठबंधनों की बीच मध्यस्थता में सक्रीय भूमिका, इसका उद्देश्य राज्य के नीति-निदेशक सिद्धांत से लिया गया

पंचशील समझौता

- यह समझौता तिब्बत के मुद्दे पर भारत और चीन के मध्य वर्ष 1954 में हस्ताक्षरित
- **मुख्य बिंदु** शांतिपूर्ण सहअस्तित्व, एक - दूसरे की क्षेत्रीय अखंडता और संप्रभुता के लिए पारस्परिक सम्मान, पारस्परिक अहस्तक्षेप, आपसी गैर - आक्रामकता, समानता और पारस्परिक लाभ

SOURCE New NCERT Class VIII स्वतंत्रता के बाद, New NCERT Class XII विभाजन को समझना, Old NCERT Class XII स्वराज्य के लिए संघर्ष -II, Tamil Nadu Board Class-XII उत्तर औपनिवेशिक भारत का पुनर्निर्माण

1 निम्न कथनों पर विचार कीजिए *(Chap 13, Class-XII, Old NCERT)*

1. 15 अगस्त, 1947 को भारत ने अपना पहला स्वाधीनता दिवस मनाया।
2. 14 अगस्त, 1947 को जवाहरलाल नेहरू ने अपना प्रसिद्ध भाषण संविधान सभा में दिया।

उपर्युक्त में से कौन-सा/से कथन सही है/हैं?

(a) केवल 1
(b) केवल 2
(c) 1 और 2 दोनों
(d) न तो 1 और ना ही 2

उत्तर *(c)*

व्याख्या दिए गए दोनों कथन सही हैं। 15 अगस्त, 1947 को भारत ने अपना पहला स्वाधीनता दिवस मनाया। स्वतंत्रता की घोषणा के पश्चात् 14 अगस्त, 1947 की अर्द्धरात्रि के समय जवाहरलाल नेहरू ने संविधान सभा में भाषण दिया। यह भाषण 'नियति के साथ साक्षात्कार' के नाम से लोकप्रिय हुआ।

2 भारत का अंतिम वायसराय था *(Chap 13, Class-XII, Old NCERT)* *(MPPSC Pre 2010)*

(a) लॉर्ड वेवेल
(b) लॉर्ड माउंटबेटन
(c) लॉर्ड लिनलिथगो
(d) ऑकिन लेक

उत्तर *(b)*

व्याख्या लॉर्ड माउंटबेटन भारत का अंतिम वायसराय तथा स्वतंत्र भारतीय संघ का पहला गवर्नर-जनरल था। 20 फरवरी, 1947 को लॉर्ड माउंटबेटन को भारत का वायसराय नियुक्त किया गया। माउंटबेटन द्वारा प्रस्तुत माउंटबेटन योजना में देशी रियासतों के लिए भारत तथा पाकिस्तान के साथ विलय की शर्तें निर्धारित की गई थीं।

3 भारत के विभाजन के विकल्प के रूप में गाँधीजी ने माउंटबेटन को सुझाया था कि वे *(Chap 14, Class-XII, New NCERT)* *(IAS Pre 2000)*

(a) स्वतंत्रता प्रदान करने के कार्य को स्थगित करें।
(b) जिन्ना को सरकार बनाने के लिए आमंत्रित करें।
(c) नेहरू एवं जिन्ना को साथ-साथ सरकार बनाने के लिए आमंत्रित करें।
(d) सेना को कुछ समय के लिए अधिकार ग्रहण करने के लिए आमंत्रित करें।

उत्तर *(b)*

व्याख्या भारत के विभाजन के विकल्प के रूप में गाँधीजी ने तत्कालीन ब्रिटिश वायसराय लॉर्ड माउंटबेटन को यह सुझाव दिया था कि वह विभाजन के अपने फैसले को रद्द करते हुए मोहम्मद जिन्ना को सरकार बनाने के लिए आमंत्रित करें।

4 सांप्रदायिकता के संदर्भ में किसने कहा था कि 'निश्चित रूप से यह हमारा दोष है और हमें अपनी कमजोरियों का दंड भुगतना होगा?' *(Chap 13, Class-XII, Old NCERT)*

(a) महात्मा गाँधी
(b) जवाहरलाल नेहरू
(c) राजेंद्र प्रसाद
(d) वल्लभभाई पटेल

उत्तर *(b)*

व्याख्या सांप्रदायिकता के सन्दर्भ में वर्ष 1946 में जवाहरलाल नेहरू ने अपनी पुस्तक 'भारत: एक खोज' में लिखा था कि ''निश्चित रूप से यह हमारा दोष है और हमें अपनी कमजोरियों का दंड भुगतना होगा, किंतु ब्रिटिश अधिकारियों ने भारत में तोड़फोड़ उत्पन्न करने के लिए सोच-समझकर जो कुछ किया, उसके लिए मैं उन्हें क्षमा नहीं कर सकता।''

5 रेडक्लिफ समिति किसलिए नियुक्त की गई थी? *(Chap 14, Class-XII, New NCERT)* *(UPPSC Pre 2014)*

(a) भारत में अल्पसंख्यकों की समस्या को सुलझाने के लिए
(b) स्वतंत्रता विधेयक को कार्यरूप में परिणत करने के लिए
(c) भारत और पाकिस्तान के मध्य सीमाओं को निर्धारित करने के लिए
(d) पूर्वी बंगाल के दंगों की जाँच के लिए

उत्तर *(c)*

व्याख्या अंतिम ब्रिटिश वायसराय लॉर्ड माउंटबेटन द्वारा 30 जून, 1947 को भारत तथा पाकिस्तान के मध्य पंजाब और बंगाल में सीमा निर्धारण के लिए रेडक्लिफ समिति का गठन किया गया। इस समिति को पंजाब तथा बंगाल की मुस्लिम तथा गैर-मुस्लिम जनसंख्या के आधार पर सीमा निर्धारण का उत्तरदायित्व दिया गया।

6 बंगाल के तेभागा किसान आंदोलन की क्या माँग थी? *(Chap 13, Class-XII, Old NCERT) (IAS Pre 2013)*

(a) जमींदारों की हिस्सेदारी को फसल के आधे भाग से कम करके एक-तिहाई करना।
(b) भूमि का वास्तविक खेतिहार होने के नाते भू-स्वामित्व कृषकों को प्रदान करना।
(c) जमींदारी प्रथा का उन्मूलन तथा कृषि दासता का अंत करना।
(d) कृषकों के समस्त ऋणों को रद्द करना।

उत्तर *(a)*

व्याख्या बंगाल में तेभागा किसान आंदोलन जमींदारों की हिस्सेदारी को फसल के आधे भाग से कम करके एक-तिहाई करने की माँग के साथ वर्ष 1946 में आरंभ हुआ। यह एक सशक्त आंदोलन था, जिसने सरकार पर फ्लाइड कमीशन की सिफारिश के अनुरूप लगान की दर लागू करने को मुख्य विषय बनाया। इस आंदोलन के मुख्य नेता कम्पाराम सिंह तथा भुवन सिंह थे।

7 ''इस समय भारत की प्रथम और अंतिम आवश्यकता यह है कि उसे एक राष्ट्र बनाया जाए। राष्ट्रवाद को बढ़ावा देने वाली प्रत्येक चीज आगे बढ़नी चाहिए और उसमें रुकावट डालने वाली प्रत्येक वस्तु को समाप्त किया जाना चाहिए। हमने यही कसौटी भाषाई प्रांतों के सवाल पर भी अपनाई है।'' यह कथन किसका है? *(Chap 10, Class-VIII, New NCERT)*

(a) जवाहरलाल नेहरू
(b) वल्लभभाई पटेल
(c) महात्मा गाँधी
(d) बी. आर. अंबेडकर

उत्तर *(b)*

व्याख्या उपरोक्त कथन वल्लभभाई पटेल ने भाषाई आधार पर प्रांतों की माँग को समाप्त करते हुए कहा था। उनका मानना था कि स्वतंत्रता और विभाजन के उपरांत राष्ट्र के रूप में भारत की सबसे बड़ी चुनौती 'राष्ट्रवाद' को बढ़ावा देकर देश के एकीकरण के लक्ष्य को पूरा करना था। वे उन बाधाओं को अमान्य बनाना चाहते थे, जो 'राष्ट्र निर्माण' की प्रक्रिया में बाधक हैं।

8 निम्नलिखित में से कौन वर्ष 1948 में स्थापित 'हिंद मजदूर सभा' के संस्थापक थे? *(Chap 10, Class-VIII, New NCERT)* *(IAS Pre 2018)*

(a) बी. कृष्ण पिल्लई, ई. एम. एस. नंबूदरीपाद और के. सी. जॉर्ज
(b) जयप्रकाश नारायण, दीनदयाल उपाध्याय और एम.एन. रॉय
(c) सी.पी. रामास्वामी अय्यर, के. कामराज और वीरेशलिंगम पंतुलु
(d) अशोक मेहता, टी. एस. रामानुजम और जी. जी. मेहता

उत्तर *(d)*

व्याख्या वर्ष 1948 में स्थापित 'हिंद मजदूर सभा' के संस्थापक अशोक मेहता, टी. एस. रामानुजम तथा जी. जी. मेहता थे।

'हिंद मजदूर सभा', 'अखिल भारतीय ट्रेड यूनियन कांग्रेस' और 'इंडियन नेशनल ट्रेड यूनियन कांग्रेस' के बाद भारत में तीसरा सबसे बड़ा ट्रेड यूनियन फेडरेशन है। इसकी स्थापना समाजवादियों द्वारा पश्चिम बंगाल के हावड़ा में 29 दिसंबर, 1948 को की गई थी।

हिंद मजदूर सभा का मुख्य उद्देश्य मजदूरों को संगठित करना तथा उनके आर्थिक, सामाजिक एवं राजनीतिक हितों की रक्षा करना था। इसके अन्य प्रमुख सदस्यों में बसावन सिंह, मणिबेन कारा, बी. एस. माथुर आदि शामिल थे।

9 निम्नलिखित कथनों पर विचार कीजिए
(Chap 10, Class-VIII, New NCERT) (CGPSC Pre 2021)

1. जुलाई, 1952 में जे. बी. कृपलानी ने किसान मजदूर प्रजा पार्टी का गठन किया।
2. पी. सी. घोष एवं टी. प्रकाशम किसान मजदूर प्रजा पार्टी से जुड़े हुए थे।

नीचे दिए गए विकल्प में से सही उत्तर चुनिए

(a) कथन 1 सही है, किंतु कथन 2 गलत है।
(b) कथन 1 गलत है, किंतु कथन 2 सही है।
(c) कथन 1 और 2 दोनों सही हैं।
(d) कथन 1 और 2 दोनों गलत हैं।

उत्तर *(b)*

व्याख्या कथन 1 गलत है, किंतु कथन 2 सही है।

किसान मजदूर प्रजा पार्टी का गठन जे. बी. कृपलानी के द्वारा वर्ष 1951 में किया गया था न कि जुलाई, 1952 में। वर्ष 1952 के आम चुनाव में इस पार्टी ने कांग्रेस के विरुद्ध चुनाव लड़ा था।

पी. सी. घोष एवं टी. प्रकाशम किसान मजदूर प्रजा पार्टी से जुड़े हुए प्रमुख नेता थे। किसान मजदूर प्रजा पार्टी का गठन वर्ष 1951 में हुआ था, जिसका वर्ष 1952 में सोशलिस्ट पार्टी में विलय हो गया। जे. बी. कृपलानी सोशलिस्ट पार्टी के विभाजन पर प्रजा सोशलिस्ट पार्टी के अध्यक्ष बने।

10 दिए गए कथनों पर विचार कीजिए
(Chap 10, Class-VIII, New NCERT)

1. वर्ष 1952 में सरकार ने आर्थिक विकास के लिए नीतियाँ बनाने के लिए योजना आयोग का गठन किया था।
2. वर्ष 1956 में दूसरी पंचवर्षीय योजना तैयार की गई थी।
3. मीरा बहन मूल रूप से अमेरिकी महिला थीं, जो गाँधीजी की शिष्य बन गईं थी।

उपर्युक्त कथनों में से कितने कथन सही हैं?

(a) केवल एक (b) केवल दो (c) सभी तीनों (d) इनमें से कोई नहीं

उत्तर *(a)*

व्याख्या दिए गए कथनों में केवल एक कथन अर्थात् कथन (2) सही है। वर्ष 1956 में दूसरी पंचवर्षीय योजना तैयार की गई थी। इस योजना में इस्पात जैसे कि भारी उद्योगों और विशाल बाँध परियोजना आदि पर सबसे अधिक बल दिया गया।

कथन (1) और (3) सही नहीं हैं, क्योंकि योजना आयोग का गठन वर्ष 1950 में किया गया था, जिसका उद्देश्य सरकार के लिए आर्थिक नीतियाँ बनाना और उनको लागू करना था। मीरा बहन (मैडलिन स्लेड) एक ब्रिटिश सैन्य अधिकारी की बेटी थी, गाँधीजी ने उन्हें मीरा बेन नाम दिया था।

11 निम्न कथनों पर विचार कीजिए *(Chap 10, Class-VIII, New NCERT)*

1. वर्ष 1961 में बंबई प्रांत को मराठी व गुजराती भाषी दो अलग प्रांतों में बाँट दिया गया।
2. वर्ष 1966 में पंजाब का विभाजन हुआ और हरियाणा को अलग राज्य के रूप में मान्यता दी गई।

उपर्युक्त में से कौन-सा/से कथन सही है/हैं?

(a) केवल 1
(b) केवल 2
(c) 1 और 2 दोनों
(d) न तो 1 और न ही 2

उत्तर *(b)*

व्याख्या दिए गए कथनों में केवल कथन (2) सही है। वर्ष 1966 में पंजाब प्रांत का विभाजन हुआ और हरियाणा को एक अलग राज्य के रूप में मान्यता दी गई। पंजाब में पंजाबी भाषियों और हरियाणा में हरियाणवी या हिंदी बोलने वालों की बहुतायत थी।

कथन (1) सही नहीं है, क्योंकि वर्ष 1961 में नहीं, बल्कि 1960 में बंबई प्रांत को मराठी व गुजराती भाषी दो अलग प्रांतों में बाँट दिया गया।

12 निम्नलिखित कथनों पर विचार कीजिए
(Chap 10, Class-VIII, New NCERT)
(IAS Pre 2007)

1. जवाहरलाल नेहरू मृत्यु के समय भारत के प्रधानमंत्री की चौथी पदावधि में थे।
2. जवाहरलाल नेहरू ने सांसद के रूप में रायबरेली का प्रतिनिधित्व किया।
3. भारत के प्रथम गैर-कांग्रेसी प्रधानमंत्री वर्ष 1977 में पद पर नियुक्त हुए।

उपर्युक्त कथनों में से कितने कथन सही है/हैं?

(a) केवल एक
(b) केवल दो
(c) सभी तीन
(d) उपरोक्त में से कोई नहीं

उत्तर *(b)*

व्याख्या दिए गए कथनों में से केवल दो कथन अर्थात् कथन (1 और 3) सही हैं।

जवाहरलाल नेहरू मृत्यु के समय भारत के प्रधानमंत्री की चौथी पदावधि (1947-52, 1952-57, 1957-62 और 1962-64) में थे। नेहरूजी पहली बार 15 अगस्त, 1947 को भारत के प्रधानमंत्री बने थे।

हालाँकि ये स्वतंत्रता प्राप्ति के पूर्व भी अंतरिम सरकार में प्रधानमंत्री थे। ये पुन: वर्ष 1952 में भारत में हुए आम चुनाव के बाद प्रधानमंत्री बने, जिसका कार्यकाल वर्ष 1952-1957 तक था।

भारत में 24 मार्च, 1977 को जनता पार्टी के प्रथम गैर-कांग्रेसी प्रधानमंत्री मोरारजी देसाई बने थे।

कथन (2) सही नहीं है, क्योंकि जवाहरलाल नेहरू ने सांसद के रूप में रायबरेली का नहीं, बल्कि 'फूलपुर' का प्रतिनिधित्व किया था। फूलपुर को नेहरू का निर्वाचन क्षेत्र भी कहा जाता है। इस क्षेत्र से जवाहरलाल नेहरू ने वर्ष 1952, 1957 तथा 1962 में लोकसभा चुनाव जीता था।

चित्रकला

चित्रकला

उत्पत्ति
- प्रागैतिहासिक काल चलन में
- भीमबेटका और लखुडियार शैल चित्रकला के सबसे प्रारंभिक प्रागैतिहासिक साक्ष्य
- पेंटिंग की 2 मुख्य श्रेणियाँ - भित्ति चित्र, लघु चित्रकला

भारतीय चित्रकला का विकास
- **प्रागैतिहासिक शैल चित्रकला**
  - शैलाश्रयों और गुफाओं की दीवारों पर बनाई गई
  - मानव समाज की प्रारंभिक जीवन की गतिविधियों का चित्रण
  - शैलीगत तरीके से चित्रित किया गया।
- **भीमबेटका गुफा पेंटिंग**
  - वी.एस. वाकणकर द्वारा वर्ष 1957-58 में खोजी गई
  - दैनिक जीवन से संबंधित विषय - वस्त ज्यामितीय रूपांकनों
  - शिकार के दृश्य।
- **लखुडियार**
  - उत्तराखंड के अल्मोडा जिले में स्थित; चित्रों की 3 श्रेणियाँ - सफेद, काला और लाल गेरुआ
  - शास्त्रीय युग की चित्रकारी में मानव को छड़ी जैसी आकृति में दर्शाया
- **जोगीमारा**
  - छत्तीसगढ़ के सरगुजा जिले में स्थित; इसकी तिथि लगभग 200 ई. पू. की है सात चित्रों से अलंकृत; चित्रों में प्रेमी जोड़े, गायक, नर्तक और हाथी की आकृति
- **अजंता गुफा चित्र**
  - महाराष्ट्र के औरंगाबाद जिले में स्थित;
  - **खोजकर्ता** जॉन स्मिथ, टाइपोलॉजिकल और शैलीगत विविधताएँ, पहली गुफा का चित्रण

बादामी गुफा
- कर्नाटक राज्य में स्थित; चालुक्य शासक मंगलेश द्वारा बादामी गुफाओं की खुदाई का संरक्षण;

सित्तनवासल चित्रकला
- इसे अरिवर (Arivar Koil) कोइल के नाम से भी जाना जाता है; तमिलनाडु में स्थित, छठी शताब्दी ई. से 9वी. शताब्दी ई. तक के पल्लव काल की शानदार भित्ति चित्र; फ्रेस्को तकनीक

पूर्व मध्यकालीन चित्रकला
- **चोल कला**
  - तंजावुर के वृहदेश्वर मंदिर के नाट्यकुरन में
  - भित्ति चित्र या टेम्परा तकनीक प्रयुक्त
- **पाल कला**
  - 9वीं से 12वीं शताब्दी ई. के मध्य बंगाल और बिहार के पाल शासकों द्वारा संरक्षित
  - पांडुलिपियों में लघु चित्रकला का प्रारंभिक

मध्यकालीन चित्रकला
- **विजयनगर शैली**
  - 14वीं सदी में चित्री में की गई पेंटिंग विजयनगर शैली के आरंभिक चरण के नमूने
- **हुमायूँ**
  - हुमाँयू ने दो ईरानी कलाकारों (चित्रकारों) मीर सैयद अली और अस्दस्समद को शाही चित्र बनाने के लिए आमंत्रित किया।
- **अकबर**
  - हम्जानामा तथा रज्मनामा (महाभारत) का चित्रण; गोवर्धन और मिस्किन जैसे चित्रकार दरबार के दृश्यों के लिए लोकप्रिय थे

जहाँगीर
- अकारिजा और अब्दुल हसन को नियुक्त किया, भारतीय चित्रकला शैली में यूरोपीयन चित्रकला की शैली को शामिल किया।

शाहजहाँ
- प्रकृतिवादी प्रतिपादन और सटीक चित्रण की तुलना में आदर्शीकरण और महान शैलीकरण को प्राथमिकता दी गई

औपनिवेशिक काल में चित्रकारी
- शैक्षणिक चित्रकला के अन्तर्गत तेल चित्रों में भारतीय विषय-वस्तु को चित्रित करने के लिए यूरोपीय माध्यम का उपयोग किया गया
  - इसके प्रमुख चित्रकार राजा रवि वर्मा थे।
- बंगाल स्कूल, अबनींद्रनाथ अबनिंद्रनाथ टैगोर और नंदलाल बोस के नेतृत्व मे एक कला आंदोलन
- आधुनिक भारतीय कला ने रवींद्रनाथ टैगोर

एलोरा की गुफाएँ
- औरंगाबाद (महाराष्ट्र) में स्थित; इसमें बौद्ध ब्राह्मणवादी और जैन गुफाएँ शामिल हैं

बाघ गुफा
- मध्य प्रदेश के धार जिले में स्थित; पाँचवीं - छठी शताब्दी ई. में निर्मित;

केरल शैली
- जीवंत और चमकदार रंग का उपयोग किया गया और त्रि-आयामी रूप में मानव आकृति का प्रतिनिधित्व किया गया

बीजापुर
- अली अदिल शाह प्रथम और उनके उत्तराधिकारी इब्राहिम द्वितीय द्वारा संरक्षण प्राप्त

SOURCE New NCERT Class XI Fine Arts, प्रागैतिहासिक शैल-चित्र, भारतीय कला और स्थापत्य में मौर्योत्तर कालीन प्रवृत्तियाँ, परवर्ती भित्ति-चित्रण परंपराएँ, NIOS Class XI, समसामयिक सांस्कृतिक स्थिति, Tamil Nadu Board Class XI सांस्कृतिक समन्वयता : भारत में भक्ति आन्दोलन

1 **प्रागैतिहासिक शैल चित्र के संबंध में दिए गए कथनों पर विचार कीजिए** *(Chap 1, Class-XI, New NCERT Fine Arts)*

1. कलाकार चित्रों को बनाने के लिए अनेक रंगों का प्रयोग करते थे।
2. इसके प्रमाण भीमबेटका के गुफा चित्रों से मिलते हैं।

उपर्युक्त में से कौन-सा/से कथन असत्य है/हैं?

(a) केवल 1
(b) केवल 2
(c) 1 और 2
(d) न तो 1 और न ही 2

उत्तर *(d)*

व्याख्या प्रागैतिहासिक शैल चित्र के संबंध में दोनों कथन सत्य हैं। प्रागैतिहासिक शैल चित्रों को बनाने में कलाकार अनेक रंगों का प्रयोग करते थे। कलाकारों द्वारा इन चित्रों में लाल, हरा, सफेद, काला आदि रंगों का प्रयोग किया गया है।

प्रागैतिहासिक शैल चित्र के प्रमाण भीमबेटका के गुफा चित्रों से मिलते हैं। भीमबेटका मध्य प्रदेश के रायसेन जिले में है। इसकी खोज वर्ष 1957-58 में डॉ. वी. ए. वाकणकर द्वारा की गई थी।

2 **निम्नलिखित कथनों पर विचार कीजिए** *(Chap 1, Class-XI, New NCERT Fine Arts)*

1. सबसे अधिक सुंदर शैल चित्र मध्य प्रदेश में विंध्याचल की श्रृंखलाओं और उत्तर प्रदेश में कैमूर की पहाड़ियों में मिलते हैं।
2. ये पहाड़ी श्रृंखलाएँ पुरापाषाण कालीन और मध्यपाषाण कालीन अवशेषों से भरी पड़ी हैं।

उपर्युक्त में से कौन-सा/से कथन सत्य है/हैं?

(a) केवल 1 (b) केवल 2
(c) 1 और 2 (d) न तो 1 और न ही 2

उत्तर *(c)*

व्याख्या दिए गए दोनों कथन सत्य हैं। मध्य प्रदेश में विंध्याचल की श्रृंखलाएँ तथा उत्तर प्रदेश में कैमूर की पहाड़ियाँ पुरापाषाणकालीन और मध्यपाषाण कालीन अवशेषों से भरी पड़ी हैं। यहाँ सबसे अधिक और सुंदर शैल चित्र मिले हैं, जिसमें भीमबेटका की गुफा प्रमुख है।

शैल चित्र प्राचीन कला शैली के हैं, यह मानव निर्मित चिह्नों/चित्रों/मूर्तियों की प्राकृतिक पत्थर पर अंकित एक प्रकार की छाप है। इन चित्रों में शिलाखंड और चबूतरों पर चित्रों, रेखाचित्रों के उत्कीर्णन, स्टेंसिल, छपाई तथा आवास स्थलों पर नक्काशी आदि शामिल हैं।

3 **निम्नलिखित कथनों पर विचार कीजिए** *(Chap 1, Class-XI, New NCERT Fine Arts)*

1. लखुडियार में पाए गए शैलचित्र प्रागैतिहासिक काल से संबंधित हैं।
2. पुरापाषाण काल के चित्रों में शिकार के दृश्य (शैल चित्र) अधिकता में पाए जाते हैं।

उपर्युक्त में कौन-सा/से कथन असत्य है/हैं?

(a) केवल 1
(b) केवल 2
(c) 1 और 2 दोनों
(d) न तो 1 और न ही 2

उत्तर *(b)*

व्याख्या दिए गए कथनों में से कथन (2) असत्य है, क्योंकि पुरापाषाण काल के चित्रों में नहीं, बल्कि मध्यपाषाण काल के चित्रों में शिकार के दृश्य (शैलचित्र) अधिकता में पाए जाते हैं। कई गुफा चित्रों में लोगों के समूह द्वारा पशुओं को मारते हुए दिखाया गया है, जो शिकारी युग को संदर्भित करता है।

4 **निम्नलिखित कथनों पर विचार कीजिए** *(Chap 4, Class-XI, New NCERT Fine Arts)*

1. बाघ गुफाएँ बौद्ध एवं जैन चित्रों वाली हैं।
2. रंगमहल के नाम से प्रसिद्ध गुफा अजंता गुफाओं में है।

उपर्युक्त में से कौन-सा/से कथन असत्य है/हैं?

(a) केवल 1 (b) केवल 2
(c) 1 और 2 (d) न तो 1 और न ही 2

उत्तर *(c)*

व्याख्या दिए गए दोनों कथन असत्य हैं। बाघ गुफाएँ बौद्ध एवं जैन चित्रों से नहीं, बल्कि बौद्ध भित्ति चित्रों से संबंधित हैं। ये गुफाएँ सातवाहन काल में बनाई गई थीं। भौगोलिक रूप से बाघ गुफाएँ मध्य प्रदेश के धार जिले में अवस्थित हैं। यहाँ अनेक बौद्ध मठ और मन्दिर देखे जा सकते हैं।

मूल 9 गुफाओं में से वर्तमान में केवल 5 गुफाएँ ही शेष रह गई हैं, इनमें गुफा संख्या-4 को 'रंगमहल' के नाम से जाना जाता है। इसकी दीवारों एवं छत पर सुंदर चित्र बने हैं।

5 **चित्रकला के संबंध में निम्नलिखित कथनों पर विचार कीजिए** *(Chap 5, Class-XI, New NCERT Fine Arts)*

1. उत्तर चित्रकला की परंपरा पूर्ववर्ती शताब्दियों में पल्लव, पांड्य और चोल वंशीय राजाओं के शासनकाल में दक्षिण भारत में आगे तमिलनाडु तक फैली।
2. चालुक्य राजाओं ने चित्रकला के विकास में नगण्य योगदान दिया।

उपर्युक्त में से कौन-सा/से कथन सत्य है/हैं?

(a) केवल 1 (b) केवल 2
(c) 1 और 2 (d) न तो 1 और न ही 2

उत्तर *(a)*

व्याख्या चित्रकला के संबंध में कथन (1) सत्य है। उत्तर चित्रकला की परंपरा पूर्ववर्ती शताब्दियों में पल्लव, पांड्य तथा चोल राजाओं के संरक्षण में तमिलनाडु तक विस्तारित हुई। पल्लव नरेश राजसिंह के संरक्षण में बने काँचीपुरम मंदिर के चित्र, पांड्य शासकों के संरक्षण में निर्मित तिरुमलईपुरम्, सित्तनवासल में बने जैन गुफा चित्र तथा चोल शासकों के संरक्षण में बने बृहदेश्वर मंदिर के चित्र इसके प्रमुख उदाहरण हैं।

कथन (2) असत्य है, क्योंकि चालुक्य राजाओं ने चित्रकला के विकास में नगण्य नहीं, बल्कि महत्त्वपूर्ण योगदान दिया था। इसका प्रमुख उदाहरण बादामी (कर्नाटक) की गुफाओं में चित्रित राजमहल का दृश्य उल्लेखनीय है।

6 **निम्नलिखित कथनों पर विचार कीजिए** *(Chap 5, Class-XI, New NCERT Fine Arts)*

1. विरुपाक्ष मंदिर की भीतरी छत पर बने चित्र विजयनगर वंश के इतिहास की घटनाओं को दर्शाते हैं।
2. ये चित्र रामायण तथा महाभारत के प्रसंगों को दर्शाते हैं।
3. इसमें भगवान विष्णु के सभी अवतारों का चित्रण है।

उपर्युक्त में से कितने कथन सत्य नहीं है/हैं?

(a) केवल एक (b) केवल दो
(c) सभी तीन (d) इनमें से कोई नहीं

उत्तर *(c)*

व्याख्या दिए गए सभी तीन कथन अर्थात् कथन (1, 2 और 3) सत्य हैं। विरुपाक्ष मंदिर की भीतरी छत पर अनेक चित्र बने हैं, जो विजयनगर वंश की इतिहास की घटनाओं को तथा रामायण एवं महाभारत के प्रसंगो को दर्शाते हैं। इसमें बुक्काराय के गुरु विद्यारण्य का पालकी में शोभायात्रा का चित्र तथा भगवान विष्णु के सभी अवतारों का चित्रण अंकित है। विरुपाक्ष मंदिर कर्नाटक के हम्पी में स्थित है, जो भगवान विरुपाक्ष (शिव) को समर्पित है।

7 निम्नलिखित कथनों पर विचार कीजिए

(Chap 5, Class-XI, New NCERT Fine Arts)

1. नायककालीन चित्रकारों ने महाभारत, रामायण तथा कृष्णलीला के दृश्यों को चित्रित किया।
2. तिरुवरूर के एक चित्रफलक में मुचुकुंद की कथा चित्रित की गई है।

उपर्युक्त कथनों में से कौन-सा/से कथन सत्य है/हैं?

(a) केवल 1
(b) केवल 2
(c) 1 और 2
(d) न तो 1 और न ही 2

उत्तर *(c)*

व्याख्या दिए गए दोनों कथन सत्य हैं। नायककालीन चित्रकारों के चित्र तिरुपराकुनरम्, श्रीरंगम् तथा तिरुवरूर आदि में देखे जा सकते हैं। नायककालीन चित्रों में रामायण, महाभारत तथा कृष्णलीला के प्रसंग चित्रित किए गए हैं। तिरुवरूर के एक चित्रफलक में राजा मुचुकुंद की कथा चित्रित की गई है।

8 कलम ऐझुथु, संदर्भित करता है

(Chap 5, Class-XI, New NCERT Fine Arts)

(a) केरल में अनुष्ठान के समय भूमि पर की जाने वाली चित्रकारी
(b) दक्षिण भारतीय मंदिरों में मंडप पर की जाने वाली चित्रकारी
(c) तमिलनाडु में स्थित गुफा चित्र
(d) आंध्र प्रदेश के मंदिर परिसर में स्थित द्वारपाल की आकृति

उत्तर *(a)*

व्याख्या कलम ऐझुथु, केरल में अनुष्ठान इत्यादि के समय भूमि पर की जाने वाली चित्रकारी है। केरल के कलाकारों ने अपने चित्रण के विषय रामायण और महाभारत से लिए हैं।

9 भारत की लोक चित्रकलाओं से संबंधित निम्नलिखित कथनों पर विचार कीजिए तथा सही उत्तर चुनिए

(Chap 1, Class-XI, New NCERT Fine Arts)

कथन I पट्टचित्र कलाओं की विषय-वस्तु जगन्नाथ एवं वैष्णव संप्रदाय से प्रभावित है।

कथन II मंजूषा चित्रकलाएँ जूट एवं कागज के डिब्बों पर बनाई जाती हैं।

कथन III पिथोरा चित्रकलाएँ गुजरात एवं मध्य प्रदेश की कुछ जनजातियों द्वारा बनाई जाती हैं।

कूट

(a) कथन I और II सही हैं।
(b) कथन II और III सही हैं।
(c) कथन I और III सही हैं।
(d) उपर्युक्त सभी कथन सही हैं।

उत्तर *(c)*

व्याख्या कथन I और III सही हैं।

पट्टचित्र कलाओं का संबंध ओडिशा से है। यह हिंदू धर्म तथा अध्यात्म से जुड़ी है। इसके चित्र विशेष रूप से भगवान जगन्नाथ तथा वैष्णव संप्रदाय से प्रभावित हैं।

पिथोरा चित्रकलाएँ गुजरात एवं मध्य प्रदेश की कुछ जनजातियों द्वारा बनाई जाती हैं। इस कला के विकास में भील जनजाति का योगदान महत्त्वपूर्ण है। जबकि मंजूषा चित्रकलाएँ कागज और कपड़े पर बनाई जाती हैं।

इसके चित्रांकन में जूट का प्रयोग नहीं किया जाता है। मंजूषा चित्रकला बिहार के भागलपुर तथा आस-पास के क्षेत्रों की लोक कला है। इस चित्रकला में तीन रंगों (लाल, पीला, हरा) का उपयोग किया जाता है।

10 भित्ति चित्रकला के लिए प्रसिद्ध गोपिकाओं के साथ बाँसुरी बजाते हुए श्रीकृष्ण को कहाँ दिखाया गया है?

(Chap 5, Class-XI, New NCERT Fine Arts)

(a) त्रिपरयार मंदिर
(b) पुंडरीकपुरम् मंदिर
(c) श्रीशैलम मंदिर
(d) बृहदेश्वर मंदिर

उत्तर *(b)*

व्याख्या भित्ति चित्रकला के लिए प्रसिद्ध गोपिकाओं के साथ बाँसुरी बजाते हुए श्रीकृष्ण को कृष्ण पुंडरीकपुरम् मंदिर में दिखाया गया है, जिसमें विट्ठल या विनोबा के रूप में भगवान कृष्ण की पूजा की जाती है। पुंडरीक भगवान विष्णु के परमभक्त, वेद, शास्त्रों के ज्ञाता, तपस्वी स्वाध्याय प्रेमी एवं क्षमाशील व्यक्ति थे। यह भित्ति चित्रकला का एक सुंदर उदाहरण है, जोकि केरल के कोट्टायम में अवस्थित है।

11 निम्नलिखित युग्मों में से कितने सही सुमेलित हैं?

(Chap 5, Class-XI, New NCERT Fine Arts)

स्थान		चित्रकला के लिए प्रसिद्ध मंदिर
1. त्रिपरयार	—	श्रीराम मंदिर
2. त्रिसुर	—	वडक्कुनाथन मंदिर
3. पुंडरीकपुरम्	—	श्रीकृष्ण मंदिर

कूट

(a) केवल एक (b) केवल दो (c) सभी तीन (d) इनमें से कोई नहीं

उत्तर *(c)*

व्याख्या दिए गए सभी युग्म सही सुमेलित हैं।

श्रीराम मंदिर केरल के त्रिपरयार में स्थित है। यह मंदिर अपनी भित्ति चित्रकला के लिए प्रसिद्ध है, जोकि भगवान श्रीराम को समर्पित है।

वडक्कुनाथन मंदिर केरल के त्रिसुर में अवस्थित है। यह भगवान शिव को समर्पित है तथा अपनी भित्ति चित्रकला के लिए प्रसिद्ध है।

श्रीकृष्ण मंदिर केरल के पुंडरीकपुरम् में स्थित है। यहाँ गोपियों के साथ बाँसुरी बजाते श्रीकृष्ण का चित्र अधिक प्रसिद्ध है।

12 निम्नलिखित कथनों पर विचार कीजिए

(Chap 5, Class-XI, New NCERT Fine Arts)

1. भित्ति चित्रों के कुछ परंपरागत उदाहरण बिहार के मिथिला तथा राजस्थान एवं गुजरात के पिठोरों में प्रचलित हैं।
2. भित्ति चित्र केवल गुफाओं में ही बनाए गए हैं।

उपर्युक्त कथनों में से कौन-सा/से कथन असत्य है/हैं?

(a) केवल 1
(b) केवल 2
(c) 1 और 2
(d) न तो 1 और न ही 2

उत्तर *(b)*

व्याख्या दिए गए कथनों में से कथन (2) असत्य है, क्योंकि भित्ति चित्र केवल गुफाओं में ही नहीं, बल्कि मंदिर की दीवारों, राजमहलों आदि में भी बनाए गए हैं।

13 चित्रकला से संबंधित निम्नलिखित कथनों पर विचार कीजिए

(Chap 5, Class-XI, New NCERT Fine Arts)

1. केरल का कृष्णापुरम महल अपनी भित्ति चित्रकला के लिए प्रसिद्ध है।
2. गजेंद्र मोक्षम् भित्ति चित्रकला तमिलनाडु की सित्तनवासल गुफा में है।

उपर्युक्त में से कौन-सा/से कथन असत्य है/हैं?

(a) केवल 1
(b) केवल 2
(c) 1 और 2 दोनों
(d) न तो 1 और न ही 2

उत्तर *(a)*

व्याख्या चित्रकला के संदर्भ में कथन (2) असत्य है, क्योंकि गजेंद्र मोक्षम् भित्ति चित्रकला तमिलनाडु के सित्तनवासल गुफा से नहीं, बल्कि केरल के कृष्णापुरम् महल में मिली है। इस भित्ति चित्र में एक हाथी को भगवान विष्णु को नमस्कार करते हुए दिखाया गया है।

14 पार्वती एवं उनकी सहायिकाओं को इनमें से किस मंदिर में चित्रित किया गया है? *(Chap 5, Class-XI, New NCERT Fine Arts)*

(a) सित्तनवासल मंदिर (गुफा) (b) वीरभद्र मंदिर, लेपाक्षी
(c) बृहदेश्वर मंदिर (d) बादामी गुफा मंदिर

उत्तर (b)

व्याख्या पार्वती एवं उनकी सहायिकाओं का चित्रण वीरभद्र मंदिर, लेपाक्षी (आंध्र प्रदेश) में किया गया है। यह मंदिर भगवान वीरभद्र अर्थात् शिव को समर्पित है। यह मंदिर रामायण काल एवं पक्षीराज जटायु से भी जुड़ा है। 16वीं सदी में इस मंदिर का निर्माण विजयनगर शैली में हुआ था। इस मंदिर की एक विशेषता यह है कि इसका एक खंभा हवा में लटका हुआ (हैंगिंग पिलर) है।

15 अवनींद्रनाथ टैगोर के बनाए चित्रों को वर्गीकृत किया गया है *(Chap 1, Class-XI, New NCERT Fine Arts)*

(a) यथार्थवादी (b) समाजवादी
(c) पुनरुज्जीवनवादी (d) प्रभाववादी

उत्तर (c)

व्याख्या अवनींद्रनाथ टैगोर (1871-1951) द्वारा बनाए गए चित्रों को पुनरुज्जीवनवादी के रूप में वर्गीकृत किया गया है।

20वीं शताब्दी की शुरुआत में बंगाल स्कूल का विचार अवनींद्रनाथ टैगोर के कार्यों के साथ आया। ये 'इंडियन सोसायटी ऑफ ओरिएंटल आर्ट' के मुख्य चित्रकार और संस्थापक थे। ये भारतीय कला में स्वदेशी मूल्यों के सबसे बड़े समर्थक थे। इस प्रकार इन्होंने 'बंगाल स्कूल ऑफ आर्ट' की स्थापना में अति प्रभावशाली भूमिका निभाई, जिससे आधुनिक भारतीय चित्रकारी का विकास हुआ।

16 भारत की लोक चित्रकलाओं से संबंधित निम्नलिखित कथनों पर विचार कीजिए तथा सही उत्तर चुनिए *(Chap 5, Class-XI, New NCERT Fine Arts)* *(CGPSC Pre 2009)*

कथन I पट्टचित्र कलाओं की विषय-वस्तु जगन्नाथ एवं वैष्णव सम्प्रदाय से प्रभावित है।

कथन II मंजूषा चित्रकलाएँ जूट एवं कागज के डिब्बों पर बनाई जाती हैं।

कथन III पिथोरा चित्रकलाएँ गुजरात एवं मध्य प्रदेश की कुछ जनजातियों द्वारा बनाई जाती हैं।

कूट

(a) कथन I और II सही हैं। (b) कथन II और III सही हैं।
(c) कथन I और III सही हैं। (d) सभी कथन सही हैं।

उत्तर (c)

व्याख्या कथन I और III सही हैं।

पट्टचित्र कलाओं का संबंध ओडिशा से है। यह चित्रकला हिन्दू धर्म तथा अध्यात्म से जुड़ी है। इसके चित्र विशेष रूप से भगवान जगन्नाथ तथा वैष्णव संप्रदाय से प्रभावित हैं।

पिथोरा चित्रकलाएँ गुजरात एवं मध्य प्रदेश की कुछ जनजातियों द्वारा बनाई जाती हैं। इस कला के विकास में भील जनजाति का योगदान महत्त्वपूर्ण है। इसके अतिरिक्त मंजूषा चित्रकलाएँ कागज और कपड़े पर बनाई जाती हैं। इसके चित्रांकन में जूट का प्रयोग नहीं किया जाता है। मंजूषा चित्रकला बिहार के भागलपुर तथा आस-पास के क्षेत्रों की लोक कला है। इस चित्रकला में तीन रंगों (लाल, पीला, हरा) का उपयोग किया जाता है।

अध्याय 35

मूर्तिकला

मूर्तिकला

हड़प्पा सभ्यता से प्राप्त मूर्ति

- **पत्थर की मूर्ति**
  - स्टीटाइट से बनी मूर्ति हाथ में बाजूबंद; छोटी दाढ़ी, आधी बंद आँखें मोहनजोदड़ो से प्राप्त।
- **नृत्य करती हुई लड़की**
  - नृत्य करती हुई लड़की की विश्व की पहली कांस्य मूर्ति, मोहनजोदड़ो से प्राप्ति, बाएँ भुजा में चूड़ियाँ जबकि दाँए भुजा में ताबीज या चूडी सुशोभित, अभिव्यक्ति और शारीरिक शक्ति से भरपूर
- **पुरुष धड़**
  - हड़प्पा से प्राप्त, चूना पत्थर से बना, इससे संकेत मिलता है कि सिंधु घाटी सभ्यता के लोग ऐसी मूर्तियाँ बनाना जानते थें, जो गर्दन एवं बाहों को मोड़ सके
- **मातृदेवी**
  - गले में लटकता हुआ हार, लंगोटी और करधनी पहने हुए है।
- **टेराकोटा**
  - योगमुद्रा में एक पुरुष आकृति, कुंडलित बालों एवं दाढ़ी वाले पुरुषों की मूर्तियाँ, पहियों, सीटियों, झुनझुने, पक्षियों और जानवरों के साथ खिलौना गाड़ियों की मूर्तियाँ
- **मुहरें**
  - स्टीटाइट से निर्मित, चित्रात्मक लिपि में उत्कीर्ण, सबसे उल्लेखनीय मुहर पशुपति मुहर।
- **मिट्टी के बर्तन**
  - चित्रित मिट्टी के बर्तनों की तुलना में सादे मिट्टी के बर्तनों का अधिक प्रचलन, काले रंग के बर्तनों पर लाल रंग की परत, जिस पर ज्यामितीय और पशु डिजाइन बनाए जाते थे; पॉलिक्रॉम के बर्तन दुर्लभ हैं और इसमें मुख्य रूप से लाल, काले और हरे तथा कभी-कभी सफेद और पीले रंग के ज्यामितीय पैटर्न से सजाए गए छोटे फूलदान शामिल होते हैं

मौर्यकालीन एवं कुषाणकालीन मूर्तियाँ

- मौर्यस्तंभ अशोक द्वारा बनवाए गए पत्थर के स्तंभ संपूर्ण मौर्य साम्राज्य से प्राप्त; स्तंभ के शीर्ष भाग पर बैल, शैर, हाथी जैसी बड़ी आकृतियाँ उकेरी गईं
- एकल चट्टानों को काटकर बनाए गए खंभों से इस प्रकार नक्काशी करने वाले कौशल से प्रदर्शन होता है
- **बेहतरीन** नमूना-सारनाथ सिंहशीर्ष स्तंभ; पटना, विदिशा और मथुरा से बड़ी मात्रा में यक्ष और यक्षिणियों की मूर्ति प्राप्त
- जो पॉलिश की गई सतह और खड़ी स्थिति में हैं उदाहरण दीदारगंज, पटना से प्राप्त यक्षिणी की मूर्ति

गांधार स्कूल ऑफ आर्टन

- आधुनिक पाकिस्तान एवं अफगानिस्तान में फला-फूला
- महायान बौद्ध धर्म का महत्त्वपूर्ण केंद्र, अपनी रणनीतिक स्थिति के कारण फारसी, ग्रीक, रोमन, शक और कुषाण जैसे सभी प्रकार के विदेशी प्रभावों को आत्मसात करता है

भारतीय कांस्य मूर्तियाँ

- लॉस्ट-वैक्स तकनीक से बनी बौद्ध, हिंदू-जैन प्रतीकों की कांस्य मूर्तियाँ एवं प्रतिमाएँ
- बिहार के चौसा से कुषाण काल की जैन तीर्थंकर प्रतिमाएँ खोजी गईं
- पालवंश के शासनकाल के दौरान नालंदा में कांस्य ढलाई का एक स्कूल उभरा
- पल्लव काल मे अर्धपर्यंक आसन में बैठे शिव का प्रतीक

गुप्तकालीन एवं दक्षिण भारतीय मूर्तिकला

- **बौद्ध मूर्तियाँ** गुप्तकालीन बौद्ध मूर्तियाँ अभय, वरद, ध्यान, धर्मचक्र प्रवर्तन आदि मुद्रा में हैं। इसमें सारनाथ की बुद्ध मूर्ति सर्वाधिक आकर्षक है।
- **वैष्णव मूर्तियाँ** गुप्त शासक वैष्णव मत के पोषक थे। इस काल में भगवान विष्णु की अनेक प्रतिमाओं का निर्माण किया गया।
- **शैव मूर्तियाँ** इस काल में बनी शैव मूर्तियाँ लिंग एवं मानव दोनों दर्शाई गई हैं।
- **मृण्मूर्तियाँ** गुप्तकाल के कलाकारों ने विष्णु, कार्तिकेय, दुर्गा, गंगा, यमुना;

दक्षिण भारतीय मूर्तिकला

- **अमरावती मूर्तिकला** इस शैली की प्रतिमाओं का निर्माण दक्षिण भारत में गोदावरी तथा कृष्णा नदियों के बीच अमरावती नामक स्थान पर हुआ
- इस बौद्ध धर्म से प्रेरणा मिली और सातवाहन राजाओं का संरक्षण मिला।
- यहाँ भगवान बुद्ध की 6-6 फीट से ऊँची खड़ी मूर्तियाँ बहुत ही गंभीर, उदासीन और वैराग्य भाव से परिपूर्ण हैं।
- **चालुक्य मूर्तिकला** चालुक्य काल में भी मूर्तिकला का पर्याप्त विकास हुआ।
- बादामी की गुफा संख्या 1 में नटराज शिव की 16 भिन्न-भिन्न मुद्राओं में मूर्तियाँ उत्कीर्ण हैं।
- **चोल मूर्तिकला** मंदिर स्थापत्य के साथ-साथ चोल काल में पत्थर एवं धातु की मूर्तियों का भी निर्माण करवाया गया।
- चोल काल की मूर्तियों में शैव मूर्तियों की बहुलता है।

पूर्व-मध्यकालीन मूर्तिकला

- **पाल शैली** बंगाल के पाल वंश से संबंधित है। इसमें चिकने काले रंग के कसौटी वाले पाषाण तथा धातुओं की सहायता से मूर्तियों का निर्माण किया गया।

SOURCE

New NCERT Class XI Fine Arts, मौर्य कालीन कला, भारतीय कला और स्थापत्य में मौर्योत्तर कालीन प्रवृत्तियाँ, भारतीय कांस्य प्रतिमाएँ, Tamil Nadu Board, Class-XI, प्रादेशिक साम्राज्य का उदय और आधुनिकता की ओर नया धर्म

मूर्तिकला

1 निम्नलिखित कथनों पर विचार कीजिए

(Chap 3, Class-XI, New NCERT Fine Arts)

1. पटना, विदिशा और मथुरा में यक्षों तथा यक्षिणियों की बड़ी-बड़ी मूर्तियाँ पाई गई हैं।
2. इन प्रतिमाओं को अधिकतर बैठे हुए दिखाया गया है।
3. यक्षिणी की प्रतिमा का एक सर्वोत्कृष्ट उदाहरण दीदारगंज, पटना से प्राप्त हुआ है।

उपर्युक्त कथनों में से कितने कथन सत्य हैं?

(a) केवल एक (b) केवल दो
(c) सभी तीन (d) इनमें से कोई नहीं

उत्तर *(b)*

व्याख्या दिए गए कथनों में से केवल दो कथन अर्थात् कथन (1) और (3) सत्य हैं। पटना, विदिशा तथा मथुरा में यक्षों एवं यक्षिणियों की बड़ी-बड़ी मूर्तियाँ पाई गई हैं, जो यक्ष पूजा की लोकप्रियता को दर्शाती हैं। पटना के दीदारगंज से प्राप्त यक्षिणी की प्रतिमा (मूर्ति) मूर्तिकला का एक सर्वश्रेष्ठ उदाहरण है।

कथन (2) असत्य है, क्योंकि यक्ष-यक्षिणियों की विशाल प्रतिमाएँ अधिकतर खड़ी अवस्था में प्राप्त हुई हैं न कि बैठी अवस्था में। इन सभी प्रतिमाओं में एक विशेष तत्त्व यह है कि इनकी सतह चिकनी अर्थात् पॉलिश की हुई है।

2 निम्नलिखित कथनों पर विचार करते हुए असत्य कथन को चुनें

(Chap 3, Class-XI, New NCERT Fine Arts)

(a) सारनाथ स्तंभ के सिंह शीर्ष को मौर्यकालीन मूर्तिकला का एक सर्वोत्कृष्ट उदाहरण माना जाता है।
(b) ईसा पूर्व दूसरी शताब्दी में हमें बुद्ध की प्रतिमाओं या आकृतियों के दर्शन नहीं होते हैं।
(c) पटना के दीदारगंज से मिली यक्षिणी की मूर्ति सफेद संगमरमर की बनी है।
(d) अशोक स्तंभ एकाश्म पत्थरों पर उत्कीर्ण है।

उत्तर *(c)*

व्याख्या दिए गए कथनों में से कथन (c) असत्य है, क्योंकि पटना के दीदारगंज से प्राप्त यक्षिणी की मूर्ति संगमरमर से नहीं, बल्कि बलुआ पत्थर से बनी हुई है। इसे चामरग्राहिणी मूर्ति भी कहा जाता है, क्योंकि यह मूर्ति हाथ में चामर (पंखा) पकड़े खड़ी है, इसका अंगविन्यास संतुलित एवं समानुपातिक है।

3 निम्नलिखित कथनों पर विचार कीजिए

कथन I बौद्धों की चारदीवारी की देखभाल में पवित्र स्थानों के साथ विस्तार से बौद्ध का वर्णन करते उदाहरण प्रस्तुत किए गए।

कथन II अधिक दूर क्षेत्र जहाँ भारतीय पेंटिंग की इस परंपरा को लागू किया गया था, जो मध्य एशिया था। अफगानिस्तान में बामियान पर प्रारंभ करते और मध्य एशिया की यात्रा करते पवित्र स्थानों को पहाड़ियों में काटा एवं भित्तियों के साथ ढका हुआ बौद्ध मठों के प्रति विचारशील थे।

(Chap 4, Class-XI, New NCERT Fine Arts)
(HPPSC Pre 2023)

कूट

(a) कथन I और II दोनों सही हैं
(b) कथन I और II दोनों गलत हैं
(c) कथन I सही है, किंतु कथन II गलत है
(d) कथन I गलत है, किंतु कथन II सही है

उत्तर *(a)*

व्याख्या कथन I और II दोनों सही हैं।

बौद्धों की चारदीवारी की देखभाल में पवित्र स्थानों की भित्तियों के साथ विस्तार से बौद्ध का वर्णन करते उदाहरण प्रस्तुत किया गया है। मध्य एशियाई भागों में जहाँ भारतीय पेंटिंग की इस परंपरा को लागू किया गया, आज भी इसका उल्लेख अफगानिस्तान के बामियान पहाड़ी क्षेत्रों में देखने को मिलता है।

इन्होंने मध्य एशिया की यात्रा करते समय पवित्र स्थानों को पहाड़ियों में काटा एवं ये भित्तियों के साथ ढके हुए बौद्ध मठों के प्रति अधिक विचारशील थे।

4 निम्नलिखित कथनों पर विचार कीजिए

(Chap 3, Class-XI, New NCERT Fine Arts)

1. धौली स्थल पर चट्टान को काटकर हाथी की एक विशाल मूर्ति बनाई गई है।
2. धौली स्थल राजस्थान के बाँसवाड़ा में स्थित है।

उपर्युक्त में से कौन-सा कथन सही है/हैं?

(a) केवल 1 (b) केवल 2
(c) 1 और 2 दोनों (d) न तो 1 और न ही 2

उत्तर *(a)*

व्याख्या दिए गए कथनों में से कथन (1) सही है। धौली स्थल पर चट्टान को काटकर हाथी की एक विशाल मूर्ति बनाई गई है। यहाँ सम्राट अशोक का शिलालेख भी अंकित है, जिसका निर्माण अशोक के शासनकाल में हुआ था। इस स्थान को सम्राट अशोक ने अपने शासनकाल (272-231 ई. पू.) में लगभग 260 ई. पू. में भयावह युद्ध में (कलिंग) जीता था।

कथन (2) सही नहीं है, क्योंकि धौली स्थल राजस्थान के बाँसवाड़ा में नहीं, बल्कि ओडिशा में स्थित है।

5 निम्नलिखित कथनों पर विचार कीजिए

(Chap 4, Class-XI, New NCERT Fine Arts)

1. मूर्तिकला के कुछ उत्कृष्ट उदाहरण भरहुत, बोधगया तथा मथुरा से प्राप्त हुए हैं।
2. भरहुत में पाई गई मूर्तियाँ मौर्यकालीन यक्ष और यक्षिणी की प्रतिमाओं की भाँति दीर्घाकार नहीं हैं।

उपर्युक्त कथनों में से कौन-सा/से कथन सही है/हैं?

(a) केवल 1 (b) केवल 2
(c) 1 और 2 दोनों (d) न तो 1 और न ही 2

उत्तर *(a)*

व्याख्या दिए गए कथनों में से कथन (1) सही है। मूर्तिकला के कुछ उत्कृष्ट उदाहरण (नमूने) विदिशा एवं भरहुत (मध्य प्रदेश), बोधगया (बिहार), जगय्यपेट (आंध्र प्रदेश), खंडगिरि-उदयगिरि (उड़ीसा) तथा पावनी (महाराष्ट्र) से मिले हैं।

कथन (2) सही नहीं है, क्योंकि भरहुत (मध्य प्रदेश) से प्राप्त मूर्तियाँ मौर्यकाल के यक्ष और यक्षिणी की मूर्तियों की भाँति दीर्घाकार अर्थात् ऊँची हैं। यहीं से प्राप्त एक आख्यान मूर्ति में रूर जातक में बोधिसत्व हिरण को एक आदमी की जान बचाते हुए दिखाया गया है।

6 निम्नलिखित कथनों पर विचार कीजिए

(Chap 4, Class-XI, New NCERT Fine Arts)

1. मथुरा में बुद्ध की प्रतिमाएँ यक्षों की आरंभिक मूर्तियों जैसी बनी हैं, लेकिन गांधार में पाई गई बुद्ध की प्रतिमाओं में यूनानी शैली की विशेषताएँ पाई जाती हैं।
2. मथुरा और गांधार में बुद्ध के मानव रूप को प्रतीकात्मक रूप दिया गया है।

उपर्युक्त कथनों में से कौन-सा/से कथन सही है/हैं?

(a) केवल 1 (b) केवल 2
(c) 1 और 2 (d) न तो 1 और न ही 2

उत्तर *(a)*

व्याख्या दिए गए कथनों में से कथन (1) सत्य है। ईसा की पहली शताब्दी तथा उसके बाद उत्तर भारत में मथुरा तथा गांधार (वर्तमान अफगानिस्तान) दक्षिण भारत में वेंगी (आंध्र प्रदेश) कला उत्पादन के मुख्य केंद्र के रूप में उभरे। मथुरा शैली मथुरा में बनी बुद्ध की मूर्तियाँ यक्षों की आरंभिक मूर्तियों की भाँति ही बनाई गई हैं, परंतु गांधार से प्राप्त बुद्ध की प्रतिमाओं में (मूर्तियों में) यूनानी शैली की विशेषताएँ पाई जाती हैं। गांधार की प्रतिमाओं पर विदेशी प्रभाव पाया गया है।

कथन (2) असत्य है, क्योंकि मथुरा एवं गांधार कला में बुद्ध के मानव रूप को प्रतीकात्मक रूप नहीं, बल्कि बुद्ध के प्रतीकात्मक रूप को मानव रूप दिया गया।

7 निम्नलिखित कथनों पर विचार कीजिए

(Chap 4, Class-XI, New NCERT Fine Arts)

1. उत्तर भारत में मूर्तिकला के दो महत्त्वपूर्ण संप्रदायों (घरानों) सारनाथ तथा कौशांबी का उदय हुआ।
2. सारनाथ तथा कौशांबी मूर्तिकला के केंद्र बनने के बाद मथुरा कला के उत्पादन के मुख्य केंद्र नहीं रहे।

उपर्युक्त में से कौन-सा/से कथन सही नहीं है/हैं?

(a) केवल 1
(b) केवल 2
(c) 1 और 2 दोनों
(d) न तो 1 और न ही 2

उत्तर (b)

व्याख्या दिए गए कथनों में से कथन (2) सत्य नहीं है, क्योंकि मथुरा मूर्तिकला का परंपरागत केंद्र था। वह सारनाथ तथा कौशांबी के मूर्तिकला केंद्र बनने के बाद भी कला के उत्पादन का मुख्य केंद्र ही बना रहा। मथुरा में बुद्ध की मूर्तियों को वस्त्र की कई तहें ओढ़े हुए दिखाया गया है तथा आभामंडल अत्यधिक अलंकृत है। सारनाथ में पाई जाने वाली बौद्ध प्रतिमाओं में दोनों कंधों को वस्त्र से ढका हुआ दिखाया गया है। सिर के चारों ओर आभामंडल बना हुआ है, जिसमें सजावट (अलंकरण) बहुत कम की गई है।

8 नीचे दो कथन दिए गए हैं, जिनमें एक को कथन (A) दूसरे को कारण (R) कहा गया है, नीचे दिए गए विकल्पों में से सही उत्तर का चयन कीजिए

(Chap 4, Class-XI, New NCERT Fine Arts)

कथन (A) अवलोकितेश्वर, अमिताभ तथा मैत्रेय प्रतिमाएँ बौद्ध धर्म से संबंधित हैं।

कारण (R) एलोरा गुफा में रावण द्वारा कैलाश को उठाए हुए तथा विष्णु के विभिन्न अवतारों को दर्शाया (चित्रित) गया है।

कूट

(a) A और R दोनों सही हैं तथा R, A की सही व्याख्या है।
(b) A और R दोनों सही हैं, परंतु R, A की सही व्याख्या नहीं करता है।
(c) A सही है, किंतु R गलत है।
(d) A गलत है, किंतु R सही है।

उत्तर (b)

व्याख्या A और R दोनों सही हैं, परंतु R, A की सही व्याख्या नहीं करता है। अवलोकितेश्वर, अमिताभ तथा मैत्रेय प्रतिमाएँ बौद्ध धर्म से संबंधित हैं। बुद्ध वे व्यक्ति हैं, जिन्होंने परम ज्ञान की प्राप्ति कर ली है तथा बोधिसत्व वे व्यक्ति हैं, जो मोक्ष प्राप्त करने के मार्ग पर हैं, जो बुद्ध द्वारा दिखाया गया था।

मैत्रेय भविष्य में अवतरित होने वाले बुद्ध के अवतार हैं तथा अमिताभ बुद्ध के महायान संप्रदाय के अनुसार, वर्तमान में ये सृष्टि के अभिभावक हैं। एलोरा गुफा में रावण द्वारा कैलाश पर्वत को उठाए हुए उत्कीर्ण किया गया है। इस गुफा में भगवान विष्णु के विभिन्न अवतारों को भी उत्कीर्ण किया गया है। यह गुफा महाराष्ट्र के औरंगाबाद जिले में है। इस गुफा की विशेषता यह है कि इसमें बौद्ध, जैन एवं ब्राह्मण तीनों धर्मों से संबंधित 34 गुफाएँ हैं।

9 निम्न में से किस गुफा में रावण द्वारा कैलाश को उठाए हुए तथा विष्णु के विभिन्न अवतारों को दर्शाया (चित्रित) गया है?

(Chap 4, Class-XI, New NCERT Fine Arts)

(a) अजंता गुफा
(b) कन्हेरी गुफा
(c) बाघ गुफा
(d) एलोरा गुफा

उत्तर (d)

व्याख्या एलोरा गुफा में रावण द्वारा कैलाश पर्वत को उठाए हुए उत्कीर्ण किया गया है। इसके अतिरिक्त इस गुफा में ही भगवान विष्णु के विभिन्न अवतारों को भी उत्कीर्ण किया गया है।

एलोरा गुफा महाराष्ट्र के औरंगाबाद जिले में है। इसकी विशेषता है कि यहाँ बौद्ध, जैन एवं ब्राह्मण तीनों ही धर्मों से संबंधित 34 गुफाएँ हैं। एलोरा में बनी तीन मंजिली गुफा को यहाँ की विशेष उपलब्धि माना जाता है।

10 निम्नलिखित में से कौन-सा युग्म सही सुमेलित नहीं है?

(Chap 4, Class-XI, New NCERT Fine Arts)

बुद्ध की मुद्राएँ (मूर्ति रूप में)		**स्थान**
(a) आसनस्थ बुद्ध	—	सारनाथ
(b) मार विजय	—	अजंता
(c) पद्मासन बुद्ध	—	गांधार
(d) बैठे हुए बुद्ध (चैत्य गृह)	—	एलोरा

उत्तर (c)

व्याख्या दिए गए युग्मों में से युग्म (c) सही सुमेलित नहीं है, क्योंकि पद्मासन बुद्ध की मूर्ति गांधार से नहीं, बल्कि कटरा टीला मथुरा से प्राप्त हुई है। इसके अतिरिक्त आसनस्थ बुद्ध की प्रतिमा सारनाथ से, मार विजय का चित्रण अजंता गुफा से तथा बैठे हुए बुद्ध की मूर्ति (चैत्य गृह) एलोरा से प्राप्त हुई हैं।

11 निम्नलिखित कथनों पर विचार कीजिए

(Chap 7, Class-XI, New NCERT Fine Arts)

1. भारतीय मूर्तिकारों ने उत्तरवैदिक काल में कांस्य मूर्तियों को बनाने की कला सीखी।
2. सिरेपेर्डु अर्थात् 'लुप्त-मोम' की प्रक्रिया, कांस्य प्रतिमाएँ एवं टेराकोटा मूर्तियों से संबंधित हैं।
3. बौद्ध, जैन और हिंदू देवी-देवताओं की कांस्य प्रतिमाएँ भारत के अनेक क्षेत्रों में पाई गई हैं।

उपर्युक्त में से कितने कथन सही हैं?

(a) केवल एक
(b) केवल दो
(c) सभी तीनों
(d) इनमें से कोई नहीं

उत्तर (a)

व्याख्या दिए गए कथनों में केवल एक कथन (3) सही है। बौद्ध, जैन तथा हिंदू देवी-देवताओं की कांस्य प्रतिमाएँ भारत के अनेक क्षेत्रों से प्राप्त हुई हैं। इन प्रतिमाओं की अवधि दूसरी से सोलहवीं सदी तक की है। इनमें से अधिकांश प्रतिमाएँ आनुष्ठानिक पूजा के लिए बनाई गई थीं।

कथन (1) और (2) सही नहीं हैं, क्योंकि भारतीय मूर्तिकारों ने सिंधु घाटी सभ्यता काल से ही कांसे को पिघलाना, ढालना तथा उससे मूर्तियाँ बनाने की कला सीख ली थी, न कि उत्तर वैदिक काल में।

इसका उदाहरण मोहनजोदड़ो से प्राप्त कांसे की नर्तकी की मूर्ति है। कांसे की मूर्ति की ढलाई के लिए सिरेपेर्डु अर्थात् 'लुप्त मोम' की प्रक्रिया अपनाई जाती है, न कि टेराकोटा की मूर्तियों में।

12 निम्नलिखित कथनों पर विचार कीजिए

(Chap 7, Class-XI, New NCERT Fine Arts)

1. बुद्ध की एक कांस्य प्रतिमा बिहार के सुल्तानगंज से प्राप्त हुई है।
2. धानेसरखेड़ा से प्राप्त विशिष्ट कांस्य प्रतिमा में परिधान की तहें मथुरा शैली जैसी ही बनाई गई हैं।

उपर्युक्त कथनों में से कौन-सा/से कथन सही है/हैं?

(a) केवल 1
(b) केवल 2
(c) 1 और 2 दोनों
(d) न तो 1 और न ही 2

उत्तर (c)

व्याख्या दिए गए दोनों कथन (1) और (2) सही हैं।

बिहार के सुल्तानगंज से बुद्ध की एक विशाल कांस्य प्रतिमा प्राप्त हुई है। यह प्रतिमा विशिष्ट रूप से परिष्कृत तथा उच्च गुणवत्ता वाली है। उत्तर प्रदेश के धानेसरखेड़ा से प्राप्त बुद्ध की कांस्य प्रतिमा में परिधान (वस्त्र) की तहें मथुरा शैली की भाँति ही बनी हैं अर्थात् इसमें कई घुमाव या मोड़ दिखाई देते हैं।

13 **कथन** I बौद्धों की चारदीवारी की देखभाल में पवित्र स्थानों के साथ विस्तार से बौद्ध का वर्णन करते उदाहरण प्रस्तुत किए।

कथन II अधिक दूर क्षेत्र जहाँ भारतीय पंटिंग के इस परंपरा को लागू किया गया था, मध्य एशिया था। अफगानिस्तान में बमियान पर प्रारंभ करते और मध्य एशिया की यात्रा करते पवित्र स्थानों को पहाड़ियों में काटा एवं भित्तियों के साथ ढका हुआ बौद्ध मठों के प्रति विचारशील थे।

उपर्युक्त कथनों के प्रकाश में, नीचे दिए गए विकल्पों में से सही उत्तर चुनें

(Chap 7, Class-XI, New NCERT Fine Arts) (HPPSC Pre 2023)

(a) कथन I और II दोनों सही हैं।
(b) कथन I और II दोनों गलत हैं।
(c) कथन I सही है, किन्तु कथन II गलत है।
(d) कथन I गलत है, किन्तु कथन II सही है।
(e) अनुत्तरित प्रश्न

उत्तर (a)

व्याख्या कथन I और II दोनों सही हैं।

बौद्धों की चारदीवारी की देखभाल मे पवित्र स्थानों की भित्तियों के साथ विस्तार से बौद्ध का वर्णन करते उदाहरण प्रस्तुत किया गया है। मध्य एशियाई भागों मे जहाँ भारतीय पेंटिंग्स की इस परंपरा को लागू किया गया, आज भी इसका उल्लेख अफगानिस्तान के बामियान पहाड़ी क्षेत्रों में देखने को मिलता है।

इन्होंने मध्य एशिया की यात्रा करते समय पवित्र स्थानों को पहाड़ियों में काटा एवं भित्तियों के साथ ढके हुए ये बौद्ध मठों के प्रति अधिक विचारशील थे।

14 **निम्नलिखित कथनों पर विचार कीजिए**

(Chap 7, Class-XI, New NCERT Fine Arts)

1. कालियामर्दन, उत्तर प्रदेश से प्राप्त कांस्य मूर्ति है।
2. कुछ प्रमुख तीर्थंकरों की शासन देवियों या यक्षिणियों की नारी प्रतिमाएँ (काँस्य प्रतिमाएँ) बनाई गई थीं।

उपर्युक्त में से कौन-सा/से कथन सही नहीं है/हैं?

(a) केवल 1
(b) केवल 2
(c) 1 और 2
(d) न तो 1 और न ही 2

उत्तर (a)

व्याख्या दिए गए कथनों में से कथन (1) सही नहीं है, क्योंकि कालियामर्दन चोलकालीन कांस्य मूर्ति है, जो उत्तर प्रदेश से नहीं, बल्कि तमिलनाडु से प्राप्त हुई है। दसवीं से बारहवीं सदी के बीच चोल वंश के शासनकाल में उत्कृष्ट एवं सुंदर कांस्य प्रतिमाएँ बनाई गईं। दक्षिण भारत में कांस्य प्रतिमाएँ बनाने की कला आज भी कुंभकोणम् (तमिलनाडु) में प्रचलित है।

15 **भगवान बुद्ध की प्रतिमा कभी-कभी एक हस्त मुद्रा युक्त दिखाई गई है, जिसे 'भूमि स्पर्श मुद्रा' कहा जाता है। यह किसका प्रतीक है?**

(Chap 7, Class-XI, New NCERT Fine Arts)

(a) मार पर दृष्टि रखने एवं अपने ध्यान में विघ्न डालने से मार को रोकने के लिए बुद्ध का धरती से आह्वान
(b) मार के प्रलोभनों के अतिरिक्त अपनी शुचिता और शुद्धता का साक्षी होने के लिए बुद्ध का धरती से आह्वान
(c) इस सन्दर्भ में दोनों ही कथन 'a' और 'b' सही हैं
(d) बुद्ध का अपने अनुयायियों को स्मरण कराना कि वे सभी धरती से उत्पन्न होते हैं और अन्ततः धरती में विलीन हो जाते हैं, अतः जीवन संक्रमणशील है

उत्तर (b)

व्याख्या भगवान बुद्ध की प्रतिमा कभी-कभी एक हस्त मुद्रा युक्त दिखाई गई है, जिसे 'भूमि स्पर्श मुद्रा' कहा जाता है। भूमि स्पर्श की मुद्रा बुद्ध के उस विजय चिह्न का प्रतीक है, जो मार के प्रलोभनों के अतिरिक्त शुचिता और शुद्धता का साक्षी होने के लिए बुद्ध का धरती से आह्वान करते हैं।

'भूमि स्पर्श मुद्रा' में बुद्ध की प्रतिमा में दाहिने हाथ की मुद्रा भूमि पर दबाव देने की है। भूमि स्पर्श मुद्रा की सारनाथ बुद्ध प्रतिमा गुप्तकाल की है। यह आध्यात्मिक अभिव्यक्ति के साथ भारतीय मूर्तिकला की सर्वोच्चता का परिचालक है।

अध्याय 36

स्थापत्य एवं वास्तुकला

स्थापत्य एवं वास्तुकला

हड़प्पा वास्तुकला

- **वृहत स्नानागार**
  - मोहनजोदड़ो से प्राप्त, चारों ओर गलियारों से घिरे आंगन में एक बड़ा आयताकार टैंक था
  - इसके तीन ओर कमरे थे, कुएँ से पानी निकालकर टैंक में डाला जाता था

मौर्य वास्तुकला

- **रॉक कट स्मारक**
  - धौली में रॉक कट हाथी मौर्यकालीन; बराबर पहाड़ियों पर चट्टान को काटकर बनाई गई लोमस ऋषि गुफा; गुफा के अग्रभाग को मध्य स्तम्भ के रूप में अर्द्ध - वृत्ताकार चैत्य मेहराब से सजाया गया है
- **स्तंभ**
  - अशोक द्वारा निर्मित; मौर्यकाल का बेहतरीन अवशेष
  - चित्तीदार लाल और सफेद बलुआ पत्थर और भूरे रंग के महीन दाने वाले कठोर बलुआ पत्थर से निर्मित

मौर्योत्तर वास्तुकला

- **अमरावती स्तूप**
  - आंध्र प्रदेश में वेगी से संबंधित
  - सातवाहनों के संरक्षण में विकसित
  - प्रदक्षिणापथ एक वेदिका के अंदर संलग्न है, जिस पर कई कथात्मक मूर्तियाँ चित्रित हैं
  - प्रमुख नक्काशी - बुद्ध का जन्म और रानी मायादेवी का सपना

मंदिर वास्तुकला की शैलियाँ

- **नागर शैली**
  - उत्तरी भारत में लोकप्रिय, संपूर्ण मंदिर पत्थर के चबूतरे पर निर्मित; विस्तृत सीमा दीवारें या प्रवेश नहीं होते थे; गर्भगृह सीधे सबसे ऊँचें टॉवर के नीचे स्थित;
  - उपविभाग शिखर जो शीर्ष परवर्गाकार है लैटिना कहलाता है; परमार शासकों ने नागर शैली की प्रधानता वाले मंदिरों की स्थापना की।
- **मंदिर**
  - देवगढ़ का दशावतार विष्णु मंदिर, खजुराहो का लक्ष्मण मंदिर, चंदेल शासकों द्वारा निर्मित चौसठ योगिनी और कंदरिया महादेव मंदिर,
  - **द्रविड़ मंदिर** : एक परिसर की दीवार के अंद घिरा हुआ, सामने की दीवार के मध्य में एक प्रवेश द्वार जिसे गोपुरम के नाम से जाना जाता है; शिखर शब्द का उपयोग केवल मंदिरों के शीर्ष पर मुकुट तत्वों के लिए किया जाता है,
  - **मंदिर** : शोर मंदिर, महाबलीपुरम का रथ मंदिर (पल्लवकालीन), वृहदीश्वर मंदिर, तंजावुर (चोल कालीन)
  - **बेसर मंदिर शैली** - संकरित शैली, इसमें नागर एवं द्रविड़ दोनों के तत्व शामिल
  - **मन्दिर**
- एलोरा में कैलाशनाथ मंदिर, विरुपाक्ष मंदिर बलुआ पत्थर, संगमरमर, पॉलिक्रोम टाइल्स से निर्मित, सजावट हेतु सुलेख का उपयोग

मंदिर वास्तुकला

- **हिंदू मंदिरों का मूल स्वरूप**
  - गर्भगृह जो एक प्रवेश द्वार वाला छोटा कक्ष था,समय के साथ एक बड़े कक्ष में बदल गया;
- **पल्लव कला**
  - महेंद्रवर्मन प्रथम द्वारा पेश किए गए पाँच रथ, जिन्हें लोकप्रिय रूप से पंचवन देवरथ कहा जाता है
- **चालुक्य कला**
  - एहोल, बादामी और पटटदकल में संरचनात्मक मंदिर, बादामी गुफा मंदिर और अजंता में पेंटिंग मंदिर लाड खान मंदिर, दुर्गा मंदिर पापनाथ मंदिर।
- **बौद्ध एवं जैन वास्तुकला का विकास**
  - बोधगया में महाबोधि मंदिर का निर्माण सर्वप्रथम अशोक के शासनकाल में किया गया।
  - नालंदा विश्वविद्यालय की नींव कुमार गुप्त ने रखी
  - गोमतेश्वर ने भगवान बाहुबली की मूर्ति का निर्माण 983 ई. के आस-पास चामुंडराय द्वारा निर्मित
  - माउंट आबू के जैन मंदिर में विमल शाह द्वारा निर्मित दिलवाड़ा जैन मंदिर शामिल है।
- **इंडो-इस्लामिक वास्तुकला**
  - सारसोनिक, फारसी और तुर्की प्रभाव; जौनपुर तथा बंगाल में उनकी विशिष्ट शैली गुजरात ने क्षेत्रीय मंदिर परंपराओं से तत्त्व लिए गए।; बड़े पैमाने पर मलबे की चिनाई, क्वार्टजाइट,
- **मुगल वास्तुकला**
  - बाबर द्वारा रोहिलखंड एवं पानीपत में मस्जिद का निर्माण; **हुमायूँ** द्वारा 'दीन पनाह' का निर्माण, **अकबर** द्वारा हुमायूँ के मकबरे तथा आगरा के किले एवं फतेहपुर सीकरी का निर्माण;
  - **जहाँगीर** आगरा के पास सिकंदरा में अकबर के मकबरे का निर्माण

SOURCE Old NCERT Class X भारत की सांस्कृतिक विरासत, New NCERT Class IX Fine Arts, मौर्य कालीन कला, भारतीय कला और स्थापत्य में मौर्योत्तर कालीन प्रवृत्तियाँ, मंदिर स्थापत्य और मूर्तिकला, इंडो-इस्लामिक वास्तुकला के कुछ कलात्मक पहलू, NIOS Module-6 समसामयिक सांस्कृतिक स्थिति, Tamil Nadu Board Class XI राज्यों और साम्राज्यों का उदय

1 स्तूप के संदर्भ में नीचे दिए गए कथनों पर विचार कीजिए
(Chap 3, Class-XI, New NCERT Fine Arts)

1. स्तूप अधिकतर बुद्ध के स्मृति चिह्नों (रेलिक्स) पर बनाए जाते थे।
2. बुद्ध से जुड़े सभी स्तूप गंगा घाटी के दक्षिण में पाए गए हैं।

उपर्युक्त में से कौन-सा/से कथन सही है/हैं?

(a) केवल 1 (b) केवल 2
(c) 1 और 2 (d) न तो 1 और न ही 2

उत्तर *(a)*

व्याख्या स्तूप के संदर्भ में केवल कथन (1) सही है। स्तूप अर्द्ध वृत्ताकार गोल टीले के आकार की संरचना होती है। यह बौद्ध धर्म से संबद्ध संरचना है। अधिकतर स्तूप बुद्ध के अवशेषों एवं स्मृति चिह्नों (रेलिक्स) पर बनाए जाते थे। सारनाथ, साँची तथा भरहुत के स्तूप प्रसिद्ध हैं।

कथन (2) सही नहीं है, क्योंकि बुद्ध से जुड़े सभी स्तूप गंगा घाटी के दक्षिण में नहीं पाए गए हैं। केसरिया एवं गांधार आदि अनेक ऐसे स्थलों पर स्तूप पाए गए हैं, जो गंगा घाटी के उत्तर में स्थित हैं। मौर्य शासक अशोक ने 84 हजार स्तूपों को बनवाया था।

2 चैत्य एवं विहार के संबंध में नीचे दिए गए कथनों पर विचार कीजिए
(Chap 3, Class-XI, New NCERT Fine Arts)

1. चैत्य बौद्ध भिक्षुओं के रहने का स्थान होता था, जबकि विहार उनका उपासना स्थल था।
2. भाजा का चैत्य महाराष्ट्र में है।

उपर्युक्त में से कौन-सा/से कथन सही है/हैं?

(a) केवल 1
(b) केवल 2
(c) 1 और 2
(d) न तो 1 और न ही 2

उत्तर *(b)*

व्याख्या चैत्य एवं विहार के संबंध में कथन (2) सही है। भाजा एवं कार्ले प्रमुख चैत्य स्थल हैं, जोकि महाराष्ट्र में स्थित हैं।

कथन (1) सही नहीं है, क्योंकि चैत्य बौद्ध भिक्षुओं का निवास स्थान नहीं, बल्कि पूजा स्थल है। जबकि विहार बौद्ध भिक्षुओं के रहने के स्थान को कहा जाता है। स्तूप, विहार (मठ) तथा चैत्य बौद्ध धर्म से संबंधित संरचनाएँ हैं। चैत्य के भीतर स्तूप होता था, जहाँ उपासना की जाती थी। विहारों में नालंदा महाविहार प्रसिद्ध था।

3 साँची स्तूप के संबंध में निम्न कथनों पर विचार कीजिए
(Chap 14, Class-X, Old NCERT Fine Arts)

1. यह स्तूप मौर्यकाल की एक कलात्मक उपलब्धि है।
2. प्रत्येक स्तूप में एक छोटा-सा कक्ष बना है, जिसमें बुद्ध के या बौद्ध संतों के या बौद्ध भिक्षुओं के पार्थिव अवशेष एक कलश में रखे होते हैं।
3. वर्तमान समय में यह स्तूप नष्ट हो चुका है।

उपर्युक्त में से कितने कथन सही नहीं है/हैं?

(a) केवल एक (b) केवल दो
(c) केवल तीन (d) इनमें से कोई नहीं

उत्तर *(a)*

व्याख्या साँची स्तूप के संबंध में केवल एक कथन अर्थात् (3) सही नहीं है, क्योंकि मध्य प्रदेश में अवस्थित साँची का स्तूप ही वर्तमान में सुरक्षित बचा है। यह पूरी तरह से नष्ट नहीं हुआ है। साँची का स्तूप मध्य प्रदेश के रायसेन जिले में अवस्थित है। यह मौर्यकाल की कलात्मक उपलब्धि है। इस स्तूप का निर्माण सम्राट अशोक ने अपनी पत्नी (महादेवी) के कहने पर तीसरी शताब्दी ई.पू. में करवाया था। प्रत्येक स्तूप में एक छोटा-सा कक्ष होता है, जिसमें बुद्ध या बौद्ध संतों और भिक्षुओं का पार्थिव अवशेष एक कलश में रखा होता है।

4 भरहुत की मूर्तियों के संदर्भ में, निम्नलिखित कथनों पर विचार कीजिए
(Chap 4, Class-XI, New NCERT)

1. यहाँ की मूर्तियाँ यक्ष और यक्षिणी की प्रतिमाओं की तरह दीर्घाकार हैं।
2. यहाँ एक ही भौगोलिक स्थान पर अधिक घटनाएँ चित्र की परिधि में एक साथ चित्रित की गई हैं।
3. मूर्तिकारों द्वारा एक घटना को संपूर्ण चित्र में चित्रित करके उपलब्ध स्थानों का अधिकतम उपयोग किया है।

उपर्युक्त में से कितने कथन सही हैं?

(a) केवल एक (b) केवल दो
(c) सभी तीन (d) इनमें से कोई नहीं

उत्तर *(c)*

व्याख्या भरहुत की मूर्तियों के संदर्भ में सभी तीन कथन अर्थात् (1, 2 और 3) कथन सही हैं।

यहाँ की मूर्तियाँ यक्ष और यक्षिणी की प्रतिमाओं की तरह दीर्घाकार (लंबी) हैं। इन प्रतिमाओं के आयतन के निर्माण में कम उभार है, लेकिन रेखिकता का ध्यान रखा गया है। ये आकृतियाँ चित्र की सतह से ज्यादा उभरी नहीं हैं।

भरहुत की मूर्तियों में कभी-कभी एक भौगोलिक स्थान पर अधिक घटनाएँ चित्र की परिधि में एक साथ चित्रित की गई हैं, जबकि कहीं-कहीं एक घटना को संपूर्ण चित्र में भी चित्रित किया गया है।

मूर्तिकारों द्वारा उपलब्ध स्थान का अधिकतम उपयोग किया गया है, जिसमें फूल-पत्ती, पशु व अन्य घटनाओं को चित्रित किया गया है।

5 अमरावती स्तूप के विषय में दिए गए कथनों पर विचार कीजिए
(Chap 4, Class-XI, New NCERT Fine Arts)

1. यह आंध्र प्रदेश के वेंगी क्षेत्र में स्थित है।
2. इस पर जातक एवं गीता के प्रसंग चित्रित हैं।

उपर्युक्त में से कौन-सा/से कथन सही नहीं है/हैं?

(a) केवल 1 (b) केवल 2
(c) 1 और 2 (d) न तो 1 और न ही 2

उत्तर *(b)*

व्याख्या अमरावती स्तूप के विषय में कथन (2) सही नहीं है, क्योंकि अमरावती स्तूप पर बुद्ध के जीवन की घटनाएँ और जातक कथाओं के प्रसंग चित्रित हैं, न कि गीता के प्रसंग।

6 निम्नलिखित कथनों पर विचार कीजिए
(Chap 4, Class-XI, New NCERT Fine Arts)

1. कार्ले का चैत्य पूर्वी भारत में चट्टानों को काटकर बनाया गया था।
2. कार्ले चैत्य कक्ष (मंडप) को मनुष्यों तथा जानवरों की आकृतियों से सजाया गया था।
3. गुंटापल्ली और अनाकपल्ली अशोक स्तंभ के लिए प्रसिद्ध हैं।

उपर्युक्त में से कौन-सा/से कथन सही है/हैं?

(a) 1 और 2 (b) 2 और 3
(c) केवल 2 (d) 1, 2 और 3

उत्तर *(c)*

व्याख्या दिए गए कथनों में से कथन (2) सही है। कार्ले चैत्य कक्ष (मंडप) को मनुष्यों तथा जानवरों की आकृतियों से सजाया गया था, चैत्य बौद्धों का उपासना स्थल होता है।

कथन (1) और (3) सही नहीं हैं, क्योंकि कार्ले का चैत्य पूर्वी भारत में नहीं, बल्कि पश्चिमी भारत में स्थित है। यह महाराष्ट्र के पूना जिले में (कार्ला में) चट्टानों को काटकर बनाया गया था।

गुंटापल्ली में चट्टान काटकर चैत्य बनाया गया था, तो वहीं अनाकपल्ली में चट्टानों को काटकर स्तूप बनाया गया है। इस प्रकार ये स्थल बौद्ध चैत्य एवं स्तूप के लिए प्रसिद्ध हैं न कि अशोक स्तंभ के लिए।

7 **अजंता गुफाओं के संदर्भ में दिए गए कथनों पर विचार कीजिए**
(Chap 4, Class-XI, New NCERT Fine Arts)

1. यह महाराष्ट्र के नासिक जिले में स्थित है।
2. इसमें कुल 26 गुफाएं हैं, जिसमें से 4 चैत्य गुफाएँ हैं।
3. अजंता ही एक ऐसा उदाहरण है, जहाँ ई.पू. पहली शताब्दी से लेकर ईसा की पाँचवीं शताब्दी के चित्र पाए जाते हैं।

उपर्युक्त में से कौन-सा/से कथन सही नहीं है/हैं?

(a) 1 और 2 (b) केवल 2
(c) 1 और 3 (d) 1, 2 और 3

उत्तर *(a)*

व्याख्या अजंता गुफाओं के संदर्भ में कथन (1) और (2) सही नहीं हैं, क्योंकि अजंता गुफा महाराष्ट्र के औरंगाबाद जिले में है, न कि नासिक जिले में। अजंता में कुल 30 गुफाएँ हैं, जिनमें से 4 चैत्य गुफाएँ हैं, इसमें बड़े-बड़े चैत्य विहार हैं और ये प्रतिमाओं तथा चित्रों से अलंकृत हैं।

8 **अजंता और महाबलिपुरम के रूप में ज्ञात दो ऐतिहासिक स्थानों में कौन-सी बात/बातें समान है/हैं?** *(Chap 14, Class-X, Old NCERT) (IAS Pre 2016)*

1. दोनों एक ही समयकाल में निर्मित हुए थे।
2. दोनों एक ही धार्मिक संप्रदाय से संबद्ध हैं।
3. दोनों में शैलाकृत स्मारक है।

उपर्युक्त में से कौन-सा/से कथन सही है/हैं?

(a) 1 और 2 (b) केवल 3
(c) 1 और 3 (d) इनमें से कोई नहीं

उत्तर *(c)*

व्याख्या दिए गए कथनों में से कथन (1) और (3) सही हैं। शैलाकृत स्मारकों के निर्माण के दूसरे चरण में दूसरी शताब्दी से सातवीं शताब्दी ई. के बीच महायान बौद्ध धर्म, हिंदू तथा जैन धर्म में मूर्तिपूजा के बढ़ते प्रचलन ने अजंता तथा महाबलिपुरम जैसे स्मारकों के निर्माण को गति प्रदान की। अजंता में बौद्ध धर्म से जुड़ी प्रतिमाओं तथा जातक कथाओं का चित्रण किया गया है। महाबलिपुरम के मंडप पत्थरों को काटकर वृहद् रथमंदिरों का निर्माण किया गया है।

कथन (2) सही नहीं है, क्योंकि अजंता तथा महाबलिपुरम दोनों अलग-अलग धार्मिक संप्रदाय से संबद्ध हैं। अजंता, बौद्ध धर्म से एवं महाबलिपुरम, शैव धर्म से संबद्ध है।

9 **निम्नलिखित युग्मों पर विचार कीजिए**
(Chap 4, Class-XI, New NCERT Fine Arts) (IAS Pre 2023)

स्थल		जिसके लिए जाना जाता है
1. बेसनगर	—	शैव गुफा मन्दिर
2. भाजा	—	बौद्ध गुफा मन्दिर
3. सित्तनवासल	—	जैन गुफा मन्दिर

उपर्युक्त में से कितने युग्म सही सुमेलित हैं?

(a) केवल एक (b) केवल दो
(c) सभी तीन (d) इनमें से कोई नहीं

उत्तर *(b)*

व्याख्या दिए गए युग्मों में से केवल दो युग्म अर्थात् (2 और 3) सही सुमेलित हैं।

भाजा बौद्ध गुफाओं की चट्टानों को काटकर बनाया गया 22 गुफाओं का एक समूह है, जो ईसा पूर्व दूसरी सदी में बनाया गया था। यह महाराष्ट्र में पुणे के निकट लोनावाला में स्थित बौद्ध धर्म की हीनयान शाखा से संबंधित है, जो भारत में बौद्ध गुफा वास्तुकला का सबसे अच्छा उदाहरण है।

सित्तनवासल 7वीं सदी का एक जैन गुफा मंदिर है। यह तमिलनाडु के पुदुकोट्टई जिले के सित्तनवासल गाँव में दूसरी शताब्दी का तमिल राम गुफाओं का एक परिसर है। इसे अरिवर कोविल के नाम से जाना जाता है। यह ईसा पूर्व में जैन प्रभाव का एक प्रमुख केंद्र था। सित्तनवासल नाम का एक प्रयोग टोले के पर्याय के रूप में भी किया जाता है।

युग्म (1) सही सुमेलित नहीं है, क्योंकि बेसनगर स्थल वैष्णव गुफा मंदिर के लिए जाना जाता है। हेलियोडोरस स्तम्भ एक प्रस्तर स्तम्भ है, जिसे लगभग 113 ई. पू. में मध्य भारत के बेसनगर (विदिशा, मध्य प्रदेश) में स्थापित किया गया था। हेलियोडोरस वैष्णव मत को मानने वाला था तथा इसने गुरुड़ स्तम्भ स्थापित किया था।

10 **निम्नलिखित में कौन सुमेलित है?**
(Chap 14, Class-X, Old NCERT) (IAS Pre 2006)

(a) एलोरा की गुफाएँ	—	शक
(b) मीनाक्षी मंदिर	—	पल्लव
(c) खजुराहो मंदिर	—	चंदेल
(d) महाबलिपुरम के मंदिर	—	राष्ट्रकूट

उत्तर *(c)*

व्याख्या दिए गए युग्मों में से युग्म (c) सही सुमेलित है।

खजुराहो के मंदिरों का निर्माण मध्य भारत के चंदेल शासकों ने कराया था। यहाँ पर हिंदू और जैन धर्म से संबंधित मंदिर हैं। खजुराहो को यूनेस्को विश्व विरासत स्थल समूह में शामिल किया गया है।

युग्म (a), (b) और (d) सही सुमेलित नहीं है, क्योंकि एलोरा के गुफा मंदिरों का निर्माण वाकाटक तथा गुप्त शासकों द्वारा कराया गया।

मदुरै के मीनाक्षी मंदिर का निर्माण पांड्य शासकों ने करवाया था।

महाबलिपुरम के मंदिरों का निर्माण पल्लव शासकों ने करवाया था, जो चट्टान काटकर बनाए जाने वाले मंदिरों में उत्कृष्ट हैं। यहाँ के मंदिरों के समूह को रथ मंदिर के नाम से जाना जाता है।

11 **निम्नलिखित कथनों पर विचार कीजिए**
(Chap 4, Class-XI, New NCERT Fine Arts)

1. उदयगिरि-खंडगिरि गुफा पूर्वोत्तर भारत में स्थित है।
2. चट्टानों को काटकर देश के सबसे बड़े स्तूप का निर्माण अनाकापल्ली में हुआ है।
3. उदयगिरि-खंडगिरि गुफाओं में खारवेल जैन राजाओं के शिलालेख पाए जाते हैं।

उपर्युक्त में से कौन-सा/से कथन सही है/हैं?

(a) 1 और 3
(b) केवल 1
(c) 2 और 3
(d) 1 और 2

उत्तर *(c)*

व्याख्या दिए गए कथनों में से कथन (2) और (3) सही हैं।

अनाकापल्ली आंध्र प्रदेश में स्थित है तथा यहाँ चौथी-पाँचवीं सदी में चट्टानों को काटकर एक बड़ा स्तूप बनाया गया। यह देश में चट्टान काटकर निर्मित किया गया, सबसे बड़ा स्तूप है।

उदयगिरि-खंडगिरि गुफाओं में खारवेल जैन राजाओं के शिलालेख पाए गए हैं। ये जैन गुफाएँ मुनियों के लिए बनाई गई थीं।

कथन (1) सही नहीं है, क्योंकि उदयगिरि खंडगिरि की गुफाएँ पूर्वोत्तर भारत में नहीं, बल्कि पूर्वी भारत में स्थित ओडिशा में हैं। यहाँ कुछ गुफाओं को बड़ी चट्टानों में पशु का आकार देकर बनाया गया है। ये गुफाएँ मुख्यत: जैन धर्म से संबंधित हैं।

12 शेषशायी विष्णु से संबंधित कथनों पर विचार कीजिए

(Chap 6, Class-XI, New NCERT)

1. यह विष्णु का वह रूप है, जिसमें उन्हें अपने वाहन शेषनाग पर लेटा हुआ दिखाया गया है।
2. यह विष्णु मंदिर देवगढ़ में स्थित है।
3. यहाँ उन्हें ध्यान मुद्रा में दिखाया गया है।

उपर्युक्त में से कौन-सा/से कथन सही नहीं है/हैं?

(a) केवल 1
(b) 1 और 2
(c) केवल 3
(d) 1 और 3

उत्तर *(c)*

व्याख्या शेषशायी विष्णु से संबंधित कथन (3) सही नहीं है, क्योंकि यहाँ उन्हें शाश्वत निद्रा में दिखाया गया है, न कि ध्यान मुद्रा में।

यह एक विष्णु मंदिर है, जो देवगढ़ (उत्तर प्रदेश) में स्थित है। इस मंदिर में भगवान विष्णु को अपने वाहन शेषनाग पर लेटा हुआ दिखाया गया है। यह मंदिर वास्तुकला की पंचायत शैली से निर्मित है, जिसे छठी शताब्दी के प्रारंभिक वर्षों में बनाया गया था। मंदिर की दीवारों पर विष्णु की तीन उभरी आकृतियाँ हैं, जिसमें दक्षिणी दीवारों पर शेषशयन, पूर्वी दीवार पर नर-नारायण और पश्चिमी दीवार पर गजेंद्रमोक्ष का दृश्य चित्रित किया गया है।

13 नागर शैली के संदर्भ में दिए गए कथनों पर विचार कीजिए

(Chap 6, Class-XI, New NCERT Fine Arts)

1. यह उत्तर भारत में प्रचलित मंदिर निर्माण की शैली है।
2. इसके प्रवेश द्वार को गोपुरम कहा जाता है।
3. इसके गर्भगृह के प्रवेश द्वार के पास गंगा-यमुना नदी की प्रतिमाएँ हैं।
4. यह संपूर्ण मंदिर एक विशाल चबूतरे (वेदी) पर बनाया जाता है।

उपर्युक्त में से कितने कथन सही हैं?

(a) केवल एक (b) केवल तीन
(c) केवल चार (d) इनमें से कोई नहीं

उत्तर *(c)*

व्याख्या नागर शैली के संदर्भ में केवल तीन कथन अर्थात् कथन (1), (3) और (4) सही हैं। नागर शैली मंदिर स्थापत्य की उत्तर भारत में प्रचलित प्रमुख निर्माण शैली है। इसे उत्तर भारतीय मंदिर शैली भी कहा जाता है।

इस शैली में संपूर्ण मंदिर को एक विशाल चबूतरे पर बनाया जाता है और उस तक पहुँचने के लिए सीढ़ियाँ होती हैं। नागर शैली के मंदिरों में गंगा और यमुना जैसी नदी देवियों को (इनकी प्रतिमाओं को) गर्भगृह के प्रवेश द्वार के पास रखा जाता है।

कथन (2) सही नहीं है, क्योंकि गोपुरम, नागर शैली में निर्मित मंदिरों की नहीं, बल्कि द्रविड़ शैली में निर्मित मंदिरों की विशेषता है। द्रविड़ शैली में निर्मित मंदिर के मुख्य द्वार को गोपुरम कहा जाता है।

14 मंदिर के संबंध में नीचे दिए गए कथनों पर विचार कीजिए

(Chap 6, Class-XI, New NCERT Fine Arts)

1. पाँचवीं सदी तक आते-आते भू-प्रशासन में मंदिर की भूमिका काफी महत्त्वपूर्ण हो गई थी।
2. मंदिरों के पूजा गृह तीन प्रकार के होते थे।
3. मंदिर के गर्भगृह में गौण अधिष्ठाता देवताओं की मूर्ति को स्थापित किया जाता था।

उपर्युक्त में से कितने कथन सही नहीं हैं?

(a) केवल एक (b) केवल दो
(c) सभी तीन (d) इनमें से कोई नहीं

उत्तर *(b)*

व्याख्या मन्दिर के संदर्भ में कथन केवल दो कथन अर्थात् (1) और (3) सही नहीं हैं। भू-प्रशासन में मंदिर की भूमिका पाँचवीं सदी तक नहीं, बल्कि दसवीं शताब्दी तक आते-आते महत्त्वपूर्ण हो गई थी। मंदिर के गर्भगृह में मुख्य अधिष्ठाता देवताओं की मूर्ति को स्थापित किया जाता है न कि गौण देवता की। गौण देवताओं की मूर्ति मुख्य देवता के आस-पास स्थापित की जाती है। गर्भगृह ही अधिकांश पूजा-पाठ या धार्मिक क्रियाओं का केंद्र बिंदु होता है।

15 निम्नलिखित कथनों पर विचार कीजिए

(Chap 6, Class-XI, New NCERT Fine Arts)

1. बेसर शैली मंदिर निर्माण की शैली है।
2. बेसर शैली का क्षेत्र पूर्वोत्तर भारत है।
3. बेसर शैली नागर एवं द्रविड़ शैली का मिश्रण है।

उपर्युक्त में से कौन-सा/से कथन सही नहीं है/हैं?

(a) केवल 1 (b) केवल 2 (c) 1 और 3 (d) 1, 2 और 3

उत्तर *(b)*

व्याख्या दिए गए कथनों में कथन (2) सही नहीं है, क्योंकि बेसर शैली का क्षेत्र पूर्वोत्तर भारत नहीं, बल्कि विंध्याचल पर्वत से लेकर कृष्णा नदी तक है। यह मंदिर निर्माण की शैली है। यह उत्तर भारत की नागर शैली तथा दक्षिण भारत की द्रविड़ शैली का मिश्रित रूप है। इस शैली के मंदिर विंध्याचल पर्वत (मध्य भारत) से लेकर कृष्णा नदी (दक्षिण भारत) तक पाए जाते हैं। बेसर शैली को चालुक्य शैली भी कहा जाता है।

16 मोढ़ेरा मंदिर से संबंधित कथनों पर विचार कीजिए

(Chap 6, Class-XI, New NCERT)

1. यह एक सूर्य मंदिर है, जिसका निर्माण सोलंकी राजवंश के राजा भीमदेव प्रथम ने 1026 ई. में करवाया था।
2. इस मंदिर के सामने एक विशाल जलाशय है, जिसमें सीढ़ियों की सहायता से पानी तक पहुँचा जा सकता है।
3. यह मंदिर पूर्वाभिमुख है, इसलिए प्रत्येक वर्ष 21 मार्च और 23 सितंबर को दिन की तुलना में रातें छोटी होती हैं।

उपर्युक्त में से कौन-सा/से कथन सही है/हैं?

(a) केवल 1 (b) केवल 2
(c) केवल 3 (d) इनमें से कोई नहीं

उत्तर *(b)*

व्याख्या मोढ़ेरा मंदिर से संबंधित कथन (1) और (2) सही हैं।

मोढ़ेरा सूर्य मंदिर का निर्माण सोलंकी राजवंश के राजा भीमदेव प्रथम ने 1026 ई. में करवाया था। यह मंदिर गुजरात राज्य के मोढ़ेरा गाँव में स्थित है।

सूर्य मंदिर के सामने एक विशाल जलाशय था, जिसमें सीढ़ियों की सहायता से पानी तक पहुँचा जा सकता है। इसे सूर्यकुंड कहते हैं। नदी, तालाब, कुंड, बावली जैसे किसी भी जल निकाय का किसी पवित्र एवं धार्मिक वास्तु स्थल के पास होना पुराने जमाने से ही आवश्यक समझा जाता रहा है।

कथन (3) सही नहीं है, क्योंकि 21 मार्च और 23 सितंबर को दिन और रात बराबर होती हैं न कि दिन की तुलना में रातें छोटी होती हैं। यह मंदिर पूर्वाभिमुख हैं। यहाँ सूर्य की रोशनी सीधे केंद्रीय देवालय पर पड़ती है।

17 खजुराहो मंदिर के विषय में दिए गए कथनों पर विचार कीजिए

(Chap 6, Class-XI, New NCERT Fine Arts)

1. इसका निर्माण पल्लव राजाओं द्वारा कराया गया था।
2. यहाँ कंदरिया महादेव मंदिर शिल्प का श्रेष्ठ उदाहरण है।
3. इस मंदिर का निर्माण नागर शैली में हुआ है।

उपर्युक्त में से कौन-सा/से कथन सही है/हैं?

(a) 1 और 2 (b) 2 और 3
(c) केवल 3 (d) 1, 2 और 3

उत्तर *(b)*

व्याख्या खजुराहो मंदिर के विषय में कथन (2) और (3) सही हैं।

खजुराहों मध्य प्रदेश के छतरपुर जिले में अवस्थित है। इस मंदिर का निर्माण नागर शैली में किया गया है। यहाँ स्थित कंदरिया महादेव मंदिर को भारतीय मंदिर स्थापत्य शैली का सर्वोत्कृष्ट उदाहरण माना जाता है।

कथन (1) सही नहीं है, क्योंकि खजुराहो मंदिर का निर्माण पल्लवों द्वारा नहीं, बल्कि चंदेल राजाओं द्वारा 900 ई. से 1130 ई. के बीच कराया गया था। खजुराहो के मंदिर प्रतिमाओं के लिए भी प्रसिद्ध हैं।

18 निम्नलिखित कथनों पर विचार कीजिए

(Chap 6, Class-XI, New NCERT Fine Arts)

1. माउंट आबू एवं रणकपुर, राजस्थान में स्थित जैन मंदिर हैं।
2. प्रसिद्ध सूर्य मंदिर, मोढ़ेरा, (गुजरात) में स्थित है।
3. योगिनी पंथ को समर्पित मंदिर केवल मध्य प्रदेश में बनाए गए थे।

उपर्युक्त में से कौन-सा/से कथन सही है/हैं?

(a) केवल 1 (b) 1 और 2
(c) 1 और 3 (d) 1, 2 और 3

***उत्तर** (b)*

व्याख्या दिए गए कथनों में कथन (1) और (2) सही हैं। माउंट आबू एवं रणकपुर के जैन मंदिर राजस्थान में अवस्थित हैं। इनका निर्माण 10वीं से 12वीं सदी के बीच सफेद संगमरमर का प्रयोग करके किया गया था।

सूर्य मंदिर मोढ़ेरा (गुजरात) में अवस्थित है, जो 11वीं शताब्दी में बनाया गया था। इसे सोलंकी राजवंश के राजा भीमदेव प्रथम ने 1026 ई. में बनवाया था।

कथन (3) सही नहीं है, क्योंकि योगिनी पंथ को समर्पित मंदिर केवल मध्य प्रदेश में ही नहीं है, बल्कि यह ओडिशा और तमिलनाडु में भी बनाए गए थे।

19 निम्नलिखित कथनों पर विचार कीजिए

(Chap 6, Class-XI, New NCERT Fine Arts)

1. अहोम शैली असम में प्रचलित मंदिर निर्माण की शैली है।
2. शिवसागर मंदिर बंगाल (कलकत्ता) में है।

उपर्युक्त में से कौन-सा/से कथन सही है/हैं?

(a) केवल 1 (b) केवल 2
(c) 1 और 2 (d) न तो 1 और न ही 2

***उत्तर** (a)*

व्याख्या दिए गए कथनों में से केवल कथन (1) सही है। अहोम शैली, असम में प्रचलित मंदिर निर्माण की शैली है। यह शैली एक क्षेत्रीय शैली है, जिसका विकास 12वीं से 14वीं सदी के बीच हुआ। इस शैली का मुख्य क्षेत्र गुवाहाटी और उसके आस-पास का क्षेत्र था।

कथन (2) सही नहीं है, क्योंकि शिवसागर मंदिर बंगाल (कलकत्ता) में नहीं, बल्कि असम में स्थित है, यहाँ तीन मंदिर हैं, शिव, दुर्गा तथा विष्णु मंदिर। इस मंदिर का निर्माण 18वीं सदी में असम की रानी बररजा अंबिका के द्वारा करवाया गया था। स्मरणीय है कि 18वीं शताब्दी में शिवसागर अहोम साम्राज्य की राजधानी थी।

20 महाबलिपुरम के संदर्भ में निम्नलिखित कथनों पर विचार कीजिए

(Class-XI, Old NCERT)

1. महाबलिपुरम, मुंबई के निकट स्थित एक मंदिर है, जिसका निर्माण सातवीं शताब्दी में नरसिम्हा पल्लव के शासनकाल में किया गया था।
2. यहाँ गुफाओं के आंतरिक भागों में और चट्टानों की सतह पर रामायण के दृश्य चित्रित करने वाले आकर्षक चित्र और मूर्तियाँ बनाई गई हैं।

उपर्युक्त में से कौन-सा/से कथन सही है/हैं?

(a) केवल 1 (b) केवल 2
(c) 1 और 2 दोनों (d) न तो 1 और न ही 2

***उत्तर** (d)*

व्याख्या महाबलिपुरम के संदर्भ में दिए गए दोनों कथन सही नहीं हैं, क्योंकि महाबलिपुरम चेन्नई के निकट स्थित एक मंदिर है, न कि मुंबई में, जिसका निर्माण सातवीं शताब्दी में नरसिम्हा पल्लव के शासनकाल में किया गया था। यह एक ही चट्टान को काटकर पाँच रथ मंदिरों का निर्माण के लिए प्रसिद्ध है। महबलिपुरम पल्लव काल में प्रमुख समुद्री बंदरगाह था। पल्लवों ने अपनी राजधानी काँचीपुरम को बनाया था।

यहाँ गुफाओं के आंतरिक भागों में और चट्टानों की सतह पर महाभारत के दृश्य चित्रित करने वाले आकर्षक चित्र और मूर्तियाँ बनाए गए हैं, न कि रामायण काल के दृश्य।

21 कलमकारी चित्रकला से संबंधित कथनों पर विचार कीजिए

(Class-XI, Old NCERT)

1. कलमकारी दक्षिण भारत के आंध्रा में प्रचलित जीवित परंपरा है, जिसे चौदहवीं से सतरहवीं शताब्दी में दक्कनी सुल्तानों ओर अमीर वर्गों का संरक्षण प्राप्त था।
2. यह एक हस्तकला, जिसमें हाथ से सूती कपड़े पर रंगीन ब्लाक से छाप बनाई जाती है।
3. इसमें अधिकतर महिलाएँ शामिल हैं

उपर्युक्त में से कौन-सा/से कथन सही है/हैं?

(a) केवल 1 (b) 1 और 3
(c) 2 और 3 (d) इनमें से कोई नहीं

***उत्तर** (d)*

व्याख्या कलमकारी चित्रकला से संबंधित कोई भी कथन सही नहीं हैं, क्योंकि कलमकारी दक्षिण भारत के आंध्र में प्रचलित जीवित परंपरा है। कलमकारी का अर्थ कलम से कारी या कलम से कार्य करना है। इसे 14वीं से 17वीं शताब्दी में दक्षिण के सुल्तान और अमीर वर्गों का संरक्षण प्राप्त था। इसमें हाथ से सूती कपड़े पर रंगीन ब्लॉक से छाप बनाई जाती है तथा इसमें अधिकतर महिलाएँ शामिल हैं। इसके चित्रित विषय मुस्लिम और हिंदू विषयों से मिश्रित होते थे। वर्तमान में मशीन और ब्लॉक से भी प्रिंट की जाती है।

22 नटराज मूर्ति से संबंधित कथनों पर विचार कीजिए

(Chap 7, Class-XII, New NCERT)

1. नटराज के रूप में नृत्य करते हुए शिव की प्रतिमा का विकास चोल काल से संबद्ध है।
2. शिव को भारत में नृत्य कला का अधिष्ठाता देवता माना जाता है।
3. मुख्य दाहिना हाथ अभयहस्त की मुद्रा में उठा हुआ है।
4. उनकी जटाएँ दोनों ओर से बँधी हुई हैं और उस वृत्ताकार ज्वाला को छू रही हैं।
5. प्रतिमा में शिव को बाएँ पैर पर संतुलित रूप से खड़ा दिखाया गया हैं।

उपर्युक्त में से कितने कथन सही हैं?

(a) केवल दो (b) केवल तीन
(c) केवल चार (d) ये सभी

***उत्तर** (b)*

व्याख्या नटराज मूर्ति से संबंधित केवल तीन कथन अर्थात् कथन (1, 2 और 3) सही हैं। नटराज के रूप में नृत्य करते हुए शिव का संबद्ध चोल काल से है। इन्हें नृत्य कला का अधिष्ठाता देवता माना जाता है। साथ ही शिव भुजंगत्रासित की स्थिति में अपनी बाईं टाँग उठाए हुए हैं। चारों भुजाएँ बाहर की ओर फैली हुई हैं और मुख्य दाहिना हाथ अभयहस्त की मुद्रा में उठा हुआ है। उनके ऊपरी दाएँ हाथ में डमरू है, जो उनका प्रिय वाद है। शिव को इस ब्रह्मांड युग के अंत के साथ जोड़ा जाता है।

कथन (4) और (5) सही नहीं हैं, क्योंकि मूर्ति में जटाए दोनों ओर से खुली हुई और वृत्ताकार ज्वाला को छू रही हैं, न कि बँधी हुई। प्रतिमा में शिव को दाएँ पैर पर संतुलित रूप से खड़ा दिखाया गया है, न कि बाएँ पैर पर।

23 गोल गुंबद से संबंधित कथनों पर विचार कीजिए

(Chap 8, Class-XI, New NCERT)

1. यह एक विशाल वर्गाकार भवन है, जिस पर एक गोलाकार ढोल है।
2. यह गुंबद कर्नाटक के बीजापुर के आदिल शांही राजवंश के सातवें सुल्तान मुहम्मद आदिल शाह का मकबरा है।
3. इस इमारत में एक आश्चर्यजनक ध्वनि प्रणाली है, जहाँ धीरे से धीरे बोली गई या फुसफुसाई गई आवाज कई गुना तेज हो जाती है।

उपर्युक्त में से कौन-सा/से कथन सही है/हैं?

(a) केवल 1 (b) 2 और 3
(c) केवल 3 (d) 1, 2 और 3

उत्तर *(d)*

व्याख्या गोल गुंबद से संबंधित सभी कथन सही हैं।

गोलगुंबद बीजापुर (कर्नाटक) में स्थित आदिलशाह का मकबरा है, जिसने इसे स्वयं अपने शासनकाल में बनवाना शुरू किया था। मकबरे की कई छोटी-बडी इमारतें हैं। यह विशाल वर्गाकार भवन है, जिस पर गोलाकार ढोल हैं और ढोल पर एक शानदार गुंबद टिका हुआ है, जिसके कारण इसे गोल गुंबद का नाम दिया गया है। यह गुंबद गहरे स्लेटी रंग के बेसाल्ट पत्थर से बनाया गया है। यहाँ बोली गई एक ओर से आवाज दूसरे छोर पर प्रतिध्वनि के रूप में तेज सुनाई देती है। इस इमारत के चारों कोनों पर सात मंजिली अष्ट भुजाकार मीनारें बनी हैं।

24 कैलाशनाथ मंदिर के संदर्भ में दिए गए कथनों पर विचार कीजिए

(Chap 6, Class-XI, New NCERT Fine Arts)

1. इसका निर्माण राष्ट्रकूट शासकों द्वारा करवाया गया था।
2. यह भारतीय शैलकृत वास्तुकला का उत्कृष्ट उदाहरण है।
3. यह मंदिर बेसर शैली में निर्मित है।

उपर्युक्त में से कौन-सा/से कथन सही नहीं है/हैं?

(a) 1 और 2
(b) 2 और 3
(c) केवल 3
(d) 1, 2 और 3

उत्तर *(c)*

व्याख्या कैलाशनाथ मंदिर के संदर्भ में कथन (3) सही नहीं है, क्योंकि कैलाशनाथ मंदिर का निर्माण बेसर शैली में नहीं, बल्कि पूर्णतया द्रविड़ शैली में किया गया है। यह मंदिर भगवान शिव को समर्पित है, जोकि कैलाशवासी हैं, इसलिए इस मंदिर का नाम कैलाश मंदिर रखा गया।

25 प्रसिद्ध विरूपाक्ष मंदिर से संबंधित कथनों पर विचार कीजिए

(Chap 6, Class-XI, New NCERT)

1. यह मंदिर हंपी (कर्नाटक) में अवस्थित है।
2. इस मंदिर के मंडप की भीतरी छत पर अनेक चित्र बने हुए हैं, जो केवल महाभारत की घटनाओं को दर्शाते हैं।
3. चित्रों में आकृति के पार्श्व चित्र और चेहरे दिखाए गए हैं, जबकि आखें बड़ी-बड़ी और कमर पतली दिखाई गई है।

उपर्युक्त में से कौन-सा/से कथन सही नहीं है/हैं?

(a) केवल 1 (b) 1 और 2
(c) केवल 2 (d) 1 और 3

उत्तर *(c)*

व्याख्या प्रसिद्ध विरूपाक्ष मंदिर से संबंधित कथन (2) सही नहीं है, क्योंकि मंदिर के मंडप की भीतरी छत पर अनेक चित्र बने हुए हैं, जो रामायण और महाभारत की घटनाओं पर आधारित प्रसंग को चित्रित किया गया है, न कि केवल महाभारत की घटना का प्रसंग।

26 होयसल मंदिरों के संदर्भ में नीचे दिए गए कथनों पर विचार कीजिए

(Chap 6, Class-XI, New NCERT Fine Arts)

1. होयसल मंदिर द्रविड़ शैली के मंदिर को कहा जाता है।
2. हलेबिडु का नटराज मंदिर भगवान शिव को समर्पित है।
3. होयसल मंदिर का निर्माण तारकीय योजना के अंतर्गत वर्गाकार रूप में किया गया है।

उपर्युक्त में से कितने कथन सही नहीं हैं?

(a) केवल एक (b) केवल दो
(c) सभी तीन (d) इनमें से कोई नहीं

उत्तर *(b)*

व्याख्या होयसल मंदिरों के संदर्भ में केवल दो कथन अर्थात् कथन (1) और (3) सही नहीं हैं। होयसल मंदिर द्रविड़ शैली का नहीं, बल्कि बेसर शैली का मंदिर है, जिसमें द्रविड़ एवं नागर दोनों मंदिर शैलियों का मिश्रण मिलता है।

होयसल मंदिर का निर्माण तारकीय योजना के अंतर्गत तारे के आकार में किया गया है, न कि वर्गाकार रूप में। होयसलों द्वारा बनाए गए मंदिर में अनेक आगे बढ़े हुए कोण होते हैं, जिससे इन मंदिरों की योजना (संरचना) तारे जैसी दिखाई देती है।

27 विजयनगर वास्तुकला के संदर्भ में दिए गए कथनों पर विचार कीजिए

(Chap 6, Class-XI, New NCERT Fine Arts)

1. इसमें द्रविड़ वास्तु शैलियों तथा इस्लामिक प्रभावों का संश्लिष्ट रूप मिलता है।
2. इस नगर का वर्णन निकोलो-डी-कोंटी तथा रडुआर्ड बारबोसा आदि ने किया है।

उपर्युक्त में से कौन-सा/से कथन सही है/हैं?

(a) केवल 1 (b) केवल 2
(c) 1 और 2 (d) न तो 1 और न ही 2

उत्तर *(c)*

व्याख्या विजयनगर वास्तुकला के संदर्भ में दोनों कथन सही हैं। विजयनगर की वास्तुकला में सदियों पुरानी द्रविड़ वास्तुशैली तथा पड़ोसी सल्तनतों द्वारा अपनाई गई इस्लामिक वास्तुशैली का मिश्रित रूप मिलता है।

हंपी शहर विजयनगर की वास्तुकला का उत्कृष्ट उदाहरण है। विजयनगर की कला, वास्तुकला एवं नगर की समृद्धि का वर्णन कई विदेशी यात्रियों निकोलो-डी-कोंटी, रडुआर्ड बारबोसा, डोमिंगो पेइस आदि ने किया है।

28 निम्नलिखित कथनों पर विचार कीजिए

(Chap 6, Class-XI, New NCERT Fine Arts)

1. नालंदा का मठीय विश्वविद्यालय एक महाविहार है, क्योंकि यह विभिन्न आकारों के अनेक मठों का संकुल है।
2. नालंदा महाविहार प्राचीन पूजा स्थल का केंद्र था।

उपर्युक्त में से कौन-सा/से कथन सही है/हैं?

(a) केवल 1 (b) केवल 2
(c) 1 और 2 (d) न तो 1 और न ही 2

उत्तर *(a)*

व्याख्या दिए गए कथनों में से कथन (1) सही है। नालंदा विश्वविद्यालय के नाम से प्राचीन भारत के प्रसिद्ध पुरास्थल बिहार में अवस्थित हैं। नालंदा का मठीय विश्वविद्यालय एक महाविहार है, क्योंकि यह विभिन्न आकारों के अनेक मठों का संकुल है। इसका निर्माण गुप्तकाल में हुआ था।

कथन (2) सही नहीं है, क्योंकि नालंदा महाविहार प्राचीन पूजा स्थल का केंद्र नहीं, बल्कि प्राचीन काल में शिक्षा का विश्व प्रसिद्ध केंद्र था। नालंदा के विषय में अधिकांश जानकारी चीनी यात्री ह्वेनसांग के विवरणों से प्राप्त होती है। ह्वेनसांग ने यहाँ अध्ययन (पढ़ाई) किया था।

29 एलिफैंटा की महेश मूर्ति के संदर्भ में निम्नलिखित कथनों पर विचार कीजिए *(Chap 4, Class-XI, New NCERT)*

1. यह मूर्ति ईसा की 2 शताब्दी के प्रारंभिक काल में बनाई गई थी।
2. यह मूर्ति आकार में बड़ी और तीन सिर वाली है।
3. इसके बीच में शिव की मूर्ति और दोनों ओर भैरव व उमा का मुख बनाया गया है।

उपर्युक्त में से कौन-सा/से कथन सही नहीं है/हैं?

(a) 1 और 2 (b) 1 और 3
(c) 3 और 4 (d) 2, 3 और 4

उत्तर *(a)*

व्याख्या एलिफैंटा की महेश मूर्ति के संदर्भ में कथन (1) और (2) सही नहीं हैं, क्योंकि यह मूर्ति ईसा की छठी शताब्दी के प्रारंभिक काल में बनाई गई थी तथा यह मूर्ति आकार में बडी और पाँच सिर वाली है, न कि तीन सिर वाली (2 सिर पीछे और 3 सिर आगे)। इस मूर्ति में बीच का चेहरा अधिक उभरा हुआ और गोल हैं और पलकें भारी हैं नीचे के होठ उभरे हुए हैं, जो मूर्ति की एक अलग विशेषता है।

30 'यहाँ एक पैर पर खड़े योगी का चित्रण है, जिसे कुछ लोग भगीरथ एवं कुछ अर्जुन मानते हैं।' यह निम्न में से किस मंदिर का चित्रण (विवरण) है? *(Chap 6, Class-XI, New NCERT Fine Arts)*

(a) महाबलिपुरम मंदिर (b) वृहदेश्वर मंदिर
(c) हलेबिडु मंदिर (d) नटराज मंदिर

उत्तर *(a)*

व्याख्या महाबलिपुरम में चट्टानों पर उत्कीर्ण चित्रण, कला की दृष्टि से उत्कृष्ट हैं। इसमें चट्टानों के मध्य एक प्राकृतिक दरार है, जिससे होकर (बहकर) पानी नीचे बने कुंड में एकत्रित होता है। विश्व का सबसे बड़ा और प्राकृतिक पैनल महाबलिपुरम की यह विशाल प्रतिमा (फलक/पैनल) है, जिसकी ऊँचाई 15 मीटर तथा लंबाई 30 मीटर है। इसे पल्लव काल का माना जाता है। इस पैनल में एक मंदिर उत्कीर्ण है, जिसके सामने तपस्वी और श्रद्धालु बैठे हैं। इसके ऊपर एक पैर पर खड़े योगी का तपमुद्रा में चित्रण है, जिसे कुछ लोग भगीरथ या अर्जुन मानते हैं, जिसके निकट एक नदी तथा पास में वरद (वरदान) मुद्रा में शिव को दिखाया गया है।

31 इंडो-इस्लामिक वास्तुकला के संबंध में नीचे दिए गए कथनों पर विचार कीजिए *(Chap 8, Class-XI, New NCERT Fine Arts)*

1. भारत में मुस्लिम आगमन के समय यहाँ धार्मिक एवं धर्मनिरपेक्ष दोनों वास्तुकला विद्यमान थीं।
2. इंडो-इस्लामिक वास्तुकला पर तुर्की प्रभाव दृष्टिगोचर होता है।

उपर्युक्त में से कौन-सा/से कथन सही नहीं है/हैं?

(a) केवल 1
(b) केवल 2
(c) 1 और 2
(d) न तो 1 और न ही 2

उत्तर *(d)*

व्याख्या इंडो-इस्लामिक वास्तुकला के संबंध में दोनों कथन सही हैं। भारत में इस्लाम विशेष रूप से मुस्लिम व्यापारियों, धर्मगुरुओं और आक्रमणकारियों के साथ आया। जब भारत में मुस्लिम धर्म का आगमन हुआ, तो यहाँ धार्मिक एवं धर्मनिरपेक्ष दोनों वास्तुकला विद्यमान थीं, परंतु बड़े पैमाने पर भवन निर्माण का कार्य 'तेरहवीं' शताब्दी में तुर्की शासन की स्थापना के बाद शुरू हुआ, अत: इंडो-इस्लामिक वास्तुकला पर तुर्की प्रभाव दृष्टिगोचर होता है।

भारत में आए मुस्लिमों के साथ वास्तुकला के क्षेत्र में अनेक संरचनात्मक तकनीकों, शैलियों तथा सजावटों का मिश्रण तैयार हुआ, जिसके फलस्वरूप भवन निर्माण की एक नई तकनीक का विकास हुआ, जिसे सामूहिक रूप से इंडो-इस्लामिक, इंडो-सारसेनिक, (इंडो अरेबिक) वास्तुकला कहा गया, कुतुबमीनार (दिल्ली) इसका उदाहरण है।

32 निम्नलिखित कथनों पर विचार कीजिए *(Chap 8, Class-XI, New NCERT Fine Arts)*

1. भवन निर्माण के लिए सबसे अधिक लोकप्रिय सामग्री में रोड़ी, कंकड़ एवं सीमेंट से चिनाई करना शामिल था।
2. 17वीं शताब्दी के प्रारंभ होते-होते भवन निर्माण के कार्य में ईंटों का प्रयोग होने लगा।

उपर्युक्त कथनों में से कौन-सा/से कथन सही है/हैं?

(a) केवल 1 (b) केवल 2
(c) 1 और 2 (d) न तो 1 और न ही 2

उत्तर *(b)*

व्याख्या दिए गए कथनों में से कथन (2) सही है। ऊँची-मोटी मीनारों, विशाल दुर्ग के साथ किले बनाना मध्यकालीन भारतीय शासकों तथा राजघरानों की विशेषता थी, क्योंकि ऐसे अभेद्य किलों को अकसर राजा की शक्ति का प्रतीक माना जाता था। 17वीं सदी की शुरुआत से ही भवन निर्माण कार्यों में ईंटों का प्रयोग होने लगा था। इनसे निर्माण कार्य में अधिक सरलता और नम्यता आ गई।

कथन (1) सही नहीं है, क्योंकि भवन निर्माण के लिए सर्वाधिक लोकप्रिय सामग्री (मसाला) में रोड़ी, कंकड़ आदि से चिनाई करना था, परंतु इसमें सीमेंट शामिल नहीं था। निर्माण में कई प्रकार के पत्थर एवं टाइलों का भी प्रयोग होता था।

33 मीनारों के संबंध में दिए गए कथनों पर विचार कीजिए *(Chap 8, Class-XI, New NCERT Fine Arts)*

1. स्तंभ या गुंबद का एक अन्य रूप मीनार थी, जो केवल भारतीय उपमहाद्वीप के उत्तरी भाग में पाई जाती है।
2. मध्यकाल की सबसे प्रसिद्ध एवं आकर्षक मीनारों में से एक हैदराबाद की चारमीनार है।

उपर्युक्त में से कौन-सा/से कथन सही नहीं है/हैं?

(a) केवल 1
(b) केवल 2
(c) 1 और 2
(d) न तो 1 और न ही 2

उत्तर *(a)*

व्याख्या मीनारों के संबंध में कथन (1) सही नहीं है, क्योंकि इस्लामिक (मुस्लिम) वास्तुकला की एक प्रमुख विशेषता मीनार थी। मीनार स्तंभ अथवा गुंबद का ही एक अन्य रूप थी, जो भारतीय उपमहाद्वीप के केवल उत्तरी भाग में ही नहीं, बल्कि सर्वत्र भारत में पाई जाती है।

34 मकबरे से जुड़े तथ्यों (कथनों) पर विचार करते हुए सही नहीं कथन का चयन कीजिए *(Chap 8, Class-XI, New NCERT Fine Arts)*

(a) यह शासकों और शाही परिवारों के लोगों की कब्रों पर बनाया जाता था
(b) जन्नत (स्वर्ग) प्राप्ति की कल्पना को लेकर मकबरों का निर्माण किया जाता था
(c) इसे बाग-बगीचे या जलाशय के किनारे नहीं बनाया गया है
(d) अकबर एवं एत्मादुद्दौला का मकबरा आगरा में है

उत्तर *(c)*

व्याख्या दिए गए कथनों में से कथन (c) सही नहीं है, क्योंकि मकबरों को स्वर्गीय तत्त्वों के मध्य में जैसे-बाग-बगीचों के अंदर या किसी जलाशय या नदी के किनारे बनाया जाता था। इस प्रकार के मकबरों का निर्माण बाद के काल में किया जाने लगा; जैसे—हुमायूँ का मकबरा तथा ताजमहल में देखा जा सकता है।

35 निम्नलिखित कथनों पर विचार कीजिए

(Chap 14, Class-X, Old NCERT)

1. अटाला मस्जिद का निर्माण शर्की राजवंश के शासकों ने करवाया था।
2. तीन दरवाजा मस्जिद का निर्माण बहादुरशाह द्वारा करवाया गया था।
3. 'सादी सैयद मस्जिद' हैदराबाद में स्थित है।

उपर्युक्त में से कौन-सा/से कथन सही नहीं है/हैं?

(a) 1 और 2 (b) केवल 2 (c) 2 और 3 (d) ये सभी

उत्तर *(c)*

व्याख्या दिए गए कथनों में से कथन (2) और (3) सही नहीं हैं, क्योंकि तीन दरवाजा मस्जिद का निर्माण अहमदशाह ने कराया था न कि बहादुरशाह ने। अहमदशाह ने जामी मस्जिद का भी निर्माण कराया था। यह गुजरात का शासक था और इसने अहमदाबाद नगर को बसाया था।

सादी मस्जिद हैदराबाद में नहीं, बल्कि अहमदाबाद में है। यह अपनी सुंदर जाली वाली कारीगरी के लिए प्रसिद्ध है, इसे 'जाली मस्जिद' भी कहा जाता है।

36 निम्न में से कौन-सा कथन सही है? *(Chap 14, Class-X, Old NCERT)*

(a) जैनुल आबदीन (कश्मीर का शासक) द्वारा पूरी कराई गई जामा मस्जिद पूर्णतया ईंटों से निर्मित है
(b) कंगूरे (बुर्ज) जौनपुर की मस्जिदों की विशेषता है
(c) जैनुल आबदीन की माँ का मकबरा इमारती लकड़ी, पत्थरों और ईंटों से निर्मित है
(d) उपर्युक्त में से कोई नहीं

उत्तर *(d)*

व्याख्या दिए गए कथनों में से कोई भी कथन सही नहीं है।

कश्मीर के शासक जैनुल आबदीन द्वारा बनवाई गई जामा मस्जिद में लकड़ी, पत्थर और ईंटों का प्रयोग किया गया है।

कंगूरे (बुर्ज) जौनपुर नहीं, बल्कि कश्मीर की मस्जिदों की विशेषता है।

जैनुल आबदीन की माँ का मकबरा पूर्ण रूप से ईंटों और पॉलिशदार टाइलो से बना है, इसका निर्माण ईरानी शैली में किया गया है।

37 निम्नलिखित में से किस मंदिर में रामायण के दृश्यों का अंकन मिलता है? *(Chap 14, Class-X, Old NCERT)*

(a) विट्ठलस्वामी मंदिर (b) हजारा राम मंदिर
(c) कैलाशनाथ मंदिर (d) महाबलिपुरम का 'समुद्र तट का मंदिर'

उत्तर *(b)*

व्याख्या हजारा राम मंदिर में रामायण के दृश्यों का अंकण (चित्रण) मिलता है। यह मंदिर विजयनगर की वास्तुकला का उत्कृष्ट उदाहरण है। इस मंदिर की दीवारों पर तथा खंभों पर भगवान राम एवं रामायण से संबंधित दृश्यों को भली भाँति दर्शाया गया है।

हंपी (कर्नाटक) में स्थित, यह मंदिर भगवान विष्णु को समर्पित है। इस मंदिर का निर्माता राजा कृष्णदेवराय को माना जाता है।

38 निम्नलिखित में से कौन-कथन सही नहीं है?

(Chap 14, Class-X, Old NCERT)

(a) अकबर के काल की सबसे बड़ी उपलब्धि आगरा के पास फतेहपुर सीकरी में एक नई राजधानी का निर्माण करना है
(b) बुलंद दरवाजा आगरा की एक प्रमुख इमारत है
(c) जोधाबाई का महल ईरानी शैली में बना है
(d) 'b' और 'c' दोनों

उत्तर *(d)*

व्याख्या दिए गए कथनों में से कथन (b) और (c) सही नहीं हैं, क्योंकि बुलंद दरवाजा आगरा में नहीं, बल्कि फतेहपुर सीकरी में अवस्थित है। यह अकबर द्वारा बनवाया गया एक वृहद् स्मारक है। जोधाबाई का महल ईरानी शैली से नहीं, बल्कि प्राचीन भारतीय शैली (बौद्ध स्थापत्य निर्माण शैली) में बना है।

39 निम्नलिखित कथनों का विचार कीजिए

(Chap 14, Class-X, Old NCERT)

1. लाहौर की बादशाही मस्जिद का निर्माण बाबर ने करवाया था।
2. दिल्ली की मोती मस्जिद का निर्माण औरंगजेब ने करवाया था।

उपर्युक्त में से कौन-सा/से कथन सही है/हैं?

(a) केवल 1
(b) केवल 2
(c) 1 और 2
(d) न तो 1 और न ही 2

उत्तर *(b)*

व्याख्या दिए गए कथनों में से कथन (2) सही है। मुगल बादशाह औरंगजेब के शासनकाल की प्रमुख इमारतों में दिल्ली की मोती मस्जिद प्रसिद्ध है।

कथन (1) सही नहीं है, क्योंकि लाहौर की बादशाही मस्जिद का निर्माण बाबर ने नहीं, बल्कि औरंगजेब ने करवाया था।

अध्याय 37

संगीत एवं नृत्य

संगीत एवं नृत्य

संगीत

हिंदुस्तानी शास्त्रीय संगीत

- संगीत की जड़ें दिल्ली सल्तनत और अमीर खुसरो से जुड़ी
- खुसरो ने सितार और तबले का आविष्कार किया तथा नए राग पेश किए

शैलियाँ

- **ध्रुपद**
  - तानपुरा और पखावज के साथ पुरुषों द्वारा प्रदर्शन; गाए गए गीत हिंदी के मध्ययुगीन रूप में हैं
  - विशेष देवता की स्तुति के विषय में चार शैलियाँ हैं,- वंशी गौहर, डागुर, कंधार तथा नौहर में गायन,
- **ख्याल**
  - एक धुन पर सेट गीत की लगभग 4-8 पंक्तियाँ
  - थीम-प्रकृति में रोमांटिक; रचनाओं में तान का उपयोग
  - शर्की शासक हुसैन शाह शर्की से संबंधित
  - मुहम्मद शाह के शासनकाल के दौरान लोकप्रियता
- **धमार**
  - ध्रुपद के समान, किंतु मुख्य रूप से होली के त्योहार से संबंधित, भगवान कृष्ण की स्तुति में रचित।
- **तराना**
  - आनंद की अनुभूति के लिए उपयोग किए जाने वाले गीत तथा सामान्यत: संगीत कार्यक्रम के अंत में प्रस्तुत किए जाते हैं
- **ठुमरी**
  - अनौपचारिक गायन शैली की शुरुआत नवाब वाजिद अली शाह के दरबार से हुई

कर्नाटक शैली

- शामशास्त्री, त्यागराज और मुथुस्वामी दीक्षित द्वारा सामूहिक रूप से; त्यागराज ने एक संत और कलाकार दोनों रूप में योगदान किया;

शास्त्रीय संगीत का घराना

- **ग्वालियर घराना**
  - सभी ख्याल गायकी में सबसे पुराना,
  - संस्थापक उस्ताद हस्सू खान, उस्ताद हद्दू खान, नाथू खान,
  - प्रमुख प्रतिपादक - बालकृष्ण, ई. करंजीकर,
- **आगरा घराना**
  - आवाज में सशक्तता और गहराई विकसित करने पर बहुत महत्त्व दिया गया
  - संस्थापक - हाजी सुजान खान, उस्ताद घग्घा, उस्ताद दक्ष; प्रमुख विशेषज्ञ - फैयाज खान,
- **किराना घराना**
  - इस शैली में स्वर का उपयोग कानों के दीर्घीकरण और उपयोग के मध्यम से भावनात्मक बनाने के लिए किया जाता है
  - संस्थापक - अब्दुल करीम खान और अब्दुल वाहिद खान
- **जयपुर घराना**
  - जटिल और मधुर रूप, जोकि टुकडे को शामिल करने वाले अनिच्छुक और लहरदार वाक्यांशों से उत्पन्न होता है। उस्ताद अल्लादिया खान द्वारा स्थापित
  - संस्थापक - घग्घे नजीर खान।

नृत्य

लोक संगीत

- **लावनी/लावणी** महाराष्ट्र का लोकप्रिय लोक गीत
- **मांड** - राजस्थान में वीर रस के रूप में विकसित हुआ
- **डांडिया रास** गुजरात में प्रसिद्ध; यह होली और कृष्ण तथा राधा की लीलाओं से जुड़ा है
- **भगवती** कर्नाटक एवं महाराष्ट्र में लोकप्रिय लोक गीत

भारत का शास्त्रीय नृत्य रूप

- **भरतनाट्यम (तमिलनाडु)**
  - महिलाओं द्वारा प्रस्तुत; अपनी बेहतरीन शारीरिक गतिविधियों और हावभाव के लिए प्रसिद्ध
- **कथक (उत्तर प्रदेश)**
  - कथा शब्द से नि:सृत, इसका अर्थ है-कहानी नृत्य कहानी, सुनाने के रूप में किया जाता है
- **कथकली (केरल)**
  - इस नृत्य को पुरुष व महिला दोनों नर्तक एकसाथ प्रस्तुत कर सकते हैं; इसमें चेहरे की भावाभिव्यक्ति और भरी वेशभूषा शामिल है
- **मोहिनीअट्टम (केरल)**
  - केरल की शास्त्रीय नृत्य परंपरा, त्रावणकोर के शासकों के अधीन प्रमुखता प्राप्त; प्रसिद्ध कवि वल्लथोल नारायण द्वारा पुनर्जीवित
- **कुचिपुड़ी (आंध्र प्रदेश)**
  - भारत में शास्त्रीय नृत्य का सबसे कठिन रूप, लय एवं तांडव महत्त्वपूर्ण तत्त्व।
- **ओडिसी** (ओडिशा)
  - मंदिरों मे विकसित सबसे पुराना नृत्य रूप माना जाता है, जिसमें 50 से अधिक दिलचस्प मुद्राएँ शामिल
- **सत्रिया** (असम)
  - शंकरदेव द्वारा प्रस्तुत; लेकिन अब महिलाओं द्वारा भी किया जाता है।
- **मणिपुरी**
  - हिदू देवताओं राधा और कृष्ण की रासलीलाओं का आयोजन

SOURCE Old NCERT Class X भारत की सांस्कृतिक विरासत NIOS Module-5 भूदृश्यकला : संगीत, नृत्य और ड्रामा

1 संगीत के उद्भव के संबंध में निम्नलिखित कथनों पर विचार कीजिए *(Chap 14, Class-X, Old NCERT)*

1. भारतीय संगीत की परंपरा वैदिक छंदों से स्थापित हुई।
2. अथर्ववेद संगीत के प्राचीनतम स्रोत का प्रतिनिधित्व करता है।

उपर्युक्त में से कौन-सा/से कथन सही है/हैं?

(a) केवल 1 (b) केवल 2
(c) 1 और 2 दोनों (d) न तो 1 और न ही 2

उत्तर (a)

व्याख्या संगीत के उद्भव के संबंध में कथन (1) सही है। भारतीय संगीत की परंपरा बहुत पहले वेदों के युग से ही प्रारंभ हो गई थी, जब वैदिक छंदों के गान के लिए लय-ताल, आरोह-अवरोह आदि के सिद्धांत स्थापित किए गए थे।

कथन (2) सही नहीं है, क्योंकि अथर्ववेद नहीं, बल्कि सामवेद संगीत के प्राचीनतम स्रोत का प्रतिनिधित्व करता है।

2 भारतीय गायन और वाद्य संगीत कितने मुख्य स्वरों पर आधारित है? *(Chap 14, Class-X, Old NCERT)*

(a) पाँच मुख्य स्वर (b) सात मुख्य स्वर
(c) आठ मुख्य स्वर (d) दस मुख्य स्वर

उत्तर (b)

व्याख्या भारतीय गायन और वाद्य संगीत दोनों सात मुख्य स्वरों और पाँच गौण स्वरों पर आधारित हैं। आगे चलकर अनेकानेक प्रकार के तंत्री वाद्यों, सुषिर वाद्यों और ढोलों (ताल वाद्यों) का आविष्कार किया गया।

3 निम्नलिखित युग्मों पर विचार कीजिए *(Chap 14, Class-X, Old NCERT)*

रचना		रचनाकार
1. नाट्यशास्त्र	—	भरतमुनि
2. बृहद्देशी	—	मातंग ऋषि
3. संगीत रत्नाकर	—	सारंगदेव
4. किताब-ए-नौसर	—	इब्राहिम आदिलशाह द्वितीय

उपर्युक्त युग्मों में से कितने युग्म सही सुमेलित हैं?

(a) केवल एक (b) केवल दो
(c) केवल तीन (d) ये सभी

उत्तर (d)

व्याख्या दिए गए सभी युग्म सही सुमेलित हैं।

नाट्यशास्त्र की रचना भरतमुनि की है। नाटकों के संबंध में शास्त्रीय जानकारी का स्रोत यह संगीत, नाटक तथा अभिनय का संपूर्ण ग्रंथ है।

बृहद्देशी की रचना मातंग ऋषि ने की है। इस ग्रंथ में राग की धारणा की चर्चा विस्तार से की गई है।

संगीत रत्नाकर ग्रंथ की रचना सारंगदेव ने की है। 13वीं शताब्दी में रचित इस ग्रंथ में 264 रागों का उल्लेख है।

किताब-ए-नौसर ग्रंथ के रचनाकार इब्राहिम आदिल शाह द्वितीय हैं। यह ग्रंथ हिंदू देवताओं और मुस्लिम संतों की प्रशंसा में लिखे गए गीतों का संग्रह है।

4 भारत के सांस्कृतिक इतिहास के संदर्भ में निम्नलिखित कथनों पर विचार कीजिए *(Chap 14, Class-X, Old NCERT) (IAS Pre 2018)*

1. त्यागराज की अधिकांश कृतियाँ भगवान कृष्ण की स्तुति के भक्ति गीत हैं।
2. त्यागराज ने अनेक नए रागों का सृजन किया।
3. अन्नामाचार्य और त्यागराज समकालीन हैं।
4. अन्नामाचार्य कीर्तन भगवान वेंकटेश्वर की स्तुति के भक्ति गीत हैं।

उपर्युक्त में से कितने कथन सही हैं?

(a) केवल एक (b) केवल दो
(c) केवल तीन (d) सभी चारों

उत्तर (b)

व्याख्या भारत के सांस्कृतिक इतिहास के संदर्भ में केवल दो कथन (2 और 4) सही हैं।

त्यागराज ने कर्नाटक संगीत में कई नए रागों का सृजन किया। अन्नामाचार्य कीर्तन भगवान वेंकटेश्वर की स्तुति के भक्ति गीत हैं। ये विष्णु के एक रूप वेंकटेश्वर की स्तुति में संकीर्तन नामक गीतों की रचना करने वाले सबसे पहले ज्ञात भारतीय संगीतकार हैं।

कथन (1) और (3) सही नहीं हैं, क्योंकि त्यागराज भगवान राम के प्रबल भक्त थे। इनकी रचनाएँ भगवान राम की भक्ति से परिपूर्ण हैं। इन्होंनें भगवान राम की प्रशंसा और सम्मान में हजारों गीत लिखें हैं, न कि भगवान कृष्ण की स्तुति। त्यागराज का जन्म 14 मई, 1767 को तमिलनाडु के तंजावुर जिले के थिरुवयारु गाँव में हुआ था। तल्लापाका अन्नामाचार्य का जन्म 22 मई, 1408 को तथा मृत्यु 4 मई, 1503 को हुई। अत: स्पष्ट है कि ये दोनों समकालीन नहीं थे।

5 भारत के सांस्कृतिक इतिहास के संदर्भ में नृत्य एवं नाट्य कला की एक मुद्रा जिसे 'त्रिभंग' कहा जाता है, प्राचीनकाल से आज तक भारतीय कलाकारों को अतिप्रिय रही है। निम्नलिखित में से कौन-सा एक कथन इस मुद्रा को सर्वोत्तम रूप से वर्णित करता है? *(Chap 14, Class-X, Old NCERT) (IAS Pre 2013)*

(a) एक पाँव मोड़ा जाता है और देह थोड़ी, किंतु विपरीत दिशा में कटि एवं ग्रीवा पर वक्र की जाती है
(b) मुख अभिव्यंजनाएँ, हस्तमुद्राएँ एवं आसज्जा कतिपय महाकाव्य अथवा ऐतिहासिक पात्रों को प्रतीकात्मक रूप में व्यक्त करने के लिए संयोजित की जाती है
(c) देह, मुख एवं हस्तों की गति का प्रयोग स्वयं को अभिव्यक्त करने अथवा एक कथा कहने के लिए किया जाता है
(d) मंद स्मिति, थोड़ी वक्र कटि एवं कतिपय हस्तमुद्राओं पर प्रेम एवं श्रृंगार की अनुभूतियों को अभिव्यक्त करने के लिए बल दिया जाता है

उत्तर (a)

व्याख्या भारत के सांस्कृतिक इतिहास के संदर्भ में नृत्य एवं नाट्य कला की एक मुद्रा जिसे 'त्रिभंग' कहा जाता है। यह प्राचीनकाल से वर्तमान समय में भारतीय कलाकारों को अतिप्रिय रही है।

इस मुद्रा के अंतर्गत एक पाँव मोड़ा जाता है और देह (शरीर) थोड़ी, किंतु विपरीत दिशा में कटि एवं ग्रीवा पर वक्र की जाती है। यह एक स्त्रीयोचित मुद्रा है, जिसमें शरीर, गले, धड़ तथा घुटने में मुड़ाव होता है। भारतीय कला तथा नृत्य में इस मुद्रा का महत्त्व है।

गर्दन, कमर तथा घुटने को एस (S) अक्षर के रूप में आकार दिया जाता है, यह मुद्रा विशेषकर ओडिसी नृत्य के कलाकारों द्वारा प्रदर्शित की जाती है।

6 कथन (A) नटराज के रूप में शिव की जो मुद्रा प्रचलित है, वह इस बात का प्रतीक है कि भारतीय जनता के जीवन पर नृत्य कला का गहरा प्रभाव है।

कारण (R) नृत्य कलाओं को महाराजाओं, राजाओं और साधारण जनता का संरक्षण प्राप्त हुआ है। *(Chap 14, Class-X, Old NCERT)*

कूट

(a) A और R दोनों सही हैं तथा R, A की सही व्याख्या है
(b) A और R दोनों सही हैं, परंतु R, A की सही व्याख्या नहीं है
(c) A सही है, किंतु R गलत है
(d) A गलत है, किंतु R सही है

उत्तर (b)

व्याख्या A और R दोनों सही हैं, परंतु R, A की सही व्याख्या नहीं है।

नटराज के रूप में शिव की जो मुद्रा प्रचलित है, वह इस बात का प्रतीक है कि भारतीय जनता के जीवन पर नृत्य कला का गहरा प्रभाव है।

नृत्य कलाओं को महाराजाओं, राजाओं और साधारण जनता, सभी का संरक्षण प्राप्त हुआ।

7 भारतीय नृत्य के संबंध में निम्नलिखित कथनों पर विचार कीजिए

(Chap 14, Class-X, Old NCERT)

1. इसमें भावनाओं की अभिव्यक्ति की जाती है।
2. मध्यकालीन मंदिरों के स्थापत्य से नृत्य की झलक मिलती है।

उपर्युक्त में से कौन-सा/से कथन सही है/हैं?

(a) केवल 1
(b) केवल 2
(c) 1 और 2 दोनों
(d) न तो 1 और न ही 2

उत्तर (c)

व्याख्या भारतीय नृत्य के संबंध में दोनों कथन सही हैं।

भारतीय नृत्यकला की एक समृद्ध शास्त्रीय परंपरा रही है। इसमें भावनाओं की अभिव्यक्ति की जाती है या कोई कथा कही जाती है या कोई नाटिका प्रस्तुत की जाती है।

मध्यकालीन मंदिरों के स्थापत्य में नृत्य की झलक दिखती है, जो प्रचलित भावनाओं के संप्रेक्षण के रूप में 'नृत्य कला' को भावुकतापूर्ण स्वीकृति प्रदान करता है। चंदेल शासकों द्वारा निर्मित खजुराहो के मंदिरों की दीवारों पर चित्रित संगीत और नृत्य के विभिन्न दृश्य नृत्यकला के स्पष्ट प्रतिनिधि हैं। ये 14वीं तथा 15वीं शताब्दी के स्थापत्य निर्माण हैं।

8 कुचिपुड़ी तथा भरतनाट्यम नृत्यों के बीच क्या भेद है?

(Chap 14, Class-X, Old NCERT)
(IAS Pre 2012)

1. कुचिपुड़ी नृत्य में नर्तक प्रासंगिक रूप से कथोपकथन का प्रयोग करते हैं, जबकि भरतनाट्यम में कथोपकथन का प्रयोग नहीं किया जाता।
2. पीतल की तश्तरी की धार पर पैर रख नृत्य करने की परंपरा भरतनाट्यम की विशिष्टता है, जबकि कुचिपुड़ी नृत्य में इस प्रकार की क्रियाओं का कोई स्थान नहीं है।

उपर्युक्त कथनों में से कौन-सा/से कथन सही है/हैं?

(a) केवल 1
(b) केवल 2
(c) 1 और 2 दोनों
(d) न तो 1 और न ही 2

उत्तर (a)

व्याख्या कुचिपुड़ी तथा भरतनाट्यम नृत्यों के भेद के संबंध में कथन (1) सही है। कुचिपुड़ी नृत्य में नर्तक प्रासंगिक रूप से कथोपकथन का प्रयोग करते हैं, जबकि भरतनाट्यम में कथोपकथन का प्रयोग नहीं किया जाता। कुचिपुड़ी नृत्य गीत और नृत्य का समंवित रूप है, जिसमें संवाद होते हैं, जबकि भरतनाट्यम में नृत्य और अभिनय दोनों सम्मिलित होते हैं।

कथन (2) सही नहीं है, क्योंकि भरतनाट्यम में नहीं, बल्कि कुचिपुड़ी नृत्य में नर्तकी मटके में पानी भरकर और उसे अपने सिर पर रखकर पीतल की थाली में पैर रखकर नृत्य करती हैं।

9 विख्यात सत्रीया नृत्य के संदर्भ में निम्नलिखित कथनों पर विचार कीजिए *(Chap 14, Class-X, Old NCERT) (IAS Pre 2014)*

1. सत्रीया, संगीत, नृत्य तथा अभिनय का सम्मिश्रण है।
2. यह असम के वैष्णवों की शताब्दियों पुरानी जीवंत परंपरा है।
3. यह तुलसीदास, कबीर और मीराबाई द्वारा रचित भक्ति-गीतों के शास्त्रीय रागों तथा तालों पर आधारित है।

उपर्युक्त कथनों में से कितने सही है/हैं?

(a) केवल एक
(b) केवल दो
(c) सभी तीन
(d) इनमें से कोई नहीं

उत्तर (b)

व्याख्या विख्यात सत्रीया नृत्य के संदर्भ में केवल दो कथन अर्थात् कथन (1) और (2) सही हैं।

सत्रीया नृत्य का मूल सामान्यत: पौराणिक कहानियाँ होती हैं। ये संगीत, नृत्य तथा अभिनय का सम्मिश्रण होती हैं। यह असम का एक शास्त्रीय नृत्य है।

यह नृत्य कला 500 से अधिक वर्षों से चली आ रही परंपरा है। यह नृत्य असम की वैष्णव मठों, जोकि सत्रा के नाम से जाना जाता है, की पुरानी जीवंत परंपरा है।

कथन (3) सही नहीं है, क्योंकि सत्रीया नृत्य नाटक मुख्य रूप से असमिया वैष्णव संत एवं समाज सुधारक श्रीमनता शंकरदेव और उनके प्रमुख शिष्य माधवदेव द्वारा लिखा और किया गया था।

10 सूची I को सूची II से सुमेलित कीजिए और सूचियों के नीचे दिए गए कूट का प्रयोग करके सही उत्तर चुनिए

(Chap 14, Class-X, Old NCERT)
(IAS Pre 1999)

	सूची I		सूची II
A.	पंडित विष्णु दिगंबर पलुस्कर	1.	भारतीय संगीत के राग वर्गीकरण की रूप-रेखा को प्रारंभ किया
B.	वेंकटामही	2.	कर्नाटक संगीत के प्रतिपादक
C.	श्याम शास्त्री	3.	हिंदुस्तानी संगीत के ख्याल रूप के प्रतिपादक
D.	अमीर खुसरो	4.	'वंदे मातरम्' गीत का संगीत लिपिबद्ध किया

कूट

	A	B	C	D
(a)	1	2	3	4
(b)	1	4	3	2
(c)	4	2	3	1
(d)	1	4	2	3

उत्तर (d)

व्याख्या (d) सही सुमेलन A-1, B-4, C-2, D-3 है।

पंडित विष्णु दिगंबर पलुस्कर ने भारतीय संगीत के राग वर्गीकरण की रूप-रेखा को प्रारंभ किया। हिंदुस्तानी शास्त्रीय संगीत के प्रख्यात गायक विष्णु दिगंबर पलुस्कर का जन्म महाराष्ट्र के कोल्हापुर जिले के कुरुंदवाड़ में हुआ था। इन्होंने ग्वालियर घराने के पंडित बालकृष्णबुवा इचलकरंजीकर से संगीत की शिक्षा प्राप्त की और लाहौर को अपना कार्यक्षेत्र चुना।

वेंकटामही ने 'वंदेमातरम्' गीत का संगीत लिपिबद्ध किया था। इस गीत की रचना बंकिमचंद्र चट्टोपाध्याय ने (संस्कृत, बांग्ला) मिश्रित भाषा के रूप में की थी।

श्याम शास्त्री कर्नाटक संगीत के प्रतिपादक के रूप में जाने जाते हैं। ये कर्नाटक संगीत के महान संगीतज्ञ के रूप में प्रख्यात थे।

अमीर खुसरो को हिंदुस्तानी संगीत के ख्याल रूप का प्रतिपादक माना जाता है।

11 मणिपुरी संकीर्तन के संदर्भ में निम्नलिखित कथनों पर विचार कीजिए *(Chap 14, Class-X, Old NCERT) (IAS Pre 2017)*

1. यह गीत और नृत्य का प्रदर्शन है।
2. केवल करताल (सिंबल) ही वह एकमात्र वाद्ययंत्र है, जो इस प्रदर्शन में प्रयुक्त होता है।
3. यह भगवान कृष्ण के जीवन और लीलाओं को वर्णित करने के लिए प्रदर्शित किया जाता है।

उपर्युक्त कथनों में से कौन-सा/से सही है/ हैं?

(a) 1, 2 और 3 (b) 1 और 3 (c) 2 और 3 (d) केवल 1

उत्तर *(b)*

व्याख्या मणिपुरी संकीर्तन के संदर्भ में कथन (1) और (3) सही हैं। मणिपुरी संकीर्तन आनुष्ठानिक नृत्य एवं संगीत का प्रदर्शन है। यह भगवान कृष्ण के जीवन और लीलाओं को वर्णित करने के लिए प्रदर्शित किया जाता है। इसे वर्ष 2013 में यूनेस्को की मानवता की अमूर्त सांस्कृतिक विरासत की प्रतिनिधिक सूची में शामिल किया गया।

कथन (2) सही नहीं है, क्योंकि करताल (सिंबल) ही एकमात्र वाद्ययंत्र नहीं है, जो इस प्रदर्शन में प्रयुक्त होता है। इसके अतिरिक्त इसमें ढोल और झाँल संगीतकारों द्वारा प्रयुक्त मुख्य वाद्य यंत्र हैं। विशिष्ट समय पर शंख का भी प्रयोग किया जाता है।

12 सूची I को सूची II से सुमेलित कीजिए *(Chap 14, Class-X, Old NCERT) (UKPSC Pre 2022)*

	सूची I (नृत्य)		सूची II (राज्य)
A.	भरतनाट्यम	1.	उत्तर प्रदेश
B.	कत्थक	2.	तमिलनाडु
C.	कुचिपुड़ी	3.	केरल
D.	मोहिनीअट्टम	4.	आंध्र प्रदेश

कूट

	A	B	C	D		A	B	C	D
(a)	1	3	2	4	(b)	2	4	1	3
(c)	2	1	4	3	(d)	4	2	1	3

उत्तर *(c)*

व्याख्या सही सुमेलन A-2, B-1, C-4, D-3 है।

भारत में शास्त्रीय नृत्य की 8 प्रमुख शैलियाँ हैं। इसमें 'भरतनाट्यम' सबसे पुरानी है। इसका संबंध तमिलनाडु से है।

कत्थक उत्तर प्रदेश में प्रचलित नृत्य शैली है। इसे अवध के नवाबों ने प्रोत्साहन दिया।

कुचिपुड़ी आंध्र प्रदेश की नृत्य शैली है। इसमें कृष्ण लीला की प्रस्तुति होती है।

मोहिनीअट्टम का संबंध केरल से है। इस नृत्य में भरतनाट्यम तथा कथकली के तत्त्व मिश्रित हैं।

13 लोकनृत्य रूपों और राज्यों के निम्नलिखित युग्मों मे से कौन-सा एक सही सुमेलित नहीं है? *(Chap 12, Module-5, NIOS)*

(a)	कोरकू	-	महाराष्ट्र
(b)	झूमर	-	हरियाणा
(c)	थाली	-	हिमाचल प्रदेश
(d)	मुकना	-	मणिपुर

उत्तर *(c)*

व्याख्या दिए गए युग्मों में युग्म (c) सही सुमेलित नहीं है, क्योंकि थाली नृत्य हिमाचल प्रदेश का नहीं, बल्कि उत्तराखंड का लोकनृत्य है। यहाँ की बद्दी जनजाति का पुरुष ढोलक तथा सारंगी बजाकर गीत की प्रथम पंक्ति गाता है तथा उसकी पत्नी थालियों के साथ विभिन्न मुद्रा में नृत्य प्रस्तुत करती है।

इसके अतिरिक्त, कोरकू थापटी नृत्य महाराष्ट्र में किया जाने वाला जनजातीय नृत्य है, झूमर नृत्य हरियाणा में लोकप्रिय है तथा मुकना, मणिपुर में प्रचलित मल्ल युद्ध शैली है, जिसका आयोजन लाई हराओबा त्योहार के अंतिम दिन किया जाता है।

14 मणिपुरी संकीर्तन के संदर्भ में, निम्नलिखित कथनों पर विचार कीजिए *(Chap 12, Module-5, NIOS)*

1. यह गीत और नृत्य का प्रदर्शन है।
2. केवल करताल (सिंबल) ही वह एकमात्र वाद्ययंत्र है, जो इस प्रदर्शन में प्रयुक्त होता है।
3. यह भगवान कृष्ण के जीवन और लीलाओं को वर्णित करने के लिए प्रदर्शित किया जाता है।

उपर्युक्त कथनों में से कौन-सा/से सही है/ हैं?

(a) 1, 2 और 3 (b) 1 और 3
(c) 2 और 3 (d) केवल 1

उत्तर *(b)*

व्याख्या दिए गए कथनों में से कथन (1) और (3) सही हैं। मणिपुरी संकीर्तन आनुष्ठानिक नृत्य एवं संगीत का प्रदर्शन है। यह भगवान कृष्ण के जीवन और लीलाओं को वर्णित करने के लिए प्रदर्शित किया जाता है।

इसे वर्ष 2013 में यूनेस्को की मानवता की अमूर्त सांस्कृतिक विरासत की प्रतिनिधिक सूची में शामिल किया गया। इसमें ढोल और झाँझ संगीतकारों द्वारा प्रयुक्त मुख्य वाद्ययंत्र हैं। विशिष्ट समय पर शंख का भी प्रयोग किया जाता है।

कथन (2) सही नहीं है, क्योंकि केवल करताल (सिंबल) ही एकमात्र वाद्ययंत्र नहीं है, जो इस प्रदर्शन में प्रयुक्त होता है।

अध्याय 38

भाषा, साहित्य एवं दर्शन

भाषा, साहित्य एवं दर्शन

भारतीय भाषाएँ

इंडो-आर्यन
- देश की 70% आबादी द्वारा बोली जाने वाली संबंधित भाषा-संस्कृत, हिंदी, बंगाली, पंजाबी और गुजराती

द्रविड़
- भारत में भाषाओं का दूसरा सबसे बड़ा परिवार
- शामिल भाषाएँ-तमिल, तेलुगू , कन्नड़ और मलयालम।

चीनी-भारतीय
- भारत के उत्तर-पूर्व और उत्तरी भागों में बोली जाने वाली भाषा
- शामिल भाषाएँ-नागा, बोडो, तिब्बती, लद्दाखी

कन्नड़
- अमोघवर्ष (नृपतुंग) ने कन्नड़ भाषा में पहले महान काव्य कविराज मार्ग की रचना की; पम्पा ने आदिपुराण (प्रथम जैन तीर्थंकर की जीवनी) लिखा

तमिल
- अलवारों के भजन नलथिरा दिव्य प्रबंधम् में संकलित है; थिरुवसागम, थिरुमानैराम, थिरुट्टोंडागोई जैसी नयनार रचनाएँ संकलित की गई, कंबन की रामायण का लेखन

तेलुगू
- विजयनगर काल के दौरान अत्यधिक विकसित, कृष्णदेव राय ने विष्णुचरित और उनमें दरबारी कवियों अल्लसानि पेडन्ना और धूर्जटि द्वारा क्रमशः मनुचरित और कलाहस्ती महात्य्य की रचना की गई

हिंदी
- सल्तनत काल में साहित्यिक रचनाओं में हिंदी भाषा के क्षेत्रीय रूप, ब्रजभाषा और खड़ी बोली का प्रयोग होने लगा

भारतीय साहित्य

प्राचीन कालीन साहित्य वेद
- भारत में सबसे पुराना ज्ञात साहित्य, संस्कृत में और मौखिक रूप से एक पीढ़ी से दूसरी पीढ़ी को सौंपे जाते थे; वेद चार हैं- ऋग्वेद, यजुर्वेद, सामवेद और अथर्ववेद

परवर्ती संस्कृत साहित्य
- मिलिंदपन्हो यह एक महान बौद्ध कृति है जिसमें इंडो - ग्रीक राजा मेनांडर और दार्शनिक नागसेन के मध्य संवाद शामिल है कुषाणकाल में अश्वघोष कृत बुद्धचरित
- चरक द्वारा चिकित्सा पर और सुश्रुत द्वारा शल्य चिकित्सा पर पुस्तक, वराहमिहिर और आर्यभट्ट द्वारा खगोल विज्ञान पर लिखित पुस्तक।

संस्कृत साहित्य
- सोमदेव कृत कथासरित्सागर भारत की किवदंतियों, परियों की कहानियों और लोक कथाओं का एक संग्रह है
- जिसमें एक कहानी के भीतर कहानी की कई श्रृंखला हैं राजतरंगिणी कश्मीर की कथा से संबंधित पहली व्यवस्थित ऐतिहासिक पुस्तक है

संगम साहित्य
- दक्षिण भारत के विभिन्न हिस्सों से मदुरै आने वाले कवियों, भाटों और लेखकों को संगम कहा जाता था
- इन सभाओं में उत्पादित/रचित साहित्य को संगम साहित्य कहा जाता है।
- असंख्य नायकों और नायिकाओं की प्रशंसा में विभिन्न कवियों द्वारा रचित लंबी और छोटी कविताओं का संग्रह

भारतीय दर्शन का विकास

न्याय
- तर्क संगत दृष्टिकोण का पालन
- गौतम द्वारा स्थापित
- इनका मानना है कि पाँच इंद्रियों के माध्यम से ज्ञान प्राप्त करना ही मुक्ति प्राप्त करने का एकमात्र साधन है।

सांख्य
- सभी दर्शनों में सबसे पुराना; कपिल द्वारा स्थापित, पुरुष (आत्मा) और प्रकृति के साथ द्वैतवादी दर्शन

योग
- पतंजलि द्वारा प्रतिपादित; सांख्य मनोविज्ञान और तत्त्वमीमांसा को स्वीकार करता है

वैशेषिक
- छठी शताब्दी ई. पू. में कणाद द्वारा स्थापित;
  - प्रकृति परमाणुवादी और बहुलवादी
  - स्कूल के दर्शन का आधार यह है कि भौतिक ब्रह्माण्ड में सभी वस्तुएँ परमाणुओं की एक सीमित संख्या में सिमट जाती हैं

पूर्व मीमांसा
- शुद्ध मीमांसा वेदों के पूर्ण प्रमाण में विश्वास करता है
- ऋषि जैमिनीय के मीमांसा सूत्र पर आधारित
- ब्रह्मांड की गतिविधियों को बनाएँ रखने में यक्ष और मंत्र की शक्ति पर बल दिया गया

उत्तर मीमांसा (वेदांत)
- यह दर्शन का एक अद्वैतवादी विद्यालय है, जो मानता है कि दुनिया असत्य है और केवल ब्रह्म ही वास्तविक है
- **तीन उपशाखाएँ**- शंकराचार्य का अद्वैत, रामानुजाचार्य का विशिष्टद्वैत और माध्वाचार्य का द्वैतवाद

SOURCE Old NCERT Class X, भारत की सांस्कृतिक विरासत NIOS Module-5 वैदिक काल, जनपद से साम्राज्य की ओर, मध्यकालीन भारत में सांस्कृतिक विकास, आधुनिक भारत में सामाजिक परिवर्तन Tamil Nadu Board Class-XI

1 **भारत के प्रमुख भाषा समूह कौन-से हैं?**

(Chap 14, Class-X, Old NCERT)

(a) इंडो-यूरोपीय
(b) द्रविड़
(c) 'a' और 'b' दोनों
(d) इनमें से कोई नहीं

उत्तर *(c)*

व्याख्या भारत के प्रमुख भाषा समूह इंडो-यूरोपीय तथा द्रविड़ दोनों ही हैं। उत्तर भारत की अधिकांश भाषाएँ हिंद-यूरोपीय समूह के अंतर्गत आती हैं, जबकि दक्षिण भारत की भाषाएँ द्रविड़ समूह के अंतर्गत आती हैं।

2 **निम्नलिखित कथनों पर विचार कीजिए**

(Chap 14, Class-X, Old NCERT)

1. भारत में आने वाले आर्यों की भाषा संस्कृत थी और यह हिंद यूरोपीय समूह की भाषा है।
2. द्रविड़ भाषाओं में सबसे पुरानी भाषा तेलुगू है।

उपर्युक्त में से कौन-सा/से कथन सही है/हैं?

(a) केवल 1
(b) केवल 2
(c) 1 और 2 दोनों
(d) न तो 1 और न ही 2

उत्तर *(a)*

व्याख्या दिए गए कथनों में से कथन (1) सही है। भारत में आने वाले आर्यों की भाषा संस्कृत थी और यह हिंद यूरोपीय समूह की भाषा है। इसे उच्च वर्गों के लोग ब्राह्मण, क्षत्रिय आदि प्रयोग करते थे।

कथन (2) सही नहीं है, क्योंकि द्रविड़ भाषाओं में सबसे पुरानी तेलुगू भाषा नहीं, बल्कि तमिल भाषा है। अन्य द्रविड़ भाषाओं का विकास ईस्वी के पहले एक हजार वर्षों में हुआ था।

3 **निम्नलिखित कथनों पर विचार कीजिए**

(Chap 14, Class-X, Old NCERT)

1. आर्यों की प्राचीनतम ज्ञात रचना ऋग्वेद है।
2. ब्राह्मण ग्रंथों के परिशिष्ट भागों को उपनिषद् कहा जाता है।

उपर्युक्त कथनों में से कौन-सा/से कथन सही है/हैं?

(a) केवल 1
(b) केवल 2
(c) 1 और 2 दोनों
(d) न तो 1 और न ही 2

उत्तर *(a)*

व्याख्या दिए गए कथनों में से कथन (1) सही है। वेदों की संख्या 4 है- ऋग्वेद, सामवेद, यजुर्वेद तथा अथर्ववेद। ऋग्वेद आर्यों की प्राचीनतम ज्ञात रचना है। यह वैदिक संस्कृत में रचे गए 1028 सूक्तों का संग्रह है। यजुर्वेद में यज्ञ के संपादन की विधियाँ बताई गई हैं, सामवेद में ऋग्वेद के सूक्तों (छंदों) के गायन की विधि बताई गई है और अथर्ववेद में अनेक संस्कारों और कर्मकांडों का वर्णन है।

कथन (2) सही नहीं है, क्योंकि ब्राह्मण ग्रंथों के परिशिष्ट भागों को उपनिषद् नहीं, बल्कि 'आरण्यक' कहा जाता है। इसमें अनेक संस्कारों को बताया गया है। दार्शनिक साहित्य का आधार भी इन्हीं आरण्यक ग्रंथों ने तैयार किया है।

उपनिषद् साहित्य में ब्रह्मांड का आरंभ, जीवन-मृत्यु, भौतिक और आध्यात्मिक जगत, ज्ञान की प्रकृति और अनेक दूसरे दार्शनिक प्रश्नों की विवेचना की गई है।

4. **निम्नलिखित कथनों पर विचार कीजिए**

(Chap 14, Class-X, Old NCERT)

1. रामायण महाकाव्य की रचना वाल्मीकि ने की थी।
2. अपने वर्तमान स्वरूप में ये ग्रंथ दूसरी सदी में लिखे गए हैं।
3. महाभारत में दस हजार श्लोक हैं।

उपर्युक्त में से कौन-सा/से कथन सही है/हैं?

(a) 1 और 2
(b) 2 और 3
(c) केवल 3
(d) 1, 2 और 3

उत्तर *(a)*

व्याख्या दिए गए कथनों में से कथन (1) और (2) सही हैं।

रामायण महाकाव्य के रचनाकार महर्षि वाल्मीकि है, इसमें मुख्यत: अयोध्या के सूर्यवंशी राजाओं के वृत्तांतों का वर्णन है। इस ग्रंथ की रचना वर्तमान स्वरूप में लगभग दूसरी सदी में की गई है।

कथन (3) सही नहीं है, क्योंकि महाभारत में लगभग एक लाख श्लोक हैं, न कि दस हजार श्लोक। इस प्रकार यह विश्व का सबसे बड़ा काव्यग्रंथ है। इसका केंद्रीय विषय पांडव-कौरव युद्ध है।

5 **जैन साहित्य से संबंधित निम्नलिखित कथनों को पढ़िए तथा सही विकल्प को चुनिए**

(Chap 10, Class-XI, Old NCERT)
(CGPSC Pre 2021)

कथन I श्वेतांबर धर्मसूत्र में 12 अंग शामिल हैं।

कथन II श्वेतांबर परंपरा के अनुसार इन अंगों का संकलन वल्लभी में आयोजित एक धर्मसभा में किया गया था।

कूट

(a) कथन I और II दोनों सही हैं।
(b) कथन I गलत है, लेकिन कथन II सही है।
(c) कथन I और II दोनों गलत हैं।
(d) कथन I सही है, लेकिन कथन II गलत है।

उत्तर *(a)*

व्याख्या कथन I और II दोनों सही हैं।

प्राकृत भाषा में जैनों का प्रचुर साहित्य लेखन हुआ, जिसे जैन आगम कहते हैं। जैनों के आगम में 12 अंग, 12 उपांग, 10 प्रकीर्ण, 6 छेदसूत्र, 4 मूलसूत्र, अनुमाँग सूत्र तथा नंदि सूत्र की गणना की जाती है। जैन धार्मिक ग्रंथों में शामिल 12 अंग का पहला संकलन छठी शताब्दी (512 ई.) में हुआ।

श्वेतांबर परंपरा के अनुसार, इन अंगों का संकलन वल्लभी में आयोजित एक धर्मसभा में किया गया था।

6 **प्राचीन भारतीय इतिहास के संदर्भ में निम्नलिखित युग्मों पर विचार कीजिए**

(Chap 2, Class-XI, Old NCERT)
(IAS Pre 2023)

साहित्यिक कृति		रचनाकार
1. देवीचंद्रगुप्त	—	विल्हण
2. हम्मीर-महाकाव्य	—	नयचंद्र सूरि
3. मिलिंदपंहो	—	नागार्जुन
4. नीतिवाक्यामृत	—	सोमदेव सूरि

उपर्युक्त युग्मों में से कितने सही सुमेलित हैं?

(a) केवल 1
(b) केवल 2
(c) केवल 3
(d) ये सभी

उत्तर *(b)*

व्याख्या दिए गए युग्मों में केवल दो युग्म (2 और 4) सही सुमेलित हैं। हम्मीर-महाकाव्य जैन विद्वान नयचंद सूरि द्वारा लिखा गया है। यह 15वीं शताब्दी में रचित संस्कृत महाकाव्य है।

नीतिवाक्यामृत 10वीं शताब्दी के जैन रचनाकार सोमदेव सूरि की रचना है। इसमें आर्क आंगिरस, नारद, भारद्वाज, व्यास आदि के संबंध में उल्लेख मिलता है।

युग्म (1) और (3) सही सुमेलित नहीं हैं, क्योंकि देवीचंद्रगुप्त संस्कृत भाषा का एक प्रसिद्ध नाटक है जिसकी रचना विशाखदत्त ने की थी, न कि विल्हण ने।

मिलिंदपंहो एक प्रसिद्ध बौद्ध ग्रंथ है, जिसकी रचना बौद्ध भिक्षु नागसेन ने की थी, न कि नागार्जुन ने। इसमें नागसेन एवं इंडो-ग्रीक शासक मिनांडर के मध्य संवाद का उल्लेख है।

7 निम्नलिखित में से कौन-सा एक लकुलीश पाशुपत संप्रदाय पर प्रकाश डालता है? *(Chap 25, Class-XI, Old NCERT) (HPSC Pre 2023)*

1. हुविष्क की मुद्रा
2. चंद्रगुप्त द्वितीय का मथुरा अभिलेख
3. भवभूति के मालतीमाधव
4. पाणिनि के अष्टाध्यायी
5. बाणभट्ट की कादंबरी

नीचे दिए गए विकल्पों में से सही उत्तर का चयन कीजिए

(a) 1, 3 और 4 (b) 2, 3 और 4
(c) 1, 2 और 5 (d) 1, 2, 4 और 5

उत्तर (d)

व्याख्या लकुलीश पाशुपत संप्रदाय के संदर्भ में विकल्प (1), (2), (4) और (5) हैं। कुषाण शासक हुविष्क की मुद्रा, गुप्त शासक चंद्रगुप्त द्वितीय का मथुरा अभिलेख, पाणिनि की रचना अष्टाध्यायी तथा बाणभट्ट की रचना कादंबरी से लकुलीश पाशुपत संप्रदाय से संबंधित हैं। लकुलीश पाशुपत संप्रदाय शैव संप्रदाय की एक प्रमुख शाखा है। इसके प्रवर्तक लकुलीश को माना जाता है। इसका उदय गुजरात में हुआ था। छठी से नौवीं सदी के मध्य तक इसका विस्तार मैसूर एवं राजस्थान तक हो गया था। वायु पुराण, लिंगपुराण एवं कर्मपुराण में भी इस संप्रदाय का उल्लेख मिलता है। गुजरात के झरपतन नामक स्थान पर लकुलीश की मूर्ति का उल्लेख मिलता है।

8 सूची I को सूची II से सुमेलित कीजिए *(Chap 14, Class-X, Old NCERT)*

सूची I (पुस्तक)		सूची II (लेखक)	
A.	रघुवंश	1.	भारवि
B.	हर्षचरित	2.	दंडी
C.	किरातार्जुनीयम	3.	कालिदास
D.	दशकुमारचरित	4.	बाणभट्ट

कूट

	A	B	C	D		A	B	C	D
(a)	1	2	3	4	(b)	2	3	4	1
(c)	3	4	1	2	(d)	4	1	2	3

उत्तर (c)

व्याख्या सही सुमेलन A-3, B-4, C-1, D-2 है।

रघुवंश के रचयिता कालिदास हैं, यह संस्कृत में रचित महाकाव्य है।

हर्षचरित के रचयिता बाणभट्ट हैं, इसमें हर्षवर्द्धन की जीवनी का वर्णन है।

किरातार्जुनीयम के रचयिता भारवि हैं, इसमें अर्जुन और किरात वंशधारी शिव के साथ युद्ध का वर्णन है।

दशकुमारचरित के रचयिता दंडी है, इसमें दस कुमारों के विषय में वर्णन है।

9 निम्नलिखित में से कौन-सी भाषा द्रविड़ वर्ग में शामिल नहीं है? *(Chap 14, Class-X, Old NCERT)*

(a) मराठी (b) कन्नड़
(c) तेलुगू (d) तमिल

उत्तर (a)

व्याख्या मराठी भाषा द्रविड़ भाषा वर्ग में शामिल नहीं है, क्योंकि यह हिंद यूरोपीय समूह की भाषा है, जो मुख्यत: महाराष्ट्र में बोली जाती है। जबकि कन्नड़, तेलुगू, तमिल तथा मलयालम को द्रविड़ भाषा समूह के रूप में जाना जाता है। द्रविड़ भाषा का मुख्य क्षेत्र दक्षिण भारत है।

10 सूची I का सूची II से मिलान कीजिए *(Chap 9, Class-VII, New NCERT) (HPSC Pre 2023)*

सूची I		सूची II	
A.	संस्कृत में बसंत विलास की रचना	1.	रघुनाथ
B.	भगवद्गीता का बांग्ला में अनुवाद	2.	गुजरात के उदयराज
C.	तपतिसंबरनमु उपाख्यानमु की रचना	3.	मालाधर वसू
D.	मुहूर्त संबंधी ग्रंथ मुहूर्तमाला की रचना	4.	गंगाधर

कूट

	A	B	C	D		A	B	C	D
(a)	2	3	4	1	(b)	3	1	4	2
(c)	4	1	2	3	(d)	2	4	3	1

उत्तर (a)

व्याख्या सही सुमेलन A-2, B-3, C-4, D-1 है।

संस्कृत भाषा में बसंत विलास की रचना गुजरात के उदयराज ने की थी। उदयराज एक गुजराती साहित्यकार थे।

भगवद्गीता का बांग्ला भाषा में अनुवाद मालाधर वसू ने किया था।

तपतिसंबरनमु उपाख्यानमु की रचना गंगाधर ने की थी।

मुहूर्त संबंधी ग्रंथ मुहूर्तमाला की रचना रघुनाथ ने की थी।

11 निम्नलिखित युग्मों पर विचार कीजिए *(Chap 14, Class-X, Old NCERT)*

रचना		लेखक
1. कथासरित्सागर	—	सोमदेव
2. राजतरंगिणी	—	कल्हण
3. गीत गोविंद	—	चंदबरदाई
4. पृथ्वीराज रासो	—	जयदेव

उपर्युक्त युग्मों में से कितने युग्म सही सुमेलित नहीं हैं?

(a) केवल एक (b) केवल दो
(c) केवल तीन (d) ये सभी

उत्तर (b)

व्याख्या दिए गए युग्मों में से केवल दो युग्म अर्थात् (3 और 4) सही सुमेलित नहीं हैं।

गीत गोविंद की रचना जयदेव ने की है। यह ग्रंथ संस्कृत में रचित था, जो श्रीकृष्ण पर केंद्रित है।

पृथ्वीराज रासो पुस्तक चंदबरदाई द्वारा रचित है। इसमें पृथ्वीराज चौहान की वीरगाथा का वर्णन है।

12 निम्नलिखित युग्मों में से कौन-से सही सुमेलित हैं? *(Chap 14, Class-X, Old NCERT) (IAS Pre 1998)*

1. मृच्छकटिकम — शूद्रक
2. बुद्धचरित — वसुबंधु
3. मुद्राराक्षस — विशाखदत्त
4. हर्षचरित — बाणभट्ट

कूट

(a) 1, 2, 3 और 4
(b) 1, 3 और 4
(c) 1 और 4
(d) 2 और 3

उत्तर (b)

व्याख्या दिए गए युग्मों में से युग्म (1), (3) और (4) सही सुमेलित हैं। शूद्रक, 'मृच्छकटिकम' के रचनाकार हैं। मृच्छकटिकम संस्कृत का नाटक है, जिसमें 10 अंक हैं। नाटक की पृष्ठभूमि पाटलिपुत्र है। मृच्छकटिकम का अर्थ होता है-खिलौना या गाड़ी।

विशाखदत्त ने 'मुद्राराक्षस' की रचना की। इसकी रचना चौथी शताब्दी में की गई थी। इसमें चाणक्य की राजनीतिक सफलताओं का विश्लेषण मिलता है।

बाणभट्ट 'हर्षचरित' के रचनाकार हैं। यह हर्षवर्द्धन की जीवनी है, जो संस्कृत में रचित है।

युग्म (2) सही सुमेलित नहीं है, क्योंकि अश्वघोष ने 'बुद्धचरित' की रचना की। यह एक प्रसिद्ध बौद्ध ग्रंथ है, जिसकी रचना संस्कृत भाषा में की गई है।

13 निम्नलिखित कथनों पर विचार कीजिए

(Chap 14, Class-X, Old NCERT)

1. भक्तिमार्गी संतों ने अपना उपदेश जनभाषा में दिया।
2. भक्तिकाल में भोजपुरी और अवधी हिंदी की दो प्रमुख बोलियाँ थीं।
3. मलिक मुहम्मद जायसी ने पद्मावत की रचना भोजपुरी में की थी।

उपर्युक्त कथनों में से कौन-सा/से कथन सही है/हैं?

(a) केवल 1 (b) 1 और 2 (c) 2 और 3 (d) ये सभी

उत्तर *(b)*

व्याख्या दिए गए कथनों में से कथन (1) और (2) सही हैं। भक्तिमार्गी संतों ने अपने उपदेशों को आमजन की भाषा में दिया, जिससे उनका जुड़ाव अधिक-से-अधिक लोगों तक हुआ। भक्ति संतों में कबीर, नानक, नामदेव, सूरदास, तुलसीदास आदि प्रमुख थे।

भक्तिकाल में भोजपुरी और अवधी हिंदी की दो प्रमुख बोलियाँ थीं। कबीर की रचनाएँ अधिकांश भोजपुरी में हैं।

कथन (3) सही नहीं है, क्योंकि मलिक मुहम्मद जायसी ने पद्मावत की रचना भोजपुरी में नहीं, बल्कि अवधी भाषा में की थी।

14 निम्नलिखित में से कौन-सा युग्म सही सुमेलित नहीं है?

(Chap 14, Class-X, Old NCERT)

लेखक		पुस्तक
(a) कृष्णदेवराय	—	आमुक्तमाल्यदा
(b) पंपा	—	मनुचरित
(c) धूर्जटि	—	श्री कलहतीश्वर महात्म्य
(d) रन्ना	—	गदायुद्ध

उत्तर *(b)*

व्याख्या दिए गए युग्मों में युग्म (b) सही सुमेलित नहीं है, क्योंकि 'मनुचरित' के रचनाकार पंपा नहीं, बल्कि अल्लसनी पेद्दन थे। पंपा ने आदिपुराण नामक ग्रंथ की रचना की थी। अल्लसनी पेद्दन एक प्रसिद्ध तेलुगू कवि थे, जो राजा कृष्णदेवराय के अष्टदिग्गज में शामिल थे। पेद्दन द्वारा रचित ग्रंथ मनुचरित में विजयनगर साम्राज्य का विस्तृत विवरण दिया गया है।

15 संगम ग्रंथों के संदर्भ में विचार कीजिए

(Chap 18, Class-XI, Old NCERT)

1. 'तोलकाप्पियम' व्याकरण एवं अलंकार शास्त्र का ग्रंथ है
2. कुरल या तिरुक्कुरल की रचना तिरुवल्लुवर ने की थी, जो दक्षिण भारतीय जीवन के विविध पक्षों से संबंधित है।
3. शिल्पादिकारम् एक प्रेमाख्यान काव्य है, जो संगम वंश के राजा तथा माधवी नामक गणिका के प्रेम प्रसंग पर आधारित है

उपर्युक्त में से कितने कथन सही हैं?

(a) केवल एक
(b) केवल दो
(c) सभी तीनों
(d) उपर्युक्त में से कोई नहीं

उत्तर *(b)*

व्याख्या दिए गए कथनों में से केवल दो कथन (1 और 2) सही हैं। तोलकाप्पियम, व्याकरण एवं अलंकार शास्त्र का ग्रंथ है। यह द्वितीय संगम का उपलब्ध एकमात्र प्राचीन ग्रंथ है। इसके लेखक तोलकाप्पियम हैं।

प्रसिद्ध ग्रंथ 'कुरल' की रचना तिरुवल्लुवर ने की थी, जो दक्षिण भारतीय जीवन के विविध पक्षों से संबंधित है। तिरुवल्लुवर ने इसकी रचना श्रीलंका के राजा इलल अथवा उसके पुत्र को शिक्षित करने के लिए की थी। कुरल तमिल साहित्य में नीति पर आधारित पुस्तक है, जिसमें आदर्श गृहस्थ जीवन, नैतिक शिक्षा तथा जीवन की चर्चा है।

कथन (3) सही नहीं है, क्योंकि शिल्पादिकारम् एक प्रेमाख्यान काव्य तो है, किंतु यह व्यापारी कोवलन तथा माधवी नामक गणिका के प्रेम प्रसंग पर आधारित है।

16 नीचे दो कथन दिए गए हैं : पहला अभिकथन (A) के रूप में और दूसरा कारण (R) के रूप में है। *(Chap 4, Class-XII, Old NCERT)*
(Chap 8, Class-VIII, New NCERT)

अभिकथन (A) **यूरोपियनों ने भारतीय सभ्यता एवं संस्कृति पर दोषारोपण किया। उन्होंने इसे पिछड़ी, असभ्य और रूढ़िवादी के रूप में वर्णित किया।**

कारण (R) **19वीं शताब्दी के प्रारंभ में भारत की शास्त्रीय भाषा एवं साहित्य का अध्ययन करने में रुचि रखे हुए थे। कई छात्रों ने भारतीय विद्या को ग्रहण किया और उनमें से एक मैक्समूलर था।**

उपर्युक्त कथनों के प्रकाश में नीचे दिए गए विकल्पों से सही उत्तर का चयन कीजिए

(a) A और R दोनों सही हैं तथा R, A की सही व्याख्या है।
(b) A और R दोनों सही हैं, परंतु R, A की सही व्याख्या नहीं है।
(c) A सही है, किंतु R गलत है।
(d) A गलत है, किंतु R सही है।
(e) अनुत्तरित प्रश्न

उत्तर *(b)*

व्याख्या A और R दोनों सही हैं, परंतु R, A की सही व्याख्या नहीं है। औपनिवेशिकवाद के दौरान यूरोपियनों ने भारतीय सभ्यता एवं संस्कृति पर दोषारोपण किया, उन्होंने इसे पिछड़ी, असभ्य और रूढ़िवादी के रूप में वर्णित किया। वहीं 19वीं शताब्दी के प्रारंभ में भारत की शास्त्रीय भाषा एवं साहित्य का अध्ययन करने में वे रुचि रखे हुए थे। कई छात्रों ने भारतीय विद्या को ग्रहण किया और उनमें से मैक्समूलर भी एक थे। इन्होंने अनेक धार्मिक ग्रंथों का अनुवाद अंग्रेजी भाषा में किया था।

NCERT MCQ

प्रैक्टिस सेट्स (1-3)

भारतीय इतिहास

इस प्रैक्टिस सेट की PDF प्राप्त करने के लिए नीचे दिए गए QR Code को Scan करें